DICIONÁRIO DE CIÊNCIAS HUMANAS

DICIONÁRIO DE CIÊNCIAS HUMANAS

Direção de
JEAN-FRANÇOIS DORTIER

Coordenação da tradução
MÁRCIA VALÉRIA MARTINEZ DE AGUIAR

Esta obra foi publicada originalmente em francês com o título
LE DICTIONNAIRE DES SCIENCES HUMAINES
por Editions Sciences Humaines
Copyright © Editions Sciences Humaines
Copyright © 2010, Editora WMF Martins Fontes Ltda.,
São Paulo, para a presente edição.

"Cet ouvrage, publié dans le cadre de l'Année de la France au Brésil et du Programme d'Aide à la Publication Carlos Drummond de Andrade, bénéficie du soutien du Ministère français des Affaires Etrangères.
« França.Br 2009 » l'Année de la France au Brésil (21 avril – 15 novembre) est organisée:
En France : par le Commissariat général français, le Ministère des Affaires étrangères et européennes, le Ministère de la Culture et de la Communication et Culturesfrance.
Au Brésil : par le Commissariat général brésilien, le Ministère de la Culture et le Ministère des Relations Extérieures."

"Este livro, publicado no âmbito do Ano da França no Brasil e do programa de apoio à publicação Carlos Drummond de Andrade, contou com o apoio do Ministério francês das Relações Exteriores.
'França.Br 2009' Ano da França no Brasil (21 de abril a 15 de novembro) é organizado:
No Brasil: pelo Comissariado geral brasileiro, pelo Ministério da Cultura e pelo Ministério das Relações Exteriores.
Na França: pelo Comissariado geral francês, pelo Ministério das Relações exteriores e europeias, pelo Ministério da Cultura e da Comunicação e por Culturesfrance."

1ª edição 2010
2ª tiragem 2020

Revisão e coordenação da tradução
Márcia Valéria Martinez de Aguiar
Acompanhamento editorial
Luciana Veit
Revisões
Letícia Braun
Cláudia Cantarin
Edição de arte
Adriana Maria Porto Translatti
Produção gráfica
Geraldo Alves
Paginação
Moacir Katsumi Matsusaki
Capa
Marcos Lisboa
Imagem
Édipo e a esfinge, Pintor de Édipo, vaso grego com figuras vermelhas,
c. 470 a.C., Museu Gregoriano Etrusco.

Dados Internacionais de Catalogação na Publicação (CIP)
(Câmara Brasileira do Livro, SP, Brasil)

Dicionário de ciências humanas / direção de Jean-François Dortier ; revisão e coordenação da tradução Márcia Valéria Martinez de Aguiar. – São Paulo : Editora WMF Martins Fontes, 2010.

Título original: Le dictionnaire des sciences humaines.
ISBN 978-85-7827-210-4

1. Ciências humanas – Dicionários I. Dortier, Jean-François.

09-10707   CDD-300.3

Índices para catálogo sistemático:
1. Dicionários : Ciências humanas   300.3

Todos os direitos desta edição reservados à
Editora WMF Martins Fontes Ltda.
Rua Prof. Laerte Ramos de Carvalho, 133 01325-030 São Paulo SP Brasil
Tel. (11) 3293-8150 e-mail: info@wmfmartinsfontes.com.br
http://www.wmfmartinsfontes.com.br

EDIÇÃO BRASILEIRA

TRADUÇÃO
Aline Saddi Chaves
Felipe Cabanas da Silva
Ilan Lapyda
Leonardo Teixeira da Rocha
Maria Aparecida Cabanas
Maria José Perillo Isaac

REVISÃO E COORDENAÇÃO DA TRADUÇÃO
Márcia Valéria Martinez de Aguiar

ADAPTAÇÃO OU REFORMULAÇÃO DE VERBETES

Claudia Berliner ("Editar e traduzir Sigmund Freud" e "A organização da psiquiatria")
Carmen Lucia Montechi Valladares de Oliveira ("A chegada da psicanálise no Brasil")
Christian Strübe (Laço social e Periferia)
Daniela da Rocha Paes Peres ("Profissão psicólogo")
Ilana Goldstein ("Profissão: sociólogo", Associações, Lazer, Governança, Racismo e Periferia)
Josélia Bastos de Aguiar (Desigualdade)
Julio Sergio Verztman (Fobia social)
Pedro Luiz Ribeiro de Santi (Piscoterapias)

ACOMPANHAMENTO EDITORIAL
Luciana Veit

REVISÕES GRÁFICAS
Letícia Braun
Cláudia Cantarim

ÍNDICE

Abreviações	IX
Prefácio	XI
Verbetes de A a Z	1
Disciplinas	
Antropologia	659
Arqueologia – pré-história	664
Ciências congnitivas	668
Ciências da educação	673
Ciências da informação e da comunicação	675
Ciências políticas	680
Demografia	683
Economia	685
Filosofia	690
Geografia	695
História	699
Linguística	704
Psicanálise	709
Psicologia	713
Psicologia social	718
Psiquiatria	722
Sociologia	726

ABREVIAÇÕES

AISLF – Association Internationale des Sociologues de Langue Française (Associação Internacional de Sociólogos de Língua Francesa)

CADIS – Centre d'Analyse et d'Intervention Sociologique (Centro de Análise e de Intervenção Sociológica)

CCA – Centre de Communication Avancée (Centro de Comunicação Avançada)

CCCS – Center for Contemporary Cultural Studies (Centro de Estudos Culturais Contemporâneos)

CES – Centre d'Études Sociologiques (Centro de estudos sociológicos)

CNRS – Centre National de la Recherche Scientifique (Centro Nacional da Pesquisa Científica)

CREDOC – Centre de Recherche por l'Étude et l'Observation des Conditions de Vie (Centro de Pesquisa para o Estudo e Observação das Condições de Vida)

EFEO – École Française d'Extrême-Orient (Escola Francesa do Extremo Oriente)

EHESS – École des Hautes Études en Sciences Sociales (Escola de Estudos Avançados em Ciências Sociais)

EMP – École de Mines de Paris (Escola de Minas de Paris)

ENIO – École Normale Israélite Orientale (Escola Normal Israelita Oriental)

ENLO – École Nationale des Langues Orientales (Escola Nacional de Línguas Orientais)

ENA – École Nationale d'Administration (Escola Nacional de Administração)

ENS – École Normale Supérieure (Escola Normal Superior)

EP – École Polytechnique (Escola Politécnica)

EPHE – École Pratique des Hautes Études (Escola Prática de Estudos Avançados)

HEC – École des Hautes Études Commerciales (Escola de Estudos Comerciais Avançados)

INALCO – Institut National des Langues et Civilisations Orientales (Instituto Nacional de Línguas e Civilizações Orientais)

INED – Institut National d'Études Demographiques (Instituto Nacional de Estudos Demográficos)

INSEE – Institut National de la Statistique et des Études Économiques (Instituto Nacional de Estatística e de Estudos Econômicos)

INSERM – Institut National de la Santé et de la Recherche Médicale (Instituto Nacional da Saúde e da Pesquisa Médica)

INSS – Institut National des Sciences des Sociétés (Instituto Nacional das Ciências das Sociedades)

LSE – London School of Economics (Escola de Economia de Londres)

MIT – Massachusetts Institute of Technology (Instituto de Tecnologia de Massachusetts)

UCLA – University of California, Los Angeles (Universidade da Califórnia, Los Angeles)

PREFÁCIO
As ciências humanas estão entre nós

Autismo, comunitarismo, autoestima, Bourdieu, identidade, estresse, exclusão, etc. As ciências humanas entraram na sociedade. Prova disso é o novo vocabulário que, atualmente, se ouve no rádio e na tevê, se lê nos jornais ou que ressoa nos corredores dos hospitais, das escolas, dos tribunais. Essas palavras envolvem questões tanto sociais como pessoais.

Essa inserção do vocabulário das ciências humanas na nossa linguagem coloquial confirma uma evolução profunda de nossa sociedade. Atualmente, a psicologia, a sociologia, a história, as ciências da linguagem penetraram no corpo social através da legião de especialistas, de terapeutas, de conselheiros, de consultores, de responsáveis pela inserção social, o desenvolvimento ou a comunicação. Por isso este dicionário pretende-se aberto não exclusivamente aos conceitos, aos autores e às teorias tradicionais das ciências humanas, mas também ao que é novo. Ao lado dos grandes domínios clássicos como o trabalho, a família, o indivíduo, o Estado, encontrar-se-ão novos campos de exploração: a identidade, a vida cotidiana, a sexualidade, o reconhecimento... Ao lado de disciplinas clássicas como a antropologia, a sociologia e a história, encontraremos a psicologia evolucionista, os *cultural studies*, as neurociências, a arqueologia e a bioética. Ao lado das grandes figuras – Sigmund Freud, Karl Marx, Bronislaw K. Malinowski e Michel Foucault –, encontraremos aqueles cujos nomes e obras fazem as ciências humanas da atualidade.

Colocar ao alcance de um grande público os conceitos, os autores e as teorias que formam o corpo atual das ciências humanas é o primeiro objetivo deste dicionário.

ENCONTROS E ABERTURAS

Outras evoluções significativas começaram a marcar as ciências humanas há duas décadas. Em primeiro lugar, o número de estudantes, de pesquisadores e de professores dobrou a partir dos anos 1980. Só esse fato já justificaria a existência de um dicionário das ciências humanas: o primeiro do gênero a abranger todas as disciplinas das ciências do homem, seus autores, suas obras e seus conceitos principais. Essa necessidade é reforçada por outra tendência maior. O estudante que empreende estudos em ciências humanas é, atualmente, levado a integrar à sua grade curricular disciplinas de diversas áreas antes de se especializar. É necessário colocar à sua disposição um instrumento que lhe abra instantaneamente o acesso a um rico leque de disciplinas, um guia que o acompanhará ao longo de seus estudos.

Para os pesquisadores, o momento é também propício à interdisciplinaridade. O sociólogo abre-se à psicologia (e vice-versa), o linguista não pode ficar indiferente aos desenvolvimentos das ciências cognitivas. O antropólogo é confrontado com a ascensão da paleontologia, o geógrafo saiu de seu confinamento para se abrir amplamente às outras ciências humanas.

Eis por que este dicionário oferece um meio de circular não apenas de uma especialidade a outra, mas também de abordar os inúmeros conceitos e campos de pesquisa que atravessam alegremente as fronteiras disciplinares.

UM DICIONÁRIO *HUMANO* DAS CIÊNCIAS HUMANAS

Este dicionário pretende-se "humano" no sentido em que não trata simplesmente de definições, mas também dos seres humanos, de sua vida, seus costumes, suas crenças. De que serviria um dicionário que só abordasse a esquizofrenia, o trabalho ou a economia através dos modelos prontos e das definições abstratas? *Cinza é a teoria, verde é a árvore da vida*, escreveu Goethe. Permitir que a vida entre – sob a forma de exemplos, de narrativas de vida, de acontecimentos – é um dos princípios que orientaram a redação deste dicionário.

Essa exigência não resulta exclusivamente de uma preocupação com a legibilidade. Certamente, "um bom exemplo, às vezes, vale mais do que um longo discurso". Entretanto, uma razão mais fundamental nos orientou nessa escolha. E ela tem relação com a natureza do conhecimento. A realidade humana dificilmente se deixa aprisionar na armadura imutável dos conceitos. As palavras são carregadas de representações, são o produto de diálogos, de debates. As ideias e as teorias têm uma história, são criadas por autores imersos em sua época e portadores de uma visão de mundo que lhes é própria.

Para compreender o sentido de uma palavra, de uma teoria e revelar todos os seus aspectos ocultos, seria necessário então desvendar a face humana das ciências. Falar, sem complacência nem rodeios, dos homens e das mulheres que fazem as ciências humanas, quais foram suas histórias, seus debates, suas perspectivas e seus equívocos.

Revelar o verdadeiro sentido das palavras não é aprisioná-las em armaduras de definições impessoais e desprovidas de materialidade. É também indicar as significações múltiplas, as ambiguidades e, até mesmo, as zonas obscuras que todo conceito contém.

Para não cair nas armadilhas dos conceitos, foi preciso também fazer a correta distinção entre as ideias e os fatos. Efetivamente, as palavras e os objetos nunca se harmonizam verdadeiramente. Será, portanto, com os índios ojibwas que descobriremos o que é o "totemismo"; a esquizofrenia nos será descrita através da história de John Nash, este "homem excepcional", prêmio Nobel de economia; a "psicologia da forma" nos ajudará a compreender por que os antigos viam figuras de ursos ou de carneiros no céu estrelado.

Nada mais alegre que o encontro entre a exigência de honestidade e de rigor intelectuais e o prazer da descoberta. Por que o conhecimento deveria ser uma coisa triste e sem alma?

Jean-François Dortier

ABORÍGINE

Em um sentido genérico, o termo "aborígine" serve para designar as populações autóctones (ou indígenas) vivendo desde sua origem em um determinado país. Mas a palavra é, principalmente, empregada para as populações indígenas da Austrália.

A ocupação australiana por seus primeiros habitantes remonta a aproximadamente 60 mil anos. Nessa época, a Austrália estava ligada à Nova Guiné e formava um único continente chamado de Sahul pelos arqueólogos. Para chegar a Sahul, os primeiros colonos precisaram atravessar, de barco, braços de mar com mais de 60 quilômetros de largura, que separavam a Austrália de Sunda, região composta por Bornéu, Sumatra e Java, que formavam então um só bloco ligado ao continente asiático. Os aborígines ficaram, portanto, isolados de todo contato com outras civilizações durante dezenas de milhares de anos, até a redescoberta de seu território por James Cook em 1770 e, depois, sua colonização pelos europeus.

Ainda que todos eles tenham uma origem comum, os 300 mil aborígines que povoavam a Austrália no momento de sua descoberta estavam dispersos em muitas tribos* (aranda, kurnai, narinyeri, kamilaroi, etc.) localizadas em um verdadeiro país-continente, quinze vezes maior do que a França. Nada menos que quinhentas línguas e dialetos diferentes foram contados.

Os aborígines viviam e se locomoviam em pequenos grupos de algumas famílias (dez a vinte indivíduos). Viviam como os caçadores-coletores* nômades, alimentando-se de produtos da coleta (tubérculos, frutas, ovos, mel) e da caça (cangurus, emus, varanos e pequenos mamíferos). Os pequenos grupos se encontravam regularmente para cerimônias rituais, momento em que também se celebravam os casamentos, os lutos, em que o conselho de sábios resolvia os conflitos.

Cada tribo se dividia em duas, quatro ou oito seções exógamas, o que significa que o membro de um clã (por exemplo, o clã do canguru) não pode se casar com um membro do seu próprio clã (todos os membros do clã do canguru são considerados irmãos e irmãs).

O TEMPO DO SONHO

A religião dos aborígines é formada de ritos e de mitologias associadas ao "tempo do sonho". O tempo do sonho é o mundo do além, onde vivem os espíritos animais ou espíritos da natureza (sonho Varano, sonho Chuva, sonho Arco-íris...). Os "sonhos" e as mitologias que lhe são associadas estão conectados a toda a vida social dos aborígines. Remetem à organização totêmica dos clãs, à descrição do espaço. Por exemplo, uma nascente, um rochedo, uma árvore morta ou uma colina são habitados pelos espíritos e lhes é associado um nome de sonho.

Os aborígines praticam diversas formas de arte, tradicionalmente relacionadas às mitologias e rituais sagrados: pintura rupestre, pintura em casca de árvore, em areia e pintura do corpo. Certamente, há também a dança e a música. Nas cerimônias rituais a pintura do corpo está associada às danças e aos cantos rituais. As pinturas aborígines (sobre tela) são, no momento atual, objeto de exploração comercial e turística.

Os aborígines totalizam hoje aproximadamente 200 mil pessoas, milhares delas mestiças. Alguns moram na cidade, onde, sem raízes, vivem, na maior parte do tempo, na condição de

Os aborígines e as ciências humanas

• Os aborígines ocupam um lugar particular na história das ciências humanas. Em 1889, dois etnólogos amadores, Francis J. Gillen e Baldwin Spencer, publicam um estudo fundador sobre as tribos arunta do centro da Austrália (*The Native Tribes of Central Australia*). Os autores descrevem nesse estudo os modos de vida dos aborígines e, em particular, a instituição do totemismo*.

• Autores como James G. Frazer*, Émile Durkheim*, Sigmund Freud*, Lucien Lévy-Bruhl elaboraram teorias gerais sobre a origem das religiões ou da sociedade baseando-se no caso dos aborígines. Eles são então vistos como o protótipo do povo "primitivo", cujo modo de vida estaria próximo daquele que conheceram os primeiros homens.

• O totemismo australiano formará igualmente a base documentária de É. Durkheim em seu livro *Les Formes élémentaires de la vie religieuse* (1912) [As formas elementares da vida religiosa], com o subtítulo *Le système totémique en Australie* [O sistema totêmico na Austrália]. Em *Totem und Tabu* [Totem e tabu] (1912), S. Freud também utiliza o caso do totemismo australiano para defender sua própria teoria. Para ele, o totem representa o ancestral mítico do clã, que foi assassinado pelos filhos para que eles pudessem se apoderar das fêmeas do grupo. Esse "assassinato primitivo" é um ato fundador da sociedade, e as proibições alimentares (tabus) que pesam sobre o animal-totem resultam do sentimento de culpa ligado a esse parricídio.

---

imigrantes pobres. Uma grande parte é vinculada às reservas criadas pelas autoridades. Há vários anos eles se organizam politicamente para exigir seus direitos sobre a terra.

Bibliografia: • B. Glowczewski, *Les Rêveurs du désert. Peuple warlpiri d'Australie*, Actes Sud, 1999 [1989] • B. Glowczewski, *Du rêve à la loi chez les Aborigènes*, Puf, 1991 • S. Muecke, A. Shoemaker, *Les Aborigènes d'Australie*, Gallimard, 2002

ABSTRAÇÃO, ABSTRATO

A abstração é um processo geral do pensamento que muito alimentou as reflexões dos filósofos. Como o pensamento passa de uma percepção concreta (uma rosa ou uma margarida) a uma noção abstrata (a flor)?

Para Platão, as ideias puras preexistiam, de algum modo, à realidade material e existiam em algum lugar num mundo das ideias (única verdadeira realidade tangível).

Para Aristóteles, recusando essa visão, é pela indução que o espírito humano passa do concreto ao abstrato. Mas como se realiza a indução?

Como se formam as ideias puras

As ciências cognitivas* elaboraram "modelos abstrativos" das representações mentais, segundo os quais os objetos são estocados em forma de esquemas que só retêm algumas características evidentes do objeto real. Assim, a percepção de um rosto concreto nos faz perceber ao mesmo tempo um ser singular (com detalhes precisos) e um esquema abstrato (uma forma oval com dois olhos, uma boca, um nariz) que vale para todo tipo de rosto. A capacidade de abstração originar-se-ia, portanto, dessa tendência à esquematização.

→ **Representação, Esquema**

AÇÃO

Filosofia. Tudo começou com um braço que se erguia. E com uma questão aparentemente incongruente elaborada por Ludwig J. Wittgenstein*. Quando eu levanto meu braço, se pergunta o filósofo, posso dizer que obedeço à minha vontade? E, nesse caso, isso significa que minha vontade é a causa do meu gesto? Mas a vontade pode ser considerada uma ilusão. Não se poderia descrever o movimento do meu braço, assim como minha vontade, minha intenção, etc., como "fatos" suscetíveis de serem explicados por causas físicas naturais, como a queda de uma pedra? Esse é o tipo de problema que está na origem da filosofia da ação contemporânea. Ela parte da oposição entre as ações (humanas e guiadas por intenções) e os fatos naturais, gerados por causas naturais.

O debate vai ressurgir, a partir dos anos 1960, no âmbito da filosofia analítica*, e opor duas vertentes.

De um lado o filósofo Donald Davidson*, que defende a tese da "causalidade mental" (*Essays on Actions and Events*, 1980) [Ensaios sobre ações e acontecimentos]. Sim, afirma ele, a vontade ou a intenção que me faz agir é, certamente, a "causa mental" da ação em questão (levantar o braço ou passar manteiga no pão). Esse tipo de ação se distingue dos outros fatos que podem me acontecer (um saxofone me acordar, eu escorregar nas escadas) sem que eu seja a causa voluntária disso (ou seja, sem que eu tenha essa intenção). A essa tese se opõe uma outra, "anticausalista", defendida em princípio por L. J. Wittgenstein e, depois, por uma plêiade de autores que contestam que possamos descrever as causas mentais da mesma maneira que as causas físicas. Essa abordagem aproxima-se mais das teorias fenomenológicas* da ação.

Essa discussão gerará uma série de debates sobre três tipos de questões. O que distingue uma ação (intencional) de um acontecimento natural? Pode haver ações não racionais? Como uma intenção (e, portanto, um estado mental) pode agir no mundo real, o espírito no corpo?

Ao tentar responder a essas perguntas, os filósofos de tradição analítica vão se contrapor, avançando uma grande quantidade de argumentos e de contra-argumentos em que estão em causa braços que se erguem (por força da vontade) ou pessoas que perdem seu trem (contra a vontade)...

Sociologia. A sociologia da ação se constituiu em torno de duas tradições de pesquisa bastante diferentes: a teoria da ação individual e a teoria da ação coletiva (*ver verbete "ação coletiva"*). Enquanto o nascimento da sociologia francesa, com Émile Durkheim, se forjou em torno de uma concepção coletiva dos fenômenos sociais, a sociologia alemã se constituiu a partir das ações individuais. "A sociologia só pode proceder das ações de um, de alguns ou de inúmeros indivíduos separados", escreve Max Weber*. No começo de seu livro *Wirtschaft und Gesellschaft* (1922) [*Economia e sociedade*], M. Weber enuncia os móbiles que regem as ações sociais. Ele distingue quatro formas típicas de ação:

– *a ação tradicional*, que se baseia nos costumes, no domínio do cotidiano ou nas normas sociais em vigor;
– *a ação afetiva*, que é dirigida pelas paixões (a cólera, o ciúme...);
– e enfim *a ação racional*, que M. Weber dividia em duas categorias. De um lado, a ação racional que implica a adequação entre os fins e os meios (a atividade do estrategista, do cientista e do empreendedor que procuram ajustar, ao máximo, seus meios em função de determinado fim); de outro, a ação racional guiada por valores (a glória, a honra, a justiça), na qual o sujeito defende seus ideais sem, necessariamente, procurar a eficácia de sua ação.

Para M. Weber, uma mesma ação pode derivar simultaneamente de diversas lógicas. E nunca é totalmente possível desvendar a respectiva parte de cada uma delas.

Já os teóricos do individualismo metodológico* fizeram da ação individual o princípio primeiro da análise dos fenômenos sociais. Para o economista austríaco Ludwig von Mises, autor de *Human Action* (1949) [*Ação humana*], as ciências sociais devem ter como ponto de partida o indivíduo em ação. E esse indivíduo é considerado racional e dotado de liberdade de escolha. Na sequência, os postulantes do individualismo metodológico discutirão o sentido que deve ser dado à "racionalidade" das escolhas. Raymond Boudon*, por exemplo, considera que a racionalidade do ator individual vem de uma capacidade geral para analisar uma situação, ponderar os prós e os contras, elaborar estratégias, etc. Não se trata, portanto, de uma racionalidade comparável à lógica pura.

A teoria do ator e da ação novamente se tornou, a partir dos anos 1980, uma preocupação das ciências sociais, e muitos debates foram realizados a respeito dos laços entre intenções, normas, emoções e racionalidade no âmbito da teoria da ação. Globalmente, esses debates levaram a flexibilizar a noção de "racionalidade individual". Por outro lado, os móbiles da ação foram repensados, levando em consideração sua diversidade (uma ação nunca é impulsionada por uma única razão), a ambiguidade das razões (o ator nem sempre é rigoroso nas suas escolhas), a importância das interações (os jogos de influência) e a incerteza dos resultados (uma ação nem sempre produz os efeitos esperados).

Bibliografia: • P. Bourdieu, *Raisons pratiques. Sur la théorie de l'action*, Seuil, 1994 • R. Daval, *Logique de l'action individuelle*, Puf, 1981 • L. Quéré (org.), *La Théorie de l'action. Le sujet pratique en débat*, CNRS, 1993 • M. Weber, *Economie et société*, La Découverte, 2001 [1922]

→ **Ator, Ação coletiva, Indivíduo,** *Rational choice,* **Racionalidade**

AÇÃO COLETIVA

Em que condições um grupo ou um conjunto de indivíduos passa à ação coletiva, em forma de greves, manifestações, petições? A questão foi objeto de várias análises.

Para Karl Marx*, a miséria e a pauperização das classes trabalhadoras instigam as massas à revolta. Entretanto, o movimento coletivo não é uma consequência automática da pobreza e da precariedade. Ele depende também da capacidade de organização de uma classe. A história mostra que não há relação automática entre a situação de miséria ou de descontentamento e a capacidade de se mobilizar coletivamente.

Na obra *L'Ancien Régime et la Révolution* (1856) [*O Antigo Regime e a Revolução*], Alexis de Tocqueville* sustenta que são os grupos em fase de ascensão social que, frustrados por não poderem alcançar seus fins, tendem a se mobilizar e a se revoltar. Por exemplo, foi sobretudo a burguesia ascendente que se tornou ponta de lança da Revolução Francesa, e não o povo miserável.

No início do século XX, os precursores da psicologia social*, como Gustave Le Bon* e Gabriel Tarde*, propuseram teorias do comportamento coletivo em termos de psicologia das massas. Esses autores acentuaram os fenômenos de contágio: manifestar é ser levado por um movimento de massa no qual o indivíduo perde sua autonomia em favor de uma espécie de impulso coletivo. A lembrança da Comuna (1870) tinha marcado os espíritos.

A essa visão da ação coletiva, marcada pela influência da massa, alguns autores opuseram explicações puramente individualistas e estratégicas.

Em *The Logic of Collective Action* [*A lógica da ação coletiva*] (1965), o sociólogo americano Mancur Olson sustenta que a ação coletiva não nasce espontaneamente do interesse comum. Efetivamente, a mobilização envolve um significativo custo individual. Em contrapartida, quando o grupo obtém algum ganho, é, em geral, em benefício de todos. Cada indivíduo, portanto, não tem interesse de entrar na ação, já que ela acarreta um custo e lhe traz vantagens se for efetuada pelos outros. Porém, os movimentos coletivos existem! Segundo M. Olson, isso é possível porque a organização que é o suporte da ação (o sindicato, por exemplo) sabe oferecer a seus membros vantagens individuais e específicas.

Alain Touraine* e os sociólogos dos movimentos sociais (como Alessandro Pizzorno) propuseram uma abordagem da mobilização coletiva em termos de movimentos sociais. Um movimento social pode se constituir a partir do momento em que uma luta por valores e por interesses comuns se transforme em verdadeiro projeto de sociedade alternativa. Nos anos 1970--1980, A. Touraine e sua equipe pesquisaram se as lutas dos estudantes, dos regionalistas, das mulheres e dos ecologistas poderiam se transformar em verdadeiro movimento social suscetível de substituir o papel do movimento operário, então decadente. A conclusão foi negativa.

BEM-ESTAR PRIVADO E AÇÃO PÚBLICA

No início dos anos 1980, em todos os grandes países ocidentais, a mobilização coletiva parecia dar lugar a um recolhimento à vida privada. Esta tendência ao refluxo da ação coletiva foi analisada por Albert O. Hirschman* em *Shifting Involvements: Private Interest and Public Action* [*De consumidor a cidadão: atividades privadas e participação na vida pública*] (1982). Para o sociólogo americano, a vida social está submetida a uma espécie de movimento de pêndulo entre períodos de investimento nas ações coletivas e períodos de recolhimento na vida pessoal.

O mesmo autor havia descrito em *Exit, Voice, and Loyalty: Responses to Decline in Firms, Organizations, and States* (1972) [*Saída, voz e lealdade*] três tipos de estratégia que podem resultar de um descontentamento. Por exemplo, quando um consumidor está satisfeito, ele não tem nenhum motivo para "mudar de mercearia" e manifesta então sua lealdade (*loyalty*). Mas, se ele experimenta algum descontentamento, pode então exprimir sua reprovação por saída (*exit*), escolhendo o protesto ou tomando a palavra (*voice*).

Na mesma linha, o sociólogo Charles Tilly falou de "repertório de ações" para designar as diferentes soluções possíveis na esfera das mobilizações coletivas, que podem seguir a via da greve, da manifestação, de ações de comandos, de insurreições, de petições... de acordo com as circunstâncias.

Bibliografia: • O. Filleule, C. Péchu, *Lutter ensemble: théories de l'action collective*, L'Harmattan, 1993 • A. O. Hirschman, *Bonheur privé, action publique*, Fayard, 1995 [1982] • E. Neveu, *Sociologie* *des mouvements sociaux*, La Découverte, 1996 • M. Olson, *La Logique de l'action collective*, Puf, 1987 [1965]

ACHEULIANO

O acheuliano designa, na pré-história, um tipo de cultura ligada à fabricação dos bifaces, característica do paleolítico inferior.
→ **Paleolítico**

ACTANTE

Na linguística, o actante designa todo protagonista – pessoa, animal, objeto – que desempenha um papel específico no desenvolvimento de uma narração. O actante não é simplesmente aquele que age, mas, com mais frequência, aquele que participa do desenrolar da ação. Assim, na frase "Júlio compra um pão do padeiro", há três actantes: Júlio e o padeiro, mas também o pão, pois todos os três fazem parte da ação em curso.

ACULTURAÇÃO

Modificação de uma cultura ao contato com uma outra. A palavra foi introduzida em antropologia nos anos 1940, no âmbito do movimento "culturalista*". Em uma época marcada pelo colonialismo e pelas transformações operadas no seio das sociedades tradicionais pela modernidade, empregou-se principalmente o termo de aculturação no caso de uma cultura dominada que, colocada em contato com uma cultura dominante, sofre muito intensamente sua influência e perde sua própria substância original.

A antropologia contemporânea, que tem uma visão menos homogênea das culturas, acentua a diversidade dos processos de transformação de uma cultura em contato com outras, sublinhando os fenômenos de sincretismo, de integração, de influência.

Bibliografia: • S. Abou, *L'Identité culturelle. Relations inter-ethniques et problèmes d'acculturation*, Hachette, 1995 [1981]

→ **Sincretismo**

ADIÇÃO

Pierre passa mais de oito horas por dia navegando na web. Nadège não pode entrar em uma loja, qualquer que seja ela, sem comprar um produto que jamais utilizará. Romain não suporta os momentos fora do trabalho e leva dossiês e *laptop* nas férias. Seu ponto em comum? Poder-se-ia pensar que eles são simplesmente excessivos, nada mais. Na realidade, eles têm "práticas compulsivas".

O termo "compulsão" emergiu durante os anos 1970 no vocabulário da psiquiatria norte-americana para designar a dependência do álcool ou das drogas. Desde então, ele se difundiu particularmente na Europa e se estendeu a outras condutas. Efetivamente, muitos profissionais começaram a notar semelhanças comportamentais com a toxicomania. Stanton Peele, psicólogo americano, estabeleceu até mesmo um paralelo entre a dependência das drogas e a de uma pessoa por outra, no âmbito de uma relação amorosa. Conforme o psicólogo – e esta visão é cada vez mais compartilhada –, a dependência não provém diretamente do objeto possivelmente "tóxico" (drogas, álcool, trabalho, compra, internet, jogo ou ainda o sexo), mas do alívio que ele vai proporcionar por um instante. Em linguagem clara, a pessoa não depende do produto, mas da experiência que obtém.

O psiquiatra Aviel Goodman, em um artigo intitulado "Addiction: Definition and Implications" [Adição: definição e implicações] (*British Journal of Addiction*, 1990), propôs uma lista de critérios diagnósticos com base no modelo que permite reconhecer uma doença mental. Pode-se, assim, resumir a adição pela impossibilidade repetida de controlar um comportamento, mesmo tendo consciência das consequências negativas. Porque condutas "aditivas" de todas as espécies podem atingir significativamente a qualidade das relações familiares, da vida social ou profissional.

ADLER, ALFRED
(1870-1937)

Médico e psicólogo nascido na Áustria, foi, inicialmente, um dos principais discípulos de Sigmund Freud*, mas se separou dele em 1910 e, em seguida, fundou sua própria escola de psicologia: a Sociedade de Psicologia Individual.

A. Adler adere à descoberta de S. Freud sobre o papel do inconsciente na estruturação do psiquismo, mas, diferentemente deste último, se recusa a conceder ao impulso sexual um lugar essencial nas motivações humanas. Para A. Adler, a motivação central que anima o indivíduo é a vontade de superar um complexo de inferioridade, que desempenha um papel central na elaboração da personalidade. A criança está submetida, por sua posição inicial de dependência e pela confrontação com modelos adultos ideais, a um sentimento de inferioridade. Ela vai tentar compensar esse sentimento.

Principais obras de A. Adler
• *Uber den nervösen Charakter* [Sobre o temperamento nervoso], 1912
• *Praxis und Theorie der Individualpsychologie* [Teoria e prática da psicologia individual], 1918
• *Die Seele des schwererziehbaren Kindes* [A alma da criança difícil], 1930
• *Der Sinn des Lebens*, 1933 [A ciência de viver, José Olympio, 5ª ed., 1956]

ADOLESCÊNCIA

Em psicologia, a adolescência é descrita como um período do desenvolvimento do indivíduo situado entre 12 e 18 anos e marcado por um certo número de características:

– o amadurecimento sexual, que se expressa pelo aparecimento de características sexuais secundárias (pelos, seios...), a descoberta do corpo e do desejo sexual;

– a procura de uma identidade nova. A ruptura com os laços de dependência dos pais (próprios da infância), a identificação com novos modelos adultos e, ao mesmo tempo, uma reivindicação de individualidade são as manifestações dessa busca de identidade;

– o pleno desenvolvimento intelectual e a ascensão a um estado de raciocínio qualificado como formal (raciocínio abstrato).

Tempo de metamorfoses, a adolescência é frequentemente vista como um período de crise: crise existencial, conflitos com os pais, atração pelas turmas, grandes engajamentos idealistas...

Podemos nos perguntar se essa visão clássica da adolescência como crise é universal ou característica de uma época e de um lugar: as sociedades ocidentais da metade do século XX.

Muitos psicólogos e sociólogos hoje notam que:

– os conflitos com os pais são menos intensos atualmente do que eram nos anos 1950--1970, época "da revolta dos jovens", na qual violentos confrontos opuseram os filhos à ordem patriarcal;

– as crises identitárias que se acreditava típicas da adolescência tendem a se repetir em ou-

ERIK ERIKSON E A CRISE DE IDENTIDADE NA ADOLESCÊNCIA

• Segundo E. Erikson (1902-1994), "o estudo da identidade tornou-se tão central na nossa época quanto o da sexualidade na época de Freud". Associando as abordagens psicanalíticas e psicossociais, ele considera que a identidade apresenta duas faces: de um lado, o "sentimento consciente de especificidade individual"; de outro, o "esforço inconsciente tendendo a restabelecer (...) a solidariedade do indivíduo com os ideais do grupo".

• Para E. Erikson, a identidade é um processo que se elabora no decorrer da existência, especialmente em períodos de ruptura. O ciclo de vida é composto de oito períodos, cada um deles marcado por uma crise, ou seja, uma fase de vulnerabilidade, porém rica de novas potencialidades. A mais importante é a crise de identidade da adolescência (aliás, foi E. Erikson que criou a expressão "crise de identidade"). Durante essa fase, o indivíduo fica dividido entre duas tendências: ele procura manifestar sua identidade pessoal, mas corre o risco de dispersá-la identificando-se com heróis...

tros períodos da vida: a crise da meia-idade (*middle age crisis*), a aposentadoria, e mesmo em situações de ruptura: divórcio, perda de emprego, etc. Todas essas situações são propícias a problemas existenciais comparáveis.

Bibliografia: • A. Braconnier, D. Marcelli, *L'Adolescence aux mille visages*, Odile Jacob, 1998 [1988] • A. Braconnier, C. Chiland, M. Choquet, R. Pomarède (orgs.), *Adolescentes, adolescents*. Psychopathologie différencielle, Bayard, 1995 • P. G. Coslin, *Psychologie de l'adolescent*, Armand Colin, 2002 • B. Glowczewski, *Adolescence et sexualité. L'entre deux*, Puf, 1995

ADORNO, THEODOR W.
(1903-1969)

Com Max Horkheimer, Theodor W. Adorno foi um dos expoentes da escola de Frankfurt. Nascido em uma família de músicos, desejou, por sua vez, ser compositor. Voltou-se de fato para a filosofia, mas consagrará uma grande parte de sua obra à teoria estética musical.

T. W. Adorno se interroga sobre a perda de sentido em um mundo moderno no qual a racionalidade (científica, técnica, tecnocrática) ocupa um lugar dominante. Em seu livro *Nega-*

tive Dialektik [Dialética negativa] (1966), ele quer elevar sua crítica da sociedade ao plano filosófico. A ordem social não é redutível a uma ordem única que exprime a totalidade, a unidade e nega, portanto, as diferenças.

T. W. Adorno coordenou, igualmente, trabalhos empíricos de psicologia social sobre a "personalidade autoritária" e a escuta radiofônica.

Principais obras de T. W. Adorno
• *Minima moralia*, 1951 [*Minima moralia — reflexões a partir da vida danificada*, Ática, 1993]
• *Notes sur la littérature*, 1958 [*Notas de literatura*, Tempo Brasileiro, 2.ª ed., 1991]
• *Negative Dialektik*, 1966 [Dialética negativa]
• *Aesthetische Theorie*, 1970 [Teoria estética]

→ **Frankfurt (escola de)**

ADQUIRIDO-INATO
→ **Inato-adquirido**

AFASIA

As afasias são distúrbios da linguagem normalmente provenientes de uma lesão cortical. Geralmente, distinguem-se as chamadas afasias de Broca, na qual o sujeito não encontra mais as palavras, se mostra incapaz de dar nome aos objetos comuns e troca as palavras, mas tem consciência de seu problema; e as chamadas afasias de Wernicke, em que o sujeito emite um fluxo verbal abundante, mas sem significação.

AGÊNCIA (teoria da)

Um dos postulados de base da teoria econômica afirma que a empresa procura sempre fazer frutificar seus bens e, portanto, maximizar seu lucro, utilizando seus recursos da melhor maneira possível. Ora, o economista americano John K. Galbraith* já havia notado que esta

---

DOIS CASOS DE AFASIA

• O psicólogo americano Howard Gardner relata, em 1974, suas conversas com dois pacientes, ambos vítimas de distúrbios da linguagem (M. F. Bear, B.W. Connors, M. A. Paradiso, *Neuroscience: Exploring the Brain* [*Neurociências: desvendando o sistema nervoso*], 1977). Como exemplos valem mais do que um longo discurso, examinemos as conversações:
"Perguntei ao senhor Ford o que ele fazia antes de ser admitido no hospital.
— Eu sou um ope… não… hum, bem…, ainda.
Ele pronunciou essas palavras lentamente, com muito esforço. Os sons não eram bem articulados; ele pronunciava cada sílaba com uma voz dura, forte e gutural. Com o tempo, consegue-se entendê-lo, mas eu tive muitas dificuldades no início (…).
— O senhor volta para casa no fim de semana?
— Volto, claro. Quinta-feira, euh…não, sexta… Barbara… mulher… eh, oh, carro, dirigir… o senhor sabe… repouso… e… televisão.
O senhor consegue entender tudo na televisão?
— Oh, sim, sim, sim… euh… quase tudo.
Ford deu um pequeno sorriso."
Com outro paciente, o senhor Gorgan, a conversação é bem diferente:
"O que trouxe o senhor ao hospital?, perguntei àquele homem.
— Bom, eu transpiro, eu sou terrivelmente nervoso, sabe, de tempos em tempos, eu não posso mais me mexer, enquanto, por outro lado, o senhor entende o que eu quero dizer, eu tenho que me agitar, observar tudo o que acontece, e todo o resto.
Tentei várias vezes interrompê-lo, mas não consegui parar aquela rápida e incessante torrente de palavras. Finalmente, levantando e colocando minha mão sobre o ombro de Gorgan, consegui obter um momento de pausa.
— Obrigado, senhor Gorgan, eu gostaria de lhe fazer algumas…
— Mas claro, continue, sobre todas as coisas do passado. Se eu pudesse, eu faria. Oh, Oh, eu não pego as palavras no bom sentido para dizer, todos os barbeiros aqui, quando eles param a gente, isso continua indefinidamente, se entende o que eu quero dizer… (segue-se um discurso incompreensível incluindo palavras inventadas)."

O senhor Ford sofre daquilo que chamamos afasia de Broca: ele compreende perfeitamente bem o que lhe perguntamos, mas não pode mais produzir frases normalmente. Ao contrário, o senhor Gorgan sofre de afasia de Wernicke, na qual a linguagem é loquaz e fluida, mas incompreensível. Além disso, ele compreende mal o que lhe perguntamos (ele não reage se lhe pedimos para fazer mímica de escovar os dentes, ou outros gestos). Compreender e produzir linguagem são, portanto, duas coisas bem diferentes.

constatação não é evidente. Embora os acionistas de uma empresa estejam, geralmente, à procura do máximo de benefícios, é possível que o diretor esteja à procura de outros objetivos; a ampliação da empresa, por exemplo (que pode se traduzir por *deficits* temporários). Como conciliar os interesses dos acionistas e do diretor? Esse é um dos problemas abordados pela "teoria da agência", desenvolvida particularmente pelos americanos Stephen A. Ross e Joseph Stiglitz (prêmio Nobel de economia).

AGENDAMENTO (função do)

A função do agendamento apresentada por Maxwell McCombs e Donald Shaw em 1972 ("The Agenda-Setting Function of Mass-Media", *Public Opinion Quartely*, nº 36), insiste na capacidade das mídias em focalizar a atenção do público sobre determinado acontecimento, escolhendo e hierarquizando os assuntos que "farão a atualidade". Determinando o agendamento político, a imprensa não diz às pessoas "aquilo que é preciso pensar", mas "aquilo em que é preciso pensar".

AGNOSIA

É um distúrbio da percepção visual, auditiva, tátil... consequente a uma lesão cerebral. A agnosia se traduz por uma falha no reconhecimento dos objetos ou das formas familiares. Por exemplo, um doente atingido pela prosopagnosia não distingue mais as diferentes feições e não pode, portanto, distinguir os rostos das pessoas de seu círculo.

→ **Amnésia, Afasia**

AGRESSÃO, AGRESSIVIDADE

Etologia. O etólogo Konrad Lorenz* (*Das sogenannte Böse. Zur Naturgeschichte der Aggression* [A agressão, uma história natural do mal], 1969) partilha com Sigmund Freud* a ideia de que a agressão é um instinto. No animal, há uma função adaptativa, a serviço da sobrevivência daquele que faz uso dela. A agressão é necessária ao predador (para capturar uma presa) ou à sua vítima (para se defender). Em inúmeras espécies, os machos se enfrentam para conquistar a fêmea ou para defender seu território. Os conflitos são ritualizados e se resumem, frequentemente, a golpes, mordidas e posturas de ameaça, e raramente vão até o assassinato. Ao contrário, notava K. Lorenz, o homem não possui mais mecanismos reguladores da agressão tão eficientes quanto os dos animais. Em 1974, uma observação dramática realizada por Jane Goodall* junto aos chimpanzés da Tanzânia pôs em xeque a ideia de uma "ritualização" sistemática da violência entre os grandes macacos. Efetivamente, durante um conflito entre grupos de chimpanzés que disputavam um território, um dos grupos exterminou os membros do clã rival.

Psicanálise. A partir dos anos 1920, S. Freud revisa sua teoria das pulsões. Até então, a libido* (pulsão sexual) ocupava um lugar central no seu modelo de psiquismo. Antes da Segunda Guerra Mundial, ele afirma que "a agressividade constitui uma inclinação instintiva primitiva e autônoma do ser humano". Ela é a principal expressão do instinto de morte (*tanatos*). A civilização existe para tentar reprimir essa pulsão mortífera, mas nem sempre consegue, como se inquieta S. Freud em *Das Unbehagen in der Kultur* [*O mal-estar na civilização*] (1929), texto muito pessimista escrito no momento da ascensão do fascismo e quando a ameaça de novos conflitos começa a pairar sobre a Europa.

Psicologia social. A psicologia social* considera a agressão uma reação a um estímulo do meio ambiente. Suas causas não são, portanto, internas, mas externas. Assim, os trabalhos do psicossociólogo Stanley Milgram mostraram que cada um de nós pode adotar um comportamento criminoso sob o efeito da submissão à autoridade (*Obedience to Authority* [*Obediência à autoridade*], 1974). A agressão pode, igualmente, resultar de uma aprendizagem de duração mais longa. Conforme a teoria da aprendizagem social, é por imitação que a criança adota comportamentos violentos, porque os observou no seio de sua família ou por intermédio das mídias (Albert Bandura, *Social Learning Theory* [Teoria da aprendizagem social], 1977).

Bibliografia: • S. Freud, *Malaise dans la civilisation*, Puf, 1979 [1929] • P. Karli, *L'Homme agressif*, Odile Jacob, 1987 • K. Lorenz, *L'Agression, une histoire naturelle du mal*, Flammarion, 1993 [1963]

ALGORITMO
→ **Heurística**

ALTHUSSER, LOUIS
(1918-1990)

Tendo feito sua carreira na ENS, onde foi um professor influente para uma geração marcada pelo comunismo, Louis Althusser cercou-se de jovens filósofos como Etienne Balibar, Roger Establet, Pierre Macherey e Jacques Rancière. Em *Pour Marx* (1965) [*A favor de Marx*] e *Lire "Le Capital"* (1965) [*Ler "O capital"*], L. Althusser dedicou-se a construir um marxismo* matizado de estruturalismo*.

L. Althusser fala de "ruptura epistemológica" para distinguir dois períodos na obra de Karl Marx*. Um primeiro período em que o autor ainda está envolvido com a filosofia hegeliana, sendo tributário da visão idealista e humanista da história. Depois, um período de maturidade – que levará a *O capital* (3 tomos: 1867, 1885, 1894) –, durante o qual o materialismo torna-se um pensamento verdadeiramente científico, próprio a descrever a lógica do capitalismo. L. Althusser via a ideologia e as instituições (família, escola...) como "aparelhos ideológicos do Estado" a serviço da reprodução do capitalismo.

Uma tragédia marcou o fim da vida de L. Althusser. Em 1980, ele estrangula a esposa, Suzanne. Descobre-se, então, que por trás do racionalista rigoroso escondia-se outro personagem: um maníaco-depressivo, uma personalidade atormentada e angustiada que ele revela na sua comovente e patética autobiografia (*L'avenir dure longtemps* [*O futuro dura muito tempo*], 1992).

Principais obras de L. Althusser
- *Pour Marx*, 1965 [*A favor de Marx*, Zahar, 1979]
- *Lire "Le Capital"*, 1965 [*Ler "O capital"*, Zahar, 1979]
- *L'avenir dure longtemps*, 1992 [*O futuro dura muito tempo*, Companhia das Letras, 2ª. ed., 1992]

ALTRUÍSMO

Comportamento que tem como finalidade prestar ajuda ao outro, em detrimento, às vezes, da própria segurança. É o oposto de um comportamento egoísta, voltado apenas para o interesse pessoal. Observam-se comportamentos altruístas tanto nos animais como nos seres humanos. Por exemplo, entre os gaios da Flórida, os ninhos dos jovens são, frequentemente, abastecidos e vigiados por "ajudantes" que não são os pais, mas sim meios-irmãos ou irmãos nascidos da ninhada precedente.

Sociobiologia. A sociobiologia examina o altruísmo no mundo animal sob o ângulo da seleção natural. Seria vantajoso para a reprodução se sacrificar em benefício do grupo (como fazem as abelhas ou as formigas, por exemplo) ou dos membros de parentesco (como fazem inúmeros mamíferos) que possuem genes em comum com o indivíduo que se sacrifica. Observam-se tais condutas em muitas espécies de insetos, de pássaros, de mamíferos.

Às vezes, porém, a natureza brinca consigo mesma. O tentilhão que cria um pequeno cuco – que uma mãe cuco colocou no seu ninho – adota e cuida com dedicação de um filhote com quem não tem nenhum parentesco. Quando a coincidência entre parentesco biológico e proximidade física que se encontra na natureza é quebrada, então o cachorro pode se tornar o melhor amigo de um gato, de um ganso ou de um ser humano, cuidando de seu destino como se fosse seu irmão.

Sociologia. O termo "altruísmo" nasceu da pena de Auguste Comte em 1852, para designar a preocupação desinteressada com o bem-estar do outro. Com o declínio das religiões e a lenta difusão dos princípios universalistas e democráticos, o principal problema humano consiste, segundo A. Comte, em "fazer gradualmente prevalecer sua sociabilidade" sobre o interesse egoísta.

Para Émile Durkheim*, as relações morais são o cimento das sociedades industriais e as antigas religiões devem ser substituídas por uma moral "laica" e racional. A partir do século XIX, os movimentos de solidariedade – visando a reduzir as injustiças sociais – vão se constituir, ligados a ideologias políticas como o socialismo, o cristianismo de esquerda ou o "solidarismo" de Léon Bourgeois.

Psicologia. Os motociclistas que assistiram a uma cena em que um deles socorre uma garota que foi atropelada tornam-se mais inclinados, quando uma cena como essa se repete, a parar para oferecer sua ajuda.

As pesquisas em psicologia social* mostram que inúmeros fatores – cognitivos e afetivos – influenciam o altruísmo: a força dos modelos (como na experiência dos motociclistas) assim como o papel da educação; as normas sociais, como a equidade e a justiça social (os indivíduos que acreditam em um mundo justo são mais suscetíveis a ajudar os outros), a responsabilidade (sentimento de obrigação e de deveres em relação aos outros); a autoimagem (ajudar é sentir-se bem, mas também receber a estima de seu círculo de relações); a imagem do outro (estudos realizados entre os benévolos mostram que se ajuda, geralmente, aqueles "que merecem").

Filosofia: Como explicar a generosidade para com os outros? Velho problema filosófico. Uma primeira hipótese é a inclinação natural: ajudamos a quem amamos. As formas de altruísmo coincidem, então, com as formas do amor. Os gregos distinguiam, assim, além do *eros* (desejo sexual), a *philia* (a amizade), a *storge* (a afeição), o *agape* (amor do próximo) e a *philantropia* (amor da humanidade em geral). A cada tipo de sentimento corresponde um modo de assistência ao outro: a *philia* pode conduzir ao sacrifício de si, o *agape* à caridade, a *philantropia* simplesmente à compaixão...

Pode-se também conceber o altruísmo não como uma inclinação natural, mas como a consequência de uma norma moral. Esse dever moral é, por exemplo, em Emmanuel Kant, o fruto de uma escolha pessoal (e racional), e não de uma regra imposta.

Economia. O altruísmo foi estudado no âmbito da teoria dos jogos*, que serve atualmente de referência para muitas pesquisas em microeconomia e em ciências políticas. O contexto de reflexão é o seguinte: em que condições um indivíduo considerado racional tem interesse de cooperar com o outro?

O economista Gary Becker propôs, em 1976, o teorema da *rotten kid* (criança mimada). Nos casos de interdependência entre os rendimentos de cada um (como é o caso em uma família), G. Becker mostra que uma "criança mimada" (que recebe proventos de seus pais) não tem interesse em obter uma renda adicional em seu benefício. Isso conduziria, no final, a reduzir o rendimento global da família e, portanto, o seu próprio.

Esse altruísmo, qualificado de "altruísmo estratégico", visa a mostrar pelo cálculo racional que, às vezes, se tem interesse em não ser interessado demais...

Bibliografia: • R. Chappuis, *La Solidarité*, Puf, "Que sais-je?", 1999 • F. R. Mahieu, H. Rapoport (orgs.), *Altruisme, analyses économiques*, Economica, 1998 • K. R. Monroe, *The Heart of Altruism*. *Perceptions of a Common Humanity*, Princeton University Press, 1996 • F. de Waal, *Le Bon Singe: les bases naturelles de la morale*, Bayard, 1997 • E. O. Wilson, *La Sociobiologie*, Du Rocher, 1987

ALUCINAÇÃO

Essa palavra vem do latim *hallucinare* (equivocar-se, enganar-se). Já em 1853, Benjamin Ball deu-lhe uma definição amplamente aceita: uma "percepção sem objeto".

ALUCINAÇÕES E ILUSÕES

A alucinação se distingue da ilusão. Nesta última, há uma percepção inicial de objetos, formas, cores, que são mal interpretados pelo cérebro. Por exemplo, meus olhos me enviam a imagem de um quadrado branco num fundo preto ao lado de um quadrado preto num fundo branco, e meu cérebro vê – erroneamente – o quadrado branco maior que o outro. Quando o cérebro representa objetos, ou um discurso, que identifica sem hesitação, mas esses objetos – visuais ou sonoros – não existem e, portanto, não originaram nenhuma percepção visual ou auditiva, temos uma alucinação. É preciso acrescentar que o traço característico da alucinação é a "crença absoluta" do sujeito na realidade daquilo que percebe, o que permite distingui-la do sonho.

OS TIPOS DE ALUCINAÇÃO

Podemos classificar as alucinações de acordo com o órgão do sentido envolvido. As alucinações visuais são as mais frequentemente citadas – visões de pessoas, de objetos, mas às vezes de simples chamas, manchas de cores –, embora as alucinações auditivas sejam, na verdade, as mais frequentes: barulhos de sino, melodias ou, mais frequentemente, vozes, que fazem afirmações coerentes, às vezes dão ordens. Existem também as alucinações olfativas e gustativas – em geral com percepções de gostos e odores desagradáveis; alucinações do tato (carinhos, abraços...), cenestésicas (sensação do corpo que flutua acima do solo, por exemplo), motoras – especialmente a sensação de "membro fantasma", que faz que pessoas que tiveram a mão amputada "sintam" essa mão abrir e fechar. Enfim, existem as chamadas alucinações "psíquicas", pois a pessoa as sente como pensamentos e não como percepções, atribuindo-as não raro a uma transmissão de pensamentos: alguém se expressa por sua boca, escreve com sua mão, repete em eco o que ela diz...

Uma grande questão a respeito das alucinações é: trata-se de um fenômeno normal ou patológico? É difícil responder de maneira definitiva. As alucinações estão presentes, às vezes muito presentes, no quadro de certas doenças mentais ou neurológicas, mas as encontramos também em pessoas com boa saúde.

– *Alucinações e psicoses*. Os psiquiatras distinguem: a psicose alucinatória aguda, marcada por uma "rajada de alucinações" complexas, mas temporárias, que podem desaparecer sem deixar rastros, e sem se reproduzir; a psicose alucinatória crônica, na qual as alucinações se instalam e se organizam em sistema. A esquizofrenia é frequentemente acompanhada de alucinações, a psicose maníaco-depressiva, às vezes. Os neurolépticos mostram-se eficazes contra esse sintoma.

– *Alucinações provocadas*. O efeito de certas drogas, como a cocaína, a mescalina e, principalmente, o LSD, é bem conhecido: causam visões coloridas, às vezes acompanhadas de um sentimento de euforia. Mas trata-se mais frequentemente de ilusões perceptivas (uma visão deformada dos objetos, uma amplificação dos sons) e não de alucinações. Através da hipnose, podemos persuadir alguém de que vê ou ouve objetos e pessoas que não estão presentes. É também possível, colocando uma pessoa em "abstinência", deliberadamente ou não, causar-lhe alucinações. Indivíduos privados de sono, soldados e navegadores solitários relatam visões ou sensações de flutuação do corpo. Da mesma forma, foram realizadas experiências de isolamento sensorial: nessas experiências as pessoas são colocadas numa espécie de câmara a vácuo, onde flutuam devido a ausência de gravidade, na escuridão e no silêncio; em algumas horas são tomadas por alucinações múltiplas que só cessam depois que saem da câmara.

– *Alucinações no estado normal*. No momento em que vamos cair no sono, percebemos formas coloridas ou a imagem de um objeto, de um rosto preciso: é o que chamamos de alucinação "hipnagógica" (ou seja, que leva ao sono). Mas podemos também ter alucinações em estado de vigília: o que é até bastante comum, de acordo com as raras pesquisas efetuadas. Assim, em 1983, dois pesquisadores, Thomas B. Posey e Mary E. Losch, interrogaram 375 estudantes em boas condições de saúde mental sobre suas eventuais alucinações auditivas: 36% responderam que lhes acontecia ouvir alguém chamá-los em voz alta quando estavam sozinhos e 39% que lhes acontecia ouvir os próprios pensamentos, como se fossem expressados em voz alta.

Há ainda uma categoria de fenômenos cujo *status* está sujeito a controvérsias, pois depende das crenças religiosas: as manifestações místicas. Se, para os que creem, as vozes de Joana D'Arc ou as aparições de Nossa Senhora de Fátima vêm de seres divinos reais, que escolheram manifestar-se a um escolhido(a), para os que não creem, trata-se de alucinações, que alguns explicam por uma patologia subjacente (por exemplo, as crises de epilepsia de Joana D'Arc). Podemos apenas acrescentar, com o psiquiatra Georges Lantéri-Laura, que, mesmo que os descrentes tivessem razão, isto não bastaria para considerar os místicos como doentes mentais nem para desqualificar suas obras; da mesma forma que as crises de epilepsia acompanhadas de alucinações de um Dostoiévski deixaram intactas sua inteligência e suas faculdades criativas.

ALUCINAÇÕES E DISTÚRBIOS NEUROLÓGICOS

• As crises de epilepsia vêm às vezes acompanhadas de alucinações auditivas ou visuais: Gustave Flaubert fala de "chamas douradas", enquanto Vincent van Gogh, em suas crises, escuta assobios, insultos, os gritos de uma multidão que o persegue... As crises de delírio, ou *delirium tremens*, de que sofrem os alcoólatras, frequentemente são acompanhadas de alucinações, em particular de multidões de pequenos personagens ou animais se atropelando e batendo em todos os móveis (as chamadas alucinações "liliputianas"), ou de animais repulsivos (insetos, serpentes), ou de visões de seu próprio duplo. Alfred de Musset, que se tornou alcoólatra muito jovem, descreve uma de suas alucinações em *La Nuit de décembre* [A noite de dezembro]:
"Diante de minha mesa veio se sentar
Uma pobre criança vestida de preto
Que se parecia comigo como um irmão."

Bibliografia: • H. Ey, *Traité des hallucinations*, Masson, 1973 • G. Lantéri-Laura, *Les Hallucinations*, Masson, 1991 • G. Lazorthes, *Les Hallucinés célèbres*, Masson, 2001 • *The Corsini Encyclopedia of Psychology and Behavioral Science*, John Wiley & Sons, 2001

AMNÉSIA
Distúrbio da memória. Existem várias formas de amnésia; distinguem-se os sintomas de amnésia "retrógrada", marcada pela impossibilidade de lembrar-se dos episódios de seu passado (aqueles que precedem um traumatismo), e a amnésia "anterógrada", que se traduz pela incapacidade de fixar novos acontecimentos na memória.
→ **Agnosia, afasia**

ANÁLISE
Em química, estabelecer a análise de um corpo é revelar seus elementos constitutivos. Por análise, descobre-se que a molécula de clorofórmio é composta de átomos de carbono, de hidrogênio e de cloro. De maneira mais geral, chama-se então análise toda forma de pensamento que se propõe decompor um problema ou uma noção em elementos mais simples. A análise é o contrário da síntese.

Em psicanálise, a "análise" (empregada como sinônimo de psicanálise) designa o próprio tratamento analítico.

ANÁLISE DA CONVERSAÇÃO
→ **Conversação**

ANÁLISE DE CONTEÚDO
→ **Conteúdo**

ANÁLISE DO DISCURSO
→ **Discurso**

ANÁLISE ESTRATÉGICA
Em sociologia, este termo designa o método fundado por Michel Crozier e Erhard Friedberg (*L'Acteur et le Système* [O ator e o sistema], 1977). Essa abordagem analisa o funcionamento das organizações por meio do comportamento dos atores, a partir dos seguintes postulados: eles dispõem de uma margem de liberdade e de desenvolvimento de estratégias; suas condutas se inscrevem nas relações de poder e formam um sistema de ação. Esse método pode, então, servir de guia para a realização de mudanças organizacionais.

A expressão "análise estratégica" é, às vezes, utilizada em outro sentido, para designar o estudo das estratégias de empresas.

Bibliografia: • M. Crozier, E. Friedberg, *L'Acteur et le Système*, Seuil, 1992 [1997] • F. Pavé (org.), *L'Analyse stratégique: sa genèse, ses applications et ses problèmes actuels. Autour de Michel Crozier*, Seuil, 1994
→ **Crozier**

ANÁLISE SISTÊMICA
A análise sistêmica nasceu no final dos anos 1940. Seus fundadores são: Norbert Wiener, teórico da cibernética*; Warren McCulloch, criador da biônica; Karl Ludwig von Bertalanffy, autor de uma teoria geral dos sistemas (1954); Jay W. Forrester, especialista em eletrônica no MIT.

A abordagem sistêmica apoia-se em três princípios fundadores: a interação, a totalidade e a retroação:

– segundo o princípio de interação ou de interdependência, não se pode compreender um elemento sem conhecer o contexto no qual ele interage;

– o princípio de totalidade lembra que "o todo é superior à soma das partes";

– o princípio de retroação (*feedback*) é um tipo de causalidade circular em que um efeito (B) vai retroagir sobre a causa (A) que ele produz. O termostato é um bom exemplo dessa causalidade circular.

Como esquema de análise, é um procedimento geral de estudo dos fenômenos humanos, aplicável em economia, em antropologia, em sociologia, em ciências políticas assim como em linguística, mas ela é, principalmente, utilizada como ferramenta de intervenção nas organizações e em terapia familiar.
→ **Organização, Palo Alto (escola de), Parsons, Psicoterapia**

ANÁLISE TRANSACIONAL
Abordagem terapêutica fundada no final dos anos 1950 pelo psicanalista americano Eric Berne (1910-1970). Conforme a análise transacional (AT), três estados do eu coexistem no interior de cada pessoa: "Pai – Criança – Adulto". O estado do eu "Pai" é protetor e/ou autoritário; o "Adulto" é centrado na análise e resolução de problemas; a "Criança" é brincalhona e/ou submissa ou rebelde.

De maneira ideal, uma personalidade equilibrada seria, portanto, aquela em que esses três estados do eu estivessem repartidos de maneira equitativa: nem muito, nem pouco pai, criança ou mesmo adulto... A AT examina as interações entre os estados do eu dos parceiros e as interferências na comunicação que algumas delas podem acarretar. Por exemplo, se, em um casal, um dos membros tem um estado do eu "Criança" muito desenvolvido e o outro um estado do eu "Pai" hiperatrofiado, isso pode provocar relações nefastas. Essas interações são descritas pela AT como "jogos" ou "cenários de vida".

A análise transacional é utilizada ao mesmo tempo como método para as psicoterapias breves e, no mercado de trabalho, como instrumento para resolver problemas de comunicação.

Bibliografia: • E. Berne, *Des Jeux et des hommes: psychologie des relations humaines*, Stock, 1988 [1966] • E. Berne, *Que dites-vous après avoir dit bonjour?*, Tchou, 2001 [1972] • G. Chandezon, A. Lancestre, *L'Analyse transactionnelle*, Puf, "Que sais-je?", 2001 [1983]

ANALÍTICA (filosofia)

Escola filosófica nascida na Inglaterra nos anos 1930, chamada também de filosofia analítica da linguagem, cuja origem remonta aos trabalhos do lógico Gottlob Frege (1848-1925). Próxima da lógica formal e da linguística, a filosofia analítica rejeita a pretensão de conhecer o mundo ou de encontrar uma verdade universal por métodos especulativos. Dedica-se, preferencialmente, aos enunciados da linguagem e particularmente à análise das proposições linguísticas.

A filosofia analítica se desenvolveu em várias etapas. Primeiramente, na Inglaterra, no início do século XX, com os trabalhos de Bertrand Russell e Alfred North Whitehead sobre o fundamento lógico das matemáticas. A partir de 1929, ela recebe a contribuição decisiva do neopositivismo do círculo de Viena* (Ludwig J. Wittgenstein*, Rudolf Carnap, Herbert Feigl, Moritz Schlick, Kurt Gödel), que pretende reduzir todo o conhecimento a dois tipos de verdade: lógica e empírica. Em seguida, após 1950, a análise da "linguagem comum" (L. J. Wittgenstein, Peter F. Strawson, John L. Austin) abandona a questão da verdade e se concentra no uso que é feito da linguagem para agir. Willard van Orman Quine, professor em Harvard, desenvolveu uma abordagem analítica crítica da noção de verdade empírica. John R. Searle (*Speech Acts: an Essay in the Philosophy of Language* [Os atos da fala: um ensaio de filosofia da linguagem], 1969) e Saul Kripke (*Naming and Necessity* [Denominação e necessidade], 1972) são os continuadores da filosofia da linguagem comum.

Atualmente, a corrente analítica está dividida sobre a questão da verdade e da racionalidade. Embora conservando métodos específicos (exame dos problemas *a priori*, atenção direcionada aos enunciados), certos herdeiros da corrente analítica encontram-se hoje mais envolvidos em pesquisas sobre a natureza dos fenômenos mentais do que sobre a questão da linguagem (Donald Davidson*, Hilary Putnam*, J. R. Searle).

ANALOGIA

"O ninho é para o pássaro aquilo que a casa é para o homem." Eis o que em lógica se denomina analogia. Encontram-se analogias desse tipo nos testes de inteligência: "'crina' é para o cavalo aquilo que 'cabelo' é para ...?". *Stricto sensu*, a analogia é uma relação entre quatro termos (ninho, pássaro, casa, homem) de modo que A é para B aquilo que C é para D. É assim que Aristóteles a define. Considerando que a analogia era um mecanismo geral do pensamento que permitia estabelecer uma comparação entre duas situações, a teoria da analogia será objeto de longos debates filosóficos, notadamente na Idade Média.

A psicologia cognitiva dá à noção de analogia uma definição mais ampla. De maneira geral, o estabelecimento de uma correspondência entre duas situações. Assim, o uso de metáforas, como "Tempo é dinheiro" ou "A pátria é uma grande família", baseia-se na analogia. A transferência de conhecimentos de um domínio a outro também.

Assim compreendida, a analogia é considerada um mecanismo muito geral do pensamento humano que intervém na compreensão, na aprendizagem e na resolução de problemas.

– *A compreensão*. Comparando o átomo, com seu núcleo e seus elétrons, a um pequeno sistema solar, podemos facilitar a compreensão da estrutura do sistema atômico. Descrevendo um objeto visto no céu como um "disco" voador, damos uma ideia sobre sua forma geral.

– *A aprendizagem*. Para ensiná-lo a manter-se sobre um cavalo, o instrutor dirá ao principiante que as rédeas são como o volante de um carro (elas devem servir para pilotar e não para se agarrar).

– *A resolução de problemas*. Diante de uma situação nova, a analogia consiste em recorrer a uma situação conhecida similar. Por exemplo, apelamos a um amigo para nos ajudar a redigir uma correspondência administrativa como o chamamos para nos ajudar a fazer o imposto de renda...

A analogia é, portanto, fonte de novos conhecimentos por transferência de conceitos ou procedimentos de uma situação a outra. Mas é também uma fonte de erros. Porque, às vezes, as analogias são enganosas. Assim, a semelhança entre a forma geral do golfinho e do tubarão poderia nos levar a acreditar que o golfinho é um peixe, o que não é verdade. A semelhança, a analogia formal entre os dois animais não funciona aqui e leva ao equívoco.

As analogias operam tanto no pensamento habitual, no imaginário, como no pensamento científico.

No pensamento cotidiano, a analogia, próxima da metáfora (segundo George Lakoff e Mark Johnson), é onipresente. Ela apoia-se no conhecimento das coisas – o que sei dos tigres, transferirei aos leopardos, às panteras e outros felinos; o que sei das víboras, transferirei (erroneamente) às serpentes –, ou nos comportamentos: o metrô de Nova York me lembra o de Paris ou de Lyon; procurarei, então, utilizar os mesmos procedimentos para usá-lo.

No imaginário, a analogia é um dos procedimentos privilegiados da poesia. Charles Baudelaire a utiliza sem cessar. Sob sua pena, "o céu baixo e carregado pesa como uma tampa", as gotas de chuva transformam-se em "grades de uma vasta prisão", as corujas são "deuses estranhos" que nos vigiam com seus grandes olhos abertos...

No pensamento científico, a analogia também está presente. O romano Vitrúvio descobriu a existência de ondas sonoras comparando a transmissão do som às ondas que se propagam na água. Bem mais tarde, a teoria ondulatória da luz será estabelecida por analogia com a teoria das ondas sonoras.

Bibliografia: • M. D. Gineste, *Analogie et cognition*, Puf, 1997 • E. Sander, *L'Analogie, du Naïf au Créatif. Analogie et catégorisation*, L'Harmattan, 2000

→ **Metáfora**

ANGÚSTIA
→ **Ansiedade**

ANIMAL

O pensamento ocidental é fundado em uma nítida separação entre o homem e o animal.

Ao homem geralmente atribuímos a cultura, a consciência, a linguagem, a razão, a inteligência, etc. O comportamento do animal é supostamente guiado unicamente pelos instintos e por reflexos condicionados.

Charles Darwin*, contudo, pensava que os animais eram dotados de razão. Em *The Descent of Man* [*A descendência do homem*] (1871), ele evoca o caso de um cão de caça submetido a um dilema. Seu dono ferira duas perdizes com um único tiro de espingarda, e o cão percebe que não pode levar os dois pássaros ao mesmo tempo. Se levasse um primeiro, o outro teria tempo de fugir. Após alguns segundos de hesitação, o cão mata as duas perdizes e depois leva uma após a outra. Ora, esse cão de caça não matava nunca os animais feridos. Ele abre então uma exceção para resolver seu problema: prova, segundo C. Darwin, de uma irrefutável capacidade de raciocinar.

A partir de C. Darwin, pesquisas sistemáticas foram realizadas em etologia sobre a inteligência animal. Elas mostram que a maioria dos vertebrados possui, em graus diversos, faculdades de aprendizagem e de resolução de problemas. Os mamíferos e os pássaros dão provas de inventividade para resolver problemas práticos, como abrir uma caixa para pegar o alimento, utilizar uma ferramenta para quebrar nozes ou mesmo classificar objetos segundo suas formas, suas cores...

Novos olhares sobre os animais

A partir dos anos 1980, efetivamente, houve uma verdadeira revolução na maneira de abordar o mundo animal. Jane Goodall*, já nos anos 1960, descobriu a aptidão dos chimpanzés para utilizar instrumentos (quebrar nozes com um martelo de pedra, pegar cupins enfiando um galhinho no cupinzeiro). Depois Washoe, a célebre chimpanzé criada por Allan Gardner e Roger Fouts, aprende a utilizar corretamente dezenas de palavras da ASL (a língua dos sinais americana).

Há pouco tempo, começou-se a reconhecer nos chimpanzés um embrião de cultura (capacidade de transmitir seu saber prático) e uma capacidade de simbolização (caso do bonobo Kanzi, que sabe utilizar categorias gerais como "legumes" ou "ferramenta"). As fronteiras que havíamos colocado entre eles e nós (a técnica, a linguagem, a cultura) parecem desmoronar uma a uma.

Finalmente, essas pesquisas levantam três tipos de questões:
– científicas: como redefinir as diferentes aptidões dos animais em comparação às dos humanos?...;
– filosóficas: que estatuto conceder ao animal e, portanto, ao homem, se os critérios tradicionais (a cultura, a inteligência, a consciência) não lhe são mais específicos?...;
– morais: como devemos nos comportar em relação a certos animais agora que lhes atribuímos emoções, formas mais ou menos elaboradas de inteligência e de consciência? É necessário lhes conceder direitos?...

ANIMISMO

Esta palavra foi introduzida pelo antropólogo Edward B. Tylor* (1832-1917) para designar as religiões das sociedades ditas "primitivas". As religiões animistas são baseadas em uma dupla ideia: os seres humanos, mas também os animais e os elementos naturais, possuem uma alma que os "anima". As almas ou "espíritos" (dos mortos, das divindades animais) estão presentes no além e podem agir no mundo terrestre, daí a necessidade de lhes consagrar um culto.

O protótipo da concepção animista é o *mana* melanésio, uma força não material que age para o bem ou o mal do homem. Essa força "anima" tanto objetos da natureza (animais, lugares, pedras) como artefatos que o homem fabrica para fixá-la: objetos de culto, feitiços... Isso justifica que lhes ofereçamos dádivas, que regras fixem seu uso. Na Polinésia, chama-se isto *tapu*, ou seja, tabu.

ANNALES (Escola dos)

O nome "Escola dos Annales" veio da revista chamada *Les Annales d'Histoire Économique et Sociale*, fundada por Marc Bloch* e Lucien Febvre*, em 1929. A criação da revista dos *Annales* marca, para seus fundadores, uma ruptura com a concepção da ciência histórica da corrente positivista* (que atribuía uma supremacia ao acontecimento e à história política). Seu propósito é de reunir as ciências sociais em torno de um projeto renovador, recorrendo à geografia, à sociologia e à economia para esclarecer a história. A história tradicional, essencialmente política, diplomática e militar, foi substituída por uma "história-questões", predominantemente econômica e social.

Logo após a Segunda Guerra Mundial, a revista muda de título e se torna *Annales: Économies, Sociétés, Civilisations*, para melhor afirmar seu papel de síntese das ciências sociais e a necessidade de comparações na pesquisa histórica. Em 1956, Fernand Braudel* assume a direção da VI seção da EPHE – que se tornará a VI seção da EHESS, em 1975 – e, ao mesmo tempo, a direção da revista.

Nos anos 1955-1960, quando o movimento estruturalista* se estende a todas as ciências humanas, F. Braudel formula a noção de "longa duração". Os fenômenos históricos devem ser estudados no longo prazo, para que se possam identificar as grandes estruturas sociais, econômicas, demográficas... A história, que L. Febvre e M. Bloch definiam como "a ciência da mudança", se "imobiliza", segundo a fórmula de Emmanuel Le Roy Ladurie*.

Em 1969, F. Braudel confia a direção dos *Annales* a Jacques Le Goff*, E. Le Roy Ladurie e Marc Ferro.

A "NOVA HISTÓRIA"

Em 1974, *Faire l'histoire* [Fazer a história], publicado por J. Le Goff e Pierre Nora, marca o início de uma virada historiográfica.

Com a história econômica e os trabalhos de Ernest Labrousse, desenvolveu-se a "história serial", ou seja, uma história quantitativa que, na ótica da longa duração, estabelecia séries de preços, de produções, de nascimentos e de falecimentos, culminando em curvas econômicas, demográficas... Em seguida, essa história serial lança-se ao "afetivo, ao mental, ao psiquismo coletivo, aos sistemas de civilizações". Torna-se "história das mentalidades", da morte, da sexualidade, dos modos de vida...

Paralelamente, a ambição de uma "história total", cara a M. Bloch e F. Braudel, que integraria todas as dimensões (econômica, antropológica, psicológica, política...), é cada vez mais abandonada. Em 1985, Georges Duby* demonstra "uma impressão de esgotamento" do programa dos *Annales*.

A trilogia definida por M. Bloch – "econômico, social, mental" – se desgastou, as grandes análises quantitativas perderam espaço, ao mesmo tempo que a abundância das publicações mostra a espetacular ampliação do "território" dos historiadores.

1988: A "GUINADA CRÍTICA"

A posição hegemônica da Escola dos Annales se vê ameaçada por novas correntes historiográficas; a micro-história* italiana, "a virada linguística" americana; a *social history* inglesa, particularmente com Edward P. Thomson e Eric Hobsbawm*; a *Alltagsgeschichte* [história do cotidiano] desenvolvida pela equipe do Max Planck Institut de Göttingen...

Em 1987, o historiador François Dosse afirma o esfacelamento do projeto historiográfico da escola em um livro que suscitará inúmeras polêmicas: *L'Histoire en miettes* [*A história em migalhas*].

Em 1988, os *Annales* publicam dois editoriais coletivos convocando a uma renovação que considere "os novos métodos da pesquisa histórica": as escalas de análise, os atores individuais e a escritura da história.

A palavra "história" é reintroduzida no título da revista, que se torna *Annales: Histoire et Sciences Sociales*, em 1993.

ANOMIA

No vocabulário sociológico, o termo remete à ideia de um enfraquecimento dos mecanismos de integração social. Fala-se de anomia, por exemplo, para designar o fato de uma parcela da população não partilhar mais os valores e não respeitar mais as normas dominantes de uma sociedade. O termo é empregado em sentidos ligeiramente diferentes por Émile Durkheim* e Robert K. Merton*.

É. Durkheim fala de "suicídio anômico" para caracterizar os suicídios que podem ser explicados por um declínio da integração do indivíduo no seio da família ou da comunidade de trabalho. O enfraquecimento dos valores morais de uma sociedade também é, para ele, uma causa de anomia.

Para o sociólogo americano R. K. Merton, a anomia aparece quando uma fração da população não compartilha mais os valores de uma sociedade. A anomia pode, então, adquirir a forma da desviância, da revolta ou do isolamento, ou seja, de uma recusa de participação social.

ANOREXIA

Na Idade Média, no seio das comunidades religiosas, as privações alimentares tomaram uma forma exacerbada entre certos religiosos. Alguns místicos recusavam-se a se alimentar durante várias semanas e vários meses, até que a morte chegasse. Assim, Catarina de Siena (1347-1380) morreu aos 33 anos de idade em consequência de suas privações de alimento. Os historiadores falam de "anorexia santa" para descrever os inúmeros casos que permeiam a história do misticismo feminino.

No século XIX, dois médicos, o francês Charles-Ernest Lasègue em 1873 e o inglês William W. Gull em 1874, apresentam as primeiras descrições clínicas de casos de anorexia. Para esses autores, a anorexia é um distúrbio de origem psicológica ou "nervosa", como se diz então, de onde se origina o qualificativo "anorexia mental".

Hoje, a anorexia é um distúrbio alimentar que atinge essencialmente as jovens (só 10% dos anoréxicos são homens) e principalmente pessoas originárias de um meio sociocultural elevado (enquanto, inversamente, a obesidade afeta mais os meios desfavorecidos). Anorexia significa literalmente "ausência de apetite", mas é menos a ausência de apetite do que a repugnância pela comida e/ou a recusa de se alimentar que a caracteriza. Com frequência, a pessoa anoréxica provoca, voluntariamente, vômitos. Sua imagem corporal é muito perturbada: enquanto seu corpo se torna esquelético, seu rosto muito magro e a desnutrição ameaça sua saúde, ela é perseguida pelo medo de engordar.

Alegam-se, geralmente, vários tipos de causas para explicar a anorexia:

– a explicação biológica. Estudos com gêmeos sugerem uma predisposição genética, mas são ainda muito parciais para que esse resultado seja garantido;

– a explicação psicológica dá ênfase ao fato de que a anorexia é, frequentemente, associada a outros traços de personalidade: o perfeccionismo e a tendência de viver no estilo "tudo ou nada" (características dos místicos), a frágil autoestima, as dificuldades de relacionamento. Observam-se igualmente problemas de comunicação no interior da família, assim como traumas sexuais;

– a explicação sociológica considera a pressão cultural de nossas sociedades, que incentivam a magreza (por exemplo, as modelos famélicas).

Bibliografia: • R. M. Bell, L'Anorexie sainte, Puf, 1994 • B. Brusset, Psychopathologie de l'anorexie mentale, Dunod, 1998 • M. Elkaim (org.), Anorexie et boulimie: modèles, recherches et traitements, De Boeck, 1996 • G. Raimbault, C. Eliacheff, Les Indomptables, figures de l'anorexie, Odile Jacob, 1996 [1989]

ANSIEDADE

Angústia e ansiedade são, frequentemente, consideradas sinônimos. Em inglês ou alemão, só existe uma palavra equivalente: *anxiety* (inglês) e *Angst* (alemão).

A ansiedade (ou a angústia) se caracteriza por uma inquietação desproporcional em relação à realidade das ameaças. Ela se manifesta por distúrbios psicológicos (medo, insônia) e físicos (tensão, palpitações cardíacas, bola na garganta, palidez, dificuldade de respirar). É, às vezes, associada a problemas depressivos*, fóbicos e obsessivos.

A ansiedade generalizada pode adquirir a forma de uma crise aguda (o ataque de pânico) ou ser mais difusa.

→ **Fobia**

ANTECIPAÇÕES RACIONAIS

O prêmio Nobel de economia de 1995 foi conferido ao economista americano Robert E. Lucas, um dos pilares da teoria das "antecipações racionais", que teve seu momento de glória no final dos anos 1970. Conforme essa teoria, elaborada no início dos anos 1960 pelo americano Richard Muth, os atores econômicos se dedicam a antecipações corretas sobre a provável evolução do mercado. Por exemplo, os assalariados pedem aumento de salários não em função do atual estado do custo de vida, mas por "antecipação" sobre a possível evolução deste. Por causa disso, as políticas econômicas baseadas na intervenção do Estado são, frequentemente, ineficazes: os efeitos de uma decisão anunciada do aumento da massa monetária, por exemplo, vão ser anulados pelas antecipações dos empresários, que vão projetar os prováveis efeitos dessa alta em seus preços.

Esse modo de análise se inscreve na corrente da *rational choice** [escolha racional] das ciências sociais anglo-saxônicas, segundo a qual a racionalidade dos agentes é um princípio de base dos comportamentos. Essa abordagem foi criticada pela falta de realismo referente aos comportamentos dos atores (que não são sempre tão bem informados quanto supõe a teoria). Entretanto, seu mérito foi ter chamado a atenção para as capacidades de antecipação dos agentes no interior dos mercados e para as pressões que pesam sobre as políticas econômicas.

ANTIPSIQUIATRIA

Os mais célebres representantes do movimento antipsiquiátrico, nascido nos anos 1950 entre um grupo de psiquiatras britânicos, foram Ronald Laing e David Cooper. Lançado em 1967, o livro de D. Cooper *Psychiatry and Anti-Psychiatry* [*Psiquiatria e antipsiquiatria*] torna-se a bíblia desse movimento.

Dirigido inicialmente contra algumas práticas dos hospitais psiquiátricos – o eletrochoque e outros tratamentos violentos infligidos aos doentes internados –, o movimento se estende em seguida aos próprios princípios da medicina mental e à distinção entre louco e sadio de espírito. O dispositivo repressivo defendido pelas instituições sociais e pela família qualifica de doentes mentais os desviantes e os dissidentes (principalmente nos países do Leste). A antipsiquiatria questiona radicalmente a diferença entre o normal e o patológico. "É o nosso estado considerado normal... que é apenas um abominável estado de alienação", escreve R. Laing. Os antipsiquiatras criam então centros de acolhimento alternativos (*households*), espécies de comunidades onde os pacientes evoluem livremente. Esse movimento se difundirá com o nome de psicoterapia* institucional. Na França, a clínica do castelo de La Borde, dirigida por Jean Oury e Félix Guattari, experimenta uma "psiquiatria liberada" desde 1953. O castelo, por outro lado, é também um refúgio para militantes em fuga ou para diversos ativistas dos movimentos de liberação, atestando a ligação entre a antipsiquiatria e a extrema esquerda internacional. Em 1967, no Congresso Internacional de Dialética da Libertação, encontram-se tanto adeptos da antipsiquiatria quanto figuras como Herbert Marcuse e Gregory Bateson*, conhecido por sua teoria do *double bind* e então guru de uma comunidade em Santa Cruz, na Califórnia.

O movimento antipsiquiátrico contribuiu para mudar o olhar da sociedade sobre os doentes.

ANTROPOLOGIA
Ver disciplinas nas páginas centrais

ANTROPOLOGIA COGNITIVA
→ Cognição

ANTROPOLOGIA DAS CIÊNCIAS
→ Ciência

APEGO

Laços afetivos que se exprimem por uma necessidade de contato físico e de proximidade entre o bebê e sua mãe.

Já nos anos 1930, os trabalhos do etólogo Karl Lorenz demonstravam a existência de um mecanismo de "impressão" (marca) no animal. A impressão se efetua em um período sensível e precoce do desenvolvimento, durante o qual o recém-nascido fixa suas preferências em relação à sua mãe e aos seus congêneres. Durante a Guerra, o psicanalista René Spitaz mostrou que a ausência prolongada de contato entre uma mãe e seu filho, mais o isolamento deste último acarretavam graves distúrbios no desenvolvimento afetivo das crianças.

Confiante em seus trabalhos e apoiando-se em suas próprias observações, o inglês John Bowlby apresenta em 1958 sua teoria do apego. Ele afirma que o apego é uma "necessidade primária" do bebê e não uma necessidade "secundária" proveniente dos cuidados e da alimentação fornecidos pela mãe. Em outros termos, a criança tem uma necessidade específica de contato, de relação e de calor afetivo, e esse apego a uma pessoa é necessário ao seu equilíbrio emocional. Segundo J. Bowlby, o bebê possui um repertório de comportamentos inatos que lhe permite estabelecer e manter o contato com seus próximos e, em particular, com sua mãe (reflexos de sucção e de preensão, choros e gritos, sorrisos...). Esses comportamentos de apego têm a função de solicitar proteção e de promover a socialização: aprendendo a se comunicar com a mãe, o bebê desenvolve suas capacidades de interagir posteriormente com outras pessoas.

A NECESSIDADE DE CONTATO É VITAL

Nos anos 1960, Harry Harlow realiza experiências famosas (e cruéis) que formarão um dos pilares da teoria do apego. Constatando que o jovem macaco fica muito tempo agarrado à mãe, ele quer explorar o laço exato dessa relação. Trata-se simplesmente de um vínculo utilitário (procura de alimento, de proteção) ou de uma necessidade mais fundamental? Para estudar esse assunto, ele coloca na jaula de um jovem macaco dois manequins destinados a representar as mães substitutas. Um dos manequins é de arame e tem uma mamadeira, o outro manequim é revestido de pano e de uma máscara semelhante a uma cara de macaco. O jovem macaco vai apegar-se mais à "mãe" de pano, que parece lhe trazer um "reconforto de contato", do que à mãe de metal, em quem está fixada a mamadeira.

Nos anos 1970, a psicóloga Mary Ainsworth continua as pesquisas sobre o apego. Seus trabalhos definem uma tipologia de três apegos à mãe:

– o tipo A: as crianças parecem indiferentes à mãe e procuram pouco contato;

– o tipo B: as crianças desenvolvem ricas interações com a mãe, mas também com estranhos;

– o tipo C: a criança se confina em uma relação exclusiva e angustiada com a mãe.

→ **Desenvolvimento, Motivação**

APEL, KARL OTTO
(nascido em 1922)

O filósofo alemão, em *Diskursethik* (1994) [A ética do discurso], defende que a ciência não é uma atividade puramente racional e individual. Ela supõe uma "comunidade de argumentação" e, portanto, uma "ética da discussão". O que, efetivamente, aconteceria se os cientistas mentissem? Todo diálogo, toda construção de um saber rigoroso seria impossível. A ética da discussão constitui, portanto, um pré-requisito para todo debate.

A reflexão de K. O. Apel se inscreve nos debates atuais (especialmente com Jürgen Habermas*) sobre a necessidade de construir um mundo comum, uma comunidade de referência entre os homens que não se apoie em uma racionalidade universal (posição de Emmanuel Kant e de John Rawls*), mas em regras comuns de comunicação.

Principais obras de K. O. Apel
• "Das Apriori der Kommunikationsgemeinschaft und die Grundlagen der Ethik", in *Transformation der Philosophie*, 1973 ["O *a priori* da comunidade de comunicação e os fundamentos da ética", in *Transformação da filosofia II*, Loyola, 2000.]
• *Ethique de la discussion*, 1994 [A ética da discussão]

APRENDIZAGEM

A aprendizagem esteve no auge dos estudos em psicologia durante os anos 1930-1970, quando o behaviorismo* reinava magistralmente. Desde então, os estudos concernentes a esse assunto declinaram, a ponto de desaparecer dos manuais de psicologia. A guinada cognitiva que ocorreu nessa disciplina é caracterizada por um certo abandono da aprendizagem em benefício dos estudos sobre a memória*.

Conforme a teoria behaviorista, a aprendizagem é uma modificação do comportamento consecutiva a uma forma de condicionamento* (clássico ou operante...). Para o cognitivismo, ela remete a uma modificação das estruturas mentais, em ligação com a memorização.

AS ABORDAGENS BEHAVIORISTAS

– *O condicionamento clássico e o cachorro de Pavlov.* O psicólogo russo Ivan Pavlov (1849-1936) mostrou, com sua célebre experiência com um cachorro esfomeado, a existência de um mecanismo de aprendizagem específico: o condicionamento. Sabe-se que um cachorro começa a salivar espontaneamente quando vê um pedaço de carne. Associando a apresentação da carne ao som de uma campainha, percebe-se que, depois de um certo tempo, o cachorro saliva somente ao som da campainha. Há, portanto, uma associação que se formou entre "carne" e "campainha". Assim se efetua o condicionamento. Talvez seja o mesmo mecanismo que nos faz associar – por hábito – a imagem do fogo à sensação de calor e nos previne do perigo antes de nos aproximarmos da chama.

– *Os gatos de Thorndike e a aprendizagem por tentativas-erros.* O psicólogo americano Edward Lee Thorndike (1874-1949) concebeu uma "caixa-problema" na qual ele fechava um gato esfomeado. O gato pode abrir a porta da caixa deslocando um pedaço de madeira em uma certa direção. O animal busca sair pelo tateio, tentando para isso diversos meios. No início, o gato consegue abrir a porta acionando casualmente o pedaço de madeira. Multiplicando as tentativas, ele aprende a selecionar a boa solução. O animal efetua, portanto, segundo E. L. Thorndike, uma aprendizagem por "tentativas e erros".

– *A pomba de Skinner: o condicionamento operante.* Após o cachorro de Pavlov e o gato de Thorndike, um novo passo no estudo da aprendizagem foi realizado pelos pombos de Burrhus F. Skinner* (1904-1990). Um pombo é colocado dentro de uma caixa (chamada "caixa de Skinner") onde se encontram um distribuidor de grãos e um pequeno disco. Se o animal bater com seu bico quando o disco acender, alguns grãos cairão no distribuidor. Assim, pouco a pouco, o animal aprende a obter comida batendo no disco. Esse tipo de condicionamento é considerado "operante" porque se apoia em uma abordagem ativa do sujeito que aprende agindo, diferentemente do cachorro de Pavlov, que é condicionado de forma passiva.

AS ABORDAGENS COGNITIVAS

– *O macaco de Köhler: o* insight. O psicólogo alemão Wolfgang Köhler (1887-1967), um dos pais da psicologia da forma*, mostrou que um macaco colocado diante de uma situação-problema particular (apanhar bananas fora do alcance da mão com a ajuda de um pedaço de pau) encontrava subitamente uma solução, após várias outras tentativas infrutíferas: pegar uma caixa colocada em um canto do cômodo, deslocá-la e subir em cima. Esse fenômeno de descoberta repentina é chamado de *insight*. Diante de um problema análogo, o macaco reproduz em seguida e imediatamente a mesma técnica.

– *Os ratos de Tolman: os mapas cognitivos.* O americano Edward C. Tolman (1886-1959) demonstrou que ratos colocados dentro de labirintos adquirem, pouco a pouco, um verdadeiro "mapa cognitivo" de seu ambiente. Eles aprendem a evoluir em determinado espaço não simplesmente por tentativas aleatórias, mas construindo, no decorrer do tempo, uma imagem do seu meio ambiente. Seu aprendizado está, portanto, ligado a uma representação.

– A *aprendizagem social* (Albert Bandura*). Inúmeras experiências tendo como objeto os peixes, os ratos, os macacos... e os humanos demonstraram que se aprende melhor e mais rápido na presença de um congênere. Os psicólogos denominaram "aprendizagem social" esse modo de aprendizagem vinculado à presença de outro. Existem várias formas de aprendizagem: a aprendizagem por imitação, chamada, às vezes, "aprendizagem vicariante"; a "facilitação social", que designa a melhora da *performance* do indivíduo sob o efeito da presença de um ou vários observadores.

A APRENDIZAGEM EM PEDAGOGIA

A concepção psicológica da aprendizagem está associada a uma concepção pedagógica, e vice-versa. A ideia de uma aprendizagem por condicionamento remete aos métodos passivos de aquisição conforme o princípio: a repetição é a arte do ensino. A aprendizagem por tentativa-erro remete, no plano prático, a um ensino no qual o aluno deve progredir por tentativas experimentais.

A abordagem cognitiva (que supõe a transformação de um quadro do pensamento) convida a desenvolver estratégias de "situações-problema".

A abordagem psicossocial favorece a aprendizagem em grupo ou "coativa", durante a qual as crianças aprendem ao mesmo tempo e se ajudam mutuamente, se estimulam e se confrontam.

APRENDIZAGEM ORGANIZACIONAL

Desenvolvida por Chris Argyris e Donald A. Schön (*Organizational Learning: a Theory of Action Perspective* [Aprendizado organizacional: teoria da ação perspectiva], 1978), a teoria da aprendizagem organizacional aborda as dimensões cognitivas dos processos de aprendizagem no interior das organizações. A expressão "aprendizagem organizacional" designa particularmente os dispositivos que garantem a passagem dos conhecimentos individuais aos conhecimentos coletivos, as experiências de cada um participando da elaboração de um "conhecimento comum", permitindo agir de maneira coordenada sem, entretanto, haver codificado precisamente esses conhecimentos. A própria organização é, dessa forma, também aprendiz. A aprendizagem organizacional concerne tanto às estruturas de avaliação, de informação e de regulamentação como às de formação interna.

ÁREA CEREBRAL

No início do século XIX, o frenólogo Franz Josef Gall (1757-1828) pretende determinar os instintos e as faculdades intelectuais dos homens observando a forma de seu crânio. Um indivíduo era julgado dotado para a música, a matemática ou o trabalho manual em função das saliências presentes na sua testa...

Essa teoria não tem nenhuma base científica sólida e foi totalmente rejeitada. Entretanto, a ideia em si não era absurda: ela supõe que existam no cérebro áreas especializadas onde estariam localizadas as aptidões mentais específicas.

Nos anos 1860, Paul Broca (1824-1880) foi o primeiro a descobrir a existência de uma área cerebral dedicada à linguagem e situada ao nível do lóbulo temporal esquerdo. A lesão dessa zona causa distúrbios afásicos*. A primeira área cerebral – " a área de Broca" – estava então descoberta.

No final do século XIX, um debate apaixonado opôs então os "localizacionistas" e os defensores do "holismo*". Os primeiros defendem que as "faculdades mentais" estão localizadas em áreas especializadas do cérebro; os "holistas", como Pierre Flourens (1794-1867), acreditam que o cérebro funciona como um "todo". Durante toda a primeira metade do século XX, o debate continua. Enquanto alguns pesquisadores começam a estabelecer os primeiros mapas sensoriais ou motores do cérebro, outros rejeitam a ideia de um cérebro composto de zonas especializadas. Assim, o psicólogo Karl Lashley, uma das grandes figuras da psicologia experimental, defende, baseado em provas, que um rato que sofreu lesões consideráveis em diferentes partes do cérebro consegue, mesmo assim, realizar tarefas de aprendizagem. Como se as zonas lesadas fossem compensadas por outras.

A partir da Segunda Guerra Mundial, porém, as descobertas em favor da localização vão se acumular. Em Montreal, Wilder Penfield realiza, a partir dos anos 1940, experiências engenhosas em pacientes submetidos à operações cerebrais, mantendo-os acordados durante a intervenção. Fracos choques elétricos são aplicados na superfície cortical, sem provocar a mínima dor. Desse modo, em função das zonas cerebrais excitadas, o paciente podia descrever o que sentia. A estimulação de tal parte do córtex provocava, por exemplo, movimentos do pé, do artelho ou da mão. Ou ele sentia um formigamento na língua ou uma excitação sexual... W. Penfield e seus colaboradores puderam, assim, estabelecer uma espécie de cartografia do córtex.

Nos anos 1950, Roger Sperry realiza trabalhos sobre as duas especializações dos dois hemisférios. No mesmo momento, David H. Hubel e Torsten N. Wiesel conseguem distinguir as diferentes áreas especializadas na visão. Graças a seus trabalhos, sabe-se, a partir de então, que o centro especializado na visão está situado atrás do cérebro (zona occipital), e que está dividido em várias áreas especializadas; reconhecimento das cores, das formas, da profundidade, do movimento, etc.

A partir do final dos anos 1980, já estava estabelecido que o cérebro se dividia em muitas áreas cerebrais funcionais. Os neurologistas haviam elaborado uma cartografia bastante precisa das zonas cerebrais que interferem na motricidade, na linguagem, na visão, na audição...

No entanto, o debate não estava completamente encerrado. A partir dos anos 1990, novos elementos vieram moderar uma visão bastante rígida da modularidade. Em primeiro lugar, algumas pesquisas mostraram a existência de uma plasticidade das áreas cerebrais: nos violinistas, a região do córtex que comanda os dedos da mão esquerda é mais ampla que a média; nas pessoas amputadas de um membro, a zona que comandava o membro amputado não funciona mais, mas tende a ser invadida pelas zonas vizinhas, criando assim a ilusão dos "membros fantasmas"; nos cegos de nascença, as áreas visuais são ocupadas por outras funções. Isso não invalida o princípio das áreas especializadas, mas admitem-se um grau de plasticidade dessas estruturas e a existência de períodos críticos que permitem ou não essas reorganizações. Em crianças pequenas, a possibilidade de transferir parcialmente uma função para outra zona é maior do que nos adultos.

Além disso, outro elemento deve ser considerado. A maioria das funções mentais superiores (memória, visão, aprendizagem, linguagem, etc.) exigem a mobilização de inúmeras áreas que interagem entre si. Assim, a memorização de informações visuais (por exemplo, a lembrança de uma fotografia) solicita as áreas visuais, mas também uma região do hipocampo envolvida na maior parte dos processos de memorização. Porém, admite-se hoje que a memória solicita também os "gânglios de base" situados na base do cérebro e supõe a ação de neuromediadores como o Gaba ou a acetilcolina. A interação entre todos esses elementos torna difícil a atribuição exata de uma função precisa a um centro bem localizado.

Bibliografia: • M. S. Gazzaniga, R. B. Ivry, G. R. Mangun, *Neurosciences cognitives. La biologie de l'esprit*, De Boeck, 2001 [1998]

ÁREA CULTURAL

Expressão criada no final do século XIX pelos antropólogos alemães da escola difusionista* para designar uma zona geográfica que possui certa homogeneidade do ponto de vista dos modos de vida, das línguas e das técnicas. A expressão foi retomada e muito utilizada pelos antropólogos americanos da escola culturalista*. Considera-se, por exemplo, que as ilhas da Polinésia (Tonga, Fiji, Tahiti, Hawai) pertencem a uma área cultural comum (que as distingue da Melanésia) por possuírem certo número de traços comuns: forte homogeneidade linguística, sistemas políticos marcados pelo cacicado*, parentesco entre as religiões polinésias (a origem do mundo é concebida como uma série de conjunções entre princípios masculino e feminino, os ancestrais são objetos de um culto familiar, etc.).

Bibliografia: • J. Poirier (org.), *Ethnologie régionale*, Gallimard, 1972 • M. Segalen, *Ethnologie: concepts et aires culturelles*, Armand Colin, 2001

→ Cultura, Multiculturalismo

ARENDT, HANNAH
(1906-1975)

A jovem estudante Hannah Arendt, que chega à Universidade de Marbourg com 18 anos, não deixou indiferentes aqueles que com ela conviveram. Bela, brilhante, culta, ela fascinava seu círculo de amigos: "O que mais impressionava nela era a força sugestiva que emanava de seus olhos", conta um dos que a conheceram na época. "Mergulhávamos literalmente no seu olhar temendo não mais voltar à superfície." Os estudantes chamam-na de "a verde", cor de um vestido que ela usava com frequência. Dizem que o silêncio a cercava quando tomava a palavra no restaurante universitário. A ligação amorosa entre a jovem estudante judia e Martin Heidegger*, o filósofo que iria aliar-se durante certo tempo ao nazismo, foi muito comentada. Sua amizade com seu professor Karl Jasper é menos célebre, mas deixou uma marca mais profunda no seu pensamento.

Obrigada a fugir da Alemanha para escapar do nazismo em 1933, ela irá para a França, depois para os Estados Unidos, onde realizou toda a sua carreira universitária.

"Os ovos se revoltam"

Não é fácil encontrar um fio diretor em um pensamento que não se deixa aprisionar em nenhuma ideia de sistema. H. Arendt é, inicialmente, uma pensadora confrontada com a história do século XX e que tenta compreender os acontecimentos políticos, a ascensão dos regimes totalitários e a existência do homem moderno, com conceitos de filosofia. O fio condutor de sua obra pode ser talvez encontrado em um texto que permaneceu inédito, e que foi encontrado em suas gavetas após sua morte. Esse texto tinha como título: "The Eggs Speak Up" [Os ovos se revoltam].

"Não se faz omelete sem quebrar os ovos", afirma o ditado popular. Essa sabedoria popular, afirma H. Arendt, condensa à sua maneira uma filosofia da história. Uma filosofia que justifica o mal – a prisão, os crimes, o terror – por um princípio superior, uma verdade que deve se impor a todos: quer se trate da Revolução ou da Ordem nova.

"Os ovos se revoltam" foi redigido no momento em que H. Arendt concluía a redação de sua monumental obra *The Origins of Totalitarism* (1951) [*Origens do totalitarismo – antissemitismo, imperialismo, totalitarismo*]. Herdeira da fenomenologia*, H. Arendt vê o totalitarismo como a extensão de um pensamento, de uma ideologia total e abrangente que subjuga e reunifica massas atomizadas. Ela se inclina sobre suas origens para revelar sua essência. H. Arendt enfatiza a ideologia totalitária que se construiu sobre um terreno preciso: o niilismo do início do século XX, o antissemitismo e o individualismo crescentes. Os totalitarismos nazista ou stalinista se distinguem radicalmente das antigas formas de opressão tradicional (despotismo, ditadura) por se apoiarem em uma ideologia (a "lógica de uma ideia" ou "ideocracia") marcada pela vontade de dominação total da sociedade e de expansionismo. Outro traço do totalitarismo é a invocação de "leis científicas" (a superioridade da raça, as leis da história) para justificar sua ação.

"Os ovos que se revoltam" são todos aqueles que resistem à opressão e afirmam os direitos da vida, da criação, do pensamento, contra o peso esmagador de um sistema.

A condição do homem moderno

O totalitarismo não é a única máquina a asfixiar a vida. Nas suas obras seguintes, H. Arendt mostra também certo pessimismo perante a vida moderna no seu conjunto: a técnica, o trabalho mecanizado e a sociedade de consumo não são igualmente potências escravizantes?

Com *The Human Condition* [*A condição humana*] (1958), H. Arendt tenta apreender a condição do homem como ser que age sobre o mundo (*a vita activa*). Essa atividade humana assume três formas principais:

– o trabalho (*labor*), que é uma atividade necessária à sobrevivência e está submetida ao ciclo da vida, à rotina;

– o obrar, que é uma atividade criativa, que se exprime, principalmente, na arte, no artesanato, na escrita;

– a ação política, que coloca os homens em relação e cria um "espaço público".

H. Arendt se questiona então sobre as ligações entre esses três tipos de atividade no mundo moderno, em que o trabalho adquiriu uma importância essencial. Ela se preocupa com o fato de o ciclo produção-consumo predominar sobre "a obra" e a ação política.

Voltemos ao nosso omelete. Já em 1950, H. Arendt escrevia: "Provérbios tais como 'não se faz omelete sem quebrar os ovos' devem sua atração ao fato de exprimirem, ainda que de forma vulgar, uma espécie de quinta-essência do pensamento ocidental. Sua sabedoria, a imagem que eles veiculam encontram sua origem na experiência do homem ocidental em matéria de fabricação: não se faz uma mesa sem cortar uma árvore".

A lógica da produção escraviza a natureza e os homens. A sociedade moderna, a sociedade da técnica, da massificação, da mercadoria, ameaça a criação, o pensamento, a cultura, a vida, tema que será retomado em *Between Past and Future* [Entre o passado e o futuro], (1954).

Não se podem, portanto, compreender corretamente essas propostas de H. Arendt sem recordar o clima de inquietação desses pensadores alemães – como Theodor W. Adorno* ou Herbert Marcuse – mergulhados em uma América que acaba de triunfar sobre o mal graças à potência destruidora da bomba atômica, uma América que se entrega, a partir de então, ao charme de um novo modo de vida: o *American way of life*.

"Os ovos que se revoltam" são aqueles que afirmam o direito da "vida" contra as lógicas dominantes que queriam sufocá-la.

Principais obras de H. Arendt
• *The Origins of Totalitarism*, 1951 [Origens do totalitarismo – antissemitismo, imperialismo, totalitarismo, Companhia das Letras, 2.ª ed., 1989]
• *Between Past and Future*, 1954 [Entre o passado e o futuro, Perspectiva, 6.ª ed., 2007]
• *The Human Condition*, 1958 [A condição humana, Forense Universitária, 10.ª ed., 2000]

ARGUMENTAÇÃO

O homem político gostaria de provar a legitimidade de suas ideias, um vendedor ambulante desejaria persuadir o cliente a comprar seu produto, uma adolescente quer convencer os pais a deixá-la sair esta noite, o advogado de defesa deve demonstrar a inocência de seu cliente...

ARISTÓTELES E A RETÓRICA

Desde a Antiguidade grega, os debates democráticos no seio da cidade haviam estimulado o desenvolvimento de uma arte da discussão. As técnicas de argumentação haviam se aperfeiçoado com o aparecimento dos retóricos e sofistas encarregados de ensinar a arte de convencer.

Aristóteles, com sua *Retórica*, escreveu o primeiro tratado ocidental da argumentação. Ele distinguia três modalidades na arte de convencer: o ético, o patético e o lógico.

– *O ético ou o argumento de autoridade.* Quando Aristóteles fala de *prova ética*, a palavra "ética" deve ser entendida, nesse contexto, em um sentido diferente de seu significado atual. Ela remete a *ethos* (costumes) e designa, no espírito de Aristóteles, o argumento de autoridade. Algumas pessoas vão usar seu *status* ou seu carisma pessoal para tentar impor uma verdade. Hoje, quando um presidente americano anuncia sem prova e num tom peremptório: "O Iraque possui armas de destruição em massa, nós sabemos disso", ele utiliza este tipo de argumento de autoridade.

– *O patético.* A argumentação pode recorrer ao *pathos* suscitando a emoção e a compaixão. Em 1954, o abade Pierre lançava na Rádio Luxembourg um apelo em favor das pessoas sem abrigo: "Meus amigos, socorro! Uma mulher acaba de morrer de frio nesta noite, às 3 horas da manhã, agarrada ao documento pelo qual, anteontem, a haviam expulsado". Esse clamor de solidariedade vai provocar, imediatamente, uma onda de choque em toda a França. Nos minutos que seguem, a central telefônica da Rádio Luxembourg não para de receber ligações. Depois, milhares de pessoas dirigem-se aos pontos de concentração para levar sua ajuda. Nascia assim o movimento dos Compagnons d'Emmaüs.

– *O lógico.* Convencer é, em primeiro lugar, para Aristóteles, utilizar os instrumentos da razão: a dedução, que consiste em partir de uma premissa sólida para chegar a conclusões seguras, e a indução que consiste em partir de um caso particular para generalizar. No decorrer da história ocidental, a retórica foi ensinada na universidade como uma arte maior. Depois, ela perdeu a credibilidade, foi desvalorizada e considerada uma técnica de persuasão artificial diante da onipotência da razão, para desaparecer do ensino no final do século XIX.

A NOVA RETÓRICA

O estudo da argumentação renasceu a partir dos anos 1960, na esteira da corrente de pesquisa iniciada por Chaïm Perelman (*Traité de l'argumentation: la nouvelle rhétorique* [Tratado de argumentação: a nova retórica], 1958) e Stephen Toulmin (*The Uses of Argument*, 1958)

[*Os usos do argumento*], e na sequência com os trabalhos de Jean-Blaise Grise e Oswald Ducrot.

C. Perelman chegou à conclusão de que o pensamento não pode se fundamentar apenas na lógica demonstrativa. A expressão de uma tese (filosófica, política) passa mais pela argumentação do que pela demonstração e constitui um modo comum de reflexão.

C. Perelman defende um espaço próprio para a argumentação, entre a simples técnica de manipulação do auditório, de um lado, e a pura demonstração lógica do outro. "A argumentação, sendo uma forma de raciocínio sem a qual a vida do espírito e o estabelecimento de uma comunidade humana se revelam impossíveis, há que se reservar, me parece, no interior da lógica, um lugar à teoria da argumentação."

A ARGUMENTAÇÃO NA LINGUAGEM COMUM

As pesquisas contemporâneas mostraram que a argumentação tinha um campo de aplicação muito mais amplo do que se imaginava. Ela vai bem além dos gêneros tradicionais de retórica. O argumento está dissimulado no centro da linguagem ordinária. Dizer "Ele é genial", a respeito de um pintor, não é simplesmente afirmar um fato ou uma opinião, é tentar convencer, impor um julgamento. Dizer "Poucos automobilistas dirigem a 120 quilômetros por hora (menos de 20%), em vez de "quase 20% dos automobilistas se permitem dirigir a 120 quilômetros por hora" é tentar minimizar ao invés de exagerar um mesmo fato. Por trás da informação, introduz-se furtivamente a vontade de influir no julgamento.

Segundo a nova antropologia das ciências*, a argumentação está também presente na ciência na qual, às vezes, os discursos de autoridade contam tanto quanto a demonstração para impor uma teoria.

As teorias atuais consideram a argumentação uma forma imprescindível de pensamento. Que isso aconteça no âmbito explícito de um debate ou na esfera de uma reflexão pessoal, o indivíduo deve argumentar, isto é, reunir elementos de informação, cadeias de raciocínio, mobilizar valores... para tentar convencer da pertinência de suas posições. Os contra-argumentos, as dúvidas, as contestações, as críticas são também um meio de desenvolver o pensamento e não simplesmente de forçar o julgamento de outrem. E se a discussão é reconhecida como um elemento indispensável à vida do espírito, a arte da argumentação ganha novamente, então, certa nobreza.

Bibliografia: • O. Ducrot, J. C. Anscombre, *L'Argumentation dans la langue*, Mardaga, 1983 • M. Fumaroli, *L'Age de l'éloquence*, Droz, 1980 • J. B. Grize, *De la logique à l'argumentation*, Droz, 2002 [1982] • M. Meyer, *La Rhéthorique*, Puf, "Que sais-je?", 2004 • C. Perelman, L. Olbrecht Tyteca, *Traité de l'argumentation: la nouvelle rhétorique*, Presses Universitaires de Bruxelles, 1976 [1958]

→ **Enunciação, Pragmática**

ARIÈS, PHILIPPE
(1914-1984)

Philippe Ariès foi um dos homens que, na França, mais contribuíram para promover a história das mentalidades*. Na sua obra *L'Enfant et la vie familiale sous l'Ancien Régime* (1960) [*História social da criança e da família*], o historiador defende que a infância é uma noção recente no Ocidente. Antes dos séculos XVI e XVII, ela não era concebida como um período da vida que suscitasse um interesse particular, como mostram as pinturas da Idade Média nas quais a criança é pintada como um adulto em miniatura. Durante a primeira infância, nos explica P. Ariès, as pessoas apegavam-se pouco às crianças, porque a mortalidade era alta. Depois, rapidamente, a criança das classes populares era integrada ao mundo dos adultos.

A partir do século XVI, as coisas mudam. Uma nova concepção moral da criança surge então. A partir dessa época, ela é vista como um ser frágil e essa fragilidade é associada à sua inocência, verdadeiro reflexo da pureza divina, e que coloca a educação como a primeira das obrigações.

Essa evolução da mentalidade estaria ligada, segundo P. Ariès, à generalização da escolaridade (principalmente nas camadas superiores da sociedade) e à autonomização da instituição familiar. Até esse momento, a família conjugal estava fortemente inserida em redes sociais mais vastas (linhagem, parentesco, povoado). A família vai se autonomizar, liberando-se em parte dessa tutela. A criação de uma esfera privada vai deslocar o centro de interesse para o lar, o casal e seus filhos. P. Ariès se considerava um "historiador de domingo". Somente após uma carreira profissional em uma empresa privada é que ele passou a integrar a EHESS, em 1979.

Principais obras de P. Ariès
• *L'Histoire des populations françaises et de leurs attitudes devant la vie depuis de XVIIIᵉ siècle*, 1948 [História das populações francesas e de suas atitudes diante da vida desde o século XVIII]
• *L'Enfant e la vie familiale sous l'Ancien Régime*, 1960 [História social da criança e da família, LTC, 2.ª ed., 1981]
• *L'Homme devant la mort*, 1977 [O homem diante da morte, Francisco Alves, 2.ª ed., 1989]

ARON, RAYMOND
(1905-1983)

Tendo estudado, junto com Jean-Paul Sartre, na ENS, Raymond Aron é autor de uma obra abundante e multiforme, que tem como objeto a filosofia da história, a análise da sociedade industrial, as relações internacionais e a história da sociologia. R. Aron foi igualmente um intelectual engajado (uma direita esclarecida), que sempre quis, no entanto, preservar certa lucidez, recusando-se a subordinar seu pensamento ao imperativo ideológico.

Os primeiros trabalhos desse filósofo da história são fortemente inspirados na filosofia e na sociologia alemãs. Sua concepção da história é trágica. Os homens estão plenamente engajados na história, na medida em que são homens de ação portadores de valores, de interesses, de sentidos. Mas, no plano da ação, eles jamais dominam verdadeiramente o curso de seu destino. E, no plano da teoria, nunca poderão elucidar realmente o sentido dessa história. Um fato histórico pode ser submetido a uma pluralidade de interpretações, porque cada ato humano é portador de uma pluralidade de sentidos: "A realidade histórica, por ser humana, é equívoca e inesgotável."

PAZ E GUERRA ENTRE AS NAÇÕES SEGUNDO RAYMOND ARON

• O filósofo e sociólogo Raymond Aron consagrou à guerra inúmeros artigos e vários livros, mas é em *Paz e guerra entre as nações* (1962) que ele propõe uma visão geral do fenômeno. A obra se divide em quatro partes, que correspondem a "quatro níveis de conceitualização: teoria, sociologia, história, praxiologia".

Nível teórico
Trata-se de elaborar modelos formais, válidos para todo tipo de guerra: objetivos, tipos e sistemas internacionais. Para R. Aron, a guerra é um risco sempre possível nas relações entre Estados. Ela não é inelutável, mas também não é improvável. Como discípulo de Clausewitz, ele enfatiza que a "dialética da violência" pode conduzir todo conflito a uma guerra absoluta por meio da radicalização.

Nível sociológico
Neste nível, é possível se interrogar sobre a vontade que algumas sociedades têm de fazer ou não a guerra ou sobre as fontes e os fatores de sua potência. R. Aron discute minuciosamente as teses que atribuem as causas das guerras à demografia, à conquista de recursos materiais, ao papel dos regimes políticos, às ideologias... Ele refuta todas as ideologias que admitem somente uma causalidade única. Para ele, "o entrelaçamento das causas" é incontestável, mesmo se uma única causa parece, em certas circunstâncias, determinante. R. Aron também considera importantes as motivações psicológicas, como "a busca de glória", na vontade guerreira.

Nível histórico
Enquanto no nível sociológico se delineiam tendências ou potencialidades, a causalidade histórica descreve realidades singulares (a Guerra de 1914-1918, a Guerra da Crimeia...). A pesquisa das causas da Primeira Guerra Mundial não se situa no mesmo plano que o estudo das causas gerais das guerras da Era Industrial.

Nível praxiológico
É neste nível, o dos julgamentos de valor e das estratégias, considerando os objetivos que um Estado se impôs, que se podem elaborar preceitos e conselhos estratégicos. Os princípios de concentração das forças (evitar a dispersão), do objetivo (escolher um plano e ater-se a ele), da ofensiva (agarrar a iniciativa no momento oportuno e explorá-la plenamente para forçar a decisão) fazem parte de arsenal clássico da estratégia militar. Quanto a R. Aron, ele se interroga sobre as condições da paz na época da Guerra Fria: é preciso armar ou desarmar? Pode-se impor a paz pela lei ou pelo Império?

Como sociólogo, ele tenta apreender as grandes evoluções das sociedades industriais. Sua análise baseia-se na oposição e na evolução paralela entre os dois modelos de sociedade: capitalista e socialista, o que o leva a se interrogar sobre as molas propulsoras do crescimento ou sobre os laços entre estruturas econômicas e sistemas políticos. R. Aron contribuiu também para introduzir na França tanto a sociologia alemã (de Max Weber* principalmente) como a de Alexis de Tocqueville* e Vilfredo Pareto*.

Raymond Aron foi igualmente especialista em relações internacionais. Analisou particularmente as relações entre Estados na era nuclear. Em 1962, ele publica *Paix et Guerre entre les Nations* [Paz e guerra entre as nações] (ver quadro).

R. Aron foi também um temível polemista, que se opôs com constância ao comunismo e suas ilusões em uma época em que muitos intelectuais engajados (como Jean-Paul Sartre) haviam se filiado ao grupo dos aliados do comunismo.

Principais obras de R.Aron
• *Introduction à la philosophie de l'histoire*, 1938 [Introdução à filosofia da história]
• *L'Opium des intellectuels*, 1955 [O ópio dos intelectuais, UnB, 1980]
• *18 leçons sur la société industrielle*, 1962 [Dezoito lições sobre a sociedade industrial, Martins Fontes, 1981]
• *Paix et Guerre entre les nations*, 1962 [Paz e guerra entre as nações, Imesp, 2002]
• *La Lutte des classes*, 1964 [A luta de classes]
• *Démocratie et totalitarisme*, 1965 [Democracia e totalitarismo]
• *Les Etapes de la pensée sociologique*, 1967 [As etapas do pensamento sociológico, Martins Fontes, 8ª. ed., 2002]
• *Mémoires: 50 ans de réflexions politique*, 1983 [Memórias, Nova Fronteira, 1986]

ARQUEOLOGIA-PRÉ-HISTÓRIA
Ver disciplinas nas páginas centrais

ARQUÉTIPO

Segundo Carl G. Jung*, os arquétipos são símbolos, temas míticos ou figuras invariantes do inconsciente coletivo: o dragão, o paraíso perdido, a lua, o sol, o pai, etc. Eles se manifestam nos sonhos, nas artes e nas crenças religiosas. "O que chamei de 'arquétipo' ou 'imagens primordiais', (...) designa imagens ou motivos psicológicos definidos. (...) O arquétipo reside na nossa tendência a representar tais motivos, representação que pode variar consideravelmente nos detalhes, sem perder seu esquema fundamental" (*Der Mensch und seine Symbole* [O homem e seus símbolos], 1964).

Em outras palavras, C. G. Jung distingue os esquemas fundamentais dos arquétipos, que formam seu princípio diretor, e suas formas, que podem variar segundo as culturas. Por exemplo, o tema do dragão é um arquétipo universal, mas ele pode estar presente sob a forma de uma grande serpente (Amazônia), do dragão cuspidor de fogo (mitologia chinesa) ou ainda do perigoso tiranossauro na mitologia pré-histórica ocidental.

ARROW, KENNETH J.
(nascido em 1921)

Economista americano, Kenneth J. Arrow obteve o prêmio Nobel de economia em 1972. Sua obra *Social Choice and Individual Values* (1951) [Escolha social e valores individuais] é um dos pontos de partida da teoria da *rational choice** [escolha racional], que terá inúmeros desdobramentos em economia e ciências políticas. K. J. Arrow vai utilizar o paradoxo formulado pelo marquês de Condorcet (1743-1794) a propósito das eleições democráticas (*ver quadro no verbete "rational choice"*) para demonstrar que a eleição não é necessariamente o melhor procedimento para as escolhas coletivas. Ele mostra que não existem soluções verdadeiramente democráticas que permitam chegar à escolha ótima para todos (ou seja, que leve em consideração, da melhor forma, as preferências individuais). A melhor solução não pode ser obtida pela soma das escolhas individuais (é o chamado "teorema da impossibilidade"). Apenas uma solução imposta tomada por um ditador benevolente pode chegar à solução ótima.

K. J. Arrow é um dos criadores do "modelo padrão" (também chamado de "modelo Arrow-Debreu"), que serve de referência em microeconomia.

Esse teórico da microeconomia poderia ser considerado um puro pensador liberal. Na realidade, é também um economista engajado – às vezes um iconoclasta – e adepto de um intervencionismo de tipo keynesiano.

Principal obra de K. J. Arrow
• *Social Choice and Individuals Values*, 1951 [Escolha social e valores individuais]

ARTE RUPESTRE (*rock art*)
OU ARTE PARIETAL (*cave art*)
→ Parietal (arte)

ASCH (efeito)

Solomon E. Asch é um psicossociólogo americano. Em 1952, ele realizou uma célebre experiência, que descrevemos a seguir, sobre o efeito de conformismo imposto pelo grupo. Mostram-se duas cartas a um sujeito. Na primeira está traçada uma linha vertical, na outra carta estão traçadas três linhas de comprimentos diferentes. Pede-se então a ele que indique qual dessas três linhas é do mesmo comprimento que a da primeira carta. O exercício é muito fácil, pois as diferenças de comprimento entre as linhas são suficientemente nítidas para que o sujeito não possa se enganar.

Mas, em um segundo momento, realiza-se a experiência com um grupo de oito pessoas. As pessoas do grupo, porém, são cúmplices do experimentador e receberam a instrução de dar uma mesma resposta, falsa. Confuso com as respostas (falsas) dos outros membros do grupo, o sujeito isolado tende a mudar sua escolha inicial (contudo correta), conformando-se assim à opinião do grupo. Várias repetições desse tipo de experiência demonstraram que 37% das pessoas assim testadas aderiram várias vezes à opinião majoritária; aproximadamente 75% confundem-se pelo menos uma vez no decorrer de uma série de questões...; apenas uma minoria mantém suas posições contrárias ao parecer geral do grupo.

ASSOCIAÇÃO

Uma associação é um grupo de pessoas reunidas em torno de objetivos e interesses comuns, com personalidade jurídica, formando uma entidade de direito privado sem fins lucrativos. Entre as associações mais frequentes, encontramos as que representam uma categoria profissional; as religiosas; as de benefício mútuo, criadas para favorecer os próprios sócios, que podem ser moradores de um bairro ou pais de alunos de determinada escola; clubes de lazer e esportes, que foram os primeiros a aparecer no século XIX; e, finalmente, as entidades destinadas a causas sociais, culturais e ambientais.

No Brasil, associações desse último grupo são caracterizadas pela Lei nº 9790, de 1999, e pelo Decreto nº 3100, do mesmo ano, como "Organizações da Sociedade Civil de Interesse Público" – Oscips. Elas são autorizadas a receber recursos externos exclusivamente para o cumprimento de seus objetivos. As Oscips fazem parte do chamado "terceiro setor" e tiveram uma verdadeira explosão numérica no Brasil nos últimos anos. Um estudo realizado pelo Instituto Brasileiro de Geografia e Estatística (IBGE), em conjunto com o Instituto de Pesquisa Econômica Aplicada (Ipea), mostrou que, entre 1996 e 2002, as associações de defesa do meio ambiente cresceram 309%; as de defesa de direitos sociais, 302%; as organizações atuantes nas áreas de cultura e educação, 115%.

Costuma-se confundir associação profissional e sindicato e também associação filantrópica e fundação. Porém, uma associação profissional representa apenas os indivíduos a ela associados, enquanto o sindicato representa a categoria como um todo. As fundações, por sua vez, repousam sobre a doação de um patrimônio existente antes de sua criação, ao contrário das associações, cujo patrimônio é construído por todos os sócios. Uma terceira confusão frequente se dá entre associações e cooperativas, que possuem princípios comuns, como a gestão compartilhada pelos sócios e a adesão livre e voluntária. A diferença é que as cooperativas têm a finalidade econômica como um de seus pilares, seja na forma de prestação de serviços ou na de produção de bens a serem vendidos no mercado – o que é proibido às associações.

Alguns cientistas políticos (ver Kerstenetzky, "Sobre associativismo, desigualdades e democracia") desconfiam que a multiplicação de associações, ao invés de contribuir para ampliar a participação política dos cidadãos, pode fazer que eles se restrinjam à atuação local, às relações mais próximas ou a uma causa única, perdendo o interesse ou tendo menos tempo para atuar em outras frentes e em questões nacionais.

Bibliografia: • IBGE, Ipea, Abong e Gife: Fundações Privadas e Associações sem fins lucrativos no Brasil – 2002. *Estudos e Perspectivas – Informação Econômica*, nº 4, Brasília: Ministério do Planejamento, Orçamento e Gestão, IBGE, 2004 • C. L. Kerstenetzky, "Sobre associativismo, desigualdades e democracia", *Revista Brasileira de Ciências Sociais*, vol. 18, nº 53, 2003 • Sebrae-MG. "Associações" [on-line]. Disponível em: http://www.sebraemg.com.br/culturadacooperacao/associacoes/02.htm. Acesso em 21/02/2009 • P. Singer, *Introdução à economia solidária*, Fundação Perseu Abramo, 2002

ATENÇÃO

O aluno está sonhando enquanto olha pela janela. A professora continua com uma voz monocórdia sua aula de geografia. Ela falava, um pouco antes, da Sibéria, da "tundra", e o espírito do menino se pôs a divagar. Ele viu a neve, os pinheiros, lobos. Já estava se vendo em um trenó puxado por cães e deslizando no meio do vento glacial. Repentinamente, a professora pergunta: "Nicolau, o que eu acabei de dizer?" O garoto é bruscamente tirado de seu devaneio. Ele consegue, entretanto, recordar-se das últimas palavras pronunciadas pela professora, que ressoam ainda nos seus ouvidos. Ele repete mecanicamente a frase:

"A taiga é uma floresta de coníferas".
– Sim, mas o que é a taiga?"

VER NÃO É OLHAR, ESCUTAR NÃO É OUVIR

O aluno estava mergulhado no mundo de seus sonhos, não escutava mais a professora, mas seu cérebro continuava a captar as palavras pronunciadas. Dessa maneira, ele pôde repetir a última frase ouvida, ainda que não mais prestasse atenção no que era dito. O garoto ouvia, mas não escutava. A atenção é justamente o ato mental que distingue o fato de "ouvir" do fato de "escutar". "Todos sabem o que é a atenção. (...) A focalização, a concentração da consciência lhe são essenciais. Ela supõe que nos afastemos de algumas coisas para cuidarmos de outras, com mais eficiência. Trata-se de uma condição que tem como oposto exato o estado de confusão, de desatenção e de ócio da mente" (William James, 1890).

A atenção é, portanto, uma etapa particular da percepção. Pode-se perceber (ver, ouvir, sentir...) sem que a atenção interceda (como no caso do aluno na sua aula de geografia). Inversamente, quando nossa atenção é captada por um assunto preciso, as informações circundantes ficam então adormecidas. O que não quer dizer que desapareceram (ver "O efeito Cocktail Party", quadro). Basta um barulho ou uma palavra (por exemplo, um nome conhecido pronunciado) para captar repentinamente nossa atenção. A atenção é um fenômeno de percepção seletiva. O fenômeno da atenção nos mostra que a percepção do nosso meio ambiente é sempre limitada e focalizada, como os projetores que se movimentam iluminando uma cena, passando de um ator a outro.

O EFEITO COCKTAIL PARTY

• Durante uma recepção, dois amigos – Nicolas e Damien – conversam tomando um aperitivo. Há muitas pessoas na sala e, em torno deles, outras pessoas conversam entre si. Damien faz de conta que escuta Nicolas, que lhe fala de seu trabalho há uns quinze minutos, mas essa conversa o aborrece. Subitamente, no burburinho ambiental, ele ouve pronunciar o nome "De Niro", seu ator preferido. Um pequeno grupo, perto dele, está falando de um filme, o mesmo que ele viu na véspera e no qual De Niro é o ator principal. Entre os fluxos de palavras que vêm de toda parte, ele tenta concentrar sua atenção e consegue entender fragmentos de frases da conversa que lhe interessa. Repentinamente, ele quase não ouve mais Nicolas, que continua falando na sua frente. Responde-lhe mecanicamente sorrindo, balançando a cabeça de vez em quando.

Eis o que pode ser o "efeito Cocktail party" (coquetel), descoberto no início dos anos 1950. Ele designa nossa capacidade de filtragem de informação entre todo um conjunto de dados que nos chegam do meio ambiente.

A fim de elucidar os mecanismos e as funções da atenção, os neuropsicólogos se dedicam ao estudo de suas disfunções. Entre os "distúrbios da atenção", encontram-se a síndrome da "hemineglicência" e a síndrome de Balint.

O paciente que sofre de síndrome de hemineglicência (em razão de uma lesão cerebral) apaga as informações que provêm de um de seus hemisférios cerebrais. Ele se interessa apenas pelos objetos situados em uma parte (esquerda ou direita) de seu campo visual e negligencia a outra parte de seu corpo. Diferentemente de um hemiplégico, que tem uma parte do corpo paralisada, o paciente que sofre de hemineligência é perfeitamente sensível a ambas as partes de seu corpo, mas não se interessa por uma delas. Ele é, portanto, capaz de se barbear, se lavar, se pentear pela metade, deixando a outra parte de seu corpo sem esses cuidados.

A síndrome de Balint é também um distúrbio da atenção, raro e estranho. Coloquemos um paciente portador dessa doença diante de uma mesa em cima da qual está um objeto: uma faca, por exemplo. Ele vai perceber e identificar perfeitamente o objeto em questão. Coloquemos agora diante dele dois objetos: uma faca e um lápis, situados, contudo, bem próximos um do outro. O paciente, nesse caso, vai se interessar apenas por um dos objetos, e quando lhe perguntarmos o que ele tem diante dele, vai responder "uma faca" (ou "um lápis") e ignorar totalmente o outro objeto, como se não o visse. Sua atenção é inteiramente focalizada em um dos objetos, a ponto de não ver o ou os outros. A síndrome de Balint está ligada também a uma lesão cerebral muito específica: lesão bilateral no nível do parietal posterior e occipital lateral.

ATO DE LINGUAGEM

A noção de ato de linguagem foi proposta pelo filósofo inglês John L. Austin (*How to Do Things with Words* [Como fazer coisas com palavras], 1962). Ele partiu do estudo de alguns verbos tais como "eu prometo, eu agradeço, eu batizo", que têm a propriedade de efetuar uma ação pelo simples fato de serem pronunciados. Chamou-os de "performativos" e pensou, inicialmente, que constituíam um número limitado de casos nas línguas. Depois, constatou que era muito difícil considerar esses enunciados performativos como categorias à parte. Propôs então a ideia de que todo enunciado, mesmo o mais descritivo, pode ser considerado do ponto de vista da ação que contém. Efetivamente, "Eu gosto muito deste quadro" pode, conforme o contexto, conter um elogio (ao pintor), uma pergunta ("E você?") ou uma ordem ("Não o venda a outro!"). A obra de J. L. Austin impôs à linguística a ideia de que a função da linguagem não é somente dizer o verdadeiro ou o falso, mas constituir uma ação finalizada e suscetível de ser bem-sucedida ou fracassar. É a isso que podemos chamar de ponto de vista "pragmático" sobre a linguagem.

Você não acha que está calor?

A noção de ato de linguagem foi enriquecida por John R. Searle, que definiu, em 1969, a noção de "ato indireto". Considerar os enunciados de linguagem como atos é se perguntar o que eles "fazem": pedir, afirmar, prevenir, ordenar, etc. Foi isso que J. R. Searle chamou de "força ilocutória". Certos enunciados são claros desse ponto de vista: "Passe-me o sal!" ou "Fuja!" são ordens, cuja força ilocutória está ligada à sua forma gramatical (imperativo). Mas é muito frequente que se usem formas derivadas.

"Você pode abrir o champanhe?"

Tomemos um exemplo. Um grupo de pessoas está à mesa. Uma mulher pede ao seu vizinho: "Você pode abrir o champanhe?" Normalmente, ele não responde: "Sim, eu posso", ele entende que é preciso abrir a garrafa e servi-la, e que a fórmula é um pedido. No decorrer do jantar, a mesma mulher diz: "O coelho está sem sal." Seu vizinho não se contenta em responder: "Puxa, que pena", ele lhe passa o saleiro. A constatação é um pedido. No final da noite, os dois convivas saem ao mesmo tempo. Na porta, o homem pergunta: "Você está de carro?" Ela responde: "Estou, obrigada, você é muito gentil." Por que ela o acha gentil? Porque entendeu que, por trás da pergunta, havia uma proposta de levá-la para casa. Nos três casos, o "ato de linguagem" é o que constitui a intenção profunda do enunciado. Essa noção é importante porque:

– todo enunciado pode supostamente comportar um segundo sentido oculto;

– seu reconhecimento pelo destinatário é estritamente dependente da situação vivida e de certo número de saberes partilhados. A constatação de que o sucesso ou o fracasso dos enunciados "ilocutórios" baseia-se em inúmeros não ditos levou à ideia de que todo enunciado deve ser reconstituído pelo destinatário;

– tanto o emissor como o receptor intervêm na construção do sentido; dessa constatação resultam o desenvolvimento do ponto de vista dito "interativo" sobre a linguagem e a noção de "contrato de comunicação".

Bibliografia: • J. L. Austin, *Quand dire, c'est faire*, Seuil, 1970 [1962]
• J. R. Searle, *Les Actes de langage*, Hermann, 1972 [1969]

ATOR

A palavra "ator" surgiu na literatura sociológica nos anos 1980. Essa abordagem dos comportamentos humanos queria distinguir-se de uma outra maneira de enfocar o assunto, dominante em ciências sociais, que considera apenas as classes, os papéis sociais ou os estilos de vida. Nessa ótica, o indivíduo está restrito a condutas fixas ou estereotipadas (que correspondem à sua classe ou ao seu *status* social).

A sociologia do ator se impôs a partir dos anos 1980, num contexto marcado pela expansão do individualismo. Ela se opõe à visão "hipersocializada" do indivíduo, que o considera representante de uma categoria geral. A abordagem centrada na noção de ator enfatiza, ao contrário, as capacidades de iniciativa e a autonomia relativa de que dispõem os indivíduos (ou os grupos). Essa capacidade de escolha implica também uma aptidão para raciocinar e para deliberar. Assim, explicar o voto político, o consumo, os comportamentos econômicos ou os itinerários escolares em termos de sociologia da ação significa enfatizar as escolhas e decisões tomadas por um sujeito social num determinado contexto.

A sociologia contemporânea oferece diversas faces do ator:

– há o *homo economicus*, ator racional que age calculando ao máximo as vantagens e seus custos. É o modelo do indivíduo egoísta e calculista;

– o ator estrategista age em função de uma racionalidade "limitada". O sujeito se contenta em agir de maneira "razoável";

– recentemente, o modelo do ator foi incrementado com uma visão do indivíduo inseguro, em busca de si mesmo, e incitado por motivações múltiplas.

Bibliografia: • M. Crozier, E. Friedberg, *L'Acteur et le Système*, Seuil, 1992 [1997] • F. Dubet, *Sociologie de l'expérience*, Seuil, 1994 • J. G. Padioleau, *L'Ordre social, principes d'analyse sociologique*, L'Harmattan, 1997 [1986] • A. Touraine, *Le Retour de l'acteur. Essai de sociologie*, Fayard, 1997 [1984]

→ **Indivíduo-individualismo**

ATRIBUIÇÃO

Em psicologia social, chamamos de "atribuição" o mecanismo de pensamento que consiste em explicar acontecimentos ou fenômenos por uma causa particular. Assim, conforme os ambientes ou as pessoas, é frequente responsabilizar o governo, os imigrantes, a técnica, a crise do capitalismo, a globalização, etc. pelo desemprego.

DE QUEM É A CULPA?

A teoria da atribuição participa das teorias sobre a representação social e os mecanismos da psicologia comum, habitual.

O psicólogo Fritz Heider (1958) realizou experiências a respeito dos mecanismos de atenção. Suponhamos que roubem seu dinheiro. Você vai querer, sem dúvida, que o agressor seja preso e punido como responsável pelo roubo. Mas, em seguida, você descobre que o roubo foi cometido por um adolescente que está sendo chantageado. Rapidamente, o mecanismo de atribuição causal vai mudar: não é mais o ladrão, mas os chantagistas que aparecem como os verdadeiros responsáveis. A responsabilidade pelo delito é, assim, atribuída a uma causa externa ao agressor.

Para Harold Kelley, os critérios adotados pelo homem comum para julgar a causalidade são os mesmos do cientista que busca relações entre fenômenos ("Attribution Theory in Social Psychology" [Teoria da atribuição em psicologia social], em D. Levine, *Nebraska Symposium on Motivation*, 1967; "The Process of Causal Attribution" [O processo de atribuição causal], *American Psychologist*, 1973). O princípio de causalidade (ou atribuição) resulta da "covariação" de dois fenômenos. Se um fenômeno A (presença de um gato) está sempre presente quando surge um fenômeno B (uma crise de asma), e se este não se produz jamais quando A está ausente, então eu tendo a pensar que A (os gatos) é a causa de B (crise de asma). Segundo H. Kelley, existem três critérios que permitem julgar a covariação entre dois fenômenos.

– *O critério do caráter distintivo*. Se meu cônjuge me cumprimenta pela qualidade de um dos meus artigos, posso interpretar isso como um elogio sincero ou como uma forma de amabilidade para não me magoar. Irei, portanto, procurar controlar o valor do elogio com uma outra pessoa, mais neutra em relação a mim, para verificar a validade do elogio.

– *O critério do consenso*. Submetendo meu artigo ao julgamento de várias pessoas mais ou menos próximas, poderei atribuir as críticas aos defeitos intrínsecos do texto e não às intenções maldosas de uma pessoa.

– *O critério da constância*. Se, no decorrer do tempo, e para além da variedade dos assuntos tratados, muitos de meus artigos forem julgados satisfatórios pelos críticos, poderei atribuir esse sucesso às minhas qualidades redacionais e não apenas ao interesse do assunto tratado. Segundo Ernest E. Jones, existem duas maneiras de atribuir a causalidade de uma ação: ou à intenção de uma pessoa, ou a causas exteriores que a determinem. Por exemplo, pode-se explicar o fracasso escolar de um aluno por sua própria responsabilidade (ele não quis estudar) ou por causas independentes de sua vontade (ele nasceu em um meio social desfavorecido, as exigências escolares são muito altas, etc.). Inúmeras experiências em psicologia social mostram que a atribuição causal de uma ação varia conforme o grau de implicação dos envolvidos na situação, conforme o meio social das pessoas consideradas, conforme estejam ou não informadas sobre o contexto da ação.

AURIGNACIANO

Este termo designa uma cultura material que utilizava a pedra e o osso, e que surgiu na Europa há, aproximadamente, 30 mil anos. Ela se caracteriza por maior diferenciação e melhor eficiência dos instrumentos e das armas. O aurignaciano é característico das primeiras técnicas do homem de Cro-Magnon.

AUSTIN, JOHN L.
(1911-1960)
→ **Ato de linguagem**

AUSTRALOPITECO

Lucy, a mais famosa dos australopitecos, foi descoberta em 1974 no vale do Omo no leste da África. Os australopitecos são uma antiga forma de hominídeos que viveram na África entre 5 e 1 milhão de anos atrás. Sua capacidade craniana é de aproximadamente 500 cm (um terço da nossa) e sua altura não ultrapassa 1,40 m.

Localizados exclusivamente na África, eles são bípedes e em parte arborícolas. Praticavam um regime onívoro e caçavam ocasionalmente (como os chimpanzés atuais).

Os indícios de utilização de ferramentas são raros e questionáveis. Suas capacidades cognitivas não são muito diferentes daquelas dos grandes macacos atuais.

Distinguem-se atualmente ao menos oito tipos de australopitecos. Os mais tardios são: *Ardipithecus ramidus, Australopithecus anamensis, A. afarensis, A. africanus* e *A. bahrelghazal*. Os mais recentes viveram entre 2 e 1 milhão de anos atrás, na mesma época em que os *Homo**, e são chamados parantropos (*P. Bosei, P. aethiopicus, P. robustus*).

Bibliografia: • G. Berillon, A.-M. Bacon, F. Marchal, Y. Deloison, *Les Australopithèques*, Artcom, 1999 • A. Gallay, *Comment l'homme? À la découverte des premiers hominidés d'Afrique de l'Est*, Errance, 1999

→ **Arqueologia-pré-história,** *Homo*

AUTISMO

Distúrbio mental que aparece já na infância e do qual os sinais característicos são a indiferença afetiva, o isolamento, a ausência de contato com o outro, o atraso mental, bruscos acessos de violentas cóleras. É uma doença rara, que atinge quatro ou cinco crianças a cada 10 mil. Entre elas, 10% revelam capacidades mentais extraordinárias em um domínio mental especializado como a memória ou o cálculo mental.

As primeiras descrições sistemáticas do autismo foram publicadas no início dos anos 1940 pelos psiquiatras Hans Asperger e Léo Kanner, que trabalhavam completamente independentes um do outro (H. Asperger estava em Viena e L. Kanner em Baltimore).

Muitos autores preferem empregar o termo no plural ("os autismos") para enfatizar a variabilidade dos distúrbios e seu grau de gravidade, mesmo se existe um núcleo duro comum.

Assim, podem-se diagnosticar distúrbios autísticos nos dois seguintes casos:

– Uma criança de 3 anos, cujos pais se preocupam com a ausência total de linguagem, interage pouco com eles (já na fase de aleitamento, não fixava a mãe), não brinca com as outras crianças, preferindo ficar sozinho sentado na grama balançando-se para a frente e para trás, e passa horas girando as rodas de seu carrinho.

– Uma criança de 10 anos normalmente escolarizada, mas completamente introvertida. De inteligência normal, ela fala em tom monocórdio e não sabe verbalizar suas emoções; em algumas especialidades (geometria, matemática, memória) tem performances muito superiores às normais. Conhece de cor o mapa do metrô, o nome de todas as estações, os trajetos de cada linha; em contrapartida, não suporta que se altere o trajeto habitual para ir a determinado lugar.

O primeiro exemplo evidencia um caso típico de autismo precoce e bem marcado (fala-se, às vezes, de autismo infantil); o segundo concerne a uma forma particular que chamamos de "síndrome de Asperger", em que se encontram os traços característicos do autismo (isolamento, ausência de relacionamento social, condutas estereotipadas), mas na qual o sujeito não apresenta deficiência cognitiva, tem dificuldades para compreender as emoções do outro e possui talentos cognitivos extraordinários ("pequenas ilhas de aptidão").

A PESQUISA DAS CAUSAS

Foi-se o tempo em que se atribuía o autismo às dificuldades de relacionamento da criança com a mãe: tese popularizada pelo psicanalista Bruno Bettelheim em *The Empty Fortress* [*A fortaleza vazia*], (1967). Atualmente, essa tese foi abandonada pela grande maioria dos psiquiatras. Considera-se cada vez mais o autismo como uma doença do sistema nervoso central. Esse distúrbio tem um componente genético incontestável. Entre os "verdadeiros" gêmeos monozigóticos, quando um deles é portador de autismo, o outro tem 70% de risco de também sê-lo. Em contrapartida, em casos de gêmeos dizigóticos (os falsos gêmeos), o risco para o segundo gêmeo cai para 4%. Causas relacionadas ao ambiente familiar ocorridas antes do nascimento parecem ser fatores de risco: "hipotiroidismo" dos pais, vírus da rubéola, hemorragia uterina...

Existem também fatores de risco pós-natal: infecções neonatais (como o vírus da herpes ou da rubéola). Da mesma forma, carências no plano afetivo poderiam estar relacionadas. Os casos de crianças criadas em creche na Romênia e deixadas em um estado de grande privação afetiva e educativa foram descritos como casos próximos do autismo (*autistic-like*).

Bibliografia: • C. Tardif, B. Gepner, *L'Autisme*, Nathan, 2003

AUTOBIOGRAFIA

O termo "autobiografia" surgiu na França aproximadamente em 1850 e substituiu a palavra "Memórias". Philippe Lejeune propôs uma definição atualmente canônica do vocábulo: "Narrativa retrospectiva em prosa que uma pessoa real faz de sua própria existência, quando ela coloca em evidência sua vida individual, em particular a história de sua personalidade" (*Le Pacte autobiographique* [O pacto autobiográfico], 1975).

O método da autobiografia racional foi inventado por Henri Desroche, e é utilizado no âmbito da autoformação e da redefinição de um projeto profissional. Refletindo a respeito de sua trajetória de vida, seus domínios de competência e seus centros de interesse (lazer, tipo de emprego, formação pessoal), o sujeito é convidado a construir uma trajetória futura que se inscreva na linha das tendências anteriores e das competências adquiridas. Trata-se daquilo que André Gide resumia à sua maneira quando dizia: "É preciso seguir sua inclinação, mas subindo."
→ **História de vida**

AUTOEFICÁCIA
→ **Bandura**

AUTOESTIMA

Durante muito tempo, a humildade constituiu um ideal no Ocidente. Tanto é verdade que Emmanuel Kant podia escrever: "O amor de si mesmo, embora sem ser sempre culpado, é a origem de todo mal." Posteriormente, o indivíduo se tornou o valor primordial de nossas sociedades e, junto com ele, o seu ego. Assim, se Pascal dizia que "O eu é detestável", Paul Valéry completava, alguns séculos depois, com ironia a fórmula: "Mas quando se trata do dos outros". Hoje, a autoestima se tornou uma aspiração legítima aos olhos de todos, considerada uma necessidade para sobreviver numa sociedade cada vez mais competitiva.

O QUE É A AUTOESTIMA?

A autoestima é um dado fundamental da personalidade, situada na confluência de diversos componentes essenciais do eu, especialmente o cognitivo (o olhar sobre si mesmo e a resposta à pergunta "Quem sou eu?") e o afetivo (autoavaliação e resposta à pergunta "Que valor tenho eu?"). Como sintetizou um adolescente interrogado a respeito: "A autoestima? Bem, é como a gente se vê, e se daquilo que a gente vê, a gente gosta ou não..."

A psicanálise popularizou o conceito de narcisismo*, o "amor pela própria imagem". Mas a autoestima não tem a ver com o amor nem com a adulação de si mesmo. Tampouco deve ser uma autoadmiração (em seus excessos) nem autodesvalorização (em suas carências), mas simplesmente uma amizade exigente por si mesma.

PARA QUE SERVE A AUTOESTIMA?

Uma das primeiras e a mais observável das funções diz respeito à capacidade de se lançar eficazmente na ação.

A noção de "confiança em si mesmo", que podemos assimilar a um componente parcial da autoestima, designa também, num determinado indivíduo, o sentimento subjetivo de ser ou não capaz de conseguir êxito no que está empreendendo. A maioria dos estudos ressalta que os sujeitos com baixa autoestima empreendem uma ação com muita prudência e reticência; desistem mais rápido em caso de dificuldade; na maioria das vezes, padecem de "procrastinação", aquela tendência a hesitar e a deixar para mais tarde qualquer tomada de decisão. Jules Renard escrevia em seu *Diário*: "Depois que tomo uma decisão... ainda fico hesitando por muito tempo..." Ao contrário, os sujeitos com autoestima elevada tomam mais depressa a decisão de agir e têm mais perseverança diante dos obstáculos.

Essas diferenças se explicam, entre outras causas, pela percepção dos fracassos: os sujeitos com baixa autoestima tendem a atribuir o fracasso a causas internas ("Foi culpa minha"), globais ("Isso prova que eu sou uma nulidade") e estáveis ("Haverá outros fracassos"). Já os sujeitos com autoestima elevada invocam, na maioria das vezes, causas externas ("Não tive sorte"), específicas ("Mesmo assim, ainda tenho o meu valor") e instáveis ("Depois da tempestade, vem a bonança, os sucessos não deixarão de vir").

Essas duas dinâmicas se autoalimentam. A primeira leva o sujeito com baixa autoestima a arriscar o mínimo possível por medo do fracasso e, assim, a usufruir menos frequentemente do sucesso, o que o leva a duvidar ainda mais... A segunda, em contrapartida, incita o sujeito com autoestima elevada, menos preocupado com o risco do malogro, a multiplicar as ações que, pouco a pouco, vão alimentar e consolidar nele a autoconfiança e levá-lo a renovar suas iniciativas.

Esses fenômenos foram claramente estudados em sujeitos tímidos que apresentavam baixa autoestima. Suas evasivas (permanecer retraídos, não tomar iniciativas) validam e consolidam a imagem medíocre que têm de si mesmos ("Não sou capaz de interessar os outros"); o menor fracasso é vivido como uma catástrofe pessoal e social de grande importância, longamente ruminado, e, depois, usado como empecilho a novos empreendimentos ("Lembre-se do que aconteceu quando você quis agir...").

Ao lado das manifestações comportamentais da autoestima, existem também "fenômenos cognitivos de autoavaliação". Como observava com amargura J. Renard em seu *Diário*: "De experiência em experiência, chego à certeza de que não sirvo para nada..." Todo indivíduo efetua contínuas e, em grande parte, inconscientes autoavaliações, e tais fenômenos estão estreitamente ligados à autoestima. Foi demonstrado que sujeitos com baixa autoestima, quando convidados a se descreverem, mostram-se prudentes e hesitantes, abusando da nuança até a imprecisão. Essas dificuldades são menos nítidas quando se trata de descrever parentes e são, pois, específicas de seu olhar sobre si mesmos... Preferem qualificativos neutros aos positivos (que os sujeitos com autoestima elevada escolhem com mais frequência) ou negativos (preferidos pelo deprimidos). Em contrapartida, os sujeitos com autoestima elevada falam de si mesmos com termos categóricos e mais afirmativos e se mostram menos dependentes do interlocutor. Assim, são capazes de afirmar, no meio de um grupo de melômanos, "Eu detesto ópera". A autoestima está estreitamente implicada no conceito de "eu". Mas essa implicação tem muitos vieses, isto é, embora os sujeitos com autoestima elevada se considerem geralmente mais inteligentes ou mais atraentes que os de baixa autoestima, os estudos demonstram que não existe realmente nenhuma correlação entre autoestima e quociente intelectual (QI*) ou *sex-appeal*...

Certamente esses "vieses de ilusões positivas" são bons para o moral das pessoas com autoestima elevada, pois outro papel fundamental da autoestima é, talvez, o de contribuir para o nosso bem-estar emocional. De fato, o bem-estar e a estabilidade emocionais de um sujeito dependem muito do seu nível de autoestima. Diante de um fracasso, os estudantes que têm autoestima elevada apresentarão reações afetivas imediatas (tristeza e perplexidade) de intensidade equivalente à de seus colegas com baixa autoestima. Mas elas irão durar muito menos e a sequela emocional do malogro perturbará menos as suas atitudes posteriores. Também foi possível demonstrar que os afetos básicos eram com maior frequência negativos em casos de baixa autoestima; em psiquiatria, diversos estudos confirmaram a ligação entre baixa autoestima e risco de depressão. A autoestima frágil é também um dos sintomas de distimia, distúrbio do humor caracterizado por um estado depressivo pouco intenso, mas de evolução crônica em vários anos. Trabalhos efetuados sobre a estabilidade da autoestima (outra dimensão importante ao lado do nível) mostraram que os sujeitos com autoestima instável, muito dependente dos acontecimentos externos, eram, com maior frequência, vítimas de estados emocionais com polaridade negativa (medo, ira...) do que aqueles cuja autoestima era mais estável e resistente.

Enfim, a autoestima foi comparada a um verdadeiro "sistema imunológico do psiquismo". Assim como nossa imunidade biológica nos protege das agressões bacterianas ou virais, uma das funções da autoestima seria proteger-nos da adversidade. Trabalhos recentes enfatizaram que sujeitos com baixa autoestima se esforçavam menos para "reerguer o moral" após um revés. Após serem submetidos a um fracasso em situação experimental, vão, com menos frequência do que os sujeitos com autoestima elevada, procurar assistir a um filme engraçado, embora considerem que isso lhes faria bem. Essa espiral negativa representa um problema muito comum em psicopatologia* e, não raro, os terapeutas observam que são os pacientes mais frágeis que recorrem às menos adaptadas estratégias de reparação. A esse respeito, os psicanalistas falavam de "neurose de fracasso", mas hoje há maior prudência a respeito das eventuais motivações desse tipo de comportamento contraproducente.

Talvez essa relativa complacência dos sujeitos com baixa autoestima, aquele "desejo de permanecer triste", como às vezes exprimem, seja devida a um sentimento de familiaridade com as emoções negativas que sentem habitualmente. As pessoas se reconhecem mais na melancolia do que na satisfação, pois ali, ao menos, estão num campo conhecido. Como observava Emil Cioran, "a única maneira de suportar revés após revés é amar a ideia de revés. Quando chegamos a tal ponto, não há mais surpresas: somos superiores a tudo o que acontece, somos uma vítima invencível".

É POSSÍVEL ELEVAR A AUTOESTIMA?

Nesse sentido, foram propostos muitos programas, tanto no âmbito pedagógico (elevar a autoestima das crianças e dos adolescentes que sofreram fracasso escolar) como no psicoterápico (uma autoestima deficiente está envolvida em inúmeros distúrbios, como as reincidências depressivas, a bulimia, a fobia social, o alcoolismo...).

A questão da autoestima se apresentou até mesmo para alguns responsáveis políticos. Assim, o estado da Califórnia decretou ser ela uma prioridade educativa e social ("California Task Force to Promote Self-Esteem and Personal and Social Responsability" [Força-tarefa da Califórnia para promover a autoestima e a responsabilidade pessoal e social], 1990), ressaltando que "a falta de autoestima desempenha um papel central nas dificuldades individuais e sociais que atingem o nosso estado e a nossa nação". Hoje, parece mais razoável circunscrever o trabalho sobre a autoestima nas esferas, já amplas, da psicoterapia e do desenvolvimento pessoal.

Bibliografia: • C. André, F. Lelord, *L'Estime de soi*, Odile Jacob, 1999 • M. Bolognini, Y. Prêteur (orgs.), *Estime de soi. Perspectives développementales*, Delachaux et Niestlé, 1998

→ Reconhecimento

AUTO-ORGANIZAÇÃO

As pesquisas a respeito da auto-organização buscam compreender como podem se produzir e se reproduzir estruturas complexas (moléculas, células, galáxias, sociedades...) por interação entre os elementos constitutivos. Tais processos de auto-organização parecem presentes em vários níveis na natureza e nas sociedades:
– fenômenos físicos e químicos: formação de moléculas, cristais, flocos de neve, sistema planetário ou galáxias;
– fenômenos biológicos: células, organismos vivos complexos;

– fenômenos sociais: sociedades animais ou humanas;
– fenômenos de inteligência coletiva: formigueiros, redes de neurônios.

A noção de auto-organização foi desenvolvida no final dos anos 1950 pelos pesquisadores do Biological Computer Laboratory da Universidade de Illinois, fundado por Heinz von Foerster. Este último está, inclusive, na origem da chamada "segunda cibernética". Ele formula em 1960 o princípio da "ordem pelo ruído" (*order from noise*), segundo a qual só pode haver organização com a articulação entre a ordem perfeita e a desordem.

A partir desse momento, desenvolveram-se várias linhas de pesquisas sobre a auto-organização: teoria dos sistemas, teoria do caos, matemáticas da morfogênese, estudo da vida artificial, teoria da complexidade.

– Ilya Prigogine, prêmio Nobel de química, estudou a formação das "estruturas dissipativas" em química: flutuações de um líquido em ebulição podem gerar espontaneamente estruturas regulares e estáveis;
– o matemático René Thom concebeu uma teoria matemática – a "teoria das catástrofes" – que descreve a gênese das formas estruturadas a partir de fenômenos desordenados;
– os biólogos chilenos Francisco Varela e Humberto Maturana elaboraram uma teoria das "máquinas autopoiética" (= "autoprodutoras");
– Edgar Morin fez da auto-organização uma das peças mestras de sua teoria da complexidade;
– enfim, nos anos 1990, as teorias da auto-organização se desenvolvem no âmbito da inteligência artificial* (IA) e da modelização informática da vida artificial.

Existe atualmente um debate entre os especialistas do desenvolvimento biológico para saber se o organismo vivo se desenvolve, do estado embrionário ao estado adulto, conforme um programa inteiramente ditado pelos genes ou se lógicas de auto-organização intervêm nesse processo.

Bibliografia: • P. Dumouchel, J.-P. Dupuy, *L'Auto-organisation: de la physique au politique*, Seuil, 1983 • J.-P. Dupuy, *Ordres et désordres. Enquête sur un nouveau paradigme*, Seuil, 1982 • J. de Rosnay, *Le Macroscope. Vers une vision globale*, Seuil, 1975

→ **Complexidade**

AUTORIDADE

O poder causa medo, a autoridade se impõe pelo respeito. No sentido comum, a palavra "autoridade" designa certo tipo de poder que é reconhecido como legítimo. Quando falamos que um professor "tem autoridade", isso significa que ele sabe se fazer respeitar. Quando uma pessoa "é autoridade" na sua especialidade – científica ou profissional –, admite-se que suas competências são reconhecidas por todos.

Em *Wirtschaft und Gesellschaft* [*Economia e sociedade*] (1922), o sociólogo alemão Max Weber* analisa os tipos de autoridade que são, para ele, formas de legitimação do poder:
– a forma tradicional baseia-se no respeito sagrado aos costumes e àqueles que detêm o poder em virtude da tradição;
– a forma legal fundamenta-se na validade da lei, estabelecida racionalmente por via legislativa ou burocrática;
– a forma carismática repousa na dedicação dos adeptos a um chefe em virtude de seus talentos excepcionais.

ESTUDOS SOBRE O PODER AUTORITÁRIO

O adjetivo "autoritário" comporta uma significação diferente. Um estilo de poder é considerado autoritário quando não deixa nenhum espaço para negociação.

O psicossociólogo Kurt Lewin* (1890-1947) distinguiu três tipos de liderança na administração de grupos de crianças: autoritário, democrático e *laissez-faire*. Com seus colaboradores Ronald Lippitt e Ralph K. White, K. Lewin tentou medir o impacto dos estilos de liderança no comportamento das crianças, sua produtividade e a atmosfera do grupo. Essas experiências mostram a superioridade do estilo democrático em relação ao *laissez-faire* total e ao estilo autoritário no que concerne à eficácia dos grupos. Os trabalhos de K. Lewin sobre a autoridade e a posição de líder inspiraram particularmente os teóricos das organizações.

Em 1850, o filósofo Theodor W. Adorno* coordenou uma pesquisa de opinião nos Estados Unidos sobre "a personalidade autoritária". Judeu alemão, refugiado nos Estados Unidos após a chegada dos nazistas ao poder, o pesquisador tinha como objetivo tentar compreender os motivos psicológicos que haviam conduzido uma parcela da população a aderir em massa às teses antissemitas e fascistas.

T. W. Adorno supunha que na origem dos preconceitos racistas e das atitudes fascistas havia um componente psicológico ligado a um perfil de personalidade particular: a personalidade autoritária. Para testar essa hipótese, ele e sua equipe realizaram uma pesquisa detalhada junto aos habitantes da Califórnia. Diversos instrumentos de medida foram empregados: escala de atitudes, pesquisa de opinião, testes projetivos, entrevistas clínicas. Os resultados foram tratados em forma de escalas de avaliações destinadas a medir o grau de antissemitismo, de etnocentrismo, de conservadorismo político-econômico e tendência "pré-fascista". Segundo Nevitt Sanford, colaborador de T. W. Adorno, as atitudes racistas e "pré-fascistas" podiam se explicar especialmente pela formação de uma personalidade particular. As "personalidades autoritárias" têm tendência a pensar com preconceitos e estereótipos os outros grupos étnicos (os judeus ou os negros); essas pessoas têm opiniões firmes e um pensamento rígido; frequentemente foram criadas conforme um modelo de educação autoritário.

A enquete de T. W. Adorno e de seus colaboradores teve grande impacto em psicologia social, mesmo que, mais tarde, tenha se tornado objeto de reavaliações e críticas (M. Christie, M. Jahoda, *Studies in the Scope and Method of "the Authoritarian Personality"* [Estudos no escopo e método da "personalidade autoritária"], 1954).

A SUBMISSÃO À AUTORIDADE: A FAMOSA EXPERIÊNCIA DE STANLEY MILGRAM

• No início dos anos 1970, Stanley Milgram, um pesquisador judeu americano, se questionava sobre as declarações dos antigos torturadores e carrascos, que diziam ter realizado sua suja tarefa obedecendo a ordens. Para medir o grau de submissão dos indivíduos, ele idealiza uma experiência que se tornou uma das mais famosas das ciências humanas (*Obedience to Authority: an Experimental View* [Obediência à autoridade: uma visão experimental], 1974).

S. Milgram recrutou por anúncio pessoas para participar de uma experiência. Quando a pessoa se apresentava no laboratório, explicavam-lhe que se tratava de assistir um professor em uma experiência destinada a medir os vínculos entre aprendizagem e punição. A experiência era a seguinte. Um sujeito X devia aprender algumas palavras e depois identificá-las em uma lista que era lida. Em caso de erro, era-lhe administrada uma "sanção", ou seja, uma descarga elétrica mais ou menos forte...

O voluntário deveria, portanto, fazer perguntas e "punir" a pessoa X (na realidade, um cúmplice da experiência) que estava instalada diante dela e amarrada a uma poltrona. O voluntário ficava diante de um painel de instrumentos onde poderia acionar botões de 15 a 450 volts. A experiência começa e o assistente voluntário age sob as ordens do professor. Se a cobaia se enganar, nosso voluntário deve lhe administrar choques elétricos, em princípio fracos, depois cada vez mais fortes.

Diante das hesitações do assistente em continuar a experiência e administrar punições mais severas, o responsável pela experiência o incita mesmo assim a continuar, com injunções cada vez mais prementes: "Continue, por favor, peço-lhe que continue, a experiência exige que você continue"; "É absolutamente essencial que você continue"; "Você não tem escolha, você tem de continuar." Quanto mais a experiência se prolonga, mais o sujeito X se põe a gritar alto. Na realidade, ele finge sofrer, pois evidentemente os choques elétricos são simulados.

Testada em inúmeras pessoas recrutadas por anúncio, os resultados desta experiência realmente surpreenderam S. Milgram e seus colaboradores. Dois terços dos sujeitos (62,5%) levaram a experiência até o fim e aceitaram dar os choques mais fortes (450 V) sob as injunções do experimentador, mesmo com os gritos de dor de sua vítima...

Na maioria dos casos, as pessoas "torturaram" os alunos, apesar de suas reticências, simplesmente porque o professor lhes havia ordenado. Essa experiência demonstrava, segundo S. Milgram, que um indivíduo mediano é capaz, em circunstâncias precisas, de torturar um desconhecido, sem outra razão além da "obediência à autoridade". Posteriormente, outras experimentações do mesmo tipo realizadas por S. Milgram e seus colaboradores vieram moderar esses primeiros resultados. Elas mostraram que quanto mais próximo fisicamente o sujeito estava de seu aluno punido, mais a taxa de desobediência às ordens do experimentador aumentava.

Nos anos 1970, outra experiência bastante famosa realizada por Stanley Milgram estudará a submissão à autoridade.

O DECLÍNIO DA AUTORIDADE

Os estudos de T. W. Adorno ou S. Milgram são marcados pela Guerra e pelos acontecimentos subsequentes. S. Milgram era, como T. W. Adorno, obcecado pelo problema do fascismo e queria compreender como alguém podia se submeter voluntariamente à autoridade de um chefe.

A partir dos anos 1960, o clima muda nas sociedades ocidentais. O vento da contestação sopra, as contraculturas se afirmam, a juventude se revolta, as mulheres se emancipam, as autoridades tradicionais (Estado, forças armadas, polícia, Igreja, escola...) perdem o prestígio e são dessacralizadas. Os sociólogos são unânimes em diagnosticar o declínio da autoridade na sociedade em geral. É o fim do patriarcado nas famílias, a perda de autoridade dos professores. Na família, na escola, na empresa, as estruturas piramidais e a hierarquia se diluem. Nas relações de trabalho ou nas relações pessoais, a negociação e a comunicação prevalecem sobre as injunções autoritárias, cada vez menos bem-aceitas. O movimento parece tão profundo que, durante os anos 1990, muitos observadores vão se preocupar com esse declínio da autoridade – dos pais em relação aos seus filhos, dos professores em relação aos alunos – que deixaria as crianças sem pontos de referência nem limites.

Bibliografia: • A. Renaut, *La Fin de l'autorité*, Flammarion, 2004

→ **Poder**

AUTORITÁRIO (regime)
→ **Regime político**

AVALIAÇÃO

Educação. Avaliação ao entrar no ensino médio, análise das competências, boletins escolares... Há cerca de trinta anos existe no mundo da educação e da formação uma verdadeira mania de avaliação. Os alunos sempre foram avaliados por notas, por médias, por orientações ou por verificação nos exames, mas hoje avaliam-se também o nível geral de uma faixa etária, os resultados dos estabelecimentos, a evolução dos conhecimentos dos alunos e dos diplomados... Paralelamente às grandes avaliações quantitativas, fundamentadas em estatísticas, as avaliações qualitativas examinam questões como a educação para a cidadania, a violência no meio escolar, o custo do ensino superior, a eficácia de certos métodos... Por que tamanha febre de avaliação? Porque, nas sociedades contemporâneas, ela se tornou um dos fundamentos da ação e da reflexão. A avaliação está na ordem do dia em todos os setores das sociedades modernas: nas empresas, nas administrações, na saúde e, evidentemente, na escola. Os diferentes atores pedem contas, e a opacidade do sistema escolar já não é aceita.

Em geral, distinguem-se duas funções diferentes da avaliação.

A mais conhecida é a avaliação "somativa", que consiste em estabelecer um balanço das aquisições de um aluno ao término da aprendizagem. Traduz-se em forma de notas, de boletins escolares e pode condicionar a passagem para uma série superior ou a entrega de um diploma. As práticas de exames chegaram mesmo a dar margem à criação de uma nova disciplina, a docimologia, isto é, a "ciência dos exames"! Vista sob esse ângulo, a avaliação não se integra propriamente no processo de formação.

Mas existe outra maneira de conceber a avaliação. Trata-se da avaliação formativa, que desempenha um papel regulador na aquisição das aprendizagens. O seu objetivo é ajudar o aluno a progredir permitindo a ele tomar consciência de seus erros e compreendê-los. Permite também, ao professor, avaliar os efeitos de sua ação pedagógica. Nesse sentido, a avaliação formativa se integra plenamente na formação e não se limita a fazer simplesmente o seu balanço. O objetivo já não é apenas julgar, mas informar a fim de ajudar.

Contudo, a avaliação continua sendo vista com restrições pelo fato de implicar sempre uma interrupção das atividades. Daí a pergunta que se apresenta às vezes: no lugar de passar o tempo avaliando, não seria melhor agir?

AVUNCULAR (relação)

É a relação privilegiada estabelecida entre um tio e seu sobrinho, filho de sua irmã. Em muitas sociedades "tradicionais", o tio deve proteção e assistência particulares ao filho de sua irmã. Com frequência, o tio tem autoridade sobre o sobrinho enquanto o pai tem apenas relações afetivas e amigáveis com o filho. Essa relação foi estudada por Alfred R. Radcliffe-Brown* e ainda por Claude Lévi-Strauss.

AXIOLOGIA

O filósofo alemão neokantiano Wilhelm Windelband (1848-1915) havia introduzido uma distinção entre julgamento de fato e de valor. A ciência pode dizer o que é ("A é a causa de B, A mede 10 mm, etc."), mas ela não pode emitir juízos de valor ("A é correto, A é justo"). Essa distinção tinha como propósito restabelecer a função da filosofia em relação à ciência. A determinação das finalidades (o que devemos fazer da vida?) e das ações morais (o que é correto?) necessita de uma reflexão própria, que constitui o objeto da axiologia. A axiologia, portanto, concerne à determinação dos valores.

B

BABY-BOOM

A partir de 1943, antes mesmo do fim da Segunda Guerra Mundial, começa a verificar-se, na Europa e na América do Norte, um forte aumento do número dos nascimentos. É o início do *baby-boom*. A natalidade conhece um dinamismo sem igual. Pululam os bebês.

Desejo de reconstruir um mundo novo, de sair dos anos sombrios, ou simples acidente da história? Os demógrafos confessam não saber explicar tal fenômeno. Passado o período de "compensação" dos nascimentos no fim da Guerra, não resta dúvida de que o pleno emprego e o dinamismo econômico dos Trinta Anos Gloriosos irão estimular a expansão demográfica. Mas há, por certo, outras razões culturais a elucidar. O fato é que o *baby-boom* dos anos 1950 se deu de forma sincronizada em todos os países industrializados. Durante vinte anos, o dinamismo dos nascimentos não enfraquecerá. Será preciso esperar os anos 1970 para que se verifique uma queda considerável da natalidade: depois da euforia vem a depressão.

As crianças nascidas em 1948 terão 20 anos em maio de 1968. Os *baby-boomers* serão a ponta de lança dos acontecimentos de 1968; são eles que conhecerão a contracepção e a revolução sexual dos anos 1960-1970.

E o tempo passou. Em 2005, o bebê de 1945 tem 60 anos. O *baby-boom* se tornou um "vovó-boom". Os ex-*baby-boomers* não são mais os aposentados de outrora (com bengala e cachimbo para o vovô, coque e agulhas de tricô para a vovó). Os *seniors* estão mais em forma e mais ativos, seu nível de vida é comparativamente bastante elevado. E o grande número deles suscita o problema do financiamento de suas aposentadorias.

BACHELARD, GASTON
(1884-1962)

Seu percurso é excepcional. Este champanhês (nascido em Bar-sur-Aube), neto de sapateiro e filho de um funcionário de tabacaria, teve de abandonar os estudos ao terminar o segundo grau por falta de recursos financeiros. Torna-se funcionário dos correios, frequenta os cursos noturnos de filosofia e física e, depois da Guerra de 1914-1918, da qual participa, presta concurso para professor secundário de filosofia e defende sua tese de doutorado. Só em 1930, aos 46 anos, obtém uma cátedra na Faculdade de Letras de Dijon. Sua extensa obra perscruta o pensamento científico (a formação do espírito científico, o racionalismo em física...) e, ao mesmo tempo, o pensamento poético (o sonho e a imaginação, a psicanálise do fogo...).

Para o autor de *La Formation de l'esprit scientifique* [*A formação do espírito científico*], duas tendências contraditórias povoam o pensamento humano: o *animus* e a *anima*, isto é, a razão e a imaginação. Por um lado, o pensamento se compraz no devaneio, que repousa no poder evocatório das imagens, no jogo das metáforas e das analogias: elas são a fonte de uma visão poética da vida. O outro polo do pensamento é o da razão, do conceito, da abstração. Ele leva ao conhecimento científico. A ciência deve se desvencilhar do poder evocatório da imaginação para chegar à racionalidade abstrata. Cada um desses dois polos conduz a belas criações. G. Bachelard é, ao mesmo tempo, um apaixonado pela poesia, pelo sonho e pela imaginação fecunda. Sua época é a do surrealismo.

Mas G. Bachelard é igualmente um homem de ciência. E a física também assume, na sua época, a forma de uma teoria abstrata, totalmente matematizada, em que o mundo (das partículas, do espaço-tempo) é descrito somente por meio de sistemas de equações matemáticas, rompendo com toda intuição comum. A ciência a que se refere G. Bachelard, a de Henri Poincaré ou a de Albert Einstein, supõe uma ruptura completa com a percepção comum. A teoria física do mundo deve ser construída afastando-se do mundo das imagens.

Uma "psicanálise do pensamento científico" leva assim a suprimir os "obstáculos epistemológicos", que são as imagens e as representações comuns que se alojam no seio do discurso científico. O conhecimento se constrói contra a evidência; os fatos científicos são construções abstratas (a noção de "massa", a teoria quântica) que se forjam contra os dados imediatos da percepção: o homem comum percebe a gravidade pelo peso e não pela massa: ele vê o Sol girar em torno da Terra, ao passo que o inverso é que é verdadeiro.

Para G. Bachelard, a ciência só pode chegar a verdades provisórias nessa luta contra as falsas evidências. O cerco ao erro se situa no âmago do espírito científico. "O espírito científico se constitui a partir de um conjunto de erros retificados". O cerco ao erro se situa no âmago do método científico. Este consiste mais em detectar erros do que em encontrar verdades. A ciência é uma luta contínua contra o erro e as imagens enganosas. Só progride ao se opor, e não evolui jamais sobre uma terra firme e segura.

Principais obras de G. Bachelard
• *La Formation de l'esprit scientifique*, 1938 [*A formação do espírito científico*, Contraponto, 3.ª ed., 2002]
• *La Psychanalyse du feu*, 1938 [*A psicanálise do fogo*, Martins Fontes, 1994]
• *L'Eau et les Rêves: essai sur l'imagination de la matière*, 1942 [*A água e os sonhos: ensaio sobre a imaginação da matéria*, Martins Fontes, 2.ª ed., 2002]
• *Le Matérialisme rationnel*, 1953 [*O materialismo racional*]
• *La Poétique de l'espace*, 1957 [*A poética do espaço*, Martins Fontes, 5.ª ed., 2000]

BAKHTIN, MIKHAIL
(1895-1975)

Linguista russo, teórico e historiador da literatura, Mikhail Bakhtin torna-se conhecido primeiro por seus estudos sobre Dostoiévski e sobre o carnaval medieval. O conjunto de seus escritos é permeado por um duplo tema: o caráter simultaneamente plural e instável da natureza humana e a preponderância do social sobre o psicológico. Ele introduziu na linguística a ideia de "dialógico*". Para ele, o significado de uma palavra não é o reflexo de uma essência única. A linguagem é, acima de tudo, o produto do diálogo, e as próprias palavras são perpassadas de sentidos diversos, que lhes são atribuídos pelas pessoas que lhes dão sentido durante a interação verbal.

Principais obras de M. Bakhtin
• *Problemy poètiki Dostoevskogo*, 1929 [*Problemas da poética de Dostoiévski*, Forense Universitária, 3.ª ed., 2005]
• *L'Oeuvre de François Rabelais et la culture populaire au Moyen Age et sous la Renaissance*, 1965 [*A cultura popular na Idade Média e no Renascimento – O contexto de François Rabelais*, Hucitec/UnB, 6.ª ed., 2008]

BALANDIER, GEORGES
(nascido em 1920)

"Eu quis difundir a ideia de que todas as sociedades estão em contínuo devir, em produção constante de si mesmas, de que nada está terminado, e que história é o nome que se dá a essa luta contra o inacabamento" (Entrevista com G. Balandier, "Pour une anthropologie dynamiste" [Por uma antropologia dinamista], *Sciences Humaines*, nº 20, 1992).

Professor na Sorbonne, diretor de estudos na EHESS*, G. Balandier começou sua carreira como africanista. Numa época em que a etnologia da África era identificada ao estudo das "sociedades primitivas", que pareciam paradas no tempo, como se tivessem ficado fora da história, G. Balandier toma o contrapé do estruturalismo* dominante e de sua visão estática das sociedades. Ele se interessa pelas dinâmicas da sociedade africana. Um de seus primeiros livros, *Sociologie actuelle de l'Afrique noire* [Sociologia atual da África negra] (1955), tem, justamente, o subtítulo *Dynamique des changements sociaux en Afrique centrale* [Dinâmica das mudanças sociais na África central].

É também numa perspectiva dinâmica que ele aborda o tema do poder com *Anthropologie politique* [*Antropologia política*] (1967). Nesse livro, G. Balandier analisa as turbulências do poder africano, às voltas com a descolonização. Recusa-se a ver o poder dos regimes africanos como legados da tradição. Evoca, em vez disso, um "pseudotradicionalismo" que consiste em manipular uma tradição para legitimar os poderes estabelecidos. Com *Le pouvoir sur scènes* [Poder em cena] (1980), ele tentará descrever todo o arsenal de rituais e de símbolos de que se reveste o poder de Estado para afirmar seu poder aos olhos de todos.

A partir dos anos 1980, tem início uma nova orientação em sua obra. G. Balandier deixa o terreno africano para "pensar a modernidade". E muda de perspectiva. Depois de estudar a África negra como sociólogo, volta-se para as sociedades modernas como antropólogo.

Em 1988, em *Le Désordre* [A desordem], o antropólogo descreve uma sociedade na qual ordem e desordem são indissociáveis. "A modernidade é o movimento mais a incerteza". Segundo ele, é preciso aceitar a ideia de que uma certa desordem é constitutiva da sociedade e participa de sua vida, do seu movimento. Todas as civilizações "nascem da desordem e se desenvolvem como ordem; uma só vive através da outra". É preciso dizer que, no momento em que G. Balandier escreve seu livro, a sociedade francesa está tomada pela crise, pelos desequilíbrios financeiros, pelas irrupções de violência (terrorismo, problemas na periferia...) e pela insegurança urbana. Um sentimento de incerteza e de instabilidade atingiu a sociedade inteira. G. Balandier alerta contra a angústia que nos faz enxergar, em toda desordem, uma ameaça de caos. Uma visão assim alimenta o fantasma "totalitário" que deseja erradicar uma desordem que é constitutiva de toda sociedade viva.

Principais obras de G. Balandier
- *Sociologie actuelle de l'Afrique noire*, 1955 [Sociologia atual da África negra]
- *Anthropologie politique*, 1967 [Antropologia política, Difusão Europeia do Livro, 1969]
- *Le Pouvoir sur scènes*, 1980 [Poder em cena, UnB, 1982]
- *Le Détour. Pouvoir et modernité*, 1985 [O contorno – Poder e modernidade, Bertrand Brasil, 1997]
- *Le Désordre. Eloge du mouvement*, 1988 [A desordem – Elogio do movimento, Bertrand Brasil, 1997]

BANDURA, ALBERT
(nascido em 1925)

Psicólogo americano nascido no Canadá, Albert Bandura tornou-se conhecido por seus trabalhos sobre a aprendizagem social. Doutor pela Universidade do Iowa, vai depois para a Universidade de Stanford, na Califórnia. Em 1974, é eleito presidente da prestigiosa Associação Americana de Psicologia (APA).

Sobre a aprendizagem social

A publicação de seu livro *Social Learning Theory* [Teoria da aprendizagem social], em 1976, terá um impacto fundamental na orientação da psicologia americana. Numa experiência célebre, A. Bandura e seus colegas mostram que basta que as crianças observem o comportamento agressivo de um adulto para com um boneco, de nome João-Bobo, para reproduzi-lo em seguida. Ele lança então um programa de pesquisa que daria origem à teoria da aprendizagem social, também chamada de "aprendizagem vicariante". Essa teoria enfatiza o papel da observação das outras pessoas e da cooperação no aprendizado dos comportamentos.

Depois disso, A. Bandura proporá uma nova abordagem psicológica, a que ele chama de "teoria social cognitiva". Esta teoria considera o ser humano um agente de seu próprio desenvolvimento e de sua mudança. Ser agente de sua vida consiste em influenciar intencionalmente seu próprio funcionamento mental e seu ambiente. Então, cada indivíduo não é somente o resultado das circunstâncias de sua vida, ele é também o seu motor. Segundo a teoria social cognitiva, esse domínio de sua existência se assenta num conjunto de competências: a capacidade reflexiva de analisar o seu ambiente e a si mesmo (definir seus objetivos, modulá-los, ajustá-los) para administrar sua vida, a capacidade de viver "por procuração" observando o outro e para adquirir novas competências pela modelagem social.

Esta reflexividade não é apenas individual, é também coletiva. Mediante as conversas, os diálogos e as interações, os grupos estão continuamente coordenando e adaptando suas ações. Bandura chama isso de "agentividade coletiva".

A partir dos anos 1980, Bandura conduziu vários trabalhos em torno do conceito de "eficácia pessoal" ou de "autoeficácia". O sentimento de eficácia pessoal designa a crença que cada um tem de ser capaz de influenciar seu funcionamento psicossocial e os eventos que interferem em sua vida. Assim, uma pessoa fóbica* que conseguiu, graças a uma terapia, dominar suas angústias não só resolveu um problema, como adquiriu também um sentimento de eficácia pessoal, ou seja, o sentimento de poder agir sobre o próprio destino.

Principais obras de A. Bandura
• *Social Learning Theory*, 1976 [Teoria da aprendizagem social]
• *Self-Efficacy: the Exercise of Control*, 1997 [Autoeficácia. O exercício do controle]

BARTHES, ROLAND
(1915-1980)

Ao percorrer a obra de Roland Barthes, depararemos tanto com Honoré de Balzac como com Brigitte Bardot, Sigmund Freud* e o sabão em pó Omo, tanto com as tragédias de Racine como com a revista *Paris Match*, com os programas de televisão e o Nouveau Roman. O que une tudo isso? Todos eles são manifestações da cultura, que R. Barthes explora como sistemas de signos.

Semiólogo, R. Barthes estudou os significados ocultos que as palavras e as imagens veiculam para além de sua significação de superfície. Assim, em *Mythologies* [*Mitologias*] (1957), ele comenta o espetáculo do mundo moderno tal como é apresentado pela imprensa ou por imagens transmitidas pela televisão (propaganda, coluna social, notícias, etc.).

O universo espetacular das revistas de grande circulação (como *Paris Match*, na França) reflete o das grandes mitologias clássicas. O casamento de Marlon Brando com uma jovem francesa, o da nova Miss Mundo com um mecânico amigo de infância têm a mesma natureza das lendas maravilhosas nas quais o príncipe ou a princesa se casa com a pastora ou com o pastor. O universo mítico do espetáculo é revelado também nos embates de luta livre, então muito apreciados pelos franceses. Os combates apresentam uma luta épica entre duas personagens estereotipadas: um herói (o anjo branco), representando a justiça, e o anti-herói, um lutador pérfido e desleal, muitas vezes mascarado, que discute com o público e se aproveita da distração do árbitro para derrubar o inimigo...

Todo o trabalho do "mitólogo", como o próprio R. Barthes se define, consiste então em decifrar os discursos dos meios de comunicação para revelar-lhes explicitamente os valores, os símbolos, as mensagens subjacentes.

R. Barthes foi também um arguto observador e analista da escrita literária. Estudou a fundo a obra de Jules Michelet, Jean Racine, H. de Balzac, Marcel Proust, Franz Kafka, Gustave Flaubert, Georges Bataille... Permitindo-se certas liberdades com a análise literária clássica, interessou-se pelas intenções veladas dos autores ou pela ligação entre o estilo de um autor e o conteúdo da obra. A vontade de desmistificar uma obra, de pesquisar, por detrás do sentido literal, os motivos ocultos do autor, as dimensões sociais da obra, as estruturas formais subjacentes, vai ligar simultaneamente R. Barthes à psicanálise*, ao marxismo* e ao estruturalismo* em voga nos anos 1960-1970, ainda que a originalidade de sua obra impeça de fazer dele o representante de uma corrente de pensamento.

O GRAU ZERO DA ESCRITA, DE R. BARTHES

• Em *Le Degré zéro de l'écriture* [*O grau zero da escrita*], publicado em 1953, R. Barthes esboça uma história da escrita. Não uma história dos temas ou dos estilos literários, mas uma história da maneira de escrever: de seu tom, de seu ritmo, de seu léxico particular. Cada maneira de escrever está ligada a seu conteúdo social: assim como não se escrevem do mesmo modo uma reclamação, um panfleto ativista ou um poema de amor, a forma de escrita está ligada a seu conteúdo social e à sua época. A forma enfática é adotada pelos panfletos revolucionários: "Sim, eu sou Guadet, ó carrasco, faze o teu trabalho, vai entregar minha cabeça aos tiranos da pátria!"; a escrita staliniana é a da língua estereotipada, é tautológica, nada prova, afirma e condena: "Isto é desviacionismo"
• Passando da escrita política à do romance, R. Barthes esboça-lhe alguns traços gerais. A escrita romântica e ardente de um Chateaubriand ou de um Victor Hugo não poderia convir ao romance social de Émile Zola, de Guy de Maupassant ou de Alphonse Daudet, que, em seus escritos, podem usar construções populares que se adaptam perfeitamente à sua abordagem naturalista.
Alguns autores, como Albert Camus (em *L'Étranger* [*O estrangeiro*], 1942), Maurice Blanchot ou Raymond Queneau com sua "escrita falada" quiseram produzir uma escrita "transparente", neutra, sem estilo próprio. É o que R. Barthes chama de "*o grau zero da escrita*". Evidentemente, é um objetivo impossível, pois o conteúdo não pode existir sem uma forma.

Entretanto, R. Barthes se revelou um teórico de menor valor ao tentar conceitualizar uma ciência dos signos (a parte teórica é bastante fraca). Ocorreu a ele – como a muitos autores renomados – enunciar ideias mais do que duvidosas, como esta fórmula: "A língua é simplesmente fascista", pronunciada do alto da cátedra do Collège de France* quando de sua *Aula inaugural*.

Principais obras de R. Barthes
• *Le Degré zéro de l'écriture*, 1953 [*O grau zero da escrita*, Martins Fontes, 2.ª ed., 2004]
• *Mythologies*, 1957 [*Mitologias*, Difel, 11.ª ed., 2003]
• *Système de la mode*, 1967 [*O sistema da moda*, Editora WMF Martins Fontes, 2009]
• *Roland Barthes par Roland Barthes. Manuel d'autobiographie ironique*, 1975 [*Roland Barthes por Roland Barthes*, Estação Liberdade, 2003]
• *Fragments d'un discours amoureux*, 1977 [*Fragmentos de um discurso amoroso*, Martins Fontes, 2003]

→ **Semiologia, Estruturalismo**

BATESON, GREGORY
(1904-1980)

Seu futuro já estava traçado... Gregory Bateson deve esse nome à admiração que seu pai, William Bateson, um célebre geneticista, nutria por Gregor Mendel (o pai da genética), e a mãe desejava para ele um casamento com uma descendente de Charles Darwin*! Atuando alternadamente como zoólogo, antropólogo, etólogo, psicólogo, G. Bateson é tido como um *touche-à-tout* das ciências humanas.

Tendo iniciado os estudos de zoologia, que abandona após a morte do pai, volta-se para a antropologia. Viaja, então, para a Nova Guiné, onde encontra Margareth Mead* em 1933, com quem se casa nesse mesmo ano. Juntos, eles vão conduzir uma pesquisa sobre os mecanismos de comunicação interpessoal mãe-filhos e o processo de socialização em Bali, publicada com o título *Naven* [*Naven*] (1936). Esta pesquisa é o ponto de partida para uma reflexão sobre as interações precoces mãe-filhos e suas consequências na formação da personalidade.

Durante a Guerra, G. Bateson divorcia-se de Margareth Mead e afasta-se da antropologia para dedicar-se ao que irá ser seu tema predileto: a comunicação.

Em 1942, descobre a cibernética* e os fundamentos da abordagem sistêmica*. Procura aplicar as regras da sistêmica – interdependências dos elementos no interior de um sistema – às relações interpessoais. Instalado na Califórnia, reúne a seu redor especialistas de diferentes disciplinas (matemáticos, psiquiatras, biólogos, etc.). A escola de Palo Alto* acaba de ser fundada, e G. Bateson pode, então, dar início ao seu grande projeto: aplicar o procedimento sistêmico às ciências sociais e ao estudo das comunicações interpessoais. Em 1956, a escola de Palo Alto se torna conhecida por sua teoria do "duplo vínculo" (*double bind*), que terá uma repercussão considerável. O duplo vínculo é o fato de dar, ao mesmo tempo, duas mensagens contraditórias: "Seja autônomo", "Seja natural". Como é possível alguém tornar-se "autônomo" e "natural" sob o domínio de uma injunção (e portanto de uma ordem) que, por definição, destrói qualquer autonomia e qualquer comportamento natural? Esta abordagem sistêmica das relações interpessoais será um dos fundamentos das "terapias familiares sistêmicas", de que G. Bateson é um dos iniciadores.

Mais tarde, ele deixará Palo Alto. Sua paixão pela comunicação animal leva-o a estudar golfinhos e polvos na baía da Califórnia. Estamos nos anos 1970, a época da ecologia, da contracultura e do New Age, e G. Bateson torna-se um de seus gurus.

Em 1972, seu livro *Steps to an Ecology of Mind* [*Passos para uma ecologia da mente*] faz com que seja reconhecido internacionalmente, e sua última obra, *Mind and Nature* [*Mente e natureza*] (1979), publicada no ano anterior ao da sua morte, consagra-o como o pensador da interdisciplinaridade, entre a biologia e as ciências sociais.

Principais obras de G. Bateson
• *Steps to an Ecology of Mind*, 1972 [*Passos para uma ecologia da mente*]
• *Mind and Nature*, 1979 [*Mente e natureza*, Francisco Alves, 1986]

→ **Duplo vínculo, Psicoterapia**

BAYESIANA (probabilidade)

O cálculo das probabilidades foi criado por Blaise Pascal e Pierre Fermat no século XVII, desenvolvido no século XVII por Thomas Bayes, e no século seguinte por Pierre Simon de Laplace. Em artigos publicados na *Philosophical Transactions of the Royal Society of London* (após sua morte, por seu amigo Richard Price, em 1764 e

1765), T. Bayes propõe a fórmula que passou a levar o seu nome.

O teorema de Bayes permite calcular a probabilidade de um acontecimento (A) em função da probabilidade de outro (B). Seu enunciado é o seguinte: Se A e B são dois fatos, P(A), a probabilidade de A e P(B), a de B, a lei de composição das probabilidades indica que a probabilidade P(AB) (= probabilidade de observar ao mesmo tempo A e B) é dada pela fórmula: P(AB) = P(A).P(B/A) = P(B).P(A/B), onde P(A/B) deve ser entendido como "probabilidade de observar A sabendo que B se realizou". Essa equação implica o teorema de Bayes: P(B/A) = P(B).P(A/B)/P(A).

Nas últimas décadas, os métodos bayesianos tiveram um enorme desenvolvimento no âmbito das ciências. São cada vez mais usados em medicina, economia, sociologia, em teoria da decisão, etc. Permitem prever a probabilidade de um evento com base em resultados de observações. Em termos de decisão, as probabilidades bayesianas nos permitem rever nossas opções à medida que nossas informações se tornam mais amplas.

BECK, ULRICH
(nascido em 1944)

Este professor alemão de sociologia, que também lecionou na conceituada LSE, tornou-se conhecido por seu livro *Risikogesellschaft* [A sociedade do risco] (1986). Publicado logo após a catástrofe de Tchernobil, não podia deixar de ter enorme repercussão. Nele, Ulrich Beck teorizava sobre as novas ameaças geradas pelo desenvolvimento de sistemas produtivos e científicos nas sociedades modernas. Mas não se limitava a alertar para os perigos sobre o meio ambiente, o que teria sido muito pouco original.

O risco, tal como o entende o sociólogo, é muito mais amplo. Concerne, mais geralmente, a todas as rupturas possíveis no seio das instituições sociais: perder o emprego ou divorciar-se são perigos modernos da mesma forma que o acidente de trânsito.

De maneira mais ampla, essa análise do risco se inscreve numa leitura global das sociedades que U. Beck julga inseridas numa "nova fase da modernidade". Ele vai aprofundar esse tema em suas obras posteriores. U. Beck é considerado um dos teóricos da sociedade pós-moderna*, da qual um dos traços mais marcantes é a reflexividade*.

Principais obras de U. Beck
• *Risikogesellschaft* [A sociedade do risco], 1986
• *Die organisierte Unverantwortlichkeit* [A irresponsabilidade organizada], 1994
• *Macht und Gegenmacht im globalen Zeitalter* [Poder e contrapoder na era da mundialização], 2002

BECKER, HOWARD SAUL
(nascido em 1928)

Sociólogo americano, estudou entre 1946 e 1951 na Universidade de Chicago, ao mesmo tempo que se apresentava como pianista nos clubes de *jazz*.

Seus professores de sociologia estão entre os principais representantes da chamada escola de Chicago*: Ernest Burguess, Everett Hughes, Herbert Blumer... Suas primeiras pesquisas vinculam-se à sociologia das profissões e têm por objeto os músicos de *jazz*, o trabalho e a carreira das professoras primárias de Chicago.

A partir dos anos 1950, ele se volta para o campo da sociologia da delinquência e renova sua abordagem através do estudo dos usuários de maconha. Com *Outsiders* [*Outsiders*], publicado em 1963, impõe-se como um dos principais representantes do interacionismo simbólico*. Nessa obra, ele descreve as trajetórias sociais de desviantes e de marginalizados (músicos de *jazz*, drogados). Para H. S Becker, o estatuto de desviante não pode ser concebido como um "estado" em si, um estatuto imóvel, definido por características objetivas da pessoa. O estatuto de desviante resulta de interações entre diferentes agentes. Para compreender a situação de desviante, é preciso, pois, levar em conta o conjunto dos agentes nela implicados de perto ou de longe. Assim, a passagem ao estatuto de desviante supõe uma verdadeira "carreira" que implica uma entrada progressiva e a inserção num dado meio (o dos fumadores de maconha). O estatuto de desviante depende também do olhar dos outros, do processo de marcação social, das normas sociais em vigor.

Finalmente, o estatuto de desviante se constrói em diversas etapas:

– a passagem ao ato, que pode ficar sem continuidade;

– a aprendizagem social (no contato com outros delinquentes-desviantes);

– a designação pública: o delinquente é designado e "estigmatizado" como tal;
– a adesão a um grupo de pares que reforça o papel e a identidade de desviante.

Em *Art Worlds* [Mundos da arte] (1982), H. S. Becker estuda a produção artística também como um processo de construção progressiva em que intervêm diversos agentes: artistas, críticos, responsáveis por exposições, galeristas, público.

Principais obras de H. S. Becker
• *Outsiders, Studies in the Sociology of Deviance*, 1963 [*Outsiders, estudos de sociologia do desvio*, Jorge Zahar, 2008]
• *Art Worlds*, 1982 [Mundos da arte]
• *Tricks of the Trade: How to Think about Your Research While You're Doing It*, 1998 [*Segredos e truques da pesquisa*, Jorge Zahar, 2008]

BEHAVIORISMO

John B. Watson* (1878-1958) é o principal líder da escola behaviorista. O russo Ivan Pavlov (1849-1936), os americanos Edward L. Thorndike (1874-1949), Clark L. Hull (1884-1952) e Burrhus F. Skinner* (1904-1990) foram seus principais representantes. O termo "behaviorismo" (ou "comportamentalismo") foi criado por J. B. Watson num artigo publicado em 1913 na *Psychological Review*, "Psychology as the Behaviorist Views It" [Psicologia como o behaviorista a vê].

Em oposição ao método da introspecção psicológica, J. B. Watson afirma que a psicologia só poderá tornar-se uma ciência se se detiver na observação objetiva dos comportamentos. A psicologia pretende, pois, ser a ciência dos comportamentos (*behavior*) observáveis.

A outra ideia central do behaviorismo é que os comportamentos humanos são produto de "condicionamentos". O condicionamento é uma forma de aprendizado em que o sujeito aprende a associar uma conduta R (= resposta) a um estímulo (E). Assim, J. B. Watson generalizou a ideia de que os comportamentos humanos são o resultado de aprendizados condicionados. O homem é concebido como um ser muito maleável; reage a estímulos externos de acordo com os reflexos que adquiriu. J. B. Watson havia mostrado, a partir do caso do "pequeno Albert", como uma fobia de ratos podia ser criada artificialmente. Assim escreve ele: "deem-me uma dúzia de crianças saudáveis (...) e o mundo que desejo para criá-las, e eu garanto que posso fazer, de qualquer uma delas, qualquer tipo de especialista à minha escolha – um médico, um advogado, um artista, um comerciante astuto e, até mesmo, sim, um pedinte e um ladrão, quaisquer que sejam seus talentos, inclinações, tendências, aptidões, vocações e a raça de seus antepassados".

O behaviorismo teve uma influência determinante sobre a psicologia americana dos anos 1930 aos anos 1960. O americano C. L. Hull, contemporâneo de J. B. Watson, ampliará e formalizará o modelo E/R em seus *Principles of Behavior* [Princípios do comportamento] (1943), mas é B. F. Skinner que se tornará o novo líder da escola behaviorista depois de J. B. Watson. No final dos anos 1960, o behaviorismo sofrerá a ofensiva de um novo modelo em psicologia: a abordagem cognitivista. Os adeptos da psicologia cognitiva o criticam por ter abandonado o estudos dos "estados mentais" e das representações mentais em benefício unicamente dos comportamentos externos observáveis. Em alguns anos, o behaviorismo vai perder seu crédito e será suplantado pela psicologia cognitiva.

BELL, DANIEL
(nascido em 1919)

Sociólogo americano. Professor em Harvard durante muito tempo, é autor de diversas obras sobre as evoluções da sociedade moderna, que se tornaram verdadeiros *best-sellers* da sociologia.

Em seu imenso livro *The Coming of Post-Industrial Society* [*O advento da sociedade pós-industrial*] (1973), ele anuncia o surgimento de uma "sociedade pós-industrial", caracterizada pelo declínio relativo da indústria e pela expansão do setor de serviços. A sociedade pós-industrial se traduz não só por uma estrutura dos empregos em que dominam os funcionários administrativos, os técnicos e as profissões liberais em relação à classe operária, mas por uma maior importância da formação e do saber teórico. A preponderância da pesquisa e da tecnologia leva a reforçar consideravelmente o poder dos tecnocratas na tomada de decisão política.

"Em última análise, a amplitude do advento da sociedade pós-industrial é avaliada pelos seguintes fenômenos:

1. Ela reforça o papel institucional fundamental que desempenham na vida coletiva a ciência e os valores estabelecidos pelo saber.

2. Ao intensificar o caráter técnico das decisões a serem tomadas, ela leva os cientistas e economistas a participar mais diretamente da vida política.

3. Ao ampliar o processo de burocratização do trabalho intelectual, suscita tensões que questionam as concepções estabelecidas sobre a natureza da atividade intelectual e os valores ligados a ela."

Nos anos 1960, D. Bell publicou uma coletânea de artigos intitulada *The End of Ideology* [*O fim da ideologia*], onde anuncia o declínio irreversível das grandes ideologias e, especialmente, do marxismo. O tema do refluxo dos grandes sistemas ideológicos havia sido desenvolvido na época por Raymond Aron*.

As contradições culturais do capitalismo

Em *The Cultural Contradictions of Capitalism* [As contradições culturais do capitalismo] (1976), D. Bell dá continuidade à sua análise da evolução da sociedade contemporânea. No capitalismo de antes da Guerra, existia uma estreita correspondência entre a ordem da produção e a ordem dos valores. Como Max Weber* mostrara, o ascetismo puritano se conciliava perfeitamente com os valores e comportamentos exigidos pelo desenvolvimento do capitalismo. O respeito da ordem, o gosto pelo esforço, o autodomínio, a preocupação em poupar são os valores em harmonia com as exigências da produção capitalista tanto para os trabalhadores quanto para os empresários. Já o capitalismo do pós-guerra, marcado pelo desenvolvimento do consumo de massa, supõe uma atitude mais "hedonista", e o desenvolvimento do crédito para o consumo – um dos pilares do crescimento – implica o apelo à satisfação dos prazeres imediatos e à libertação de algumas imposições morais. Ao mesmo tempo, essa nova atitude do consumidor epicurista, preocupado sobretudo com o conforto individual, entra em choque com as exigências da produção em massa, com os imperativos da produtividade aumentada...

Principais obras de D. Bell
- *The Coming of Post-Industrial Society*, 1973 [*O advento da sociedade pós-industrial*, São Paulo, Cultrix, 1977]
- *The Cultural Contradictions of Capitalism*, 1976 [As contradições culturais do capitalismo]

BENEDICT, RUTH
(1887-1948)

Antropóloga americana nascida em Nova York, Ruth Benedict é um dos membros da corrente "culturalista". Seus trabalhos têm por objeto as diferenças de personalidade segundo as culturas. Em *Patterns of Culture* [Padrões de cultura] (1934), ela pôs em confronto dois grandes *patterns* (padrões) culturais: apolíneo e dionisíaco. O primeiro corresponde à cultura dos índios pueblos. Estes vivem numa comunidade unida e conformista, e sua personalidade é julgada como equilibrada e pacífica por R. Benedict. Ao contrário, o perfil dionisíaco, mais inflamado, pode ser relacionado com os Kwakiutls, índios das planícies. Os indivíduos são, ao mesmo tempo, mais agressivos, depressivos e individualistas. Em seu trabalho *The Chrysanthemum and the Sword* [*O crisântemo e a espada*] (1946), R. Benedict se dedica a uma apurada análise da personalidade japonesa.

Principais obras de R. Benedict
- *Patterns of Culture*, 1934 [Padrões de cultura]
- *Race: Science and Politics*, 1940 [Raça: ciência e política]
- *The Chrysanthemum and the Sword*, 1946 [*O crisântemo e a espada*, São Paulo, Perspectiva, 3ª ed., 2002]

BENVENISTE, ÉMILE
(1902-1976)

Linguista francês, aluno de Antoine Meillet. Lecionou na EPHE a partir de 1927 e no Collège de France* a partir de 1937. A obra de Émile Benveniste tem por objeto a gramática comparada das línguas indo-europeias e a linguística geral. Ele é um dos pioneiros da teoria da enunciação, mas sua obra permaneceu por muito tempo na sombra do estruturalismo dominante antes de ser redescoberta.

Principais obras de É. Benveniste:
- *Problèmes de linguistique générale*, 2 vols., 1966-1974 [*Problemas de linguística geral*, Pontes, 2 vols., 4ª ed. 1995; 2ª ed., 1989]
- *Le Vocabulaire des institutions indo-européennes*, 1969 [*Vocabulário das instituições indo-europeias*, Unicamp, vols. 1 e 2, 1995]

→ **Enunciação**

BIG MAN

Nas ilhas melanésias, os antropólogos designam por *big man* (grande homem) um personagem que adquiriu posição de prestígio e uma influência particular dentro de sua comunidade pela riqueza, pela capacidade de mobilizar as pessoas e de intervir nos conflitos. Ser *big man* não é deter um estatuto hierárquico oficial, mas ter o poder informal de uma pessoa importante. De certa forma, é o correspondente do "notável" no Ocidente. O modelo do *big man* descrito a respeito do caso melanésio se encontra também na África ou entre os ameríndios.

Bibliografia: • M. Godelier, *La Production des grands hommes. Pouvoir et domination masculine chez les Baruya de Nouvelle-Guinée*, Flammarion, 2003 [1982] • A. Strathern, *Ongka: A Self Account by a New Guinea Big Man*, Duckworth, 1979

BILINGUISMO

É a situação de uma pessoa que domina correntemente duas línguas.

O estudo do bilinguismo propõe questões interessantes para o psicólogo e para o educador. Os trabalhos dos psicolinguistas* revelam que, mesmo entre os melhores bilíngues, existe sempre uma língua dominante. Ademais, se existe um período crítico para assimilar devidamente uma língua estrangeira (especialmente para perceber certas inflexões fonéticas), não está provado, ao contrário da opinião corrente, que as crianças pequenas aprendem mais depressa que os adultos. O que dá essa impressão é o fato de se comparar, erroneamente, crianças que, muito cedo, estão mergulhadas cotidianamente num meio linguístico estrangeiro e adultos que aprendem uma língua por meio de um ensino tradicional. Quando as condições de aprendizado são as mesmas, a criança e o adulto têm desempenhos iguais.

Os benefícios cognitivos do bilinguismo na criança foram evidenciados por estudos psicolinguísticos. De fato, parece que o fato de adquirir duas línguas aumenta a sua "consciência linguística". Esta é definida como uma aptidão metalinguística para "pensar e refletir sobre a natureza e as funções da linguagem" (W. E. Tunmer, C. Pratt, M. L. Herriman, *Metalinguistic Awareness in Children*, 1984).

Por outro lado, muitos autores pensam que as crianças bilíngues têm uma flexibilidade cognitiva superior à das monolíngues. O bilinguismo poderia mesmo estar ligado a uma melhor inteligência* geral (avaliada por provas de raciocínio global, de resolução de problemas e de abstração).

Bibliografia: • D. Gaonac'h, "L'enseignement des langues étrangères", *Sciences Humaines*, n°. 123, 2002 • C. Hagège, *L'Enfant aux deux langues*, Odile Jacob, 1996 • W. E. Tunmer, C. Pratt, M. L. Herriman (orgs.), *Metalinguistic Awareness in Children: Theory, Research and Implications*, Springer, 1984

BINET, ALFRED
(1857-1911)

O psicólogo Alfred Binet é conhecido principalmente por ser o inventor dos testes de inteligência ("Escala métrica da inteligência", 1905; ver quadro). Mas sua obra aborda também muitos outros temas.

A. Binet inicia sua carreira de psicólogo no campo da psicopatologia* e dedica um estudo a uma forma de perversão sexual, o fetichismo. A invenção do termo é justamente devida a ele. Em seguida, seu campo de exploração científica vai se estender para o estudo de todas as formas dos processos intelectuais e isso o levará a estudar a hipnose*, as alucinações* e a tentar compreender a psicologia do jogador de xadrez e a dos gênios. A. Binet foi também o fundador da revista *L'Année Psychologique*.

ALFRED BINET E A INVENÇÃO DOS TESTES DE INTELIGÊNCIA

• Em 1881-1882, é instituída na França a obrigatoriedade da escola pública. Todas as crianças francesas devem, então, cursar a escola primária. Em princípio, porque alguns alunos se revelam incapazes de acompanhar o ensino numa classe comum. Em outubro de 1904, o ministro da Instrução Pública cria uma comissão encarregada de identificar essas crianças a fim de orientá-las para um ensino particular.

Alfred Binet é encarregado de encontrar os meios técnicos para a sua identificação. Para tanto, o psicólogo inventa uma série de exercícios com a finalidade de avaliar "a memória, a imaginação, a atenção, os sentimentos morais...". Esses exercícios são pequenas provas concretas em que o aluno deve responder a séries de perguntas: para uma criança de quatro anos, pergunta-se o nome de um objeto (chave, faca...) ou se pede que identifique uma lista de três números, copie um quadrado.

O interesse desses exercícios, segundo Alfred Binet, é "descobrir, na lavra da escola, a bela inteligência nativa". Com seu colaborador Théodore Simon, ele realizará um enorme trabalho empírico: centenas de alunos, de 3 a 13 anos, são submetidos individualmente a provas breves e de dificuldade crescente.

O que importa é determinar em que idade as crianças normais conseguem realizar cada exercício. Essas pesquisas levarão à construção da escala métrica da inteligência ou "escala de Binet-Simon". A criança começava pela prova da menor idade e prosseguia até onde era capaz de conseguir fazer os exercícios solicitados. Assim, determinava-se a sua idade mental. Quando a idade real (a idade cronológica) era muito superior à idade mental, o aluno deveria ser encaminhado a um ensino diferente.

• Rapidamente o teste Binet-Simon ganhará renome internacional. Nos Estados Unidos, Lewis M. Terman (1877-1956) vai adaptá-lo às crianças americanas; David Wechsler (1896-1981) construirá escalas de inteligência que também são derivadas dele. Por sua vez o psicólogo alemão William Stern (1871-1938) introduziu o quociente intelectual – o célebre QI* – em 1912.

Principais obras de A. Binet
• *Le Fétichisme dans l'amour*, 1887 [O fetichismo no amor]
• *Les Idées modernes sur les enfants*, 1909 [As ideias modernas sobre as crianças]
• *Sensation, perception et hallucination* (1883-1886), 2002 [Sensação, percepção e alucinação]
• *Psychologie de la mémoire*, 2003 [Psicologia da memória]
• *L'Élaboration du premier test d'intelligence* (1904, 1905), 2004 [A elaboração do primeiro teste de inteligência]

BIOÉTICA

Esta nova palavra foi forjada pelo cancerologista Van Potter, mas notabilizou-se nos debates sociais a partir dos anos 1990. A reflexão bioética é resultado dos grandes avanços da biologia: reprodução artificial, engenharia genética, clonagem, que suscitaram uma série de problemas morais. Diante dessas inovações científicas e técnicas, as sociedades se viram confrontadas com situações inéditas, o que levou o Estado a elaborar leis sobre elas. Na França, as primeiras leis bioéticas datam de 1994 e tratavam principalmente da reprodução artificial: os bebês de proveta, as mães de aluguel... A partir de 1997, com o aparecimento da clonagem (a ovelha Dolly), o debate recomeçou. Em alguns anos, foram clonados ratos, porcos, bezerros. Evidentemente, a clonagem humana se perfila no horizonte e traz preocupações.

O campo da bioética abrange vários setores: a experimentação em seres humanos, a responsabilidade médica (deve-se impor uma transfusão de sangue a um testemunha de Jeová que a recusa por princípio, mas que corre o risco de morrer?), a questão das despesas com a saúde (devem-se dispensar cuidados sem levar em conta os custos gerados?), o aborto e o *status* do embrião, o eugenismo*, a obstinação terapêutica, o estatuto do corpo humano (propriedade, venda e doação de órgãos).

Bibliografia: • G. Hottois, J.-N Missa, *Nouvelle Encyclopédie de la bioéthique*, De Boeck, 2001

BIOGRAFIA HISTÓRICA

Durante muito tempo, a biografia não foi um gênero valorizado pelos historiadores. Nem os grandes historiadores do século XIX – de Jules Michelet a Ernest Lavisse –, nem os do século XX se dedicaram ao gênero. "Houve, no século XX, um eclipse da biografia histórica – particularmente sensível no movimento surgido do Annales", escreve Jacques Le Goff* – apesar de algumas exceções notáveis, como a obra *Un destin: Martin Luther* [Um destino, Martinho Lutero], de Lucien Febvre* (1928). Se o gênero existe e continua em pleno vigor, é em virtude de um gosto do público pela vida dos "grandes homens" – de Jesus a Napoleão, de Catarina de Médicis a Adolf Hitler – que permaneceu muito vivo. Mas continua sendo um gênero menor, muitas vezes reservado a escritores jornalistas.

Entretanto, o gênero biográfico foi "reabilitado" pela história universitária a partir dos anos 1980. Historiadores oriundos da escola dos Annales* fizeram incursões no gênero: Georges Duby* recontou a vida de *Guillaume le Marechal* [Guilherme marechal ou o melhor cavaleiro do mundo] (1984), um cavaleiro da Idade Média; J. Le Goff consagrou um estudo a *San Louis* [São Luís] (1996) e depois a *Saint François d'Assise* [São Francisco de Assis] (1999). Na verdade, essas biografias não rompem com o método dos Annales: se o historiador relata uma vida, é mais como o testemunho de uma sociedade, de um modo de vida.

É também nesta ótica que a micro-história* se volta para a vida das pessoas comuns. Assim, em *Le Fromage et les Vers* [O queijo e os vermes] (1976), Carlo Ginzburg* descreveu o universo de um moleiro no século XVI. Alain Corbin reconstruiu o mundo de um fabricante de tamancos normando no século XIX em *Le Monde retrouvé de Louis-François Pinagot. Sur les traces d'un inconnu 1798-1876* [*O mundo redescoberto de Louis-François Pinagot: no rastro de um desconhecido 1798-1876*] (1998).

Já na história política contemporânea, a perspectiva é diferente. Qual o papel das decisões pessoais de Lênin na tomada do poder pelos bolcheviques? Como nasceu o antissemitismo de Adolf Hitler? Este é, por exemplo, o tipo de pergunta que Ian Kershaw coloca em sua biografia de *Hitler* [*Hitler, um perfil do poder*] (2000). Aí está o mais temível desafio da biografia histórica: articular o destino individual e as bifurcações da "grande" história.

BLOCH, MARC
(1886-1944)

Historiador francês, fundou, junto com Lucien Febvre*, a Escola dos Annales*.

Especialista em Idade Média, é autor de diversas obras memoráveis. Em *Les Rois thaumaturges* [*Os reis taumaturgos*] (1924), ele estuda a permanência, através dos séculos, de uma crença no poder de cura dos reis. Esse livro pode ser considerado uma das primeiras obras de história das mentalidades*. Com *La Société féodale* [*A sociedade feudal*] (1939-1940), propõe-se reconstruir um modelo global de funcionamento destacando os traços principais das estruturas econômicas, políticas e culturais.

Durante a ocupação alemã, M. Bloch é vítima das medidas antissemitas. Alista-se na Resistência, parte de Paris, vai para Lyon e continua a escrever sob o nome de Fougères. É lá que redige seu último livro, *L'Étrange Défaite* [*A estranha derrota*], 1946. Em 1944, é morto com outros resistentes alguns dias antes da libertação de Lyon.

Principais obras de M. Bloch
- *Les Rois thaumaturges*, 1924 [*Os reis taumaturgos*, Companhia das Letras, 2005]
- *La Société féodale* [*A sociedade feudal*], 1939-1940
- *L'Étrange Défaite* [*A estranha derrota*], 1946
- *Apologie pour l'histoire ou métier d'historien* [*Apologia da história: ou o ofício do historiador*, Zahar, 2002], 1949

BOAS, FRANZ
(1858-1942)

Antropólogo americano de origem alemã, foi o fundador da antropologia cultural nos Estados Unidos.

Após brilhantes estudos de física e geografia na Alemanha, onde redige uma tese de física sobre a "cor do mar", o jovem Franz Boas volta-se para a antropologia física, então em voga na Alemanha. Entretanto, sua primeira viagem etnográfica entre os esquimós convenceu-o de que a cultura de um povo é mais determinante do que as condições biológicas ou a "raça*" para entender os comportamentos. Fica então persuadido de que é preciso estudar a cultura*, que possui sua própria lógica e sua autonomia.

Instalado nos Estados Unidos a partir de 1889, entrega-se a múltiplas pesquisas, especialmente junto aos índios Kwakiutls do Canadá. Recolhe, classifica, analisa um imenso volume de informações sobre a linguagem, os mitos, as técnicas, os costumes e os modos de vida dos índios.

Inimigo das generalizações demasiado apressadas e das grandes sínteses que passam levianamente por cima do detalhe e da complexidade dos fatos, F. Boas se opõe tanto às teorias racistas da antropologia física quanto à visão linear da história proposta pelo evolucionismo*. Desconfia também das grandes sínteses consagradas ao "pensamento primitivo", como a de James Frazer* em seu *The Golden Bough* [*O ramo de ouro*] (13 vols., 1890-1935). A ideia de um pensamento primitivo "irracional" e fundamentado unicamente na magia não lhe parece convincente. Da mesma forma, se ele leva em conta os fenômenos de difusão (das técnicas, das culturas) para explicar certos fatos técnicos ou culturais, não adere contudo às teses difusionistas* então em curso na Alemanha e na Inglaterra.

Tornando-se rapidamente a principal figura da antropologia americana, F. Boas irá formar toda uma geração de antropólogos: Robert Lowie, Alfred Kroeber, Edward Sapir*, Ralf Linton*, Margaret Mead*, Ruth Benedict*... Com F. Boas, a antropologia toma uma nova orientação: o estudo das "culturas", e não o das raças, passa a ser prioritário.

Principais obras de F. Boas
- *The Mind of Primitive Man*, 1911 [*A mente do homem primitivo*]
- *Primitiv Art*, 1927 [*Arte primitiva*]
- *Race, Language and Culture*, 1940 [*Raça, língua e cultura*]

BORDERLINE
→ **Estado limítrofe**

BOTTOM-UP

Em termos de ciência, a conduta *bottom-up* (de baixo para cima) consiste em partir de dados elementares para "chegar" a formas de organização mais globais. Ao contrário, o método *top-down* (de cima para baixo) consiste em partir de um sistema global para decompô-lo em seus elementos constituintes.

BOUDON, RAYMOND
(nascido em 1934)

Sociólogo francês, é partidário do individualismo metodológico*, segundo o qual os fenômenos sociais devem ser abordados como a resultante das ações de indivíduos dotados de razão.

Utiliza a noção de racionalidade* inspirando-se na racionalidade subjetiva concebida por Herbert A. Simon*. Propõe-se revelar as "boas razões" que um indivíduo pode ter para agir de uma forma ou de outra.

R. Boudon cita o exemplo do feiticeiro que se entrega a sortilégios para fazer chover. O antropólogo Lucien Levy-Bruhl interpretou essa atitude como a expressão de um pensamento mágico. Para R. Boudon, o feiticeiro tem realmente boas razões para agir dessa forma: seus sortilégios intervêm durante a estação das chuvas. De maneira geral, R. Boudon qualifica de racional "todo comportamento Y sobre o qual se pode dizer: X tinha boas razões para fazer Y, porque..." (*L'Art de se persuader des idées douteuses, fragiles ou fausses* [A arte de se persuadir das ideias duvidosas, frágeis ou falsas], 1990).

Referenciando-se nos trabalhos de Mancur Olson* e no dilema do prisioneiro, R. Boudon se interessou pelos fenômenos de comportamentos coletivos que resultam da agregação de racionalidades individuais (teoria dos efeitos perversos*). Esses desenvolvimentos de sua teoria contribuíram bastante para difundir as noções de racionalidade limitada* e racionalidade subjetiva nas ciências.

Além disso, R. Boudon consagrou vários trabalhos aos sociólogos clássicos (Max Weber*, Émile Durkheim*, Alexis de Tocqueville*, e se dedicou a mostrar que todos os seus procedimentos se inscrevem no quadro de um individualismo metodológico que ele procura promover.

Principais obras de R. Boudon
• *L'Inégalité des chances*, 1973 [*Desigualdade das oportunidades*, UnB, 1981]
• *Effets pervers et ordre social*, 1977 [*Efeitos perversos da ordem social*, Zahar, 1979]
• *La Logique du social*, 1979 [A lógica do social]
• (com F. Bourricaud) *Dictionnaire critique de sociologie*, 1982 [*Dicionário crítico de sociologia*, Ática, 2ª ed., 2000]
• *L'Idéologie ou l'origine des idées reçues*, 1986 [A ideologia ou a origem das ideias recebidas, Ática, 1989]
• *Le Juste et le Vrai: études sur l'objectivité des valeurs et de la connaissance*, 1995 [O justo e o verdadeiro: estudos sobre a objetividade dos valores e do conhecimento]

→ **Ideologia, Individualismo metodológico, Racionalidade**

BOURDIEU, PIERRE
(1930-2002)

Pierre Bourdieu se impôs como uma das grandes figuras da sociologia contemporânea. Entre seus primeiros trabalhos sobre a sociologia da Argélia (1958) e suas últimas publicações originárias de cursos ministrados no Collège de France* (onde foi nomeado professor em 1981) ele escreveu cerca de trinta livros e dezenas de artigos que constituíram importantes acontecimentos no mundo da sociologia.

AS LEIS INVISÍVEIS DO PENSAMENTO

A exemplo de muitas grandes obras, o pensamento de P. Bourdieu tem suas raízes numa experiência pessoal. Originário de uma família de classe média do Béarn (Sul da França) conseguiu integrar-se na prestigiosa ENS, da rua d'Ulm, em 1951. Ali, o jovem interiorano, acanhado e desajeitado, se vê imerso num mundo de jovens burgueses, brilhantes, eloquentes e cultos. O jovem P. Bourdieu não tem nem a pena nem a palavra fáceis e prontas; a expressão de seu pensamento deve passar pelo constante esforço de autocontrole, o que é exatamente o contrário da desenvoltura daqueles estudantes vindos da burguesia culta. Estes estiveram mergulhados, desde a infância, no universo da erudição, no qual aquela língua é a língua natural. P. Bourdieu fará a descrição dessa elite estudante em *Les Héritiers* [Os herdeiros] (com J.-C. Passeron, 1964). Aqueles estudantes privilegiados recebem como herança um bem precioso, embora invisível a olho nu: a cultura. No seio dessa elite intelectual, os valores não se transmitem pelo dinheiro (o "capital econômico"), mas pela escola (o "capital cultural"). Os melhores elementos dessa casta social estão destinados a seguir o percurso ideal das grandes escolas (Politécnica, Escolas Normais Superiores, ENA) para integrar os altos órgãos do Estado. P. Bourdieu irá consagrar-lhes depois outro de seus grandes livros, *La Noblesse d'État* [A nobreza de Estado], (1989). Por não pertencer a tal mundo, o jovem P. Bourdieu vai sentir na carne a distância entre o seu mundo de origem e aquele em que está ingressando. E é justamente essa distância que lhe permite ver o que os outros já não veem. Os códigos implícitos, as rotinas e as bases que governam o mundo das ideias. A partir daí, todo o seu pensamento vai consistir em "desnaturalizar o mundo social", revelar as regras do jogo do mundo dos intelectuais, dos doutos e dos pensadores.

Em *La Réproduction* [A reprodução] (com J.-C. Passeron, 1970), P. Bourdieu descreve o mecanismo invisível da seleção social pela escola. As sociedades do Antigo Regime transmitiam uma posição, um título e um *status*. A sociedade burguesa entrega a seus filhos um capital, uma herança. A República, em nome da igualdade de todos, restabeleceu insidiosamente, sem saber, uma nova barreira de classe: a da cultura, transmitida pelo diploma. A herança cultural é tanto mais preciosa na medida em que não é visível. É vivida como se fosse um dom, uma inteligência inata e ideias puras.

Em seguida, o sociólogo estenderá sua análise da dominação às práticas culturais em *Un art moyen* [Uma arte mediana] (com L. Boltanski, R. Castel, J.-C. Chamboredon, 1965) e *L'Amour de l'art* [Amor pela arte] (com A. Darbel, 1966); depois, em sua obra-prima, *La Distinction* (*A distinção*, 1979). Esta, que tem como subtítulo *Crítica social do julgamento*, pretende ser um desafio a Emmanuel Kant e à sua "crítica do juízo" . O filósofo alemão queria explicar o sentido do "belo" a partir de um juízo transcendental e subjetivo. Para E. Kant, o juízo estético é questão de bom ou mau gosto pessoal. Já P. Bourdieu quer mostrar que o gosto é questão de meio social. Em grupos sociais diferentes, apreciam-se a pintura abstrata, os impressionistas, ou a arte *pompier*. Assim como o jazz, a música popular ou a música clássica são marcadas socialmente, o gosto também está ligado ao prestígio. Gostamos – ou nos forçamos a gostar – desta ou daquela música, deste ou daquele escritor (ou sociólogo...) para parecermos "distintos".

Habitus, capital, campo, violência simbólica

Mas o pensamento de P. Bourdieu não se reduz a um estrito determinismo que não faria mais do que relacionar o pensamento a suas condições sociais de produção. A noção de *habitus*, que está no cerne de sua obra, visa a dar conta, ao mesmo tempo, dos determinismos inconscientes que pesam sobre nossas representações, mas também das capacidades estratégicas e criativas.

P. Bourdieu define o *habitus* como um "sistema de disposições duráveis" que funciona como "princípio gerador e organizador de práticas e de representações". Em outras palavras, produto de um aprendizado inconsciente, ele é um programa de comportamentos que permite agir e pensar num dado meio.

Cada um de nós é produto de seu meio e prisioneiro de rotinas de ações. Mas nossos hábitos e rotinas funcionam como programas e têm capacidades criadoras e estratégicas num determinado meio. A teoria do *habitus* coloca lado a lado dois modelos opostos de ação: de um lado, o determinismo sumário que encerra nossas ações no quadro de obrigações impostas; do outro, a ficção de um indivíduo autônomo, livre, racional.

O "campo" é outra noção central da teoria de P. Bourdieu. O termo é utilizado em referência ao mundo literário, artístico, político, religioso, médico, científico. Por uma vez, P. Bourdieu definiu-o de maneira bastante simples: "o campo é um microcosmo autônomo no interior do macrocosmo social." (*Propos sur le champ politique* [Considerações sobre o campo político], 2000)

Quer seja chamado de "campo", "microcosmo", "meio", trata-se de uma esfera de atividade – o mundo político, universitário, por exemplo – que tem suas próprias leis e seus códigos internos. Aquele que entra nesse meio (político, artístico, intelectual) deve dominar os códigos e as regras internas. Sem isso, logo ele está fora do jogo. A exemplo dos "campos magnéticos" em física, o campo também é concebido como um campo de força. É o lugar da luta entre os indivíduos, entre os clãs, onde cada um busca manter seu lugar, distinguir-se e conquistar novas posições. Essas lutas e essas tensões são travadas no plano institucional (conquistar postos, lugares, etc.). Mas essa luta de posições e de classificação supõe uma guerra social que é travada também no plano simbólico.

É aí que intervém outro mecanismo central na sociologia de P. Bourdieu: "a violência simbólica". Trata-se de uma violência "branda e mascarada", exercida com a cumplicidade daqueles sobre quem ela se exerce. Não se destina a marcar o corpo, mas as mentes. No mundo acadêmico, ela assume a forma do discurso de autoridade ou da palavra do mestre.

Críticas a Bourdieu

A obra de P. Bourdieu foi objeto de inúmeros comentários e também de leituras críticas. Elas são dirigidas à sua concepção de cultura popular, à noção de *habitus*, à incapacidade de sua sociologia pensar a transformação. No fundo, todas as críticas apresentam um ponto comum. Não se nega o valor heurístico da noção de *habitus*, mas a maioria dos autores se recusa a fazer dela um programa rígido de comportamentos. O *habitus* existe, mas, em nossas sociedades "abertas", os indivíduos são submetidos a diversos quadros de socialização, e nenhum confina os atores entre grades de ferro. Ademais, a visão implacável da dominação pelo *habitus* ou pela violência simbólica não permite dar conta dos processos de transformação ou de emancipação: das mulheres, dos jovens originários de meios desfavorecidos que "dão certo", das diversas categorias de "dominados" que, de uma forma ou de outra (pela luta, pelas estratégias individuais, pela desviância), conseguem se livrar em parte de sua situação de dominados, nem todos reduzindo-se à "miséria moral" e à submissão passiva.

Principais obras de P. Bourdieu
• (com J.-C. Passeron) *Les Héritiers. Les étudiants et la culture*, 1964 [Os herdeiros. Os estudantes e a cultura]
• (com J.-C. Passeron) *La Réproduction. Éléments pour une théorie du système d'enseignement*, 1970 [A reprodução: elementos para uma teoria do sistema de ensino, Francisco Alves, 2.ª ed., 1982]
• *La Distinction: critique sociale du jugement*, 1979 [A distinção: crítica social do julgamento, Zouk, 2007]
• *Le Sens pratique*, 1980 [O senso prático]
• *Questions de sociologie*, 1980 [Questões de sociologia, Marco Zero, 1983]
• *Ce que parler veut dire*, 1982 [O que falar quer dizer, Edusp, 1986]

• *Les Règles de l'art. Genèse et structure du champ littéraire*, 1992 [As regras da arte: gênese e estrutura do campo literário, Companhia das Letras, 1996]
• (org.) *La Misére du monde*, 1993 [A miséria do mundo, Vozes, 5.ª ed., 2003]
• *Méditations pascaliennes: éléments pour une philosophie négative*, 1997 [Meditações pascalianas, Bertrand Brasil, 2001]
• *Science de la science et réflexivité*, 2001 [Ciência da ciência e reflexividade]

→ **Capital, Campo, *Habitus*, Desigualdades, Sociologia**

BRAUDEL, FERNAND
(1902-1985)

Historiador francês e líder da Escola dos Annales* depois da Segunda Guerra, Fernand Braudel é o historiador da "longa duração". Opondo-se a uma história política e fatual, ele quer fazer surgir, das bases geográficas e econômicas da sociedade, as forças subterrâneas que estruturaram, a longo prazo, as evoluções históricas. Seu principal campo de estudo é a era clássica.

Após terminar os estudos de história e ingressar nos quadros do ensino, leciona dez anos na Argélia, de 1923 a 1932; depois, na USP. Ao retornar a Paris, torna-se, em 1937, diretor da EPHE. Durante todos esses anos elabora sua tese, *La Mediterranée et le monde mediterranéen à l'époque de Philippe II* [O Mediterrâneo e o mundo mediterrâneo na época de Filipe II](1949), que defende depois da Segunda Guerra Mundial. Nesta obra, rompe com a história política para apresentar uma história social e econômica da bacia mediterrânea e expõe, pela primeira vez, a sua visão da história em três tempos (*ver quadro*).

Em 1946, F. Braudel assume a direção da revista dos *Annales*. Em 1949, torna-se professor no Collège de France* e se envolve na criação, em 1946, da VI seção – econômica e social – da EPHE, de que será presidente de 1956 a 1972.

Durante esses anos, redige sua grande obra sobre a história do capitalismo, *Civilisation matérielle, économie et capitalisme* [Civilização material, economia e capitalismo] (3 vols., 1979), na qual descreve o surgimento progressivo de uma "economia-mundo", que se desenvolveu em torno de diversas áreas de desenvolvimento: Gênova, Veneza, Bruges, Amsterdã e, depois, Londres. Em 1984, um ano antes de sua morte, F. Braudel foi eleito para a Academia Francesa.

Principais obras de F. Braudel
- *La Méditerranée et le monde méditerranéen à l'époque de Philippe II*, 1949 [O Mediterrâneo e o mundo mediterrânico na época de Filipe II]
- *Civilisation matérielle, économie et capitalisme*, 3 vols., 1979 [Civilização material, economia e capitalismo, Martins Fontes, vol. 1, 1995; vol. 3, 1996]
- *L'Identité de la France*, 3 vols., 1986 [A identidade da França, Globo, 3 vols., 1989]

OS "TRÊS TEMPOS" DE FERNAND BRAUDEL

- Em sua obra *La Mediterranée et le monde méditerranéen à l'époque de Philippe II* [O Mediterrâneo e o mundo mediterrânico na época de Filipe II] (1949), Fernand Braudel propõe recortar a história em três "estágios" aos quais correspondem um nível de explicação e uma temporalidade diferentes.

O primeiro estágio da história é o das relações do homem com o seu meio. Por exemplo, a vida do camponês não evoluiu muito da época romana ao limiar da Revolução Industrial. Esses homens vivem num "tempo longo e quase imóvel", sua história "lenta para passar e se transformar, muitas vezes feita de retornos insistentes, de ciclos infinitamente recomeçados".

Depois, vem o segundo estágio: o tempo da história social, a dos grupos e dos agrupamentos dos Estados e das sociedades. É uma temporalidade diferente, em que as evoluções se contam em décadas.

Por fim, uma terceira temporalidade corresponde à da história clássica escrita "na dimensão não do homem, mas do indivíduo (...) Uma história oscilante, breve, rápida, nervosa (...) mas justamente assim, é a mais apaixonante, a mais rica em humanidade, também a mais perigosa". E F. Braudel acrescenta: "Desconfiemos desta história ainda ardente, tal como os contemporâneos a sentiram, descreveram, viveram no ritmo de sua vida, breve como a nossa. Ela tem a dimensão de suas iras, de seus sonhos e de suas ilusões."

BROWN, PETER
(nascido em 1935)

O historiador irlandês Peter Brown está associado à nova noção de "Antiguidade tardia". Até o final dos anos 1970, qualificava-se de "decadente" o período que se inicia no Ocidente a partir do século III d.C., e que vê, alternadamente, o desmoronamento do Império Romano, a invasão dos "bárbaros" e o surgimento da Alta Idade Média.

P. Brown renovou o olhar sobre o período que vai do século III da nossa era até cerca de 800 d.C. Já em 1971, com seu livro *The World of Late Antiquity* [O mundo da Antiguidade tardia], ele recusa a ideia de uma ruptura entre a Antiguidade e o período da Alta Idade Média. Em termos de costumes e de cultura, P. Brown, que privilegia a história longa, insiste na continuidade do período marcado sobretudo pelo avanço contínuo do cristianismo. A expressão "Antiguidade tardia" vai prosperar e logo integrar-se ao vocabulário histórico. Inspirado nos trabalhos de Mary Douglas*, Michel Foucault* ou Paul Veyne*, o historiador se interessa pela maneira como o cristianismo moldou novos perfis psicológicos e novos modos de viver através da sexualidade, das representações da santidade e das formas intelectuais de autoridade.

Principais obras de P. Brown
- *Augustine of Hippo. A Biography*, 1967 [Santo Agostinho, uma biografia, Record, 2005]
- *The Making of Late Antiquity*, 1978 [A constituição da Antiguidade tardia]
- *The Cult of the Saints: its Rise and Function in Latin Christianity*, 1981 [O culto dos santos: seu surgimento e função no cristianismo latino]
- *The Body and Society: Men, Women and Sexual Renunciation in Early Christianity*, 1988 [Corpo e sociedade: o homem, a mulher e a renúncia sexual no início do cristianismo, Jorge Zahar, 1990]
- *Power and Persuasion in Late Antiquity towards a Christian Empire*, 1988 [Poder e persuasão na Antiguidade tardia: rumo a um império cristão]

BRUNER, JEROME SEYMOUR
(nascido em 1915)

Psicólogo americano nascido em Nova York. Depois de obter o doutorado na Universidade de Harvard, Jerome S. Bruner desenvolveu grande parte de sua carreira como docente e pesquisador. É um dos fundadores da psicologia cognitiva. Suas contribuições para a psicologia contemporânea são abundantes e variadas. Algumas pesquisas importantes contribuíram para a renovação das abordagens em diversas esferas.

– *Percepção e "new look perceptivo"*. Numa experiência efetuada em 1947, J. S. Bruner e Cecile C. Goodman verificaram que as crianças tendem a supervalorizar o tamanho de uma moeda em comparação a um disco de papelão com a mesma dimensão. Esta experiência sugere que a percepção não é neutra, mas depende do valor que se atribui a um objeto. De acordo com a sua teoria do "*new look* perceptivo", o sujeito é um observador ativo que explora o mundo e lhe atribui sentido em conformidade com suas expectativas e seus quadros de referência ou "esquemas" perceptivos.

– *Categorização e estratégias mentais*. A experiência de J. S. Bruner sobre a "categorização" (1956) consiste em perguntar a sujeitos como classificar cartões de formas ou cores diferentes. Alguns sujeitos usam estratégias de *focusing* (focalização), que consiste em tomar um cartão de referência e procurar os que têm traços comuns com ele. Outra estratégia, o *scanning* (varredura), é estabelecer hipóteses gerais de classificação após ter visto todos os cartões.

Como as crianças aprendem a falar

• J. S. Bruner interessou-se principalmente pelas inúmeras interações entre a criança e os pais e pelo uso de palavras e expressões em contextos de comunicação muito precisos (refeições, brincadeiras, banho…) Apesar de a criança ter uma predisposição inata para a linguagem (como afirma Noam Chomsky*), a "construção" do sentido atribuído às palavras e às expressões não poderia se efetuar sem as múltiplas interações com os pais. Em primeiro lugar, as palavras e as frases só adquirem sentido num contexto e no momento de uma determinada ação ("Tome", "Caiu!", "Papai saiu", "mais" para pedir leite). Os elementos da linguagem adquirem sentido quando relacionados a uma função de comunicação e a roteiros-protótipos da vida quotidiana. De onde a ideia – central em J. S. Bruner – de que a aquisição da linguagem e da cultura se realiza pela ação e pela interação permanente com o outro e não pode explicar-se unicamente pelo desdobramento autônomo de uma capacidade mental. Para este especialista da psicologia da criança, interessado pelos problemas da pedagogia, uma das principais preocupações foi correlacionar a educação e as pesquisas em psicologia. Por essa razão, ele participou de várias comissões de reforma da educação nos Estados Unidos e teve a oportunidade de trabalhar com Jean Piaget* em Genebra.

A partir dos anos 1980, J. S. Bruner criticou a tendência da psicologia cognitiva que toma a informática e a lógica* como modelo do pensamento. Ele advoga em favor de uma psicologia cultural (inspirada em Ignace Meyerson).

Essa experiência pioneira em psicologia cognitiva mostra estratégias mentais de resolução de problemas.

– *As três fases da representação*. A partir de estudos precisos, J. S. Bruner mostra que, durante o seu desenvolvimento, a criança adquire três modos de representação do mundo. O primeiro nível de representação é chamado "enativo", isto, é, ligado à ação. Corresponde ao estágio sensório-motor de Jean Piaget*. Depois, vem a representação "icônica", ou seja, por imagem, que se realiza pela interiorização dos gestos e das percepções em forma de esquemas estáveis. Outra fase de representação é a "simbólica", que supõe uma representação abstrata, uma conceitualização do mundo. A teoria de J. S. Bruner é menos uma teoria dos estágios de desenvolvimento* do que uma teoria dos diversos modos de representação do mundo

Principais obras de J. S. Bruner
• *Le Développement de l'enfant: savoir dire, savoir faire*, 1973 [O desenvolvimento da criança: saber dizer, saber fazer]
• *Comment les enfants apprennent à parler*, 1983 [Como as crianças aprendem a falar]
• *Car la culture donne forme à l'esprit: de la révolution cognitive à la psychologie culturelle*, 1990 [A cultura dá forma ao espírito: da revolução cognitiva à psicologia cultural]
• *L'Éducation, entrée dans la culture. Les problèmes de l'école à la lumière de la psychologie culturelle*, 1996 [A educação, entrada na cultura. Os problemas da escola à luz da psicologia cultural]

BRUXARIA

A figura típica da bruxa tal como a conhecemos no Ocidente é a de uma mulher possuída pelo demônio, que passeia com sua vassoura, encanta, lança feitiços, pratica missas negras e prepara poções e venenos em seu caldeirão. Essa figura peculiar da bruxaria não remonta a tempos imemoriais; sua história se inicia em uma data bastante precisa. É por volta do século XV que, em muitas regiões da Europa, aparecem os primeiros grandes casos de bruxaria. "A bruxaria é uma invenção do século XV, cuja base é dada pelo processo inquisitorial" (J.-M. Sallmann, *Les Sorcières, fiancées de Satan* [*As bruxas noivas de Satã*], 1989), pois ela não pode ser dissociada de seus grandes processos e de suas representações míticas. O fenômeno da bruxaria não pode ser isolado de certo cenário. Bruxo(a) é aquele(a) que é condenado(a) por bruxaria ou suspeito(a) de praticá-la.

As primeiras acusações de bruxaria dirigem-se aos "valdenses". Quem são eles? Discípulos de Pierre Valdo, um mercador lionense do século XII. Esse dissidente católico pregava a pobreza evangélica, a não violência e a fidelidade exclusiva ao texto das Escrituras. Ele reuniu em torno de si alguns fiéis – os valdenses – que começaram a se espalhar por diversas regiões. Em 1184, o conselho de Verona julgou herético esse culto, excomungou seus discípulos e passou a persegui-los. Apesar das perseguições, a seita dos valdenses se difundiu na França, Itália, Áustria e Alemanha, onde alguns aderiram à Reforma no século XVI. Eles construíram igrejas, instauraram seu próprio culto e foram então acusados de bruxaria. Segundo os cronistas da época, "os valdenses de Arras formavam uma seita a serviço do diabo". Para irem ao sabá, presumia-se que eles untavam seus corpos com uma pomada preparada com a ajuda de uma pequena vara que, em seguida, colocavam entre as pernas. Depois, voavam e dirigiam-se ao local da cerimônia, um bosque onde aguardavam o diabo, que podia assumir a forma de um bode ou de um macaco. Os bruxos celebravam com ele uma missa negra durante a qual insultavam Deus e a Virgem Maria, e cuspiam no crucifixo. O ritual terminava com um banquete seguido de uma orgia. Os bruxos lançavam maldições, tornavam os campos estéreis e os homens doentes, faziam os animais morrerem, etc. Era isso que os pobres valdenses eram obrigados a confessar ao longo de processos manipulados antes de serem jogados na fogueira.

Encontram-se nessa passagem muitos elementos constitutivos do imaginário da bruxaria ocidental: a vassoura entre as pernas, as missas negras, os feitiços lançados, os chifres do diabo (o bode)… Essas situações lembram os processos stalinistas, nos quais os hereges eram obrigados a confessar os piores crimes e se praticava a "caça às bruxas".

Abordagem antropológica da bruxaria

Edward E. Evans-Pritchard* (1902-1973), que estudou a bruxaria entre os Azande (África), não dava crédito às querelas de definição. Ele se preocupou em descrever e analisar certos comportamentos próprios à bruxaria (*Witchcraft, Oracles and Magic among the Azande* [Bruxaria, oráculos e magia entre os Azande], 1937). Suas análises se tornaram referência no meio antropológico. Entre os Azande, as *witches* nascem com uma substância (o *mandu*) no intestino que lhes confere o poder de prejudicar o outro (fazer alguém adoecer, provocar a morte ou semear a discórdia). Para tal, elas não precisam praticar um ritual, nem mesmo desejar conscientemente fazer o mal, já que o portam dentro de si. Por outro lado, os *sorcerers* praticam a *sorcery* (feitiçaria) pelo uso de plantas e rituais mágicos.

Alguns autores utilizam o termo "bruxo" em um sentido muito amplo, que quase não permite distinguir a bruxaria da magia ou do xamanismo*.

A bruxaria não desapareceu

A bruxaria, assim como a magia, é um fenômeno universal. Longe de estar circunscrita a uma dada época da história humana, ela parece ressurgir sob formas muito semelhantes em períodos e lugares bem diferentes entre si. Na França contemporânea, a bruxaria não desapareceu, segundo os estudos realizados por Jeanne Favret-Saada nos bosques bretões (*Les Mots, la mort, les sorts* [As palavras, a morte, os feitiços], 1977; com J. Contreras, *Corps pour corps* [Corpo por corpo], 1981), ou os de Dominique Camus (*Jeteurs de sorts et désenvoûteurs. Enquêtes sur les mondes sorciers* [Lançadores de feitiços e quebradores de encanto. Pesquisas sobre os universos dos bruxos], 3 vols., 1997-2000).

Ainda se pratica a bruxaria para esconjurar o azar, uma doença e uma série de aborrecimentos que se sucedem. J. Favret-Saada crê que a prática tem uma função catártica e que o bruxo é uma espécie de terapeuta que permite a uma pessoa expressar seus mal-estares. Mas ela contribui também para alimentar conflitos interpessoais ao designar algum responsável mal-intencionado para explicar os infortúnios vividos.

Bibliografia: • E. E. Evans-Pritchard, *Sorcellerie, oracles et magie chez les Azandé*, Gallimard, 1972 [1937] • C. Ginzburg, *Les Batailles nocturnes. Sorcellerie et rituels agraires en Frioul, XVIe-XVIIe siècles*, Flammarion, 1999 [1966] • R. Muchembled, *La Sorcière au village: XVe-XVIIIe siècles*, Gallimard, 1991 [1979] • J. Palou, *La Sorcellerie*, Puf, "Que sais-je?", 2002 [1957]

→ **Magia**

BUDISMO

Em Benares, em 528 a.C., Sidarta Gautama, que recebeu o nome de Buda (o "Iluminado"), revelou a seus cinco companheiros as Quatro Nobres Verdades:

– a primeira verdade diz: toda vida é sofrimento;

– a segunda verdade diz: essa dor é causada por um desejo insatisfeito;

– a terceira verdade diz: é possível pôr fim a esse sofrimento e atingir o *nirvana*;

– para tanto, é preciso seguir o "Nobre Caminho Óctuplo" que compreende oito caminhos: pensamento justo, fala justa, ação justa, compreensão justa, meios de vida justos, concentração justa, esforço justo, atenção justa. Essa é a mensagem da quarta verdade.

O budismo é uma doutrina moral e filosófica ligada a práticas de meditação. Não é uma religião propriamente dita, uma vez que não há Deus, nem dogmas referentes ao além, nem Revelação. O Buda não é um profeta ou um semideus, mas um mestre espiritual. O ensinamento do budismo não tem como base uma Bíblia, um texto sagrado, mas a transmissão de um ensinamento de mestre a discípulo.

No plano ético, o budismo não visa a alcançar a felicidade absoluta ou a salvação, mas um estado de serenidade (*o nirvana*), ligado à anulação do desejo, origem de infelicidade e frustração. Fundamenta-se em práticas mentais de meditação, cujo objetivo é conhecer-se, formar-se e curar-se.

As diferentes escolas budistas

O budismo teve várias escolas e ramificações. Inicialmente, ele se dividiu em duas versões.

Uma foi designada jocosamente como o "pequeno veículo" (*theravada*), pois continua sendo um caminho elitista ligado ao ideal de santidade e de abandono do mundo do Buda. É seguida principalmente no Sri Lanka e na Birmânia.

O budismo *mahayana* ou "grande veículo" foi o que alcançou maior desenvolvimento. Seu ideal de vida é o *bodhisattva*, aquele que, por compaixão, quis consagrar-se à humanidade sofredora, retardando assim a liberação pessoal.

Tendo se originado na Índia no século V a.C., o budismo *mahayana* se expandiu em diversos países do Extremo Oriente (China, Tailândia, Camboja, Coreia, Japão e Indonésia), depois no Ocidente no século XX.

Introduzido na China no século I d.C., o budismo desabrochou realmente sob a dinastia Tang (618-907). No Tibete, deu origem ao lamaísmo, cujos templos e a figura do Dalai-Lama representam, para o Ocidente, a própria imagem do budismo. No Japão, ele chegou pela Coreia e se difundiu a partir do século VII da nossa era. Lá, desenvolveram-se diversas escolas (tendai, xingon) e principalmente o zen*.

BUROCRACIA

Josef K., personagem central de *O processo*, de Franz Kafka, publicado em 1925, é prisioneiro de um monstro burocrático. Acusado de um delito cuja natureza desconhece, Josef K. é apanhado na teia de uma máquina infernal. Preso por policiais sem rosto, é acusado por motivos ignorados, circula em labirintos de gabinetes e fica nas mãos de funcionários que não fazem mais do que executar as ordens de juízes invisíveis. A instituição judiciária aparece no romance como uma organização sem alma cujas finalidades ninguém conhece. No final, Josef K. vai ser executado sem nem mesmo saber por quê...

No início do século XX, na época em que Kafka escreveu *O processo* (depois, com o mesmo tema, *O castelo*), a burocracia parece estar estendendo sua teia cinzenta sobre a sociedade inteira. Ela se mostra, então, como um mundo frio e anônimo: o da papelada, das regras administrativas, das organizações impessoais, dos procedimentos longos e enfadonhos.

O conceito de "burocracia" entrou na sociologia no início do século XX, na época em que se forjam na Europa as grandes administrações de Estado (o mundo dos funcionários), e também os sistemas de gestão das grandes empresas privadas e a burocracia dos grandes partidos políticos de massa.

Para o sociólogo alemão Max Weber*, a burocracia é a união do poder e da razão. Enquanto "o poder tradicional" se legitima pelo peso do passado e o "poder carismático" se constitui em torno de uma personalidade excepcional, a burocracia exerce seu poder "legal-racional". O funcionário é nomeado unicamente de acordo com suas competências e age em conformidade com regras impessoais de direito.

Para Max Weber, a burocracia é o taylorismo* implantado nas questões públicas: extrema divisão do trabalho, separação entre decisão e execução, centralização das tarefas, etc. Um mesmo movimento de racionalização das atividades parece englobar, ao mesmo tempo, o mundo da empresa privada e o da administração pública. A sociologia das grandes organizações burocráticas se situa na confluência da análise objetiva e da denúncia de um "poder burocrático" que teria adquirido autonomia, e estaria nas mãos dos tecnocratas.

A partir dos anos 1940, o reinado das grandes organizações públicas e privadas parece ganhar força no Ocidente, ao passo que no Leste, com a ascensão do comunismo, a burocracia parece ter invadido a sociedade inteira. Alguns autores veem, na convergência Leste-Oeste, uma mesma dinâmica: no Oeste com os *managers* e, no Leste, com os burocratas. Parece que uma nova classe social assumiu, em toda parte, os comandos da sociedade. Invasiva, tentacular, ela supervisiona, controla, dirige, manipula massas anônimas.

O sociólogo americano James Burnham escreveu, em 1941, *The Managerial Revolution; What is Happening in the World* [A revolução da gerência; o que está acontecendo no mundo]. Joseph. A. Schumpeter* também percebe a irresistível ascensão do poder burocrático em *Capitalism, Socialism and Democracy* [*Capitalismo, socialismo e democracia*] (1942). Com seu romance de ficção científica *1984*, George Orwell projeta, num futuro próximo (o romance foi publicado em 1949), a invasão total da sociedade por um Estado burocrático e totalitário. Há que observar que 1984 já ficou para trás e a predição de G. Orwell (ainda?) não se realizou.

A partir dos anos 1960, os sociólogos das organizações vão ressaltar as disfunções do sistema burocrático. Por exemplo, Michel Crozier* (*Le Phénomème bureaucratique* [*O fenômeno burocrático*], 1964) analisa as jogadas internas e os bloqueios que resultam da oposição entre serviços. Os sociólogos americanos insistem nos mecanismos de decisão.

Mais tarde, novas análises sobre o funcionamento das administrações (F. Dupuy, J.-C. Thoenig, *Sociologie de l'administration* [Sociologia da administração], 1983) mostram que os funcionários estão longe de ser as marionetes robotizadas e intercambiáveis que acreditamos que sejam. Cada empregado dispõe de certa dose de manobra na aplicação das decisões. Não raro, sabe alterar as regras, interpretá-las, orientá-las de acordo com seus interesses e também para fazer o serviço funcionar. Em resumo, os funcionários são agentes autônomos, e não simples agentes passivos que executam uma regra impessoal.

É verdade que na mesma época, a partir dos anos 1980, as próprias administrações dão início a reformas de modernização que visam a maior maleabilidade e abertura às preocupações do público

→ **Organização, Tecnoestrutura**

C

CAÇADORES-COLETORES

Assim são chamadas as populações que vivem da coleta (de frutos, de raízes), da caça e da pesca. Essas populações não conhecem a agricultura nem a criação de animais; por essa razão, não raro são nômades. Em geral, as atividades de coleta são reservadas às mulheres, e a caça fica a cargo dos homens.

As últimas populações de caçadores-coletores estudadas pelos antropólogos no século XX localizavam-se principalmente na Austrália (aborígines*), na Nova Guiné (papuas), na Amazônia (ameríndios), na África do Sul (boxímanes e pigmeus) e na região ártica (inuítes). Esse modo de vida, que foi o de todas as populações humanas antes da grande revolução neolítica*, está praticamente extinto.

CACICADO

O território dos bamileques está situado a oeste da República de Camarões. As populações se dividem em pequenos reinos – denominados *gung*. São unidades políticas e religiosas, dirigidas por um *fo*, chefe político e religioso que, por ser representante dos espíritos, preside aos rituais. É ele também que delibera sobre questões importantes (justiça, guerra) relativas ao seu pequeno reino. O chefe é, ainda, detentor de privilégios que transmite a seus descendentes. Os antropólogos denominaram "cacicado" (*chiefdom*, em inglês) esses tipos de unidades políticas intermediárias entre as sociedades pouco hierarquizadas e o aparecimento do Estado. Os cacicados existem onde a sociedade se torna hierarquizada, inigualitária e de dimensão bastante expressiva: algumas centenas ou milhares de membros.

Nos reinos bamileques, o chefe – considerado um rei – é venerado como representante de Deus. Apresenta-se sentado num trono, um tamborete cerimonial sob um para-sol ou palanquim. Ostenta joias, um traje suntuoso e um bastão. Depois de morto, sua sepultura se torna objeto de culto.

Nas aldeias, o chefe possui menos riquezas e menos aparato. Porém continua sendo um personagem especial. É um chefe poderoso e incontestado que preside o conselho da aldeia e se distingue dos simples notáveis.

As diferentes formas de cacicados foram encontradas na África, na América do Sul e na Ásia.

Bibliografia: • R. D. Drennan, C. A. Uribe (orgs.), *Chiefdoms in the Americas*, University Press of America, 1987 • E. R. Service, *Primitive Social Organization: an Evolutionary Perspective*, Random House, 1962

CAMPO

A noção de campo de força foi inspirada a Kurt Lewin* pela teoria da *Gestalt**, mas também pela física dos "campos de força". Da mesma forma que, num espaço fechado, as partículas atômicas se atraem e se repelem em razão de sua polaridade, os indivíduos que vivem juntos num grupo se atraem e se repelem mutuamente conforme a sua personalidade, seu centro de interesse, os conflitos e desejos que os animam. Kurt Lewin gostava de representar as relações no interior de um grupo como um campo de força marcado por relações de atração e repulsão, por zonas de contato e de evitamento. Essa visão dinâmica dos grupos é similar às análises sociométricas propostas por Jacob L. Moreno*.

O sociólogo Pierre Bourdieu* também se inspirou na teoria dos campos e introduziu o termo na sociologia. No final da vida, tencionava escrever um livro intitulado *Microcosme* [Microcosmo], no qual reuniria toda uma série de estudos sobre os pequenos universos sociais constituídos pelo mundo político, pelo mundo da ciência, pelo mundo universitário, pelo mundo artístico, etc. Na obra de P. Bourdieu, um campo nada mais é do que um pedacinho de mundo social regido por leis e códigos que lhe são próprios: são as leis do "meio". Os campos jornalístico, literário ou artístico formam mundos fechados, com regras de cumplicidade que só aqueles que fazem parte deles dominam bem. Ademais, um campo é também um lugar de dominação e de conflitos. É um campo de força no qual indivíduos interagem para conquistar posições e lugares. Como num jogo de xadrez, as posições e os valores de cada um não têm valor em si, mas em razão das posições dos outros.

Bibliografia: • P. Bourdieu, *Les Règles de l'art. Genèse et structure du champ littéraire*, Seuil, 1998 [1992] • P. Bourdieu, *Les Usages sociaux de la science. Pour une sociologie du champ scientifique*, Inra, 2001 [1997] • P. Bourdieu, *Propos sur le champ politique*, Presses Universitaires de Lyon, 2000

CANGUILHEM, GEORGES
(1904-1995)
→ **Normal e patológico**

CANIBALISMO

Os missionários e conquistadores que chegaram na América do Sul escreveram inúmeros relatos sobre o canibalismo dos índios. Cristóvão Colombo criou a palavra "canibal", mas ele mesmo não teve ocasião de ver esses ferozes selvagens. Seu testemunho baseia-se apenas em suposições. Mais tarde, o padre Lozano, que viveu entre os caiguás da floresta paraguaia, vai descrever – em detalhes – como os índios atacavam os inimigos à noite, matavam-nos, "incitados pelo apetite de carne humana, empanturravam-se, como um tigre, do cadáver dos mortos". Muitos outros relatos do mesmo gênero foram escritos depois.

Uma ideia começa então a povoar o imaginário ocidental: a dos selvagens devoradores de homens, que vivem não se sabe bem onde – na África, na Amazônia, na Oceania – e que se ali-

---

NAS ORIGENS DO CANIBALISMO

• Em 1999, a revista *Science* publicava um artigo de Alban Defleur, do CNRS, e de Tim White, da Universidade da Califórnia, em que descreviam um sítio na região de Ardèche (Moula Guercy) onde podiam ser observados traços de canibalismo praticado em homens de Neandertal ("Neanderthal Cannibalism at Moula-Guercy, Ardèche, France" [Canibalismo Neandertal em Moula-Guercy, Ardèche, França], *Science*, vol. 286, 1999). O sítio mostra os restos de seis neandertalenses, entre os quais duas crianças. Os corpos foram esquartejados como se fossem animais caçados.

• Marylène Patou-Mathis, que comenta a pesquisa na revista francesa *La Recherche*, lembra que a existência do canibalismo na pré-história tem sido objeto de debate há um século (M. Patou-Mathis, "Aux racines du canibalisme" [Nas raízes do canibalismo], *La Recherche*, n? 327, 2000). No entender de alguns, os restos esquartejados poderiam ser atribuídos a degradações acidentais (as ossadas poderiam ter sido desenterradas e devoradas por animais, os corpos, despedaçados e desarticulados por deslizamentos de terra).

O estado dos restos encontrados em Ardèche mostra, de modo inequívoco, uma ação humana intencional: marcas de percussão de pedra nos ossos, extração do cérebro e da medula, ausência de mordida animal, corte sistemático, etc.
Seria um sinal de selvageria?
M. Patou-Mathis sublinha que não se deve considerar o canibalismo um comportamento "primitivo", sinal de um estado de selvageria pré-humano. O canibalismo praticado em diferentes sociedades, dos papuas aos astecas, nunca foi um canibalismo alimentar ou de caça.

Quer se trate de um "endocanibalismo" praticado em membros do grupo falecidos com o fim de se apropriar da alma do defunto, quer de um "exocanibalismo" destinado a humilhar o adversário, em todos os casos, o canibalismo está associado a práticas simbólicas e ritualizadas. Muito… humanas, portanto.

---

mentam de carne humana. Com o decorrer do tempo, os relatos se tornam temas de gravuras populares. O mais grosseiro caso de distorção diz respeito às populações niam niam da África

Central, que haviam adquirido a reputação de selvagens canibais. Em 1854, um certo doutor Kahn até organizara uma exposição em Londres sobre os niam niam, que eram apresentados como homúnculos dotados de cauda e que se alimentavam de carne humana. Escritos sobre os "famosos" niam niam circularam, então, em toda a Europa. Nas histórias em quadrinhos, nas propagandas, seriam vistos por muito tempo negros cozinhando um pobre explorador branco. Os etnólogos manifestaram dúvidas sobre todos esses relatos de canibalismo. Preocupados em contestar aqueles estereótipos grosseiros, alguns sustentaram que o canibalismo não passava de uma fantasia ocidental que jamais teria existido em nenhum lugar!

Na verdade, hoje, os antropólogos adotam uma posição mais comedida. Se o canibalismo já não é praticado no mundo, é verdade que ele existiu: em Papua-Nova Guiné, em algumas tribos africanas ou ameríndias. Entretanto, nunca foi uma prática alimentar comum. Um ser humano não come outro para se alimentar, como se consumiria qualquer animal caçado. Em todos os casos verificados, o canibalismo está ligado a práticas rituais.

Há duas formas distintas de canibalismo. O "endocanibalismo" consiste em absorver os restos de um ascendente falecido a fim de se apropriar de sua alma, como no caso dos guaiaquis do Paraguai. O exocanibalismo é voltado contra o inimigo. A respeito dos famosos niam niam, o antropólogo inglês Edward E. Evans-Pritchard* afirmou que eles praticavam de fato a antropofagia por ocasião de conflitos guerreiros. A alimentação não era, de modo algum, o objetivo do combate. Tratava-se mais de um ritual que implicava a humilhação do inimigo morto. Práticas similares foram atestadas entre algumas tribos ameríndias, como os tupis-guaranis ou entre os índios huronianos, algonquinos ou iroqueses da América do Norte.

CAOS (teoria do)

Por "teoria do caos" designam-se modelos matemáticos que descrevem como se portam certas funções de comportamento instável, aparentemente imprevisível. Foi o matemático Henri Poincaré (1845-1912) que, no início do século XX, divulgou as primeiras equações ditas "não lineares" de comportamento caótico. Mas foi a partir dos anos 1970 que a teoria do caos conheceu um verdadeiro esplendor e foi aplicada em diferentes domínios: na meteorologia, na dinâmica dos fluidos, na física, na química, na economia e também nas ciências humanas.

DO "EFEITO BORBOLETA" AOS "ATRATORES ESTRANHOS"...

A teoria do caos se tornou conhecida do grande público a partir de algumas metáforas célebres: o "efeito borboleta", os "fractais", ou, ainda, os "atratores estranhos".

Segundo o "efeito borboleta", uma pequena causa pode provocar grandes efeitos. Um bater de asas de borboleta na baía de Sidney poderia provocar, por exemplo, um tufão na Flórida. Algumas equações ditas "não lineares" revelam esta propriedade particular: a curva pode divergir fortemente conforme ocorra uma fraquíssima alteração dos parâmetros iniciais. Nos anos 1960, o meteorologista Edward N. Lorenz tentou construir modelos informáticos do clima. Descobriu o mesmo fenômeno. Uma variação ínfima dos dados iniciais conduz a estados finais totalmente diferentes.

Na teoria do caos, o lugar onde uma função caótica muda bruscamente de trajetória (em razão de uma ínfima variação das condições iniciais) se chama "bifurcação". Os "atratores" designam as zonas para as quais a função estudada tende a convergir em certos momentos.

Se inúmeros fenômenos físicos ou químicos parecem corresponder a essa lógica caótica (como o escoamento dos fluidos), convém observar que a teoria do caos é, antes de tudo, uma teoria matemática, e não uma descoberta física ou química.

Além disso, ela é rigorosamente determinista, ao contrário do que fazem supor os termos "desordem", "incerteza" e "instabilidade" que lhe são associados.

De fato, as equações seguem uma implacável lógica matemática. Não é a curva em si mesma que é indeterminada, mas é impossível, para o cientista, conhecer com precisão suficiente os dados iniciais para predizer sua evolução. Enfim, o fenômeno dos "atratores" contribui para a estabilização do sistema e não para sua desordem.

Aplicada às ciências humanas, a teoria do caos privilegia as mutações bruscas na evolução social (em história, em economia...).

Nesse sentido, ela é oposta à ideia de evolução linear e previsível. Inversamente porém, com a noção de atratores, ela destaca as tendências à estabilização de uma organização e de uma sociedade.

Bibliografia: • J.-F Dortier, "Théorie du chaos et sciences humaines", *Sciences Humaines*, nº 16, 1992 • J. Gleick, *La Théorie du chaos, vers une nouvelle science*, Flammarion, 1906 [1987] • D. Ruelle, *Hasard e cahos*, Odile Jacob, 2000 [1991]

CAPITAL

No sentido mais comum, possuir um "pequeno capital" é ter dinheiro, propriedades ou ações. Usa-se a metáfora para evocar o "capital de simpatia" de que dispõe uma pessoa. Em ciência econômica, a palavra tem acepções similares, embora mais rigorosas.

A ciência econômica usa a expressão "capital físico" para designar o conjunto de bens materiais utilizados na produção: matérias-primas (chamadas de "capital circulante", porque desaparecem conforme vai evoluindo o ciclo de produção); e as máquinas, os equipamentos e os edifícios usados para produzir (capital dito "fixo"). O capital físico é, ao lado do trabalho humano, um dos dois grandes fatores de produção.

É preciso distinguir essa noção de capital físico da noção de capital financeiro, constituído pelas ações, pelas obrigações, pelas hipotecas e pelas quantias de dinheiro depositadas numa conta.

CAPITAL HUMANO

A teoria do "capital humano" foi elaborada no início dos anos 1960 pelos economistas Theodore Schultz e Gary S. Becker e provém desta dupla constatação: em escala nacional, observa-se uma correlação entre o nível de formação de um país e seu nível de desenvolvimento. O mesmo ocorre no âmbito individual: quanto mais elevada é a formação inicial, mais altos são o *status* e a renda. Conscientes dessa relação, os economistas consideram que a formação e a educação não devem ser vistas como encargos, mas como investimentos econômicos que, no devido tempo, tornarão os indivíduos e as sociedades mais eficazes.

Em *Human Capital* [Capital humano] (1964), G. S. Becker (prêmio Nobel de Economia em 1992) considera o estudante um agente racional que investe nos estudos na expectativa de um benefício posterior.

→ Capital

CAPITAL SOCIAL

No vocabulário dos sociólogos, o "capital social" designa aquilo que chamamos habitualmente de "relações sociais". "Ter relações" é poder mobilizar, em caso de necessidade, uma rede de amigos, de parentes, de colegas ou de vizinhos conhecidos. Num sentido mais geral, o capital social remete às redes de relações – públicas ou particulares – que as pessoas mantêm. Essas relações são um "capital", pois podem ser postas em ação para obter apoio: encontrar um trabalho, um lugar para morar, dispor de um auxílio.

A expressão "capital social" foi utilizada com diferentes inflexões pelos sociólogos. James Coleman, por exemplo, emprega-a no quadro da teoria da *rational choice**. É visto como um recurso no processo de busca de um bem: por exemplo, um escritor que procura leitores, e tem amigos na imprensa, dispõe de um capital social que torna rentáveis seus investimentos iniciais.

Pierre Bourdieu* faz uso da noção de capital para descrever os recursos de que dispõe um indivíduo a fim de adquirir uma posição na sociedade. Distingue o capital econômico (recursos financeiros), o capital cultural (diploma, domínio da cultura legítima) e o capital social, que corresponde à rede de relações pessoais e familiares.

A noção de capital social teve bastante ressonância nos anos 1990, no âmbito de um grande debate no seio da sociologia política americana a respeito do declínio da vida cívica nos Estados Unidos (*ver quadro na p. seguinte*).

CAPITALISMO

"Capitalismo é uma noção de combate", declarava François Perroux em seu livro dedicado a definir "o capitalismo". Durante muito tempo, esse termo foi propriedade dos críticos, em especial dos marxistas*, que nele viam principalmente o regime da propriedade privada dos meios de produção e um regime de acumulação, movido pela busca do lucro. Já os liberais sempre preferiram falar de "economia de mer-

CAPITALISMO

AS RELAÇÕES SOCIAIS ESTÃO EM DECLÍNIO?

• Num artigo de grande repercussão publicado em 1995 no *Journal of Democracy*, "Bowling Alone", ("Jogando boliche sozinho", publicado novamente em 2000 em forma de livro), Robert D. Putnam, professor de ciências políticas em Harvard, mostrava-se preocupado com uma tendência inquietante a partir dos anos 1970: o contínuo declínio da participação política, religiosa e sindical nos Estados Unidos. As associações de pais de alunos também recrutam menos adeptos, as pessoas saem menos em família, entre amigos... R. D. Putman tira desses fatos uma conclusão geral: o declínio do "capital social" nos Estados Unidos, ou seja, a diminuição da participação dos indivíduos em "redes que facilitam a cooperação, a ação coletiva, a confiança". Em consequência disso, existiria um problema para a democracia americana e para a vida cívica em geral.

• "Bowling Alone" iria provocar um grande debate na América e na Europa. Alguns especialistas contestaram os próprios dados. Se algumas formas de laços sociais (políticos e sindicais) estão enfraquecendo, o mesmo não acontece com outras. A participação nas associações é estável, as redes de voluntários crescem, as relações profissionais e as agendas de endereços se enriquecem, a internet propiciou novas redes. Ao reexaminar os dados do General Social Survey utilizados por R. D. Putnam, o sociólogo francês Michel Forsé chegou a conclusões muito diferentes: "Duvidamos que se possa concluir, como Putman, por um declínio a partir de meados dos anos 1970. Haveria, em vez disso, um leve aumento, principalmente nos anos 1990" ("Rôle spécifique et croissance du capital social" [Papel específico e crescimento do capital social], *Revue de l'OFCE*, n.º 76, 2001).

cado", insistindo sobre o papel do mercado* como regulador da divisão dos bens. Para além dessas divergências, todos concordavam a respeito do princípio segundo o qual o capitalismo era sinônimo de livre comércio e de acumulação do capital.

Hoje, porém, esse quadro bastante geral parece insuficiente para apreender as múltiplas formas que se constituíram conforme as épocas e as regiões do mundo. No interior de um gênero único, diferentes variedades podem ser descritas.

FASES E FORMAS DO CAPITALISMO

No decorrer do tempo, sucederam-se diversos tipos de regulação. No início, o capitalismo foi "mercantil": no século XVI expandem-se as relações de "comércio longínquo", de um continente a outro. Paralelamente, desenvolve-se um "capitalismo bancário", baseado no empréstimo (por letra de câmbio, ações, notas promissórias) de burgueses ricos aos nobres e aos reis. Depois, vem o "capitalismo industrial" com a expansão das grandes manufaturas no século XIX. O capitalismo contemporâneo nasceu da aliança desses três mundos, que correspondem a diferentes esferas do sistema econômico, embora estejam muito ligados.

Em geral, distingue-se uma fase de "capitalismo liberal", que prevaleceu no século XIX e até a Segunda Guerra Mundial, e uma fase que começa logo após a Guerra e é marcada pelo intervencionismo do Estado. Os teóricos da escola da regulação falam de "fordismo*" para designar o modo de regulação baseado no par consumo/produção de massa, no intervencionismo estatal e no Estado-Providência. O papel crescente do Estado na regulação econômica leva a falar de "economia mista" para qualificar um regime econômico em que o Estado e o mercado estão fortemente imbricados.

AS FORMAS NACIONAIS DO CAPITALISMO

Em 1991, Michel Albert introduzia, em seu livro *Capitalisme contre capitalisme* [Capitalismo *versus* capitalismo], uma distinção, que se tornou célebre, entre dois tipos de capitalismo: o anglo-saxão e o "renano" (modelo europeu).

Essa distinção certamente perdeu a força com o crescimento dos mercados especulativos nas bolsas de valores, com o declínio do intervencionismo na Europa e com a *corporate governance* (tomada do poder pelos acionistas em detrimento dos administradores). Porém, pode-se creditar a M. Albert o fato de ter inaugurado uma reflexão sobre as variantes do capitalismo. Depois dele, a escola da regulação produziu inúmeros trabalhos sobre as variedades do capitalismo.

Em *Varieties of Capitalism* [Variedades de capitalismo], (2001), Peter A. Hall e David Soskice, mesmo admitindo certa convergência contemporânea das formas de capitalismo, destacam dois tipos ideais* de economia de mercado que abrangem um largo espectro de variantes:

– uma economia de mercado liberal, representada pelos Estados Unidos e pela Inglaterra, e na qual a coordenação entre os agentes econômicos é assegurada principalmente pela competição comercial;

– uma economia de mercado "coordenada", representada pela Alemanha, e na qual prevalecem as relações exteriores ao mercado (cooperações empresas/instituições locais ou Estado).

Portanto, dois padrões ideais, mas que, na realidade, não excluem a coexistência de diversas formas de economia no seio da mesma sociedade, a saber: de mercado, administrada, associativa, social ou informal.

A partir dos anos 1990, a temática da globalização vai relegar a noção de capitalismo ao segundo plano. De qualquer modo, a noção de globalização, com as características que lhe são associadas – globalização financeira, firmas multinacionais, liberalização econômica, crescimento e liberalização do comércio mundial, mercados emergentes, *corporate governance* –, indica uma nova fase na história do capitalismo.

Bibliografia: • L. Boltanski, E. Chiapello, *Le Nouvel Esprit du capitalisme*, Gallimard, 1999 • R. Boyer, M. Freyssenet, *Les Modèles productifs*, La Découverte, 2000 • C. Crouch, W. Streeck (orgs.), *Les Capitalismes en Europe*, La Découverte, 1996 • K. Marx, *Le Capital*, 3 vols., 1867, 1885 e 1894 • I. Wallernstein, *Le Capitalisme historique*, La Découverte, 2002 [1996] • M. Weber, *L'Éthique protestante et l'esprit du capitalisme*, Gallimard, 2004 [1905]

→ Capital, Keynes, Marx, Regulação (escola da)

CASTA

O sistema de castas na Índia foi descrito pelos observadores ocidentais a partir do modelo dos Rig-Veda. Segundo esse texto fundador da religião hindu, a ordem do mundo provém do sacrifício de Purusha, o homem cósmico. De sua boca saiu a classe dos brâmanes, casta superior sacerdotal; de seus braços nasceram os guerreiros e os dirigentes (*kshatriya*; xátria); de suas coxas nasceram os produtores (*vaishya*; vaixá), que são os comerciantes, os artesãos e os camponeses; e de seus pés provêm os servidores (*sudra*). Essa seria, pois, a origem das quatro grandes castas indianas que correspondem a quatro funções sociais.

O PURO E O IMPURO

Mas a observação etnológica dá outra versão do regime das castas. Na realidade, os indianos não se reconhecem nessa divisão em *varna* (castas) mais do que os homens da Idade Média ocidental se identificariam às três grandes ordens, camponeses, cavaleiros e sacerdotes. As castas existem na Índia, mas correspondem a uma divisão muito mais apurada da sociedade: a dos *jati*. Em linhas gerais, uma casta *jati* corresponde a um estatuto global associado a uma profissão: há castas de ferreiros, de pastores, de alfaiates, de cabeleireiros... Elas são endógamas*, um indivíduo pertence a uma casta por hereditariedade: ele nasce e permanece "brâmane" ou "intocável" por toda a vida. Enfim, as castas são classificadas de acordo com uma hierarquia de prestígio.

Esse sistema é marcado por uma ideologia do "puro" e do "impuro" que dificulta a mistura entre castas. Há também a ideia de que elas formam um todo organizado conforme um princípio hierárquico. Em *Homo hierarchicus* [*Homo hierarchicus: o sistema das castas e suas implicações* (1966)], Louis Dumont* contrapõe a visão holista do mundo, característica das sociedades hierarquizadas, nas quais o indivíduo é absorvido no grupo, e a visão do mundo igualitário e individualista das sociedades ocidentais.

A industrialização, a ocidentalização e o colonialismo vieram subverter o sistema das castas. Porém, embora oficialmente suprimido na Índia desde 1947, ele continua resistindo: a sociedade não integrou as medidas legais e as discriminações permanecem fortes.

O termo "casta" é usado essencialmente para a sociedade indiana, mas os sistemas de castas, mais ou menos similares ao caso indiano, existem em outras sociedades, como a dos tuaregues, por exemplo.

Bibliografia: • R. Deliège, *Le Système des castes*, Puf, "Que sais-je?", 1993 • R. Deliège, *Les Castes en Inde aujourd'hui*, Puf, 2004

CASTELLS, MANUEL
(nascido em 1942)

Nada fazia supor que este espanhol nascido em Barcelona, obrigado, aos 20 anos, a exilar-se na França pela repressão franquista, estava predestinado a impor-se, trinta anos mais tarde, como um dos mais renomados teóricos da sociedade de redes e da internet. Quando ingressou na EHESS*, no final dos anos 1960, ele tinha a firme intenção de empreender uma tese sobre as transformações das lutas operárias na Espanha... Seu orientador (Alain Touraine*) mudaria seu rumo, orientando-o para a sociologia urbana.

No fim dos anos 1970, depois de partir para a Califórnia (Universidade de Berkeley), ele avalia a importância da revolução que as novas tecnologias da informação e da comunicação (NTIC) estavam desencadeando.

Embora Manuel Castells tenha rompido com o estruturalismo-marxismo* dos anos 1970, seus diferentes trabalhos não deixaram de manifestar a mesma preocupação: denunciar os efeitos contraditórios produzidos pelas novas formas de dominação. Em seus trabalhos de sociologia urbana (como *La ciudad y las masas* [A cidade e as massas], 1983, que lhe vale o prêmio de melhor livro em ciências sociais nos Estados Unidos), M. Castells se dedica a descrever como a extensão do "espaço dos fluxos", ligada à globalização (dos mercados financeiros globalizados, da produção de bens e serviços, dos meios de comunicação, etc.), vai de par com a afirmação dos "lugares" fundados na proximidade.

É com a obra *Era de la información* [*A era da informação*] (3 vols., 1998-1999) que o sociólogo obtém consagração internacional. Nessa grande pintura de uma época, M. Castells pretende traçar um retrato do novo mundo que emerge no final do século XX. Esse novo mundo pode ser resumido na fórmula geral: "a sociedade em rede". A nova sociedade resulta de processos independentes: a revolução informática (economia da informação, comunicação em rede), a reorganização do capitalismo (flexibilidade e inovação técnica), a crise do estatismo (declínio do Estado diante da globalização) e as transformações e mutações culturais (reivindicação libertária, feminismo*, declínio do patriarcado*). Esses processos se combinam para dar origem a uma nova forma social marcada por novos modos de produção, de comunicação e de relação social. Uma sociedade piramidal dá lugar a uma sociedade em rede, mais fluida, mais maleável, e também mais instável. Tal transformação foi acompanhada por mudanças nas identidades dos grupos humanos.

Surgem duas formas de identidade coletiva: as "identidades de resistências" (resistência à globalização, fechamento cultural) e as "identidades de projetos" (voltadas para o futuro, para a criação, para a mestiçagem de culturas, para a inovação econômica). Enquanto as primeiras se apoiam em particularismos culturais, as segundas são portadoras de valores novos, suscetíveis de transformar profundamente a sociedade.

À imagem e semelhança da resistência dos trabalhadores espanhóis de outrora? O que restará, em alguns anos, desse quadro da nova sociedade? A história dirá.

Principais obras de M. Castells
- *La cuestion urbana*, 1972 [*A questão urbana*, Paz e Terra, 2000]
- (com M.Verret) *Sociologie de l'espace industriel*, 1975 [Sociologia e o espaço industrial]
- *La ciudad y las masas*, 1983 [A cidade e as massas]
- *Era de la información*, 3 vols., 1998-1999 [*A era da informação – A sociedade em rede*, Paz e Terra, vol. 1 10ª ed., 2007; *O poder da informação*, Paz e Terra, vol. 2, s/d.; *Fim do milênio*, Paz e Terra, vol. 3, 3ª ed., 2003]
- *La Galaxie Internet*, 2001 [*A galáxia de internet*, Zahar, 2003]

→ **Informação, Rede**

CASTORIADIS, CORNELIUS
(1922-1997)

Após um período em que foi revolucionário, militante trotskista, depois fundador do grupo Socialismo ou Barbárie em 1948, Cornelius Castoriadis se afastou do marxismo* e, com ele, do materialismo econômico. Em *L'Institution imaginaire de la société* [*A instituição imaginária da sociedade* (1975)], ele afirma que o imaginário e o simbólico – que se encontram nas religiões, nas ideologias políticas, etc., são os pilares constitutivos de toda ordem social.

Um dos temas dominantes desse pensamento fecundo – que aborda a psicanálise, o fundamento da democracia, a natureza do capitalismo ou da União Soviética – é a noção de "autonomia" do social. A autonomia das sociedades consiste em conceber a organização social como uma autocriação. No plano teórico, essa autoinstituição supõe pensar o social sem recorrer a leis imanentes (a natureza, as leis da história, as leis econômicas). A constituição da sociedade supõe uma "autogestão" que permite, ao mesmo tempo, a ordem, a criação e a reorganização consciente pelos próprios homens.

Principais obras de C. Castoriadis
- *L'Institution imaginaire de la société*, 1975 [A instituição imaginária da sociedade, Paz e Terra, 6.ª ed., 2007]
- *Les Carrefours du labyrinthe*, t. 2: Domaires de l'homme, 1986 [Encruzilhadas do labirinto, Paz e Terra, vol. 1, 1997, vol. 2, 1987]

CATEGORIA

Para Aristóteles, as "categorias" – ele enumera dez – são modalidades do ser: lugar, tempo, posição... Para Emmanuel Kant, as categorias – ele enumera doze –, tais como a unidade, a pluralidade, a totalidade ou a causa, pertencem ao pensamento e não às próprias coisas. São maneiras de pensar os objetos e não atributos das próprias coisas.

Bibliografia: • Aristóteles, *Catégories*, Seuil, 2002

→ **Categorização**

CATEGORIZAÇÃO

Em psicologia cognitiva, o termo "categorização" designa o ato mental que consiste em dividir a realidade em classes de objetos que têm propriedades comuns (por exemplo, os animais que têm bico e asas são reunidos na categoria "aves"). No interior das ciências cognitivas*, ocorreram longos debates para saber se a mente humana organiza a realidade a partir de categorias definidas por classes lógicas (por exemplo, um gato pertence à ordem dos mamíferos, tem bigodes, mia, etc.) ou a partir de protótipos e de figuras exemplares que reúnem elementos semelhantes aos dos indivíduos que se quer classificar (por exemplo, um gato é um animal que se parece com o meu gato Mimi).

→ **Protótipo, Esquema**

CAUSA
→ **Determinismo**

CHANGEUX, JEAN-PIERRE
(nascido em 1936)

O neurobiologista Jean-Pierre Changeux é professor no Collège de France* e no Institut Pasteur, em Paris. Foi o responsável pela difusão da neurobiologia junto ao público francês.

Suas pesquisas não se restringem a um único objeto e vão dos mecanismos moleculares da comunicação neuronal aos trabalhos sobre os dispositivos cognitivos da consciência* e da representação*.

Em seu livro *L'Homme neuronal* [O homem neuronal] (1983), J.-P. Changeux apresentava, pela primeira vez ao público francês, os avanços das neurociências e formulava um projeto científico de envergadura: compreender os mecanismos do pensamento a partir do estudo da atividade cerebral. "A máquina cerebral é um aglomerado de neurônios, e nosso problema consiste, então, em procurar os mecanismos celulares que permitem passar de um nível a outro, dissecar e depois reconstruir os 'objetos mentais' a partir das atividades elementares de conjuntos definidos de neurônios."

Para o autor de *L'Homme neuronal*, cada "objeto mental" está associado a um tipo de conexão entre neurônios. Um objeto mental pode ser uma percepção visual, uma emoção, uma lembrança, ou ainda um conceito. A combinação dos objetos mentais entre si (na verdade, das redes de neurônios) permite produzir uma infinidade de conceitos possíveis, assim como todas as operações lógicas que os ligam: associação, exclusão, oposição. "A máquina cerebral tem a propriedade de efetuar cálculos sobre os objetos mentais. Ela os evoca, combina-os e, daí, cria novos conceitos, novas hipóteses." Toda atividade mental consistiria, pois, em "unir os neurônios" por ligações bioquímicas mais ou menos regulares.

Essas conexões, mais ou menos estáveis, seriam estabelecidas segundo um mecanismo de seleção comparável à seleção natural. Daí a denominação "darwinismo neuronal" atribuída a essa teoria e partilhada por outros pesquisadores.

A formação de conexões estáveis entre os neurônios (por meio de ligações sinápticas) que se efetuam durante o desenvolvimento da criança, como resultado das diferentes experiências do sujeito, chama-se "epigênese".

Principais obras de J.-P. Changeux
- *L'Homme neuronal*, 1983 [O homem neuronal]
- *Ce qui nous fait penser. La nature et la règle*, 1998 [O que nos faz pensar. A natureza e a regra]
- *L'Homme de vérité*, 2004 [O homem de verdade]

→ **Darwinismo neuronal, Neurociências**

CHICAGO (escola de)

A expressão "escola de Chicago" não é entendida do mesmo modo por um sociólogo, por um economista ou... por um arquiteto. Em ar-

CHICAGO (escola de)

quitetura, a escola de Chicago, incentivada por Louis H. Sullivan (1856-1924), está associada à construção dos primeiros grandes edifícios e arranha-céus americanos.

Economia. Para um economista, a escola de Chicago remete a uma corrente de pensamento iniciada por Franck H. Knight (1885-1972), professor do Departamento de Economia da Universidade de Chicago até 1957. De tendência neoclássica, ele defende uma visão "ortodoxa" do liberalismo: o mercado é o melhor regulador da atividade econômica e o Estado não deve intervir.

Em Chicago, lecionaram muitos economistas de prestígio, defensores de um liberalismo econômico intransigente. É o caso de Friedrich von Hayek*, de Milton Friedman, fundador do monetarismo* (e figura de proa do que se chamou, nos anos 1970, os *Chicago Boys*), de Gary S. Becker e sua teoria do capital humano*, de James Buchanan, fundador da corrente da *public choice*, ou ainda de Robert F. Lucas, teórico das antecipações racionais*.

Sociologia. Para um sociólogo, a escola de Chicago está associada ao nascimento da sociologia americana e aos primeiros estudos sobre a cidade*.

O Departamento de Sociologia de Chicago foi criado em 1892 por Albion W. Small (1854-1926), que o dirigirá até 1924. A. W. Small foi o primeiro grande organizador da sociologia americana e o criador do *The American Journal of Sociology*. Até os anos 1930, Chicago foi o maior centro de pesquisa e de ensino em sociologia dos Estados Unidos.

A partir dos anos 1920, a Universidade de Chicago passa a ser um centro de incentivo a pesquisas efetuadas sobre a cidade e seus bairros. William I. Thomas, Robert Park e Louis Wirth, principalmente, realizaram pesquisas sobre o modo de vida dos habitantes de Chicago.

Nessa época, a cidade forma um mosaico urbano composto de diferentes comunidades imigradas: poloneses, irlandeses, italianos, judeus e negros vindos do sul dos Estados Unidos. É nesse "laboratório social" – a expressão é de R. Park – que os sociólogos vão iniciar uma série de enquetes monográficas que marcarão a história da sociologia: W. I. Thomas, F. Znaniecki, *The Polish Peasant in Europe and America* [O camponês polonês na Europa e na América], 1919; N. Anderson, *On Hobos and Homelessness* [Sobre hobos e sem-teto] 1923; H. W. Zorbaugh, *Gold Coast and the Slum: a Sociological Study of Chicago's Near North Side* [A costa do ouro e a favela: um estudo sociológico do lado norte próximo de Chicago], 1928; F. Thrasher, *The Gang* [A gangue] (publicado em 1927, no momento da Lei Seca e do crime organizado); C. Shaw, *The Jack-Roller*, 1930, história de vida de um delinquente contada por ele mesmo; L. Wirth, *The Ghetto* [O gueto], 1928, consagrado ao bairro judeu de Chicago; St. Clair Drake, H. R. Cayton, *Black Metropolis: a Study of Negro Life in a Northern City* [Metrópole negra: um estudo da vida negra em uma cidade do Norte], 1945, uma monografia sobre o bairro negro da cidade.

Para os sociólogos de Chicago, estava claro que a concentração urbana e a "desorganização social" só podiam produzir a delinquência e a criminalidade. Esse é um dos temas centrais da "ecologia urbana". Por "ecologia", entende-se que o meio social é favorável ou não a uma forma de comportamento e a uma personalidade urbana típica. Assim, Robert E. L. Faris e Henry W. Dunham avaliaram as relações entre zonas urbanas e patologias mentais em Chicago (*Mental Disorders in Urban Areas* [Distúrbios mentais nas áreas urbanas], 1939). Eles chegaram à conclusão de que as patologias são mais frequentes nas áreas de desorganização social, onde reinam a miséria, o desemprego e a criminalidade, o que, no entender deles, é a prova do impacto do meio social sobre a personalidade.

Devem-se também à escola de Chicago estudos exemplares sobre a implantação espacial das atividades na cidade: o "modelo setorial" de Homer Hoyt (*The Structure and Growth of Residential Neighborhoods in American Cities* [A estrutura e o crescimento dos bairros residenciais nas cidades americanas], 1939) ou o "modelo polinuclear" de Chauncy D. Harris e Edward L. Ullmann em 1945 ("The Nature of the Cities" [A natureza das cidades], *The Annals of the American Academy of Political and Social Science*, nº 242), que se tornarão protótipos da geografia urbana.

Logo depois da Segunda Guerra Mundial, a sociologia de Chicago toma outra orientação. Fala-se, então, de uma "segunda escola de Chicago". Esta será marcada pelo "interacionismo simbólico*", promovido por Herbert G. Blummer (1900-1987), que exercerá grande influência sobre alguns de seus alunos, como Howard Becker* e Erving Goffman*.

Bibliografia: • J.-M Chapoulie, *La Tradition sociologique de Chicago, 1892-1961*, Seuil, 2001 • A. Coulon, *L'École de Chicago*, Puf, "Que sais-je", 2002 [1992] • Y. Grafmeyer, I. Joseph, *L'École de Chicago*, Aubier, 1990 [1979]

CHOMSKY, NOAM
(nascido em 1928)

Linguista americano, criador da gramática gerativa, Noam Chomsky teve um papel decisivo na linguística* durante a segunda metade do século XX.

A GRAMÁTICA GENERATIVA E SUAS SUCESSIVAS REFORMULAÇÕES

O projeto de N. Chomsky consiste em trazer à luz algumas regras gramaticais fundamentais que estariam na origem de todas as línguas do mundo. A ambição do linguista é fornecer um modelo de gramática que seja simultaneamente "universal" e "gerativo":
– "universal", pois existiriam – além das gramáticas "de superfície" (próprias de cada língua) – regras sintáticas comuns a todas as línguas;
– "gerativo", pois essas regras permitem produzir ("gerar") todos os enunciados de uma língua, das frases mais simples às mais complexas.

A esperança de N. Chomsky seria encontrar, assim, algumas regras que permitissem gerar todas as formas de frases gramaticalmente corretas (*ver quadro ao lado*).

N. Chomsky enuncia, assim, os princípios gerais de sua gramática gerativa em 1957 em seu livro *Syntactic Structures* [Estruturas sintáticas] e chega, nos anos seguintes, a construir um modelo conhecido pelo nome de "teoria padrão" (formulada em *Aspects of the Theory of Syntax* [Aspectos da teoria sintática], 1965). Sua teoria se fundamenta na ideia de uma total autonomia da gramática em relação à semântica*. Mas essa teoria padrão esbarra em dificuldades. N. Chomsky se vê forçado a reformular e ampliar o modelo para nele inserir algumas frases recalcitrantes. Por exemplo, a frase "O padeiro foi feito pelo pão" é gramaticalmente correta, mas não tem sentido algum. Esse fato obriga N.

A GRAMÁTICA GENERATIVA: UMA ANATOMIA DA LINGUAGEM

• Para construir seu modelo, Noam Chomsky vai buscar os "constituintes" fundamentais e as regras de produção que os unem entre si.
Por exemplo, a frase P: "O padeiro faz pão". Ela pode ser decomposta em seus elementos:
– "O padeiro" = SN (sintagma nominal)
– "faz o pão" = SV (sintagma verbal)
Essa frase será descrita da forma seguinte: P = SN + SV, ou em forma de árvore:

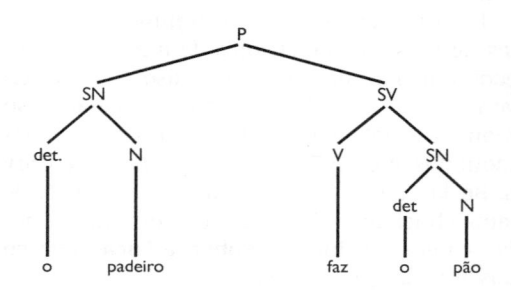

```
           P
          / \
        SN   SV
       /|   /|\
     det N V  SN
      |  |  |  /|
      o padeiro faz det N
                    |  |
                    o pão
```

É fácil transformar a frase P em "O pão é feito pelo padeiro" permutando os termos (regras de reescrita e de transformação).
Com essa mesma estrutura, podem-se escrever as frases:
"A mulher do geômetra foi para o Japão", ou "Todas as flores do mundo não bastariam para enxugar suas lágrimas".

Chomsky a encarar de maneira diferente as ligações entre semântica e gramática. Ele abandona também a teoria das "frases núcleo", e será levado a reformular diversas vezes a sua teoria. A primeira versão de um novo modelo é denominada "teoria padrão ampliada" (TPA) e é exposta em *Studies on Semantics in Generative Grammar* [Estudos semânticos em gramática generativa] (1972), *Reflections on Language* [Reflexões sobre a linguagem] (1975) e *Dialogue avec Mitsou Ronat* [Diálogo com Mitsou Ronat] (1977). Essa reformulação teve como pano de fundo a crise aberta com alguns de seus ex-alunos – como George Lakoff –, defensores da "semântica gerativa".

Mas o modelo da TPA também mostra falhas e recebe críticas, fato que levará N. Chomsky a uma reconstrução total de sua teoria, apresentada, nos anos 1980, com o título de "teoria dos princípios e dos parâmetros" e centrada na noção de "gramática universal" (*Some Concepts and Consequences of the Theory of Government and Binding* [Alguns conceitos e consequências da teoria de regência e ligação], 1982).

Posteriormente, nos anos 1990, é esboçado um novo "programa minimalista" (*The Minimalist Program* [O programa minimalista], 1995).

Em cinquenta anos de carreira passados no MIT, N. Chomsky modificou várias vezes a sua teoria (mas conservando os mesmos postulados básicos). Porém, no decorrer do tempo, o programa chomskiano perdeu seu encanto inicial junto à comunidade científica; em primeiro lugar, porque o projeto de uma gramática universal não atingiu seu objetivo. Depois, porque surgiram outras abordagens da linguagem: a pragmática*, a teoria da enunciação* e ainda as linguísticas cognitivas.

O INTELECTUAL ENGAJADO

A obra de N. Chomsky não se limita à linguística. Ele é conhecido também como intelectual engajado e temível polemista. Publicou um número considerável de artigos para denunciar os danos do capitalismo americano, da política externa dos Estados Unidos e da submissão dos meios de comunicação.

Para N. Chomsky, as coisas são claras: o mundo moderno é governado por alguns grandes grupos capitalistas aos quais o Estado se submete. Seu único objetivo é satisfazer os interesses dos poucos donos do mundo. Além disso, os meios de comunicação estão totalmente subordinados a esse sistema capitalista e os intelectuais são seus cúmplices mais ou menos conscientes.

Essas declarações radicais seriam de pouco peso se não estivessem fundamentadas em estudos bem consistentes sobre os bastidores da política externa americana, sobre o funcionamento dos meios de comunicação e sobre o mecanismo das eleições que, se não confirmam suas teses, têm o mérito de bater de frente com o conformismo intelectual.

Principais obras de N. Chomsky
• *Syntactic Structures*, 1957 [Estruturas sintáticas]
• *Aspects of the Theory of Syntax*, 1965 [Aspectos da teoria da sintaxe, Victor Civita, 1975]
• *Language and Mind*, 1967 [Linguagem e mente, UnB, 1998]
• *Reflections on Language*, 1970 [Reflexões sobre a linguagem, Cultrix, 1980]
• *Some Concepts and Consequences of the Theory of Government and Binding*, 1982 [Alguns conceitos e consequências da teoria de regência e ligação]
• *The Minimalist Program*, 1995 [O programa minimalista]
→ **Gramática**

CIBERNÉTICA

Norbert Wiener (1894-1964) foi professor no MIT e o criador do termo "cibernética" para designar a ciência das máquinas automáticas.

Nos anos 1940, N. Wiener participara da elaboração de mecanismos de pilotagem automática (para mísseis e aviões) e se interessara em particular pela noção de "autorregulação". O dispositivo de *feedback* (retroação) é um meio de controlar e de dirigir um sistema mecânico ou biológico como se ele estivesse "orientado para um objetivo".

Em seu livro *Cybernetics* [Cibernética] (1948), ele propõe a criação de uma nova disciplina científica que estudaria os dispositivos autorreguladores e que poderia ser aplicada a domínios que vão da engenharia à fisiologia. Embora tenham permanecido essencialmente como um programa, as pesquisas cibernéticas participaram da fundação das ciências cognitivas*, da inteligência artificial* e da teoria dos sistemas*.

Tomaram parte no projeto cibernético pesquisadores como o matemático Von Neumann*, os antropólogos Gregory Bateson* e Margaret Mead*, o lógico Walter Pitts, o neurologista Warren McCulloch e também o psiquiatra William R. Ashby.
→ **Análise sistêmica, Complexidade, Informação e da comunicação (ciências da)**

CICOUREL, AARON VICTOR
(nascido em 1928)

Sociólogo americano, ex-colaborador de Harold Garfinkel*, Aaron. V. Cicourel é o pioneiro de uma sociologia cognitiva, próxima da etnometodologia*, que observa os fenômenos sociais do ponto de vista das microinterações e particularmente das interações da linguagem.

Ele se propõe principalmente a analisar a fundo as condições nas quais um médico emite um diagnóstico (*Le Raisonnement médical* [O raciocínio médico], 2002). A. V. Cicourel observou minuciosamente, numa ala hospitalar, como procedem um especialista e um residente para detectar uma enfermidade. Sua formação e suas competências não são os únicos elementos de tratamento da informação. O diagnóstico depende também das diferentes interações com o pessoal da ala em questão, que vai transmitir (ou não) informações, orientar a análise para uma ou outra direção. Da mesma forma, os conhecimentos do paciente – sua capacidade de responder às perguntas do médico, ou de colocá-lo na defensiva com suas perguntas – são um elemento importante na maneira como o médico vai conduzir sua investigação. Porque o paciente também é um elemento importante na construção do diagnóstico: "Embora o paciente nada saiba em matéria de medicina clínica, pode-se considerar que ele também tem, pelo menos em parte, um conhecimento particular de seus sintomas para tentar descrevê-los para outras pessoas." Esse conhecimento vai aumentando no decorrer das consultas médicas "principalmente quando o paciente é acometido de uma doença recorrente que dele exige o controle e a administração de seus sintomas e de seu programa terapêutico".

Principais obras de A.V. Cicourel
• La Sociologie cognitive [A sociologia cognitiva], 1973
• (coletânea de textos) Le Raisonnement médical [O raciocínio médico], 2002

CIDADANIA

Ser cidadão é ser reconhecido como membro ativo de uma comunidade política. Essa condição confere direitos (civis, políticos, sociais), e deveres (fiscais, militares) e oferece a possibilidade de participação cívica nas questões do Estado.

A cidadania foi tema de debates ao longo dos anos 1990. O declínio da participação eleitoral, do sindicalismo e, para alguns, do senso cívico pela perda da "civilidade" (polidez) gerou o temor de um enfraquecimento irreversível da cidadania. Para atenuar esse julgamento, exaltou-se a emergência de uma "nova cidadania", que se evidencia em expressões como "empresa cidadã", "consumidor cidadão", "ecocidadania", "cidadania social", que manifestam o aparecimento de novas formas de cidadania fora da esfera política.

Através da cidadania, os valores de responsabilidade e engajamento estão mais uma vez na ordem do dia. A cidadania também deve o seu encanto à ideia radicalmente nova à qual está associada desde a Revolução Francesa: considerar a vida em sociedade abstraindo não só as diferenças sociais, mas também as religiosas e, há que acrescentar, as étnicas. Contudo, depois das sucessivas ondas migratórias que ocorreram no século XX, as sociedades ocidentais se tornaram efetivamente multiculturais. Essa evolução não seria problemática se, com ela, não viessem também as ondas de reivindicações de reconhecimento dos particularismos. Não seria preciso pensar em acrescentar, aos direitos cívicos, políticos e sociais, os direitos culturais? Na França, durante os anos 1990, essa questão esteve no centro de intensos debates, sobretudo entre os sociólogos. Alguns preconizavam um comunitarismo* moderado, baseado no reconhecimento de uma ação positiva dirigida às minorias vítimas de discriminações (M. Wieviorka, *Une société fragmentée? Le multiculturalisme en débat* [Uma sociedade fragmentada? O multiculturalismo em debate], 1996). Outros, para quem o próprio termo "cidadania multicultural" constitui, *a priori*, uma contradição, recomendam lutar prioritariamente contra as desigualdades sociais (D. Schnapper, *La Communauté des citoyens* [A comunidade dos cidadãos], 1994).

A cidadania também é questionada em sua relação com a nacionalidade*. Classicamente, a cidadania pressupõe a aquisição da nacionalidade do país onde é exercida (na França, é cidadão toda pessoa de nacionalidade francesa). Entretanto, nas últimas décadas, a afirmação de outras formas de cidadania autoriza a desvincular esses dois conceitos; existiria uma cidadania transnacional, manifestada por ocasião das mobilizações antiglobalização; uma cidadania supranacional, encarnada pela cidadania europeia instituída em 1992 pelo Tratado de Maastricht; enfim, uma cidadania local, exercida a partir de um compromisso associativo, sem esquecer o exercício do direito de voto, nas eleições municipais, por populações estrangeiras.

Um terceiro motivo de questionamento decorre da oposição que se esboça entre a cidadania "oficial", definida formalmente pelos direitos e deveres e classicamente associada à figura do "bom cidadão", e uma cidadania "comum", tal como é vivida e concebida pelo comum dos mortais; ou, em outras palavras, entre uma cidadania vista do alto e uma cidadania vista de baixo, por assim dizer.

Bibliografia: • F. Constant, *La Citoyenneté*, Montchrestien, 1998 • S. Duchesne, *La Citoyenneté à la française*, Presse de Sciences Po, 1997 • P. Rosanvallon, *Le Sacre du citoyen. Histoire du suffrage universel em France*, Gallimard, 2001 [1992] • D. Schnapper, *La Communauté des citoyens. Sur l'idée moderne de nation*, Gallimard, 2003 [1994]

→ **Democracia, Multiculturalismo, Rosanvallon**

CIDADE

A "cidade grande" é uma invenção moderna. É verdade que existiram cidades na Antiguidade (Roma, Babilônia, Alexandria) e na Idade Média. Mas, como bem sublinhou Max Weber*, foram principalmente centros religiosos, administrativos ou locais de feiras. A economia ainda está demasiadamente radicada no mundo agrícola para que as cidades atinjam – salvo exceções – o porte das grandes metrópoles modernas.

A partir do século XIX, o mundo muda o seu centro de gravidade. A cidade se torna o lugar da produção e do comércio. A urbanização acompanha a industrialização e o desenvolvimento dos transportes (que permitem a rápida circulação das mercadorias). A Europa e a América do Norte conhecem uma urbanização acelerada. Em muitas cidades, a população aumenta vertiginosamente (Berlim, por exemplo, de 200 mil habitantes em 1800, passa a 2 milhões em 1900).

A CIDADE, CADINHO DE UM NOVO HOMEM?

Tal crescimento urbano é sinônimo de transformações sociais consideráveis. A cidade moderna torna-se o cadinho de um novo modo de vida. Num mesmo local, começam a erguer-se fábricas, bancos, hospitais, escolas, grandes avenidas com suas "grandes lojas", os parques, os cafés, os teatros, os museus... Constitui-se uma sociabilidade urbana.

Lugar de luz, centro de atração, de riqueza e de modernidade, a cidade é também o lugar de todos os perigos. Em certos bairros, amontoam-se os pobres e os trabalhadores imigrados, filhos do campo que vieram buscar fortuna na cidade. O fenômeno de transformação dos costumes é objeto da atenção dos escritores. Honoré de Balzac faz o retrato dos novos tipos humanos, como o burguês respeitável, o "flâneur", "o mundano", o pequeno comerciante, o burocrata... A cidade desperta as ambições, os jovens vêm a ela em busca de glória e fortuna, com todos os atrativos da modernidade.

O interesse dos sociólogos pela cidade se faz sentir bastante depressa. Ele tem início na Alemanha com a geração de Max Weber (1864-1929), Werner Sombart (1863-1941) e Georg Simmel* (1858-1918). A clivagem cidade/campo é concebida a partir da oposição modernidade/tradição.

O campo é o lugar da sociedade tradicional, da comunidade holística*, das tradições, da hierarquia, das relações estreitas entre pessoas que se conhecem muito bem. A cidade torna-se o lugar do individualismo*, das relações impessoais, das novidades, das permutas racionais pelo dinheiro e do comércio.

Max Weber percebe que essa situação está produzindo um novo tipo de vida e, em seus escritos sobre a cidade, propõe-lhe uma genealogia (*Die Stadt* [A cidade], 1921). Por sua vez, G. Simmel procura conhecer a fundo a psicologia do homem urbano. No universo da cidade, a "vida agitada" é acelerada e intensificada por estimulações ininterruptas que se sucedem rapidamente. Por trás desses conceitos bastante gerais, é fácil perceber as imagens que ele tem na mente: os transportes, as vitrines das lojas, as pessoas que vão caminhando, etc.

G. Simmel terá uma influência decisiva sobre a escola de Chicago, outro grande lugar onde a sociologia urbana será elaborada.

A CIDADE, LABORATÓRIO SOCIAL

No entender de Robert E. Park (1864-1944), um dos pioneiros da sociologia em Chicago, a cidade é um "laboratório social" onde "cada característica da natureza humana é não apenas visível, mas também ampliada". Diferentemente do campo, onde o tamanho das comunidades e o controle permanente de uns sobre os outros quase não permitem a expressão das novidades, na cidade, "todo indivíduo, qualquer que seja a sua excentricidade, encontra, em algum lugar, um meio de se realizar ou de expressar, de certa forma, a singularidade da sua natureza". O gênio, assim como a loucura, que "estavam sufocados no círculo mais íntimo da família ou nos estritos limites da pequena comunidade, encontram aqui um clima moral no qual podem expandir-se". O resultado é que "a cidade amplia, revela e exibe as mais variadas manifestações da natureza humana. É isso que torna a cidade interessante, até mesmo fascinante" (R. E. Park, "The City as a Social Laboratory" [A cidade como laboratório social], 1929).

Chicago será o berço da "ecologia urbana" (expressão proposta por Ernest W. Burgess em 1927), cujo objetivo é estudar o meio urbano. Como se organizam as atividades e as zonas de povoamento numa cidade? E. W. Burgess irá propor um modelo concêntrico típico. O centro é o lugar dos negócios. Depois, as zonas residenciais se dividem em zonas sucessivas, onde quanto mais elevada é posição que se ocupa na escala social, mais distante do centro se vive. Isso equivale a dizer que a polarização dos grupos sociais em bairros étnica e socialmente muito marcados é uma das características fundamentais da ocupação urbana.

Um dos outros temas de pesquisa diz respeito aos efeitos psicológicos da cidade. Louis Wirth ("Human Ecology" [Ecologia humana], *American Journal of Sociology*, 1945) constrói um tipo ideal da personalidade urbana, definido pelo individualismo, pela agressividade, pela ausência de participação na vida social e pela concorrência entre os indivíduos.

Em 1939, Robert L. Faris e Henry W. Dunham (*Mental Disorders in Urban Areas* [Doenças mentais em áreas urbanas], 1939) demonstraram que, em Chicago, as patologias mentais são muito diferentes conforme os bairros onde as pessoas residem: elas são mais frequentes nas áreas de pobreza, de desemprego e de criminalidade. Segundo esses autores, isso prova que existe impacto do meio sobre a personalidade.

A escola de Chicago vai influenciar profundamente a sociologia e a geografia urbana depois da Segunda Guerra Mundial. Os modelos de organização da cidade, elaborados por E. W. Burgess e Roderick B. McKenzie (*The City* [A cidade], 1925), depois por Homer Hoyt (*The Structure and Growth of Residential Neighborhoods in American Cities* [A estrutura e o crescimento dos condomínios residenciais nas cidades americanas], 1939), vão servir como referência para o estudo da organização das cidades europeias.

Os estudos de L. Wirth sobre o modo de vida urbano vão exercer grande influência em Paul-Henri Chombart de Lauwe (1913-1998), um dos pioneiros da sociologia urbana na França. A segregação espacial será objeto de diversos modelos (T. S. Schelling, *Micromotives and Macrobehavior* [Micromotivações e comportamentos macros], 1978).

CHRISTALLER E A TEORIA DOS LUGARES CENTRAIS

Enquanto os americanos inventam modelos, na Europa, Walter Christaller (1893-1969) procura elaborar um modelo de implantação das cidades. A teoria dos "lugares centrais" desse geógrafo alemão visa a responder a uma questão muito simples: o que é que define a localização e o tamanho de uma cidade?

A resposta tradicional a essa questão remete a dados próprios do meio natural ou da história. Mas W. Christaller (*Central Places in Southern Germany* [Áreas centrais no sul da Alemanha], 1933) parte de outras premissas. Suponhamos, diz ele, um espaço homogêneo (como uma planície uniforme, sem montanha e sem rio). Depois, suponhamos que a população está igualmente distribuída em todo esse espaço. Se um médico vier instalar-se num determinado lugar, as despesas de transporte dos clientes irão variar de acordo com a distância entre sua morada e o local do consultório. Suponhamos, agora, que dois médicos venham estabelecer-se no território. Eles terão interesse em instalar os seus consultórios a uma distância que lhes permita dividir o espaço em duas partes iguais. Para os farmacêuticos também seria vantajoso distribuir-se no território de maneira equilibrada (a fim de dividir o mercado) e, além disso, instalar-se nos arredores do consultório médico. Se esse raciocínio estritamente econômico for observado, centros urbanos que comportem certo número de funções especializadas (médicos, farmacêuticos) devem estabelecer-se a distâncias equivalentes num território, formando uma rede bastante regular.

Ademais, entre esses diferentes centros urbanos, irá estabelecer-se uma hierarquia de tamanho (que Christaller denomina "lugares centrais"). De fato, alguns centros urbanos serão pequenos demais para comportar certas especialidades – como um dermatologista, um neurologista, por exemplo. Então, grandes centros urbanos irão se constituir sobre todo o território mais ou menos a distâncias equivalentes entre si. A implantação das cidades deve, pois, tomar a forma de uma malha regular onde se alternem grandes e pequenos lugares centrais.

Posteriormente, W. Christaller comparou o seu esquema teórico ao mapa das cidades do sul da Alemanha, região onde ele morava e que conhecia perfeitamente. A correspondência entre o seu modelo e a realidade parecia perfeita...

Estava demonstrado – por vias estritamente dedutivas – que a localização das cidades correspondia mesmo a uma lógica das "distâncias" que separam as atividades econômicas.

As conclusões de W. Christaller foram depois amplamente debatidas e contestadas.

Sua principal contribuição, entretanto, foi ter introduzido um novo procedimento em geografia. Seu método de raciocínio hipotético-dedutivo (construção de um modelo, depois comparação com a realidade) e a busca de leis de organização do espaço tiveram, mais tarde, uma grande influência na renovação da geografia* a partir dos anos 1960.

O RESSURGIMENTO DOS ESTUDOS URBANOS

Depois de uma fase de grande incremento no início do século XX, a questão da cidade vai ficar relativamente marginal no interior das ciências sociais do pós-guerra, antes de ganhar novo impulso a partir dos anos 1980. Vemos, então, multiplicarem-se trabalhos históricos, antropológicos, geográficos e demográficos. As razões disso estão, por certo, ligadas às transformações sociais: a explosão das megalópoles*, problemas de delinquência nos bairros difíceis, dinâmicas locais das tecnópoles, instauração de novas políticas urbanas.

E continua impressionante a multiplicação dos estudos.

A geografia urbana, tradicionalmente ancorada no estudo da distribuição espacial das atividades, abre-se a novas problemáticas: as mobilidades* urbanas (como o indivíduo ocupa a cidade, como se movimenta nela?), a imagem que os habitantes têm da sua cidade (K. Lynch, *The Image of the City* [A imagem da cidade], 1960; R. Ledrut, *Les Images de la ville* [As imagens da cidade], 1973) ou de seu bairro (K. Noschis, *Signification affective du quartier* [Significação afetiva do bairro], 1984), os "mapas mentais", postos em ação durante as locomoções (A. Bailly, C. Beaumont, J.-M. Huriot, A. Sallez, *Représenter la ville* [Representar a cidade], 1995).

A sociologia urbana consagra muitos trabalhos às sociabilidades urbanas e à cidade como "experiência vivida" (D. Harvey, *The Urban Experience* [A experiência urbana], 1989). A vida nas periferias francesas, os *banlieues* (H. Vieillard-Baron, *Les Banlieues françaises ou le ghetto impossible* [Os subúrbios franceses ou o gueto impossível], 1994) e os guetos americanos despertam grande interesse (P. Bourgeois, *En quête de respect. Le crack à New York* [Em busca de respeito. O *crack* em Nova York], 2001).

Tem origem então uma antropologia urbana. Tendo deixado os terrenos exóticos dos povos "indígenas", os antropólogos vão abordar a cidade moderna. E veremos os etnólogos perscrutar os belos bairros (M. Pinçon e M. Pinçon-Charlot (*Dans les beaux quartiers* [Os bairros chiques], 1989), o metrô (M. Augé, *Um ethnologue dans le métro* [Um etnólogo no metrô], 1896), os bares noturnos (D. Desjeux, M. Jarvin, S. Taponier, *Regards anthropologiques sur les bars de nuit: espaces et sociabilités* [Olhares antropológicos sobre os bares: espaços e sociabilidades], 1999), etc.

A ciência política não fica a dever. As políticas voluntaristas de combate à delinquência (iniciadas nos Estados Unidos a partir dos anos 1990) vão, em particular, tornar-se objeto de estudo dos politicólogos, da mesma forma que o tema da "governança urbana".

A história da cidade conhece um incremento decisivo. Em termos de França (G. Duby, *Histoire de la France urbaine* [História da França ubana], 5 vols., 1980-1985) ou de outros países (P. Bairoch, *De Jéricho à Mexico* [De Jericó à Cidade do México], 1985) são publicadas grandes sínteses da história urbana que comprovam o dinamismo dessa corrente de pesquisa.

A essa variedade de pesquisas locais vêm juntar-se reflexões gerais sobre a evolução das cidades contemporâneas (S. Sassen, *The Global City* [A cidade global], 1991; F. Ascher, *Métapolis ou l'avenir des villes* [Metápolis ou o futuro das cidades], 1995) e a sua expansão sem fim.

A sociologia e a antropologia da cidade conhecem, enfim, uma expansão comparável à própria cidade. Monstro tentacular, a cidade parece ter absorvido tudo à sua passagem. O mesmo ocorre com os estudos a ela consagrados. Das subculturas dos guetos à implantação das atividades econômicas, das formas de transporte ao emprego do tempo dos habitantes, da imagem da cidade à violência urbana, etc., muitos são os temas que fazem da cidade um imenso campo para a investigação científica e impedem que possa ser compreendida a partir de conceitos simples e por um pensamento unívoco.

Bibliografia: • A. Bailly, J.-M. Huriot (orgs.), *Villes et croissance: théories, modèles, perspectives,* Anthropos, 1999 • F. Godard, *La Ville en mouvement,* Gallimard, 2001 • U. Hannerz, *Explorer la ville,* Minuit, 1983 [1980] • Th. Paquot, M. Lussault, S. Body-Gendrot (orgs.), *La Ville et l'Urbain. L'état des savoirs,* La Découverte, 2000 • A. Raulin, *Anthropologie urbaine,* Armand Colin, 2001 • S. Sassen, *La Ville globale,* Descartes, 1996 [1991]

→ **Chicago (escola de), Megalópole, Urbano, Urbanização**

CIÊNCIA

Quando se fala "da" ciência, no singular, geralmente se tem em mente um modelo científico típico: a física, seja a clássica (mecânica, ótica) de Galileu ou Newton, seja a contemporânea (teoria da relatividade, física quântica) de Albert Einstein, Max Planck ou Niels Bohr. Foi com base no modelo da física que a maioria dos filósofos da ciência desenvolveu suas reflexões. Também a partir da física são pensados os procedimentos da ciência: observação dos fatos, experimentação, busca de leis, construção de modelos teóricos... A física seria então a matriz de toda ciência digna desse nome, e é em relação a ela que se criam as clivagens (entre ciências "exatas" ou "duras" e ciências humanas, por exemplo).

A perspectiva muda radicalmente se o universo das ciências é abordado em sua pluralidade e diversidade.

A MÚSICA É UMA CIÊNCIA EXATA?

No livro VII de *A República*, Platão interroga-se sobre qual ciência seria a mais capaz de formar o espírito do filósofo. Analisando as ciências, ele passa em revista a aritmética, a geometria, a astronomia e... a música (o conjunto sendo coroado pela dialética). É preciso dizer que, desde Pitágoras, haviam sido descobertas relações entre a harmonia musical e as matemáticas: se a distância da oitava é igual a 1, os intervalos de oitava (terceira, quarta, quinta) são expressos por relações numéricas: 1/2, 2/3, 3/4.

A classificação platônica das ciências servirá de base ao ensino das artes maiores na universidade durante a Idade Média: ao lado das faculdades de teologia, direito e medicina, a faculdade de artes ensinava o *trivium* (dialética, gramática, retórica), depois o *quadrivium* (música, aritmética, geometria e astronomia). Tal classificação nos parece bem exótica atualmente.

O filósofo inglês Francis Bacon (1561-1626), criador do método experimental*, proporá, em seu projeto de reforma radical das ciências, distinguir entre as ciências da memória (como a história), as ciências da razão (como a filosofia, que abarcava o que hoje chamamos de física e química) e as ciências da imaginação (a poesia). Esse recorte será retomado na *Enciclopédia* de Diderot e de Alembert. É preciso dizer que, na época, a palavra "ciência" ainda não tinha o significado atual.

No século XIX, Auguste Comte propõe, em seu *Cours de philosophie positive* [*Curso de filosofia positiva*] (1830-1842), uma famosa classificação das ciências. Algumas, puras e abstratas, "têm por objetivo a descoberta de leis". Ele inclui nessa categoria a matemática, a astronomia, a física, a química, a biologia e a sociologia. Outras ciências, concretas e descritivas, ou seja, a botânica e a história, não podem almejar descobrir leis gerais e limitam-se a descrever, classificar e analisar fenômenos singulares.

Se tais classificações nos parecem antiquadas atualmente, nada nos garante que as distinções usuais entre ciências exatas e ciências humanas, ou entre ciências formais e empíricas, sejam mais pertinentes. Assimilar as ciências da natureza às ciências exatas é desconsiderar a diversidade de objetivos de disciplinas como a botânica e a entomologia, a etnologia e a psicologia, a química e a geologia. Existem, por exemplo, no âmbito da astrofísica e da biologia tendências teóricas e "modelizadoras" e procedimentos mais descritivos e comparativos. A mesma clivagem pode ser encontrada nas ciências humanas, no âmbito da linguística, da economia e da psicologia.

Filosofia. A finalidade da filosofia das ciências (ou epistemologia*) é desvelar a natureza e os fundamentos do procedimento científico.

A filosofia das ciências pode ser dividida em dois grandes períodos. O primeiro recobre aproximadamente a primeira metade do século XX.

Numa primeira etapa, os teóricos da ciência (como Henri Poincaré, Pierre Duhem, Ernst Mach e Rudolf Carnap) interrogam-se, numa perspectiva normativa, sobre os princípios que norteiam ou devem nortear a ciência para que se alcance a verdade. Suas reflexões dizem respeito ao estabelecimento dos fatos, ao raciocínio rigoroso, à elaboração das hipóteses, à busca da prova e às condições de validade de uma teoria. Discute-se então a imbricação entre fatos e teorias (o "convencionalismo" de H. Poincaré, o "fenomenismo" de E. Mach, o "positivismo* lógico" do círculo de Viena*). Investiga-se a possibilidade de reduzir a matemática à lógica (Bertrand Russell, Alfred N. Whitehead) e como passar da observação às hipóteses (H. Poincaré, P. Duhem), e das hipóteses às provas (R. Carnap, Karl R. Popper*). Todas essas abordagens têm em comum o fato de considerar que a ciência é "una" (a física sendo a norma) e que ela se distingue fundamentalmente do pensamento comum.

Na segunda metade do século XX, a perspectiva muda. A imagem da ciência vacila. Ela não mais aparece como o lugar da produção de um saber último fundado num procedimento rigoroso, no respeito absoluto dos fatos e na coerência das teorias. Os filósofos da ciência não buscam mais determinar o que deveria ser um bom procedimento científico (abordagem normativa), mas interrogam-se sobre o seu funcionamento real (abordagem descritiva). O olhar se pretende mais crítico e cético. K. R. Popper está no ponto de articulação entre as duas épocas. Por um lado, ele pertence ainda à "antiga" filosofia das ciências, a qual tratava de definir as condições de um procedimento científico rigoroso. Para ele, é o critério de "refutabilidade*" que o assegura: a ciência define-se pela sua capacidade de submeter suas hipóteses à refutação. Mas, por outro lado, Popper desvela uma faceta inesperada da ciência. Segundo ele, as teorias científicas serão sempre uma teia de hipóteses mais ou menos válidas, mas sempre passíveis de serem contestadas. Admitindo isso, ele abre uma brecha na concepção tradicional de ciência.

Assim, a ciência possui no seu interior verdades que serão sempre provisórias, postulados "indemonstrados" e indemonstráveis. O caminho está, portanto, aberto a um estudo dos substratos conceituais que orientam as pesquisas.

Thomas S. Kuhn* (1922-1996) afirmará que, em cada época, a ciência apoia-se em "paradigmas" ou concepções dominantes, que são derrubados por revoluções, assim como monarquias e impérios. Paul Feyerabend* (1924-1994) é autor de uma teoria anarquista do conhecimento que afirma que várias teorias sobrevivem apesar da existência de fatos que as invalidam. Em suma, a ciência não é o universo puro e rigoroso que se imagina. Ela é menos pura e nobre do que se acreditava.

Na França, desenvolveu-se uma tradição nacional de filosofia da ciência, centrada nos princípios implícitos que guiam as grandes revoluções científicas. Essa tradição é inaugurada por Alexandre Koyré (1892-1964) e Gaston Bachelard* (1884-1962), e continua com Georges Canguilhem (1904-1995), Jean Cavaillès (1903-1944), Jean-Toussaint Desanti (1914-2002), Gilles-Gaston Granger (nascido em 1920), François Dagognet (nascido em 1924) e muitos outros.

Sociologia e antropologia. O sociólogo americano Robert K. Merton* deu início às pesquisas sobre os fatores sociais que impulsionam a atividade científica. Para ele, a emergência da ciência está condicionada ao surgimento de uma comunidade de cientistas portadores de valores singulares (universalismo, desinteresse, ceticismo...), que funciona de modo autônomo com relação à religião e à política. Com a corrente por vezes qualificada de "relativista" ou de "construtivista*" (David Bloor, Barry Barnes, Bruno Latour*), a sociologia da ciência adquiriu, nos anos 1970, um viés mais radical. Não se trata mais de buscar as causas sociais da ciência, mas de analisar sociologicamente o conhecimento científico em si. A partir de então, o conteúdo mesmo da ciência – e não somente suas condições sociais de produção – pode passar pelo crivo da sociologia.

Os adeptos da abordagem construtivista procuravam mostrar que os conhecimentos científicos não são fruto de demonstrações e experiências implacáveis, mas "construções sociais". Em matéria científica, os fatos são sempre interpretados de diferentes maneiras segundo o pesquisador, e as demonstrações não são isentas de investidas retóricas. Em última instância, seriam mais as correlações de força entre os grupos de especialistas do que as provas indiscutíveis que decidiriam entre as interpretações divergentes. Uma teoria triunfa sobretudo pela capacidade de seus defensores se imporem à comunidade científica, e não pelo rigor de sua demonstração.

A nova sociologia das ciências, impulsionada por D. Bloor e B. Latour, conferiu uma nova imagem à ciência. Ela não aparece mais como um mundo fechado, um universo puro e etéreo, regido unicamente pelas regras implacáveis das demonstrações e dos fatos estabelecidos. Torna-se também objeto de controvérsias, de tomadas de poder, de redes de convenções e de convicções.

História. Os trabalhos de história da ciência são igualmente marcados por uma clivagem entre duas tradições.

– *A perspectiva internalista.* A abordagem tradicional, qualificada também como "internalista", estuda os grandes pensadores que marcaram a história das ciências (Newton, Galileu, Charles Darwin*, Albert Einstein, etc.) e preocupa-se com os procedimentos intelectuais e com as novas ideias e representações que lhes permitiram formular uma nova visão do universo. A. Koyré, por exemplo, estudou os novos procedimentos intelectuais da física clássica (*Du monde clos à l'univers infini* [Do mundo fechado ao universo infinito], 1957). Nessa perspectiva, o que conta são as ideias, as representações mentais e o modo pelo qual os cientistas conseguem pensar o mundo.

– *A perspectiva externalista.* A corrente dita "externalista" designou primeiramente alguns pensadores marxistas* que enfatizavam as bases sociais das revoluções científicas. Se a ciência clássica se constituiu na Europa nos séculos XVI e XVII, isso se deve, creem os externalistas, a toda uma série de mutações econômicas, sociais e culturais. A revolução mental pressupõe uma revolução social. Recentemente, a nova "história social das ciências" afastou-se do simples determinismo* econômico e social para se interessar preferencialmente pelas bases institucionais da ciência. Por exemplo, como as redes de relações, os salões, a imprensa e os novos ofícios favorecem a emergência das descobertas da física e da astronomia durante a ciência clássica (S. Shapin, *The Scientific Revolution* [A revolução científica], 1996)?

Os domínios privilegiados de estudo da história da ciência foram por muito tempo as gran-

---

FILOSOFIA, HISTÓRIA E SOCIOLOGIA DAS CIÊNCIAS:
OS GRANDES LIVROS DO SÉCULO XX

1902. H. Poincaré, *La Science et l'Hypothèse* [A ciência e a hipótese]
1906. P. Duhem, *La Théorie physique, son objet, sa structure* [A teoria física, seu objeto, sua estrutura]
1929. *Manifesto do círculo de Viena*
1934. K. R. Popper, *Logik der Forschung* [A lógica da pesquisa científica]
1938. G. Bachelard, *La Formation de l'esprit scientifique* [A formação do espírito científico]
1943. G. Canguilhem, *Le Normal et le Pathologique* [O normal e o patológico]
1951. W. V. O. Quine, "Two Dogmes of Empiricism" [Dois dogmas do empirismo]
1953. K. Popper, *Conjectures and Refutations* [Conjecturas e refutações]
1954. J. Needham, *Science and Civilization in China* [Ciência e civilização na China]
1957. A. Koyré, *Du monde clos à l'univers infini* [Do mundo fechado ao universo infinito]
1959. T. S. Kuhn, *The Structure of Scientific Revolutions* [A estrutura das revoluções científicas]
1966. C. Hempel, *Philosophy of natural science* [Filosofia da ciência natural]
1973. R. K. Merton, *The Sociology of Science. Theoretical and Empirical Investigations* [A sociologia da ciência. Investigações teóricas e empíricas]
1975. P. Feyrabend, *Against Method* [Contra o método]
1978. I. Lakatos, *The Methodology of Scientific Research Programmes* [A metodologia dos programas de pesquisa científicos]
1978. G. Holton, *The Scientific Imagination* [A imaginação científica]
1979. B. Latour, S. Woolgar, *Laboratory Life: the Construction of Scientific Facts* [A vida de laboratório: produção dos fatos científicos]
1983. I. Hacking, *Representing and Intervening* [Representando e intervindo]
1996. B. Barnes, D. Bloor, *Scientific Knowledge: Sociological Analysis* [Conhecimento científico: análise sociológica]
1996. A. Miller, *Insights of Genius: Imagery and Creativity in Science and Art* [Intuições de gênio: imagens e criatividade nas ciências e nas artes]

---

des revoluções científicas ocidentais: o nascimento da ciência na Grécia, da ciência clássica no século XVII e a física do século XX. Atualmente, o horizonte dos estudos ampliou-se. Todas as disciplina tornaram-se objeto de pesquisas ativas (biologia, química, matemática, medicina...). Da mesma forma, as ciências na Antiguidade, na China, no Japão, na Índia e no mundo árabe são objeto de estudos especializados. Disso resulta uma visão da ciência muito menos centrada no Ocidente e no modelo exclusivo da física. Consequentemente, as grandes teorias sintéticas sobre as condições do progresso científico tornam-se mais difíceis de serem construídas.

Bibliografia: • P.Acot, L'Histoire des sciences, Puf,"Que sais-je?", 1999 • G. Busino, Sociologie des sciences et des techniques, Puf, "Que sais-je?", 1998 • D. Lecourt (org.), Dictionnaire d'histoire et de philosophie des sciences, Puf, 1999 • B. Matalon, La Construction de la science: de l'épistémologie à la sociologie de la connaissance, Delachaux et Niestlé, 1996 • L. Soler, Introduction à l'épistémologie, Ellipses, 2000 • D.Vinck, Sociologie des sciences, Armand Colin, 1995.

CIÊNCIAS COGNITIVAS
Ver disciplinas nas páginas centrais

CIÊNCIAS DA EDUCAÇÃO
Ver disciplinas nas páginas centrais

CIÊNCIAS DA INFORMAÇÃO E DA COMUNICAÇÃO
Ver disciplinas nas páginas centrais

CIÊNCIAS DAS RELIGIÕES
→ **Religião**

CIÊNCIAS POLÍTICAS
Ver disciplinas nas páginas centrais

CÍRCULO DE VIENA
→ **Viena**

CIVILIZAÇÃO

Na ótica evolucionista* do século XIX, a civilização é oposta à barbárie. As sociedades civilizadas são as que conhecem a religião, a moral e os bons costumes. E supõe-se que as sociedades primitivas ou pré-históricas viviam num estado entre a selvageria original e a verdadeira civilização.

Com o surgimento da antropologia, compreende-se que a civilização não é um atributo das sociedades evoluídas. Todas as sociedades humanas conhecem uma forma de civilização que chamamos de "cultura*". O uso tradicional da palavra "civilização", no singular, tende, pois, a desaparecer. Doravante, fala-se de "civilizações": a civilização chinesa, a grega, a ocidental, e pode-se falar também de civilização africana. O termo civilização remete, então, a uma área cultural, estável a longo prazo, marcada por algumas grandes características próprias.

ESPLENDOR E DECLÍNIO DAS CIVILIZAÇÕES

Os historiadores vão então se interrogar sobre o esplendor e o declínio das grandes civilizações históricas. Nos anos 1920, autores como Oswald Spengler se preocupavam com o [Der] Untergang des Abendlandes [A decadência do Ocidente], título de um de seus livros (2 vols., 1918-1922). Esse pensador alemão vê, na história humana, uma sucessão de civilizações marcadas por um destino implacável: o nascimento, a maturidade e a morte. Na origem das grandes culturas, há um sopro, uma alma e um gênio criador. Depois, toda cultura se enreda na massa e se volta mais para o material do que para o espiritual. Essa fase prenuncia a chegada de seu declínio e de seu fim. O. Spengler defende uma visão heroica e aristocrática da história, em que uma minoria impulsiona forças criadoras enquanto as massas passivas não fazem mais do que segui-la. Nos anos 1920, O. Spengler – autor pessimista e conservador – vê, no advento da sociedade de massa e da técnica, o sinal irrevogável de um "declínio do Ocidente".

Arnold Toynbee* retoma o problema das causas do esplendor e do declínio das civilizações numa escala mais ampla em seu imenso retrato A Study of History [Um estudo da história], cuja edição se estende por mais de vinte anos (1934-1961). Para ele, cada civilização se constituiu em torno de um grande desafio (challenge), um combate que imprime os traços essenciais da civilização em formação. Assim, os Estados Unidos foram construídos num imenso continente a desbravar. E o espírito do conquistador é um dos traços da civilização americana. É, pois, a capacidade de aceitar o desafio (enfrentar um inimigo, unificar um povo em torno de uma religião, construir uma economia nova...) que levará os homens a construir uma civilização nova. Em contrapartida, "a facilidade é nociva para a civilização" e anuncia o seu fim. O traço comum entre A. Toynbee e O. Spengler é considerar que a maioria das "grandes civilizações" nasceram de um centro de impulsão que lhes definiu a alma e o estilo. A morte das civilizações deve-se à extinção desse fogo criador.

As origens das civilizações

Do ponto de vista arqueológico, considera-se que as civilizações correspondem a um estágio de desenvolvimento na história das sociedades. Fala-se de civilização quando aparecem (muitas vezes concomitantemente) a cidade, o Estado, a metalurgia, as classes sociais, uma arquitetura monumental, a escrita e as realezas sagradas.

Constata-se que, em diversos pontos do mundo, as primeiras civilizações apareceram entre o IV e o II milênios antes de Cristo. É o caso da Mesopotâmia (Suméria e Babilônia), do Egito (civilização egípcia), da Ásia (civilização indiana de Harapa e Mohenjo Daro, chinesa) e da América (civilização olmeca, maia e inca). As causas do aparecimento das civilizações permanecem enigmáticas. A espantosa convergência das formas sociais entre civilizações tão distantes não pode deixar de impressionar. Como se explica que tenham aparecido independentemente, em três continentes, sociedades com traços tão semelhantes: pirâmides, escrita, cidades, reis-sacerdotes e imperadores divinos? No século XIX, pensava-se que a civilização havia nascido uma única vez na história – no Egito ou na famosa Atlântida submersa – e que, depois, se tivesse difundido para outros pontos do planeta. Hoje, essa tese já foi abandonada (com exceção de alguns autores marginais, que continuam cultivando o mito de Atlântida). Alguns pensam que as civilizações nasceram de uma evolução convergente da economia e das técnicas, chegando a uma complexificação e a uma diferenciação crescentes das sociedades. Outras teses sustentam que as civilizações nasceram da guerra (entre cidades-Estados ou da invasão de povos guerreiros).

Choque das civilizações ou unificação do mundo?

A questão das civilizações voltou à tona com o debate lançado no início dos anos 1990 por Samuel P. Huntington (*The Clash of Civilizations* [O choque das civilizações], 1996). Esse professor de ciência política afirmava que o mundo atual se dividia em grande áreas de civilizações separadas, com os conflitos maiores se situando nas zonas de ruptura entre as civilizações (Oriente Médio, Ásia Central, África). Para o cientista político Francis Fukuyama, ao contrário, o mundo caminha para uma uniformização econômica, política e cultural, anunciando o fim das clivagens entre as civilizações tradicionais (F. Fukuyama, *The End of History and the Last Man* [O fim da história e o último homem], 1992). Aliás, essa unificação cultural do mundo poderia ser observada através de certa convergência de valores em escala mundial (Ronald F. Hinglehart).

Para o cientista político alemão Dieter Senghaas, a passagem para a modernidade ocasiona choques de valores e isso no próprio seio das sociedades em vias de modernização. O choque não ocorre "entre" civilizações, mas "no interior" (*within*) delas (D. Senghaas, *The Clash within Civilizations* [O choque no interior das civilizações], 2001). Em algumas circunstâncias, a religião, os valores e as identidades tradicionais se acomodam perfeitamente aos valores da modernidade; em outros casos, existe uma fortíssima tensão. Assim, o Islã não é hostil à modernidade econômica (na maioria dos países muçulmanos, o desenvolvimento do comércio e da economia capitalista vem de longa data). São as contradições sociais que ocasionam a radicalização de uma parte dessas populações e as levam a "culturalizar" o conflito. Por exemplo, com relação ao capitalismo americano, o Islã radical tem o mesmo papel que teve o comunismo no início do século XX

Bibliografia: • F. Braudel, *Grammaire des civilisations*, Flammarion, 1993 [1987] • S. P. Huntington, *Le Choc des civilisations*, Odile Jacob, 2000 [1996] • B. G. Trigger, *Understanding Early Civilizations*, Cambridge University Press, 2003 • J.-R. Trochet, *Géographie historique: hommes et territoires dans les sociétés traditionnelles*, Nathan, 1998 • "Cultures et civilisations", *Sciences Humaines*, n°. 143, 2003 • "Aux origines des civilisations", *Sciences Humaines*, n°. 151, 2004

→ **Cultura, Relações Internacionais**

CLÃ

Durante muito tempo, o termo clã (ou "organização clânica") foi usado pelos antropólogos para designar um grupo humano cujos membros são ligados entre si por regras de exogamia* (não é permitido casar-se no interior do clã) e pela existência de um totem* comum.

Atualmente, o termo serve mais para designar os grupos que reconhecem ancestrais comuns. Não raro, esse ancestral é mítico, pois os membros do clã são incapazes de reproduzir com exatidão a sua genealogia. Quase sempre, existe solidariedade entre os membros de um clã. Às vezes, ele corresponde simplesmente a uma unidade política e religiosa.

→ **Etnia, Parentesco, Tribo**

CLASSE MÉDIA

As classes médias nunca formaram um grupo social homogêneo. Sempre foram definidas negativamente – entre os operários e camponeses de um lado e a elite burguesa de outro.

No início do século XX, as classes médias correspondiam a diversos grupos: os pequenos comerciantes, os funcionários de escritórios e as profissões liberais (advogados, tabeliões, médicos).

Hoje, o universo das classes médias pode ser descrito em três categorias principais:

– o mundo das "profissões intermediárias" (de acordo com a denominação das PCS [Profissões e Categorias Socioprofissionais]): professores do ensino fundamental, técnicos superiores, enfermeiros…;

– os executivos: engenheiros, diretores comerciais, administrativos, professores do ensino médio e universitário;

– as profissões liberais: escritórios de advocacia e consultórios médicos.

Nos Estados Unidos, a *middle class* representa uma categoria intermediária, situada entre a *working class* (operários e empregados) e as *upper class* (profissões e quadros superiores).

O PAPEL HISTÓRICO DAS CLASSES MÉDIAS

No entender de Karl Marx*, a classe média não tem um papel histórico independente. Na sua visão da história animada pela luta de classes, ela só pode adotar um dos dois campos no quadro de enfrentamento entre a burguesia e o proletariado. A classe média não tem um projeto de sociedade próprio. Na melhor das hipóteses, pode servir como força suplementar a serviço da revolução ou da contrarrevolução.

Cinquenta anos depois de K. Marx, Georg Simmel* propõe outra análise das classes médias. Estávamos no início do século XX e a sociedade mudara. As classes médias ganharam importância numérica com a urbanização, com o desenvolvimento do comércio, do Estado e das atividades terciárias. Para G. Simmel, as classes médias se tornaram o centro de gravidade da sociedade. Não só o enfrentamento tradicional entre duas classes se transformou num jogo a três, mas, principalmente, a classe média está impondo suas normas, seus costumes e seu estilo de vida à sociedade inteira. O exemplo típico desse homem médio é descrito por Robert Musil no romance *Der Mann ohne Eigenschaften* [*O homem sem qualidades*] (1930-1933). Seu herói, Ulrich, é o protótipo do homem médio, sem destaque particular, sem nenhuma outra vontade ou projeto além de levar uma vida pacata e "normal".

Cinquenta anos mais tarde, a sociedade tornou a mudar profundamente. O peso demográfico das categorias intermediárias da hierarquia socioprofissional aumentou. Há também uma retração do leque de salários e uma relativa homogeneização dos estilos de vida. Logo depois da Segunda Guerra Mundial, a sociedade estava dividida em esferas com características sociais diferentes, isto é, o operário, o homem do campo e o burguês podiam ser distinguidos não só pelos salários, mas também pelo modo de vestir-se, pelo estilo de vida e pelos valores. Heni Mendras fala de "medianização" para designar essa uniformização dos modos de vida em torno da galáxia central.

Bibliografia: • C. Bidou, *Les Aventuriers cu quotidien, essai sur les nouvelles classes moyennes*, Puf, 1984 • N. Mayer, G. Grunberg, G. Lavau, *L'Univers politique des classes moyennes*, Presse de Science Po, 1983

→ **Classes sociais, Mendras, Estratificação social**

CLASSES SOCIAIS

"O interesse de classe, as relações de classe, (…) mantêm firmemente coesos e faz caminharem juntos os espíritos mais díspares. Cada um é sobretudo de sua classe, antes de ser da sua opinião" ou então "Podem opor-me certamente os indivíduos; estou falando de classes, somente elas devem ocupar a história." O autor dessas considerações? Não é Karl Marx*, mas Alexis de Tocqueville*. Essas linhas estão em *L'Ancien Ré-*

gime et la Révolution [*O Antigo Regime e a Revolução*], 1856.

A noção de "classe social" não pertence apenas ao vocabulário marxista. Foi bastante empregada pelos sociólogos para designar os grupos sociais que têm uma posição econômica, um *status* social e interesses idênticos. Num certo nível de generalidade, a existência de classes sociais não é muito discutível. Todas as sociedades modernas são compostas de grupos distintos conforme os salários, o poder, o *status* ou o prestígio.

Os debates começam quando se quer tornar precisas as coisas. Ainda existe uma classe operária? Quem são exatamente as "classes médias*"? O que ocorre com a "classe dirigente"?

Se K. Marx não é o único a falar de classes sociais, é, contudo, em torno de sua teoria que se definiram as posições posteriores. É, pois, necessário expor alguns pontos essenciais de sua teoria:

– Segundo Marx, a classe se define primeiro por sua situação nas relações de produção. No capitalismo*, há, de um lado, os burgueses de-

Ainda há classes sociais?

• A partir dos anos 1960, a tese do "fim das classes sociais" afirma-se, ao mesmo tempo que se desenvolvem a sociedade de consumo* e, no seio desta, uma importante classe média*.

A partir de 1959, nos Estados Unidos, Robert Nisbet ("The Decline and Fall of Social Class" [O declínio e queda da classe social], *Pacific Sociological Review*) sublinha diversos fenômenos que confirmam essa hipótese:

– no plano econômico, o desenvolvimento do setor de serviços já não se coadunava com o esquema das classes sociais;
– no plano político, a difusão do poder na sociedade punha termo às hierarquias piramidais entre grupos;
– no plano social, certa harmonização do consumo e dos níveis de vida atenuava as divisões habituais.

Na mesma época, muitos sociólogos constatavam uma fragmentação seguida de um declínio da classe operária, com um movimento operário que perdia seu peso político. Na França, Henri Mendras* defendeu, nos anos seguintes, a tese "da fragmentação das classes", depois de uma "medianização" destas. Assim, após o fim irrevogável do campesinato, o mundo operário também parecia perder suas características diante do crescimento da classe média. Mais geralmente, nos anos 1980, as pesquisas de opinião confirmavam que o sentimento de pertencer a uma classe estava em visível declínio.

O retorno das classes sociais

Em oposição a essa análise bastante unilateral de um "desaparecimento", ou pelo menos da perda dos limites precisos das classes sociais, alguns sociólogos apresentam a hipótese de seu retorno. É o caso de Louis Chauvel, que afirma que a tese do fim das classes se baseava na fase excepcional da conjuntura econômica dos Trinta Anos Gloriosos. Esse período foi realmente de grande crescimento do poder aquisitivo do operariado (mais de 3% ao ano) e de nítida redução das desigualdades salariais. Mas, segundo ele, essa dinâmica foi interrompida a partir de 1975 e, desde então, as desigualdades* se mantiveram estagnadas, e estão até mesmo se aprofundando: as desigualdades de patrimônio aumentam; o acesso às escolas mais seletivas permanece muito desigual; a homogamia* (casamento dentro do mesmo grupo social) não diminui. Além disso, apesar de a identidade de classe estar efetivamente fragilizada, a manutenção de um voto popular protestatório e o abstencionismo maciço indicam uma verdadeira clivagem nos valores políticos.

Enfim, paradoxalmente, se a focalização nas camadas sociais e no mundo operário deixa dúvida a respeito da existência de uma verdadeira classe, na outra ponta da escala social, um grupo, a burguesia, detém todos os atributos de uma classe social no sentido marxista*. Consciente de todos os seus interesses e limites, ela cultiva, por meio dos lugares reservados (clubes privados, *rallyes*), um "entre si" que exclui os importunadores. Aproximando pessoas que exercem funções da mais alta responsabilidade nos setores privado e público, os laços de sociabilidade assim tecidos são inseparáveis das solidariedades econômicas. Ela se apresenta, então, como a única classe mobilizada, capaz de ser senhora de seu destino (M. Pinçon, M. Pinçon-Charlot, *Sociologie de la bourgeoisie* [Sociologia da burguesia], 2000) K. Marx talvez não esteja tão morto assim.

tentores do capital e, do outro, os proletários que "vendem sua força de trabalho". Os camponeses e os artesãos são classes provenientes de um modo de produção anterior e condenadas a desaparecer. Há que lembrar que, na época de K. Marx, 90% dos assalariados são operários. Assim, a assimilação entre "classe operária", "proletários" e "assalariados" (que vendem sua força de trabalho) é legítima. Já não é esse o caso hoje, quando 90% da população ativa é assalariada, e os operários representam apenas um terço dessa população.

– No vocabulário hegeliano, que lhe é tão caro, K. Marx distingue a "classe em si" da "classe para si". A classe em si define um conjunto de indivíduos que têm em comum as mesmas condições de trabalho e o mesmo *status*. A "classe para si" é uma classe que, tendo tomado consciência de seus interesses comuns, se organiza num movimento social por meio de sindicatos e de partidos, constituindo para si uma identidade. Então, a classe operária só se torna plenamente "classe para si" quando toma consciência de seus interesses e se organiza de acordo com eles.

– Em suas análises das classes sociais, K. Marx se interessa menos pela descrição precisa e objetiva do que pela análise da luta das classes. Seu objetivo não é propor uma análise apurada da estratificação social, mas descrever a dinâmica da luta das classes que, segundo ele, se opera em torno de um conflito central entre burgueses e proletários.

Por sua vez, Max Weber* propôs uma análise das classes sociais na qual se entrecruzam diversas dimensões. Na sociedade, existem grupos que se distinguem segundo o prestígio (*status* social), o poder (partidos políticos) e as classes propriamente ditas que reúnem os "grupos de indivíduos que têm (…) as mesmas possibilidades de acesso aos bens e serviços". A partir daí, ele distingue três tipos de classes: as classes de posse, as classes de produção e as classes sociais propriamente ditas.

Nos Estados Unidos, a análise das classes sociais deve muito aos trabalhos do sociólogo William I. Warner. A partir de uma pesquisa levada a efeito numa pequena cidade (Newburyport), ele propôs uma descrição da sociedade americana em seis camadas sociais: "*upper upper class, lower upper class, upper middle class, lower middle class, upper lower class, lower lower class*" (*Yankee City Series*, 5 vol., 1941-1959).

Ralf Dahrendorf, em *Soziale Klassen und Klassenkonflikt in der Industriellen Gesellschaft* [*As classes e seus conflitos na sociedade industrial*], 1959, estende a noção de classe à de "grupo de interesse". A estrutura social é considerada sob o ângulo de uma grande diversidade de grupos e de subgrupos que se criam quando têm interesses comuns e segundo as motivações em jogo e as circunstâncias. Assim, algumas vezes os operários formam um bloco homogêneo, em outras se subdividem em grupos de interesses distintos (os trabalhadores rodoviários, os ferroviários), outras vezes, ao contrário, podem unir-se a outros assalariados (o pessoal administrativo, os funcionários públicos…) para formar uma classe de interesses mais amplos.

Bibliografia: • L. Boltanski, Les Cadres. La formation d'um groupe social, Minuit, 1992 [1982] • S. Bosc, Stratification et classes sociales: la société française em mutation, Nathan 2001 [1993] • L. Chauvel, "Le retour des classes sociales", Revue de l'OFCE, n°. 79, 2001 • H. Mendras, La Seconde Révolution Française, 1965-1984, Gallimard, 1994 [1988]• E. P. Thompson, La Formation de la classe ouvrière anglaise, Gallimard/Seuil, 1988 [1963]

→ **Desigualdades, PCS, Estratificação social**

CLÁSSICOS (economistas)

Em economia, os "clássicos" designam os autores do século XIX fundadores da ciência econômica: Adam Smith*, David Ricardo, John Stuart Mill, Thomas R. Malthus, Jean Baptiste Say*. Esses autores compartilham a ideia de que a livre-troca é o melhor regulador da atividade econômica.

→ **Liberalismo, Neoclássico**

CLÍNICO (método)

Em psicologia, o método clínico tem como base o estudo de casos individuais realizado a partir de entrevistas aprofundadas.

A entrevista clínica é feita frente a frente entre um terapeuta e um paciente. Tem por objetivo conhecer o sujeito e sua história (anamnese), identificar sua personalidade e compreender seus problemas. Mas o simples fato de se expressar, de falar de si, também contribui para um papel ativo por parte do sujeito: autoanálise, catarse, tomada de consciência. Nesse caso, a entrevista passa, de instrumento de diagnóstico, a ferramenta de intervenção.

A abordagem clínica, como procedimento de pesquisa, assemelha-se, ao mesmo tempo, à entrevista psiquiátrica (daí o qualificativo "clínico") e à psicologia experimental, que visa a pôr em evidência o que é generalizável na conduta dos sujeitos.

Bibliografia: • J.-L. Pedinielli, *Introduction à la psychologie clinique*, Nathan, 2003 [1994]

COEVOLUÇÃO

O inseto polinizador e a flor precisam um do outro: um, para se alimentar, o outro, para transportar seu pólen e se reproduzir. Fala-se de coevolução quando duas espécies evoluíram interagindo uma com outra.

A HIPÓTESE DA RAINHA VERMELHA

A coevolução também pode se referir à competição entre duas espécies. É o caso da "corrida aos armamentos" que ocorre entre certas espécies predadoras e suas presas. A seleção favorece as presas mais rápidas que conseguem escapar de seus predadores. Mas também favorece os predadores que, em resposta, se tornam mais rápidos. No final, o equilíbrio é respeitado, mesmo que cada espécie corra cada vez mais depressa. Esse processo de coevolução por competição foi descrito por Leigh van Valen em 1973 e recebeu a denominação de "hipótese da Rainha Vermelha", em referência a uma passagem do livro de Lewis Carroll, *Alice's Adventures in Wonderland* [*Alice no país das maravilhas*]. Uma vez que, nesse país, a paisagem se desloca, a rainha explica a Alice que é preciso correr para se manter... no mesmo lugar.

A COEVOLUÇÃO CÉREBRO-CULTURA

Desde os anos 1990, os modelos de coevolução foram aplicados às relações entre o cérebro humano e a cultura.

Um dos modelos mais famosos é o que foi proposto por Terrence W. Deacon, da Universidade de Boston. Em *The Symbolic Species* [As espécies simbólicas], ele emite a seguinte hipótese: no decorrer da hominização, o aumento do tamanho do cérebro possibilitou as primeiras formas de linguagem simbólica, criando um ambiente cultural novo, e isso conduziu a um verdadeiro salto cognitivo. Progressivamente, os cérebros foram se adaptando a esse novo "nicho ecológico" que é a linguagem (como o castor se adaptou progressivamente às barragens e aos lagos artificiais que construía). Segundo T. W. Deacon, as primeiras protolinguagens* humanas, que apareceram há dois milhões de anos, teriam criado um nicho cultural novo, e este teria exercido uma pressão seletiva dos indivíduos aptos a sobreviver em tal meio cultural. Constitui-se então uma espiral evolutiva, produzindo uma dinâmica criadora que orienta a evolução na direção da complexificação da linguagem e da criação de estruturas cerebrais adaptadas a esse novo meio cultural. T. W. Deacon procura ultrapassar a oposição entre a tese inatista* (a linguagem resulta de uma aptidão inata) e a tese culturalista* (a linguagem é uma aquisição cultural). Pouco a pouco, o cérebro humano teria evoluído para adquirir aptidões inatas para produzir linguagem. Mas essa propensão só pode se tornar realidade num meio particular, isto é, numa imersão linguística transmitida de geração em geração. Portanto, para que o potencial genético possa se expressar, é necessário um nicho linguístico adaptado (e legado pela história cultural).

Bibliografia: • T. W. Deacon, *The Symbolic Species: the Co-Evolution of Language and the Brain*, WW Norton, 1997

COGNIÇÃO

A palavra "cognição" (do latim, *cognoscere*, que significa "conhecer") remete ao conhecimento humano ou animal em suas diferentes formas: percepção*, aprendizagem*, memória*, consciência*, atenção*, inteligência*. O uso recente desse termo deve ser relacionado ao desenvolvimento das ciências cognitivas.
→ **Ciências cognitivas**

COGNITIVAS (ciências)
→ **Ciências cognitivas**

COGNITIVISMO

Em um sentido geral, o cognitivismo é assimilado às pesquisas levadas a efeito em ciências cognitivas*.

Em um sentido mais restrito, é assimilado a uma teoria particular, o "computacionismo*", ou modelo cômputo-representacional. Aqui, as hipóteses são mais restritivas. Esse modelo postula: a existência de estados mentais; que esses estados mentais sejam tratados em forma de representações simbólicas ou de "atitudes proposicionais"; que operações lógicas (associação, implicação) formem uma "linguagem do pensamento" similar a um programa de computador.

COLLÈGE DE FRANCE

François I, a conselho de seu bibliotecário Guillaume Budé, fundou, em 1530, o Collège de France a fim de minorar as lacunas da Universidade de Paris quanto ao ensino. Ele nomeia seis leitores reais encarregados de lecionar hebraico, grego e matemática. Desde a sua criação, o Collège de France não é uma universidade, nem uma grande escola, nem um instituto de pesquisas (como o CNRS, por exemplo), mas ocupa um lugar à parte na esfera do saber e não tem equivalente em outros países. Não prepara para diploma algum e é aberto a todos, gratuitamente. É subordinado ao Ministério da Educação, mas goza de grande autonomia em sua administração interna. Todos os domínios do conhecimento humano estão nele representados e, às vezes, são criados em razão do talento e da originalidade de alguns pesquisadores. As cátedras não são permanentes e evoluem de acordo com os desenvolvimentos da ciência. Os professores nomeados para essas cátedras ministram aulas públicas e lhes é concedida toda a liberdade quanto ao programa que desejam seguir. Em consequência disso, o Collège de France recebeu eminentes pesquisadores, tais como Georges Cuvier (história natural), Claude Bernard (medicina), Henri Bergson (filosofia), Jean François Champollion (arqueologia), Henri Maspero (filologia e arqueologia egípcia), o antropólogo Claude Lévi-Strauss*, o historiador Paul Veyne*, o sociólogo Pierre Bourdieu*.

COMÉRCIO INTERNACIONAL
(teoria do)

As nações têm interesse em estabelecer relações comerciais entre si? E com que condições? Qual será o seu efeito na economia de cada uma? Essas são as perguntas a que a teoria do comércio internacional deseja trazer respostas. Quatro grandes etapas marcaram a história desse campo de pesquisa.

Não por acaso Adam Smith* (1723-1790) e David Ricardo (1772-1823), ambos fundadores da teoria "clássica" do comércio internacional, viveram na Inglaterra. Na época, esse país era a maior potência comercial e industrial do mundo e o "centro da economia-mundo", diria o historiador Fernand Braudel*.

DA VANTAGEM ABSOLUTA
À VANTAGEM COMPARATIVA

Para A. Smith, a razão por que as nações têm interesse em comerciar entre si é simples: "Deem-me aquilo de que preciso e vocês terão de mim aquilo de que vocês precisam" (*The Wealth of Nations* [*A riqueza das nações*], 1776). Cada país dispõe de recursos específicos para produzir um bem a custo mínimo. Então, um país tem interesse em exportar essa mercadoria, quer se trate de chá, quer de calçados. No final, cada nação se beneficia com o comércio e "uma riqueza geral se propaga". É esse o fundamento da teoria das "vantagens absolutas".

Mas o que ocorre quando um país dispõe de muitos recursos e o outro de nenhum? Parece que, então, eles não têm interesse algum em manter relações comerciais, pois um continuará sendo pobre e o outro, rico.

É contra essa falsa evidência que D. Ricardo elaborou a sua "lei da vantagem comparativa". Conforme essa lei, mesmo quando um país é eficiente na produção de muitos bens, ele ainda tem interesse em se especializar no setor em que é comparativamente o melhor. Por quê?

Paul A. Samuelson (prêmio Nobel de economia em 1970) apresentou uma ilustração intuitiva a respeito dessa lei. Suponhamos, diz ele, que um brilhante advogado seja também um ótimo datilógrafo, melhor do que todos os secretários e secretárias da cidade. Acaso teria interesse em datilografar seus relatórios? A resposta é "não", pois o tempo gasto em datilografar iria render-lhe muito menos do que o tempo dedicado à advocacia. Mesmo sendo o melhor nas duas atividades, é do seu interesse confiar a datilografia a outra pessoa. A teoria das vantagens comparativas é um sólido argumento de D. Ricardo a favor do livre comércio. Ele sugere que o comércio internacional é lucrativo para todos, mesmo que alguns países pareçam mais competitivos e outros menos desenvolvidos em quase todos os setores.

Essa lei das vantagens comparativas é irrefutável? O próprio D. Ricardo – também hábil banqueiro e especulador bem-sucedido – estava diretamente implicado no comércio do seu país, e tinha interesse em sublinhar o aspecto vantajoso de desenvolver o livre comércio. Mas, sem entrar em detalhes, é importante saber que, para chegar às suas conclusões, ele só seleciona hipóteses muito restritivas em seu modelo. Algumas vezes, basta mudar uma delas – como farão depois muitos economistas – para chegar a resultados diametralmente opostos aos seus.

O MODELO HOS

No início do século XX, dois economistas suecos, Eli Heckscher e Bertil Ohlin (*Interregional and International Trade* [Comércio inter-regional e internacional], 1933) renovam a teoria do comércio internacional. Entre 1919 e 1933, eles criaram um modelo (chamado "Heckscher-Ohlin") que chega às mesmas conclusões que D. Ricardo ("As nações têm interesse em comerciar entre si"), mas a partir de hipóteses diferentes. Para eles, não é a produtividade do trabalho que dá origem às vantagens de um país, mas suas melhores dotações em "fatores de produção" (terra, capital ou trabalho). Essa lei de "proporções dos fatores" demonstra matematicamente uma ideia simples: se um país como o Canadá tem vantagens comparativas num setor (por exemplo, na produção de madeira), não é porque seus trabalhadores são mais eficientes que os americanos, mas porque esse país é mais dotado em recursos florestais por habitante. O modelo Heckscher-Ohlin coincide com o senso comum: as frutas exóticas crescem melhor nos países exóticos do que nos temperados... E foi preciso demonstrar isso para convencer os economistas!

Mais tarde, P. A. Samuelson enriquece o modelo demonstrando matematicamente que, em certas condições, o modelo HO (Heckscher-Ohlin) conduz à igualação dos preços dos fatores de produção de nação para nação. Esse modelo enriquecido é conhecido pelos especialistas como "modelo HOS" (Heckscher-Ohlin-Samuelson).

Estudos empíricos realizados nos anos 1950 por Wassily Leontief – outro prêmio Nobel de economia (em 1973) – voltaram, porém, a questionar os resultados previstos pelo modelo HOS. Enquanto a teoria previa que os Estados Unidos deviam importar do Canadá mercadorias mais ricas em trabalho e mais pobres em capital, os testes empíricos chegaram ao resultado contrário. É o que foi chamado de "paradoxo de Leontief".

HIERARQUIA E DESIGUALDADES: VISÕES CRÍTICAS

Na contracorrente desse pensamento de livre-troca do comércio internacional, desenvolveu-se uma tradição crítica que pretendeu sobretudo mostrar as desigualdades e o efeito de dominação nas transações comerciais internacionais.

Os teóricos marxistas* (Samir Amin, Arghiri Emmanuel), inscritos na linha de Karl Marx* (1818-1883) e Rosa Luxemburgo (1870-1919), viam, nas trocas internacionais, formas de exploração da periferia (países do Sul) pelo centro imperialista. Nos anos 1970, A. Emmanuel defendeu a tese da "troca desigual". Uma vez que os países desenvolvidos têm maior concentração de máquinas do que os países do Sul, uma hora de trabalho num país industrializado equivale a três horas de trabalho num país subdesenvolvido. O resultado disso é uma desigualdade das trocas que contribui para reforçar a desigualdade entre as nações. Esse modelo, que teve seus dias de glória nos anos 1970, foi posteriormente muito criticado, inclusive por teóricos marxistas, por sua falta de rigor.

O economista francês François Perroux (1903-1987) elaborou uma análise dos sistemas econômicos que não se reduz a um mercado* livre, mas é caracterizada por "campos de força", uma hierarquia na qual os Estados Unidos, as empresas multinacionais e as diferenças tecnológicas influem com todo o seu peso nas trocas. Toda uma corrente de pensamento se inscreve nessa ótica.

AS "NOVAS TEORIAS" DO COMÉRCIO INTERNACIONAL

A partir dos anos 1980, desenvolveram-se nos Estados Unidos novas teorias que questionam parcialmente os princípios clássicos. Estudam particularmente as condições da "concorrência imperfeita" no seio das trocas internacionais. Analisam principalmente as trocas no interior de um mesmo ramo (automóvel, aeronáutica, etc.) entre países industrializados e levam em conta os fenômenos de oligopólio e os rendimentos de escala. Essas teorias apresentaram argumentos em favor de políticas comerciais estratégicas que encorajam os Estados a apoiar suas indústrias contra os concorrentes estrangeiros.

Entretanto, a observação dos fluxos do comércio mundial mostra um fenômeno singular: a maior parte das trocas ocorre entre países similares estabelecidos nos mesmos ramos. Por exemplo, a Itália, a França e a Alemanha são produtores e, ao mesmo tempo, importadores de automóveis entre si. Como explicar esse fenômeno, uma vez que, nesse caso, não há "vantagens comparativas" de um país em relação a outro?

Quando os custos iniciais de investimento são muito altos (para produzir automóveis ou aviões, por exemplo), o número de produtores é, por isso mesmo, limitado. Diz-se, então, que existe uma situação de "concorrência oligopolista", isto é, um pequeno número de produtores no mercado.

Numa configuração assim, em que o produtor não pode multiplicar os tipos de carros (por causa dos custos iniciais), a teoria mostra que é vantajoso comerciar produtos similares entre países a fim de compartilhar um mercado mais amplo.

As novas teorias do comércio internacional deram muito o que falar porque certos modelos levaram a conclusões desconcertantes. O de James A. Brander e Barbara J. Spencer mostrava que, em certas situações, os Estados tinham interesse em ajudar suas empresas nacionais (por meio de subvenções, por exemplo) a fim de conquistar um mercado. É o que foi denominado "política comercial estratégica". Isso cria um problema para os economistas, uma vez que essa "colher de chá" infringe formalmente as regras editadas pela Organização Mundial do Comércio (OMC), que tem a atribuição de legislar nesse domínio...

Bibliografia: • P. R. Krugman, M. Obstfed, *Economie internationale*, De Boeck, 2003 [1998] • R. Sandretto, *Le Commerce international*, Armand Colin, 1999 [1989]

→ Economia, Mercado

COMPARAÇÃO SOCIAL

Segundo o psicossociólogo Leon Festinger, a comparação social é um processo pelo qual os indivíduos buscam, junto às pessoas do seu meio, confirmações da validade de sua conduta comparando-a com a dos outros. A comparação com outras pessoas permite também formar uma ideia de si mesmo e avaliar-se.

COMPLEXIDADE

Por que misteriosos mecanismos as moléculas orgânicas se juntaram, há quatro bilhões de anos, para dar origem à vida? Como surgem e se desenvolvem as civilizações? Como bilhões de células de nosso cérebro conseguem se coordenar para formar o pensamento? Que lógicas regem o crescimento, as crises e as regulações da economia?

Todas essas perguntas têm algo em comum. Elas desafiam os cientistas a pensar sobre fenômenos em que interagem uma infinidade de fatores, em que se combinam princípios de regulação e de desequilíbrio, em que se mesclam contingência e determinismo, criação e destruição, ordem e desordem, enfim, em que se forjam sistemas compostos de diversos níveis de organização.

O pensamento da complexidade visa a construir conceitos e modos de raciocínio mental aptos a apreender esse tipo de fenômeno.

UMA PESQUISA PLURIDISCIPLINAR

Em 1984, foi criado, no Novo México, o Instituto de Santa Fé para o estudo dos sistemas complexos, por incentivo do físico Murray Gell-Mann (o pai dos *quarks*). As pesquisas ali realizadas congregam matemáticos, economistas, biólogos, ecologistas e técnicos em informática interessados nos fenômenos de auto-organização, de emergência, de caos, de vida artificial ou, ainda, de evolução. A ideia geral que orienta essas investigações é de que existem, através de fenômenos tão diversos como o funcionamento de uma economia, de um ecossistema ou de um cérebro, lógicas e propriedades comuns relativas à sua gênese, à sua organização e à sua dinâmica.

Entre os modelos usados para pensar a complexidade, encontram-se as teorias da auto-organização, modelos de emergência*, dos fractais, do caos* e também os modelos evolucionistas*. Por meio de simulação informática é possível mostrar que os fenômenos de auto-organização biológica estão longe de ser aleatórios e altamente improváveis (como a teoria da evolução fez supor durante muito tempo), mas que, ao contrário, poderiam ser uma tendência espontânea ligada a algumas leis simples.

O PENSAMENTO COMPLEXO: UMA REVOLUÇÃO EPISTEMOLÓGICA?

O filósofo e sociólogo Edgar Morin* designa, pela noção de pensamento complexo, diversos desafios aos quais está submetido o pensamento contemporâneo. Desde os anos 1970, ele tem se dedicado a construir uma nova linha de pensamento destinada a enfrentar a complexidade do mundo. Como pensar os fenômenos naturais, sociais e humanos em que interagem múltiplos fatores, eles mesmos interdependentes? Como recompor uma visão da realidade que liga os saberes dispersos sem, contudo, fundi-los numa hipotética síntese global? Como integrar a desordem, o incerto, o inesperado e o acaso no conhecimento do real? Como aceitar a parte de irredutível e subjetividade no estudo dos fenômenos sem renunciar à exigência de rigor? Como superar as clivagens entre modelos rivais (sujeito/objeto, indivíduo/sociedade, natureza/cultura)?

O pensamento complexo se apresenta como um novo paradigma em vias de elaboração. Entre os instrumentos intelectuais destinados a enfrentar a complexidade, E. Morin destaca as noções de interação, de *feedback*, de "circuito recursivo", de auto-organização, de "emergência", de "dialógica" e o "princípio holográmico".

Bibliografia: • R. Lewin, *La Complexité, une idée de la vie au bord du chaos*, Interéditions, 1994 • E. Morin, *Introduction à la pensée complexe*, ESF, 1996 [1990] • M. M. Waldrop, *Complexity: the Emerging Science at the Edge of Order and Chaos*, Touchstone, 1992 • H. Zwirn, "La complexité, science du XXIª siècle", *Pour la Science*, n.° esp., 2003 • "Penser la complexité", *Sciences Humaines*, n.° 47, 1995

COMPREENSÃO-EXPLICAÇÃO

Em sociologia, é prática habitual cotejar dois procedimentos a fim de explicar um fenômeno social. Por exemplo, no caso do voto, o procedimento compreensivo consiste em reproduzir os motivos conscientes que levam um indivíduo a votar de determinado modo. "Compreender" um comportamento equivale a tentar responder à pergunta "Por que ele agiu dessa maneira?"

O procedimento da "explicação" consiste em mostrar os fatores externos ligados ao voto, por exemplo, a correlação entre o *status* social, a idade do eleitor e seu voto.

A oposição compreensão/explicação tem origem na célebre querela dos métodos, que animou as ciências sociais alemãs na virada dos séculos XIX e XX (*ver quadro em "Método"*). A explicação remete ao modelo causal próprio da física, a compreensão remete a uma conduta própria das "ciências do espírito".

Muitas vezes, essa oposição entre as duas condutas se reduz a dois tipos de causalidade. A explicação remeteria a determinismos ocultos, à compreensão, a escolhas livres e conscientes. Essa oposição radical não é necessária, e as duas condutas poderiam ser complementares.
→ **Método**

COMPUTAÇÃO, COMPUTACIONISMO

Computação deriva da palavra inglesa "computer", que significa "computador", mas também "calculador". As técnicas "computacionais" são técnicas de cálculo efetuadas por um computador. O computacionismo é um modelo das ciências cognitivas que vê o cérebro a partir do modelo do computador, e o pensamento como um programa de informática. De acordo com essa hipótese, o cérebro é uma máquina de tratar a informação, e o pensamento é redutível a uma série de operações matemáticas e lógicas simples que se sucedem segundo uma ordem estabelecida. Fala-se também de "teoria computacional do espírito" (TCE), de "modelo computo-simbólico", ou então, por vezes, de "modelo simbólico". Jerry Fodor* foi um dos principais representantes desse modelo do pensamento que dominou as teorias cognitivas nos anos 1960-1970
→ **Cognitivismo, Ciências cognitivas**

COMUNICAÇÃO

A palavra "comunicação" compreende múltiplos sentidos e pode designar realidades tão diferentes como a transmissão de mensagens químicas entre duas células, um diálogo entre duas pessoas, a atividade dos meios de comunicação, ou ainda a circulação de informação em uma empresa.

– *A comunicação animal*. Em todas as espécies animais existe comunicação: para atrair um parceiro no período do cio (o bramido do cervo ou o piscar do vaga-lume), para chamar os filhotes (miado agudo da gata), para marcar o território (a urina do leão que delimita o seu reino), para definir as relações hierárquicas (entre os chimpanzés, "o beija-mão" do dominante pelo dominado) ou ainda para pedir comida (o piado dos pintinhos). Essa comunicação passa por canais químicos (por meio de feromônios), visuais (exibição nupcial das aves), auditivos (silvo dos pássaros, bramido do cervo, a *calling song* dos grilos) e táteis (as antenas das formigas ou das abelhas).

– *A comunicação interpessoal*. A fala é o meio privilegiado da comunicação humana e, paradoxalmente, foi, por muito tempo, ignorada pelas ciências humanas. A linguística* se interessava muito mais pela lógica interna da linguagem como um sistema fechado em si mesmo do que pelas formas e pelos efeitos da comunicação. Foi preciso esperar os anos 1970 para que a linguagem, como instrumento de comunicação, fosse estudada no quadro das teorias da enunciação, das pesquisas sobre as interações verbais*, da análise de conversação* e da pragmática*. Quanto à comunicação não verbal – postura, gestos, mímica, distância corporal –, seu estudo já começava a adquirir novo interesse há certo tempo no quadro de uma "nova comunicação" (Y. Winkin, *La Nouvelle communication* [*A nova comunicação*], 1981). Alguns anos antes já se abrira um campo de pesquisa em torno das relações interpessoais e da comunicação não verbal no âmbito da escola da análise sistêmica* (escola de Palo Alto* ou das psicoterapias breves – PNL*, análise transacional*).

– *As redes* de telecomunicação*. Com a escrita, a comunicação humana transpôs duas dimensões, a do tempo e a do espaço, uma vez que permitiu que as pessoas se comuniquem (por correspondência, pelos livros) sem estar em contato direto. Com a invenção da imprensa no século XV, e depois, com a do correio e suas postas no século XVI, a conversa por escrito fica ao alcance de todos. O campo da comunicação pode, então, estender-se pelo mundo inteiro. Mais tarde, chega o tempo do telégrafo e do telefone. Hoje em dia, a internet e o telefone celular permitem ingressar numa nova era da comunicação. Por exemplo, a midiologia* visa a estudar como esses suportes de comunicação – da voz humana à estrada, passando pela *web* – estruturam, a seu modo, a comunicação e dão a ela uma nova face.

A comunicação empresarial. Nos anos 1980, a empresa descobriu as virtudes da comunicação, que se divide em dois canais: interno (essencialmente da direção para os assalariados) e externo (para clientes e parcerias). Este já existia há muito tempo, através da propaganda e do marketing*. A diferença, porém, é que agora a comunicação externa não se restringe mais apenas aos produtos vendidos, mas à própria empresa e, em particular, a seus dirigentes.

– *A mídia*. A imprensa foi o primeiro instrumento de comunicação de massa. Generalizou-se a partir do século XVIII com o progresso não só da imprensa, mas também da alfabetização. Quando surgiu o rádio, no início do século XX, pensou-se que ele suplantaria os jornais. Posteriormente, a televisão, o vídeo e a internet vieram sobrepor-se aos antigos meios de comunicação (sem fazê-los desaparecer). A mídia é essencialmente um instrumento de comunicação num único sentido. A partir de uma única origem, permite alcançar dezenas, centenas, milhares, e mesmo milhões de ouvintes ou telespectadores. É isso que a torna um meio de influência particularmente importante, donde os inúmeros debates e pesquisas efetuados a seu respeito.

A SOCIEDADE DE COMUNICAÇÃO, UM MITO MOBILIZADOR

Comunicação interpessoal, comunicação midiática, rede de comunicação, comunicação empresarial, etc. Foi somente misturando esses diferentes fenômenos que se veio a falar de uma "sociedade de comunicação". Essa expressão apareceu nos anos 1980, época em que se desenvolviam paralelamente a comunicação empresarial, a comunicação política e novas redes de comunicação (televisão a cabo e por satélites). É também a época em que a revolução cultural entra realmente nos costumes. Nas famílias e nas organizações, as relações sociais fundamentadas na norma, na hierarquia e no peso dos estatutos estabelecidos dão lugar à negociação e à interação. Em resumo, "comunicar(-se)" é a palavra de ordem dos anos 1980.

A "sociedade de comunicação" sucedia à "sociedade de consumo*" e precedia a "sociedade da informação" de que se falaria muito no limiar dos anos 2000.

Bibliografia: • P. Cabin (org.), *La Communication, état des savoirs*, Sciences Humaines, 1998

→ **Informação e da comunicação (ciências da)**

COMUNIDADE

Etnia, família, clã, turma, seita, associação esportiva... No sentido lato, uma comunidade designa um grande grupo de pessoas unidas por laços de sociabilidade bastante estritos, por uma subcultura comum e pelo sentimento de pertencerem a um mesmo grupo. É assim que se fala, por exemplo, da "comunidade gay", ou da "comunidade portuguesa" na França. Uma comunidade pode ser religiosa, étnica, política, profissional...

A célebre distinção entre "comunidade" (*Gemeinschaft*) e "sociedade" (*Gesellschaft*), que se tornou canônica em sociologia, deve-se ao sociólogo alemão Ferdinand Tönnies* (*Gemeinschaft und Gesellschaft* [Comunidade e sociedade, 1887]. Para ele, as relações no interior de uma comunidade são as que se encontram no interior de uma família, de uma tribo ou da comunidade de uma aldeia. Podem desenvolver-se entre os membros de grupos maiores, como "comunidade de lugar" ou "comunidade de espírito". Caracterizam-se pela proximidade, pelo calor afetivo e pela solidariedade entre os membros. Ao contrário, as relações no interior da sociedade, cuja matriz são as relações comerciais, se estabelecem entre indivíduos movidos por interesses específicos. São funcionais e caracterizadas pelo cálculo e pela distância. No espírito de F. Tönnies, a distinção comunidade/sociedade correspondia aos diferentes modos de sociabilidade que se estabeleciam nas comunidades de aldeias e na grande cidade industrial.

Hoje, já não é possível aceitar a distinção de F. Tönnies nos mesmos termos. Além de ser imprecisa, ela não pode dar conta da realidade das relações existentes na cidade (onde estão presentes vidas comunitárias de bairros comunitários) ou no campo (onde a solidariedade entre as pessoas nem sempre é regra geral).

Não é impossível construir um tipo ideal* da comunidade levando em conta caracteres comuns presentes em grupos aparentemente tão díspares como uma comunidade religiosa de dominicanos, um grupo de torcedores de esporte e uma associação de profissionais-artesãos dedicada à formação profissional dos jovens, por exemplo. Esses grupos, ao serem observados, mostram traços similares. Eles apresentam: uma forte identidade, ritos e códigos de reconhecimento, símbolos, emblemas e bandeiras, uma subcultura e uma linguagem comum, solidariedade entre membros e, finalmente, um conjunto de regras de conduta internas. Esses traços típicos se encontram em diversas formas de agrupamento: as comunidades religiosas (da seita* às comunidades monásticas), as minorias* nacionais (que mantêm laços estreitos no interior dos Estados), certas corporações profissionais, as tribos (*punks*), as associações, os partidos políticos, os círculos de amigos, e os clubes de toda espécie, os clãs*.

O cientista político Benedict Anderson vê as identidades nacionais como "comunidades imaginadas". Instituem-se em torno de um imaginário nacional fundado numa representação mítica da nação (*Imagined Communities* [Comunidades imaginadas], 1983). Nesse sentido, as nações forjadas em torno de uma cultura e de um emblema comuns também correspondem ao modelo comunitário.

COMUNITARISMO

O comunitarismo é uma corrente de pensamento que surgiu nos anos 1980 nos Estados Unidos. Opõe-se ao individualismo* excessivo da sociedade americana e preconiza a reconstrução das comunidades* como grupos aos quais as pessoas pertencem e nos quais se reconhecem. Em inglês, o termo *community* designa todas as formas de agrupamentos familiares, locais ou de amigos, que existem na sociedade moderna.

O comunitarismo não é um partido nem uma escola, mas uma rede de intelectuais que compartilham certas convicções e se exprimem por meio de uma revista trimestral, *The Responsive Community*. Entre os líderes do comunitarismo figuram os sociólogos Amitaï Etzioni e Robert Bellah, e filósofos como Alisdair MacIntyre, Michael Walzer* e Charles Taylor*.

Os comunitaristas criticam as sociedades modernas por diversas razões: por deixarem dissolver-se os vínculos sociais e perder-se a identidade, por permitirem o crescimento de um individualismo e de um egoísmo sem limite. Suas críticas se dirigem também às injustiças do *laissez-faire* econômico. Para eles, o erro do liberalismo* é querer construir a sociedade a partir de um indivíduo supostamente livre, racional e calculista. Na realidade, o homem é sempre o produto de uma cultura e de um meio e tem necessidade de se inscrever numa comunidade. O modelo que lhe propõem atualmente valoriza a autonomia, mas omite a responsabilidade social. Para remediar esses inconvenientes, A. Etzioni e os comunitaristas propõem devolver a vida e o poder às comunidades "orgânicas" da sociedade. A. Etzioni cita três tipos delas: a família, a comunidade local e a sociedade em seu conjunto. Mas a lista não acaba aí, pois os comunitaristas não pretendem excluir nada, nem a cultura, nem a religião, nem a identidade étnica.

Bibliografia: • A. Etzioni, *The Spirit of Community: Rights, Responsabilities and the Communitarian Agenda*, Crown, 1993

CONCORRÊNCIA
→ **Mercado**

CONDICIONAMENTO

Na ótica da psicologia behaviorista*, o condicionamento é o mecanismo básico da aprendizagem. Consiste em criar uma associação sistemática entre um estímulo (uma palavra, por exemplo) e um comportamento (um gesto).

Em geral, distinguem-se dois tipos de condicionamento:

– O condicionamento "clássico", criado por Ivan P. Pavlov (1849-1936), consiste em "engatar" um estímulo (por exemplo, o som de um sino) a outro estímulo reflexo (a salivação do cão faminto diante de um pedaço de carne). No final, depois de repetir várias vezes a experiência, o animal estará condicionado a salivar somente ao som do sino.

– O condicionamento operante foi experimentado pela primeira vez pelo psicólogo Burrhus F. Skinner* (1904-1990), um dos pioneiros do behaviorismo. Esse tipo de condicionamento supõe um comportamento ativo do sujeito condicionado, que aprende, por uma série de tentativas e erros, quais são as respostas corretas a dar a um problema. Por exemplo, um pombo tem de bicar um disco luminoso para obter alimento.

→ **Aprendizagem**

CONEXIONISMO

Teoria cognitiva baseada em modelos de informática ou de "redes de neurônios formais*" inspirados na organização das células cerebrais. O tratamento dos dados é efetuado por uma rede de microunidades paralela e simultaneamente.

Durante muito tempo, o modelo conexionista foi apresentado como um concorrente e uma alternativa para o modelo dominante – a teoria computacional do espírito ou computacionismo* – nas ciências cognitivas*, mas essa oposição radical tende a apagar-se.

CONOTAÇÃO-DENOTAÇÃO

As conotações de uma palavra são o conjunto de referências implícitas às quais ela remete. Por exemplo, o termo "homem do campo" pode ser conotado por representações pejorativas: tosco, jeca, caipira, ou positivas: agricultor, produtor. A conotação introduz assim uma dupla linguagem no interior de uma linguagem básica. Enquanto a conotação remete a um sentido implícito, a denotação, ao contrário, não designa nada além do que é dito explicitamente. O termo "homem do campo" denota simplesmente o fato de ser um homem que tem a profissão de cultivar terras.

CONSCIÊNCIA

Lendo os inúmeros artigos que hoje lhe são consagrados, podemos constatar que os pesquisadores apresentam definições muito diferentes da consciência. Alguns a assimilam à subjetividade (o fato de sentir calor, frio, etc.); outros, à atividade da mente que produz representações; outros ainda à identidade* pessoal.

O QUE É A CONSCIÊNCIA

Uma primeira forma de consciência é chamada pelos psicólogos de "consciência-atenção" (*awareness* em inglês). Nesse sentido, estar consciente é estar "presente no mundo", em estado de vigília, portanto nem adormecido nem em coma, nem alucinado. Estou "consciente" da presença de um obstáculo que está no meu caminho porque desvio dele. Esse tipo de consciência-atenção é comum aos animais e aos seres humanos.

Outra acepção corresponde ao fato de ter sensações subjetivas: a dor, o frio, o calor, etc. Essa percepção é chamada de "consciência fenomenal". A exemplo da consciência-atenção, ela não é específica dos seres humanos.

Uma terceira acepção da palavra "consciência" reside no fato de "pensar", isto é, de manejar ideias e representações mentais. É a esse tipo de consciência que se refere a maioria dos psicólogos cognitivistas. Endel Tulving fala de consciência "noética" (que implica ideias) para qualificar o estado de consciência que mobiliza representações simbólicas, ideias e imagens mentais e que é distinto da consciência "anoética" da vigília-atenção. A consciência noética seria própria dos seres humanos.

"Pensar", entretanto, não significa forçosamente pensar em si. O fato de pensar em si, de inspecionar mentalmente os próprios pensamentos, depende de outro tipo de consciência que alguns chamam de "consciência reflexiva". Essa consciência de si, E. Tulving denomina "autonoética". A consciência de si implica a capacidade de se reconhecer e se sentir como um ser que tem uma identidade, um nome, uma história, projetos e razões de viver.

Os distúrbios da consciência

O estudo dos distúrbios da consciência constitui uma das linhas de pesquisa dos neurobiologistas. As primeiras grandes pesquisas efetuadas por Roger Sperry e Michael S. Gazzaniga têm por objeto pacientes com "cérebro dividido" (*split brain*). Em certos pacientes acometidos de epilepsia grave, é necessário proceder a uma secção do corpo caloso, que é a estrutura que separa os dois hemisférios cerebrais. Essa operação reduz consideravelmente as crises epilépticas sem provocar distúrbios intelectuais ou funcionais notáveis. Entretanto, investigações mais avançadas mostraram que esses pacientes com "dois cérebros" apresentavam uma verdadeira dissociação da consciência. Eles conseguem, por exemplo, segurar e usar um objeto com a mão esquerda, mas são incapazes de nomear o que estão fazendo. A razão é que, como se sabe, cada hemisfério do nosso cérebro comanda o lado do corpo oposto a ele (o hemisfério esquerdo comanda o lado direito do corpo e também o campo visual do olho direito e vice-versa).

Algumas experiências com pessoas com cérebro dividido mostram que estas são capazes de agir com um lado do corpo sem que o outro tenha conhecimento. A informação circula bem do hemisfério direito para a mão esquerda, mas não chega à "consciência" do hemisfério esquerdo, que é a sede da linguagem. Tudo acontece como se o mundo delas estivesse dividido em dois, cada hemisfério sendo alheio ao outro.

Entre os distúrbios da consciência, a anosognosia é um caso ainda mais singular. O termo "anosognosia" foi usado pela primeira vez em 1914 pelo médico Joseph Babinski para designar portadores de hemiplegia (paralisia de todo um lado do corpo), mas que pareciam ignorar totalmente a sua enfermidade. Quando perguntados se sofriam de paralisia, respondiam negativamente. Uma parte de seu corpo era estranha a eles e parecia não lhes pertencer. Não era somente o fato de já não a sentirem (insensibilidade): eles não tinham mais consciência de que uma parte do corpo não respondia ao comando.

Outros casos similares de anosognosia (desconhecimento de um distúrbio por parte de um paciente acometido por ele) já haviam sido descritos no final do século XIX. É o caso da síndrome de Anton (do nome do primeiro médico que a observou), que se refere a cegos que

---

Cegos que veem...

• Os casos extraordinários de *blind-sight* ou "visão cega" também trazem sua parcela de hipóteses sobre os fenômenos de consciência.

Nos anos 1970-1980, os casos de sujeitos cegos que se comportavam como se enxergassem começaram a despertar interesse. Num quadro experimental, esses sujeitos são solicitados a direcionar o dedo para um alvo apresentado numa tela. As pessoas ficam perplexas com esse pedido, uma vez que não enxergam nada. Entretanto, o experimentador insiste, e elas aquiescem; direcionam o dedo tendo a sensação de fazê-lo ao acaso e – curiosamente – o dedo se orienta bem na direção do alvo. As diversas repetições do experimento mostram que isso não pode ser obra do acaso. Tudo acontece como se esses cegos enxergassem sem o saber! Seus olhos seriam capazes de perceber e seu gesto seria capaz de orientar-se na direção do alvo, mas os próprios pacientes não têm consciência alguma disso: eles não "enxergam nada" e é assim que se comportam.

não têm consciência de sua cegueira. Encontram-se anosognosias também entre os afásicos* e os amnésicos*.

Esses casos mostram que certo tipo de consciência está alterado. Mas de que consciência estamos falando? As análises sugerem que a consciência do próprio corpo, a capacidade de senti-lo, de percebê-lo, e de dirigi-lo está dividida em módulos distintos.

Os anosognósicos, os "doentes que se ignoram", parecem sofrer de uma deficiência muito específica, a do dispositivo de percepção, de comando e de "atenção" em relação ao órgão lesado.

DA CONSCIÊNCIA PARTIDA AO CENTRO-PILOTO

As experiências com "cérebros divididos" parecem demonstrar que, em certas circunstâncias, há mesmo dissociação da consciência em dois mundos separados (correspondentes aos dois hemisférios cerebrais).

Para Daniel C. Dennett* (*Consciousness Explained* [Consciência explicada], 1991), essas experiências representam sólidas objeções à teoria cartesiana da consciência.

Há que lembrar que, para René Descartes, a consciência é concebida como um piloto único e universal que governaria o conjunto dos processos mentais. Desse modo, existiria no cérebro um lugar central de tratamento das informações (a glândula pineal), onde todas as informações vindas dos nossos órgãos seriam centralizadas e interpretadas. D. C. Dennett refuta essa tese cartesiana da consciência única. No seu entender, o que nós chamamos de "consciência" é uma ilusão. Ela designa ora um princípio de identidade (ser um "eu" único e autônomo), ora um sentimento existencial (percepções de emoções, de prazeres, de sofrimento, de "intencionalidade*", dizem os filósofos), ora, ainda, uma capacidade reflexiva (metacognição*, auto-observação e autocontrole).

Às vezes, também, a consciência serve para designar simplesmente o pensamento refletido. Para o autor de *Consciousness Explained*, todos esses processos estão parcialmente separados e cada um pode ser experimentado em graus diversos. Na maioria dos fatos e gestos da vida cotidiana, agimos de maneira mais ou menos consciente, mais ou menos atenta, mais ou menos refletida. Nossa identidade está mais ou menos estabelecida. Somente em alguns raros momentos todos esses processos se combinam para formar um sentimento de consciência plena e completa. É por ilusão retrospectiva que temos a ideia de que todos os nossos atos mentais agem em concerto, governados por uma consciência única.

D. C. Dennett opõe à visão cartesiana uma teoria das "versões múltiplas" da consciência. De acordo com esse modelo, "todas as percepções – na verdade, todas as espécies de pensamento e de atividades mentais – são tratadas no cérebro por processos paralelos e múltiplos de interpretação e de elaboração das entradas sensoriais". Em vez de uma consciência única e onipresente, D. C. Dennett prefere a imagem de um "fluxo" de elementos díspares de consciência, um "caos de imagens variadas, de decisões, de intuições, de lembranças, etc.", que são tratados paralelamente e se conectam somente algumas vezes. A pergunta que podemos fazer é: onde, então, todas essas coisas se reúnem? "A reposta é: em lugar nenhum. Alguns desses estados distribuídos, portadores de conteúdos, desaparecerão rapidamente sem deixar vestígios. Outros deixarão traços em relatos verbais posteriores, de cunho e de memória, em outras espécies de dispositivos perceptivos, nos estados emocionais, nas tendências comportamentais, e assim por diante." O eu consciente seria então apenas uma tecedura, um agrupamento momentâneo de funções, ligadas às vezes por um relato único. Na maior parte do tempo, existem os "quase eu", fragmentos de consciência. Por essa razão, segundo D. C. Dennett, não é chocante atribuir elementos de consciência aos computadores ou aos animais.

Contrariando a tese de D. C. Dennett, muitos psicólogos cognitivos querem reabilitar a unidade da consciência, abalada pelas teorias psicológicas anteriores (da psicanálise* ao behaviorismo*, que lhe atribuem pouco interesse). A abordagem cognitiva atual vê a consciência como um supervisor geral que controla uma série de atividades cognitivas mais especializadas. A consciência seria, de algum modo, um centro de pilotagem encarregado de centralizar informações provenientes dos sentidos, analisá-las, coordená-las, e, depois, guiar as operações subsequentes. A consciência poderia, assim, ser considerada o "chefe do estado-maior do pensamento".

Nessa perspectiva, o pensamento funciona como um grande computador que realiza um sem-número de operações especializadas (percepção, decodificação, memorização, cálculo, tratamento linguístico) executadas por módulos específicos. Uma espécie de programa central seria encarregado de coordenar todas essas atividades cognitivas; esse programa seria a consciência.

Uma formulação muito explícita dessa teoria é, por exemplo, a do psicólogo Philip Johnson-Laird, que não hesita em comparar a consciência ao sistema de exploração do computador (um sistema de exploração é o programa central que gerencia os subprogramas da máquina). "A consciência (...) talvez deva sua origem à emergência de um controlador de alto nível. Esse 'sistema de exploração' situado no ápice da hierarquia estabelece os objetivos dos processadores dos níveis inferiores e supervisiona sua atividade" (*The Computer and the Mind* [O computador e a mente], 1986).

Esse modelo da "consciência-piloto" corresponde bastante a uma experiência comum da consciência. Muitos processos cognitivos espontâneos se efetuam sem a necessidade de um controle consciente (desligar o despertador, identificar, uma a uma, as letras quando se lê). É somente diante de operações complexas ou não automatizáveis que a consciência é acionada. É impossível eu ir buscar o pão na padaria sem me dirigir conscientemente para lá, senão, de repente, eu poderia me encontrar no meio da rua perguntando: "Mas o que estou fazendo aqui?"

Os vaivéns consciência-inconsciente

A hipótese da consciência como centro integrador e piloto leva a pensar que os escalões inferiores do pensamento funcionam de maneira mais automatizada e mais elementar. Mas, muitas vezes, ocorre-nos efetuar tarefas que exigem procedimentos cognitivos muito elaborados sem pensar nelas. É o que acontece quando estamos dirigindo um carro pensando em outra coisa, ou quando digitamos algo no computador sem ter de pensar onde se encontram as teclas sob nossos dedos. Foi assim que os pesquisadores foram levados a supor a existência de um "inconsciente* cognitivo". A expressão, relativamente nova no vocabulário dos psicólogos, não remete ao inconsciente freudiano, mas a toda uma série de diferentes atividades mentais: percepção subliminar ou memória implícita, que escapam à nossa própria consciência reflexiva.

A oposição consciente/inconsciente cognitivo supõe uma clara dicotomia entre dois universos mentais, como as duas partes de um *iceberg*. Alguns autores salientam que tal clivagem não é forçosamente necessária.

A passagem de certos mecanismos mentais da consciência ao inconsciente é comum. Quando aprendemos a dirigir, por exemplo, os atos a executar (como mudar a marcha) são objeto de uma visualização mental e de uma reflexão que supõem grande atenção e concentração. Então, são solicitadas a consciência-atenção e a consciência reflexiva. Depois, pouco a pouco, no decorrer das experiências, os atos são assimilados, e os "automatismos mentais" se instalam. Isso vai permitir, mais tarde, dirigir "com a mente livre", pensando em outra coisa. Assim, deixamos ao nosso inconsciente cognitivo o encargo de exercer a pilotagem automática. O mesmo acontece na aprendizagem da leitura, de uma língua estrangeira ou de um instrumento musical. Podemos admitir que, entre esses estágios consciente e inconsciente, existem incessantes vaivéns segundo uma gradação contínua que torna pouco operatória a clivagem demasiado estrita entre dois mundos mentais estranhos um ao outro.

Bibliografia: • A. Damásio, *Le Sentiment même de soi. Corps, émotions et conscience*, Odile Jacob, 2002 [1999] • D. C. Dennett, *La Conscience expliquée*, Odile Jacob, 1993 [1991] • N. Depraz, *La Conscience: approches croisées, des classiques aux sciences cognitives*, Armand Colin/Vuef, 2001 • B. Lechevalier, F. Eustache, F. Viader (orgs.), *La Conscience et ses troubles. Séminaire Jean-Louis Signoret*, De Boeck, 1998.

CONSTRUÇÃO SOCIAL
→ **Construtivismo**

CONSTRUTIVISMO

O termo "construtivismo" tem acepções diferentes conforme seja empregado em filosofia, em psicologia ou em sociologia.

Filosofia. Em filosofia das ciências, o construtivismo considera que os objetos matemáticos (números, figuras geométricas, etc.) são construções mentais, e não essências independentes da mente humana que as concebe. De maneira mais geral, o construtivismo é uma teoria do conhecimento, segundo a qual nossas concepções do real não são reflexos da realidade, mas representações, isto é, "construções" do pensamento.

Psicologia. Em psicologia, o construtivismo foi, inicialmente, identificado com a teoria de Jean Piaget*, que concebe o desenvolvimento da inteligência como uma construção progressiva que associa o amadurecimento biológico (esquemas* inatos de ação ou de pensamento) e a experiência (aquisições). Portanto, nesse caso, ele é distinto, ao mesmo tempo, do inatismo* e do empirismo*.

Em outro sentido, o construtivismo é associado à abordagem desenvolvida na Escola de Palo Alto* por Paul Watzlawick*. O psicólogo afirma que a realidade social é uma "invenção" ou uma "construção mental", no sentido em que estamos continuamente projetando no mundo nossas próprias representações (P. Watzlawick, *The Invented Reality: How Do We Know What We Believe We Know? (Contributions to Constructivism)* [A invenção da realidade: como sabemos o que acreditamos saber? (Contribuições ao construtivismo)].

Sociologia. Em sociologia, o construtivismo se refere às abordagens contemporâneas que consideram a realidade social uma "construção social" permanente, isto é,

– a realidade social se constrói e se reconstrói a cada dia, de acordo com as interações individuais;

– os fatos sociais estão submetidos às interpretações que lhes dão os agentes;

– as instituições sociais (religião, delinquência, consumo, casamento, etc.) são a cristalização de convenções arbitrárias, embora se mostrem aos agentes como fenômenos objetivos.

Inaugurada pela obra de Peter Berger e Thomas Luckman, *The Social Construction of Reality* [A construção social da realidade: tratado de sociologia do conhecimento] (1966), a ótica construtivista pode ser aplicada a toda uma família de abordagens da sociologia contemporânea (P. Corcuff, *Les Nouvelles Sociologies* [As novas sociologias], 1995). Por exemplo, a feminilidade. Ela não é apenas uma questão de sexo biológico. Cristaliza também um conjunto de estatutos sociais, de aprendizados de condutas e de representações que variam de acordo com as sociedades, que se constroem e se reconstróem no decorrer do tempo. É essa a hipótese básica que orienta a abordagem construtivista da realidade. Os fenômenos sociais – da delinquência à religião, da organização do trabalho às leis – resultam de uma longa elaboração em que intervêm representações, aprendizados, regras sociais e jogos de agentes.

Numa outra obra, *The Social Construction of What?* [A construção social do quê?] (1999), Ian Hacking* amplia a definição. Nas ciências sociais anglo-saxãs, a expressão "construção social" é doravante aplicada a qualquer tipo de fenômeno: a infância, as emoções, o sexo, o amor, a delinquência, etc. O objetivo dessas análises é romper com um realismo ingênuo e com a naturalização dos fatos sociais, convidando a levar em conta o peso das representações no olhar que dirigimos ao mundo.

CONSUMO

O consumo é, ao lado da produção e da distribuição, um dos três tempos do circuito econômico.

A análise do consumo pode ser efetuada de dois pontos de vista: o das motivações do consumidor e o da análise dos produtos (imagem de marca) e do sistema de consumo em seu conjunto.

AS "ABORDAGENS" DO CONSUMIDOR

As análises do comportamento do consumidor podem ser classificadas em cinco grandes abordagens:

– *A abordagem econômica.* O consumidor se comporta como um *Homo oeconomicus** racional, que busca, acima de tudo, satisfazer, da melhor forma, aos seus interesses calculando a melhor relação custo/benefício para determinado produto. Para esse modelo, é difícil levar em conta fenômenos – como a importância das marcas – que influenciam a compra do consumidor, muitas vezes sem ter a ver com as reais qualidade do produto.

Para Thorstein B. Veblen* (1857-1929), o consumo de bens não tem unicamente a função de responder a necessidades utilitárias; ele tem também função "ostentatória", destinada a aumentar o prestígio do consumidor.

– *A abordagem sociológica.* Um jovem de 15 anos não se veste como um executivo; o consumo de alimentos não é o mesmo nos meios populares e nos meios abastados, etc. Os dados estatísticos a respeito dos comportamentos de consumo mostram as variáveis sociais e demográficas do consumidor. Para fazer uma explanação sobre o modo de consumo típico de um consumidor, recorre-se às análises em termos de PCS*, de *habitus**, de classe* ou, ainda, de estilos de vida*. As variáveis culturais, etárias e de geração também devem ser consideradas.

– *A abordagem psicológica*. Procura levar em conta as necessidades, as motivações e os estilos de vida dos consumidores, o que supõe adotar uma das teorias das motivações* (psicanálise*, teoria psicossocial...) ou confiar numa tipologia das diferentes personalidades*.

Hoje, são as abordagens cognitivas que estão na ordem do dia. Elas consideram o indivíduo um ser dotado de capacidade crítica de atenção, de percepção seletiva e de memória, que "trata" e filtra a informação que lhe é entregue.

Assim, segundo a "teoria do *risco percebido*", de Raymond A. Bauer, o consumidor tende a desenvolver uma estratégia de limitação de riscos perante o desconhecido que certos produtos novos representam.

– *A abordagem antropológica*. Esta focaliza as dimensões culturais. Todos sabem que, em matéria de consumo alimentar, existem diferenças nacionais, étnicas e religiosas ligadas às interdições (por exemplo, o porco entre os muçulmanos) ou às tradições culinárias. A análise cultural é, pois, um ângulo de abordagem que permite definir o que, em determinada cultura, é bom ou não para o consumo. Assim as análises de Mary Douglas* sobre o "puro" e o "impuro" foram utilizadas para compreender a atração ou a repulsão que se pode ter diante de certos produtos.

– *A abordagem semiológica*. Os estudos de marketing sobre o valor atribuído a um produto ou outro também se podem valer da semiologia*. Roland Barthes* fora um precursor nessa

---

AS CIÊNCIAS HUMANAS NA CAMPANHA PARA SALVAR O FRANGO CAIPIRA

• Na França, a etiqueta "frango caipira" representa uma marca de qualidade imediatamente identificada com um estereótipo: um frango que cisca e cata livremente o milho no galinheiro de uma fazenda tradicional. Opõe-se à ideia de criação industrial (o que, no entanto, ele é) e representa 30% do mercado das aves.

Entretanto, na exportação, principalmente para a Inglaterra e a Alemanha, essa imagem não parece ter sucesso. Por quê?

Para tentar compreender como poderiam melhorar sua imagem para a exportação, os industriais da avicultura recorreram a... semiólogos (B. Fraenkel, C. Legris-Desportes, *Entreprise et sémiologie. Analyser le sens pour maîtriser l'action* [Empresa e semiologia: analisar o sentido para controlar a ação], 1999). É preciso lembrar que a semiologia é o estudo dos signos e de suas significações.

A pedido do departamento de marketing, a equipe de semiólogos da Universidade de Angers assumiu o encargo de estudar as significações associadas à marca e à etiqueta "frango caipira" na França, na Alemanha e na Inglaterra. Verificou-se que as representações francesas do frango nada tinham em comum com as dos dois outros países, onde as representações francesas eram consideradas antiquadas: a fazenda tradicional, o galo gaulês, o folclore... As cores vivas dos rótulos e a sua forma rústica contrastam com a ideia de modernidade que os alemães e os ingleses associam aos produtos alimentares.

Na Alemanha, o modelo da "fazenda tradicional", com sua referência implícita à pequena propriedade e ao enraizamento camponês, é julgado suspeito. A referência ecológica, que na França é associada à volta à natureza, é, entre os alemães, uma referência mais moderna: o que conta são o frescor do produto e a qualidade da embalagem, mais do que o fato de ter o frango sido criado com milho. Também na Inglaterra, a qualidade do produto alimentar é avaliada pelo tratamento posterior dispensado à carne, e não às condições de criação dos animais. Por outro lado, toda representação ou evocação do animal vivo (estampado no rótulo) provoca rejeição. Na Grã-Bretanha, onde os defensores dos animais têm um peso muito importante, causa aversão associar a carne à visão do animal que a produziu. Portanto, a análise semiológica permitiu compreender por que a imagem francesa do bom frango caipira devia ser radicalmente repensada para poder chegar ao consumidor inglês ou alemão.

Algumas vezes, as ciências humanas têm aplicações inusitadas.

esfera. O estudo das marcas é uma das principais atividades dos semiólogos e busca a ideia que está por trás da imagem. Qual a mensagem passada para o consumidor quando se utiliza uma imagem publicitária? As propagandas de sabão em pó usaram durante muito tempo o argumento decisivo da eficácia (comparando o resultado de duas lavagens de manchas resistentes uma com e a outra sem o produto milagroso). R. Barthes mostrara, ao analisar a publicidade de Omo (*Mithologies* [*Mitologias*], 1957), a emergência de outro discurso mitológico: o combate à sujeira e aos micróbios com os "agentes alvejantes" que fulminam o mal. Por seu lado, as propagandas de alimentos recorrem a valores fundamentais, como o bem-estar, a saúde e o crescimento das crianças. As de refrigerantes mobilizam os valores de plenitude, de felicidade e de amizade.

O estudo das mensagens implícitas veiculadas pela propaganda permite apreender a posição de um produto relativamente ao consumidor (*ver quadro*).

Bibliografia: • J.-M. Floch, *Sémiotique, marketing et communication: sous les signes, les stratégies*, Puf, 2002 [1990] • N. Herpin, *Sociologie de la consommation*, La Découverte,"Repères", 2001 • N. Herpin, D.Verger, *La Consommation des Français*, 2 vols. La Découverte,"Repères", 2000 [1988] • A. Semprini, *La Marque*, Puf,"Que sais-je", 1995

CONTEÚDO (análise de)

A análise de conteúdo surgiu nos Estados Unidos nos anos 1920, no âmbito das pesquisas realizadas sobre a mídia. Depois, estendeu-se para outros suportes textuais, a saber, o discurso político, a publicidade, os textos literários, etc.

Consiste em identificar a frequência de aparecimento de certos temas, certas palavras ou ideias no interior de um *corpus* de textos. Por meio dessa abordagem "objetiva e sistemática", baseada na identificação e na quantificação precisa, pode-se avaliar o peso relativo que é atribuído a um tema por um meio de comunicação, um partido político, um autor, etc.

A análise de conteúdo é efetuada em duas etapas principais:
– a categorização dos dados textuais, que pode ser feita, por exemplo, pela identificação das palavras ("análise lexical");
– o tratamento quantitativo dos dados (geralmente efetuado pela informática).

CONTO

Ao reler a história de *Barba Azul*, antiga fábula europeia recontada por Charles Perrault em seus *Contos da Mamãe Gansa* (1697), não podemos deixar de pensar num roteiro de filme de *serial killer*. O enredo é o seguinte: Barba Azul é um homem muito rico que teve diversas mulheres, todas desaparecidas misteriosamente. Recentemente, casou-se de novo com uma bela jovem. Às vésperas de partir em viagem, entrega as chaves do castelo à esposa, autorizando-a a ir aonde quiser, menos a um aposento proibido. Instigada pela curiosidade, ela ali entra e, horrorizada, descobre os cadáveres ensanguentados das outras mulheres do marido. Ao voltar, Barba Azul percebe que a esposa entrara no aposento proibido (havia sangue no molho de chaves) e decide matá-la também. Graças a um estratagema, a jovem obtém um prazo para a sua execução e consegue avisar a família. Seus irmãos chegam no castelo exatamente no momento fatídico em que Barba Azul ia cravar-lhe o punhal. Na cena final, os irmãos o matam.

Para um leitor ocidental, o universo dos contos evoca um velho filão de histórias tradicionais: as de Perrault (*A bela adormecida, Chapeuzinho Vermelho, Cinderela, Branca de neve, Barba Azul, O gato de botas*, etc.), dos irmãos Grimm, de Hans Christian Andersen, que se enriqueceu com os contos modernos (*Peter Pan, Alice no país das maravilhas, O mágico de Oz*) e, mais recentemente, com as contribuições de John R. R. Tolkien (*O senhor dos anéis* e *Hobbit*) e de J. K. Rowling (*Harry Potter*). São milhares de histórias que mergulham os leitores em mundos maravilhosos ou aterrorizantes, nos quais se fala de bruxas, fadas, elfos, duendes, reis, ogros, coelhos de terno, lobos que falam, crianças perdidas, princesas casadouras, etc. Nos contos do mundo inteiro, encontramos quase as mesmas galerias de personagens extremamente estereotipadas, divididas em muito boazinhas e muito, muito más.

A UNIVERSALIDADE DOS CONTOS

O conto é uma das categorias da narrativa. Tem estrutura de narração, sequências de acontecimentos organizados em torno de uma intriga: a bela jovem encontrará um jovem e belo esposo? O lobo comerá o cordeiro? Também tem traços particulares. Enquanto uma narrativa pode se referir a eventos reais, ou a "ficções realistas", como nos romances e nas novelas, o conto nos transporta para um mundo mágico e fantasmagórico, onde as abóboras podem se transformar em carruagens, por exemplo. O conto tem, em comum com os mitos*, o fato de se situar em algum lugar num passado indeterminado e de fazer intervirem personagens mágicas que protagonizam aventuras incríveis e dramáticas. Mas distingue-se do mito por não se apresentar como um grande relato fundador e muito menos como uma narração verídica. Geneviève Calame-Griaule (*Le Renouveau du conte* [A renovação do conto], 1991) observa que os mitos são considerados "falas verdadeiras", ao passo que o caráter ficcional dos contos está implicitamente anunciado pela fórmula inicial "Era uma vez", que mergulha num tempo e numa atmosfera imaginários. Na África, para marcar-se o caráter fictício, muitas vezes começa-se por "Isto é um conto".

O conto é de todos os tempos e de todas as épocas. Como gênero literário teria surgido, segundo especialistas, no século XVII, mas, se levarmos em consideração a literatura oral, o conto é um fenômeno universal presente em todas as sociedades e em todas as civilizações.

Na África, na América e na Ásia, as sociedades "tradicionais" nunca deixaram de produzi-los. Contado à noite, ao pé do fogo, pelos velhos, pelos contadores, pelos feiticeiros e poetas, pelos trovadores, o conto é a "fala da noite". É, ao mesmo tempo, espetáculo e discurso moral. No mundo contemporâneo, fala-se de renascimento do conto através da vitalidade da literatura infantil e dos fenômenos de grandes espetáculos (*Harry Potter* ou *O senhor dos anéis*), e também através do grande número de sociedades, clubes e de espetáculos que reativam as velhas tradições dos contadores.

As teorias do conto

De onde viriam essa permanência e a atração que os contos exercem sobre nós? Teriam traços comuns apesar da diversidade de suas formas? Para responder a essas perguntas, as ciências humanas produziram numerosas análises.

Narratologia, ciência da narrativa. A narratologia procura trazer à luz as estruturas dos contos. A obra do folclorista Vladimir Propp*

O CONTO: HISTÓRIA DE UM GÊNERO LITERÁRIO

• Para os especialistas em história literária, a origem do conto moderno – em sua forma escrita – remonta ao Renascimento. É nessa época que, na Itália (Boccacio e seu *Decameron*), na Espanha (Cervantes e seu *D. Quixote*) e, mais tarde, na França (Marie de Navarre, Charles Perrault, Jean de La Fontaine), os escritores começam a recontar ou a escrever contos. O século XVII é considerado a "idade de ouro do conto", conforme a expressão de Jean-Pierre Aubrit (*Le Conte et la Nouvelle* [O conto e a novela], 2002). Durante todo esse século de ouro, a coleta e a criação de contos de fadas estão na moda. Como perfeito remate dessa produção, Charles Joseph de Mayer publica, entre 1785 e 1789, 41 volumes de contos reunidos com o título de *Le Cabinet des fées* [O gabinete das fadas]. Aos contos de fadas vêm somar-se os contos orientais, os contos libertinos, os contos morais, os contos filosóficos...

Enquanto os irmãos Grimm reúnem, entre 1807 e 1819, duzentos contos populares e abrem caminho para o estudo do folclore, muitos escritores renomados se dedicam a escrever novos contos. No início do século XIX, Johann W. von Goethe, Alexandre S. Puchkin, Guy de Maupassant escrevem para adultos; Hans Christian Andersen e a condessa de Ségur, para crianças. Um novo gênero, o conto fantástico, tem início com Charles Nodier. Mais tarde, na Inglaterra, Lewis Carroll escreve *Alice no país das maravilhas* (1865) e James M. Barrie cria a personagem *Peter Pan* (1904). Na Itália, Carlo Collodi publica *As aventuras de Pinóquio* em 1881. De C. Perrault a Lyman Frank Baum, que em 1900 escreveu de *O maravilhoso mágico de Oz*, o renascimento do conto já teria, do ponto de vista dos estudos literários, três séculos de existência.

(1895-1970) é pioneira nesse âmbito. Ele quis mostrar que, sob a extraordinária diversidade dos contos, todos eram construídos a partir de um mesmo roteiro, com personagens típicas (herói, adversário) e grandes funções imutáveis: um problema inicial (um dragão aterroriza uma cidade), uma busca (a do herói), uma série de provas, o êxito ou o fracasso final, etc. (*Morfologija skazki* [Morfologia do conto maravilhoso], 1928).

Na esteira dessa obra vão se desenvolver as teorias contemporâneas da narrativa.

Etnologia. O estudo dos contos começa com os folcloristas que, no século XIX, coletam e classificam os contos populares. No início do século XX, a escola finlandesa, com Antti Aarne e o americano Stith Thompson, tentam apontar variações a partir da existência de um conto padrão original. Na França, o procedimento adotado na obra de Paul Delarue, iniciada nos anos 1970, será retomado por Marie-Louise Tenèze. Esse trabalho de coleta e de classificação levará à elaboração de grandes catálogos de contos, como *Le Conte populaire français. Catalogue raisonné des versions* [O conto popular francês. Catálogo *raisonné* das versões] (M.-L. Tenèze, P. Delarue, J. Bru, 3 t., 1957, 1964, 1977).

Os folcloristas se preocupavam mais em coletar do que em teorizar. As primeiras teorias etnológicas são obra de mitólogos, como Hyacinthe Husson nos anos 1870, que julga serem os contos derivados das grandes mitologias pré-históricas. Arnold van Gennep* (*La Formation des légendes* [A formação das lendas], 1910) explica a presença dos animais nos contos pelos ritos totêmicos*. Pierre Saintyves, em 1923, propõe uma teoria ritualista dos contos (*Les Contes de Perrault et les récits parallèles* [Os contos de Perrault e as narrativas paralelas]) segundo a qual as personagens seriam as lembranças dos ritos* populares sazonais.

A etnologia clássica supõe que os ritos são vestígios de tradições muito antigas, mas isso não basta para explicar sua atual força de sedução. A etnologia contemporânea se interessa mais pelo processo permanente de (re)criação coletiva dos contos (N. Belmont, *Poétique du conte* [Poética do conto], 1999). Por outro lado, há uma recusa em restringir o conto a uma única função: lúdica, iniciática, pedagógica, psicológica. Os contos despertam interesse por saberem fazer vibrar várias cordas ao mesmo tempo.

Psicanálise. A psicanálise dos contos é, com frequência, associada ao nome de Bruno Bettelheim (*The Uses of Enchantment: the Meaning and Importance of Fairy Tales* [Psicanálise dos contos de fadas], 1976), porém ele não foi o único a refletir sobre esse tema, pois Sigmund Freud*, Géza Roheim e Carl G. Jung* consagraram-lhe diversos estudos.

Segundo a abordagem psicanalítica, o conto expressa, de forma indireta, os conflitos psíquicos da primeira infância. Os medos, as pulsões, as fantasias de "devoração" (*O pequeno polegar*, *Chapeuzinho Vermelho*, etc.) ou de castração (por exemplo, *João e Maria*) revelam os conflitos edipianos ou fraternos. Os contos põem em cena meninos e meninas, jovens ou animais com os quais a criança pode se identificar facilmente. Como ela deve passar por provas antes de se tornar adulta, precisa libertar-se do poder das imagens parentais (vistas negativamente na forma de ogros, dragões ou bruxas) a fim de alcançar a autonomia. Nessa ótica de Bruno Bettelheim, o conto tem função iniciática e existencial porque ajuda a criança a assumir as provas psíquicas que deve enfrentar e, assim, permite que a sua personalidade se construa.

Psicologia cognitiva. As abordagens cognitivas do conto, nascidas nos anos 1990, têm em comum o fato de levar em conta as estratégias mentais solicitadas pela narrativa. Para o psicólogo inglês Frederic Bartlett (*Remembering* [Recordações], 1932), a memorização dos contos supõe mobilizar esquemas mentais simples. Quando se conta uma história complexa e tortuosa, a memória só retém de fato alguns elementos marcantes, organizados em torno de uma sequência de eventos bastante simples.

Segundo Jerome S. Bruner (*Pourquoi nous racontons-nous des histoires?* [Por que contamos histórias?], 2002) a forma narrativa dos contos e das histórias seria coerente com uma tendência natural do espírito humano em abordar a realidade como sequências de eventos, de representações de ações e de intenções.

A antropologia cognitiva explica o fascínio que o conto exerce pelo fato de as personagens e as situações violarem as regras da vida normal (os animais falarem, as fadas serem dotadas de poderes mágicos) e as regras habituais dos comportamentos dos "agentes humanos".

Bibliografia: • J.-P. Aubrit, *Le Conte et la Nouvelle*, Armand Colin, 2002 [1997] • G. Calame-Griaule (org.) *Le Renouveau du conte*, CNRS, 1999 [1991] • P. Emy, *Sur les traces du petit chaperon rouge. Un itinéraire dans la forêt des contes*, L'Harmattan, 2003 • M. Simonsen, *Le Conte populaire français*, Puf, "Que sais-je?", 1986 [1981]

→ **Narratologia, Narrativa**

CONVENÇÕES (teoria das)

A escola francesa das convenções, que agrupa economistas e sociólogos, nasceu no final dos anos 1980. Tudo começou com o livro fundador de Luc Boltanski e Laurent Thévenot, *De la justification. Les économies de la grandeur* [Da justificativa. As economias da grandeza], publicado em 1991.

Nesse livro, os autores propõem uma nova abordagem do funcionamento da economia e das organizações, baseada em dois princípios:

– Para fazer um produto, seja ele uma lavadora de roupas, um livro ou um foguete, toda organização requer que as pessoas que participam da fabricação se entendam a respeito de determinado número de princípios e valores que orientam suas condutas. Assim, por exemplo, para elaborar este dicionário, é preciso que o editor e o redator se entendam quanto à quantidade de verbetes, o estilo adotado, a legibilidade, a extensão dos artigos, etc. Tudo isso é objeto de negociações, de debates, e também de "convenções", isto é, de referenciais comuns, a respeito de cada um dos aspectos da redação.

Em toda organização coletiva, os indivíduos só podem cooperar pautando seu comportamento em normas comuns, sistemas de valores, regras de conduta implícitas ou explícitas; em suma, em convenções.

– No segundo princípio, as convenções supõem a mobilização de valores de referência que "justificam" e legitimam uma ação. Em toda organização, esses princípios são múltiplos. Retomando o exemplo do dicionário, o princípio de rigor científico é um valor central, mas outro princípio essencial é o econômico, segundo o qual a produção deve ser feita dentro de um orçamento limitado; há também o princípio da "beleza", isto é, da qualidade gráfica da capa e da tipografia, bem como o princípio da eficiência, segundo o qual os verbetes devem ser entregues dentro do prazo estabelecido. Muitas vezes, há uma tensão e um confronto entre esses princípios de legitimidade (nem sempre o princípio de rigor científico é compatível com os princípios democráticos e de legibilidade, igualmente justificáveis).

Da justificativa

Em *De la justification*, os autores definem os modos de legitimidade que servem de base às convenções que constituem "mundos" ou "cidades". Seus princípios foram estabelecidos por filósofos (Thomas Hobbes, Jean-Jacques Rousseau) e por pensadores antigos (santo Agostinho, Jacques B. Bossuet), mas os autores mostram que eles também estão presentes em escritos modernos (manuais de gerenciamento, de comunicação e em outros guias de ação).

– Na "cidade doméstica", inspirada por um escrito de J. B. Bossuet, o vínculo entre os seres é concebido com base no laço de parentesco, e a sua intensidade se expressa em termos de proximidade. Seu conteúdo é o das relações de dependência e de proteção que existem numa família, numa descendência ou numa casa. J. B. Bossuet assimilava o rei a um pai que se sacrificava pelos seus súditos. Hoje, encontramos a expressão desse tipo de relação nos discursos que designam as pessoas importantes, como os chefes, os patrões ou então os pais. As posições são adquiridas por recomendação, e as relações são mantidas por meio de presentes ou convites.

Na "cidade cívica", inspirada no *Contrato social* (1762), de J.-J. Rousseau, os seres estão ligados entre si pela noção de interesse geral. As relações são caracterizadas pela legalidade e pela representatividade. Nessa "cidade", as pessoas são "grandes" quando agem visando ao bem comum. Um bom exemplo é o dos representantes sindicais, cuja legitimidade se fundamenta no respeito aos procedimentos de designação e no devotamento à coletividade dos trabalhadores.

– A "cidade industrial" é a da eficiência. Do conde de Saint-Simon aos manuais de gerenciamento, o discurso industrial é dominado pelos imperativos de produtividade, de organização e de programação do futuro. Nessa cidade, o que conta é ser um especialista, é pôr em ação os métodos e utilizar as ferramentas operacionais. As coisas devem ser organizadas, mensuráveis, funcionais, padronizadas e reproduzíveis.

– A "cidade mercantil", definida por Adam Smith*, é aquela em que o vínculo social é assegurado pela cobiça compartilhada em relação a bens raros. A "grandeza" das pessoas depende de sua capacidade de assegurar a posse de bens desejados pelos outros. Num mundo mercantil, os seres que importam são os compradores e os vendedores. Eles são "grandes" quando são ricos. Suas qualidades principais são o oportunismo, a liberdade de ação e a distância emocional. As relações são dominadas pela rivalidade e pelas obrigações de negócios.

– A "cidade da opinião", inspirada na descrição que T. Hobbes faz da honra, é aquela em que a posição de cada um depende da opinião expressa pelos outros. Nessa cidade – versão moderna – as pessoas importantes serão personalidades conhecidas, os líderes de opinião ou os jornalistas. Seu valor reside no reconhecimento público. Elas manipulam mensagens e o conteúdo das relações é feito de influência, de identificação e de sedução.

– A "cidade inspirada", extraída dos escritos de santo Agostinho sobre a graça, designa um mundo em que as pessoas são definidas com relação a valores transcendentes que não dependem da opinião dos outros. A santidade e o gênio fazem parte desse domínio, e também a criatividade, o senso artístico e a imaginação. As vanguardas políticas, os inovadores, os extravagantes, até mesmo os desesperados se referem a essa "grandeza" ou princípio de legitimidade.

Bibliografia: • L. Boltanski, L. Thévenot, *De la justification. Les économies de la grandeur*, Gallimard, 199 • P. Batifoulier (org.), *Théorie des conventions*, Economica, 200

CONVERSAÇÃO (análise da)
→ Interações verbais

COTIDIANO (vida)

O café da manhã, o modo de arrumar (ou de desarrumar) as roupas, as conversas de trabalho, etc. "É preciso saber interrogar as colherzinhas", dizia Georges Perec. O escritor convidava assim a analisar "o infraordinário" (1989), isto é, as pequenas coisas da vida, banais e insignificantes, e que, no entanto, revelam uma boa parte da condição humana.

A SOCIOLOGIA DO MUNDO COMUM

Para as ciências humanas, porém, nada é banal, nada é óbvio. E por quê? Para quem sabe decifrá-lo, o cotidiano aparentemente menos importante é capaz de revelar uma parte essencial do ser humano.

Na sociologia, o estudo da vida cotidiana foi, inicialmente, objeto de alguns precursores isolados. Alfred Schütz* (1899-1959) propôs uma sociologia abrangente da vida comum para reconstituir a "experiência vivida"; Henri Lefebvre (1901-1991) lançou as bases de uma sociologia da vida cotidiana (análise dos ritmos de vida, do consumo de massa padronizado, da sociabilidade urbana...).

Mas o cotidiano como objeto de estudo resultou, sobretudo, de uma aproximação entre duas tradições intelectuais:

– de um lado, uma importante tradição norte-americana da escola de Chicago*, com a corrente da etnometodologia* de Harold Garfinkel* (nascido em 1917), os trabalhos microssociológicos de Erving Goffman* (1922-1982) sobre as representações do cotidiano e os ritos sociais, ou ainda o interacionismo simbólico* de Herbert Blumer (1900-1987);

– de outro lado, uma tradição sociológica, antropológica e etnológica francesa que se constitui nos anos 1980, em especial com Michel de Certeau e seu estudo inovador sobre as práticas cotidianas inventivas (*L'Invention du quotidien* [*A invenção do cotidiano*], 1980), de Georges Balandier* ou de Michel Maffesoli e suas sociologias do cotidiano.

A GRANDE HISTÓRIA ATRAVÉS DA PEQUENA

Nas ciências sociais, a vida cotidiana surge igualmente através das pesquisas sobre a estrutura do orçamento-tempo (tempo dedicado ao lazer, ao trabalho, aos transportes, etc.), que nos informam sobre as regularidades e as mutações da estrutura social. Assim, o aumento contínuo do tempo de lazer nos lembra que, desde os anos 1960, entramos na "civilização do lazer*", e que o tempo dedicado ao trabalho, ao descanso e à família mudou fundamentalmente em cinquenta anos. Outra conclusão revela que os dados estatísticos sobre o trabalho doméstico (as mulheres dedicam três vezes mais tempo do que os homens a essas atividades) são um bom indicador da divisão sexual das tarefas nas nossas sociedades. Essas evoluções massivas só são estatisticamente identificáveis, e a longo prazo.

Há ainda uma segunda razão pela qual os sociólogos se interessam pelas práticas comuns: revelar suas dimensões ocultas. O que caracteriza o banal, o trivial e o cotidiano é o fato de serem considerados "óbvios", "naturais" e "espontâneos". Vestimos roupas para proteger o corpo e nos aquecer; escutamos Ravel ou o *rapper*

Marcelo D2 porque gostamos de sua música; conversamos com os amigos para nos distrair ou passar o tempo, etc. Para o sociólogo, porém, nada é tão óbvio. Gostar de Mozart ou de um bom vinho não tem nada de natural, pois isso supõe uma aprendizagem que, uma vez adquirida, se apaga da consciência e confere a nossos gostos a aparência de espontaneidade. Por trás do simples ato de varrer, existem a aprendizagem de um modelo social e a cristalização de relações de poder integrados, incorporados e cristalizados sob a forma de gestos triviais.

Essas práticas comportam todo um "inconsciente social", que se tornou objeto de estudo de vários sociólogos.

Norbert Elias* havia estudado a arte de se portar à mesa, os trajes e as regras de comportamento mais comuns que, segundo ele, resultam de normas sociais interiorizadas, provenientes de um longo processo de socialização (ou de "civilização") típico do ocidente moderno (*Über den Prozeß der Zivilisation* [*O processo civilizador: a civilização dos costumes*], 1939). H. Garfinkel, por sua vez, fala em "etnométodos" para designar os conhecimentos e os raciocínios práticos comuns – saudar um conhecido quando o encontramos, comprar um bilhete antes de pegar o trem, etc. – que nos permitem evoluir no mundo social.

O trabalho do sociólogo consiste em desnaturalizar o "natural" e, sobretudo, em salientar o inconsciente social que estrutura nossos comportamentos.

Paixões comuns: o cotidiano "reencantado"

Nem tudo o que é cotidiano é necessariamente banal e desprovido de sentido para aquele que o vive: assistir a um jogo de futebol, fazer um exame, brigar – ou fazer as pazes – com o cônjuge, ler um romance, etc. Recentemente, os etnólogos mostraram o quanto algumas dessas atividades – jardinagem, esporte, estudos, etc. – são muitas vezes vividas como verdadeiras "paixões", capazes de mobilizar o afeto. Se um aposentado dedica uma paciência infinita para cuidar do seu pomar, se um funcionário se aplica sem limites em colecionar cartões-postais ou se um jovem enfermeiro leva uma verdadeira vida paralela de torcedor-treinador de um time de basquete, é porque essas

Para que servem as rotinas?

• Por que será que a vida cotidiana parece se fechar em rotinas, rituais e práticas repetitivas?

Uma primeira razão tem a ver com a necessária estabilização das relações humanas. Sem regras de comportamento regular, sem códigos e ações repetitivas capazes de delinear a ação, sem horários fixos, as ações humanas imprevisíveis e caóticas não poderiam se coordenar entre si.

A vida em comum supõe igualmente regras de conduta ritualizadas: a polidez e a boa educação, por exemplo, não são convenções obsoletas e superficiais. Elas fazem parte, segundo Dominique Picard, da regulação das relações pessoais (*Les Rituels du savoir-vivre* [Os rituais do bem-viver], 1998). Os rituais de saudação escondem por trás de sua fachada um princípio fundamental que organiza a vida social. É assim que o aperto de mãos, em princípio um sinal de saudação, é utilizado também como um sinal de reconciliação após uma briga; ele também marca o acordo, a aliança selada entre dois indivíduos. Nada é, pois, menos banal do que o ato de estender a mão a alguém. É o sinal de um pacto social mínimo que torna possível a vida em sociedade.

Sem regras, sem hábitos, sem práticas comuns, nenhuma vida familiar, nenhuma organização, nenhuma comunidade seria possível (J.-D. Reynaud, *Les Règles du jeu* [As regras do jogo], 1989).

• Para o indivíduo, a rotinização das práticas cotidianas (comer, tomar banho, dirigir um carro, arrumar a casa...) se efetua por automatismos mentais e físicos sem os quais a carga cognitiva seria muito pesada. As rotinas e os hábitos são o preço a pagar por nossa tranquilidade de espírito. É também por isso que essas práticas se tornam invisíveis e sem sentido para nós.

atividades podem envolver dimensões essenciais da existência: a autoestima, o reconhecimento dos outros, a busca de identidade, a necessidade de comunicação e de troca social. Por trás de sua aparência pacata e rotineira, a vida cotidiana comporta sua pequena dramaturgia (C. Bromberger, *Passions ordinaires: du match de football au concours de dictée* [Paixões comuns: do jogo de futebol ao concurso de ditado], 1998).

Para Pierre Sansot, as "paixões comuns" também podem se revelar na indolência: tomar uma cerveja com os amigos, vagar pelos campos, pensar sentado numa poltrona fazem parte de uma arte de viver que se saboreia no cotidiano (*Du bon usage de la lenteur* [Do bom uso da lentidão], 1998).

A PARTE DO IMAGINÁRIO

Há ainda outras pistas que poderiam ser exploradas pelo estudo da vida comum.

Uma delas diz respeito ao papel ocupado pelo imaginário. Não existe vida cotidiana, atividades corriqueiras e momentos de inatividade que não estejam fortemente envoltos em devaneios, meditações, fantasias... Essa imersão permanente no imaginário é uma outra face oculta da cotidianidade. Essa vida imaginária funciona ao mesmo tempo como fuga (o "bovarismo" da dona de casa) e como mola propulsora da ação (heróis idolatrados do adolescente, projetos, ruminações, etc.). O cotidiano está constantemente inscrito nos sonhos (que se alimentam de nossas experiências, de nossas emoções, de nossos projetos, de nossas lembranças, dos encontros, das leituras ou dos filmes a que assistimos).

Aos olhos das ciências humanas, o cotidiano não é, assim, tão ordinário quanto parece. Para tanto, é preciso, porém, tomar alguma distância, aprender a "desnaturalizar o natural" a fim de se ter um olhar novo sobre o banal. Para voltar a G. Perec, é preciso saber "questionar as colherinhas", "se interrogar sobre a origem, o uso e o devir dos objetos que temos em mãos" e ainda "se perguntar por que as quitandas não vendem cigarros. E por que não?".

Bibliografia: • M. de Certeau, *L'Invention du quotidien*, t. 1: *Arts de faire*; t. 2 (com L. Giard e P. Mayol): *Habiter, cuisiner*, Gallimard, 2002 e 1994 [1980] • H. Garfinkel, *Studies in Ethnomethodology*, Polity Press, 1984 [1967] • E. Goffman, *La Mise en scène de la vie quotidienne*, t. 1: *La Présentation de soi*; t. 2: *Les Relations en public*, Minuit, 1996 e 2000 [1959] • H. Lefebvre, *Critique de la vie quotidienne*, t. 1: *Introduction*; t. 2: *Fondement d'une sociologie de la quotidienneté*; t. 3: *De la modernité au modernisme, pour une métaphilosophie du quotidien*, Arche, 1997 [1947, 1962 e 1981] • G. Pérec, *L'Infra-ordinaire*, Seuil, 1999 [1989] • A. Schütz, *The Phenomenology of the Social World*, Heinemann, 1972 [1932]

→ Pós-modernidade,
  Próximo (antropologia do)

CRIMINALIDADE

No sentido jurídico, a criminalidade designa toda infração à lei, de um simples ato de delinquência, como o roubo de um carro, até o assassínio. A lei é, pois, o critério último que determina o que é criminoso ou não. Assim, o fato de matar alguém só se torna um crime de acordo com a lei em vigor. Realmente, todo assassínio não é forçosamente um crime. Por exemplo, é possível matar sem cometer um delito em caso de guerra, de legítima defesa ou de demência.

UMA CONSTRUÇÃO SOCIAL

No sentido sociológico, o crime se define como uma construção social* que depende das leis, das normas e dos valores de uma sociedade. Depende também da visibilidade social.

Vejamos o exemplo da delinquência. Os dados sobre a delinquência incluem, na maioria da vezes, os roubos, as agressões violentas e certas infrações à lei, como o tráfico de drogas e a imigração ilegal. Ao observar esses fenômenos, torna-se evidente que esses delitos são mais frequentes em certos extratos da população, a saber entre imigrados, nos meios populares e nos bairros de periferia. Mudando de ponto de vista, e se chamarmos de delinquência todas as infrações à lei, perseguidas ou não pela justiça, será preciso incluir, nesses fenômenos, a fraude fiscal, as propinas e as corrupções, os abusos de bens sociais, o uso indevido de informações privilegiadas, o estado de embriaguez ao dirigir veículos, o assédio sexual. Nesse caso a criminalidade se desloca amplamente para outras esferas da sociedade. O campo da delinquência se estende para outras profissões e outros grupos sociais.

Os sociólogos considerarão essas formas de delinquência em função de duas formas consecutivas de "reconstrução" que é preciso distinguir:

– a construção social dos fatos, isto é, a reação da sociedade a um delito ou outro: as fraudes fiscais são sentidas ou perseguidas da mesma forma que o roubo de mercadorias expostas em lojas? O assédio sexual, a pedofilia e a violência no trânsito se mostram, no início dos anos 2000, muito mais graves e delituosos do que antes (P. Berger, T. Luckman, *The Social Construction of Reality: a Treatise in the Sociology of Knowledge*

[*A construção social da realidade: tratado da sociologia do conhecimento*], 1966).

– a construção científica dos fatos. Os tipos de ação abrangidos pela noção de delinquência dependem grandemente dos limites que o sociólogo atribui a seu "objeto" (fraude fiscal, roubos, crimes, etc.) O sociólogo poderia mesmo integrar em sua definição, se quisesse, a fraude científica ou o consumo de drogas. É nesse sentido que ele "constrói" o seu objeto (E. H. Sutherland, "White Collar Criminology" [Criminologia do colarinho-branco], *American Sociological Review*, n? 5, 1940).

As causas da criminalidade

Uma vez definida a criminalidade (em parte arbitrariamente), resta compreender quais são as suas causas. Em geral, as explicações dizem respeito à criminalidade entendida no sentido habitual do termo: assassínio, roubo, agressão física, passíveis de sanção penal.

Há um século, os sociólogos, os criminologistas, os psicólogos, os psiquiatras e até mesmo os biólogos se dedicam a examinar o fenômeno criminal tentando determinar suas razões.

Entre os vários modelos, destacaremos os seguintes:

– *a abordagem psiquiátrica*. Para os psiquiatras franceses Pierre J. G. Cabanis (1757-1808) e Jean E. D. Esquirol (1772-1840), o criminoso é um doente mental. O direito brasileiro somente considera essa hipótese (o criminoso como "doente mental") em situações excepcionais, após exame médico-legal. A doença mental pode implicar a exclusão total ou parcial da imputabilidade penal e, portanto, da pena, conforme resulte na incapacidade total ou parcial de entender o caráter ilícito do fato, ou de determinar-se de acordo com esse entendimento (art. 26 e parágrafo único do Código Penal). No caso de exclusão total da imputabilidade, aplica-se ao indivíduo medida de segurança, consistente em internação em estabelecimento adequado ou tratamento ambulatorial; se a exclusão for parcial, reduz-se a pena de um a dois terços, ou se aplica medida de segurança.

– *a teoria do criminoso nato*. Segundo Cesare Lombroso (1835-1909), o fundador da criminologia, o criminoso é um ser em regressão para um estágio atávico. A teoria do criminoso nato foi retomada há algumas décadas com os trabalhos sobre o "gene do crime", que foram depois questionados;

– *a teoria da associação diferencial* (Edwin H. Sutherland). O comportamento delituoso é aprendido no contato com outras pessoas, em grupos restritos nos quais as interpretações desfavoráveis das regras legais superam as favoráveis;

– *a teoria dos conflitos de cultura* (Thorsten Sellin). O crime nasce do conflito entre duas culturas diferentes (por exemplo, em caso de imigração) ou do conflito gerado pela evolução de uma determinada cultura;

– *a teoria da anomia* (Robert K. Merton*). A delinquência anômica ameaça uma sociedade que padece de uma disjunção entre os valores socialmente aceitos e os meios admitidos para atingi-los;

– *os interacionismos* (Edwin M. Lemert, Howard S. Becker*). Ao reagir de maneira discriminatória e estigmatizante a um desvio ocasional, o meio social (público) impele o indivíduo para uma espiral de desvios. Psicólogos como Christian Debuyst – o sucessor de Etienne de Greeff na Universidade de Louvain – adotaram uma conduta próxima do interacionismo;

– *a teoria do controle social* (Travis Hirschi). A delinquência nasce da frouxidão ou da insuficiência dos controles da família, dos amigos ou da escola;

– *teoria das oportunidades* (Maurice Cusson). Todo bem tentador, insuficientemente protegido ou vigiado, encontra um predador. Este age de maneira estratégica, avaliando a relação custo-benefício do ato que pretende praticar. A pena reduz o índice de criminalidade ao elevar o custo da passagem ao ato;

– *o crime categoria normativa/jurídica* (Philippe Robert, Pierre Landreville, Jean-Paul Brodeur). O crime não é um tipo particular de comportamento, mas a reunião daqueles que o direito penal pune. O estudo do crime é uma sociologia da ação do direito penal: estuda-se o jogo ao qual se entregam atores sociais (autor, vítima, policial, juiz...) em torno desse recurso normativo.

Bibliografia: • M. Cusson, *La Criminologie*, Hachette, 2001 • R. Filleule, *Sociologie de la délinquance*, Puf, 2001 [1998]• P. Robert, L. Mucchielli (orgs.), *Crime et sécurité: l'état des savoirs*, La Découverte, 2002 • S. Roché, *Tolérance zéro? Incivilités et insécurité*, Odile Jacob, 2002

CROZIER, MICHEL
(nascido em 1922)

Michel Crozier é um dos raros sociólogos franceses cuja audiência ultrapassa as fronteiras da França continental. Fundador do Centre de sociologie des organisations (Centro de Sociologia das Organizações) e membro da Académie des sciences morales et politiques (Academia das Ciências Morais e Políticas), lecionou em diversas universidades americanas, sobretudo em Harvard e na Universidade da Califórnia. É o pai da "análise estratégica*", expressão que designa, ao mesmo tempo, uma abordagem sociológica específica e um método de análise das organizações. Sua obra pode ser enunciada em diversas etapas.

Suas primeiras pesquisas de campo buscavam explicar o funcionamento (e o desfuncionamento) dos sistemas burocráticos. Em *Le Phénomène bureaucratique: essai sur les tendances bureaucratiques des systèmes d'organisation modernes et sur leurs relations en France avec le systeme social et culturel* [*O fenômeno burocrático: ensaio sobre as tendências burocráticas dos sistemas de organização modernos e suas relações, na França, com o sistema social e cultural*], (1963), ele revela as engrenagens ocultas de duas organizações públicas, a Agência parisiense dos cheques postais e a Seita (Société d'exploitation industrielle des tabacs et des allumettes). As relações de poder se revelam como o principal elemento estruturador da organização. Mas, longe de reproduzir o organograma, elas se baseiam em dados implícitos, principalmente no domínio das "zonas de incerteza". É assim que, na Seita, o conflito recorrente entre os trabalhadores da produção e os da manutenção se enraíza no domínio da zona de incerteza constituída pelas panes das máquinas. M. Crozier mostra também como a centralização e a multiplicação das regras terminam por constituir "círculos viciosos burocráticos" que emperram a organização e bloqueiam toda capacidade de evoluir e de se adaptar. No seu entender, esse modelo é o reflexo de certos valores tipicamente franceses. Em *L'Acteur et le Système* [*O ator e o sistema*] (1977), ele fundamenta teoricamente suas primeiras análises. Essa obra, escrita em colaboração com Erhard Friedberg, é o livro fundador da análise estratégica e se tornou um clássico da literatura sociológica. A tese pode se resumir em algumas proposições. O ator não é totalmente determinado, ele dispõe de certa margem de liberdade. Seu comportamento é o resultado de uma estratégia racional, mas essa racionalidade não é pura, é limitada. As pessoas não tomam as melhores decisões possíveis, mas as que julgam satisfatórias levando em conta sua informação, a situação e suas exigências (os autores endossam a teoria do economista americano Herbert A. Simon*). O jogo das estratégias dos atores se inscreve em "sistemas de ação concretos". Esses sistemas não existem em si, são um construto coletivo e contingente, fruto das interações entre os comportamentos individuais.

A ANÁLISE ESTRATÉGICA COMO MÉTODO DE INTERVENÇÃO

Para M. Crozier, é com base nesses postulados que se deve analisar o funcionamento das organizações. A análise estratégica estuda a relação de poder e os efeitos das estratégias dos atores dentro da organização. Busca revelar as lógicas subjacentes dos sistemas contingentes nascidos dessa interdependência. Ela se tornou um método de diagnóstico organizacional e de acompanhamento da mudança cada vez mais utilizado por sociólogos e por profissionais da administração. M. Crozier também procurou transferir suas interpretações para a análise da sociedade francesa numa perspectiva reformadora: toda uma série de trabalhos se inscreve nesse projeto. Para ele, há um modelo burocrático à francesa (centralizador, rígido, fechado) que impregna o conjunto das organizações e impede toda mudança social. A crise de 1968 é interpretada como um sinal revelador desse bloqueio (*La Société bloquée* [*A sociedade bloqueada*], 1970).

Em seus ensaios seguintes, M. Crozier vai precisar o seu objetivo: não é a tanto a sociedade francesa que está tão emperrada, mas sim o Estado francês que, por seu conservadorismo, seu "burocratismo" e sua onipotência, barra a inovação e as adaptações dinâmicas (*État moderne, État modeste* [*Estado moderno, Estado modesto*] (1987). Enfim, em *La Crise de l'intelligence* [*A crise da inteligência*] (1995), ele denuncia o papel da tecnocracia e das elites que impediriam as transformações que a sociedade civil está propensa a aceitar.

Principais obras de M. Crozier
- *Le Phénomène bureaucratique*, 1963 [*O fenômeno burocrático*, UnB, 1981]
- *La Société bloquée*, 1970 [*A sociedade bloqueada*, UnB, 1983]
- *L'Acteur et le Système*, 1977 [O ator e o sistema]
- *État moderne, État modeste*, 1987 [*Estado moderno, Estado moderno*, Funcep, 1989]
- *La Crise de l'intelligence*, 1995 [A crise da inteligência]

CSP
→ **PCS**

CULTURA

Não nos alimentamos da mesma forma no Japão ou na França; não aderimos aos mesmos valores conforme tenhamos nascido em Nova Délhi ou em Nova York; não obedecemos às mesmas normas de vida de nossos avós, etc. A ideia de "cultura" remete a essa diversidade de costumes, comportamentos e crenças forjados no interior de uma sociedade.

Mas, por trás dessa definição de cultura, que nos é tão familiar, se perfilam diferentes significações e modelos.

CULTURA OU CIVILIZAÇÃO?

Na França, no século XVIII, a palavra "cultura" designava o acesso à instrução e estava ligada à ideia de progresso universal. Um espírito "culto" era aquele que adquirira muitos conhecimentos no âmbito das ideias, das ciências, da literatura e das artes. Essa definição, surgida no século XVII, e que se impôs com a ideologia das Luzes, opõe o espírito culto e refinado aos costumes grosseiros dos "bárbaros" ("Culture is the training and raffinement of mind" ["Cultura e refinamento da mente"], T. Hobbes, *Leviatã*, 1651).

A antropologia impôs uma definição muito mais geral que engloba o conjunto dos costumes, dos valores e das ideologias de uma sociedade: "A cultura ou civilização, considerada no seu sentido etnológico lato, é o conjunto complexo que inclui os conhecimentos, as crenças, as artes, a moral, as leis, os costumes, e também as capacidades e hábitos adquiridos pelo homem como membro de uma sociedade" (E. B. Tylor, *Primitive Culture* [Cultura primitiva], 1871). Nesse sentido lato, os valores de uma sociedade (por exemplo, o espírito cavalheiresco na Idade Média ou o respeito filial no confucionismo), os costumes alimentares (acompanhar com pão todas as refeições na França ou comer com pauzinhos na China), os ritos de casamento, a língua, a religião dominante de um país... participam de sua cultura.

OS ANTROPÓLOGOS E A CULTURA

Como bom evolucionista*, Edward B. Tylor* (1832-1917) propõe classificar as culturas segundo uma escala de progresso, indo das sociedades selvagens ao mundo civilizado.

Franz Boas* (1858-1942) recusa a ideia de evolução das culturas. Para esse antropólogo, nenhuma cultura é mais desenvolvida do que outra, e cada uma representa uma síntese original, dotada de um "estilo" que se expressa por meio da língua, das crenças, dos costumes e das artes, e constitui um todo. Assim, o mundo está dividido em áreas culturais*, tendo, cada qual, a sua especificidade.

Depois de F. Boas, pode-se considerar que, em seu conjunto, a antropologia é dominada por uma abordagem "culturalista" dos anos 1930 aos anos 1980. Os discípulos de Franz Boas (Margaret Mead*, Ruth Benedict*, Abram Kardiner, Ralph Linton*) formarão um movimento denominado Personalidade e Cultura. A cultura é vista como uma aprendizagem de modelos de conduta que o indivíduo absorve desde a infância e que lhe permite integrar-se em determinada sociedade. Pode-se fazer corresponder, a cada cultura, uma "personalidade básica" (R. Linton, *Les Fondements culturels de la personnalité* [Os fundamentos culturais da personalidade], 1945).

Enquanto a antropologia americana abordava a cultura como fenômeno autônomo, a britânica vai tentar ligá-la à ordem social. Bronislaw K. Malinowski* (1884-1942) irá propor uma abordagem funcionalista* da cultura. Cada elemento cultural (as regras da sexualidade, as leis, as crenças religiosas) corresponde a grandes funções sociais necessárias ao equilíbrio da sociedade (B. K. Malinowski, *A Scientific Theory of Culture and Other Essays* [Uma teoria científica da cultura e outros ensaios], 1944). Alfred R. Radcliffe-Brown* (1881-1955), também funcionalista, irá descrever essas necessidades em termos de coesão e de reprodução social (*Structure et fonction dans la société primitive* [Estrutura e função na sociedade primitiva], 1952).

Com o estruturalismo*, é realçada outra faceta da cultura. Para Claude Lévi-Strauss* (*Anthropologie structurale* [Antropologia estrutural], 2 t., 1958 e 1973), as produções culturais, por mais diversas que sejam, obedecem a regras de construção comuns, que são estruturas mentais universais e cujos elementos são ordenados a partir de uma certa arquitetura ("oposição binária", "permutação", "comutação"). As culturas humanas são, pois, variações sobre os mesmos temas, todas iguais e de igual valor intelectual.

Novos olhares

A partir dos anos 1970, opera-se, no interior da antropologia, uma revisão da noção de cultura. Para os culturalistas, uma cultura representava uma especie de inconsciente social, ou seja, um sistema de valores e de crenças no qual os indivíduos estão, sem que disso tenham consciência, imersos desde a infância. A abordagem construtivista* e interpretativa, desenvolvida notadamente por Clifford Geertz* no interior dos Cultural Studies*, promove uma visão mais dinâmica e reflexiva da cultura. Quando se observam os diferentes tipos de adesão às crenças religiosas – ao catolicismo, por exemplo –, percebe-se que nem todos aderem à mesma forma de crença, e, portanto, não formam um bloco homogêneo. Entre um indivíduo e sua religião de origem, operam-se continuamente reinterpretações, uma distância crítica, um afastamento e um fenômeno sincrético que caracterizam essa reflexividade*, particularmente acentuada nas sociedades atuais em relação a sua religião. Desse ponto de vista, a cultura não é um meio homogêneo em que estão imersos inconscientemente os indivíduos, mas um conjunto de "discursos" ou "textos" que se prestam a contínuas transformações e reconsiderações.

A antropologia cognitiva (que se desenvolveu nos anos 1990) defende uma teoria da cultura em ruptura radical com as abordagens culturalistas que a precederam. Por se inscrever no quadro da teoria da evolução, a antropologia cognitiva considera a cultura um produto da seleção natural que visa a resolver problemas adaptativos precisos (reproduzir-se, alimentar-se, viver em comunidade, defender-se...). Não há ruptura entre a cultura e a natureza, ambas estão em coevolução*. Enquanto a antropologia cultural insiste na diversidade das culturas humanas, a antropologia cognitiva, ao contrário, postula a existência de invariantes culturais. No fundo, se os mitos, as religiões, as regras da linguagem e as regras do parentesco se assemelham de uma sociedade a outra, é porque – pensam os defensores dessa abordagem – os fenômenos culturais se fundamentam em algumas leis simples de organização do espírito humano, herdadas de um velho passado evolutivo.

Bibliografia: • D. Cuche, *La Notion de culture dans les sciences sociales*, La Découverte, "Repères", 2004 [1996] • N. Journet (org.), *La Culture: de l'universel au particulier*, Sciences Humaines, 2002 • A. Kuper, *Culture, the Anthropologists' Account*, Harvard University Press, 1999

→ **Culturalismo, Identidade, Natureza-cultura**

CULTURA DE CLASSE, SUBCULTURA

Nos anos 1940, o sociólogo americano M. Gordon propôs a expressão "subcultura" para designar as subdivisões de uma cultura nacional em variantes ligadas a grupos particulares: classes sociais, grupos marginais ou comunidades étnicas no interior de uma mesma sociedade.

Teoricamente, uma subcultura é uma parte qualquer de um conjunto mais vasto. Mas, na realidade, a expressão foi empregada a respeito das camadas populares (operários) ou dos marginalizados (artistas), de grupos desviantes (delinquentes, drogados, homossexuais) ou então de faixas etárias (adolescentes). Seu uso não é neutro, ele sublinha a relação de dependência entre uma cultura dominante e a de um grupo que busca distinguir-se dela e introduz uma hierarquia de fato entre uma "grande cultura" e "subculturas".

A mesma discussão ocorre a respeito da noção de "cultura popular", que supõe a existência de uma "cultura acadêmica" à qual ela se opõe, mesmo estando a ela subordinada. Por exemplo, as diferentes modas musicais que sucederam à música "pop" foram qualificadas de "contracultura" por aqueles que esperavam mudanças significativas e valorizavam a capacidade inovadora das "culturas populares". Retrospectivamente, esses mesmos movimentos foram reduzidos, por outros observadores, à dimensão de modas, simples aspectos da "cultura de massa" (baseada no rápido consumo dos signos), noção que supera a oposição entre "cultura popular" e "cultura acadêmica".

A noção de cultura de classe é uma variante do conceito de subcultura, que leva em conta as variações ligadas à estratificação econômica e social no seio das sociedades modernas. Suas aplicações consideram um número pequeno de classes: os camponeses, os operários (M. Halbwachs, *La Classe ouvrière et les niveaux de vie* [A classe operária e os níveis de vida], 1913; R. Hoggart, *The Uses of Literacy: Aspects of Working Class Life* [As utilizações da cultura: aspectos da vida cultural da classe trabalhadora], 1957; M. Verret, *La Culture ouvrière* [A cultura operária], 1988; O. Schwartz, *Le Monde privé des ouvriers* [O mundo privado dos operários],1990), os burgueses (P. Bourdieu, *La Distinction* [A distinção], 1979; Beatrix Le Wita, *Ni vue ni connue: approche ethnographique de la culture bourgeoise* [Desconhecida: abordagem etnográfica da cultura burguesa], 1988; M. Pinçon e M. Pinçon-Charlot, *Les Beaux Quartiers* [Bairros nobres], 1989). A análise das culturas de classe se desenvolveu na esteira dos Cultural Studies*.

CULTURA DE EMPRESA

Frequentemente a origem da fórmula "cultura de empresa" é atribuída a Elliot Jacques, fundador do Tavistock Institute, em Londres. Em 1952, ele definiu a cultura de uma empresa como "seu modo habitual de pensamento e de ação", "mais ou menos compartilhado" e "que deve ser aprendido e aceito". A ideia é que, no funcionamento normal das relações de trabalho em uma empresa, entra uma parte de hábitos mais ou menos racionais e conscientes, cuja origem não é precisa.

Posteriormente, nos anos 1950 e 1960, os estudos americanos de *management** comparado se interessam pelas variações no modo de gestão das empresas nos diferentes países. Eles enfatizam a noção de fator cultural: no Japão, particularmente, o sucesso das indústrias modernas parece fundamentar-se na transferência dos valores nacionais de solidariedade, de abnegação e de respeito à hierarquia para a empresa. O exemplo japonês inspira profundamente o sentido que será dado à noção de *corporate culture*, que se pode traduzir por "cultura de empresa" ou então por "cultura organizacional".

A noção de cultura de empresa teve grande sucesso nos anos 1980 (T. J. Peters, R. H. Waterman, *In Search of Excellence: Lessons from America's Best-Run Companies* [A busca da excelência: lições das empresas americanas mais bem administradas], 1982; W. G. Ouchi, *Theory Z: How American Business Can Meet the Japanese Challenge* [*Teoria Z: como as empresas podem enfrentar o desafio japonês*], 1981). As definições variam conforme as escolas e as tendências, mas todas elas partem do princípio de que a empresa é uma entidade social capaz de conter regras, costumes, preferências e crenças que lhe são próprios. Na medida em que eles são compartilhados por seus membros, dirigentes e funcionários, tornam-se o "cimento" da organização e a condição de seu bom funcionamento.

As expressões concretas da cultura de empresa são, segundo os autores, bastante flutuantes. Alguns salientam os valores e os comportamentos; outros destacam os símbolos, as representações e as competências comuns. Isabelle Francfort, Florence Osty, Renaud Sainsalieu e Marc Uhalde (*Les Mondes sociaux de l'entreprise: Penser le développement des organisations* [Os mundos sociais da empresa: pensar o desenvolvimento das organizações], 1995) distinguem três grandes componentes:

– os ritos, os símbolos e os códigos de vestuário e linguísticos;

– a memória coletiva, resultante de uma história vivida ou mítica;

– as atitudes compartilhadas.

Outros autores insistem no conteúdo dos conhecimentos "compartilhados", no qual repousa a cultura da firma industrial.

Na realidade, tudo o que faz parte dos hábitos comuns pode ser lançado na conta da cultura de empresa, exceto alguns deles, que podem também remeter a outros níveis de organização (a profissão, a cultura regional, a cultura nacional.

→ **Cultura de classe, *Management*, Organização**

CULTURAL STUDIES

Em geral, considera-se que o ato fundador dos *cultural studies* é a publicação da obra de Richard Hoggart, *The Uses of Literacy: Aspects of Working Class Life* [As utilizações da cultura: aspectos da vida cultural da classe trabalhadora] em 1957. Nesse livro, em parte autobiográfico, o autor fornece um retrato do estilo de vida das classes populares inglesas, e, particularmente, da maneira como as mensagens da mídia* (séries de televisão, imprensa popular e romances água com açúcar) são "recebidas" por seus membros. Com esse trabalho inovador, R. Hoggart apresenta uma das primeiras análises da "cultura de massa". Ao contrário das teses que postulam a "alienação" das massas (Theodor W. Adorno* e a escola de Frankfurt*), ele salientava a capacidade de resistência das classes populares às mensagens a elas dirigidas.

Entre os outros "pais fundadores", contam-se Raymond Williams, professor de literatura inglesa, e o historiador Edward P. Thompson. Este efetua um estudo famoso, *The Making of the English Working Class* [A formação da classe operária inglesa] (1963), no qual vê a consciência de classe como "a maneira pela qual essas experiências se traduzem em termos culturais e se encarnam em tradições dos sistemas de valores, das ideias e das formas institucionais".

Em 1964, R. Hoggart funda, em Birmingham, o CCCS, que vai ser um dos cadinhos dessa nova corrente de pensamento.

Os *cultural studies* não constituem uma disciplina propriamente dita, mas cruzam diversos tipos de abordagens (sociologia, análise literária, semiótica, antropologia, história...) consagradas às múltiplas formas das "culturas populares". Um dos domínios privilegiados dos Cultural Studies é o estudo da recepção da mídia. Ampliando suas referências intelectuais (a filosofia marxista, Pierre Bourdieu*, Michel Foucault*, Roland Barthes*, Michel de Certeau), os membros do CCCS vão, pouco a pouco, dedicar-se a estudá-lo empiricamente. Uma das etapas fundamentais é o texto de Stuart Hall (sucessor, em 1968, de R. Hoggart na direção do centro), que tem por título "Codificação/decodificação". S. Hall enfatiza que as mensagens, a despeito do fato de serem codificadas conforme a ideologia dominante, nem sempre são recebidas dessa maneira. Ele distingue três tipos de leitura possíveis pelo público: dominante (a mensagem é recebida de maneira natural, evidente), oposicionista (a mensagem é compreendida, mas lida segundo outro código) ou negociada (leitura concordante e oposicional ao mesmo tempo).

Janice Radway mostrará, por exemplo, que as leitoras de "romances água com açúcar", apesar de conscientes do caráter conservador e da baixa qualidade literária dessas obras, reivindicam-nas como "atos de independência", pois servem para livrá-las "da rotina diária e das obrigações de seus papéis de esposa e mãe de família" (J. Radway, *Reading the Romance: Women, Patriarchy and Popular Literature* [Lendo o romance: mulher, patriarcado e literatura popular], 1991).

Além desses trabalhos sobre a recepção, os *cultural studies* continuaram a produzir numerosos trabalhos etnográficos sobre a classe operária e suas condições de vida, sobre as subculturas jovens (*punks*, roqueiros, *mods*...) consideradas "desviantes" (ver D. Hebdige, *Subculture: the Meaning of Style* [Subcultura: o significado do estilo], 1979).

A partir dos anos 1980, os Cultural Studies vão se implantar nos Estados Unidos e começar a difundir-se pelo mundo inteiro. Por outro lado, não deixam de ampliar seus campos de pesquisas, abordando o tema do gênero*, das etnias*, o urbanismo, o consumo*, a geografia cultural... Nos Estados Unidos, por exemplo, os *cultural studies* irão centrar-se na análise da *pop culture* (*sitcoms*, fenômenos de fãs, ficção científica...), abandonando a análise sociológica em prol da semiologia*, numa perspectiva decididamente pós-moderna*.

Na Ásia e, mais especificamente, na Índia, desenvolveram-se os Subaltern Studies, inspirados principalmente em E. P. Thompson, promovendo uma "história de baixo" que, por focalizar as camadas populares, visa a dar um fim ao elitismo dominante no interior da história pós-colonial. De modo mais geral, os Cultural Studies contribuíram para o aparecimento de numerosas subdisciplinas consagradas a certos grupos "minoritários": Asian Studies, African-American Studies, Womens' Studies, ou, ainda, Fan Studies.

Críticas aos *cultural studies*

Atualmente os *cultural studies* são alvo de certo número de críticas. Há muito tempo se tem salientado a pobreza sociológica de seus trabalhos. Isso se explica sobretudo pelo fato de os *cultural studies* terem nascido no seio dos estudos literários, e não das ciências sociais. Daí também uma tendência, paradoxal, para estudar a cultura como um "texto", o consumo de obras e as práticas culturais como puros atos de interpretação, esquecendo os processos sociais nos quais elas se inscrevem. Enfim, foram frequentemente censurados por certa forma de populismo que, algumas vezes, leva os pesquisadores a exaltar demagogicamente as maneiras de ser e de proceder das classes populares.

Bibliografia: • A. Mattelart, E. Neveu, *Introduction aux Cultural Studies*, La Découverte, "Repères", 2003 • "Les Cultural Studies", *Réseaux*, n°. 80, 1996.

CULTURALISMO

Em antropologia, o culturalismo designa uma corrente de pensamento que se desenvolveu nos Estados Unidos a partir dos anos 1930 e reúne alunos de Franz Boas* (1858-1942), como Edward Sapir* (1884-1939), Ruth Benedict* (1887-1948) e Margaret Mead* (1901-1978) e outros autores, como Ralph Linton* (1893-1953) e Abram Kardiner (1891-1981)*.

A abordagem culturalista tem como base três pontos essenciais.

– O mundo está dividido em áreas culturais ou culturas locais que formam sistemas relativamente fechados e possuem coerência própria. Nessa base, R. Benedict desenvolve o conceito de "caráter nacional", aplicado à cultura japonesa (*The Chrysanthemum and the Sword* [O crisântemo e a espada], 1946). Ela expõe sua teoria em *Patterns of Culture* [Padrões de cultura] (1934). Em sua abordagem, cada cultura é organizada segundo um modelo (*pattern*) particular caracterizado por alguns traços marcantes.

– Os culturalistas estabelecem um vínculo entre cultura e psicologia. A ideia central é que a cultura e a educação de uma sociedade contribuem para forjar determinada personalidade em um indivíduo particular.

Por isso, esses autores também são agrupados num movimento denominado "Personalidade e cultura". A. Kardiner e R. Linton definem as noções de "personalidade básica" e de "personalidade grupo", distinguindo os conceitos de modelo*, de *status** e de papel*. Ao comparar diversas sociedades da Nova Guiné, Margaret Mead opõe a personalidade dos arapeshes, calma e pacífica, à dos mundugumores, brutal e belicosa; entre os tchambuli, os homens têm caráter dócil e emotivo, e são dominados por "senhoras-mulheres", ativas e dominadoras.

– A cultura (conjunto de valores, de leis, de normas, de representações coletivas) é, em última análise, o critério determinante de explicação das condutas humanas. Assim, os comportamentos dos homens ou das mulheres dependem unicamente dos modelos culturais da sociedade, sem outra consideração relativa à biologia (M. Mead, *Male and Female: a Study of the Sexes in a Changing World* [Masculino e feminino: um estudo dos sexos em um mudo em mudança], 1949).

→ **Área cultural, Antropologia, Cultura, Personalidade**

CURRÍCULO

Nos anos 1970, um grupo de sociólogos britânicos começa a estudar os modos de seleção, organização, legitimação e distribuição dos conhecimentos escolares. Essa nova sociologia da educação se inscreve num ponto de vista crítico da sociedade e da cultura. Num trabalho que se tornará referência, coordenado pelo sociólogo inglês Michael F. D. Young, *Knowlewdge and Control* [Conhecimento e controle] (1971), o sociólogo e linguista Basil Bernstein assim introduz o seu texto: "A maneira como uma sociedade seleciona, classifica, transmite e avalia os conhecimentos escolares é ao mesmo tempo o reflexo da distribuição do poder e do controle social." Assim, alguns saberes são mais valorizados que outros (por exemplo, é conhecida a posição durante muito tempo hegemônica da matemática no ensino médio francês). A maneira como eles são ensinados tampouco é inocente: num alto nível acadêmico – para formar elites – ou, então, destinados a um uso social para qualquer pessoa?

O termo "currículo" designa, pois, as maneiras como se difunde e se organiza a cultura escolar. Mais ampla do que a noção de "programa" (que só leva em conta os conteúdos de ensino), o currículo permite analisar as incidências do que foi ensinado (ou não) e assimilado (ou não) pelo aluno... Nos países anglo-saxões, os Curriculum Studies constituem um ramo maior da sociologia da educação, retomada nos países francófonos por pesquisadores como Jean--Claude Forquin e Philippe Perrenoud.

Para esses pesquisadores, é necessário distinguir "currículo formal" de "currículo real" e de "currículo oculto" ou "implícito":

– o "currículo formal" compreende tudo o que a escola pretende transmitir explicitamente, isto é, os conteúdos cognitivos (programas), mas também a divisão disciplinar em progressões e objetivos;

– na realidade, cada docente opera escolhas nos programas, apresenta os conhecimentos sob ângulos diversos e privilegia uma capacidade ou outra nos seus modos de avaliação. O "currículo real" é então o que a escola transmite de verdade e avalia explicitamente;

– a experiência escolar do aluno não é feita apenas de componentes cognitivos e instrumentais. A estes vêm juntar-se outras dimensões de ordem afetiva, social e moral que ultrapassam prescrições oficiais e podem até – implicitamente – contradizê-las. É assim que cada aluno, conforme sua vivência escolar, sua origem social e sua personalidade, constrói aquilo que se chama "currículo oculto", que corresponde mais ou menos às normas de comportamento esperadas pelos docentes.

D

DÁDIVA

O que faz o valor de uma dádiva? Em muitas sociedades tradicionais, nem sempre o presente é espontâneo e desinteressado, pois, muitas vezes, faz parte das obrigações sociais. Em 1924, Marcel Mauss, em seu "Essay sur le don" [Ensaio sobre a dádiva], reúne exemplos tirados da história antiga e da etnografia de "povos exóticos" (melanésios, australianos, norte-americanos). Dando uma amplitude bastante geral ao conceito de dádiva, ele demonstra que o que se troca não são tanto produtos ou bens, "são, principalmente, gentilezas, banquetes, ritos, serviços militares, mulheres, crianças, danças, festas, feiras, nas quais o mercado não é senão um dos momentos, e a circulação das riquezas é apenas um dos termos de um contrato muito mais geral e muito mais permanente". Na verdade, essas trocas, aparentemente voluntárias, fundamentam-se na tripla obrigação de dar, receber e devolver, podendo o não respeito das obrigações chegar até a causar a guerra.

Quarenta anos depois, Claude Lévi-Strauss* fará, do princípio de reciprocidade – mesmo que ele não adquira forçosamente formas institucionalizadas –, um dado *a priori* da sociabilidade humana. Na troca cerimonial do *kula* analisada por Bronislaw K. Malinowski, o fim último da dádiva, para os trobriandeses (povo da Nova Guiné), é neutralizar a hostilidade do outro para seduzi-lo e conquistar sua confiança. A dádiva marca a aliança e forma uma rede de ligações recíprocas. A importância do presente qualifica também o prestígio do doador. Nas tribos de índios do Noroeste americano observadas por Franz Boas*, a dádiva (o *potlach* dos kwakiutls) funciona como uma despesa suntuária: importa doar ao máximo para obter uma dívida de honra. A troca assume, então, a forma de um conflito de prestígio. Para os *bigmen** oceanienses, explica Maurice Godelier* em *L'Énigme du don* [O enigma do dom] (1996), "o ponto mais alto é dar o máximo possível sem pedir nada em troca".

Nas sociedades capitalistas, a dádiva existe sob inúmeras formas: voluntariado, filantropia (por exemplo, dos grandes industriais, como John D. Rockefeller), presentes de Natal ou doações de sangue, de órgãos... A nova filantropia dos jovens donos de *start-up* do Vale do Silício foi, aliás, estudada por Marc Abélès (*Les Nouveaux-Riches. Un ethnologue dans la Silicon Valley* [Os novos-ricos. Um etnólogo no Vale do Silício], 2002).

No centro da análise do vínculo social do Movimento Antiutilitarisra em Ciências Sociais (Mauss), a dádiva não deixou de suscitar novos trabalhos, tanto da parte dos antropólogos como dos economistas, sociólogos e psicólogos... Quanto à hipótese de M. Mauss, que sugere que as dádivas têm a função de criar elos sociais, ela adquire hoje a forma mais moderna – portanto mais individualista –, segundo o filósofo Marcel Hénaff (*Le Prix de la verité. Le don, l'argent, la philosophie* [O preço da verdade: a dádiva, o dinheiro, a filosofia], 2002), de uma busca de reconhecimento por parte do outro.

Bibliografia: • M. Godelier, *L'Enigme du don*, Fayard, 1996 • T. Godbout, A. Caillé, *L'Esprit du don*, La Découverte, 1992 • C. Lévi-Strauss, *Les Structures élémentaires de la parenté*, Mouton de Gruyter, 2002 [1949] • M. Mauss, "Essai sur le don" [1924], in *Sociologie et Anthropologie*, Puf 2001 [1950]

→ **Kula, Mauss,** *Potlach*

DAMÁSIO, ANTÓNIO
(nascido em 1944)

Certos encontros podem ser decisivos na vida de um homem. Algumas descobertas, muitas vezes devidas ao acaso, marcam, como ferro em brasa, o percurso de um pesquisador. Foi o que ocorreu no encontro entre António Damásio, professor de neurologia na Universidade de Iowa, e Elliot. Após uma intervenção cirúrgica no cérebro, esse paciente se comporta de maneira estranha. É incapaz de administrar o emprego do seu tempo e não consegue mais executar um trabalho dentro de determinado prazo. Lançou-se, também, em operações financeiras duvidosas que o arruinaram. Além disso, sua vida pessoal tornou-se um fracasso: divórcio, novo casamento, novo divórcio.

O caminho de Elliot poderia ter cruzado o de Damásio sem chamar-lhe a atenção. Mas, ao contrário, seu comportamento intrigou-o e ele o analisou atentamente a fim de pesquisar suas causas à luz da neuropsicologia*. Formulou, então, uma hipótese surpreendente: as emoções são necessárias para que se tome uma decisão adequada; a razão e o conhecimento não bastam, e é por isso que Elliot, privado de emoções em consequência da lesão cerebral, erra com tanta frequência.

A. Damásio conta a história de Elliot e desenvolve sua teoria no livro que intitulou *Descartes' Error* [*O erro de Descartes*] (1994), porque o filósofo francês concebia as paixões e as emoções como perturbações das decisões racionais. Esse *best-seller*, publicado em mais de vinte países, teve como principal efeito abrir as neurociências* ao campo das emoções. Com *The Feeling of What Happens: Body and Emotion in the Making of Consciousness* [*O mistério da consciência: do corpo e das emoções ao conhecimento de si*] (1999), Damásio dá continuidade a seus trabalhos combinando uma pesquisa empírica abundante e a construção de uma verdadeira teoria das emoções e da consciência, indo novamente ao encontro das ideias comuns. Em geral, a consciência é considerada o pináculo, o ápice da organização mental, mas ele a vê mais próxima das emoções e do corpo do que da razão. Aquilo que ele chama de "consciência nuclear" seria o fundamento do eu. Ela refletiria tudo o que se passa no organismo e, por isso, só existiria por vir de um organismo vivo, com um corpo e um cérebro capazes de representar o corpo.

Principais obras de A. Damásio
• *Descartes' Error*, 1994 [*O erro de Descartes*, Companhia das Letras, 2.ª ed., 2006]

• *The Feeling of What Happens: Body and Emotion in the Making of Consciousness*, 1999 [*O mistério da consciência: do corpo e das emoções ao conhecimento de si*, Companhia das Letras, 2000]
• *Looking for Spinoza: Joy, Sorrow, and the Feeling Brain*, 2002 [*Em busca de Espinosa: prazer e dor na ciência dos sentimentos*, Companhia das Letras, 2004]

→ **Emoção**

DARNTON, ROBERT
(nascido em 1939)

Ex-repórter do *New York Times*, professor de história europeia na Universidade de Princeton desde 1968, Robert Darnton é autor de trabalhos que versam principalmente sobre o século XVIII francês, através da história do livro (ele estuda fundamentalmente a *Encyclopédie* [Enciclopédia, de Diderot e D'Alembert]) e da leitura. Seus interesses estão voltados para temas pouco abordados, como a vida cotidiana da gente humilde, dos escritores e os contos de fadas. Suas obras de história cultural foram inovadoras e originais. *The Great Cat Massacre* [*O grande massacre de gatos*], publicado em 1985, revela práticas populares estranhas na França das Luzes. Em *The Forbidden Best-Sellers of Pre-Revolutionary France* [*Best-sellers proibidos da França pré-revolucionária*], Robert Darnton subverte a ideia consagrada, segundo a qual as obras de Jean-Jacques Rousseau e Voltaire e, mais geralmente, de outros "clássicos franceses" teriam sido os únicos pilares da Revolução Francesa. Para este autor, livros de difusão ilegal, também originários das Luzes, tiveram um papel no mínimo igualmente importante na maturação das ideias revolucionárias. Assim, R. Darnton iniciou uma reinterpretação da Revolução Francesa com base num exame das relações entre a literatura privada e o mundo político. Ele propõe também uma imagem diferente do século XVIII, por exemplo, pela evocação das canções parisienses do Antigo Regime.

O historiador americano continuou seu engajamento intelectual com posicionamentos claros sobre o futuro do livro na era da eletrônica mundial. Assim, no dia 18 de março de 1999, num artigo publicado pela *New York Review of Books*, longe de prever "a morte do livro", ele anunciava uma "nova era" que se apoiaria em novas tecnologias, particularmente na internet. De fato, segundo R. Darnton, essa "formidável ferramenta" permite "a circulação da inteligência" e não mais apenas da informação. O professor da Universidade de Princeton está trabalhando para que todo o processo de investigação histórica, da tese às fontes, possa ser conservado em forma de livro eletrônico. Do estudo de uma Revolução (a Francesa) à outra (a da comunicação no século XXI), ele abriu horizontes e provocou debates no seio das comunidades dos historiadores e dos editores.

Principais obras de R. Darnton
• *The Business of Enlightenment: a Publishing History of the Encyclopédie*, 1775-1800, 1979 [*O Iluminismo como negócio*, Companhia das Letras, 1996]
• *The Great Cat Massacre*, 1985 [*O grande massacre de gatos*, Graal, 2.ª ed., 1988]
• *The Forbidden Best-Sellers of Pre-Revolutionary France*, 1995 [*Best-sellers proibidos da França pre-revolucionária*, Companhia das Letras, 1998]
• *Pour les Lumières. Défense, illustration, méthode*, 2002 [*Pelas Luzes. Defesa, ilustração, método*]

DARWINISMO

Charles Darwin não foi o primeiro a pensar na ideia de evolução. Em 1809, o cavaleiro de Lamarck publicava sua *Philosophie zoologique* [Filosofia zoológica], que contém uma teoria da evolução então denominada 'transformismo'. O zoólogo francês atreve-se a expor, pela primeira vez, a ideia de que as espécies animais se modificam com o decorrer do tempo dando origem a novas espécies. No início do século XIX, a controvérsia entre "fixistas" e "transformistas" apaixona a Europa erudita. Assim, a ideia de evolução estava bem em voga no momento em que Charles Darwin elaborava a sua teoria.

A CONTRIBUIÇÃO DE DARWIN

A história "canônica" pretende que C. Darwin tenha concebido sua própria teoria da evolução das espécies por ocasião de uma grande expedição realizada de 1831 a 1836. Recrutado como naturalista, visita as ilhas do Cabo Verde, as florestas brasileiras, a Patagônia, a Terra do Fogo, as ilhas do Pacífico, o Taiti, a Austrália e a África do Sul. Tem, então, ocasião de observar, classificar e descrever milhares de espécies de insetos, de aves, de mamíferos e de moluscos. Foi nas ilhas Galápagos, ao observar as diferenças morfológicas entre espécies de tentilhões que viviam em ilhas vizinhas, que Darwin teria concebido a sua teoria da evolução por seleção natural. Cada espécie animal produz indivíduos que se distinguem por leves variações (a forma do bico dos tentilhões, por exemplo). Algumas dessas variações são benéficas e outras, não. Só sobrevivem os indivíduos que estão mais bem adaptados ao seu ambiente. Transmitidas aos descendentes por hereditariedade, essas variações sucessivas culminam na formação de novas espécies. A exemplo da maioria dos modelos científicos, a teoria de C. Darwin é uma construção teórica nova, elaborada a partir de observações pessoais, mas também de múltiplas influências intelectuais reorganizadas num quadro novo. C. Darwin levou consigo os *Principles of Geology* [Princípios de geologia] (1830-33) de Charles Lyell, que apresenta e critica a teoria transformista de Lamarck. A leitura de *An Essay on the Principle of Population* [Ensaio sobre o princípio de população] 1798, de Thomas R. Malthus*, também terá influência decisiva, uma vez que C. Darwin tirará dele a ideia de "luta pela existência". Num meio em que a população aumenta mais depressa que os recursos, o resultado é uma luta entre indivíduos ou entre espécies, levando à extinção de algumas e à proliferação de outras.

O TRIUNFO DO DARWINISMO: UM SUCESSO EQUÍVOCO

On the Origin of Species [*A origem das espécies*], publicada em 1859, é, de imediato, considerada uma obra de capital importância pela comunidade científica, e um grande número de cientistas logo aderem à teoria da evolução. Uma adesão tão rápida de tantos homens de ciência mostra, claramente, que Darwin não foi o iniciador, mas o catalisador de uma revolução científica que já estava latente. Mas essa adesão maciça é ambígua, porque, se os cientistas aderiram à teoria da evolução, foi, em geral, rejeitando a base da teoria de Darwin, isto é, a da seleção natural! Nas décadas seguintes, entre 1860 e 1900, a teoria da evolução vai se implantar em inúmeros países. Darwinismo se torna, então, sinônimo de evolucionismo e todos os cientistas concordam em reconhecer o princípio da evolução. Mas as querelas sobre suas causas também ganham terreno, e a teoria da evolução se vê ramificada em correntes bastante diferentes: lamarckismo, mutacionismo, ortogênese, neodarwinismo. A teoria da seleção natural, preconizada por C. Darwin, é minoritária.

O LUGAR DO HOMEM

Em *A origem das espécies*, C. Darwin evitara abordar diretamente a questão da evolução humana. Ele temia mais a reação da opinião pública e da Igreja que a dos cientistas, e foi Thomas H. Huxley o primeiro que ousou abordar explicitamente o tema.

Em 1863, quatro anos após a publicação de *A origem das espécies*, T. H. Huxley publica *Man's Place in Nature* [O lugar do homem na natureza]. Baseando-se em comparações anatômicas e nas primeiras descobertas de crânios fósseis de neandertalenses, ele ousa afirmar que a espécie humana também passou pela evolução e que os homens de hoje provêm de um ancestral primitivo aparentado com os macacos. Essa afirmação vai provocar uma verdadeira tempestade junto à Igreja. Está lançado o debate sobre a questão das origens do homem. Somente em 1871, doze anos após *A origem das espécies*, é que C. Darwin exporá sua própria teoria na obra *The Descent of Man* [A descendência do homem]. Esse livro destina-se a mostrar que "o homem provém, por filiação, de alguma forma preexistente", a revelar seu modo de desenvolvimento e a explicar por que existem diferentes raças humanas. Mas não tem a mesma repercussão de *A origem das espécies*, pois, na época em que C. Darwin publica seu ensaio, o evolucionismo já se desenvolvera em antropologia independentemente dele.

O NEODARWINISMO

No início do século XX, as teorias da evolução vão sofrer profundas modificações. A descoberta das leis da hereditariedade, notadamente por Hugo De Vries (1900), e, mais tarde, o surgimento da genética vão culminar, nos anos 1940, na formulação da "teoria sintética da evolução", também chamada de "neodarwinismo". A teoria sintética é a união da genética com a teoria da evolução e repousa no princípio básico de que a transformação das espécies se efetua por mutações genéticas. Essa síntese acabará por eliminar – por falta de provas – as versões lamarckistas da evolução.

A teoria sintética vai impulsionar toda uma série de pesquisas em genética das populações*, em paleontologia*, em ecologia*, em sistemática (ciência das classificações dos seres vivos). Vai enriquecer-se, nos anos 1960, com as conquistas da biologia molecular e com a teoria dos jogos*. A partir dos anos 1960-1970, a teoria sintética, por sua vez, diversifica-se em algumas variantes e em submodelos divergentes. Em biologia molecular, vão aparecer modelos dissidentes, como a "teoria neutralista" do japonês Motoo Kimura. Em paleontologia, a "teoria dos equilíbrios pontuados", de Niles Eldredge e Stephen Jay Gould, questiona a versão gradualista da evolução. A sistemática vai dividir-se em escolas rivais. O papel central da seleção natural na evolução será contestado. Em biologia molecular, inúmeros debates vão versar sobre as micro e as macroevoluções.

Principais obras de C. Darwin
- *On the Origin of Species* [A origem das espécies, Ediouro, 2004]
- *The Descent of Man* [A descendência do homem]
- *The Expression of the Emotions in Man and Animals* [A expressão das emoções no homem e nos animais, Companhia das Letras, 2000]

→ Evolucionismo

DARWINISMO NEURONAL

Pesquisador em neurociências*, o americano Gerald M. Edelman, que em 1972 dividiu o prêmio Nobel de medicina com Rodney R. Porter, edificou uma teoria global da memória e da consciência em torno do princípio da seleção progressiva das ligações que se estabelecem entre os neurônios. Fundamentando-se em suas descobertas em imunologia, G. M. Edelman supõe que os mecanismos repousam nos seguintes princípios:

– durante o desenvolvimento cerebral, pode estabelecer-se uma infinidade de conexões entre os neurônios;

– entre essa infinidade de possíveis conexões, somente algumas redes vão ser estimuladas pelas ações do sujeito e pelas informações que ele recebe do meio exterior. Algumas conexões serão selecionadas, outras irão desaparecer, daí a denominação "darwinismo neuronal" dada a essa teoria.

Esse modelo neurológico do pensamento continua sendo apenas uma hipótese construída a partir da analogia com os mecanismos de produção de anticorpos.

Bibliografia: • G. M. Edelman, *Biologie de la conscience*, Odile Jacob, 1992 • I. Rosenfield, *L'Invention de la mémoire*, Flammarion, 1994 [1988]

DARWINISMO SOCIAL

No final do século XIX e início do século XX, muitos autores foram tentados a aplicar os princípios do darwinismo* – seleção natural, luta pela sobrevivência – ao funcionamento das sociedades humanas. A ideia geral daquilo que chamamos retrospectivamente de "darwinismo social" é que a competição entre os indivíduos ou os grupos humanos na sociedade seria comparável à luta entre espécies animais e vegetais pela sobrevivência.

Na verdade, existem duas versões do darwinismo social; uma é fundada na luta entre indivíduos; a outra, entre raças.

O DARWINISMO SOCIAL INDIVIDUALISTA

É representado, na Inglaterra, por Herbert Spencer (1820-1903) e seus epígonos. A ideia inicial é a de que a competição entre indivíduos é o motor tanto da economia como da evolução social. A luta pela vida numa sociedade concorrencial conduz à eliminação dos mais fracos e à sobrevivência dos mais capacitados. Na escala das sociedades, trava-se um combate em que triunfam as mais produtivas, as mais eficientes. Essa visão, aparentemente impiedosa da *struggle for life* [luta pela vida] é, na mente de H. Spencer, uma fonte moral, pois tende a produzir uma sociedade de indivíduos sempre mais inteligentes, inventivos e adaptados para enfrentar a vida. Em contrapartida, a assistência aos pobres, aos fracos e aos portadores de deficiência só faz prolongar a sina dos miseráveis e dos inadaptados. Da mesma forma, as sociedades ricas e industriosas tendem a suplantar as sociedades mais atrasadas, para o bem de todos.

Esse darwinismo social teve seu tempo de glória na Inglaterra durante os anos 1850-1880, época em que se desenvolvem o capitalismo liberal, a industrialização e a dominação colonial inglesa. No início do século XX, os Estados Unidos se tornam o motor do capitalismo e, lá, o darwinismo social individualista conhecerá algum sucesso. É preciso dizer que, num primeiro momento, foi Charles Darwin que recebeu a influência e importou, para a sua teoria da evolução, as ideias de Thomas R. Malthus* e H. Spencer. A expressão "darwinismo social" não dá conta desta relação desconcertante: uma teoria social transportada para a esfera biológica.

O DARWINISMO SOCIAL E A LUTA ENTRE AS RAÇAS

No continente europeu, desenvolveu-se outro tipo de darwinismo social, racista e colonialista. Essa doutrina não colocava em primeiro plano a luta entre indivíduos, mas o conflito entre raças e povos. Os teóricos dessa corrente são os franceses Joseph Arthur de Gobineau (1816-1882) e Georges Vacher de Lapouge (1854-1936), e também Houston Stewart Chamberlain (1855-1927), inglês naturalizado alemão, genro de Richard Wagner e violentamente antissemita. Essas teorias racistas, que pregam a superioridade da raça ariana, forneceram ao fascismo suas bases doutrinais.

O darwinismo social foi combatido, em sua época, por Thomas H. Huxley, que recriminou "essas teorias truculentas da evolução". Por extensão, alguns autores qualificam de "darwinismo social" todas as formas posteriores de aplicação do darwinismo à sociedade, como a sociobiologia*.

→ **Darwinismo**

DAVIDSON, DONALD
(1917-2003)

Donald Davidson é um dos mais influentes filósofos analíticos* americanos da segunda metade do século XX. Suas pesquisas seguiram duas direções principais:

– uma reflexão sobre a verdade e a significação;
– uma análise das relações entre razão, crença e ação.

Sua reflexão sobre a linguagem visa a desenvolver uma teoria formal que seja adequada às línguas naturais. Por outro lado, retomando a questão da tradução radical de Willard van Orman Quine*, ele desenvolve uma teoria da interpretação radical, que busca determinar as condições necessárias para que um indivíduo possa compreender uma língua que lhe seja totalmente desconhecida. O problema é o seguinte: como atribuir uma significação às palavras de um locutor sem saber em que ele acredita, quando não podemos identificar suas crenças sem compreender o sentido de suas palavras? D. Davidson afirma ser possível sair desse impasse graças ao "princípio de caridade", que nos impõe considerar que os locutores, cuja linguagem procuramos compreender, têm crenças que julgamos verdadeiras. É preciso, pois, pressupor a racionalidade dos locutores e da linguagem que estamos procurando interpretar. Com base em tal postulado, como compreender os erros de julgamento e os comportamentos irracionais?

Esse é um dos problemas que a filosofia da ação de D. Davidson procura resolver. Interessando-se pelas ações intencionais*, ele sustenta, contra Ludwig J. Wittgenstein* e seus discípulos, que a explicação pelas razões não exclui uma explicação pelas causas. Há interação causal entre os eventos físicos e os eventos mentais. Mas D. Davidson sustenta, ao mesmo tempo, a tese da "anomalia do mental": ainda que haja interação causal, não é possível, contudo, inferir leis estritas do mental. Para ele, uma ação é intencional se, e somente se, pelo menos uma das razões do agente for a causa da ação. Mas, se as razões podem ser causas, podemos legitimamente supor que as melhores razões são também as que serão mais suscetíveis de ser a causa da ação.

Como, então, explicar "a ação de um agente que, tendo pesado as razões pró e contra e tendo julgado que a preponderância das razões faz a balança pender para um lado, age ao contrário desse julgamento?" ("Paradoxes of Irrationality" [Paradoxos da irracionalidade], 1991). Segundo ele, é preciso admitir a ideia de Sigmund Freud*, de que a mente é "dividida" em instâncias ou em sistemas semi-independentes, mesmo que D. Davidson recuse a divisão entre consciente e inconsciente. Do princípio de caridade à reflexão sobre a fraqueza da vontade, a obra de D. Davidson se mostra como uma tentativa de salvar a racionalidade onde ela parece estar em xeque.

Principais obras de D. Davidson
- *Essays on Actions and Events*, 1980 [Ensaios sobre ações e eventos]
- *Inquiries into Truth and Interpretation*, 1984 [Investigações sobre verdade e interpretação]
- "Paradoxes of Irrationality" [Paradoxos da irracionalidade] (1982) e "Deception and Division" [Engano e divisão] (1985), da coletânea de ensaios *Problems of Rationality* [Problemas de racionalidade]; "Rational Animals" (1982), publicado no livro *Subjective, Intersubjective, Objective* [Subjetivo, intersubjetivo, objetivo].

→ **Ação**

DAWKINS, RICHARD
(nascido em 1941)

Biólogo e etologista inglês, professor em Oxford, Richard Dawkins é uma das figuras de proa da sociobiologia. Com grande talento de vulgarizador da ciência, promoveu duas visões da evolução: uma teoria biológica centrada na ideia do "gene egoísta" e uma teoria da difusão cultural centrada na noção de "memes".

A TEORIA DO GENE EGOÍSTA

Em 1976, R. Dawkins publica *The Selfish Gene* [*O gene egoísta*], obra de enorme sucesso nos países anglo-saxões. Publicado um ano depois de *Sociobiology* [Sociobiologia], de Edward O. Wilson, é inspirado, como este, na teoria sintética da evolução.

O organismo é uma construção dos genes, e o único objetivo dos genes é replicar-se e difundir-se na população. Todos os organismos vivos, inclusive os humanos, nada mais são do que instrumentos a serviço do gene. A partir disso, a maioria das condutas animais (a sexualidade, a dedicação dos pais, as estratégias de sobrevivência e mesmo o altruísmo) se explicam única e exclusivamente pela finalidade da difusão dos genes. Essa teoria permite explicar o aparente paradoxo do altruísmo animal. Se uma formiga aceita sacrificar-se para defender o formigueiro, é porque, assim, ela está contribuindo para propagar os seus genes. De fato, a formiga não se reproduz individualmente (só a rainha põe ovos). Mas, ao defender o formigueiro, ela assegura a reprodução dos próprios genes, que estão presentes em todas as outras formigas. Portanto, os organismos biológicos são apenas "máquinas" que os genes utilizam para se reproduzir.

A TEORIA DOS MEMES

Em *O gene egoísta*, R. Dawkins fala bem pouco dos seres humanos. E só aborda a questão ao desenvolver outra ideia, inicialmente despercebida, mas que teria uma repercussão extraordinária: a teoria dos memes.

Nos seres humanos, a sobrevivência passa pela cultura e pela transmissão de uma cultura, feita de conhecimentos, de representações, de toda sorte de ideias. De certa forma, a cultura é o caminho escolhido pelos genes humanos para se replicarem. Os "memes" constituem o elemento básico da cultura humana. Um meme (a palavra foi cunhada por se parecer, ao mesmo tempo, com "gene" e "mesmo") é uma unidade cultural, uma ideia. Pode ser uma mensagem moral ("Não matarás"), uma receita de culinária (torta de maçãs), uma opinião (o antissemitismo), uma teoria (a psicanálise), uma crença (o Deus do monoteísmo), uma canção (*Love me tender*). Os memes se propagam de um cérebro a outro como os vírus de uma epidemia. Ao se replicarem, eles sofrem mutações. Alguns se propagam facilmente, outros permanecem num nicho ecológico limitado. Alguns são eliminados, outros perduram e se reproduzem de modo idêntico durante muito tempo. Os memes competem entre si, combinam-se. Têm um potencial de vida mais ou menos forte.

Para R. Dawkins, a evolução das ideias segue uma lógica epidemiológica comparável à da transmissão dos genes. No ser humano, a difusão cultural dos memes se sobrepõe à evolução biológica. A teoria dos memes seduziu muitos autores no mundo anglo-saxão. Do filósofo Daniel C. Dennet* (*Darwin Dangerous Idea* [A ideia perigosa de Darwin], 1995) à psicóloga Susan Blackmore (*The Meme Machine* [A máquina meme], 1999), muitos se tornaram seus difusores devotados.

Principais obras de R. Dawkins
• *The Selfish Gene*, 1976 [*O gene egoísta*, Companhia das Letras, 2007]
• *The Blind Watchmaker*, 1986 [*O relojoeiro cego*, Companhia das Letras, 2001]
→ **Sociobiologia**

DEBILIDADE
→ **Deficiência intelectual**

DECISÃO

"Depois que tomo uma decisão... ainda fico refletindo sobre ela por muito tempo" (Jules Renard)

Sociologia. Outubro de 1962, uma reunião de emergência está acontecendo na Casa Branca. Todo o *staff* presidencial está reunido em torno do presidente John F. Kennedy. A hora é grave, os serviços de informação descobriram a instalação secreta de mísseis soviéticos em terras cubanas ameaçando diretamente os Estados Unidos. Os americanos devem decidir como contra-atacar a fim de impor a retirada dos mísseis. O risco dessa decisão é crucial, pois a possibilidade de desencadear uma terceira guerra mundial deve ser considerada.

As discussões são acaloradas. É preciso decidir entre diversas soluções possíveis:

– não intervir, a fim de não envenenar as relações Leste/Oeste;
– iniciar um procedimento diplomático – estratégia prudente, mas pouco eficaz, que corre o risco de ratificar o fato consumado;
– propor uma retirada dos mísseis soviéticos em troca da retirada das instalações americanas na Turquia e na Itália;
– invadir Cuba, arriscando desencadear uma reação soviética;
– lançar um ataque aéreo visando as bases dos mísseis;
– fazer um bloqueio naval da ilha para forçar a retirada.

Finalmente, depois de ponderar durante treze dias sobre os riscos e as vantagens de cada proposta, decidiu-se pela última. Está decidido o bloqueio, e ele surtirá o efeito desejado. Em vez de lançar a contraofensiva, Nikita Kruschev prefere recuar, e os mísseis são retirados de Cuba.

Se a "crise dos mísseis" teve um desfecho feliz, a decisão de J. F. Kennedy foi, inegavelmente, a mais grave que o presidente teve de tomar.

A história dessa decisão foi estudada detalhadamente pelo cientista político americano Graham Allison. Seu livro, *Essence of Decision: Explaining the Cuban Missile Crisis* [Essência da decisão: explicando a crise dos mísseis cubanos] (1971), tornou-se um clássico. Em sua magistral análise dos acontecimentos, G. Allison mostra que o processo de decisão americano pode ser interpretado segundo três diferentes modelos explicativos: racional, organizacional e político.

Segundo o modelo "racional", a decisão tomada é o resultado de uma escolha comparativa entre as diversas soluções possíveis. O presidente J. F. Kennedy e seus conselheiros avaliaram cuidadosamente os riscos e as saídas prováveis de cada fórmula, pesaram as vantagens e os inconvenientes para, finalmente, selecionar aquela que apresentava a melhor relação custo/eficácia. Essa análise, em termos de cálculo racional, postula a existência de um ator único, o governo dos Estados Unidos, que agiu em nome de prioridades hierarquizadas segundo a utilidade.

Entretanto, a análise das etapas não corresponde totalmente a esse atraente modelo. Em primeiro lugar, a panóplia das soluções teoricamente possíveis era mais ampla do que a efetivamente considerada. As propostas provinham de roteiros preestabelecidos pelo Estado-Maior das Forças Armadas e pelos diplomatas. Além disso, G. Allison constata que os decisores só dispunham de informações limitadas e selecionadas pelos serviços secretos. Ele afirma que a decisão tomada podia ser mais bem explicada por um modelo organizacional, levando em conta as imposições da organização, as informações e a exiguidade do tempo disponível para reagir.

Era possível ainda uma terceira abordagem da decisão, a política. Aqui, a análise privilegia o desempenho dos atores. Entre as soluções possíveis, J. F. Kennedy rejeitou algumas por razões eleitorais: a não intervenção ou unicamente a via diplomática seriam consideradas fraquezas; as soluções "duras" propostas pelo exército eram por demais arriscadas. Finalmente, o presidente optou por uma solução de compromisso entre as posições extremas.

Para G. Allison, uma única decisão pode ser interpretada segundo três grades de leitura, todas relativamente válidas. Cada uma destaca um aspecto do fenômeno. Como num caleidoscópio, o fenômeno da decisão mostra diferentes facetas conforme o ângulo de observação adotado.

Mas os três modelos examinados por G. Allison não esgotam o número de interpretações possíveis. A análise das políticas públicas foi enriquecida com outros modelos. Segundo o modelo da "lata de lixo", de James G. March*, a decisão é vista como o encontro oportuno entre problemas e decisões prontas. O modelo de "alocação dos recursos" de Joseph Bower insiste nos níveis hierárquicos da decisão nas grandes empresas. O modelo "incrementalista", de Charles Lindblom, centra-se nos tateamentos, nos ajustes, nos compromissos, etc.

Globalmente, por trás da imagem uniforme de uma decisão consciente e unificada, tomada por um ator único num momento preciso, a análise das decisões (em política pública ou em uma empresa) mostra-se mais como um processo que integra diversas racionalidades que se imbricam e se superpõem.

Economia e gestão. É a partir dos anos 1940 que começam a florescer teorias da decisão aplicadas à economia e à gestão e baseadas no princípio da escolha racional*. Essas teorias visam a determinar a melhor escolha possível em dada situação: investimento, gestão de aplicações em bolsa, decisão administrativa. Apoiam-se em diferentes modelos matemáticos, como os desenvolvidos nos séculos XVII e XVIII com o cálculo das probabilidades (Blaise Pascal, Jacques Bernoulli, Thomas Bayes*), e, depois, com a teoria dos jogos.

Em um primeiro modelo de decisão, é preciso efetuar uma escolha entre outras possíveis (por exemplo, a compra de um carro), avaliando a utilidade relativa de cada solução. Constrói-se uma "árvore de decisão" (esquema que

---

A TIRANIA DAS PEQUENAS DECISÕES

• Em sua obra *Micromotives and Macrobehavior* [Microdecisões e macrocomportamento] (1978), o sociólogo inglês Thomas C. Schelling dá mil exemplos dos efeitos perversos* que podem resultar de uma soma de microdecisões individuais.

Imaginemos, diz T. C. Schelling, dois grupos humanos A e B, de tamanho idêntico, que convivem num mesmo território. Cada um dos grupos aceita viver em contato com o outro, com a condição de não ficar em minoria. Entretanto, a distribuição aleatória das habitações cria forçosamente desequilíbrios locais. Se, quando a vizinhança de um indivíduo for composta de mais de 50% de membros do outro grupo, este decidir ir embora, logo irá criar-se uma segregação total. Todos os indivíduos irão, pouco a pouco, juntar-se aos membros de seu grupo por efeito de amplificação. A soma das microdecisões individuais produzirá um efeito contrário à regra de convivência inicialmente aceita.

• T. C. Schelling cita outro exemplo de efeito perverso ligado à soma de microdecisões individuais. Um caminhão deixa cair uma barra de ferro na estrada. Os motoristas que vêm atrás dele desviam do obstáculo, mas decidem seguir em frente. Assim, a barra de ferro pode ficar durante horas na pista. Na verdade, individualmente, nenhum motorista tem interesse em parar, uma vez que contornou o obstáculo. Para cada um deles, voltar e retirar o obstáculo consome tempo, é inútil e até mesmo perigoso. De uma soma de microdecisões racionais resulta uma macrodecisão irracional.

resume as alternativas possíveis, como todos os tipos de automóveis, por marca e modelo), depois, atribui-se a cada critério (velocidade, conforto, preço de compra) um determinado valor. Pode-se calcular a melhor escolha: é a que obtém a melhor nota final.

A "decisão com risco" é outro modelo que se situa no quadro de um meio incerto (como um investimento no mercado financeiro). A decisão, nesse caso, supõe avaliar as probabilidades (chances e riscos) para cada solução. São possíveis diversas estratégias conforme se esteja disposto a arriscar muito (para um retorno financeiro importante), ou a minimizar os riscos.

Certas decisões estão ligadas à presença de um adversário-parceiro que efetue escolhas (como em um jogo de xadrez). Como devo agir quando não sei qual será a reação do adversário? A teoria dos jogos foi construída considerando essa situação e teve inúmeros desenvolvimentos em microeconomia.

Psicologia. Os psicólogos enfatizaram que as teorias da decisão utilizadas em economia e em gestão eram normativas (visam a determinar o que mais convém fazer) e não descritivas: não dão conta do que as pessoas realmente fazem. O modelo da escolha racional aplicado aos decisores e aos consumidores não é realista.

As pesquisas de Amos Tversky e Daniel Kahneman revelaram que os sujeitos a quem se pede para julgar a probabilidade de um evento erram muito. Por exemplo, entre as duas séries seguintes, qual tem mais chances de sair no jogo de cara (Ca) ou coroa (Co)?

– Coroa, coroa, coroa, coroa, coroa, coroa.
– Cara, coroa, cara, coroa, coroa, cara.

A maioria dos sujeitos responde que a segunda série tem mais chances de sair, o que não é o caso, uma vez que as duas têm chances iguais.

Inúmeros testes efetuados em sujeitos reais revelaram divergências sistemáticas entre as condutas reais dos sujeitos e as soluções lógicas. A. Tversky e D. Kahneman propuseram um modelo psicologicamente mais realista de decisão. Eles supõem que o indivíduo utiliza heurísticas* para decidir. Assim, no exemplo do jogo de cara ou coroa, os sujeitos empregam uma heurística que consiste em escolher a solução que parece ser a mais representativa (a série cara coroa cara coroa coroa cara se assemelha mais aos resultados habituais dos sorteios do que a série coroa coroa coroa coroa coroa coroa). Segundo Philip Johnson-Laird, as decisões diárias se baseiam mais em modelos mentais* (esquema de pensamento habitual) do que em escolhas lógicas.

Bibliografia: • Sciences Humaines, hors série n° 3, 1993 • A. Berthoz, La Décision, Odile Jacob, 2003 • R. Kast, La Théorie de la décision, La Découverte, "Repères", 2002 [1993] • S. Moscovici, W. Doise, Dissensions et consensus, une théorie générale des décisions collectives, Puf, 1992

→ **Ação, Jogos (teoria dos), Estratégia**

DECLARATIVO-PROCEDURAL

Esses dois termos, oriundos da informática, são usados pelas ciências cognitivas. O saber "procedural" designa o conjunto de regras que se deve seguir para alcançar um objetivo, é um "saber-fazer". Por exemplo, para construir uma frase, é preciso dominar as regras de gramática (o conhecimento procedural).

O saber declarativo se refere a um conteúdo, a atributos de um determinado objeto, como o conhecimento das palavras e o seu sentido. O termo "declarativo" mostra bem a proximidade com a linguagem, pois os conhecimentos declarativos podem ser verbalizados ("A baleia é um mamífero"; "A água ferve a 100 °C"), ao passo que os conhecimentos procedurais são verificados na atividade.

Em psicologia cognitiva, a distinção declarativo/procedural é utilizada para descrever diferentes memórias:

– a memória declarativa diz respeito aos conhecimentos que um indivíduo tem sobre os fatos, as coisas e os acontecimentos. Seu conteúdo é verbalizável, acessível à consciência e pode ser declarado;

– a memória procedural é a memória das aptidões comportamentais ou cognitivas. Ela contém conhecimentos sobre a maneira de fazer as coisas (por exemplo, dirigir um carro).

Esses dois tipos de memória cooperam em todo aprendizado, e não é possível mobilizar somente uma delas.

Em ciências da educação bem como em gestão das organizações, a distinção entre os saberes e o saber-fazer é, muitas vezes, expressa em termos de conhecimentos declarativos ou procedurais.

DEFESA (mecanismo de)

Em psicanálise, os mecanismos de defesa designam as estratégias mentais que visam a dominar certas pulsões e a angústia que pode se originar dos conflitos interiores. Anna Freud (1895-1982) – filha de Sigmund Freud* – realizou a mais sistemática exposição da noção de mecanismos de defesa (*Das Ich und die Abwehrmechanismen* [*O ego e os mecanismos de defesa*], 1937), que ela divide nos seguintes grandes tipos:

– o recalque corresponde a uma tentativa de fazer refluir uma pulsão julgada perigosa empurrando-a para o mais profundo do inconsciente;

– a projeção consiste em atribuir a um outro suas próprias pulsões;

– a sublimação consiste em desviar as pulsões instintivas – sexuais ou agressivas – para atividades espirituais socialmente mais aceitas e valorizadas, como a arte, a religião, a ciência...;

– o deslocamento se manifesta quando o objeto do investimento pulsional é transferido para outro objeto.

Muitos outros mecanismos de defesa foram desvendados: a fixação (adesão rígida a uma atitude ou a um comportamento); a racionalização (que consiste em desenvolver argumentações complicadas que mascaram as intenções e os motivos subjacentes); a idealização (valorização de uma pessoa ou de um modelo sem levar em conta seus aspectos negativos); a denegação, que consiste em negar a existência de um fato que entra em franca contradição com crenças, desejos ou valores...

DEFICIÊNCIA INTELECTUAL (ou debilidade)

Insuficiência ou retardo no desenvolvimento intelectual que se manifesta por uma incapacidade mais ou menos grave de se adaptar às exigências do meio.

Os psicólogos diagnosticam a debilidade a partir de testes de inteligência. O QI* (quociente intelectual) de um indivíduo médio corresponde a 100; fala-se de debilidade leve quando este está entre 50 e 70, e de debilidade profunda quando é inferior a 50.

O déficit intelectual é sempre acompanhado de certo déficit social, que pode se traduzir, entre outros sintomas, por egocentrismo, rigidez ou sugestionabilidade e certa dificuldade em se adaptar a situações novas.

DELEUZE, GILLES
(1925-1995)

Gilles Deleuze ocupa um lugar um tanto singular na paisagem filosófica. A primeira parte de sua obra é consagrada à história da filosofia através da análise de grandes figuras: de David Hume (*Empirisme et subjectivité* [*Empirismo e subjetividade*], 1953, passando por Friedrich Nietzsche* (*Nietzsche et la philosophie* [*Nietzsche e a filosofia*], 1962), Immanuel Kant (*La Philosophie critique de Kant* [*Para ler Kant*], 1963), Henri Bergson (*Le Bergsonisme* [*O bergsonismo*], 1966), até Baruch de Espinosa (*Spinoza et le problème de l'expression* [*Espinosa e o problema da expressão*], 1968) e mesmo Gottfried Wilhelm Leibniz (*Le Pli: Leibniz et le baroque* [*A dobra: Leibniz e o barroco*], 1988).

Com *Différence et répétition* [*Diferença e repetição*] (1969) e *La Logique du sens* [*A lógica do sentido*] (1969), G. Deleuze propõe uma visão antissistemática, anti-hegeliana do pensamento. A filosofia clássica divide o mundo em dois, o real e sua representação. Pensar é tentar adequar as coisas a um conceito, e produzir assim uma verdade. Mas os conceitos que empregamos são redutores, unificadores. Querem encerrar a diversidade do real, a sua variedade, sua criação e as suas singularidades no mundo fechado e estático da representação.

OS MECANISMOS DE DEFESA DE GRUPO

• A psicanálise das organizações foi desenvolvida no Tavistock Institute, Inglaterra, por Wilfred R. Bion e Elliot Jacques, que estudaram os mecanismos de defesa de um grupo diante de suas angústias de destruição. W. R. Bion se interessou particularmente pela reação "de ataque-fuga", em que o grupo projeta seus temores num inimigo externo. Outra reação, revelada por E. Jacques, reside no fenômeno do bode expiatório. Nas relações de trabalho, algumas funções são sistematicamente depreciadas, criticadas e consideradas responsáveis por todos os males. A imputação de todos os reveses a um "mau sujeito" permite eximir-se das próprias responsabilidades, aliviar as tensões, dar livre curso a certas tendências sádicas e unir uma parte do grupo.

Opondo-se radicalmente aos pensamentos unificadores que pretenderam dissolver o singular, o acontecimento, o particular num molde único, num sistema, G. Deleuze afirma a primazia do individual e do singular.

Seu encontro com o psicanalista Félix Guattari é determinante e culmina na publicação em conjunto de *L'Anti-Oedipe* [*O anti-Édipo*] (1972), que afirma a primazia do desejo e da força pulsional criadora, procedendo a uma vasta crítica do freudismo* e do lacanismo*, cujas visões do homem são dominadas pela ideia de falta. Considerado um filósofo da diferença (com Michel Foucault*, Jacques Derrida* e Jean-François Lyotard*), na realidade G. Deleuze se distingue por sua recusa dos sistemas*. Ele constitui uma referência central do que hoje chamamos de "pós-modernismo*" e obtém grande sucesso nos Estados Unidos.

Principais obras de G. Deleuze
- *Différence et répétion*, 1969 [*Diferença e repetição*, Graal, 2006]
- *La Logique du sens*, 1969 [*A lógica do sentido*, Perspectiva, 1998]
- (com F. Guattari) *L'Anti-Oedipe: capitalisme et schizophrénie*, 1972 [*O anti-Édipo: capitalismo e esquizofrenia*, Imago, 1976]
- (com F. Guattari) *Mille plateaux*, 1980 [*Mil platôs*, Editora 34, 1995]
- (com F. Guattari) *Qu'est-ce que la philosophie?*, 1992 [*O que é filosofia*, Editora 34, 3.ª ed., 2000]

DELINQUÊNCIA
→ Criminalidade

DEMANDA
→ Lei da oferta e da procura

DEMÊNCIA

Deterioração mental progressiva causada por uma alteração do cérebro.

Entre as demências senis, a mais conhecida é o mal de Alzheimer, caracterizado por três fases sucessivas: pequenos esquecimentos; perda grave de memória e alteração das capacidades intelectuais; modificação da personalidade e confusão mental com alucinações e delírios de perseguição, por exemplo.

DEMOCRACIA

Quando dizemos "democracia", pensamos no governo direto do povo pelo povo. De fato, é isso mesmo que afirma a etimologia (*dêmos* significa povo, *kratos*, poder).

Os pensadores da democracia

Charles de Montesquieu
(1689-1755)
De l'Esprit des lois [*O espírito das leis*], publicado em 1748, obterá grande sucesso. Inspirado no inglês John Locke, ele expõe, nesse livro, o princípio da separação dos três poderes – legislativo, executivo e judiciário. Mas Charles de Montesquieu não é partidário da democracia, prefere um regime aristocrático.

Jean-Jacques Rousseau
(1712-1778)
Para ele, a soberania do povo deve exprimir-se pela vontade geral, que resulta da deliberação entre todos os cidadãos (*Du Contrat social* [*O contrato social*], 1762). Hostil a todo sistema representativo, Jean-Jacques Rousseau é um partidário resoluto da democracia direta, mas admite que ela só é possível para um povo de deuses!

Alexis de Tocqueville*
(1805-1859)
Interessou-se pelo surgimento das democracias e tentou entender as condições de seu sucesso. Para tanto, em 1831, vai aos Estados Unidos a fim de estudar a democracia americana. Uma de suas grandes ideias é que, para se manter, um regime democrático deve conciliar a igualdade dos cidadãos e a liberdade dos indivíduos. Entretanto ele considera que a eleição pelo sufrágio universal constitui uma tirania da maioria.

Joseph A. Schumpeter*
(1883-1950)
Em *Capitalism, Socialism and Democracy* [*Capitalismo, socialismo e democracia*] (1942), ele desenvolve uma teoria dita "elitista" da democracia: os profissionais do político se entregam a uma concorrência pelo poder, o que assegura o funcionamento da democracia na medida em que o povo permanece em condição de escolhê-los pelo voto.

Robert A. Dahl
(nascido em 1915)
Deve-se a ele a noção de "poliarquia", que significa que, na democracia, o poder está difuso, e não concentrado. As decisões políticas decorrem de um processo complexo de ajustes e de regulação entre interesses divergentes.

No decorrer da história, porém, raros são os regimes que se curvaram perfeitamente a essa exigência. Mesmo a democracia grega, tradicionalmente citada como exemplo, só se aproximou dela em parte, como mostrou o dinamarquês Mögens H. Hansen (em *Det athenske demokrati – og vores* [A democracia ateniense], 1993). Em média, as assembleias organizadas em Atenas reuniam apenas 6 mil cidadãos (dos 30 mil a 40 mil cidadãos para uma população de 400 mil atenienses)

Hoje, somente a Suíça se aproxima dela pela prática regular de *referenda* de iniciativa popular. Por outro lado, as perspectivas oferecidas pelas novas tecnologias de telecomunicação, como a internet, reativaram o sonho de uma democracia direta. Mas, na França, como em outros países, inclusive nos Estados Unidos, as experiências de "ciberdemocracia", em geral, não se revelam muito convincentes.

Por não ser direta, a democracia que se impôs nos Estados Unidos e na Europa a partir do século XVIII é representativa. São eleitos deputados a fim de representar os interesses de seus eleitores. Foi assim que a eleição, durante muito tempo considerada de essência aristocrática, se impôs em detrimento do sorteio, que, entretanto, uma longa tradição de filósofos, de Aristóteles a Jean-Jacques Rousseau, julgava mais democrática.

Essa aparente contradição nos termos (direto e representativo) explica por que a democracia foi por tanto tempo considerada um regime imperfeito ou "o pior dos regimes com exceção de todos os outros", segundo a fórmula humorística de Winston Churchill. Durante sua história, com frequência tumultuosa, ela tem sido progressivamente associada a outras exigências: além da extensão do sufrágio universal a todos os adultos (entre os quais as mulheres), a existência de contrapoderes (entre as quais a imprensa), a proteção efetiva da liberdade de opinião, a alternância política.

A democracia representativa também é contestada com certa regularidade em sua capacidade de representar fielmente a opinião pública. Aumento do abstencionismo, crise de confiança em relação aos políticos, enfraquecimento dos partidos são índices usados como argumento para propagar a ideia de um declínio desse modelo de democracia.

Sem necessariamente exuberar nesse sentido, sondagens mostram uma crescente demanda de uma democracia mais participativa, também chamada contínua. Na França, essa tendência foi manifestamente incentivada pela descentralização e pela contestação das decisões "impostas de cima", e mais fundamentalmente pela intensificação de um dos traços da modernidade: o individualismo que reforça a vontade dos cidadãos de serem consultados fora das datas de eleições. Uma evolução positiva, portanto, mas que tem, em contrapartida, a tendência de mobilizar-se em torno de interesses locais, senão particulares (a famosa síndrome de Nimby: *not in my backyard*, não no meu quintal).

Além das iniciativas de democracia local, outro fenômeno parece incentivar uma evolução no sentido de uma democracia participativa: o desenvolvimento de debates públicos, sob a forma de conferências de cidadãos ou de consenso, sobre controvérsias relativas aos riscos alimentares, tecnológicos ou sanitários.

Concretamente, essas conferências consistem em obter recomendações a partir de um painel representativo de cidadãos previamente informados dos últimos avanços da ciência. Se a conferência de cidadãos organizada em 1998 sobre os transgênicos não pôs fim à polêmica, ela constituiu, na França, uma primeira experiência que já contribuiu para transformar as relações entre políticos especialistas e cidadãos "comuns".

O que deduzir de tudo isso, senão a confirmação de que a democracia é, ao mesmo tempo, uma ideia simples (um poder fundamentado na participação direta) e um problema (uma ideia dificilmente aplicável, a não ser por soluções de compromisso)?

No final do século XX, o uso da palavra "democracia" ultrapassou o campo da filosofia política para ganhar o das ciências sociais, em particular a sociologia. Hoje, a democracia pode aplicar-se também a organizações ou instituições. Fala-se de democracia na escola, de democracia familiar ou ainda de democracia na empresa. Nessas diferentes perspectivas, a democracia remete a questões como o compartilhamento da autoridade parental, a participação dos pais na vida escolar, a representação e a expressão dos assalariados na empresa.

Por ironia da história, os pensadores da democracia, que se sucederam desde a Antiguidade até nossos dias, raramente eram favoráveis a essa forma de poder. Entretanto, suas obras contribuíram para formular os seus elementos constitutivos, as forças e os limites.

Bibliografia: • R. Aron, *Démocratie et totalitarisme*, Gallimard, 1987 [1965] • H. Kelsen; *La Démocratie. Sa nature et sa valeur*, Economica, 1988 [1929] • B. Manin, *Príncipes du gouvernement représentatif*, Calmann-Lévy, 1995 • A. de Tocqueville, *De la démocratie en Amérique*, Gallimard, 1992 [1835-1840]

DEMOGRAFIA
Ver as disciplinas nas páginas centrais

DENNETT, DANIEL C.
(nascido em 1942)

Filósofo americano, professor na Universidade de Tufts (Massachusetts), Daniel C. Dennet é um dos mais influentes filósofos da mente*. Em *The Intentional Stance* [O diagnóstico intencional] (1987), ele desenvolve a ideia de uma "postura intencional": os estados mentais "intencionais", como as crenças, os desejos e as expectativas, não resultariam de uma capacidade própria que teriam certos organismos vivos, mas seriam propriedades supostas por aquele que interpreta os comportamentos. As crenças não são, pois, nem simples ficções nem entidades objetivas: são construções que projetamos nos outros e em nós mesmos.

Em 1991, na obra *Consciousness Explained* [A consciência explicada], D. C. Dennett dedica-se a refutar a ideia cartesiana de uma unicidade da consciência, propondo o modelo das "versões múltiplas" da consciência. Segundo esse modelo, todos os pensamentos são tratados no cérebro por processos paralelos e múltiplos de interpretação e de elaboração dos dados sensoriais. À ideia de uma consciência única e onipresente, D. C. Dennett prefere a imagem de um "fluxo" de elementos díspares de consciência, que são tratados paralelamente e se conectam apenas de vez em quando. O eu consciente seria então apenas uma trama, um agrupamento momentâneo de funções, ligadas às vezes por uma mesma narrativa. Na maior parte do tempo, existe "quase-eu", fragmentos de consciência. Por essa razão, segundo D. C. Dennet, não é escandaloso atribuir aos computadores ou aos animais elementos de consciência.

Em *Darwin's Dangerous Ideas?* [A perigosa ideia de Darwin], o filósofo defende o darwinismo* e a teoria da evolução* das espécies por seleção natural. Essa teoria, segundo D. C. Dennet, permite explicar as formas, até as mais evoluídas, da cultura humana e especialmente a moral. A mente humana pode, portanto, ser explicada de maneira naturalista e científica sem recorrer à metafísica ou à religião.

Principais obras de D. C. Dennett
• *The Intentional Stance*, 1987 [O diagnóstico intencional]
• *Consciousness Explained*, 1991 [A consciência explicada]
• *Darwin's Dangerous Ideas?*, 1995 [A perigosa ideia de Darwin, Rocco, 1998]

DENOTAÇÃO
→ Conotação

DEPENDÊNCIA

Economia. A "teoria da dependência", de inspiração marxista, desenvolvida a partir dos anos 1950, analisa as razões do subdesenvolvimento e do estado de dependência dos países do Terceiro Mundo em relação aos países industrializados e às empresas multinacionais que dominam os setores de ponta.

O modo de desenvolvimento capitalista implica a organização de relações econômicas entre os Estados com base nas relações de dependência entre as periferias, os países em desenvolvimento, e os centros, os países industrializados ocidentais (A. Emmanuel, *L'Échange inégal* [A troca desigual], 1969).
→ Adição, Psicologia

DEPRESSÃO

Melancolia, tristeza, fossa, abatimento, depressão grave... essas são as nuanças de um mal que se tornou quase comum em nossas sociedades. Qualquer um de nós já presenciou em seu meio ou sentiu na pele aquele vazio, aquele desinteresse pela vida, aquele retraimento, às vezes acompanhado de distúrbios do sono e do apetite e, no pior dos casos, ideias sombrias cada vez mais invasivas que impelem alguns ao suicídio.

A depressão suscita, para os especialistas, as mesmas interrogações que a maioria dos distúrbios mentais: como avaliar, os fatores biológicos, psicológicos ou sociais, tanto no nível das causas da doença (etiologia) como no do seu tratamento (terapia) e no seu diagnóstico (nosologia).

A HIPÓTESE NEUROLÓGICA

Já no século V a.C., Hipócrates atribuía ao que ele então chamava de "melancolia" uma causa biológica, isto é, o mau funcionamento dos "humores" (as substâncias que circulam no corpo). Mas foi só nos anos 1950, com a descoberta dos neurolépticos e, depois, dos antidepressivos, substâncias químicas que têm ação sobre o estado mental, que se impôs cada vez mais a hipótese de causas biológicas para doenças mentais, como a depressão (e também a esquizofrenia* e a psicose maníaco-depressiva*).

Com o desenvolvimento das ciências cognitivas*, e mais particularmente das neurociências*, a hipótese neurológica da depressão obteve certo sucesso. As pesquisas se multiplicam, principalmente com duas finalidades. Por um lado, para determinar as relações entre a fisiologia do cérebro e a depressão por meio de técnicas cada vez mais eficazes de imageamento cerebral* e, por outro lado, para estudar, de um ponto de vista mais estritamente cognitivo, as relações entre depressão e distúrbios da memória ou da atenção, etc. Mas adotar uma abordagem neurológica não significa necessariamente estabelecer a hipótese de causas estritamente neurológicas para a depressão. Se é verdade que se pode observar o cérebro para compreender a influência de seu funcionamento sobre o estado psicológico, o inverso também é possível. Podem-se, também, analisar os efeitos de diferentes estados psicológicos no funcionamento do cérebro. "É pouco verossímil que esses problemas (os transtornos psiquiátricos) sejam devidos a um mecanismo fisiológico simples. Eles parecem refletir mais a interação sutil de um mecanismo que reflete disposições endógenas e idiossincrasias da vivência individual", escrevem o eminente neurocientista americano Michael S. Gazzaniga e seus colaboradores. Em outras palavras, fatores biológicos e psicológicos estão intimamente ligados. Ao observar, por meio do imageamento cerebral, a atividade cerebral de uma pessoa que rememora com tristeza um luto antigo e a de um paciente gravemente deprimido, é possível comparar mecanismos neurológicos e mentais.

PSICOTERAPIAS OU ANTIDEPRESSIVOS?

A ênfase dada a uma abordagem e a um tratamento biomédico levou a uma visão da depressão que alguns consideram redutora. A literatura recente revela uma preocupação cada vez mais intensa diante da medicalização da psiquiatria e do distúrbio psicológico. Evidentemente, os psicanalistas estão à frente dessa denúncia. Eles temem que a depressão seja classificada simplesmente como uma doença do corpo ou do cérebro e que se confundam seus sintomas (que os antidepressivos podem reduzir ou eliminar) e a significação que eles carregam. Por isso, o psicanalista Pierre Fédida chega mesmo a falar dos "benefícios da depressão", como tentativa do indivíduo de se proteger e de expressar um conflito detectável e solucionável unicamente por uma conduta psicológica.

Segundo Edouard Zarifian, ex-secretário geral da Associação Francesa de Psiquiatria Biológica, um antidepressivo jamais curará por si só um deprimido. Será preciso instaurar uma relação de tratamento na qual o medicamento é um item necessário mas não suficiente. É indispensável um trabalho de acompanhamento psicológico, em alguns casos precisos, seguido de psicoterapia*. Esta pode ser de natureza psicanalítica, familiar ou cognitivista. Hoje, as oposições entre as diferentes escolas são menos nítidas e assistimos, cada vez com maior frequência, a um "ecletismo terapêutico". Uma das principais questões atuais diz respeito à eficácia de cada abordagem, considerando-se o distúrbio mental e o tipo de personalidade do paciente.

UM FENÔMENO SOCIOLÓGICO?

No livro *La Fatigue d'être soi* [O cansaço de ser si mesmo] (1998), Alain Ehrenberg explica o crescente "sucesso" da depressão nas sociedades contemporâneas. A depressão tornou-se, na segunda metade do século XX, o sintoma comum da dificuldade de ser si mesmo. Com o declínio das instituições que impunham normas e valores, o indivíduo se viu "senhor do seu destino", isto é, tornou-se o único responsável pelo êxito de sua vida, mas nem sempre dispõe de uma orientação clara para saber que rumo tomar. Por essa mesma razão, ele tem de assumir a responsabilidade por seus fracassos. Na linha de frente da medicina, a psiquiatria prefere fazer uso dos antidepressivos em vez de procurar conhecer as razões do mal-estar de nossos contemporâneos.

Bibliografia: • A. Ehrenberg, *La Fatigue d'être soi*, Odile Jacob, 2000 [1998] • P. Fédida, *Des bienfaits de la dépression. Éloge de la psychothérapie*, Odile Jacob, 2001 • M. S. Gazzaniga, R. B. Ivry, C. Magnun, *Neurosciences cognitives. La biologie de l'esprit*, De Boeck, 2001 [1998] • J. Kristeva, *Soleil noir. Dépression et mélancolie*, Gallimard, 1999 [1987] • E. Zarifian, *Les jardiniers de la folie*, Odile Jacob, 1999 [1998]

DERRIDA, JACQUES
(1930-2004)

Jacques Derrida foi professor titular de filosofia na ENS, onde estudou, na EHESS e nos Estados Unidos. Em 1983, fundou o Collège International de Philosophie. Com formação em fenomenologia* e inspirando-se em Friedrich Nietzsche* e Martin Heidegger*, logo adota uma atitude crítica com relação à metafísica como discurso que pretende alcançar o saber absoluto, a verdade, o conhecimento último do ser. A metafísica também está presente nas teorias estruturalistas* e na teoria dos atos de linguagem*, que buscam construir uma conceitualização rigorosa da linguagem, considerada a fonte de todo conhecimento. J. Derrida se dedica a desconstruir toda uma tradição do pensamento ocidental marcada pelo cunho metafísico ou logocêntrico. Platão, Ferdinand de Saussure*, Claude Lévi-Strauss* sustentaram a ideia de uma primazia da fala – único discurso legítimo – sobre a escrita, que é uma espécie de desvio do pensamento. O pensamento ocidental oculta o papel mediador e estruturante que a escrita pode ter sobre o próprio pensamento. Este é tributário de seu suporte – a voz ou a escrita –, que o estrutura e participa de sua construção. O mundo das ideias criado pelos seres humanos se apresenta como um mundo de puros conceitos. Mas é uma ilusão acreditar que a mente tem acesso ao sentido sem a mediação da linguagem, falada ou escrita.

J. Derrida propõe-se então revelar as formas invisíveis pelas quais a escrita constrói o pensamento. A "desconstrução*" é um trabalho de demolição do pensamento, que consiste em passar os textos filosóficos ou literários por um crivo para mostrar como os "efeitos de verdade" são produto de jogos de linguagem ou de escrita. Então, desconstruir não é reabilitar a escrita contra a fala, é refutar a oposição feita entre duas categorias. Muitos discursos filosóficos e de ciências humanas são baseados em dicotomias (natureza/cultura, corpo/mente, inteligível/sensível, realidade/aparência, masculino/feminino). Cada noção pertence a uma dupla e é realmente caracterizada por essa oposição. A desconstrução é um trabalho de questionamento dessas oposições. A noção de realidade só tem sentido em oposição à noção de aparência. J. Derrida chama de "diferição" esse princípio de oposição dos termos que produz as diferenças particulares.

O pensamento de J. Derrida influenciou uma corrente de crítica literária nos Estados Unidos. Paul de Man (1919-1983) e Geoffrey H. Hartman (nascido em 1929), professores em Yale, e J. Hillis Miller (nascido em 1928) difundiram as ideias de J. Derrida nos departamentos de literatura. Substituindo o New Criticism, esses autores deram destaque a uma verdadeira "ética da leitura", que consiste em questionar a pressuposta coerência do pensamento do autor e os efeitos de verdade que ele pretende produzir.

Principais obras de J. Derrida
• *L'Écriture et la Différence*, 1967 [*A escritura da diferença*, Perspectiva, 3.ª ed., 2002]
• *De la grammatologie*, 1967 [*Gramatologia*, Perspectiva, 2.ª ed., 2004]
• *Marges de la philosophie*, 1972 [*Margens da filosofia*, Papirus, 1991]
• *Glas*, 1974 [Dobre]
• *La Carte postale. De Socrate à Freud et au-delà*, 1980 [*Cartão-postal. De Sócrates a Freud e além*, Civilização Brasileira, 2007]
• *Du droit à la philosophie*, 1990 [Do direito à filosofia]

DESCONSTRUÇÃO

O termo "desconstrução" foi introduzido em filosofia por Martin Heidegger*, que desejava abalar os alicerces da metafísica ocidental. Retomada e incrementada pelo filósofo francês Jacques Derrida, a estratégia de desconstrução visa a desestabilizar um sistema teórico revelando seus embasamentos, seu "impensado" e "abalando" suas bases. Busca principalmente revelar pares de oposição, do tipo "espírito-matéria", nos quais cada noção só tem sentido em relação à outra. O projeto "desconstrucionista" procura identificar as ambivalências, as contradições, os impasses no interior dos textos da filosofia ocidental. A desconstrução pretende revelar todo resíduo metafísico que faz do *logos*, do conceito, um absoluto.

→ **Derrida, Pós-modernidade**

DESENCANTAMENTO DO MUNDO
→ Secularização

DESENVOLVIMENTO (psicologia do)

No início do século XX o desenvolvimento da inteligência foi alvo do interesse da psicologia. Diversos psicólogos procuraram descobrir os estágios de desenvolvimento próprios de cada idade.

Foi sobretudo a imponente obra de Jean Piaget* que, durante várias décadas, dominou a psicologia do desenvolvimento infantil. Entretanto, os pesquisadores contemporâneos seguiram novas orientações, especialmente em razão do incremento da psicologia cognitiva, da descoberta das competências precoces dos bebês e do papel do meio social no desenvolvimento cognitivo de um indivíduo.

Os estágios de Piaget

J. Piaget vê a inteligência como uma função que permite, a cada pessoa, adaptar-se ao seu meio ambiente. É por suas próprias ações que o ser humano constrói seus conhecimentos (daí o qualificativo de construtivista atribuído à sua teoria). O desenvolvimento intelectual vai da ação motora ao conhecimento abstrato, num longo período, através de grandes estágios de desenvolvimento:

– estágio sensório-motor, até cerca de 2 anos, durante o qual o bebê constrói sua inteligência por atividades motoras (preensão, visão...);

– estágio das operações concretas, de 2 a 12 anos aproximadamente, durante o qual se desenvolve o raciocínio lógico: a criança aprende a categorizar, classificar...;

– estágio das operações formais, atingido na adolescência, dá acesso ao pensamento abstrato.

Entretanto, J. Piaget foi frequentemente criticado por não ter considerado o impacto dos fatores afetivos e sociais no desenvolvimento cognitivo da criança. Foi essa a orientação seguida pelo francês Henri Wallon e pelo psicólogo russo Lev S. Vygotski*, que sublinharam a importância das interações com as pessoas do meio (pais, professores, outras crianças).

Mais recentemente, pesquisadores mostraram que o desenvolvimento cognitivo das crianças podia ser intensamente estimulado pelas interações que elas estabelecem entre si. Quando diversas crianças são solicitadas simultaneamente a resolver um problema de raciocínio, o confronto de pontos de vista divergentes (conflito sociocognitivo) permite, aos que formularam uma resposta incorreta no início, melhorar a sua *performance*. O conflito sociocognitivo leva a criança a se questionar sobre a pertinência de sua resposta e pode levá-la a modificar o seu raciocínio.

Na linha dos trabalhos de L. S. Vygotski, o psicólogo americano Jerome S. Bruner* insistiu na importância do contexto cultural no desenvolvimento cognitivo.

As capacidades precoces do bebê

Com o incremento da psicologia cognitiva e das pesquisas sobre a inteligência, surgiram novos métodos para estudar os bebês. Estudos a respeito da categorização, da permanência do objeto* (*ver quadro*), do reconhecimento das fisionomias e da voz revelaram "capacidades precoces" (relativamente à modelização de J. Piaget) do bebê.

Essas descobertas irão ocasionar o desenvolvimento de uma corrente inatista, que sustenta que as capacidades demonstradas pelos bebês estão, na realidade, presentes no ser humano antes do nascimento. É, por exemplo, a posição defendida por Elizabeth S. Spelke, pesquisadora na Universidade de Cornell, no estado de Nova York, que julga ter o bebê uma concepção inata das propriedades fundamentais dos objetos, ou por Jacques Mehler, que afirma serem nossas aptidões para conhecer o mundo determinadas por nosso patrimônio genético.

Em contrapartida, para pesquisadores como Roger Lécuyer, as aptidões são construídas com base num interesse pela novidade, e só este seria programado previamente.

Se um dos postulados principais de Piaget é que a inteligência se desenvolve pela ação do bebê sobre o meio (inteligência sensório-motora), R. Lécuyer acha, ao contrário, que a inteligência é inicialmente perceptiva e social e, mais do que o tato, são a visão e a comunicação que constituem, para o bebê, meios de apreender o mundo. Como afirmava o psicólogo L. S. Vygotski, o bebê nos diz: "Você pensa, logo eu existo."

Um ressurgimento da psicologia do desenvolvimento

Se as capacidades precoces do bebê já estão bem demonstradas, isso não significa que todas as aptidões cognitivas já existam ao nascer. Por isso, nos anos 1990, os pesquisadores propuseram novos modelos que levam em conta as etapas do desenvolvimento cognitivo. A psicóloga inglesa Annette Karmiloff-Smith, por exemplo, postula a existência de dois processos durante o desenvolvimento: um processo de modularização progressiva (pelo qual as capacidades gerais se tornam especializadas) e um processo de "redescrição" (pelo qual a informação implícita no sistema cognitivo se torna progressivamente explícita). Durante a fase que ela qualifica de "implícita", são dominadas diferentes habilidades, como a locomoção e o reconhecimento perceptivo, mas os conhecimentos que lhes servem de base ainda são inacessíveis à consciência. Assim as crianças entre 3 e 4 anos demonstram ter um conhecimento implícito da noção de centro de gravidade quando conseguem se equilibrar em cima de suportes estreitos. Entretanto, só mais tarde adquirem consciência do que são um ponto de equilíbrio e um centro de gravidade. Somente durante as etapas posteriores do desenvolvimento os conhecimentos implícitos serão "redescritos" para, finalmente, se tornarem explícitos.

O psicólogo francês Olivier Houdé também propõe uma renovação da problemática. Ele constata que as teorias de J. Piaget e dos neopiagetianos fundamentam o desenvolvimento infantil no processo de "coordenação-ativação": diversos esquemas (estruturas de ação identificáveis) se coordenam para chegar a novas competências. Houdé reconhece a existência desse processo, mas julga que, por outro lado, não foi levado em conta outro funcionamento essencial de "seleção-inibição", isto é, quando vários esquemas estão juntos, eles podem entrar em competição; para que ocorra a passagem para um nível intelectual superior, é preciso que o sujeito iniba um mecanismo para ativar o outro. Por sua vez, Robert S. Siegler sustenta a grande variabilidade de estratégias possíveis para uma criança na mesma idade diante de um mesmo contexto.

Bibliografia: • O. Houdé, C. Meljac (orgs.), *L'Esprit piagétien*, Puf, 2000 • R. Lécuyer, *Bébés astronomes, bébés psychologues*, Madarga 1989 • J. Mehler, E. Dupoux, *Naître humain*, Odile Jacob, 2002 [1990] • J. Piaget, *Six études de psychologie*, Denoël, 1964 • M. Reuchlin, F. Bacher, *Les Différences individuelles dans le développement cognitif de l'enfant*, Puf, 1989 • R. S. Siegler, *Intelligences et développement de l'enfant. Variations, évolution, modalités*, De Boeck, 2000 [1996]

DESENVOLVIMENTO ECONÔMICO

Em 1961, atendendo a uma proposta do presidente americano John F. Kennedy, a Assembleia-Geral das Nações Unidas lança a ideia de uma "década desenvolvimentista". Os anos 1960 deveriam ser um momento crucial para ajudar

---

Os bebês e a permanência do objeto

• Jean Piaget fez suas experiências essencialmente com os três filhos. Ao observar o filho Laurent, aos 6 meses, brincando com uma bola, ele constata que, quando a bola desaparece (atrás de uma almofada), o menino deixa de se interessar por ela. Ele deduz, dessas observações, que a permanência dos objetos* só é adquirida por volta de 1 ano.

Experiências que começaram a ser efetuadas vinte anos atrás adotam outra postura. Registram os tempos de fixação visual, em particular no quadro da técnica de "habituação-reação à novidade". O termo "habituação" designa o fato de que quanto mais um bebê conhece um *estímulo*, menos olha para ele.

Ao contrário, a "reação à novidade" significa que seu interesse aumenta ante um *estímulo* novo, o que ocasiona um aumento da duração do olhar. Esse método permitiu revelar que o bebê percebe diferenças ou esquisitices naquilo que é apresentado a ele muito mais cedo do que até então se pensava. Assim, ficou demonstrado que o bebê tem consciência da permanência do objeto, isto é, ele sabe que o objeto continua a existir, depois que é ocultado atrás de uma tela, desde os 4 ou 5 meses. Ele pode também contar até dois na mesma idade. Além disso, está capacitado para a categorização desde os 3 meses, isto é, pode identificar traços comuns presentes em objetos diferentes (R. Baillargeon, E. S. Spelke, S. Wasserman, "Object Permanence in Five-Month-Old Infants", *Cognition*, 1985).

os países do Terceiro Mundo a sair da pobreza e alcançar os países desenvolvidos. Pensava-se, então, que cerca de dez anos bastariam para que "países em desenvolvimento" recuperassem o "atraso".

Na ótica de seus promotores, é evidente que o desenvolvimento supõe primeiro o crescimento econômico, avaliado pela evolução do PNB (Ver Produto Interno Bruto – PIB). Porém, de maneira mais geral, concebe-se o desenvolvimento como uma ampla transformação social e cultural, a das sociedades tradicionais em sociedades industriais e modernas.

Esse desenvolvimento implica, pois, a passagem da economia rural para a economia urbana, com o êxodo rural, a urbanização e a industrialização; a escolarização da população e suas consequências com o declínio das culturas orais e o incremento de uma cultura técnico--científica; a transição demográfica* supõe a baixa paralela de mortalidade e de natalidade.

Concretamente, o que importa é fazer que os países subdesenvolvidos do hemisfério sul – a África, a América Latina e a Ásia – possam chegar ao estado das sociedades modernas. Está lançado um importantíssimo desafio para a humanidade.

As políticas de desenvolvimento

Mas qual estratégia de desenvolvimento adotar? Como realizar esse grande programa histórico?

Desde o início, existem profundas divergências nas doutrinas econômicas e nas vias nacionais adotadas pelos diferentes países. É melhor basear-se no mercado ou no Estado? É melhor apostar no desenvolvimento agrícola (para assegurar a subsistência de todos) ou na indústria? Deve-se incentivar um desenvolvimento autocentrado contando com os próprios recursos, ou abrir-se para o exterior?

Partindo de pressupostos muito diferentes a respeito das causas do subdesenvolvimento e dos meios de sair dele, diversas visões vão dividir o mercado das ideias. Cada uma terá seu momento de glória e suas decepções.

As visões modernista e keynesiana

Os anos 1960 foram dominados por uma visão modernista e keynesiana* do desenvolvimento. Graças a uma ação voluntarista do Estado, o financiamento das instituições internacionais (como o Banco Mundial), a exportação das técnicas e a educação das massas, deu-se um impulso decisivo para lançar uma dinâmica de crescimento. É preciso estimular os polos de crescimento, estimular a indústria privilegiando os ramos de atividade mais promissores. Esse desenvolvimento em marcha forçada supõe, para alguns economistas, um desequilíbrio setorial (Albert O. Hirschman*) e um dualismo entre setor moderno e tradicional (Arthur W. Lewis). É necessário quebrar o "círculo vicioso da pobreza" (teorizado por Ragnar Nurkse).

As visões estruturalista e neomarxista

A época do desenvolvimento foi, também, a da descolonização. Economistas do Terceiro Mundo vão mostrar os efeitos da dominação exercida pelos países capitalistas desenvolvidos. Na América Latina, os economistas Raúl Prebisch e Celso Furtado sublinham os efeitos da dependência (daí o nome de "escola da dependência") do Sul em relação ao Norte. Autores marxistas, como Samir Amin e Arghiri Emmanuel, enfatizam que existe uma "troca desigual" no comércio entre o Norte e o Sul, que contribui para lesar sistematicamente o Sul. Essa visão leva a preconizar um desenvolvimento autocentrado, baseado na substituição de importações e em uma forte intervenção pública. As políticas de inspiração marxista são mais radicais, visam ao rompimento da dependência e incentivam um desenvolvimento endógeno, fundamentado na nacionalização da produção e na reforma agrária (coletivização e redistribuição das terras).

A visão liberal e o consenso de Washington

Em meados dos anos 1980, depois de duas décadas de desenvolvimento, é constatado o relativo malogro das estratégias adotadas. A inflação e uma enorme dívida oneram gravemente as economias da África e da América Latina. Os empréstimos efetuados não produzem o efeito esperado. Na África, os empréstimos serviram, não raro, para alimentar "elefantes brancos", grandes projetos de barragens, equipamentos elétricos ou usinas modernas que jamais funcionaram.

Durante o mesmo período, nas instâncias internacionais (Fundo Monetário Internacional –

FMI, Banco Mundial), é adotada a nova estratégia global para diminuir a dívida, a inflação, o peso do Estado. É o "consenso de Washington". Elaborado pelo FMI, subordina doravante todo novo crédito à adoção de programas de "ajuste estrutural", cujos princípios eram os seguintes: redução dos gastos públicos, controle da inflação, liberalização dos preços, restrição monetária, privatização e abertura das economias para o exterior. Esse novo espírito é estimulado pelo evidente fracasso do comunismo e pelos dissabores do keynesianismo. A onda do pensamento liberal vai, então, de vento em popa.

Um novo paradigma

Durante cerca de quinze anos, mais de sessenta países da África, da América Latina e da Ásia serão submetidos ao regime de ajuste estrutural com resultados muito contrastantes conforme os continentes. Globalmente, os efeitos dos programas de ajuste nos países do Sudeste da Ásia, como a Malásia, a Tailândia e a Indonésia, foram rápidos e benéficos. Em contrapartida os países da África Negra (Madagascar, Senegal, Costa do Marfim, Quênia, Nigéria, Camarões, Gana, Zimbábue e Ilhas Maurício), que foram submetidos à mesma terapia de choque do ajuste, não conseguiram sair do redemoinho de suas dificuldades. Apesar dos repetidos auxílios, os índices de crescimento permaneceram muito fracos e a inflação, assim como o déficit orçamentário, não foi controlada.

Portanto, para uma mesma política, os efeitos são muito diferentes conforme os contextos.

Muitas vozes irão se levantar no próprio seio das instâncias internacionais contra a aplicação unilateral das estratégias liberais de ajuste estrutural. Economistas como Joseph Stiglitz (economista demissionário do Banco Mundial e prêmio Nobel de economia em 2001) defendem outro ponto de vista. Então, um novo paradigma se delineia no final dos anos 1990.

É certo que o mercado é um grande incentivador do desenvolvimento, como prova o sucesso das economias asiáticas, mas esses exemplos mostram que também o Estado desempenha um papel. É ele que deve criar as condições do crescimento (desenvolvendo as infraestruturas e a educação, estimulando as novas tecnologias e o incremento dos mercados, apoiando o sistema financeiro). Aliás, esses preceitos são inspirados pelas novas teorias de crescimento endógeno.

A outra faceta do novo paradigma é que uma política do desenvolvimento não pode ser aplicada unilateralmente a todos os países "de cima para baixo". Ela implica mobilizar diferentes atores da mudança, como a sociedade civil, os investidores, o Estado, etc. Daí, a ideia de uma governança* que procura associar os parceiros do desenvolvimento.

O BALANÇO DE QUATRO DÉCADAS DE DESENVOLVIMENTO

Quatro décadas após o lançamento do primeiro grande projeto de desenvolvimento, onde estamos? Quais estratégias deram certo? Quais foram os impasses? A história já forneceu lições. Comparando os três grandes continentes em questão – África, Ásia e América Latina –, aparece uma primeira grande diferença. De maneira geral, a Ásia e a América Latina entraram numa dinâmica de crescimento, enquanto a África permaneceu, em grande parte, estagnada. Desde os anos 1980, alguns países do Sudeste da Ásia (Coreia do Sul, Cingapura, Taiwan) e da América Latina (notadamente Brasil e México) entraram resolutamente no caminho do desenvolvimento; criar uma indústria nacional, abrir-se ao mercado internacional e depois desenvolver o setor de serviços.

Falava-se, então, de novos países industrializados (NPI), mesmo que esse desenvolvimento acelerado pudesse conviver com fortes distorções internas (desigualdades sociais). Nos anos 1990, os dois gigantes da Ásia – Índia e China – entraram, por sua vez, no caminho do desenvolvimento. Os ex-NPIs, agora "países emergentes", sofreram contragolpes no seu sucesso com as crises financeiras que pontilharam os anos 1990. A África ficou à margem dessa dinâmica. Há cinquenta anos, o nível de vida estagnou. O Produto Nacional Bruto (PNB) de todo o continente africano (incluindo a África do Norte e excluindo a África do Sul) – 800 milhões de pessoas – permanece três vezes inferior ao da França, que só tem 60 milhões de habitantes. A participação africana no comércio mundial não para de diminuir – era de 6% em 1980 e de 2% em 2002. A que se deve esse bloqueio da África? Durante muito tempo, a culpa foi atribuída aos danos do colonialismo, à herança da escravidão e à troca desigual, que teriam devastado os recursos do continente. Atualmente, os historiadores e os economistas relativizam o peso das causas externas. Insistem, ao contrário, nas causas internas, como a incúria dos Estados, as

O SEGREDO DA VIA COREANA

• A Coreia do Sul foi, muitas vezes, citada como um modelo do desenvolvimento bem-sucedido. É verdade que o caso desse pequeno país provoca a admiração quando se conhece a sua história. Foi dividido em dois após a guerra. O Norte se tornou zona comunista e a Coreia do Sul foi integrada à zona ocidental sob a proteção americana.

A divisão da Coreia se deu amplamente em favor do Norte comunista, onde estavam concentrados 80% da indústria e dos recursos minerais. A Guerra da Coreia, de 1950 a 1953, devastou o país e fez 500 mil mortes. Entretanto, a partir dos anos 1960, a Coreia do Sul conhece uma recuperação extraordinária. Em três décadas, torna-se um dos mais prósperos NPIs. De 1960 a 1990, o PNB foi multiplicado por 10, ou seja, 9% de crescimento anual! Uma indústria florescente que exporta automóveis, eletrônica, microprocessadores... e o mercado interno não foi deixado de lado.

É certo que há muitos reversos na medalha: 55 horas de trabalho semanal; durante muito tempo, ausência total de liberdade política, uma dívida importante, etc. Mas a Coreia do Sul não foi um "país oficina" baseado unicamente na superexploração dos assalariados. Todos os indicadores sociais, como renda *per capita*, índice de escolarização (94% no superior), esperança de vida, situam-no, doravante, na categoria dos países "desenvolvidos".

Os liberais alegarão que o caminho coreano foi o do capitalismo baseado no mercado livre e na abertura para o exterior. Os "estatistas" também terão sólidos argumentos: o Estado é extremamente intervencionista, planifica, financia, estabelece leis (sem ser produtor direto). Os defensores do autodesenvolvimento podem alegar uma política voluntarista de substituição de importações. Os partidários das reformas agrícolas sustentarão, com razão, que o país adotou um dos raros programas de reforma agrária levado a termo no mundo desde os anos 1950. De fato, a Coreia do Sul escolheu o que há de melhor em cada um dos modelos sem, na verdade, adotar exclusivamente um deles. É esse o seu segredo.

guerras civis que assolaram o continente e os efeitos perversos da ajuda internacional (que é, em grande parte, desviada e incentiva as estratégias de assistência).

Essa divergência de trajetória entre a Ásia e a África contrariou as previsões. Nos anos 1950, pensava-se que a Ásia, que padecia de miséria e explosão demográfica e que parecia minada pelas guerras (da Indochina, da Coreia, indo-paquistanesa, do Bangladesh...), não pudesse vencer essa situação. A África, dotada de riquezas naturais (metais, recursos agrícolas) estava fadada a um rápido crescimento. Quarenta anos mais tarde, o que ocorreu foi o contrário.

O FIM DO DESENVOLVIMENTO?

O desenvolvimento, que era um dos grandes temas dos estudos econômicos a partir dos anos 1960, tornou-se atualmente um assunto marginal.

Por quê? Uma primeira razão está ligada à própria evolução histórica. O "desenvolvimento" fora concebido, nos anos 1950, como um problema para o conjunto do Terceiro Mundo. Mas a diferença entre as trajetórias dos três continentes (Ásia, África e América Latina) mostrou que não se trata de uma problemática global. A China está passando por uma fase de transição ao capitalismo, os países da América Latina estão procurando administrar suas crises financeiras, os países árabes devem gerenciar sua "renda" petroleira, a África Negra está totalmente à margem do resto do planeta.

Além disso, a própria ciência econômica se reorganizou. A pesquisa sobre o desenvolvimento foi redistribuída em novos domínios: a economia industrial, as finanças internacionais, a globalização, o desenvolvimento sustentável*, a regionalização...

Paralelamente, os efeitos negativos do desenvolvimento (concentração urbana, destruição dos modos de vida tradicionais, desigualdades, poluição) conduziram muitos especialistas a preconizar o desenvolvimento sustentável como caminho equilibrado para o desenvolvimento.

Uma minoria de pensadores radicais chegou a rejeitar em bloco o desenvolvimento, que mais destrói o Terceiro Mundo do que o ajuda.

Bibliografia: • E. Assidon, *Les Théories économiques du développement*, La Découverte, "Repères", 2000 [1992] • A. Guichaoua, Y. Goussault, *Sciences sociales et développement*, Armand

O Indicador de Desenvolvimento Humano (IDH): uma nova avaliação do desenvolvimento

A partir de 1990, o Programa das Nações Unidas para o Desenvolvimento (Pnud) publica, a cada ano, uma nova avaliação do desenvolvimento, o Índice de Desenvolvimento Humano (IDH), baseado numa média de três indicadores: a expectativa de vida*, o nível de alfabetização dos adultos e o nível de renda *per capita*. Esse novo indicador pretende levar em conta dimensões sociais e humanas que unicamente o PIB* por habitante não é capaz de refletir. A classificação dos países mais desenvolvidos de acordo com o IDH de 2002 foi estabelecida da seguinte maneira:

Classificação conforme o desenvolvimento humano	Expectativa de vida ao nascer	Índice bruto de escolarização	PIB por habitante %
1. Noruega	78,5	97	29.918
2. Suécia	79,7	101	24.277
3. Canadá	78,8	97	27.840
4. Bélgica	78,4	109	27.178
5. Austrália	78,9	116	25.693
6. Estados Unidos	77,0	95	34.142
7. Irlanda	79,2	89	29.581
8. Países Baixos	78,1	102	25.657
9. Japão	81,0	82	26.755
10. Finlândia	77,6	103	24.936

Dos trinta países que têm o mais fraco IDH, 29 são da África Negra (a exceção é Bangladesh). Esses países, além de serem os mais pobres, têm a menor expectativa de vida (51 anos em média) e o mais baixo índice de alfabetização (50% da população).

Fonte: *L'État du monde* 2003, La Découverte, 2002

Colin, 1993 • P. Hugon, "La pensée française en économie du développement", *Economies et Sociétés*, n° 37, 2000

DESENVOLVIMENTO PESSOAL

Alice, jovem executiva dinâmica, não tem confiança em si e sonha adquirir uma desenvoltura maior, que lhe permita afirmar sua autoridade junto aos colegas. Lucas aspira a um maior autoconhecimento, a uma vida interior mais rica.

Quem entre nós já não desejou, como eles, fazer evoluir sua vida, profissional ou privada? Quem não deseja se conhecer melhor e conseguir realizar seus desejos mais íntimos? Consequência de uma reflexão amadurecida lentamente, ou reação a um fato marcante ou traumatizante, a vontade de mudar não é rara. E há algumas décadas, ela pode inscrever-se e encontrar apoio no campo do desenvolvimento pessoal.

Na origem desse conceito encontra-se o Movimento do Potencial Humano, iniciado nos anos 1960 na Califórnia. Abraham Maslow*, um dos fundadores, com Carl R. Rogers*, da psicologia humanista, estabeleceu um hierarquia das necessidades psicológicas humanas: busca de ternura e de amor, vontade de reconhecimento e de estima, mas também necessidades psicológicas ditas superiores, como o crescimento pleno, a autorrealização e o desenvolvimento do próprio potencial.

Para A. Maslow, o erro da psicologia foi interessar-se apenas pelo aspecto patológico do psiquismo e ter desconsiderado a dinâmica do desenvolvimento pleno.

A partir daí, surgiu uma infinidade de métodos e técnicas (*coaching*, PNL* ou análise transacional*) com dois objetivos principais. O primeiro visa ao sucesso, à *performance*, isto é, aprender a se comunicar melhor, criar, negociar, tornar-se um líder, desenvolver seu carisma. O segundo, de vocação espiritual, centra-se na transcendência para um aprofundamento da vida interior. Todos têm como objetivo subjacente o acesso não a um bem-estar melhor, mas a um "ser-mais", para retomar a fórmula do filósofo Michel Lacroix (*Le Développement personnel* [O desenvolvimento pessoal], 2000). O mito do super-homem não está longe...

Numa época marcada pelo crescimento do individualismo, podemos imaginar a amplitude que adquire o desenvolvimento pessoal. Nas empresas, os responsáveis pelos recursos humanos recorrem cada vez mais a consultores para potencializar os recursos dos funcionários. Mas a demanda por parte de particulares também está aumentando.

Mergulhadas em livros e revistas sobre a felicidade, a harmonia com os outros, sobre a auto-afirmação e a autorrealização, essas pessoas são os clientes de um psicomercado em expansão. Mesmo que alguns métodos tenham demonstrado sua eficácia, parece excessivo esperar deles o surgimento de uma personalidade ideal, superatuante ou de uma excepcional riqueza espiritual. Na opinião de muitos profissionais, pode-se, no máximo – o que já não é tão ruim – tirar deles um melhor conhecimento de si mesmo e dos outros. Em resumo, certa ideia de harmonia...

DESENVOLVIMENTO SUSTENTÁVEL

É possível imaginar que um continente como a Ásia, com mais de 3 bilhões de habitantes (60% da população mundial), possa adotar, um dia, o modo de vida dos americanos, quando estes, que representam atualmente 5% da população mundial, consomem cerca de 40% das matérias-primas e da energia produzida no mundo?

Conciliar a continuidade do crescimento econômico mundial com a preservação dos recursos naturais para as gerações futuras e a luta contra as desigualdades é a aposta contida na ideia de desenvolvimento sustentável (*sustainable development*).

Em uso desde o final dos anos 1970, nos limites de algumas organizações internacionais, a expressão foi popularizada pelo relatório Brundtland de 1987, assim chamado em face do o nome da primeira-ministra norueguesa que presidia a Comissão Mundial sobre o Meio Ambiente e Desenvolvimento, criada pela Assembleia-Geral das Nações Unidas. Consagrada por ocasião da Cúpula da Terra do Rio de Janeiro, em 1992, a noção se difundiu amplamente junto às grandes organizações internacionais (ONU, Organização para a Cooperação e Desenvolvimento Econômico (OCDE)) e junto à Comissão Europeia. Em virtude dos compromissos assumidos pelos Estados, o desenvolvimento sustentável figura também nos grandes textos de lei nacionais e nos programas de ação de coletividades territoriais criados no quadro da Agenda 21 (a Agenda 21, elaborada durante a Cúpula do Rio, define as medidas concretas que os governos se comprometeram a aplicar integralmente ou em parte). Enfim, a noção está presente nos relatórios de atividades de empresas multinacionais.

Alguns chamam a atenção para o fato de que, embora pareça uma novidade, o desenvolvimento sustentável não faz mais do que retomar um debate aberto há dois séculos por Thomas R. Malthus* sobre o tema da durabilidade da situação ambiental. Para outros, às vezes os mesmos, ele não constitui um avanço real em relação à ideia de ecodesenvolvimento defendida desde 1972, por ocasião da Cúpula de Estocolmo. Em *Le Développement. Histoire d'une croyance occidentale* [O desenvolvimento. História de uma crença ocidental] (1996), Gilbert Rist salienta as ambiguidades de um desenvolvimento que, qualificado de sustentável ou de durável, privilegia implicitamente a preservação dos recursos não renováveis ou a continuidade do crescimento econômico no interesse dos países industrializados.

O desenvolvimento sustentável tem, pelo menos, o mérito de instaurar uma linguagem comum entre uma diversidade de atores: as organizações internacionais, os Estados, as ONGs, as empresas, etc. Portanto, não é de admirar que ele tenha sido associado à ideia de governança*, que, por definição, tem como objetivo a busca de formas de cooperação entre atores institucionais, privados ou procedentes da sociedade civil.

DESIGUALDADES

As desigualdades assumem diversas feições. Em nossas sociedades, as mais visíveis são aquelas referentes à distribuição de renda. A estas superpõem-se outros tipos de desigualdades sociais: as de *status* entre homens e mulheres (no trabalho ou na política), as escolares e culturais (segundo os meios sociais), as étnicas e raciais (para acesso ao emprego e à moradia), as relacionadas à saúde e à mortalidade, etc.

Mesmo nas sociedades "primitivas", ditas "igualitárias", em que não existem diferenças econômicas ou políticas marcantes, há desigualdades de *status*, de poder, de prestígio entre homens e mulheres, entre pais e crianças. Em sentido estrito, as sociedades totalmente igualitárias não são deste mundo.

O CASO BRASILEIRO

O Brasil, sob o ponto de vista de diversos indicadores, sejam eles internacionais ou nacionais, encontra-se historicamente entre os países em que mais se verificam desigualdades econômicas e sociais.

Pelo índice Gini, parâmetro internacionalmente usado para medir a concentração de renda, de 177 países, o Brasil está entre os dez onde há maior desigualdade. O índice brasileiro chega a 57, numa escala de zero a 100 – zero significaria, hipoteticamente, que todos os indivíduos teriam a mesma renda e 100, que apenas um indivíduo teria toda a renda. O país encontra-se, assim, à frente apenas de Colômbia, Paraguai, África do Sul, Botsuana, Namíbia, Lesoto, Haiti, República Centro-Africana e Serra Leoa. Os dados fazem parte do relatório do Programa das Nações Unidas para o Desenvolvimento (Pnud) referente a 2007/2008. Ainda segundo o mesmo relatório, 61,1% da renda nacional concentram-se entre os 20% mais ricos, enquanto 2,8% da renda nacional fica com os 20% mais pobres.

No que se refere ao IDH, que mede, além de riqueza, educação e expectativa média de vida, verifica-se também a mesma discrepância: entre os 20% mais ricos, o país teria um IDH superior ao da média da Islândia, país de maior desenvolvimento humano, e seu índice bateria o topo da escala, 1,00 – no IDH a variação é de zero a 1,00, é a maior contagem e a que representa a melhor qualidade de vida. Ao considerar os 20% mais pobres, o IDH brasileiro seria o mesmo registrado pela Índia, de 0,600. Na média, o Brasil registrou IDH de 0,807, ocupando a 70ª posição num conjunto de 177 países.

Outra medida da má distribuição de renda no Brasil pode ser verificada por um dos relatórios brasileiros mais representativos, a Pesquisa Nacional por Amostra de Domicílios (Pnad), do Instituto Brasileiro de Geografia e Estatística (IBGE), que serve de base para análises feitas por diversos outros institutos econômicos e sociais. Na Pnad 2007, a fatia da renda do 1% mais rico da população é apenas ligeiramente menor do que aquela apropriada pelos 50% mais pobres. Os 10% mais ricos detêm mais de 40% da renda, ao passo que os 40% mais pobres se apropriam de menos de 10% da renda. A renda *per capita* dos negros representa menos da metade da renda domiciliar *per capita* dos brancos. Na análise dos dados elaborada pelo Instituto de Pesquisa Econômica Aplicada (Ipea), houve discreto crescimento dos rendimentos dos mais pobres e, consequentemente, ligeira queda da desigualdade, na comparação com anos anteriores. Porém, o Brasil ainda está longe de alcançar índices de países desenvolvidos.

AS DESIGUALDADES NO MUNDO

No início dos anos 2000, nos países mais ricos (Estados Unidos, Canadá, Europa e Japão), a renda média por habitante é sessenta vezes mais elevada que a dos países mais pobres – essencialmente os países africanos (*Relatório sobre os indicadores do desenvolvimento do Banco Mundial*). É preciso, entretanto, evitar a visão

DESIGUALDADE NO RENDIMENTO E NO CONSUMO

País	Índice Gini*
Noruega	25,8
Argentina	51,3
Brasil	57,0
China	46,9
Zâmbia	50,8

* Mede a disparidade de distribuição (ou consumo) de rendimentos entre os diversos indivíduos ou agregados familiares num determinado país – 0 representa absoluta igualdade e 100, a absoluta desigualdade.
Ano da pesquisa: 2004, com exceção da Noruega, realizada em 2000.
Fonte: Relatório de Desenvolvimento Humano, 2007/2008 / Pnud – Organização das Nações Unidas

POPULAÇÃO ABAIXO DA LINHA DE POBREZA

Países com Índices de Desenvolvimento Humano médio e elevado

País	1 dólar por dia, 1990-2005
Turquia	3,4
Argentina	6,6
Brasil	7,5
Equador	17,7
Nicarágua	45,1
Gâmbia	59,3
Nigéria	70,8

Fonte: Relatório de Desenvolvimento Humano, 2007/2008 / Pnud – Organização das Nações Unidas

bipolar segundo a qual o mundo estaria dividido em dois: ao norte os ricos e ao sul os pobres.

Em escala continental, as evoluções são muito contrastantes. Desde os anos 1980, os países da Ásia conheceram uma fase de crescimento importante. Por seu lado, a África subsaariana regrediu (*ver tabela na p. seguinte*).

Como evoluem essas desigualdades? A longo prazo (meio século), está claro que elas diminuíram globalmente. A França de 2004 é menos desigual que a de 1955. Imediatamente após a Segunda Guerra Mundial, a sociedade francesa é muito desigual, com muitos pobres (camponeses, operários, aposentados) e uma burguesia numerosa (*ver tabela na p. seguinte*). Quarenta anos mais tarde (em 1985), a sociedade se reagrupou em torno de uma renda média. Em primeiro lugar, o número de pobres diminuiu por causa da redução do número de camponeses, da instauração de mínimos sociais (criação do salário mínimo, de um programa de renda mínima para idosos, etc.). O número de ricos vinha diminuindo desde o começo do século por conta da taxação cada vez mais massiva da renda. O movimento de redução das disparidades econômicas foi bastante marcante durante os anos 1965-1985. Em contrapartida, entre 1985 e 1994, a tendência se inverte, sem que a situação do pós-guerra seja restabelecida. Em particular, o número de pobres não aumentou.

Nos Estados Unidos, constatam-se evoluções mais contrastantes. Entre 1965 e 1985, as desigualdades entre os mais ricos e os mais pobres permaneceram estáveis. Os 5% de famílias americanas mais ricas dispunham de um sexto da renda nacional, aproximadamente um quarto em 2004. Quanto aos 20% mais pobres, sua parte passou de 4% para 3,5% do PIB. Diversos fatores explicam essa distância crescente: a precariedade do emprego que levou a uma estagnação da renda dos assalariados mais precários (*working poor*), a chegada de novas levas de imigrantes pouco qualificados; e, inversamente, o *boom* relativo à "nova economia" que, durante os anos 1990, enriqueceu parte da população (os "novos milionários").

POR QUE AS DESIGUALDADES?

Em seu *Discours sur l'origine et les fondements de l'inégalité parmi les hommes* [*Discurso sobre a origem e os fundamentos da desigualdade entre os homens*] (1755), Jean-Jacques Rousseau vê duas grandes fontes de desigualdade entre os homens. Uma, diz ele, é natural e física e provém da diferença entre idades, entre forças... Mas, acrescenta Rousseau, essas diferenças interindividuais não poderiam explicar tudo. A verdadeira razão precisa ser buscada na organização da sociedade. No princípio, as desigualdades nasceram de uma seqüência de acidentes históricos e se mantiveram por "convenção", ou seja, por um arbitrário social. Após uma virulenta crítica contra a sociedade do Antigo Regime, baseada nas ordens (nobreza, clero, terceiro estado), Rousseau pensa que essas desigualdades podem desaparecer, pois "o que a sociedade fez, ela pode desfazer...".

Rousseau, homem das Luzes, não fazia mais que anunciar a reivindicação da igualdade dos direitos, que será um dos grandes ideais da Revolução Francesa.

Um século mais tarde, Alexis de Tocqueville* compreendeu que a caminhada em direção à "igualdade de condições" é uma das grandes reivindicações que levam as sociedades modernas a um movimento profundo. Por "igualdade de condições", ele entende a reivindicação da igualdade dos direitos políticos e cívicos e a possibilidade aberta a todos de ascender a posições elevadas.

A sociologia contemporânea consagrou inúmeros trabalhos à questão da desigualdade.

Ninguém contesta a existência de desigualdades naturais, físicas ou intelectuais. Elas de-

A DESIGUALDADE DE NO MUNDO (2001)

PIB por habitante (dólares)		Índice 100 média muncial
Mundo	5.120	100
Países com altas rendas	26.510	518
Europa	20.670	404
América Latina e Caribe	3.580	70
Oriente Médio e África do Norte	2.220	43
Leste Europeu e Ásia central	1.970	38
Leste Asiático e Pacífico	900	18
África subsaariana	460	9
Sudeste Asiático	450	9
Países de baixa renda	430	8

Fonte: Banco Mundial

sempenham um papel determinante no sucesso escolar ou profissional. Mas essas desigualdades naturais não poderiam disfarçar as fontes sociais das desigualdades: as que são analisadas pelos sociólogos.

No que diz respeito às desigualdades de direito, foi preciso esperar o fim do século XX para que as mulheres e os negros tivessem acesso aos direitos cívicos. Uma vez adquirido o direito, a discriminação efetiva ainda permanece presente, especialmente em relação ao acesso ao emprego. O acesso ao emprego e à moradia nos revela que as mulheres, os "estrangeiros", os deficientes deparam-se ainda com a discriminação. As desigualdades sociais propriamente ditas dividem-se, em seguida, em diversas categorias. Pierre Bourdieu* distingue três tipos de capital: econômico, social e cultural, que se constituem, cada um a seu modo, em um recurso ou um obstáculo para a ascensão social. Essa distinção tem a vantagem de esclarecer a diversidade dos modos de seleção social em nossas sociedades.

As desigualdades propriamente institucionais foram reveladas mais recentemente pelos sociólogos da educação. Evidencia-se, de fato, que as crianças com capacidade intelectual, nível social ou cultural idênticos serão bem ou malsucedidas em função do estabelecimento em que foram escolarizadas. Na mesma cidade, na mesma região, certos estabelecimentos são mais ou menos seletivos, mais ou menos eficazes. É o que foi chamado de "efeito estabelecimento" (Marie Duru-Bellat). Isso mostra que a repartição das oportunidades não é a mesma de acordo com os lugares. Em seguida, foram isolados, da mesma forma, os "efeitos aula" e os "efeitos professores".

Bibliografia: • A. Bihr, R. Pfefferkon, Déchiffrer les inégalités, Syros, 1995 • G. Koubi, G. J. Guglielmi (orgs.), L'Égalité des chances: analyses, évolutions, perspectives, La Découverte, 2000 • T. Piketty, L'Économie des inégalités, La Découverte, "Repères", 1997 • A. Sem, Repenser l'inégalité, Seuil, 2004 [1992]

DESINSTITUCIONALIZAÇÃO

Muitos sociólogos concordam em diagnosticar uma tendência geral nas sociedades ocidentais a partir dos anos 1980: a "desinstitucionalização". Essa palavra complexa oculta uma ideia simples. As instituições que enquadram o indivíduo – família, trabalho, Estado (polícia, exército, justiça) – perderam a autoridade e a ascendência sobre os indivíduos. Isso significa que os pais, o médico, o professor, o policial, o chefe de empresa, etc. já não são autoridades indiscutíveis cegamente respeitadas. A legitimidade de seu poder, de seu saber, pode ser discutida, posta em dúvida, contestada, relativizada. Por outro lado, com o relaxamento da ascendência das instituições sobre o indivíduo, a desinstitucionalização impõe, a cada um, uma reflexividade maior a respeito das próprias condutas.

Bibliografia: • F. Dubet, Le Déclin de l'institution, Seuil, 2002

DESVIO (estudo do)

O desvio designa um comportamento que se choca com uma norma social. Limpar o nariz no braço, fumar maconha, aderir a uma seita são comportamentos desviantes em relação às normas do meio social. Mas as normas variam conforme os meios e as épocas...

O estudo dos comportamentos desviantes foi um dos temas mais abundantemente tratados pelos pesquisadores da escola de Chicago*. Em 1923, Nels Anderson, ex-*hobo* que se tornou sociólogo, publica uma grande pesquisa sobre os *hoboes* (sem-teto), figuras lendárias dos Estados Unidos daquela época. N. Anderson mostra como eles formam uma microssociedade com suas peculiaridades, suas leis não escritas e seus espaços. Existe até uma *universidade hobo*, onde os sem-teto podem expor suas ideias sociais. Surpreendente pela riqueza de suas informações, esse estudo marcará época.

Na mesma linha, em 1928, Ruth Cavan estuda o suicídio. Em 1939, Robert L. Faris e Henry W. Dunham realizam investigações sobre as doenças mentais nos bairros pobres. Em 1963, Howard Becker*, com sua obra *Outsiders* [*Outsiders*], formaliza a teoria da "rotulagem" a respeito da desviância e explica que os grupos sociais dominantes produzem normas e punem os que as transgridem. Esse processo de rotulagem cria os delinquentes, estigmatizando-os.

Bibliografia: • A. Ogien, *Sociologie de la déviance et usage des drogues: une contribution de la sociologie américaine*, Armand Colin, 1995

DETERMINISMO

O suicídio é um ato livre, ou, ao contrário, deve ser considerado o resultado de diversos fatores sociais? O bom êxito na escola é acessível a todos, ou é amplamente determinado por condições sociais? Todas essas perguntas suscitam o problema do determinismo e, portanto, da liberdade do homem. Em que medida os fatores sociais, biológicos ou históricos condicionam o homem e seu comportamento?

O determinismo é, inicialmente, uma ideia tirada das ciências experimentais na época clássica. Foi o físico Pierre Simon Laplace que estabeleceu sua formulação canônica: "Devemos considerar o estado presente do universo como o efeito de seu estado anterior e a causa do que vier depois. Uma inteligência que, num dado instante, conhecesse todas as forças que animam a natureza e a situação respectiva dos seres que a compõem; se, ademais, ela fosse vasta a ponto de submeter esses dados à análise, abrangeria, na mesma fórmula, os movimentos dos maiores corpos e do mais leve átomo; nada seria incerto para ela, e o futuro, assim como o passado, estariam presentes a seus olhos" (*Essai philosophique sur les probabilités* [Ensaio filosófico sobre as probabilidades], 1814). Essa concepção, que reinou absoluta durante muito tempo, foi contudo abalada pela mecânica quântica, e principalmente pelas relações de incerteza de Werner K. Heisenberg (1901-1976).

O DETERMINISMO NAS CIÊNCIAS HUMANAS

As ciências humanas decolam realmente no final do século XIX, distanciando-se do determinismo biológico e lançando a ideia de um determinismo social e cultural.

Émile Durkheim*, por exemplo, vai propor uma análise social cujo princípio básico será "explicar o social pelo social" (*Les Règles de la méthode sociologique* [As regras do método sociológico], 1895). Ao sublinhar o papel dos fatores sociais, É. Durkheim propõe outro tipo de determinismo, o determinismo social. É assim que, em *Le Suicide* [O suicídio] (1897), ele mostra, com base em dados estatísticos, que as pessoas se matam mais nas cidades do que no campo, mais quando são solteiras do que quando são casadas, mais quando são casadas sem filhos do que quando têm filhos, mais quando não têm religião do que quando fazem parte de uma comunidade religiosa.

Ele constata até que as pessoas se suicidam menos quando o país está em guerra ou em grave crise econômica, pois os vínculos sociais se consolidam na desgraça. Graças ao tratamento estatístico, seu estudo do suicídio enfatiza os fatores sociais.

Em psicologia, a abordagem behaviorista* também pode ser considerada uma concepção determinista, mas de outro ponto de vista. Para Burrhus F. Skinner* (1904-1990), líder dessa abordagem, o indivíduo não exerce controle total sobre seus comportamentos, é o meio que os modela por meio de reforços positivos (recompensas de diversas naturezas) ou negativos (sanções). Portanto, no seu entender, a autonomia mental do ser humano é um mito.

DESORDEM E DETERMINISMO

Na segunda metade do século XX, diversos movimentos nas ciências humanas irão questionar a supremacia do determinismo sociocultural concebendo o indivíduo como um ator dotado de certa autonomia. Em sociologia, as teorias da ação* (como o individualismo metodológico*, o interacionismo, a análise estratégica*) sublinham as margens de manobra de que dispõem os indivíduos para agir numa determinada situação.

Por outro lado, a partir dos anos 1980, vemos o pensamento científico pender do determinismo para certo indeterminismo. Nas ciências naturais, a ideia de indeterminismo toma corpo com o aparecimento da teoria do caos*, das dinâmicas aleatórias, da desordem. Nas ciências humanas, também é evidente essa virada indeterminista. Enquanto as décadas de 1950 a 1980 foram dominadas por uma visão extremamente determinista do homem e da sociedade (abordados em termos de estrutura*, de função* ou de leis de desenvolvimento), doravante impõe-se uma nova representação do ser humano, e esta deixa mais lugar à incerteza, à indeterminação e à desordem.

Em 1984, Raymond Boudon* publicou *La Place du désordre* [O lugar da desordem], uma crítica severa do determinismo em ciências sociais. Para esse sociólogo, os fenômenos sociais são o produto de uma infinidade de ações individuais independentes que se agregam produzindo frequentemente "efeitos inesperados" ou "efeitos perversos". O objetivo das ciências sociais não seria encontrar "leis" da mudança social, mas construir "modelos" que descrevessem o resultado, sempre hipotético, da combinação das ações individuais. R. Boudon afirma que, "ao substituirmos a noção de lei pela de modelo, transpomos um profundo abismo epistemológico".

Em 1988, Georges Balandier* publica *Le Desordre: éloge du mouvement* [A desordem: elogio do movimento], obra em que o antropólogo descreve uma sociedade na qual ordem e desordem são indissociáveis. "A modernidade é o movimento mais a incerteza", escreve ele.

Certamente é preciso ultrapassar a antinomia entre liberdade e determinismo. O percurso de uma vida nunca está submetido a um destino implacável nem é fruto de um livre-arbítrio absoluto. Então, convém, talvez, pensar em termos de graus de liberdade, de margens de autonomia, de tendências ou inclinações. Entre a ideia de imposições absolutas e a concepção de um sujeito que goza de perfeita liberdade, as ciências humanas devem pensar no "jogo dos possíveis".

Bibliografia: • J.-P Clero, *Déterminisme et liberté*, Ellipses Marketing, 2001 • Collectif, *La Querelle du déterminisme*, Gallimard, 1990.

DEVEREUX, GEORGES
(1908-1985)

Os caminhos percorridos pelo etnólogo e psicanalista Georges Devereux, fundador da etnopsiquiatria, muitas vezes nos levam a defini-lo como um exilado, um errante ou um nômade, mas também como um poeta, pianista e compositor, um helenista apaixonado, um psicanalista e um xamã.

Húngaro de origem judaica chega em Paris em 1926 para estudar física e, mais tarde, etnologia. Foi aluno de Marcel Mauss* e de Lucien Lévy-Bruhl. Em 1932, emigra para os Estados Unidos. Uma bolsa da Fundação Rockefeller permite-lhe realizar estudos de campo entre os índios hopi do Arizona, entre os mohave, do Colorado – aos quais consagrará grande parte de seus trabalhos – e depois entre os pigmeus caruama da Papua e os sedang mói dos planaltos do Vietnã.

Diplomado pela Universidade da Califórnia, em Berkeley, passa a interessar-se pela psicanálise e trabalha, depois da Segunda Guerra Mundial, no Veteran Hospital de Topeka (Kansas), onde experimenta seus métodos com os ex-combatentes. Posteriormente, instala-se como psicanalista em Nova York e leciona em diversas universidades americanas.

De volta a Paris em 1963, obtém verdadeiro reconhecimento como antropólogo fundador da etnopsicanálise. Por iniciativa de Fernand Braudel*, Claude Lévi-Strauss* e Roger Bastide, ele cria, na VI Seção EHESS*, uma cátedra dessa disciplina, que estuda os distúrbios mentais levando em conta a vinculação cultural e étnica dos indivíduos.

DA ANGÚSTIA AO MÉTODO

Em seu ensaio, *De l'angoisse à la méthode dans les sciences du comportement* [Da angústia ao método nas ciências do comportamento] (1967), G. Devereux analisa os elos que unem o pesquisador ao seu campo de estudo. Em suas relações com os povos que estuda, o antropólogo não fica neutro. Projeta suas próprias angústias, seus desejos e seus centros de interesse nas condutas daqueles que observa. Daí as "omissões, os silêncios, as não explorações, os mal-entendidos, as descrições ambíguas ou a reorganização de uma parte de seu material". Existe uma espécie de transferência, no sentido psicanalítico, entre o observador e o observado.

Principais obras de G. Devereux
• *Psychothérapie d'un Indien des plaines: réalité et rêve*, 1951 [Psicoterapia de um índio das planícies: realidade e sonho]
• *Ethnopsychiatrie des Indiens mohaves*, 1961-64 (ampliada em 1969 e 1976) [Etnopsiquiatria dos índios mohaves]
• *De l'angoisse à la méthode dans les sciences du comportement*, 1967 [Da angústia ao método nas ciências do comportamento].
• *Essais d'ethnopsychiatrie générale*, 1970 [Ensaios de etnopsiquiatria geral]
• *Ethnopsychanalyse complémentariste*, 1972 [Etnopsicanálise complementarista]

→ **Etnopsiquiatria**

DIACRÔNICO

Expressão usada pelo linguista Ferdinand de Saussure para designar a evolução dos fatos linguísticos ao longo do tempo. A análise diacrônica se opõe à análise sincrônica, que estuda a língua num determinado momento.
→ **Saussure**

DIALÓGICO

No sentido etimológico, "dialógico" significa "que está em forma de diálogo".

Em linguística, a ideia de dialógico foi introduzida pelo linguista russo Mikhail Bakhtin (1895-1975). Para ele, o significado de uma palavra não é o reflexo de uma essência (objeto ou pensamento) único. A linguagem é, antes de tudo, produto do diálogo, e as palavras são permeadas de sentidos diversos que lhes são atribuídos pela interação verbal. "A palavra é uma espécie de ponte lançada entre mim e os outros. Se ela se apoia em mim numa extremidade, na outra ela se apoia em meu interlocutor. A palavra é o território comum do locutor e do interlocutor" (*Markisizm i filosofija iazyka* [*Marxismo e filosofia da linguagem*], 1929).

Edgar Morin* emprega a noção de dialógico mais geralmente para designar a ideia de que em tudo o que é humano coexistem e se desdobram lógicas diversas e irredutíveis a uma só delas. "A palavra dialógico quer dizer que é impossível chegar a um princípio único, uma palavra-chave, qualquer que seja ela; (...) Mas, ao mesmo tempo, se a dialógica comporta uma limitação intrínseca, também comporta uma possibilidade de articular entre si dois conceitos simultaneamente complementares, concorrentes e antagonistas, como naquilo que eu chamo de 'tetragrama' de ordem-desordem-interações-organização. Isso significa que não se pode reduzir um fenômeno a nenhuma dessas noções únicas e que, para compreendê-lo, é preciso estabelecer um jogo entre essas quatro noções, jogo variável conforme o fenômeno que consideramos" (*La Méthode*, t. 2: *La vie de la vie* [*O método*, v. 2: *A vida da vida*], 1980).
→ **Bakhtin**

DIDÁTICA

Em ciências da educação, a didática tem por objeto o ensino dos conteúdos disciplinares. Fala-se de didática da matemática, do ensino das línguas, das atividades esportivas...

O procedimento didático se compõe de duas partes, uma epistemológica e outra psicológica.

Por um lado, a didática procura interrogar-se sobre os conhecimentos: o que ensinar? Que noções transmitir? A partir de que problemática, de que suportes (escolha de documentos)? Essa parte recorre à reflexão epistemológica e ética: que ponto de vista adotar em relação a um saber? Em história, por exemplo, deve-se ensinar a Revolução Francesa segundo as teses de Albert Sobejou ou as de François Furet? Os debates em torno dessas questões originaram o conceito de "transposição didática", que revelou a distância entre o "saber científico" e o "saber ensinado".

Por outro lado, a didática estuda as maneiras pelas quais os alunos assimilam os conhecimentos a partir de suas representações anteriores e das obrigações impostas pelas situações de aula. Esses aspectos levam à busca das melhores modalidades possíveis da transmissão, com uma reflexão sobre os métodos e as mediações pedagógicas apropriadas. Elas deram origem a novas noções, como as de "situações-problema", de "objetivo obstáculo" ou de "conflito sociocognitivo".

Bibliografia: • M. Develay (org.), *Savoirs scolaires et didactiques des disciplines, une encyclopédie pour aujourd'hui*, ESF, 1995 • A. Giordan, G. de Vecchi, *Les Origines du savoir*, Delachaux et Niestlé, 1997 [1987] • G. Vergnaud (org.) *Apprentissages et didactiques, où en est-on?* Hachette, 1994

DIFERENCIAL (psicologia)

A psicologia diferencial é um ramo da psicologia consagrado ao estudo das diferenças entre os indivíduos ou os grupos de indivíduos (as mulheres e os homens...). Estuda, por exemplo, as aptidões e a personalidade de acordo com os fatores genéticos de cada um e das influências do meio (educação, cultura).

Nessa disciplina, os psicólogos utilizam essencialmente os chamados métodos psicométricos, com base em baterias de testes (de inteligência, de personalidade) e questionários que permitem avaliar, classificar, eventualmente selecionar os indivíduos.

As principais esferas de aplicação da psicologia diferencial são a educação (especialmente para os psicólogos escolares e orientadores educacionais), a formação profissional, o exército – no momento apropriado –, e também o mundo do trabalho (no início do século XX, o taylorismo* via, na avaliação das aptidões dos indivíduos, o meio de melhorar a eficiência na produção).

No final do século XIX, propagou-se a ideia de que os fenômenos psíquicos (a inteligência, os traços do caráter) podiam ser avaliados. Entre os pioneiros da psicologia diferencial, contam-se os ingleses Francis Galton (1822-1911), primo distante de Charles Darwin, que pretendeu demonstrar a hereditariedade das diferenças de inteligência estudando a genealogia dos gênios célebres (*Hereditary Genius* [Gênio hereditário], 1869), Charles E. Spearman (1863-1945) e o americano James McKeen Cattell (1850-1944), que lançaram as primeiras sementes de uma avaliação da inteligência.

Em 1905, Alfred Binet e Theodore Simon constroem uma "escala métrica da inteligência" para descrever e avaliar as capacidades mentais das crianças de acordo com a sua idade. O sucesso do teste Binet-Simon, cuja validade para detectar os retardos mentais e prognosticar o bom êxito escolar é amplamente aprovada, contribuirá para relegar a psicologia diferencial ao papel de simples psicologia aplicada.

Em 1957, o americano Lee J. Cronbach lança um apelo em prol da reunificação da psicologia geral e diferencial num congresso da Associação de Psicologia Americana (APA).

Antigo conselheiro de orientação profissional e posteriormente diretor do Instituto Nacional de Orientação Profissional (Inop), Maurice Reuchlin torna-se na França, em 1964, diretor do primeiro laboratório de psicologia diferencial da EPHE e cria o ensino dessa disciplina na Sorbonne a partir de 1968. Suas publicações advogam em favor de uma ancoragem necessária da psicologia diferencial nas teorias gerais da psicologia.

Atualmente, a ligação se faz pelo viés da psicologia cognitiva, que leva em conta as diferentes estratégias mentais utilizadas para resolver um problema.

Bibliografia: • M. Huteau, *Manuel de psychologie différencielle*, Dunod, 1995 • J. Lautrey, *Classes sociales, milieu familial et intelligence*, Puf, 1995 [1980] • M. Reuchlin, *La Psychologie différentielle*, Puf, 1997 [1969]

→ **Binet**

DIFUSIONISMO

Nascida no final do século XIX, essa corrente teórica da antropologia pretende substituir as leis da evolução* pelas da difusão: segundo seus partidários, a existência de traços culturais similares em sociedades diferentes se explica por sua difusão a partir de um pequeno número de "centros culturais".

O difusionismo surgiu na Alemanha com o geógrafo Friedrich Ratzel (1844-1904). Tomando como exemplo a forma e o modo de fabricação dos arcos africanos, ele mostra o papel dos movimentos migratórios como "processos civilizadores" que permitem a difusão das técnicas.

Por sua vez, Leo Frobenius (1873-1938) desenvolve a teoria dos "círculos culturais" (*Kulturkreise*), centros de civilização que se estendem numa determinada zona. Essa ideia vai lhe permitir formular a hipótese de influências mediterrâneas sobre as civilizações africanas e classificá-las em várias culturas diferentes.

Ao classificar os objetos de acordo com o estilo que os caracteriza, o curador do museu de Colônia, Fritz Graebner (1877-1934), se dá conta da existência de "complexos culturais" (*Kul-*

turekomplex). Seus trabalhos, assim como os do africanista Bernhard Ankermann, serão amplamente desenvolvidos no círculo de Viena*. Apesar das hipóteses problemáticas, essa escola trouxe uma contribuição importante para a ciência antropológica.

Não é o caso do "hiperdifusionismo" britânico, cujos trabalhos são hoje considerados amplamente fantasistas e não encontraram nenhum continuador. Em particular, o modelo "pan-egípcio" de Grafton E. Smith (1871-1937) e William J. Perry (1877-1949) pretendia fazer do Egito antigo o berço a partir do qual todas as invenções da humanidade se teriam difundido pelo planeta e "degenerado" em alguns lugares.

Nos Estados Unidos, Franz Boas, Robert H. Lowie, Clark Wissler, Alfred L. Kroeber, Edward Sapir* e Melville J. Herskovits usam as teses difusionistas reformulando-as. Para F. Boas, por exemplo, os fenômenos de empréstimo de uma sociedade a outra sempre são transformados pela sociedade que os recebe. M. J. Herskovits extrairá dessa ideia o conceito de "aculturação*". Já R. H. Lowie define a cultura como "uma colcha de retalhos, feita de diferentes tecidos" ("a planless hodge-podge, that thing of shreds and patches"). A. L. Kroeber (1876-1960), também discípulo de F. Boas, é o teórico das "áreas culturais". Seus estudos etnográficos sobre os índios da Califórnia levam-no a dividir a América do Norte em áreas culturais hierarquizadas. Para ele, cada cultura é definida por um modelo (*pattern*) particular, e podemos identificar influências recíprocas entre modelos vizinhos.

O difusionismo teve o mérito de ressaltar a importância dos contatos entre as civilizações. Só foi abandonado como teoria (a partir da segunda metade do século XX) em razão de suas interpretações baseadas em analogias muitas vezes superficiais. Entretanto, alguns trabalhos antropológicos continuaram a se inspirar nele, como o estudo de Roger Bastide sobre as religiões afro-americanas.

Bibliografia: • R. Bastide, *Le Candomblé de Bahia (rites nagô)*, Plon, 2000 [1958] • R. Bastide, *Les Religions africaines au Brésil*, Puf, 1995 [1960] • F. Boas, *Race, Language and Culture*, Free Press, 1940 • L. Frobenius, *Histoire de la civilisation africaine*, Gallimard, 1936

→ **Boas**

DILTHEY, WILHELM
(1833-1911)

O final do século XIX é caracterizado por um grande debate sobre os métodos em ciências humanas. Diante do sucesso do positivismo* e da ciência objetiva, alguns pretendem construir uma ciência do ser humano distinta da filosofia (demasiado especulativa) e das ciências naturais.

É com esse objetivo que o filósofo alemão Wilhelm Dilthey tentará estabelecer as bases metodológicas das "ciências do espírito". O projeto central de W. Dilthey foi estabelecer a especificidade das ciências do espírito com relação às ciências naturais. As ciências do espírito são as ciências humanas: história, antropologia, psicologia, sociologia.

Os dois métodos

A distinção entre as ciências da natureza e as ciências do espírito repousa numa distinção entre explicação e compreensão. W. Dilthey opõe dois métodos científicos:

– A "explicação" (*erklären*), que é própria das ciências da natureza. Esse método consiste em pesquisar as causas de um fenômeno buscando-lhe os antecedentes. Procede de maneira objetiva estabelecendo as relações causais entre os fenômenos. Visa a estabelecer as leis.

– A "compreensão" (*verstehen*) é um método próprio das ciências do espírito. A história não pode se reduzir a uma simples coleção de fatos e ao estabelecimento de leis objetivas. Por um lado, os homens são seres de consciência, portadores de cultura, de valores, de representações. Por outro, como o homem é, ao mesmo tempo, sujeito e objeto da pesquisa, o procedimento da ciência do espírito consiste em reconstituir, por empatia, os motivos conscientes e a vivência dos sujeitos atuantes. Enquanto a explicação procede por análise (decomposição das causas em fatores), o procedimento compreensivo adota uma conduta sintética que visa a reconstituir o sentido que os homens dão à sua ação.

A história não é redutível a uma coleção de fatos; ela deve reconstruir os motivos, os valores, as representações que estão na origem dos fenômenos históricos. A psicologia não pode se reduzir à medida física dos patamares de percepção, à observação objetiva dos comportamentos. Deve entrar na cabeça dos homens para tentar reconstruir suas crenças, suas paixões...

Mas como fazer para que a compreensão não caia no puro subjetivismo? Como fazer, das ciências humanas, verdadeiras ciências? Eis o problema sobre o qual W. Dilthey, tomado de respeito pela subjetividade humana e, ao mesmo tempo, de rigor, jamais deixará de se interrogar, mas que não conseguirá resolver plenamente.

Principal obra de W. Dilthey
• *Einleitung in die Geisteswissenschaften*, 1883 [Introdução ao estudo das ciências humanas]

→ **Compreensão**

DINÂMICA DE GRUPO

A expressão " dinâmica de grupo" se deve a Kurt Lewin (1890-1974), psicólogo alemão emigrado para os Estados Unidos nos anos 1930.

Usando a experiência das trincheiras da Primeira Guerra Mundial, K. Lewin mostra que a visão da paisagem circundante por um soldado, que deve se proteger atrás dos desníveis do solo, que pode ver surgir um inimigo de trás de uma árvore, é muito diferente da visão de um simples caminhante. Sua representação do espaço circundante é, pois, tributária de suas motivações e expectativas e, ao mesmo tempo, das características do meio. O conjunto formado pelo sujeito e seu ambiente se mostra como um "campo" estruturado, composto de zonas de atração e repulsão. Essa teoria do campo é inspirada a K. Lewin pela *Gestalt* (psicologia da forma*) e também pela física teórica, que ele estuda com grande interesse.

Esse modelo do comportamento humano em termos de campos de força pode ser aplicado a conjuntos em que coexistem diversas pessoas (uma sala de aula, uma reunião de trabalho, um grupo de jovens...). Um grupo não é uma simples justaposição de indivíduos, mas uma "totalidade dinâmica" que resulta das interações entre seus membros, dos fenômenos de atração e repulsão, dos conflitos de forças...

Em resumo, existe uma verdadeira "dinâmica dos grupos", que o pesquisador pode explorar por observação ou experimentação. Com esse objetivo, K. Lewin cria, em 1944, o Research Center for Group Dynamics no MIT. Ele é considerado por muitos o pai da psicologia social moderna, e suas experiências e as de seus discípulos se tornaram canônicas nesse domínio. Elas tiveram como objeto o modo de comando: tipos de liderança (Ron Lippitt e Robert W. White), a conformidade às normas do grupo (Muzafer Sherif e Solomon E. Asch*), a submissão à autoridade* (Stanley Milgram), a desviância e a coesão (Leon Festinger e Stanley Schachter), a influência (Claude Faucheux e Serge Moscovici*)...

A metodologia de K. Lewin, complementada por inúmeros trabalhos, constitui um dos fundamentos das estratégias organizacionais usadas hoje nas empresas. Cada grupo tem, pois, seu campo dinâmico com seus canais de comunicação, suas fronteiras, suas barreiras. Qualquer informação nova só é aceita na medida em que se integre no "campo" do grupo.

A INFLUÊNCIA NOS GRUPOS

Uma das pesquisas mais célebres sobre esse tema foi realizada por K. Lewin em 1943. Durante a Segunda Guerra Mundial, o governo americano procurava convencer as donas de casa a consumir mais miúdos (coração, vísceras, rins...) do que carne de primeira. Uma amostra de mulheres foi dividida em diversos grupos: algumas ouviram conferências sobre a importância dos miúdos no quadro de uma economia de guerra, outras, sobre seus benefícios nutricionais. Outros grupos foram levados a participar de discussões coletivas sobre o tema de economia de guerra ou sobre os benefícios dos miúdos. Foi constatado que, depois de uma semana, somente 5% das mulheres que haviam assistido às conferências tinham mudado seus hábitos alimentares, ao passo que as que haviam participado das discussões mudaram suas compras. A eficácia da mensagem dependia, nesse caso, da forma de comunicação utilizada.

Bibliografia: • D. Anzieu, J.-Y. Martin, *La Dynamique des groupes restreints*, Puf, 2003 [1968] • P. de Visscher, *La Dynamique des groupes, d'hier à aujourd'hui*, Puf, 2001 • J. Maisonneuve, *La Dynamique des groupes*, Puf, "Que sais-je?", 2002 [1968]

→ **Lewin, Moscovici, Psicologia social**

DIREITOS HUMANOS

O registro de nascimento dos direitos humanos poderia trazer a data da Petição dos Direitos, assinada na Grã-Bretanha em 1628, que afirma os direitos tradicionais do povo inglês (liberdade política e liberdade individual) e de seus representantes (respeito do direito do Parlamento). Outro ato fundador é o *Habeas Corpus Act*, de 1679, que protege o indivíduo contra a arbitrariedade das prisões. Somente mais tarde, com o advento das Luzes, eles tomam a forma de declarações: em 1776 é promulgada a Declaração de Independência dos Estados Unidos (que garante a liberdade dos indivíduos); em 1789, na França, a Declaração dos Direitos do Homem e do Cidadão, que enuncia os "direitos naturais e imprescritíveis": liberdade, propriedade, igualdade perante a lei.

Depois da Segunda Guerra Mundial, a Declaração Universal dos Direitos do Homem é votada pela Assembleia-Geral das Nações Unidas (10 de dezembro de 1948). A Convenção Europeia dos Direitos do Homem e das Liberdades Fundamentais data de 1953, e a criação de um Tribunal Penal Internacional ocorre em 1998.

O conceito de direitos do homem abrange problemáticas bastante diferentes. Fala-se, por vezes, de primeira e segunda gerações de direitos do homem para dar conta dessa situação.

A PRIMEIRA GERAÇÃO: OS DIREITOS CIVIS E POLÍTICOS

Direito de associação, direito de voto, direito de expressar livremente a opinião constituem direitos ativos considerados inerentes ao ser humano. O Estado não tem, pois, que incentivá-los, mas simplesmente evitar que sejam violados. O seu reconhecimento é fruto de uma luta secular pela liberdade e pela autonomia do indivíduo diante de uma força de opressão (na maioria das vezes, o Estado). Assim, a Declaração Francesa de 1789 é o reflexo das preocupações da burguesia, que aspirava ao poder pela igualdade dos direitos. Os artigos 1 e 4 desse texto resumem bem essa visão: "Os homens nascem livres e iguais em direito"; "A liberdade consiste em poder fazer tudo o que não prejudica o outro." Da mesma forma, a Declaração Universal dos Direitos do Homem, de 1948, consagra a maioria de seus artigos às liberdades civis e políticas: direito à vida, à liberdade e à segurança pessoal, recusa da escravidão, da tortura, reconhecimento da personalidade jurídica, recusa de intromissões arbitrárias na vida privada, direito de ir e vir, de casar-se, de constituir uma família, direito de propriedade, direito de liberdade de pensamento, de consciência e de religião, direito à liberdade de opinião e de expressão, à liberdade de reunião e de associação, direito de tomar parte na direção de assuntos públicos de seu país, direito ao voto secreto.

A SEGUNDA GERAÇÃO: OS DIREITOS ECONÔMICOS, SOCIAIS E CULTURAIS

A Declaração Universal de 1948 contém seis artigos consagrados aos direitos sociais, econômicos e culturais: direito à seguridade social, ao trabalho, ao descanso, a um nível de vida suficiente, à educação e aos direitos autorais... Duas organizações internacionais cuidam de sua aplicação: a Organização Internacional do Trabalho (OIT) e a Organização das Nações Unidas para a Educação, a Ciência e a Cultura (Unesco).

Para existirem, esses direitos requerem uma ação dos Estados.

NOVOS DIREITOS

Há algumas décadas, foram criados novos direitos humanos, entre os quais se podem citar três em particular:

Os direitos da criança

No dia 20 de novembro de 1989, a ONU adotou uma Convenção Internacional dos Direitos da Criança. Pela primeira vez, um texto internacional com valor jurídico reconhecia, para a criança, o direito não só de ser protegida e assistida, mas também de ser considerada um ator na sociedade. Diversos países modificaram sua legislação interna depois de ratificarem a Convenção.

Os direitos da mulher

A condição social e jurídica das mulheres permaneceu, por muito tempo, inferior à dos homens no mundo inteiro (maior índice de analfabetismo nos países em desenvolvimento, menor remuneração por trabalho igual e maior índice de desemprego nos países desenvolvidos, etc.). No plano jurídico, durante a Conferência Mundial sobre as Mulheres, realizada em Pequim em setembro de 1995, foram feitas propostas para reduzir essas desigualdades.

O direito dos povos e das minorias

A noção de direito dos povos, que remonta ao século XIX, encontrou um novo alento a partir da Conferência de Bandung, na Indonésia, em 1995, que ficou célebre por ter lançado o conceito de "países não alinhados" (com os Estados Unidos e a Rússia). Posteriormente, uma conferência realizada em Argel em 1976 resultou na Declaração Universal dos Direitos dos Povos (direito ao respeito de sua identidade nacional e cultural, à posse pacífica de seu território, à autodeterminação, etc.).

Por outro lado, populações minoritárias (tuaregues na África, aborígines na Austrália, índios na América do Sul, reivindicam frequentemente direitos específicos, em particular no que diz respeito aos territórios que ocupam.

DISCRIMINAÇÃO POSITIVA

A discriminação designa o fato de, na sociedade, alguns grupos serem mais maltratados que outros. Fala-se, por exemplo, de discriminação sexual ou racial.

Ao contrário, a discriminação positiva designa medidas que consistem em ajudar aqueles que têm uma desvantagem (econômica, social, física...). Por exemplo, o sistema de cotas raciais em faculdades públicas brasileiras. As primeiras iniciativas surgiram nos Estados Unidos já nos anos 1950 com a denominação de *affirmative action*. Foi previsto um tratamento preferencial em alguns setores (educação, moradia...) para algumas minorias mais carentes (negros, latinos, índios).

DISLEXIA

A dislexia continua sendo mal conhecida, e chega mesmo a ser simplesmente confundida com o iletrismo*. Trata-se de um distúrbio ligado à leitura*, atividade cognitiva complexa, como se sabe, totalmente integrada ao nosso cotidiano. Podemos decompô-la em duas grandes categorias: a dislexia adquirida, que são as dificuldades de leitura consequentes a uma lesão cerebral, e que, nesse caso, pode ocorrer num adulto que lia perfeitamente; e a dislexia do desenvolvimento, que pode ser definida como um distúrbio específico da aquisição da leitura. Esta segunda forma é a mais estudada, e discute-se principalmente a sua origem: por que algumas crianças (5% delas) esbarram nessas dificuldades persistentes, alheias a todo déficit intelectual?

Mesmo que o debate permaneça aberto, são rejeitadas diferentes hipóteses etiológicas por não apresentarem resultados convincentes: dos métodos de leitura ao "gene da dislexia", de uma pura causa psiquiátrica aos partidários de sua não existência, quase não há explicação possível que não tenha sido investigada. No momento atual, considera-se que a dislexia pode se apresentar numa criança sem patologia neurológica, sem distúrbios emocionais ou fatores de ordem econômica ou cultural. Há três décadas, esse campo de estudos recebeu novo alento com o desenvolvimento das neurociências* (que permitem visualizar o cérebro "em ação", efetuar explorações neurofisiológicas) e da psicologia cognitiva.

Atualmente, a leitura já não é vista só como uma atividade visual, mas como um processo que requer uma ligação da forma escrita com a forma oral da linguagem. Resta determinar em que nível (níveis) dessa ligação se situam as dificuldades das crianças disléxicas. Antes de adquirir os automatismos de leitura, é necessário dominar os seus mecanismos básicos: identificar as palavras supõe a decodificação delas, isto é, ligar as unidades básicas da escrita (denominadas grafemas, como "ss", "rr", "ch", "lh", "nh") e as formas orais correspondentes, os fonemas*.

Muitos trabalhos recentes questionam a hipótese de um déficit visual como causa da dislexia, tendendo mais para um déficit fonológico, ou seja, dificuldades para estabelecer as correspondências entre grafemas e fonemas. Outros déficits seriam encontrados nos disléxicos, principalmente na memória fonológica de curto prazo (que permite reter o resultado da decodificação efetuada) ou na análise fonêmica (operação que permite decompor o número de sons diferentes numa palavra: p/o/rta). Mas, mesmo que essas manifestações se tornem cada vez mais conhecidas e permitam afirmar que a dislexia provém de uma disfunção de ordem fonológica, sua origem continua incerta.

A compreensão desse distúrbio, que, a longo prazo, pode ser incapacitante e ocasionar um real bloqueio quanto à leitura, não poderá prescindir de uma abordagem multidisciplinar e de uma colaboração efetiva entre as diferentes perspectivas. Poderá tal colaboração resultar numa forma de detectar precocemente os primeiros sinais da dislexia? É esse um dos objetivos atuais da pesquisa, assim como a elaboração de técnicas reeducativas (cada vez com maior frequência em forma de *softwares* que integram a dimensão lúdica) que se inspiram nos avanços da psicologia cognitiva.

Bibliografia: • A.Van Hout, F. Estienne-Dejong (orgs.), *Les Dyslexies. Décrire, évaluer, expliquer, traiter*, Masson, 2001 [1994]

DISSONÂNCIA COGNITIVA

A teoria da dissonância cognitiva, proveniente dos trabalhos da psicologia social americana, foi elaborada por Leon Festinger, discípulo de Kurt Lewin* (*A Theory of Cognitive Dissonance* [Uma teoria da dissonância cognitiva], 1957). Quando uma informação contraditória, a descoberta de uma falha lógica ou de uma grave lacuna chocam o sistema de representações de um sujeito, sobrevém nele um estado de mal-estar e de apreensão. Ele precisa resolver a "dissonância", ou abandonando seu sistema de crenças, ou reinterpretando de maneira diferente a informação contraditória (sem mudar o sistema de crenças), ou, ainda, reformulando suas crenças anteriores.

L. Festinger realizou uma célebre pesquisa com uma seita que, nos anos 1950, havia anunciado o fim do mundo para um dia de dezembro. Quando chegou o dia, não se tendo realizado a predição, alguns membros se desiludiram e deixaram o movimento. Outros pensaram que foram as suas preces que conseguiram evitar o drama e redobraram a militância. Outros, enfim, permaneceram na seita durante algum tempo, mas com menos fervor. Alguma coisa se rompera em seu sólido sistema de crença.

Bibliografia: • L. Festinger, *L'Echec d'une prophétie*, Puf, 1993 [1956]

DOENÇA MENTAL

Antigamente dizia-se "loucura", "demência" ou "alienação". Hoje fala-se em "doenças mentais". Todos esses termos dizem respeito a uma realidade múltipla, na qual se classificou toda uma gama de transtornos: do deficiente mental tratado como o "idiota do bairro" ao delirante que se crê Jesus Cristo, do criminoso psicopata ao depressivo, do irascível "louco furioso" ao autista* que vive fechado sobre si mesmo num mundo próprio, da demência senil aos transtornos obsessivos...

A CLASSIFICAÇÃO DOS TRANSTORNOS MENTAIS
Descrever e classificar as doenças mentais é preocupação dos médicos desde a Antiguidade. Essa história pode ser dividida em quatro grandes períodos.

1) Na Antiguidade, Hipócrates e Cláudio Galeno, os pais da medicina, descreveram alguns transtornos como a mania, a epilepsia, a *anoia* (que se tornará a demência), a histeria e a melancolia, esta última supostamente causada pela "bile negra". Essa classificação permanecerá referência até a era das Luzes.

2) Na época do nascimento da psiquiatria, com Philippe Pinel (1745-1826) e Jean-Étienne Esquirol (1772-1840), as alienações eram divididas em quatro categorias: a mania, a melancolia, o idiotismo e a demência. Outras classificações também eram utilizadas. O médico Joseph Daquin (1732-1815) publica uma *Philosophie de la folie ou essai philosophique sur les personnes attaqués de folie* [Filosofia da loucura ou ensaio filosófico sobre as pessoas atacadas de loucura], na qual classifica os alienados em diferentes grupos de acordo com os cuidados que exigem: os "loucos furiosos" (ou "loucos de amarrar"), os loucos tranquilos (a serem isolados porém não amarrados), os extravagantes (que exigem cuidados constantes), os insensatos (que precisam ser acompanhados como crianças), e os loucos em demência (que necessitam de cuidados físicos).

3) Na passagem do século XIX para o século XX, os psiquiatras descrevem minuciosamente certos transtornos: a esquizofrenia, as perversões sexuais, as neuroses obsessivas, os retardamentos mentais, as histerias. É nessa época que surge a classificação em duas grandes famílias: psicoses* e neuroses*.

4) o DSM* (Manual de Diagnóstico e Estatística dos Distúrbios Mentais), estabelecido pela Associação Americana de Psiquiatria, tem como objetivo criar uma referência comum dos transtornos mentais. Criado nos anos 1950, sua última versão – *DSM-IV** – data de 1994. Percorrendo o *DSM-IV*, podemos perceber o largo espectro que a expressão "doença mental" recobre:

– *os transtornos ansiosos*: ansiedade* generalizada, fobias* (agorafobia, claustrofobia, etc.), síndrome do estresse pós-traumático;

– *transtornos somáticos*: os transtornos de conversão (a "antiga histeria") são transtornos

DOENÇA MENTAL

A LOUCURA: REALIDADE OU CONSTRUÇÃO SOCIAL

• Albert Dadas, empregado de uma companhia de gás em Bordeaux nos anos 1880, sofria de um estranho mal. Certos dias, deixava sua família e seu trabalho sem nenhum aviso e saía andando durante vários dias.

Quando encontrado, a 50 ou 100 quilômetros de distância (frequentemente preso por vadiagem), Albert parecia ter esquecido completamente os motivos de sua partida e sua identidade. Reconduzido à sua casa, retomava suas atividades mas, algumas semanas mais tarde, tinha nova recidiva. Paris, Nantes, Lyon..., Albert foi até a Rússia e a Algéria durante seus périplos. A história teria parado por aí não fosse o aparecimento de outros casos, na mesma época: primeiro na região de Bordeaux, depois em Paris, e enfim em toda a Europa. Como uma epidemia, o mal tinha se espalhado. Em 1887, os meios psiquiátricos começam a falar de uma nova doença: o "automatismo ambulatório".

• Os psiquiatras investigam as causas desse transtorno mental: espécie de histeria, de epilepsia latente com perda de consciência, etc. As especulações são muitas...

Ian Hacking*, filósofo das ciências e professor no Collège de France*, dedicou a essa doença um belo livro chamado *Mad Travellers* [Os loucos viajantes] (1998). A síndrome faz parte dessas doenças mentais que parecem ter existência efêmera, como foi também o caso da "grande histeria" descrita por Jean Martin Charcot no final do século XIX: jovens mulheres convulsivas, que entravam em transe, gritavam, falavam línguas desconhecidas. E também o caso da "personalidade múltipla" que surgiu nos anos 1980--1990, exclusivamente nos Estados Unidos.

Essas doenças seriam "reais" e surgiriam apenas em determinadas circunstâncias (sociais, históricas)? Seriam um artifício dos psiquiatras, que integram sintomas diferentes numa nova categoria? Seriam uma apropriação, pelos próprios pacientes, de um modelo de loucura do qual ouviram falar e com o qual se identificam? Será tudo isso ao mesmo tempo? Assim, teria Albert, o "fujão", sido atingido por um transtorno mental que já não existe?

físicos (cegueira, paralisia parcial, dores, etc.) que não estão associados a nenhuma causa orgânica manifesta;

– *os transtornos do humor*: a depressão*, a psicose maníaco-depressiva* (ou "transtorno bipolar") são as mais conhecidas;

– *os transtornos do comportamento alimentar*: bulimia, anorexia* mental;

– *os transtornos do sono:* insônia, parassônia, dissônia;

– *as perversões sexuais* (ou parafilias): voyeurismo, fetichismo, sadismo e masoquismo*, pedofilia;

– *os transtornos ligados às drogas e ao álcool*;

– *os transtornos de personalidade*: personalidade antissocial, *borderline**, narcisismo*, transtornos obsessivos compulsivos (TOC), personalidade múltipla;

– *a esquizofrenia* e os transtornos psicóticos*;

– *os transtornos do desenvolvimento cognitivo*: autismo, mal de Alzheimer, retardamento mental.

Por diversas razões, o desejo de classificar as doenças mentais de acordo com uma tipologia única e claramente estabelecida é infrutífero.

Em primeiro lugar porque existe um *continuum* entre normalidade e doença, de maneira que os contornos que separam uma patologia de um estado psicológico "normal" são inconstantes: qual a fronteira entre a tristeza passageira e a depressão? Em segundo lugar, os mesmos sintomas podem estar presentes em doenças bastante diferentes: por exemplo, o retardamento mental, presente no autismo e na trissomia. Tanto um alcoólatra como um esquizofrênico podem apresentar alucinações. Inversamente, a mesma doença pode ter manifestações clínicas diferentes. Enfim, a etiologia (ou seja, o estudo das causas) das doenças é múltipla e sempre discutível, o que torna muito difícil a distinção entre o que é sintoma e o que é doença.

CAUSAS E TRATAMENTO

Na história da psiquiatria, três tipos principais de fatores foram utilizados para explicar os transtornos mentais: biológicos (genéticos, neurológicos), psicológicos (afetivos, comportamentais, cognitivos) e sociais (familiares, institucionais, contextuais). Cada estratégia de explicação remete a uma terapia específica.

Tradicionalmente, a psicanálise utiliza fatores intrapsíquicos (conflitos pulsionais ou entre as instâncias da personalidade), e o tratamento consiste na cura analítica: a famosa *talking cure* (cura pela fala) iniciada por Sigmund Freud*.

A antipsiquiatria*, que teve seu apogeu nos anos 1970, considerou a sociedade (especialmente a família) responsável pela loucura. Em seguida, nos anos 1980, a abordagem biológica (neurológica, genética), que prioriza os tratamentos farmacológicos, ganhou destaque.

Geralmente, hoje, admite-se que essas três abordagens não são excludentes entre si. Algumas doenças, como os retardamentos mentais profundos, podem ter causas inteiramente genéticas, enquanto outros transtornos – como a depressão – podem resultar de uma combinação de fatores "biopsicossociais".

Bibliografia: • D. H. Barlow, V. M. Durand, *Psychopathologie, une perspective multidimensionnelle*, De Boeck, 2002 [1998] • M. Godfryd, *Les Maladies mentales de l'adulte*, Puf, "Que sais-je?", 2002 [1994] • F. Lelord, *Les Contes d'un psychiatre ordinaire*, Odile Jacob, 2002 [1993] • J. Thuillier, *La Folie, histoire et dictionnaire*, Robert Laffont, 1996

→ **Psicanálise, Psiquiatria, Psicoterapia**

DOLTO, FRANÇOISE
(1908-1988)

Psiquiatra e psicanalista, Françoise Dolto tornou-se conhecida nos anos 1970 pela ajuda que prestou aos pais na educação das crianças, quer através dos célebres programas na rádio France-Inter, especialmente "Lorsque l'enfant paraît" [Quando o filho chega], ou pela criação das "Maisons vertes" [Casas verdes], lugares de acolhimento, de encontro e de jogos para os pais e seus filhos de menos de 3 anos. Por ter-se tornado a psicanalista mais conhecida do grande público, suas ideias sobre educação se difundiram amplamente na sociedade.

UMA PSICANALISTA DA CRIANÇA

Se essa faceta de F. Dolto a tornou conhecida do grande público, não se pode esquecer que ela seguiu, durante quarenta anos, uma carreira de psicanalista, como clínica e como teórica do desenvolvimento infantil. Ainda com o nome de Françoise Marette, ela abre o seu consultório em setembro de 1939. Após ter-se formado em medicina e feito análise com René Laforgue, torna-se membro titular da Sociedade Psicanalítica de Paris (SPP), tendo sido unanimemente aceita por sua tese, *Psychanalyse et pédiatrie* [Psicanálise e pediatria]. Aí já se encontram as sementes de seu trabalho. F. Marette aplica a psicanálise em crianças, mesmo as menores, pois, ao contrário dos outros psicanalistas, não acredita que elas não sejam capazes de associações ou de atividades simbólicas. Para ela, a única diferença entre a psicanálise infantil e a do adulto é que, com a criança, o psicanalista chega aos componentes mais arcaicos da pessoa, e que são necessários uma criatividade maior e maior senso de observação e de escuta para ter acesso ao mundo imaginário da criança.

Com tal objetivo, F. Dolto introduzirá muitas inovações técnicas. Entre elas, a entrevista preliminar com os pais na presença da criança, o uso do desenho, do brinquedo, da modelagem e de sua famosa boneca-flor e, evidentemente, da linguagem. A exemplo de Jacques Lacan*, cujas ideias compartilha, ela atribui enorme importância à linguagem, falada ou corporal. Assim, ela estará na escuta – tanto pelos ouvidos como pelos olhos – da linguagem falada e gestual dos pais e da criança.

F. Dolto também tentou teorizar outras questões além das relativas à criança. Propôs, à semelhança de muitas mulheres psicanalistas, sua própria teoria da sexualidade feminina. Tentará também uma interpretação psicanalítica do Evangelho, por ocasião das entrevistas com Gérard Séverin, afirmando assim sua fé e seus valores católicos (*L'Évangile au risque de la psychanalyse* [*O Evangelho à luz da psicanálise*], 2 vols., 1977-1978).

A CAUSA DAS CRIANÇAS

Na verdade, a originalidade de F. Dolto foi acreditar, desde o início de sua carreira, na função ortopédica da psicanálise. Encontramos, em suas concepções teóricas, construídas a partir de suas observações clínicas, a origem dos conselhos educativos que ela dá aos pais e a todos os que cuidam de crianças: permissividade, respeito do ritmo da criança, necessidade de explicar pela palavra...

Essa concepção educativa da psicanálise a leva a interessar-se não só pelas crianças com graves distúrbios (autistas ou psicóticas), como também pelos "pequenos problemas" que todas as crianças encontram durante o seu desenvolvimento, tais como enurese, preguiça, agressividade, ciúme, etc. E, sobretudo, ela defende cada vez mais a "causa das crianças", de todas as crianças, não apenas das que passam por seu consultório.

Assim em 1969, ela aceita responder, com o pseudônimo de "Docteur X", na rádio Europa 1, às perguntas de crianças e adolescentes. O programa causou escândalo, os médicos a acusaram de tirar-lhes o pão, e os psicanalistas, de desnaturar a psicanálise. Isso não a impediu de repetir a experiência em 1976, mas de forma diferente. Dessa vez, usando o nome de Françoise Dolto, aceita responder, na rádio France-Inter, a perguntas escritas. O programa, denominado "Lorsque l'enfant paraît", teve um sucesso considerável, bem como os três volumes a que deu origem. F. Dolto se torna, então, a mais célebre psicanalista da França para o grande público, e, principalmente, as ideias da psicanálise se difundem entre todos os pais. São abordados todos os pequenos e grandes problemas, desde o momento adequado de tirar as fraldas, passando pelo ciúme em relação ao caçula, até as explicações a dar à criança confrontada com a morte.

O EFEITO DOLTO

Essa difusão da psicanálise junto aos pais teve um efeito considerável sobre a maneira de ver a criança. Se as considerações de F. Dolto tiveram enorme sucesso, foi também por corresponderem a uma forte demanda social. Em matéria de educação, a época é marcada por uma grande transformação. No período que sucedeu 1968, a educação parental passou, de uma prática baseada na autoridade, na moral, na religião e na repressão, para uma nova concepção permissiva, na qual a realização da criança é posta no centro da educação. Consequentemente, as novas gerações de pais se interrogam sobre múltiplos problemas aos quais F. Dolto

O CASO DOMINIQUE

• Em *Le Cas Dominique* (1971), Françoise Dolto narra as doze sessões de tratamento de um adolescente psicótico. Aí vemos a psicanalista em ação: ela descreve, pormenorizadamente, seus diálogos com Dominique e acrescenta suas interpretações; podemos encontrar também os desenhos de Dominique e os croquis de suas modelagens.

F. Dolto encontra primeiro a mãe de Dominique, a fim de conhecer a sua história. Dominique Bel, que tem 14 anos, é o segundo de três irmãos. Sylvie, a mais nova, segunda menina a nascer na família Bel em 150 anos, é adorada pelo pai. Dominique não apresentou nenhum problema até a chegada da irmãzinha. Mas, ao voltar da casa dos avós, quando encontra aquele bebê menina no berço, ele manifesta enorme ciúme. Fica muito angustiado quando a irmãzinha é amamentada, não querendo vê-la "comer a mamãe"; torna-se agressivo, encoprético (defecação em lugares não apropriados). Dominique é levado para uma consulta com F. Dolto, pois vive "em outro planeta", desenha sempre a mesma coisa ou faz sempre as mesmas modelagens. Por considerar a análise um encontro, F. Dolto vai dialogar diretamente com ele. Temos, assim, esta conversa por ocasião da primeira entrevista:
Dominique: *"Às vezes eu digo a mim mesmo: não tem mais jeito, estou perdendo o juízo!"*

F. D.: *"É verdade que você está perdendo o juízo. Você mesmo está percebendo. Talvez você se faça de doido para não ser repreendido."*
Dominique: *"Ah, deve ser isso. Mas como é que a senhora sabe?"*

F. Dolto vai utilizar também as modelagens do adolescente, pois as considera carregadas de sentido. Durante a quarta sessão, Dominique expressa o sentimento de que queriam se livrar dele levando-o ao psicólogo. Evoca ainda a rivalidade com o irmão mais velho. Enquanto fala, modela um pastor alemão, mas não consegue colar a cauda nem a cabeça do cão, nem fazê-lo ficar de pé.

F. Dolto interpreta isso como uma incapacidade de Dominique de ter acesso a uma imagem do corpo sexuado e fálico. *"Projetado no cão, está o fantasma de perder a cabeça no momento de começar a andar. (...) Andar é ficar em pé, postura fálica do próprio corpo em relação a seu suporte, o solo."*

Depois de um ano e meio de tratamento, quando Dominique já está muito melhor, uma vez que agora ele pode falar em seu nome e conversa de novo com os outros, o pai decide interromper as sessões. F. Dolto aceita essa decisão paterna por considerar que o pai está operando uma desvinculação de Dominique em relação a ela.

traz respostas simples e práticas. Ela foi uma das raras psicanalistas a dar forma popular a um discurso erudito. Sua amizade com J. Lacan, outro grande nome da psicanálise francesa da época, conferiu-lhe, aliás, legitimidade no plano intelectual. De fato, seu discurso podia ser veiculado tanto nos meios psicológicos – através de seminários, cursos de formação, livros e revistas – como junto ao grande público – através de programas radiofônicos, entrevistas em jornais femininos, ou até pelo boca a boca. *Le Cas Dominique* [O caso Dominique] (1971) e *La Cause des enfants* [A causa das crianças] (1985) serão outros sucessos de livraria amplamente lidos e comentados (*ver quadro na p. anterior*). F. Dolto adaptou a psicanálise às transformações culturais de sua época. Sem dúvida alguma, ela transformou radicalmente o olhar sobre a criança. Hoje, sua herança é incontestável, mesmo que sua concepção, chamada de "criança rei", seja submetida a novos questionamentos críticos em razão do aumento da violência infantil e do aparecimento daquilo que alguns psicólogos chamam de "crianças tiranas".

Principais obras de F. Dolto
• *Le Cas Dominique*, 1971 [O caso Dominique]
• *Lorsque l'enfant paraît*, 3 vols., 1977-1978-1979 [*Quando o filho chega*, WMF Martins Fontes, 2008]
• *La Cause des enfants*, 1985 [*A causa das crianças*, Ideias & Letras, 2005]

DOMINÂNCIA CEREBRAL

Qual é o papel desempenhado por cada hemisfério (esquerdo e direito) do cérebro?

"Os dois cérebros não podem ser meras duplicatas quando a lesão de um só deles pode privar um homem da fala. Seguramente, deve existir, para esses processos, que são processos superiores, um lado dirigente." Essa afirmação do neurologista John H. Jackson, no final dos anos 1980, marca uma etapa importante na maneira de considerar as competências do cérebro. Em 1861, Paul Broca apresentou, à Sociedade Antropológica de Paris, as conclusões do exame *post mortem* de um de seus pacientes, paralisado do lado direito e privado do uso normal da fala (o que ele chamará de afasia*) quando somente o seu hemisfério esquerdo estava lesado. A partir desse caso clínico, desenvolveu-se a nova concepção da contribuição diferente dos dois hemisférios cerebrais nas funções superiores. O fato de haver maior proporção de destros na população, e também a descoberta da localização das funções da linguagem no lado esquerdo, permitiram à comunidade científica afirmar que o hemisfério esquerdo é dominante sobre o direito, sendo atribuído a este o papel de "estepe". Essa ideia prevaleceu durante muito tempo, embora algumas observações indicassem, já naquela época, uma ligação entre as lesões do hemisfério direito e as dificuldades de percepção espacial, de reconhecimento de fisionomias ou de objetos familiares.

Há quarenta anos, as competências do hemisfério direito foram demonstradas, inicialmente graças à cirurgia dos epilépticos. Alguns pacientes tiveram seu corpo caloso (conjunto de fibras que liga os dois hemisférios cerebrais) seccionado a fim de diminuir o risco de generalização das crises. Esse método terapêutico – logo abandonado –, que não produzia modificações do estado psicológico geral, provocava, em contrapartida, transformações comportamentais. Por exemplo, uma pessoa que teve o corpo caloso seccionado não pode comparar, pelo tato, um objeto posto em sua mão direita com outro que está na esquerda. Assim, foi comprovado que certas funções superiores requerem a colaboração dos dois hemisférios. O estudo desses pacientes (denominado *split brain*) também permitiu distinguir as competências próprias de cada hemisfério.

Assim, nasceu uma nova concepção, segundo a qual o hemisfério esquerdo era destinado à linguagem, ficando o domínio espaçovisual atribuído ao direito. Pesquisas mais recentes permitiram atenuar essa dicotomia revelando capacidades de compreensão verbal por parte do hemisfério direito. Ademais, este teria um papel preponderante em certos aspectos da linguagem, como a modulação e o ritmo da linguagem oral. Outra distinção procede da natureza do tratamento que os hemisférios operam em outro tipo de informação (verbal, musical, espaçovisual, etc.). O hemisfério esquerdo efetuaria um tratamento analítico, ao passo que o direito seria mais um centro integrativo, tratando a informação de maneira global.

Mesmo que a dissimetria da organização cerebral tenha sido, e continue sendo, muito estudada – no que diz respeito aos gestos, ao reconhecimento visual ou auditivo, à memória ou também às emoções –, o funcionamento dos dois hemisférios é sobretudo simétrico.

Ademais, o cérebro não pode ser definido unicamente em relação ao papel específico de cada hemisfério. Esse órgão, tão complexo, funciona como uma fabulosa máquina cujas duas engrenagens principais estão em constante interação.

Bibliografia: • G. Deutsch, S.P. Springer, *Cerveau gauche, cerveau droit, à la lumière des neurosciences*, De Boeck, 2000 [1981] • O. Houdé, B. Mazoyer, N. Tzourio-Mazoyer, *Cerveau et psychologie*, Puf, 2002.

→ Neurociências, Ciências cognitivas

DOUGLAS, MARY
(nascida em 1921)

Mary Douglas é uma grande figura da antropologia social britânica. Foi aluna, em Oxford, de Edward E. Evans-Pritchard*. Nos anos 1950, suas pesquisas etnográficas a levam ao Congo, hoje República Democrática do Congo, onde estuda os leles do Kasai, sociedade matrilinear. A obra originada dessas pesquisas tornou-se um clássico dos estudos africanos e lhe propiciou uma cadeira em Oxford. Como ela mesma declarou, toda a sua obra posterior, que se pode definir como uma antropologia comparada das formas de pensamento, se organizará a partir de sua reflexão sobre as categorias da cultura lele.

Em 1977, ela deixa a Inglaterra para dar continuidade a sua carreira nos Estados Unidos, onde leciona, a partir de 1981, na Universidade de Northwester (Illinois). Entre seus numerosos trabalhos sobre os sistemas simbólicos, *Purity and Danger* [Pureza e perigo] (1966) tornou-se um clássico. Estudando os interditos do Levítico, ela submete um texto bíblico aos rigores da análise estrutural. Essa obra, que cita também os nuers dos trabalhos de E. E. Evans-Pritchard e os azande do Sudão (pela feitiçaria), é considerada uma nova exploração das teorias antropológicas dos ritos, religiosos ou não.

No decorrer dos anos 1980, M. Douglas volta seu "olhar distanciado" para as sociedades modernas e centra suas reflexões nas relações que nossas sociedades mantêm com o risco e com o consumo. A obra *How Institutions Think* [Como as instituições pensam] (1986) teve como origem os artigos publicados nos anos 1980. M. Douglas a considera uma "introdução *a posteriori*" a seus trabalhos precedentes sobre as atividades simbólicas e a lógica das categorias de pensamento das sociedades humanas.

M. Douglas pertence à tradição dita funcionalista* da antropologia britânica e, mais particularmente, à geração que procurou integrar o conflito e as transformações sociais no paradigma funcionalista. Interessando-se pelas instituições sociais e pelas formas coletivas de classificação, ela reativa a tradição do holismo* durkheimiano e se opõe às teorias do individualismo* e da escolha racional*.

Principais obras de M. Douglas
• *Purity and Danger*, 1966 [Pureza e perigo]
• *Risk and Culture. An Essay on the Selection of Technological and Environment Dangers*, 1982 [Risco e cultura. Um ensaio sobre a seleção tecnológica e os perigos do ambiente]
• *How Institutions Think*, 1986 [Como as instituições pensam, Edusp, 1998]

DSM-IV

Diagnostic and Statistical Manual of Mental Disorders (em português, *Manual de Diagnóstico e Estatística dos Distúrbios Mentais*). O *DSM-IV* é um sistema oficial de classificação das doenças mentais da Associação Americana de Psiquiatria, cujo objetivo é oferecer um instrumento diagnóstico digno de confiança para todo psiquiatra, sejam quais forem as suas referências teóricas. Embora amplamente usado, especialmente no mundo anglo-saxão, é objeto de muitos debates.

DUALISMO

Corpo/espírito, inato/adquirido*, natureza/cultura*, feminino/masculino... Muitas doutrinas psicológicas, antropológicas ou filosóficas são fundamentadas na coexistência de dois princípios explicativos antagônicos.

Os sistemas de pensamento que integram dois elementos opostos (ou distintos) são ditos "dualistas" em oposição ao "monismo" que explica a realidade a partir de um princípio único.

Em antropologia, é denominado "dualista" um tipo de organização das sociedades primitivas, no qual os membros da comunidade são divididos em dois grupos. Estes podem ser solidários ou hostis. Muitos desses grupos são exogâmicos, isto é, os membros de um grupo devem obrigatoriamente casar-se com membros de outro grupo. A organização dualista é acompanhada de um dualismo mitológico e cosmológico em que os elementos da natureza e os espíritos estão divididos em dois campos opostos e complementares.

Claude Lévi-Strauss*, que estudou as organizações dualistas da Amazônia, demonstrou que esses sistemas dualistas eram particularmente adaptados ao método estrutural* (que decompõe o universo mental ou a organização de parentesco em estruturas formais binárias).

DUBET, FRANÇOIS
(nascido em 1946)

Os trabalhos de François Dubet se inscrevem na corrente de uma sociologia da ação. É sociólogo no Cadis, fundado em 1981 por Alain Touraine* para analisar as novas formas de movimentos sociais. Em suas obras, *La Galère: jeunes en survie* [Penando: jovens e sobrevivência] (1987) e *Les Lycéens* [Os colegiais] (1991), F. Dubet usa o chamado método de "intervenção sociológica" (o sociólogo ajuda os atores a compreender melhor o sentido de suas ações).

Em 1994, publica *Sociologie de l'expérience* [Sociologia da experiência], obra que se tornará o eixo teórico de seus trabalhos e onde ele mostra que as sociedades atuais não são mais concebidas como um conjunto organizado. As hierarquias e as relações de classe, as formas de ação coletiva e os fenômenos culturais se autonomizam progressivamente. Nesse contexto, as noções de papel ou de estatuto dos atores perdem a nitidez. Cada um deve construir sua própria "experiência social" a partir de diversas lógicas.

– Segundo a "lógica da integração", o indivíduo se comporta como membro de uma comunidade. Por exemplo, os alunos de uma classe "descrevem uma comunidade que afirma sua identidade, em oposição a outras classes e aos adultos. Essa lógica de integração constrói representações e práticas: bodes expiatórios, pressões sobre os 'traidores' que colaboram com os professores, serviços recíprocos, arruaças unanimistas, círculo de presentes e dívidas..."

– Segundo a "lógica da estratégia", os indivíduos são concorrentes que se enfrentam num mercado e elaboram estratégias pessoais. Assim, os mesmos alunos "descrevem espontaneamente a classe como um grupo em permanente competição, um grupo dilacerado pelas hierarquias e pelas classificações e no qual cada um persegue interesses egoístas".

– Enfim, a "lógica da subjetivização" é a do sujeito engajado, que tem projetos, que luta contra a adversidade para atingir certos objetivos. O aluno, enquanto luta para sair de sua condição, para ter acesso a um saber, mobilizar-se contra a injustiça,... também participa dessa lógica de ação.

Para F. Dubet, o ator se constrói a partir de sua capacidade de gerar essas diferentes lógicas, e essa capacidade é diversa conforme os indivíduos, seu posicionamento, e seus "recursos" sociais.

Em *A l'école: sociologie de l'expérience scolaire* [Na escola: sociologia da experiência escolar] (1996), escrito com Danilo Martuccelli, ele mostra que a escola já não se define como a instituição poderosa que foi (a escola republicana), mas como a resultante da experiência de seus diferentes atores (alunos, professores...), da mesma forma que a "dureza" da vida dos jovens, por ele descrita no final dos anos 1980, manifestava o declínio da classe operária e as modalidades da exclusão social. Em *Le Déclin de l'institution* [O declínio da instituição] (2002), F. Dubet continua a sua reflexão. Para ele, o fim das grandes instituições, que atribuíam um papel a cada um, não anula o fato de as nossas sociedades permanecerem holistas*, uma vez que implicam "um mínimo de regras e de convicções compartilhadas".

Mas as transformações da modernidade nos incitam a inventar "figuras institucionais mais democráticas, mais diversificadas, mais humanas".

Depois de redigir, por solicitação do Ministério da Educação, um relatório sobre o funcionamento dos colégios (1999), F. Dubet começou a defender uma escola que leve em conta essas novas lógicas dos atores e, em particular, dos alunos, e que continue a ser, contudo, o baluarte de uma "cultura comum" a ser difundida entre todos os jovens.

Principais obras de F. Dubet
• *La Galère: jeunes en survie*, 1987 [Penando: jovens e sobrevivência]
• *Sociologie de l'expérience*, 1994 [Sociologia da experiência]
• (com M. Duru-Bellat), *L'Hypocrisie scolaire. Pour um collège enfin démocratique*, 2000 [A hipocrisia escolar. Por uma escola enfim democrática]
• *Le Déclin de l'institution*, 2002 [O declínio da instituição]

DUBY, GEORGES
(1919-1996)

Renomado especialista em Idade Média, Georges Duby é, antes de tudo, um historiador do mundo rural e um antropólogo das sociedades feudais. Em *Guerriers et paysans* [Guerreiros e camponeses] (1973), ele mostra a importância das práticas de reciprocidade tanto entre os ricos como entre os pobres e lança uma nova luz sobre o sentido da renda da terra. *Le Dimanche de Bouvines* [O domingo de Bouvines] (1973), tida, por muitos, como sua obra-prima, considera o evento da batalha revelador dos comportamentos sociais e das mentalidades dos combatentes.

Historiador da Escola dos Annales*, G. Duby se torna, nos anos 1960, o defensor da história das mentalidades*, que se propõe explorar a evolução dos comportamentos, das representações e das sensibilidades dos grupos de indivíduos. É dele, aliás, o artigo "Histoire des mentalités" [História das mentalidades] do volume da Encyclopédie de la Pléiade consagrado à "História e seus métodos". Ele confirma também sua fidelidade à Escola dos Annales ao declarar: "A história das mentalidades e das ideologias não é possível sem um conhecimento muito seguro e muito aprofundado das estruturas econômicas, políticas e sociais básicas. E é por elas que se podem explicar a natureza das ideologias e todo o conjunto do mental coletivo."

G. Duby abandona depois o termo "mentalidade" por preferir o termo "imaginário". Em *Les Trois Ordres ou l'imaginaire du féodalisme* [As três ordens ou o imaginário do feudalismo] (1978), ele analisa, através das representações, a organização da sociedade medieval retomando a trilogia do bispo Adalbéron ("Oratores, bellatores, laboratores": os que rezam, os que combatem, os que trabalham). G. Duby se interessa também pelas relações do poder com a arte (*Le Temps des cathédrales* [O tempo das catedrais], 1976), pela vida privada, pela família, pelo amor, pelo casamento e pelas mulheres da Idade Média. Dirige uma célebre *Histoire de la France rurale* [História da França rural] (1975-1976), publica sua *Histoire de France* [História da França]... Em Guillaume le Maréchal [*Guilherme Marechal*], que publica tardiamente, ele rompe um tabu dos Annales, o gênero biográfico.

Professor no Collège de France* de 1970 a 1992, eleito para a Academia Francesa em 1987, G. Duby era também um homem de comunicação e de televisão (particularmente participou da elaboração do canal franco-alemão TV 7, futura Arte). No entardecer de sua vida, ele declarava: "Não nos enganemos, a primeira função do discurso histórico sempre foi divertir."

Principais obras de G. Duby
- *Guerriers et paysans*, 1973 [Guerreiros e camponeses]
- *Le Dimanche de Bouvines*, 1973 [O domingo de Bouvines, Paz e Terra, 1993]
- *Le Temps des cathédrales. L'art et la société*, 1976 [O tempo das catedrais]
- *Histoire de la France rurale*, 4 vols., 1975-1976 [História da França rural]
- *Les Trois Ordres ou l'imaginaire du féodalisme*, 1978 [As três ordens ou o imaginário do feudalismo]
- *Le Chevalier, la femme et le prêtre*, 1981 [O cavaleiro, a mulher e o padre]
- *Guillaume le Maréchal*, 1984 [Guilherme Marechal ou o melhor cavaleiro do mundo, Graal, 1988]

DUMÉZIL, GEORGES
(1898-1986)

Depois de defender sua tese sobre o *Festin d'immortalité* [Festim de imortalidade] nas mitologias indo-europeias, Georges Dumézil inicia sua carreira de historiador das religiões em Istambul, onde leciona de 1925 a 1931. Diretor de estudos na V Seção da EPHE para o estudo comparativo das religiões dos povos indo-europeus de 1935 a 1968, acumula, depois, títulos honoríficos no exterior (leciona por três anos em Princeton) e na França. Em 1949 é eleito para uma cátedra de civilização indo-europeia, criada especialmente para ele no Collège de France*.

Fundamentando-se nas mitologias indiana, romana e indo-iraniana, G. Dumézil demonstra que as religiões indo-europeias apresentam uma estrutura idêntica, composta de três funções hierarquizadas: a soberania espiritual, a força e a fecundidade. Esse tripartismo se encontra, por exemplo, no sistema de castas na Índia ou na tríade divina romana.

A obra de G. Dumézil teve seu momento de glória na época do triunfo do estruturalismo*. Precursor da análise estrutural dos mitos, ele contribuiu para dar ao estudo das religiões um estatuto científico.

Principais obras de G. Dumézil
- *Festin d'immortalité. Etude de la mythologie comparée indo-européenne*, 1924 [Festim de imortalidade. Estudo da mitologia comparada indo-europeia]
- *Mythes et dieux des Germains. Essai d'interpretation comparative*, 1939 [Mitos e deuses dos germanos. Ensaio de interpretação comparativa]
- *Mitra-Varuna, Essais sur deux representations indo-européennes de la souveraineté*, 1940 [Mitra-Varuna, ensaios sobre duas representações indo-europeias da soberania]
- *Mythe et épopée*, 3 vols., 1968-1971-1973 [Mito e epopeia]
- *Les Dieux souverains des Indo-Européens*, 1977 [Os deuses soberanos dos indo-europeus]

DUMONT, LOUIS
(1911-1998)

O antropólogo francês foi aluno de Marcel Mauss* no Instituto de Etnologia. Foi, sucessivamente, professor no Instituto de Antropologia Social da Universidade de Oxford (1951--1955) e, a partir de 1955, diretor de estudos na EPHE (V Seção).

Tendo aprendido o sânscrito, depois o híndi e o tâmil, volta sua atenção para a Índia após a guerra e lá passa várias temporadas nos anos 1950. Sua obra, *Homo hierarchicus. Le système des castes et ses implications* [*Homo hierarchicus. O sistema de castas e suas implicações*] (1966), lhe dá notoriedade. "As castas nos ensinam um princípio social fundamental, a hierarquia, de que nós, modernos, tomamos o contrapé, mas que não deixa de ter interesse para compreender a natureza, os limites e as condições de realização do igualitarismo moral e político que tanto prezamos", escreve.

De fato, o exemplo indiano desempenhará, em toda a obra de L. Dumont, o papel de tipo ideal numa comparação de grande amplitude entre dois modelos de sociedades. Umas – caso geral das sociedades antigas – são holistas e hierarquizadas, isto é, valorizam a subordinação do indivíduo ao todo social. As outras – as sociedades modernas, como a nossa – são individualistas e priorizam a igualdade, a liberdade e a satisfação das necessidades de cada um.

Depois de *Homo hierarchicus*, L. Dumont se volta para o estudo da filosofia moderna, em particular do pensamento econômico do século XVII ao XIX. No momento em que a antropologia – estamos nos anos 1970 – conhece uma nova crise de consciência, ele decide lançar um olhar "indiano" sobre o modo de vida ocidental e se surpreende: como pode uma sociedade ser feita de indivíduos autônomos, livres e iguais? Não há contradição nos termos? É, pelo menos, o que lhe sugere o seu olhar "exterior": longe de ser o desfecho de um processo necessário, as ideias modernas sobre a igualdade, a felicidade privada e a racionalidade dos interesses se lhe afiguram uma exceção na história das sociedades humanas, da mesma forma que todas as mazelas que atingiram o século XX: revoluções, regimes totalitários, destruições maciças, holocausto... Como, então, se pode ser moderno?

A resposta a essa pergunta virá na forma de uma busca das origens intelectuais do individualismo ocidental, que produzirá duas obras: *Homo aequalis* [*Homo aequalis*] (1977) e *Essais sur l'individualisme* [*Ensaios sobre o individualismo*] (1983).

Essas amplas visões originadas da comparação entre a Índia e o Ocidente tornaram L. Dumont uma figura intelectual respeitada, internacionalmente reconhecida, mas também controvertida e, por vezes, mal compreendida. É preciso distinguir diversos aspectos de sua obra.

Seu trabalho sobre as castas indianas foi inicialmente bem acolhido, sobretudo na França e em particular pelos orientalistas, e também na Índia, onde L. Dumont fundou uma escola de sociologia que funciona até hoje.

Em contrapartida, os "gurus" do estruturalismo* francês (Georges Dumézil*, Claude Lévi--Strauss*, Michel Foucault*) não lhe deram muito espaço. Para o grande público que os lia, o holismo* de L. Dumont pertencia à época já ultrapassada do funcionalismo* e, por outro lado, nada devia ao modelo linguístico. Nos Estados Unidos, o livro *Homo hierarchicus* recebeu severas críticas de indianistas e sociólogos, que o criticaram por ser mais um trabalho de historiador das ideias do que de etnólogo de campo (o que não era exato). Essa linha crítica se manifestou mais tarde na França entre os etnólogos da Índia, para os quais a teoria das castas, segundo L. Dumont, é apenas a repetição direta da ideologia bramânica, sem relação com a atual sociologia das castas na Índia.

Principais obras de L. Dumont
- *Homo hierarchicus. Le système des castes et ses implications*, 1966 [*Homo hierarchicus. O sistema de castas e suas implicações*, Edusp, 1997]

- *Homo aequalis. Genèse et épanouissement de l'idéologie économique et l'idéologie allemande*, 2 vols., 1977, 1991 [*Homo aequalis*, Edusc, 2000]
- *Essais sur l'individualisme. Une perspective anthropologique sur l'idéologie moderne*, 1983 [*O individualismo. Uma perspectiva antropológica da ideologia moderna*, Rocco, 1993]

DUPLA ARTICULAÇÃO DA LINGUAGEM
→ Martinet

DUPLO VÍNCULO (*DOUBLE BIND*)

Quando um homem irado diz à companheira: "Mas é claro que eu te amo!", a mensagem explicitamente enunciada está em contradição com a mensagem implícita, no caso, traduzida pelo tom da voz. É dessa maneira que, por exemplo, a hostilidade de uma mãe para com um filho não desejado pode transparecer apesar de seus protestos de afeição.

A noção de "duplo vínculo", ou *double bind* (também chamado de "dupla imposição" ou "injunção paradoxal"), foi elaborada em 1952 por Gregory Bateson*, figura importante da escola de Palo Alto*. Segundo G. Bateson, o comportamento do esquizofrênico é uma forma de adaptação aos duplos vínculos repetitivos emitidos pelas pessoas do seu meio.

Bibliografia: • J.-L. Benoît, *Doubles Liens schizophrénie et croissance. Gregory Bateson à Palo Alto*, Erès, 2000

DURAND, GILBERT
(nascido em 1921)

Discípulo de Gaston Bachelard*, Gilbert Durand, cujos trabalhos adquiriram renome internacional, é um dos precursores das pesquisas sobre o imaginário. *Agrégé* de filosofia, professor de antropologia cultural e de sociologia na Universidade de Grenoble, criou, em 1966, o Centro de Pesquisa sobre o Imaginário (CRI), com Léon Cellier e Paul Deschamps. É também cofundador dos *Cahiers Internationaux du Symbolisme* e dos *Cahiers de l'Hermétisme*.

Em *Les Structures anthropologiques de l'imaginaire* [*As estruturas antropológicas do imaginário*] (1969), obra fundadora e verdadeiro manifesto em prol das ciências do imaginário, G. Durand se propõe estudar as formas invariantes do imaginário (as estruturas antropológicas) que se encontram nos símbolos e nos mitos. Ele distingue diversos elementos constitutivos do imaginário: esquemas*, arquétipos*, estruturas, regimes.

– Os esquemas são estruturas mentais muito profundas que organizam o simbolismo. Por exemplo, o esquema universal da "verticalidade" divide o mundo num "alto" e num "baixo", com dois valores opostos (o alto é sempre superior ao baixo). Assim, a queda é um tema universal do imaginário e tem sua origem num esquema afetivo ligado ao fato de os homens serem bípedes. O homem, que se mantém em posição ereta sobre os dois pés, está constantemente correndo o risco de cair. É por essa razão que a queda é uma das grandes categorias simbólicas encontradas em inúmeros mitos e lendas (Ícaro, Tântalo, e também Tzontemoc na mitologia do México antigo).

– Os arquétipos são imagens fundamentais ou "primordiais", figuras prototípicas que aparecem nos sonhos e nas fantasias de todas as culturas: o dragão, a mulher, a cruz, a serpente, a árvore, a lua...

– as estruturas são configurações mais globais: os mitos (estudados por Claude Lévi-Strauss* e por Georges Dumézil*) e os contos fazem parte delas.

– os "regimes" do imaginário designam um procedimento geral do pensamento. G. Durand distingue dois grandes regimes do imaginário. O regime diurno é um procedimento do pensamento fundamentado na oposição, na antítese, na separação das categorias. Assim, o pensamento analítico separa os elementos entre si: o dia e a noite, o alto e o baixo, o verdadeiro e o falso, o homem e a mulher, a natureza e a cultura. O regime noturno é próprio do pensamento sintético, que valoriza a convergência e a fusão.

Na segunda parte de sua obra, G. Durand passa das estruturas (estáticas) do imaginário ao estudo da sua dinâmica. Para dar conta dessa dimensão, ele cria a noção de "bacia semântica": os imaginários sociais mudam, se transformam no decorrer do tempo, se esgotam, outros renascem e se recompõem. Mas essa mudança não impede a ressurgência de temas fundamentais. A noção de bacia semântica remete à imagem das águas de um rio que convergem ou se separam em forma de delta.

Na linha de Carl G. Jung* e de G. Bachelard, G. Durand é dono de um pensamento exuberante, que se expressa na forma de uma prosa barroca que envolve o leitor numa avalanche de referências, numa profusão de ideias, de pistas cuja coerência nem sempre é fácil perceber. Com isso, a obra de G. Durand fornece uma reflexão epistemológica que discute a posição positivista* e objetivante das ciências humanas para preferir a ela um "novo espírito antropológico", aberto às diferentes formas de conhecimento da realidade.

Principais obras de G. Durand
• Les Structures anthropologiques de l'imaginaire, 1969 [As estruturas antropológicas do imaginário, Martins Fontes, 3ª ed., 2002]
• L'Imaginaire. Essai sur les sciences et la philosophie de l'image, 1994 [O imaginário. Ensaio acerca das ciências e da filosofia da imagem, Difel, 1999]
• Introduction à la mythologie. Mythes et sociétés, 1996 [Introdução à mitologia. Mitos e sociedades]

DURKHEIM, ÉMILE
(1858-1917)

Nascido em 1858, em Epinal, numa família judia, Émile Durkheim estava inicialmente destinado a tornar-se rabino. Porém, ele se orienta para os estudos filosóficos e entra, em 1879, na ENS, onde assiste às aulas de Numa Denis Fustel de Coulanges e encontra Jean Jaurès e Henri Bergson.

Depois de prestar concurso em 1882, é nomeado professor de pedagogia e de ciências sociais na Universidade de Bordeaux, onde inaugura o ensino universitário da sociologia. Em 1893, defende sua tese de doutorado intitulada *De la division du travail social* [*Da divisão do trabalho social*].

A partir dessa época, É. Durkheim se empenha resolutamente na edificação da sociologia como disciplina autônoma, com seu próprio procedimento, seus próprios conceitos e instituição. Ao mesmo tempo que publica seus grandes livros (*Règles de la méthode sociologique* [*As regras do método sociológico*], 1895; *Le Suicide* [*O suicídio*], 1897; *Les Formes élémentaires de la vie religieuse* [*As formas elementares da vida religiosa*], 1912), que se tornarão clássicos, escreve inúmeros artigos, principalmente em *L'Année Sociologique*, revista que ele mesmo criou em 1896. Entre os colaboradores dessa publicação, encontram-se seu sobrinho Marcel Mauss*, Célestin Bouglé, Maurice Halbwachs* e Georges Davy; funda-se assim a corrente que ficará conhecida como "escola francesa de sociologia". Nomeado para a Sorbonne em 1902, É. Durkheim leciona pela primeira vez a sociologia como disciplina autônoma. Depois de uma grave enfermidade em 1916, ele morre em novembro de 1917. Contemporâneo de Max Weber*, É. Durkheim é considerado o fundador da sociologia francesa. Consagrou o essencial de suas reflexões à busca das raízes do vínculo social. Muitos de seus escritos serão publicados depois de sua morte, principalmente reflexões críticas sobre a educação, a moral e o socialismo, que vêm completar a sua obra sociológica.

DA DIVISÃO DO TRABALHO SOCIAL

A industrialização é um produto do aumento da "densidade social", isto é, da concentração da população num determinado território. Esse crescimento das relações entre pessoas conduz a uma maior divisão do trabalho. As funções sociais tendem a se especializar. Como consequência, passa-se de uma sociedade em que a integração social é assegurada pela "solidariedade mecânica" a uma sociedade na qual domina a "solidariedade orgânica".

– A solidariedade mecânica se aplica às sociedades pré-industriais nas quais a divisão do trabalho é fraca. Todos os indivíduos se assemelham porque asseguram as mesmas funções e compartilham os mesmos valores e crenças. A consciência coletiva é forte e o direito é de tipo repressivo.

– A solidariedade orgânica significa que, nas sociedades complexas, os indivíduos asseguram funções diferentes em razão da divisão do trabalho. Da mesma forma que, num organismo, cada um dos órgãos assegura uma função, é a complementaridade dos indivíduos que cria a coesão social. Mas, nesse novo tipo de sociedade, o individualismo tende a aumentar e a consciência coletiva a enfraquecer-se, donde os riscos de anomia* (isto é, de desagregação da coesão social).

Para É. Durkheim, a divisão do trabalho, ao fundar a interdependência das funções, é o primeiro elemento que assegura a solidariedade social. Mas isso é insuficiente, é preciso estabelecer uma nova base moral para a sociedade. A moral dos grupos profissionais (corporações) deve provê-la, pois ela funda os laços sociais entre o indivíduo e a sociedade em seu conjunto.

Do *Suicídio* às *Regras do método sociológico*

Em *O suicídio*, É. Durkheim compõe todo um aparelho estatístico por meio do qual mostra que os índices de suicídio variam conforme a idade, o sexo, a religião, a profissão... Ele demonstra, assim, que o enfraquecimento da coesão social e o isolamento de um indivíduo ocasionam maior propensão ao suicídio. Nos meios em que a comunidade se faz menos presente (protestantes em relação aos católicos; solteiros, viúvos ou divorciados em comparação ao grupo familiar, etc.), o índice de suicídio é mais alto.

Portanto, para É. Durkheim, um comportamento aparentemente tão pessoal e subjetivo está ligado à existência de forças sociais. Daí resultam duas conclusões essenciais para seu pensamento. O papel da sociologia é revelar o peso das "imposições sociais" – muitas vezes invisíveis – nos comportamentos individuais.

Além disso, para revelar a existência dessas imposições sociais, os estudiosos não devem limitar-se ao método da psicologia introspectiva. É preciso "considerar os fatos sociais como coisas", isto é, apreender objetivamente o fenômeno a partir dos fatos. É pelo método comparativo – para as ciências humanas, o que o método experimental é para as ciências naturais – que se pode chegar a conclusões seguras.

Considerar os fenômenos sociais como coisas...

A famosa fórmula de É. Durkheim, "os fenômenos sociais são coisas e devem ser tratados como coisas", extraída de *As regras do método sociológico*, foi, muitas vezes, mal compreendida. É. Durkheim não afirma que os comportamentos humanos são redutíveis a fenômenos naturais (como o clima ou o movimento dos planetas). O que ele quer é afirmar categoricamente que o estudo da vida social deve ser efetuado "objetivamente", com métodos rigorosos, como se faz nas ciências naturais. Assim, para compreender a religião, que se vale de representações, ou o suicídio, que supõe um ato voluntário, não se deve considerar simplesmente a introspecção individual, mas revelar, por métodos objetivos, os fatores sociais e culturais que intervêm nele.

É. Durkheim desejava fazer da sociologia uma ciência prática, útil para o progresso social. "Não é pelo fato de nos proporparmos estudar a realidade que se deve concluir que renunciamos a melhorá-la: acreditamos que nossas pesquisas não mereceriam uma hora de esforço se despertassem somente interesse especulativo. Se separamos cuidadosamente os problemas teóricos dos problemas práticos, não é para negligenciar estes últimos: é, ao contrário, para nos capacitarmos a melhor resolvê-los", afirma ele no prefácio da obra *Da divisão do trabalho social*.

Um fundador da ciência social moderna

Espírito republicano, É. Durkheim era obcecado pelo problema da dissolução dos vínculos sociais na sociedade industrial (na época, um dos grandes motivos de reflexão dos pensadores sociais e dos políticos). À importância da moral na sua obra veio somar-se o seu interesse pelo fato religioso, que, a seu ver, constitui um dos cimentos da sociedade: "Deus é a sociedade", afirma ele em *As formas elementares da vida religiosa*. Constatando o declínio da Igreja, ele preconizava o desenvolvimento de uma moral leiga, que devia ser difundida pela escola da República.

Sua concepção da primazia da ordem social faz de É. Durkheim o inspirador do holismo* sociológico, em que os indivíduos são o produto da sociedade. Essa preponderância da sociedade sobre o indivíduo propõe um modelo epistemológico para as ciências sociais denominado funcionalismo*.

A sociologia de É. Durkheim, considerada demasiado positivista* por alguns, foi reprovada durante boa parte do século XX. Nos anos 1970, o individualismo metodológico* em sociologia se opôs intensamente às suas concepções holistas. Entretanto, É. Durkheim não deixou de ser proclamado um "clássico" da sociologia e o fundador da ciência social moderna.

Principais obras de É. Durkheim
- *De la division du travail social*, 1893 [*Da divisão do trabalho social*, Martins Fontes, 1995]
- *Règles de la méthode sociologique*, 1895 [*As regras do método sociológico*, Martins Fontes, 1995]
- *Le Suicide*, 1897 [*O suicídio*, Martins Fontes, 2000]
- *Les Formes élémentaires de la vie religieuse*, 1912 [*As formas elementares da vida religiosa*, Martins Fontes, 1996]
- *Education et sociologie*, 1925 [*Educação e sociologia*, Melhoramentos, 7ª ed., 1967]
- *Leçons de sociologie*, 1950 [*Lições de sociologia*, Martins Fontes, 2002]

E

ECO, UMBERTO
(nascido em 1932)

O célebre romance, *Il nome della rosa* [*O nome da rosa*] (1980) constitui, sem dúvida, uma excelente introdução à obra de Umberto Eco, escritor, filósofo e semioticista. Esse romance traz à cena, em 1327, a investigação de um monge franciscano, Guilherme de Baskerville, encarregado de descobrir o assassino de um jovem monge encontrado morto ao pé das muralhas. Ao redor dele, muitas pessoas veem, na morte desse monge, um castigo divino... Nos dias seguintes, irão suceder-se as mortes de outros seis monges. As diferentes interpretações dadas a elas ilustram a possibilidade oferecida aos leitores de ler o romance inteiro em diversos níveis. Essa obra-prima de erudição, que solicita continuamente a perspicácia do leitor, pode ser lida simultaneamente como uma narrativa histórica, uma intriga policial ou um romance filosófico. Para U. Eco, os romances são, de fato, "máquinas de gerar interpretação".

Em *Opera aperta* [*A obra aberta*] (1962), o semiólogo afirma que as obras não são objetos fechados e terminados, dotados de uma significação definida de uma vez por todas, que o leitor deveria contentar-se em receber. Elas são "abertas" e se prestam a uma infinidade de interpretações. A diversidade dos sentidos da obra não resulta apenas do leitor, mas também pode, como mostra *O nome da rosa*, provir da vontade deliberada do autor. Entretanto, em *I limiti dell'interpretazione* [*Os limites da interpretação*] (1991), U. Eco se interroga sobre a liberdade do leitor em suas interpretações. É possível dizer que um texto pode suportar uma infinidade de interpretações sem que nenhuma seja mais verdadeira que outra? Então o texto, por poder dizer tudo, não diria mais nada? Por conseguinte, o trabalho hermenêutico* deve conformar-se a certas regras. O texto tem uma "intenção" própria que veta algumas interpretações sem impor uma em particular. A interpretação também deve ser coerente e compatível com o conjunto do texto.

Longe de ser apenas um especialista da interpretação artística, U. Eco tentou também definir uma semiótica geral de todas as formas de comunicação (*Tratado de semiótica geral*, 1975). Ele se interessa pelos produtos da cultura de massa, pelos astros da televisão ou da música, mostrando, assim, que a questão do sentido e da interpretação diz respeito a todas as esferas.

Principais obras de U. Eco
- *Opera aperta*, 1962 [*Obra aberta*, Perspectiva, 1969]
- *Lector in fabula*, 1979 [*Lector in fabula*, Perspectiva, 1986]
- *Il nome della rosa*, 1980 [*O nome da rosa*, Nova Fronteira, 1983]
- *I limiti dell'interpretazione*, 1991 [*Os limites da interpretação*, Perspectiva, 1995]

ÉCOLE DES HAUTES ÉTUDES EN SCIENCES SOCIALES (Escola de estudos avançados em ciências sociais – EHESS)

Em 1868, Victor Duruy, historiador e ministro da Instrução Pública, criara a EPHE. A VI seção (ciências econômicas e sociais) da escola foi criada em 1947 pelos historiadores Charles Morazé e Lucien Febvre*, que se tornou seu primeiro presidente, tendo Fernand Braudel* como secretário. A história tem, pois, um lugar central nessa VI seção, que se torna, em 1975, a EHESS. Como tal, ela obtém o direito à colação dos graus universitários: confere diploma próprio e doutorados. O recrutamento mais livre por parte dos orientadores (uma vez que não é exigido título universitário algum) faz da EHESS um espaço de pesquisa dinâmico e talvez menos acadêmico que as universidades. O seu funcionamento também é um pouco diferente; a escola não oferece cursos, mas organiza seminários. Por outro lado, a unidade básica é o centro de pesquisa ou o laboratório, e não o departamento. A EHESS se distingue pela diversidade das disciplinas (história, economia, sociologia, antropologia, filosofia, geografia, linguística...) representadas no seio da instituição e por sua abordagem interdisciplinar.

Bibliografia: • *Une école pour les sciences sociales*, de la VIe section à l'École des Hautes Études em Sciences Sociales, Cerf-EHESS, 1996

ECOLOGIA

Em 1866, o naturalista alemão Ernst Haeckel criou o termo ecologia (*Ökologie* em alemão), que designa, originalmente, a ciência especializada no estudo das relações dos seres vivos com o seu meio. De todas as ciências humanas, foi a geografia*, por sua vocação para estudar os meios habitados, que esteve durante muito tempo mais próxima da ecologia. Se os conceitos associados à ecologia (ecossistema, biosfera) não conseguiram penetrar muito nas ciências humanas, vários autores tentaram adaptar a abordagem em termos de ecossistema à sua disciplina respectiva, como Edgar Morin* em sociologia e René Passet em economia. Em geografia, os trabalhos de Georges Bertrand e de Augustin Berque retomaram a abordagem ecológica. Um restabelecendo o diálogo entre geografia humana e geografia física, e o outro adotando uma perspectiva crítica.

Na visão de E. Haeckel, o meio corresponde ao ambiente natural, porém nada impede que se empreenda o estudo das relações dos seres vivos com outros meios, como o meio urbano. É a opção da "ecologia urbana" no final do século XIX, desenvolvida no âmbito da escola de sociologia de Chicago* e que deveria culminar na elaboração de modelos que visam a explicitar as lógicas da distribuição da população e os fenômenos de segregação urbana.

Natural, urbano... o meio também pode ser industrial, como se vê pelo surgimento de uma nova disciplina, a "ecologia industrial", desenvolvida nos anos 1980 por Suren Erkman, biólogo e filósofo suíço. Em termos concretos, trata-se de considerar os sistemas de produção um meio onde os dejetos de alguns podem ser os recursos de outros.

Enquanto isso, a ecologia se voltava para um outro meio, o político. A expressão "ecologia política" aparece pela primeira vez em 1957 num artigo de Bertrand de Jouvenel intitulado "L'économie politique de la gratuité" [A economia política da gratuidade] (*Bulletin du Sedeis*, 1º março). No seu entender, trata-se de uma disciplina que se propõe estudar as trocas de matéria e energia entre as sociedades e a natureza, indo além dos fluxos avaliados pela ciência econômica (D. Bourg, "Préface à B. de Jouvenel", *Arcadie: essais sur le mieux-vivre* [Prefácio a B. de Jouvenel, "Arcádia: ensaios sobre o viver melhor"], 2002). É preciso esperar as décadas de 1960-1970 para que a ecologia se volte para a área política.

A partir dessa época, a difusão da ecologia deu origem a outros neologismos, como "ecologismo". Conforme o caso, o sufixo "ismo" serve para denotar a dimensão ideológica da ecologia (da mesma forma que comunismo, liberalismo, socialismo...), ou aquele desvio observado em outras ciências humanas (historicismo, economicismo, sociologismo, etc.). Em outras palavras, expressa a tendência em fazer prevalecer o ecológico sobre qualquer outro fator explicativo.

Bibliografia: • A. Berque, *Ecoumène, Introduction à l'étude des milieux humains*, Belin, 2000 • E. Morin, *La Méthode*, 5 vols., Seuil 1977-2001 • R. Passet, *L'Économique et le vivant*, Payot, 1979

ECOLOGIA CULTURAL

Em antropologia, a publicação, em 1955, de *Theory of Culture Change* [Teoria da cultura da mudança] pelo antropólogo americano Julian H. Stewart marca o nascimento da ecologia cultural, que estuda as relações entre meio natural, tecnologia e sistemas sociais. A ideia fundamental é que o ambiente natural exerce influência na organização do trabalho e do território e, por conseguinte, em certos aspectos da cultura das sociedades humanas.

A ecologia cultural voltou a atenção para outros campos de estudos, como os tipos de organização (bandos, tribos, realezas) ou as práticas rituais específicas, tais como a antropofagia ou os sacrifícios. Marvin Harris, em *Cannibals &*

Kings: Origins of Cultures [Canibais e reis: origens das culturas] (1977), afirma que a antropofagia pode ser explicada por condições materiais, principalmente pela necessidade de proteínas. Muito controvertido (como, então, explicar o sacrifício entre os astecas, que tinham abundantes recursos alimentares?), esse ensaio mostra, talvez, os limites de uma explicação estritamente materialista e evolucionista das sociedades.

Bibliografia: • E. Crognier, *L'Écologie humaine*, Puf, "Que sais-je?", 1995 • M. Harris, *Our Kind: Who We Are, Where We Came From, Where We Are Going*, Paperback, 1989

ECONOMIA
Ver as disciplinas nas páginas centrais

ÉDIPO (o complexo de)

Em carta ao amigo Wilhelm Fliess, datada de 1897, Sigmund Freud* escreve: "Descobri em mim mesmo sentimentos de amor por minha mãe e de ciúmes por meu pai, sentimentos que são, creio eu, comuns a todas as crianças."

A ideia de que a criança, ao longo de seu desenvolvimento afetivo, passa por uma fase em que deseja intensamente o pai ou a mãe e quer eliminar um deles por ciúmes já havia sido evocada por Freud em 1897, a partir de seu caso pessoal. No entanto, foi preciso esperar até 1910 para que a expressão "complexo de Édipo" fosse criada por S. Freud e se tornasse um dos pilares da teoria psicanalítica.

Segundo S. Freud, o complexo de Édipo designa as pulsões amorosas que uma criança sente pelos pais. A menina se sente atraída pelo pai e, portanto, vê na mãe uma rival. Do mesmo modo, o menino deseja a própria mãe a ponto de querer destruir o pai. O complexo de Édipo se apresenta, assim, como uma relação triangular entre o pai, a mãe e a criança. Segundo o modelo canônico freudiano, ele se manifesta por volta dos 2 ou 3 anos de idade. No caso do menino, o complexo de Édipo se resolverá a partir do momento em que ele compreender que, em vez de eliminar o pai, precisa criar uma identificação com ele. O pai passa, então, a ser um novo objeto de investimento afetivo.

A expressão "complexo de Édipo" remete, obviamente, ao mito antigo de Édipo, encenado por Sófocles em *Édipo Rei* (em torno de 430 a.C.). Édipo é filho de Laio e Jocasta. O oráculo havia predito a Laio que seu filho lhe daria a morte e se casaria em seguida com a mãe. Para evitar o funesto presságio, Laio ordena a um de seus servidores que se livre da criança, abandonando-a no monte Citéron e pregando um de seus pés ao chão. Às escondidas, o servidor decide entregar a criança a um pastor, que irá criá-la e batizá-la Édipo (que significa "pé inchado").

Ao atingir a idade adulta, Édipo abandona o pai e começa a viajar. Em seu périplo, envolve-se em uma discussão com um homem e o mata. Mal sabia que se tratava de Laio, seu verdadeiro pai. E assim a trágica predição do oráculo se realiza. Mais tarde, ele enfrenta a terrível Esfinge, motivo de terror em Tebas. Como Édipo consegue resolver seu enigma, a Esfinge se mata. Como recompensa, Creonte, que governa Tebas, lhe oferece a própria irmã, Jocasta, como esposa, com quem Édipo se casa e tem quatro filhos.

No final, ele acabará descobrindo que o homem que havia matado na estrada era seu pai e que a mulher com quem se casara era na realidade sua mãe. Num ato de desespero, fura os próprios olhos e exila-se com sua filha Antígona.

O COMPLEXO DE ÉDIPO QUESTIONADO

No livro *Sex and Repression in Savage Society* [*Sexo e repressão na sociedade selvagem*] (1927), Bronislaw K. Malinowski* contesta a universalidade do complexo de Édipo. Segundo o antropólogo, nas ilhas Trobriand, cuja estrutura familiar é matrilinear*, o pai da criança não assume nenhuma autoridade paterna. O papel de tutor é exercido pelo irmão da mãe. Para a criança, o pai é mais um amigo do que um rival. Os meninos das ilhas Trobriand não manifestariam, assim, nenhuma atitude hostil para com o pai. B. K. Malinowski não contesta a ideia de que possa existir um complexo familiar, mas recrimina Freud por ter considerado a estrutura familiar exclusivamente sob a forma patriarcal. Segundo B. K. Malinowski, os trobriandeses desconheceriam até mesmo a paternidade de uma criança, bem como o elo entre o ato sexual e a procriação. Essa estrutura familiar produziria um complexo específico: os meninos sentiriam desejo pelas irmãs e seriam hostis ao tio materno. Durante muitas décadas, a divergência entre S. Freud e B. K. Malinowski provocaria grande controvérsia.

Em 1996, dois psicólogos alemães, Wilhelm Greve e Jeanette Roos, tentaram verificar a tese de S. Freud sobre o complexo de Édipo. Submeteram cento e trinta crianças, de 3 a 9 anos, a questionários e testes* projetivos (coerentes com o método analítico que supõe que a criança expressa seus desejos, inclusive os inconscientes, através de desenhos ou produções imaginárias). As crianças deveriam examinar imagens de homens ou mulheres e dizer se o homem lhes parecia ser "mau" ou "bom". Deveriam responder ainda se seus pais eram geralmente mais "nervosos" do que suas mães, e se desejavam se parecer com o pai... Os pais, por sua vez, eram interrogados para saber se os meninos haviam alguma vez demonstrado o desejo de se casar com as mães. Após o tratamento estatístico desses dados, os pesquisadores descobriram que não havia uma atitude fundamentalmente diferente entre os meninos e as meninas com relação ao pai ou à mãe, o que está em nítida contradição com as hipóteses freudianas.

Sem contestar a existência de "sentimentos edipianos" na criança, alguns autores contestam, todavia, sua posição central na formação da personalidade.

Bibliografia: • R. Perron, M. Perron-Borelli, *Le Complexe d'Oedipe*, Puf, 2001 [1994] • B. Pulman, *Anthropologie et psychanalyse. Malinowski contre Freud*, Puf, 2002

EDUCAÇÃO (ciências da)
→ Ciências da educação

EDUCAÇÃO NOVA

Em 1920, Adolphe Ferrière, co-fundador da Liga Internacional para a Educação Nova, declarava: "E, seguindo as indicações do diabo, criou-se a escola. A criança adora a natureza: encerraram-na dentro de salas fechadas. A criança gosta de ver a sua atividade servir para alguma coisa: fizeram de modo que a sua atividade não tivesse objetivo algum. Gosta de mexer-se: obrigaram-na a ficar imóvel. Gosta de manejar objetos: puseram-na em contato com ideias. Gosta de usar as mãos: fizeram trabalhar somente o cérebro. Gosta de falar: forçaram-na ao silêncio. Queria raciocinar: fizeram-na decorar. Queria buscar a ciência: serviram-na já pronta. Queria entusiasmar-se: inventaram os castigos (...). Então, as crianças aprenderam o que nunca teriam aprendido. Aprenderam a dissimular, a trapacear, a mentir" (*Transformons l'école* [Transformemos a escola], 1920). Com essas palavras, ele resumia uma preocupação comum dessa corrente: a crítica aos métodos pedagógicos tradicionais.

EDUCAR COM NOVO ESPÍRITO

No final do século XIX nascem as primeiras escolas novas: a New School de Abbotsholme na Inglaterra, criada por Cecil Reddie, a escola-laboratório da Universidade de Chicago, fundada por John Dewey, as experiências das Arbeitschule (escola ativa) de Munique, por Georg Kerschensteiner, a Casa dei Bambini em Roma, de Maria Montessori, a escola de Ermitage, de Ovide Decroly em Bruxelas, a escola Roches na França...

No período que sucedeu à Primeira Guerra Mundial, o movimento ganha novo alento: a necessidade de reformar a educação se faz sentir visando a formar "indivíduos capazes de pôr fim às guerras e organizar, pela compreensão mútua, um mundo melhor". Florescem todos os tipos de tentativas pedagógicas. Na fundação das comunidades livres de Hamburgo, as crianças organizam sozinhas sua vida escolar, determinam o regulamento e escolhem os responsáveis. Nos Estados Unidos, o plano Dalton implanta os métodos de trabalho individualizados e a pedagogia do contrato entre o aluno e o professor, enquanto, na Inglaterra, Alexandre Sutherland Neill funda a sua célebre escola de Summerhill em 1924.

Na mesma época, o psicólogo suíço Edouard Claparède cria o Institut Jean-Jacques Rousseau em Genebra (1912), verdadeiro instituto das ciências da educação, voltado à formação, "em um espírito novo", das carreiras pedagógicas. E nos anos 1920 um de seus alunos, Jean Piaget*, começa a publicar uma série de obras sobre o desenvolvimento da inteligência da criança, que, com as de Henri Wallon, irão influenciar e incentivar o desenvolvimento da educação nova. Ferdinand Buisson e Alfred Binet* dão continuidade a seus trabalhos sobre a avaliação da inteligência e preconizam uma pedagogia científica. Durante esse período, a abundância das publicações comprova a intensa atividade de investigação pedagógica.

Quatro figuras fundadoras da educação nova

John Dewey (1859-1952): *learning by doing*
Filósofo, John Dewey criou uma escola-laboratório na Universidade de Chicago, onde era professor. Para ele, as atividades manuais devem ser o suporte da atividade intelectual. Embora insista na necessidade de basear-se nos interesses da criança, efetua uma distinção entre os falsos interesses (os que acreditamos suscitar tornando os saberes atraentes) e as verdadeiras necessidades: a ação pedagógica deve se fazer de maneira que toda aula seja uma resposta ao questionamento da criança.

Maria Montessori (1870-1952): "a educação como um auxílio para a vida"
Médica como O. Decroly, a italiana Maria Montessori se volta, a princípio, para as crianças anormais e depois generaliza o seu método.
Sua inspiração primeira foi inventar um material (cubos, encaixes de objetos variados, letras recortadas em diversos materiais...) que as crianças podiam utilizar livremente. É assim que ela ensinará a leitura e a escrita às crianças julgadas inaptas, que se sairão bem mesmo em exames oficiais.
Ela será a grande inspiradora da escola maternal francesa.

Ovide Decroly (1871-1932): "centros de interesse", método global
Médico neurologista belga, profundamente impregnado das ideias darwinistas*, Ovide Decroly pensa que o meio natural e a saúde física condicionam a evolução intelectual.
O ensino é organizado em "centros de interesses", fundados nas necessidades naturais do indivíduo. A classe é um microcosmo democrático onde a disciplina é assegurada por "sanções naturais" (um objeto quebrado deve ser consertado).
O. Decroly também é o teórico do método global de leitura: a criança entende melhor conjuntos organizados e significantes (palavras ou frases) que elementos sem significação (letras ou sílabas).

Célestin Freinet (1896-1966): do "impulso vital" ao "tateamento experimental"
Fragilizado por uma lesão pulmonar adquirida durante a Primeira Guerra Mundial, este professor primário se vê na necessidade de encontrar outra maneira de dar aulas. Além de todo um conjunto de técnicas pedagógicas (imprensa, jornal escolar...), Célestin Freinet elabora uma teoria psicológica da criança, fundamentada essencialmente em dois postulados:
– o "impulso vital": a criança é animada por um dinamismo natural que não deve ser contrariado.
– o "tateamento experimental": é experimentando diferentes procedimentos e empregando todos os meios que passam pela mente que se chega às leis da física, da gramática e da ortografia. Na opinião de C. Freinet, o erro é um meio de acesso ao conhecimento.

LIBERDADE, CRIATIVIDADE, AUTONOMIA

A educação nova vai buscar inspiração tanto na corrente científica (a da psicologia da criança) como na filosófica (o pragmatismo de John Dewey, filósofo americano cuja fórmula *learning by doing*, "aprender fazendo", ficou famosa). Mas, principalmente, "o amor e o respeito da criança são universais em toda a história da educação nova", explica Roger Cousinet. A partir das ideias rousseaunianas, são exaltados a vida no campo, o trabalho manual e a jardinagem, a liberdade e a criação artística.

Três grandes princípios unem as escolas novas: a focalização na criança, a educação moral (levando à autonomia e também ao auxílio mútuo e à cooperação) e a prática de métodos ativos. Mas para além desse consenso, nascem muitas polêmicas entre as diferentes correntes.

Deve-se deixar a criança evoluir totalmente segundo seus desejos e livre para escolher suas atividades, como pretendia A. S. Neill, fundador de Summerhill? Há que basear-se em seus interesses para construir situações pedagógicas? Para John Dewey, "toda aula (devia) ser uma resposta". Devem-se suscitar nela necessidades que permitam instaurar atividades educativas, segundo a abordagem funcional de E. Claparède? Deve-se, ao contrário, como pensava Ovide Decroly, organizar o ensino a partir das "necessidades naturais" do indivíduo? Não contrariar seu dinamismo natural e seu "impulso vital" (Célestin Freinet)?

E mais, deve-se fazer da escola uma pequena república na qual a classe se torna uma cooperativa administrada pelos alunos?

C. Freinet, professor primário que foi excluído do magistério francês e criou a sua própria escola em Saint-Paul de Vence, pretendia fundar uma verdadeira "educação proletária" destinada às crianças do povo. Em contrapartida, na escola de Roches, embora as atividades físicas naturais sejam privilegiadas, os estudos são destinados às futuras elites.

O que resta, hoje em dia, da educação nova? Alguns estabelecimentos continuaram a obra dos precursores (escolas Decroly, Freinet ou Summerhill, esta ameaçada de fechamento pelo governo britânico). Porém, de modo mais geral, pode-se dizer que os grandes princípios da educação nova, por vezes revivificados pelos paradigmas contemporâneos (cognitivismo*, puerocentrismo, valorização da expressão de si), se encontram integrados nas teorias educativas atuais, que discutem com frequência a atividade do aluno, a democracia na escola ou, simplesmente, o respeito à criança.

Bibliografia: • E. Claparède, *L'Éducation fonctionnelle*, Delachaux et Niestlé, 1968 [1931] • J. Dewey, *L'École et l'enfant*, Delachaux et Niestlé, 1947 [coletânea de artigos, 1.ª ed. fr., 1913] • C. Freinet, *Les Techniques Freinet de l'école moderne*, Armand Colin, 1964 • S. S. Neill, *Libres enfants de Summerhill*, Maspero, 1970 [1960]

EFEITO ASCH
→ Asch

EFEITO WERTHER
→ Werther

EFEITO ZEIGARNICK
→ Zeigarnick

EFEITOS PERVERSOS

Em geral, chamam-se "efeitos perversos" as consequências indesejadas de uma ação intencional. Essa noção é, pois, pertinente para pensar fenômenos de ordem muito diversa, como mecanismos econômicos, ambientais, sociais...

O sociólogo Raymond Boudon atribui aos efeitos perversos um lugar importante na análise da mudança social. Algumas transformações sociais podem, de fato, ser consideradas a consequência indesejada de uma soma de ações individuais. Assim, os efeitos perversos constituem jogos de soma diferente de zero: os parceiros, ao tentarem ganhar individualmente, são todos perdedores. Em *L'Inégalité des chances* [*A desigualdade de oportunidades*] (1973), R. Boudon analisa os efeitos perversos da democratização escolar. A redução da desigualdade escolar não produz o efeito esperado. Para cada indivíduo, levar mais longe a sua formação e ter um diploma mais elevado é uma escolha racional que visa a valorizá-lo e a aumentar as suas oportunidades sociais. Mas, uma vez que um grande número de indivíduos faz a mesma escolha, o número de diplomados aumenta e o valor do diploma se degrada.

Bibliografia: • R. Boudon, *L'Inégalité des chances*, Armand Colin, 1973 • R. Boudon, *Effets pervers et ordre social*, Puf, 1977 • T. C. Schelling, *La Tyrannie des petites décisions*, Puf, 1980 [1978]

→ **Boudon, Decisão**

EFICÁCIA SIMBÓLICA

Como explicar que práticas mágicas estranhíssimas e, à primeira vista, muito irracionais possam ser eficazes? De fato, certos ritos mágicos conseguem, por exemplo, tratar alguém com febre ou dor nas costas.

Num artigo intitulado "L'efficacité symbolique" [A eficácia simbólica] em *Anthropologie structurale* [*Antropologia estrutural*] (1958), Claude Lévi-Strauss* procura trazer uma resposta a esse problema realizando uma análise minuciosíssima de uma prática encantatória encontrada entre os cunas da América Central que visa a auxiliar um parto difícil. Nessa ocasião, fato notável, o canto do xamã, que narra uma verdadeira luta entre os monstros uterinos, não vai somente permitir que a doente se resigne; vai também curá-la. C. Lévi-Strauss retoma uma tese de Marcel Mauss* que explica que a eficácia da magia se deve ao fato de se tratar de uma crença coletiva, cujos símbolos são atuantes. Para C. Lévi-Strauss, a relação entre monstro e doença é, no discurso do xamã, "uma relação entre o símbolo e a coisa simbolizada (...). O xamã fornece à doente uma linguagem na qual podem expressar-se imediatamente estados não formulados, que, de outra maneira, permaneceriam informuláveis". Essa expressão da relação pelo mito coletivo vai possibilitar o desbloqueio fisiológico. Por essa razão, C. Lévi-Strauss compara o método do xamã ao tratamento psicanalítico. Nos dois casos, um mito produzido – individual, no caso da psicanálise, coletivo, no caso do xamanismo – é eficaz porque remete a uma atividade mental inconsciente que tem a mesma estrutura, embora o material de imagens empregado seja diferente. A psicanálise é vista, então, como "uma forma moderna da técnica xamanística".

EHESS
→ **École des Hautes Études en Sciences Sociales (Escola de estudos avançados em ciências sociais)**

ELIADE, MIRCEA
(1907-1986)

Historiador das religiões e escritor nascido na Romênia, Mircea Eliade foi profundamente marcado por uma viagem à Índia, no fim da qual nunca deixará de procurar compreender a experiência espiritual e religiosa.

HOMO RELIGIOSUS E HOMEM MODERNO

M. Eliade distingue dois tipos de homens. O primeiro é o *Homo religiosus*, homem das sociedades "primitivas", "arcaicas", que é descrito em *Le Mythe de l'éternel retour. Archétypes et répétition* [*Mito do eterno retorno*] (1949). Sua concepção do tempo é cíclica, ele nega a história como sucessão de acontecimentos individuais. Este mundo é circular – um mundo ideal, em que se vive em torno de um templo ou de um totem* – e se ancora num mito fundador, um conjunto de relatos que tem por finalidade construir um universo de sentidos ao qual se integram os homens.

Com o cristianismo, nasce uma outra concepção da história. A morte do Cristo é um acontecimento singular que impõe uma origem única para o tempo e engendra o segundo tipo de homem, dito "moderno". Esse homem é profano (de *profanus*, espaço que circunda o templo, portanto espaço não sagrado, concebendo-se em sua relação a um lugar sagrado) e pode observar linearmente as sucessões de eventos passados. Seu mundo parece expurgado de toda marca de sagrado.

Mas, em *Le Sacré et le Profane* [*O sagrado e o profano*] (1956), M. Eliade se abstém de opor nitidamente os tipos religioso e moderno. O homem pré-moderno não confunde sonho mítico e realidade material. O mito lhe permite simplesmente dar sentido à sua existência. Da mesma forma, no homem moderno sempre está adormecido um *Homo religiosus*, que desperta quando o indivíduo transpõe, por exemplo, o umbral de uma igreja.

AS HIEROFANIAS

Uma hierofania é um sinal do divino, a "revelação de uma modalidade do sagrado". O sagrado se manifesta ao homem sob inúmeras formas, como Jeová se manifestou aos hebreus na forma de uma nuvem ardente. A história de todas as religiões pode ser considerada uma sucessão de hierofanias.

O símbolo* perpetua uma hierofania e permite ao homem entrar em contato com o divino (a serpente, por exemplo, é o símbolo do caos, matéria informe, ordenada, por potências transcendentes, num conjunto coerente, o cosmos). O mito*, por sua vez, é uma história exemplar, "simbólica", que fornece modelos de conduta. Por fim, o rito* tem como efeito conferir uma função sagrada a objetos, a tempos, a indivíduos.

RESSACRALIZAR O MUNDO MODERNO?

Ao abandonar uma concepção cíclica do tempo, o homem moderno privou o mundo de todo sentido. Ele está só, privado de referência, enquanto o *Homo religiosus* se apoia naquela produção coletiva, que é o mito, para dar sentido a seu universo. Para o primeiro, a morte é um acontecimento desprovido de sentido. Para o segundo, é uma passagem, uma iniciação. E, ao longo de sua obra, M. Eliade sugere que somente ressacralizando o seu mundo o homem moderno escapará do seu estado de derrelição. Ao esquecer qualquer mito, ele julgou libertar-se, mas, ao fazê-lo, perdeu a sua humanidade.

A obra de M. Eliade obteve uma recepção um tanto fria por parte dos antropólogos, que o criticam por reconstruir uma religião universal reunindo mitos e lendas separados de seu contexto para fundi-los num modelo único.

Principais obras de M. Eliade
- *Le Mythe de l'éternel retour. Archétypes et répétition*, 1949 [*Mito do eterno retorno*, Mercuryo, 1992]
- *Images et symboles. Essais sur le symbolisme magico-religieux*, 1952 [*Imagens e símbolos*, Martins Fontes, 2.ª ed., 2002]
- *Le Sacré et le Profane*, 1956 [*O sagrado e o profano*, Martins Fontes, 1992]

ELIAS, NORBERT
(1897-1990)

Norbert Elias nasceu em uma família abastada da cidade de Breslau (hoje Wroclaw) e recebeu uma educação alemã clássica. É chamado para servir o exército em 1915 e, acabada a Guerra, estuda medicina e filosofia. Em 1925, volta-se para a sociologia e vai morar em Heidelberg. Depois, acompanha o sociólogo Karl Mannheim, de quem se torna assistente em Frankfurt. Com a ascensão do nazismo, N. Elias, judeu e democrata, deixa a Alemanha em 1935. Vive dois anos em Paris, depois em Londres, onde escreve sua primeira obra sobre o "processo civilizador", que, publicada em dois volumes em 1939, passa despercebida. Durante trinta e cinco anos, N. Elias é professor de sociologia em Cambridge, em Leicester, em Ghana, e reside principalmente em Londres.

Sua carreira toma outro rumo com a reedição, em 1969, dos dois volumes de 1939, *Über den Prozess der Zivilisation* [*O processo civilizador*], seguidos de um novo tomo, *Die höfische Gesellschaft* [*A sociedade de corte*]. Conquista, então, um reconhecimento público numa idade em que muitos outros já estão aposentados. Nos anos 1980, redige diversas obras sobre a sociologia, o tempo, o esporte e a violência, sobre o lugar do indivíduo na sociedade e uma análise do caso Mozart, antes de morrer, em 1990, em Amsterdã.

A CIVILIZAÇÃO DOS COSTUMES

Ao que parece, até o século XVI nas cidades alemãs, era possível assitir ao espetáculo semanal de famílias inteiras (homens, mulheres e crianças) atravessando a cidade nuas em pelo para ir ao banho público. Na mesma ordem de ideias, parece que, até o século XIV, os usos do corpo e o comportamento à mesa eram muito menos rígidos que os nossos. Em 1530, Erasmo aconselhava os jovens a tossir para esconder o ruído de suas flatulências e a usar três dedos para tirar a carne dos pratos sem limpá-los na manga do vizinho...

Com base nesses saborosos fatos e documentos, N. Elias introduziu, na análise histórica e sociológica do Ocidente, a noção de "civilização dos costumes". A ideia, desenvolvida em três tomos, pode ser facilmente resumida: a "civilização", explica N. Elias, é uma questão de costumes, em particular das pequenas e grandes regras que pesam sobre o uso do corpo, sobre a satisfação das necessidades, dos instintos e dos desejos humanos. Essa dimensão da moral teve uma evolução bastante acentuada na Europa a partir do Renascimento. O homem medieval vivia numa espécie de barbárie mais ou menos inocente, numa liberdade real de exprimir violentamente suas emoções, seus desejos e de satisfazer as suas mais materiais necessidades sem se preocupar com o olhar do outro. A partir do século XVI, tudo isso – polidez, comportamento à mesa, regras de pudor e decência – começa a ser codificado pelos nobres da corte. No século XVIII, são os burgueses que se apropriam dessas boas maneiras. No século XIX, o movimento chega ao auge e se democratiza: reina a moral puritana que se chama "higiene". Segundo N. Elias, esse movimento sintetiza toda a história política, social e cultural do Ocidente.

O PODER DE ESTADO, MOTOR DA CIVILIZAÇÃO

A evolução desses modos corporais é o produto da generalização de um modelo de personagem: o do nobre cortesão. A revolução dos costumes, explica N. Elias, jamais teria ocorrido sem a "domesticação" dos guerreiros, sua transformação em nobreza da corte. De fato, do século XII ao século XVIII, pelo menos na França, presenciam-se a ascensão do poder real e a transformação das classes feudais em nobreza da corte. O príncipe impõe a sua marca em todos os aspectos da vida de seus cortesãos: amores, guerras, comportamento à mesa, polidez e solução dos conflitos. Ao mesmo tempo, a sociedade se enriquece e se torna complexa, os homens se tornam cada vez mais dependentes uns dos outros. Estão "organicamente" ligados pela divisão do trabalho, já não podem viver separados em comunidades fechadas em si mesmas.

Para N. Elias, essas são as duas causas profundas que explicam o desenvolvimento, nas classes dominantes – nobre, depois burguesa –, de uma moral baseada no crescente controle das pulsões físicas e emocionais. Já não se trata apenas de fazer que se obedeçam às regras de polidez, de pudor e de evitamento, mas que cada um chegue ao autocontrole, principalmente no que diz respeito aos contatos corporais, à sexualidade e à violência.

A CIVILIDADE INTERIORIZADA

Esse movimento culmina, no século XIX, com a concepção puritana, que proíbe falar de sexualidade diante de crianças e pretende que a mínima nudez seja considerada um escândalo.

Na sua maior generalidade, porém, a "civilidade" não se confunde com a pura e simples multiplicação dos interditos referentes ao sexo, ao asseio, à polidez e ao uso da violência. Não é um simples código, é também uma cultura. A evolução dos costumes, na modernidade, é sobretudo caracterizada por uma crescente interiorização das normas, o que torna cada vez mais supérfluos os mecanismos sociais de repressão, escreve N. Elias. O movimento de civilização funciona por princípios universais e chega à própria consciência do indivíduo. Em suma, já não se trata simplesmente de regras de conduta, mas de sentimentos íntimos que produzem culpa e arrependimentos, se reproduzem por si mesmos e se assemelham ao recalque freudiano*.

Numa entrevista concedida em 1974, N. Elias dará um exemplo que não poderia ser mais atual: o quase nudismo na praia, em pleno apogeu, não marcava uma reviravolta no processo de civilização, um retorno ao despudor e à permissividade? De modo algum, explica; o biquíni expressa sobretudo a liberação da mulher, a igualização das condições. Por outro lado, ele supõe, da parte de cada um, um controle maior de suas emoções e de seus comportamentos, bem como novos hábitos de conduta: uma mulher pode fazer *topless* na praia, mas jamais no cabeleireiro.

A obra de N. Elias sobre o processo de civilização, redescoberta na década de 1970, foi acolhida na França com entusiasmo por historiadores como François Furet*, André Burguière e Emmanuel Le Roy Ladurie*, pois refletia o seu próprio esforço para fazer da história uma ciência das mentalidades*. Ela encarnava também uma sociologia histórica e inaugurava uma forma de história dos costumes que, desde então, fez escola.

CRÍTICAS E CONTROVÉRSIAS

Por parte dos sociólogos, a acolhida foi mais cética, e logo apareceram as críticas. Seria possível situar o surgimento da "civilidade" no Renascimento, como se outras épocas e outros continentes não tivessem tido momentos de civilização adiantada? No segundo volume de *O processo civilizador* (1939), N. Elias procura mostrar que a emergência de "sociedades de corte" é um fato verificado em todos os continentes. Mas não existe outra maneira de ter acesso à civilização que não seja se submetendo a um poder estatal? Os relatos dos etnólogos em particular não descrevem a existência de sociedades com costumes civilizados na ausência do poder do Estado?

Por outro lado, alguns historiadores contestam não o fato de haver variações no nível de decência exigido de uma sociedade, mas o fato de que esse nível esteja ligado, como na teoria de N. Elias, à emergência das classes cortesãs e do Estado moderno.

A situação atual dos costumes revela principalmente certa complexidade, pois, enquanto algumas mulheres vestem roupas sumárias, outras usam novamente o véu islâmico. Como descobrir alguma orientação naquilo que parece uma grande desordem? N. Elias respondia que, se a sociedade contemporânea libera os costumes, é porque a repressão se tornou inútil, o indivíduo se tornou seu próprio censor e nem por isso se tornou livre. Essa resposta é satisfatória? Seja como for, o que quer que o homem faça ou deixe de fazer, seu comportamento expressa um mesmo fato, isto é, que a cultura é fundamentada na inibição dos instintos.

Principais obras de N. Elias
• *Über den Prozess der Zivilisation*, 2 vols., 1939 [*O processo civilizador*, Jorge Zahar, 1997 (vol. 1) e 1998 (vol. 2)]
• *Die höfische Gesellschaft*, 1969 [*A sociedade de corte*, Jorge Zahar, 2001]

ELITE

O termo "elite" designa o conjunto das pessoas consideradas as mais competentes num setor. Pode-se, assim, falar de elite científica ou artística. Mas, em geral, a palavra remete às relações de poder. As teorias elitistas de poder, na esteira de Vilfredo Pareto, levantam a questão da legitimidade. Elas questionam a realidade da democracia tentando demonstrar que uma elite detém de fato a totalidade do poder. Para o sociólogo Charles W. Mills (*The Power Elite* [A elite do poder], 1956), o poder nos Estados Unidos é monopolizado por um grupo social restrito, uma elite composta pelos grandes dirigentes das instituições políticas, econômicas e milita-

res. Essa elite constitui um grupo bastante homogêneo no plano social e defende interesses comuns. Tal concepção de elite é, pois, simultaneamente oposta à concepção marxista*, que funda o poder na propriedade, e às teorias democráticas. Segundo C. W. Mills, haveria mesmo, nos Estados Unidos, colusão entre os poderes político, econômico e militar. Outros pensadores, como Joseph A. Schumpeter, tendem a adotar uma visão mais pluralista das elites. Certamente, a emergência de uma elite política nos grandes partidos é inevitável, mas talvez não deva ser confundida com as elites econômicas.
→ **Pareto, Schumpeter, Ciências políticas**

ELSTER, JON
(nascido em 1940)

Jon Elster é de nacionalidade norueguesa. Após uma tese em filosofia sobre Karl Marx*, orientada por Raymond Aron* em Paris, volta-se para uma análise da noção de racionalidade. Critica a teoria da escolha racional, segundo a qual os indivíduos são calculistas experientes que agem visando a maximizar a realização de seus fins e, por conseguinte, têm um comportamento que pode ser interpretado em termos de cálculos sobre os custos e benefícios. A ideia de J. Elster é conciliar a primazia da noção de racionalidade com as irracionalidades patentes que podem ser observadas nos comportamentos humanos. Na *Odisseia*, Ulisses pede a seus marinheiros que o amarrem ao mastro do navio a fim de poder ouvir o canto das sereias sem sucumbir a elas. Para Jon Elster, essa passagem ilustra bem como os homens são por vezes capazes de prever sua irracionalidade e encontrar estratagemas para se proteger dela. Ele se volta também para questões tão diversas como o vínculo social e as normas, as emoções, a teoria da justiça, os comportamentos de dependência, a democracia, as mudanças políticas, no Leste Europeu, a unidade do eu...

J. Elster foi um dos pioneiros do chamado "marxismo analítico", que teve seu momento de glória na década de 1980 e cujo projeto era aplicar à teoria de K. Marx os critérios da filosofia analítica*. Professor na Universidade de Columbia, desfruta atualmente de grande notoriedade e seus trabalhos são do interesse do conjunto das ciências humanas: filosofia, ciência política, economia, sociologia...

Principais obras de J. Elster
• *Making Sense of Marx*, 1985 [Entendendo de Marx]
• *Ulysses and the Sirens*, 1979 [Ulisses e as sereias]
• *Sour Grapes: Studies in the Subversion of Rationality*, 1983 [Estudos na subversão da racionalidade]
• *The Cement of Society: a Study of Social Order*, 1989 [O cimento da sociedade: um estudo da ordem social]
• *Psychologie politique*, 1990 [Psicologia política]
• *Ulysses Unbound: Studies in Rationality, Precommitment, and Constraints*, 2000 [Ulisses desatado: estudos em racionalidade, precomprometimento e restrições]

EMERGÊNCIA

A noção de emergência é, a princípio, utilizada em biologia para designar o aparecimento de novas propriedades, não necessariamente previsíveis, que se produzem em razão da agregação de elementos no interior de um conjunto. A propriedade de emergência é uma aplicação do princípio "O todo é superior à soma das partes". Assim, a capacidade do cérebro para produzir conceitos formais não é uma capacidade individual dos neurônios. É uma propriedade emergente que resulta da interação entre bilhões de células.

EMOÇÃO

O medo provoca inúmeras reações orgânicas (tremores, transpiração, aceleração do ritmo cardíaco) e subjetivas (mal-estar, sensação de perigo...). Estado do corpo e do espírito, a emoção parece ter um significado mental preciso e também determinar nossa ação (reação de fuga, ou prostração, por exemplo). Diz respeito ao biólogo, ao filósofo, ao antropólogo, e ao psicólogo ao mesmo tempo.

Não se dá o nome de emoção a qualquer tipo de sentimento, de sensação ou de humor. As emoções dependem muito de sua relação com o tempo. Uma "tristeza de cinco segundos" ou "uma surpresa que dura um ano" são inverossímeis. A emoção deve ter um início, um fim e uma duração limitada, mas suficiente para que lhe seja reconhecida alguma qualidade. Em segundo lugar, varia em intensidade: do simples medo ao terror, da alegria ao êxtase, é evidente que pode ter um efeito perturbador violento sobre a atividade mental. Em terceiro lugar, a emoção caracteriza-se por comportar um sem-número de aspectos corporais, como aceleração do ritmo cardíaco, alteração hormonal, rubor, palidez, expressão do rosto, gestos, movimen-

EMOÇÃO

AS EMOÇÕES SÃO NATURAIS OU CULTURAIS?

• O psicólogo americano Paul Ekman, seguindo os passos de Darwin*, defende a ideia de que certas emoções simples são universais, que existem em todo homem e são associadas aos mesmos sinais elementares. Segundo P. Ekman, as seis emoções fundamentais são: a alegria, a aversão, a surpresa, a tristeza, a ira e o medo. A alegria se manifesta por um sorriso verdadeiro marcado pela distensão dos lábios e pela contração espontânea do músculo orbicular. A aversão é um esgar universal que, segundo C. Darwin, lembra a ação de cuspir uma substância tóxica e a de apertar as narinas para evitar um odor desagradável. A surpresa é marcada pela elevação das sobrancelhas, o olho recebe mais luz, o que facilita a percepção de um eventual perigo. A tristeza é expressa pelo relaxamento dos músculos da mandíbula e uma contração do músculo superciliar. Essa expressão é acompanhada de um desejo de retiro e solidão. A ira é uma mímica de preparação para o ataque. O medo é marcado pela palidez do rosto e pela abertura súbita dos olhos enquanto aumenta a capacidade visual. Além disso, o sangue flui para os membros inferiores a fim de permitir uma fuga mais rápida. Essa tese é compatível com o fato, também reconhecido, de que a expressão das emoções varia em quantidade e qualidade de uma sociedade para outra. Mesmo que a tristeza seja universal, há que admitir que uma siciliana e uma japonesa não têm o mesmo modo de se expressar. Alguns etnólogos analisaram o estudo comparativo dessas maneiras como a sociedades valorizam, inibem, ou circunscrevem a certas ocasiões a expressão de emoções fundamentais.

• Entretanto, há alguns anos, a própria existência de universais emocionais é discutida. Pode-se, de fato, conceber que os estados afetivos constituem, no ser humano, uma sorte de gama cromática que cada cultura "recorta" à sua maneira, assim como as línguas recortam de modo diferente a realidade. Partindo do estudo dos discursos, alguns antropólogos formularam mais radicalmente a hipótese da relatividade cultural das emoções. O etnólogo Robert Levy explica, por exemplo, que os taitianos quase nunca falam de tristeza em situações em que nós, ocidentais, o faríamos. De acordo com ele, a tristeza é uma emoção "sub-representada" na cultura taitiana, pois é substituída por outras interpretações: a dor do luto é designada como uma "doença". Esses desenvolvimentos deram margem a inúmeros estudos sobre a expressão, a ritualização e o discurso sobre as emoções em sociedades de culturas variadas. Da forma como são apresentadas, as emoções já não são tratadas como realidades mais ou menos instintivas, mas como elementos concebidos, elaborados e adquiridos pelo indivíduo no âmbito de uma cultura particular.

tos. Enfim, as emoções têm uma causa e um objeto: produzem-se em certas situações, motivadas por uma coisa, uma pessoa ou ainda por uma ideia que nos vem à mente.

COMO ELAS SE PRODUZEM?

Durante muito tempo, dois modelos teóricos dividiram o estudo dos mecanismos das emoções. Conforme Charles Darwin* (*The Expression of the Emotions in Man and Animals* [*A expressão das emoções no homem e nos animais*], 1872), as emoções são sequências de comportamentos inicialmente funcionais e conservadas durante a evolução em razão de seu valor adaptativo. Assim, se o cão deita as orelhas para trás quando está enfurecido, é porque nos tempos primordiais ele procurava pô-las a salvo das mordidas dos adversários. Dessa obra, serão conservadas três ideias: a da origem utilitária da maioria dos comportamentos emocionais, a sua transmissão hereditária, e o seu reemprego, no homem, como elemento de comunicação.

O outro modelo tem origem, embora indiretamente, numa proposição de William James*, extraída de um artigo ("What Is an Emotion?", *Mind*, nº 9, 1884) em que ele expunha um esquema de explicação das emoções relativamente contrário ao senso comum. Segundo James, as emoções procedem de uma leitura que o espírito faz de suas manifestações físicas. Resumido em uma fórmula: "Estou chorando, logo estou triste" em vez de "Estou triste, então choro". Sua teoria introduz a ideia de que as emoções resultam de uma percepção consciente de um estado do corpo.

A herança de C. Darwin e de W. James está presente hoje em dia tanto nos trabalhos sobre a expressão facial das emoções como nas teorias que tentam explicar a sua produção.

O psicólogo Robert Zajonc é um conhecido defensor da tese da autonomia das emoções. No seu entender, a produção e a experiência de uma emoção não exigem nenhuma participação das faculdades de julgamento. Os recém-nascidos seriam capazes de expressar emoções muito diferenciadas bem antes de terem condições de reconhecer os estímulos visuais que lhes são apresentados. É um sinal de que a emoção é "primária" no indivíduo do mesmo modo que na evolução, uma vez que certas espécies animais são capazes de sentir emoções variadas sem, contudo, dispor de aptidões cognitivas desenvolvidas.

Outros psicólogos, ao contrário, defenderam a tese segundo a qual as emoções podem ser concebidas sem a participação das faculdades de percepção, de raciocínio e de julgamento.

Se a emoção tem uma função de sobrevivência e se mostra ancorada em mecanismos biológicos automáticos, psicólogos sociais, como Klaus Scherer e Nico Frijda, demonstraram que, entretanto, ela implica, muitas vezes, um processo mais complexo de avaliação de um fato e de suas consequências, isto é, que as emoções não são as mesmas se o fato for percebido, por exemplo, como novo ou habitual, e dependem também de nossas normas sociais e pessoais. N. Frijda mostrou que a preparação do indivíduo para reagir é um ingrediente essencial de nossas emoções: um indivíduo que se prepara para enfrentar a dor sente uma dor subjetiva menos intensa do que um indivíduo que, ao contrário, está preparado para escapar dessa dor.

Por sua vez, a neuropsicologia cognitiva descobriu a importância das emoções na elaboração das escolhas, das estratégias mentais. Em *Descartes' Error* [*O erro de Descartes*] (1994), António Damásio* analisa os distúrbios de um paciente, Elliot, desprovido de emoções desde que fora submetido à ablação de uma parte de seu lobo frontal. Embora todas as suas faculdades cognitivas tivessem permanecido normais, sua faculdade de raciocínio tornara-se bastante perturbada na vida cotidiana. Assim, ele era incapaz de gerir seu tempo, arruinara-se em operações financeiras duvidosas e sua vida privada era conturbada (um primeiro divórcio, depois outro breve casamento e, depois, novo divórcio).

As investigações de A. Damásio são interessantes por não se limitarem a explicar os distúrbios de Elliot por uma lesão das estruturas nervosas responsáveis pela emoção. Em vez disso, ele procura compreender em que as emoções nos ajudam a pensar. A. Damásio insiste com veemência na dupla dimensão da emoção, isto é, simultaneamente biológica e cognitiva. Assim, o estudo do paciente Elliot mostra a importância das sensações corporais, dimensão essencial das emoções, na tomada de decisão. As investigações de A. Damásio e sua equipe mostraram que já não havia reações sensoriais normais em certos fatos emocionais. Essa falta de sensações corporais impediria Elliot de perceber suas emoções. Ora, segundo A. Damásio, a informação emocional é necessária para que se tomem decisões adequadas.

Bibliografia: • V. Christophe, *Les Émotions. Tour d'horizon des principales théories*, Presses Universitaires du Septentrion, 1998 • O. Luminet, *Psychologie des émotions. Confrontation et évitement*, De Boeck, 2002 • L. Maury, *Les Émotions de Darwin à Freud*, Puf, 1993

EMPIRISMO

Para essa corrente filosófica, o conhecimento deriva da experiência e, particularmente, da experiência sensorial. John Locke (1632-1704) pode ser considerado o fundador do empirismo. Em *An Essay Concerning Human Understanding* [*Ensaio acerca do entendimento humano*] (1690), ele rejeita a tese segundo a qual haveria ideias inatas na mente humana. Para Locke, todas as nossas ideias provêm da experiência, e as ideias gerais são obtidas por abstração "quando se abstraem todas as circunstâncias de tempo, de lugar e de toda outra ideia que pode determiná-las nesta ou naquela existência particular". David Hume (1711-1776) é outro expoente do empirismo clássico. Em *A Treatise of Human Nature* [*Tratado da natureza humana*] (1730-1940), e em *An Enquiry Concerning Human Understading* [*Investigação acerca do entendimento humano*] (1748), ele procura explicar o princípio de causalidade. Como posso saber se o sol nascerá amanhã? Não podemos perceber a relação de causalidade como tal, a relação de causa e efeito que estabelecemos só se fundamenta no hábito e na imaginação. É por termos observado inúmeras vezes que um fato é seguido de outro que instauramos uma ligação de causa a efeito entre eles. Realmente, a questão mais importante a que se vê confrontado o empirismo é explicar como podemos chegar a conhecimentos objetivos, principalmente científicos, a partir da experiência sensível.

É esse o desafio que procura enfrentar o empirismo no século XX. O círculo de Viena*, que se organiza a partir do final da década de 1920, sobretudo sob o impulso de Rudolf Carnap (1891-1970), defende uma concepção científica do mundo, cujos fundamentos são empiristas. No seu entender, unicamente a experiência permite atribuir um valor de verdade a um enunciado, ou seja, torná-lo verdadeiro ou falso (princípio de verificabilidade). R. Carnap, em *Der logische Aufbau der Welt* [A construção lógica do mundo] (1928), defende uma concepção científica reducionista, isto é, propõe construir o sistema do conhecimento a partir de enunciados básicos fundamentados em dados sensoriais.

O filósofo americano Willard van Orman Quine* (1908-2000), num célebre artigo, "Two Dogmas of Empiricism" [Dois dogmas do empirismo] (*The Philosophical Review*, nº 60, 1951), mesmo sem renunciar ao empirismo, questiona a ideia segundo a qual seria possível testar um enunciado isolado pela experiência. Na esteira do físico francês Pierre Duhem (1861-1916), W. V. O. Quine afirma que não se pode provar a veracidade ou a falsidade de uma única hipótese pela experiência. Quando a experiência não verifica uma predição, é o conjunto teórico que é abalado, e não apenas uma hipótese isolada. Ele reivindica, pois, um empirismo holista* e não atômico.

Mais recentemente, Bas C. van Fraassen (nascido em 1941) desenvolveu uma teoria que ele próprio qualifica de "empirismo construtivo". A sua abordagem é pragmatista, isto é, uma teoria visa a responder, de maneira satisfatória, às perguntas que lhe são formuladas. Ela é "empiricamente adequada" (em vez de "verdadeira") quando as suas consequências observáveis são verificadas pela experiência.

O empirismo construtivo "consiste em dizer que o objetivo da ciência não é a verdade como tal, mas somente a adequação empírica, isto é, a verdade no que diz respeito aos fenômenos observáveis" (*Laws and Symetry* [Leis e simetria], 1989). Vê-se que o empirismo pretende, antes e acima de tudo, escapar à armadilha do dogmatismo.

Bibliografia: • R. Carnap, *La Construction logique du monde*, Vrin, 2002 [1928] • D. Hume, *Traité de la nature humaine*, Aubier, 1992 [1739-1740] • J. Locke, *Essai philosophique sur l'entendement humain*, Vrin, 1998 [1690] • B. van Fraassen, *The Scientific Image*, Oxford University Press, 1980 • J.-G Rossi, *Les Grands Courants de l'empirisme*, Armand Colin, 1999

EMPIRISMO LÓGICO
→ **Positivismo lógico**

EMPREGO
→ **PCS, Trabalho**

ENDOGAMIA-EXOGAMIA

Em antropologia, um grupo é chamado de "endogâmico" quando prescreve que seus membros escolham os cônjuges no interior do grupo, seja ele um grupo de parentesco (fala-se então de endogamia clânica), um grupo social (como no caso das castas) ou um grupo territorial.

Ao contrário, qualifica-se de "exogâmico" o grupo no qual o indivíduo deve eleger o cônjuge fora do seu grupo. Deve-se ressaltar que essas regras regem a aliança matrimonial, ou seja, a relação de duas famílias, e não as relações sexuais.

ENTREVISTA

Em 2002, a socióloga Janine Mossuz-Lavau dedicou-se a uma pesquisa inteiramente inédita sobre a sexualidade dos franceses. A maioria das pesquisas realizadas até então tinham como base a pesquisa quantitativa, que consistia em passar um questionário padronizado a uma amostra de pessoas representativa da população inteira. J. Mossuz-Lavau adotou outro procedimento. Interrogou setenta pessoas, homens e mulheres, de diferentes idades e condições sociais, e propôs que conversassem em particular durante duas ou três horas, pedindo-lhes que contassem sua experiência sexual, sua "primeira vez", o número de parceiros, etc.

Esse método levou-a a descobrir que, por trás das médias gerais que as pesquisas estatísticas fornecem (sobre o número, a idade da primeira relação sexual, por exemplo), havia enormes diferenças conforme os indivíduos. Enquanto na França a idade média da primeira relação é de 18,5 anos (em 2000), a socióloga encontrou

RELATOS DE INSERÇÃO DE JOVENS

• Luc tem 23 anos. Deixou a escola sem se diplomar depois de abandonar o curso técnico de ajustador. Em seguida, fez estágios, trabalhou alguns meses numa fábrica de tintas e numa pequena empresa que acabou fechando, como instalador de antenas de TV. Após o serviço militar em Berlim, trabalhou em obras "aqui e acolá" graças a um vizinho que o ensinou a fazer pequenos consertos e trabalhos de construção.
Sophie deixou a escola na mesma época que Luc (em 1986). Tinha concluído o segundo grau. Depois de trabalhar numa vindima e em um TUC (trabalhos de utilidade coletiva), encontrou um emprego em um abatedouro de codornas, onde está há vários anos. É casada e tem um filho.

• Esses relatos de experiências foram coligidos por Claude Dubar e Didier Demazière durante entrevistas biográficas com jovens em situação de inserção (*Analyser les entretiens biographiques. L'exemple des récits d'insertion* [Analisar as entrevistas biográficas. O exemplo dos relatos de inserção], 1997). Como interpretar esses relatos biográficos? Os sociólogos propõem um procedimento novo, inspirado principalmente na análise estrutural* da narrativas* (Algirdas J. Greimas, Roland Barthes*). O procedimento consiste em dividir a entrevista em sequências elementares, depois, em reconstruir o "esquema" do relato onde se mesclam sequências-tipos (S1: "fiz um estágio"; S2: "servi o exército"), "actantes" (A1: "meu pai", A0: "eu"), argumentos (P1: "Não sei como sair dessa situação").
A partir desse material, os pesquisadores identificam estruturas implícitas, que ordenam o relato. Assim, Luc resume sua experiência invocando muitas vezes o "tudo" ou o "nada". Na escola, ele "não aprendeu nada" e, sem trabalho, "a gente não é nada". Em contrapartida, no trabalho com obras, ele sabe "tudo": "Eletricidade, encanamento, pintura, tudo." Por sua vez, Sophie divide o universo social em duas categorias dicotômicas: "os que são bem-sucedidos e os que fracassam".
Assim, de cada relato, os sociólogos destacam temáticas centrais, muitas vezes ordenadas em pares de oposição ("Tudo" ou "nada", "eu" e os "outros", "o trabalho de verdade" e "os bicos"). Comparando esses relatos e procurando seus traços comuns e suas diferenças, os autores identificam diversos tipos de discursos que ordenam o pensamento desses jovens e refletem sua visão do mundo, a maneira como descrevem sua própria experiência.

• Segundo os autores, esse procedimento supera dois impasses da análise qualitativa dos relatos: a abordagem "ilustrativa", que escolhe arbitrariamente trechos das entrevistas que favorecem uma interpretação *a priori* do pesquisador; a abordagem "restituidora", que fornece um relato bruto, deixando livre curso à interpretação.

---

uma jovem que teve sua primeira relação aos 12 anos, outra, aos 33 anos...

Da mesma forma, a noção de "primeira relação" não tem o mesmo sentido para todas as pessoas. A maioria delas entende que se trata de um ato sexual com penetração. No decorrer das entrevistas, descobriu-se que algumas evocavam também flertes e carícias muito "avançadas", que poderiam ser assimiladas a uma primeira relação. É o caso de algumas jovens muçulmanas que, querendo permanecer virgens até o casamento, tinham uma verdadeira sexualidade ativa, mas sem penetração.

A entrevista é, pois, um meio privilegiado de acesso a certas informações sobre as pessoas, seus modos de vida, suas motivações, suas representações do mundo, etc. Antes de mais nada, a entrevista serve para coligir fatos junto aos atores implicados num fenômeno.

Com essa finalidade, a entrevista é usada tanto pelo jornalista, o historiador do presente, que deseja saber como aconteceu determinada guerra, determinada insurreição, como pelo etnólogo, que deseja saber como vive uma comunidade. Desse ponto de vista, é apenas mais uma ferramenta de pesquisa entre tantas outras. Pode combinar-se com a observação, com os dados numéricos, com as fontes escritas...

Como qualquer método de estudo, a entrevista tem suas vantagens e seus limites. É tanto uma "arte" quanto uma técnica. Supõe a aplicação de uma metodologia precisa, mas requer, ao mesmo tempo, tato e experiência. O pesquisador pode deixar a conversação ocorrer de maneira mais ou menos dirigida. Pode procurar centrar as considerações do interlocutor em certos temas ou então deixar-lhe a possibilidade de desviar-se livremente do tema inicial. Em qualquer dos casos, a entrevista supõe uma fase preparatória em que o entrevistador deve programar seu roteiro (lista de temas a abordar...) a fim de que o encontro seja proveitoso.

Várias armadilhas espreitam o entrevistador. A primeira consiste em encerrar o entrevistado num quadro prévio de análise. Nas entrevistas realizadas com jovens da periferia (*Misère du monde* [*A miséria do mundo*], 1993), Pierre Bourdieu* – aliás, grande sociólgo – foi criticado por realizar entrevistas "pré-fabricadas", em que os participantes são manipulados pelo inquiridor, que conduz os inquiridos aonde os quer levar. No fim, os discursos proferidos se enquadram bem demais na análise prévia do pesquisador para que o leitor não sinta um certo mal-estar...

Outra armadilha, ao contrário, consiste em deixar-se levar pelo discurso do entrevistado. Um executivo de empresa que fala de seu trabalho tenderá a supervalorizar o seu papel, um chefe político tenderá a descrever sua ação em razão da boa imagem que deseja dar de si mesmo. Inconscientemente ou não, toda pessoa que conta a sua vida tenderá a embelezar seu passado, a esquecer episódios importantes, a supervalorizar certos fatos, etc. É por isso que o pesquisador deve ficar sempre atento e manter certa distância crítica em relação ao discurso do entrevistado. O cruzamento das fontes é de valia quando não se quer cair nessas armadilhas clássicas da entrevista.

Em sua pesquisa a respeito dos operários da montadora Peugeot de Montbéliard (*Retour sur la condition ouvrière* [De volta à questão operária], 1999), Stéphane Beaud e Michel Pialoux observam: "As entrevistas aprofundadas com pessoas menos politizadas que os militantes, e principalmente com jovens em regime de trabalho temporário que não são da região, permitiram-nos relativizar a visão da fábrica que nos era dada pelos 'antigos'. E foi cruzando sistematicamente essas entrevistas que pudemos enriquecer nosso ponto de vista."

Bibliografia: • D. Demazière, C. Dubar, *Analyser les entretiens biographiques. L'exemple des récits d'insertion*, Nathan, 1996 • J.-C. Kaufmann, *L'Entretien compréhensif*, Nathan, 1996

ENUNCIAÇÃO

Próximas à pragmática, as teorias da enunciação foram desenvolvidas na França nas décadas de 1950-1960 por Émile Benveniste e aprofundadas a partir dos anos 1970 por Antoine Culioli.

Deve-se a É. Benveniste a definição clássica da enunciação como "o funcionamento da língua por um ato individual de utilização" (*Problèmes de linguistique générale II* [*Problemas de linguística geral II*], 1974). A enunciação é, pois, o ato pelo qual um locutor produz um enunciado. De fato, o discurso traz diversas marcas da presença do locutor e da situação de fala e permite estabelecer graus variáveis de adesão ou de distanciamento em relação às palavras proferidas. Quando eu digo "Sílvia talvez tenha razão", estou marcando certa distância em relação ao enunciado pelo uso do advérbio "talvez". Por outro lado, certos termos só podem ser compreendidos no contexto da enunciação, como é o caso de "agora", "aqui", ou mesmo de "eu". A enunciação é, pois, um fenômeno complexo que distingue a comunicação de uma simples transmissão de sinais codificados.

A corrente enunciativa em linguística se interessa, na esteira de É. Benveniste, pelas marcas de inscrição, na língua, de suas condições de utilização. O estudo da enunciação se desenvolveu em duas direções: a das relações entre enunciado e situação de enunciação; a das relações que um locutor mantém com seu próprio discurso através do estudo das modalidades (positiva, negativa, dubitativa) e de outros processos (aspas, estilo indireto, glosa).

Bibliografia: • É. Benveniste, *Problèmes de linguistique générale*, t. 2, Gallimard, 1974

→ **Benveniste, Pragmática**

ENVELHECIMENTO
→ **Velhice, envelhecimento**

EPISTEMOLOGIA

É preciso distinguir dois sentidos para esse termo. No primeiro, a epistemologia designa a teoria do conhecimento, isto é, a análise dos modos de conhecimento ou gnosiologia. Nos Estados Unidos, onde esse sentido é amplamente dominante, a epistemologia se distingue da filosofia das ciências. Na França, ao contrário, a epistemologia designa, de modo geral, a filosofia das ciências.
→ **Ciência**

EPISTEMOLOGIA GENÉTICA

"Meu objetivo, que era descobrir uma espécie de embriologia da inteligência, adaptava-se à minha formação em biologia; desde o início de minhas reflexões teóricas, estava convencido de que, no âmbito do conhecimento, se apresentava o problema das relações entre o organismo e o meio", explicava o psicólogo suíço Jean Piaget. Embora conhecido internacionalmente por sua teoria do desenvolvimento da inteligência na criança, seu projeto inicial, muito mais amplo, era compreender como se desenvolvem, ao longo da evolução da humanidade, os conhecimentos e a inteligência. O termo "epistemologia genética" designava, para ele, "a dupla intenção de constituir um método capaz de fornecer parâmetros e, principalmente, voltar às origens, portanto à própria gênese dos conhecimentos...".

J. Piaget consagrou-se então à formação dos conhecimentos na criança (psicogênese), como campo experimental de uma epistemologia histórico-crítica. Em 1955, ele criou, em Genebra, o Centro Internacional de Epistemologia Genética.

Bibliografia: • J. Piaget, *L'Épistemologie génétique*, Puf, "Que sais-je?", 1970

→ **Desenvolvimento (psicologia do), Piaget**

ESCOLA DA REGULAÇÃO
→ **Regulação**

ESCOLA DE CHICAGO
→ **Chicago**

ESCOLA DE FRANKFURT
→ **Frankfurt**

ESCOLA DE PALO ALTO
→ **Palo Alto**

ESCOLA DOS ANNALES
→ **Annales**

ESCOLHA RACIONAL (teoria da)
→ *Rational choice*

ESCRITA

Na Mesopotâmia (precisamente nas ruínas da cidade-Estado de Uruk) foram encontrados os mais antigos caracteres da escrita, datados de 3.400 a.C. Sabe-se também que as primeiras escritas, na China, no Egito, entre os maias ou entre os astecas da América pré-colombiana, surgiram em civilizações urbanas ao mesmo tempo que a centralização do poder e a construção de grande impérios.

Que forma tomou a escrita e como evoluiu? Durante muito tempo, pensou-se num processo evolucionista, que Jean-Jacques Rousseau assim expunha: "A pintura dos objetos convém aos povos selvagens; os sinais das palavras, aos povos bárbaros, e o alfabeto, aos povos civilizados." Em outras palavras, teríamos passado progressivamente dos pictogramas à escrita lo-

---

OS SISTEMAS DE ESCRITA

• Os sistemas de escrita são classificados em diferentes categorias conforme a maneira como funcionam. Em geral, distinguem-se os sistemas ideográfico, silábico e alfabético. Algumas escritas, como o egípcio antigo, podiam combinar as três formas.

Os sistemas ideográficos
São também chamados logográficos. Nesses sistemas, cada sinal representa o sentido de uma palavra. Na maioria das vezes, há determinantes que servem para indicar alterações sofridas pelas palavras no que diz respeito ao sentido ou ao estatuto gramatical (plural, por exemplo). Essas escritas requerem uma grande quantidade de símbolos. Os dicionários de chinês moderno listam cerca de 50 mil sinais aproximadamente.

Os sistemas silábicos
Utilizam símbolos para expressar sílabas. Os sistemas cuneiformes babilônio e assírio do Oriente Próximo antigo, as primeiras escritas da Grécia pré-clássica, a escrita dos maias e, em parte, a escrita japonesa atual pertencem a este grupo.

As escritas alfabéticas
Apareceram por volta de 2000 a.C. Sua vantagem consiste no número extremamente reduzido de sinais necessários. O primeiro alfabeto seria proveniente da Síria e teria dado origem aos alfabetos das línguas semíticas: grego, hebraico, árabe, cirílico. O alfabeto grego foi adaptado à escrita latina, e o Império Romano contribuiu para propagá-la em toda a Europa ocidental.

gográfica para culminar, auge da perfeição, nos sistemas alfabéticos que permitem reproduzir todas as palavras possíveis. Mas, recentemente, essa ideia foi questionada por muitos arqueólogos e assiriólogos que mostraram que a escrita está longe de ser "um eco gráfico da fala". A escrita cuneiforme, por exemplo, seria um sistema de signos determinados pelas ferramentas (a placa de argila e o cálamo biselado) e que tinham sua dinâmica própria.

Resta então decidir – e, nesse caso, o debate está no auge – se o desenvolvimento da escrita foi a causa dos progressos intelectuais da humanidade ou se é apenas o reflexo deles...

Bibliografia: • J. Goody, *La Logique de l'écriture. Aux origines des societés humaines*, Armand Colin, 1986 • D. Olson, *L'Univers de l'écrit. Comment la culture écrite donne forme à la pensée*, Retz, 1999 [1994]

ESPAÇO

Geografia. Para o geógrafo, o espaço é o que o tempo é para o historiador. Ler o mundo do ponto de vista do espaço equivale, para o geógrafo, a estudar a implantação das atividades, a organização das cidades, a disposição do território, o traçado das fronteiras, as redes de transporte, etc.

A ORGANIZAÇÃO DO ESPAÇO

Tradicionalmente, o interesse da geografia humana esteve voltado para a localização das atividades e a organização da paisagem.

Heródoto* já dizia que "o Egito é uma dádiva do Nilo". É certo que a natureza impõe certos limites às atividades humanas; os portos são implantados nas margens dos rios ou à beira-mar, o tipo de agricultura depende do clima e do solo, a indústria se desenvolve nas regiões mineiras, etc. Por isso, as noções de paisagem e de meio* estavam na base da geografia tradicional.

Em meados do século XX, a geografia se libertou de um determinismo natural demasiado estrito, alegando que o homem tanto fabricava o seu ambiente quanto era o seu produto. Pela irrigação dos solos, pela industrialização, pela urbanização, pelos transportes...

Ademais, o desenvolvimento das atividades terciárias é bem pouco tributário do meio físico. A Califórnia consegue desenvolver tecnologias novas em seu solo árido. Tanto o Japão como a Coreia do Sul desenvolveram sua economia sem recurso natural algum.

Foi nas décadas de 1950-1960 que a geografia se abriu para os múltiplos determinismos sociais e históricos que pesavam na organização espacial: a história dos homens, as iniciativas do Estado, as inovações culturais que interferem tanto no meio físico como na localização das atividades. Mas, com isso, a geografia também corria o risco de perder a sua especificidade disciplinar.

Nessa mesma época, os geógrafos começaram a pensar o espaço em novos termos. Se as atividades se libertam cada vez mais dos obstáculos naturais, isso não significa que os obstáculos espaciais estejam abolidos. A localização das atividades foi repensada a partir de novos modelos teóricos que levavam em conta a lógica própria das distâncias, das concentrações de atividades, das bacias de atrações.

Redescobriram-se então modelos espaciais elaborados nos anos 1930, a teoria dos lugares centrais* de Walter Christaller e a organização das cidades pensada pelos teóricos da escola de Chicago*.

Foram, então, elaborados novos modelos e ferramentas de análise. Os teóricos dos "distritos industriais" demonstraram que as atividades econômicas tendiam a se concentrar em certas zonas por um simples efeito de concentração de atividades (o comércio atrai o comércio, a indústria atrai a indústria, o dinheiro atrai o dinheiro). O estudo dos polos tecnológicos, dos distritos industriais, das regiões e dos territórios adquiriu uma importância capital.

Da mesma forma, o estudo das redes (de transporte e de comunicação) serviu para examinar as lógicas de difusão das inovações e das enfermidades (modelos epidemiológicos). Foram criadas novas ferramentas para explicar a organização espacial: corema, Sistema de Informação Geográfica (SIG), mapas em anamorfose...

Essas novas abordagens forneceram uma nova imagem do espaço. A organização espacial de um país está longe de ser homogênea e se apresenta sob a forma de lugares polarizados ligados por fluxos. O espaço em zonas de atividade, tendo uma coerência econômica, uma cultura comum, tradições, redes de transporte convergentes, uma divisão administrativa, leva a formar uma imagem polarizada do espaço.

Espaço vivido e representações espaciais

A partir dos anos 1980, a geografia cultural dedicou-se ao estudo das representações do espaço. Os habitantes não se contentam em viver e circular numa cidade ou numa região; eles a visitam, elegem certos lugares e evitam outros. O geógrafo Armand Frémond foi o primeiro a falar de região como um "espaço vivido" (*La Région, espace vécu* [A região, espaço vivido], 1976). Em seguida, muitos trabalhos tiveram por objeto o imaginário das montanhas, as representações geográficas veiculadas pelos livros didáticos ou guias de viagens, as representações geográficas comuns dos cidadãos, etc. Da imagem dos Pireneus à da Irlanda ou da periferia de Paris, as representações do espaço comportam importantes fatores de desenvolvimento, pois contribuem para determinar a orientação das escolhas de viagens de férias, a implantação de empresas, a mobilidade das pessoas...

Os geógrafos se interessam também pelos saberes vernaculares do espaço: os mapas mentais dos taxistas e pelos métodos utilizados pelos inuítes ou pelos nômades do deserto para circular em espaços homogêneos, sem pontos de referência evidentes.

Antropologia. Ao examinar a maneira como os homens ocupam seus *habitats*, os lugares de caça ou de trabalho, os antropólogos observaram de imediato que o espaço não é um suporte neutro. Alguns lugares são propícios para as cerimônias sagradas, outros são de acesso proibido aos homens ou às mulheres, outros ainda devem ser evitados, pois neles rondam espíritos maléficos...

Quanto à ocupação do espaço, um dos primeiros objetos de estudos dos antropólogos foi a morfologia das cidades e das aldeias. Em *Coral Gardens and their Magic* [Os jardins de coral e sua mágica] (1935), Bronislaw K. Malinowski* descreve como, entre os trobriandeses, a aldeia é construída em torno de uma praça central reservada para as cerimônias, as danças e as atividades coletivas. As habitações familiares são dispostas de acordo com a posição de cada família. Em *Anthropologie structurale* [Antropologia estrutural] (1958), Claude Lévi-Strauss* procura construir uma teoria simbólica da ocupação dos lugares, reflexo de uma estrutura social e mental bastante codificada (*ver quadro p. seguinte*).

O antropólogo Maurice Godelier* assim descreve a organização das aldeias dos baruia, na Nova Guiné: "As aldeias eram divididas em três zonas. Dominando a aldeia, uma ou diversas casas de homens cercadas por uma paliçada que delimita um espaço estritamente proibido para as mulheres. É ali que vivem os meninos a partir dos 9 ou 10 anos, depois de terem sido separados das mães para serem iniciados (...). Bem embaixo da aldeia, numa zona de mata e moitas, as mulheres põem os filhos no mundo (...), o lugar é estritamente proibido para os homens... Entre essa parte alta e essa parte baixa da aldeia, num espaço então bissexual, ficam dispersas as casas onde vivem as famílias, que compreendem o marido, a mulher ou as mulheres, as filhas solteiras e os meninos não iniciados" (*La Production des grands hommes* [A produção dos grandes homens], 1982).

Em muitas sociedades tradicionais, as aldeias são construídas de acordo com regras precisas de ocupação do espaço: certa casa é reservada aos homens, outro espaço às mulheres, certos lugares são dedicados às cerimônias, outros aos chefes ou ao xamã... Esses espaços privados e públicos, reservados para uns e proibidos para outros, são marcadores simbólicos muito fortes, e aquele que os transgride infringe um tabu*.

Até mesmo dentro das casas existe uma divisão simbólica do espaço. "O espaço interno é dividido por uma linha imaginária que passa pelo meio do fogão. No semicírculo próximo da porta, vivem e dormem a esposa e os filhos. Do outro lado, além do fogão, é o espaço do marido, e é ali que se devem reunir todos os homens que entram numa casa. Uma mulher deve evitar ir à parte masculina da casa" (*La Production des grands hommes*).

O poder, o *status*, e o sagrado estão, pois, inscritos no espaço. Essa demarcação espacial não é exclusiva das sociedades tradicionais. Encontramo-la também nas sociedades modernas sob múltiplas formas. A grande sala do chefe, a separação dos banheiros públicos entre homens e mulheres, os espaços sagrados das igrejas ou das embaixadas...

Em *Coeur de banlieue* [Coração de "periferia"] (1997), David Lepoutre estuda os modos de apropriação do espaço por grupos de jovens da periferia de Paris. Cada grupo toma posse de

A ORGANIZAÇÃO ESPACIAL DE UMA ALDEIA BORORO

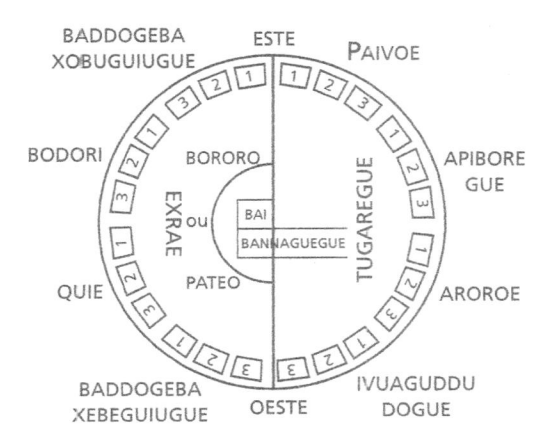

Diagrama circular da aldeia bororo, mostrando o eixo Leste-Oeste, com os clãs dispostos na periferia: BADDOGEBA XOBUGUIUGUE, PAIVOE, APIBORE GUE, AROROE, IVUAGUDDU DOGUE, BADDOGEBA XEBEGUIUGUE, QUIE, BODORI. No centro: BORORO EXRAE ou BAI BANNAGUEGUE / PATEO, e TUGAREGUE.

• Em *Anthropologie structurale* [*Antropologia estrutural*] (1958), Claude Lévi-Strauss* assim descreve a organização espacial de uma aldeia bororo (Brasil). No centro, fica a casa dos homens; ela é, ao mesmo tempo, a morada dos solteiros e o lugar de reunião dos homens casados. É proibida para as mulheres. Em torno dela, há um espaço circular que serve principalmente de lugar de dança e de cerimônias coletivas.

Na periferia da aldeia, estão dispostas as ocas onde vivem as famílias, os casais e os filhos.

A oposição entre centro e periferia é também a dos homens (proprietários da casa coletiva) e das mulheres (proprietárias das ocas familiares do contorno). "Estamos diante de uma estrutura concêntrica, plenamente consciente no pensamento indígena, em que a relação entre o centro e a periferia exprime duas oposições: entre macho e fêmea, como acabamos de ver, e entre sagrado e profano, isto é, o conjunto central, formado pela casa dos homens, e o lugar de dança, (…) enquanto a periferia é reservada às atividades domésticas das mulheres, excluídas, por natureza, dos mistérios da religião."

Essa estrutura concêntrica vem acompanhada de outra divisão, esta diametral. "A aldeia bororo é dividida em duas metades por um eixo leste-oeste que a reparte em duas metades de quatro clãs cada uma. Essas duas metades são exogâmicas*."

• C. Lévi-Strauss, *Antropologia estrutura*, 1958

certos lugares, define também "territórios inimigos", aos quais são associadas uma mitologia e uma simbólica próprias.

Psicologia. O espaço tal como o percebemos – o espaço tridimensional – parece corresponder a uma realidade física e não a uma simples representação do mundo. Ora, a física contemporânea nos dá uma visão completamente diferente do espaço, que não condiz com a nossa intuição. Na relatividade, o espaço não é independente do tempo (espaço-tempo) e adquire a forma de um espaço-curva que não respeita a geometria de Euclides (por exemplo, a linha reta não é o caminho mais curto). Nossa percepção habitual do espaço está, pois, mais ligada aos nossos limites de pensamento e de percepção do que a uma realidade física objetiva, como já compreendera Emmanuel Kant. Portanto, a nossa psicologia do espaço é tributária de nosso campo perceptivo – como a visão estereotópica que permite ver os relevos e a profundidade – e dos nossos movimentos e ações.

Outra dimensão psicológica do espaço foi explorada por meio da noção de "espaço pessoal", estudada notadamente por Edward T. Hall no âmbito da proxêmica*. Ao entrar em contato, as pessoas mantêm uma distância maior ou menor, conforme o grau de intimidade. Namorados se tocam e colam os corpos. Por outro lado, o estatuto de certas pessoas exige um "distanciamento" físico. O grau de espaço pessoal também é muito variável conforme as situações (num elevador ou no metrô, ele não é o mesmo que numa sala de espera de médico).

Bibliografia: • P. Claval, *Une géographie culturelle*, Nathan, 1995 • G. N. Fischer, *La Psychologie de l'espace*, Puf, 1981 • A. Frémond, *La Région, espace vécu*, Puf, 1999 [1976] • A. Moles, E. Rohmer, *Psychosociologie de l'espace*, l'Harmattan, 1998 [1972]

ESPAÇO PÚBLICO

Esse conceito se deve ao filósofo alemão Jürgen Habermas* (*Strukturwandel der Öffentlichkeit Untersuchungen zu einer Kategorie der bürgerlichen Gesellschaft* [*Mudança estrutural da esfera pública: investigações quanto a uma categoria da sociedade burguesa*], 1962) e designa o espaço constituído pelos lugares mais ou menos virtuais (um café, a imprensa, uma tribuna, o rádio, salas de reunião) onde se reúnem cidadãos para discutir assuntos de sociedade. Nesses lugares, as pessoas discutem ou realizam ações (greves, petições, manifestações...) referentes ao interesse geral e que podem influenciar as decisões políticas.

ESQUEMA

A palavra "casa" nos remete a uma imagem estereotipada: uma construção de quatro paredes, com um telhado, janelas e cômodos no interior (cozinha, quarto, sala de jantar, etc.). Em psicologia cognitiva, um esquema corresponde a uma representação mental simplificada de um fenômeno que destaca algumas de suas características marcantes e permanentes.

A teoria do esquema é produto dos trabalhos sobre a memória do psicólogo inglês Frederick C. Bartlett (*Remembering* [Lembrando], 1932). A hipótese geral é de que a memória tende a organizar as informações em torno de estruturas conhecidas, familiares, rotineiras. Para explicitar essa reconstrução das lembranças a partir de esquemas conhecidos, F. C. Bartlett realizou a seguinte experiência: ele contava a seus alunos uma história longa e tortuosa extraída de um velho conto indiano. Em seguida, pedialhes para recontar a história que tinham ouvido. Diante da impossibilidade de recordarem a história toda, os sujeitos tendiam a simplificar e "esquematizar" o enredo a partir de alguns episódios significativos. Além disso, como a coerência da história não era evidente, eles por vezes inventavam (inconscientemente) novos elementos, que não apareciam na história original.

A partir dos anos 1970, o conceito de esquema foi retomado no âmbito do estudo sobre a representação dos conhecimentos empreendido em ciências cognitivas*. Marvin Minsky usou a noção de esquema na inteligência artificial* ("A Framework for Representing Knowledge" [Uma estrutura para representar o conhecimento], *in* P. W. Winston, *The Psychology of Computer Vision* [A psicologia da visão computadorizada], 1975); David E. Rumelhart na psicologia cognitiva ("Schemata: the Building Blocks of Cognition" [Esquemas: os blocos construídos da cognição], *in* R. J. Spiro, B. C. Bruce, W. F. Brewer, *Theoretical Issues in Reading Comprehension* [Questões teóricas na leitura da compreensão], 1980). Segundo essa abordagem, os conhecimentos são representados na memória sob uma forma (esquema) conhecida e estereotipada que destaca traços relevantes e abstrai detalhes: uma árvore é composta de tronco, galhos e folhas; um rosto humano pode ser representado esquematicamente por uma forma oval, com dois pontos servindo de olhos e um traço de boca.

Nesse sentido, a noção de esquema assemelha-se à de *script* e de protótipo.

O termo esquema pode, também, designar outros conceitos.

Para Jean Piaget*, por exemplo, o pensamento desenvolve-se a partir do estágio sensóriomotor (ligado à ação prática) e caminha para a construção de representações mentais cada vez mais abstratas. Para ele, um esquema corresponde a um ato motor ou mental elementar. Para o bebê, por exemplo, o ato de agarrar um objeto que é colocado em sua mão. Para conseguir pegar um objeto colocado a certa distância, a criança deverá em seguida associar o esquema da preensão aos esquemas visuais (necessários para o reconhecimento dos objetos). Em todas as etapas da evolução do pensamento – perceptiva, prática ou simbólica – constituem-se novos esquemas mentais.

A noção de esquema foi igualmente empregada por muitos autores para designar uma espécie de matriz elementar (*pattern*) organizadora da percepção, das condutas, dos mitos. Assim, na análise dos mitos, podem-se considerar as séries de oposição (lua/sol, bem/mal, masculino/feminino, alto/baixo, céu/terra, branco/preto) como a manifestação de um esquema bipolar profundamente enraizado no pensamento humano.

Bibliografia: • S. P. Marchall, *Schemas in Problem Solving*, Cambridge University Press, 1995

→ **Protótipo,** *Script*

ESQUIZOFRENIA

John Nash, prêmio Nobel de economia em 1994 e inspirador de um livro e de um filme de sucesso (*A Beautiful Mind* [*Uma mente brilhante*]), sofria de esquizofrenia. Jovem e brilhante professor especialista em teoria dos jogos*, começa a manifestar sinais de distúrbios psíquicos: ouve vozes e crê estar sendo vigiado. Mais tarde, convence-se de que alguém tenta controlar seus pensamentos e dirigir seus atos. Começa então a ser acometido de crises de pânico e de cólera e não consegue mais se concentrar.

O termo "esquizofrenia", que significa "mente dividida", foi cunhado pelo psiquiatra suíço Eugen Bleuler (1857-1939) no início do século XX. A esquizofrenia manifesta-se geralmente no fim da adolescência. A pessoa tem o sentimento de estar sob o domínio de pensamentos interiores que não consegue controlar. Sofre de "delírios de influência" (sentimento de que alguém o está roubando ou lhe impondo pensamentos) e pode ter alucinações auditivas. Manifesta uma incoerência nas suas falas e pensamentos como se suas ideias se entrechocassem sem que pudesse controlá-las. Seus comportamentos afetivos são inadaptados e ela se mostra retraída com relação àqueles com quem convive. A esquizofrenia se traduz igualmente em isolamento social (o indivíduo fecha-se em si mesmo) e em um discurso hermético, frequentemente de natureza metafísica.

FORMAS MÚLTIPLAS, CAUSAS MISTERIOSAS

A esquizofrenia é um distúrbio que atinge aproximadamente 1% da população. Presente em todas as sociedades, ela não parece, portanto, ser induzida por uma forma particular de educação ou de organização social, como antes se acreditava. Contudo, existem várias formas de esquizofrenia. A classificação internacional das doenças (uma classificação semelhante ao *DSM-IV**) distingue diversas formas clínicas: a esquizofrenia paranoide, que se manifesta por delírios de perspectivismo ligados a alucinações; a esquizofrenia hebefrênica, caracterizada por isolamento mental e desorganização das emoções; a esquizofrenia catatônica, que se traduz em distúrbios psicomotores com alternância entre paralisia e crises de agitação; a esquizofrenia simples, na qual a pessoa é incapaz de adaptar-se a uma vida profissional e social, fechando-se em si mesma, mas não tem delírios nem alucinações, etc. A esquizofrenia pode ser crônica ou, em alguns casos, manifestar-se somente durante uma fase de crise.

Os progressos no estudo da enfermidade revelam-se ainda tímidos. A farmacologia, com a descoberta dos neurolépticos, consegue cada vez mais controlar o aparecimento dos sintomas, sem, contudo, alcançar curas efetivas nem um conhecimento de fato sobre a ação dos medicamentos. A doença possui um componente genético manifestado por características hereditárias. Assim, o filho de John Nash é também portador da doença. No caso de gêmeos monozigóticos (os gêmeos "verdadeiros"), quando um dos irmãos é acometido pela doença o outro tem uma probabilidade de 50% de também o ser. Em 2002, uma equipe do Inserm* constatou, em vários esquizofrênicos, alterações de um gene situado no cromossomo 22. Tal anomalia genética desencadeia a superprodução de prolina, um aminoácido cujo excesso reconhecidamente causa retardo mental em crianças. Uma vez que o excesso de prolina pode ser tratado com medicamentos, abre-se a possibilidade para o tratamento de certas formas de esquizofrenia.

Segundo uma hipótese cognitiva (Christopher Frith), o sentimento de estar sendo manipulado por outrem, característico do esquizofrênico, poderia ser causado por um déficit dos mecanismos mentais de atribuição. O indivíduo tem o sentimento de estar sob o jugo de forças exteriores porque não sabe mais atribuir a si mesmo a origem de suas próprias decisões.

Bibliografia: • R. Barret, *La Traite des fous, la construction sociale de la schizophrénie*, Les Empêcheurs de Penser em Rond, 1998 • M. L. Bourgeois, *Les Schizophrénies*, PUF, "Que sais-je?" 1999 • J. Garrabé, *Histoire de la schizophrénie*, Seghers, 1992 • N. Georgieff, *La Schizophrénie*, Flammarion, 1995

ESTADO

Na origem do Estado moderno que emerge na França, na Inglaterra e na Espanha a partir do século XIV, existem, evidentemente, a afirmação de uma autoridade política centralizada e também o desenvolvimento de uma administração. Mas esses diferentes elementos não constituem sua especificidade. Encontramo-los em qualquer sociedade que saiu da horda ou da tribo. A singularidade do projeto estatal reside numa vontade de harmonização jurídica e administrativa. No Império Romano, ao lado da centralização política e militar da autoridade, havia uma enorme diversidade de situações jurídicas. O direito em vigor não era o mesmo em Roma e nas colônias. A organização administrativa tinha suas variantes locais. O Estado moderno, ao contrário, pretende impor a mesma legislação a todas as populações instaladas em seu território. O que o distingue de todas as formas políticas que o precederam – da cidade [cidade-estado] ao império –, é, pois, um projeto político, o de criar uma comunidade unificada, articulada em torno de um território e de uma organização político-administrativa compartilhada.

A CONSTRUÇÃO DO ESTADO MODERNO

Desde as suas origens, a história do Estado é caracterizada por uma lógica de expansão de seus campos de intervenção. É uma tendência importante que se observa em longuíssima duração. Inicialmente, o Estado se afirmou através de suas funções chamadas régias (justiça, polícia, exército). São funções exercidas em períodos de graves conflitos – guerra entre Estados, violências internas com possibilidade de tomar a forma de guerra civil – que permitiram ao Estado afirmar-se como entidade política a partir dos séculos XIII e XIV. Até hoje, permanecem centrais; o que mudou foram as modalidades de exercício. Ao tornar-se uma democracia, a França confiou progressivamente o exercício delas à sua representação nacional (mesmo que o presidente da República continue tendo muitas prerrogativas).

Outra função, a de garantir a coesão nacional, veio somar-se progressivamente às funções régias. Foi preciso primeiro construí-la, porque, na França, a nação* apareceu tardiamente. Na Alemanha, a nação, como comunidade consolidada por uma língua e uma cultura comuns, precedeu o Estado. Na França, ao contrário, o Estado precedeu a nação, quase a "inventou", no sentido em que foi a política exercida, primeiro pelos reis, depois pela República, que permitiu, ao longo dos séculos, que se impusessem uma língua e uma cultura comuns e o sentimento, entre os povos dispersos no território, de estarem ligados por um passado e um destino compartilhados. As coisas, evidentemente, são mais complexas. Não é impossível, como afirmam alguns historiadores, que uma consciência nacional possa ter emergido, pela primeira vez, durante a Guerra dos Cem Anos, alimentada pelo ódio ao inglês. Também é certo que a nação francesa, como comunidade consolidada por uma língua e uma cultura comuns, é uma criação bem mais tardia. Somente a partir da Revolução terá realmente início o declínio dos patoás, pois os revolucionários fizeram da unidade linguística um pré-requisito para a unidade nacional. Essa "política da língua" só irá concretizar-se na Terceira República, com as leis escolares da década de 1880.

Ao objetivo de coesão nacional veio somar-se progressivamente, a partir de 1945, outro bem semelhante: reduzir a exclusão e reinserir os indivíduos na sociedade... Em outras palavras, garantir a coesão social. Então, o Estado adquiriu a forma do Estado-Providência*. Nessa época, surge, na França, a Seguridade Social (decreto de 4 de outubro de 1945) e, inspirado nas teses de John M. Keynes*, o Estado se torna regulador da economia. Nacionalização das grandes empresas, planificação, contabilidade nacional, políticas de modernização industrial..., todas essas práticas e instituições, que traduzem a vontade de controlar a economia, surgem logo após a Segunda Guerra Mundial.

A partir dos anos 1980, o Estado, tanto na sua forma de Estado-Providência como na de Estado regulador da economia, encontra-se em crise. O contínuo aumento das despesas num contexto de enfraquecimento da atividade econômica torna o seu financiamento cada vez mais problemático. Basta citar algumas cifras relativas ao peso dos encargos obrigatórios. No início do século XX, impostos e cotizações sociais representavam no máximo 10% do PIB; depois da Segunda Guerra Mundial, chegaram a 30% e, atualmente, estão em 46% do PIB. Se o Estado custa cada vez mais caro aos contribuintes, é simplesmente porque as suas despesas não pararam de aumentar durante os últimos cinquenta anos (despesas médicas, despesas sociais ligadas ao combate à pobreza e, principalmente, despesas ligadas ao financiamento das aposentadorias).

Bibliografia: • G. Esping-Andersen, Les Trois Mondes de l'État providence. Essai sur le capitalisme moderne, Puf, 1999 [1990] • P. Rosanvallon, L'État en France, de 1789 à nos jours, Seuil, 1990 • J. Vavasseur-Desperrier, La Nation, l'État et la démocratie en France au XXe siècle, Armand Colin, 2000

ESTADO ALTERADO DE CONSCIÊNCIA

Transe, hipnose, êxtase místico, alucinação, projeção para fora do corpo (*out of body*), sonho em vigília, fenômeno de *déjà-vu*, *New Death Experience* (NDE), são estados de consciência em que o sujeito parece ter penetrado num outro mundo, diferente do real.

O fenômeno de projeção fora do corpo (*out of body*) é uma experiência em que o sujeito tem a sensação de sair de seu invólucro carnal e de poder observar o mundo a partir de outro ponto de vista que não o de seu corpo físico. A própria existência do fenômeno é muito controvertida. Se ele parece universal demais para ser atribuído a fabuladores, jamais foi possível porém, validar a exatidão das informações coletadas em situação de projeção fora do corpo.

Os estados alterados de consciência ocorrem principalmente por ocasião das práticas religiosas místicas, no xamanismo, sob o efeito de drogas alucinógenas ou após traumatismos físicos (acidentes, perdas de consciência, estados próximos da morte).

De maneira geral, o sonho não é classificado entre os estados alterados de consciência, embora comporte as suas características essenciais, isto é, acesso a outro mundo (imaginário) que o sujeito tem a impressão de viver como um fenômeno real.

→ Hipnose

ESTADO DE DIREITO

O Estado de Direito pode ser definido como um sistema político em que o Estado está submetido ao direito e sujeito à lei. Portanto, o poder político não é todo-poderoso, ele respeita e faz que se respeite o direito. O Estado de Direito origina o próprio direito que o limita. Como qualquer instituição privada, não escapa ao princípio de legalidade e, por essa razão, pode incorrer nas sanções jurídicas. Transforma os cidadãos em sujeitos de direito cujas liberdades são garantidas.

O Estado de Direito pressupõe a existência de uma separação de poderes que garante uma justiça independente. De fato, para aplicar o direito de maneira imparcial a justiça deve estar livre das pressões dos poderes legislativo e executivo.

Por princípio, o Estado de Direito se opõe à ideia de uma "razão de Estado" que justificaria que, em certas circunstâncias excepcionais, a política escapasse ao princípio de legalidade.

→ Estado

ESTADO-PROVIDÊNCIA

O termo "Estado-Providência" é empregado pela primeira vez no Segundo Império francês com uma conotação polêmica: os que falam de Estado-Providência são liberais contrários à extensão das atribuições do Estado. Depois, o termo se torna descritivo e passa a ser usado para designar os diversos sistemas de proteção social dos países desenvolvidos.

O momento Bismarck

Paradoxalmente, a iniciativa parte de um governo conservador, para não dizer reacionário, o do chanceler Bismarck, que, na verdade, retoma as propostas da social-democracia alemã. No espaço de dez anos, três leis entram em vigor e estabelecem as bases da proteção social moderna. São elas: a lei de 1883, que institui o seguro-saúde obrigatório para os trabalhadores com baixos salários; a lei de 1884, sobre a indenização dos acidentes do trabalho; e a lei de 1889, que dá origem aos seguros por velhice ou invalidez. A Alemanha se coloca, pois, na vanguarda e logo é seguida pelos vizinhos. No final do século XIX, a Hungria, a Dinamarca, a Áustria e a Suécia adotam legislações similares. A Inglaterra só o faz em 1911, seguida mais tarde pelos Países Baixos e pela França (1930), e por fim pelo Japão (1945).

O momento Beveridge

Lord William H. Beveridge, figura notável do trabalhismo inglês, foi o criador de um novo sistema de proteção social. Seu "Livro branco", de 1942, deu origem a três grandes leis de proteção social do pós-guerra: o Family Allowance Act, de 1945, o National Health Service Act, de 1946, e o National Assistance Act, de 1948.

Diferentemente do modelo bismarckiano, o modelo beveridgiano objetiva assistir todas as pessoas necessitadas, não importa a sua situação. O fundamento do sistema não é a seguridade, mas a solidariedade. Em outras palavras, o dispositivo ultrapassa o grupo profissional, isto é, basta ser cidadão para ser beneficiado por ele. O direito à proteção abrange o conjunto dos riscos sociais e dá direito a uma garantia de recursos mínimos, seja qual for a situação profissional (assalariado, inativo, desempregado). A forma de financiamento do dispositivo também é específica. Os recursos não provêm de cotizações pagas pelos empregadores e pelos assalariados, mas do imposto.

A Seguridade Social Francesa

Criada por decreto em 4 de outubro de 1945, a Seguridade Social organiza-se em torno de três ramos principais: a doença, a velhice e a família.

Esse sistema híbrido comporta um dispositivo de seguros que abrange as aposentadorias e os cuidados relativos aos assalariados que são contribuintes (modelo bismarckiano) e é um sistema de direitos sociais baseado na solidariedade, pois tem a seu encargo pessoas necessitadas que não são forçosamente contribuintes: auxílio-família, salário mínimo de velhice e Cobertura Médica Universal (CMU), criada em 2000.

No início, a gestão da Seguridade Social foi confiada aos parceiros sociais: Estado, patronato, sindicatos, num princípio de cogestão. Mas a gestão se tornou cada vez mais estatizada, pois o Estado regulamentou e até mesmo assumiu diretamente a administração das caixas para resolver o problema do "rombo da Seguridade". Por outro lado, a cotização social generalizada (CSG) e os impostos sobre os cigarros e as bebidas alcoólicas passaram a contribuir com mais de 40% para o financiamento do seguro-doença.

O sistema americano

Os Estados Unidos só aderiram tardiamente, em 1935, à ideia de proteção social. O sistema presta assistência somente às pessoas em situação de extrema pobreza. Em matéria de saúde, existem dois dispositivos: Medicare, que cobre os cuidados hospitalares de idosos, e Medicaid, que se responsabiliza pelos cuidados dos reconhecidamente indigentes. A grande maioria da população tem contratos com sociedades de seguro privadas. Mas 40 milhões de pessoas, ou seja, 15% da população, vivem sem nenhuma cobertura para casos de doença.

Crescimento e crises

Desde o pós-guerra, os Estados-Providência europeus estenderam consideravelmente seus campos de intervenção. Por isso, o custo da proteção social não parou de aumentar, crescendo bem mais depressa do que a riqueza nacional. De 1960 a 2000, as despesas de proteção social passaram de 6% a 30% do PIB dos países europeus.

A partir dos anos 1970, diversos fatores se conjugaram para provocar o desequilíbrio das contas da proteção social: de um lado, desaceleração da economia (que limitou os recursos); de outro, aumento dos custos com o crescimento das despesas médicas e sociais ligadas à luta contra a pobreza e também do custo das aposentadorias em razão do aumento do número de aposentados. A maioria dos países europeus

---

Os três modelos de Estado-Providência segundo Gosta Esping-Andersen

• Em seu livro, já clássico, *The Three Worlds of Welfare Capitalism* [Os três mundos do capitalismo de bem-estar social] (1990), o sociólogo Gosta Esping-Andersen distingue três grandes tipos de Estado-Providência.

– O Welfare State *liberal ou residual*. Financiado pelo imposto, restringe sua intervenção aos mais carentes (rendimento mínimo e cuidados médicos). É o modelo americano.

– O *Estado-Providência bismarckiano*, também chamado "conservador" ou "securitário", baseia-se no seguro coletivo dos assalariados e dos membros de uma corporação profissional. Entre os países cujo sistema de proteção é de inspiração predominantemente bismarckiana, encontram-se a Alemanha e a Itália.

– O *Estado-Providência universalista, de tipo social-democrata*. O nível de proteção social é alto e sua forma de financiamento é específica. Os recursos não provêm de contribuições dos empregadores e dos assalariados, mas do imposto. É o modelo dos países escandinavos.

está empenhada nas reformas de seu sistema de proteção social.
→ Estado, Estado-Nação

ESTADO LIMÍTROFE (*BORDERLINE*)

O estado limítrofe designa um distúrbio psíquico caracterizado por dois traços principais, a instabilidade e a impulsividade. O paciente qualificado como "estado limítrofe" é passional e está sujeito a acessos incontrolados de raiva, ciúme, ódio ou desespero. Tais acessos são desmedidos e inadequados à situação, e os excessos podem levar a uma brusca "passagem ao ato" (agressão ou tentativa de suicídio). O "caso limítrofe" vai, por exemplo, manter com seu cônjuge uma relação muito conflituosa. Exigindo amor exclusivo (por se sentir sempre mal-amado), passa a suspeitar de tudo, racionaliza os acontecimentos de acordo com seu ciúme e procura continuamente testar o amor que lhe dedicam. Com isso, contribui para destruir uma relação que pretendia exclusiva e se fecha na solidão. O indivíduo "estado limítrofe" tende a dividir em dois grupos as pessoas de seu meio: os bons e os maus (os que são a seu favor ou contra ele). Depois dos acessos de fúria ou de ciúme, cai numa atitude de autodepreciação e de culpabilidade ("Sou uma nulidade", "É tudo culpa minha"), muitas vezes acompanhada de um episódio depressivo.

Para o psicoterapeuta, a dificuldade consiste em entrar numa relação de terapia com o paciente, pois a análise supõe que este sofra de um mal do qual ele tem consciência (caso das neuroses, como as fobias ou as obsessões). O estado limítrofe é precisamente um distúrbio situado na fronteira da neurose* e da psicose* (que é de natureza delirante e da qual o paciente não tem consciência).
→ Doença mental

ESTADO-NAÇÃO

De um ponto de vista geopolítico, o Estado-Nação é considerado "um tipo de Estado cuja população pertence, em sua maioria, a uma única e mesma nação" (Yves Lacoste). Nesse sentido, ele se distingue dos Estados compostos de diversas minorias étnicas (Estado multinacional, império). Nem todas as nações são dotadas de Estados (por exemplo, os curdos e os palestinos), e alguns Estados são multinacionais (como a Bélgica, que é habitada pelos flamengos e pelos valões).

Num lento processo histórico, o ideal da nação se encarnou na Europa no Estado-Nação. Salvo no Extremo Oriente, onde se desenvolveu de maneira autônoma, o modelo nacional se generalizou no mundo inteiro através de sucessivas vagas de independência em relação aos impérios originários das épocas anteriores, como o espanhol, o otomano, o austro-húngaro, depois o francês e o inglês. A nação, como modelo da comunidade política circunscrita num território e governada por um Estado, constitui o fundamento jurídico ideal, doravante aceito por todos os países do planeta.

Hoje, contudo, o modelo de Estado-Nação está em crise. A globalização econômica viria, efetivamente, ocasionar uma perda de soberania e de capacidade de ação do Estado-Nação. Além disso, em alguns setores, essa globalização traz consigo a instalação de órgãos internacionais de regulação, como a Organização das Nações Unidas (ONU), a Organização Mundial do Comércio (OMC), o Fundo Monetário Internacional (FMI), etc., e também a constituição de conjuntos de cooperação supranacionais, entre os quais se destaca a União Europeia. A identidade nacional se mostra frágil: de um lado, atada às identidades locais e, de outro, aos novos vínculos transnacionais (por exemplo, os europeus), torna-se fonte de problemas em muitos países, como mostra o esfacelamento da ex-Iugoslávia, por exemplo.

Isso significa que o Estado-Nação estaria caminhando para o desaparecimento? Afirmar isso seria exagero, mas é certo que, depois de ter usufruído de certa estabilidade, ele se encontra em plena mutação.

ESTEREÓTIPO

Em psicologia social*, os estereótipos são as imagens cristalizadas que se costuma aplicar a um grupo humano ("Os americanos são individualistas", "Os franceses são ranzinzas", "As enfermeiras são dedicadas", etc.). Até os anos 1970, os psicólogos sociais falavam mais de preconceitos do que de estereótipos. Por trás dessa mudança de termo, figura uma mudança de orientação teórica: já não se julga o valor de verdade do estereótipo. Enquanto a noção de preconceito supõe uma crença falsa e mal informada, a noção de estereótipo é mais neutra e abrangente. Trata-se de um mecanismo geral do pensamento coletivo e individual.

A psicologia social considera que o conteúdo dos estereótipos é ele próprio uma construção social*. "Os funcionários públicos são pagos para não fazerem nada" ou "Os bombeiros são heróis" são estereótipos produzidos pelo grupo e não simples representações individuais. Os estereótipos visam a "domesticar o desconhecido" (Serge Moscovici*), ou seja, classificar os fatos novos em categorias conhecidas e estáveis. São igualmente um modo de orientar a ação ao definir o que é bom ou mau, favorável ou desfavorável, justo ou injusto, desejável ou não. Eles têm, por fim, uma função identitária: permitem a um grupo se definir (positiva ou negativamente) em relação a outro.

Para compreender a formação desses estereótipos, a psicologia cognitiva recorre às noções de "categorização*", de "esquema*" e de "protótipo*".
→ Arquétipo, Representação social

ESTILO COGNITIVO

Surgido nos anos 1950, na esteira dos trabalhos de Jerome S. Bruner* (com J. Goodnow e G. Austin, *A Study of Thinking* [Um estudo do pensamento], 1956), o estilo cognitivo é uma forma de pensar, uma estratégia mental relativamente estável que um indivíduo utiliza para resolver um problema diante de uma situação dada. Os estilos cognitivos distinguem-se em função de duas dimensões.

– *Dependência-independência em relação ao campo (DIC)*. Os sujeitos que são independentes do campo utilizam preferencialmente seus referenciais pessoais para reestruturar os dados. Eles recorrem pouco às informações provindas do exterior e apoiam-se sobretudo em sua experiência pessoal para tomar decisões. Inversamente, os sujeitos dependentes do campo são menos inclinados a reestruturar suas decisões de modo estável e autônomo; eles confiam nas informações provindas de seu entorno, e o contexto social e afetivo é muito importante para eles.

– *Reflexividade-impulsividade (RI)*. Os sujeitos reflexivos possuem a tendência de adiar uma resposta para assegurar o melhor possível uma solução exata; eles preferem a indecisão ao risco de errar. Por outro lado, os sujeitos impulsivos tendem a responder rapidamente, mesmo correndo o risco de cometer erros; eles são normalmente inquietos com relação a si próprios e ao lidar com o outro.

Os estilos cognitivos são estudados no âmbito da psicologia diferencial*.

ESTILO DE VIDA

Você faz mais o tipo "na moda" ou "conservador"? "Ativista" ou "contemplativo"? Você faz parte dos "egocentrados" ou dos "sociáveis e empáticos"?

A noção de "estilo de vida" é empregada sobretudo no âmbito dos estudos de marketing* para tentar delimitar grupos de populações em função de suas atitudes, valores e padrões de consumo.

Apesar de muito combatida pelos sociólogos, essa ideia possui longa tradição nas ciências humanas e data da Antiguidade. Ela encontra suas raízes em Aristóteles, que, com as noções de *ethos* e de *habitus**, queria traduzir a maneira de ser, os valores e a forma de viver de um indivíduo.

A ideia de "estilo" aparece pela primeira vez com o filósofo inglês Robert Burton (1577-1640): "Nosso estilo nos revela." Mas a ideia já existe no delineamento de perfis de personalidade e de costumes encontrados em *Caracteres* de Teofrasto (século IV a.C.), que inspirou, séculos mais tarde, a obra homônima de Jean de La Bruyère (1688). Podem-se encontrar em *La Comédie humaine* [*A comédia humana*], de Honoré de Balzac (1841), vários retratos típicos que se assemelham a estilos de vida (o burguês, o novo-rico, o banqueiro, o aristocrata, o camponês, o professor, o escritor, etc.).

No início do século XX, os sociólogos alemães incluirão os estilos de vida no domínio das ciências sociais. Por meio do método dos tipos ideais*, Max Weber* descreve o modo de vida e a visão de mundo prototípicas do profeta e do capitalista puritano ("Gesammelte Aufsätze zur Religionssoziologie" e "Wirtschaft und Gesellschaft" [Obras completas de sociologia das religiões e Economia e sociedade], textos publicados entre 1910 e 1920). Georg Simmel* traça uma espécie de retrato falado do "estrangeiro" e do "pobre". Werner Sombart delineia a figura típica do inovador e do burguês.

Na mesma época, o psicólogo Alfred Adler* propõe uma concepção de estilo de vida baseada na personalidade individual, entendendo por isso um sistema de regras de conduta desenvolvido por um indivíduo a fim de atingir seus objetivos de vida.

É nos Estados Unidos, nos anos 1960, que as primeiras tipologias empíricas nasceram. Elas integram tanto os dados sociais (*status*, atitude, padrão de consumo) como os psicológicos (valores, personalidade). Os primeiros estilos de vida são então utilizados na área de marketing (W. Lazer, "Life-Style Concepts and Marketing" [Conceitos de estilo de vida e marketing], em S. Greyser, *Toward Scientific Marketing* [Em direção ao marketing científico], 1963).

Na França, a tipologia mais famosa foi criada pelo psicossociólogo Bernard Cathelat no CCA. A partir de grandes pesquisas de opinião por questionários sobre os valores e atitudes dos franceses, ele construiu constelações estatísticas que correspondem a "socioestilos", entre os quais figuram os "empreendedores", os "militantes", os "comodistas", os "conservadores", os "moralizadores", os "diletantes", os "exibidos", etc. Essa tipologia evoluiu ao longo do tempo. As análises em termos de "estilo de vida" são muito caras aos especialistas de marketing e aos estudos de mercado em geral. A noção de estilo de vida pode ser igualmente aplicada a estilos de poder e de gestão de empresas (M. Burke, *Portraits de famille. Les styles de vie des cadres et des entreprises* [Retratos de família. O estilo de vida dos administradores e das empresas], 1990, e *Styles de pouvoir* [Estilos de poder], 1993).

Bibliografia: • B. Cathelat, *Socio-styles système*, Éditions d'Organisation, 1990 • P. Gregory, "Recentrés, décalés ou passéistes? Faut-il croire aux 'styles de vie'?", *Commentaires*, n? 35, 1986 • W. Lazer, "Life-Style Concepts and Marketing", in S. Greyser, *Toward Scientific Marketing*, American Marketing Association, 1963 • A. Mitchell, *The Nine American Life-Styles: Who We Are and Where We Are Going*, MacMillan, 1983 • M. Rokeach, *Beliefs, Attitudes and Values: a Theory of Organization and Change*, Jossey-Bass, 1981 • P. Valette-Florence, *Les Styles de vie*, Economica, 1989

ESTRATÉGIA

O termo pertencia ao mundo militar antes de ser importado para o domínio do *management** (estratégia econômica).

Na arte da guerra, "estratégia" distingue-se de "tática". Ela define as escolhas fundamentais relativas ao ataque e à defesa. A tática, por sua vez, aplica-se a um plano de batalha particular. Por exemplo, durante a Guerra Fria, a arma nuclear, utilizada como instrumento de dissuasão, fazia parte de uma escolha estratégica.

Originada na arte militar, a estratégia pode ser estendida à política. Para chegar ao poder, Adolf Hitler utilizou a estratégia das urnas; Lenin, a do golpe de Estado; Fidel Castro e Che Guevara, a da guerrilha revolucionária.

AS ESTRATÉGIAS NA EMPRESA

No mundo empresarial, a noção de estratégia diz respeito, de início, ao *management*. Ela refere-se ao modo pelo qual os administradores dirigem a empresa: definição de metas, meios e formas de intervenção.

A estratégia envolve um projeto deliberado, implicando a empresa num compromisso de longo prazo. Portanto, ela supõe simultaneamente uma meta fixa e um plano de ação. Porém, muitos sociólogos das organizações (James G. March*, Herbert A. Simon*, Henry Mintzberg*) defenderam a ideia de que a condução das empresas não é sempre assim tão consciente e definida previamente. Ela é construída por partes, por uma sucessão de modificações, adendos e renúncias, em função de eventos e de oportunidades. Nesse caso, fala-se de "estratégia emergente" para enfatizar o quanto ela é formada ao longo da ação.

Também os assalariados adotam estratégias no interior das empresas. Elas são definidas pelas formas de envolvimento no trabalho, pelos jogos de poder, pela preservação do território pessoal, etc. A análise estratégica de Michel Crozier* e Erhard Friedberg dedica-se justamente a explorar essas estratégias dos atores nas organizações.

Por sua vez, a teoria dos jogos produz modelos de "jogos estratégicos", que se desenvolvem entre parceiros ou concorrentes no interior de relações econômicas (estratégia do "toma lá dá cá", estratégia do *free rider*).

A noção de "estratégia de ajustamento" é utilizada, em psicologia, para dar conta das formas de reação do indivíduo diante do estresse.

→ **Algoritmo, Análise estratégica, Decisão, Heurística, Jogos (teoria dos)**

ESTRATIFICAÇÃO SOCIAL

Todas as sociedades são estratificadas, ou seja, divididas em grupos distintos segundo o *status**, o prestígio ou a posição social. A estratificação pode também ser estabelecida segundo o sexo, a idade, a classe social ou a casta.

Não existe sociedade igualitária

Durante muito tempo, os antropólogos acreditaram que nas primeiras sociedades humanas reinava uma igualdade quase total entre os membros da comunidade. Os pequenos grupos de caçadores-coletores não eram, aliás, suficientemente numerosos para que aí se desenvolvesse uma verdadeira hierarquia social e uma divisão entre grupos distintos. Karl Marx* pensava – sem dúvida erroneamente – que apenas o aumento da riqueza daria origem à diferença entre *status* sociais, mas ele só levava em conta as desigualdades econômicas ou sociais. Contudo, na maioria das sociedades de caçadores-coletores existe sempre uma forte divisão social entre os sexos. Homens e mulheres possuem papéis, atribuições e privilégios muito diferentes. Entre os inuítes, os pigmeus, os papuanos, os aborígines e os ameríndios, encontra-se uma estrita repartição sexual do trabalho: somente os homens têm direito de caçar e de manipular as armas. Da mesma forma, são os únicos que podem assistir a certas cerimônias sagradas. De modo geral, as mulheres estão sujeitas ao poder dos homens. A sociedade é também dividida em classes etárias. Para se tornar homem, caçador, é necessário transpor etapas sucessivas marcadas por rituais de passagem.

Com as sociedades agrícolas e pastorais, inicia-se uma verdadeira estratificação social. As causas do aparecimento das desigualdades continuam sendo motivo de debates. Seriam devidas à diferenciação interna de uma sociedade e ao descolamento de um grupo que "se eleva acima da sociedade" (K. Marx)? Ou seriam o produto da conquista e da subjugação de uma tribo por outra? A questão permanece em aberto e é possível que os dois fenômenos tenham existido ao longo da história.

Nas sociedades históricas em que existem fortes diferenciações sociais, aparecem castas ou ordens diferentes. A Índia é uma sociedade de castas*; na Europa medieval existiam "ordens" (G. Duby, *Les Trois Ordres ou l'imaginaire du féodalisme* [As três ordens ou o imaginário do feudalismo], 1978). A essas grandes divisões em dois ou três grupos se sobrepõe uma divisão segundo as profissões. As ordens profissionais formam grupos fechados, endogâmicos*, que se constituem por cooptação e detêm certos privilégios. Assim, a classe dos ferreiros ocupa um lugar especial nas sociedades africanas tradicionais. Por ser o senhor do fogo e detentor de um saber secreto (o manuseio do metal), considera-se que o ferreiro está em contato com os espíritos e os gênios e, por conseguinte, ele preside as cerimônias de circuncisão. Os ferreiros formam, portanto, uma casta à parte, organizada como uma sociedade secreta.

Classes, PCS, estilos de vida, etnias, tribos...

No Ocidente, as sociedades modernas se pretendem igualitárias: seus indivíduos são "livres e iguais perante a lei". Contudo, a igualdade de direitos não é contraditória com fortes desigualdades de renda, de prestígio e de *status*. É necessário, portanto, descrever essa estratificação.

As percepções mais comuns das diferenças sociais efetuam-se segundo vários critérios corriqueiros: as desigualdades* ("ricos" e "pobres", "povo" e "elite"), a nacionalidade* (nacionais, imigrantes, estrangeiros), a raça* (brancos, negros, asiáticos), a religião, etc.

Por sua vez, os sociólogos criaram tipologias sociológicas rigorosas baseadas em classes sociais*, categorias socioprofissionais (PCS*), comunidades étnicas e ainda estilos de vida*. O paradoxo atual é que hoje todos admitem a existência de uma estratificação social, mas ninguém sabe realmente qual arcabouço analítico adotar para descrevê-la.

Bibliografia: • S. Bosc, *Stratification et transformations sociales. La société française en mutation*, Nathan, 2001 [1993] • R. Breen, D. B. Rottman, *Class Stratification: a Comparative Perspective*, Harvester Wheatsheaf, 1995 • M. L. Bush (org.), *Social Orders and Social Classes in Europe Since 1500. Studies in Social Stratification*, Longman, 1992

ESTRESSE

A palavra "estresse" vem do latim *stringere*, que quer dizer "apertar". A ideia de estresse remete à noção de tensão, de pressão: estar estressado é estar ao mesmo tempo apressado e oprimido. A literatura sobre o assunto é enorme, pois o estresse parece ter se tornado um mal da civilização contemporânea.

O pai do estudo científico do estresse é Hans Selye (1907-1982). Jovem estudante de medicina em Praga, ele é o primeiro a mostrar, em ratos, os vínculos entre um traumatismo psicológico e reações orgânicas. A ideia segundo a qual o sofrimento psíquico provoca uma alteração física encontra, pela primeira vez, uma base fisiológica.

Desde os trabalhos pioneiros de H. Selye nos anos 1930 até hoje, os ratos de laboratório foram submetidos a inúmeras torturas a fim de provar essa correlação entre agressão psicológica e reação do organismo; e principalmente para desvendar os mecanismos operantes nesses casos. Assim, provocam-se úlceras nos ratos amarrando-os de forma a imobilizá-los durante horas, ou dando-lhes choques elétricos aleatoriamente!

Nos seres humanos, medem-se igualmente os efeitos fisiológicos das emoções, por exemplo, controlando a evolução da produção hormonal nos jovens paraquedistas em treinamento. A produção de hormônio em situações de perigo é abundante e diversificada: um verdadeiro coquetel de produções hormonais é liberado numa situação de estresse. O neurobiólogo Robert Dantzer fala de um verdadeiro "labirinto do estresse" a propósito da complexidade das reações hormonais e dos caminhos tortuosos que elas tomam.

O estresse é analisado no âmbito dos estudos psicossomáticos em busca da compreensão de como as situações que o envolvem podem agir sobre o organismo.

→ **Psicossomática**

Estado de estresse pós-traumático

• A neurose traumática foi descrita pelo psiquiatra alemão Hermann Oppenheim em 1884, quando ele constatou que o intenso pavor provocado por um acidente ferroviário gerava sequelas psicológicas: revivescência do acidente, pensamentos intrusivos tanto de dia como de noite e distúrbios depressivos. No DSM-IV*, assim como na Classificação Internacional das Doenças (ICD-10), o "estado de estresse pós-traumático" (PTSD, segundo as iniciais em inglês) foi adotado como denominação internacional. Ele atinge aproximadamente 8% da população e surge após traumas diversos: guerra, atentado, acidente, agressão, estupro... O diagnóstico se baseia em quatro elementos essenciais: repetição de pensamentos obsessivos sobre o evento traumático; evitamento de certas situações e restrição de algumas atividades para não reavivar a angústia; sintomas neurovegetativos (sobressaltos excessivos, taquicardia, distúrbios do sono, dificuldades sexuais...); modificação da autoimagem e das relações com os outros (vergonha, culpabilidade e irritabilidade que conduzem ao isolamento do convívio social).

ESTRUTURALISMO

Houve uma época em que Paris só rezava pela cartilha das estruturas. Claude Lévi-Strauss* foi um de seus precursores ao publicar, já em 1949, *Les Structures élémentaires de la parenté* [*As estruturas elementares do parentesco*], no qual aplicava a análise estrutural, importada da linguística (*via* seu amigo Roman Jakobson*), ao estudo das relações de parentesco nas sociedades primitivas. Posteriormente, a partir dos anos 1950, sua busca pelas estruturas estende-se à organização social, à arte, à culinária, aos mitos (*Mythologiques* [*Mitológicas*], 4 vol., 1964-1971).

Nesse meio-tempo, a onda estruturalista já havia rebentado. Em *Mythologies* [*Mitologias*] (1957), Roland Barthes* procurava as estruturas dos mitos contemporâneos, da moda e da literatura. Os linguistas e semiólogos debruçavam-se sobre relatos de todos os tipos para desvendar suas estruturas narrativas ocultas (A. J. Greimas, *Sémantique structurale* [*Semântica estrutural*], 1966). Para Jacques Lacan*, as estruturas estavam localizadas no âmago de um inconsciente "estruturado como linguagem". No mesmo período, Michel Foucault* desvelava as estruturas profundas do pensamento ocidental em *Les Mots et les Choses* [*As palavras e as coisas*] (1966). André Leroi-Gourhan* via estruturas nas paredes pintadas das cavernas da pré-história (*Préhistoire de l'art occidental* [*Pré-história da arte ocidental*], 1965). Os marxistas* tinham se engajado na via estruturalista com Louis Althusser* e seus discípulos (*Lire "Le Capital"* [*Ler O Capital*], 1965). A influência do estruturalismo era claramente visível na psicologia: Jean Piaget* tinha rebatizado seu projeto com o nome de "estruturalismo genético". Alguns anos mais tarde, Pierre Bourdieu* definiria o *habitus* como uma "estrutura estruturada e estruturante" (*Esquisse d'une théorie de la pratique* [Esboço de uma teoria da prática], 1972). Melhor impossível.

Além de certa comunidade de espírito, havia uma "marca" estruturalista, fundada em um estilo de escrita vivo (C. Lévi-Strauss, M. Foucault, J. Lacan), numa erudição aparentemente infalível e na preocupação em tratar de assuntos exóticos. Tudo concorria para transformar o estruturalismo em uma verdadeira moda intelectual. O movimento conheceu seu apogeu e uma verdadeira explosão editorial em meados dos anos 1960.

Programa científico ou moda intelectual?

Mas o que realmente se entende por "estrutura"? O estruturalismo foi, primeiramente, um paradigma* que repousava sobre alguns princípios gerais.

– *Os invariantes*. Ser estruturalista é privilegiar a busca dos invariantes, das permanências e mesmo das leis da organização da linguagem, do parentesco, da economia, dos mitos, do inconsciente, etc. Tais estruturas estáveis formam uma arquitetura que escapa à consciência do sujeito. O estruturalismo privilegia a dimensão sincrônica* (a-histórica) em oposição à dimensão diacrônica (ou histórica) dos fenômenos. A história só vê a mudança. O estruturalismo se interessa pelas permanências. "De fato, nós nos interessamos pelas sociedades frias, sem história" (Claude Lévi-Strauss).

– *As coisas ocultas*. O estruturalismo é o reino do inconsciente, pois é próprio das estruturas estarem escondidas sob a superfície das coisas. Na psicologia, o inconsciente destronou o ego (eu*). Na linguística, o sentido de um discurso não conta em relação às estruturas gramaticais que o comandam. Na filosofia, o sujeito livre dos humanistas é apenas uma ilusão perante as estruturas profundas da economia, da sociedade e da linguagem, que governam sua ação (em uma passagem célebre que conclui *As palavras e as coisas*, M. Foucault anuncia, assim, "a morte do homem", que não teria passado de uma crença efêmera da história das ideias).

– *Linguagem*. A linguagem é o objeto de análise privilegiado dos estruturalistas. M. Foucault estuda os discursos médico e psiquiátrico; R. Barthes, a linguagem literária e a publicitária; J. Lacan considera que o inconsciente é "estruturado como linguagem", etc. De resto, a própria análise estrutural foi introduzida pelos linguistas (R. Jakobson). Para o estruturalismo, o mundo social e humano é um mundo de signos*. O estruturalismo repousa em uma ciência-piloto: a linguística.

– *Regras elementares*. Do modo estruturalista de proceder na linguística, retém-se a ideia de que a linguagem é um sistema composto de elementos (morfemas* ou fonemas*) ligados entre si por princípios de oposição e de complementaridade. Baseado nisso, C. Lévi-Strauss põe-se a decompor os mitos em unidades simples – os "mitemas" – e a buscar suas leis de composição. A análise das regras de parentesco* é submetida ao mesmo procedimento. A. Leroi-Gourhan aplicará às pinturas rupestres uma lógica de oposição masculino/feminino.

O equívoco do estruturalismo

A ideia de estrutura espraiou-se como um rastilho de pólvora pela comunidade das ciências humanas. No mesmo momento, a noção de "sistema" era preferida pelos anglo-saxões. Porém, o sucesso da noção de estrutura não se assentaria sobre um equívoco? Haveria realmente, por trás da referência comum às estruturas, um conceito rigoroso, um procedimento unificado, resultados concretos?

Em 1968, Raymond Boudon* publica a obra *À quoi sert la notion de structure?* [Para que serve a noção de estrutura?], na qual ele critica o uso vago de uma noção ambígua. Entre os antropólogos, emprega-se o termo "estrutura" como sinônimo de "instituição estável" (G. P. Murdock, *Social Structure* [Estrutura social], 1949); em psicologia, a ideia de estrutura pode assemelhar-se à de "forma*" (*Gestalt*); em linguística, o procedimento estrutural possui significações precisas, mas muito diferentes de um autor para outro... Henri Lefebvre também critica o desvio "a-histórico" do estruturalismo. Outros autores, como Edgar Morin*, declaram-se céticos quanto à intenção de reduzir o mundo a algumas leis simples.

Não obstante, as críticas serão, sem dúvida, menos importantes que um certo desgaste de ideias que virá em seguida. Após ter vivido um período de esplendor, a moda intelectual do estruturalismo começa a perder fôlego a partir da metade dos anos 1970. O estruturalismo conhece então o seu "canto do cisne" (F. Dosse, *His-*

toire du structuralisme [História do estruturalismo], 1991). Inicia-se um movimento de retorno ao ator* e ao indivíduo*. A linguística perde força como ciência de referência, e a antropologia e a psicanálise não vão mais de vento em popa. Anos mais tarde, retomando o programa estruturalista, Jean-Claude Milner propõe a distinção entre dois tipos de estruturalismo, um "fraco" e um "forte". O estruturalismo fraco consiste em simplesmente afirmar a existência de estruturas. Em um certo nível de generalidade, a tese é indiscutível. Como não reconhecer que as palavras de uma língua estão ligadas entre si, que ganham sentido umas em relação às outras, que existem pares de oposição marcantes (homem/mulher, verdadeiro/falso, cozido/cru)? Como não reconhecer que o pensamento humano não é caótico, mas repousa sobre esquemas estáveis e é passível de ser decomposto? Como não enxergar as analogias na estrutura dos mitos, das narrativas, das lendas do mundo? Como não admitir que a economia e as estruturas sociais se baseiam em regras estáveis?

Contudo, uma vez admitidas essas generalidades inegáveis que parecem apoiar o pensamento estruturalista, é forçoso constatar que ninguém conseguiu codificar essas regras de organização nem descobrir um sistema de leis simples.

O projeto central do estruturalismo, exposto por linguistas – R. Jakobson, Noam Chomsky* (*Structures syntaxiques* [Estruturas sintáticas], 1957) –, antropólogos – C. Lévi-Strauss – e semiólogos – A. J. Greimas –, assentava-se certamente sobre um procedimento definido, mas muito variável de um autor para outro. Ademais, os resultados obtidos não estavam sempre à altura das expectativas e os modos de proceder não eram passíveis de ser transpostos. De modo que a noção de estrutura aparecia mais como um "espírito comum" do que como um procedimento científico claramente identificável que produzisse um *corpus* de resultados preciso.

Bibliografia: • F. Dosse, *Histoire du structuralisme*, 2 vols., LGF, 1995 [1991-1992] • J.-C. Milner, *Le Périble structural. Figures et paradigme*, Seuil, 2002 • M. Parodi, *La Modernité manquée du structuralisme*, Puf, 2004 • D. Sperber, "Le structuralisme en anthropologie", in O. Ducrot, *Qu'est-ce que le structuralisme?*, t. I: *Le Structuralisme en linguistique*, Seuil, 1973 [1968]

ÉTICA

A língua francesa tem dois termos para designar aparentemente a mesma coisa: a "ética" (do grego *ethos*, hábito) e a "moral" (do latim *mores*, costumes). Efetivamente, ambos remetem ao conjunto de julgamentos relativos ao bem e ao mal para orientar a conduta dos homens. Entretanto, mesmo que não seja perceptível na linguagem comum, é possível fazer distinção entre ética e moral.

ÉTICA/MORAL

A moral implica, mais do que a ética, a ideia de certa transcendência e de certa abstração de um dever universal. O seu melhor modelo talvez seja a moral de Emmanuel Kant: o homem deve agir por dever, e não por inclinação. Sua ação deve ser ditada pelo imperativo categórico: "Age unicamente segundo a máxima que te faz querer, ao mesmo tempo, que ela se torne lei universal" (E. Kant, *Grundlegung zur Metaphysik der Sitten* [Fundamentos da metafísica dos costumes], 2ª seção (1785). Portanto, o que importa é o fato de agir por respeito à lei moral.

Já a ética se caracterizaria por certa imanência, pela vontade de orientar o comportamento humano para uma vida feliz. Seria, em primeiro lugar, uma sabedoria prática que visaria à vida correta. Baruch de Espinosa em sua *Ethica* [Ética] (1677) ilustra muito bem esse processo. Segundo ele, a conduta humana não deve ser pautada por leis morais que ditem o bem e às quais o homem teria de se submeter por dever. Para Baruch de Espinosa, o bem em si não existe; ele reduz o bem ao útil e o mal ao nocivo e indica ao leitor um meio para se libertar de tudo o que diminui o seu poder de agir e para alcançar a sabedoria.

Paul Ricoeur*, em *Soi-même comme un autre* [O si mesmo como um outro] (1990), formaliza essa distinção entre ética e moral e tem o mérito de formular claramente alguns problemas. Ele situa a ética no domínio da teleologia, isto é, na busca da vida correta para um sujeito. A moral, por sua vez, remeteria a uma dimensão deontológica, isto é, a um dever universal.

RESPONSABILIDADE/CONVICÇÃO

Se a moral e a ética levantam a questão dos princípios que vão estabelecer normas para o comportamento humano, elas não podem deixar de se interrogar sobre as consequências das ações que daí resultam. Pode-se aplicar cegamente a lei moral sem cuidar das repercussões que possa ter na prática? Esse problema já se apresentara a E. Kant com a questão da mentira por humanidade (*ver quadro*).

Max Weber* abordará de maneira um pouco diferente o dilema, propondo, no quadro de uma reflexão sobre a ação política, uma antinomia entre a "ética da convicção" e a "ética da responsabilidade" (*Wissenschaft als Beruf* e *Politik als Beruf* [*Ciência e política: duas vocações*], 1919). O adepto da ética da convicção não se preocupa com as consequências de sua ação, pois o que importa para ele é a autoridade das leis que enunciam o bem e o mal, e essas obrigações são absolutas, transcendentes e incondicionais. A ética da responsabilidade, ao contrário, prioriza as consequências da ação do agente. Seus adeptos consideram que as consequências são imputáveis à ação. Para Max Weber, há uma "oposição abissal" entre essas duas atitudes éticas, e, isoladamente, cada uma delas é insuficiente. A oposição entre essas duas atitudes éticas serve de fundamento ao importante debate que atualmente existe em filosofia entre os defensores do "consequencialismo" e os partidários de uma concepção deontológica ou formalista da moral. Aqueles consideram ser preciso examinar as consequências da decisão tomada pelo agente a fim de saber se ele teve razão. Já para estes, há que avaliar a decisão do agente à luz das obrigações de que o incumbem.

As éticas aplicadas

Atualmente, o ressurgimento das questões morais e éticas nos debates sociais está ligado a diversos fatores, como o declínio e o descrédito do político, o incremento do humanitário, as implicações da biomedicina, do meio ambiente (princípio de precaução...), etc.

Existiria um direito de mentir por humanidade?

• A ética de Emannuel Kant está ligada à ideia de que convém sempre respeitar a lei moral. E. Kant analisa um caso fictício que suscitou muitos debates, pois propõe um problema crucial: de que valem nossos princípios morais diante dos fatos? A trama é a seguinte: um amigo se refugia na nossa casa para escapar de um assassino que o persegue. Se esse assassino vier bater à nossa porta, temos o direito de mentir para proteger a vida de nosso amigo? Evidentemente, o senso comum nos leva a mentir ao assassino a fim de não lhe entregar aquele a quem persegue. E. Kant, num opúsculo intitulado "Über ein vermeintliches Recht aus Menschenliebe zu Lügen" [Sobre o pretenso direito de mentir por amor à humanidade] (1797), tenta mostrar, contra tudo e contra todos, que, mesmo em tais circunstâncias, e quaisquer que sejam as consequências, deve-se dizer a verdade.

Para tanto, ele usa dois argumentos principais. O primeiro, que não surpreenderá quem estiver familiarizado com a moral kantiana, é o seguinte: devo respeitar a lei moral que consiste em agir de maneira que eu possa transformar a máxima de minha ação em lei universal. Ora, se a mentira se tornar universal, eu estarei arruinando a finalidade natural da linguagem, que é comunicar os pensamentos, e até mesmo a possibilidade dos contratos entre os homens: "Faço, se é que depende de mim, que qualquer declaração não tenha crédito algum, e, assim, torno inválidos e caducos todos os direitos fundados sobre contratos, o que é uma injustiça contra a humanidade em geral."

• Mas E. Kant propõe outro argumento, talvez mais perturbador, pois evoca as consequências do ato (ponto de vista que poderíamos acusá-lo de desprezar). É possível que, para proteger nosso amigo, tenhamos dito que ele não estava, e que também ele tenha saído sem o nosso conhecimento para fugir do assassino. Se, ao sair de nossa casa, o assassino o encontrasse pelo caminho (porque mentimos, senão ele o estaria procurando dentro da casa) e o matasse, seríamos responsáveis pelo crime. Assim, E. Kant toca num ponto delicado, isto é, como pretender conhecer todos os dados da situação e estarmos certos das consequências de nosso ato? O homem que mente para proteger o amigo pode tornar-se responsável por sua morte por ter feito conjeturas sobre o que poderia saber. Acaso podemos sempre controlar as consequências de nossos atos? Caso contrário, não seria melhor nos atermos aos princípios morais?

Assim, nos Estados Unidos, os anos 1960 assistiram ao esplendor da "ética aplicada". Essa expressão abarca principalmente três campos, a bioética, a ética profissional e a ética ambiental. A ética aplicada consiste na análise de situações precisas e concretas. A reflexão bioética veio acompanhar os grandes avanços da biologia e da medicina, como a reprodução artificial, a engenharia genética, a clonagem. Diante de tais progressos técnicos, as sociedades humanas se defrontaram com situações inéditas. As comissões de bioética constituem um espaço em que refletem conjuntamente diferentes comunidades de pensamento e de convicção. A ética ambiental, por sua vez, tem por objeto as consequências dos desenvolvimentos técnicos e científicos sobre o meio ambiente, cabendo à ecologia um papel central. Enfim, a ética profissional tenta definir as práticas corretas nas diferentes esferas do trabalho, isto é, as responsabilidades, os direitos, a deontologia profissional... Se todos esses setores da ética profissional apresentam problemas gerais, muitas vezes requerem um conhecimento técnico aprofundado. Seja como for, eles comprovam a apropriação concreta, por parte da sociedade, das questões éticas e morais.

Bibliografia: • E. Blondel, *La Morale*, Flammarion, 1999 • M. Canto-Sperber (org.), *Dictionnaire d'éthique et de philosophie morale*, Puf, 1996 • C. Larmore, *Modernité et morale*, Puf, 1993 • P. Ricoeur, *Soi-même comme un autre*, Seuil, 1990

ETNIA

Na tradição antropológica, o termo "etnia" designa um grupo humano estável na história e no tempo, que compartilha as mesmas origens e as mesmas tradições, a mesma língua, a mesma cultura e, por vezes, os mesmos traços morfológicos. É assim que, na América do Norte, distinguem-se diversas etnias, como os algonquinos, os apaches, os navajos, os iroqueses, os cherokees e os cheyennes. A cada um desses grupos são atribuídos uma língua, um território, tradições e uma mitologia próprias.

Muitas etnias, contudo, só correspondem imperfeitamente a essa definição. Por exemplo, na África, encontram-se alguns fulas que têm origem senufa e que não falam a língua fula. Na realidade, os nomes fula, bambara e malinqué correspondem a transcrições coloniais. O termo "etnia" é, pois, controvertido, e hoje os antropólogos insistem na variabilidade do sentimento étnico (ou etnicidade) e na sua dimensão ideológica. Na África contemporânea e na passada, por exemplo, a etnicidade não é certamente o resíduo de uma obscura tradição tribal, mas a materialização, sempre mutável, de uma situação histórica da qual a política nunca está ausente.

Desde a independência, alguns Estados africanos ratificaram administrativamente a noção de etnia e lhe deram certa forma. O trágico exemplo de Ruanda é bem claro. Apesar de hutus e tútsis terem a mesma língua, o mesmo território e a mesma cultura, o registro civil determina a que grupo étnico irão pertencer os indivíduos aplicando uma regra de filiação simples, atribuindo à criança a mesma etnia do pai, pouco importando a origem da mãe ou o meio no qual ela vai ser criada. Também na República Democrática do Congo, a identidade étnica do pai figura no registro civil. Em outros países como Gana e Quênia, existe a prática de fazer constar no registro, em vez do lugar de nascimento, a região de origem dos pais, portadora de uma identidade étnica. Isso nada tem a ver com uma tradição africana ou com um desejo do povo, mas com a reprodução da cultura etnográfica colonial pelas elites no poder.

As realidades são muito mais fluidas e, às vezes, as monografias de alguns etnólogos contribuíram para consolidar etnias, quando, na verdade, não se pode ignorar a dimensão histórica em sua definição.

Bibliografia: • J.-L. Amselle, E. M'bokolo, *Au coeur de l'ethnie. Ethnie, tribalisme et État en Afrique*, La Découverte, 1999 [1985] • R. Breton, *Les Ethnies*, Puf, "Que sais-je?", 1992 [1981] • M. Martiniello, *L'Ethnicité dans les sciences sociales contemporaines*, Puf, "Que sais-je?", 1995 • P. Poutignat, J. Streiff-Fenart, F. Barth, *Théorie de l'ethnicité*, Puf, 1995

ETNOCENTRISMO

O etnocentrismo designa uma atitude coletiva de rejeição das outras formas culturais. "Prefere-se rechaçar para fora da cultura, na natureza, tudo o que não se adapta à norma pela qual se vive (...) A humanidade acaba nas fronteiras da tribo, do grupo linguístico, às vezes até mesmo da aldeia" (C. Lévi-Strauss, *Race et histoire* [Raça e história], 1952). Na Antiguidade, para os gregos e os romanos, o termo "bárbaro" designava qualquer estrangeiro. Percebe-se, também, que muitos povos chamam a si mesmos de "os homens" (é o caso dos inuítes, pois "inuíte" significa "ser humano"), excluindo, de certo modo, os outros povos da humanidade. A primeira característica do etnocentrismo é ser um fenômeno universal. Existem diversas modalidades de etnocentrismo, mais ou menos violentas, que vão da incompreensão perante outras culturas ao racismo, chegando ao etnocídio (isto é, à destruição da cultura do outro) e até mesmo ao genocídio.

Do final do século XIX ao início do século XX, os antropólogos podem ser considerados etnocentristas, como é o caso de Lucien Lévy-Bruhl, ao falar de "mentalidade primitiva" ou "pré-lógica". Claude Lévi-Strauss*, por sua vez, se expôs a muitas críticas, pois se dedicou a demonstrar que o evolucionismo* social também é etnocêntrico: "Trata-se de uma tentativa de suprimir a diversidade das culturas, fingindo reconhecê-la plenamente. Porque, se tratam os diferentes estados em que se encontram as sociedades humanas, tanto antigas quanto distantes, como estágios ou etapas de um desenvolvimento único que, partindo de um mesmo ponto, deve fazê-las convergir para o mesmo fim, vê-se bem que a diversidade não se torna senão aparente" (*Race et histoire*, 1952). Deve-se reconhecer que a própria prática da etnologia é peculiar à cultura ocidental. Então, valorizar essa abertura às outras culturas não seria próprio do etnocentrismo?
→ **Etnia**

ETNOCIÊNCIA

Pode-se definir a etnociência como o estudo dos saberes populares sobre a natureza, que se fundamenta principalmente nas categorias nativas. O termo revela, pois, as ambiguidades ligadas à sua história e também ao fato de ser formado com a palavra "ciência".

A etnociência, surgida nos Estados Unidos em 1950 com os escritos de Georges P. Murdock*, designa o estudo das representações e das noções que as diferentes sociedades humanas têm a respeito de seu meio ambiente. Nesse sentido, a etnociência engloba os saberes locais, que são a etnobotânica e a etnozoologia. Torna-se, então, o objeto de pesquisa da *new ethnography*, uma escola da antropologia americana.

Por outro lado, por "etnociência" entende-se também o conjunto das etnociências no plural (etnozoologia, etnobotânica, etnobiologia...), que corresponderiam aos campos das ciências denominadas naturais. Daí surgem querelas: a etnozoologia é do domínio da etnologia ou da zoologia? Isso indica que a etnociência não deve ser considerada uma disciplina na acepção plena do termo, mas um campo de pesquisa na confluência de diferentes saberes.
→ **Saber**

ETNOLOGIA
→ **Antropologia**

ETNOMETODOLOGIA

Em 1954, o sociólogo americano Harold Garfinkel*, durante um trabalho de observação das deliberações de jurados, fica impressionado com a capacidade desses que, mesmo não sendo especialistas em direito, conseguem pôr em prática um método de avaliação a fim de julgar peças, explicações e argumentos apresentados no âmbito do processo. Para levar a cabo a sua tarefa, eles utilizam um repertório de saberes e de julgamentos relativos a um "senso comum".

A partir desse episódio, H. Garfinkel volta sua atenção para o estudo dos raciocínios práticos que as pessoas usam para viver em sociedade. Assim nasce a etnometodologia, que não é, como o nome levaria a crer, um novo método de investigação sociológica. Ela é definida como a ciência dos "etnométodos", isto, é, dos raciocínios e conhecimentos práticos que os atores sociais põem em prática na vida diária.

A etnometodologia começa a tornar-se conhecida com os trabalhos de H. Garfinkel e de Aron V. Cicourel* e institucionalmente ganha força nos anos 1960. Surgem então muitas obras sobre campos diversos, como a justiça, a escola, o hospital, as organizações, a ciência, os grupos de encontro e a delinquência.

O ATOR SOCIAL NÃO É UM "IDIOTA CULTURAL"

H. Garfinkel se afasta da tradição positivista, que faz da sociedade uma realidade objetiva e do ator, um "idiota cultural" (*cultural dope*), totalmente preso a valores que predeterminam seus comportamentos. H. Garfinkel postula que o social é o produto da atividade permanente

O CASO AGNÈS

• Em seu livro *Studies in Ethnometnodology* [Estudos em etnometodologia] (1967), Harold Garfinkel* descreve o caso de um jovem transexual que, após uma cirurgia, se tornou Agnès e teve que aprender a expressar sua feminilidade nos atos mais simples da vida cotidiana. As atitudes e conhecimentos práticos que, numa mulher, se tornaram rotineiros (maquiar-se, adotar certas posturas, vestir-se como mulher, etc.) são objeto de um longo aprendizado para Agnès.

• O interesse que esse caso apresenta é bem patente: essa pessoa optou por viver como mulher, mesmo tendo sido criada como menino, mas tem uma morfologia feminina normal. Ela não pode, pois, como as outras mulheres, contar com o domínio prático "rotinizado" dos métodos de realização de sua feminilidade. Portanto, é obrigada a controlar todas as operações de atualização dos atributos da mulher "normal", ou seja, pensar em tudo o que vai fazer para que seja "como faria uma mulher" em todas as situações que encontrar. É precisamente a maneira como Agnès procede para "administrar" sua mudança de sexo que revela. a ela mesma e a H. Garfinkel, os métodos, os procedimentos, as operações pelas quais a sexualidade normal é produzida, reconhecida na vida diária, por meio de condutas, conversas e todos os tipos de interação. Porque "ser homem" e "ser mulher", na condição de "fatos naturais da vida", constituem uma produção socialmente administrada, uma atualização prática nos detalhes da vida cotidiana, realização observável e avaliável, mas normalmente vista sem que se lhe preste atenção.

• O que distingue Agnès dos "normais" é o fato de ela não poder garantir aquela *accountability* do seu ser-mulher de forma rotineira, sem ter de pensar nisso.

De fato, ser homem e ser mulher numa determinada cultura é, ao mesmo tempo, a produção e o reconhecimento de uma aparência de naturalidade. Por exemplo, Agnès deve estar sempre atenta para evitar que sua conduta e sua maneira de ser levantem suspeitas sobre o caráter natural de sua feminilidade, sobre o fato de que possa não ser verdadeiramente uma mulher, em suma, para garantir que seja, em qualquer lugar e em quaisquer circunstâncias, reconhecível como mulher normal e "natural". Pela mesma razão, ela é obrigada a observar as atualizações concretas, em situação, da sexualidade normal nas atividades ordinárias, e fazer que as suas próprias sejam reconhecidas como normais.

---

dos membros da sociedade. Estes são dotados de um senso comum e de um reservatório de conhecimentos práticos que são postos à prova de maneira natural para comunicar-se, tomar decisões, raciocinar.

Os etnometodologistas têm como principal objeto de interesse os atos mais simples da vida diária, a fim de perceber os procedimentos usados para construí-los. Adotam uma conduta etnográfica (observação direta, observação participante*, entrevistas*...) que não implica necessariamente a formulação de hipóteses de trabalho antes de realizar a pesquisa de campo.

A CONSTRUÇÃO CONTÍNUA DO MUNDO SOCIAL

A linguagem é um campo de estudo privilegiado da etnometodologia, pois é pela linguagem que os indivíduos coordenam suas ações, dão a elas um sentido e constroem um mundo comum. Os etnometodologistas deram ênfase às noções de "indicialidade", de "reflexividade" e de "relatabilidade" (*accountability*) do mundo.

A indicialidade indica que o sentido de uma palavra (por exemplo, dizer "o senhor, a senhora" a uma pessoa) está ligado a um contexto, a um tipo de relacionamento, e à identidade de quem está falando e do seu interlocutor. H. Garfinkel sublinha que o interesse dessa noção é o fato de ela se aplicar também às ações.

A reflexividade designa uma prática que permite descrever e, ao mesmo tempo, construir um sentido, uma ordem. Em outras palavras, um contexto é elaborado pelas ações dos indivíduos, mas, simultaneamente, ele vai influenciar suas ações. Por exemplo, entrar numa fila de espera é compreender o código social, que é o dever de respeitar a ordem de chegada, mas é também mostrar aos outros que, ao fazer isso, nós o entendemos. Portanto, obedecer a esse código é reconhecê-lo, respeitá-lo e legitimá-lo estabelecendo-o como uma norma.

Enfim, a noção de relatabilidade significa que o relato/descrição (*account*) que damos do mundo objetivo é possível e remete a práticas implícitas, construídas. Por exemplo, a distinção entre homem e mulher repousa em toda uma série de códigos de conduta, de comportamentos, de posturas associados e reproduzidos no dia a dia. Em seus *Studies in Ethnomethodology* [Estudos em etnometodologia] (1967), H. Garfinkel* descreve o caso de Agnès (*ver quadro*), um transexual que decidiu mudar de sexo. Dessa forma, o sociólogo revela todas as práticas implícitas que definem a feminilidade. Por meio dessas três noções, e de modo mais geral, a etnometodologia pretende explicitar que o sentido dos discursos e das ações, bem como a ordem social, se encontram e se constroem na vida cotidiana, em atos e palavras comuns aos quais habitualmente atribuímos pouca importância.

A ANÁLISE DO PROCESSO EDUCATIVO

Um exemplo privilegiado de aplicação da investigação etnometodológica concerne à educação. Hugh Mehan (*Learning Lessons* [Aprendendo lições], 1979) descreve minuciosamente como a ordem social é produzida e reproduzida numa aula pelas estratégias combinadas dos professores e dos alunos. Assim, a observação minuciosa de uma sessão de aplicação de testes de quociente intelectual revela como as atitudes adotadas pelos psicólogos (encorajamento, repetição das perguntas, etc.) influem nos resultados. Segundo H. Mehan, o QI seria mais o produto de uma interação entre o examinador e o examinado do que uma medida objetiva do nível intelectual deste último.

Para provar que o mundo social se cria e se recria ao longo de múltiplas interações, H. Garfinkel organizou experimentos e incitou os estudantes a empregar o método do *breaching* (quebra de rotina). Ele consiste em exigir esclarecimentos a respeito de subentendidos (por exemplo, "O que você entende por *et coetera*?"), a examinar detalhadamente, até mesmo a questionar de maneira desconcertante regras habitualmente aceitas pelos atores (por exemplo, desrespeitar as regras do jogo de baralho que está sendo jogado). A desorientação ou a desorganização que resultam desses exercícios revelam toda a importância da confiança que fundamenta a ordem social habitual. Se os etnometodologistas perturbam pontualmente as ordens sociais estabelecidas a fim de melhor revelá-las, abalam muito mais fundamentalmente a comunidade sociológica universitária. Por esse motivo, a crítica dos profissionais da sociologia foi muito contundente. A etnometodologia foi censurada sobretudo por ignorar o poder, as instituições, as estruturas latentes para se limitar à observação de interações microssociológicas (códigos de comunicação, gestuais...) relativas a problemas por vezes tão triviais quanto atravessar uma rua.

Bibliografia: • A. Coulon, *L'Ethnométhodologie*, Puf, "Que sais-je?", 2002 [1987] • M. de Fornel, A. Ogien, L. Quéré (orgs.), *L'Ethnométhodologie, une sociologie radicale*, La Découverte, 2001 • H. Garfinkel, *Studies in Ethnomethodology*, Polity Press, 1984 [1967]

ETNOMUSICOLOGIA

A etnomusicologia está situada na fronteira entre a etnologia e a musicologia. Seu objeto de estudos são todas as músicas, com exceção da música erudita ocidental, ou seja, as músicas "populares" ou folclóricas, e as músicas "exóticas", que são principalmente não escritas (originadas da tradição oral) e, na maioria das vezes, de autoria desconhecida.

O nascimento da etnomusicologia como disciplina científica data das primeiras técnicas de gravação (principalmente o fonógrafo, desenvolvido por Thomas Edison em 1877), uma vez que os sons gravados constituem o principal material em que os etnomusicólogos fundamentam suas análises. Realmente, o estudo de uma música indiana, centro-africana ou bretã requer antes de tudo a sua gravação sonora, eventualmente completada por um filme ou vídeo. É uma etapa fundamental antes da representação visual da música por transcrição em partitura, ou, mais recentemente, por um gráfico que traduz a sucessão das diferentes frequências em relação ao tempo (denominado sonograma). A partir desses dois tipos de representação, o etnomusicólogo procura compreender o que faz sentido naquela música, bem como as suas relações com o contexto cultural em que ela teve origem. Desde o início do século XX, são organizados arquivos sonoros na Europa (na França, no Musée de la Parole, criado por Ferdinand Brunot em 1931, e também em Berlim, no Leste Europeu e na Rússia) e nos Estados Unidos. Isso torna possível a análise comparada das diferentes músicas do mundo em termos de traços estilísticos (esquema rítmico, andamento, acompanhamento, movimento melódico, etc.). Assim, na primeira metade do século, surgiu a interrogação a respeito da origem e da evolução das músicas (na Hungria, o compositor Bela Bartók procurava as filiações das músicas folclóricas a partir de alguns tipos primitivos) e dos instrumentos musicais (na França, em 1936, André Schaeffner escrevia *Origine des instruments de musique* [Origem dos instrumentos musicais]).

Das músicas tradicionais ao *rock'n'roll*

Mais tarde, essa perspectiva evolucionista* foi abandonada, pois não é possível considerar que os estilos musicais ou os instrumentos evoluem no tempo e no espaço como se fossem seres vivos. Em contrapartida, pode-se falar de tradições e de empréstimos, até mesmo de "mestiçagens*". Assim, mesmo descartando o evolucionismo, as contribuições da antropologia social iriam mostrar-se fecundas. Em 1936, A. Schaeffner, seguindo a teoria de Marcel Mauss*, via o instrumento musical como um "fato social total*" e avançava a ideia de que sua forma e os sons que emite estão ligados a um conjunto de crenças, de hábitos, de necessidades, colocando-se na confluência das técnicas artísticas e dos ritos. Nessa mesma linha, Gilbert Rouget se propôs compreender as relações entre música, rito e transe. Depois, essa proposta foi desenvolvida e aprofundada. Hoje, entre a maioria dos etnomusicólogos, o fato musical é estudado em suas relações com a cultura e, mais particularmente, com a linguagem. Com a contribuição da estética, da antropologia social, das ciências cognitivas* e, ainda, da semiologia*, pesquisadores como Jean-Jacques Nattiez e John Blacking já não consideram a música um simples significante*, isto é, vazia de sentido e autorreferente, mas uma sucessão de contrastes tonais e rítmicos carregados de referências culturais e, finalmente, portadora de um sentido simbólico que tem de ser revelado. Enfim, o interesse se volta agora para novos objetos que são as músicas populares atuais, como o *rock*, o *jazz*, o *pop* e o *rap*.

Bibliografia: • L. Aubert, *La Musique de l'autre: les nouveaux défis de l'ethnomusicologie*, Georg, 2001 • J. Blacking, *Le Sens musical*, Minuit, 1993 [1973] • J.-J Nattiez, *Fondements d'une sémiologie de la musique*, Uge, 1975 • G. Rouget, *La Musique et la Transe. Esquisse d'une théorie générale des relations de la musique et de la possession*, Gallimard, 1990 [1980] • A. Schaeffner, *Origine des instruments de musique. Introduction ethnologique à l'histoire de la musique instrumentale*, EHESS, 1994 [1936]

ETNOPSIQUIATRIA

Por que o *koro*, medo de morrer por retração das partes genitais, era tão difundido entre os chineses? Por que o *amok*, crise de fúria seguida de amnésia, ocorre essencialmente na Malásia? Como explicar que o "ataque delirante", súbito acesso alucinatório sem sequela, seja disseminado na África? Perguntas como essas suscitaram a etnopsiquiatria, que é uma pesquisa e, ao mesmo tempo, uma prática sobre a loucura dos "outros". Mais precisamente, pode-se definir a etnopsiquiatria como "o estudo das relações entre os comportamentos psicopatológicos e as culturas nas quais se inscrevem" (F. Laplantine, *L'Ethnopsychiatrie* [*Aprender etnopsiquiatria*], 1973). A etnopsiquiatria como disciplina tem origem nos trabalhos de Georges Devereux, etnólogo e psicólogo americano estabelecido na França, que cunha o termo. Seu procedimento consiste em examinar de frente as representações das doenças, as práticas de cura nas culturas não ocidentais ou populares e sua leitura psicanalítica moderna. Mas, geralmente, esses materiais culturais não são compatíveis entre si. G. Devereux propõe um método que denomina "complementarista", que consiste em manter sempre, a respeito do objeto de estudo, dois pontos de vista simultâneos, mas distintos: o do etnólogo (que transcreve o discurso "nativo") e o do psicanalista (que faz uso de uma grade de interpretação universal dos mecanismos psíquicos). Essa dupla exigência se encontra no plano da prática, uma vez que esta utiliza tanto a pesquisa etnográfica como a relação analítica com o doente. Enfim, G. Devereux procura articular, no plano teórico, cultura e funcionamento psíquico, desenvolvendo a ideia de que ambos são processos universais independentes de seu conteúdo e de suas manifestações. A ele se deve principalmente um célebre estudo dos índios mohaves (*Ethnopsychiatrie des Indiens mohaves* [Etnopsiquiatria dos índios mohaves], 1961).

Atualmente, o campo da etnopsiquiatria francesa, excetuando algumas orientações, continua seguindo essa linha, mas abrange práticas bastante diversas conforme os envolvidos sejam etnólogos ou psiquiatras clínicos. Mais do que uma disciplina no sentido estrito, a etnopsiquiatria constitui uma intersecção de pesquisas caracterizadas por uma comunidade de ideias: unidade do funcionamento psíquico humano, variabilidade das sociedades, construção cultural das manifestações patológicas.

Por causa de sua ambição antropológica, o procedimento etnopsiquiátrico se viu confrontado com diversas questões fundamentais.

– *O patológico e o normal*. Entre o relativismo absoluto, que considera mórbido somente o que é julgado como tal na cultura local, e a nosografia internacional, que reduz as patologias a sintomas supostamente universais, a etnopsiquiatria teve de procurar para si um espaço próprio. Para G. Devereux, esse era o problema central da disciplina. Ele propôs separar claramente a noção de "saúde mental" da de "adaptação às normas culturais". Por exemplo, o fato de que, no Brasil, o pentecostalismo seja relativamente heterodoxo em relação à cultura dominante não implica absolutamente que seus adeptos sejam casos para a psiquiatria.

Por outro lado, o fato de o transe dos xamãs siberianos ser padronizado não impede que ele constitua uma experiência histérica, até mesmo psicótica.

– *O indivíduo e a cultura*. A psiquiatria comparada defende a existência de psicopatologias ditas "culturais", no sentido de ser possível que elas tenham um desenvolvimento particular numa determinada sociedade ou numa determinada época. G. Devereux propõe chamar esses quadros clínicos de "distúrbios étnicos". Isso equivale a admitir que as culturas fornecem aos indivíduos, ao mesmo tempo que modelos de comportamento, "modelos de mau comportamento", o que justifica que a distribuição dos perfis dos distúrbios seja desigual no mundo. Por exemplo, a depressão é frequente na Europa, mas rara na África. Entretanto, isso não quer dizer que não existam psicopatias "individuais" no mundo todo.

– *O problema das terapias transculturais*. Os doentes e os terapeutas populares ou "nativos" interpretam os distúrbios mentais em termos que são admitidos em sua cultura, mas que podem não coincidir com a teoria psicológica. Assim, na maioria das vezes, o ponto de vista psiquiátrico considera que as neuroses* têm causas endógenas e psíquicas, enquanto a adivinhação africana as vê como sintomas somáticos e designa causas externas para elas (feiticeiros, espíritos...). Muitas vezes, nas culturas tradicionais, a própria concepção do "distúrbio mental" não existe. Seria possível desenvolver uma terapia que levasse em conta a cultura do doente e até a usasse como instrumento? Dando continuidade ao método complementarista de G. Devereux, Marie-Rose Moro acredita que um terapeuta deve ser capaz de, mesmo admitindo tratar-se de uma "ilusão", dirigir-se ao "espírito" que persegue o doente ("Principes théoriques et cliniques de l'ethnopsychiatrie" [Princípios teóricos e clínicos da etnopsiquiatria], *L'Évolution Psychiatrique* [A evolução psiquiátrica], vol. 58, 2, 1993). Mas ele pode também adotar uma posição dita "metacultural", que tem seu fundamento na existência reconhecida de modelos universais de interpretação dos distúrbios. Pode-se dizer que o método terapêutico aplicado por Tobie Nathan (*Traité d'ethnopsychiatrie clinique* [Tratado de etnopsiquiatria clínica], 1986) constitui a síntese desses dois pontos de vista. Consiste em colocar o doente no meio de um grupo de terapeutas de culturas diferentes, que lhe fornecem diversas explicações "nativas" dos distúrbios. A soma desses enunciados particulares, acrescidos aos do enfermo, vai constituir, por analogia, um senso comum aceitável por todos e pelo doente.

→ **Devereux, Psiquiatria**

EU (ego)

"Quem é?
– Sou eu!"

O "eu" é um enigma. Na vida cotidiana, remete ao sentimento banal de ser uma pessoa única, dotada de um corpo, de uma mente que age com vontade própria, possui consciência de si e dispõe de certo livre-arbítrio. É por isso que afirmamos: "Eu penso que..."

Do *cogito* ao eu fragmentado

René Descartes (1596-1650) dá uma definição filosófica a essa experiência ordinária com seu *Cogito ergo sum* (Penso, logo existo). O eu é identificado ao pensamento e o pensamento à consciência reflexiva (de ser um indivíduo que pensa em si próprio), vivida como o guia de nossa existência. Ela é marcada pela unidade, pela autonomia, pela coerência (a capacidade de raciocinar) e pelo livre-arbítrio.

A psicologia contemporânea põe fim a essa imagem unificada do eu. No início do século XX, diversos autores desconstroem sua aparente unidade. William James*, refletindo sobre a questão da definição do "eu", propõe distinguir três facetas da identidade pessoal: o "eu material" (o corpo); o "eu social" (que corresponde aos papéis sociais); e o "eu cognoscente" (que remete ao fato de que cada um de nós, quando age ou pensa, tem o sentimento de ser um sujeito autônomo, dotado de vontade).

Na mesma linha de pensamento, George H. Mead* ataca a ideia de um indivíduo isolado e autônomo, que considera uma ficção. Para ele, é no âmbito da interação social que o indivíduo emerge e toma consciência de si mesmo (*self consciousness*). A identidade pessoal ou o "eu" corresponde ao conjunto das imagens que os outros nos remetem de nós mesmos e que nós interiorizamos. Essa teoria social da personalidade seria amplamente desenvolvida pela psicologia social*.

Sigmund Freud* aborda diversas vezes a questão do eu em sua teoria da personalidade, que seria composta, segundo ele, por diversas instâncias: o "id" (que representa as pulsões libidinais ou agressivas geralmente inconscientes), o "superego" (que representa as proibições parentais interiorizadas). Quanto ao "eu" ou, na terminologia freudiana, o "ego", ele é a parte do ser humano que tenta realizar a síntese e o equilíbrio entre as forças do id (pulsões) e do superego (as proibições e os ideais a serem atingidos). A psicologia do eu teve um importante desenvolvimento nos Estados Unidos com a *self-psychology* e a *ego-psychology*.

O RETORNO DO EU

A psicologia e a psicanálise puseram fim à visão cartesiana de um eu unificado (o *cogito*), dando lugar a uma personalidade fragmentada em diversas instâncias. Paul Ricoeur* fala de "*cogito* partido" para evocar essa nova representação do psiquismo em que a identidade perde sua unidade.

O "eu" reencontrou alguma unidade com as pesquisas realizadas em neurociências*. Para autores como Antonio Damásio* e Joseph LeDoux, o eu, como consciência que experimenta sensações subjetivas, sente emoções e se percebe como um centro de decisão autônomo, possui uma função cognitiva precisa. A diversidade das sensações e das informações que chegam ao cérebro deve ser unificada por uma espécie de supervisor central que oriente a coerência de nossas ações e decisões. Sem esse supervisor, o mundo exterior – além de nós mesmos – apareceria como pulverizado numa infinidade de partes desconexas. Segundo J. LeDoux, as áreas cerebrais do hipocampo e o córtex frontal desempenham um papel fundamental no sentimento de unidade do eu.

Bibliografia: • G. Chapelle (org.), *Le Moi: du normal au pathologique*, Sciences Humaines, 2004 • A. Damasio, *Le Sentiment même de soi. Corps, émotions, conscience*, Odile Jacob, 2002 [1999] • J. LeDoux, *Neurobiologie de la personnalité*, Odile Jacob, 2003 [2002]

→ Egopsicologia, Freud, Identidade, Psicanálise

EUGENISMO

Termo cunhado em 1883 por Francis Galton para designar a "ciência" da "melhoria das qualidades hereditárias" das populações. A aplicação dessa ciência visaria a reconhecer, na sociedade, os elementos mais dotados (pela avaliação da inteligência) a fim de incentivar a sua reprodução e a identificar os elementos desfavorecidos a fim de frear-lhes a proliferação.

EVANS-PRITCHARD, EDWARD E.
(1902-1973)

Aluno de Bronislaw K. Malinowski* e de Alfred Radcliffe Brown*, Edward E. Evans-Pritchard é uma das grandes figuras da antropologia social, mais particularmente da escola funcionalista* britânica, mesmo que se afaste dela em razão de sua preocupação com fatores históricos.

Especialista no estudo das populações sul-sudanesas da região do Nilo branco, realiza, a partir de 1926, muitas pesquisas de campo, que darão ensejo a diversas monografias. Publica, em 1937, a obra *Witchcraft, Oracles and Magic among the Azande* [Bruxaria, oráculos e magia entre os azandes], na qual, ao recusar o evolucionismo* cultural, inscreve os oráculos e as crenças na magia num sistema dotado de certa coerência e que visa a fornecer explicações causais.

E. E. Evans-Pritchard é conhecido principalmente por seu estudo sobre os nuers, que tem início em 1930 e dará origem a um clássico da antropologia, *The Nuer* [Os nuer] (1940). Os nuers são pastores do Sudão para os quais o gado constitui o valor central. E. E. Evans-Pritchard explica em especial o funcionamento dessa sociedade sem esfera política autônoma ao estudar as alianças entre segmentos*, por ocasião das vendetas. De fato, como não há autoridade política que permita resolver os conflitos, o nuer se protege recorrendo a grupos diferentes conforme a contenda em que se lançou. Pode ser a tribo, a aldeia, a linhagem ou mesmo um segmento da linhagem. Na verdade, é o antagonismo que determina essas entidades. Dois nuers da mesma aldeia podem opor-se num conflito, mas pertencer ao mesmo grupo por ocasião de outro conflito que os opõe a uma aldeia vizinha. Essa sociedade segmentária sem Estado constitui um sistema de "anarquia ordenada". Mesmo não havendo autoridade política central, existe, entre os nuers, uma instância que pode ser qualificada de política na pessoa do homem "com pele de leopardo", personalidade particularmente respeitada que atua como mediador na resolução dos conflitos.

Enfim, E. E. Evans-Pritchard coordenou com Meyer Fortes a obra coletiva *African Political Systems* [Sistemas políticos africanos], também publicada em 1940, e que lança as bases de uma verdadeira antropologia política da África, e na qual ele sintetiza suas análises de campo.

Principais obras de E. E. Evans-Pritchard
- *Witchcraft, Oracles and Magic among the Azande*, 1937 [Bruxaria, oráculos e magia entre os azande, Zahar, 2004]
- *The Nuer*, 1940 [Os nuer, Perspectiva, s/d.]
- (com M. Fortes) *African Political Systems*, 1940 [Sistemas políticos africanos]

EVOLUCIONISMO

A partir dos anos 1870, Herbert Spencer torna-se a figura dominante do pensamento evolucionista europeu. O filósofo inglês defende sua própria teoria da evolução numa ampla síntese que vai das espécies vegetais e animais às sociedades humanas. Em sua concepção da evolução, predomina a lei de Baer (do sobrenome do fundador da embriologia), segundo a qual "o desenvolvimento de todo organismo consiste numa mudança do homogêneo para o heterogêneo", e que H. Spencer estende à evolução das espécies e à organização social.

Assim como o embrião passa de formas primárias a formas complexas, as sociedades passam de formas primitivas a formas complexas e diferenciadas. No que diz respeito às causas dessa evolução nas espécies vivas, H. Spencer é lamarckiano, pois acredita na hereditariedade dos caracteres adquiridos. Quanto às sociedades humanas, o mecanismo principal de evolução tem como fundamento a competição entre indivíduos e a "sobrevivência do mais capaz...".

Paralelamente a H. Spencer, outras teorias evolucionistas vão procurar aplicar os princípios da evolução à espécie humana. Podemos citar o eugenismo* de Francis Galton, o evolucionismo social desenvolvido por Lewis H. Morgan* e Edward B. Tylor*, a antropologia física da escola de Broca. No final do século XIX, o evolucionismo passou a ser um campo de pensamento bastante geral, que trata de temas tão diversos como o desenvolvimento das civilizações, o estudo das raças, a história das sociedades, o desenvolvimento psicológico, etc.

A ideia de evolução se impôs nas ciências da vida, como na antropologia. A evolução é vista como um processo muito geral, em que os organismos vivos (vegetais, animais, sociedades humanas, culturas) provenientes de uma origem comum se desenvolvem e se diferenciam por ramificações sucessivas. A evolução é a passagem do simples ao complexo, do inferior ao superior, do caos à ordem, do orgânico ao espiritual, dos animais ao homem, das sociedades selvagens ao mundo civilizado.

Na verdade, esse paradigma extremamente geral comporta uma variedade de concepções, como o evolucionismo biológico, o sociológico, o filosófico, etc., e cada uma delas se divide em diversas variantes.

As novas versões do evolucionismo cultural e social

Nos anos 1940, no momento em que a teoria sintética da evolução (segundo a qual a transformação das espécies se efetua por mutações genéticas) se impõe em biologia, o evolucionismo sofre um brutal declínio em ciências humanas. As variantes do darwinismo social* (eugenismo, antropologia física) com bafios racistas caem em profundo descrédito. O evolucionismo cultural também perde terreno. A ideia de que as sociedades evoluiriam das "raças inferiores" para as "raças superiores" ou dos "povos primitivos" para as sociedades "civilizadas" segundo uma marcha contínua e irreversível é, pouco a pouco, assimilada a uma visão colonialista e imperialista da história. O evolucionismo vai sendo, aos poucos, suplantado por outros paradigmas, como o funcionalismo* e o estruturalismo*.

Somente nos anos 1970, com o desenvolvimento da etologia humana, da sociobiologia*, da ecologia cultural*, e depois, a partir dos anos 1980, de uma psicologia evolucionista*, reaparecem tentativas que procuram fundar o humano e o social no mundo orgânico. As tentativas de aplicar a sociobiologia nos comportamentos humanos vão desencadear violentas polêmicas, mesmo que, contrariamente às caricaturas feitas pelos seus detratores, a sociobiologia não se reduza a um modelo único de darwinismo social.

Bibliografia: • D. Guillo, *Sciences sociales et sciences de la vie*, Puf, 2000.

→ **Darwinismo, Sociobiologia**

EXCLUSÃO

A palavra "exclusão" não é um conceito científico, mas abrange todo um conjunto de fenômenos que foram objeto de inúmeras pesquisas. O termo "excluído" aparece em 1974 e designa, então, os últimos bolsões de grande pobreza* que subsistem numa sociedade que se enriquece. A categoria se amplia na década de 1980 com o surgimento do desemprego prolongado, das dificuldades de inserção dos jovens e dos problemas das chamadas periferias "difíceis". No limiar dos anos 1990 o termo passa a ser a referência central do debate social.

Esse debate mostra, em primeiro lugar, que a exclusão não é concebida como um "à margem" da sociedade, cuja origem deve ser procurada no indivíduo, mas como um "para fora" do social, uma perda dos vínculos sociais e de sentido. Ela já não é uma soma de destinos individuais, mas um problema coletivo, suscetível de tratamento político. Por outro lado, a palavra exclusão leva a apreender de forma diferente as divisões da sociedade, passando de uma oposição vertical (os "de cima" contra os "de baixo"), baseada nas desigualdades*, a uma oposição horizontal entre os de dentro e os de fora.

Os sociólogos que se dedicaram a analisar o fenômeno mostraram, em primeiro lugar, que existe uma grande variedade de formas e de graus de exclusão conforme o critério escolhido. O desempregado, o sem-teto ou a vítima do racismo são, todos, "excluídos", embora por motivos diferentes. Entretanto, foi possível distinguir alguns grandes fatores de exclusão, tais como a degradação do mercado de trabalho durante os últimos trinta anos, o enfraquecimento dos quadros tradicionais de socialização* (Igreja, sindicatos, nação*...) o declínio da solidariedade de classe*, o relaxamento dos vínculos sociais (especialmente os familiares). As consequências nefastas da exclusão tornaram-se evidentes. Entre os sintomas observados encontram-se a retirada da vida social, a crise de identidade, os problemas de saúde, a ruptura da família, muitas vezes acompanhados de um sentimento de ser inútil para a sociedade. Os pesquisadores, porém, quiseram evitar qualquer catastrofismo, indicando que a exclusão não é um estado, mas um processo, muitas vezes passageiro, e do qual muitos saem rapidamente. Os jovens também não estão todos "na pior", muitos continuam estudando e morando na casa dos pais. Enfim, as periferias* não são exatamente "guetos", e sim lugares de tensões contraditórias entre uma lógica de desorganização (anomia*, solidão, segregação espacial) e uma lógica de organização comunitária.

Dois pontos de vista contemporâneos dominam os debates. Para o sociólogo Robert Castel, uma história da condição salarial mostra que a exclusão (que ele prefere chamar de "desafiliação") resulta principalmente da fragilização do trabalho assalariado, ao qual está ligado todo um sistema de garantias, de proteção e de estatutos estabelecidos durante mais de um século. Já o sociólogo Serge Paugam propõe, empregando o termo "desqualificação social", uma descrição das fases do processo de exclusão e das experiências de vida que o acompanham. A fragilidade diz respeito sobretudo aos desempregados de longa duração que são submetidos a uma desclassificação social, vivendo vergonhosamente a sua situação e distanciando-se dos trabalhadores sociais. A dependência ocorre depois de uma fase de desânimo e cansaço. Ela faz cair no estatuto de assistido, mas permite conservar os vínculos sociais. Enfim, a ruptura concerne às pessoas que acumulam deficiências e fracassos, levando-as assim a uma forte marginalização e a um rompimento durável dos liames sociais (emprego, família, serviços sociais...). Entretanto, o encadeamento das três fases não é sistemático.

Não há, pois, teoria geral da exclusão, mas diversas abordagens complementares. Esses quadros analíticos pretendem ser de médio alcance, ao considerar um ou alguns aspectos desse problema complexo e multiforme, renunciando de imediato a englobar todas as suas dimensões.

Bibliografia: • R. Castel, *Les Métamorphoses de la question sociale*, Fayard, 1999 [1995] • S. Paugam (org.). *L'Exclusion, l'état des savoirs*, La Découverte, 1996 • S. Paugam, *La Disqualification sociale. Essai sur la nouvelle pauvreté*, Puf, 2002 [1991]

EXOGAMIA
→ **Endogamia**

EXPECTATIVA DE VIDA

A expectativa de vida corresponde à duração média de vida dos indivíduos em dada população, calculada estatisticamente com base nos índices de mortalidade. Exceto na África e na Rússia nos últimos vinte anos, essa duração média se elevou continuamente no decorrer do século XX, porém com grandes disparidades entre os países desenvolvidos e os pobres.

A expectativa de vida ao nascer leva em conta o índice de mortalidade infantil e sofre uma redução significativa nos países em que ele é elevado. Num mesmo país, a expectativa de vida também pode variar de acordo com o sexo, com as profissões ou mesmo conforme as regiões. Na França, por exemplo, as mulheres vivem em média oito anos a mais que os homens, os operários morrem em média mais cedo que os executivos e a expectativa de vida é mais alta no Sudeste do que no Nordeste.

→ **Demografia, Mortalidade, Natalidade**

ALGUNS NÚMEROS

A média de expectativa de vida no mundo é de 67 anos
- Japão: 82,3
- Suécia: 80,5
- Canadá: 80,3
- Brasil: 71,7
- Rússia: 65,0
- Bolívia: 64,7
- Nepal: 62,6
- Angola: 41,7

Fonte: *Relatório sobre o desenvolvimento humano 2007/2008, Programa das Nações Unidas para o Densenvolvimento (PNDU)*

EXPERIÊNCIA DE PENSAMENTO

Como é ser um morcego? O que um cego de nascença veria se recobrasse subitamente a visão?

As experiências de pensamento são mecanismos construídos pela imaginação que visam a substituir uma experiência real unicamente pela representação da situação projetada. Encontramo-las desde a Antiguidade, e Galileu (1564-1642), em sua época, as emprega muito em seus raciocínios. Mas é o físico e filósofo Ernst Mach que cria a expressão. Em seu livro, *Erkenntnis und Irrtum* [Conhecimento e erro] (1905), ele reconhece que, ao lado das experiências físicas, existe outro tipo de experiência, a de pensamento, que consiste em imaginar condições e conjeturar algumas de suas consequências. Segundo E. Mach, ela tem um inegável valor didático* e heurístico*. Mas aprendemos algo com a experiência de pensamento? Como seria possível conhecer coisas inéditas sobre a natureza sem novos dados empíricos? Sobre este ponto, as opiniões divergem. Thomas S. Kuhn*, em *The Essential Tension: Selected Studies in Scientific Tradition and Change* [A tensão essencial: estudos selecionados sobre tradição e mudança nas ciências] (1977), afirma que uma experiência de pensamento bem construída tem condições de provocar uma crise na teoria dominante e pode, assim, participar da mudança de paradigma. Nesse sentido, as experiências de pensamento permitiriam conceitualizar, talvez de maneira mais satisfatória, a nossa concepção do mundo, mostrando toda a importância da imaginação na construção das teorias científicas.

A filosofia analítica* anglo-saxã e a filosofia da mente* consideram esse processo fundamental. O filósofo americano John R. Searle ("Minds, Brains and Programs" ["Mentes, cérebros e programas"], em *Behavioral and Brain Sciences* [Ciências mentais e comportamentais], 1980), construiu então a famosa experiência de pensamento da sala chinesa. Ela consiste em colocar um sujeito numa sala isolada, onde ele deverá responder a perguntas feitas em chinês, língua da qual não conhece nem uma palavra. Suponhamos, porém, diz J. R. Searle, que ele disponha de um manual de referência que lhe permita saber que resposta fornecer quando determinado ideograma chinês aparecer na pergunta. Então, é possível responder corretamente às perguntas sem ter de traduzi-las ou compreender-lhes o sentido. Não é assim que funcionam os computadores?, pergunta Searle. E a resposta é clara: no fundo, o computador é apenas uma máquina cega e inconsciente que não faz mais do que associar símbolos sem significado, dos quais só conhece as regras de composição.

Por conseguinte, afirma J. R. Searle, os computadores não pensam. Mas, no fundo, que informação se pode obter exatamente dessa experiência de pensamento? Ela visa a esclarecer o sentido que atribuímos aos termos "pensar" e "compreender". Não podemos então deixar de associar a experiência de pensamento de J. R. Searle com a afirmação lapidar de Ludwig J. Wittgenstein na obra *Philosophische Bemerkungen* [*Investigações filosóficas*] (1964): "Aquilo que Mach chama de experiência de pensamento não é naturalmente uma experiência do todo. É, no fundo, uma consideração gramatical."

EXPERIMENTAL (método)

Galileu foi realmente um experimentador que estudou, com bolas e planos inclinados, as leis da queda dos corpos, ou ele descobriu algumas leis unicamente com a força de seu pensamento? A questão divide os historiadores. É verdade que admitimos ter o método experimental nascido no século XVII e que ele vai revolucionar as ciências da natureza. Os gregos procediam por observação e por dedução e não por experimentação. Somente com a revolução científica, Evangelista Torricelli, Robert Boyle, Blaise Pascal e outros começam a fazer experimentos e descobrem as primeiras grandes leis da ótica, da mecânica e da hidráulica.

O filósofo Francis Bacon (1561-1626) já enunciara os princípios do método experimental em seu *Novum Organum* (1620). Bem mais tarde, o médico Claude Bernard vai expor sistematicamente o procedimento experimental aplicado ao mundo vivo em sua *Introduction à l'étude de la médecine expérimentale* [Introdução ao estudo da medicina experimental] (1865): "O sábio completo é aquele que adota, ao mesmo tempo, a teoria e a prática experimental. 1) ele constata um fato; 2) a respeito desse fato, nasce uma ideia na sua mente; 3) tendo em vista essa ideia, ele raciocina, institui uma experiência, imagina e realiza as suas condições materiais; 4) dessa experiência resultam novos fenômenos que devem ser observados, e assim por diante." Longe de ser um positivista reduzido unicamente à coleta dos fatos, C. Bernard insiste nas diferentes facetas do método e no seu encadeamento: observação de um fato que apresenta um problema, formulação de uma hipótese, experimentação e, daí, novas questões...

A EXPERIMENTAÇÃO EM PSICOLOGIA

Diante do sucesso do método aplicado nas ciências naturais, os primeiros psicólogos quiseram abandonar a especulação filosófica e a introspecção para fazer da psicologia uma ciência experimental. O primeiro laboratório psicológico é criado na Alemanha por Wilhelm Wundt em 1879. Nos anos seguintes, serão criados outros do mesmo tipo nos Estados Unidos, na Inglaterra e na França. O que importava principalmente era estudar as faculdades primárias (percepção, sensação).

No início do século XX, a experimentação já se impôs como a norma e assim continuará ao longo de todo o século. O procedimento experimental supõe criar situações artificialmente provocadas em que o experimentador possa controlar todas as variáveis. Se ele quiser avaliar a extensão da memória de curto prazo, deverá realizar experiências precisas, procurando levar em conta todas as variáveis, como a idade do sujeito, seu sexo, o cansaço, o tipo de material a memorizar (palavras, imagens, números...), etc.

Denomina-se "variável* independente" aquela que supostamente desempenha o papel de causa de um determinado fenômeno, e "variável dependente" aquela que supostamente sofre os efeitos da variação. Assim, quando avalio os efeitos do álcool sobre a freagem, a variável independente é o álcool e a variável dependente é a velocidade de freagem.

O uso do método experimental é um fator incontestável do progresso dos conhecimentos em psicologia, mas apresenta uma série de problemas.

Ele permite estudar apenas fatos humanos que podem ser realizados sob controle em laboratório. Contudo, uma grande categoria de fatos humanos escapa a essa possibilidade: a imaginação na vida cotidiana, as relações interpessoais, os conflitos, as emoções e motivações que sobrevêm em determinados contextos não se prestam muito à experimentação. Além disso, o método experimental supõe isolar e compartimentar os fatos humanos em fatores elementares cada vez mais finos e precisos. Ora, muitas vezes as reações do organismo vivo são globais, como já observava C. Bernard.

A psicologia experimental está agora submetida a uma deontologia que proíbe efetuar experiências como a que Stanley Milgram* realizou no seu tempo.

É POSSÍVEL A EXPERIMENTAÇÃO EM CIÊNCIAS SOCIAIS?

Dizem, com frequência, que o método experimental não pode ser aplicado a uma grande parte das ciências sociais, à sociologia, à história e à economia, por exemplo. Em grande parte, isso não é verdade.

Émile Durkheim* pretendia fazer da sociologia uma ciência experimental à maneira da biologia. E dizia que, para estudar cuidadosamente a natureza, "não basta observá-la, é preciso interrogá-la, atormentá-la, pô-la à prova de mil maneiras". Assim é também quanto à sociedade, pois, "uma vez que a ciência social tem como objeto coisas, só pode usar, com sucesso, o método experimental". Para ele, o procedimento correto é tomar um objeto de estudo e tentar ver como a mudança de uma variável ou outra vai modificar os efeitos encontrados. Mas parece impossível realizar experiências autênticas na sociedade. Para estudar as causas sociais do suicídio, é preciso transpor o método experimental, ou seja, substituir a experimentação pela comparação de situações similares. Em ciências sociais, o método comparativo destina-se a tomar o lugar da experimentação: "Quando os fatos podem ser produzidos artificialmente, como deseja o observador, o método é a experimentação propriamente dita. Quando, ao contrário, a produção dos fatos não está à nossa disposição, e só podemos abordá-los tais como se produziram espontaneamente, o método empregado é o da experimentação indireta, ou método comparativo" (É. Durkheim, *Règles de la méthode sociologique* [*Regras do método sociológico*], 1895).

Na escala dos grupos ou das organizações, a experimentação social é concebível. Foi assim que Elton Mayo realizou suas célebres experiências da fábrica de Hawthorne, cujo objetivo era avaliar os efeitos das condições de trabalho na produtividade de um grupo de operários fazendo variar sistematicamente alguns parâmetros. Em educação, o método de pesquisa-ação* é uma forma de experimentação. Também em economia, os projetos de desenvolvimento são acompanhados de um método de observação

A PRÉ-HISTÓRIA, CIÊNCIA EXPERIMENTAL?

• Há alguns anos, uma experiência realizada por Jean-Pierre Mohen, perto de Bougon, em Deux-Sèvres, consistiu em mandar transportar um bloco de pedra de 32 toneladas colocado sobre toras de madeira e puxado com cordas. Foram necessários mais de 250 homens para realizar a façanha. A experiência resolveu parcialmente o enigma técnico da movimentação dos megálitos: o homem está à altura da tarefa, e o deslocamento dos megálitos pode ser enfrentado a partir de técnicas elementares. Mas ela permite principalmente uma reflexão sobre o embasamento social e organizacional necessário para a realização de tamanho empreendimento.

• Há cerca de vinte anos, os pré-historiadores vêm procurando compreender as técnicas e a organização social do passado, tentando reproduzir os feitos e os gestos dos homens pré-históricos. Foi assim que esses estudiosos aprenderam a talhar o sílex, a construir cabanas, a caçar com arco e flecha, a pintar nas paredes das cavernas.

EXPERIMENTAL (método)

de tipo experimental: definição das hipóteses, análise das variáveis, controle dos resultados.

Até mesmo a história pode oferecer situações quase experimentais em grande escala. É o caso dos países comunistas que foram divididos em dois durante meio século e seguiram evoluções divergentes a partir de uma mesma situação inicial (Coreia, Alemanha, Vietnã).

Desse ponto de vista, as experiências das comunidades utópicas ou as políticas públicas também podem ser consideradas experimentais. Aliás, esse é um meio de abordagem cada vez mais utilizado pelos governos contemporâneos. O processo consiste em experimentar uma medida (política escolar, política social, securitária...) numa cidade, num estado, numa região, e depois generalizá-la caso tenha obtido bons resultados.

Bibliografia: • C. Bernard, *Introduction à l'étude de la médecine expérimentale*, Flammarion, 1988 [1865] • M. Richelle, J. Requin, M. Robert (orgs.), *Traité de psychologie expérimentale*, 2 vols., Puf, 1994 • M. Rival, *Les Grandes Expériences scientifiques*, Seuil, 1996

EXPLICAÇÃO
→ **Compreensão**

F

FAMÍLIA
(história da)

Os historiadores pensaram, por muito tempo, que a história da família podia se resumir a um esquema simples e linear. Assim, a "família extensa" ou de parentesco ampliado, característica de sociedades rurais tradicionais, teria dado lugar à família nuclear – composta por um casal e filhos – que se tornaria dominante nas sociedades modernas.

Frédéric Le Play* (1806-1882) foi um dos primeiros a estabelecer uma tipologia, na qual distinguia três grandes modelos familiares: a família patriarcal, família ampliada, na qual todos os filhos casados moravam na casa dos pais; a família instável, cujos filhos saíam de casa assim que podiam se sustentar sozinhos (equivalente à família nuclear); e a família-estirpe, na qual apenas um dos filhos casados morava com os pais e garantia a perenidade do patrimônio familiar.

O projeto de F. Le Play era igualmente político. Partindo dessa classificação, ele queria propor uma reforma no modo de transmissão da herança. A seu ver, a família patriarcal, submissa à lei do pai, era sufocante, e a família instável geraria um individualismo destruidor. Apenas o modelo da família-estirpe permitiria voltar a estruturas estáveis, para lutar contra a "desorganização" que afetava a sociedade. Todo um discurso foi construído com base nessa oposição esquemática entre um grupo familiar ampliado que carregaria "bons" valores (presença educativa dos avós, solidariedades familiares) e a família nuclear moderna, que não assegura mais a transmissão familiar, gerando a delinquência juvenil, o individualismo egoísta e, assim, a decadência.

O MITO DA FAMÍLIA EXTENSA

Em todo caso, a qualidade científica dos trabalhos de F. Le Play, embasados em amplas pesquisas empíricas, forneceu os fundamentos teóricos para o que o historiador André Burguière chama de "o mito da família extensa". Durante muito tempo, historiadores e sociólogos partilharam a ideia de que a família nuclear teria substituído, progressivamente, os grupos domésticos mais numerosos, para se adaptar às transformações exigidas pela industrialização, pela urbanização e pelas medidas "modernizadoras" dos Estados. Para alguns, como o sociólogo Émile Durkheim*, essa evolução era o símbolo da marcha do progresso.

No fim do século XX, historiadores, demógrafos e sociólogos questionaram essa visão evolucionista. Contrariamente a essa teoria, que prevaleceu até os anos 1960, a história da família não se resume à passagem de uma forma comunitária a uma forma nuclear (*ver quadro adiante*).

O antropólogo Jack Goody* se empenhou em demonstrar a fluidez dos modelos familiais em diversos continentes, conforme as épocas. "Não se conhece praticamente nenhuma sociedade, na história da espécie humana, em que a família elementar (nuclear) não tenha tido um papel importante…"; "Mesmo nas sociedades em que a monogamia não é exigida (…), o conjunto familiar concebido como unidade de produção e de reprodução é sempre relativamente restrito". O antropólogo mostrou certas similitudes na prática do dote, nos sistemas de produção e de acumulação familiar entre as sociedades da China pré-revolucionária, do Tibete, de certas regiões da Índia, ou ainda do antigo Oriente Médio, fazendo desmoronar o esquema de uma "singularidade ocidental" perante um mundo oriental estático e arcaico.

DIVERSIDADE DE MODELOS

Na escala da história da humanidade, a observação comparativa mostra que a diversidade predomina quando se trata de estrutura familiar. Apesar de ter havido uma grande proporção de famílias reduzidas a um só casal e seus filhos, seria muito redutor ignorar a importância dos núcleos familiares estendidos, organizados segundo modos de funcionamento bem específicos e sempre bastante complexos. Essas famílias, que podiam constituir verdadeiras linhagens, apresentavam estruturas organizadas de acordo com diferentes modelos.

– Na Roma Antiga, por exemplo, a família patriarcal constitui uma espécie de pequeno reino regido pela autoridade única e despótica do pai. Todos os filhos moram na casa do pai, os homens até a morte e as mulheres até se casarem. O pai tem direito de vida e de morte sobre as mulheres (mãe, noras), as crianças e os escravos.

– O modelo da família-estirpe foi bastante difundido na Europa. Era encontrado do Norte de Portugal aos países bálticos, passando pela França meridional e pelas regiões alpinas. Três gerações podiam coabitar: os pais, um filho com sua esposa e sua prole, aos quais se somavam os filhos solteiros e os empregados domésticos. A família-estirpe é uma instituição que engloba bens materiais e imateriais, como direitos de uso das águas, dos prados comunais e dos bosques. Assim, não há posição social individual, e a "casa" (o *oustal* occitânico, por exemplo) não pode ser dividida, já que apenas um dos filhos será o herdeiro.

– Na *zadruga* sérvia, três a quatro casais habitavam a mesma casa: irmãos casados e seus filhos, tios e tias, etc. Todos sob o comando de um patriarca que dirigia o grupo. Essas comunidades em que coabitavam irmãos e irmãs casados são também chamadas de *frérèches*.

– Na França, as "comunidades tácitas" tinham um funcionamento próximo ao das *zadrugas*. São encontradas na época moderna nas regiões de Poitou, Auvergne, Limousin, Bourbonnais e Franche-Comté. Formaram-se geralmente durante a Idade Média, quando algumas famílias se reuniam para explorar coletivamente uma parte do terreno que um senhor ou uma abadia lhes tinha confiado, a fim de cultivar terras desmatadas ou despovoadas pela devastação das grandes epidemias.

– Fora do contexto indo-europeu, a família extensa pôde tomar a forma de estruturas "polígenas" ou de concubinato. A forma mais célebre de poliginia é o harém na civilização árabe. Na Arábia pré-islâmica, não havia limite para o número de esposas e de concubinas que um chefe de família podia ter. Sabe-se que as mulheres e as crianças viviam juntas sem nenhum contato com o mundo exterior. Evidentemente, apenas os homens ricos podiam manter um harém. Hoje, essas práticas estão em visível declínio na maioria das áreas culturais nas quais estavam presentes.

A poligamia era igualmente uma prática difundida entre os hebreus da Antiguidade. O "levirato" era um costume que obrigava um homem, mesmo casado, a esposar a viúva de seu irmão se ela não tivesse filhos, para assegurar a

---

A FAMÍLIA NUCLEAR SEMPRE EXISTIU

• Na França, os trabalhos de demografia histórica, a partir do exame sistemático dos registros paroquiais (mantidos desde o reino de Francisco I), evidenciaram uma ampla predominância de famílias nucleares na época moderna (séculos XVI, XVII e XVIII). Os historiadores ingleses da escola de Cambridge, baseando-se em fontes mais antigas (recenseamentos, registros fiscais, registros paroquiais chamados de "estados das almas"), mostraram que a família reduzida prevalecia em grande parte da Europa, desde a Idade Média. Segundo as pesquisas de Peter Laslett e de sua equipe, o tamanho médio das famílias na Europa oscilou em torno de 4,75 pessoas, da época moderna ao início do século XX, ou seja, uma média pouco superior à contemporânea. O mesmo se verifica na Europa carolíngia (séculos IX e X).

A família nuclear monogâmica, na qual marido e mulher vivem uma união estável e "sagrada" durante toda sua vida, aparece em inúmeras sociedades, em todas as épocas. De acordo com Aristóteles, na Grécia Antiga do século IV a.C., a unidade de base da sociedade era o *oikos*, isto é, pessoas que viviam numa mesma casa. O *oikos* unia um marido a sua mulher, um pai a seus filhos e um mestre a seus escravos. Os maias e os babilônios também conheciam a família nuclear.

descendência deste ramo da família. Em algumas sociedades, a poligamia tomou a forma de um concubinato oficial com uma ou mais mulheres morando com a esposa legítima. Essa forma de concubinato era admitida na China tradicional, por exemplo, até o início deste século.

A FAMÍLIA AFETIVA

A constatação da diversidade das formas familiares na história renovou totalmente o campo das pesquisas comparativas. A abordagem atual de historiadores e de antropólogos consiste em não mais isolar as estruturas familiares da diversidade de critérios que definem a sua organização: direito, economia, redes de parentesco, formas de educação, etc.

Hoje, são também muito questionados os trabalhos de certos historiadores das mentalidades*, como Philippe Ariès* ou Laurence Stone, que defendiam que os valores afetivos e a atenção às crianças só surgiram na Europa na Era Moderna, com a diminuição do tamanho da família. Os trabalhos recentes de historiadores medievalistas, ou ainda o exame do conteúdo de tumbas de várias sociedades mais antigas, abalaram a tese de uma suposta indiferença dos pais com relação a sua prole. Segundo J. Goody, o mesmo acontece com o amor conjugal, que, apesar dos casamentos arranjados por razões de estratégias patrimoniais, sempre foi um tema importante na maioria das sociedades: "as obras de Chaucer e de Dante, as peças de Shakespeare e de Racine, as poesias de Petrarca e de Donne, para citar apenas alguns exemplos, estão repletas de histórias de amor, nas quais a vontade dos pais de nada vale". Assim, a "família afetiva" não é uma invenção moderna.

Bibliografia: • A. Burguière, C. Klapisch-Zuber, M. Segalen, F. Zonabend (orgs.), Histoire de la famille, Armand Colin, 1994 [1986] • J. Goody, Famille et mariage en Eurasie, Puf, 2000 [1990] • J. Goody, La Famille en Europe, Seuil, 2001 [1999] • P. Laslett, Household and Family in Past Time, Cambridge University Press, 1972 • E. Shorter, Naissance de la famille moderne, Seuil, 1981 [1975].

FAMÍLIA (sociologia da)

No início do século XX, sociólogos como Émile Durkheim* e Talcott Parsons* afirmaram que a modernização das sociedades acabaria por engendrar um modelo familiar único: a família nuclear. Esta, para T. Parsons, era perfeitamente adaptada às sociedades industrializadas e urbanizadas, permitindo a mobilidade da mão de obra e a independência com relação à parentela mais ampliada, e marcava o advento do individualismo contemporâneo.

Será preciso menos de um século para que esse modelo se dissolva. Hoje, nas democracias ocidentais, não há mais um modelo único, a família pode ser monoparental ou recomposta; constituída por um casal heterossexual, casado ou não, ou ainda homossexual; de meios-irmãos e meias-irmãs, de crianças adotadas ou "produzidas", cujo parentesco biológico não coincide mais com o parentesco doméstico. Mesmo se esses exemplos não constituem a maioria dos casos, já que a chamada família "tradicional" ainda continua sendo a norma em termos estatísticos, é sintomático observar como essas transformações recentes foram integradas pelos indivíduos, ou mesmo acompanhadas pelos Estados-Providência.

EXTRAORDINÁRIAS MUDANÇAS SOCIAIS

O que aconteceu para que a família passasse por tão significativas mutações na segunda metade do século XX? Extraordinárias transformações econômicas, demográficas, científicas, sociais e culturais concorreram para isso: aumento da participação das mulheres no mercado de trabalho, liberalização dos costumes concretizada por conquistas como a contracepção ou o divórcio por consentimento mútuo (1975 na França). Desde os anos 1970, a porcentagem dos casamentos esteve em gradativa e constante baixa, enquanto os divórcios aumentavam.

Paralelamente, após o período do *baby boom**, a taxa de fecundidade* caiu pela metade em trinta anos, para se estabilizar em torno de 1,7 criança por mulher (média europeia em 2000). Os casais que não legalizam sua união e os nascimentos fora do casamento não pararam de aumentar.

Quanto aos valores sociais, as mudanças não foram menos importantes. O modelo familiar do marido chefe de família encarregado de ganhar o dinheiro, da esposa que cuida das tarefas domésticas e da educação das crianças, da submissão destas à autoridade e às decisões parentais, é um modelo obsoleto. O ano de 1968 impulsionou consideravelmente as tendências que se desenvolviam nas democracias ocidentais. Desde os anos 1970, os valores individualistas, enfatizando a liberdade, a autonomia, o desenvolvimento pessoal e o respeito por cada um, substituíram as normas rígidas. A autoridade patriarcal foi destronada para dar lugar à negociação, que respeitaria as aspirações de cada um. E, por fim, não se devem esquecer a ascensão e a legitimação de concepções de vida mais hedonistas.

UMA NOVA ARTE DE AMAR

Quanto ao casal, a aliança entre dois indivíduos é, hoje, reivindicada como uma livre escolha: a de um amor decidido e consentido e não ditado por imperativos morais ou sociais. É claro que, nesta perspectiva, quando as ligações sentimentais se dissipam, os casais se desfazem mais facilmente do que antes, às vezes para se refazer de outra forma. "A fragilidade das uniões reflete o primado da focalização nas relações", explica François de Singly, para quem estar em casal é estar *Libres ensemble* [Livres juntos] (2000).

Esse sociólogo mostrou que a família é também o espaço onde se fabricam as identidades. É através do olhar do outro e das trocas com ele ("o outro significativo") que se constrói o "eu" de cada um de seus membros, adultos e crianças. A começar pela identidade sexuada: mesmo se todos os dados mostram que a divisão das tarefas domésticas é ainda uma utopia (as mulheres asseguram 80% delas), os sociólogos concordam que as mentalidades* estão mudando. Os homens não se sentem mais degradados caso tenham que fazer as compras ou trocar a fralda do caçula. Mas estamos longe de uma indiferenciação anódina: os trabalhos do sociólogo Jean-Claude Kaufmann mostraram claramente que cada sexo fazia questão de manter sob seu domínio algumas atividades, como a triagem e a lavagem da roupa feita pelas mulheres, conduzindo assim a "uma reafirmação da identidade sexuada".

As crianças foram também beneficiadas com a democratização da família. Com o aumento de valores puerocentristas, isto é, focados na criança, o respeito à personalidade de cada um se tornou uma preocupação comum a muitos pais. Se é possível interpretar a explosão das formas familiais como uma consequência da liberalização dos costumes e da circulação de novos valores (individualização, autonomia, desenvolvimento pessoal), deve-se notar ainda que esses valores são também mais compatíveis com as novas famílias, muitas vezes recompostas de meios-irmãos ou de falsas irmãs, de verdadeiros e falsos avós. Para Irène Théry, se a família enfraqueceu como instituição, os novos vínculos familiares, mais precários, mais contratuais, são também mais exigentes: as redes familiares, fundadas em "afinidades eletivas", livremente escolhidas, dão maior espaço à expressão e às escolhas dos indivíduos.

SOLIDARIEDADES ENTRE GERAÇÕES

Além de apresentar a família nuclear como o emblema da modernidade, T. Parsons sugeria que as ligações entre gerações estavam destinadas a se dissolver nas novas organizações familiares. Entretanto, nos dias de hoje, as trocas e a solidariedade entre crianças, pais, avós e bisavós, apesar de desigualmente desenvolvidas conforme as famílias, estão bastante presentes e podem ser medidas. Claudine Attias-Donfut e Martine Segalen evidenciaram a importância dessas ligações. As mais recentes gerações de avós fazem parte dos *baby-boomers* e, assim, das ondas de aposentados que se beneficiaram plenamente com o efeito Estado-Providência* e com aposentadorias confortáveis. Uma parte dessa renda acaba sendo empregada em auxílios materiais aos filhos (na hora da compra de uma casa, mas também em momentos difíceis como o desemprego e a separação do casal) e aos netos (auxílio aos estudos, mesada). Esse "altruísmo participativo" para com a comunidade familiar não se manifesta apenas por auxílios financeiros. Por exemplo, 80% dos avós cuidam dos netos, pelo menos ocasionalmente (por exemplo, nas férias). Assim, "a família não rompe com a lógica das trocas entre as gerações, desde que se respeitem certos princípios e, sobretudo, o sentimento de independência e de autonomia dos membros do grupo familiar", como afirma François de Singly.

OPACIDADE NA FILIAÇÃO

Os progressos científicos – com a procriação assistida, as doações de esperma, as possibilidades de identificação do genitor – contribuíram para a complexidade das novas famílias. Quem é o pai? Desde os tempos mais remotos, o mistério da paternidade podia pairar, sem jamais ser solucionado. Hoje, é a maternidade biológica que pode se tornar incerta (no caso de uma doação de ovócito), enquanto o "pai biológico" pode ser desmascarado com precisão! É ainda muito cedo para conhecer as consequências dessa reviravolta inédita que nos reservou a história do século XX. Seja pelo jogo das recomposições familiares ou das "manipulações genéticas", o certo é que estamos diante dos mais diversos modelos familiares, nos quais a ligação biológica não coincide mais com a afetiva. Um pai pode educar e dar afeto ao filho que sua mulher teve num outro relacionamento, enquanto se perde o rastro do pai biológico; ou, ao contrário, é possível que este reivindique seu filho; ou que o filho exija conhecer seu "verdadeiro pai".

Seja qual for o caso, a criança seria a grande beneficiária dessas mutações do vínculo familiar, segundo I. Théry. "O princípio de indissolubilidade se deslocou dos laços conjugais para a filiação." A socióloga explica que as novas concepções, mais contratuais, dos casais (em parte, devidas ao progresso da igualdade entre os sexos) mudaram profundamente as concepções da filiação. Na França, hoje, 40% dos filhos nascem fora do casamento. As adoções não pararam de aumentar nas últimas décadas. Hoje, enquanto o amor conjugal tende a se tornar um investimento a curto ou médio prazo, o longo prazo se deslocou para as relações entre pais e filhos.

O Estado atento às mudanças

O Estado-Providência sempre foi fiador da instituição familiar. No entanto, soube também se adaptar às mudanças e se distanciar do modelo de referência da família clássica. Jacques Commaille mostra que, na França, a maioria das reformas das últimas décadas responde à demanda de autonomia e à liberalização dos costumes. Foi o caso da lei de 1975, que instaurou o divórcio por consentimento mútuo.

Longe de abandonar os indivíduos a si mesmos, os Estados europeus multiplicaram as medidas de proteção contra os "novos riscos familiares", como a implantação de uma ajuda de custo para pai ou mãe isolados, no caso de famílias monoparentais. No final do século XX, cada vez mais Estados se posicionaram a favor do reconhecimento de famílias homossexuais.

Em 1994, o Parlamento europeu se pronunciou claramente a favor do reconhecimento do direito para homossexuais (homens e mulheres) de formar uma família. Em 1999, na França, foi instaurada uma nova forma de contrato de vida a dois, incluindo o caso de parceiros do mesmo sexo: trata-se do Pacto civil de solidariedade (Pacte civil de solidarité – PACS). Como explica J. Commaille, "vínculos prescritos" estão dando lugar à gestão de "vínculos consentidos", numa sociedade em que o direito se torna, cada vez mais, um instrumento de regulamentação das relações sociais. E essas evoluções estão ocorrendo em todas as democracias ocidentais.

Bibliografia: • C. Attias-Donfut, M. Segalen, *Grands-parents. La Famille à travers les générations*, Odile Jacob, 1998 • S. Chaumier, *La Déliaison amoureuse. De la fusion romantique au désir d'indépendance*, Armand Colin, 2004 [1999] • J. Commaille, C. Martin, *Les Enjeux politiques de la famille*, Bayard, 1998 • J. Commaille, P. Strobel, M. Villac, *La Politique de la famille*, La Découverte, "Repères", 2002 • J.-C. Kaufmann, *La Trame conjugale. Analyse du couple par son linge*, Pocket, 2001 [1992] • M. Segalen, *Sociologie de la famille*, Armand Colin, 2002 [1981] • M. Segalen, *Le Nouvel Esprit de famille*, Odile Jacob, 2002 • F. De Singly, *Sociologie de la famille contemporaine*, Nathan, 2000 [1993] • F. de Singly, *Libres ensemble. L'individualisme dans la vie commune*, Nathan, 2000 • I. Théry, *Le Démariage: justice et vie privée*, Odile Jacob, 2001 [1993]

→ **Mulher, Filiação, Gênero**

FANTASMA

Nossas vidas se alimentam de fantasmas, sendo eles um dos fatores que impulsionam nossa ação. As brincadeiras de criança (brincar de boneca ou de Super-Homem), a atração por contos de fadas ou histórias de dragões comprovam a presença de uma intensa vida imaginária já na infância. Na adolescência, novos fantasmas aparecem: fantasmas eróticos ligados a uma sexualidade que aflora, fantasmas de evasão e de liberdade, fantasmas de glória nos quais os *superstars* e os heróis figuram como modelos de identificação. Na idade adulta, os fantasmas serão mais interiorizados: mudar de vida, ganhar na loteria, tornar-se uma pessoa célebre, encontrar o príncipe encantado, destruir ou eliminar um inimigo, ter uma aventura amorosa com um(a) desconhecido(a), etc.

Em escala coletiva, certos fantasmas – como, por exemplo, o fantasma de um complô – alimentam as paixões políticas. Outros, como o ideal do amor romântico, acompanham certas mutações sociais e culturais. Praticamente toda atividade suscita uma rica produção fantasmática.

A ANÁLISE CLÁSSICA DE FREUD

Segundo Sigmund Freud*, os fantasmas seriam a expressão das pulsões profundas do indivíduo. Eles teriam uma função compensatória, permitindo a realização, num mundo imaginário, dos desejos reprimidos do sujeito. Sabe-se que, para o pai da psicanálise, esses desejos são de natureza sexual e que esta, no entanto, permanece inconsciente e se exprime sob formas disfarçadas.

Depois de S. Freud, os psicanalistas estudaram, sobretudo, os fantasmas "repetitivos", que estariam ligados a conflitos existenciais originados na infância. Podem-se classificá-los em três categorias:

– os fantasmas eróticos, que tomam diferentes formas. Às cenas clássicas de atos sexuais somam-se os fantasmas "perversos": cena orgíaca, masoquista, sádica, fetichista, etc.;

– os chamados fantasmas de "autoapaziguamento" surgem em pessoas que sofrem ou que sofreram no passado fortes privações: fantasmas de maternação em pessoas com carência afetiva, ou de saúde em doentes;

– os fantasmas "globais" determinam as orientações globais da vida. Eles se constroem em torno de um mito pessoal. Assim, um menino mal amado pelos pais, ao se tornar adulto, se esforçará para construir uma "família perfeita", na qual os vínculos com os filhos e a esposa serão sacralizados.

Os fantasmas repetitivos podem trazer soluções às neuroses da infância. Também podem, no entanto, originar-se da neurose*. Como no caso de um homem de idade madura que teve uma infância difícil, e que, tornando-se adulto e obtendo sucesso profissional continua, não obstante, obcecado por fantasmas de derrota, de declínio e de fracasso profissional.

OS FANTASMAS CRIADORES

A psicanalista Ethel S. Person (que foi presidente da Associação Internacional de Psicanálise) propôs uma análise que amplia o papel dos fantasmas na vida psíquica (*By Force of Fantasy* [*O poder da fantasia*], 1998). Ela se distancia da análise freudiana do fantasma, que se reduz a uma dimensão sexual e que é visto unicamente sob o ângulo da compensação psicológica. Para ela, os fantasmas repetitivos formam apenas uma parte da vida fantasmática. Alguns fantasmas possuem uma função ativa, ajudando a se projetar no futuro e a prepará-lo. Eles traduzem a capacidade especificamente humana de explorar pela imaginação um campo de "possíveis". O fantasma, ligado à imaginação, tem uma função de projeção na qual o sujeito representa para si uma situação que deseja viver profundamente. Esses fantasmas voltados para o futuro são chamados de "fantasmas geradores". Para afrontar situações novas, o indivíduo constrói cenários imaginários nos quais se vê atuando. Na categoria dos fantasmas geradores figuram aqueles que podem ser qualificados de "românticos", como o do adolescente que sonha em deixar sua cidade natal para fugir rumo a lugares mais idílicos: cidade grande, país estrangeiro, refúgio numa ilha. As vocações profissionais também se inserem nessa categoria. Tais fantasmas funcionarão como uma mola propulsora das condutas futuras. Como no caso, por exemplo, de uma jovem que, tendo sonhado durante toda a sua juventude em se tornar uma grande atriz, acabará por se firmar como advogada, profissão na qual a dimensão teatral é evidente. Voltados para o futuro e para a ação, os fantasmas geradores exercem um grande papel de organizadores da existência.

Bibliografia: • N. Friday, *Les Fantasmes masculins. De l'imagination érotique des hommes à la réalité*, Robert Laffont, 1992 [1980] • J. Laplanche, J.-B. Pontalis, *Fantasme originaire, fantasmes des origines, origines du fantasme*, Hachette, 1998 [1985] • M. Perron-Borelli, *Dynamique du fantasme*, Puf, 1997 • E. S. Person, *Voyage au pays des fantasmes: du rêve à l'imaginaire collectif*, Bayard, 1998

FATOR G
→ Fatorial

FATORIAL (análise)

Método de análise matemática que permite identificar fatores comuns em variáveis observadas. Quando se percebe uma forte correlação entre diferentes variáveis (por exemplo, indivíduos que passam em um teste de vocabulário e em testes de gramática), pode-se supor a existência de um fator comum hipotético que explica tal correlação.

Charles Spearman (1863-1945) foi o criador da análise fatorial. Esse psicólogo inglês, antigo militar convertido à psicologia, exerceu sua profissão em Londres. Em seu livro *The Abilities of Man* [As capacidades do homem] (1927), aplicou o método de análise fatorial ao estudo da inteligência. Considerando as aptidões intelectuais, introduziu uma distinção entre certas capacidades que possibilitam resolver provas do tipo verbal ou matemático e um fator de inteligência geral (chamado "fator g") transversal às aptidões específicas. Ele acreditava ter evidenciado a existência de um fator geral (fator g), comum a essas diferentes aptidões intelectuais.

No intenso debate que animou sua época sobre o caráter inato ou adquirido de inteligência, C. Spearman nunca se pronunciou de fato. Para ele, o essencial da sua descoberta era a existência do fator g. Com o método fatorial, ele acreditava dispor de um instrumento de medição rigoroso que permitiria à psicologia científica suplantar a filosofia: "Se um progresso significativo deve ser feito na filosofia, ele virá da psicologia." O método de análise fatorial pode ser aplicado em outras disciplinas: sociologia, ciência política, economia.

FATO SOCIAL TOTAL

Em seu "Essay sur le don" [Ensaio sobre a dádiva] (*L'Année Sociologique*, 1923-1924) Marcel Mauss* procura interpretar os rituais de trocas cerimoniais tais como o *kula* * (praticado nas ilhas do oceano Pacífico) ou o *potlach* * (dos índios da América do Norte). Para M. Mauss, as dádivas cerimoniais entre tribos têm inúmeras funções. Por um lado, elas criam vínculos de dependência mútua entre indivíduos e entre tribos para as quais a honra e a luta simbólica pelo prestígio ocupam um lugar central. Forma de troca não utilitária, distinta do comércio, a dádiva se encontra, para M. Mauss, no fundamento do vínculo social. Mas ela abrange várias dimensões (jurídica, religiosa, estética) e não pode se restringir a apenas uma delas. A dádiva é o que M. Mauss chama de "fato social total*".

Esta noção permite a M. Mauss formular uma regra metodológica: quando o sociólogo ou o etnólogo estiver estudando uma instituição social (a oração, a festa, a vestimenta...), e se vir forçado a recortar a realidade em vários campos de estudo distintos (dimensões econômica, social, simbólica, política, etc.), ele não deve se esquecer de que, concretamente, todos esses elementos estão entrelaçados e formam um sistema. Cada fato social é total por concentrar todas as dimensões do humano.

Bibliografia: • M. Mauss, "Essai sur le don" [1923-1924] em M. Mauss, *Sociologie et antropologie*, Puf, 2001 [1950]

→ **Dádiva**

FEBVRE, LUCIEN
(1878-1956)

Lucien Febvre participou da renovação da história no século XX. Durante seus anos de formação (ENS da rua Ulm e uma tese sobre Filipe II e o Franco-Condado, em 1911), foi influenciado pela geografia humana de Paul Vidal de la Blache e pela sociologia durkheimiana*, que se opunham radicalmente à história "positivista*" como era praticada na França no fim do século XIX.

Após sua experiência nas trincheiras, durante a Primeira Guerra Mundial (1914-1918), foi nomeado em 1919 para a cadeira de história moderna da Universidade de Estrasburgo, prestigiada por representar a reconquista da cultura francesa na Alsácia. Nessa universidade, L. Febvre conviveu com Georges Lefebvre (especialista em Revolução Francesa), Gabriel Le Bras (fundador da sociologia religiosa), o sociólogo Maurice Halbwachs* e sobretudo com o historiador medievalista Marc Bloch. Com este último, fundou em 1929 a revista *Annales d'Histoire Économique et Sociale*, que se tornou posteriormente a base de uma nova corrente de pesquisa em história que se desenvolveria durante todo o século XX: a escola francesa dos *Annales*. Eleito para o Collège de France* em 1932, L. Febvre também se torna um dos diretores do comitê da *Encyclopédie française* [Enciclopédia francesa] de Anatole de Monzie, na qual redigirá o verbete "Psicologia e história".

A notoriedade de L. Febvre se deve, porém, mais às análises e aos artigos que publicava em abundância nas revistas *L'Année Sociologique*, *Revue Critique d'Histoire et de Littérature*, *Revue Historique*, *Revue de Synthèse* e, evidentemente, nos *Annales*, do que às suas obras. Polemista agudo, de pena sempre afiada, crítico da "história historicizante" (o termo é de François Simiand, para designar a história positivista baseada unicamente nos grandes acontecimentos), L. Febvre nunca deixou de denunciar a maneira "conformista", "conservadora" e "opressiva" de fazer história de certos contemporâneos seus como Charles Seignobos ou Numa Denis Fustel de Coulanges. Opunha-se também ao que chamava de "história serva" que, antes da Primeira Guerra Mundial, não resistira aos excessos nacionalistas e às vias belicosas para celebrar a pátria francesa.

Em 1942, L. Febvre publicou *Le Problème de l'incroyance au XVIᵉ siècle. La religion de Rabelais* [O problema da descrença no século XVI. A religião de Rabelais]. Uma nova maneira de abordar a história surgia. O "problema" em questão é o seguinte: seria possível ser ateu no século XVI, e acaso Rabelais seria ateu? L. Febvre demonstrou então que o ateísmo atribuído a Rabelais não era possível naquela época. Não crer em Deus não fazia parte do "aparato mental" da sociedade francesa do século XVI. Rabelais era seguramente anticlerical, agnóstico, livre-pensador, deísta…, mas nada permite dizer que era ateu.

Para L. Febvre, a história deve ser compreendida como uma síntese dos elementos econômicos, sociais, políticos, religiosos, culturais e mentais. Para isso, deve valer-se da contribuição e dos métodos das outras ciências sociais: geografia, sociologia, psicologia… Ele convida os historiadores a esquadrinhar as representações, o que chama de "aparato mental", dos indivíduos e das massas, a fim de evitar os anacronismos. Insistirá também na necessidade de uma problematização de todo objeto histórico e da formulação de hipóteses segundo um procedimento "cientificamente conduzido". Segundo ele, "se não houver problemas, não haverá história, apenas narração e compilação".

Em 1940, quando a França se vê sob a ocupação alemã, um debate contraditório se trava entre M. Bloch e L. Febvre, coeditores dos *Annales*, para saber se a revista deveria continuar a ser publicada. M. Bloch teve que se afastar por causa de suas origens judaicas, mas passou a contribuir com os *Annales* sob pseudônimo, até entrar na Resistência e ser fuzilado pelos alemães. Com o término da guerra, uma homenagem lhe foi prestada por L. Febvre, que organizou a publicação de textos de M. Bloch (*Apologie de l'histoire ou métier d'historien* [Apologia da história ou o ofício do historiador], 1949).

Após a Guerra, L. Febvre fundou a 6ª seção da EPHE, cuja direção confiou a Fernand Braudel*, que também foi seu sucessor no Collège de France* (1949). Eleito para a Academia de Ciências Morais e Políticas, representante da França na Unesco, L. Febvre se viu então consagrado, fazendo parte dos "patronos" da universidade francesa.

Principais obras de L. Febvre
• *Philippe II et la Franche-Comté. Étude d'histoire politique, religieuse et sociale*, 1911 [Filipe II e o Franco-Condado. Estudo de história política, religiosa e social]
• (com L. Bataillon) *La Terre et l'évolution humanine. Introduction géographique à l'histoire*, 1922 [A Terra e a evolução humana. Introdução geográfica à história]
• *Un destin: Martin Luther*, 1928 [Um destino: Martinho Lutero]
• *Le Problème de l'incroyance au XVIᵉ siècle. La religion de Rabelais*, 1942 [O problema da descrença no século XVI. A religião de Rabelais]
• *Combats pour l'histoire*, 1953 [Combates pela história]

→ **Annales, Bloch, Mentalidades**

FECUNDIDADE

A taxa de fecundidade corresponde à relação entre o número de crianças nascidas vivas e o número de mulheres em idade fecunda num tempo e num espaço determinados. A taxa de fecundidade em certas faixas etárias varia conforme a região considerada. Em alguns países da África, ela já é elevada nas mulheres entre 15 e 19 anos, enquanto na China ela caiu a zero nessa mesma faixa etária.

No início do século XXI, em muitos países da Europa, esse número se tornou inferior ao limite de 2,1 crianças por mulher, necessário para assegurar a troca das gerações: em 2002, por exemplo, a taxa de fecundidade era de 1,9 na França e na Irlanda; de 1,3 na Alemanha; de 1,2 na Itália e de 1,1 na Espanha. A baixa da taxa de fecundidade é uma das principais causas do en-

---

ÍNDICE SINTÉTICO DE FECUNDIDADE (1995-2000)

Média mundial: 2,82
África: 5,27
Ásia: 2,70
América latina: 2,69
América do Norte: 2,00
Europa: 1,41
Oceania: 2,41

Fonte: *L'État du monde 2003*, La Découverte, 2002

velhecimento da população que se observa em muitos países desenvolvidos.
→ **Demografia, envelhecimento**

FELICIDADE

Ao lado do amor, a felicidade é, por certo, um dos mais velhos temas de reflexão. Os primeiros tratados sobre a felicidade remontam à antiguidade grega e romana, e, desde então, a tradição não se interrompeu, principalmente com a idade de ouro do século XVIII, que viu os maiores espíritos dissertarem sobre o assunto, e a abertura do século XX, em que surgiram muitas obras destinadas ao grande público (entre as quais, na França, os célebres *Propos sur le bonheur* [Considerações sobre a felicidade], do filósofo Alain).

A felicidade, entretanto, continua a ser, paradoxalmente, um tema que incomoda e sobre o qual não há muito consenso, decerto por suas múltiplas implicações: filosóficas (o que é a felicidade?), religiosas (deve-se buscar a felicidade ou a salvação aqui na Terra?), sociológicas (a felicidade é o novo ópio do povo?), políticas (deve-se desconfiar dos dirigentes que procurem tornar os cidadãos felizes?).

Há alguns anos, a felicidade tornou-se também objeto de estudos científicos no campo da psicologia (a felicidade pode ser avaliada?), da biologia (o que acontece num cérebro feliz?) e da saúde (a felicidade faz bem à saúde?). Essas evoluções recentes vão esclarecer o debate ou, ao contrário, acirrá-lo?

Resposta só dentro de alguns anos. Enquanto isso, vejamos alguns elementos de reflexão.

Num plano psicológico, a felicidade pode ser considerada um sentimento, aquela "consciência privada da emoção", segundo a definição do neuropsicólogo Antonio Damasio*. A tomada de consciência, atual ou retrospectiva, de um momento de bem-estar representa, talvez, a mais pragmática definição da felicidade. E tudo aquilo que pode alterar essa tomada de consciência vai alterar a capacidade de a pessoa sentir felicidade: ansiedade, depressão, esquecimento de si na hiperatividade e na resposta às preocupações diárias. Viver na ruminação ou na antecipação também faz que se corra o risco de poder sentir apenas a esperança ou a saudade da felicidade e impede de senti-la de imediato. Essa situação é origem de muitas inspirações poéticas ("Felicidade, eu te reconheci pelo ruído que fizeste ao partir"). Daí a necessidade de cultivar a receptividade às "pequenas coisas boas" do dia a dia, cantadas por todos os que escrevem sobre a felicidade: trata-se, na realidade, de desenvolver a consciência dos momentos agradáveis. Mas o simples bem-estar – estar aquecido, bem alimentado, em segurança – não basta para proporcionar o sentimento de felicidade. Faltam ainda duas dimensões suplementares, que são a plenitude (a felicidade é um "estado terminal", depois do qual nada mais se pode desejar, a não ser sua perpetuação) e a suspensão do sentimento da passagem do tempo.

PODEMOS NOS TORNAR MAIS FELIZES?

Geralmente as emoções positivas são de curta duração, enquanto as emoções negativas podem se prolongar por dias ou semanas. Isso se deve provavelmente a mecanismos evolutivos: o medo, a angústia, a tristeza ou a raiva foram mais úteis para a nossa sobrevivência do que as emoções positivas, como a alegria ou o contentamento. A felicidade é, pois, de certo modo, um luxo que a evolução não programou para nós. Por isso, os seres humanos, tendo compreendido que a felicidade é um recurso vital, começaram pouco a pouco a cultivá-la: buscamos desenvolver e aprimorar nossas aptidões para a felicidade.

Como sentimento, porém, a felicidade repousa numa base emocional, possuindo, portanto, recursos limitados. Assim que aparece, ela traz consigo a lógica de seu próximo desaparecimento: todos nós somos intermitentes da felicidade. E, por essa razão, a busca da felicidade consiste somente na arte de aumentar essas intermitências e aceitar os seus intervalos.

"Todos nós procuramos a felicidade, mas sem saber onde, como bêbados que procuram suas casas, sabendo confusamente que ela existe...", escrevia Voltaire. A questão da busca da felicidade está formulada desde sempre. Epiteto, Epicuro, Sêneca e Santo Agostinho já disseram quase tudo há muito tempo: a necessidade de um mínimo de conforto material (um teto, alimento e amigos, segundo Epicuro) e a inutilidade de todo o resto, a importância de uma relação regular com a natureza ("A felicidade está no prado") e alimentos afetivos ("a felicidade está no vínculo"), a multiplicidade das vias de acesso à felicidade (na ação ou no recuo, no diálogo ou no isolamento) contanto que sejam livremente escolhidas, etc.

Para os modernos, coexistem dois modelos teóricos complementares: *bottom-up** (de baixo para cima) e *top-down* (de cima para baixo). O primeiro postula que a felicidade resulta da adição de certo número de condições materiais mínimas (abaixo das quais já não se trata de felicidade, mas de sobrevivência); o segundo assegura que nada do que é material pode tornar alguém feliz se não houver uma disposição psicológica adequada, espontânea ou refletida. Ter aquilo de que se gosta ou gostar do que se tem: evidentemente, os dois modelos são complementares...

A tradição dos tratados sobre a arte da felicidade remonta à antiguidade, mas foi somente no século XVIII que eles adquiriram sua forma moderna, universal (todos os seres humanos têm direito à felicidade) e intimista (a felicidade deve ser cultivada dentro de cada um). Mas foi a partir dos anos 1990 que as publicações de pesquisadores em *positive psychology* se multiplicaram no mundo inteiro.

Os trabalhos modernos sobre o "bem-estar subjetivo" (os cientistas têm medo de utilizar a palavra "felicidade") concluem bem logicamente pela utilidade da administração correta das emoções negativas (escutá-las como sinais de alarme que chamam a atenção para um problema, mas agir muito depressa para livrar-se delas, quer por uma ação sobre o meio, quer por um recuo psicológico) e pelo cultivo das emoções positivas (desfrutar as oportunidades de felicidade da vida cotidiana, cultivar um otimismo inteligente). Muitos trabalhos também confirmaram a intuição de Voltaire, o indefectível Voltaire: "Decidi ser feliz porque é bom para a saúde."

A felicidade e seus diferentes componentes (otimismo, vínculo social, emoções positivas) parecem oferecer um relativo efeito protetor contra as diferentes patologias e agressões do ambiente.

Temos o direito de ser felizes?

Muitas vezes, o discurso sobre a felicidade irrita em vez de alegrar e provoca a crítica. Parece que essa tradição – esse reflexo? – remonta ao século XIX, o século do romantismo, em que a postura da infelicidade se mostrava mais refinada, mais criativa e mais autêntica do que a da felicidade. A exemplo de Friedrich Nietzsche*, Gustave Flaubert tinha ojeriza da felicidade e dela dava a seguinte definição: "Ser idiota, egoísta e ter boa saúde", e criticava até mesmo o princípio de sua busca: "Felicidade: acaso já refletiste sobre o quanto esta horrível palavra fez correr lágrimas? Sem essa palavra, dormiríamos mais tranquilos e viveríamos mais comodamente." Mas é preciso observar que essas críticas, cuja tradição perdura até hoje, apareceram pouco depois da democratização da felicidade. De fato, as revoluções americana e francesa do século XVIII haviam insistido sobre o direito dos povos a serem felizes e a buscar a felicidade (até então, isso era reservado às classes dominantes, que dispunham das riquezas financeiras ou intelectuais necessárias). Deve-se ver, no desprezo das elites intelectuais a respeito da ideia de felicidade, um movimento de desvalorização crítica (aquilo que é acessível a todos perde o valor de distinção social)?

O uso intensivo das promessas de felicidade pela propaganda em nossas sociedades comerciais não melhorou a situação, ao multiplicar as vias de acesso às venturas factícias. A questão da incompatibilidade da felicidade com um mínimo de consciência moral ou política também já foi posta: como pretender ser feliz enquanto a miséria e a injustiça estão tão disseminadas pelo mundo? Essa pergunta só pode ser respondida pragmaticamente: ser feliz não proíbe a compaixão nem a ação (inúmeros trabalhos mostram que o bem-estar psíquico aumenta os comportamentos altruístas); e ser infeliz em nada alivia a desventura do mundo. É o que Diderot pressentira perfeitamente: "Existe um único dever: ser feliz..."

Bibliografia: • C. André, *Vivre heureux. Psychologie du bonheur*, Odile Jacob, 2003 • P. Bruckner, *L'Euphorie perpétuelle. Essai sur le devoir de bonheur*, Grasset, 2000 • R. Mauzi, *L'Idée du bonheur dans la littérature et la pensée françaises au XVIIIe siècle*, Albin Michel, 1994 [1960]

FEMINISMO

Durante muito tempo, o termo "feminismo" foi marcado por fortes conotações pejorativas. Tanto nas opiniões masculinas como na de muitas mulheres, as feministas eram tidas como "histéricas", "vulgares", consideradas "feias e peludas", qualificadas de "mal-amadas" ou de "lésbicas"... Até que o "politicamente correto" do final do século XX viesse desencorajar as intenções machistas mais virulentas, era isso o que costumavam ouvir inúmeras mulheres que lutavam contra a dominação masculina que reinava na sociedade, ou melhor, em todas as sociedades, desde o início dos tempos...

Em 1949, a publicação de Le Deuxième Sexe [O segundo sexo], de Simone de Beauvoir, provoca uma enxurrada de obscenidades contra a escritora. Albert Camus explicará tais reações pelo fato de o livro ser recebido como um "insulto ao macho latino"...

Pode-se estimar que o ponto de partida do movimento feminista coincida com a Revolução Francesa. Nas democracias nascentes (primeiramente na Inglaterra e na França), certas mulheres – de Olympe de Gouges, autora de uma "Declaração dos direitos da mulher e da cidadã" em 1791, às lutas de uma Louise Weiss nos anos 1930 – denunciam um universalismo que na verdade é apenas masculino e reivindicam ser cidadãs e poder votar como os homens: esses protestos se manifestam principalmente no movimento "sufragista". A inglesa Virginia Woolf, escritora de talento cuja obra foi considerada durante muito tempo como pouco frequentável, declarava, em 1929, em A Room of One's Own [Um teto todo seu], que "as mulheres tiveram menos liberdade intelectual que os filhos dos escravos atenienses. (...) A indiferença do mundo, tão difícil de suportar para os homens de gênio, era, quando se tratava de mulheres, não mais indiferença, mas hostilidade".

Mas é sobretudo no âmago dos movimentos contestatórios dos anos 1960 e 1970 que o feminismo irá ganhar toda a sua potência na maioria dos países industrializados. Participando da onda dos "novos movimentos sociais*", esses movimentos feministas irão não só dar início a profundas transformações no que concerne ao estatuto social das mulheres, como também irão fecundar novas correntes intelectuais, estimular as pesquisas e os estudos sobre as mulheres e, de forma mais geral, sobre a questão feminina.

"EM CADA DOIS HOMENS, UM É MULHER"

Nos Estados Unidos, como na França, o movimento feminista de 1968 é composto por estudantes e intelectuais. Inspirado no marxismo* e na psicanálise*, ele se funda de início no âmbito da nova esquerda. Mas as mulheres acusam seus irmãos militantes de continuar a exercer sua dominação de machos no interior dos partidos revolucionários. Assim, para as mulheres, a luta contra o sexismo passa a ser mais importante que a luta de classes. Os movimentos feministas assumem sua autonomia.

Women's Lib nos Estados Unidos e o Movimento de Libertação da Mulher (MLF – Mouvement de libération de la femme) na França marcam sua presença na maioria dos países ricos, na Europa, no Japão, em Israel, na Austrália e até mesmo na Índia, na América Latina e nos países do Leste Europeu. Os movimentos feministas se manifestam de maneira ora festiva, ora violenta, e até mesmo extremista, quando pregam a valorização do sexo feminino pela exclusão do outro. Porém, não se trata de uma guerra conduzida contra os homens, segundo a maioria das feministas, mas sim de um combate contra o "falocentrismo" das sociedades construídas com base em critérios e juízos de valor inteiramente masculinos. E as feministas ligadas aos movimentos de 1968 ainda lembram que "em cada dois homens, um é mulher", e reclamam seus direitos à contracepção, ao aborto, ao prazer sexual, à igualdade social; criticam o modelo da dona de casa; denunciam a "dupla jornada de trabalho" das mulheres ativas; assim como, mais globalmente, a sociedade patriarcal dominada pela figura dos 3 Ps (pai, professor, patrão)...

FRENCH FEMINISM E WOMEN'S STUDIES

Nos Estados Unidos, o pensamento feminista irá tomar corpo numa potente corrente intelectual que, desde os anos 1970, estará presente na maioria das universidades. Os Women's Studies (estudos femininos) tornam-se uma verdadeira disciplina, dispondo de laboratórios de pesquisa, revistas e publicações próprias. Durante os anos 1970-1980, violentas discussões dividem os igualitaristas e os "diferencialistas" (chamados também de "essencialistas"): se os primeiros querem apagar as diferenças entre os dois sexos, os últimos defendem a existência de uma natureza feminina específica que justificaria uma diferença de tratamento entre homens e mulheres. Alguns chegam até a reivindicar a

OS FILÓSOFOS E AS MULHERES.
PEQUENA CRÔNICA DE UMA MISOGINIA

• "A diferença entre os sexos nunca foi um objeto da filosofia", explica a filósofa Geneviève Fraisse em *L'Exercice du savoir et la différence des sexes* [O exercício do saber e a diferença entre os sexos] (1991). Com efeito, o mínimo que se pode dizer é que, em vinte e cinco séculos, a grande maioria desses senhores pensadores e filósofos primaram sobretudo por seu antifeminismo, e até por sua misoginia.

Tal concepção começa desde a antiguidade grega com Platão e Aristóteles, que afirmavam a desigualdade dos sexos. Aristóteles, por exemplo, declarou que "a coragem é uma virtude de comando e que na mulher é uma virtude de subordinação".

Os Pais da Igreja não se mostraram menos misóginos. No seio da Igreja cristã, a mulher foi considerada durante muito tempo como uma criatura diabólica. Aliás, no Gênese, não é justamente Eva que ouve a voz da serpente (o espírito do mal) e faz o pobre Adão provar do fruto proibido? Assim, não deve nos surpreender que Fénelon, como bom cristão, tenha se esforçado em demonstrar a fraqueza da razão feminina: "A razão de uma mulher é dependente (...) logo, por definição, ligada à aprendizagem da virtude e das regras de condutas."

• Se tivéssemos de conceder a palma de ouro da misoginia filosófica, ela talvez coubesse a Arthur Schopenhauer, que, durante toda a sua vida, declinou seu ódio contra as mulheres: "considerar a mulher como igual ao homem é partir de pressupostos falsos". Emmanuel Kant também não estaria mal colocado nesse *ranking* da misoginia: "no que concerne às mulheres instruídas, elas usam os livros mais ou menos como usam um relógio; exibem-no para que todos saibam que têm um; pouco importa que habitualmente esteja parado ou não esteja regulado com o sol". Ainda segundo G. Fraisse, Søren Kierkegaard, um dos primeiros filósofos modernos a introduzir a reflexão sobre a diferença sexual, tinha proclamado sua "aversão à emancipação feminina".

Mas então todos os filósofos foram inimigos das mulheres? Não exageremos! Alguns denunciaram a sujeição do sexo feminino: Condorcet, Charles Fourier, Auguste Comte, John Stuart Mill, Karl Marx*, John Dewey.

substituição, na sociedade, da perspectiva falocêntrica por uma perspectiva "ginecocêntrica" (centrada em tudo o que concerne às mulheres). Curiosamente, os dois lados sempre reivindicarão escritoras francesas, cujos trabalhos serão reapropriados pelas tendências mais radicais.

O segundo sexo, de Simone de Beauvoir, publicado nos Estados Unidos em 1953, se torna um clássico. Na fórmula célebre da autora: "nós não nascemos mulher, e sim nos tornamos mulher", fica claro que a desigualdade entre os sexos, longe de derivar de uma essência ou de uma natureza feminina, é uma construção sociocultural. O feminismo americano mais radical invoca um *french feminism* (que na própria França não é visto assim), encarnado por escritoras próximas da psicanálise, como Julia Kristeva, Luce Irigaray ou Hélène Cixous. *Le Temps des femmes* [O tempo das mulheres] de J. Kristeva (1979), várias vezes republicado em inglês, mas difícil de ser encontrado em francês, destaca a preeminência da diferença sexual sobre todas as outras formas de diferenciação. É pela via da psicanálise, da maternidade ou de experiências estéticas que cada mulher poderia explorar sua própria subjetividade. Quanto a L. Irigaray e H. Cixous, ambas se dedicam sobretudo a desconstruir a psicanálise, considerada justamente como um exemplo da tradição falocêntrica ocidental. Em *Spéculum. De l'autre femme* [Speculum. Da outra mulher] (1974), L. Irigaray denuncia, através da filosofia ocidental, o imperialismo masculino que se esconde por trás dos valores de universalidade ou de neutralidade: "toda teoria do sujeito sempre foi apropriada no masculino" e o feminino é o "reprimido-censurado" da história.

A ASCENSÃO DOS *GENDER'S STUDIES*

Hoje, a oposição entre igualitaristas e diferencialistas se enfraqueceu para dar lugar a trabalhos fundados na noção de gênero (*gender*). Essa noção, proposta já nos anos 1970 por Shulamith Firestone (*The Dialectic of Sex: The Case for Feminist Revolution* [A dialética do sexo: um manifesto da revolução feminina], 1970), enfatiza a construção social e cultural da noção de sexo. Segundo a historiadora americana Ruth Bloch, os estudos sobre o gênero permitem aproximar feministas e homossexuais (*gays and lesbians*), todos considerados como minorias oprimidas. Esses estudos se baseiam nas teorias pós-modernas* e, invocando autores franceses como Jacques Lacan*, Michel Foucault* ou Jacques Derrida*, permitem ampliar a reflexão sobre as diferentes maneiras de viver a sexualidade. Publicado em 1990, o livro *Gender Trouble: Feminism and the Subversion of Identity* [*Problemas de gênero: feminismo e subversão da identidade*], de Judith Butler, tem grande sucesso. Os departamentos de "Gender, Gay and Lesbians Studies" se desenvolvem nas universidades americanas.

Qual foi efetivamente a contribuição dos *Women's Studies*? Os trabalhos são múltiplos e variados. Os mais radicais pretendem ser estudos para as mulheres ou uma releitura do pensamento ocidental pelas mulheres. De maneira mais geral, as últimas décadas do século XX assistiram ao surgimento, em muitos países, de um grande conjunto de trabalhos: na antropologia (sobre a diferença dos sexos nas diversas sociedades), na sociologia (sobre o lugar das mulheres no trabalho, as desigualdades entre homens e mulheres), na psicologia (sobre as relações entre os sexos)...

Se, durante muito tempo, as mulheres foram "as esquecidas da história", hoje não faltam pesquisas nesse campo. Descobre-se seu lugar nas sociedades do passado, como intelectuais ou trabalhadoras; nos conflitos, como vítimas da violência dos homens e/ou participantes ativas do esforço de guerra como em 1914-1918; desvela-se seu papel ativo na Resistência durante a Segunda Guerra Mundial... Na França, a historiadora Michelle Perrot coordena junto com Georges Duby uma monumental *Histoire des femmes* [História das mulheres] (1991-1992), da antiguidade aos nossos dias. E, como explica essa historiadora, a multiplicação dessas pesquisas coincide com a chegada maciça das mulheres na vida ativa, sua entrada nas instituições e em postos de pesquisa universitária.

Bibliografia: • S. Agacinski, *Politique des sexes*, Seuil, 1998 • E. Badinter, *L'Un et L'Autre*, Odile Jacob, 2004 [1986] • S. de Beauvoir, *Le Deuxième Sexe*, Gallimard, 1949 • F. Héritier, *Masculin/Féminin*, t. 2: Dissoudre la différence, Odile Jacob, 2002 • L. Irigaray, *Spéculum. De l'autre femme*, Minuit, 1974 • M. Riot-Sarcey, *Histoire du féminisme*, La Découverte, "Repères", 2002 • J. W. Scott, *La Citoyenne paradoxale. Les féministes françaises et les droits de l'homme*, Albin Michel, 1998 [1996]

→ **Mulher, Gênero**

FENOMENOLOGIA

Edmund Husserl (1859-1938) está sentado em seu escritório em sua casa de Göttingen. Estamos em 1910. O filósofo está redigindo suas *Ideen zu einer reinen Phänomenologie und phänomenologischen Philosophie* [*Ideias para uma fenomenologia pura e para uma filosofia fenomenológica*], manuscrito revisto e modificado por diversas vezes, no qual ele trabalha há anos.

É primavera e o filósofo austro-alemão nota através da janela uma árvore florida. Essa árvore, pensa ele, pode ser uma boa maneira de explicar algumas das ideias-chave da nova filosofia que ele está concebendo: a fenomenologia.

A CIÊNCIA DAS ESSÊNCIAS

Tomemos essa árvore florida, escreve E. Husserl, "é a coisa, o objeto da natureza que eu vejo, ali no jardim". Esta é uma árvore real, mas fechemos os olhos e esqueçamos a árvore para pensar na noção de árvore.

Enquanto a natureza nos apresenta objetos reais em diferentes estados – amendoeira, pinheiro ou cerejeira em flor –, o pensamento pode daí extrair um esquema abstrato, uma ideia pura, uma "essência" que transcende todas as figuras contingentes. A ideia de árvore é, de fato, formada por um tronco e galhos. É a forma geral, o "núcleo comum" que se impõe quando pensamos em uma árvore. Essas ideias puras, ou "essências", que organizam nosso pensamento e dão sentido ao objeto, constituem o próprio objeto da fenomenologia. Cabe a ela, segundo E. Husserl, propor um novo caminho para a filosofia.

E. Husserl fora primeiramente matemático, apaixonado pela teoria dos números. Cientista que primava pelo rigor, ele concebeu o pensamento como um procedimento que deve conduzir a conclusões universais e irrefutáveis. A noção de "intencionalidade*" foi emprestada de um professor, Franz Brentano (1838-1917), para quem essa noção designava a capacidade singular do ser humano de criar "representações*" – quer se trate de uma laranja, de um rato ou de uma criança –, que não são imagens objetivas. Elas carregam a marca do sujeito que as produz: seus desejos, sua vontade, sua "relação com o mundo". A representação é dita "intencional" quando expressa o sentido que o indivíduo atribui às coisas. "A consciência é sempre consciência de algo", proclama F. Brentano.

A teoria da intencionalidade de F. Brentano impressionou vivamente E. Husserl. Mas seu "psicologismo" (que supunha total subjetividade dos estados mentais) contrariava as ideias do matemático. Diante disso, como conjugar a lógica (e suas verdades universais) e o psicológico (e sua subjetividade)? E. Husserl vislumbra um modo de solucionar o dilema "fundindo" a teoria da intencionalidade de F. Brentano com as concepções universalistas dos matemáticos. Ele passa então a redigir suas *Logische Untersuchungen* [*Investigações lógicas*] (publicadas em duas partes em 1900-1901), onde expõe sua descoberta. Na geometria, o retângulo possui características universais: é uma figura de quatro lados com ângulos retos. Se variarmos o tamanho ou mudarmos a largura ou o comprimento, sua essência de retângulo permanece a mesma. E. Husserl chamaria de "variação eidética" esse procedimento que consiste em modificar pelo pensamento os caracteres de um objeto mental para dele extrair a essência (renomeada de *eidos*). Ele pretendia, desse modo, transpor o método para a percepção em geral.

Assim, quando noto um objeto retangular – uma mesa, um livro, uma janela –, vejo nele tanto um objeto físico como uma forma geométrica (o retângulo). O retângulo é uma entidade matemática universal, uma essência, ainda que sempre o apreendamos em suas formas empíricas. Em suas *Ideias para uma fenomenologia pura e para uma filosofia fenomenológica*, E. Husserl sintetiza seu pensamento e expõe seu projeto: a fenomenologia é a "ciência dos fenômenos" (no sentido de fenômenos mentais), pois "ela trata da consciência". Mas, ao passo que a psicologia pretende estudar os fatos psíquicos, a fenomenologia pretende extrair destes últimos as essências. Nessa condição, ela é uma "ciência das essências" ou "ciência eidética". Seu procedimento se baseia na "*epoché*" (suspensão do juízo) ou "parentização" do mundo, pois, para tratar das essências, é necessário "deixar o mundo de lado", para orientar o espírito para as ideias puras.

E. Husserl acredita ter lançado as bases de uma nova filosofia, cujo campo de investigação se abre para todos os fenômenos mentais: recordação, sonho, experiência estética, crença religiosa.

OS HERDEIROS DA FENOMENOLOGIA

A partir dos anos 1920, vários filósofos se unem ao projeto inaugurado pela fenomenologia, entre os quais Max Scheler. E. Husserl atrai a Fribourg estudantes como Hans G. Gadamer*, Eugen Fink, Emmanuel Levinas*, Herbert Marcuse. O mais brilhante de todos é o jovem Martin Heidegger*, que E. Husserl elege como seu mais próximo colaborador e a quem ele considera como um filho espiritual.

Em seguida, a fenomenologia penetra na França com Maurice Merleau-Ponty* e Jean-Paul Sartre, seguidos de Paul Ricoeur* e vários outros, como Jean-Toussaint Desanti, Michel Henry, Jean-Luc Marion... Enquanto uns explorarão as relações do homem com o tempo, com a morte e com a angústia existencial, outros verão na fenomenologia uma ferramenta para entender a percepção*, a imaginação, o senso artístico, as ideias matemáticas; outros ainda encontrarão nessa filosofia um pensamento do homem imerso na história.

A obra de E. Husserl também exerceu influência sobre algumas abordagens nas ciências humanas, em especial na psicanálise existencial, do psiquiatra russo Ludwig Binswanger (1881-1966) e na sociologia fenomenológica de Alfred Schütz* (1899-1959).

Toda uma corrente das ciências cognitivas* busca igualmente estabelecer uma ponte entre a fenomenologia e os estudos das representações mentais.

Bibliographie: • E. Husserl, *Idées directrices pour une phénoménologie pure et une philosophie phénoménologique I et II*, Gallimard, 1989 [1913] • E. Husserl, *La Crise des sciences européennes et la phénoménologie transcendantale*, Gallimard, 1989 [1934-1937] • J.-F. Lyotard, *La Phénoménologie*, Puf, "Que sais-je?", 1992 [1954]

FEYERABEND, PAUL K.
(1924-1994)

Nascido em 1924 na Áustria, Paul K. Feyerabend é sorteado para o Serviço do Trabalho Obrigatório (STO) em 1942. Após três anos de guerra no exército alemão (a Áustria tinha sido anexada à Alemanha em 1938), é ferido em 1945. Um tiro na coluna vertebral o obrigará a usar muletas para o resto da vida.

Após um doutorado em ciências em 1951, P. K. Feyerabend vai para a Inglaterra a fim de estudar sob a orientação de Karl R. Popper*, de quem adota momentaneamente a epistemologia*, mas de quem se tornará em seguida um dos mais vigorosos adversários intelectuais. Realizará o essencial da sua carreira na Universidade de Berkeley (Califórnia), como professor de filosofia das ciências, lecionando também em diversas outras universidades (Auckland, Berlim, Londres, Yale, Sussex, Kassel). Personagem cínico e desenvolto (na sua autobiografia, ele conta sua total indiferença diante do suicídio da mãe, seu engajamento nas SS "pois um SS impressionava mais..."), além de diletante ("nunca preparei meus cursos"), P. K. Feyerabend é considerado, por alguns, um genial contestador do pensamento científico e, por outros, um impostor. No final dos anos 1960, aconselhado por seu amigo epistemólogo Imre Lakatos, ele finalmente reúne diversos artigos para lançá-los numa obra que o tornará célebre (*Against Method* [*Contra o método. Esboço de uma teoria anarquista do conhecimento*], 1975). Porém, não apreciará essa glória inesperada, a ponto de afirmar na sua autobiografia: "muitas vezes desejei nunca ter escrito essa droga de livro".

Contra o método constitui uma verdadeira máquina de guerra contra a visão tradicional do procedimento científico como atividade racional. P. K. Feyerabend contesta tanto o método indutivo (que consiste em formular uma teoria a partir da observação dos fatos) como o princípio de Karl R. Popper (que consiste em afirmar a cientificidade de um enunciado pelo fato de ele ser refutável). Para ele – que recorre a vários exemplos da história das ciências –, as teorias científicas sempre se impuseram a despeito de inúmeras incoerências: mesmo uma teoria eminentemente reconhecida como a relatividade restrita foi aceita apesar dos resultados experimentais que a contradiziam. Ao declarar que "a ciência é um empreendimento essencialmente anarquista", P. K. Feyerabend põe abaixo todos os edifícios laboriosamente elaborados por seus predecessores, afirmando de maneira ousada que "todas as metodologias têm seus limites e que a única regra que se mantém é: vale tudo!". Para ele, os grandes progressos do conhecimento científico (como a invenção do atomismo na Antiguidade, a revolução copernicana, o advento do atomismo moderno, o nascimento da teoria ondulatória da luz) só foram possíveis pelo fato de os pensadores terem transgredido regras metodológicas comumente admitidas. P. K. Feyerabend partilha com o epistemólogo Thomas S. Kuhn* a ideia da "incomensurabilidade" das teorias, isto é, a convicção de que as diversas teorias científicas que se opõem ou se sucedem ao longo da história não podem ser comparadas, pois cada uma tem critérios próprios de validade. Podem ser citadas como exemplos de teorias incomensuráveis a mecânica clássica e a teoria da relatividade, o materialismo e o dualismo espírito-matéria, a ótica geométrica e a ótica ondulatória, etc. Segundo P. K. Feyerabend, os critérios que levam a adotar uma determinada teoria no lugar de outra são subjetivos, assemelhando-se na verdade às questões de gosto pessoal e aos preconceitos metafísicos. Mas sua crítica vai ainda mais longe: não só inexiste um critério objetivo para comparar teorias científicas diferentes, como não há nenhum argumento decisivo que nos leve a preferir a ciência em detrimento de outras formas de saber. Os mitos são tão dignos de interesse quanto as teorias científicas, além do fato de "a ciência e o mito se entrecruzarem de várias maneiras".

O "anarquismo epistemológico" de P. K. Feyerabend indignou boa parte da comunidade científica. Suas posições radicais e relativistas suscitaram violentas críticas, sobretudo dos defensores do racionalismo, profundamente ligados à validade da noção de "verdade científica". Mas tais posições também estimularam toda uma corrente de pesquisa na área da sociologia das ciências, que postula que o saber científico sempre procede, antes de tudo, do acordo entre os membros de uma comunidade e não de fatos e provas incontestáveis.

Principais obras de P. K. Feyerabend
- *Against Method*, 1975 [*Contra o método*, Unesp, 2007]
- *Killing Time*, 1995 [*Matando o tempo*, Unesp, 1996]

→ **Ciência**

FILIAÇÃO

O termo "filiação" designa o vínculo social que une uma criança ao seu pai e/ou à sua mãe: assim, no campo do parentesco, a relação "horizontal" da aliança (o casamento) distingue-se da relação "vertical" da filiação. A filiação resulta de uma construção cultural e/ou social estabelecida em três níveis. Primeiramente, um conjunto de representações coletivas fixa uma concepção da procriação, e até mesmo da genética, que se relaciona com as lógicas da filiação propriamente ditas. Depois, num nível central, as regras de filiação são estabelecidas por um *corpus* de leis, orais ou escritas. Por último, a estrutura de filiação impõe a todo indivíduo uma herança, composta por bens simbólicos e materiais, e uma sucessão, atribuindo direitos e obrigações, que são o fundamento da sua identidade.

Ideologia de procriação, ideologia genética

Nas sociedades ocidentais contemporâneas, os cientistas consideram que o recém-nascido herda caracteres inatos, resultantes da combinação igualitária dos genes dos dois progenitores. Temos assim uma ideia "igualitarista" da filiação genética e da procriação.

Em muitas sociedades tradicionais, essas representações se configuram de outra forma: algumas pensam que são espíritos que fecundam as mulheres (aborígines da Austrália, sociedades matrilineares) ou que o pai é o único verdadeiro genitor, sendo a mulher apenas um receptáculo (Baruya da Nova Guiné, sociedades patrilineares). Além disso, as substâncias que dão vida são frequentemente entendidas como humores que transmitem, de maneira seletiva, certas qualidades dos ancestrais (Samos, Burkina Faso). Por outro lado, a lógica de prevalência da linhagem foi justificada no passado por considerações de ordem genética. Por exemplo, no Ocidente medieval, como também na América colonial, era a lei do sangue que justificava o fato de se pertencer a uma linhagem ou a uma casa e a impossibilidade de conceber crianças com outras classes sociais (plebeus no primeiro caso, negros no segundo). Assim, as diferentes concepções de filiação implicam ideologias da procriação e da genética.

Princípios sociais de filiação

Distinguem-se três tipos de filiação nas sociedades humanas:

– a filiação unilinear, na qual o recém-nascido é integrado ao grupo do pai (sistema patrilinear como no caso dos Nuers do Sudão) ou da mãe (sistema matrilinear, por exemplo, nas ilhas Trobriand). Esse grupo, em geral uma linhagem ou um clã, lhe transmite um nome, uma herança (bens, riquezas materiais…) e uma sucessão (estatuto social – rei, sacerdote, etc. – e funções cerimoniais);

– a filiação bilinear, que resulta da combinação precisa das duas filiações unilineares, cada uma transmitindo direitos e obrigações diferentes. Assim, os judeus recebem o parentesco por via patrilinear, mas a judaicidade é transmitida pelas mulheres;

– a filiação indiferenciada, na qual o indivíduo pode escolher indiferentemente, e até mesmo mudar conforme as circunstâncias, entre a linhagem paterna e a materna. Nossas sociedades ocidentais contemporâneas se aproximam desse tipo de filiação: mesmo se o nome é transmitido por via patrilinear, o indivíduo não é obrigado a fazer uma escolha entre a linhagem paterna e a materna.

Herança, direitos e obrigações

Historiadores e antropólogos da Europa ressaltaram o quanto, nas sociedades pré-industriais (principalmente entre agricultores e artesãos), a lógica da perpetuação da linhagem primava sobre a do indivíduo. Assim, o filho designado como herdeiro só adquiria o estatuto de adulto com a morte do pai, passando então a sucedê-lo à frente do negócio familiar (família-estirpe ou comunitária). Da mesma maneira, nas famílias nobres, a transmissão dos bens simbólicos e materiais se realizava através do primogênito (segundo o princípio do direito de primogenitura) e numa lógica de perpetuação da "casa".

Em contrapartida, sabe-se que as sociedades ocidentais contemporâneas não são mais fundadas em uma lógica de linhagem, mas na lógica do igualitarismo democrático (supostamente estabelecido pela escola…). O que não impede contudo que etnólogos e sociólogos mostrem o inegável peso da filiação (que transmite prestígio, riquezas, "dom" artístico ou intelectual) na fabricação dos destinos individuais (conferir principalmente a noção de *habitus** em Pierre Bourdieu*).

Novos tipos de filiação

Assinalemos, enfim, o surgimento de novos tipos de filiação nas nossas sociedades, os quais acentuam, de maneira mais nítida do que antigamente, a oposição entre filiação e consanguinidade. Mas nem sempre é fácil para o indivíduo conviver com essas novas filiações, pois elas ainda não são plenamente reconhecidas socialmente: crianças criadas em famílias monoparentais ou recompostas, crianças adotadas, ou ainda nascidas de mães inseminadas artificialmente ou de mães de aluguel, ou crianças criadas por casais homossexuais.

Bibliografia: • P. Bourdieu, *La Distinction. Critique sociale du jugement*, Minut, 1996 [1979] • C. Ghasarian, *Introduction à l'étude de la parenté*, Seuil, 1996 • M. Segalen, *Mari et femme dans la société paysanne*, Flammarion, 1992 [1980] • I. Théry (org.), *Couple, filiation et parenté aujourd'hui. Le droit face aux mutations de la famille et de la vie privée*, Odile Jacob, 1998

→ **Parentesco**

FILOSOFIA
Ver disciplinas nas páginas centrais

FILOSOFIA ANALÍTICA
→ **Analítica**

FILOSOFIA DA MENTE
→ **Mente (filosofia da)**

FILOSOFIA DAS CIÊNCIAS
→ **Ciência**

FILOSOFIA MORAL
→ **Ética**

FINANÇAS, SISTEMA FINANCEIRO

Para construir uma casa, uma pessoa física precisa de fundos, que seu banco pode lhe emprestar concedendo-lhe crédito. Para desenvolver suas atividades, uma empresa também tem necessidade de fundos, podendo obtê-los seja através de crédito bancário, seja reunindo novos capitais através de novos investidores (sob a forma de ações). Assim, financiar uma atividade é encontrar os fundos necessários à sua realização.

O sistema financeiro é o conjunto de meios (bancos, estabelecimentos de crédito, bolsa de capitais) que permite pôr em contato aqueles que querem aplicar fundos e aqueles que querem utilizá-los. O banco é o primeiro agente ou "intermediário" financeiro. Ele recebe a poupança das empresas e a poupança doméstica e as coloca à disposição de empresas e pessoas físicas.

Nas economias contemporâneas, as necessidades de financiamento das empresas são amplamente superiores à capacidade da poupança doméstica. Os bancos não têm apenas um papel de "intermediação", isto é, de pôr em contato fundos armazenados e fundos solicitados. Eles criam novos fundos, concedendo créditos muito além do total de fundos que têm aplicado. Liberando crédito com um dinheiro que não dispõe em caixa, o banco desempenha um papel de criador monetário e, assim, de ajuda à criação das atividades econômicas.

Os principais circuitos das finanças são:
– o sistema bancário que concede créditos;
– o mercado de capitais (a Bolsa), no qual são emitidos e trocados títulos (ações, obrigações).

Faz-se geralmente a distinção entre o mercado primário, em que são emitidos novos títulos (o que se efetua, na maioria das vezes, diretamente entre empresas ou por intermédio de bancos) e que então não é localizado em um lugar preciso; e o mercado secundário, que é o da bolsa de valores, onde se trocam os títulos já criados, considerado o "mercado de segunda mão" dos capitais.

A GLOBALIZAÇÃO FINANCEIRA

A partir dos anos 1980, inaugurou-se uma nova era para as finanças mundiais. Uma verdadeira esfera financeira autônoma se constituiu, graças à conjunção de alguns fenômenos:
– a explosão das transferências de fundos em escala internacional. O montante das transações financeiras (compras de divisas, empréstimos, créditos...) realizado no mercado financeiro mundial decuplicou e representa muitas vezes o valor total das trocas de mercadorias;
– a abertura dos mercados. As fronteiras foram abolidas, de um lado, entre mercado financeiro e mercado monetário e, de outro, entre mercados nacionais;
– novos instrumentos financeiros foram criados: opções, *futures*, *swaps*, etc.

Inicialmente, o sistema financeiro servia, como seu nome indica, para financiar atividades, a produção ou a compra de bens. Mas foi se tornando cada vez mais uma atividade autônoma, dissociada da atividade econômica real.

FOBIA

Quem nunca ouviu o grito estridente de uma moça ao ver um rato? Essa representação estereotipada da fobia de ratos costuma provocar risos. Relativamente comum, ela é raramente tratada, por não constituir um obstáculo no dia a dia. Já a fobia de pombos, para o homem da cidade grande, ou a fobia de avião, para o homem de negócios, tornam-se fatores limitantes. As fobias específicas estão classificadas no *DSM-IV** entre os transtornos da ansiedade. Elas se definem como o medo incontrolado ou irracional de um objeto ou situação que interfere gravemente nas aptidões funcionais de um indivíduo.

Existem vários tipos de fobia:

– as fobias muito específicas, como o medo de viajar de avião, de aranhas (aracnofobia), de sangue (hematofobia), de cães (cinofobia) e de tempestades (quemofobia). Algumas são bastante inusitadas, como a de ser enterrado vivo, o medo de prisão de ventre ou de agulhas e alfinetes;

– a fobia social se caracteriza por uma timidez tão grande que qualquer contato com outras pessoas provoca um verdadeiro desespero, um medo profundo de ficar constrangido ou de ser humilhado pelas pessoas ao redor. Esse é o distúrbio psicológico mais frequente, do qual sofre 13,3% da população norte-americana;

– a agorafobia é o medo de passar mal em locais onde se pode ter a sensação de confinamento ou distantes dos referenciais habituais. As pessoas atingidas por esse tipo de fobia evitam sair de casa para ir a locais públicos (supermercado, metrô, shoppings centers, cinemas).

A fobia pode ter origem em um trauma real (como ser mordido por um cachorro ou ficar prestes a morrer asfixiado por engasgo) ou na associação entre uma situação inesperada e um estresse elevado da vida cotidiana. Uma fobia também pode surgir quando vemos alguém sentir muito medo.

As psicoterapias* comportamentais e cognitivas são tidas como os melhores tratamentos para as fobias. Elas consistem, num primeiro momento, em tomar consciência de que a fobia é efetivamente um distúrbio mental. A terapia propriamente dita baseia-se em sessões de reprogramação das condutas, nas quais o paciente revive progressivamente as situações de pânico e aprende a controlar a emoção diante do objeto de seu medo. Em alguns casos, as psicoterapias são acompanhadas de tratamento farmacológico.

Bibliografia: • C. André, *Les Phobies*, Flammarion, 1999 • V. M. Durand, D. H. Barlow, *Psychopathologie*, De Boeck, 2002

→ **Fobia social**

FOBIA SOCIAL

A fobia social, ou sua denominação atual mais comum, "ansiedade social", surgiu na psiquiatria como um novo elemento nosológico do instrumento que marcaria a virada médica desta disciplina em 1980, a *DSM III*. A nova afecção passou a ser caracterizada pela presença de grande ansiedade e desconforto nos mais variados tipos de situação social, bastando que o sujeito em questão se sinta exposto ao olhar (considerado por ele desfavorável) de um outro anônimo.

A expressão "fobia social" teve provavelmente sua primeira aparição em um livro de Pierre Janet de 1903, ainda que de forma embrionária e sem consequências para a estabilização do conceito. A primeira descrição clínica, entretanto, de um quadro considerado semelhante à noção atual, data de cerca de 50 anos antes, através da pena do alemão J. L. Casper. O autor relatou o caso trágico de um jovem estudante de medicina que evitava encontros sociais devido ao medo intenso de enrubescer. Devido a esse pavor de tornar público aquilo que deveria permanecer escondido, a afecção desse paciente foi cunhada mais tarde de *ereutofobia* (uma variação de *eritros*/sangue) ou medo de enrubescer. Este termo alcançou alguma popularidade, principalmente na psiquiatria francesa, entre o final do século XIX e o início do século XX. Nessa mesma época, o psiquiatra francês Hartenberg publicou seu livro *Les timides et la timidité* [Os tímidos e a timidez] (1901), no qual forneceu descrições detalhadas do tipo de sofrimento que veio a ser reconhecido por autores posteriores como característico da fobia social.

Percebe-se, depois desse período, uma diminuição do interesse por essa categoria na psiquiatria ocidental, fato que só se modificou na década de 1970. Em 1970, Isaac M. Marks sugeriu um total reagrupamento no campo das fobias, retomando o termo fobia social e conferindo a este seu significado atual. Em 1980, a American Psychiatric Organization (APA) incluiu a fobia social na *DSM III*, discriminando-a como um dos três tipos principais de fobia. Este novo transtorno mental foi recebido com muito ceticismo pela comunidade psiquiátrica, o que exortou Liebowitz *et cols.* (1985) a escrever um artigo conclamando os colegas a levá-lo em consideração. Já na década de 1990, a fobia social alcançou importância epidemiológica crescente, sobretudo nos Estados Unidos, chegando a ser considerada uma das patologias psiquiátricas mais frequentes. Concorreram para isso vários fatores, que incluíram mudanças no enunciado da classificação – tornando-o menos restritivo – e a demonstração da eficácia terapêutica de psicofármacos – sobretudo antidepressivos. Alguns aspectos culturais podem ter contribuído para o interesse inédito despertado pela "timidez patológica" (Verztman, 2005, e Pinheiro, Verztman, Venturi e Barbosa, 2006). A nosso ver, em diferentes contextos, ocorre uma grande transformação no papel e na expressão da vergonha, caracterizando um tríplice deslocamento dessa emoção na contemporaneidade. Essa transformação pode ser caracterizada pelos seguintes fatores: 1 – reforço negativo sobre a vergonha no espaço público; 2 – separação entre vergonha e honra; e 3 – solidariedade crescente entre vergonha e déficits ligados à performance individual (com ausência de motivos supraindividuais para o desencadeamento da emoção).

Bibliografia: • American Psychiatric Organization (APA), *DSM IV-TR: Manual diagnóstico e estatístico de transtornos mentais*, Porto Alegre, Artes Médicas, 2002 • P. Hartenberg, *Les timides et la timidité*, Alcan, 1901 • P. Janet, *Les nevroses*, Flammarion, 1903 • M. R. Liebowitz, J. M. Gorman, A. J. Fyer, D. F. Klein, "Social Phobia. Review of a Neglected Anxiety Disorder", *Arch Gen Psychiatry*; 42, 1985 • I. M. Marks, *The Classification of Phobic Disorders*, Br. J. Psychiatry, 1970, 116 • C. Pelissolo e J. P. Lepine, *Les phobies sociales: perspectives historiques et conceptuelles*, L'encephale; XXI, 1995 • T. Pinheiro; J. S. Verztman; C. Venturi, M. T. Barbosa, "Por que atencer fóbicos sociais?". In: Bastos, A. (org.). *Psicanalisar hoje*. Rio de Janeiro: Contracapa, 2006 • J. S. Verztman. "Vergonha, horra e contemporaneidade". *Pulsional Revista de Psicanálise*, São Paulo, v. XVIII, n° 181, 2005

→ **Fobia**

FODOR, JERRY
(nascido em 1935)

O filósofo americano Jerry Fodor é um dos principais teóricos das ciências cognitivas*. Ele formulou a teoria computacional* da mente (chamada também de modelo computacional-simbólico), que foi a teoria padrão do cognitivismo* nos anos 1970-1980.

A LINGUAGEM DO PENSAMENTO

Em *The Language of Thought* [A linguagem do pensamento] (1975), J. Fodor apresenta um modelo do pensamento amplamente baseado na analogia com o funcionamento do computador. O pensamento é para o cérebro o que o suporte lógico informático (*software*) é para a máquina (*hardware*). Um programa informático se apresenta como uma série de instruções, tratadas sob a forma de combinações de símbolos ligados entre si por princípios lógicos. E pensar é justamente manipular símbolos.

A MODULARIDADE DA MENTE

Em 1983, J. Fodor publica *The Modularity of Mind* [A modularidade da mente], obra que também se tornará célebre. Sua tese central põe novamente em voga a antiga ideia das "faculdades" mentais. A mente não funciona como um todo unificado. O psiquismo humano trata as informações sob a forma de "módulos" especializados, cada um destinado a um tipo de operação particular. Assim, como nota J. Fodor, os mecanismos perceptivos são distintos daqueles da linguagem ou da memória. O próprio domínio da linguagem se decompõe em submódulos especializados: alguns são específicos da gramática, outros tratam das informações semânticas que contêm o sentido das palavras.

Para J. Fodor, um módulo tem então as seguintes características:

– é específico para uma operação precisa;
– seu funcionamento é autônomo, rápido e assim "inconsciente";
– possui uma localização neural muito precisa.

Mas de que forma se coordenam esses módulos entre si? Segundo J. Fodor, os módulos especializados estão sob a tutela de um "sistema central", encarregado de coordenar e centralizar as informações tratadas pelos módulos específicos.

O modelo de mente defendido por J. Fodor recebeu vários nomes: fala-se de modelo "simbólico" ou "computacional-representacional", de "teoria computacional da mente" (TCE) ou, simplesmente, de "cognitivismo".

A MENTE NÃO FUNCIONA DESSA MANEIRA...

Após defender durante três décadas sua teoria computacional da mente, J. Fodor publicou em 2001 um livro, *The Mind doesn't Work that Way* [A mente não funciona dessa maneira], no qual ataca sua própria teoria. Mais exatamente, nosso filósofo afirma que somente uma parte dos processos mentais funciona dessa maneira.

J. Fodor ataca os dois pilares da teoria computacional da mente: o caráter calculatório e modular dos processos mentais. Seu argumento principal se apoia na teoria da "abdução". A abdução é um modo de raciocínio que consiste em fazer uma hipótese a partir de uma ou duas premissas. Por exemplo, a partir das seguintes premissas "Stefan é alpinista" e "Stefan foi para os Alpes", posso emitir a hipótese de que Stefan foi para os Alpes para praticar alpinismo. É uma hipótese possível, mesmo que não seja rigorosamente lógica. Trata-se, no entanto, de um mecanismo muito frequente da vida psíquica. A abdução, nos diz J. Fodor, não pode ser descrita conforme as regras da lógica pura. Além disso, ela ultrapassa as leis da modularidade. De modo geral, a abdução mostra a atitude em parte "holística" do pensamento: "O caráter global dos processos cognitivos não se ajusta muito bem com a teoria que pretende que eles sejam cálculos clássicos."

Principais obras de J. Fodor
- *The Language of Thought*, 1975 [A linguagem do pensamento]
- *Modularity of Mind*, 1983 [Modularidade da mente]

FONEMA

Chama-se fonema um som da língua, como [a] ou [b]. A palavra "pá", por exemplo, contém dois fonemas: [p] e [a]. Mas um fonema não é simplesmente um som diferente de outro. Para ser um fonema, é necessário ainda que a diferença produza uma alteração de sentido. Assim, o fato de pronunciar a palavra "rato" ou "rrrato" (acentuando os "r") não muda o sentido da palavra. Já a distinção entre [p] ou [b], que são fonemas vizinhos, é suficiente para distinguir duas palavras ("par" e "bar", por exemplo).
→ **Morfema**

FONÉTICA

A fonética e a fonologia* são dois ramos da linguística que tratam da produção dos sons e de seu significado. A fonética trata, sobretudo, da descrição dos sons de uma língua. O alfabeto fonético internacional (IPA), elaborado pelo linguista francês Paul Passy em 1886, oferece uma base comum para a transcrição dos sons de uma língua. Em português, a letra "s" não é pronunciada da mesma maneira nas palavras "base" ou "sapo". Mas o mesmo som é empregado em palavras grafadas diferentemente, como o som [z] em "zebra", "mesa", "exame". É por esse motivo que a IPA propõe uma descrição sonora da língua.

FONOLOGIA

A fonologia possui uma dimensão mais teórica do que a fonética*. É a ciência dos fonemas*, que procura estabelecer as relações que os unem entre si. Nikolai Trubetskoi (1890-1938) é o pai da fonologia moderna. Ele participou, juntamente com Roman Jakobson (1896-1982), da criação do círculo linguístico de Praga em 1926, também conhecido como escola de Praga. Os trabalhos do linguista francês André Martinet (1908-1999) se filiam à fonologia funcional da escola de Praga.

Atualmente, a fonologia trata de questões teóricas que pretendem investigar, por exemplo, de que modo as unidades sonoras são armazenadas e reconhecidas pelo homem. Ela também tem aplicações tecnológicas, como a elaboração dos aparelhos de síntese e de reconhecimento vocais.

Bibliografia: • J.-L. Duchet, *La Phonologie*, Puf, "Que sais-je?", 1992 [1981] • R. Lass, *Phonology: an Introduction to Basic Concepts*, Cambridge University Press, 1984 • A. Martinet, *Eléments de linguistique générale*, Armand Colin, 2003 [1960] • J. Segui, L. Ferrand, *Leçons de parole*, Odile Jacob, 2000 • N. Troubetskoï, *Principes de phonologie*, Klincksieck, 1986 [1939]

→ **Jakobson, Martinet, Trubetskoi**

FORDISMO

O fordismo designa primeiramente um modo de organização do trabalho preconizado pelo industrial Henry Ford (1863-1947) no início do século XX. Para construir seus automóveis (entre eles o famoso modelo T, conhecido no Brasil como "Ford Bigode", criado em 1908) nas usinas de Detroit, H. Ford introduziu três inovações fundamentais: a padronização dos produtos, a linha de montagem e uma política de altos salários.

A padronização foi uma grande novidade numa época em que a maioria dos automóveis era produzida sob encomenda por pequenas oficinas autônomas. H. Ford gostava de dizer o seguinte: "posso fornecer um carro de qualquer cor, contanto que seja preto". A padronização permitiu a invenção de um novo modo de organização do trabalho: as linhas de montagem, nas quais os automóveis são fabricados em série.

Uma vez que a instabilidade dos operários era extremamente marcante na época (muitos operários imigrantes passavam apenas alguns meses nas usinas), H. Ford, para conseguir um núcleo de trabalhadores estáveis, indispensáveis numa produção que crescia regularmente, dobrou os salários (*five dollars a day*) dos "operários homens com mais de vinte e um anos e de bons costumes". A consequência disso foi o considerável aumento do poder de compra dos operários e por fim de todos os assalariados.

Depois, por extensão, o termo "fordismo" foi proposto pelos "economistas da regulação" (cujos principais representantes foram Michel Aglietta e, principalmente, Robert Boyer) para designar um modo de produção e de consumo que prevaleceu nos grandes países industrializados depois da Segunda Guerra Mundial. Esse "modo de regulação" se fundamenta no duplo princípio, produção de massa/consumo de massa. A produção de massa se baseia nas novas técnicas (máquinas-ferramentas, transportes, mecanização do trabalho), na organização do trabalho (divisão das tarefas e das linhas de montagem) e na padronização dos produtos. O consumo de massa é possível graças a uma política de rendimento estável proporcionada pelo Estado-Providência* (*Welfare State*), que redistribui os rendimentos, e por uma relação salarial na qual as negociações coletivas têm um grande espaço.

A partir dos anos 1970, os teóricos da regulação diagnosticam a crise do modelo fordista: a crise econômica que começou em 1973 foi só apenas um de seus efeitos. A busca de novos modos de organização do trabalho e de regulação econômica passa a alimentar uma vasta literatura socioeconômica sobre o tema do "pós--fordismo".

→ **Regulação (escola da)**

FORMA

Para definir a noção de forma, partamos de um exemplo simples: o "retângulo" ou o "círculo" são formas geométricas. A forma do círculo pode ser encontrada no Sol, na íris, na Lua, na roda, na Terra...; a forma do retângulo, numa janela, numa porta, num livro, numa página, numa carta de baralho... Esses objetos têm em comum formas comuns que também posso abstrair, pelo pensamento, de um objeto mais complexo: uma casa se apresenta sob a forma de um cubo encimado por uma pirâmide, uma maçã ou uma cereja têm – grosseiramente – a forma esférica.

Assim, a forma corresponde simultaneamente à configuração real de um objeto (uma bolha de sabão tende a adotar uma forma esférica) e a uma figura abstrata que o pensamento extrai de um objeto, de um fenômeno, e que marca sua fisionomia geral: é um ato do pensamento que nos faz perceber formas – a constelação da Ursa Maior, por exemplo – no céu estrelado.

Nesse sentido geral, a noção de forma assemelha-se a toda uma série de conceitos em ciências humanas – esquema*, tipo*, categoria*, tipo e protótipo*, *frame* – aos quais pode servir de noção federativa.

UM CONCEITO CENTRAL DO PENSAMENTO ALEMÃO

O conceito de forma está no coração de todo o pensamento alemão do primeiro terço do século XX. Longe de se limitar à "psicologia da forma*" (ou psicologia da *Gestalt*), a ideia de forma se estende à filosofia, à sociologia e à antropologia, ou seja, a todas as então chamadas "ciências da cultura".

A noção de forma foi teorizada pelo filósofo Christian von Ehrenfels (1859-1932), que publicou em 1890 "Über Gestaltqualitäten" ["Sobre as qualidades da forma"]. Nesse artigo, C. von Ehrenfels explica que, no ato da percepção, nós não apenas justapomos uma série de detalhes, como também percebemos formas (*Gestalt*) globais que reúnem os elementos entre si. O artigo de C. von Ehrenfels marcará o ponto de partida de toda uma série de pesquisas que darão origem à escola berlinense da psicologia da forma (cujos principais representantes foram Wolfgang Köhler, Kurt Koffka e Max Wertheimer). Para os psicólogos da forma, a percepção mobiliza formas que organizam e dão sentido aos elementos percebidos.

No momento em que C. von Ehrenfels concebe a *Gestalt*, Edmund Husserl lança a ideia de uma nova ciência da mente, a fenomenologia*, que visa estudar as "essências" dos fenômenos. A noção de essência tal qual a concebe E. Husserl é vizinha da *Gestalt*. O que aliás não é por acaso. C. von Ehrenfels e E. Husserl tinham sido alunos de Franz Brentano.

Para a fenomenologia, toda a consciência se volta para coisas e delas extrai essências. A essência de uma flor, tal como a mente a concebe, não é uma representação precisa de tal flor específica com seus detalhes (uma rosa vermelha, ou um cravo), mas é uma forma geral abstrata (um caule, pétalas, folhas…) despojada de atributos particulares e que se aplica a todas as flores em geral. Para além da fenomenologia, a filosofia se interessa pelas formas pelo viés do neokantismo. A própria noção de esquema, herdada de Emmanuel Kant, também não é uma forma através da qual o pensamento reordena o real? Encontra-se ainda a noção de forma na obra de Ernst Cassirer, autor de *Philosophie der symbolischen Formen* [*A filosofia das formas simbólicas*] (1923-29), que influenciará, por sua vez, pensadores da estética como Erwin Panofsky*, que publica em 1927 um ensaio sobre *Perspektive als symbolische Form* [*A perspectiva como forma simbólica*].

A ideia de forma marcou também a antropologia e a sociologia da época. O sociólogo Georg Simmel* (ele próprio um neokantiano) se refere explicitamente ao que chama de "a sociologia formal". Para ele, uma forma social é uma comunidade, uma família, uma seita, uma Igreja, uma nação, etc. A forma social é um conjunto organizado que une os membros de um grupo em uma configuração estável. Cada forma social se caracteriza por traços culturais distintos, que estão ligados entre si de maneira orgânica e formam um "estilo" próprio.

A "forma social" nunca aparece na realidade em estado puro. Ela é abstraída por um processo do pensamento que hoje seria chamado de "modelização". Esta consiste em destacar as características mais marcantes de um fenômeno social. Desse ponto de vista, a forma está próxima do que Max Weber* chama de "tipo ideal*".

O antropólogo Leo Frobenius também tem em mente a noção de forma, quando impulsiona o estudo das áreas culturais* (*Kulturkreise*).

Sua morfologia social é justamente um estudo de formas sociais e culturais próprias a cada povo ou etnia. O que não é totalmente um acaso: L. Frobenius e os psicólogos da *Gestalt* têm uma ligação direta. A forma é percebida como uma configuração cultural, o estilo de uma época, de uma cultura.

HOLISMO CONTRA ELEMENTARISMO

Pode-se dizer, assim, que a noção de forma resume um paradigma global. Ela foi tão importante para o pensamento alemão dessa época como as noções de estrutura* na França ou de sistema* no pensamento americano do pós-guerra.

A ideia de forma se opõe globalmente ao "elementarismo" que domina o pensamento anglo-saxão (e que encontramos tanto no empirismo* como no behaviorismo* ou no pensamento analítico*). Para o pensamento elementarista, os elementos simples são dados primeiros. A percepção procede do simples para o complexo, dos detalhes para as perspectivas de conjunto; o conhecimento parte de proposições elementares antes de chegar a qualquer síntese; a realidade física é primeiramente composta de partículas elementares que se associam para formar em seguida a matéria; e, enfim, a organização social nada mais é do que um agregado de indivíduos. Em resumo, a teoria elementarista é um pensamento *bottom-up** (de baixo para cima).

A abordagem em termos de forma inverte essa perspectiva. Em matéria de percepção, a *Gestalt* precede a apreensão dos detalhes; na realidade física, os campos de força e as estruturas globais fazem emergir propriedades novas; na realidade social, o grupo, a cultura, a nação e a organização prevalecem sobre o indivíduo. Em suma, para a teoria da forma, "o todo é superior à soma das partes". Nesse sentido, a teoria da forma é um tipo de "holismo*".

FORMA (psicologia da)

A teoria da *Gestalt* (*Gestalt* = forma, ou configuração) nasceu na Alemanha nos anos 1920, na esteira dos trabalhos de Max Wertheimer (1880-1943), Kurt Koffka (1886-1941) e Wolfgang Köhler (1887-1967). Essa teoria vem na contramão das teses dominantes na época (baseadas em John Stuart Mill e Hermann von Helmholtz),

FORMA (psicologia da)

As leis da organização perceptiva

A

Na figura A, o olho tende primeiramente a ver um vaso. Isso prova que o olho aplica uma forma conhecida (o vaso) a uma imagem dada. Depois, percebe-se que a imagem pode ser lida diferentemente: também são dois rostos de perfil que se olham. Uma vez que esta nova forma é reconhecida, ela se impõe à

B

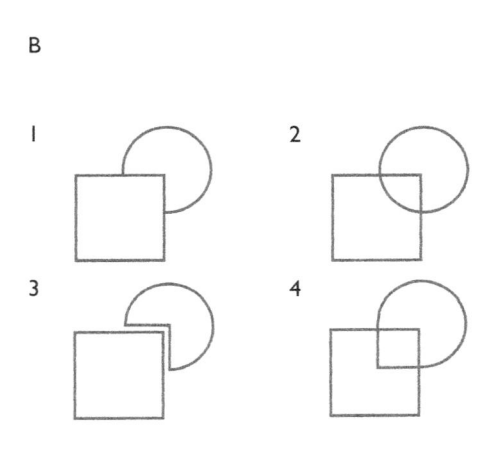

Figura B: A lei do fechamento nos leva a completar as figuras que são próximas de uma forma simples. O esquema 1 é espontaneamente interpretado como um quadrado colocado na frente de um círculo (como no 2), quando a figura pode corresponder às formas 3 ou 4, mais complexas.

C

Segundo a lei da proximidade, o olhar tende a associar os elementos que estão próximos. Na figura C, percebemos de preferência três grupos de seis pontos em colunas, e não três linhas com seis pontos cada. É pela mesma razão que juntamos as estrelas do céu em constelações.

D

Segundo a lei da semelhança, tendemos a agrupar elementos que apresentam características idênticas. A figura D nos leva a associar pontos negros com pontos negros e pontos brancos com pontos brancos; nesse caso, a lei da proximidade não exerce seu papel.

que consideravam a percepção como a combinação de sensações elementares. Para os defensores da *Gestalt*, a percepção passa pelo reconhecimento de formas globais e não de uma junção de detalhes. Na percepção, o todo prevalece sobre as partes. O processo de reconhecimento passa pela aplicação de formas (configurações globais) a elementos dados. Perceber é reconhecer uma forma. Um exemplo clássico foi dado por Christian von Ehrenfels, o pioneiro da psicologia da forma, com relação à música:

percebemos e lembramos de uma melodia musical não simplesmente pela percepção sucessiva de cada nota que a compõe, mas porque percebemos uma estrutura global que forma a melodia de conjunto.

Segundo os psicólogos da forma, o emergir de uma forma se explica por certas "leis" da organização perceptiva, dentre as quais podem ser destacadas:

– a lei da proximidade. Elementos próximos tendem a se agrupar. Assim, a configuração de pontos próximos será percebida como um conjunto de 3 colunas de 6 pontos cada (*ver figura C*);

– a lei de semelhança, segundo a qual tendemos a agrupar elementos que apresentam características idênticas (*ver figura D*);

– a lei da simetria, segundo a qual figuras que têm um eixo de simetria são percebidas mais espontaneamente do que as outras;

– a lei do fechamento, segundo a qual tendemos a completar figuras que nos parecem similares a uma forma conhecida. Na figura B, o esquema 1 é espontaneamente interpretado como um círculo truncado.

As ilusões de ótica esclarecem esse processo. Um exemplo famoso foi proposto em 1915 por Edgar Rubin, psicólogo na Universidade de Göttingen. Na figura do vaso de Rubin (*ver figura A*), o olho tende a perceber um vaso. Isso prova que, de início, o olho aplica uma forma conhecida (o vaso) a uma imagem dada. Depois, percebemos que a imagem pode ser lida diferentemente: também são dois rostos de perfil que se olham. Uma vez que reconhecemos essa nova forma, ela se impõe à nossa mente e o vaso se apaga.

O princípio da imposição das formas na percepção tem inúmeras aplicações que não se limitam apenas à simples percepção (ele também foi aplicado à memória e ao aprendizado – ou seja, de maneira mais geral, à inteligência) nem à psicologia exclusivamente humana. W. Köhler demonstrou, com efeito, que já nos grandes símios os processos de aprendizagem e de resolução de problemas não são simples condicionamentos, mas supõem igualmente a compreensão e o reconhecimento de formas, de esquemas* de ações complexas articulados entre si e que adquirem sentido no contexto. Depois, a psicologia da forma teve um grande sucesso na Europa e nos Estados Unidos durante o período entre guerras mundiais. Um dos mais célebres herdeiros desse movimento e promotores dessas mudanças foi o famoso teórico do "campo psicológico" e da "dinâmica de grupo", Kurt Lewin* (1890-1947).

A HERANÇA DO GESTALTISMO

Após seu declínio nos anos 1950, a teoria da forma ressurge nos anos 1980. Atualmente, os especialistas da percepção se questionam principalmente para saber em que nível perceptivo se constituem as formas que dão sentido às informações recebidas (nível sensorial, perceptivo ou cognitivo). Também se perguntam quando e como se constituem as "formas certas". As pesquisas recentes insistem sobre a extrema precocidade das capacidades de perceber formas. Segundo Jacques Mehler, "todos os resultados convergem para mostrar que as crianças de três meses são sensíveis às formas certas, em conformidade com os princípios da *Gestalt*" (J. Mehler, E. Dupoux, *Naître humain* [*Nascer humano*], 1990). Por fim, teóricos próximos da corrente conexionista* buscam estabelecer uma ponte entre a teoria das formas e as ferramentas matemáticas da morfogênese (nascimento das formas), cujo pioneiro foi René Thom.

Bibliografia: • P. Guillaume, *La Psychologie de la forme*, Flammarion, 1992 [1937] • W. Köhler, *Psychologie de la forme*, Gallimard, 2000 [1929] • V. Rosenthal, Y.-M. Visetti, *Köhler*, Les Belles Lettres, 2003

FOUCAULT, MICHEL
(1926-1984)

Michel Foucault pode seguramente ser reconhecido como filósofo e como historiador. Mesmo que os historiadores não o considerassem como tal, seu gosto pelos arquivos confirmava-o nesse papel. Tendo sido aluno da ENS e passado no prestigioso concurso chamado *agrégation* para professor de filosofia, M. Foucault é nomeado em 1970 para o Collège de France*, para a cadeira de história dos sistemas de pensamento. Já nos anos 1960 ele aparece como uma figura central do panorama intelectual, marcando-o fortemente com seu pensamento crítico. Colabora com o jornal *Libération*, com as revistas *Tel Quel*, *Critique*, *Les Temps Modernes*, nas páginas dos quais muitas vezes duelou com outros intelectuais. Ao lado de Pierre Vidal-Naquet e Jean-Marie Domenach, cria o Grupo de Informação sobre as Prisões (GIP – Groupe d'Information sur les Prisons) e passa a defender os detentos, assim como também, ao longo da sua vida, os dissidentes soviéticos e outros contestadores do poder.

UMA ARQUEOLOGIA DO SABER

Na sua tese *Histoire de la folie à l'âge classique* [*História da loucura na idade clássica*] (1961),

M. Foucault se empenha em mostrar que uma grande ruptura surge no Ocidente a partir do século XVII, quando a loucura se torna o avesso da razão e tem por corolário institucional a internação. A idade clássica é o período do "grande confinamento" dos loucos, dos ociosos e dos vagabundos.

Já sua obra *Les Mots et les Choses* [*As palavras e as coisas*] (1966) pretende analisar a história da ordem e do saber a partir da Idade Média. Nesse sentido, ela é complementar à *História da loucura*: "a *História da loucura* seria a história do Outro – daquilo que, para uma cultura, é simultaneamente interior e estranho, sendo assim destinado a ser excluído (para conjurar o perigo interior que constitui), através, no entanto, do seu encarceramento (para lhe reduzir a alteridade); a história da ordem das coisas seria a história do Mesmo – daquilo que, para uma cultura, é simultaneamente algo disperso e aparentado, do que é, portanto, destinado a ser distinguido por marcas e recolhido em identidades" ("Prefácio", *As palavras e as coisas*).

Tanto na *História da loucura* como em *As palavras e as coisas*, M. Foucault não tem a intenção de fazer uma história no sentido clássico da palavra. Ele prefere falar de uma "arqueologia", como indica em *As palavras e as coisas*, cujo subtítulo é *Uma arqueologia das ciências humanas*. Mas é preciso ressaltar que M. Foucault dá um sentido bem particular à expressão "arqueologia do saber", buscando desvelar as bases e as condições de funcionamento dos discursos.

AS TRÊS ÉPOCAS DO PENSAMENTO OCIDENTAL

Para M. Foucault, a história do saber no pensamento ocidental após a Idade Média não se desenrola de forma linear e contínua. Essa impressão é apenas um "efeito de superfície". M. Foucault nota duas grandes descontinuidades: uma delas, aproximadamente na metade do século XVII, que provoca o nascimento da idade clássica; e a outra, no início do século XIX, que inaugura nossa modernidade. Segundo ele, da Idade Média até hoje é possível distinguir três épocas caracterizadas por uma "episteme" própria. M. Foucault chama de *episteme* a base sobre a qual se articulam os conhecimentos ou, dito de outra forma, os quadros gerais do pensamento e do saber. Até o fim do século XVI, o estudo do mundo se baseia na semelhança e na interpretação. Assim, pensa-se que a noz cura as dores de cabeça, porque ela se parece com um cérebro. Na metade do século XVII, ocorre uma virada: a semelhança deixa de ser a base do saber, pois pode causar erros. Surge uma nova *episteme* que se baseia na representação e na ordem, na qual a linguagem ocupa um lugar privilegiado. Trata-se, a partir de então, de encontrar uma ordem no mundo e de separar os objetos de acordo com classificações formais, tais como o sistema de Carl von Linné das espécies animais e vegetais. Mas essa mesma ordem será abandonada no início do século XIX por outra *episteme*, estabelecida sob o signo da história. Assim, a filologia sucede a gramática geral, enquanto a noção de evolução ganha um espaço central, principalmente no estudo dos seres vivos. A historicidade se infiltra então em todos os saberes. No entanto, fato capital, essa *episteme* da modernidade vê aparecer pela primeira vez, com o advento das "ciências humanas", a figura do homem como objeto do saber. O que leva M. Foucault a concluir que numa possível mudança de regime seria anunciada a morte do homem como objeto de saber: "o homem é uma invenção, e uma invenção recente, como a arqueologia do nosso pensamento mostra facilmente. E talvez ela nos indique também o seu fim próximo" (*As palavras e as coisas*).

A SOCIEDADE DISCIPLINAR

Em *Surveiller et punir* [*Vigiar e punir*] (1975), o pensamento de M. Foucault ganha um contorno resolutamente político. Nessa obra, ele tenta explicar como e por que – na idade clássica, entre os séculos XVII e XIX – "o ocultamento burocrático da pena" foi substituindo a "punição espetáculo". Em toda a Europa do início do século XIX, a forca, o pelourinho, o cadafalso e o suplício da roda desapareceram para dar lugar a "práticas punitivas mais pudicas". Verdadeiro ritual político, o suplício desaparece e dá lugar a uma espécie de cálculo científico das penas: "não se trata mais do corpo supliciado, mas sim do corpo sujeitado, através do qual se visa ao controle das almas". Nasce um verdadeiro poder disciplinar que domina simultaneamente as almas e os corpos, tanto na prisão como na escola, no quartel, no hospital ou na fábrica. Além disso, para M. Foucault, toda relação de poder tem por correlato a constituição de um campo de saber que a presume e a permite. A sociedade disciplinar fez surgir assim as ciências sociais: psicologia, psiquiatria, criminologia... Ela instituiu da mesma forma "o reino universal do normativo" com seus agentes que são o professor, o educador, o médico e o policial. Essa sociedade da vigilância deve ainda isolar aqueles que se distanciam da norma. Assim, o encarceramento é a instituição que designa as ilegalidades que ameaçam a ordem burguesa (roubos, agressões, crimes...). Ao conter os delinquentes e ao estigmatizá-los, ela reforça o poder das classes dominantes.

UMA "MICROFÍSICA DO PODER"

Na verdade, toda uma concepção do poder acaba sendo posta em discussão por M. Foucault. O poder não é o atributo de um grupo de pessoas ou de uma classe. Também não é privilégio do Estado. O poder não é exclusivamente político. É necessário, segundo M. Foucault, pensar em termos de "micropoderes" que são observáveis por toda parte, da escola à família, passando pelas fábricas, prisões ou pelo exército. Nisso também reside sua força: o poder é onipresente e vem de toda parte e a toda hora para favorecer a ordem pública, graças à vigilância e ao adestramento. "É preciso ser sem dúvida nominalista*: o poder não é uma instituição, nem uma estrutura, nem uma certa potência da qual alguns seriam dotados; poder é o nome que atribuímos a uma situação estratégica complexa numa determinada sociedade" (*Histoire de la sexualité*, vol. 1: *La Volonté de savoir* [*História da sexualidade*, vol. 1: *A vontade de saber*], 1976).

O GOVERNO DE SI

Com *L'Usage des plaisirs* [*O uso dos prazeres*] e *Le Souci de soi* [*O cuidado de si*], vols. 2 e 3 da *História da sexualidade*, publicados em 1984, M. Foucault dá uma nova direção para sua filosofia, que busca "em vez de legitimar o que já sabemos, procurar saber como e até onde seria possível pensar de outra maneira" ("Introdução", *O uso dos prazeres*). M. Foucault busca, a partir de então, pensar a moralidade como prática de si mesmo e não como um conjunto de atos de acordo com uma norma. Trata-se de apreender uma história da subjetividade através das técnicas do corpo, isto é, através do governo de si que regula igualmente as relações com o outro. Assim, em *O uso dos prazeres*, ele analisa esse trabalho de domínio de si na Antiguidade grega, o qual se manifesta sob a forma de um tríptico: "Dietética" (que regula a relação com o corpo), "Econômica" (que governa a relação com a esposa) e "Erótica" (que ordena a relação com os rapazes).

A *História da sexualidade* ficou inacabada: M. Foucault morre de Aids em 1984, antes de poder terminar uma quarta parte: *Les Aveux de la chair* [As confissões da carne].

UMA OBRA DEBATIDA

Os trabalhos de M. Foucault provocaram a reação de inúmeros historiadores que o acusavam de ter se intrometido no campo da história para submetê-la às suas próprias problemáticas. Em *Les Médecines de la folie* [As medicinas da loucura] (1985), por exemplo, Pierre Morel e Claude Quétel mostram, a partir de estudos estatísticos, que o "grande confinamento" do qual fala M. Foucault na *História da loucura* não aconteceu no século XVII, mas no século XIX. Também foi contestado o ponto de vista extremamente crítico de M. Foucault com relação às instituições e, principalmente, ao sistema carcerário ou psiquiátrico. Já a tese de *Vigiar e punir* – segundo a qual a prisão criaria a delinquência, legitimando assim o poder das classes dominantes – parece desprovida de validade científica para o sociólogo Raymond Boudon*. Gladys Swain e Marcel Gauchet, por sua vez, se opuseram à interpretação feita do hospício na *História da loucura*. Longe de ser a expressão de um poder repressivo e de exclusão do outro, a instituição do hospício constituiria para eles um projeto de integração social, cujo intuito se inseriria no espírito democrático.

Essas críticas agudas são sem dúvida nenhuma o inevitável preço do sucesso. Mas, em todo caso, é inegável que as teses de M. Foucault estiveram na origem de inúmeros debates fecundos, principalmente sobre as relações entre saber e poder ou sobre a função das instituições psiquiátricas e disciplinares.

Principais obras de M. Foucault
• *Histoire de la folie à l'âge classique*, 1961 [*História da loucura*, Perspectiva, 7.ª ed., 2004]

- *Les Mots et les Choses. Une archéologie des sciences humaines*, 1966 [As palavras e as coisas, Martins Fontes, 9ª ed., 2002]
- *L'Archeologie du savoir*, 1969 [Arqueologia do saber, Forense Universitária, 9ª ed., 2007]
- *Surveiller et punir. Naissance de la prison*, 1975 [Vigiar e punir, Vozes, 33ª ed., 2007]
- *Histoire de la sexualité*, 1976-1984 [História da sexualidade, Graal, vol. 1, 15ª ed., 2003; vol. 2, 12ª ed., 2007; vol. 3, 7ª ed., 2002]

FRANKFURT (escola de)

Essa corrente de pensamento nasce nos anos 1930, quando Max Horkheimer passa a encabeçar o Instituto de Pesquisas Sociais fundado em 1923, em Frankfurt. Graças à sua iniciativa, vários intelectuais vão trabalhar juntos, entre eles Herbert Marcuse, Theodor W. Adorno* e Erich Fromm, dos quais também é possível aproximar Walter Benjamin. Suas pesquisas são marcadas por uma referência comum ao pensamento de Karl Marx* que, no entanto, é crítica e não dogmática. Quando os nazistas tomam o poder, M. Horkheimer e seus colaboradores são obrigados a se exilar. Se, num primeiro momento, podem refugiar-se em Paris e em Genebra, logo em seguida devem emigrar para os Estados Unidos.

A escola de Frankfurt conhece assim uma segunda fase, marcada por um profundo pessimismo. T. W. Adorno e M. Horkheimer publicam em 1947 a *Dialektik der Aufklärung: Philosophische Fragmente* [Dialética do esclarecimento: fragmentos filosóficos], obra na qual questionam a racionalidade técnica e científica que instrumentaliza tanto a natureza como o homem em prol dos interesses da classe dominante. A partir do final dos anos 1940, uma boa parte dos membros da escola de Frankfurt volta para a Alemanha e sua corrente de pensamento passa a ter um grande reconhecimento da parte das universidades e também da mídia. Um bom exemplo disso é o sucesso da obra de H. Marcuse e, particularmente, do seu *Eros and Civilization* [Eros e civilização] (1955), que se inspira na psicanálise. O filósofo e sociólogo Jürgen Habermas*, que foi durante três anos assistente de T. W. Adorno, pode ser considerado como o último representante da escola de Frankfurt, mesmo que não faça parte do primeiro círculo dos fundadores. De fato, ele retoma por sua conta a "teoria crítica" sob a forma de um duplo projeto: a crítica de uma razão fundadora universal e a busca de um fundamento legítimo da ordem social que supere o discurso dominador da ciência e da técnica.

Bibliografia: • P.-L. Assoun, *L'Ecole de Francfort*, Puf, "Que sais-je?", 2001 [1987]

FRAZER, JAMES GEORGE
(1854-1941)

Antropólogo britânico, James G. Frazer nasce numa família escocesa presbiteriana. Após estudar direito em Cambridge, defende uma tese sobre Platão em 1879, e em seguida decide, depois de ler *Primitive Culture* [Cultura primitiva] (1871) de Edward B. Tylor*, se dedicar à antropologia. Seu amigo e mentor William R. Smith pede que ele redija dois artigos para a *Encyclopædia Britannica*, apresentando as noções de "tabu*" e de "totemismo*". A partir daí, J. G. Frazer passa a consagrar sua vida a uma síntese colossal dos conhecimentos de sua época sobre as crenças, os ritos e os mitos do mundo inteiro, apoiado por sua mulher, uma francesa que traduzirá muitos de seus trabalhos para sua língua materna.

A obra de J. G. Frazer, simultaneamente científica e literária, contribuiu para a popularização da antropologia no mundo ocidental. De fato, ela rapidamente ultrapassou os limites estreitos da disciplina antropológica, a ponto de seu livro *The Golden Bough* [O ramo de ouro] (primeira edição em dois vols. em 1898, estendida para doze vols. entre 1911 e 1935, e completada por um décimo terceiro vol. em 1935) se tornar um *best-seller*, o que lhe rendeu reconhecimento mundial e seu enobrecimento.

O ramo de ouro é sua obra mestra. Começa com a descrição de um obscuro ritual da Roma antiga, no qual um sacerdote guardava, empunhando armas e sem jamais dormir, o templo da deusa Diana situado em Nemi, perto de Roma. Esperava ansiosamente o dia em que um escravo em fuga viesse assassiná-lo e tomasse seu lugar, depois de ter colhido um ramo de uma árvore sagrada cujo guardião também era o sacerdote – a exemplo de Eneias, que colheu o ramo de ouro antes de empreender sua viagem ao país dos mortos. É o início de um vasto painel, no qual o autor discute as relações entre magia, religião e poder. Ele combina elementos provindos de diferentes mitologias (grega, latina, egípcia, bíblica ou da Ásia Menor), dados etnográficos do mundo inteiro, como os do folclore europeu, para tentar apreender noções tão variadas como tabu, assassinato ritual do rei, magia, bode expiatório, totem, exogamia*, além de muitos outros.

O que dizer hoje dessa obra gigantesca? J. G. Frazer parece ter exercido um papel muito importante como catalisador na antropologia. Com efeito, se todas as suas hipóteses teóricas foram abandonadas posteriormente, se todas as observações etnográficas nas quais ele se inspirava foram objeto de revisões e de precisões, permanece o fato de ele ter provocado discussões inflamadas tanto entre os antropólogos como também no campo vizinho da psicanálise* (Sigmund Freud* – em *Totem e tabu* – e Géza Róheim citaram-no bastante) e, nesse sentido, ele certamente contribuiu para o desenvolvimento dos conhecimentos em etnologia. Destaquemos três pontos essenciais no seu trabalho, sobre os quais incidiram as críticas mais contundentes.

– *A lei da evolução das sociedades*. Inspirando-se em autores como E. B. Tylor ou Julian Pitt-Rivers, J. G. Frazer foi um importante representante da escola de pensamento que recebeu o nome de evolucionismo. Para ele, as sociedades mais primitivas praticam a magia, as que são um pouco mais civilizadas a religião, e o estágio mais aprimorado do pensamento simbólico se realiza nas sociedades civilizadas com o advento da ciência (na França, o sociólogo Auguste Comte postulará uma teoria semelhante). Esses estágios resultam de uma evolução (segundo os princípios do darwinismo social*) no tempo e de uma adaptação progressiva ao meio (os primitivos teriam parado de evoluir mais cedo do que os civilizados). Bronislaw K. Malinowski* foi um dos primeiros antropólogos a criticar tal visão das coisas.

– *Uma teoria da magia*. Para J. G. Frazer, o pensamento mágico, "ciência enganosa" e "arte estéril", é de natureza "simpática". Ela atua seja pela homeopatia ou similitude (caso se queira machucar alguém, basta machucar uma imagem desse alguém: desenho, efígie, etc.), seja pelo contágio ou contato (um feiticeiro faz uma bruxaria utilizando uma parte extraída do corpo de um indivíduo – cabelo, unha... – e consegue assim atingir o próprio indivíduo). Na França, Marcel Mauss* criticou essa teoria, ao defender a existência de ritos mágicos que não são simpáticos e de atos simpáticos na religião (a magia* se opõe à religião na tradição antropológica). Posteriormente, Claude Lévi-Strauss* enfatizará a eficácia simbólica do pensamento mágico, isto é, os efeitos reais de toda forma de crença (uma pessoa que é vítima de mau-olhado, persuadida de que morrerá, pode realmente morrer por acreditar nisso). J. G. Frazer não tinha considerado nenhum desses aspectos.

– *O estudo dos mitos*. Se J. G. Frazer pode ser considerado o pai da mitologia comparada (tanto Georges Dumézil* como C. Lévi-Strauss foram grandes leitores dele), sua análise dos mitos possui dois defeitos capitais. Primeiro, como nota B. K. Malinowski, um mito não pode ser estudado fora do seu contexto social. Segundo, comparar todos os mitos do mundo inteiro para neles encontrar pontos em comum revelou-se infecundo. Em vez disso, é preferível, à maneira de G. Dumézil, buscar conexões entre as sociedades que têm origens culturais comuns.

Apesar de ser um autor datado, J. G. Frazer continua sendo um erudito, além de um brilhante contador de estórias, que teve o mérito de lançar problemas muitas vezes ainda atuais (como a questão da relação entre o poder e o sagrado*).

Principais obras de J. G. Frazer
• *The Golden Bough*, 1898-1935 [*O ramo de ouro*, Guanabara Koogan, 1982]
• *Folk-lore in the Old Testament*, 1918 [Folclore no Antigo Testamento]
• *Magical Origin of Kings*, 1920 [Origens mágicas dos reis]

→ **Evolucionismo, Magia, Mito, Religião**

FREUD, SIGMUND
(1856-1939)

Quando transpôs os muros do hospital La Salpêtrière, em Paris, no dia 13 de outubro de 1885, Sigmund Freud talvez tivesse uma grande expectativa quanto ao estágio que deveria fazer nesse estabelecimento. Mas é pouco provável que tenha imaginado a grande virada que esse período de alguns meses provocaria no seu percurso profissional e intelectual. Até então, S. Freud tinha feito estudos de zoologia, obtido o título de doutor em medicina em 1881 e se interessava particularmente pela psiquiatria e pela neurologia, disciplina que ainda dava os primeiros passos. Foi então que conseguiu, em

1885, um estágio em neurologia com o professor Jean Martin Charcot. Especialista em histeria* – objeto de debates nos meios psiquiátricos –, Charcot impressiona S. Freud a ponto de este, agora "iniciado" no campo dos distúrbios de origem psíquica, virar seu porta-voz em Viena, sem grande sucesso.

Seu recente interesse aumenta ao realizar um estágio em Nancy. Nessa ocasião, começa a duvidar da eficácia da sugestão hipnótica* e decide aplicar em suas pacientes histéricas outro método terapêutico, praticado por seu amigo Josef Breuer e sua paciente Anna O. Trata-se da "cura pela palavra", destinada a vencer as "resistências" do doente, para que suas lembranças reprimidas venham à consciência, graças à livre associação de ideias. Começa assim um período de grande reflexão teórica – enriquecida pelas observações clínicas de seus pacientes – que Freud compartilha com Wilhelm Fliess, otorrinolaringologista e testemunha desses primórdios.

O INVENTOR DA PSICANÁLISE

Em 1896, a palavra "psico-análise" é empregada pela primeira vez por S. Freud, de início para designar uma técnica terapêutica, mas que logo passa a englobar a teoria do psiquismo, que ele está elaborando. Na obra de S. Freud, coexistem de fato três fontes principais de inspiração: as observações de pacientes; as influências teóricas da época, marcadas por uma nova ideia, a existência de um "inconsciente*" (em acepções diversas, conforme provenha de filósofos, psicólogos ou psiquiatras); e a sua autoanálise, que S. Freud começa assim que seu pai morre, em 1896.

Para ele, os sonhos são a principal via para acessar as pulsões* inconscientes de uma pessoa. Ele começa a analisar, segundo as técnicas da associação livre, seus próprios sonhos – que irão compor, junto com os de seus pacientes, o material redacional de *Über den Traum* [*Interpretação dos sonhos*], publicado em 1899. Esse trabalho introspectivo lhe permite lançar a hipótese do complexo de Édipo: o menino revela ter sentimentos de amor pela mãe (sexo oposto ao seu) e de rivalidade pelo pai (mesmo sexo que o seu), enquanto a menina revela o contrário, isto é, amor com relação ao pai e rivalidade com relação à mãe. A descoberta permite que Freud reajuste sua concepção da origem da histeria, considerada até então proveniente da sedução paterna durante a infância. Nessa nova perspectiva, o desejo edipiano pelo pai teria sido reprimido, e a ele é que corresponderiam os relatos de sedução das pacientes, e não a um acontecimento real.

No início dos anos 1900, graças ao desenvolvimento dessas primeiras elaborações teóricas, os principais elementos da psicanálise* são estabelecidos. Esta se apoia em dois pilares essenciais: a teoria do recalque no inconsciente e a teoria da sexualidade infantil. A vida psíquica de cada um seria governada por pulsões primárias, entre as quais a sexualidade tem um lugar central. Essas pulsões são dirigidas pelo princípio do prazer, isto é, elas só tendem para a sua própria realização. Mas as pulsões, como o desejo edipiano, entram em conflito com os interditos, que se manifestam no nível psíquico sob a forma de censura. As pulsões, assim reprimidas no inconsciente, só podem se exprimir no nível consciente sob formas indiretas, como o sonho e o "ato falho". A psicanálise surgiu simultaneamente como uma teoria do psiquismo (tendo o inconsciente como pedra angular), um método de análise (de sonhos, de distúrbios mentais) e uma técnica terapêutica.

UM TRABALHADOR INCANSÁVEL

S. Freud nunca deixará de enriquecer a psicanálise durante toda a sua vida, propondo inclusive uma profunda reformulação da sua teoria nos anos 1920 (exposta em *Das Ich und das Es* [*O ego e o id*] em 1923). Conhecida pelo nome de "segunda tópica", essa reformulação abandona a própria noção de inconsciente, julgada ambígua demais por S. Freud, dando lugar a um modelo em três instâncias: o "id*" (reservatório de pulsões arcaicas, principalmente sexuais e agressivas), o superego* (que se forma ao longo da infância, pela interiorização das interdições e das regras morais) e o "ego (eu*)" (que exerce o papel de intermediário entre o id e a realidade). Assim S. Freud não estacará, muito pelo contrário, nas primeiras – e decisivas – balizas teóricas que lançou. Nas duas primeiras décadas do século XX, além da sua atividade clínica (por volta de dez pacientes por dia), ele empregará uma energia considerável em duas direções: de um lado, na produção de uma admirável obra escrita (que inclui livros de extrema importância, como *Zur Psychopathologie des Alltagslebens* [*Psicopatologia da vida cotidiana*], de 1901, e *Drei Abhandlungen zur Sexualtheorie* [*Três ensaios sobre a teoria da sexualidade*], de 1905), na qual desenvolve e vulgariza os conceitos da psicanálise; de outro lado, na criação de um movimento psicanalítico do qual é o líder incontestável.

Já em 1902, S. Freud reúne em sua casa, todas as quartas-feiras à noite, um pequeno grupo de seis pessoas (entre as quais Alfred Adler*) interessadas nas suas ideias. Com o passar dos anos, a sociedade da quarta-feira se amplia, mas já em 1906 perspectivas discordantes começam a se manifestar. Porém, se S. Freud está aberto ao debate, assim como também às novas ideias conceituais, ele se mantém intransigente a respeito do núcleo fundamental da sua teoria, particularmente quanto à teoria da sexualidade infantil. Para acabar com as primeiras dissensões, a sociedade é dissolvida e S. Freud forma a Sociedade Psicanalítica de Viena em 1908. Novos discípulos se apresentam ao "mestre", como Carl G. Jung* (que depois se afastará para elaborar sua própria teoria), Sándor Ferenczi e Karl Abraham.

Nessa época, a psicanálise começa a ter uma verdadeira repercussão internacional, difundindo-se na Suíça, na Alemanha, na Hungria, na Grã-Bretanha e até mesmo nos Estados Unidos, onde S. Freud é convidado para um ciclo de conferências. *Über Psychoanalyse, fünf Vorlesungen* [*Cinco lições de psicanálise*] (1910) e *Vorlesungen zur Einführung in die Psychoanalyse* [*Introdução à psicanálise*] (1916) serão traduzidos em várias línguas e contribuirão para a difusão da doutrina.

Durante os anos 1930, a psicanálise passa por um grande desenvolvimento, e sociedades nacionais são criadas na maioria dos países ocidentais. Mas, se S. Freud pode se sentir satisfeito com essa repercussão, esse período também é extremamente doloroso para o homem que envelhece e que sofre de um câncer no maxilar. Em 1933, os nazistas queimam publicamente seus livros, e os psicanalistas judeus se veem obrigados a fugir. S. Freud não escapa do exílio e se refugia com a mulher e a filha Anna em Londres, em 1938, onde morre no ano seguinte.

Retorno crítico a Freud

S. Freud continua um personagem controverso, à imagem dos confrontos que subsistem entre seus partidários e detratores. Após sua morte, ele foi frequentemente descrito como um homem autoritário e dogmático, preocupado acima de tudo em preservar a ortodoxia de uma doutrina sujeita a inúmeras críticas. E, o que é ainda mais grave, falou-se de erros de diagnóstico e de mentiras sobre pacientes. Assim, contrariamente às afirmações de S. Freud, segundo as quais Anna O. havia sido curada por J. Breuer graças à "cura pela palavra", verifica-se hoje que não foi assim. O recente estudo dos primeiros casos clínicos de histeria revela que, na maioria deles, não houve um verdadeiro sucesso terapêutico e que as lembranças de sedução incestuosa, longe de serem espontâneas, apenas "atingiam" a consciência com muita insistência da parte de S. Freud.

A lenda de que era um sábio solitário, avançando sozinho numa atmosfera geral de hostilidade e de incompreensão, com a qual adorava paramentar-se, é amplamente infundada. Com o passar do tempo, foi possível ter uma dimensão melhor da imagem do conquistador, genial inventor da psicanálise, como também determinar com maior precisão sua real importância na história do pensamento humano.

Principais obras de S. Freud
- *Über den Traum*, 1899 [*A interpretação dos sonhos*, Imago, 1999]
- *Zur Psychopathologie des Alltagslebens*, 1901 [*Sobre a psicopatologia da vida cotidiana*, Imago, 2006]
- *Drei Abhandlungen zur Sexualtheorie*, 1905 [*Três ensaios sobre a teoria da sexualidade*, Imago, 1997]
- *Über Psychoanalyse, fünf Vorlesungen*, 1910 [*Cinco lições sobre psicanálise*, Abril, Col. Os Pensadores, 1974]
- *Vorlesungen zur Einführung in die Psychoanalyse*, 1916 [*Introdução à psicanálise*, Delta, s/d.]
- *Das Ich und das Es*, 1923 [*O ego e o id*, Imago, 1997]

FUNCIONALISMO

Responder à questão "para que serve isso?" é definir a "função" de uma coisa: um lápis serve para escrever, um barbeador para barbear, um carro para ir de um lugar a outro. Assim, cada coisa tem a sua função.

Pode-se transpor para o mundo vivo a abordagem em termos de função: o estômago serve para digerir, o coração serve para bombear o sangue no organismo, os nervos servem para passar informações dos órgãos ao cérebro, etc.

FUNCIONALISMO

Em todos os organismos vivos, cada órgão parece ter uma função precisa, quando se tem em vista o conjunto.

Foi a partir dessa constatação que as diferentes teorias funcionalistas surgiram nas ciências humanas, no início do século XX. Elas partem da ideia de que a linguagem (e seus elementos constitutivos), a sociedade (a escola, a família, o Estado, os ritos, os mitos) e as aptidões mentais (memória, inteligência, consciência...) podem ser compreendidas a partir da sua função dentro de um conjunto. A função dos ritos e dos mitos seria de unir os homens entre si, a função da religião seria de transmitir valores culturais... Cada elemento ou fenômeno social deve ser entendido como um elemento funcional, como uma peça numa máquina.

As abordagens funcionalistas tomaram forma nos anos 1920 e tiveram seus anos de glória nos anos 1940-1950 na linguística e nas ciências sociais (sociologia e antropologia), antes de entrar em declínio. O funcionalismo foi com efeito muito criticado por ter uma visão orgânica da sociedade, na qual para cada elemento é designado um papel preciso, apagando assim as contradições, os conflitos, as desordens sociais.

Antropologia. O funcionalismo está associado à teoria da escola inglesa de Bronislaw K. Malinowski* (1884-1942) e Alfred R. Radcliffe-Brown* (1881-1955). Para dar conta de fenômenos sociais tais como a magia, B. K. Malinowski rejeita as explicações históricas que pretendiam que ela fosse um resquício do passado. Para ele, se a magia existe numa sociedade é porque nela cumpre um papel. Assim, é preciso rejeitar as abordagens "pseudo-históricas" para buscar sua função no conjunto.

Em todo tipo de civilização, cada costume, cada objeto material, cada ideia, cada crença cumpre uma função vital, tem determinada tarefa a realizar, representa uma parte insubstituível de um conjunto orgânico.

A. R. Radcliffe-Brown aplica o mesmo princípio metodológico. Em *Structure and Function in Primitive Society* [Estrutura e função na sociedade primitiva] (1952), ele explica as relações de evitação instauradas entre alguns membros da família (frequentemente entre sogra e genro) pela preocupação de evitar os conflitos familiares e de regular assim a vida social.

Sociologia. Talcott Parsons* e Robert K. Merton* são os defensores de uma abordagem conhecida como "estrutural-funcionalista". T. Parsons, ao menos nos seus escritos dos anos 1930-1960, vê a sociedade como um todo integrado, no qual cada instituição assume uma função precisa: a família permite a reprodução dos membros, a empresa a produção de bens, o Estado tem uma função de ordem, a religião, de coesão cultural, etc. Cada instituição é por si só um pequeno microcosmo (um subsistema) dentro do vasto conjunto que é a sociedade, e deve integrar no seu interior várias funções: a empresa deve formar seus membros, assegurar sua coesão cultural, etc.

R. K. Merton alerta contra o uso exageradamente vago da noção de função. Ressalta que uma instituição social pode ter funções latentes (não conscientes) distintas das suas razões explícitas. As cerimônias da chuva, por exemplo, dos indígenas hopi têm por motivo consciente fazer chover. O etnólogo admitirá que também existe outra função – subjacente – a essa cerimônia mágica: manter a coesão do grupo, por exemplo. No entanto, R. K. Merton logo acrescenta que é preciso ser prudente no uso da noção de "função". Assim, na nossa sociedade, a prisão possui mais de uma função: punir os criminosos, proteger a sociedade... Mas ela mesma pode também se tornar um reduto de criminalidade, onde se reproduz a cultura do crime. R. K. Merton insiste nesse ponto, apoiando-se em vários exemplos: uma prática social pode ser funcional de certo ponto de vista e disfuncional de outro; é necessário distinguir as "motivações conscientes" de uma prática de suas "consequências objetivas". Hoje, alguns autores neofuncionalistas, como o sociólogo americano Jeffrey Alexander, admitem a possibilidade de analisar os fenômenos sociais em termos de função (função de socialização da família, por exemplo), sem precisar, no entanto, cair numa visão orgânica e integrada da sociedade.

Linguística. O funcionalismo está ligado à escola de Praga, Roman Jakobson* e André Martinet*.

De início, parte-se da ideia de que a linguagem tem diferentes funções (R. Jakobson), sendo a transmissão de informações apenas uma função entre outras (emotiva, poética, metalinguística, etc.).

Para dar conta da função de informação, é preciso então destacar os elementos que têm um papel funcional na língua. É o caso dos monemas e dos fonemas. Os monemas (equivalentes aos morfemas*) são as unidades elementares que têm por função dar um sentido diferente. Assim, nas duas frases: "eu canto", "eu cantava", "o" e "ava" são monemas que distinguem dois tempos (enquanto nas frases "eu canto" e "eu estou cantando" não há diferença). Da mesma maneira, os fonemas* são unidades sonoras que têm uma função distintiva na palavra.

Psicologia. O funcionalismo foi de início uma escola de pensamento, cujo principal representante era William James*. Na virada do século XIX para o XX, W. James tratou da questão da consciência humana em termos de "função". Muito influenciado por Charles Darwin*, abordou a percepção ou a consciência a partir do seu papel adaptativo. Assim, o olho não vê o meio ambiente tal como ele é, mas conforme as necessidades de sobrevivência do organismo. A memória ou a consciência servem para que o indivíduo resolva problemas no seu meio. De acordo com essa visão pragmática*, o conhecimento está mais voltado para a utilidade do que para a verdade.

Ciências cognitivas. A abordagem funcionalista na filosofia da mente* surgiu como reação às "teorias da identidade" (ou *mind-brain identity theory*), segundo as quais o cérebro e a mente são uma única e mesma coisa. O funcionalismo defende, no plano metodológico, uma separação entre o estudo dos "atos mentais" e o estudo de seu suporte material. Assim, um mesmo cálculo (28 × 8 : 14 = 16) pode ser feito em suportes tão diferentes como um ábaco, uma calculadora eletrônica, dedos, etc. Logo, a função de cálculo é independente do suporte material.

Os estados mentais são então considerados operações funcionais que podem se traduzir em termos de algoritmos*, de sequências de operações mentais e de proposições lógicas.

O filósofo Hilary Putnam* (nascido em 1926, autor de *Minds and Machines* [Mentes e máquinas], 1960) foi o precursor dessa corrente de pensamento, mesmo que depois tenha se afastado dessa teoria (em seu livro *Representation and Reality* [Representação e realidade], 1988). Jerry Fodor* e Zenon Pylyshyn são os principais representantes do funcionalismo na filosofia da mente.

Bibliografia: • J. Fodor, *The Language of Thought*, Crowell, 1975 • A. Martinet, *Fonction et dynamique des langues*, Armand Colin, 1989 • R. K. Merton, *Éléments de théorie et de méthode sociologique*, Armand Colin, 1998 [1949] • A. R. Radcliffe-Brown, *Structure et fonction dans la société primitive*, Minuit, 1968 [1952]

FURET, FRANÇOIS
(1927-1997)

O historiador François Furet faz parte da geração de jovens intelectuais do pós-Segunda Guerra Mundial que aderiram ao partido comunista (que ele acaba abandonando em 1956). Distanciando-se do universo marxista*, ele se afasta também da história social ensinada por seu mestre Ernest Labrousse: "não compartilhava mais a ideia de que o social é a instância que explica tudo".

Grande parte de seus trabalhos trata da Revolução Francesa, para a qual ele propõe uma leitura política, que se distancia da historiografia canônica sobre o assunto, dominada na França pelas análises de historiadores marxistas como Albert Soboul. Segundo F. Furet, o episódio revolucionário de 1789 (mais do que a ditadura jacobina de 1793) marca uma profunda ruptura que continuará, durante muito tempo, agitando a vida política francesa. Além disso, F. Furet rompe com a ideia dos marxistas que viam na revolução burguesa uma matriz de outros episódios revolucionários por vir, como a Revolução Russa de 1917.

Diretor de pesquisas na EHESS*, F. Furet se tornou um renomado historiador do político.

Em 1995, publica *Le Passé d'une illusion. Essai sur l'idée communiste au XXᵉ siècle* [*O passado de uma ilusão. Ensaio sobre a ideia comunista no século XX*]. O fio condutor dos seus trabalhos consiste em retraçar a longa história do advento da democracia liberal, cujas origens e contradições, ele vai buscar na Revolução Francesa. Sem ir tão longe quanto o historiador alemão Ernst Nolte, que estabelece uma ligação causal entre os massacres do período leninista-stalinista e o genocídio perpetrado pelos nazistas (o nazismo seria uma reação ao bolchevismo), F. Furet estima, no entanto, que essas formas violentas do século XX têm certo parentesco. Elas são, cada uma a sua maneira, uma reação contra a extensão das democracias liberais, e ambas surgiram das fraturas da Primeira Guerra Mundial. A diferença entre o fascismo e o comunismo é que este último tem ambições universalistas, produzindo na verdade "a mais embriagadora bebida do homem moderno, privado de Deus". Ilusão messiânica, segundo F. Furet, na qual milhões de seres humanos acreditaram...

Principais obras de F. Furet
• (com D. Richet) *La Révolution Française*, 2 vols., 1965 [A Revolução Francesa]
• *Penser la Révolution Française*, 1978 [*Pensando a Revolução Francesa*, Paz e Terra, 2.ª ed., 1989]
• *L'Atelier de l'histoire*, 1982 [Oficina da história]
• *La Gauche et la Révolution Française au milieu du XIXᵉ siècle. Edgar Quinet et la question du jacobinisme (1865-1870)*, 1986 [A esquerda e a Revolução Francesa em meados do século XIX. Edgar Quinet e a questão do jacobinismo]
• *Marx et la Révolution Française*, 1986 [Marx e a Revolução Francesa, Zahar, 1989]
• *La Révolution de Turgot à Jules Ferry, 1770-1880*, 1988 [A Revolução de Turgot a Jules Ferry]
• (com M. Ozouf) *Dictionnaire critique de la Révolution Française*, 1988 [*Dicionário crítico da Revolução Francesa*, Nova Fronteira, 1989]
• *Le Passé d'une illusion. Essai sur l'idée communiste au XXᵉ siècle*, 1995 [*O passado de uma ilusão. Ensaos sobre a ideia comunista no século XX*, Siciliano, 1995]

G

GADAMER, HANS GEORG
1900-2002

Nascido em Breslau, na Alemanha, Hans G. Gadamer viria a publicar seu primeiro grande livro, *Wahrheit und Methode* [*Verdade e método*] (1960), somente aos 60 anos. A sombra de Martin Heidegger*, de quem foi aluno e discípulo, talvez explique isso: "A escrita representou para mim, durante muito tempo, um verdadeiro tormento. Eu sempre tinha a maldita sensação de que Heidegger olhava por cima do meu ombro." (*La Philosophie herméneutique* [A filosofia hermenêutica], 1996). Em que pese um reconhecimento tardio, ele ainda teria diante de si uma longa carreira, pois o filósofo faleceu com 102 anos de idade.

A VERDADE SEGUNDO GADAMER

O pensamento de H. G. Gadamer gira em torno da palavra "hermenêutica", que tem por objeto a compreensão. Tradicionalmente, ela designa a arte da interpretação dos textos, em geral religiosos, jurídicos, poéticos, ou filosóficos. H. G. Gadamer recusa essa concepção, que reduz a hermenêutica a uma habilidade técnica. Compreender é um acontecimento, e não um processo instrumental ou um método.

A ideia central de *Verdade e método* é que o método científico se apresenta indevidamente como o caminho unilateral para chegar à verdade. Em oposição ao cientificismo, H. G. Gadamer pretende mostrar que existe outra maneira de conhecer, de "compreender" o ser humano, nas ciências da mente (isto é, nas ciências humanas), na arte e até mesmo na história.

Surpreendentemente, H. G. Gadamer vai partir da arte e não das ciências da mente (como fizera Wilhelm Dilthey*) para captar o que está em jogo na compreensão. A partir de Emannuel Kant, a arte é percebida como uma esfera autônoma, que não se confunde com a esfera do conhecimento. Contrariamente a essa concepção, H. G. Gadamer tentará mostrar que "existe uma experiência da verdade" na arte na medida em que ela revela a realidade e permite redescobri-la com um olhar novo. A arte tem, pois, uma dimensão cognitiva. Para ele, a compreensão do sentido da obra de arte constitui um verdadeiro acontecimento, um encontro no qual o homem não é mero espectador, mas do qual ele participa.

O SENTIDO DEVE SER SEMPRE RECONSTRUÍDO

É essa concepção da compreensão que H. G. Gadamer vai estender às ciências da mente. A compreensão não é o domínio de uma técnica, mas, ao contrário, a participação num encontro, num diálogo. Para compreender, não se parte do nada. Toda interpretação se inscreve numa história e é moldada por ela. Realmente, para compreender, apoiamo-nos numa tradição e em "preconceitos" (no sentido próprio do termo), que H. G. Gadamer se empenha em reabilitar. A compreensão constitui, então, um acontecimento, pois cada ato interpretativo é o encontro entre aquilo que vem de mim e o que provém do "passado". Nesse sentido, há um verdadeiro "trabalho da história", e cada evento, cada obra se enriquece com as novas interpretações que lhe são dadas. Estas são fruto do novo contexto de recepção e também da reação às interpretações anteriores. E é no elemento da linguagem, à qual a hermenêutica de H. G. Gadamer atribui uma importância fundamental, que se constitui esse diálogo interpretativo.

Principais obras de H. G. Gadamer
• *Wahreit und Methode. Grundzüge einer philosophischen Hermeneutik*, 1960 [*Verdade e método. Traços fundamentais de uma hermenêutica filosófica*, Vozes, vol. 1, 5ª ed., 2003; vol. 2, 2002]
• *Le Problème de la conscience historique*, 1963 [*O problema da consciência histórica*, Fundação Getulio Vargas, 1998]

→ Hermenêutica

GALBRAITH, JOHN KENNETH
(1908 – 2006)

Economista americano de origem canadense, J. K. Galbraith era um espírito livre, naturalmente iconoclasta e provocador que desempenhou um papel de primeira importância no pensamento econômico durante os Trinta Gloriosos. Foi conselheiro do presidente John F. Kennedy e embaixador dos Estados Unidos.

Em sua obra *The Affluent Society* [*A sociedade afluente*] (1958), J. K. Galbraith analisa certos malefícios da sociedade de consumo, em que já não são os produtores que estão a serviço das necessidades do consumidor, mas o contrário. Pelo viés da publicidade e do marketing, "o consumo se torna um fim em si". Com *The New Industrial State* [*O novo Estado industrial*] (1967), ele teoriza o aparecimento da tecnoestrutura*, mundo formado por administradores (de empresas) que assumiram o lugar dos acionistas. Os administradores de empresas, que tomaram o poder nas grandes firmas, não as administram de acordo com o interesse dos acionistas (a maior rentabilidade), mas visando a aumentar o seu próprio poder e a conquistar maiores fatias de mercado. Essa análise data dos anos 1960 e será, de certo modo, confirmada *a posteriori* pela revolução dos acionistas dos anos 1990, época em que estes retomaram a direção das empresas (*corporate governance*). O estudo de J. K. Galbraith sobre as empresas, do Estado ou do consumo tem o mérito de reintegrar a história e as estruturas de poder na análise econômica e de não se limitar a uma análise abstrata dos mercados.

A partir dos anos 1980, J. K. Galbraith escreveu diversos livros sobre a história econômica que, com sua maneira pessoal de contá-la, são pequenas joias de clareza e vivacidade nas quais ele manifesta todo o seu talento de polemista e de espírito independente.

Principais obras de J. K. Galbraith
• *The Affluent Society*, 1958 [*A sociedade afluente*, Pioneira, 1987]
• *The New Industrial State*, 1967 [*O novo Estado industrial*, Thomsom Pioneira, 2ª ed., 1983]
• *A Journey Through Economic Time*, 1994 [*Uma viagem pelo tempo econômico*, Pioneira, 1994]

GARDNER, HOWARD EARL
(nascido em 1943)

Howard E. Gardner é professor de educação na Harvard School of Education e pesquisador no Boston Veterans Administration Medical Center. Com sua teoria das "inteligências múltiplas", Howard E. Gardner se opõe à ideia de que existiria apenas uma forma de inteligência, o pensamento abstrato conceitual e dedutivo valorizado pelo sistema escolar. Ele distingue, então, diversas inteligências: a linguística, a lógico-matemática, a espacial, a musical, a corporal-cinestésica, a pessoal (faculdade de conhecer a si mesmo e de compreender os outros), etc.

H. E. Gardner também dedicou diversas obras à psicologia dos gênios – como Charles Darwin*, Sigmund Freud*, Pablo Picasso, que desenvolveram seus talentos num domínio particular e, com isso, atestaram uma forma de inteligência particular.

Principais obras de H. E. Gardner
• *Frames of Mind: the Theory of Multiple Intelligences*, 1983 [*As formas da mente: a teoria das inteligências múltiplas*]
• *The Mind's New Science*, 1985 [*A nova ciência da mente*, Edusp, 2003]

GARFINKEL, HAROLD
(nascido em 1917)

Sociólogo americano, fundador da etnometodologia, Harold Garfinkel formou-se em economia para, depois, se orientar progressivamente para a sociologia. Em 1939, inscreve-se no curso de sociologia da Universidade da Carolina do Norte, onde se familiariza com o pensamento de Charles Wright Mills e também com a corrente da escola de Chicago*. Depois de sua participação na Segunda Guerra Mundial, inicia, na Universidade de Harvard, uma tese sob a orientação de Talcott Parsons*, então a mais eminente figura da sociologia no continente americano. Assiste paralelamente aos cursos de Alfred Schütz*, na New School for Social Research de Nova York. Em 1952, defende e publica a sua tese que tem como tema "a percepção do outro".

Em 1954, H. Garfinkel ingressa na UCLA, na qual passará a maior parte de sua carreira e, principalmente, encontrará seu colega Aaron V. Cicourel*. É ali que essas múltiplas influências darão origem à etnometodologia ou "ciência dos etnométodos", um tentativa de análise dos métodos usados pelos indivíduos para descrever suas ações e sua vida cotidiana e dar a elas um sentido.

Principal obra de H. Garfinkel
• *Studies in Ethnomethodology*, 1967 [Estudos em etnometodologia]

→ **Etnometodologia**

GEERTZ, CLIFFORD
(1926 – 2006)

O antropólogo americano Clifford Geertz renovou o estudo dos sistemas simbólicos e defendeu uma antropologia interpretativa semelhante à hermenêutica* e à sociologia compreensiva. Para ele, "a antropologia não deve ser uma ciência experimental à procura de padrões (*patterns*), mas uma ciência interpretativa à procura de significações culturais específicas (*webs of significance*)". Dessa forma, ele se opôs ao funcionalismo* e ao estruturalismo*. Seu lugar de especial destaque na antropologia norte-americana se explica por seu estilo marcado por referências literárias e filosóficas.

UMA ANTROPOLOGIA INTERPRETATIVA

A partir dos anos 1950, C. Geertz inicia sua carreira de etnógrafo, com trabalhos de campo em Java, em Bali e depois no Marrocos. Em 1973, publica *The Interpretation of Culture* [*A interpretação das culturas*]. Para C. Geertz, a cultura é um sistema simbólico em ação, partilhado e vivido em comum. É uma entidade estilística autônoma da estrutura social ou da psicologia individual. A ação simbólica, que inclui o pensamento, é de natureza social, e os atores não são naturalmente levados a teorizar seu ponto de vista. Para compreender suas razões de agir e suas maneiras de ver, importa "ler por sobre o ombro dos nativos" em vez de "entrar na cabeça deles" e, dessa forma, analisar as ações simbólicas como "textos" vividos. Por exemplo, para os balineses, as brigas de galos não são mera prática lúdica, mas uma espécie de "jogo de vida ou morte", em que estão envolvidas todas as tensões inerentes à sua sociedade de castas. A análise cultural é, pois, de tipo interpretativo, uma vez que a etnografia só pode ser uma descrição em profundidade (*thick description*), a um só tempo intuitiva, densa e escrupulosa. O que importa não é elaborar grandes teorias ou traçar grandes comparações, e sim elucidar o detalhe. Sendo um conjunto de representações e de práticas simbólicas, a cultura estudada vai sofrer uma metamorfose e tornar-se, finalmente, objetivada em texto. A metáfora da "cultura como texto" permite, portanto, definir uma relação heurística com o objeto estudado (o etnólogo decifra e interpreta uma cultura como um manuscrito estrangeiro), mas também interrogar a autoridade autoral do etnólogo. G. Geertz demonstrou (*Works and Lives – Anthropologist as Author*, 1988 [*Obras e vidas – o antropólogo como autor*]) que a qualidade dos textos dos etnólogos, o poder de persuasão destes, procede muito mais da maneira como trabalham a escrita do que do rigor do seu método ou da exatidão da sua teoria. Nesse sentido (a cultura como construção e como produto literário), C. Geertz antecipou a crítica pós-modernista que se desenvolve a partir dos anos 1980.

Principais obras de C. Geertz
• *The Religion of Java*, 1963 [A religião de Java]
• *The Interpretation of Culture. Selected Essays*, 1973 [A interpretação das culturas, LTC, 1989]
• *Local Knowledge*, 1983 [O saber local, Vozes, 7.ª ed., 2004]
• *Works and Lives – Anthropologist as Author*, 1988 [Obras e vidas – o antropólogo como autor, UFRJ, 2.ª ed., 2005]

→ **Culturalismo, Pós-modernidade**

GELLNER, ERNEST
(1925-1995)

Ernest Gellner, figura bastante atípica, é conhecido principalmente por seus trabalhos sobre o islamismo e sobre o nacionalismo, que interessam tanto os historiadores como os antropólogos e os cientistas políticos.

Nascido em 1925, cresceu em Praga e, em 1939, emigrou para Londres, onde se refugiou com sua família de origem judaica. Após formar-se em filosofia, leciona na Universidade de Edimburgo e depois na LSE.

E. Gellner dedica-se então, particularmente, a denunciar as ortodoxias de sua época. Adquire certa notoriedade em virtude da publicação da obra *Words and Things* [Palavras e coisas] (1959), na qual critica violentamente a filosofia analítica* e, em especial, a escola de

Oxford, por julgá-la ideológica; denuncia sobretudo seu conservadorismo e sua rejeição da ciência. Em *The Psychoanalytic Movement: the Cunning of Unreason* [O movimento psicanalítico; ou os ardis da não razão] (1985), E. Gellner aborda a psicanálise para tentar compreender-lhe o sucesso. Afirma que ela é um sistema de crenças que permite paliar o desencantamento do mundo e que é construida de maneira a evitar qualquer refutação possível.

Porém, são principalmente seus estudos sobre o islamismo e o nacionalismo* que terão maior repercussão. Nos anos 1950, descobre a antropologia e parte para o Marrocos para realizar trabalhos de campo. Em 1969, publica *Saints of the Atlas* [Santos do Atlas], obra na qual, inspirando-se nos trabalhos de Edward E. Evans-Pritchard*, mostra o papel político das linhagens de santos numa sociedade berbere segmentária*. Começa então a se questionar sobre as relações que existem entre o islã e o poder político nas sociedades muçulmanas. Em *Muslim Society* [Sociedade muçulmana] (1981), E. Gellner procura mostrar que, apesar de um poder político fragmentado, as sociedades muçulmanas tradicionais tiveram, no passado, notável estabilidade em virtude do equilíbrio entre duas tradições religiosas, uma culta e urbana, e outra mais popular. Segundo ele, esse equilíbrio foi desestabilizado pelo mundo moderno, particularmente pelo colonialismo e pela industrialização. Assim, a tradição culta se tornou dominante e se impôs na forma de um islamismo radical.

Em *Nations and Nationalism* [Nações e nacionalismo] (1983), ele afirma que o nacionalismo é na realidade um fenômeno moderno e que o Estado-Nação* é um produto da sociedade industrial, que exige maior mobilidade e maior polivalência dos indivíduos e, portanto, uma "cultura superior", *high culture*. O sistema educativo vai permitir responder a essas necessidades, construindo uma consciência nacional que se difundirá progressivamente em toda a sociedade.

Portanto, o nacionalismo não é um arcaísmo, mas a própria consequência da organização das sociedades modernas. Fonte de integração e de coesão, ele torna efetivamente possível o desenvolvimento econômico.

Convencido de que a queda do comunismo acarretará o retorno dos nacionalistas, E. Gellner cria, em 1993, o Centro de Estudo do Nacionalismo (Center of the Study of Nationalism) da Universidade Centro-Europeia. Falece em 1995, justamente no momento em que o Leste Europeu era dilacerado pela guerra na ex-Iugoslávia.

Principais obras de E. Gellner
- *Saints of the Atlas*, 1969 [Santos dos Atlas]
- *Muslim Society*, 1981 [Sociedade muçulmana]
- *Nations and Nationalism*, 1983 [Nações e nacionalismo]
- *The Psychoanalytic Movement: the Cunning of Unreason*, 1985 [O movimento psicanalítico; ou os ardis da não razão, Zahar, 1988]

GÊMEOS (método dos)

Existem duas categorias de gêmeos: os gêmeos monozigóticos (MZ), provenientes de um único óvulo, partilham o mesmo patrimônio genético, enquanto os gêmeos dizigóticos têm a mesma proximidade genética de irmãos que nasceram em datas diferentes. Se diferenças interindividuais são observadas entre gêmeos MZ, elas deveriam ser atribuíveis ao efeito do meio no qual vivem. O método dos gêmeos foi desenvolvido com base nesse pressuposto, e é utilizado por pesquisadores em psicologia no vasto debate entre inato e adquirido, que tenta esclarecer o que, nos comportamentos, se deve à hereditariedade e o que se deve à influência do meio. Esse método consiste em comparar gêmeos MZ a não gêmeos (com as mesmas idades e nas mesmas situações) para determinar, especialmente, a origem da inteligência e dos traços de caráter.

→ **Genética do comportamento, Inato-adquirido**

GENDER STUDIES
→ **Gênero**

GÊNERO

"Nós não nascemos mulher, e sim nos tornamos mulher", proclamava Simone de Beauvoir em 1949, no livro *Le Deuxième Sexe* [O segundo sexo], denunciando a diferença de tratamento com relação a homens e mulheres nas sociedades...

Nos anos 1960, a etnóloga Margaret Mead* combatera veementemente a noção de "eterno feminino", mostrando que os atributos de cada sexo variam segundo os povos. Por exemplo, entre os arapeches da Nova Guiné, que ela estava estudando, era aos homens que se atribuíam

Masculino/Feminino: uma questão de natureza ou de cultura? As teorias da diferença dos sexos

Diferenças de natureza?

Desde os gregos até o Século das Luzes, os filósofos afirmaram a inferioridade das mulheres em relação aos homens por meio de um discurso metafísico ou naturalista que terminava por "essencializar" a natureza feminina.

Por sua vez, a psicologia evolucionista, que vem sendo desenvolvida principalmente nos Estados Unidos há cerca de trinta anos, produz toda uma série de trabalhos sobre as aptidões cognitivas, os comportamentos sociais e sexuais nos quais as diferenças homem/mulher são explicadas pela teoria da evolução e da seleção sexual de Charles Darwin*. Cada um dos sexos teria desenvolvido diferentes competências e relações com o mundo de acordo com os papéis que lhe eram atribuídos. Assim, as moças dominam melhor a linguagem, valorizam mais as relações interpessoais, porque, como entre todos os animais, é em torno da fêmea, que gesta os filhos, que se organizam os vínculos familiares e sociais. Os homens teriam melhores aptidões físicas e melhor senso de orientação, pois teriam desenvolvido um instinto de caçador. Seriam mais agressivos e dominadores, pois, na natureza, a regra é a competição entre os machos...

Hoje, os trabalhos da psicologia evolucionista se diversificaram (pesquisadoras como Sarah Blaffer Hrdy questionam a permanência do instinto materno e da fidelidade das fêmeas dos animais; *Mother Nature: a History of Mothers, Infants, and Natural Selection* [Mãe natureza: uma visão feminina da evolução: maternidade, filhos e seleção natural], 1981). Entretanto, a psicologia evolucionista continua a fazer, principalmente na Europa, o papel de patinho feio no panorama das ciências humanas. De fato, ela propõe teorias consideradas pouco politicamente corretas, segundo as quais as diferenças entre os dois sexos se explicariam por determinismos biológicos (Ver J.-F. Dortier, *L'Homme, cet étrange animal* [O homem, este estranho animal], 2004.)

Diferenças culturais?

A partir do início do século XX, antropólogos, psicólogos e sociólogos afirmam que a diferença dos papéis e dos comportamentos masculinos e femininos é produto da cultura. Dessa ótica culturalista originaram-se os estudos a respeito do gênero.

Uma construção das identidades sexuadas. A etnóloga Margaret Mead* foi uma das primeiras a enfatizar, nos anos 1930, o caráter cultural e construído das identidades de sexo. Pretendendo mostrar a improbidade da noção de eterno feminino, ela se dedica a apresentar a variedade dos modelos culturais masculinos e femininos em diferentes tribos da Oceania (*Male and Female* [Masculino e feminino], 1949.

A psicologia do desenvolvimento e a psicologia social revelaram a existência de inúmeros estereótipos de gênero nas representações sociais. Nas famílias, na escola ou na sociedade inteira, as expectativas em relação a cada um dos sexos são diferentes. Na escola, por exemplo, os professores fazem, aos rapazes, perguntas que envolvem raciocínio e, às meninas, pedem para resumir a aula anterior.

A crítica da dominação masculina. Na sociologia, Pierre Bourdieu* aplicou sua teoria da violência simbólica à dominação masculina. Para ele, esta seria "produto de um incessante trabalho de reprodução" efetuado pelos homens e também pelas mulheres, pelo viés de *habitus** (condutas, julgamentos, costumes) notadamente presentes no uso do corpo (por exemplo, nas práticas sexuais). Assim, para P. Bourdieu, a participação das mulheres na dominação masculina significa que existe "um consentimento das dominadas" (*La Domination masculine* [A dominação masculina], 1998).

Em *Masculin/Féminin, la pensée de la diférence* [Masculino/feminino, o pensamento da diferença], 1996), a antropóloga Françoise Héritier destaca uma "valência diferencial dos sexos", observável em todas as sociedades, tradicionais ou modernas, no passado e no presente. As razões da dominação masculina procederiam de um temor original dos homens diante do poder que as mulheres têm de perenizar a vida pelo fato de parirem. Por isso, os homens teriam construído representações e instituições destinadas a controlar as mulheres, detentoras da fecundidade.

Desigualdades de todo "gênero". Há cerca de vinte anos, muitos trabalhos – em sociologia, economia, história, direito – começaram a revelar desigualdades entre os dois sexos no trabalho, na vida privada, na vida pública ou política. Esses estudos de gênero, em plena expansão, ocasionaram verdadeiros debates sociais em todas as democracias (a respeito da paridade em política, por exemplo) e modificações legislativas em favor de maior igualdade entre homens e mulheres. (Ver J. Laufer, C. Marry, M. Maruani, *Le Travail du genre* [O trabalho do gênero], 2003.)

Na esteira de Simone de Beauvoir (*O segundo sexo*, 2 vols., 1949), o debate sobre o lugar das mulheres nas sociedades contemporâneas também é sustentado por algumas mulheres filósofas, na França, como Elizabeth Badinter e Geneviève Fraisse.

traços de caráter geralmente considerados femininos, tais como a sensibilidade, a passividade e o amor pelos filhos.

Num dos primeiros trabalhos explicitamente consagrados ao gênero, *Sex, Gender and Society* [Sexo, gênero e sociedade] (1972), a americana Ann Oakley define o gênero em oposição ao sexo. A palavra "sexo" se refere às diferenças biológicas; já o "gênero" é uma questão de cultura: "refere-se à classificação social entre masculino e feminino", aos papéis sociais atribuídos aos homens e às mulheres ou, ainda, àquilo que os sociólogos chamam de "as relações sociais de sexo".

Nessa acepção, a palavra "gênero" é uma importação anglo-saxã do termo *gender*, inicialmente usada nos estudos feministas americanos. Com efeito, a partir dos anos 1970, nos Estados Unidos, em particular com a ascensão do movimento feminista, os *Gender Studies* se desenvolveram amplamente no seio de muitas universidades americanas. Eles se inscreviam na vasta corrente crítica dos *Cultural Studies**, que se fundamentava nos filósofos da desconstrução* e na qual as "minorias" (mulheres, negros, índios, homossexuais...) reivindicavam uma leitura multiculturalista* da história e das ciências sociais.

Por exemplo, muitos deles propõem uma releitura da sociedade segundo um ponto de vista feminino, pois a história acadêmica, por ter sido escrita por homens, oculta o papel desempenhado pelas mulheres. Algumas feministas chegam mesmo a incriminar a linguagem usada nesses trabalhos, uma vez que é produzida por homens.

A noção de gênero também é usada cada vez mais amplamente nos trabalhos de ciências sociais, como a história, a sociologia, a antropologia, as ciências políticas e jurídicas... Na esteira dos estudos feministas, desenvolveram-se os estudos sobre a homossexualidade (*Gay and Lesbian Studies*) e, mais recentemente, a *Queer Theory*, movimento intelectual e político que recusa as identidades atribuídas e procura diluir as fronteiras entre os sexos mostrando que o biológico sempre é moldado pelo gênero social.

Em suma, os *Gender Studies*, tanto na Europa como nos Estados Unidos, constituem um campo de pesquisa que fornece assunto para revistas, colóquios e departamentos universitários.

É preciso também levar em conta que, bem antes que os estudos sobre os gêneros usufruíssem da legitimidade de que gozam atualmente nas sociedades ocidentais, muitos autores e autoras já haviam questionado a diferença social entre os sexos.

Bibliografia: • J. Butler, *Gender Trouble: Feminism and the Subversion of Identity*, Routledge, 1990 • M. B. Duberman, G. Chauncey, M. Vicinus (orgs.), *Hidden from History: Reclaiming the Gay and Lesbian Past*, Penguin Books, 1989 • C. Guillaumin, *Sexe, race et pratique du pouvoir. L'idée de nature*, Côté femmes, 1992 • M.-C. Hurtig, M. Kail, H. Rouch (orgs.), *Sexe et genre, de la hiérarchie entre les sexes*, CNRS 2002 [1991] • T. Laqueur, *La Fabrique du sexe: essai sur le corps et le genre en Occident*, Gallimard, 1992 [1990] • J. Laufer, C. Marry, M. Maruani (orgs.), *Le Travail du genre. Les sciences sociales du travail à l'épreuve des différences de sexe*, La Découverte/Mage, 2003

→ **Feminismo, Mulher**

GENÉTICA DAS POPULAÇÕES

A genética das populações consiste no estudo da frequência de certos genes no seio de grupos de animais ou de seres humanos. No âmbito da medicina, ela permite identificar as taras hereditárias e, com isso, o risco de uma doença numa determinada população ou numa família.

No estudo da evolução das espécies, a genética das populações permite, de modo particular, compreender as filiações e o estabelecimento de parentesco entre espécies. É por meio de estudos de genética da população que sabemos que os chimpanzés são os parentes mais próximos do ser humano e que a convergência entre as duas espécies remonta a cerca de 6-7 milhões de anos.

GENÉTICA DO COMPORTAMENTO

Nas aptidões intelectuais, nos traços de personalidade ou nos comportamentos, o que procederia de uma predisposição genética hereditária? E o que procederia da influência do meio em que cada um de nós evolui?

Para responder a tais interrogações, a genética do comportamento toma como base a análise das associações possíveis entre os dados ambientais e genéticos e procura determinar o papel deles na constituição de um comportamento humano. Por exemplo, segundo o pesquisador americano Jerome Kagan, a inibição teria origem genética. Para fazer essa afirmação, ele se fundamenta numa série de estudos

A ÁRVORE GENEALÓGICA DA HUMANIDADE

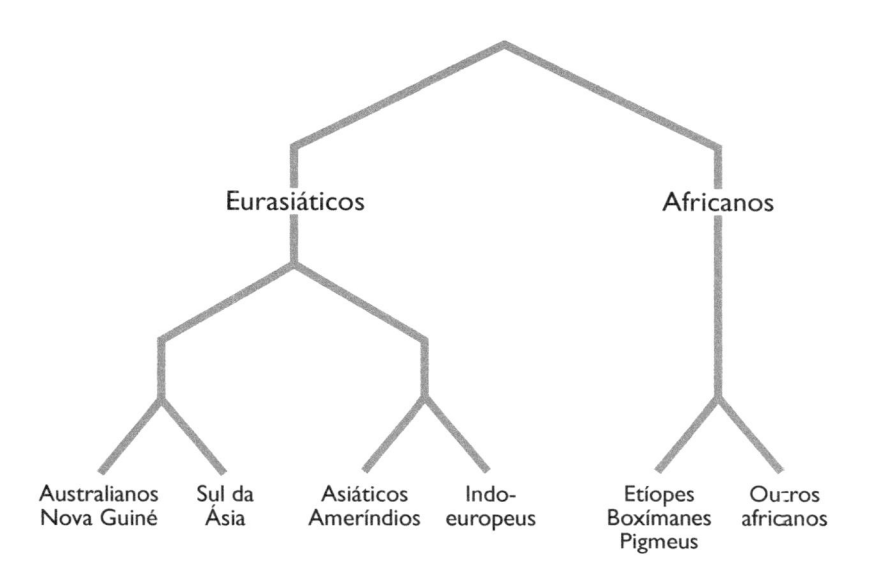

```
                        ┌─────────────────────────┴─────────────────┐
                   Eurasiáticos                                 Africanos
         ┌──────────────┼──────────────┐                ┌───────────┴──────┐
   Australianos    Sul da      Asiáticos    Indo-      Etíopes         Outros
   Nova Guiné     Ásia        Ameríndios  europeus    Boxímanes       africanos
                                                       Pigmeus
```

• Ao que tudo indica, a proximidade genética entre duas populações reflete o grau de parentesco entre elas. Por exemplo, há mais semelhança entre os australianos e os melanésios do que entre os australianos e os europeus; essa similaridade genética indica o parentesco entre eles.
De acordo com esse princípio, o geneticista Luca Cavalli-Sforza e sua equipe (*Geni, popoli e lingue* [*Genes, povos e línguas*], 1996), comparando os genes de quarenta populações do mundo, tentaram reconstituir algumas grandes etapas de formação das populações humanas desde o aparecimento do *Homo sapiens* sapiens*.

• Cruzando os dados genéticos com os dados da paleoantropologia*, é possível reconstruir o seguinte cenário. A primeira população de homens modernos (*Homo sapiens sapiens*) teria surgido há cerca de 100 mil-150 mil anos na África. Há aproximadamente 100 mil anos, os primeiros grupos de *Homo sapiens sapiens* deixaram o berço africano e se instalaram no Oriente Médio.

As grandes vagas migratórias
A partir daí, diversas vagas migratórias teriam ocorrido há cerca de 70 mil-80 mil anos. Dessas grandes vagas, nasceriam sete grandes grupos de população: os africanos, os australianos, os asiáticos do Sudeste, os oceânicos, os asiáticos do Nordeste, os ameríndios, os caucasoides.
– Uma primeira vaga de migrantes teria chegado à Nova Guiné e à Austrália (há cerca de 60 mil anos).
– Outra vaga teria chegado inicialmente ao Leste da Ásia para depois se dividir em dois grandes fluxos de populações. Um chegou ao Sudeste da Ásia e deu origem ao povoamento da China, da Indochina e da Indonésia; outro chegou pelo Nordeste da Ásia e deu origem aos ancestrais dos coreanos, dos mongóis e dos japoneses (asiáticos do Nordeste).
– Há cerca de 40 mil anos, um ramo do foco de população norte-asiática teria dado origem às populações europeias (ditas caucasoides) ao migrar para o Oeste.
– Um pouco mais tarde, entre 30 mil e 15 mil anos atrás, populações asiáticas migraram, por sua vez, para o Norte e chegaram à América pelo estreito de Bering, que podia, então, ser atravessado a pé. Essas populações deram origem aos índios da América.
A reconstituição dessa árvore genealógica da humanidade a partir dos dados genéticos coincide relativamente bem com os dados provenientes da história das línguas.

que realizou a partir dos anos 1950. Acompanhando crianças desde o nascimento até os 20 anos, descobriu que somente um comportamento se mantém inalterado do instante de seu aparecimento até a idade adulta. Esse comportamento – que mais tarde ele chamará de inibição – é a reação de reserva ou temor perante o desconhecido, ou a reação inversa, isto é, a ausência de inibição. A genética do comportamento faz uso de diferentes métodos, como o dos gêmeos* ou o dos *pedigrees*, que consiste em escolher um indivíduo que apresenta a característica estudada – ser colérico, ser um calculador prodígio ou um anoréxico – a lista é infindável – e verificar se essa mesma característica se manifesta com maior frequência entre os membros da família do que na população geral.

Em todos os métodos usados, não é possível, em caso algum, tirar conclusões precipitadas ou definitivas, uma vez que os fatores ligados à hereditariedade* e ao meio estão inscritos numa rede muito complexa de relações e interações. Por exemplo, se um dia for comprovado que existe o gene responsável pelo alcoolismo, pela criminalidade ou pela homossexualidade, isso significa que o meio não desempenhou nenhum papel na sua formação? É evidente que não, responde a genética do comportamento. Também parece ilusório procurar determinar, para um comportamento específico, a porcentagem de diferenças individuais devidas aos genes e ao meio. Contudo, os progressos obtidos no conhecimento do genoma humano fornecem informações cada vez mais precisas sobre a existência de genes que poderiam estar implicados em distúrbios como a dislexia ou em doenças como o autismo e a esquizofrenia. São descobertas que abrem caminho a possibilidades futuras de diagnóstico precoce e de terapias.

Bibliografia: • L. Cavalli-Sforza, *Gènes, peuples et langues*, Odile Jacob, 1996 • J. Kagan, *La Part de l'inné*, Bayart, 2000 • R. Plomin, J. C. DeFries, G. E. McClearn, M. Rutter, *Des gènes au comportement: introduction à la génétique comportementale*, De Boeck, 1998

→ **Inato-adquirido**

GEOGRAFIA
Ver disciplinas nas páginas centrais

GEOPOLÍTICA

Entre 1978 e 1979 o mundo foi teatro de um novo conflito: os khmers vermelhos do Camboja e o exército do Vietnã se enfrentaram no delta do Mekong. O conflito deteve ainda mais a atenção das opiniões públicas por ter posto frente a frente dois países comunistas que não estavam combatendo por causa de divergências ideológicas, mas pelo controle de um território. Foi por ocasião dessa guerra, digna dos conflitos do século XIX, que a palavra "geopolítica" reapareceu nos escritos dos comentaristas.

Desde o fim da Guerra Fria, seu uso se difundiu amplamente, não sem certa confusão, pois o termo "geopolítica" servia tanto para designar uma realidade quanto uma disciplina ou, ainda, como sinônimo para "geoestratégia".

Historicamente, o termo foi cunhado no final do século XIX (em 1889, segundo alguns, e em 1904, segundo outros; ou já em 1889, de acordo com o dicionário *Le Robert*) pelo sueco Rudolf Kjellén (1864-1922) Designava, então, as políticas dos Estados elaboradas com base nos dados geográficos, antes de ser popularizado por diferentes autores. Entre estes, encontram-se o inglês Halford Mackinder e, logo após a Primeira Guerra Mundial, o alemão Karl Haushofer.

PARA QUE SERVE A GEOPOLÍTICA?

Costuma-se dizer que tanto a palavra como a disciplina geopolítica teriam sido abolidas em consequência da instrumentalização que delas fizeram os nazistas para justificar o expansionismo da Alemanha. Mesmo que o termo tenha se tornado um tabu logo após a Segunda Guerra Mundial, não só entre os diplomatas como também entre os pesquisadores, as relações entre geopolítica e nazismo são menos nítidas do que já se disse.

Na Alemanha, o principal promotor da geopolítica não foi Friedrich Ratzel (1844-1904), como às vezes se pensa, e sim Karl Haushofer (1869-1946). Em 1918, esse ex-militar e diplomata tomou a dianteira de um movimento em prol de uma nova abordagem, a geopolítica, iniciada por professores alemães do ensino secundário com o objetivo de questionar as novas fronteiras impostas pelos Aliados. Mais ainda, importava deixar manifesto o papel das opiniões públicas, pondo fim ao monopólio exercido pelos diplomatas e pelos ministros das Relações Exteriores. A geopolítica assim proposta é distinta da geografia política desenvolvida no século XIX por F. Ratzel, com a qual é erroneamente identificada.

Pois se, posteriormente, K. Haushofer foi o artífice do pacto germano-soviético, ele se opôs à invasão da União Soviética. A publicação dos *Zeitschrift für Geopolitik* [Cadernos de geopolítica], que tiveram a sua colaboração, foi impedida pouco depois de 1941. Ele próprio foi preso em consequência da participação de seu filho numa conspiração contra Adolf Hitler. Como resumem Aymeric Chauprade e François Tuhal em seu *Dictionnaire de géopolitique* [Dicionário de geopolítica] (1998), K. Haushofer foi "geopolítico na Alemanha hitleriana muito mais que da Alemanha hitleriana". Evidentemente, a *Geopolitik* nazista inspirava-se mais nos escritos do inglês H. Mackinder (1861-1947), que introduziu a ideia de que existe um "centro geográfico da história" (*heartland*) situado na Eurásia, e cujo controle asseguraria a dominação sobre o resto do mundo.

Contudo, será preciso esperar os anos 1970 para que o interesse pela geopolítica ressurja.

O PESO DAS REPRESENTAÇÕES

Frequentemente apresentados como o ponto de partida de um trabalho de reabilitação da disciplina, os escritos de Yves Lacoste (entre os quais sua obra *La géographie, ça sert d'abord à faire la guerre* [A geografia serve primeiramente para fazer a guerra], publicada em 1976) participam realmente de uma profunda renovação. Nos Estados Unidos, diversos especialistas em relações internacionais haviam continuado a se referir à *geopolitics*. Mas esses autores estavam limitados a uma visão clássica da geopolítica, isto é, à análise geográfica dos conflitos internacionais.

A renovação empreendida por Y. Lacoste consiste em levar mais em conta as representações: as dos atores envolvidos, entre os quais a opinião pública, como também, no sentido teatral do termo, as ideias que assumem as características de personagens ("A França", "A Alemanha", etc.). Na perspectiva proposta por Y. Lacoste, a geopolítica não pode se reduzir a rivalidades em torno dos recursos de um território. Nem sempre as populações lutam pela posse de recursos naturais; são também determinantes as representações a eles ligadas. "O papel das ideias – ainda que falsas – é capital em geopolítica, pois são elas que explicam os projetos e que, tanto quanto os dados materiais, determinam as escolhas das estratégias."

Isso mostra a importância da mídia, e também da existência de certa liberdade de expressão sem a qual os debates políticos entre cidadãos não poderiam ocorrer. Mostra ainda como os conflitos geopolíticos são relativamente recentes. De acordo com Lacoste, a Guerra do Vietnã pode ser considerada a primeira grande guerra geopolítica em razão da mobilização da opinião pública que ela provocou graças aos meios de comunicação.

A geopolítica compreendida dessa forma não pretende se limitar unicamente aos conflitos entre Estados. Também podem ser qualificados como geopolíticos conflitos no interior de um mesmo Estado, quando representações ligadas a territórios históricos ou simbólicos entram em choque. É o caso dos conflitos entre um Estado contra um movimento separatista, como na Espanha (País Basco e Catalunha) ou na França (a Nova Caledônia, a Córsega).

Mas a visão geopolítica também se mostra útil para compreender os conflitos em torno de projetos de organização de um território. Aliás, é com a finalidade de entender as representações dos atores envolvidos (dirigentes, eleitos, habitantes) que se começa a solicitar o auxílio dos geopolíticos.

A geopolítica não se limita a analisar as representações. Propõe igualmente construir uma representação global e tão objetiva quanto possível de um conflito. O método proposto por Y. Lacoste pretende ser original; baseia-se, evidentemente, na geografia e na cartografia, mas também na história. Ele distingue diferentes escalas de análise, a saber, local, regional, nacional e internacional para melhor evidenciar as lógicas empregadas e sua imbricação.

A geopolítica concebida dessa forma pretende ser uma grade de análise do mundo contemporâneo, uma alternativa à análise em termos estritamente econômicos. Àqueles que veem na globalização o "fim dos territórios", ela lembra a importância das rivalidades territoriais e o peso da história e das ideias. Além das questões referentes às fronteiras ao Estado, ela abrange temas tão diferentes quanto o direito internacional, a droga, a imprensa, a urbanização, as etnias, etc., que constituem outros tantos verbetes do *Dictionnaire de géopolitique* [Dicionário de geopolítica] cuja publicação, em 1993, sob a coordenação de Yves Lacoste, consagrou a reinclusão da geopolítica entre as disciplinas universitárias. Ela obtém um crescente sucesso na medida em que conflitos passados, como a Guerra da Argélia, por exemplo, podem ser lidos retrospectivamente como conflitos geopolíticos.

A GEOPOLÍTICA NA ERA DA INTERNET

No final das contas, estamos longe da definição de geopolítica dada pela enciclopédia *Grand Larousse Universel* em 1989: "a ciência que estuda as relações entre a geografia dos Estados e sua política". Também é verdade que a globalização advinda com o fim da Guerra Fria pareceu propagar a ideia de uma "desgeopolitização" do mundo. Diante da aparente substituição dos conflitos militares por guerras comerciais, Pascal Lorot propôs uma abordagem em termos de "geoeconomia", definindo essa nova disciplina como o estudo dos meios empregados pelos governos para defender os interesses de suas empresas. De fato, tal abordagem é mais complementar que antinômica. Se, então, a abordagem geopolítica continua pertinente no contexto de globalização, ela também o seria na era da internet e do ciberespaço? Muitos duvidam, sublinhando a maneira como a internet despreza as fronteiras. Numa obra recente, Solveig Godeluck mostra, porém, o interesse de uma abordagem geopolítica: por um lado, em razão das questões relativas ao domínio das infraestruturas, mas também das representações envolvidas e dos debates de que participam os usuários e, mais amplamente, as opiniões públicas (*La Géopolitique d'Internet* [A geopolítica da internet], 2002).

Bibliografia: • A. Chauprade, F. Thual, *Dictionnaire de géopolitique*, Ellipses, 1998 • Y. Lacoste (org.), *Dictionnaire de géopolitique*, Flammarion, 1995 [1993]

GERAÇÃO

A noção de geração é cativante, pois permite reunir aqueles que viveram os mesmos acontecimentos ou o mesmo contexto histórico, social, econômico, cultural...

Cada geração constrói seu museu imaginário com símbolos e objetos. Por exemplo, a juventude dos anos 1950 cultuou *Juventude transviada*, com James Dean, e os filmes da Nouvelle Vague (Jean-Luc Godard, François Truffaut); a dos anos 1960, a música dos Beatles e dos Rolling Stones; a dos anos 1970, o livro de John Irving, *The World According to Garp* [O mundo segundo Garp] ou as canções de Bob Dylan. Aliás, não é apenas a história cotidiana, muitas vezes frívola, que forja o destino das gerações. No século XX, a Guerra de 1914-1918, a grande crise dos anos 1930, a sombra dos totalitarismos e a Segunda Guerra Mundial, que veio em seguida – para citar somente esses poucos fatos da História trágica –, ficaram impressas de diversas formas nos indivíduos. Na França, fala-se de geração da Resistência, mas, na Alemanha, de geração do nazismo. A "geração Verdun" será sacrificada, amputada de um quarto de seus jovens. A "geração Belle Époque" (início do século XX) bem como a de maio de 1968 fizeram seu aprendizado da vida durante uma fase de expansão econômica e de progresso social. A "geração *crash*", ao contrário, fará sua iniciação num período conturbado (Grande Depressão econômica dos anos 1930 e Segunda Guerra Mundial), mas depois irá usufruir do crescimento do pós-guerra.

Na verdade, a noção de geração tem diversas acepções; ora está relacionada à época (como nos exemplos acima), ora à filiação ou à idade ou, mais indistintamente, a tudo isso ao mesmo tempo.

No âmbito familiar essa noção não apresenta problema, permite situar-se na linhagem, os atores são de carne e sangue, são avós, pais, filhos... No plano social, o conceito foi construído no início do século XX pelo sociólogo alemão Karl Mannheim: os indivíduos se reconheceriam num destino coletivo que marcou sua época; a identificação ocorreria pela adesão a valores, a fatos, a correntes intelectuais ou artísticas...

Porém, como explicam os sociólogos Christian Baudelot e Roger Establet, nem todos os jovens das décadas de 1950-1960 participaram da Guerra da Argélia, e enquanto os estudantes de 1968 ocupavam a Sorbonne, muitos jovens franceses simplesmente ignoravam o que estava acontecendo (C. Baudelot. R. Establet, *Avoir 30 ans en 1968 et en 1998* [Ter 30 anos em 1968 e em 1998], 2000).

De fato, no âmbito demográfico e sociológico, as gerações são simples categorias estatísticas que quase nunca formam grupos reais. Por essa razão, nos estudos estatísticos, os sociólogos preferem empregar noções mais precisas como "faixa de idade" ou "coorte".
→ **Idade**

GIDDENS, ANTHONY
(nascido em 1938)

Anthony Giddens nasceu em Londres. Defendeu uma tese sobre a sociologia do esporte na prestigiosa LSE, da qual hoje é diretor. Na Universidade de Leicester, onde iniciou sua docência, encontra Norbert Elias*, cuja obra o marcou profundamente.

Durante sua carreira de professor no King's College de Cambridge e na Universidade da Califórnia (Santa Bárbara), seu público e sua fama internacional cresceram continuamente (seus livros foram traduzidos em vinte e duas línguas).

ULTRAPASSAR O OBJETIVISMO E O INDIVIDUALISMO

Em *The Constitution of Society* [*A constituição da sociedade*], 1984), A. Giddens apresenta uma "teoria da estruturação" cujo projeto é superar a oposição entre uma sociologia determinista, em que as imposições e as estruturas são predominantes, e uma sociologia individualista, que leva em conta as margens de liberdade e as competências do ator. Para o autor, existe uma "dualidade estrutural" do social. A sociedade é uma criação permanente ligada ao trabalho dos atores sociais, mas a ação criadora do social está condicionada por estruturas já estabelecidas e tende também a se estabilizar numa ação rotineira. Podemos considerar o caso de uma empresa ou de uma família. Nascidas de um projeto, de um ato fundador, conhecem permanente evolução. Tendem, ao mesmo tempo, a estruturar-se em rotinas, em ações cotidianas regradas e ordenadas. A ação e a estrutura são as duas faces de uma mesma realidade social. Por outro lado, os atores são considerados reflexivos, isto é, "capazes de compreender o que fazem quando estão fazendo". Além disso, a modernidade se caracteriza por uma produção jamais vista de informações e de conhecimentos que reforçam essa reflexividade. O co-

---

AS TRANSFORMAÇÕES DA INTIMIDADE SEGUNDO A. GIDDENS

• Em *The Transformations of Intimacy* [*A transformação da intimidade*] (1992), Anthony Giddens afirma que "a sexualidade é uma construção social que se exerce num campo de poder e não somente uma pulsão biológica, satisfeita ou não". O estudo das transformações do amor no Ocidente desvenda a parte do social na evolução das relações íntimas.
O Ocidente valorizou alternadamente diversas formas de amor: o amor paixão, celebrado pelos poetas do fim da Idade Média, terá efeitos desestabilizadores para a ordem social, ao passo que o amor romântico contribuirá para estabilizar a vida no lar.
Mas "como passamos do período vitoriano, em que todo assunto ligado à sexualidade era tabu, à promiscuidade atual?"

• Nesse aspecto, A. Giddens não compartilha do ponto de vista de Michel Foucault*, que considera a evolução dos costumes sexuais unicamente pelo ângulo do controle e da vigilância. A. Giddens enfatiza a mobilização dos movimentos sociais e o caráter reflexivo de sua ação. A emancipação das mulheres e, mais tarde, a luta dos homossexuais fazem parte da revolução sexual a partir dos anos 1960. Hoje, o "direito ao prazer" foi conquistado pelas mulheres, independentemente do casamento ou das finalidades da concepção.

• A. Giddens insiste na dimensão "reflexiva" na evolução dos costumes sexuais. O que isso significa? A difusão dos conhecimentos sobre as práticas sexuais dos contemporâneos – obras sobre a sexualidade, livros de terapia e, principalmente, a divulgação das grandes pesquisas sobre os comportamentos sexuais (o relatório Kinsey no final dos anos 1940) – tornou-se um fator de aceleração da mudança. Essas obras contribuíram intensamente para a evolução dos costumes e para a democratização da vida íntima, banalizando condutas e práticas até ali julgadas chocantes, desviantes ou marginais.

---

nhecimento da sociedade cresce (principalmente por meio da sociologia) e se difunde, e esse conhecimento é usado pelos atores em suas decisões. Assim, a evolução da bolsa depende de fatores objetivos relativos ao valor dos bens, e também do conhecimento que os agentes da bolsa têm do mercado e do julgamento que fazem a respeito deste.

UMA SOCIOLOGIA DA MODERNIDADE

A modernidade é outro tema importante da sociologia clássica para o qual se voltou A. Giddens. Ele critica as análises *unidimensionais* dos pais fundadores da sociologia, para os quais a modernidade se deve a um fator único (o capitalismo em Karl Marx*, a racionalização em Max Weber* ou o industrialismo em Émile Durkheim*).

Para A. Giddens, a modernidade é multidimensional. Em *The Consequences of Modernity* [*As consequências da modernidade*] (1990), ele distingue quatro lógicas características desse período que interferem entre si: o capitalismo, o industrialismo, a vigilância (tema emprestado de Michel Foucault*) e o militarismo (monopolização da potência pelos Estados num contexto de industrialização de guerra). Para A. Giddens, a sociologia deve tentar compreender esses processos e as contradições que nascem de seu confronto. Ela é "... uma espécie de 'autoconhecimento' da modernidade (...) que deve perceber-lhe as potencialidades e os limites".

O CONSELHEIRO DO PRÍNCIPE

Enfim, A. Giddens ficou célebre por ter passado da teoria à ação tornando-se conselheiro de Tony Blair, primeiro-ministro britânico. Em 1998, ambos escreveram, em parceria, um livro (*The Third Way* [*A terceira via*]) no qual expõem sua filosofia política. Com o relativo declínio do trabalho assalariado, o crescimento da precariedade, as mutações da família, o aumento dos custos e riscos sociais, o Estado-Providência já não pode funcionar na mesma base. Então, é preciso reformá-lo. É esse o horizonte da "terceira via" entre liberalismo e dirigismo. É necessário introduzir uma parcela de risco e de responsabilidade na gestão do Estado-Providência para evitar os efeitos perversos do assistencialismo e da total "desresponsabilização". A proteção do meio ambiente – um dos papéis do Estado-Providência – supõe certa gestão do risco e deve envolver a responsabilidade tanto dos poluidores como a dos cidadãos. A pluralidade das lógicas em ação no seio da sociedade moderna faz que ela se torne uma máquina sem piloto e sem direção única: pode-se tentar regulá-la, pilotá-la, quando não se pode dirigir realmente o seu curso.

Principais obras de A. Giddens
• *The Constitution of Society*, 1984 [*A constituição da sociedade*, Martins Fontes, 2.ª ed., 2003]
• *The Consequences of Modernity*, 1990 [*As consequências da modernidade*, Unesp, 1991]
• *The Transformation of Intimacy: Sexuality, Love and Eroticism in Modern Societies*, 1992 [*A transformação da intimidade: sexualidade, amor e erotismo nas sociedades modernas*, Unesp, 2.ª ed., 1992]
• *Beyond Left and Right*, 1994 [*Para além da esquerda e da direita*, Unesp, 2.ª ed., 2005]

GINZBURG, CARLO
(nascido em 1939)

O historiador italiano Carlo Ginzburg, nascido em Turim, lecionou nas universidades de Bolonha e Los Angeles (Ucla). Um de seus livros, *Il formaggio e i vermi* [*O queijo e os vermes*] (1976), tornou-se emblemático de uma corrente historiográfica que se desenvolveu na Itália e nos trabalhos anglo-saxões a partir dos anos 1960. Trata-se da micro-história*, que parte da análise das estratégias individuais para fazer emergirem práticas sociais e culturais.

Nesse livro, C. Ginzburg conta a história de um moleiro da região do Friul que foi queimado como herege. A partir das minutas dos processos dos tribunais da Inquisição, ele se entrega a uma apaixonante reconstituição do mundo cultural e mental do acusado. Menocchio é um moleiro que sabe ler e escrever, e, portanto já é culto para o seu tempo. Sua leitura das obras que circulam em língua vulgar (a Bíblia, *O Decamerão*...) vem se ancorar em suas crenças oriundas do meio camponês da Itália rural do século XVI, e nosso moleiro constrói uma visão de mundo que escandaliza os eclesiásticos: "Tudo era caos, isto é, ar, água e fogo juntos; e esse volume formou uma massa, como o queijo do leite, e os vermes apareceram e foram os anjos"...

Para C. Ginzburg, as fontes tradicionais da história têm o inconveniente de evocar apenas a "cultura dos vencedores", das personagens dominantes e letradas. Os processos da Inquisição, "arquivos da repressão", segundo suas próprias palavras, podem constituir um meio de ter acesso à cultura popular. Desde a publicação desse livro, os trabalhos sobre os arquivos da Inquisição muito contribuíram para renovar a historiografia na Itália e na Espanha.

C. Ginzburg também é autor de diversos trabalhos sobre o folclore, a magia, a religião. Influenciado pelos trabalhos de Marc Bloch* e de Lucien Febvre*, e também de Mikhail Bakhtin*, C. Ginzburg procura fazer sair da sombra as "visões de mundo" que são veiculadas nas culturas populares. Assim, em *I Benandanti* [*Os andarilhos do bem: feitiçaria e cultos agrários nos séculos XVI e XVII*] (1966), depois em *Storia notturna. Una decifrazione del sabba* [*História noturna: decifrando o sabá*] (1989), ele mostra que certos mitos e rituais pagãos da região do Friul se encontram, no final da Idade Média, em toda uma parte da Europa Central (Alsácia, Baviera, Suíça), comprovando, para ele, a persistência de uma cultura "xamânica" pré-cristã muito antiga e difundida em todo o continente.

Suas obras foram traduzidas em treze línguas. Além delas, ele publicou inúmeros artigos em revistas especializadas, afirmando sua presença nos debates historiográficos dos últimos vinte anos.

Em 1991, publica uma pequena obra a respeito do caso Sofri (*Il giudice e lo storico. Considerazioni in margine al processo Sofri* [*O juiz e o historiador*], 1991) que causou sensação na Itália. A condenação de três anarquistas italianos – baseada nas palavras de um "arrependido" – dá a C. Ginzburg ensejo para uma reflexão mais ampla sobre o estatuto da prova e da verdade, tanto nos processos da Inquisição como nos da Itália contemporânea.

Principais obras de C. Ginzburg
• *I Benandanti*, 1966 [*Os andarilhos do bem: feitiçarias e cultos agrários nos séculos XVI e XVII*, Companhia das Letras, 2001]
• *Il formaggio e i vermi*, 1976 [*O queijo e os vermes*, Companhia das Letras, 9ª ed., 1987]
• *Miti, emblemi, spie: morfologia e storia*, 1986 [*Mitos, emblemas e sinais: morfologia da história*, Companhia das Letras, 2003]
• *Storia notturna. Una decifrazione del sabba*, 1989 [*História noturna: decifrando o sabá*, Companhia das Letras, 1991]
• *Il giudice e lo storico. Considerazioni in margine al processo Sofri*, 1991 [*O juiz e o historiador: Considerações à margem do processo Sofri*]

GLOSSEMÁTICA

Na esteira da linguística de Ferdinand de Saussure*, o dinamarquês Louis Hjelmslev (1899-1965) criou uma teoria denominada "glossemática", cujo projeto é constituir uma "álgebra imanente das línguas".

A linguística de L. Hjelmslev pretende ser "imanente" na medida em que, radicalizando as teses de F. de Saussure, ele deseja dar conta dos fatos de linguagem (organização gramatical da frase, sentido das palavras) sem recorrer a outra coisa que não as regras internas à própria linguagem. Esta deve ser descrita na forma de relações abstratas que unem elementos simples. L. Hjelmslev expôs as bases de sua teoria em *Omkring sprogteoriens grundlaeggelse* [*Prolegômenos a uma teoria da linguagem*] (1943).

GODELIER, MAURICE
(nascido em 1934)

Antropólogo francês. Ex-aluno da ENS de Saint-Cloud, gradua-se em psicologia e letras modernas e passa no prestigioso concurso *agrégation* para professor de filosofia antes de se orientar para a antropologia social. Entra então na EPHE como coordenador de pesquisa junto a Fernand Braudel*, tornando-se depois professor-assistente de Claude Lévi-Strauss*. É nomeado orientador de estudos na EHESS* em 1975. Em 1982, o Ministério da Pesquisa encarrega-o de um relatório sobre a situação da pesquisa francesa em ciências humanas e sociais. Esse relatório terá como resultado o fim da divisão entre humanidades e ciências sociais e a criação de um único departamento científico no CNRS, o Departamento das Ciências do Homem e da Sociedade, do qual M. Godelier será diretor de 1982 a 1986. Em 1995, ele cria o Centro de Pesquisa e de Documentação sobre a Oceania (Credo).

Através de suas obras, o ex-aluno de C. Lévi-Strauss retoma as grandes interrogações da antropologia social francesa, que elucida sob um novo ponto de vista graças ao seu grande conhecimento da obra de Karl Marx*. Sua antropologia é sobretudo política, uma vez que seus trabalhos procuram refletir sobre as seguintes questões: o que é o poder político? Em que bases está fundamentado? Como funciona? As respostas fornecidas por ele são formuladas e desenvolvidas em suas três obras principais.

A PRODUÇÃO DOS GRANDES HOMENS

Em *La Production des grands hommes* [*A produção dos grandes homens*] (1982), o etnólogo fornece os primeiros elementos de sua teoria explicativa a partir da análise de seu trabalho de campo entre os baruya da Nova Guiné. Existe, nessa sociedade tribal, uma dominação particularmente forte dos homens sobre as mulheres, que se traduz por uma violência ideológica, social e material. Essa dominação, pela qual os homens buscariam minimizar o poder natural das mulheres de parir e amamentar os filhos, se expressa em âmbitos tão diversos quanto a economia (as mulheres são excluídas de todas as relações de produção), o parentesco (a sociedade baruya é patrilinear), a sexualidade e até mesmo a ideologia da procriação (as mulheres são consideradas apenas receptáculos, enquanto o homem "alimenta" o feto com seu esperma durante os coitos com a mulher grávida).

A partir desse trabalho, M. Godelier começa a reavaliar, em *L'Idéel et le Matériel* [O ideal e o material] (1984), a ideia marxista da primazia das infraestruturas sobre as superestruturas (segundo a qual a economia determinaria a ideologia). No seu entender, economia e ideologia se influenciam mutuamente, como ocorre entre os baruya, em que uma ideologia forte torna aceitável a apropriação dos meios de produção pelos homens. Essa ideia fornece a ele uma importante chave para compreender as transições históricas entre sociedades igualitárias (caçadores-coletores) e aquelas em que a dominação será cada vez mais afirmada por uma classe, uma casta, uma etnia sobre as outras até o aparecimento do Estado. Ele conclui que a dominação de uns poucos sobre todos não é vivida no sofrimento pela maioria dos membros da sociedade, mas que, ao contrário, todos participam voluntariamente na elaboração da dominação, na medida em que ela é legitimada pelas representações coletivas.

O ENIGMA DO DOM

Em *L'Enigme du don* [O enigma do dom] (1996), M. Godelier pretende provar a origem religiosa de tais representações. Ao reler o famoso artigo de Marcel Mauss* "Essay sur le don" ["Ensaio sobre a dádiva"] (1924), e o elogio crítico que Claude Lévi-Strauss lhe consagrou ("Introduction à l'oeuvre de Marcel Mauss" ["Introdução à obra de Marcel Mauss"], em M. Mauss, *Sociologie et anthropologie* [*Sociologia e antropologia*], 1950), ele relembra que, ao lado dos objetos que somos obrigados a doar, há aqueles que guardamos ciosamente (depois passamos adiante), como talismãs, pois transmitem poder a seus detentores. Se esses objetos dão poder, é porque encarnam um imaginário religioso no qual os homens são sempre inferiores aos deuses. Princípio maior da dominação, essa representação da hierarquia homens-deuses teria sido, por analogia, aplicada aos homens entre si criando oposições de classes, castas, etc. pela instauração de uma ordem simbólica (a lei, os mitos) e econômica (a detenção dos meios de produção).

Principais obras de M. Godelier
• *La Production des grands hommes*, 1982 [A produção dos grandes homens]
• *L'Idéel et le Matériel: pensées, économies, sociétés*, 1984 [O ideal e o material: pensamentos, economias, sociedades]
• *L'Enigme du don*, 1996 [O enigma do dom, Civilização Brasileira, 2001]

→ Ideologia, Imaginário, Sagrado

GOFFMAN, ERVING
(1922-1982)

Sociólogo americano nascido no Canadá. Depois de seus estudos em Chicago (onde é fortemente influenciado pela corrente do interacionismo simbólico*), lecionará em Berkeley e na Filadélfia (Pensilvânia).

Em *The Presentation of Self in Everyday Life* [*A representação do eu na vida cotidiana*] (1959), estuda a maneira como os indivíduos se comportam nos encontros com o outro. Para ele, a vida é uma espécie de teatro onde cada um representa um papel (ele adota uma visão dramatúrgica da vida social considerada um palco). Nessa perpétua representação, importa, para cada um, valorizar-se, mostrar-se sob um ângulo favorável e preservar a própria face. Erving Goffman estuda detalhadamente os "ritos" das relações.

Em *A representação do eu na vida cotidiana*, ele narra o caso de um jovem na praia, que entra na água de um modo particular; ele caminha com displicência, de maneira aparentemente descontraída (mas assume uma postura de superioridade diante daqueles que o estão olhando), entra na água sem se borrifar antes (principalmente para não mostrar medo de se molhar) e começa a nadar um enérgico *crawl* por algumas dezenas de metros; vira-se então de costas simulando descontração quando está simplesmente procurando recuperar o fôlego.

Aquilo que E. Goffman denomina "ritos de interação" são as regras de polidez, a maneira de se portar, os gestos protocolares, as posturas que são dirigidas para o outro e que são, ao mesmo tempo, destinadas a marcar o lugar, a posição e a conferir consideração ao sujeito. Essas atitudes permitem uma interação, a relação socializada.

Para atingir esse duplo objetivo (autoafirmação e reconhecimento do outro), os ritos e as regras de cerimônia cotidiana têm particular importância. Esses rituais podem ser linguísticos (fórmulas de polidez, cumprimentos), gestuais ou espaciais (a distância mantida entre as pessoas, o fato de ceder o lugar a alguém...)

Em *Interaction Ritual* [Ritual de interação] (1967), uma série de artigos extraídos de sua tese, ele aprimora sua teoria das interações. A deferência e a postura são apresentadas como dois conceitos centrais dos atos cerimoniais. A deferência pode ser expressa conforme toda uma diversidade de estilos, que podem variar de acordo com a moda. Ela pode tornar-se rito de evitamento para preservar a esfera de intimidade de cada um e não permitir a invasão do território do seu eu, ou rito de apresentação: "Se os ritos de evitamento especificam o que não se deve fazer, os ritos de apresentação especificam o que deve ser feito (prescrição)." Mas essas duas formas de deferência trazem em si mesmas um conflito intrínseco. Por exemplo, um contato físico pode ser interpretado como uma prática de segurança afetiva, ou como uma familiaridade inoportuna.

A postura, por meio da roupa, do porte, da conduta, participa também da representação do eu. Um indivíduo que se "comporta bem" manifesta seu domínio do ritual e seu grau de socialização; aquele que se comporta mal mostra sua falta de civilidade ou sua marginalidade.

Deferência e postura se unem numa relação de complementaridade. "Tratar os outros com deferência é, de maneira geral, dar-lhes ensejo de demonstrar sua atitude correta... Ou melhor, digamos que o indivíduo deve valer-se dos outros para completar um retrato de si mesmo, que ele só tem o direito de pintar em parte."

A inobservância dessas regras de polidez constitui "profanações rituais" (insultos, gestos obscenos, críticas acerbas), espécie de deferência negativa não desprovida de significação na comunicação.

Concluindo, as regras cerimoniais preenchem uma função social, isto é, podem inserir-se em qualquer interação sem acarretar nenhum "gasto substancial". A função do ritual é facilitar o estabelecimento de relação com o mínimo de riscos para que as pessoas que interagem possam "preservar a imagem". Enfim, essa análise se assemelha bastante à etologia da comunicação animal, na qual E. Goffman se inspirou explicitamente.

Principais obras de E. Goffman
- *Stigmas: Notes on the Management of Spoiled Identity*, 1963 [*Estigma: notas sobre a manipulação da dentidade deteriorada*, Guanabara, 1991]
- *Interaction Ritual*, 1967 [Ritual de interação]
- *Frame Analysis: an Essay on the Organization of Experience*, 1974 [Análises de estrutura: um ensaio sobre a organização da experiência]
- *Forms of Talk*, 1981 [Maneiras de falar]

GOODALL, JANE
(nascida em 1934)

Primatologista, foi pioneira no estudo dos chimpanzés em meio natural, que observou durante trinta anos em Gombe (Quênia). Conhecida do grande público graças aos documentários da *National Geographic* e a seus trabalhos de divulgação, contribuiu para revelar a vida social do chimpanzé.

Jane Goodall fez curso de secretariado e trabalhou em diversos empregos subalternos antes de partir para a África a convite de uma amiga de infância instalada no Quênia. É então que a sua vida toma outro rumo e ela tem oportunidade de realizar um sonho da infância, estudar os animais da África.

Seu encontro com o paleontologista Louis Leakey* é determinante. Ele a incentiva a ir observar os chimpanzés que vivem na floresta queniana para tentar compreender o modo de vida desses macacos, que, no entender de L. Leakey, deve ser parecido com o dos australopitecos*. Assim, a jovem de 25 anos, sem nenhum diploma nem formação em pesquisa, se vê incumbida de uma missão estratégica.

As observações de J. Goodall têm início em 1960. Primeiro, ela descobre alguns elementos do modo de vida dos chimpanzés.

Eles se alimentam principalmente de frutas e folhas, que vão colher nas árvores altas. Circulam em pequenos grupos, de cinco ou seis, às vezes mais, as fêmeas com seus filhotes, alguns machos.

Ela logo compreendeu que esses grupos pertencem à mesma comunidade de cerca de cinquenta chimpanzés que ocupam o mesmo território. À noite, agrupam-se para dormir em árvores depois de construírem camas de ramos. Os filhotes dormem com as mães até a idade de 5 anos aproximadamente.

Em seguida, ela irá descobrir que Barba-Branca, um dos velhos machos do grupo, introduz grandes ramos de capim em buracos de cupinzeiros e depois os retira para comer os cupins agarrados nos raminhos. Isso significa que os chimpanzés usam ferramentas!

Mais tarde, ela descobrirá que os macacos fazem uso de outras ferramentas, como pedras para quebrar castanhas e grande galhos que utilizam como varas.

ASSASSINATO ENTRE OS CHIMPANZÉS

J. Goodall descobriu relações de poder entre os chimpanzés. Em cada grupo, há um macho dominante. Goliath tinha esse papel, com os deveres (proteger contra as agressões externas) e os privilégios decorrentes (é ele o primeiro a ter acesso ao alimento e às fêmeas).

J. Goodall observou ainda que, nas sociedades de chimpanzés, os machos passam muito tempo juntos e patrulham regularmente as fronteiras de seu território. Quando um chimpanzé de outra comunidade passa nas proximidades, é atacado. Ela assistiu a lutas violentíssimas que, algumas vezes, levavam à morte do indivíduo agredido. Derruba-se assim um mito: os seres humanos não são os únicos a cometer assassínios. Unicamente as jovens fêmeas podiam passar de um território a outro sem ser atacadas. E as patrulhas de machos consistiam também em sair em busca de fêmeas para trazê-las ao seu território. J. Goodall descobriu que, às vezes, os machos praticavam a caça em grupo (cólobos e filhotes de javali).

Com o afluxo de estudantes, e depois, de outros pesquisadores, o centro de Gombe tornou-se um importante centro de pesquisa em primatologia. "Nossos trabalhos sobre os chimpanzés nos permitiram compreender muitas coisas sobre os seres humanos. Agora sabemos que somos menos diferentes dos outros animais do que pensávamos" (*My Life with the Chimpanzees* [Minha vida com os chimpanzés], 1988).

Graças a Jane Goodall, hoje sabemos que os chimpanzés usam ferramentas, comunicam-se entre si por gestos, posturas e gritos, conhecem o poder e a amizade, passam muito tempo brigando mas também se reconciliando. Sabemos que sentem tristeza, alegria, raiva, medo. Que as fêmeas circulam de um grupo a outro. Que, entre eles, há curiosos, brincalhões, tímidos, agressivos, sociáveis, solitários...

Principais obras de J. Goodall
• *In the Shadow of Man*, 1971 [À sombra dos homens]
• *The Chimpanzees of Gombe: Patterns of Behavior*, 1986 [Os chimpanzés de Gombe. Modelos de comportamento]
• *My Life with the Chimpanzees*, 1988 [Minha vida com os chimpanzés]
• *The Chimpanzee Family Book*, 1989 [O álbum de família dos chimpanzés]

FLO E FLINT, HISTÓRIA DE UMA FAMÍLIA DE CHIMPANZÉS

• O longo tempo de observação e a proximidade com os macacos permitiram a Jane Goodall compreender as relações íntimas que os unem. O que pode ser exemplificado pela história de Flo e seu filho. Em 1964, Flo dá à luz um bebê, Flint. Flo era a fêmea dominante do grupo. Todos os membros da família dispensavam atenção ao pequeno e Flo podia, em razão de seu estatuto, afastar quem atacasse sua cria. O pequeno Flint aproveitava a situação e não hesitava em agredir os macacos mais fortes que ele por saber que seria protegido pela mãe e pela poderosa família.

• Quando Flo quis desmamá-lo, Flint se recusou obstinadamente, e ela sempre cedia diante dos acessos de ira do macaquinho mimado. Quando atingiu a idade em que todos os macacos adolescentes se afastam da mãe, Flint permaneceu agarrado a ela, a se fazer carregar, dormia com ela... Em 1972 – Flint tinha então 8 anos –, Flo morreu. Flint permaneceu durante longo tempo gemendo junto do cadáver da mãe. Depois de alguns dias, afastou-se, mas ficava só e deprimido, não comia mais. Adoeceu e acabou morrendo também um mês depois...

GOODY, JACK
(nascido em 1919)

Antropólogo britânico dotado de grande espírito de curiosidade, Jack Goody interessou-se por temas variados, como a família, a escrita, a culinária, o cultivo das flores, as imagens…

A ESCRITA E A ORALIDADE

Inicialmente, J. Goody comparou dados arqueológicos e históricos sobre as primeiras escritas com suas observações etnológicas sobre a alfabetização na África.

Mais do que um veículo do pensamento, a escrita é um instrumento de transformação dos conhecimentos e das sociedades humanas. J. Goody demonstrou que existe uma lógica própria da escrita em *The Domestication of the Savage Mind* [A domesticação do pensamento selvagem] (1977).

A escrita tem a vantagem do armazenamento visual. A representação gráfica, as formas de organização dos dados que ela permite (listas, quadros, inventários) facilitam não só o registro, mas também a reorganização da informação. Realmente, como mostram as versões sucessivas e variáveis de um mito, as tradições orais são mutáveis, em constante (re)criação. Em contrapartida, o escrito introduz a percepção da mudança, revela a contradição, permite confrontar e confirmar as informações. Ao contrário da oralidade, a escrita se liberta dos contextos de enunciação, o que facilita a abstração e a descontextualização do saber. Esse distanciamento permite a medida precisa dos fatos, a emergência do ceticismo crítico, uma progressão "acumulativa" do saber, em suma, a constituição de um saber científico. Mas J. Goody sempre se recusou a operar uma "grande cisão" entre cultura escrita e cultura oral. Entretanto, em *The Logic of Writings and the Organization of Society* [A lógica da escrita e a organização da sociedade], ele mostrou as coincidências históricas que existem entre os usos da escrita e o desenvolvimento das grandes religiões, do comércio e das administrações estaduais.

UMA ANTROPOLOGIA COMPARATIVA

J. Goody também realizou uma ambiciosa análise das relações entre culturas e sociedades do Oriente e do Ocidente, mostrando que não era possível falar de "exceção europeia", quer em termos de especificidade cultural, de desenvolvimento econômico ou de formas religiosas. Realizou estudos sobre a história e a antropologia comparadas dos sistemas familiares e do casamento na Europa e na Ásia. Isso o levou especialmente a contestar a tese do "modelo de casamento europeu", mostrando que a Europa moderna não inventou a família nuclear e que esta não deu origem ao capitalismo. Dedicou-se também ao exame da economia doméstica.

J. Goody passou grande parte de sua carreira na Universidade de Cambridge, onde coordenou principalmente o departamento de antropologia.

Principais obras de J. Goody
- *Une Récitation du Bagré*, 1972 [Uma recitação do Bagre]
- *The Domestication of the Savage Mind*, 977 [A domesticação do pensamento selvagem]
- *The Logic of Writings and the Organization of Society*, 1986 [A lógica da escrita e a organização da sociedade]
- *The Oriental, the Ancient and the Primitive: Systems of Marriage and the Family in the Pre-Industrial Societies of Eurasia*, 1990 [O oriental, o antigo e o primitivo: sistemas de casamento e família nas sociedades pré-industriais da Eurásia]
- *The East and West*, 1996 [O Oriente e o Ocidente]
- *The European Family*, 2000 [A família europeia]

→ **Escrita, Família**

GOVERNANÇA

O termo *gouvernance* já existia na língua francesa – embora com outro sentido – no século XIII, mas acabou caindo em desuso. Foi por meio do inglês (*governance*) que a expressão ressurgiu com força, na segunda metade do século XX. Etimologicamente, "governança" tem a mesma origem de "governo" e de "governabilidade", porém existem diferenças sutis entre os três. O governo encarna uma concepção formal, hierárquica e centralizada de poder, ao passo que a governabilidade se refere a questões administrativas e gerenciais, ao funcionamento eficaz da máquina estatal. Já a governança pressupõe um poder não só descentralizado, como também dividido entre uma pluralidade de atores, públicos ou privados, oficiais ou informais, institucionais ou associativos, e, além disso, capaz de proceder desses diferentes níveis. Por isso foi progressivamente associada à ideia de inteligência coletiva ou de rede.

No campo acadêmico, a noção foi usada nos anos 1930 pelo economista Ronald Coase para designar os dispositivos pelos quais as firmas asseguram uma coordenação eficaz das trocas (*corporate governance*). Mas foi somente nas décadas de 1970-1980 que ela se disseminou. Em 1976, James March* e Johan Olsen, no contexto da revolta dos estudantes americanos contra a Guerra do Vietnã, publicaram um artigo sobre o tema da governança na universidade (no livro *Ambiguity and Choices in Organizations* [Ambiguidade e escolhas nas organizações]). A partir de então, o conceito passou a ser encontrado em domínios de análise muito diferentes. Para além das concepções específicas que adquire de um campo a outro e de um país a outro, a motivação é sempre a mesma: coordenar atores com lógicas e interesses diferentes, até mesmo contraditórios, e fazer que cooperem. Através dos diferentes usos, duas concepções gerais se delineiam: a primeira, liberal, sublinha os processos de desregulamentação da economia e de diminuição do Estado, enquanto a outra é pensada em referência às exigências da democracia participativa.

A década de 1990 representou um marco nas discussões e aplicações da ideia de governança nos níveis local, nacional e global. No campo da administração pública, foi utilizada pelo Banco Mundial no documento *Governance and Development* [Governança e desenvolvimento] (1992), anunciando que a capacidade dos Estados não seria mais avaliada apenas em função dos resultados de suas políticas, mas também com base em seus procedimentos e processos – mais ou menos participativos, mais ou menos transparentes – e na preocupação com o desenvolvimento sustentável.

Simultaneamente, na esfera corporativa, alguns acionistas norte-americanos decidiram criar novas regras para assegurar que o comportamento dos executivos estivesse mais alinhado ao dos acionistas. Para tanto, estabeleceram-se alguns princípios, como a clareza na prestação de contas (*accountability*), a busca de consenso e a responsabilidade corporativa. Esse último item significa que a empresa propõe respeitar códigos de conduta pré-acordados e levar em conta o ponto de vista de todos os seus públicos de relacionamento – dos funcionários aos vizinhos, passando pelos clientes e fornecedores.

Também no plano internacional, o termo tem aparecido com frequência nas duas últimas décadas. A Comissão sobre Governança Global, grupo independente composto por vinte e oito líderes e pensadores de diversas partes do mundo, conceituou-o de forma bastante abrangente: "governança é a totalidade de maneiras pelas quais os indivíduos e as instituições, públicas e privadas, administram seus problemas comuns (...) e diz respeito não só a instituições e regimes formais autorizados a impor obediência, mas também a acordos informais (...) No plano global, a governança foi vista primeiramente como um conjunto de relações intergovernamentais, mas agora deve ser entendida de forma mais ampla, envolvendo organizações não governamentais, movimentos civis, empresas multinacionais e mercados de capitais globais. Com estes interagem os meios de comunicação de massa, que exercem hoje enorme influência" (Comissão sobre Governança Global, 1996, p. 2).

Retrospectivamente, é preciso constatar que muitas vezes a realidade política esteve próxima das características do que hoje chamamos governança, inclusive num país reconhecidamente centralizado como a França, em que a experiência de coprodução de serviços públicos locais é mais antiga do que se pensa. Em vez de traduzir um fenômeno radicalmente novo, o ressurgimento da noção de governança poderia assim sancionar uma intensificação das formas de coprodução entre atores reconhecidos em sua diversidade. Permanecem em suspenso questões como a de saber se a governança exclui toda forma de autoridade, ou, então, que forma esta deve assumir.

Bibliografia: • Comissão Sobre Governança Global, *Nossa Comunidade Global*, FGV, 1996 • M. Foucault, "La gouvernementalité", *Dits et écrits*, vol. III, Gallimard, 1993 • J.-P. Gaudin, *Pourquoi la gouvernance?*, Presse de Sciences Po, 2002 • A. Gonçalves, "O que é governança", *Anais do XV Conselho Nacional de Pesquisa e Pós-Graduação em Direito*, Manaus, 2006 • E. Heurgon, J. Landrieu (orgs.), *Prospective pour une gouvernance démocratique*, L'Aube, 2000 • Instituto Brasileiro de Governança Corporativa, "Governança Corporativa", disponível em http://www.ibgc.org.br • J. Rosenau, E. Czempiel, *Governança sem governo: ordem e transformação na política mundial*, UnB, Imprensa Oficial do Estado, 2000

GRAMÁTICA

"A gramática é a arte de remover as dificuldades de uma língua; mas a alavanca não deve ser mais pesada do que o fardo" (A. de Rivarol, *Discours sur l'universalité de la langue française*

GRAMÁTICA

[Discurso sobre a universalidade da língua francesa], 1784).

Na escola, estudar gramática é aprender os princípios que regem a organização da frase (regras de colocação das palavras numa frase interrogativa ou afirmativa, regras de concordância verbal, etc.). Nesse sentido, a gramática é uma disciplina normativa e pedagógica.

A gramática escolar se assenta em algumas grandes funções e regras que a análise gramatical se propõe elucidar. Assim, um dos grandes princípios básicos de toda língua é a distinção entre os substantivos e os verbos, os determinantes, os gêneros (masculino e feminino), as modalidades de tempo (presente...).

A GRAMÁTICA CLÁSSICA

Os gramáticos clássicos enunciavam as regras do uso correto (nas quais se fundamenta a análise gramatical) e, ao mesmo tempo, acreditavam estar descrevendo as leis da linguagem. Desse ponto de vista, a preocupação analítica coincidia com a preocupação normativa. E a gramática se identificava com a linguística* em seu conjunto.

No século XVII, muitos filósofos pensavam que a linguagem era o princípio organizador do pensamento. Assim, descobrir as leis da linguagem era extrair as leis do pensamento. O que levou Etienne de Condillac a dizer que "escrever uma gramática equivale a descrever a arte de pensar".

No século XVII, os autores da *Gramática de Port-Royal*, como Claude Lancelot, professor das Petites Écoles de Port-Royal-des-Champs, e Antoine Arnauld, teólogo e chefe da escola jansenista, procuram enunciar universais da linguagem, isto é, princípios universais que regem todas as línguas. Essa "gramática geral", que, na verdade, se assenta na lógica, tende a reduzir todas as línguas particulares a uma fórmula única e comum.

A GRAMÁTICA COMPARADA

No século XIX, a linguística era dominada por uma abordagem histórica e comparativa. Estudar uma língua era pesquisar sua origem, sua história, sua evolução, comparando-a com outras línguas (para encontrar-lhes as raízes comuns). É assim que os linguistas dessa época, como Rasmus Rask, Franz Bopp e Jakob Grimm, ao comparar as línguas da Europa, descobrem que existem relações sistemáticas entre os sons das línguas germânicas e das línguas latinas. Por exemplo, o "p", que encontramos em palavras latinas como "pai" e "pé" (em português), "pater" (em latim) e "pod" (em grego), corresponde com frequência a um "f" germânico: "foot" ou "father" (em inglês).

J. Grimm procurará estabelecer leis de correspondências sistemáticas entre as línguas indo-europeias (as leis de Grimm). Todo esse trabalho de comparar e de estabelecer correspondências entre as línguas era fundamentado no princípio de um parentesco genealógico entre elas. Foi assim que surgiu a história das línguas indo-europeias.

OS NEOGRAMÁTICOS

No final da década de 1870, sucedendo à gramática comparada, uma escola de jovens linguistas denominados "neogramáticos" aprofunda e sistematiza o método comparativo e a busca de leis. A língua passa a ser considerada não mais o produto de uma história, mas um sistema, uma "estrutura" com uma coerência interna fundamentada em suas próprias leis de organização, à maneira de um organismo vivo. É nessa mesma época que o alemão August Schleicher propõe uma tipologia das línguas: "isolantes", "aglutinantes", "flexionais".

– *Nas línguas isolantes*, como o chinês ou o khmer, as relações gramaticais são expressas pela ordem das palavras;

– *nas línguas isolantes*, como o turco ou o húngaro, as relações gramaticais são traduzidas por diversos sufixos ou infixos que se acrescentam à raiz das palavras, o que dá origem a palavras longas construídas a partir de uma única raiz. Por exemplo, a palavra húngara *ház* ("casa") formará *ház-am* ("minha casa"), depois *ház-am-ban* ("em minha casa"). Podemos dizer que os prefixos e os sufixos se "aglutinam" à raiz;

– *nas línguas flexionais*, como o latim ou o alemão, as relações gramaticais são marcadas por diversos tipos de sufixos, de radicais. Em português, a conjugação verbal tem construção flexional: *eu falo/nós falamos, eu falarei/nós falaremos, eu falava/nós falávamos*.

Em muitas línguas, a organização gramatical não pertence a um tipo exclusivo, mas algumas dessas estruturas são dominantes. Essa tipologia é usada até hoje, mesmo que outras tenham sido criadas.

As gramáticas formais contemporâneas

A partir dos anos 1940, os linguistas vão se dedicar a uma nova linha de pesquisa visando a pôr em evidência as regras formais abstratas que regeriam a formação da linguagem. O objetivo é pesquisar algumas partículas elementares da gramática (substantivos, verbos, determinantes) que permitiriam, por transformações, gerar todos os tipos de frases; daí a denominação de "gramáticas transformacionais e gerativas". A mais conhecida é a gramática gerativa de Noam Chomsky*, mas ela não é a única. A gramática de Richard Montague (1930-1971), que pretendia descrever o inglês a partir de um arcabouço lógico elementar procede dessa abordagem. A sintaxe estrutural de Lucien Tesnière (1893-1954) descreve a organização geral da frase (em muitas línguas do mundo) a partir de grandes blocos (os constituintes da frase) unidos um ao outro por relações de conexão ou de translação.

Nos anos 1980, surgiram também "gramáticas de unificação", cujo objetivo era unificar sintaxe e semântica*. Os modelos formais das gramáticas de unificação são explicitamente forjados no âmbito do tratamento (tradução) automático da linguagem*.

GRAMÁTICA GERATIVA
→ Chomsky, Gramática

GREENBERG, JOSEPH HAROLD
(1915 -2001)
→ Indo-europeu, Linguística

GRICE, HERBERT PAUL
(1913-1988)

Este filósofo inglês, que lecionou em Oxford de 1939 a 1967, depois em Berkeley, nos Estados Unidos, é conhecido principalmente por sua reflexão a respeito da linguagem, que enfatiza, na pragmática*, a noção de "intenção". Alguns filósofos, como Donald Davidson*, analisam a linguagem com uma teoria formal, em que a significação é reduzida à noção de "verdade". Herbert P. Grice, ao contrário, afirma que não se pode abrir mão da noção de "intenção" para compreender a significação de certos enunciados. "Um locutor expressa algo por uma enunciação X" quer dizer que esse locutor tem a intenção de produzir um determinado efeito em seu ouvinte graças à identificação que este fará dessa intenção. Por exemplo, quando pergunto à pessoa que está andando ao meu lado: "Você tem um guarda-chuva?", quando está começando a chover, não espero apenas que ela responda: "Tenho." Espero também que ela o abra para nos proteger a ambos da chuva.

Para H. P. Grice, toda conversação supõe aquilo que ele chama de "princípio de cooperação", que impõe respeitar certas regras indispensáveis para o bom desenrolar da conversação em seu contexto. Esse princípio de conversação implica o respeito a quatro tipos de máxima:

– a máxima da quantidade. É preciso fazer que nossa contribuição para a conversação contenha a quantidade de informação necessária, nem mais, nem menos;

– a máxima da qualidade. É preciso ter em mente a verdade, isto é – não dizer o que julgamos ser falso nem afirmar aquilo de que não temos provas;

– a máxima da relação. É preciso ser pertinente, dizer apenas o que é relevante para o assunto em questão.

– a máxima da modalidade. É preciso ser claro, isto é, evitar expressar-se de maneira obscura, evitar ser ambíguo ou prolixo quando não é necessário...

Em geral, supomos que essas regras são respeitadas, mesmo que nem sempre. Evidentemente, há casos em que mentimos, somos demasiado eloquentes ou demasiado confusos... Entretanto supomos que essas regras são válidas, o que nos permite fazer o que H. P. Grice chama de "implicaturas conversacionais", isto é, inferências a partir do que é dito, o que possibilita entender o implícito. Por exemplo, estou na rua, ao lado do meu carro e digo a um indivíduo que está passando: "Minha gasolina acabou." Se ele me responder: "Há uma oficina na esquina", eu irei supor que ele acha que a oficina está aberta e que vende gasolina, isto é, irei supor que ele não está infringindo a máxima da relação, segundo a qual é preciso ser pertinente. Às vezes, uma máxima é ostensivamente violada para expressar algo. O exemplo clássico de H. P. Grice é o de um estudante que pede ao professor de filosofia uma carta de recomendação para um emprego. O professor escreve a seguinte carta:

"Prezado senhor,
Fulano de tal tem um bom domínio do inglês e assistiu a todas as minhas aulas.
Cordialmente…"

Em tal contexto, é natural esperar que o professor faça referência à aptidão do aluno em filosofia, mas ele não o fez, infringindo a máxima da quantidade, segundo a qual é preciso dar a informação necessária. Agindo dessa maneira, o professor dá a entender que X não tem as competências necessárias para aquele cargo. H. P. Grice não pretende, pois, que os locutores obedeçam sempre ao "princípio de cooperação"; mas tal princípio é necessário para compreender como percebemos o implícito de alguns enunciados.

Principal obra de H. P. Grice
• *Studies in the Way of Words*, 1989 [Estudos no modo das palavras]

GRUPO
→ **Dinâmica de grupo**

GRUPO DE PRESSÃO

No vocabulário das ciências políticas, as noções de "grupo de pressão" ou de "grupo de interesse" designam organizações cujo objetivo, a função, não é, como nos partidos políticos, a tomada e o exercício do poder, mas a defesa de uma causa junto às autoridades políticas ou administrativas. Essas organizações são extremamente variadas, mas podem ser esquematicamente divididas em duas categorias: as que defendem interesses profissionais (agricultores, marinheiros, pescadores, médicos) e as que defendem uma ideologia ou um ideal (defesa dos direitos humanos, proteção da natureza ou dos animais).

Os grupos de interesse podem fazer uso de diferentes meios para se fazerem ouvir. Podem tentar atrair para a sua causa a opinião pública ou organizações suscetíveis de fazer aliança com eles. Através de intervenções regulares no debate público, de campanhas de esclarecimento e, em certos casos, de ações espetaculares ou violentas, buscarão criar um arroubo de simpatia em seu favor. Na maioria das vezes, procurarão apagar tudo aquilo que, em suas reivindicações, puder ser interpretado como defesa de um interesse categorial, para mostrar apenas as potenciais vantagens para a coletividade. Os sindicatos de médicos, por exemplo, usarão como argumento a saúde dos pacientes. Os sindicatos de professores, por sua vez, darão ênfase à qualidade da educação das crianças.

O peso dos *Lobbies*

Outra estratégia possível é a reivindicação direta. Nesse caso, trata-se de ir defender uma causa ou interesses categoriais junto aos homens políticos, aos serviços administrativos e, no mais alto nível, junto às instâncias governamentais, invocando argumentos políticos e/ou técnicos (o que supõe um trabalho anterior realizado por especialistas). Conforme o país, essa prática pode ser mais ou menos aceita. O *lobbying* é, em muitos países, considerado uma perversão da democracia, uma ameaça que os interesses particulares fazem pesar sobre os representantes do povo, os únicos em condições de determinar o interesse geral. Nos Estados Unidos, ao contrário, é um componente essencial da vida política nacional, e isso desde o pós-guerra. Ocorre um diálogo permanente entre os grupos de pressão, seus representantes e os membros do Congresso. Na Alemanha, houve uma evolução semelhante a partir dos anos 1970. Mas, para além dessas diferenças culturais, na maioria das sociedades desenvolvidas, existem vínculos mais ou menos estreitos entre os dirigentes políticos e os representantes dos principais grupos de interesse.

Essa proximidade propicia um diálogo por vezes fecundo, permite ao legislador levar em consideração as preocupações particulares de certos grupos e, com isso, "ouvir e entender" melhor a sociedade. Permite também, não raro, uma visão mais precisa das dimensões técnicas dos mais complexos processos (meio ambiente, saúde pública, etc.). Mas – reverso da moeda – essa cooperação, quando se torna muito estreita, pode gerar situações de pura e simples corrupção.

Bibliografia: • M. Offerlé, *Sociologie des grupes d'intérêt*, Montchrestien, 1994 • P. Rosanvallon, *La Question syndicale. Histoire et avenir d'une forme sociale*, Calmann-Lévy, 1988 • C. Tilly, *La France conteste. De 1600 à nos jours*, Fayard, 1986

GUERRA

A partir do Renascimento, a história da Europa pode ser vista como a escalada para a guerra. Em menos de dois séculos, a guerra de escaramuças, motivada pela honra e pela vendeta da cavalaria, deu lugar à fria mortandade do enfrentamento entre Estados. Isso levou ao permanente antagonismo das nações, em que se enfrentavam exércitos consideráveis (a partir de Napoleão). Na Europa, a guerra entre Estados tendeu a se apoderar do conjunto da sociedade, tornando-se quase um conflito total, isto é, um confronto que mobiliza todas as forças de uma sociedade (Primeira e Segunda Guerras Mundiais). Levando-se em conta essa história, fundada em grande parte no surgimento dos Estados-Nações*, não é de admirar que o pensamento político e filosófico tenha se debruçado sobre a natureza e as causas da guerra. Esse pensamento, fundado nas tradições grega e cristã, desenvolveu-se intensamente a partir do Século das Luzes, exato momento em que estavam no auge a constituição nacional e os combates militares.

NA NATUREZA HUMANA OU NA SOCIEDADE?

Uma longa tradição de pensamento inscreve a guerra na natureza biopsicológica do ser humano. Platão, em *A República*, já via nas paixões humanas a causa das violências políticas. Santo Agostinho (século V d.C.), cujo pensamento resplandeceu até o Renascimento e mesmo depois dele, também julgava serem elas um fardo que a humanidade deve carregar em razão de sua natureza corrompida desde o pecado original. De Maquiavel* a Sigmund Freud*, considerou-se que a natureza humana engendra o conflito. Desse ponto de vista, foi a obra de Thomas Hobbes, no século XVII, que mais impregnou a reflexão posterior. É célebre a fórmula "O homem é lobo do homem" que se encontra no seu *Leviatã* (1651).

Thomas Hobbes estima que, no estado de natureza – ficção teórica que expõe a condição do homem –, se abstrairmos a sociedade e o poder político, vigora "a guerra de todos contra todos".

Portanto, segundo ele, a pacificação interna das sociedades é obra do Estado e cabe à polícia, à lei e às instituições políticas. Porém, os Estados estão sujeitos às mesmas pulsões que os indivíduos. Na visão hobbesiana, as relações internacionais constituem uma espécie de estado de natureza no qual imperam a astúcia, a violência e o equilíbrio das forças.

A segunda grande linha de interpretação das causas da guerra é tão multiforme quanto a primeira. Ela postula que a guerra foi e continua sendo, acima de tudo, inerente à organização social. A figura tutelar dessa concepção é Jean-Jacques Rousseau. Em *O contrato social*, publicado em 1762, ele se opõe à visão hobbesiana da natureza humana*. Para J.-J. Rousseau, no estado natural, o homem é pacífico, e a guerra decorreria das instituições sociais. O filósofo via a origem da guerra na desigualdade das forças entre os Estados. Em outra perspectiva, a guerra foi compreendida como um momento da história humana. Os pensadores progressistas dos séculos XVIII e XIX consideravam-na uma atividade irracional, ligada a um estágio arcaico do desenvolvimento da sociedade. Viam nela um momento da história humana em que as comunidades eram dominadas pelo despotismo dos suseranos ou pelo espírito de conquista dos povos. Previam a gradual extinção da guerra graças a atividades mais racionais, como o comércio (Jeremy Bentham) ou a indústria (Claude de Saint-Simon). A ideia era de que o aumento da rentabilidade do trabalho humano tornaria a conquista bélica menos lucrativa que a paz. Na metade do século XIX, Karl Marx*, por sua vez, considerou que a humanidade só conhecera e conhecia uma única e verdadeira guerra, a luta das classes. Na visão dos marxistas, as guerras nacionais, na maioria das vezes, não passavam de estratégias de diversão organizadas à custa das classes dominadas. No século XX, a maior parte dos pensadores ou homens políticos também considerava que a guerra era consequência de distúrbios particulares de um ou outro Estado ou sociedade. No período contemporâneo, foram evocadas várias causas precisas para interpretar os conflitos:

– o nacionalismo foi considerado – especialmente na Europa – a ideologia política mais apta a engendrar a guerra;

– o autoritarismo e a tirania também foram – e continuam sendo – percebidos como fatores de conflitos e guerras. Essa visão, que teve início nos Estados Unidos nos anos 1920 com a luta do presidente Thomas Woodrow Wilson em prol de uma Sociedade das Nações, fundamentou-se diretamente no projeto kantiano de paz perpétua (para Emmanuel Kant, o governo republicano, controlado por cidadãos livres e racionais, é o único capaz de impedir a guerra);

– o capitalismo e seu "estágio supremo", o imperialismo, foram denunciados pelos marxistas do mundo inteiro, na esteira de Lenin, como os principais responsáveis pelos conflitos bélicos. Por outro lado, os marxistas (Lenin, Trotsky, Mao) achavam legítimo recorrer à guerra para derrubar a burguesia.

Hoje, os mais importantes cientistas políticos e analistas defendem a ideia de que os conflitos têm causas sociais e políticas. Alain Joxe, por exemplo, defende uma teoria da desordem e uma sociologia da guerra; no seu entender, é o aparecimento do Estado, especialmente na Mesopotâmia, que marca os primórdios da guerra.

Segundo uma tese clássica, que retoma os trabalhos do sociólogo Max Weber*, ele lembra que a violência política externa seria o equivalente do processo de coerção e de pacificação interna nas sociedades.

A GUERRA E AS CIÊNCIAS POLÍTICAS

Toda essa tradição filosófica alimentou as considerações das ciências sociais a respeito do tema da guerra. A reflexão é essencialmente de origem anglo-saxã e se articula em duas principais correntes, que têm como ponto comum a ideia de que a cena internacional é um "sistema" composto de unidades elementares fundamentais (os Estados) cujos comportamentos podem ser conceitualizados para se chegar a uma relativa capacidade de predição:

– o paradigma "realista", elaborado nos anos 1930-1940, postula a existência de um sistema internacional "anárquico" (os Estados são independentes e não estão sujeitos, em direito, a nenhum poder superior), no interior do qual os Estados-Nações tentam maximizar seus interesses e sua potência.

– o paradigma "idealista-liberal" admite a interdependência dos Estados do sistema internacional e sua tendência natural para cooperar em vez de se combaterem.

O REALISMO DOMINANTE

Ao contrário do que geralmente se pensa, o realismo não é um pensamento que preconiza a guerra enquanto o idealismo liberal e seus avatares contemporâneos seriam um pensamento de paz e cooperação. As duas tradições têm como objetivo científico a compreensão do sistema internacional e por objetivo político a prevenção e a solução dos conflitos entre os Estados. Entretanto, pela própria natureza de seus postulados, é o realismo que constitui o principal pensamento da guerra. A partir de 1945, tornou-se dominante a visão realista do sistema internacional. Ela foi "naturalmente" usada durante toda a Guerra Fria para servir como base à política de ostentação de forças na Europa ou em outros setores de confrontos militares.

A ideia central é de que o sistema formado pelos Estados, que são as únicas entidades internacionais, fundamenta-se na relação de poder, ou seja, na capacidade que cada um tem de reprimir o adversário, em última instância, pela força. Esse pensamento, criado no período entre as duas Guerras pelo historiador Edward H. Carr, foi desenvolvido por autores como Hans Morghentau (o mais citado), Raymond Aron* e Kenneth Waltz. Inspirou, de maneira geral, todas as políticas dos Estados desde a Segunda Guerra Mundial, inclusive a da União Soviética, e continua sendo o fundamento das interpretações da atual belicosidade entre os Estados. A chave do sucesso da teoria realista provém do fato de que, ao admitir seus postulados, os atores (militares, diplomatas, ONGs, jornalistas, etc.) podem determinar uma linha política relativamente simples ou interpretar linearmente uma situação conflitual. Por exemplo, a teoria postula que, se a União Soviética invadiu o Afeganistão em 1979, foi para aumentar o seu poder.

A CRÍTICA DO REALISMO
E DAS TEORIAS LIBERAIS

Nos anos 1990, a queda da União Soviética, o desenvolvimento de uma globalização econômica e cultural e a decomposição política de inúmeras regiões engendrando guerras civis e violências comunitárias (Cáucaso, África e Iugoslávia) pegaram de surpresa os analistas acadêmicos e abalaram os postulados realistas. A discussão evolui para uma alternativa sobre a possibilidade da paz:

– a paz poderia ser estabelecida somente como "paz pelo império", o que integraria a guerra de manutenção da ordem pelo império americano, como em 2003 no Iraque?

– a paz só poderia existir à custa da instauração de uma democracia-mundo, formada pela criação de instituições e de uma cidadania mundiais?

Os pensadores liberais ou "transcendentalistas", como Alexandre Adler, que optam pela segunda hipótese, tentam hoje saber se a tendência para instituições de regulação mundial é um fenômeno irreversível, capaz de, a longo prazo, circunscrever e até erradicar a violência política, tanto as guerras civis como aquelas entre Estados. Eles salientam que a ideia de um retrocesso, até mesmo de uma obsolência das guerras entre Estados, baseia-se em sólidos argumentos, que não são apenas do âmbito da utopia, como uma crítica realista vulgar poderia afirmar. Efetivamente, pensar que o futuro do mundo é organizar-se politicamente é inscrever-se numa visão evolucionista e de longo prazo, que vê na história da humanidade o advento certamente lento, mas inexorável, de uma sociedade global.

Desde o desabrochar da civilização no período neolítico, é indubitável que o estado de organização e de interdependência das sociedades cresceu espetacularmente até hoje. Durante as últimas décadas, estabeleceu-se, numa escala sem precedentes, uma realidade mundial, econômica e cultural, mesmo que, evidentemente, ela já existisse antes. Mas, apesar dos argumentos sobre a globalização, resta saber se ela implica integração dos Estados e, particularmente, a função militar destes. Desde 1960, K. Waltz, um dos grandes teóricos da corrente realista, combate a hipótese de um governo mundial pacífico alegando que ele poderia ser ditatorial e muito pouco pacífico.

Hoje, o que está em questão é saber se a paz pelo império que se esboça será de natureza idêntica à que existiu na China ou em Roma e se, no final, o império vai desmoronar sob o peso de sua própria incapacidade para gerir o mundo e para "civilizá-lo" de acordo com as normas. O pensamento da guerra, ou seja, a luta pela paz, mostra que, sem a batalha institucional por uma sociedade mundial, entregamo-nos à ação unilateral dos "justos", quer se trate de Estados justos (as democracias) ou de homens justos (os não violentos).

Bibliografia: • R. Aron, *Paix et guerre entre les nations*, Calmann-Lévy, 2004 [1962] • A. Joxe, *Voyage aux sources de la guerre*, Puf, 1991 • M. Walzer, *Guerres justes et injustes*, Belin, 1999 [1977]

→ **Estado, Nacionalidade**

GURVITCH, GEORGES
(1894-1965)

Georges Gurvitch, nascido em Novorossiysk (Rússia), é, sem dúvida, uma das mais originais figuras da sociologia do século XX.

Insigne estudante, tomou parte na Revolução Bolchevista de 1917, encontrando Lenin e Leon Trotsky e extraindo da observação da "derrocada quase total da antiga estrutura social global" ideias diretrizes para seus futuros trabalhos sociológicos. Por discordar dos rumos que a Revolução tomou, é obrigado a deixar a Rússia em 1920. Entre 1921 e 1924, leciona na faculdade de direito da seção russa de Praga, em 1925 vai para a França e, em 1929, obtém a nacionalidade francesa. Nomeado para lecionar na faculdade de Estrasburgo, teve de refugiar-se nos Estados Unidos durante a Segunda Guerra Mundial. É nomeado professor na Sorbonne em 1949. Morre de infarto em 1965.

UMA "SOCIOLOGIA DAS PROFUNDEZAS"

Para G. Gurvitch, a sociedade é em essência multidimensional, pois se encontra simultaneamente no interior dos indivíduos e nas maiores coletividades, como as instituições.

Mas existem também níveis intermediários. Assim, "a realidade social se apresenta ao olhar experiente do sociólogo como disposta em patamares, em níveis, em planos superpostos, em camadas cada vez mais profundas" (*La Vocation actuelle de la sociologie* [A vocação atual da sociologia], 1950).

Apoiando-se em autores tão diferentes como Karl Marx*, Saint-Simon e Pierre Joseph Proudhon, ele propõe que as relações entre essas diferentes "profundidades" não são de tipo causal (como se a camada superior determinasse a camada imediatamente inferior a ela), mas dialético, feitas de tensões e de conflitos. O sociólogo deve, pois, mostrar "o drama agudo que se desenrola a cada instante da existência de uma sociedade entre os diferentes patamares desta e no nível de cada um deles".

G. Gurvitch tentou assim superar a oposição entre "estático" e "dinâmico" social. A estrutura social não é algo imóvel e estático, está em contínua evolução segundo um "processo permanente (...) de perpétua desestruturação e reestruturação". Ele aplicou esse quadro teórico a inúmeros objetos: as classes sociais (*Études sur les classes sociales* [Estudos sobre as classes sociais], 1966), o conhecimento (*Les Cadres sociaux de la connaissance* [Os quadros sociais do conhecimento, 1966], o direito (*Éléments de sociologie juridique* [Elementos de sociologia jurídica], 1940)...

UMA POSIÇÃO INSTITUCIONAL FORTE

Além de sua obra teórica, G. Gurvitch muito contribuiu para a institucionalização da sociologia como disciplina científica, à qual "ele sonhava (...) dar armas adaptadas às lutas para as quais ele queria conduzi-la" (G. Balandier, *Gurvitch*, 1972). A primeira providência seria realizar, na metade do século, estudos analisando o avanço dos conhecimentos sociológicos (*La Sociologie au XXᵉ siècle* [A sociologia no século XX], 1947; *Traité de sociologie* [Tratado de sociologia], 1958). Depois, participaria de sua implantação institucional. Durante seu exílio nos Estados Unidos, ele contribuiu para a fundação da École Libre des Hautes Études em Nova York (1941).

Em 1946, funda, no CNRS, o Centre d'études sociologiques (CES), que será um importante espaço para as futuras gerações de sociólogos.

No mesmo ano, lança os *Cahiers Internationaux de Sociologie* e a "Bibliothèque de sociologie contemporaine" na editora Presses Universitaires de France. Por fim, fundará também a Association Internationale des Sociologues de langue française (AISLF), concebida como um meio de se opor a uma sociologia americana "não raro insensata e complacentemente gestionária" (G. Balandier, *Gurvitch*, 1972).

UM ESPECTADOR ENGAJADO

Segundo Georges Balandier*, G. Gurvitch definia a si mesmo como um "militante de uma revolução que asseguraria o advento da liberdade humana". Foi o que o levou a não mais se reconhecer na Revolução Russa: não confiando nas organizações centralizadas, defendia a união dos comitês revolucionários e o planejamento socialista descentralizado. Sua *Déclaration des droits sociaux* [Declaração dos direitos sociais], redigida em 1944, é a tradução programática dessa preocupação, dedicada aos países chamados a serem libertados pelos Aliados na Segunda Guerra Mundial. Em 1962, sua casa em Paris é alvo de um atentado em resposta ao seu posicionamento em favor da independência na Guerra da Argélia.

Durante toda a sua vida, ele percorreu o mundo, aliando atividades docentes e conhecimento dos movimentos contestatórios (América do Sul, Oriente próximo, Iugoslávia...).

Foi, enfim, um combatente incansável contra a economia capitalista e a burocracia, vendo no "capitalismo dirigista" um "caminho para um tipo de sociedade (...) caracterizada pelo fascismo tecnocrático".

Principais obras de G. Gurvitch
• *La Vocation actuelle de la sociologie*, 2 vols., 1950 [A vocação atual da sociologia]
• *Dialectique et sociologie*, 1962 [*Dialética e sociologia*, Vértice, 1987]

HABERMAS, JÜRGEN
(nascido em 1929)

O filósofo e sociólogo alemão Jürgen Habermas pode ser considerado o último herdeiro da escola de Frankfurt*. Assistente de Theodor W. Adorno* de 1956 a 1959, ele retoma a "teoria crítica" com a clara intenção de conservar uma inspiração marxista* mas não dogmática e revisada. Em 1964, é nomeado professor de filosofia e de sociologia na Universidade de Frankfurt. Se, num primeiro momento, engaja-se ativamente nos movimentos estudantis de contestação, denuncia a partir do final dos anos 1960 seu desvio, que faz, segundo ele, o jogo do conservadorismo. Torna-se então objeto da crítica acerba do movimento estudantil, que passa a ver nele um liberal, enquanto a direita alemã o acusa de ser indiretamente responsável pelo terrorismo. Em 1971, deixa a Universidade de Frankfurt e vai para o Instituto Max-Planck de Starnberg. Considerado esquerdista, encontrará dificuldades para conseguir uma cátedra em seu próprio país no momento mesmo em que conquista renome internacional. Em 1983, enfim, retorna à Universidade de Frankfurt. Apesar da prolixidade e da dificuldade de seus escritos, J. Habermas obtém grande sucesso, sendo, além disso, considerado um dos mais importantes autores contemporâneos. Intelectual engajado, participa de inúmeros debates: sobre a história alemã, sobre a mídia e sobre a bioética (principalmente sobre os efeitos da genética).

O STATUS DAS CIÊNCIAS HUMANAS

Nos anos 1960, lança-se com T. W. Adorno na grande controvérsia sobre as ciências sociais que agita o meio universitário da Alemanha Ocidental. Opõe-se vigorosamente ao positivismo* científico, contra Hans Albert e Karl Popper*. Denuncia a "ilusão objetivista" de uma teoria pura, distanciando-se ao mesmo tempo da hermenêutica* de Hans G. Gadamer*, que julga conservadora e demasiadamente respeitosa com a tradição.

Na obra *Erkenntnis und Interesse* [*Conhecimento e interesse*] (1965), J. Habermas afirma a especificidade das ciências sociais. Para isso, distingue três tipos de ciência. As ciências empírico-analíticas correspondem às ciências exatas e derivam de um interesse técnico. As ciências histórico-hermenêuticas, ou seja as ciências humanas, baseiam-se em contrapartida "na compreensão do sentido que dá acesso aos fatos" e respondem a um interesse prático. Por fim, as ciências críticas, como a psicanálise e a teoria crítica da escola de Frankfurt, visam, graças à autorreflexão, à emancipação, ajudando o homem a escapar da ilusão e da dominação.

A RAZÃO COMUNICATIVA

J. Habermas denuncia em *Technik und Wissenschaft als Ideologie* [*A técnica e a ciência como ideologia*] (1968) a razão instrumentalista que impõe o domínio da técnica. No capitalismo avançado, a ciência e a técnica se tornaram "ideologia" e formam um complexo técnico-científico submetido à produção industrial. Mas a razão não se reduz à sua dimensão utilitária; possui também um objetivo comunicativo que se ancora na linguagem e que aspira à intercompreensão. Por isso J. Habermas concebe a ideia de um "agir comunicativo" que não é nem instrumental nem estratégico e que, segundo ele, constitui um conceito político pertinente para pensar a democracia, que se funda sobre a discussão e não sobre a dominação.

A ÉTICA DA DISCUSSÃO

J. Habermas inscreve-se portanto na perspectiva de Karl Otto Apel*, que procura fundar uma ética da discussão: "Em vez de impor a todos uma máxima que eu pretendo que seja uma lei universal, devo submeter minha máxima a todos com o objetivo de examinar através da discussão sua pretensão à universalidade. Opera-se assim um deslocamento: o centro de gravidade não reside mais naquilo que cada um deseja fazer valer, sem ser questionado, como uma lei universal, mas naquilo que todos podem unanimemente reconhecer como uma norma universal" (*Moralbewußtsein und kommunikatives Handeln* [Moral e comunicação] (1983). As condições de um acordo tornam-se mais importantes, portanto, que a definição da verdade. J. Habermas pretende dessa forma escapar de duas armadilhas: o universalismo abstrato, que nega o pluralismo cultural de nossas sociedades, e o relativismo. É o consenso obtido através da discussão que torna "universalizável" uma norma ética.

Principais obras de J. Habermas
• *Erkenntnis und Interesse*, 1965 [Conhecimento e interesse, Zahar, 1982]
• *Technik und Wissenschaft als Ideologie*, 1968 [A técnica e a ciência como ideologia]
• *Theorie des Kommunikativen Handelns*, 1981 [Teoria do agir comunicativo]
• *Moralbewußtsein und kommunikatives Handeln*, 1983 [Moral e comunicação]

HABITUS

O conceito de *habitus* já aparece em Aristóteles (com o nome de *héxis*) e no pensamento tomista. É encontrado também na obra de autores tão diferentes quanto Norbert Elias*, Erwin Panofsky* e Marcel Mauss*. Designa, de modo geral, o conjunto das maneiras de pensar e agir adquiridas no decorrer de nossa socialização, essencialmente na primeira infância. Émile Durkheim* utiliza-o para designar as maneiras de ser, homogêneas e estáveis, verificadas em sociedades fechadas como as "sociedades tradicionais" ou, nas sociedades modernas, em universos fechados como os monastérios e os internatos. Nesses autores (excetuando Aristóteles), o conceito de *habitus* permanece contudo secundário. É o sociólogo Pierre Bourdieu* que o fará desempenhar um papel teórico preponderante. P. Bourdieu retoma a definição clássica de *habitus*, mas a sistematiza. Em sua acepção, trata-se de um conjunto de "disposições duráveis, geradoras de práticas e de representações", adquiridas no decorrer da história individual. P. Bourdieu inova, assim, de várias maneiras.

Em primeiro lugar, típico do *habitus* é fazer que se esqueçam as condições de sua gênese: incorporamos essas disposições, que são como uma segunda natureza e nos possibilitam agir "sem pensar". Ele mostra também que o *habitus*, mesmo que tenha uma dimensão individual, está ligado à classe social. É produto das condições de origem, que são análogas para os membros de uma mesma classe. Indivíduos colocados em condições similares são dotados de *habitus* similares, adaptados às condições de origem e diferentes daqueles dos indivíduos colocados em outras condições. A incursão num meio alheio faz sentir a força dessas disposições: um operário numa festa da alta sociedade teria todas as chances de não se sentir "em seu lugar", porque não domina as regras do jogo da alta sociedade (maneiras de se comportar, de falar, assuntos de conversas...) que os membros das classes dominantes, por sua vez, incorporaram. Por outro lado, o *habitus* unifica e incorpora todas as dimensões da prática, sejam culturais, esportivas, alimentares, de lazer...É ele que faz que os gostos e as práticas tenham uma coerência em si e entre si, que formem um verdadeiro "estilo de vida".

Princípio gerador de práticas, o *habitus* está igualmente na base das representações que fazemos delas. "O *habitus* é (…) ao mesmo tempo princípio gerador de práticas objetivamente classificáveis e sistema de classificação (…) dessas práticas." Aquilo que julgamos belo ou feio, agradável ou desagradável, refinado ou vulgar não é universal ou natural. Na realidade, é constituído socialmente, pela mediação do *habitus*.

Esse conceito permite, segundo P. Bourdieu, superar certas antinomias clássicas das ciências humanas: entre o mecanicismo (a ação é o efeito mecânico da determinação das causas externas) e o finalismo (o agente age de maneira livre, consciente), ou ainda entre o objetivo e o subjetivo. Nossos gostos e nossas maneiras de sentir não se opõem ao mundo social numa relação de exterioridade: nossa subjetividade é constituída por esse mundo. "O *habitus* é uma subjetividade socializada."

Contra as leituras simplistas que o veem quase como um destino, P. Bourdieu insistiu em mostrar que o *habitus* não era algo monolítico (pode às vezes ser "clivado"), imutável ou fatal (não determina todas as ações futuras).

LIMITES DO *HABITUS*
Várias críticas foram formuladas em relação à teoria do *habitus*. Bernard Lahire afirma que o *habitus*, embora seja um fenômeno indiscutível da socialização individual, sem dúvida não é mais tão homogêneo quanto pretende P. Bourdieu. Atualmente, a maioria dos indivíduos não vive mais em universos sociais homogêneos, como a sociedade cabila dos anos 1960 ou os internatos dos grandes liceus parisienses dos anos 1950. P. Bourdieu fundou sua teoria do *habitus* a partir de meios sociais fechados e marcados por um modo único de socialização, enquanto cada um de nós é portador de *habitus* variados adquiridos num meio diversificado (família, escola, televisão...).

Da mesma forma, os sociólogos insistem hoje na capacidade reflexiva do indivíduo e em certa lucidez a respeito das próprias condutas. O indivíduo talvez não seja tão cego sobre as origens de suas condutas quanto pretende o modelo do inconsciente social de P. Bourdieu. Por exemplo, a emancipação das mulheres se fez pela ruptura consciente com os condicionamentos sociais legados pelas gerações anteriores.

Bibliografia: • P. Bourdieu, *La Distinction, critique sociale du jugement*, Minuit, 1979 • P. Bourdieu, *Méditations pascaliennes*, Seuil, 1997 • B. Lahire (org.), *Le Travail sociologique de P. Bourdieu: dettes et critiques*, La Découverte, 1999

O *HABITUS*: UM INCONSCIENTE SOCIAL

• O músico de *jazz* que senta ao piano e se põe a improvisar durante longos minutos parece agir apenas pelo influxo da inspiração. O próprio artista tem por vezes a sensação de dar livre curso à imaginação. Na verdade – como bem sabem todos os compositores –, a improvisação mais desenfreada é amplamente tributária de um longo aprendizado durante o qual o músico aprendeu as regras da harmonia, integrou influências musicais diversas, assimilou técnicas de improvisação e interpretação, aprendeu certos macetes do ofício. A integração e a assimilação deste longo *habitus* musical são até mesmo a condição da invenção e da autonomia criativa do pianista. Sem a interiorização e o domínio das regras, nenhuma improvisação "livre" é possível. Um paradoxo: a liberdade de criação se faz à custa da assimilação de normas bastante rígidas. Uma vez adquirido o domínio do jogo, toda arte da improvisação consistirá em fazer esquecer o trabalho passado para dar a aparência de espontaneidade e naturalidade.
O que vale para a música vale também para a linguagem, a condução de um automóvel, a maneira de se comportar em sociedade, e até para o pensamento mais abstrato, se acreditarmos em P. Bourdieu*.

• A teoria do *habitus* que P. Bourdieu introduziu em sociologia visa dar conta deste duplo processo: por um lado o "condicionamento" do indivíduo pelas regras de conduta, pelas normas de comportamento, pelas maneiras de se exprimir, de sentir, de pensar... próprias de um meio social e que o indivíduo incorpora profundamente em si.
Para P. Bourdieu, a teoria do *habitus* permite ultrapassar a oposição entre determinismo* e liberdade. O indivíduo, certamente, é determinado, ou seja, programado pelo *habitus*, que ao mesmo tempo lhe possibilita, porém, agir livremente num meio específico.

HACKING, IAN
(nascido em 1936)

Filósofo da ciência e historiador, ou filósofo analítico como ele mesmo se define, o canadense Ian Hacking interessa-se já na universidade pela "maneira de formar as pessoas, através da criação de classificações e conceitos". Suas pesquisas levaram-no a tratar das doenças mentais* transitórias. Transitórias no sentido de aparecerem num contexto particular, desenvolverem-se e depois desaparecerem pouco a pouco. Consagrou duas obras a essa questão, utilizando o exemplo do distúrbio de personalidade múltipla (conceito que surge nos anos 1960 nos Estados Unidos e tem grande repercussão nos anos 1980-1990) e da fuga patológica (*Mad Travelers: Reflections on the Reality of Transient Mental Illnesses* [Loucos viajantes: reflexões sobre a realidade das doenças mentais transitórias], 1998). Surgida no final do século XIX, a fuga patológica se manifestava, nos indivíduos afetados, por uma súbita e incontrolável necessidade de sair andando; eles chegavam a caminhar durante semanas.

Depois do primeiro caso registrado, muitos outros serão diagnosticados e a fuga patológica irá tornar-se uma entidade clínica muito discutida na França, antes de desaparecer, tudo isso no espaço de duas décadas. Em vez de falar de construção social* das doenças mentais transitórias, I. Hacking desenvolve o conceito de "nicho ecológico", para entender as condições de seu desenvolvimento. O "nicho" seria composto de quatro fatores: a taxonomia médica (para a fuga, trata-se do debate da época sobre sua origem, epiléptica ou histérica); a polaridade cultural entre vício e virtude (o turismo em desenvolvimento e a errância no caso da fuga); a observabilidade do distúrbio; e, finalmente, o desejo de evasão.

I. Hacking, mesmo tendo sido um dos promotores do conceito de construção social, interroga-se sobre sua pertinência, e também sobre seus limites. Essa noção, central em ciências sociais, é utilizada segundo ele numa infinidade de questões (a fraternidade, o gênero, a doença, a cultura homossexual, a natureza, etc.) e reúne abordagens teóricas bastante diferentes. Assim fragmentada, ela perde, segundo ele, o essencial de suas capacidades explicativas, podendo se tornar uma noção obscura e vazia.

Principais obras de I. Hacking
• *The Emergence of Probability*, 1975 [A emergência da probabilidade]
• *Rewriting the Soul: Multiple Personality and the Sciences of Memory*, 1995 [*Múltipla personalidade e as ciências da memória*, José Olympio, 2000]
• *Mad Travelers: Reflections on the Reality of Transient Mental Illness*, 1998 [Loucos viajantes: reflexões sobre a realidade das doenças mentais transitórias]
• *Social Construction of What?*, 1999 [Construção social de quê?]

HALBWACHS, MAURICE
(1877-1945)

Maurice Halbwachs inicia seus estudos de filosofia na ENS em 1898, onde assiste aos cursos de Henri Bergson. Obtendo o primeiro lugar na agregação de filosofia em 1901, engajado no socialismo, conhece Émile Durkheim* e passa a integrar a equipe da revista *L'Année Sociologique* em 1905. Defende uma tese na área de direito, "As expropriações e o preço dos terrenos em Paris (1860-1900)", em 1909, e em seguida uma tese de humanidades, "A classe operária e as condições de vida", em 1913. Nomeado professor na Universidade de Estrasburgo em 1919, torna-se colega de grandes nomes da ciência, como os historiadores Marc Bloch* e Lucien Febvre*, além do psicólogo Charles Blondel. Em 1935, obtém um posto de professor na Sorbonne; em seguida, em 1944, é nomeado para o Collège de France*, para a cátedra de psicologia coletiva. Infelizmente, não terá tempo de lá ensinar: deportado em julho de 1944 para Buchenwald, morrerá em fevereiro de 1945.

UM SUCESSOR DE DURKHEIM

O quadro teórico e metodológico construído por M. Halbwachs deve muito ao pai da sociologia francesa, É. Durkheim. Como este último, Halbwachs dá um lugar preponderante às representações coletivas (crenças, mentalidades...), às quais são submetidas as representações individuais. Realizará, com um espírito igualmente durkheimiano, muitos estudos de morfologia social, entendida como o estudo das formas materiais de que as representações coletivas se revestem. Por exemplo, a cidade nunca é neutra: os grupos sociais ou as atividades se organizam por bairro.

Essa inscrição do social no urbano influencia por sua vez a representação que o grupo possui dele mesmo. Para M. Halbwachs, como para É. Durkheim, o método ideal para realizar essas análises é o estatístico. Os dois sociólogos partilharão também os mesmos objetos de estudo: em 1930, M. Halbwachs retomará o estudo de É. Durkheim sobre o suicídio, atualizando e enriquecendo a análise, mas também afastando-se em determinados pontos. Em seu prefácio a essa obra, Marcel Mauss* chega a dizer que "seria imprudente, pouco científico, absurdo, ao fazermos uso do *Suicídio* de Durkheim, não nos reportarmos constantemente às *Causes du suicide* [Causas do suicídio] de M. Halbwachs".

A MEMÓRIA, UM FENÔMENO SOCIAL

Os trabalhos mais conhecidos de M. Halbwachs tratam da "memória coletiva", expressão que ele inventou. Contestando os psicólogos, demonstrou que a memória de cada indivíduo é constituída socialmente pois se insere em "quadros sociais". A memória familiar é determinada pela sociedade, já que reproduz "regras e costumes que não dependem de nós e que existiam antes de nós, que determinam nosso lugar".

Por outro lado, a memória individual nunca é uma simples rememoração do passado, mas sempre uma reconstrução, em função de interesses presentes determinados por nosso pertencimento a um grupo.

M. Halbwachs distingue também uma memória de classe. Por exemplo, o nobre, inserido numa linhagem marcada pela transmissão do nome, possui uma memória dos valores. Opõe-se ao operário, que não possui ascendência a reivindicar e conta apenas com uma "memória de função" pois se confunde com a profissão que exerce. É aqui que o estudo da memória coletiva pode aliar-se à morfologia social, analisando como o grupo inscreve sua memória em lugares.

UMA FIGURA ORIGINAL

Além de seus trabalhos importantes sobre a memória, M. Halbwachs efetuou numerosas pesquisas e reflexões muito inovadoras. Interessando-se fundamentalmente pelas classes populares, analisou as variações do consumo de acordo com a classe. Sua análise da "hierarquia das necessidades" se articula com uma crítica do individualismo postulado pela ciência econômica, cuja normatividade ele critica. Também realizou uma reflexão epistemológica* sobre o uso da estatística, buscando como conservar a variedade dos perfis humanos por trás das médias que ela produz. Finalmente, foi um curioso das outras tradições de pensamento e, assim, teve papel importante na introdução, na França, dos trabalhos de Max Weber*, Georg Simmel*, Vilfredo Pareto* e ainda da corrente da escola de Chicago*. Esse pensamento exuberante permanece contudo marcado por sua época. A principal crítica que lhe é feita é de ter sempre mantido uma oposição frontal entre indivíduo e sociedade, o que sem dúvida o levou a supervalorizar a segunda e a negligenciar o primeiro, sua autonomia relativa e sua reflexividade.

Principais obras de M. Halbwachs
- Les Cadres sociaux de la mémoire, 1925 [Os quadros sociais da memória]
- Les Causes du suicide, 1930 [As causas do suicídio]
- Morphologie sociale, 1938 [Morfologia social]
- La Mémoire collective, 1950 (póstumo) [A memória coletiva, Centauro, 2006]

HAYEK, FRIEDRICH AUGUST VON
(1899-1992)

Uma das figuras de proa do pensamento neoliberal na segunda metade do século XX, o economista Friedrich A. von Hayek foi um oponente radical do marxismo* e de toda forma de intervencionismo econômico do Estado. Sua obra permaneceu desconhecida durante muito tempo, numa época – dos anos 1930 aos anos 1960 – em que a economia é fortemente dominada pelo intervencionismo (keynesianismo* e marxismo). Mas manteve, à sombra, influência sobre um grupo de pensadores na Inglaterra (sociedade do Mont-Pèlerin) e nos Estados Unidos (Universidade de Chicago). Nos anos 1970-1980, com a escalada do liberalismo* econômico, a crise do marxismo e o declínio do keynesianismo, sua obra vai voltar ao primeiro plano.

Nascido na Áustria, F. A. von Hayek foi aluno de Ludwig von Mises (fundador da escola austríaca neoclássica). Tendo imigrado para a Inglaterra, junta-se à LSE, onde se tornará professor. Lá, opõe-se ferozmente a John M. Keynes*. Em 1931, publica Prices and Production [Preços e produção], em que explica as crises econômicas pela falta de poupança e os ajustes equivocados das políticas monetárias. Em 1943 surge The Road to Serfdom [O caminho da servidão], obra polêmica que ele dedica a "todos os socialistas". É preciso entender como tal não apenas os estados coletivistas, mas também o nacional-socialismo, favorável à economia dirigida. O livro se apresenta como uma crítica implacável da economia planificada, que só pode conduzir à "ditadura econômica". Quando uma "autoridade central" fixa regras para a produção e a distribuição dos bens, isso obrigatoriamente faz que os direitos do indivíduo sejam aviltados. A fixação de regras econômicas em função de "leis preestabelecidas" leva a ignorar as necessidades reais de cada um. F. A. von Hayek continua sua obra fazendo uma apologia do liberalismo. O mercado concorrencial, a descentralização e a expressão dos direitos do indivíduo permitem gerenciar a economia do melhor modo possível, pois o liberalismo é o único sistema que possibilita a correção dos próprios defeitos e a gestão da complexidade das sociedades modernas.

Em Scientism and the Study of Society [Cientificismo e o estudo da sociedade] (1952), ele criticou o que chamava de "construtivismo", ou seja, a tentativa de construir uma ordem social nova impondo-a, de cima, aos homens.

F. A. von Hayek obteve o prêmio Nobel de economia em 1974 (com Gunnar Myrdal*).

Principais obras de F.A. von Hayek
• *Prices and Production*, 1931 [Preços e produção]
• *The Road to Serfdom*, 1943 [*O caminho da servidão*, Bibliex Cooperativa, 1994]
• *Scientism and the Study of Society*, 1952 [Cientificismo e o estudo da sociedade; discurso ao receber o prêmio Nobel]

HEIDEGGER, MARTIN
(1889-1976)

Em 1927, o filósofo alemão Martin Heidegger lança *Sein und Zeit* [*Ser e tempo*]. Essa obra é dedicada a Edmund Husserl, o pai da fenomenologia* e antigo professor de M. Heidegger.

O livro se mostra a princípio como um texto inacabado, extraordinariamente difícil e abstrato, escrito numa língua obscura, repleta de neologismos. Seu tema: uma meditação sobre o destino humano, mais especificamente sobre a situação do homem diante do tempo. O próprio do ser humano (que M. Heidegger define como *dasein*: "ser aí") é estar imerso na temporalidade. O que isso significa? Como todo ser vivo, ele é um vir a ser, mas possui a particularidade de ter consciência disso. Pode portanto projetar-se no futuro, conceber projetos e tomar as rédeas de seu destino. Mas toma também consciência da morte. O ser humano vive, portanto, sua temporalidade de maneira particular. Sua consciência do vir a ser, que é uma "abertura para o mundo", é vivida também como uma angústia, "uma inquietação" e uma "preocupação" fundamental.

Isso é verdade pelo menos para os humanos que assumem esta realidade: aqueles que ousam enfrentar seu destino, tomar as rédeas da própria vida e olhar a morte de frente. Só eles são seres "autênticos". M. Heidegger chama os outros de "inautênticos". Eles se refugiam no cotidiano, na submissão à vida material e na "espera" passiva do amanhã. "O futuro inautêntico tem o caráter de espera" (*Ser e tempo*). Pode-se ler *Ser e tempo* de pelo menos duas maneiras. Seja como uma análise existencial em que M. Heidegger aborda um dos problemas mais fundamentais da existência humana: a ligação do homem com o tempo. Pode-se ver nele também, em segundo plano, a expressão de uma "visão de mundo*" particular: a dos pensadores da "revolução conservadora" que se desenvolveu na Alemanha no entre guerras e que reúne autores como Carl Schmitt, Ernst Jünger, Oswald Spengler e Werner Sombart.

Na realidade, por trás do vocabulário abstrato, típico da escrita de M. Heidegger, desenha-se uma temática precisa: a crítica do mundo moderno, assimilado à racionalidade*, à técnica*, à massificação e ao maquinismo, que, segundo ele, desumaniza os homens, subjuga-os e os reduz a uma vida medíocre e repetitiva, condena-os a um materialismo trivial. A esse mundo que julga decadente, M. Heidegger e os defensores da revolução conservadora opõem o mundo do "autêntico", que exalta o laço orgânico com a natureza, a poesia, o sagrado, a espiritualidade, a terra natal e o mundo de heróis autênticos que enfrentam a própria historicidade. Todos esses temas estão, evidentemente, de acordo com a ideologia nacional-socialista. E as razões da adesão de M. Heidegger ao nazismo em 1933, quatro anos após a publicação de *Ser e tempo*, podem ser aí encontradas.

Tudo isso esclarece o destino terrivelmente ambíguo da obra de M. Heidegger. Ela pode ser lida como uma profunda reflexão – abstrata e universal – sobre a existência humana e como a expressão filosófica de uma visão de mundo própria a uma ideologia particular: a mais sinistra do século XX.

Principais obras de M. Heidegger
• *Sein und Zeit*, 1927 [Ser e tempo, Vozes, 9.ª ed., 2000]
• *Was ist Metaphysik?*, 1929 [O que é a metafísica?]
• *Einführung in die Metaphysik*, 1935 [*Introdução à metafísica*, Tempo Brasileiro, 1987]
• *Holzwege*, 1949 [Fora dos caminhos batidos]
• *Die Frage nach dem Ding*, 1950 [Questão sobre a coisa]

HERMENÊUTICA

Originalmente, a hermenêutica designa a arte de interpretar textos sagrados ou profanos para descobrir seus significados ocultos. Esse termo remete atualmente de maneira mais ampla a toda teoria da interpretação e se estende assim à psicanálise* ou à semiótica, que veem nos fenômenos observáveis os signos de um sentido mais profundo.

Hans G. Gadamer* desempenhou um papel fundamental na reabilitação da hermenêutica. Em *Wahrheit und Methode* [*Verdade e método*]

(1960), ele defende que as ciências humanas são prisioneiras dos preconceitos positivistas* que veem os métodos das ciências experimentais como os únicos válidos. Segundo H. G. Gadamer, "a experiência da verdade" que as ciências humanas propõem é diferente daquela das ciências naturais. De fato, a compreensão dos fatos humanos se faz pela mediação da linguagem e se funda no fato de se pertencer a uma tradição. Repousa, portanto, numa interpretação que demanda um diálogo entre essa tradição e aquilo que se vai interpretar. Cada nova interpretação constitui por sua vez um evento e integra essa história.

Mas será que podemos falar de "uma" hermenêutica? Paul Ricoeur* parte da constatação dos conflitos das interpretações: "Não há hermenêutica geral, não há cânones universais para a exegese, mas teorias separadas e opostas tratando das regras da interpretação" (*De l'interpretation. Essai sur Freud* [Da interpretação. Ensaio sobre Freud], 1965). Ele distingue, entretanto, dois tipos de hermenêutica: as que buscam encontrar o sentido na postura de uma escuta perfeita e as que visam desmistificar, como fazem os "mestres da suspeita" que são Sigmund Freud*, Karl Marx* e Friedrich Nietzsche*, para destruir as ilusões, que são obstáculos ao sentido verdadeiro. Como reconciliar essas duas atitudes hermenêuticas? Para P. Ricoeur, essa tensão é constitutiva: a hermenêutica não deve apenas buscar abrir-se a um sentido, ela deve também valer-se de uma crítica das ideologias a fim de que ela própria não se equivoque.

Bibliografia: • H. G. Gadamer, *Vérité et méthode. Les grandes lignes d'une herméneutique philosophique*, Seuil, 1996 [1960] • F. Mussner, *Histoire de l'herméneutique de Schleiermacher à nos jours*, Cerf, 1972 • P. Ricoeur, *De l'interprétation. Essai sur Freud*, Seuil, 1995 [1965].

HERÓDOTO
(484?-425? a.C.)

Heródoto é considerado o "pai da história". Nascido em Halicarnasso, na Ásia Menor, fez muitas viagens à Sicília, Egito, Babilônia, Pérsia, etc. Sua obra inacabada, *Histórias*, tem como objeto as Guerras Médicas, que constituem um momento essencial da história grega, já que, pela primeira vez, quase toda a Grécia havia se unido para enfrentar as invasões persas. Diferentemente de Homero e da narrativa épica, Heródoto tenta ser imparcial (especialmente em relação àqueles que eram chamados na época de bárbaros, ou seja, aqueles que são estranhos ao mundo grego) e quer evidenciar o encadeamento das causas e consequências. Sua obra tem também grande valor etnográfico, pois ele se dedicou a descrever minuciosamente os povos que aborda, analisando sua história, seus ritos, seus costumes, assim como seu contexto geográfico.

HEURÍSTICA
Em ciências cognitivas, a heurística designa uma estratégia de resolução de problemas. É uma estratégia mental que se distingue do algoritmo. Perceberemos melhor a diferença entre as duas estratégias valendo-nos de um exemplo.

Se perdi um molho de chaves em meu apartamento, há dois tipos de procedimento que posso utilizar para encontrá-las.

– Passo um pente-fino na casa, analisando sistematicamente metro quadrado por metro quadrado, cômodo por cômodo, todos os cantos do apartamento. Essa estratégia é muito dispendiosa em termos de tempo e energia, mas confiável (contanto que as chaves estejam no apartamento!).

– Outro método consiste em procurar primeiro nos lugares mais plausíveis: nos bolsos, nas mesas e móveis, em suma, nos lugares mais habituais. Se essa estratégia fracassar, podemos então adotar o método da "reconstituição dos fatos", procurando nos lembrar do último lugar em que utilizamos ou vimos as chaves. Esses dois últimos procedimentos são mais engenhosos, menos custosos em termos de tempo, mais eficazes na maior parte dos casos, mas também menos seguros. De fato, é possível que uma criança tenha pegado as chaves e jogado debaixo de um móvel, ou que elas tenham sido colocadas por descuido na máquina de lavar...

O primeiro procedimento é chamado de "algorítmico", porque se baseia em um inventário sistemático de todas as possibilidades existentes. Revela-se infalível, mas exige muito tempo e energia. Os outros métodos, chamados de "heurísticos", baseiam-se na probabilidade de sucesso de uma solução específica. Essas estratégias consomem menos tempo e energia, são mais "inteligentes", mas comportam um grau de incerteza.

A maior parte dos programas de inteligência artificial* são construídos com base na heurística. Dessa forma, um programa de jogo de xadrez não funciona a partir do inventário sistemático de todas as jogadas possíveis, mas analisa o valor e as probabilidades de sucesso de um número limitado de jogadas, exatamente como faz o jogador humano, de quem a máquina apenas copia a maneira de raciocinar.

Herbert A. Simon* foi pioneiro no estudo das heurísticas. Seus trabalhos foram especialmente seguidos por Daniel Kanneman e Amos Tversky a respeito das heurísticas do pensamento comum.

Bibliografia: • D. Kahneman, P. Slovic, A. Tversky (orgs.), *Judgment under Uncertainty: Heuristics and Biases*, Cambridge University Press, 1982

HIPNOSE

Certamente, muitos de nós já viram um hipnotizador declamando: "Olhe bem para este pêndulo... Suas pálpebras estão se fechando..." O princípio é sempre o mesmo: concentrar, através de um canal sensorial (a visão, a audição, etc.), a atenção no hipnotizador, até que os outros sinais sensoriais do ambiente, como luzes ou falas, se recolham à periferia da consciência da pessoa. Mas isso não explica o que é a hipnose. De acordo com a etimologia, seria uma forma de sono – *Hypnos* era o Deus do sono para a mitologia grega –, mas os eletroencefalogramas não indicam nada em comum entre a hipnose e o sono.

Podemos, no entanto, observar o que ela induz. O "transe hipnótico" induz uma dissociação entre a consciência do ambiente cotidiano, que diminui sensivelmente, e a atenção exacerbada aos gestos e às afirmações do hipnotizador. A definição mais aceita da hipnose é portanto: um "estado alterado de consciência" – ou seja, que se afasta de seu funcionamento habitual, sem ser, contudo, nem anormal nem patológico.

O transe pode produzir-se também na ausência de um hipnotizador e podemos, aliás, aprender a nos auto-hipnotizar; mas, nesse caso, trata-se de um transe mais leve.

O transe hipnótico assemelha-se ao sono paradoxal. Nos dois casos, há uma dissociação entre a atividade física, nula ou impossível de realizar-se, e uma intensa atividade cerebral. Mas o traçado encefalográfico da hipnose aproxima-a do estado de vigília. Além disso, se pedirmos para uma pessoa que está dormindo contar seu sonho, ela acorda, enquanto o hipnotizado pode obedecer sem sair do transe.

A hipnose também induz a sugestionabilidade. Uma pessoa em transe obedece ao hipnotizador. Por um lado, sem dúvida, porque a consciência comum é diminuída. Por outro, pela relação terapêutica, o paciente se confia ao terapeuta para que este o ajude através da hipnose. Se desconfiar da hipnose, será refratário a ela.

Onde agem essas sugestões, já que a consciência normal está diminuída? No inconsciente? Pode ser: a hipnose permitiria fazer uma "regressão de idade" no paciente, até o momento do acontecimento traumático "esquecido".

Quanto às características fisiológicas e neurológicas desse estado, os debates continuam: existirá um domínio do hemisfério cerebral direito, sede do pensamento por imagens, sobre o hemisfério cerebral esquerdo, sede do pensamento lógico? Existe modificação dos procedimentos de comunicação e de integração das informações, de acordo com a tese dos cognitivistas?

Graças às características descritas acima, ela se presta a usos variados:

– *Anestesia e analgesia*. Aqui, a dissociação está em primeiro plano: o hipnotizador, captando a atenção do paciente, impede-o de tomar consciência da dor. De maneira geral, a hipnose se mostra eficaz para reduzir as dores, agudas ou crônicas: enxaquecas, reumatismos, intervenções dentárias dolorosas, dores do parto.

– *Medicina psicossomática*. Em todos os domínios em que o corpo expressa um mal-estar que é também psíquico, a hipnose se mostra eficaz: hipertensão, asma, transtornos digestivos e urinários, transtornos da alimentação e dermatologia – a hipnose elimina verrugas! Na área da cirurgia, ela é útil antes da operação, para reduzir a angústia, e depois, para acelerar a cura.

Mulheres operadas da mama, a quem foi sugerido, sob efeito de hipnose, que seus ferimentos iam cicatrizar-se e a dor diminuir o mais breve possível, saíram-se nitidamente melhor que as mulheres que não foram hipnotizadas, tanto no nível objetivo (rapidez da cicatrização avaliada pelos médicos) como no nível subjetivo (desaparecimento da dor) (ver C. Ginandes *et al.*, "Can Medical Hipnosis Accelerate Post-surgical Wound Healing? Results of a Clinical Trial" ["A hipnose médica pode acelerar a cura de ferimentos pós-cirúrgicos?"], *American Journal of Clinical Hypnosis*, n.º 4, abril 2003).

– *Relaxamento*. Partindo de uma utilização metódica da sugestão hipnótica, Johannes Schultz inventou seu método de relaxamento, o "autorrelaxamento", bastante praticado hoje em dia.

– *Psicoterapia*. No que diz respeito ao recurso da sugestão, existem duas tendências. A hipnose clássica – a de Leon Chertok, por exemplo – passa pela sugestão direta: o terapeuta propõe modificações do comportamento. Esse método, de acordo com os especialistas, é eficaz principalmente contra as fobias, a neurose pós-traumática, as toxicomanias, os distúrbios do sono e do comportamento alimentar e diferentes distúrbios psicossomáticos.

Mas, para Milton Erickson e seus discípulos, trata-se de um método perigosamente autoritário, levando o paciente a ver no terapeuta um mágico; o terapeuta deve apenas acompanhá-lo em sua compreensão de si mesmo, respeitando seus sintomas e contentando-se com sugestões indiretas para incitá-lo a buscar as soluções. Recorrendo à sugestão direta ou indireta, os hipnoterapeutas não estabelecem como objetivo a compreensão, e sim a ação, a progressão em direção a uma meta.

Bibliografia: • F. Roustang, *Qu'est-ce que l'hypnose?*, Minuit, 2003 [1994] • G. Salem, E. Bonvin, *Soigner par l'hypnose*, Masson, 1999 • V. Simon, *Du bon usage de l'hypnose. A la découverte d'une thérapeutique incomparable*, Robert Laffont, 2000.

HIPÓTESE

"Contrariamente ao que eu acreditava, o processo científico não consistia simplesmente em observar, em acumular dados experimentais e extrair uma teoria. Começava pela invenção de um mundo possível, ou de um fragmento de mundo possível, para confrontá-lo, através da experimentação, com o mundo exterior. E era esse diálogo entre a imaginação e a experiência que permitia que se formasse uma representação cada vez mais fina daquilo que chamamos de 'realidade'" (F. Jacob, *La Statue intérieure* [A estátua interior], 1987).

"Invenção de um mundo possível", a bela fórmula de François Jacob caberia bem para definir o que é uma hipótese. No processo científico, o tempo da hipótese é aquele em que o pesquisador imagina uma solução para um problema (uma lei, uma relação entre dois fenômenos, um modelo explicativo...). Essa teoria prévia permanece uma hipótese até que testes venham assentá-la mais ou menos solidamente em fatos empíricos.

Assim, a possibilidade do desaparecimento dos dinossauros, em razão do choque de um meteorito com a Terra há 65 milhões de anos, foi, em primeiro lugar, uma hipótese levantada por alguns pesquisadores marginais, antes que, nos anos 1980, uma série de dados viesse confirmar – ou melhor, apoiar – essa teoria.

HIRSCHMAN, ALBERT OTTO
(nascido em 1915)

Economista americano de origem alemã, Albert O. Hirschman é uma das figuras de proa da socioeconomia*.

Judeu alemão, nascido durante a Primeira Guerra Mundial, teve que deixar a Alemanha nos anos 1930. Após ter estudado na França, na Sorbonne e na HEC, inscreve-se em seguida na LSE, antes de emigrar em 1941 para os Estados Unidos, onde se estabelece.

Começa sua carreira com as questões do desenvolvimento na América Latina e na África. O tempo que passou nessas regiões tentando entender as molas e os obstáculos do desenvolvimento leva-o a abordar os fenômenos econômicos a partir das estruturas sociais e dos homens, de seus tipos de engajamento e de suas tensões, e não como relações abstratas entre agregados econômicos.

Em *Exit, Voice and Loyalty* [*Saída, voz e lealdade*] (1970), ele se interessa pelo "declínio das empresas e das organizações". Para a economia clássica, as falências e a decadência das empresas são causadas por erros de gestão. Ora, diante de casos concretos (como o mal funcionamento das estradas de ferro da Nigéria), podemos abordar o problema por um novo ângulo. Se os clientes estão descontentes, eles têm a possibilidade ou de mudar de meio de transporte (por exemplo, tomar um avião ou usar o carro) e abandonar o trem (é a estratégia de saída ou "*exit*"), ou podem fazer uma reclamação junto às estradas de ferro (é a estratégia de "*voice*" ou contestação). O mercado favorece a deserção; as situações de monopólio, por sua vez, a contestação.

Essa diversidade de escolha pode ser estendida a outras situações. O descontentamento ou a frustração podem conduzir o ator social (seja ele consumidor, eleitor, assalariado, etc.) a adotar três atitudes diferentes: a saída (*exit*), que consiste na deserção; a voz (*voice*), ou seja, a revolta; a lealdade (*loyalty*), que significa submeter-se apesar das discordâncias. Essa tipologia é válida tanto para o assalariado descontente com sua empresa como para o militante decepcionado pelas posições de seu partido ou para a esposa em relação ao marido.

A. O. Hirschman vai estender sua análise na obra *Shifting Involvements: Private Interest and Public Action* [*De consumidor a cidadão: atividades privadas e participação na vida pública*]. A participação dos cidadãos oscila entre ciclos de engajamento público e de fortes mobilizações coletivas – épocas em que a esperança de bem-estar é depositada nas ações públicas – e fases de "bem-estar privado", com um retorno à esfera doméstica.

A. O. Hirschman introduziu, portanto, outro modo de ver a economia. Não mais a partir de um modelo formal do consumidor sempre guiado pelo mesmo tipo de conduta, mas a partir de um ator social que pode utilizar diferentes estratégias.

As paixões e os interesses

• Em *The Passions and the Interests: Political Arguments for Capitalism before Its Triumph* [*As paixões e os interesses: argumentos políticos a favor do capitalismo antes do seu triunfo*] (1977), Albert O. Hirschman mostra como "*o espírito do capitalismo*"* se impôs como um valor positivo nos séculos XVII e XVIII em muitos pensadores sociais, do barão de Montesquieu a Adam Smith*. No século XVI, o ideal heroico da cavalaria ainda domina a elite social. A busca da glória, do prestígio e da despesa ostentatória é a virtude cardeal da aristocracia. A busca burguesa pelo enriquecimento pessoal, o gosto pelo dinheiro e a prática da usura são desprezados.

• Uma nova concepção da ordem social vai, entretanto, impor-se pouco a pouco. A filosofia política e moral teoriza essa mutação dos valores. As "paixões", até então percebidas como "nobres e grandiosas", tornam-se fonte de tormentos, conflitos e guerras. Ao contrário, o interesse privado começa a aparecer como mais virtuoso. O comércio entre os homens não poderá substituir a guerra, como sustenta Montesquieu? O cálculo frio não permite domar as paixões, como afirma Nicolau Maquiavel*? Por trás da busca do interesse pessoal, "a mão invisível" do mercado não termina contribuindo, como sustenta A. Smith, para o enriquecimento de todos? Em suma, para os filósofos, o interesse torna-se sinônimo de virtude coletiva.

• Para A. O. Hirschman, essa visão positiva de uma sociedade governada pelos interesses individuais será em seguida atacada pelos românticos, pelos antimodernistas e também pelos críticos do capitalismo.

Principais obras de A. O. Hirschman
• *Exit, Voice and Loyalty*, 1970 [*Saída, voz e lealdade*, Perspectiva, 1973]
• *Shifting Involvements: Private Interest and Public Action*, 1982 [*De consumidor a cidadão: atividades privadas e participação na vida pública*, Brasiliense, 1983]
• *L'Economie comme science morale et politique*, 1984 [*A economia como ciência moral e política*, Brasiliense, 1986]

HISTERESE

Em física, a "histerese" designa um fenômeno que persiste mesmo quando sua causa desaparece. Um metal colocado num campo magnético torna-se imantado e guarda suas propriedades de imantação quando o campo magnético não está mais presente.

Em economia, esse fenômeno de histerese foi utilizado por Olivier Blanchard e Lawrence Summers em 1986. A ideia é a seguinte: a baixa da atividade econômica nos anos 1970, em razão dos choques do petróleo, levou a um aumento do desemprego. A baixa da atividade e o desemprego, persistindo, produziram efeitos estruturais: perda de motivação e de empregabilidade de alguns desempregados, ausência de investimentos das empresas. A longo prazo esses fenômenos perduram, mesmo que as causas iniciais (do desemprego) tenham desaparecido.

HISTERIA

Desde a Antiguidade são descritos sintomas de um mal estranho, que acometia as mulheres, as moças ou as viúvas: a histeria. Esse mal, que provocava sufocamentos, gritos, crises de angústia, delírios, provinha, pensava-se na época, da abstinência sexual ou do deslocamento do útero, de onde vem o nome "histeria", que significa, em grego, "útero".

Da Idade Média ao Renascimento, a histeria será associada a crises místicas ou, ao contrário, à bruxaria. A histérica pode ser uma santa ou uma bruxa possuída pelo demônio. Os médicos do Renascimento denunciaram os fenômenos de fingimento associados à histeria. Os sintomas "teatrais" sugeriam certa simulação por parte da paciente. Em seguida, a partir do século XIX, a histeria entrou no campo da clínica. Os transtornos histéricos são associados, na história da psiquiatria, ao Hospital Salpêtrière, em Paris.

Nos anos 1880-1900, os histéricos foram, junto com os neurastênicos, os casos mais conhecidos e mais tratados em psiquiatria. Por histeria entendia-se então um quadro clínico bastante variado. Acometia, na maioria das vezes, as mulheres, e acontecia em forma de crise durante a qual se manifestavam transtornos somáticos, como a paralisia temporária de um membro (braço ou perna), contração do corpo, caretas e atitudes teatrais.

Em suas famosas lições de terça-feira no Hospital Salpêtrière, Jean Martin Charcot (1825-1893) apresentava a uma plateia de médicos e a um público seleto algumas de suas pacientes afetadas pela "grande histeria" ou *hysteria major*. Por exemplo, uma das moças, quando tocada em uma zona "histerógena", como as costas ou abaixo do seio esquerdo, desmaiava, curvava-se para trás formando um arco. Depois vinham as atitudes passionais, a moça se pondo a gritar: "Mamãe, estou com medo", a dizer palavras obscenas ou uma linguagem incompreensível.

A histeria não tomava apenas essa forma aguda. Jules Déjerine (1849-1917), um aluno de J. M. Charcot, relaciona os sintomas histéricos com um traumatismo emocional: cita o caso de uma moça que ficou com a perna paralisada depois de uma tentativa de estupro. A partir dos anos 1930, esse quadro da "grande histeria" estranhamente desapareceu dos quadros clínicos.

A HISTERIA SEGUNDO A PSICANÁLISE

Na mesma época, Sigmund Freud* e Josef Breuer, em seus *Studien über Hysterie* [*Estudos sobre a histeria*] (1895), darão à histeria um quadro clínico bastante diferente. A histeria afeta principalmente as mulheres e se manifesta por transtornos que chamaríamos hoje, de psicossomáticos*: paralisia dos membros, dores de cabeça, gagueira, alucinações... Dessa forma, entre seus casos clínicos, J. Breuer e S. Freud descrevem o de Emmy von N. Essa mãe de família de 40 anos fala com desenvoltura, mas seu discurso é interrompido por espasmos, gagueira, tiques e estalos de boca. E com frequência ela se interrompe e diz bruscamente: "Fiquem tranquilos! Não digam nada! Não me toquem!" Ela tem também fobia de animais. É com Emmy que S. Freud principia a prática da expressão por associação livre. Ele pensa que os sintomas dela estão ligados a traumas anteriores (quando criança, um dos irmãos de Emmy jogou um sapo morto em cima dela). Da mesma forma, para J. Breuer e S. Freud, o caso de Lucy R. é também de histeria. Essa jovem inglesa sofre de alucinações olfativas (cheiro de comida queimada) e de rinite crônica (foi operada do nariz). S. Freud descobre que essa governanta está apaixonada pelo patrão, amor que ela não ousa admitir. Tratar-se-ia, portanto, de uma "conversão histérica". Alguns dos casos apresentados por S. Freud e J. Breuer foram objeto de uma reavaliação recente. De acordo com alguns psiquiatras, os sintomas de que sofre Emmy von N. assemelham-se bastante com o quadro clínico da síndrome "Gilles de la Tourelle". Em relação a Lucy R., passou-se a pensar que a epilepsia do lobo temporal produz sinais parecidos: dores de cabeça e alucinações perceptivas (visuais ou olfativas).

Para S. Freud, a histeria é um transtorno corporal que possui causas psíquicas profundas: é resultado de um conflito psíquico inconsciente, de um impulso sexual reprimido.

Em seguida, S. Freud vai distinguir dois tipos de histeria:

– "a histeria de conversão", caracterizada pela "conversão" (= transposição) de um conflito psíquico em manifestações somáticas (uma paralisia, por exemplo), ou sensitivas (anestesias ou dores localizadas);

– em seguida, chamará de "histeria de angústia" o que chamamos, hoje, de fobia*.

A HISTERIA NOS DIAS DE HOJE

A partir da Segunda Guerra Mundial, a histeria mudou de *status*. O termo, em primeiro lugar, tomou uma acepção mais ampla e mais vaga. Continua a ser utilizado pelos psiquiatras e analistas para designar, principalmente (mas não somente) nas mulheres, transtornos somáticos (desmaios, problemas dermatológicos, ginecológicos, intestinais, dispneia, dores diversas...) repetitivos e que não estejam ligados a causas orgânicas diagnosticadas.

No manual do *DSM-IV**, o diagnóstico de histeria desapareceu. Foi substituído por duas categorias diferentes:

– os transtornos de conversão. Manifestam-se por sintomas físicos (perda de função, dores) sem causas físicas evidentes (são, portanto, relacionados a causas psicológicas).

– a personalidade "histriônica". Manifesta-se por atitudes emocionais excessivas (riso, choros...), ou posturas exageradas (poses teatrais, maneira de falar...), visando chamar a atenção para si.

Bibliografia: • J. André, J. Lanouzière, F. Richard, *Problématiques de l'hystérie*, Dunod, 1999 • G. Harrus-Révidi, *L'Hystérie*, Puf, "Que sais-je?", 1997

HISTÓRIA
Ver as disciplinas nas páginas centrais

HISTÓRIA DE VIDA

As histórias de vida (ou narrativas de vida) são uma prática ao mesmo tempo literária e científica, um objeto e um método das ciências humanas.

O gênero aparece no século XVIII, sob a forma de autobiografia escrita, e tem em *As confissões* (1782-1789), de Jean-Jacques Rousseau, sua forma exemplar.

No decorrer do século XX, essa forma literária interessou aos pesquisadores de todas as disciplinas. Nos anos 1920, a antropologia cultural realiza as primeiras explorações sistemáticas de relatos biográficos de caciques indígenas. Em seguida, é a sociologia urbana que, através da escola de Chicago*, reúne as histórias de vida dos novos imigrantes da América, a fim de estudar a ligação entre delinquência urbana e imigração. O uso do método entra em declínio a partir dos anos 1940-1950, no apogeu dos métodos quantitativos, antes de conquistar, nos anos 1970, reconhecimento definitivo.

O que fazer com essas histórias de vida? Alguns antropólogos ficaram tentados a deixar o texto falar por si próprio, contentando-se com uma revisão mínima. É assim que procede Oscar Lewis em seu já clássico *The Children of Sanchez* [Os filhos de Sanchez] (1961), "autobiografia" de uma família pobre mexicana. O método soube aproveitar o aperfeiçoamento das técnicas de análise de conteúdo*, que permitem selecionar os temas importantes e a organização da narrativa, e por isso melhorar as condições de sua interpretação.

A corrente da chamada sociologia "clínica" já é mais ambiciosa. As narrativas de vida são utilizadas como ferramentas de uma verdadeira terapia para indivíduos preocupados em resolver as contradições entre processos sociais e psíquicos. Desse ponto de vista, os relatos de vida permitem apreender, para além da divisão entre sociologia e psicologia, a dialética existencial entre o indivíduo produto da história, objeto de suas condições de existência, e o indivíduo produtor e sujeito dessa história.

Bibliografia: • D. Bertaux, *Les Récits de vie: perspective ethnosociologique*, Nathan, 1997 • V. de Gaulejac, *L'Histoire en héritage*, Desclée de Brouwer, 1999 • P. Lejeune, *Le Pacte autobiographique*, Seuil, 1997 [1975] • O. Lewis, *Les Enfants de Sanchez*, Gallimard, 1978 [1961]

HISTORICISMO

O historicismo, em sua acepção mais comum, designa uma concepção filosófica que estabelece como princípio que os fenômenos humanos, para serem compreendidos, devem ser apreendidos como fenômenos históricos. A questão é a seguinte: afirmando que o estudo dos fenômenos humanos supõe que o filósofo se faça historiador, o historicismo recoloca em questão a possibilidade de abordá-los em termos de essência. Tomemos como exemplo a questão do poder. Os filósofos desde sempre refletiram a respeito da essência do poder, tentando reunir seus traços constitutivos, perceptíveis em qualquer período e em qualquer local. O historicismo rompe com essa perspectiva. Ao poder considerado em termos de essência, vai preferir privilegiar o poder considerado numa situação dada, numa época específica.

A paternidade dessa maneira de pensar é geralmente atribuída a Giambattista Vico, que, desde os primeiros anos do século XVIII, fixa as bases do que chama de uma "nova ciência". Essa nova ciência é nada menos que uma ciência da história. Essa abordagem histórica do pensamento torna-se rapidamente uma espécie de patrimônio intelectual partilhado pela maior parte dos homens cultos do século XIX. Depois da transformação política operada pela Revolução Francesa, quase todos tiveram o sentimento de viver na história, uma história-movimento que fazia com que o futuro não fosse nada parecido com o passado. Esse sentimento de que a história era portadora de transformação para a humanidade levou todo um grupo de filósofos a tentar definir as leis da história. Georg W. F. Hegel e Karl Marx* são os mais célebres. O termo historicismo foi, então, frequentemente utilizado para indicar as grandes filosofias da história elaboradas nessa época. É nesse sentido que Karl R. Popper* falava de historicismo quando, em *The Poverty of Historicism* [Miséria do historicismo] (1944), recolocava em questão a cientificidade do marxismo.

O historicismo, enfim, indica uma corrente histórica que se desenvolveu na Alemanha entre 1870 e 1920, através de figuras como Wilhelm Dilthey*, Heinrich Rickert e Georg Simmel*. Nesse sentido, pode ser considerado uma reação ao positivismo*. De acordo com essa corrente o conhecimento do passado só se realiza através da experiência subjetiva daquele que o estuda. É essa tese que Raymond Aron* irá sustentar em sua famosa *Introduction à la philosophie de l'histoire: essai sur les limites de l'objectivité historique* [Introdução à filosofia da história: ensaio sobre os limites da objetividade histórica] (1938).

HJELMSLEV, LOUIS
(1899-1965)
→ Glossemática

HOBSBAWM, ERIC JOHN
(nascido em 1917)

O historiador inglês Eric J. Hobsbawm dedicou-se a descrever a evolução do capitalismo* nas sociedades modernas e industriais. Em 1994, publicava o último volume de uma trilogia, *The Age of Extremes: the Short Twentieth Century 1914-1991* [*A era dos extremos. O breve século XX: 1914-1991*]. Para E. J. Hobsbawm, esse breve século XX se divide em três fases: uma "era das catástrofes" entre 1914 e 1945; uma "era de ouro" entre 1945 e 1970, durante a qual as sociedades conheceram magníficas transformações; e finalmente, um período de crise geral cujos fatos mais marcantes são a queda dos regimes comunistas e o desmantelamento da União Soviética.

A originalidade desse autor repousa em sua reflexão ao mesmo tempo global e detalhada, que dá conta de todas as dimensões das sociedades: econômica, política, social e cultural. É preciso deixar claro também que E. J. Hobsbawm é um ex-militante comunista que se recusa a renegar em bloco os objetivos socialistas segundo os quais "uma sociedade deve trabalhar para reduzir as desigualdades e agir no interesse de todos". Em sua análise do século XX, embora fale do marxismo-leninismo como uma "ortodoxia dogmática que teve um custo humano enorme e insuportável", ele mostra também o importante papel que teve a União Soviética na vitória contra o nazismo*, na emancipação dos países colonizados e ainda na capacidade de o mundo capitalista se autorreformar com medidas sociais e certas formas de planificação.

Principais obras de E. J. Hobsbawm
• *The Age of Revolution: Europe 1778-1848*, 1962 [*A era das revoluções: Europa 1778-1848*, Paz e Terra, 21.ª ed., 2007]
• *The Age of Capital: 1848-1875*, 1975 [*A era do capital*, Paz e Terra, 12.ª ed., 2007]
• *The Age of Empire: 1875-1914*, 1987 [*A era dos impérios*, Paz e Terra, 11.ª ed., 2007]
• *The Age of Extremes: the Short Twentieth Century 1914-1991*, 1994 [*A era dos extremos. O breve século XX*, Companhia das Letras, 10.ª ed, 1995]

HOLISMO

O uso do termo "holismo" é encontrado em contextos bastante diferentes: podemos falar de "holismo" em sociologia, mas também em filosofia, em linguística e em antropologia. De maneira geral, qualificamos de holística (do grego *holos*, "tudo, inteiro") toda teoria que privilegia mais o todo que os elementos que o compõem. Numa concepção holística, o todo não é, portanto, um simples agregado de elementos. Em ciências humanas, é ao individualismo* que, em geral, o holismo é oposto. O antropólogo Louis Dumont* distingue, dessa forma, as sociedades holísticas das sociedades individualistas:

as sociedades holísticas (cujo modelo, para ele, é a sociedade indiana) valorizam a subordinação do indivíduo ao todo social, enquanto as sociedades ocidentais modernas são individualistas e privilegiam a igualdade, a liberdade e a satisfação das necessidades de cada um. Em sociologia, esquematicamente, o holismo considera a sociedade uma entidade própria, "englobando" os indivíduos e, em grande parte, determinando-os. É a concepção que atribuímos em geral a Émile Durkheim*, para opô-la ao individualismo metodológico*, segundo o qual o indivíduo vem em primeiro lugar na constituição social.

HOMEM MODERNO

Em paleantropologia, a expressão "homem moderno" é empregada como sinônimo de *Homo sapiens*.
→ **Hominização**, *Homo*

HOMINIZAÇÃO

A hominização indica o cenário de aparição da espécie humana na Terra. É descrita em paleantropologia* no quadro da teoria da evolução*.

A espécie humana apareceu há cerca de 2,5 milhões de anos na África, sucedendo a outros hominídeos como os australopitecos*. De acordo com uma hipótese que prevaleceu dos anos 1950 aos anos 1980, a bipedia teria sido o primeiro elemento decisivo da hominização, pois teria permitido, ao mesmo tempo, o aumento do tamanho do cérebro ("cefalização"), a liberação da mão e em seguida o nascimento do pensamento, da técnica e da linguagem.

Hoje em dia, os paleantropólogos são mais prudentes no que diz respeito a essa causalidade linear (bipedia → tamanho do cérebro → liberação da mão → técnica e linguagem). Admite-se que cada um desses caracteres pode ter uma evolução relativamente independente, e que a evolução em direção à espécie humana se realizou segundo um roteiro irregular. Assim, a bipedia poderia ter sido praticada por Orrorin*, um dos mais velhos hominídeos conhecidos (6 milhões de anos atrás) enquanto alguns australopitecos como Lucy, que viveu bem depois (3,5 milhões de anos atrás), eram ainda semiarborícolas.
→ *Homo*

HOMO

Quando se é naturalista, dedicando-se a classificar os papagaios, os lagartos, as borboletas, os tubarões, as cabras e as minhocas, onde colocar os seres humanos?

A questão interessou Carl von Linné já em 1730, quando estabeleceu sua classificação das espécies. Onde colocar os homens no grande quadro dos seres vivos?

Em *Systema naturae* (1735), o naturalista sueco havia encontrado a seguinte solução: do ponto de vista anatômico, parecia-lhe claro que o homem se assemelha aos macacos. Ele criou, então, uma ordem dos primatas que dividiu em quatro gêneros: *Homo*, *Símia* (os macacos), *Lemur* (os prosimianos) e *Vespertilio* (que reunia os morcegos).

Dentro do gênero *Homo* (no qual inseriu também *Homo nocturnos*, *Homo sylvestris* e *Homo troglodytes*), C. von Linné designa os homens como *Homo sapiens* (o homem "sábio" ou "o homem que sabe"). A definição do homem moderno como *Homo sapiens** permaneceu válida durante muito tempo. Ela se baseia numa mistura de critérios anatômicos. O homem pertence ao mundo dos primatas, mas caminha com duas pernas e tem um cérebro grande, o que o torna *Homo*. Além do mais, é inteligente, fabrica os próprios utensílios e tem uma linguagem articulada, o que o torna *sapiens*.

COMO DEFINIR O HOMEM?

Essa definição prevaleceu até que a descoberta de inúmeros fósseis de ancestrais humanos viesse embaralhar as cartas.

Até meados do século XX, os pré-historiadores agrupavam com os humanos (o gênero *Homo*) todos nossos ancestrais que reuniam os seguintes critérios: o volume cerebral, a bipedia, a fabricação de utensílios, a linguagem. Mas, a partir dos anos 1960, as coisas se complicam com a descoberta dos australopitecos e de muitos fósseis de antigos *Homo*. A noção de "grande cérebro" não é mais suficiente para um fóssil como *Homo habilis*, cujo tamanho cerebral (em torno de 700 cm^3) é intermediário entre o dos homens atuais e o dos mais antigos australopitecos (500 cm^3). Convém aperfeiçoar os critérios. A definição canônica adotada por Louis Leakey*, Phillip Tobias e John Napier em 1964 torna-se mais que refinada: leva em conta a forma das mandíbulas, do sistema dentário, das saliências ósseas do crânio, o volume cerebral (superior a 600 cm³).

Mas as pesquisas prosseguiram. À medida que novos fósseis foram descobertos nos anos 1980-1990, as formas intermediárias se multiplicaram e as antigas fronteiras tiveram de ser reconsideradas. As características biológicas e culturais atribuídas ao gênero *Homo* tornaram-se visivelmente insuficientes.

– Com a descoberta de novas espécies de antigos hominídeos (sete ou oito espécies de australopitecos) e a multiplicação dos antigos *Homo* (*neanderthalensis, heidelbergensis, erectus, habilis, ergaster, rudolfensis, antecessor, georgicus*), as fronteiras biológicas se turvam. As distâncias anatômicas entre fósseis tornaram-se cada vez menores e, portanto, os critérios de classificação, discutíveis.

– No que diz respeito aos critérios culturais (linguagem articulada, fabricação de utensílios), as condições de atribuição, evidentemente, são ainda mais discutíveis. Como saber se o *Homo habilis* possuía linguagem? Como ter certeza de que os australopitecos não fabricavam utensílios? Em 1959, quando Mary e L. Leakey descobrem na Tanzânia utensílios de sílex ao lado de um australopiteco, os pesquisadores ficam incomodados, pois se considerava na época que o australopiteco não utilizava utensílios. Cinco anos mais tarde, descobre-se na região um hominídeo mais moderno: o *Homo habilis*. Ficou então decidido que as ferramentas encontradas tinham sido fabricadas por um *Homo habilis* de passagem!

A incerteza crescente a respeito da definição clássica do *Homo* levou Bernard Wood, da Universidade George Washington, a propor uma nova definição do gênero *Homo*. Essa definição baseia-se em critérios estritamente anatômicos e não leva mais em conta os critérios culturais. No caso, se levarmos em conta o volume cerebral e a morfologia do esqueleto, então *Homo habilis* e *Homo rudolfensis* (que eram considerados até então *Homo*) devem ser integrados à família dos australopitecos. A família dos *Homo* teria surgido, portanto, na África, com o *Homo ergaster*.

HOMO OECONOMICUS

Figura emblemática da ciência econômica, especialmente da teoria neoclássica, essa representação matematizada de um agente econômico nasceu no final do século XIX. O *homo oeconomicus* é um ser desapegado, perfeitamente racional, que tem por objetivo maximizar sua satisfação, quando consumidor, ou seus lucros, quando produtor. No caso do consumidor, suas preferências são específicas, e a cada conjunto de bens que ele deseja consumir está associada uma utilidade, seu objetivo consistindo em maximizar essa utilidade com a administração dos recursos disponíveis. Esse processo de otimização faz do *homo oeconomicus* quase um computador, que não conhece nenhum limite cognitivo. Suas ações são "lógicas", de acordo com a denominação de Vilfredo Pareto*. A economia neoclássica funda-se nessa problemática, que a afasta da sociologia, que supostamente se interessa pelas "ações não lógicas", ainda segundo V. Pareto.

Nos anos 1970, o americano Gary Backer estende o processo de maximização a todo tipo de escolhas: o casamento, o divórcio, o crime... Desde sua aparição no meio científico, certos autores quiseram dar ao *Homo oeconomicus* uma visão mais humana. Assim, no mesmo momento em que Leon Walras e V. Pareto lançam os fundamentos da teoria neoclássica e elaboram o *homo oeconomicus*, aparece o austríaco Ludwig von Mises. Ele não quer que a ciência econômica se transforme na antecâmara da matemática ou da estatística; deseja que ela seja uma "praxeologia", ou seja, uma ciência do agir humano. Para L. von Mises, toda ação é racional, no sentido de os indivíduos serem guiados pela busca de uma vantagem, qualquer que seja, e de criarem os meios para alcançá-la, quaisquer que sejam os meios empregados, pois a racionalidade é eminentemente subjetiva. Além do mais, ele frisa o caráter especulativo de toda ação, a incerteza sendo intransponível. Meio século mais tarde, o modelo do *homo oeconomicus* é novamente retrabalhado.

Em 1947, Herbert Simon propõe substituir a maximização pela racionalidade limitada. Porque as capacidades cognitivas dos indivíduos são finitas e seus conhecimentos imperfeitos, eles não buscam a solução ótima, e sim a mais satisfatória. A esse primeiro golpe no modelo, sucede um segundo nos anos 1970. Para H. Simon, as escolhas dos indivíduos não podem ser compreendidas sem que se adentre a caixa-preta do funcionamento de suas decisões. A psicologia vem então socorrer a economia para descortinar os mecanismos de decisão, e a racionalidade torna-se "processual", pois se revela no próprio processo. A economia experimental apresentada pelo prêmio Nobel de 2002, Daniel Kahneman, dá continuidade aos trabalhos realizados por H. Simon e confirma o irrealismo dos postulados forjados em torno do modelo. A partir de testes realizados com grupos de indivíduos, D. Kahneman percebeu que as escolhas individuais se distanciam da racionalidade perfeita, pois os indivíduos escolhem com base em informações estereotipadas e não em termos de cálculos de probabilidade. Além do mais, possuem aversão ao risco, o que os leva a preferir soluções que o atenuem, no lugar das soluções ótimas...

Bibliografia: • P. Demeulenaere, *Homo oeconomicus. Enquête sur la constitution d'un paradigme*, Puf, 1996

→ **Neoclássica, Racionalidade, Simon, Walras**

HOMO SAPIENS

A primeira definição do homem como *Homo sapiens* ("o homem que sabe") aparece na classificação de Carl von Linné (1707-1778). *Homo sapiens* designa, em primeiro lugar, todos os homens que vivem no planeta. Em seguida, com o surgimento da Pré-História* e com a descoberta dos homens ancestrais, foi preciso redefinir a fronteira entre os homens atuais e seus ancestrais.

IDADE E MODOS DE VIDA DOS HOMO SAPIENS

Atualmente, os paleantropólogos consideram que o *Homo sapiens* surgiu há aproximadamente 200 mil anos.

A espécie *Homo*, durante muito tempo, foi dividida em dois ramos:
– o homem de Neandertal (*Homo sapiens neanderthalensis*), surgido há cerca de 150 mil anos e que desapareceu há 30 mil anos sem deixar descendentes;
– o homem de Cro-Magnon (*Homo sapiens sapiens*), que é o ancestral direto dos homens atuais.

Entretanto, estudos genéticos do princípio dos anos 2000 tendem a mostrar que a linhagem de Neandertal seria muito mais antiga (teria surgido há pelo menos 600 mil anos), o que tenderia a torná-la uma espécie à parte (*Homo neandertalis*), e não uma variedade de *sapiens*.

Os primeiros *Homo sapiens* viviam em pequenas comunidades nômades ou semissedentárias de trinta a cinquenta indivíduos. Praticavam a caça, a pesca, a coleta, mas não ainda a agricultura. Fabricavam choupanas, lanças, arpões e talhavam a pedra de acordo com uma nova técnica chamada *levallois* (indústria da época musteriense). Os homens de Neandertal e de Cro-Magnon enterram os mortos (as primeiras sepulturas datam de aproximadamente 100 mil anos atrás).

Em seguida, a partir de 40 mil anos atrás, acontece a explosão cultural do paleolítico superior, marcada pelo surgimento das grutas ornamentadas e de novos utensílios... É a época em que o homem de Neandertal desaparece, só deixando na Terra uma única linhagem humana.

OS CENÁRIOS DE SURGIMENTO DO *HOMO SAPIENS*

Todos os especialistas concordam em datar o surgimento dos homens modernos entre 200 mil e 100 mil anos atrás. Mas o cenário de nascimento é bastante controverso. Três modelos se confrontam (*ver também o quadro a seguir*).

– *O cenário multirregional*. Segundo esse modelo, os *Homo sapiens* surgiram paralelamente em diversos continentes. Seriam os descendentes de cada tipo de *Homo erectus* "regional". Esse modelo é, assim, chamado de "multidefinição". Para reforçar essa hipótese, assinala-se que parece existir uma continuidade evolutiva específica em certas regiões, entre o *Homo erectus* e os diferentes tipos humanos atuais. Em 1992, por exemplo, descobriram-se na China dois crânios humanos, com aproximadamente 300 mil anos de idade, que possuem características anatômicas intermediárias entre o homem moderno (*Homo sapiens*) e seu ancestral *Homo erectus* asiático.

– *O cenário da Eva africana*. Esse modelo supõe que os homens modernos (*sapiens*) se desenvolveram a partir de uma única linhagem de *pré-sapiens*, presentes na África há mais ou menos 200 mil anos, e que teriam se disseminado em todo o Velho Mundo. Essa hipótese apoia-se principalmente nas chamadas pesquisas de "antropologia molecular". Esse método, inventado no início dos anos 1960, propõe reconsti-

TRÊS MODELOS DE APARIÇÃO DO HOMEM MODERNO

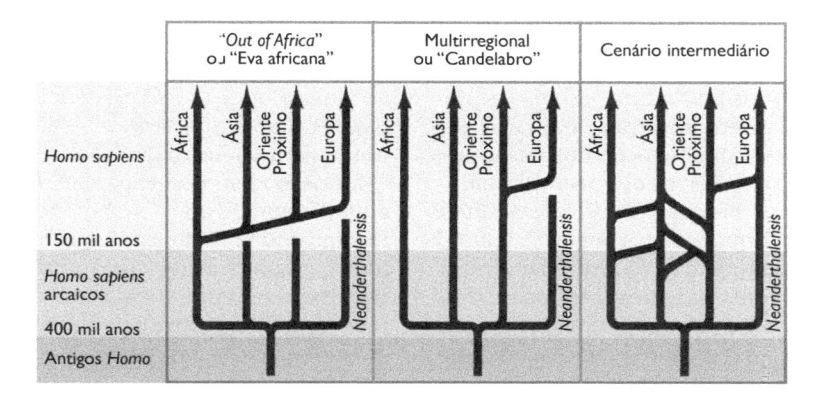

	"Out of Africa" ou "Eva africana"	Multirregional ou "Candelabro"	Cenário intermediário
Homo sapiens	África, Ásia, Oriente Próximo, Europa	África, Ásia, Oriente Próximo, Europa	África, Ásia, Oriente Próximo, Europa
150 mil anos			Neanderthalensis
Homo sapiens arcaicos			
400 mil anos			
Antigos Homo			

Para dar conta das origens do homem moderno, três cenários se confrontam. O primeiro modelo, chamado de "a Eva africana", apoia-se principalmente em estudos de genética molecular: os primeiros homens que chegaram ao continente asiático e europeu desapareceram, dando lugar ao homem moderno (Homo sapiens), originário da África, há 150 mil anos aproximadamente. Esse modelo se opõe ao modelo clássico dito "multirregional", segundo o qual os homens arcaicos presentes na África, Europa e Ásia evoluíram paralelamente em cada região do mundo. Um terceiro cenário, dito "intermediário", é hoje defendido. Supõe a síntese dos dois precedentes. Os homens modernos teriam saído da África entre 60 mil e 40 mil anos atrás e ido ao encontro de outros homens modernos que partiram antes deles. As diversas populações teriam então se misturado.

tuir a história das populações a partir dos dados da biologia molecular. Os estudos genéticos permitem medir, atualmente, o grau de proximidade entre espécies e as datas aproximadas de sua separação. Baseando-se em dados extraídos do DNA das mitocôndrias (micro-organismos situados nas células vivas), o biólogo Allan Wilson (1934-1991) pôde calcular que toda a humanidade atual deriva de uma origem única: uma mulher, pertencente a um grupo de *pré-sapiens*, que viveu na África há aproximadamente 200 mil anos (os fragmentos de DNA das mitocôndrias só são transmitidos pelas mulheres). Em relação ao chamado cenário de "multidefinição", o cenário da Eva africana supõe pois um surgimento único dos homens modernos (Homo sapiens). Essa teoria da "Eva africana" ou "Eva mitocondrial" foi, contudo, objeto de muitos debates e contestações.

– *O modelo reticular.* Alguns pesquisadores propõem um terceiro cenário intermediário entre os dois modelos precedentes. De acordo com essa hipótese, os homens modernos teriam saído da África (teoria da Eva africana) há cerca de 60 mil anos e encontraram outros homens que teriam partido antes deles (modelo multirregional). As diversas populações teriam então se misturado.

Bibliografia: • Y. Coppens, P. Picq (orgs.), *Aux origines de l'humanité*, 2 vols., Fayard, 2001 • P. Picq, *Les Origines de l'homme: l'odyssée de l'espèce*, Tallandier, 1999

→ **Hominização**

HOMOGAMIA

Em sociologia, a homogamia significa o fato de escolher o cônjuge no seio do mesmo grupo social (mais frequentemente, a categoria socioprofissional* ou a classe social*). O fenômeno oposto chama-se heterogamia. A homogamia foi durante muito tempo uma regra socialmente prescrita. Até o século XVIII, o casamento era um sistema de alianças matrimoniais: ele deveria acontecer entre indivíduos do mesmo *status** social, sob o controle e o cuidado da geração precedente.

CADA QUAL COM SEU IGUAL

Com a invenção do casamento por amor, que parte da iniciativa dos cônjuges e se alicerça nos sentimentos mútuos que possuem, poderíamos pensar que a homogamia havia acabado. Em 1964, uma reveladora pesquisa do demógrafo Alain Girard mostrava que não era bem assim. Apesar da liberação dos costumes, da flexibilização das formas de constituir matrimônio e da nova liberdade dos jovens adultos, a homogamia permaneceu a regra. A. Girard mostrava especialmente que existiam mecanismos não conscientes de segregação social. Dessa forma, as classes sociais superiores se encontram em lugares "reservados" (associações, locais de férias...), enquanto as classes populares frequentam locais públicos (bailes, festas...). Além disso, os critérios que presidem a escolha do cônjuge variam de acordo com os meios sociais. Por exemplo, os homens do meio popular são principalmente apreciados pela estabilidade profissional e familiar; os das classes mais altas, por suas qualidades sociais e pela superioridade psicológica.

Uma atualização da pesquisa de A. Girard mostrou que a "descoberta do cônjuge" está menos ligada a questões geográficas (entre os vizinhos, os conhecidos...) que a questões socioculturais. Apesar da "revolução do amor livre", a homogamia social permanece estável.

Bibliografia: • A. Girard, Le Choix du conjoint, Ined-Puf, 1964-1974-1981 • J. C. Kaufmann, Sociologie du couple, Puf, "Que sais-je?", 2003 [1993]

→ Endogamia

HUMANISMO

Antes de se tornar um termo muito em voga depois da Segunda Guerra Mundial, especialmente no âmbito do existencialismo, o humanismo designa o movimento cultural e social que surge no Renascimento, e ao qual se juntam, por exemplo, Leonardo da Vinci, Erasmo, Rabelais e Montaigne. Redescobre-se a literatura greco-latina, afasta-se a teologia, e a concepção do mundo se reorganiza em torno do homem. O humanismo contemporâneo retoma a fé no homem, mas refere-se mais amplamente a toda posição filosófica que reivindica a preeminência da reflexão sobre o homem e, especialmente, que defende no plano prático a liberdade e a dignidade humanas contra todas as formas de opressão. O existencialismo terá um papel muito importante nessa redefinição do humanismo, sobre o qual Jean-Paul Sartre frisa: "Muitos poderão se espantar de que falemos aqui de humanismo. (...) Entendemos por existencialismo uma doutrina que torna a vida humana possível e que, por outro lado, declara que toda verdade e toda ação implicam um meio e uma subjetividade humana" (L'Existentialisme est un humanisme [O existencialismo é um humanismo], 1946). Contra o estruturalismo, e em particular contra a psicanálise de Jacques Lacan*, J.-P. Sartre afirma que o homem está condenado a ser livre e goza de uma liberdade absoluta.

Em meados dos anos 1970 forma-se um grupo de jovens filósofos franceses do qual fazem parte André Glucksman e Bernard Henri-Lévy, que proclamam sua rejeição aos "mestres de pensamento", e sobretudo ao marxismo*. Alguns deles proclamam a necessidade de restabelecer um humanismo baseado nos direitos do homem*.

Conceito rapidamente esgotado, a "nova filosofia" foi o sintoma visível de um movimento mais amplo, no mundo intelectual francês, de uma crítica das filosofias da história e dos sistemas doutrinários. Dez anos mais tarde, em outro tom, Alain Renault e Luc Ferry iriam proceder a uma crítica sistemática do anti-humanismo resultante, segundo eles, do estruturalismo* e dos "filósofos da suspeita", que são Karl Marx*, Sigmund Freud* e Friedrich Nietzsche*.

Bibliografia: • J. M. Besnier, L'Humanisme déchiré, Descartes et Cie., 1993 • P. Magnard, Questions à l'humanisme, Puf, 2000 • P. Mari, Humanisme et Renaissance, Ellipses, 2000 • A. Renaut, L. Ferry, La Pensée 68. Essai sur l'antihumanisme contemporain, Gallimard, 1985 • J.-P. Sartre, L'Existentialisme est un humanisme, Gallimard, 1996 [1946]

HUSSERL, EDMUND
(1859-1938)
→ Fenomenologia

I

IANOMÂMI

Por viverem quase nus no meio da floresta amazônica e porque algumas de suas tribos não haviam jamais tido contato com os brancos antes do final do século XX, os ianomâmis passaram a encarnar o "povo primitivo" por excelência. Mereceram, por essa razão, grande número de reportagens filmadas e estudos etnológicos.

Os ianomâmis habitam a floresta amazônica (no Brasil e na Venezuela). Alimentam-se tradicionalmente dos produtos da caça e da agricultura (mandioca e banana) e utilizam a queimada como modo de preparar a terra. Organizam-se em comunidades de algumas dezenas de pessoas que moram em grandes construções comunitárias. O xamanismo ocupa um lugar importante no seu modo de vida.

Foram considerados guerreiros de grande belicosidade cujas tribos estão constantemente em luta. Algumas descrições de massacres (principalmente com rapto de mulheres e infanticídio) deram a eles uma reputação de grande ferocidade.

Os ianomâmis estão desaparecendo. Foram expulsos de seu território tradicional pelos garimpeiros que invadiram a floresta desmatando, desviando o curso dos rios e poluindo suas águas. Alijados de suas terras, muitos deles contraíram enfermidades (malária, infecções respiratórias) trazidas pelos colonos, exploradores e garimpeiros. Em 1992, os ianomâmis obtiveram a administração de uma pequena reserva na fronteira do Brasil com a Venezuela.

ID

O termo foi criado pelo psicanalista Georg Groddeck (1866-1934) e, logo depois, adotado por Sigmund Freud*. Em sua segunda tópica* (versão de sua teoria do psiquismo), elaborada nos anos 1920, S. Freud divide a personalidade em três instâncias, o "id", o "superego*" e o "ego" (ou eu*). O id substitui o que ele chamara de "inconsciente*" na primeira tópica.

"UM CALDEIRÃO CHEIO DE EMOÇÕES"

Definido como um reservatório das pulsões* arcaicas – sexuais e agressivas –, o id, diz Freud, pode ser comparado a um "caldeirão cheio de emoções em efervescência", que só conhece o princípio do prazer. "É a parte obscura, impenetrável de nossa personalidade" (*Das Ich und das Es* [O Eu e o Id], 1927). Freud estabeleceu que os processos que ocorrem no id não obedecem às leis lógicas do pensamento. Para eles não existe o princípio de não contradição.

Os desejos que não chegam a se expressar fora do id se mantêm ocultos sob o efeito do recalque. "São virtualmente imperecíveis e permanecem tal como eram ao fim de longos anos." Somente o trabalho analítico poderia torná-los conscientes e anulá-los. É justamente esse o resultado esperado do tratamento analítico, declara então Freud.

Bibliografia: • S. Freud, "Le Moi et le ça" [1923], dans *Essais de psychanalyse*, Payot, 1981 [1927] • G. Groddeck, *Le Livre du ça*, Gallimard, 2001 [1923]

IDADE

Antropologia. Entre os baruya da Nova Guiné, a vida de um indivíduo é dividida em faixas de idade que são definidas muito precisamente.

Ao nascer, um homem é inicialmente um bebê ou *bwaranié*. Não recebe um nome e, durante mais de um ano, sua mãe o esconde da vista do pai. Em seguida, com cerca de 12 a 15 meses, quando não corre mais o risco de mortalidade precoce, ele recebe então um nome. Torna-se *keimalé* (ou menino); depois, com aproximadamente 6 anos, chamam-no de "grande menino".

Com a idade de 9 anos, uma nova grande etapa de sua vida advém. Ele recebe uma iniciação destinada a retirá-lo do mundo das mulheres, no qual havia vivido até então, e fazê-lo entrar no mundo dos homens. A partir desse momento, ele vai viver na casa dos homens, tornar-se caçador e guerreiro. A passagem à condição de adulto ocorrerá em quatro etapas sucessivas, que acontecerão entre 9 e 20 anos, cada uma delas marcada por rituais* de passagem específicos.

Ao chegar à idade de 20 anos aproximadamente, ele se casa e torna-se um *mougninié* (homem jovem), depois um *ampwélo* (homem adulto). Com aproximadamente 40 anos, será um *apménagao* (homem maduro) e, após os 50, um *néi* (velho). A cada uma dessas etapas está vinculado um *status* específico.

O ciclo de vida dos jovens baruya foi descrito por Maurice Godelier* em *La Production des grands hommes* (1982) [A produção dos grandes homens].

Na África, na maioria das sociedades tradicionais, também se encontram classes de idade similares. Os períodos da vida são divididos em ciclos – infância, adolescência, idade adulta, velhice –, cada um correspondendo a um *status* particular com seus privilégios e obrigações.

Em muitas sociedades tradicionais, as idades são codificadas com rigor e a transição de uma idade a outra é marcada por rituais de passagem.

Sociologia. Em nossas sociedades "pós-modernas", os sociólogos observam que os rituais de passagem tendem a se atenuar e as classes de idade a se confundir.

Efetivamente, rituais religiosos ou profanos, oficiais ou não, marcavam as etapas da vida: batismo, festa de santo Antônio, o "exército para os rapazes", o primeiro cigarro... O prolongamento da duração dos estudos, o fato de casar-se mais tarde e de estabelecer-se mais tarde em uma profissão ou em um relacionamento estável contribuem para tornar mais incerto e longo o tempo da juventude. A idade adulta não é mais marcada por fronteiras precisas e uma grande estabilidade social (do emprego, do casamento), de maneira que advêm as "crises da meia-idade" (*middle age crisis*) que se assemelham, em certos aspectos, às crises da adolescência. Nem mesmo os aposentados querem se comportar como os vovôs e vovós de outros tempos e começam a sonhar com uma nova juventude...

Se, entretanto, as faixas etárias parecem, sem dúvida, menos rigorosamente traçadas, elas não desapareceram por completo. Assim, certas etapas da vida de cidadão continuam fixadas convencionalmente: idade da maioridade, do direito de voto, da obrigação escolar, da aposentadoria, etc.

Psicologia do desenvolvimento. A cada idade da vida correspondem estágios de desenvolvimento* intelectual, afetivo ou social. Por exemplo, Jean Piaget* se interessou pelo desenvolvimento intelectual da criança, Sigmund Freud*, pelo desenvolvimento afetivo, Lawrence Kholberg, pelo desenvolvimento moral. Além disso, a psicologia consagrou muitos trabalhos a outras idades da vida: à adolescência e, mais recentemente, ao envelhecimento.

Bibliografia: • P. Bourdelais, *L'Age de la vieillesse. Histoire du vieillissement de la population*, Odile Jacob, 1993 • O. Galland, *Sociologie de la jeunesse*, Armand Colin, 2001 [1991] • G. Levi, J. C. Schmitt (orgs.), *Histoires des jeunes en Occident*, 2 t., Seuil, 1996.

→ **Adolescência, Infância, Geração, Envelhecimento**

IDENTIDADE

Este conceito permaneceu marginal, durante muito tempo, nas ciências humanas. Fez uma irrupção súbita e massiva a partir dos anos 1990. O termo "identidade" vai, então, servir de ponto comum para designar fenômenos como os conflitos étnicos (descritos como "conflitos identitários"), os *status* e os papéis sociais ("a identidade masculina", "a identidade no trabalho"), as culturas de grupo (as "identidades nacionais" ou "religiosas"), para designar uma patologia mental (os transtornos de identidade), ou ainda para exprimir a identidade pessoal (busca de si, do eu...)

Mas, generalizando, a noção de identidade perde a consistência. A identidade não teria se tornado uma noção vaga e inconsistente, servindo para designar fenômenos que teriam apenas em comum o nome?

Após análise, podemos, contudo, apontar na literatura atual três domínios de estudo relativamente distintos: a identidade coletiva, a identidade social e a identidade pessoal.

A IDENTIDADE COLETIVA

A identidade coletiva – das nações, das minorias culturais, religiosas ou étnicas – é a área de estudo privilegiada dos antropólogos, dos historiadores e dos especialistas de ciência política.

A partir dos anos 1980, os antropólogos distinguem-se nitidamente da visão "essencialista", que consiste em ver as etnias ou "culturas", como realidades homogêneas, relativamente fechadas em si mesmas e estáveis ao longo do tempo. Em sua obra *Logiques métisses; anthropologie de l'identité en Afrique et ailleurs* [Lógicas mestiças: antropologia da identidade na África e em outras localidades] (1990), o africanista Jean-Loup Amselle critica a visão estática das realidades culturais. Ele lembra que, na África, as etnias e os povos formam realidades compósitas, que resultam sempre de uma mistura de diversas tradições culturais em perpétua recomposição. Toda cultura é miscigenada, partilhando com as comunidades vizinhas características comuns (a língua, a religião, modos de vida, uma parte de sua história). O cientista político Jean-François Bayart, em *L'Illusion identitaire* [A ilusão identitária] (1996), frisa quanto as "tradições culturais", que acreditamos ser muito antigas, são, na verdade, muito recentes. O chá de menta dos marroquinos, por exemplo, não é uma tradição secular: foi introduzido pelos ingleses no século XVIII e só se generalizou recentemente. J.-F Bayard fala em "estratégia identitária" para sublinhar como certos grupos ou comunidades se apropriam das imagens, das representações, dos símbolos, para reivindicar autonomia no quadro de uma mobilização política.

A IDENTIDADE SOCIAL E ESTATUTÁRIA

Declinar a própria identidade não é, simplesmente, reivindicar um pertencimento nacional, étnico, comunitário; é também afirmar uma posição na sociedade. Essa posição nos é dada pela idade (criança, adolescente ou adulto), pelo lugar na família (esposo, esposa, ou avós), uma profissão (médico ou garagista), uma identidade sexual (homem ou mulher) e engajamentos pessoais (esportista, militante, sindicalista...). A cada uma dessas posições correspondem papéis e códigos sociais mais ou menos claros. Esse fenômeno já foi estudado há muito tempo pelos psicólogos sociais, através da noção de identidade social Para George H. Mead* (1863-1931), um dos pais da psicologia social, a construção de nossa identidade passa pela interiorização desses diferentes "eu" sociais. G. H. Mead recusa as concepções de sociedade que partem do indivíduo isolado, assim como de uma sociedade que forma um todo que ultrapassa e engloba os indivíduos. Para ele, é no quadro da interação social que o indivíduo emerge e toma consciência de si (*self-consciousness*). A identidade, o "eu", é constituída do conjunto das imagens que os outros nos enviam e que interiorizamos.

Compreende-se assim que a desestabilização dos quadros de socialização que são a família, o trabalho e as formas de pertencimento religioso ou político pode resultar numa verdadeira "crise de identidade". É a tese defendida pelo sociólogo Claude Dubar na obra *La Crise des identités* [A crise das identidades] (2000).

Dessa forma, a crise de identidade está profundamente ligada às transformações do trabalho. As profissões que tinham um forte componente identitário estão em declínio. É o caso dos camponeses e das profissões artesanais. A mesma tendência afeta os operários. O movimento operário tinha, contudo, construído uma forte identidade de classe através das organizações sindicais e políticas, através também de todo um simbolismo e toda uma história ligados a certas profissões, como mineradores, siderúrgicos e pescadores. Podemos fazer a mesma constatação em relação às identidades religiosas e políticas, e também aos papéis sexuais. O diagnóstico geral é de uma crise nos quadros de socialização. Por isso uma abundante produção de pesquisas que retomam o tema das "crises e recomposições" da identidade política ou das identidades religiosas.

A IDENTIDADE PESSOAL

A identidade pessoal é um dos temas privilegiados dos psicólogos, dos psicanalistas e dos filósofos. Por exemplo, o psicólogo William James* (1842-1910) distinguia três facetas da identidade: o "eu material" (o corpo); o "eu so-

PAUL RICOEUR E A IDENTIDADE NARRATIVA

• A psicanálise pôs fim à imagem unificada do eu. A consciência unificada de René Descartes (o *cogito*) deu lugar a uma personalidade dividida em diversas instâncias: o ego (eu*), o superego*, o inconsciente*. Paul Ricoeur* fala de *cogito cindido* para evocar essa nova representação do psiquismo em que a identidade perdeu a unidade. Contudo, nós todos sentimos a necessidade de dar certa unidade à nossa existência. Essa unidade toma a forma de uma narrativa que podemos compor a respeito de nós mesmos. É o que P. Ricoeur chama de "identidade narrativa". Essa noção designa o fato de o indivíduo apresentar a si mesmo sob a forma de uma história pessoal contada. Inicialmente, o termo foi introduzido em sua obra *Temps et récit* [*Tempo e narrativa*] (3 vols., 1983-1985), em seguida foi retomado e desenvolvido em *Soi-même comme un autre* [*O si-mesmo como um outro*] (1990). A identidade narrativa aparece tanto para os indivíduos como para os grupos que (re)constroem sua identidade através de grandes narrativas.

---

cial" (que corresponde aos papéis sociais); o "eu consciente" (que remete ao fato de cada um de nós, quando age ou pensa, ter o sentimento de ser um sujeito autônomo, dotado de vontade).

Por seu lado, o psicólogo americano Erik H. Erikson (1902-1994) enfatizou que a adolescência é um momento particular de formação da identidade. Além do mais, para ele, a gênese da identidade inscreve-se sempre numa relação interativa com o outro. É o encontro com o outro que permite definir-se, por identificação e/ou oposição. Em *Childhood and Society* [Infância e sociedade] (1950), E. H. Erikson descreve o nascimento da identidade pessoal como um processo ativo e conflituoso, em que intervêm dimensões sociais (modelos sociais aos quais o indivíduo quer se conformar) e psicológicas (ideal do eu), conscientes e inconscientes. A identidade se afirma da infância à idade adulta por estágios sucessivos marcados por crises e reorganizações. E. H. Erikson descreveu assim oito fases de evolução da primeira infância à idade adulta. Entre elas, a "crise de adolescência" é a fase mais crítica. Os sociólogos contemporâneos partem de uma constatação comum de desinstitucionalização* dos quadros sociais e das crises dos modelos de socialização.

Por exemplo, para as mulheres, o papel de "dona de casa" não é mais um modelo de socialização único e positivo; o *status* do homem não é mais o de marido e pai protetor e autoritário; os aposentados de hoje não se deixam mais trancar no papel do "idoso" de outrora; etc.

De acordo com o sociólogo Anthony Giddens*, a influência mais fraca das instituições e das comunidades de socialização na vida dos indivíduos os leva a negociar permanentemente suas escolhas de vida (*The Constitution of Society* [A constituição da sociedade], 1984).

Bibliografia: • L. Baugnet, *L'Identité sociale*, Dunod, 2003 [1998] • C. Halpern, J.-C. Ruano-Borbalan (orgs.), *Identité(s): l'individu, le groupe, la société*, Sciences Humaines, 2004

IDENTIFICAÇÃO

Léo tem cinco anos. O pai é seu herói, seu ídolo. O menino imita sua maneira de andar, finge barbear-se diante do espelho do banheiro... Admira seus músculos, sua força. Como ele, gostaria de dirigir o carro. A identificação da criança com o pai ou a mãe é um processo psicológico comum. Consiste em desejar assemelhar-se a um modelo parental. Mais tarde, Léo vai, sem dúvida, desprender-se da figura paterna para construir uma personalidade autônoma. Fixará, todavia, um outro eu ideal, forjado a partir de novos modelos.

Psicanálise. A psicanálise considera a identificação um elemento central na construção da personalidade. Em *Über den Traum* [*A interpretação dos sonhos*] (1900), Sigmund Freud* evoca o caso da "bela açougueira", mulher obesa, que se identifica com a amiga e lhe empresta desejos que são seus. Em seguida, S. Freud retomará essa questão a partir de sua forma edípica, ou seja, a identificação da criança com o parente a quem deseja assemelhar-se.

Na sequência, tentará decifrar esse mecanismo ainda mais a fundo. Por trás da simplicidade aparente (o fato de querer parecer-se com outro) esconde-se um fenômeno complexo, que põe em questão vários personagens (eu e o outro) e várias instâncias da personalidade: o ego (eu*), o ideal do eu, o superego*. Por exemplo, quando um adolescente se identifica com um modelo, será que quer mesmo ser outra pessoa (ou seja, incorporar-se ao outro, tomar seu lugar? Ou deseja simplesmente parecer-se com ela, ser "como" o outro, o que significa simplesmente adotar seu papel, suas características (ser uma estrela, um escritor famoso...)?

Em 1923, S. Freud irá reconhecer o caráter "confuso" do processo de identificação. No final de sua exposição, constata não estar "nada satisfeito (com suas pesquisas sobre a identificação)" ("A dissecação da personalidade psíquica", uma das *Neue Folge der Vorlesungen zur Einführung in die Psychoanalyse* [*Novas conferências introdutórias sobre psicanálise*], 1933).

Mais tarde, a noção de identificação será desenvolvida por outros psicanalistas: Melanie Klein*, Donald W. Winnicott* e Jacques Lacan*.

Psicologia social. Se a identificação intervém nos fenômenos da construção da personalidade, está também na origem dos processos de socialização. Assim, uma forma de identificação com o outro é a "socialização antecipatória". Consiste em querer adotar as características do grupo ao qual se quer aderir. O rapaz que quer logo se tornar adulto passa a fumar, a beber café ou álcool, para bancar o adulto. Aquele que quer tornar-se artista, empresário ou escritor vai "adotar as poses" características das pessoas que pertencem ao meio do qual ele gostaria de participar.

A identificação une a psicologia pessoal à psicologia coletiva, na medida em que estabelece a ligação entre uma pessoa e um modelo identificatório: um herói (o místico que se identifica com Cristo), um modelo de conduta (os santos, as estrelas, etc.) ou um grupo (uma profissão, uma nação, uma etnia...).

IDEOLOGIA

Liberalismo, marxismo, nacionalismo, anarquismo, fascismo, regionalismo, ecologismo... O sufixo "ismo", aplicado a um sistema de ideias, é suficiente para que o identifique como ideologia. As ideias políticas parecem ser o domínio natural em que se desenvolvem as ideologias. Mas também podemos encontrar "ismos" no cenário das artes (cubismo, simbolismo, surrealismo), e mesmo em ciências: não falamos em darwinismo, freudismo, cognitivismo? Haveria traços similares entre os ideais políticos, as teorias científicas, as correntes de pensamento em literatura?

IDEOLOGIA, CIÊNCIA DAS IDEIAS

O filósofo e homem político Antoine Destutt de Tracy (1754-1836) concebeu a palavra "ideologia" para designar uma nova "ciência das ideias", cujas bases intentou lançar em *Éléments d'idéologie* [Elementos de ideologia] (4 vols., 1801-1815). "Teremos apenas um conhecimento incompleto de um animal, se não conhecermos suas faculdades intelectuais. A ideologia é uma parte da zoologia, e é sobretudo no homem que essa parte é importante e merece ser aprofundada."

A ideologia entende-se primeiro como uma ciência da formação das ideias, de suas condições de nascimento e de evolução (das percepções às ideias abstratas) a suas leis de organização (a gramática, a lógica...). Mas seu objetivo vai além. Propõe um projeto ao mesmo tempo científico e educativo. Científico, pois se trata de descortinar o segredo das ideias e de revelar assim o mecanismo do pensamento "correto". Pedagógico, pois o objetivo último é transmitir a todos as regras do pensamento "correto".

A. Destutt de Tracy vai aglutinar em torno de seu projeto toda uma plêiade de autores: o marquês de Condorcet, Constantin Volney, Pierre Cabanis, Philippe Pinel, Georges Cuvier, Jean-Baptiste Lamarck, Louis-François Jauffret. Esses homens irão participar da Revolução e estar próximos da vida política, como conselheiros e legisladores (tiveram papel importante sob o Diretório e o Consulado). Desejam promover a educação, percebida como um meio de transformação política e de governo. O resultado de seu trabalho é impressionante. Em alguns anos, estiveram na origem da criação das Escolas Centrais (ancestrais dos liceus), das Grandes Escolas (ENS, EP, Inalco). Organizaram o Institut de France e lançaram as bases do que se tornará o Musée de l'Homme.

Mas, quando Napoleão toma o poder, o grupo dos ideólogos irá dividir-se a respeito da atitude a adotar perante o novo império. Além do mais, Napoleão vai começar a olhar com desconfiança esses intelectuais que constituem um grupo de pressão no Senado. "São uns sonhadores, uns faladores, uns metafísicos, bons para se jogar ao mar!" É então que as palavras "ideólogo" e "ideologia" tomarão a conotação pejorativa que têm hoje. Em sua correspondência, Napoleão qualifica a doutrina da ideologia de "tenebrosa metafísica". Em seguida, Karl Marx* (1818-1883) empregará o termo "ideologia" para designar as ideias dos filósofos alemães pós-hegelianos, que critica veementemente em *Die Deutsche Ideologie* [*A ideologia alemã*] (1845).

Desde então, essa palavra adotou o sentido atual. Servirá para designar as ideias falsas, principalmente na esfera política. "Ideologia, são as ideias políticas de meu adversário", nota com humor Raymond Aron*.

A ABORDAGEM MARXISTA

K. Marx lançou as bases de uma análise crítica das ideologias, que repousa em diversos pontos.

A ideologia é, primeiro, definida como o conjunto das representações, dos ideais e dos valores próprios de uma classe ou de um grupo social. Assim, os valores individualistas e igualitários correspondem, segundo K. Marx, à ideologia da burguesia ascendente.

A ideologia é, em seguida, concebida como uma visão falsa da realidade. É alienante, no sentido em que deforma a realidade, traveste os fatos e os apresenta por trás de uma cortina de fumaça. Assim, a concepção espontânea dos intelectuais alemães, que acreditam na onipotência das ideias, é uma visão errônea e idealista. Para K. Marx, a história e as ideias são o produto da atividade prática dos homens. A ideologia é, portanto, o "mundo de ponta-cabeça", onde as ideias parecem viver num universo autônomo e imprimir a marcha da história. Essa concepção "ideológica" é produto da separação entre pensamento e ação, da divisão entre o trabalho intelectual e o manual.

Produto de uma posição social específica, a ideologia é, enfim, uma "superestrutura". Em relação ao grupo, ela é o reflexo da posição social de uma classe. Em relação à sociedade, é um produto da classe dominante que tende a legitimar seu poder justificando-o com valores universais.

A teoria crítica de K. Marx não carece de força. O paradoxo é que o marxismo, que queria combater toda ideologia e ser as "armas da crítica", tornou-se, por sua vez, uma das principais ideologias do século XX. A partir dos anos 1950, R. Aron argumentará contra os marxistas usando as próprias armas desses, para mostrar como o comunismo e o marxismo tinham se tornado "religiões seculares" (*Marxismes imaginaires: d'une sainte famille à l'Autre* [*De uma sagrada família à outra: ensaios sobre os marxismos imaginários*], 1969).

Na esteira de K. Marx, a teoria de Karl Mannheim (1893-1947) propõe uma visão mais ampla da ideologia. O filósofo alemão insiste no fato de a ideologia ser uma visão global da sociedade, uma "visão de mundo". Quando se impõe a toda a sociedade, ela é alienante. É o caso das ideologias dominantes que tendem a apagar as contradições internas das sociedades. Quando as forças revolucionárias tomam conta dela, torna-se utópica (*Ideologie und Utopie* [*Ideologia e utopia*], 1929). Colocada a serviço da revolução, pode tornar-se um instrumento de luta. Ernst Bloch (1885-1977) irá explorar os ideais revolucionários, em *Das Prinzip Hoffnung* [*O princípio esperança*] (3 vols., 1954-1959), as formas que podem tomar as aspirações a mudanças no imaginário humano. A ideologia torna-se então uma força produtora da história.

Ainda no quadro do marxismo, os pensadores da escola de Frankfurt partirão para uma análise crítica da ideologia dominante da razão e do progresso na sociedade moderna (J. Habermas, *Technik und Wissenschaft als Ideologie* [A técnica e a ciência como ideologia], 1968). A partir dos anos 1970, certos autores pós-marxistas vão recusar a tese marxista da ideologia como "superestrura". Para Maurice Godelier* ou Cornelius Castoriadis*, ela não é somente um instrumento de legitimação do poder que encobre as relações de força. A ideologia, na forma de imaginário do poder, participa da construção da ordem social e, portanto, não pode ser reduzida a uma justificativa *a posteriori*. É, portanto, o cimento do poder e não pode ser definida como uma máscara que encobre a realidade.

A SOCIOLOGIA DAS IDEOLOGIAS

A partir dos anos 1970, o tema das ideologias deixou de ser exclusivo dos marxistas para tornar-se um objeto de estudo da sociologia. Na França, várias tentativas interessantes visam construir uma verdadeira sociologia das ideologias (Pierre Ansart, Jean Baechler, Raymond Boudon*, Edgar Morin*).

P. Ansart, por exemplo, propõe identificar os traços comuns de toda a ideologia: ela forma um sistema de interpretações da realidade social organizado em torno de um núcleo de representações elementares que servem como grade de leitura da realidade, mas também como quadro de ação. Ele sugere uma tipologia das ideologias: das ideologias oficiais (por exemplo monárquica, que busca sacralizar a ordem social e o rei que a encarna) e dos "revoltados" (fundamentados no messianismo). Por outro lado, o autor enfatiza a existência de uma pluralidade de formadores de opinião no regime democrático. A ideologia não poderia, portanto, reduzir-se a uma única "ideologia dominante" (*Les idéologies politiques* [As ideologias políticas], 1974). Para P. Ansart, a veia ideológica fundamenta-se nas paixões e busca mobilizar os sentimentos de amor e de ódio. Opondo-se a essa abordagem "passional", R. Boudon buscará mostrar que a ideologia não é questão de paixão, mas de razão (*ver quadro*).

Apesar de alguns projetos visando construir um verdadeiro programa de pesquisas, a análise das ideologias políticas não se tornará jamais uma área de estudo muito unificada.

A partir dos anos 1980, o próprio termo "ideologia" vai desaparecer do vocabulário das ciências sociais e seu estudo irá dispersar-se em áreas de pesquisas específicas: a história das ideias políticas, a análise do discurso* político, o estudo dos imaginários* sociais e das mitologias políticas, a análise das representações sociais*, a ecologia das ideias...

Bibliografia: • P. Ansart, *Les idéologies politiques*, Puf, 1992 [1974] • J. Baechler, *Qu'est-ce que l'idéologie?*, Galimard, 1976 • R. Boudon, *L'idéologie ou l'origine des idées reçues*, Fayard, 1986 • E. Morin, *La Méthode: les idées, leus habitat, leur vie, leurs moeurs, leur organization*, t. 4, Seuil, 1991

→ **Imaginário, Representação social**

ILETRISMO

Analfabetismo e iletrismo não são sinônimos. É considerado analfabeto aquele que nunca aprendeu a ler ou a escrever. Essa situação concerne, atualmente, mais aos países pobres.

RAYMOND BOUDON E A FORMAÇÃO DAS IDEIAS PRECONCEBIDAS

• Para Raymond Boudon, a ideologia não é fruto das paixões, mas a expressão de um comportamento inteiramente racional, ainda que errôneo.

O sociólogo define a ideologia – o terceiro-mundismo ou o marxismo, por exemplo – como "uma doutrina baseada numa argumentação científica e dotada de credibilidade excessiva e não fundamentada". Em outras palavras, ela não se distingue por uma forma particular de pensamento. As "ideias falsas" podem ser racionais. A ideologia contém somente erros de julgamento. Em outros termos, R. Boudon quer mostrar que possuímos "bons motivos para enganar-nos", ou seja, que um raciocínio aparentemente lógico pode levar a ideias falsas.

A ideologia não provém de uma cegueira passional ou de interesses, e sim de diversos efeitos cognitivos.
– O efeito de posição está ligado a nossa situação. Nossa posição social, geográfica, profissional nos torna sensíveis a certas realidades ou problemas (e nos torna cegos a outros), por sermos confrontados com eles ou não. As camadas sociais superiores são menos sensíveis à pobreza, não por falta de coração ou de moralidade, mas simplesmente por se confrontarem pouco com ela no cotidiano.
– O efeito de comunicação diz respeito à aceitação de uma ideia por julgamento indireto. Diante da impossibilidade de julgar por nós mesmos a validade dessa ou daquela teoria (uma teoria econômica, por exemplo, que exige uma formação de alto nível), nos remetemos à autoridade científica exterior ("cientistas americanos mostraram que..." ou "o prêmio Nobel X ou Y sustenta que...").
– O efeito epistemológico enfatiza a importância de certos vieses cognitivos que conduzem a erros de julgamento. Dessa forma, alguns princípios úteis e corretos quando aplicados a determinada realidade tornam-se incorretos quando aplicados em outros contextos. Tomemos um exemplo. A introdução de máquinas numa empresa irá substituir o trabalho humano e, portanto, suprimir alguns empregos (a automação nas linhas de montagem substitui os operários especializados). Mas isso não significa que, globalmente, em nível macroeconômico, as máquinas sejam destruidoras de empregos.

Em resumo, de acordo com R. Boudon, a ideologia não é produto de uma cegueira passional, ela resulta de um pensamento razoável porém não infalível.

• R. Boudon, *L'Idéologie, ou l'origine des idées reçues* [A ideologia, ou A origem das ideias recebidas] Fayard, 1986

Nos países desenvolvidos, a escolaridade obrigatória se estendeu ao conjunto da população há aproximadamente um século.

Quem são os iletrados?

O iletrado pode ser um imigrante que somente aprendeu a falar a língua do país que o acolheu, mas que mal sabe lê-la e, menos ainda, escrevê-la. Pode ser também um jovem que teve um percurso escolar caótico e, ao sair da escola, jamais buscou ler, ou ainda um filho de pais itinerantes, escolarizado muito esporadicamente. Pode ser, enfim, um disléxico com transtornos de aprendizagem da leitura e da escrita. O iletrismo engloba, portanto, situações bastante diversas. Por consequência, a estimativa do número de iletrados é objeto de contagens bastante divergentes.

O que torna problemática a definição do iletrismo são as questões sociais e políticas que gravitam em torno dessa noção. Ele é considerado uma "deficiência social" por alguns. Outros o veem como a prova da falência do sistema de ensino. Os economistas acentuam as questões de produtividade: na era da revolução tecnológica e da globalização, o iletrismo seria um freio para a *performance* das empresas e das nações. A Organização para a Cooperação e o Desenvolvimento Econômico (OCDE) elaborou o conceito de "letramento". Esta noção, próxima da noção de iletrismo, possui uma finalidade econômica clara: os trabalhos da OCDE colocam em correlação o nível de letramento das populações e os resultados econômicos do país. Opondo-se a essa visão utilitarista, alguns entendem o combate contra o iletrismo como um verdadeiro desafio lançado à democracia: fator de desigualdades profundas, o iletrismo impede o exercício dos direitos cívicos, a participação na vida econômica e cultural, a liberdade individual e o desenvolvimento pessoal.

Um falso problema social?

Entretanto, muitos especialistas opõem-se a essa designação dos iletrados. Em *L'Invention de l'illetrisme* [A invenção do iletrismo] (1999), Bernard Lahire denuncia os processos de estigmatização provocados pela valorização excessiva da cultura letrada. Procurando atacar as desigualdades sociais, todo um discurso que se pretende indignado e generoso se torna uma retórica que produz por via deturpada um julgamento pejorativo dos iletrados. Efeito perverso de um discurso sobre a cidadania e a democracia, o discurso público deu origem ao "escândalo do iletrismo".

Uma pesquisa, realizada no ano 2000, junto a pessoas ditas iletradas da região de Bordeaux demonstra que a representação corrente, a imagem estereotipada do iletrado, está longe de corresponder ao que se vive e à situação real. Para os autores, o "drama" do iletrismo parece tanto uma "ficção sociológica com sucesso político" quanto um problema social bastante real (A. Villechaise-Dupont, J. Zaffran, "Le 'drame' de l'illetré: analyse d'une fiction sociologique à succès politique" [O "drama" do iletrado: análise de uma ficção sociológica de sucesso político], *Langage et Société*, nº 102, 2002).

→ **Escrita, Leitura**

ILOCUTÓRIO
Locutório

ILUSÃO

Todos nós já tivemos essa experiência. Sentados num vagão em uma estação ferroviária, temos, de repente, a sensação de que nosso trem está andando, quando vemos o que está ao lado distanciar-se. Em seguida, percebemos que não é nosso trem que está em movimento, mas o outro.

A psicologia interessou-se particularmente pelo fenômeno das ilusões perceptivas, já que essas situações perceptivas atípicas são reveladoras dos mecanismos da percepção.

Geralmente, os termos "ilusões perceptivas" ou "ilusões de ótica" abrangem diversos tipos de fenômenos (*ver quadro*):

– As ilusões ótico-geométricas dos psicólogos alemães, já no século XIX (as ilusões de Hering e de Muller-Lyer);

– As figuras ambíguas (por exemplo, o coelho/pato e Minha esposa e minha sogra);

– As figuras impossíveis (o triângulo de Penrose). São brincadeiras de pintores ou curiosidades visuais.

Diversos mecanismos estão em jogo nas ilusões.

Os mecanismos perceptivos

Algumas ilusões estão ligadas a fenômenos estritamente físicos e não a um efeito ótico. É o caso de um pedaço de pau que parece quebrado quan-

ILUSÃO

As ilusões de ótica

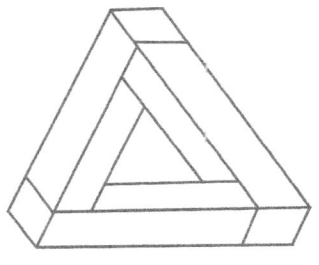

O pato/coelho
Podemos ver, dependendo do foco, um coelho ou um pato nesta figura. Mas não os dois ao mesmo tempo (as orelhas do coelho tornam-se o bico do pato).

Triângulo de Penrose
É impossível construir materialmente esta figura.

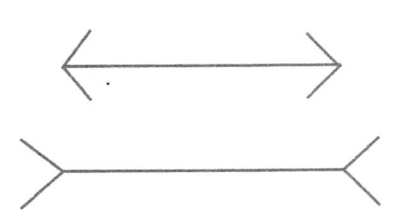

Minha esposa e minha sogra
Podemos ver ora uma jovem mulher, com o rosto virado para trás, ora uma idosa.

Ilusão de Muller-Lyer
A linha inferior parece mais longa que a barra superior, o que não é verdade.

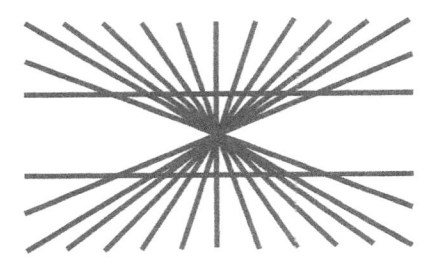

Ilusão de Hering
As duas linhas paralelas horizontais parecem levemente curvadas, embora, na realidade, sejam retas.

do mergulhado na água. A impressão de cisão provém do ângulo de refração da luz, que é diferente para água e para o ar. Todos os fenômenos de "miragem" inserem-se nessa categoria: a placa brilhante que aparece no solo quente, no verão, deriva de um fenômeno físico e não perceptivo.

Algumas ilusões devem-se a fenômenos perceptivos precoces. Assim, por exemplo, a ação espontânea de neurônios especializados entra na percepção de formas, comprimentos, orientações, que estarão em conflito. Nas famosas ilusões de Ehrenstein, os círculos brancos que aparecem na intersecção das linhas pretas estão relacionados com efeitos de contraste.

Por sua vez, as ilusões propriamente cognitivas provêm do sentido que atribuímos aos dados perceptivos. Sei que a árvore que aparece na janela é maior que esta aqui, mesmo que a veja, na verdade, menor. É minha interpretação da imagem percebida. É, portanto, uma interpretação cognitiva, e não um dado perceptivo, que guia meu julgamento na determinação do tamanho da árvore.

A psicologia contemporânea admite, portanto, que as ilusões resultam tanto de fatores propriamente perceptivos como de fatores cognitivos (que derivam da interpretação dos dados). Mas não há unanimidade entre os pesquisadores a respeito dos mecanismos em jogo.

ILUSÕES ETERNAS E ILUSÕES PERDIDAS...

Quando dizemos "Você está se iludindo", ou falamos de "ilusões perdidas", é outra faceta das ilusões que está sendo evocada. Não é mais de percepção que estamos falando, mas, de maneira mais geral, de representações falsas e encantadas da realidade. "Nada mais frágil que a faculdade humana de admitir a realidade, de aceitar sem reservas a imperiosa prerrogativa do real", escreve Clement Rosset em Le Réel et son double, subintitulado Essai sur l'illusion [O real e seu duplo, Ensaio sobre a ilusão] (1976). O filósofo sustenta que os homens não gostam do real tal como é. E, para fugir, inventaram reflexos deformados: visões de mundo, utopias românticas, discursos abstratos, metafísicas, que não passam de projeções mentais, ilusões teóricas e imagens enganosas, que associamos ao real para dar-lhe um aspecto mais aceitável.

Diversas fontes levam a deformar o real: o amor (que cega), ou o ódio (que desfigura exageradamente), o afastamento e a distância das coisas (que sustentam a ignorância), o medo ou o entusiasmo (que jogam em favor da negação da realidade) são algumas das causas de nossas ilusões.

Bibliografia: • J. Ninio, La Science des illusions, Odile Jacob, 1998 • V. S. Ramachandran, S. Blakeslee, Le Fantôme intérieur, Odile Jacob, 2002 [1998] • R. N. Shepard, L'Oeil qui pense: visions, illusions, peceptions, Seuil 2000 [1990]

→ Percepção

IMAGEAMENTO CEREBRAL

Em 2000, Michael Petrides recebia o prêmio St. James por seus trabalhos a respeito do lobo pré-frontal. Graças às técnicas de imageamento cerebral, como a tomografia por emissão de pósitrons (TEP) e o imageamento por ressonância magnética (IRM), M.Petrides conseguiu definir o papel da área pré-frontal implicada nas atividades de planificação.

As técnicas de imageamento cerebral, que visualizam o cérebro em atividade, contribuíram para revolucionar as neurociências* a partir do início dos anos 1990.

O imageamento cerebral reúne diversas técnicas:

– a eletroencefalografia (EEG). Inventada por Hans Berger em 1924, essa técnica consiste em medir em vários pontos da superfície do crânio o potencial elétrico emitido pelo fluxo nervoso. Ela permite localizar as diferenças de potencial elétrico em certas zonas do cérebro, ligadas a diferentes tarefas cognitivas;

– a magnetoencefalografia (MEG). Mede os campos magnéticos emitidos pelo cérebro (sabemos que toda corrente elétrica produz também um campo magnético). A medida é extremamente precisa, mas os aparelhos são muito raros e custosos;

– a tomografia por emissão de pósitrons (TEP). Chamamos tomografia uma visualização do órgão observado por faixas (ou cortes). A TEP baseia-se na detecção da reação atômica provocada pelo encontro entre um pósitron (ou "pósiton", ou seja, o equivalente positivo dos elétrons) e um elétron. Esse encontro provoca a emissão de raios gama;

– o imageamento por ressonância magnética (IRM). As zonas cerebrais com intensa atividade têm uma composição molecular (devido ao fluxo sanguíneo) levemente diferente da de suas vizinhas. O IRM permite identificar essas zonas, detectando o magnetismo produzido por certos átomos (de hidrogênio, por exemplo). O IRM permite, portanto, a obtenção de imagens do cérebro trabalhando.

AS APLICAÇÕES DO IMAGEAMENTO CEREBRAL

O imageamento cerebral tem, em primeiro lugar, uma aplicação clínica. O IRM tem, assim, um papel de fundamental importância para o diagnóstico precoce de algumas doenças, como o mal de Alzheimer e a esclerose múltipla, ou para verificar o efeito da reeducação das funções alteradas.

No campo da pesquisa, o imageamento médico permite que se entendam melhor quais áreas do cérebro intervêm no funcionamento cognitivo normal: leitura de uma palavra, visão das cores, memória... O imageamento cerebral não serve, como se crê frequentemente, para mapear o cérebro em atividade, mas permite isolar e compreender os mecanismos atuando. Por exemplo, o pesquisador francês Stanislas Dehaene mostrou que não são as mesmas áreas do cérebro que são estimuladas se estivermos fazendo um cálculo preciso (25+57) ou uma estimativa (o resultado da adição 25+57 é da ordem de 100, de 1000...?). Já que há circuitos cerebrais diferentes para os dois tipos de cálculo, podemos concluir que mecanismos mentais diferentes estão, portanto, atuando.

O imageamento cerebral mostra também que a hipótese "localizacionista", segundo a qual cada função cognitiva está associada a uma única zona, de acordo com o modo "uma área = uma função", deve ser revista. A maioria das funções complexas necessita de diversas áreas em interação. A especialização das funções e a polivalência relativa não são contraditórias.

Bibliografia: • B. Mazoyer, *L'Imagerie cérébrale fonctionelle*, Puf, "Que sais-je", 2001 • O. Houdé, B. Mazoyer, N. Tzourio-Mazoyer, *Cerveau et psychologie: introduction à l'imagerie cérébrale anatomique et fonctionelle*, Puf, 2002

→ Neurociências, Plasticidade cerebral

IMAGEM MENTAL

Feche os olhos e pense em sua mãe. O que você vê? Um rosto? Um busto? Escuta a voz dela?... A imagem mental é a representação que fazemos das coisas, independentemente da presença atual destas. É, portanto, uma espécie de pequeno filme interior. Manifesta-se nos sonhos e na imaginação, mas também no pensamento em geral.

Para Jean Piaget*, a produção de imagens mentais pela criança é uma das manifestações do surgimento do pensamento simbólico, que aparece aproximadamente aos 2 anos. As imagens mentais (representação de uma casa, de um parente, etc.) são concebidas como uma "visão interiorizada" do objeto. J. Piaget distingue dois tipos de imagens mentais: as "imagens reprodutoras", que evocam objetos ou pessoas ausentes, e as "imagens antecipatórias", que consistem em conceber situações novas.

O DEBATE SOBRE AS IMAGENS MENTAIS

Que forma tomam, no cérebro, as representações mentais: a de pequenas imagens ou a de um conjunto de símbolos? Pensamos por imagens ou por conceitos?

Importante controvérsia opõe os psicólogos a respeito deste assunto desde os anos 1980. Na época, a tese dominante é defendida por Jerry Fodor* e Zenon W. Pylyshyn. Esses dois professores da Universidade de Rutgers (Nova Jersey) sustentam que nossos conhecimentos são estocados na forma de uma sequência de proposições ("Júlia gosta de morangos", "Roma é a capital da Itália", "Está chovendo"). Essas proposições são traduzidas em símbolos abstratos e conectadas por regras lógicas, que permitem descrever o mundo e raciocinar sobre ele. Todas as nossas ideias seriam, portanto, tratadas, como num programa informático, na forma de símbolos abstratos, e as imagens que acreditamos ter na cabeça seriam apenas, segundo Z. W. Pylyshyn, epifenômenos.

Stephen Kosslyn, um dos pioneiros do estudo do imageamento cerebral*, sustenta um ponto de vista contrário, o de que a maioria de nossos pensamentos e de nossas representações toma a forma de pequenas imagens interiores. Ele desenvolveu diversas experiências destinadas a demonstrá-lo. Se pedirmos para alguém representar mentalmente uma ilha (*ver gráfico no quadro*) e ir de um ponto a outro dela, constataremos que o tempo de reação mental para um deslocamento é proporcional à distância que separa os pontos. Tudo se passa, portanto, como

A ILHA DE KOSSLYN

• Esta ilha fictícia é utilizada para o estudo das imagens mentais. Uma vez memorizada, pede-se à pessoa que se desloque de um ponto a outro (da árvore à cabana, por exemplo). Em seguida, mede-se o tempo utilizado para efetuar esse caminho mental.

Constata-se, então, que o tempo de deslocamento "mental" é proporcional à distância no mapa. Isso significa que a pessoa "visualiza", ou seja, que pensa em imagens.

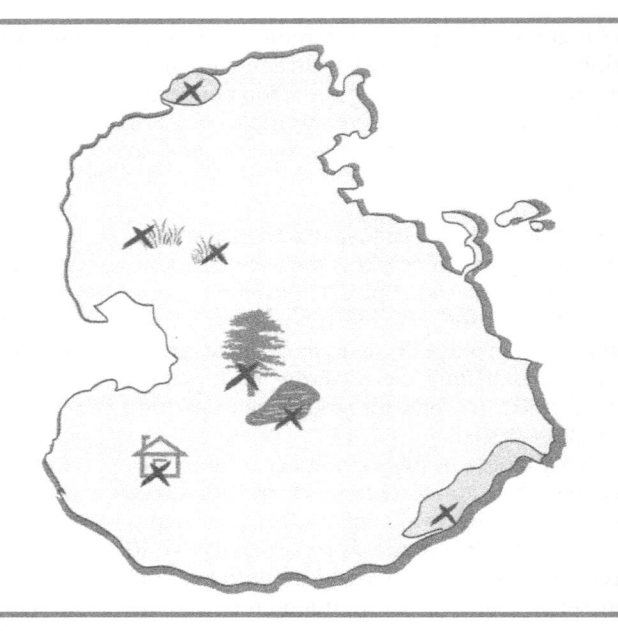

se a pessoa "lesse visualmente" um mapa interior, e seu pensamento leva, então, o tempo do trajeto imaginário.

DAS PALAVRAS ÀS IMAGENS

O que acontece se mencionarmos diante de alguém palavras abstratas ("liberdade", "advérbio", "consciência", "silêncio", "poder"...)? Como serão representadas mentalmente? Allan Paivio sustenta a teoria da "dupla codificação" (*Mental Representations: Dual Coding Approach* [Representações mentais: teoria da dupla codificação], 1986): as palavras abstratas são codificadas na forma verbal, e as palavras concretas do vocabulário (casa, pera, borracha...) são codificadas simultaneamente na forma verbal e de imagens mentais. Essas conclusões parecem igualmente confirmadas pelas experiências de imageamento cerebral: se pedirmos a uma pessoa colocada no escuro para que represente um objeto (uma cadeira, por exemplo), constata-se que tanto as áreas da linguagem como as áreas visuais são ativadas. As primeiras, sem dúvida, para decodificar o pedido (que é formulado na forma verbal) e as segundas (visuais) para representar mentalmente a cadeira.

Admite-se, portanto, cada vez mais, que uma parte de nossos pensamentos é tratada na forma de imagens e não de palavras.

Bibliografia: • M. Denis, *Image et cognition*, Puf, 1989 • E. Mellet, "La perception et l'imagerie mentale visuelle", in O. Houdé, B. Mazoyer, N. Tzourio-Mazoyer, *Cerveau et psychologie: introduction à l'imagerie cérébrale anatomique et fonctionelle*, Puf, 2002

IMAGINÁRIO

O que faz o ser humano com todas as imagens que o habitam? Qual a parte individual e a parte social no processo imaginativo? Ele é consciente ou inconsciente? Hoje, todas essas questões – centrais na área de ciências humanas – já puderam ser mais ou menos respondidas, mas sem verdadeiro consenso. A noção de imaginário tem, de fato, uma história mais sinuosa, que podemos, de modo geral, decompor em dois períodos.

1. Uma fase de efervescência, entre os anos 1920 e 1970, durante a qual diversos autores, filiados a correntes de pensamento bastante diferentes, buscaram dar corpo à noção, ou mesmo promovê-la à categoria de conceito, a fim de construir uma teoria geral. Buscavam estabelecer um sistema que daria conta das diferentes categorias do imaginário – mitos, símbolos, fantasmas, sonhos e devaneios –, ou seja, de todas as formas de pensamento consideradas inconscientes ou pré-conscientes, e que derivam mais do afeto, da emoção, das lembranças, das

impressões, que da pura racionalidade (se é que esta existe).

Podemos citar, entre eles:

– O psicanalista dissidente Carl G. Jung* propunha, em 1919, a noção de "arquétipo*", conjunto de símbolos que atuam nos mitos e fábulas, que estruturam o inconsciente coletivo de cada cultura, base comum na qual se enraízam os imaginários individuais. Seu imaginário é inconsciente e coletivo (*L'Homme à la découverte de son âme* [O homem moderno em busca de sua alma]).

– Para o psiquiatra e psicanalista francês Jacques Lacan*, todo ser humano deve viver na intersecção das três ordens do simbólico (a linguagem), do real (inacessível por causa da linguagem) e do imaginário. Segundo ele, a noção de imaginário (estabelecida em 1936 e definitivamente formulada no *Le Seminaire XXII* "RSI" [O Seminário, livro 22], 1974-1975) representa o lugar inconsciente da ilusão e da frustração, no qual convém colocar o eu*, puro fantasma elaborado no momento estruturante da identidade, que ele chama de "estágio do espelho". Seu imaginário é inconsciente e individual.

– Para o filósofo Jean-Paul Sartre (*L'Imaginaire* [O imaginário], 1940), a imaginação é a faculdade consciente de formar imagens fugindo do real, objeto da percepção. Essa faculdade é, portanto, "irrealizante", já que se dá o objeto como ausente. Graças à faculdade irrealizante, o imaginário permite a liberdade da consciência. Seu imaginário é consciente e individual.

– Para o filósofo Gaston Bachelard*, existem duas vertentes opostas no espírito humano: de um lado, a conceitualização, que culmina na ciência; de outro, o devaneio, que encontra seu apogeu na poesia. G. Bachelard, que, em suas primeiras obras, via a imaginação sobretudo como um obstáculo a ser passado no filtro da razão, reabilitará pouco a pouco o imaginário (*L'Air et les songes* [O ar e os sonhos], 1943), que estaria na origem de toda intuição científica e da liberdade do homem. Seu imaginário é pré--consciente e individual.

– O antropólogo Gilbert Durand* (*Les Structures anthropologiques de l'imaginaire* [As estruturas antropológicas do imaginário], 1969), influenciado pelo estruturalismo de Claude Lévi-Strauss*, mas também pela mitologia de Georges Dumézil*, Mircea Eliade* e ainda C. G. Jung, buscou estabelecer a lógica estrutural atuante no imaginário humano, a partir da análise das imagens, dos símbolos e dos mitos das culturas clássicas ou exóticas, revelando assim a vocação metafísica destas a conjurar o tempo e a morte. Seu imaginário é inconsciente e social.

2. A partir dos anos 1970-1980, o tema do imaginário parece menos central em ciências humanas. Tornou-se um lugar-comum, utilizado com frequência, mas raramente definido. Somente alguns grupos de pesquisa mantiveram o foco nesse assunto, em especial o Centre de recherche sur l'imaginaire (Centro de pesquisas sobre o imaginário), na esteira de G. Durand. O imaginário coletivo deve ser correlacionado aos temas das ideologias e das representações sociais*. Dessa forma, para Cornelius Castoriadis*, o imaginário social atuante na religião, nas ideologias e utopias políticas, fornece aos indivíduos crenças comuns que estruturam o laço social (*L'Institution imaginaire de la société* [A instituição imaginária da sociedade], 1975). Para Benedict Anderson, as identidades nacionais são "comunidades imaginadas", já que um imaginário nacional gera uma representação mítica da nação (*Imagined Communities* [Comunidades imaginadas], 1983).

A retomada da temática talvez seja perceptível com trabalhos mais recentes a respeito do imaginário do turismo (R. Amirou, *Imaginaire du tourisme culturel* [Imaginário do turismo cultural], 1999), da doença (G. Fabre, *Épidémies et contagions. L'imaginaire du mal en Occident* [Epidemias e contágios. O imaginário do mal no Ocidente], 1998), das técnicas de ponta (A. Gras, S. L. Poirot-Delpech, *L'Imaginaire des techniques de pointe* [O imaginário das técnicas de ponta], 1989), da internet (P. Flichy, *L'Imaginaire d'internet* [O imaginário da internet], 2000) e da montanha (J.-P. Bozonnet, *Des monts e des mythes. L'imaginaire social de la montagne* [Montes e mitos. O imaginário social da montanha], 1992).

Bibliografia: • L. Baia, *Pour une histoire de l'imaginaire*, Les Belles Lettres, 1998 • J.-J. Wunenburger, L'Imagination, Puf, "Que sais-je?", 2003 [1991]

→ **Ideologia, Inconsciente, Mito, Representação, Símbolo**

IMIGRAÇÃO

De 6 bilhões de seres humanos, aproximadamente 150 milhões (2,5% da população mundial) deixaram sua terra para instalar-se em outros países. Podemos classificar esses imigrantes em três grupos principais:

– A imigração de pobreza. Desse grupo fazem parte as pessoas que vão procurar fazer fortuna, ou pelo menos conquistar conforto material, num país rico. É o caso dos mexicanos que atravessam a fronteira clandestinamente para chegar aos Estados Unidos;

– A migração das elites. São os estudantes, os pesquisadores ou os funcionários de empresas que vão para outro país em busca de um cargo. A "fuga de cérebros" é uma expressão disso;

– A imigração dos refugiados políticos, que fogem das perseguições de seus países. Por exemplo, por conta dos conflitos regionais na África (Ruanda, Sudão, Libéria), milhões de pessoas deixaram seus países para escapar das perseguições.

Os grandes fluxos migratórios no mundo

No período que vai de 1850 à Primeira Guerra Mundial houve muitas migrações internacionais. Quarenta milhões de pessoas deixaram então o velho continente rumo à América Latina ou do Norte, Austrália ou África do Sul. Mais da metade desse grande fluxo migratório dirigiu-se para a América do Norte.

A América do Sul (Argentina, Brasil, Uruguai) foi a terra eleita pelos imigrantes da Europa do Sul (Itália, Espanha) e do Norte (Alemanha, Rússia, Império Austro-Húngaro). Outro grande fluxo migratório proveniente da Itália, da Espanha e da Bélgica vai dirigir-se para a França. Finalmente, no século XIX, assistimos a grandes movimentos de população provenientes da Índia em direção ao Império Britânico, e da China para a América.

Durante o período entre guerras, às três grandes diásporas políticas, que foram o exílio dos judeus, dos armênios e dos russos "brancos", vieram acrescentar-se outros fluxos migratórios.

A partir da Segunda Guerra Mundial produz-se uma "inversão dos fluxos migratórios" (expressão que se deve a Alfred Sauvy). Os fluxos não vão mais se originar no norte, mas nos países do sul. Os movimentos de população irão dos países em vias de desenvolvimento para os países ricos, da América do Sul em direção ao norte, da África do Norte em direção à Europa. Frequentemente, as vias de imigração estão ligadas à história colonial. Os migrantes das antigas colônias francesas (Argélia, Marrocos, África negra) vão instalar-se na França. A Inglaterra recebe uma forte imigração indiana. Os turcos irão instalar-se na Alemanha.

Os trabalhos da escola de Chicago

A sociologia da imigração nasceu em Chicago no início do século XX. O local era propício. Entre 1850 e 1910, Chicago havia passado de pequeno povoado a uma metrópole do 2 milhões de habitantes. Todos os dias, trens lotados vinham aumentar o número de imigrantes oriundos da Polônia, da Alemanha, da Ucrânia, da Itália, da Irlanda, da Rússia.

William I. Thomas e Florian W. Znaniecki descreveram, em estudo clássico, o percurso dos imigrantes poloneses (*The Polish Peasant in Europe and America* [O camponês polonês na Europa e na América]), enorme obra em cinco volumes, cujos primeiros foram publicados em 1918. Esse estudo pioneiro descreve todo o ciclo da imigração. Os primeiros volumes são consagrados à situação inicial: a família camponesa, o sistema social, a vida econômica na Polônia. A sequência descreve a "desorganização dos grupos primários" (família, comunidade de trabalho), levando alguns a deixar seu país. Enfim, vem a fase de instalação na América, que é marcada pela reconstituição de comunidades, mas também pela desorganização social: miséria, desestabilização familiar e, às vezes, delinquência. A dinâmica de conjunto forma uma trama geral na qual se tecem destinos singulares.

Nos estudos da escola de Chicago, os grandes temas ligados à imigração já estão postos: as comunidades étnicas agrupadas em guetos, a desagregação social e a marginalidade, o racismo. Já os antropólogos interessam-se pelo fenômeno de "aculturação".

A sociologia da imigração na França

Na França, os estudos sobre este tema são muito mais tardios. A França é, entretanto, uma velha terra de imigração (G. Noiriel, *Le Creuset français. Histoire de l'immigration XIXe-XXe siècle* [O cadinho francês. História da imigração nos séculos XIX-XX], 1988). Contudo, mesmo que os imigrantes fossem originários da Europa (Itália, Polônia, Bélgica), a integração nem sempre foi fácil nem isenta de conflito e de racismo. Mas, em duas gerações, a máquina da integração parecia estar desempenhando seu papel (pela escola, trabalho e casamento).

É a partir dos anos 1960 e 1970 que se opera uma transformação importante na origem geográfica dos imigrantes. Os argelinos, aos quais vêm somar-se os marroquinos e os tunisianos, formam a partir de então, junto com os portugueses, as nacionalidades mais representadas. Esses imigrantes irão trabalhar no setor industrial (a maior parte como operários ou realizando trabalhos não qualificados). Vivem, mais frequentemente, em favelas, alojamentos provisórios, HLM[1], e grandes conjuntos habitacionais construídos nesse período.

Os estudos pioneiros de Abdelmalek Sayad sobre a imigração magrebina concentram-se na condição do trabalhador imigrante, solitário e reduzido ao trabalho. "O que é um imigrante? Um imigrante é essencialmente uma força de trabalho, e uma força de trabalho provisória, temporária, em trânsito" (A. Sayad, *L'Immigration ou les paradoxes de l'altérité* [*A imigração ou os paradoxos de alteridade*], 1991). Na época, o estereótipo do imigrante é o operário não especializado argelino, vivendo geralmente sozinho, sem outra existência social ou política. Ninguém repara nele.

Em seguida, a partir dos anos 1970, as condições mudam. As políticas de imigração são freadas no momento em que se inicia a crise econômica. Com o desemprego em massa, a delinquência nas periferias, as dificuldades de integração escolar e profissional dos "imigrantes de segunda geração", a imigração se torna um "problema social". O racismo se transforma em tema político, com a escalada de partidos de extrema direita como a Frente Nacional.

É nessa época que a imigração se torna um objeto de estudo específico e que explodem as pesquisas sobre o tema: as desigualdades no trabalho, a moradia, a escolaridade, a criminalidade, etc. São, essencialmente, as diferentes formas de segregação social e econômica que interessam aos pesquisadores.

Nos anos 1990 assistimos a uma guinada. Os temas do intercultural, das relações interétnicas, do multiculturalismo*, da identidade*, tornam-se o ponto central das pesquisas. Os chamados bairros "sensíveis" são outro tema privilegiado. A imigração, vista até então sob o ponto de vista das desigualdades, passou a ser percebida mais do ponto de vista das diferenças. Tratava-se de um problema econômico e social; agora aparece cada vez mais como um problema cultural.

Paralelamente, as pesquisas diversificam-se. Novas áreas de estudo são exploradas: a imigração asiática, africana, romena, a imigração dos "ilegais". A multiplicação dos trabalhos fez explodir a temática unívoca. O que aparece então mais claramente é a diversidade dos itinerários e dos modos de inserção (escolar ou profissional), segundo as comunidades étnicas. Da mesma forma, no interior das comunidades, constata-se que as trajetórias sociais (segundo os sexos ou os indivíduos em relação à escola, ao trabalho...) podem seguir vias múltiplas.

Bibliografia: • M.-C. Blanc Chaléard, *Histoire de l'immigration*, La découverte, "Repères", 2001 • P. Dewitte (org.), *Immigration et intégration, l'état des savoirs*, La Découverte, 1999 • G. Noiriel, *Le Creuset français. Histoire de l'immigration XIXᵉ-XXᵉ siècle*, Seuil, 1988 • A. Rea, M. Tripier, *Sociologie de l'immigration*, La Découverte, "Repères", 2003 • A. Sayad, *L'Immigration ou les paradoxes de l'altérité*, De Boeck, 1991.

IMITAÇÃO

No mundo animal, a imitação toma, em primeiro lugar, a forma do mimetismo, que consiste em copiar os caracteres físicos de um animal ou de uma planta. O fenômeno é bastante disseminado. Por exemplo, o grilo é bastante parecido com uma folha verde ou um graveto, o que lhe permite evitar ser encontrado pelos predadores. Nas asas de algumas borboletas, encontram-se imagens que imitam os olhos de predadores. Às vezes, a imitação é também trunfo do predador. É o caso dos vaga-lumes que emitem o mesmo pestanejo das fêmeas de espécies vizinhas a fim de atrair o macho, que, quando se apresenta, é devorado. Alguns vaga-lumes imitam o pestanejo de cinco espécies vizinhas! O mimetismo animal baseia-se na seleção natural e não supõe nem atividade consciente nem aprendizagem por parte do animal.

---

1. HLM: Habitation à Loyer Modéré – Conjunto habitacional com aluguel moderado.

Todos os outros são comportamentos de imitação que intervêm no ato de aprendizagem. É imitando os pais que os pequenos macacos aprendem a alimentar-se: olham que plantas os adultos comem, como eles quebram nozes ou pegam cupins, etc. É também observando, e em seguida imitando, que os filhotes de leão ou de lobo aprendem a caçar. Essa aprendizagem por imitação foi demonstrada em um grande número de espécies sociais.

A IMITAÇÃO DIFERIDA E O "FAZER DE CONTA"

No ser humano, a imitação aparece muito cedo. As famosas experiências de Andrew Meltzoff e Keith Moore, realizadas a partir dos anos 1970, mostraram que o recém-nascido tende a reproduzir certas mímicas – mostrar a língua ou abrir a boca – feitas por um adulto na frente dele. Na época, essas experiências surpreenderam. O recém-nascido seria capaz de interpretar os movimentos do rosto e reproduzi-los conscientemente? Alguns pesquisadores supõem que essa imitação, na realidade, é apenas um comportamento reflexo, exatamente como o bocejo. Não se diz que "um bom bocejador faz bocejar sete?" Isso significa que alguns tipos de imitação vêm de condutas empáticas automáticas.

É o caso, também, para a gargalhada, que se transmite por contágio emocional sem que isso seja voluntário. Por volta dos 2 anos de idade, aparece na criança a "imitação diferida". Jean Piaget* (1896-1980) define assim a aptidão de "fazer de conta", ou seja, de reproduzir gestos, atitudes, comportamentos na ausência imediata de um modelo. Se a criança aprende muito cedo a imitar os adultos, é apenas por volta de 1 ano e meio a 2 anos que ela vai reproduzir os gestos sozinha, na ausência do modelo. Assim, um menino de 16 meses que viu uma mãe brigar com a filha no supermercado, irá imitar a cena depois batendo em uma boneca. Essa imitação diferida é, segundo J. Piaget, o esboço de uma representação mental. Trata-se portanto, para ele, de uma espécie de fase intermediária entre o ato sensório-motor e a imagem mental interiorizada.

IMITAÇÃO E APRENDIZAGEM

Muitas experiências com pássaros, ratos, macacos e seres humanos mostraram que se aprende melhor e mais rápido na presença de

A IMITAÇÃO, PRIMEIRO ESTÁGIO DA REPRESENTAÇÃO?

• Em seu livro sobre *Origins of Modern Mind* [As origens do pensamento moderno] (1991), o psicólogo americano Merlin W. Donald sustenta que os primeiros *Homo* inventaram um tipo particular de cultura: a "cultura mimética". Alicerçada na representação gestual, a comunicação seria baseada na mímica, a aprendizagem na imitação dos adultos e dos "inventores". Essa etapa permite, segundo M. W. Donald, chegar a uma forma de representação intermediária entre o simples sinal (postura de ameaça, grito de alerta) e a representação simbólica (implicada pela linguagem). Para entender o que pode ser essa cultura mimética, imaginemos uma hipotética comunicação entre duas pessoas, um boshiman do deserto de Kalahari e um francês, em que um ignora tudo da língua do outro. Para entender-se, os protagonistas irão "mimicar", com gestos, as coisas, as ações que querem representar. Podemos, dessa forma, dizer "comer" levando a mão à boca. Para evocar um pássaro, imitaremos com as mãos o movimento das asas. Para organizar a caça, poderíamos simular a cena.

• Essa mímica implica uma forma específica de representação. Permitirá, em pouco tempo, formular instruções simples ("Vá buscar uma maçã!") e constatações ("É grande!"), expressar interrogações ("Onde está a menina?"), descrever uma situação ("Tem uma cobra na árvore"). Mas essa forma de representação é bastante limitada, pois torna impossível a formulação de conceitos abstratos (podemos descrever um cachorro, mas não um "animal"), ideias complexas ("As flores vivem menos tempo que nós", "Eu vi o titio, que me disse que precisava de nós"), e menos ainda histórias elaboradas, como mitos e contos.

Para M. W. Donald, a cultura mimética seria, portanto, uma forma de cultura que permite evocar objetos ausentes, situações futuras (cena de caça), sem contudo atingir um grau de simbolização elevado.

um congênere. Com base nessa constatação, os psicólogos descreveram vários tipos de aprendizagem social em que intervém a imitação. Da mesma forma, na "aprendizagem coativa", os sujeitos aprendem ao mesmo tempo e se ajudam mutuamente, se estimulam e se confrontam.

Tanto o psicólogo russo Lev Vigotski* (1896-1934) como o americano Albert Bandura* (*So-

cial Learning Theory [Teoria da aprendizagem social], 1976) sublinharam a importância das formas de aprendizagem social. A imitação é uma dessas formas. A. Bandura realizou diversas experiências sobre um tipo de aprendizagem social chamada "aprendizagem vicariante", que consiste em aprender reproduzindo as ações e gestos de um modelo. A imitação do outro é um mecanismo de aprendizagem mais eficaz que o ensino por instruções. Em suma, um bom exemplo vale mais que uma lição.

A IMITAÇÃO, FUNDAMENTO DA COGNIÇÃO?

O ato de imitar pode, portanto, comportar diversos graus de complexidade: da imitação por reflexo (contágio emocional) à imitação diferida (o jogo do "faz de conta"), até a imitação voluntária do aprendiz que copia o mestre.

Desde o final dos anos 1990, assistimos a um retorno do tema da imitação no domínio da etologia, da psicologia do desenvolvimento* e da inteligência artificial* (simulação informática). Mas essa convergência de pesquisas não deu origem a teorias unificadas, nem mesmo a modelos de referência comuns.

DAS LEIS DA IMITAÇÃO
À RIVALIDADE MIMÉTICA

No final do século XIX, a imitação foi um dos temas prediletos da psicologia social e da sociologia nascentes. Para Gabriel Tarde* (*Les Lois de l'imitation* [As leis da imitação], 1890), a imitação é um dos pilares do laço social. A sociedade baseia-se na influência recíproca dos indivíduos. Pela identificação, o indivíduo determina seu comportamento. Para G.Tarde, o grupo social não é nada mais que "uma coleção de seres que estão se imitando".

A imitação explica a propagação das ideias, das modas, das técnicas. Explica as "irradiações imitativas" que levam as massas a copiar as elites, por exemplo, fazendo, assim, difundirem-se algumas modas na sociedade.

Em G. Tarde, o desejo de semelhança que é a imitação também não está isento de certa rivalidade: a imitação implica, às vezes, a vontade de tomar o lugar do outro. Encontraremos esse tema da rivalidade mimética um século mais tarde na teoria de René Girard. Para o autor de *La Violence et le Sacré* [*A violência e o sagrado*] (1972), o desejo de tomar o lugar do outro está profundamente inscrito na natureza humana. Daí a violência fundamental que mina a ordem social (e que o bode expiatório pode permitir afastar).

Bibliografia: • P.-M. Baudonnière, *Le Mimétisme et l'imitation*, Flammarion, 1997 • A. N. Meltzof, W. Prinz (orgs.), *The Imitative Mind. Development, Evolution and Brain Bases*, Cambridge University Press, 1999

→ **Aprendizagem, Identificação, Influência, Inovação**

IMPLÍCITO

Psicologia. Em psicologia, distinguem-se diferentes tipos de saber. Os primeiros, chamados explícitos, são organizados consciente e voluntariamente e podem ser descritos verbalmente.

Os outros são implícitos: o indivíduo trata certas informações sem ter consciência. Em alguns casos, essas informações podem até mesmo influenciar suas ações sem que ele saiba. Dessa forma, muitas experiências mostraram que a apresentação muito rápida de uma palavra, que não permite a identificação consciente, vai, contudo, influenciar aquele que deverá dizer "a primeira palavra que lhe passar pela cabeça". Essa percepção subliminar é um conhecimento implícito (conhecimento não consciente).

Linguística. Os linguistas assinalaram que, durante uma conversa, utilizamos também saberes implícitos para interpretar o discurso do outro. Estudaram esse tipo de interpretação no quadro da pragmática* da conversação*. Segundo eles, o implícito é o que não precisa ser dito para existir. Num texto, ou num discurso, o conteúdo tácito pode ser interpretado a partir daquilo que é dito. Por exemplo, se perguntarmos a alguém: "O que você achou desse filme?", e a pessoa responder: "A música era muito boa!", compreenderemos, implicitamente, que o filme não era muito bom. A importância dada ao implícito na linguística contemporânea sugere que a informação principal de uma mensagem não está contida no enunciado em si, mas na interpretação que fazem o autor e o receptor. Em outros termos, a ideia não está explícita na mensagem, mas nas representações dos sujeitos.

Bibliografia: • C. Kerbrat-Orecchioni, *L'implicite*, Armand Colin, 1998 [1986]

INATISMO
→ Nativismo

INATO-ADQUIRIDO

Velha é a contenda entre o inato e o adquirido. Provavelmente tão velha quanto as próprias ciências humanas. É a vertente psicológica de uma contenda maior, que tem seu lado antropológico no debate natureza-cultura.

Muitos temas foram debatidos dessa perspectiva: a inteligência, a personalidade, as diferenças entre homens e mulheres, a criminalidade, as doenças mentais, a dislexia...

Algumas etapas memoráveis marcaram o debate.

O criminoso nato?

Em 1875, o médico Cesare Lombroso, um dos fundadores da criminologia, publica *L'uomo delinquente* [*O homem criminoso*], no qual descreve vários "tipos de criminosos", identificáveis por uma morfologia particular. Observando o crânio de um bandido com traços anatômicos anormais, ele teria sido levado a conceber a hipótese do "criminoso nato". A teoria conheceu, então, grande sucesso. Entretanto, já em 1913, o criminologista inglês Charles Goring refutava a hipótese de C. Lombroso através do estudo craniológico de muitos criminosos. Por seu lado, Gabriel Tarde* mostrava que a criminalidade segue percursos sociais que têm pouco a ver com a morfologia craniana.

Em 1965, um estudo dirigido por Patrícia Jacobs publicado na revista *Nature* ("Agressive Behavior, Mental Subnormality and the XYY Male" [Comportamento agressivo, subnormalidade mental e XYY masculino]) anunciava ter descoberto um "cromossomo Y excedente" numa população de indivíduos que apresentava deficiência mental e propensão à criminalidade. Parte da mídia anuncia então a descoberta do "cromossomo do crime". Em 1976, um estudo maior, realizado na Dinamarca com 4 mil indivíduos, iria demonstrar a inexistência de correlação entre os portadores do cromossomo Y e os atos de violência.

Hoje em dia, as provas a respeito de hipotéticas bases biológicas do crime são consideradas pelos especialistas apenas para crimes muito específicos: crimes sexuais, psicopatas. Assim, em 1993, pesquisadores holandeses descobriam uma ligação, em alguns indivíduos, entre uma mutação do gene monoamina oxidase A (MAO-A) e o surgimento de um transtorno do comportamento marcado pela hiperagressividade.

A inteligência é inata?

Em 1922, Walter Lippman lançou uma virulenta polêmica na revista *The New Republican* contra Lewis Terman e Robert Yerkes, dois psicólogos que sustentavam que seus testes mediam uma "competência mental inata".

Era o início de uma batalha épica que iria se prolongar por várias décadas. Assim, nos anos 1940, o psicólogo inglês Cyril Burt afirma ter demonstrado de maneira irrefutável, pelo método dos gêmeos*, que a inteligência é hereditária em aproximadamente 80%. Descobriu-se mais tarde que C. Burt, convencido de sua teoria, havia encoberto alguns dados: havia trapaceado em alguns números e inventado alguns casos. Outros resultados comparáveis sobre o peso da hereditariedade na inteligência foram apresentados por psicólogos como Hans J. Eysenck, uma das figuras de proa dos "hereditaristas" nos anos 1960-1970.

Em 1994, a batalha chega aos Estados Unidos com a publicação de *The Bell Curve* [A curva de Bell], escrito por Charles Murray e Richard J. Herrnstein. Os dois autores afirmam, com base numa massa impressionante de dados numéricos, que a inteligência dos negros é inferior à dos brancos (15 pontos de QI a menos); que a inteligência é hereditária; que a posição social depende principalmente da inteligência (e não da fortuna ou do meio de nascimento); e que, consequentemente, a discriminação social entre negros e brancos é fato natural. Conclusão "política": é desperdício de dinheiro distribuir ajuda social aos negros, já que a condição social deles está ligada à constituição genética.

A tese provocadora de C. Murray e R. J. Herrnstein suscitou uma viva reação por parte de muitos psicólogos, sociólogos e biólogos de renome, como Howard Gardner*, Richard Sternberg, Stephen J. Gould e outros.

Para tentar clarificar uma questão tão difícil, a APA (American Psychological Association) redigiu, em 1995, um relatório que se pretendia ponderado e objetivo. Afirmava que as conclusões de C. Murray e R. J. Herrnstein estavam longe de ser corroboradas e que restava ainda muito a fazer para afirmar certezas quanto ao laço entre inteligência e hereditariedade.

O DEBATE PIAGET-CHOMSKY

Em outubro de 1975, no centro de Royaumont, foi organizado em torno de Noam Chomsky* e Jean Piaget* um grande debate sobre as origens do pensamento e da linguagem. Muitos pesquisadores oriundos de diversos países e de diferentes disciplinas participaram desse grande debate entre duas concepções opostas a respeito da gênese do psiquismo e das capacidades cognitivas:

– a tese de N. Chomsky de um lado, segundo a qual existem competências mentais inatas que, inscritas no cérebro do homem, explicam especialmente suas capacidades linguísticas universais;

– a essa tese, J. Piaget opõe a ideia de que as capacidades cognitivas do ser humano não são nem totalmente inatas nem totalmente adquiridas. Resultam de uma construção progressiva em que experiência e maturação interna se combinam. Essa é a tese da "epistemologia genética*" de J. Piaget, hoje chamada de "construtivista*".

Se nenhum dos protagonistas saiu vitorioso do debate, nos anos que se seguiram, muitas pesquisas realizadas a respeito das competências precoces do bebê iriam fornecer argumentos em favor das teses nativistas*. A permanência do objeto*, a linguagem*, a categorização*..., muitas competências intelectuais, que se acreditava até então adquiridas pela criança no decorrer de uma longa evolução, revelavam-se presentes já no bebê.

UM DEBATE SEM FIM?

O debate inato-adquirido exprimiu-se também em muitos outros domínios: nas diferenças de comportamento e aptidões (inteligência, agressividade, comportamentos sociais) entre os sexos (D. Kimura, *Sex and Cognition* [Sexo e entendimento], 2000), no papel do inato na formação da personalidade (J. Kagan, *Galen's Prophecy: Temperament in Human Nature* [A profecia de Galen: temperamento na natureza humana], 1994), nas causas das doenças mentais (autismo, depressão), sem falar da homossexualidade e da obesidade...

A cada vez, o debate opõe os mesmos protagonistas: de um lado, os postulantes do inatismo radical; do outro, os defensores do ambientalismo. Entre os dois situa-se o campo do compromisso interacionista, que defende a ideia de uma combinação entre os dois fatores...

Em um século de pesquisas, polêmicas, tentativas de superação, assistimos estranhamente ao mesmo retorno lancinante do mesmo debate, com os mesmos lados presentes.

Contrariamente ao que poderia mostrar uma análise superficial, a história não vacila necessariamente. Um século de debates e de pesquisas conduziu ao acúmulo de dados e ao aperfeiçoamento dos modelos. Em diversos temas essenciais, observamos convergência nos dados. A respeito da inteligência, as posições radicais (80% de inato ou 80% de adquirido) já não cabem. Sínteses – as chamadas "meta-análises" – de centenas de pesquisas realizadas sobre a parcela hereditária da transmissão do QI mostram resultados com muitos contrastes e nuances. A maior parte dos estudos estima a parcela de hereditariedade, na determinação da inteligência, entre 47% e 58%. A hereditariedade possui, dessa forma, uma influência inegável, assim como o meio social.

Quer se trate das doenças mentais, da personalidade, da língua, das formas de inteligência, dos comportamentos masculino/feminino, o debate, hoje, não se resume mais a uma oposição radical entre inato e adquirido. A maior parte dos especialistas procura determinar o peso relativo dos diferentes fatores a partir de modelos complexos.

Os desenvolvimentos da genética também levam a essa complexidade. Em 1974, o geneticista Ernst Mayr distinguia os "programas genéticos abertos" e os "programas genéticos fechados". Estes últimos produzem traços perceptivos, cognitivos ou comportamentais que não podem ser modificados pela experiência. Já os abertos integram uma linha diretriz imposta pela programação genética e uma parte de aquisição forjada pela experiência e pelo ambiente.

A maior parte de nossas aptidões cognitivas e de nossos comportamentos seria decorrente dessa interação complexa entre o inato e o adquirido.

→ **Aprendizagem, Instinto, Natureza-cultura**

INCESTO

A palavra "incesto" pode tomar significados bastante diferentes. Para os antropólogos, o tabu do incesto remete a uma interdição universal das sociedades humanas: o de desposar um membro da própria família. No mundo contemporâneo, o incesto designa, frequentemente, uma realidade mais prosaica: o abuso sexual de um dos pais (em geral o pai) com relação a um de seus filhos.

Antropologia: o debate sobre uma interdição universal

Muito cedo, os antropólogos se conscientizaram da existência de uma interdição do incesto em todas as sociedades humanas. Em qualquer lugar do mundo existem regras proibindo o casamento entre pessoas de mesmo parentesco, mais ou menos próximas. No mundo inteiro, o casamento é proibido entre pai e filha, mãe e filho, ou entre irmãos. Entre as poucas exceções estão os faraós egípcios ou os imperadores incas, que casavam entre irmãos. Mas esses casos são muito raros e atípicos (trata-se de manter a qualquer preço o poder na dinastia) para colocar em questão a existência de uma regra geral. Mais frequentemente, a interdição do incesto recai sobre o parentesco próximo: primos, primas (com exceção do "casamento árabe", que favorece a união entre os filhos de dois irmãos).

Como explicar essa proibição universal do incesto? Os antropólogos, em primeiro lugar, apontaram o caráter nocivo da consanguinidade. A união entre parentes, no homem e nos animais, pode provocar defeitos hereditários e, em algumas gerações, fenômenos de degeneração. Em seguida, em 1891, o etnólogo finlandês Edvard Westermarck e, em 1906, o sexólogo britânico Havelock Ellis defendiam que a coabitação prolongada entre membros da mesma família neutralizava o desejo e conduzia a uma inapetência entre parentes.

Mas a explicação mais admitida desde a Segunda Guerra Mundial foi a de Claude Lévi-Strauss*. Em sua obra *Les Structures élémentaires de la parenté* [As estruturas elementares do parentesco] (1949), o antropólogo defende que a proibição do incesto dissimula na realidade uma regra positiva: obriga à exogamia, ou seja, impõe o casamento no exterior do clã ao qual se pertence. Essa regra de exogamia não seria nada mais que um mecanismo de troca de mulheres, que permite evitar conflitos e cobiça entre grupos. Além disso, C. Lévi-Strauss defende que é a primeira lei verdadeiramente humana. "A proibição do incesto funda a sociedade humana e, em certo sentido, ela é a sociedade", escreverá em 1960. Sua tese, segundo a qual o incesto é uma especificidade humana que marcaria "a passagem da natureza à cultura", foi contestada por observações etológicas que mostram que, em meios naturais, a maior parte das espécies animais evita as uniões consanguíneas (*ver quadro*). A teoria segundo a qual o incesto é, na verdade, inibido naturalmente (existe pouca atração natural entre membros da família) ganhou novo alento com os trabalhos nos *kibutz* israelenses (Y. Talmon, "Mate Selection in Collective Settlements" [Seleção de pares nos assentamentos coletivos], *American Sociological Review*, vol. 29, 1964; J. Shepher, *Incest: A Biosocial View* [Incesto: uma visão biossocial], 1983). Entre as crianças criadas em comunidade desde a mais tenra infância, constata-se uma repulsão espontânea ao casamento (apesar de eles serem encorajados a isso), mesmo que os estudos de Melford E. Spiro nos anos 1970 tivessem tendência a relativizar essa constatação (*Culture and Human Nature* [Cultura e natureza humana], 1995).

Incesto e abuso sexual em crianças

"Fará em breve seis anos que quebrei este terrível silêncio: meu avô paterno abusou de mim dos meus 8 aos meus 14 anos." Muitas associações recebem esse tipo de testemunho a respeito desta forma recorrente de incesto: o abuso sexual de uma criança da família por uma pessoa próxima.

Desde os anos 1990, a criação de associações de apoio às vítimas e a publicidade feita sobre muitos casos de abuso sexual em crianças permitiram falar desse assunto, durante muito tempo considerado um tabu. A amplitude do fenômeno é dificilmente mensurável. Em primeiro lugar, porque a definição dos fatos varia consideravelmente (do simples toque ao estupro às vezes repetido durante vários anos). Segundo, porque uma pequena minoria das crianças revela os fatos. Os dados mais sérios estimam em torno de 4% o número de crianças que sofreram violência sexual de uma pessoa próxima.

O cenário é, não raro, o mesmo. Os parentes incestuosos são, quase sempre, o pai, o avô ou um tio. A criança que sofre abuso sexual fica geralmente em silêncio. Às vezes porque foi ameaçada, mas, com mais frequência, guarda o segredo espontaneamente: mesmo que sinta confusamente que o que lhe fizeram foi "mau", tem medo de denunciar uma pessoa que ama e se sente ela própria culpada.

Quais são as consequências psíquicas desses casos de abuso sexual? Ainda que tenhamos pesquisas e testemunhos concordantes, os efeitos psicológicos nas crianças permanecem em discussão. Nos anos 1980, nos Estados Unidos, diagnosticou-se o surgimento de múltiplos transtornos de personalidade que aparecem na idade adulta após uma longa fase de amnésia dos fatos. O caráter quase epidêmico desses transtornos, localizados nos Estados Unidos, conduziu à interrogação a respeito da hipótese de um fenômeno de sugestão terapêutica. A psicóloga Elizabeth Loftus mostrou que alguns casos de incesto revelados na idade adulta podiam ser classificados como "falsas lembranças", se haviam sido sugeridos pelo terapeuta (E. Loftus, K. Ketcham, *The Myth of Repressed Memory* [O mito das lembranças reprimidas], 1994).

Os psiquiatras evocam, hoje em dia, o surgimento, na criança abusada, de um estado de estresse agudo (ou *acute stress disorder*) durante as primeiras semanas. Esse estado é caracterizado por um sentimento de torpor, uma impressão de "desrealização" (perda de contato com a realidade) e uma amnésia dissociativa (incapacidade de lembrar-se de certos aspectos traumatizantes), ou mesmo uma incapacidade de saber se o que se viveu foi realidade ou sonho. Esses sintomas são acompanhados tanto de angústia e transtornos do sono como de dificuldade de concentração. Em seguida, esses sintomas podem evoluir para uma síndrome de estresse pós-traumático (PTSD ou *post traumatic syndrom disorder*).

Entretanto, nem todas as crianças apresentam esses transtornos, graças ao fenômeno de resiliência*.

Bibliografia: • H. Parat, *L'Inceste*, Puf, "Que sais-je", 2004 • V. Simon, *Abus sexuel sur mineur. Combattre l'intolérable, rendre à la vie*, Armand Colin, 2004

O EVITAMENTO DO INCESTO NO MUNDO ANIMAL

• Evitar o incesto não é uma especificidade humana. Nas espécies solitárias, como os orangotangos, os ursos, os animais vivem afastados uns dos outros. Machos e fêmeas se encontram unicamente nos períodos de acasalamento e os filhotes deixam a mãe quando chegam à idade adulta ou na adolescência. Nesse caso, a frequência do incesto é rara: ela é naturalmente limitada pelo acaso e pela demografia. O mesmo vale para as espécies monogâmicas, em que os machos e as fêmeas formam um casal estável, por uma estação ou às vezes a vida toda. Nesse caso, os filhotes irão separar-se mais tarde dos pais e dos irmãos. A exogamia* é a regra natural.

• A questão do evitamento do incesto se coloca para as estruturas sociais de grupo, em que diversos indivíduos aparentados (pais e filhos) vivem juntos. Nas estruturas em harém – como os leões, os dromedários, os gorilas –, um macho vive ao lado de um grupo de fêmeas das quais se apropriou. Tem acesso exclusivo a essas fêmeas e expulsa os outros machos que rondam seu território em busca de acasalamento. Os jovens machos são criados no seio do grupo, mas, atingindo a maturidade sexual, são expulsos. Não há, portanto, possibilidade de incesto (mãe-filho, ou irmão-irmã). A possibilidade de o macho dominante acasalar-se com as próprias filhas também está excluída. Quando as jovens fêmeas chegam à idade adulta, o macho é geralmente substituído por um pretendente mais jovem que vem de outro grupo.

• Nos grupos "multimachos" ou "multifêmeas", como os chimpanzés, reina certa promiscuidade sexual. Quando alcançam a maturidade, os jovens machos e fêmeas deixam o grupo e partem em busca de outro grupo que os acolha. Nos macacos, nos babuínos, ou nos macacos-verdes, são os machos que deixam o grupo natal. Nos chimpanzés e nos bonobos, são as fêmeas que se separam do grupo quando chegam à idade de maturidade sexual.

INCONSCIENTE

Frequentemente associada à teoria psicanalítica, a noção de inconsciente possui, entretanto, uma extensão mais ampla. Na realidade, já está estabelecido que ela precede a descoberta freudiana. Atualmente, tende a ser utilizada fora do campo psicanalítico, como prova o surgimento do conceito de "inconsciente cognitivo".

O INCONSCIENTE ANTES DE FREUD

A ideia de inconsciente remonta ao século XIX e está na convergência de três fontes.

A primeira é filosófica. No século XIX, na filosofia romântica alemã, Friedrich W. Schelling (1775-1854), Arthur Schopenhauer (1788-1860) e Friedrich Nietzsche* (1844-1900) afastam a ideia de uma consciência livre e soberana em prol de uma "força vital" invisível, que guia nossos destinos e nos leva a agir. Carl Gustav Carus (1789-1869) propõe, na obra *Psyche* [Psique] (1846), uma descrição do inconsciente em três estratos: o inconsciente geral absoluto, o inconsciente absoluto parcial e o inconsciente relativo. O filósofo Eduard von Hartmann (1842-1906), por sua vez, publicou em 1869 sua *Philosophie des Unbewussten* [Filosofia do inconsciente], na qual adianta a ideia de um inconsciente visto como uma força vital e uma percepção não consciente.

A segunda fonte é a neurologia. Desde as primeiras pesquisas a respeito do cérebro, um modelo neurofisiológico do inconsciente é proposto com a ideia de "inconsciente cerebral", que aparece no século XIX graças ao trabalho de John Hughlings Jackson (1835-1911). Os processos inconscientes são vistos como atividades reflexas, forjadas no decorrer da evolução. Mas o verdadeiro criador da noção de inconsciente é Theodor Lipps (1851-1914), professor de psicologia em Munique. Na obra *Grundtatsachen des Seelesleben* [Os fatos fundamentais da vida psíquica] (1883), considera o inconsciente o conjunto das atividades "representantes do passado, mas sempre ativas em mim sem que eu tenha consciência". Sigmund Freud* (1856-1939) estava a par desses trabalhos e fica até um pouco melindrado ao ver T. Lipps precedê-lo. No dia 31 de agosto de 1898, S. Freud escreve a Wilhelm Fliess a esse respeito. "Encontrei em Lipps meus próprios princípios, muito claramente expostos, um pouco melhor, talvez, que eu teria desejado. (...) Segundo Lipps, o consciente seria apenas um órgão sensorial, o conteúdo psíquico uma simples ideação, e os processos psíquicos permaneceriam todos inconscientes. Há concordância até nos detalhes; talvez a bifurcação de onde surgirão minhas novas ideias se revele mais tarde."

A terceira fonte é "psicopatológica". O psiquiatra suíço Eugen Bleuler (1857-1939), exato contemporâneo de S. Freud e teórico da esquizofrenia*, aborda as psicoses pelo viés psicológico. E. Bleuler inventou a expressão "psicologia das profundezas". Na mesma época, Pierre Janet (1859-1947) pensa os fenômenos psíquicos como a expressão de uma instância "subconsciente".

A ideia dominante é de que existem forças inconscientes adormecidas em nós e que podem ser reveladas durante o sono ou pela hipnose, sob o efeito da sugestão. Essa teoria não diria respeito somente aos indivíduos, mas também às massas inteiras que se deixam, de alguma forma, magnetizar, hipnotizar por líderes carismáticos. Esta ideia de "dominação inconsciente dos indivíduos e das massas" é essencial para se entender o pensamento sociológico nascente (Gabriel Tarde*, Gustave Le Bon*, Émile Durkheim*) na passagem do século XIX para o século XX.

DO INCONSCIENTE AO "ID"

S. Freud não forneceu uma única formulação de sua teoria do inconsciente. Ele elaborou sucessivamente dois modelos do psiquismo, chamados "tópicos" (do grego *topos* = lugar).

No primeiro "tópico", distinguem-se três instâncias da personalidade: o "inconsciente" é a parte mais antiga do psiquismo, no qual se afrontam os impulsos sexuais e os impulsos de autopreservação; o "pré-consciente" desempenha um papel de "filtro", recalcando no inconsciente as pulsões inaceitáveis para a consciência; o "consciente" é, portanto, apenas a parte mais superficial da personalidade.

A partir de 1920, S. Freud propõe um segundo tópico do psiquismo articulado em torno de três instâncias: o "id*", o "superego*" e o "ego*". O id toma o lugar do inconsciente. É o reservatório das pulsões humanas arcaicas. Força bruta, impermeável à razão ou à moral, é um "caos, um caldeirão cheio de emoções em ebulição". À dimensão propriamente sexual dessas pulsões soma-se a pulsão de destruição. Eros e Tânatos juntos.

S. Freud propõe, então, abandonar a noção de inconsciente, que seria fonte de ambiguidade, e substituí-la pelo id. Para S. Freud, o termo "inconsciente" deve servir – como adjetivo –

para designar tudo o que não está presente na consciência (portanto "não consciente"). Mas não poderá mais ser empregado como substantivo para designar a libido e as forças pulsionais. "Não utilizaremos mais, portanto, 'inconsciente' no sentido sistemático, (...) nós o chamaremos doravante de id" (*Neue Folge der Vorlesungen zur Einführung in die Psychoanalyse* [*Novas conferências introdutórias à psicanálise*], 1933).

DO INCONSCIENTE COLETIVO
AO INCONSCIENTE GRUPAL

Apesar das reservas de S. Freud com relação a este termo ambíguo, a palavra "inconsciente" vai ser largamente explorada, na sequência, de maneiras diferentes.

Carl G. Jung* (1875-1961) já se havia separado de S. Freud para desenvolver sua própria teoria do inconsciente. Para ele, o inconsciente não está necessariamente ligado a um conteúdo sexual. Exprime-se, em contrapartida, através de arquétipos* e de temas universais que encontramos nos mitos, nos contos e nos sonhos. É nesse sentido que Jung fala de "inconsciente coletivo".

Alguns psicanalistas, por outro lado, desenvolveram a noção de "inconsciente grupal", considerando que no seio dos grupos se desenvolvem traços de personalidade comparáveis aos de um indivíduo (Didier Anzieu, René Kaës). Finalmente, Jacques Lacan* (1901-1981) atribuirá o inconsciente à organização da linguagem ("O inconsciente é estruturado como uma linguagem"). A psicanálise americana abandonará a questão do inconsciente em prol de uma análise do ego e de seus transtornos. (*egopsicologia** e *selfpsychology*).

UM INCONSCIENTE COGNITIVO?

Nos anos 1990, o termo "inconsciente" ressurgiu na psicologia cognitiva. Muito diferente da concepção psicanalítica, a ideia de inconsciente cognitivo pode assumir diversas faces: percepção subliminar (reagir a um som, uma imagem, mas sem ter consciência disso), automatismos mentais (dirigir um automóvel pensando, ao mesmo tempo, em outra coisa), aprendizagem implícita*. Finalmente, o termo é suficientemente vago para englobar toda uma série de mecanismos mentais não conscientes.

Bibliografia: • H. F. Ellenberger, *Histoire de la découverte de l'inconscient*, Fayard, 2001 [1970] • S. Freud, *Nouvelles Conférences d'introduction à la psychanalyse*, Gallimard, 1989 [1933] • M. Gauchet, *L'Inconscient cérébral*, Seuil, 1992 • J.-M. Vaysse, *L'Inconscient des modernes*, Gallimard, 1999

INDIVIDUALISMO METODOLÓGICO

O individualismo metodológico designa um método de análise dos fenômenos econômicos e sociológicos que postula que todo fato social deve ser compreendido como produto de ações individuais. Pensar um fenômeno social significa, portanto, pensar as ações dos indivíduos e tentar compreender como elas se combinam entre si.

Inventada pelo economista Joseph A. Schumpeter* (1883-1950), a expressão "individualismo metodológico" foi retomada e defendida pelo economista liberal Friedrich von Hayek* (1899-1992) e pelo epistemólogo Karl R. Popper* (1902-1994). Na França, o sociólogo Raymond Boudon* (nascido em 1934) é seu principal promotor.

Bibliografia: • A. Laurent, *L'Individualisme méthodologique*, Puf, "Que sais-je?", 1994

→ Boudon

INDIVÍDUO, INDIVIDUALISMO

O indivíduo, como ser biológico, sempre existiu; já o individualismo tem uma história. Poderíamos até situar sua emergência numa época precisa. Com o Renascimento europeu, nos séculos XIV e XV, surge uma nova maneira de cada um viver e conceber seu próprio destino neste mundo. O indivíduo começa a se soltar das tutelas tradicionais que pesam sobre seu destino. Ele ousa dizer "eu". O mundo social muda então de centro de gravidade: libertando-se das leis superiores (o serviço de Deus, do Estado, da família...), volta-se para o indivíduo e o culto de si. O indivíduo torna-se o objetivo e a norma de todas as coisas. Essa é, pelo menos, a história que nos contam muitos autores – filósofos, sociólogos, antropólogos – que se dedicam há alguns anos à história do indivíduo.

O INDIVIDUALISMO, UMA INVENÇÃO MODERNA?

O antropólogo Louis Dumont* foi o primeiro a esboçar uma genealogia da "ideologia individualista moderna" (*Essais sur l'individualisme* [Ensaios sobre o individualismo], 1983). A chave de sua leitura é a oposição entre "holismo*" e "individualismo". Nas sociedades holistas – entendendo-se por holistas as sociedades primitivas, antigas, medievais (a Índia clássica é usada por ele como modelo de referência) –, o indivíduo não existe. Ou, para ser mais claro, nessas sociedades o indivíduo não se via como um ser independente, separado da comunidade à qual pertencia. Desde que nascia, era absorvido em um tecido de laços e de relações de dependência: a família, o clã, a casta, a etnia..., que iriam presidir seu destino. Que nascesse escravo ou nobre, servo ou cavaleiro, intocável ou membro das altas castas, o indivíduo era submetido a finalidades que o ultrapassavam.

Segundo L. Dumont, o individualismo surge no Ocidente nos primeiros séculos do cristianismo. Os ascetas e os monges que se retiram do mundo exprimem uma nova atitude perante a vida. Após uma longa fase de gestação no mundo cristão, é sobretudo nos séculos XVII e XVIII que a ideologia individualista vai se desenvolver plenamente, através dos pensadores da filosofia política (Thomas Hobbes, John Locke) e depois através do espírito iluminista, que afirma os direitos do indivíduo: o direito à segurança e à proteção (T. Hobbes), o direito à propriedade (J. Locke).

Enfrentando inúmeras vicissitudes, o individualismo vai continuar se desenvolvendo nos séculos seguintes. Mesmo os movimentos totalitários (o fascismo, o comunismo), que querem impor a restauração da comunidade contra o indivíduo, são para L. Dumont apenas "pseudo-holismos", que continuam a secretar, involuntariamente, a mensagem individualista.

Em 1989, o filósofo canadense Charles Taylor* prolonga à sua maneira o estudo da genealogia do indivíduo moderno com *Sources of the Self* [*As fontes do self*] (1989). Seu objetivo é compreender a formação da "interioridade moderna, o sentimento que temos de nós mesmos como seres dotados de profundidades interiores, e a noção, associada a ela, segundo a qual somos 'eu'". Como L. Dumont, C. Taylor vê no Renascimento ocidental um momento essencial da constituição da individualidade.

A literatura é testemunha dessa evolução. Com as *Confissões* (397-401), Santo Agostinho (354-430) foi um precursor ao explorar os tormentos de seu "eu íntimo". Montaigne (1533-1592) tomará a pena para ousar fazer de si mesmo seu próprio objeto de estudo. Em seus *Ensaios* (1580-1592), escreve: "Todos olham diante de si; eu, ao contrário, olho para dentro de mim; só me ocupo de mim mesmo." René Descartes é outro momento essencial. Funda seu pensamento na afirmação de si: "Penso, logo existo."

Nos séculos seguintes, o individualismo vai continuar se afirmando. Segundo C. Taylor, "na virada do século XVIII, alguma coisa que se parece com o eu moderno está se formando, ao menos nas elites sociais e espirituais do norte da Europa ocidental e de seu prolongamento americano". A história do indivíduo, então, passa pelo estudo da interioridade e da intimidade.

Para o sociólogo Robert Castel, compreender a "construção do indivíduo moderno" supõe também compreender as mutações econômicas, jurídicas e sociais que a permitiram (R. Castel, C. Haroche, *Propriété privée, propriété sociale, propriété de soi* [Propriedade privada, propriedade social, propriedade de si], 2001). A emergência do indivíduo não pode ser dissociada de um movimento mais geral, que passa pela propriedade privada e a "propriedade de si" no domínio jurídico. Essa noção foi desenvolvida por J. Locke. Assim, o indivíduo tornando-se proprietário, torna-se senhor de si mesmo, apropria-se de seu trabalho e de seus meios de existência. Na época, os direitos do indivíduo estão se constituindo na Inglaterra e serão difundidos em seguida pela Europa.

Dessa forma, a subjetividade só poderá enraizar-se a partir de uma base social como a propriedade ou os direitos políticos. Sem a liberdade de movimento, de casar-se livremente, de dispor do próprio corpo, de escolher a profissão, não se tem o domínio da própria vida. O individualismo não teria existido sem "suporte social" (R. Castel). O que Immanuel Kant chama de "autonomia da vontade" não existiria sem uma longa história de conquistas sociais e jurídicas.

Os estudos de L. Dumont, C. Taylor, Michel Foucault*, Marcel Gauchet e R. Castel trazem uma lição fundamental: o individualismo tem uma história. O fato de erigir a própria vida como uma norma suprema não é uma preocupação natural e universal. É uma "construção social*", uma invenção ligada a formas sociais particulares.

Assim, é preciso estudar as diferentes maneiras de o indivíduo aparecer e desaparecer no decorrer das situações históricas e dos contextos sociais. Um procedimento que fica a meio caminho entre a história, a antropologia e a filosofia.

O INDIVÍDUO-REI

A partir dos anos 1980, uma nova direção parece ter sido tomada na história do individualismo, se acreditarmos nos inúmeros debates originados na época.

Relembremos o quadro: os anos 1980 foram descritos como os anos do "indivíduo-rei". Esse período foi marcado pelo declínio dos movimentos coletivos, a escalada do liberalismo econômico, o recolhimento à vida privada, o *cocooning*, o crescimento dos lazeres e das atividades esportivas de massa, o culto do corpo. Muitos autores vão traduzir essa nova tendência. Em 1974, nos Estados Unidos, Richard Sennett havia anunciado *The Fall of Public Man* [*O declínio do homem público*], seguido, em 1979, pelo *best-seller* de Christopher Lasch, *The Culture of Narcissism* [*A cultura do narcisismo*]. Em 1983, Albert O. Hirschman*, em sua obra *Shifting Involvements: Private Interest and Public Action* [*De consumidor a cidadão: atividades privadas e participação na vida pública*] (1982), explica que a decepção com os movimentos coletivos levou a um retorno à esfera privada. No mesmo momento, na França, o filósofo Gilles Lipovetsky publica *L'Ere du vide. Essais sur l'individualisme contemporain* [*A era do vazio. Ensaios sobre o individualismo contemporâneo*] (1983), em que descreve os sinais de uma revolução silenciosa: o nascimento de um novo individualismo – narcisista, hedonista, egocêntrico – marcado pela "privatização" da vida cotidiana e tendo a permissividade dos costumes como pano de fundo.

Nem todos os autores partilham essa visão "hedonista e egoísta" do individualismo. Luc Ferry e Alain Renaut opõem a essa concepção do individualismo contemporâneo a de um "sujeito" ativo e senhor do próprio destino (*68-86, Itinéraire de l'individu* [*68-86, Itinerário do indivíduo*], 1987). Por contraste com o indivíduo, o sujeito não se contenta em recolher-se à esfera privada e agir apenas em vista do próprio bem-estar imediato. O sujeito "implica uma transcendência, uma superação do eu individual" (A. Renaut). Como superar o eu egoísta fechado em si mesmo? Pela ação pública, a participação política, o exercício do direito de expressão, a criação artística? Pouco importa. Em *L'Ere de l'individu* [*A era do indivíduo*] (1989), A. Renaut opõe a imagem do sujeito, ator de sua própria vida, à do indivíduo, átomo social desencarnado.

Também Alain Touraine* valoriza a noção de sujeito em contraposição à noção de indivíduo. Após ter consagrado grande parte de sua obra a estudar os movimentos sociais, A. Touraine constata que nossas sociedades entraram em um novo período: a cultura do sujeito individual. "Hoje em dia, a preocupação consigo mesmo como valor central está presente em todo lugar. Para o bem e para o mal. (...) A busca de si" que resulta daí pode tomar a forma do indivíduo passivo ou do sujeito que "quer fazer de sua vida um romance" (A. Touraine, F. Khosrokhavar, *La Recherche de soi. Dialogue sur le sujet* [*A busca de si. Diálogo sobre o sujeito*], 2000). O individualismo democrático exprime uma tensão entre essas duas formas.

O INDIVÍDUO ATORMENTADO

A partir dos anos 1990, emergirá mais uma figura do indivíduo. Nem a do indivíduo egoísta e fechado em si mesmo, nem a do sujeito voluntário, autor da própria vida. Outra versão impôs-se, mais dilacerada, cindida, inquieta, atormentada: a do "indivíduo incerto".

"O indivíduo que sofre parece ter suplantado o indivíduo que conquista." No ensaio *L'Individu incertain* [*O indivíduo incerto*] (1995), o sociólogo Alain Ehrenberg parte de uma constatação: na sociedade atual, supõe-se que o indivíduo seja pessoalmente responsável por um número crescente de problemas. No trabalho, nas relações conjugais, nas decisões de compra, nas escolhas escolares, "em todo lugar as virtudes da autonomia, da responsabilidade individual são enaltecidas". Todos são incentivados a agir livremente: "Somos incitados a ser responsáveis por nós mesmos." Onde os mecanismos sociais favoreciam os automatismos de comportamento ou de normas estabelecidas, as escolhas pessoais parecem ter prevalecido sobre os preceitos e o destino coletivos. Essa mobilização permanente de si mesmo tem como consequência uma inquietação existencial. "Confrontado com o incerto, com as decisões pessoais, com as escolhas de vida e com os engajamentos, o indivíduo é desestabilizado, desorientado, e sofre." A. Ehrenberg desenvolve essa ideia em seu livro *La Fatigue d'être soi* [O cansaço de ser si próprio] (1998). Uma nova patologia nasce dessas injunções permanentes de encontrar em si mesmo as motivações da própria ação: o esgotamento psíquico e a depressão*. Enquanto as sociedades gerenciadas pelas normas produzem patologias da culpabilidade, como a neurose*, uma sociedade fundada na solicitação permanente de si mesmo provoca por sua vez a depressão, movimento que é acompanhado pelo recurso às drogas (antidepressivos, tranquilizantes) a fim de superar os momentos de pane e desespero.

Essa figura do indivíduo em busca de si mesmo é inseparável de uma outra: o indivíduo fragmentado. Na sociologia atual, ela é facilmente identificável em estudos como os de François Dubet* ou Bernard Lahire. A incerteza na qual o indivíduo contemporâneo vive se deve a um enfraquecimento dos dispositivos de integração (escola, família, trabalho) e dos papéis sociais bem estabelecidos. A definição dos papéis sexuais é característica dessa transformação. Com a emancipação das mulheres, os papéis sociais (feminino e masculino) não são mais estereotipados. Na escola, o *status* do professor não é mais claramente estabelecido, oscilando entre "mestre" tradicional e pedagogo-educador. Cada um deve combinar os diversos trajes sociais possíveis e encontrar sua própria via. Cada indivíduo é submetido a uma tensão permanente entre diversos modelos de conduta, daí a necessária reflexividade (autoanálise) permanente sobre suas próprias condutas. O crescimento dos métodos de desenvolvimento pessoal*, do *coaching*, das obras sobre a arte de viver, dos *talk shows* que falam da vida privada, da maneira de gerenciar a própria vida traduz e deriva, segundo A. Ehrenberg, dessa incessante busca de si mesmo.

O indivíduo contemporâneo foi, portanto, descrito com diversas feições: o indivíduo hedonista, egoísta, fechado em si mesmo e que se compraz na autocelebração de si; o ator-cidadão mais voluntário e heroico; o "indivíduo incerto" às voltas com transtornos de identidade; o "sujeito fragmentado" em busca de si mesmo.

Bibliografia: • P. Bimbaum, J. Leca, *Sur l'individualisme*, Presses de Sciences Po, 1991 [1986] • N. Elias, *La Société des individus*, Pocket, 1997 [1939] • M. Foucault, *Histoire de la sexualité*, t. 3: *Le Souci de soi*, Gallimard, 1984 • J.-C. Kaufmann, *Ego: pour une sociologie de l'individu*, Nathan, 2001 • A. Laurent, *Histoire de l'individualisme*, Puf, "Que sais-je?", 1993 • A. Renaut, L. Ferry, 68-86, *Itinéraire de l'individu*, Gallimard, 1987 • A. Renaut, *L'Ère de l'individu. Contribution à une histoire de la subjectivité*, Gallimard, 1989 • C. Taylor, *Les Sources du moi: la formation de l'identité moderne*, Seuil, 1998 [1989]

→ **Identidade, eu (ego), narcisismo**

INDO-EUROPEU

Já no século XIX, descobriu-se que as línguas da Europa e da Índia do Norte pertenciam à mesma grande família linguística, que foi chamada de "indo-europeia".

AS LÍNGUAS INDO-EUROPEIAS

O magistrado inglês sir William Jones estava empossado na Índia no final do século XVIII. Estudando o sânscrito, língua escrita dos antigos indianos e que era então quase desconhecida na Europa, percebe impressionantes analogias com as raízes de certas palavras gregas ou latinas. A afinidade lhe parece muito forte para ser resultado do acaso. Em 1786, diante da Royal Asiatic Society, comunica sua descoberta: "Nenhum filólogo poderia examinar essas línguas sem chegar à convicção de que são, na realidade, originárias de uma fonte comum, a qual, talvez, não exista mais." Trinta anos mais tarde, outro inglês, Thomas Young, vai batizar de "indo-europeu" o conjunto das línguas da Europa e do norte da Ásia que parecem possuir parentesco comum. Começa então um trabalho paciente de comparação entre todas as línguas e dialetos da Europa. O estudo das correspondências linguísticas entre todas as línguas da Europa ocupará os linguistas durante grande parte do século XIX e início do século XX. No decorrer dos levantamentos, os linguistas chegam à seguinte constatação: a família indo-europeia agrupa a maior parte das línguas europeias (germânicas, latinas, eslavas, célticas, romanas, bálticas, gregas...) e indo-iranianas. Somente as línguas basca, húngara, finlandesa, lapã e estoniana parecem não ter nenhuma semelhança, embora situadas na Europa.

Em sua última obra, *Indo-European and its Closest Relatives: the Eurasiatic Language Family* [As línguas indo-europeias e a família eurasiática] (2000), o linguista Joseph H. Greenberg tentou mostrar que as línguas indo-europeias fazem inclusive parte de um conjunto mais vasto de línguas eurasiáticas. Essa família relaciona as línguas indo-europeias a diversos grupos de línguas eurasiáticas, como o altaico, o uralo-yukagir, o coreo-nipônico, o guiliak, o esquimó-aleúte..., línguas dos povos da Ásia central, da Sibéria e até mesmo do Japão.

MITOLOGIAS E INSTITUIÇÕES INDO-EUROPEIAS

Na mesma linha das pesquisas comparativas, o mitólogo Georges Dumézil* objetiva mostrar que os traços comuns das sociedades indo-europeias não estão presentes somente nas línguas, mas também nas mitologias. Ele faz essa descoberta em 1938. Constata que toda uma série de trabalhos comparativos a respeito das mitologias romana, grega, escandinava, indiana, tem em comum o mesmo grupo de divindades. De modo geral, os panteões de deuses parecem poder reagrupar-se em torno de três funções comuns: os sacerdotes, os guerreiros e os produtores.

Émile Benveniste* irá dedicar-se, em seguida, a reconstruir a estrutura gramatical e o vocabulário desta língua original: o indo-europeu (*Le Vocabulaire des institutions indo-européennes* [O vocabulário das instituições indo-europeias], 1969).

UM POVO INDO-EUROPEU ORIGINAL?

Se as línguas indo-europeias possuem raízes comuns, se as mitologias são igualmente aparentadas, isso não significaria que teria existido um povo indo-europeu original? Teria vivido em algum lugar da Ásia central em 3000 a.C. aproximadamente, conquistado a Europa e o norte da Índia e, em seguida, imposto sua língua e seus mitos. O parentesco das línguas é reforçado pelo parentesco genético. Os trabalhos de Luca Cavalli-Sforza mostraram uma correspondência entre a proximidade genética das populações e a vizinhança de suas línguas. Faltava pois encontrar traços arqueológicos desse povo original. Essa busca iria ultrapassar em muito a questão arqueológica e suscitar uma longa polêmica, cujos reflexos são perceptíveis até hoje. Pois, por trás da questão estritamente científica, desenhava-se uma questão ideologicamente sensível. Com efeito, os povos indo-europeus foram assimilados aos arianos, que conquistaram o norte da Índia por volta de 1500 a.C. E desse povo ariano, que está na base cultural e linguística da Europa, os nazistas fizeram um mito fundador da unidade cultural do continente.

Durante muito tempo, nenhum vestígio dos indo-europeus foi encontrado. Até que a arqueóloga lituana Marija Gimbutas (1921-1994) pensou tê-los identificado: tratar-se-ia dos representantes da cultura dos kurgans. Situado nas estepes e nas florestas do norte do mar Negro entre 4500 e 2900 a.C., esse povo – mais exatamente, trata-se de um conjunto de povos aparentados – formaria uma entidade bastante homogênea. Esses povos guerreiros ter-se-iam difundido na Europa e no norte da Índia por levas sucessivas. O nome empregado para designá-los, "kurgans", provém de suas sepulturas características que são túmulos: tumbas com fossas chamadas de *kurgans* em russo. A cultura dos kurgans agrupa, segundo M. Gimbutas, diversas culturas datando do V e do IV milênio a.C., entre elas a das tumbas com fossas.

A TESE DE COLIN RENFREW

Entretanto, Colin Renfrew, professor de arqueologia na Universidade de Cambridge, fez uma crítica implacável à hipótese do povo indo-europeu (*Archeology and Language: the Puzzle of Indo-European Origins* [O enigma indo-europeu: arqueologia e linguagem], 1987). Segundo ele, a difusão linguística teria acompanhado outra difusão maior na Europa: a agricultura. A revolução agrícola do neolítico* provocou um aumento demográfico considerável. Esse crescimento da população teria levado a uma lenta e regular expansão geográfica. Ao mesmo tempo que a agricultura se difundia – por migração e contato entre povos –, ela teria veiculado todo um vocabulário, crenças e modos de vida ligados ao trabalho da terra. Esse novo esquema de expansão transforma a visão tradicional da pré-história da Europa. O foco original dos indo-europeus não se encontraria mais na Europa central, mas na Anatólia (atual Turquia), local de nascimento da revolução neolítica. A expansão da cultura indo-europeia teria sido muito mais precoce do que se imaginava (teria se iniciado em 6000 a.C. aproximadamente) e teria sido pacífica. Essa tese é muito criticada hoje, mas foi corroborada pelos linguistas.

De fato, a hipótese de C. Renfrew foi apoiada por dois linguistas soviéticos, Thomas Gamkrelidze e Vyacheslav Ivanov, no início dos anos 1990. Eles juntaram muitos indícios da existência, bem antes de 3000 a.C., de uma protolíngua indo-europeia falada no sul do Cáucaso. Assim, entre as palavras comuns das línguas indo-europeias, muitas descrevem uma vegetação (faias, carvalhos...) e uma fauna (macacos, leopardos, leões...) que não existiam então no norte da Europa, mas eram encontradas no Oriente Próximo.

Outro argumento em favor da tese de C. Renfrew surgiu em 2004 com a pesquisa realizada por dois linguistas, Russell Gray e Quentin Atkinson ("Language-Tree Divergence Times Support the Anatolian Theory of Indo-European Origin", *Nature*, nº 426, 2003), que reconstruíram a história das línguas indo-europeias a partir de modelos matemáticos (provenientes da genética molecular). Esse procedimento leva a pensar que as línguas da Europa possuem uma origem comum que remonta a 8.000 anos a.C., tese que está mais em conformidade com a hipótese anatoliana de C. Renfrew.

Bibliografia: • J. Greenberg, *Les Langues indo-européennes et la famille eurasiatique*, Belin, 2003 [2000] • J.-P. Mallory, *À la recherche des Indo-Européens: langue, archéologie, mythe*, Seuil, 1998 • A. Martinet, *Des steppes aux océans. L'indo-européen et les Indo-Européens*, Payot, 1994 [1986] • C. Renfrew, *L'Énigme indo-européenne: archéologie et langage*, Flammarion, 1994 [1987] • B. Sergent, *Les Indo-Européens: histoire, langues, mythes*, Payot, 1995

INFÂNCIA

Segundo o historiador Philippe Ariès, a infância é uma noção recente no Ocidente. Em 1960, ele publica uma obra que vai marcar época, *L'Enfant et la vie familiale sous l'Ancien Régime* [*História social da criança e da família*], que mostra que somente a partir dos séculos XVI e XVII se desenvolve o sentimento da infância. Antes do período clássico, não existia o sentimento de uma especificidade da infância. Evidentemente, as mães e as amas amavam as crianças, mas a ideia de que a infância ou a juventude eram distintas da idade adulta, que se deviam educá-las de modo particular, não tinha nenhuma sustentação. Havia razões objetivas para essa situação, como a grande mortalidade infantil, que impedia o sentimento de ternura, e condições de moradia que proibiam a intimidade. Mas as razões maiores residiam na mentalidade e nas representações. Efetivamente, na Idade Média e no início da Idade Moderna, as crianças viviam inteiramente no universo dos adultos. Durante os primeiros anos de vida, divertiam-se com elas como faríamos com um animal. Depois de um desmame tardio, em torno dos 6 ou 7 anos, as crianças entravam diretamente na comunidade dos homens. A sociedade medieval não tinha a mesma preocupação que temos com a educação nem a consciência da passagem de um estado a outro.

A DESCOBERTA DA INFÂNCIA

Se, no século XVI, Montaigne ainda podia escrever "Perdi dois ou três filhos pequenos, não sem pesar, mas sem desespero", a época moderna é caracterizada por um cuidado maior em relação às crianças, em primeiro lugar, pela generalização da escolaridade, mas também pela atenção da família. A família, que correspondia mais à inserção dos casais no interior de redes sociais mais amplas (linhagem, parentesco, aldeia, trabalho) se autonomiza fechando-se em si mesma.

Sentimento da infância, recesso familiar e criação de uma esfera privada são os pilares de uma transformação fundamental nas representações e nas realidades sociais que caracterizam a evolução das sociedades ocidentais a partir da Idade Média.

No século XVIII, uma nova corrente, que se inscreve no otimismo das Luzes, faz da criança um ser único e querido. Uma copiosa literatura, filosófica, moral, de que *Émile* [*Emílio*], de Jean-Jacques Rousseau (1762), continua sendo uma das mais belas obras-primas, recomenda que os educadores preservem a espontaneidade, a inocência, a pureza da infância...

Assim teria nascido a nossa concepção atual da infância, separada do mundo adulto pela escola e pela família, que se tornou mais restrita e mais atenta aos seus caros garotos.

UMA INFLAÇÃO DE TRABALHOS

A partir de 1960, as teses de P. Ariès são muito criticadas. Os historiadores medievalistas em particular destruíram amplamente essa visão um tanto evolucionista da descoberta da infância. Suas pesquisas revelam a existência de brinquedos especificamente destinados às crianças desde a Idade Média e, principalmente, de uma ternura e de uma proteção maternas e até mesmo paternas que, em certos casos, nada deixaram a desejar com relação aos séculos seguintes.

Mesmo assim, e apesar das imperfeições, o livro de P. Ariès ainda é referência, talvez pelo fato de constituir a parte histórica das inúmeras produções sobre a infância que floresceram durante todo o século XX. A psicologia, a psicanálise, a pedagogia e o conjunto das ciências humanas fizeram da infância um de seus objetos de estudo e a consideraram um período bem específico da vida, dividida em etapas (ou, para os psicólogos, em estágios): primeira infância e idade pré-escolar, "idade da razão", que começa na escolaridade obrigatória, adolescência e, atualmente, até mesmo pré-adolescência ou pós-adolescência, quando os sociólogos constatam uma postergação da entrada na fase adulta.

O desenvolvimento psicomotor e intelectual, o apego* e as relações afetivas, as relações familiares, as relações com outras crianças, as maneiras de aprender, as modas de consumo ou o lazer específico das crianças são estudados hoje em dia em todos os seus aspectos.

Certamente ainda persistem as atitudes que consideram a criança um adulto em formação, pelo menos até a publicação de Propos sur l'éducation [Considerações sobre a educação], de Alain (1932), em que são exaltados a disciplina, o papel formador do trabalho e a educação moral... Mas, a partir da década de 1950, observa-se mais uma preocupação em tratar a criança em sua especificidade, pelo menos nas democracias ocidentais. Apesar da proclamação, em 1959, da Declaração dos Direitos da Criança pelas Nações Unidas, não se pode esquecer que nem sempre a situação de todas as crianças do mundo é cor-de-rosa, pois o trabalho infantil, o analfabetismo, a discriminação entre a menina e o menino, as violências sexuais ainda existem nos quatro cantos do mundo.

A CRIANÇA-REI

De qualquer maneira, a partir da década de 1950, nos modelos educativos familiares das democracias ocidentais, a atenção maior dispensada à infância coincide com o modelo liberal aplicado à família. Nos Estados Unidos e na Europa, os trabalhos de Thomas B. Brazelton e o livro do dr. Benjamin Spock, Baby and Child Care [Meu filho, meu tesouro], regularmente reeditado desde 1946, incentivaram o grande público a ficar atento às necessidades da criança. A educação, cada vez menos concebida como um adestramento, tornou-se, ao contrário, a concretização de um acordo entre a criança e os pais, que passaram a recorrer à autonomia, à responsabilidade, à inteligência dela. Esse modelo "expressivo" foi incentivado, aliás, pela psicanálise* e, na França, durante a década de 1970 por exemplo, por Françoise Dolto, figura midiática de grande sucesso. Recomendando a tolerância, a escuta, o respeito pela criança, F. Dolto alertou os pais contra todos os traumatismos que poderiam ser ocasionados por uma educação malconcebida e, por conseguinte, contra todas as neuroses que ameaçavam esses futuros adultos...

Uma importante raiz do puerocentrismo atual foi a corrente da educação nova que surgiu no início do século XX na Europa e nos Estados Unidos. O pedagogo francês Roger Cousinet descrevia essa corrente pedagógica como uma verdadeira "revolução copernicana" em matéria de educação. Afirmava que se deve respeitar a infância como um valor em si e manifestar, em relação a ela, uma atitude feita de compreensão e amor: "Atitude da mão delicada que não se atreve a abrir um botão de flor, nem perturbar um bebê durante suas primeiras experiências, nem tampouco um escolar nos seus primeiros trabalhos."

Hoje, em muitos países, concorda-se em pensar que a criança deve estar no centro das preocupações da sociedade, da família, da escola, que presumivelmente devem lhe dar a maior felicidade possível e os ingredientes necessários para que seja socialmente bem-sucedida no futuro. Embora esses projetos não estejam isentos de muitas ambiguidades, o século XX nos introduziu naquilo que alguns descrevem como a ascensão da "criança-rei".

A CRIANÇA SELVAGEM

O aparecimento de crianças selvagens sempre suscitou grande interesse entre o público e entre os cientistas. Além dos relatos extraordinários de crianças abandonadas, as questões formuladas dizem respeito à natureza do homem e à sua capacidade de desenvolvimento. O que faz o ser humano distinguir-se dos animais? Como ele seria "no estado natural", antes de sofrer a marca da civilização? No século XVIII, a exemplo de Jean-Jacques Rousseau, alguns pensam que, entregue a seus instintos, o homem é bom e que a sociedade o perverte. Já outros acham, como o inglês Thomas Hobbes, que ele seria um bruto. Mas se trata de especulações, sem base factual.

Ora, justamente em julho de 1799, caçadores capturam nas florestas de Lacaune, no Aveyron, um menino de cerca de 12 anos, completamente nu, mudo, feroz. A Sociedade dos Observadores do Homem reclama-o no interesse da ciência a fim de "ver se a condição do homem abandonado a si mesmo é totalmente contrária ao desenvolvimento da inteligência". Depois de o terem destinado a ser classificado entre "as crianças acometidas de idiotia e demência", um jovem médico, o dr. Jean-Marc Itard (discípulo dos enciclopedistas e de Condillac), decide tomá-lo a seu encargo. Victor do Aveyron irá tornar-se objeto de suas observações e de suas tentativas de educação. Entretanto, o que se verifica é decepcionante. O jovem Victor desenvolveu somente as faculdades necessárias para sobreviver em seu meio, não as do homem civilizado... Ele aprenderá a comer num prato, a dormir numa cama, mas jamais irá desenvolver os rudimentos da linguagem humana e muito pouco os de uma inteligência simbólica.

Na década de 1960, Lucien Malson recenseia cinquenta e duas crianças selvagens, que divide em três categorias:

– As crianças criadas por animais, principalmente lobos, mas também ursos, leopardos, porcas. Os casos mais célebres são os das duas indianas, Amala e Kamala, encontradas em 1920 entre lobos, pelo reverendo Singh, que as levou para serem criadas em seu orfanato, onde ia anotando suas observações no diário, que foi publicado por um antropólogo americano, o dr. Robert Zingg. Sua "descoberta" será, contudo, muito contestada.

– As crianças solitárias, cujo protótipo é Victor, mas também são conhecidas outras, como Peter de Hamelin ou a menina de Sogny, na Champagne.

– As crianças reclusas, enclausuradas por pais cruéis ou psicóticos. O caso mais célebre é o de Kaspar Hauser, mas o mais interessante do ponto de vista científico é o de Gennie, um caso contemporâneo.

De Victor a Gennie

Em novembro de 1970, a pequena Gennie tem 13 anos, mas aparenta 6 ou 7. Desde os 20 meses, ela vive fechada, amarrada dia e noite por ordem de um pai psicótico que a espancava se ela chamasse. Foi gravemente subalimentada. Não falavam com ela, e ela não ouvia ninguém falar.

Há um estranho paralelo entre Victor e Gennie. No exato momento em que os pesquisadores se reúnem a fim de elaborar o programa de estudo do "caso Gennie", estreia, num cinema próximo, o filme de François Truffaut sobre Victor, *O menino selvagem* (1969), e todos os congressistas vão assistir! A exemplo de Victor, Gennie tinha reações totalmente anormais e, como Victor, ela chegou no momento oportuno para ajudar a resolver um debate científico importante: no caso dele, a natureza do homem e, no caso dela, a natureza da linguagem. No mesmo ano de seu nascimento, 1957, era publicado o livro *Syntatic Structures* [Estruturas sintáticas], de Noam Chomsky*, que defendia a tese do inatismo das regras sintáticas, tese que foi intensamente combatida tanto pelos discípulos de Burrhus F. Skinner* como pelos de Jean Piaget*, para os quais a linguagem é um aprendizado que depende do meio. Esse aprendizado só seria possível dentro de um "período crítico", entre 2 e 12 anos, afirma o neuropsicólogo Eric Lenneberg em 1967. Ora, Gennie tem 13 anos... Uma estudante de linguística, Susan Curtiss, dedica-se ao estudo da linguagem de Gennie, e a sequência da história é semelhante à de Victor. O primeiro relatório é otimista; o segundo, bem menos. Finalmente, a mãe de Gennie a tira dos pesquisadores e os acusa, diante dos tribunais, de terem submetido a filha a demasiados testes, "num contexto de coerção e sujeição". Desde 1986, não se têm mais notícias dela, sabe-se somente que vive num estabelecimento para retardados mentais.

O QUE NOS ENSINAM AS CRIANÇAS SELVAGENS

Um problema central se põe: passada uma certa idade, as possibilidades de aprendizado são limitadas, como pensam alguns psicólogos? Pelo menos, é o que sugere o caso Gennie. Sua linguagem progride muito lentamente. Por exemplo, ela nunca chegará a formular perguntas corretamente. Submetendo-a a testes neurológicos, S. Curtiss descobre que o hemisfério cerebral esquerdo, que normalmente governa a linguagem, é subutilizado, como se fosse menos desenvolvido que o outro. Daí a hipótese formulada por linguistas: se o cérebro estrutura a linguagem, a recíproca também é verdadeira. Se não houver uma estimulação pela linguagem no momento oportuno, o cérebro não desenvolverá as estruturas apropriadas e um aprendizado normal da linguagem se tornará impossível.

Para confirmar essa hipótese, experiências feitas com animais mostraram que, em ratos criados num ambiente mais estimulante, o córtex cerebral era mais pesado, mais espesso do que nos outros; que, em aves que escondem alimento para o inverno e precisam de uma boa memória para encontrá-lo, uma estrutura cerebral, o hipocampo, se desenvolve muito. Esse fenômeno não se produz quando são impedidas de fazê-lo.

É verdade que, no homem, uma generalização a partir unicamente da observação das crianças selvagens seria muito pouco probatória por causa da diversidade dos casos e da falta de dados. Todavia arriscaremos uma: as crianças selvagens mostram extraordinária resiliência*. Isso é confirmado pelo estudo de crianças adotadas tardiamente, o que leva pesquisadores como os Clarke a contestar um axioma que predominou na segunda metade do século XX: "Tudo se decide até os 6 anos."

Bibliografia: • D. Alexandre Bidon, D. Lett, *Les Enfants du Moyen Age, V^e-XVe siècles*, Hachette, 1997 • P. Ariès, *L'Enfant et la vie familiale sous l'Ancien Régime*, Seuil, 1975 [1960] • J. Piaget, *La Naissance de l'intelligence chez l'enfant*, Delachaux et Niestlé, 1966 [1936] • J.-B. Pontalis, *L'Enfant*, Gallimard, 2001 [1979] • T. Gineste, Victor de l'Aveyron. *Dernier enfant sauvage, premier enfant fou*, Hachette, 1993 [1981] • L. Malson, *Les Enfants sauvages*, Christian Bourgeois, 2002 [1964] • R. Rymer, *Gennie, histoire d'une enfant victime de son père et de la science*, Robert Laffont, 1993 • R. Zing, J Singh, *L'Homme en friche. De l'enfant-loup à Kaspar Hauser*, Complexe, 1980 [1942]

→ **Ariès, Desenvolvimento (psicologia do), Dolto, Educação nova, Klein, Piaget, Winnicott**

INFERÊNCIA

Operação lógica que permite passar de uma proposição a uma outra, por dedução, indução, generalização.

INFLUÊNCIA

Influentia, em latim medieval, designava o poder oculto atribuído aos astros de modificar o destino dos homens. Em seguida, a palavra desceu à Terra. Humanizou-se para designar a capacidade de cada um de mudar as ideias ou os atos dos outros, frequentemente à sua revelia.

A noção de influência remete à ideia de um poder misterioso, ainda mais eficaz por ser invisível.

DA HIPNOSE À PROPAGANDA: COMO ENFEITIÇAR OS ESPÍRITOS...

A influência foi um dos temas fundadores das ciências sociais. No fim do século XIX, a ideia segundo a qual as consciências exercem entre si ações invisíveis é um tema bastante em voga. Essa época sentirá grande fascínio pelo espiritismo, pelo magnetismo, pela hipnose, pelo sonambulismo e pelos médiuns. Admite-se então que, através da hipnose, da transmissão de pensamentos ou da sugestão, é possível cativar e apoderar-se dos espíritos. Todo indivíduo pode, portanto, ser manipulado e encontrar-se à mercê de forças ocultas...

A transmissão psíquica também explicaria os fenômenos coletivos como a moda, a difusão das ideias ou a histeria das massas. Essa noção transparece claramente em *La Psychologie des foules* [*A psicologia das multidões*] (1985) de Gustave Le Bon*, ou em Gabriel Tarde* e suas *Lois de l'imitation* [*Leis da imitação*] (1890). Também em Émile Durkheim* encontramos a ideia de que o grupo age nas consciências individuais por uma espécie de fenômeno magnético que estaria na origem das crenças comuns da religião e, para ser mais claro, da própria sociedade. A influência é então concebida como uma espécie de fluido misterioso que percorreria a sociedade inteira e tomaria conta dos espíritos sem que eles percebessem. A partir dos anos 1940, nos Estados Unidos, o tema da influência é retomado através do estudo da propaganda política e da publicidade. Tendo constatado que a propaganda nazista subjugava as massas na Alemanha, as autoridades americanas interrogam-se sobre os meios de conseguir orientar a opinião pública.

Para medir o impacto exato da mídia na opinião, uma corrente de pesquisa sobre a propaganda havia sido lançada nos anos 1930 por Harold D. Lasswell (*Propaganda and Dictatorship*

[Propaganda e ditadura], 1936; *Propaganda, Communication and Public Opinion* [Propaganda, comunicação e opinião pública], 1946).

Na mesma época, a obra de Serge Tchakhotine *Le Viol des foules par la propagande politique* [A violação das massas pela propaganda política] (1939) ilustra bem uma visão da manipulação mental em que os indivíduos são considerados sujeitos passivos e a mídia, a toda-poderosa. Vinte anos mais tarde, o livro de Vance Packard, *The Hidden Persuaders* [Os persuasores ocultos] (1957), desenvolve o mesmo tema da manipulação mental, dessa vez pela publicidade. A psicanálise, a psicologia científica e as outras ciências humanas aplicadas seriam colocadas a serviço da manipulação mental das massas.

A influência do grupo sobre a consciência individual parece também confirmada pelos estudos de psicologia social. Em 1952, Solomon E. Ash havia demonstrado que uma pessoa sempre se dispõe a mudar de opinião sob a influência do grupo, mesmo que tenha encontrado a resposta correta para um problema e todos os outros estejam enganados. É o "efeito Ash*". Alguns anos mais tarde, a célebre experiência de Stanley Milgram a respeito da submissão à autoridade* provaria este fato impressionante: sujeitos comuns podem transformar-se em carrascos (impingir punições corporais a alguém) se uma pessoa suficientemente investida de autoridade solicitar.

"Para influenciar, olhe para onde o vento sopra"

Hipnose, propaganda, efeito de grupo, etc. Até os anos 1960 os estudos a respeito da influência pareciam confirmar a tese segundo a qual os indivíduos e as massas são facilmente manipuláveis.

Contudo, olhando atentamente, as pesquisas a respeito da mídia desmentiam a tese de um possível doutrinamento em massa. Já em 1944, Paul F. Lazarsfeld* havia realizado pesquisas mostrando que, se a mídia age efetivamente na opinião pública, o faz apenas de maneira indireta, limitada e seletiva.

Da mesma forma, quando outras experiências a respeito da submissão à autoridade foram empreendidas por S. Milgram, verificou-se que os resultados eram mais ambíguos do que se pensava até então. Finalmente, nem todo mundo parecia tão sugestionável.

Pequeno tratado de manipulação: o "efeito pé na porta"

• No *Petit Traité de manipulation à l'usage des honnêtes gens* [Pequeno tratado de manipulação para uso das pessoas honestas] (1987), Jean-Léon Beauvois e Robert-Vincent Joule revelaram a existência de um fenômeno de submissão particularmente eficaz e surpreendente, pois parece basear-se na livre iniciativa do sujeito.

Ficou demonstrado que um indivíduo é mais eficientemente levado a mudar de opinião ou de comportamento se tiver sido levado antes, e por outras razões, a engajar-se nessa direção. Dessa forma, se perguntarmos a um grupo de estudantes quem gostaria de participar de uma experiência de psicologia, as respostas positivas serão muitas. Indicamos em seguida que a experiência ocorrerá no dia seguinte, às 7 horas da manhã. Poucos mudarão de ideia. Em contrapartida, se anunciarmos logo de cara a informação completa: "Quem quer participar de uma experiência amanhã às 7 horas da manhã?", o número de respostas positivas cairá. Essa experiência bastante simples mostra o efeito do engajamento inicial na decisão final.

Muitas experiências desse tipo confirmam esse "efeito pé na porta". Tal mecanismo de submissão baseia-se, na realidade, em uma série de livres decisões sucessivas, decorrendo umas das outras a partir de um pontapé inicial. O efeito de "submissões livremente consentidas", mais eficaz que a persuasão ou a ameaça, é amplamente utilizado nas estratégias de venda em domicílio. O vendedor começa com uma pergunta difícil de recusar: "Você gostaria de participar de uma pesquisa?"; "Você sabia que as escolas pedem para as crianças fazerem pesquisas pessoais?". Em seguida sucedem-se perguntas às quais é difícil responder negativamente: "Você acha importante que as crianças tenham à disposição uma enciclopédia para os estudos?" E finalmente vem o ataque: "Você conhece a enciclopédia X?"... Torna-se muito mais delicado recusar a compra se acabamos de dizer que é importante para o êxito escolar das crianças ter uma enciclopédia em casa.

Em matéria de *marketing*, essas novas experiências iriam também ponderar a força de impacto das mensagens publicitárias? Longe dos fantasmas exportados por V. Packard, os trabalhos de inspiração cognitiva iriam mostrar que, se há influência, ela não provém de modo algum de um condicionamento do indivíduo, mas, antes, de uma "captação" de seus centros de interesse prévios (F. Cochoy, *La Captation des publics. C'est pour mieux te séduire, mon client* [A captação dos públicos. É para te seduzir melhor, meu cliente], 2004). Nenhum publicitário consegue criar necessidades artificiais nos consumidores. A influência repousa mais na técnica de sedução que no doutrinamento. Em outras palavras, a publicidade só pode suscitar um ato de compra se o produto corresponder a uma expectativa prévia do consumidor.

"Para influenciar, olhe para onde o vento sopra", dizem os psicólogos sociais. Dito de outra forma, é preciso apoiar-se na propensão das pessoas para influenciá-las de maneira eficaz. É o que mostram as experiências realizadas por Geneviève Paicheler (*Psychologie des influences sociales* [Psicologia das influências sociais], 1985): uma pessoa minoritária num grupo só poderá influenciá-lo se suas opiniões estiverem "soprando a favor do vento", ou seja, se ela entrar em ressonância com as opiniões que pouco a pouco começam a se impor na sociedade.

Em relação à percepção subliminar, as pesquisas realizadas em psicologia cognitiva relativizaram consideravelmente seu suposto impacto. Os trabalhos a respeito do "efeito de sedução" mostram, na realidade, que um indivíduo que foi exposto a uma imagem durante um curto lapso de tempo (sem que pudesse ter consciência disso) tenderá a escolher preferencialmente essa imagem no meio de outras. Mas esse efeito de indução não dura mais que alguns minutos. Se existe uma influência, ela é, na verdade, muito limitada e não durável.

Por fim, no que diz respeito à sugestão hipnótica, todos os especialistas sabem perfeitamente que a hipnose não permite de maneira alguma comandar um indivíduo a distância. Na realidade, as pessoas sugestionáveis (nem todos são assim) podem, por hipnose, livrar-se, em parte, de certas dependências ou conseguir se descondicionar de alguns programas de comportamento. A hipnose, utilizada em psicoterapia, intervém na dessensibilização, na luta contra as fobias, na reprogramação das condutas diante de um traumatismo. Mas, em nenhum caso, o hipnotizador poderá ditar a alguém uma conduta complexa ("Você irá ao cinema 'x' e lá cometerá um crime", "Você irá até uma ponte e pulará no rio"…).

Bibliografia: • A. Channouf, *Les Influences inconscientes*, Armand Colin, 2004 • R.-V. Joule, J.-L. Beauvais, *Petit traité de manipulation à l'usage des honnêtes gens*, Presses Universitaires de Grenoble, 2002 [1987] • G. de Montmollin, *L'Influence sociale. Phénomène, facteurs et théories*, Puf, 1977 • J.-A. Pérez, G. Mugny (orgs.), *Influences sociales. La théorie de l'élaboration du conflit*, Delachaux et Niestlé, 1993

INFORMAÇÃO

O conceito de "sociedade da informação" apareceu no final do século XX. Ele chamaria a atenção para um traço central de nossas sociedades: a informação tornou-se o centro de gravidade da evolução técnica (tecnologia da informação), do crescimento econômico (economia da informação*), da difusão e do domínio do saber.

Como a palavra "informação" veio desempenhar tal papel em nossa representação da sociedade? Segundo Jerôme Segal, "é por ser ao mesmo tempo uma grandeza científica e uma noção 'maleável', 'ajustável' a diferentes teorias, que a informação suscita tal fascínio" (*Le Zéro et le Un. Histoire de la notion scientifique d'information au XXe siècle* [O zero e o um. História da noção científica de informação no século XX], 2003). A teoria matemática da informação, elaborada por Claude E. Shannon, vai, em primeiro lugar, ser uma das bases do desenvolvimento da informática e das telecomunicações. Em seguida irá tornar-se um paradigma geral para toda uma série de desenvolvimentos nos domínios da física, da genética, da linguística, da economia…, perdendo seu sentido original e tornando-se uma palavra multiuso.

A TEORIA MATEMÁTICA DA INFORMAÇÃO

A teoria matemática da informação foi elaborada nos anos 1940 por um engenheiro dos Bell Telephone Laboratories, C. E. Shannon.

O problema era: como transmitir uma mensagem em condições ótimas através de um meio de comunicação (telefone, telégrafo…)?

Uma informação traduz uma redução de incerteza: quanto mais possuímos informações sobre uma coisa, mais reduzimos a incerteza a respeito dela. Essa informação pode ser considerada, portanto, o inverso de uma probabilidade. Por exemplo, se procuro um objeto perdido (minhas chaves) em dez lugares possíveis

N (número de probabilidades = 10), a probabilidade de que ele se encontre em meu escritório ou em cada um dos outros lugares é de 1/n (uma chance em 10). Depois de algumas buscas, descubro que as chaves não estão nem no escritório nem no carro; reduzi a incerteza em 2/n. Compreendemos que a informação dada I, adquirida na procura do objeto, é função ao mesmo tempo de N e de n. Quando N/n = 1, a informação é total. Por convenção, estabeleceu-se que a quantidade de informação I = k log (N/n), em que k é uma constante. Essa fórmula permite calcular a quantidade de informações de uma mensagem (independentemente do sentido da mensagem). O "ruído" que vem parasitar uma mensagem reduz a informação e aumenta a incerteza.

Essa teoria da informação vai tornar-se um dos pilares da cibernética*.

Dos NTIC à "sociedade da informação"

A partir dos anos 1980, esse conceito de informação irá difundir-se em muitas áreas. A palavra, em sua acepção mais geral, servirá para designar tanto as novas tecnologias de informação e de comunicação (NTIC), que se expandem com a multiplicação dos computadores pessoais e o desenvolvimento da internet, como a mídia, a gestão da informação nas empresas (vigilância tecnológica, comunicação interna), passando pela "economia da informação" (essa expressão já sendo em si mesma o condensado de muitas coisas: a teoria microeconômica da informação e a "nova economia"). Desde então, toda a sociedade contemporânea parece gravitar em torno da informação. Alguns sociólogos falam de uma "sociedade da informação" ou da "era da informação" (Manuel Castells*) para tratar da convergência de diversos fenômenos: tecnológicos, econômicos (as redes*), sociais (mídia*), da inovação e da ciência no desenvolvimento econômico, o crescimento da educação...

Bibliografia: • M. Castells, *L'Ere de l'information*, 3 t., Fayard, 1998 e 1999 • J. Segal, *Le Zéro et le Un. Histoire de la notion scientifique d'information au XXe siècle*, Syllepse, 2003

INFORMAÇÃO (economia da)

A economia da informação é um dos ramos da microeconomia desenvolvidos recentemente. Dedica-se ao estudo do seguinte problema. As escolhas econômicas (dos consumidores e produtores) supõem um conhecimento (informação) sobre a qualidade dos produtos comprados. Essa informação tem um custo (a rigor, um consumidor deveria ir a todos os locais de venda para comparar os preços). Fora dessa situação ideal, a informação do consumidor é dita "imperfeita". Existe, portanto, uma assimetria de informação entre o vendedor e o comprador. Por exemplo, no quadro da teoria dos contratos, George Akerlof dá o seguinte exemplo. Quando se compra um carro usado, não se podem conhecer todas as características desse carro. A informação é, portanto, assimétrica entre o vendedor e o comprador. Essa assimetria levará ao risco de se comprar um "limão" (é assim que os carros ruins são chamados nos Estados Unidos). Para tentar modelar essas situações, introduzem-se conceitos como, por exemplo, "risco moral" ou "modelos de antisseleção" (G. A. Akerlof, "The Market for 'Lemons': Quality Uncertainty and the Market Mechanism", *Quarterly Journal of Economics*, n° 84/3, 1970).

A economia da informação ganhou reconhecimento oficial com a atribuição do prêmio Nobel de economia a James A. Mirless e William Vickrey (teoria dos leilões) em 1996, e depois a G. A. Akerlof (teoria dos contratos), Michael Spence (modelos de sinais) e Joseph Stiglitz em 2001.

No final dos anos 1990, o termo "economia da informação" foi utilizado numa acepção diferente para designar a "nova economia", centrada no *start up* e no desenvolvimento de uma economia na qual a internet substituiria as redes tradicionais de distribuição.

INFORMAÇÃO E DA COMUNICAÇÃO (ciências da)
Ver as disciplinas nas páginas centrais

INIBIÇÃO

No sentido corrente, alguém "inibido" é alguém que tem medo de agir. Por exemplo, o medo de desencadear um conflito é um obstáculo que impedirá um indivíduo frustrado de exprimir seu descontentamento com relação a um outro.

Para Henry Laborit (1914-1995), a inibição da ação é um fator de estresse, que pode causar transtornos psicossomáticos (úlceras) ou depressão. Ele demonstrou o efeito patológico da inibição da ação a partir de uma experiência com um rato. Um rato que é submetido a choques elétricos sem poder reagir (fugir) irá desenvolver, ao cabo de algumas semanas, transtornos patológicos: perda significativa de peso, hipertensão arterial, múltiplas lesões ulcerosas no estômago. Se o rato puder reagir (mesmo de maneira inapropriada agredindo outro rato, por exemplo), não apresentará os mesmos transtornos. A vida em sociedade supõe a inibição de certas pulsões, senão nos jogaríamos, sem nenhum comedimento, em cima de uma pessoa que desejamos, gritaríamos à menor contrariedade, nos masturbaríamos em público quando tivéssemos vontade, etc. Sabemos que a parte frontal do cérebro desempenha um papel importante na inibição dessas condutas antissociais. Efetivamente, certos pacientes que sofrem de lesões no lobo frontal não conseguem inibir suas emoções. A inibição (ou seja, o adormecimento) de algumas sensações e percepções é também um fenômeno ligado à atenção. O motorista atento que se concentra no trânsito em um cruzamento oculta as informações que provêm do rádio do carro. Recentemente, demonstrou-se a importância da inibição no desenvolvimento intelectual da criança. Para adquirir o domínio de um novo estágio, a criança deve, em primeiro lugar, adormecer as aptidões que possuía precedentemente; daí o fenômeno de recuo momentâneo de suas capacidades.

Bibliografia: • C. Boujon (org.), L'Inhibition. Au carrefour des neurosciences et des sciences de la cognition, Solal, 2002 • O. Houdé, Développement, rationalité et inhibition: um nouveau cadre d'analyse, Puf, 1995 • H. Laborit, L'Inhibition de l'action: Biologie comportamentale et physio-pathologie, Masson, 1986 [1979]

INOVAÇÃO

A máquina a vapor, a eletricidade, o motor a explosão, o avião, o automóvel, a televisão, os computadores, a internet, o telefone celular, a pesquisa nuclear... As inovações técnicas são motores da economia e da transformação dos nossos modos de vida. Considerando o papel que elas desempenham em nossas sociedades, os economistas e os sociólogos realizaram muitas pesquisas a respeito das condições de surgimento e dos efeitos dessas inovações.

DA INVENÇÃO À INOVAÇÃO

Joseph A. Schumpeter* (1883-1950) foi o primeiro economista a conceder um lugar central à inovação no quadro da dinâmica do capitalismo*. De seus trabalhos sobre a inovação, podemos destacar algumas grandes ideias.

J. A. Schumpeter propõe distinguir "invenção" e "inovação". A invenção corresponde à fase de concepção inicial de uma máquina ou de um produto. Ela se tornará inovação apenas se for adotada efetivamente pela sociedade.

Devem-se distinguir diversos tipos de inovação: as inovações de processo, que dizem respeito às técnicas de fabricação (como uma máquina-utensílio) ou à organização do trabalho (a linha de montagem); as inovações de produtos (a escova de dente já foi uma inovação), as inovações comerciais.

Durante as grandes revoluções industriais, as inovações acontecem, de maneira geral, em "bloco". Na primeira Revolução Industrial, muitas inovações importantes surgiram no mesmo período: máquina a vapor, tear mecânico, em seguida a estrada de ferro e a siderurgia. Os empreendedores inovadores, como Thomas A. Edison, os irmãos Auguste e Louis Lumière, os Renault (Louis, Marcel, Fernand), Henry Ford... desempenharam um papel central. É da existência dessa classe de inovadores que depende a dinâmica do capitalismo.

Depois de J. A. Schumpeter, toda a teoria econômica do crescimento veio confirmar o papel da inovação técnica na dinâmica econômica. Segundo a teoria de Robert M. Solow (prêmio Nobel de ciências econômicas em 1987), a inovação técnica conta muito mais que o crescimento do capital (do número de máquinas) ou da intensidade do trabalho. A constatação pode parecer evidente: com a introdução dos tratores e dos fertilizantes na agricultura, os camponeses decuplicaram a capacidade de produção. Entretanto, a teoria de R. M. Solow leva em conta apenas os efeitos econômicos das inovações e não suas causas. A inovação é, portanto, considerada uma variável "exógena". Provém do desenvolvimento das ciências e da inventividade dos engenheiros e não é concebida como um efeito do próprio sistema econômico.

A partir dos anos 1980, diversos tipos de teorias procuraram reintegrar a inovação à análise econômica.

Por que existe interesse em inovar? Quais são as condições que favorecem ou não a inovação?

As teorias do crescimento endógeno acentuaram a importância da infraestrutura (redes de transporte, de informações...), do papel do Estado, do impacto da educação, do capital humano nas inovações técnicas. Sem infraestrutura (por exemplo, a construção de universidades, de escolas de engenheiros), uma país tem poucas chances de conseguir inovar em matéria industrial.

As abordagens institucionalistas* preocuparam-se em apontar as condições econômicas que favorecem ou não a inovação. Assim, para William J. Baumol, em *The Free-Market Innovation Machine* [A máquina inovadora do *free-market*] (2002), a inovação está intimamente ligada à existência da livre concorrência. Ela pode provir de pequenas empresas inovadoras (como foram a Apple e a Microsoft no princípio), ou de grandes grupos que investem maciçamente em pesquisa e desenvolvimento (P&D). Não existe, portanto, no que diz respeito às bases da inovação, um sistema único de empresas. O único estímulo comum é a concorrência a que se lançam as empresas entre si.

SISTEMAS E MEIOS INOVADORES

A Califórnia conseguiu criar um meio favorável ao surgimento das novas tecnologias da informação: através de um casamento bem-sucedido entre o sistema universitário, as grandes empresas, os incentivos estatais, a iniciativa individual e o dispositivo de financiamento das pequenas empresas. Foi assim que o Silicon Valley tornou-se um dos nichos da terceira Revolução Industrial. Na França, a realização de grandes projetos industriais como o TGV, Ariane-Espace e as centrais nucleares é produto de um "colbertismo *high-tech*" (E. Cohen, *Le Colbertisme high-tech: économie des Télécom et du Grand Projet* [O colbertismo *high-tech*: economia das telecomunicações e dos grandes projetos], 1992) em que o Estado, as grandes corporações de engenheiros e o setor industrial nacionalizado se aliam. Esses exemplos mostram a diversidade de influências institucionais que presidem as inovações técnicas. Desde os anos 1990, toda uma gama de pesquisas se dedica ao estudo dos "sistemas de inovação", sejam nacionais, regionais ou setoriais. Como acontece a aliança entre atores (Estado, empresa, universidade, laboratório de pesquisas...)? Que modo de regulação favorece a inovação? Se não existe um modelo único e universal de inovação, alguns são, contudo, mais eficientes que outros. Essas são as questões que os pesquisadores, economistas, geógrafos, sociólogos que se dedicam a isso (Charles Edquist, Nathan Rosenberg, Bruno Amable, Phillippe Aydalot...) procuram resolver.

A SOCIOLOGIA DA INOVAÇÃO

Uma escola francesa de sociologia da inovação constituiu-se graças ao impulso de Bruno Latour* e Michel Callon. Essa abordagem se dedica a estudar os processos de inovação em escala microssociológica. Volta seu olhar para as comunidades constituídas de engenheiros, técnicos, comerciantes, que, no seio de uma instituição, colaboram com o desenvolvimento de novos produtos. Por sua vez, o sociólogo Norbert Alter dedicou-se ao que chama de "inovação corriqueira" (*L'Innovation ordinaire* [A inovação corriqueira], 2000). Para ele, a inovação técnica ou social, de maneira geral, é um processo muito mais banal, encontrado no técnico de informática que "improvisa" um *software* para adaptá-lo ao problema de sua empresa, no agente de seguros que "dribla" a burocracia para satisfazer seu cliente, naquele professor que desenvolve em seu colégio um projeto educativo em torno da viagem escolar... Considerada sob esse ponto de vista, a inovação não se limita à técnica, mas diz respeito à vida social como um todo (da receita de cozinha à internet). Ela é sobretudo, segundo ele, uma atividade banal e cotidiana. A inovação corriqueira se realiza a partir de uma infinidade de pequenas invenções cotidianas aparentemente sem grande importância. A abordagem microssociológica nos distancia do modelo heroico em que as grandes inovações revolucionárias surgem do cérebro de um inventor genial.

Ela faz justiça aos trabalhadores do cotidiano que talvez tenham participado, à sua maneira, das grandes revoluções técnicas e sociais da história.

Bibliografia: • N. Alter, *L'Innovation ordinaire*, Puf, 2000 • N. Alter, *Sociologie de l'entreprise et de l'innovation*, Puf, 1996 • B. Amable, R. Barré, R. Boyer, *Les Systèmes d'innovation à l'ère de la globalisation*, Economica, 1997 • C. Edquist (org.), *Systems of Innovation: Technologies, Institutions and Organizations*, Pinter, 1997 • J. Fagerberg, D. C. Mowery, R. Nelson (orgs.), *Handbook of Innovation*,

Oxford University Press, 2004 • P. Mustar, H. Penan (orgs.), *L'Encyclopédie de l'innovation*, Economica, 2003

INSTINTO

A aranha faz sua teia por instinto. Da mesma forma, é também o instinto que leva os pássaros a fazer ninhos. É ainda o instinto que leva os salmões a subir o rio para voltar a seu lugar de nascença, onde eles desovam. O instinto, enfim, leva as pequenas tartarugas marinhas, recém-nascidas, a ir rastejando até o mar. Para o biólogo Pierre-Paul Grassé, "o instinto é a faculdade inata de realizar, sem aprendizagem prévia".

O instinto foi um dos temas de estudo prediletos da etologia* nascente. Para Konrad Lorenz* e Nikolas Tinbergen, ele é visto como um programa de comportamento hereditário que desempenha um papel fundamental na explicação do comportamento animal.

Já na década de 1920, K. Lorenz havia observado, por exemplo, que o pequeno cuco (que é colocado pelos pais no ninho de outra espécie) tenta, desde que sai do ovo, jogar todos os outros ovos para fora do ninho. Esse comportamento não pode ter sido aprendido, pois aparece desde o nascimento. K. Lorenz vai mostrar que os filhotes de passarinhos chocados artificialmente apresentam o mesmo comportamento, ainda que sejam chocados em incubadora.

Na manifestação do comportamento instintivo, é preciso, entretanto, distinguir dois fenômenos: o comportamento instintivo em si e o fator externo que pode despertá-lo. N. Tinbergen, em seu *The Study of Instinct* [Estudo do instinto] (1935), descreve um esgana-gato que ataca espontaneamente um simulacro (uma mancha vermelha colocada em um peixe de papelão). O comportamento instintivo (a agressão) só ocorre se for estimulado por um fator externo.

Instinto *versus* aprendizagem: uma disputa etológica

A análise do lugar do instinto e da aprendizagem no comportamento animal vai dar origem, a partir da década de 1930 até a década de 1950 aproximadamente, a uma virulenta disputa entre os adeptos da escola objetivista alemã (K. Lorenz/N. Tinbergen) e a escola americana, de inspiração behaviorista*, mais sensível à questão da aprendizagem. O conflito científico é estimulado, na época, pelas diferenças ideológicas entre os dois países, a ponto de "as condenações e os insultos difundirem-se até 1955-1960" (R. Campan, F. Scapini, *Ethologie. Approche systémique du comportement* [Etologia. Abordagem sistêmica do comportamento], 2002).

A partir dos anos 1960, a disputa se acalma, pois, no decorrer das experiências, constata-se que a oposição instinto/aprendizagem não pode se reduzir a uma ou duas posições radicais. Os estudos realizados pelo inglês William H. Thorpe, a respeito do canto dos tentilhões, serão um elemento importante na superação desse debate. Criando pequenos tentilhões em laboratório, sem nenhum contato com outros pássaros da mesma espécie, o pesquisador descobre que esses passarinhos desenvolvem, assim mesmo, um canto cujas sequências duram dois segundos e meio, exatamente como os que vivem em meio natural. Mas o canto deles é grosseiro, lacônico, reduzido a uma espécie de sequência elementar, que tem pouco a ver com o belo canto dos pássaros experientes. Conclui-se, então, que o canto dos tentilhões está relacionado a um duplo determinismo: o de um programa natural, que se desenvolve independentemente de qualquer influência social, mas, também, que a audição e a imitação de seus semelhantes são condição necessária para que o tentilhão domine plenamente seu canto.

Nessa mesma linha, as pesquisas seguintes vão distanciar-se de uma visão muito rígida do instinto, sem todavia negá-lo por completo.

As pesquisas mostram que:

– Nas condutas animais, há uma gama de determinismo, que vai do rigidamente programado ao comportamento quase totalmente adquirido. O canto dos pássaros é um exemplo dessa complexidade;

– O peso relativo dos comportamentos instintivos varia de acordo com a conduta considerada (comportamentos territoriais, parentais, comunicacionais, etc.) e de acordo com a espécie. Não há portanto leis gerais que comandam; tudo depende das condutas consideradas.

As relações entre instinto e inteligência nem sempre estão em relação inversa (o peso do instinto sendo inversamente proporcional ao da inteligência). Pode acontecer, ao contrário, de um forte instinto implicar grande inteligência. Charles Darwin* já havia percebido isso. Citando o exemplo da construção de barragens pelo castor, ele frisava o quanto a realização de um programa instintivo (fabricar uma barragem) supunha também, da parte do castor, capacidades de aprendizagem e de inteligência elevadas.

Os percevejos de Oklahoma

Um exemplo significativo da complexidade das relações entre instinto e meio nos é dado pelos percevejos da cidade de Oklahoma. Espantamo-nos, às vezes, de ver esses insetos caminhando dois a dois, unidos pela cabeça, um andando para trás enquanto o outro anda para a frente. Essa posição curiosa é, na verdade, uma postura pós-coito que os especialistas chamam de "vigia do parceiro". Após a cópula (que dura aproximadamente dez minutos) o macho permanece grudado à fêmea, às vezes por várias horas, a fim de evitar que outros machos venham copular com ela. Ele garante, dessa forma, sua descendência, eliminando provisoriamente os concorrentes em potencial.

Os pesquisadores se perguntaram se esse comportamento de "vigia do parceiro" era programado geneticamente ou se era "flexível". Um teste experimental permitiu responder a essa pergunta. Se aumentamos artificialmente o número de fêmeas, o percevejo macho abandona mais rapidamente a fêmea com a qual acabou de copular para perseguir outra. Isso confirma que os percevejos possuem uma estratégia de comportamento flexível. Eles modificam seu comportamento reprodutor em resposta às condições sociais do momento. Em contrapartida, essa flexibilidade comportamental não existe nos percevejos da Flórida, onde a estratégia de vigia permanece muito rígida mesmo se mudadas as condições experimentais.

O Instinto no homem

Para K. Lorenz, a grande diferença entre o comportamento animal e o comportamento do ser humano é que no homem a parte instintiva declinou progressivamente para dar lugar a comportamentos aprendidos, culturalmente determinados.

Entretanto, a partir dos anos 1980, a noção de instinto humano voltou com força na sociobiologia* e depois na psicologia evolucionista*. Steven Pinker* trabalha a ideia de um "instinto da linguagem" e a sociobióloga Sarah Blaffer Hrdy recupera a noção de "instinto materno".

Trata-se de considerar o instinto nos seres humanos um comportamento cego que leva as crianças a aprender a falar, as meninas a querer ser mães?

Na realidade, os autores são mais prudentes. Para S. Blaffer Hrdy, se o instinto materno existe, ele não age como uma programação implacável, mas como uma cascata de determinismos em que interferem programas genéticos, circuitos hormonais e os estímulos externos, que vão estimular ou não o desejo de ter um filho. Não existe, portanto, uma fórmula única que permitiria descrever o mecanismo do instinto. É necessário discernimento para determinar a parte respectiva da aprendizagem e do instinto nessa ou naquela conduta. O que é verdadeiro para o canto dos pássaros ou para as práticas sexuais dos percevejos de Oklahoma também o é *a fortiori* para os seres humanos...

Bibliografia: • S. Blaffer Hrdy, *Les Instincts maternels*, Payot, 2002 [1981] • R. Chauvin, C. Darwin, *L'Instinct animal. L'Esprit du temps* [1ª parte de C. Darwin, 1884], 1990 • K. Lorenz, *Essais sur le comportement animal et humain*, Seuil, 1990 [1965]

→ **Inato-adquirido, Linguagem**

INSTITUCIONAL (análise)

A análise institucional é uma corrente de pesquisa e de intervenção social tipicamente francesa surgida nos anos 1960. Seus principais representantes são René Lourau, Georges Lapassade, Rémi Hess. Seus principais métodos são a observação participativa*, a pesquisa-ação*, e o "diário de pesquisa". A análise institucional propôs-se estudar como as práticas sociais se institucionalizam, ou seja, como se condensam em torno de ritos, normas e rotinas sociais e como alguns indivíduos (líderes ou desviantes) das minorias ativas ou das maiorias complacentes conseguem instaurar novos decretos "instituintes". Ela se inspira em diversas correntes (etnometodologia*, socioanálise, dinâmica de grupo*), mas não possui um quadro teórico rígido (em outras palavras, não se "instituiu"). Como escreve R. Lourau, "a análise institucional começa assim que, em qualquer grupo, alguém exclama: 'O que estamos fazendo aqui, afinal?'" (*La Clé des champs. Une introduction à l'analyse institutionnelle* [Liberdade. Uma introdução à análise institucional], 1997).

INSTITUCIONALISMO

O mercado existiria sem o Estado? Não, responde Robert Boyer: "Não são as empresas que mantêm a concorrência, ao contrário, todas elas visam ao cartel, ao oligopólio, à dominação do mercado, de maneira que cabe às autoridades públicas externas cuidar desse princípio canônico do capitalismo" (*Une théorie du capitalisme est-elle possible?* [É possível uma teoria do capitalismo?], 2004).

O PESO DAS INSTITUIÇÕES NA ECONOMIA

Este é um dos postulados da abordagem institucionalista em economia. O mercado, para funcionar, precisa de instituições estáveis que garantam a livre circulação de mercadorias e de uma moeda única, além do respeito aos direitos de propriedade. Enfim: sem Estado, não há mercado!

A abordagem institucionalista, surgida nos Estados Unidos no início do século XX, nasceu em reação à economia de base matemática. Visa a integrar o papel das instituições no funcionamento da economia. Thorstein B. Veblen – e sua teoria a respeito do comportamento de ostentação – é considerado o fundador dessa abordagem, à qual foram associados outros economistas, como John R. Commons (que frisa a importância do direito, da ética e dos conflitos nas regras do jogo econômico) e John K. Galbraith*, teórico da tecnoestrutura*.

Mas o institucionalismo permaneceu relativamente marginal na economia até seu retorno triunfal na década de 1980, época em que se começa a falar de um "novo institucionalismo". A expressão *new institutionalism* foi introduzida no artigo de James G. March* e Johan P. Olsen, de 1984: "The New Institutionalism: Organizational Factors in Political Life" [Novo institucionalismo: fatores organizacionais na vida política (*American Political Science Review*, n.º 78).

Perante a invasão da economia e da ciência política pela abordagem microeconômica e pela teoria das escolhas racionais*, o neoinstitucionalismo desejava acentuar o peso das instituições na análise dos sistemas econômicos e políticos.

Na ciência política e na teoria das organizações, um dos eixos de estudo do novo institucionalismo será o das imposições ligadas às "trajetórias de dependência" (*path dependance*). Se uma economia enveredou por determinada via – por exemplo quando dada empresa ou setor industrial fez uma escolha tecnológica –, essa decisão pesará durante muito tempo na organização dessa empresa ou dessa indústria.

Da mesma forma, em matéria de análise de políticas públicas, sublinha-se o peso dos dispositivos institucionais estáveis e rígidos – estatutos, infraestruturas materiais, leis, rotinas organizacionais, normas e regulamentos em vigor – que pesam e determinam a ação pública. Em decorrência, as mudanças importantes (reforma de hospitais, da educação) só podem acontecer em circunstâncias excepcionais (uma crise, por exemplo).

SERÍAMOS TODOS INSTITUCIONALISTAS?

Outra escola institucionalista vai se desenvolver a partir dos anos 1980, no próprio interior da microeconomia. Seus principais representantes são Douglas North e Oliver Williamson. O ponto de partida dessa corrente é um artigo pioneiro de Ronald Coase, e a simples e desnorteante questão por ele levantada: "Por que existem empresas?" (*ver quadro*). Esse artigo vai gerar uma gama de pesquisas a respeito dos "custos de transação", dos "direitos de propriedade" e de uma "teoria dos contratos" que regulam a vida dos negócios.

No início dos anos 2000, o rótulo "institucionalismo" reunia assim várias correntes de pensamento: sociologia econômica, análise de políticas públicas, nova economia institucional, escola da regulação, teoria das convenções e ainda a economia evolucionista.

Todos admitiam que as "instituições são importantes" (*institution matter*), e o termo instituição, de acordo com os autores, remete às convenções, normas, regras, regulamentos, ideologias, organizações, rotinas ou valores partilhados que regulam a vida econômica e política.

Bibliografia: • R. Boyer, *Une théorie du capitalisme est-elle possible?*, Odile Jacob, 2004 • P. Hall, R. Taylor, "La science politique et les trois neo-institutionnalismes", *Revue Française de Science politique*, vol. 47, n.ºs 3-4, 1997 • D. North, *Institutions, Institutional Change and Economic Performance*, Cambridge University Press, 1990 • O. Weinstein, B. Coriat, *Les Nouvelles Théories de l'entreprise*, Livre de Poche, 1995 • O. Williamson, *Les Institutions de l'économie*, Interéditions, 1994 [1985]

→ **Convenções, North, Política pública, Regulação, Veblen, Williamson**

POR QUE AS EMPRESAS EXISTEM?

• Durante muito tempo, para os economistas, a empresa foi apenas um "agente" de produção, uma espécie de átomo elementar guiado por uma única força: a maximização dos lucros. Não se sentia necessidade de abrir a "caixa-preta" da empresa para olhar o que acontecia dentro. Até que em 1937, no artigo "La nature de la firme" [A natureza da firma] (*Revue Française d'Économie*, vol. 2, n° 1, 1987), o americano Ronald Coase (prêmio Nobel de economia em 1991) faz esta simples pergunta: "Por que as empresas existem?". Se, como propaga a teoria dominante, o mercado é o melhor método para determinar onde os recursos devem ser alocados, por que criar uma organização com regras, hierarquia, contratos de trabalho estáveis? Por que não trabalhar com autônomos, negociando dia a dia o volume e o preço do trabalho em função das flutuações do mercado?

• Para R. Coase, a resposta é simples: tal método de gestão da mão de obra levaria a transações permanentes, o que teria, no final das contas, um custo elevado. Conclusão: a empresa não respeita, em seu interior, as leis do mercado para evitar "custos de transação" pesados demais. Isso revela um problema que, até então, havia sido ignorado pelos economistas: numa relação mercantil, a transação não é gratuita. Às vezes, é melhor estabilizar a relação (e correr o risco de perder melhores oportunidades) que negociar incessantemente, o que, a prazo, é muito custoso.

INSTITUIÇÃO

O que é uma instituição?

A escola, a Igreja, o exército, o Estado, a polícia e a família são instituições. Já uma empresa e um time de futebol não. Por quê? Pois além da organização, a noção de instituição possui um caráter "oficial", "sagrado". Uma fábrica de sapatos e uma associação de colecionadores de selos não possuem uma missão superior aos olhos da sociedade. Uma legitimidade* particular concede a uma organização o *status* de instituição. Considera-se que ela contribua para manter a ordem social e gerir a vida da comunidade.

Alguns sociólogos diagnosticaram um processo de desinstitucionalização* em curso desde os anos 1970. Nessa época constata-se uma perda de legitimidade das grandes instituições de enquadramento: a polícia, o exército, a escola, a Igreja, a família.

INTELIGÊNCIA

"Inteligência é o que medem meus testes." Essa frase é atribuída ao psicólogo francês Alfred Binet* (1857-1911), o criador dos primeiros testes de inteligência. A assertiva é apócrifa, mas soa justa. Em um século de debates e medidas, ninguém jamais propôs uma definição satisfatória de inteligência. Como distinguir a inteligência animal da inteligência humana? A inteligência humana da inteligência das máquinas?

O menos interessante, em relação à inteligência, é a questão de sua definição. Assim, em vez de tentar propor um conceito unânime dessa capacidade, mais vale observar como se construiu a noção, como se buscou apreender e medir essa indescritível aptidão, que tanto valorizamos.

INTELIGÊNCIA ÚNICA OU ESPECIALIZADA?

A inteligência começou a ser abordada pela psicologia com os testes de inteligência. Os primeiros foram criados por A. Binet. Tratava-se então de criar um instrumento que permitisse identificar os alunos intelectualmente deficientes para encaminhá-los a estruturas especializadas, numa época em que a escola primária se generalizou. Alguns anos mais tarde, em 1912, o psicólogo alemão William Stern criou o primeiro teste de quociente intelectual: o famoso Q.I., então definido como a relação entre a idade mental e a idade cronológica de um indivíduo. A criação desses testes marca o início de inúmeras tentativas de medir a inteligência, o que dos anos 1920 aos anos 1960 será um dos temas dominantes dos estudos em psicologia e envolverá diversas gerações de psicólogos. Resumamos algumas etapas.

Depois do desenvolvimento das escalas de inteligência, um primeiro grande debate vai agitar os psicólogos para saber se a inteligência é uma qualidade única, que se manifesta em vários domínios (na linguagem, no raciocínio, na memória) ou se existem capacidades especializadas distintas umas das outras.

O psicólogo inglês Charles Spearman (1863-1945) foi o primeiro a sustentar a existência de uma inteligência geral. Em 1904 ele apresentou um novo método estatístico – a análise fatorial* – que o levou a descobrir a existência de um único fator geral – o fator g – que estaria na origem do desempenho dos alunos em diferentes testes. Se um aluno se saísse bem num teste de raciocínio lógico, a tendência era de que ele se saísse bem nos outros testes também: portanto, existiria uma "inteligência" geral relacionada a todas as tarefas.

Nos anos 1930, o psicólogo americano Louis L. Thurstone chegaria a outras conclusões. Aperfeiçoando o método de análise fatorial, ele concluiu que obter bons resultados num teste (de lógica, por exemplo) manifestava uma aptidão específica, diferente das aptidões verbais ou espaciais (representação de figuras geométricas). Seu modelo de inteligência chamado de "multifatorial" resultava no isolamento dos fatores específicos: verbal, lógico, espacial, etc.

Nascia uma controvérsia que iria perdurar durante várias décadas entre os representantes dessas duas abordagens da inteligência: unitária e multifatorial. Após inúmeros trabalhos (notadamente os de Cyril L. Burt e de Phillip E. Vernon na Inglaterra, e os de Raymond B. Catell e John L. Horn nos Estados Unidos, nos anos 1960-1970) e os longos debates subsequentes, chegou-se a um modelo de inteligência que obteve amplo consenso: uma posição intermediária entre "inteligência única" e "inteligência múltipla", fundamentada essencialmente na meta-análise proposta por John B. Carroll em 1993 (Human Cognitive Abilities. A Survey of Factor-Analytic Studies [Habilidades cognitivas humanas. Uma investigação dos estudos de análises fatoriais], 1993). Carroll fez um balanço de quase todas as análises fatoriais dos testes de inteligência realizadas em aproximadamente um século: 460 estudos! Demonstrou então que a inteligência podia ser representada por uma pirâmide de três andares. Na base da pirâmide, encontram-se cerca de trinta capacidades específicas, como o raciocínio, a indução, a memória visual, a fluidez das ideias, o tempo de reação, etc. No segundo andar, essas capacidades se reagrupam em oito grandes fatores. O primeiro chama-se "fator de inteligência fluida" (Gf), pois reúne todas as funções de raciocínio, de lógica, de manipulação de ideias, que independem da aprendizagem ou da cultura do indivíduo. O "fator de inteligência cristalizada" (Gc), ao contrário, corresponde aos conhecimentos e às capacidades adquiridos. Seriam as funções de compreensão da linguagem, a riqueza do vocabulário, as capacidades de leitura, etc. O fator de "memória geral" (Gm) reúne as funções de memória associativa, de livre lembrança, de memória visual, e assim por diante. Como todos esses fatores estão correlacionados, quanto mais se é bom em um deles, mais chances existem de ser bom nos outros. J. B. Carroll definiu, no topo da pirâmide, um fator geral de inteligência.

A vantagem do modelo hierárquico de J. B. Carroll é realizar uma verdadeira síntese entre as concepções unitária e multifatorial de inteligência. Por um lado, ele distingue formas de inteligência variadas relativamente independentes: é possível, portanto, ter uma performance excelente numa delas e não ter necessariamente a mesma performance nas outras. Por outro lado, ele afirma a existência de um fator geral, pois existe uma tendência de os indivíduos mais habilidosos numa dessas formas de inteligência serem também nas outras.

A partir dos anos 1980, o debate sobre inteligência única ou inteligência múltipla vai tomar uma nova direção. O debate entre fator g ou fatores múltiplos restringia-se a uma visão estreita da inteligência, pois a pensava segundo as capacidades intelectuais que se manifestam particularmente nos exercícios escolares: raciocínio, agilidade verbal, memória...

AS INTELIGÊNCIAS MÚLTIPLAS: SOCIAL, EMOCIONAL, PRÁTICA...

Quando publica Frames of Mind: the Theory of Multiple Intelligences [Teoria das inteligências múltiplas], em 1983, o psicólogo americano Howard Gardner propõe uma visão muito mais ampla. Por que não aceitar que existem formas de inteligência também para o esporte e a dança, para a música, as relações sociais? Baseando-se nas pesquisas na área de neurociências* (que estudam as diferentes zonas cerebrais) e no estudo dos gênios (que manifestam dons particulares em uma área específica), H. Gardner crê ter revelado a existência de nove formas diferentes de inteligência: ao lado da inteligência lógico-matemática, é preciso levar em conta também uma inteligência linguística, espacial, musical, corporal, existencial, interpessoal (faculdade de compreender os outros), intrapessoal (faculdade de compreender a si mesmo) e "naturalista" (capacidade de reconhecer os animais, as plantas...)

Com H. Gardner, abria-se o caminho para o reconhecimento de novas formas de inteligência. Descobre-se então a existência de inteligências social, emocional, prática. A inteligência social permite entender o outro (seus pensamentos, seus sentimentos) e agir sobre ele com eficácia (conseguir seu apoio, modificar seu comportamento) em situações de interação social.

A inteligência emocional, popularizada pelo psicólogo Daniel Goleman, seria a capacidade de conhecer e regular as próprias emoções, assim como as dos outros, e depois utilizar essa informação para o controle do próprio comportamento (ver D. Goleman, *Emotional Intelligence* [*Inteligência emocional*], 1995).

Alguns autores sugerem também a presença de uma forma específica de inteligência, a inteligência "prática", frequentemente colocada em oposição à inteligência "acadêmica", valorizada pela escola e medida pelos testes de QI. De acordo com Robert Sternberg e seus colegas (R. J. Sternberg, G. B. Forsythe, J. Hedlund, J. A. Horvarth, R. K. Wagner, W. M. Williams *et al., Practical Intelligence in Everyday Life* [Inteligência aplicada na vida cotidiana], 2000), a inteligência prática está totalmente ligada à ação e se adquire sem a ajuda direta dos outros, sem ensinamento explícito.

Da inteligência à resolução de problemas

O debate entre inteligência única e inteligência múltipla está longe de esgotar todas as pesquisas que foram feitas a respeito do tema. Outras abordagens da inteligência foram elaboradas paralelamente. Os psicólogos do desenvolvimento, como Jean Piaget*, Lev S. Vigotski* e Jerome S. Bruner*, estudaram a inteligência em seu desenvolvimento, da infância à adolescência. A psicologia cognitiva inaugurou novas vias. Em vez de tentar medir as aptidões intelectuais, ela se interessou pelas estratégias de resolução de problemas. O olhar deixou de se voltar para as medidas para se voltar para os processos – heurística* – adotados para resolvê-los. Essa nova forma de abordar os problemas surgiu estreitamente ligada ao desenvolvimento das pesquisas em inteligência artificial.

Os "idiotas sábios"

• Eles são chamados de "idiotas sábios". São deficientes mentais que desenvolvem aptidões intelectuais fenomenais numa única coisa. Alguns autistas são capazes de dizer em alguns segundos a qual dia da semana corresponde qualquer data do calendário do século passado. Outros manifestam muito cedo habilidades impressionantes em desenho. Desde os 4 ou 5 anos de idade, são capazes de desenhar cavalos, pessoas, monumentos com precisão extraordinária, enquanto as crianças normais só conseguem fazer desenhos grosseiros.

• Existe uma forma muito rara de deficiência mental chamada síndrome de Williams, ligada a um defeito cromossômico. As pessoas afetadas têm um formato de face muito particular: pequeno, rosto estreito, testa e boca largas, olhos muito expressivos. São frequentemente comparadas a gnomos. Seu QI não ultrapassa 50, mas mesmo assim elas manifestam dons musicais e verbais excepcionais. Aprendem a tocar qualquer instrumento com muita facilidade. E são também bastante loquazes. Se solicitadas a falar dos elefantes, por exemplo, vão se lançar num discurso longo, muito preciso, rico em vocabulário e fórmulas metafóricas sobre os paquidermes. É como se possuíssem uma aptidão intelectual específica (língua, música) muito desenvolvida mas completamente desligada das outras funções intelectuais (defeituosas). Assim, essa aptidão se tornaria mais eficaz. Esses casos de "idiotas sábios", segundo Howard Gardner* e Steven Pinker*, atestam a existência de "módulos especializados" de inteligência – na música e na linguagem por exemplo – separados das outras funções intelectuais.

• Em contrapartida, Stanislas Dehaene, que estudou os autistas com dons prodigiosos em cálculo, contesta que eles possuam um dom especializado particular. O que acontece é que o interesse que eles têm por uma única coisa (o cálculo) os leva a treinar durante horas, meses, anos, exclusivamente essa atividade. É o caso da maioria dos prodígios em cálculo.

INTELIGÊNCIA ARTIFICIAL (IA)

Bibliografia: • H. Gardner, *Les Formes de l'intelligence*, Odile Jacob, 1997 [1983] • D. Goleman, *L'Intelligence émotionelle*, J'ai lu, 2003 [1995] • J. Lautrey, M. Huteau, *Les Tests d'intelligence*, La Découverte, "Repères", 1997 • O. Martin, *La Mesure de l'esprit. Origines et développements de la psychométrie 1900-1950*, L'Harmattan, 1997

→ **Gardner, Inteligência artificial, Piaget, Quociente intelectual, Vygotski**

INTELIGÊNCIA ARTIFICIAL (IA)

Já que inteligência* não possui uma definição aceita unanimemente, é melhor renunciar a querer definir a inteligência artificial. Digamos apenas que se trata de um ramo da informática que se dedica a construir programas que copiam os comportamentos humanos "inteligentes", como analisar determinados ambientes, resolver problemas, tomar decisões.

NASCIMENTO DA IA

O ato de nascimento da IA data de 1956. Naquele ano, o matemático John McCarthy organizou em Dartmouth (Canadá) o primeiro seminário consagrado à inteligência artificial. Herbert A. Simon* e Allen Newell apresentam então o primeiro programa: o Logic Theorist, um programa de informática destinado a demonstrar teoremas matemáticos. Nascia a inteligência artificial. A estratégia proposta por H. A. Simon consiste em descrever cada problema a ser resolvido numa série de objetivos intermediários, para depois explorar sistematicamente diferentes soluções até que a correta seja encontrada. Baseados nesse princípio de resolução de problemas, H. A. Simon e Allen Newell concebem em 1957 o General Problem Solver (GPS). H. A. Simon acreditava que a IA seria em breve capaz de fazer traduções automáticas, de jogar xadrez, de tomar decisões, etc. "Daqui a dez anos, um computador poderá ser campeão de xadrez." Neste contexto, novas pesquisas são rapidamente desenvolvidas e, nos anos seguintes, surgem novas realizações.

Em 1958, J. McCarthy cria o List Processing = Tratamento de Linha (Lisp), uma linguagem de programação em IA que é ainda hoje uma das linguagens de programação mais utilizadas. A partir dos anos 1960 os primeiros "sistemas experts" ficam prontos. Um "sistema expert" é um programa que simula os raciocínios dos peritos humanos, e que é capaz de realizar diagnósticos, dar conselhos num assunto específico, médico, financeiro… Em 1965 Edward Feigenbaum cria o Dendral, um "sistema expert" capaz de determinar a fórmula química de uma molécula. Em 1970, Terry Winograd cria o SHRDLU, um programa que compreende e "responde" a instruções (mover objetos sobre um suporte) dadas em linguagem humana. Em 1970 surge o primeiro número da revista *Artificial Intelligence*.

AS MÁQUINAS PODEM PENSAR?

As pretensões da IA de querer "modelizar o pensamento humano", de criar "máquinas inteligentes", não podiam deixar os filósofos do espírito* indiferentes. Já em 1972 Hubert Dreyfus havia publicado *What Computers Can't Do: the Limits of Artificial Intelligence* [O que os computadores não fazem: os limites da inteligência artificial], no qual criticava as ambições da inteligência artificial. Segundo Dreyfus, a máquina só consegue executar regras abstratas, enquanto o pensamento humano se alicerça em projetos, em intenções.

A partir dos anos 1980, a polêmica se acirra. O filósofo John R. Searle*, um dos expoentes da filosofia americana, desenvolve uma série de argumentos para demonstrar que a máquina não pensa, pois é desprovida de "senso". Segundo ele, uma máquina só manipula símbolos abstratos sem compreender os significados. Ela pode traduzir um texto palavra por palavra em duas línguas estrangeiras, desde que disponha de um dicionário de correspondências. Mas não compreende o sentido das palavras utilizadas e não é capaz de superar as ambiguidades semânticas: como escolher entre "*weather*" e "*time*" para traduzir a palavra "tempo" se não compreende o sentido das coisas? A crítica é forte, pois é justamente na tradução automática que a IA começa a mostrar seus limites.

Por outro lado, um pensador como Daniel C. Dennett* se apresenta como um defensor resoluto da IA. Para ele, as máquinas, a longo prazo, podem perfeitamente superar o desafio do "senso", que é no fundo apenas mais um problema técnico. Segundo Dennett, os seres humanos obstinam-se a criar mitos a respeito de entidades, como a "consciência" e a "intenção", que ofuscam a compreensão dos mecanismos mentais que não possuem, em princípio, nada de misterioso.

A CRISE DA INTELIGÊNCIA ARTIFICIAL E SEU RENASCIMENTO

Nos anos 1980, a IA começa a perder fôlego. Os resultados obtidos até então não estão à altura das expectativas. Certamente, havia realizações – "sistemas experts", jogos de xadrez, robótica –, mas outros campos indicavam seus limites: a tradução automática, o reconhecimento das formas, ou ainda a aprendizagem.

Surge então o modelo conexionista*, que aparece como um sério concorrente. Essa abordagem não era uma novidade completa, pois já estava em gestação na cibernética*. O conexionismo entende as operações cognitivas como o resultado da conexão entre pequenas unidades que interagem entre si, sem que nada as guie. É um modelo em rede que supostamente copia o funcionamento do cérebro (com seus neurônios interconectados) ou de um formigueiro.

No início dos anos 1980, os modelos conexionistas pareciam promissores, mesmo que ainda estivessem engatinhando. Mas o entusiasmo durará pouco. Decerto, tais modelos vão desenvolver-se, trazer resultados em relação à percepção das formas e à simulação informática. Mas não conseguem resolver os impasses e os limites cognitivos com os quais a IA se depara: a aprendizagem, a modelização da linguagem humana e a percepção das formas complexas.

Nos anos 1990, a IA vai perder a aura que ganhara nas décadas precedentes.

No limiar do século XXI

Cinquenta anos depois de seu nascimento, a IA tomou novos rumos. As grandes esperanças e os debates que a impulsionaram não estão mais na ordem do dia. Em 1997, mesmo a notícia de que o computador "Deep Blue" havia realizado a façanha de derrotar Gary Kasparov, o campeão do mundo de xadrez, não empolgou muito. Sabia-se que a máquina devia seu sucesso mais a um poder de cálculo fenomenal que a uma inteligência superior. Entretanto, sua vitória demonstrava um avanço real, mesmo que modesto se comparado às ambições iniciais.

No limiar do século XXI, a IA entrou numa nova fase. Para muitos especialistas, não se trata mais de querer a qualquer preço copiar ou ultrapassar a inteligência humana, mas de construir programas especializados aptos a resolver problemas precisos: reconhecer rostos, procurar uma informação na internet, corrigir textos, simular a marcha trípode de um inseto. Avanços significativos foram feitos nas áreas de reconhecimento visual, simulação informática e robótica. Surgiram novos modelos gerais que renovaram as esperanças dos pesquisadores, como os sistemas multiagentes inteligentes e a IA evolucionista.

INTENCIONALIDADE

Este velho conceito filosófico, originário da Idade Média, foi redescoberto pela corrente fenomenológica* (Franz Brentano, Edmund Husserl). Ele foi reintroduzido nos debates contemporâneos de filosofia do espírito e em ciências cognitivas.

As Facetas da intencionalidade

No sentido comum, intencionalidade é o fato de agir de acordo com um projeto, uma ideia na cabeça ("Tenho a intenção de viajar para a Grécia nas férias"). Essa simplicidade aparente oculta na verdade vários aspectos.

– *A intencionalidade como ação finalizada (também chamada teleológica)*. Toda entidade (ser vivo ou máquina) que se comporta como se tivesse objetivos ou projetos pode ser qualificada de intencional: um caranguejo que busca alimento ou um míssil dotado de um sistema de pilotagem automático (D. C. Dennett, *The Intentional Stance* [A estratégia intencional], 1987).

– *A intencionalidade como representação mental*. Para o filósofo E. Husserl, fundador da fenomenologia, a intencionalidade designa a capacidade de produzir representações mentais orientadas para um objeto. Entretanto, é preciso distinguir a ideia (ou a "essência") do objeto pensado com relação ao objeto percebido. Assim, a ideia de maçã é diferente da percepção concreta desta ou daquela maçã (vermelha ou verde, pequena ou grande). O ato mental de conceber (a maçã) é uma "ideação" que produz um esquema abstrato da maçã (J. R. Searle, *Intentionality* [Intencionalidade], 1983).

– *A intencionalidade como vontade*. O fato de poder agir em função de representações mentais combina as duas noções anteriores. Isso corresponde ao sentido comum de "intenção". Para agir de maneira intencional, é preciso ter em mente uma ideia (no sentido de E. Husserl), ou seja, um objeto mental, e orientar suas ações em função dessa ideia. Isso se opõe às ações mecânicas. A capacidade de deliberar sobre suas intenções é própria de um agente moral e propicia a antecipação.

– *A intencionalidade nas relações sociais*. É porque possuímos "intenções" (no sentido anterior) que agimos com "ideias na cabeça", com objetivos conscientes; por essa mesma razão, também podemos atribuí-los ao outro. Considera-se que essa capacidade de emprestar intenções ao outro e procurar "ler seus pensamentos" é uma condição para a comunicação entre os seres humanos. Seria portanto uma condição essencial para a emergência das instituições humanas e para a construção do mundo social (B. F. Malle, L. J. Moses, D. A. Baldwin, *Intentions and Intentionality. Foundations of Social Cognition* [Intenções e intencionalidade. Fundamentos da cognição social], 2001).

A INTENCIONALIDADE SEGUNDO DANIEL C. DENNETT

De acordo com a tradição fenomenológica, a intencionalidade se define como a capacidade de forjar representações mentais e de fixar essas representações como objetivos da ação. Para Daniel C. Dennett* existem vários níveis de intencionalidade, e somente o último é específico dos seres humanos.

– A intencionalidade de grau zero se refere a uma situação em que o animal age sobre o comportamento de outro sem querer fazê-lo explicitamente. É o caso do macaco-verde, que solta um grito de pavor provocando nos outros macacos de sua espécie uma reação de fuga.

– A intencionalidade de primeira ordem. O animal quer levar o outro a agir. Por exemplo, o cachorro que solicita brincar toma uma postura característica (levanta as patas, balança o rabo).

– A intencionalidade de segunda ordem. O animal quer que o outro "acredite". Isso supõe que o animal atribua crenças ao outro. Por exemplo, quando um macaco finge que vai agir para enganar outro macaco.

– A intencionalidade de terceira ordem é mais complexa. Ela supõe que se atribuam crenças que levam às crenças de segunda ordem. Dito de outra forma, o indivíduo quer que o outro saiba que ele conhece a informação que lhe é dada. Este último tipo de intencionalidade seria própria do homem.

Bibliografia: • D. C. Dennett, *La Stratégie de l'interprète*, Gallimard, 1990 [1987]

INTERACIONISMO

Este termo designa todos os modos de análise que, em sociologia, privilegiam as ações recíprocas (interações) entre indivíduos ou grupos.

Nascido nos Estados Unidos, e mais particularmente no seio da segunda escola de Chicago*, o interacionismo é uma microssociologia que se dedica às relações interpessoais. Analisando "os rituais da vida cotidiana", Erving Goffman*, considerado o maior representante dessa corrente, colocou em evidência a importância da apresentação de si mesmo, nas relações face a face, e sua variação em função da situação (no trabalho, em família, entre amigos ou inimigos...).

INTERACIONISMO SIMBÓLICO

Quando encontro com meu vizinho, falo com ele sobre pesca pois sei que ele é pescador e porque no fundo não sei muito bem o que mais lhe dizer. Estou, na verdade, persuadido de que seus assuntos de conversação são limitados e que meus próprios assuntos prediletos (as ciências humanas) não o interessarão muito. Dessa forma, eu me comporto em relação a ele não em função do que ele é de fato, mas do que penso dele. Se um dia eu descobrir que seus interesses são mais variados, que ele se interessa por política, por exemplo, irei então mudar de atitude a seu respeito, falando de outros assuntos além da pesca. Nossa relação irá mudar.

Em nossa vida cotidiana, nós nos comportamos, a respeito das coisas e dos outros, não em virtude do que eles realmente são, mas daquilo que pensamos deles. Esse é um dos postulados do interacionismo simbólico, corrente de análise sociológica e antropológica (e não uma escola de pensamento com fronteiras precisas) que surgiu nos Estados Unidos nos anos 1930.

A expressão "interacionismo simbólico" foi introduzida em 1937 por Herbert Blumer (1900--1987), sociólogo da segunda escola de Chicago*.

H. Blumer foi influenciado fortemente por um dos temas prediletos do psicossociólogo George H. Mead* (1863-1931), desenvolvido no início do século XX: o indivíduo constrói seu comportamento e forja sua identidade em função do que os outros pensam dele e do que ele pensa que os outros pensam dele. Há sempre interações entre os indivíduos sobre as interpretações a dar às situações e aos comportamentos de cada um.

A linguagem e as representações que podemos qualificar de "simbólico" têm importante papel nessas interações, por isso o termo "interacionismo simbólico".

O interacionismo se interessa essencialmente pelas formas de comunicação e pelas representações que estão em jogo nas relações interindividuais. Desse ponto de vista, a sociedade, as instituições e as relações sociais não correspondem a dados, nem a regras preestabelecidas; elas são incessantemente reconstruídas, renegociadas e reinterpretadas nas interações e nas trocas cotidianas.

A "teoria da etiquetagem" (*labelling theory*) ocupa um lugar importante no interacionismo simbólico. Segundo ela, as pessoas são "classificadas", "etiquetadas" em categorias (por exemplo os "delinquentes" ou os "maus-alunos"), e essas etiquetas fazem que nos comportemos de maneira particular.

Numa versão radical do interacionismo, a significação dos fatos sociais não está ligada à realidade objetiva, mas depende do sentido que lhe damos em determinada situação. Dessa forma, uma infração de trânsito (estacionar em local proibido) poderá ou não ser julgada delituosa de acordo com as circunstâncias: se o guarda for mais ou menos severo, se o motorista souber ou não defender sua causa...

Em *Outsiders* [*Outsiders*] (1963), um dos livros clássicos do interacionismo simbólico, o sociólogo Howard C. Becker* descreveu um grupo de músicos de *jazz*, consumidores de maconha.

Autores como H. S. Becker, Erving Goffman* e Harold Garfinkel* podem ser associados ao espírito do interacionismo simbólico.

Bibliografia: • H. Blumer, *Symbolic Interactionism: Perspective and Method*, Prentice Hall, 1969 • J. M. de Queiroz, M. Ziolkowski, *L'Interactionnisme symbolique*, Presses Universitaires de Rennes, 1997

INTERAÇÕES VERBAIS

Paradoxalmente, os linguistas se interessam há muito pouco tempo pela maneira como a língua é utilizada efetivamente no cotidiano, no quadro das conversações comuns. A tradição linguística repousa em frases típicas, gramaticalmente corretas, do tipo:

Meu pai possui um carro novo.
– De qual marca?
– Não faço ideia.

Mas nos diálogos correntes, escutamos mais frequentemente:

Meu pai comprou um carro novo.
– Que marca que é?
– Sei lá!! (acompanhado por um dar de ombros e um franzir de sobrancelha indicando ignorância)

A análise da conversação surgiu nos anos 1970, no cruzamento da pragmática* e da análise do discurso*. Inspirou-se largamente em diferentes correntes de pesquisa como o interacionismo simbólico* e a etnometodologia* em sociologia, e ainda na antropologia das comunicações. A análise das interações verbais visa descrever os tipos de trocas comunicativas existentes em nossas sociedades (conversações familiares, mas também interações em contextos mais formais). A partir do estudo de *corpus* gravados e minuciosamente transcritos (a abordagem é definitivamente empírica), trata-se de identificar as regras e os princípios em todos os gêneros que se baseiam no funcionamento dessas formas extremamente diversas de trocas verbais.

Bibliografia: • C. Kerbrat-Orecchioni, *Les Interactions verbales*, 3 t., Armand Colin, 1990, 1992, 1994 • R. Vion, *La Communication verbale. Analyse des interactions*, Hachette, 2000 [1992]

IOGA

Vocábulo sânscrito que significa "união". Técnica espiritual que visa a alcançar a fusão da consciência individual (ou alma encarnada = *jivatman*) e da consciência suprema (*paramatman*). A ioga é uma das seis escolas filosóficas da tradição indiana. Praticada pelos iogues, ela repousa em técnicas mentais de controle das funções físicas.

No Ocidente, a ioga foi popularizada e usada como método de relaxamento, de autodomínio e de combate ao estresse.

J

JAKOBSON, ROMAN
(1896-1982)

Roman Jakobson é uma das maiores personalidades da linguística do século XX. Sua obra teve enorme ressonância em todas as ciências humanas, especialmente no momento de glória do estruturalismo*. Ele será, dessa forma, uma das principais fontes de inspiração para Claude Lévi-Strauss*.

Natural da União Soviética, R. Jakobson é um dos fundadores, em 1915, do círculo de Moscou, que rompe com os neogramáticos da época, focalizados principalmente na evolução fonética das línguas indo-europeias. Ao contrário, R. Jakobson, na esteira de Ferdinand de Saussure*, privilegia o estudo da linguagem, considerada um sistema de signos, e demonstra grande interesse pela linguagem poética. Em 1920, instala-se na Tchecoslováquia onde, com Nikolai S. Trubetskoi* e Sergei Karceoski, participa da fundação da escola de Praga. Esta irá dar origem à linguística estrutural, que vê na língua um instrumento de comunicação que repousa num sistema de diferenças. Com N. Trubetskoi, R. Jakobson irá fundar então a fonologia, ou seja, o estudo dos sons pertinentes de uma língua.

Em 1939, após a ocupação da Tchecoslováquia pelos nazistas, R. Jakobson foge para a Dinamarca, em seguida para a Noruega, Suécia e enfim para os Estados Unidos em 1941, onde se torna amigo de Claude Lévi-Strauss. Em seguida, ensina na Universidade de Columbia (1946-1949), depois em Harvard (1949-1967) e no MIT (1958-1982). A amplitude de suas áreas de pesquisa (fonologia, poética, teoria da comunicação, semiótica, etc.) explica a posição determinante que ocupa na linguística. Dois de seus alunos no MIT, Noam Chomsky* e Morris Halle, irão fundar, por sua vez, a gramática gerativa*.

Principais obras de R. Jakobson
- *Essais de linguistique générale*, 2 vols., 1963-1973 [Ensaios de linguística geral]
- *Questions de poétique*, 1973 [Questões de poética]
- *Six Leçons sur le son et le sens*, 1976 [Seis lições sobre o som e o sentido]

→ **Linguística, Fonologia, Poética**

AS SEIS FUNÇÕES DA LINGUAGEM SEGUNDO JAKOBSON

• O linguista Roman Jakobson propôs distinguir seis funções da linguagem:
– *Uma função referencial*, que consiste em dar uma informação ("Moscou é a capital da Rússia" ou "Tem cerveja na geladeira");
– *Uma função emotiva* ou "expressiva", que traduz uma emoção ("Ora bolas!", "Olá!");
– *Uma função conativa*, através da qual a língua permite agir no outro ("Eu te batizo", "Saia daqui");
– *Uma função fática* ou "de contato", que visa simplesmente estabelecer, manter ou conservar um contato ("Alô?", "Oi!", "Tudo bem", "Obrigado");
– *A função poética* visa à procura do belo, como neste verso de Paul Éluard: "Le ciel est bleu comme une orange" (O céu é azul como uma laranja);
– *A função metalinguística* consiste em regular o próprio discurso ("Você entende o que eu quero dizer?", "Eu quis dizer que...").

JAMES, WILLIAM
(1842-1910)

William James é comumente visto como o campeão de uma filosofia americana carregada de mercantilismo, as ideias verdadeiras sendo para ele as ideias "pagantes". Convém nuançar esse retrato simplista. Filho de um universitário de grande renome e irmão do escritor Henri James, W. James é uma personalidade eclética. Médico, psicólogo e filósofo, é um dos líderes da primeira geração do pragmatismo. Depois de muito hesitar entre a medicina e a pintura, torna-se professor de fisiologia e mais tarde de psicologia em Harvard, onde criará o primeiro laboratório de psicologia experimental. Em *The Principles of Psychology* [Os princípios de psicologia] (1890), dedica-se a distinguir claramente a psicologia da metafísica. Descreve a consciência como um fluxo contínuo em perpétua mudança. Suas análises sobre "o fluxo de consciência" inspirarão romancistas como Virginia Woolf e James Joyce, e também filósofos como Henri Bergson.

O DIFUSOR DE UMA NOVA FILOSOFIA

Mas é sobretudo seu engajamento no pragmatismo que o tornará conhecido. W. James partilha grande parte das ideias de seu amigo Charles S. Peirce* e irá divulgá-las em conferências, brochuras e livros, difundidos tanto nos Estados Unidos como na Europa. Dessa maneira, consegue ganhar muitos adeptos para sua doutrina. Mas essa vulgarização não acontecerá sem deformações e reformulações das teses iniciais de C. S. Peirce, que pouco depois, educadamente, se distancia das teses do amigo. Enquanto C. S. Peirce é um espírito escrupulosamente rigoroso, que retoma e revê incessantemente seu pensamento, W. James está mais preocupado em difundir as teses do pragmatismo. Em *The Principles of Psychology*, e depois em *Pragmatism* [Pragmatismo] (1907), pequeno livro que alcançará grande sucesso, oferece uma apresentação simplificada e radical da doutrina pragmatista. C. S. Peirce via no pragmatismo, mais que uma nova filosofia, um método. Para W. James, o pragmatismo nos permite avaliar as ideias, mas também construir as que são úteis, ou seja, que podem servir à ação ou ao pensamento.

AS IDEIAS VERDADEIRAS SÃO AS IDEIAS ÚTEIS...

W. James se distancia da concepção tradicional de verdade. Para ele, as ideias não são cópias da realidade. É preciso, ao contrário, considerá-las do ponto de vista de suas consequências práticas. Assim, a verdade não é a propriedade estática ou intemporal de uma ideia; ao contrário, uma ideia torna-se verdadeira pelos acontecimentos. A ideia verdadeira é aquela cujas consequências são satisfatórias para nós e em relação ao contexto. W. James adota portanto uma concepção pluralista e não absolutista da verdade: não existe verdade única e absoluta, mas diversas ideias possíveis que são vantajosas ou úteis.

Diante do que não se pode comprovar, o homem tem o direito de escolher a opção que lhe parece mais de acordo com suas exigências. W. James considera assim que a experiência religiosa é no fundo útil, mas recusa qualquer absolutismo religioso, pois Deus não é um dado que se possa comprovar. Defende, assim, uma concepção pluralista da religião. Para o pragmatismo, se a hipótese de Deus funciona de maneira satisfatória, podemos considerá-la verdadeira. Mesmo no domínio da moral, é à luz de sua eficácia que se deve medir o valor das ideias.

Principais obras de W. James
• *The Principles of Psychology*, 1890 [Os princípios da psicologia]
• *The Varieties of Religious Experience: a Study in Human Nature*, 1902 [As variedades da experiência religiosa: um estudo da natureza humana, Cultrix, 1991]
• *Pragmatism*, 1907 [Pragmatismo]

→ **Pragmatismo**

JANKÉLÉVITCH, VLADIMIR
(1903-1985)

A obra de Vladimir Jankélévitch é atravessada por duas paixões: a filosofia moral e a música. Durante toda sua vida, ele não cessará de escrever a respeito desses dois assuntos. Nascido em Bourges em 1903 numa família judia de imigrantes russos, torna-se aluno da ENS em 1922 e *agrégé* de filosofia em 1926. Em 1933, obtém o doutorado, com uma tese secundária a respeito da má consciência. Convocado em 1939, ferido em 1940, é afastado do ensino pelo governo Vichy em razão de suas origens. Engaja-se então na Resistência. Esse período irá marcá-lo profundamente, pois é nesse momento que ele rompe com a Alemanha, riscando definitivamente a música, a arte e a filosofia germânicas de sua vida. Defendendo a tese de que o genocídio e os crimes contra a humanidade são imprescritíveis, deseja lutar contra o esquecimento em que poderia cair a fúria destrutiva do nazismo*.

O "NÃO-SEI-QUÊ" E O "QUASE NADA"

Publica em 1949 o *Traité des vertus* [Tratado das virtudes], sua obra de referência, na qual indica os paradoxos da moral, relacionando virtude e maldade, intenção e ato. Em 1951, é nomeado professor na Sorbonne, onde ensinará durante vinte e cinco anos a filosofia moral. Dedicou-se em suas muitas obras a analisar, de maneira fina e sutil, temas pouco trabalhados até então, como o "quase nada" e o "não-sei-quê", cuja essência, entre presença e ausência, é fugaz. Pianista e excelente musicólogo, publicou estudos notáveis sobre Gabriel Fauré, Debussy, Liszt e Satie.

Principais obras de V. Jankélévitch
- *Traité des vertus*, 1949 [Tratado das virtudes]
- *Le Je-ne-sais-quoi et le presque-rien*, 1957 [O não-sei-quê e o quase nada]
- *La Musique et l'Ineffable*, 1961 [A música e o inefável]
- *La Mort*, 1966 [A morte]

JOGO

Somente às vésperas da Segunda Guerra Mundial, com a publicação do importante livro *Homo ludens* de Johan Huizinga (1938), aparece verdadeiramente a problemática do jogo nas ciências humanas. O título já basta para compreender a reviravolta que o escritor holandês estabelece: o homem, da mesma forma que é *Homo sapiens**, ou *Homo faber*, é também *Homo ludens*. Longe de ser uma atividade humana entre outras, o jogo é uma dimensão determinante e até mesmo constitutiva do homem, não somente do ponto de vista psicológico, mas também nos níveis cultural e social. Efetivamente, de acordo com J. Huizinga, "a cultura nasce em forma de jogo", para em seguida colocar o elemento lúdico em segundo plano.

Roger Caillois, em *Les Jeux et les Hommes* [Os jogos e os homens] (1958), dá sequência às análises de J. Huizinga e propõe uma célebre classificação dos jogos, que compreende quatro categorias fundamentais: *agôn*, *alea*, *mimicry* e *ilinx*. O *agôn* reúne todos os jogos em que há combate, competição, quer exijam qualidades físicas (como o boxe, a esgrima, o bilhar), quer sejam mais cerebrais (xadrez, damas...). "O atrativo do jogo é, para todos os jogadores, ver reconhecida sua excelência num domínio específico." A categoria *alea* (nome do jogo de dados em latim) compreende os jogos cujo "único artesão da vitória é o destino", como a roleta, os dados, a loteria. Aqui, ao contrário do *agôn*, o jogador é passivo: "O alea marca e revela o favor do destino." A terceira categoria, *mimicry* (o termo em inglês designa o mimetismo), remete aos jogos que consistem em "tornar-se um personagem ilusório e comportar-se de acordo", como a menininha que "brinca de mamãe". "O prazer consiste em ser outro ou fingir ser o outro." Enfim, o *ilinx* (em grego, o turbilhão d'água) "reúne os jogos que repousam na busca da vertigem e consistem em uma tentativa de destruir, por um instante, a estabilidade da percepção e de infligir à consciência lúcida uma espécie de pânico voluptuoso". O carrossel, mas também o tobogã ou o balanço, por exemplo, estão ligados a essa busca de vertigem. Na verdade, muitos jogos combinam essas diferentes categorias: os dominós e muitos jogos de cartas envolvem o *agôn* e o *alea*, pois se baseiam ao mesmo tempo na sorte e na competição.

Além dessas quatro categorias, R. Caillois distingue dois componentes do jogo: a *paidia* e o *ludus*. A *paidia* está ligada ao divertimento, à alegria e à improvisação, e remete às "manifestações espontâneas do instinto de jogo", como a cambalhota. O *ludus* disciplina a *paidia* introduzindo convenções, regras, tornando assim possível o treinamento.

Apesar de o momento de glória da análise do jogo ter acabado no final dos anos 1970, encontramos estudos recentes a respeito, porém mais focados, cuja ambição é sociológica ou etnológica. Não se trata mais de explicar o homem ou a cultura pelo jogo, mas sim de se interessar por certas comunidades de jogadores, como no estudo de Thierry Wendling (*Ethnologie des joueurs d'échecs* [Etnologia dos jogadores de xadrez], 2002), ou pelo impacto de novas práticas de jogo, como mostra, por exemplo, Jean-Pierre Martignoni-Hutin em *Ethno-sociologie des machines à sous* [Etnossociologia dos caça-níqueis] (2000).

Bibliografia: • R. Caillois, *Les Jeux et les Hommes*, Gallimard, 1991 [1958] • J. Huizinga, *Homo ludens*, Gallimard, 1995 [1938] • L. Trémel, *Jeux de rôles, jeux vidéo, multi-média*, Puf, 2001

JOGO DE PAPÉIS (RPG)

O ancestral do jogo de papéis ou RPG (*role playing games*) é o psicodrama. Foi um americano de origem romena, Jacob L. Moreno*, que o inventou, após haver descoberto por acaso as virtudes terapêuticas do jogo teatral. Em 1921, cria em Viena um "teatro improvisado", onde atores improvisam. Uma jovem atriz sempre representava o papel de moças meigas. Um admirador casa-se com ela. Algum tempo depois, vem queixar-se a J. L. Moreno dizendo-lhe que, na vida privada, ela se mostrava briguenta e vulgar. J. L. Moreno pede então à jovem que represente o papel de uma esposa vulgar e brava. De repente, seu comportamento em casa melhora. Em seguida, seu marido e ela representam seus conflitos no palco, o que salva seu casamento. J. L. Moreno partiu dessa experiência para desenvolver o psicodrama como método terapêutico – método ainda muito praticado. As técnicas variam: a abordagem é mais ou menos inspirada na psicanálise; a cena a ser representada é proposta por um dos participantes ou pelo terapeuta. Trata-se de representar o papel de si mesmo ou de outra pessoa numa situação específica: seja em casos muito graves – como o dos psicóticos, que o psicodrama permite reatar à realidade e aos outros –, seja em casos leves de conflitos familiares ou escolares.

As terapias de afirmação de si mesmo constituem também uma espécie de jogo de papéis psicológico, na medida em que se apoiam em uma das características fundamentais da atuação: a interação. Um tímido, por exemplo, executa uma ação que teme fingindo segurança; se os outros o tratarem como se ele tivesse efetivamente confiança em si mesmo, terminarão passando-lhe o sentimento de que esse papel está dentro de suas possibilidades. Tal terapia não irá transformá-lo profundamente, mas pode levá-lo a livrar-se de comportamentos inadaptados em prol de condutas mais eficazes e mais satisfatórias.

Os jogos de papéis sociais

O foco da intervenção não é a pessoa em si, mas seu papel social (ou um de seus papéis). Essa técnica, derivada do psicodrama, é empregada principalmente no quadro da formação profissional. Às vezes, o objetivo é levar os membros do grupo a analisar e, em seguida, eventualmente, a modificar a maneira como exercem suas funções. Assim, um chefe de equipe descobre que seu autoritarismo esteriliza a iniciativa de seus subordinados. Ou então, o jogo de papéis visa resolver um conflito entre os membros de um mesmo departamento, entre departamentos diferentes. Nesse caso, a técnica mais frequentemente empregada é a de fazer cada um desempenhar o papel do adversário.

O jogo de papéis pode ser utilizado igualmente para um objetivo pedagógico. Assim, numa classe, podemos fazer os alunos encarnarem os porta-vozes das diferentes correntes que se afrontaram na Revolução Francesa. Numa escola de gestão, o jogo de papéis é um jogo de simulação: o "campo de jogo" é uma empresa fictícia; os estudantes repartem entre si as funções de gestão dos estoques, direção comercial, etc.; em seguida, vão dar vida à empresa resolvendo os problemas propostos pelo animador do jogo; no fim, analisam as consequências de suas decisões.

O jogo de papéis como jogo de sociedade

O primeiro jogo de papéis, *Dungeons & Dragons*, foi criado em 1974 por dois americanos, Gary Gygax e Dave Arneson, que se inspiraram numa obra famosa, *O senhor dos anéis*, de J. R. R. Tolkien. O princípio é novo. O universo do jogo é habitado por diversos personagens e cada jogador escolhe encarnar um ou vários deles – um cavaleiro, uma princesa, um feiticeiro... –, determinando os pontos fortes e os pontos fracos do personagem, dividindo como quiser um total de pontos: o cavaleiro é forte, mas não muito astuto. Em seguida, o animador do jogo expõe o roteiro: é preciso achar um tesouro, por exemplo. Os jogadores se põem em ação: deparam com obstáculos, lançam-se em combates... A cada rodada, o animador do jogo decide, em função da sequência do roteiro (que só ele conhece) e das características do personagem, se este último foi bem ou malsucedido no desafio. Pode-se também jogar em equipe. Uma partida dura várias horas, até a noite inteira!

Bibliografia: • D. Guiserix, *Le Livre des jeux de rôle*, Bornemann, 1997 • R. Kaës (org.), *Le Psychodrame psychanalytique de groupe*, Dunod, 2003 [1999] • A. Mucchielli, *Les Jeux de rôle*, Puf, "Que sais-je?", 1990 [1983]

JOGOS (teoria dos)

Xadrez, pôquer, *go*, damas..., esses jogos de sociedade têm alguns pontos em comum. Colocam frente a frente dois jogadores que devem elaborar estratégias especulando a respeito do comportamento do adversário. Suponhamos por exemplo que, jogando xadrez, eu possa atrair o adversário para uma armadilha que me permita tomar-lhe a rainha, mas que isso exija o sacrifício de um bispo. Aceito então correr um risco. Se o outro jogador se comportar como eu havia previsto, perco um bispo, mas fico em condições de lhe tomar uma peça mais importante. Se, em contrapartida, ele conseguir tomar-me o bispo protegendo a rainha, terei perdido inutilmente uma peça.

Em 1944, o economista Oscar Morgenstern (1902-1977) e o matemático John von Neumann (1903-1957) publicaram uma obra fundadora, *Theory of Games and Economic Behavior* [Teoria dos jogos e comportamento econômico], que estuda roteiros estratégicos aplicando-os às condutas econômicas.

A teoria dos jogos empresta duas hipóteses do modelo econômico neoclássico: 1) a racionalidade perfeita dos indivíduos; 2) a informação completa. Em primeiro lugar isso significa que os indivíduos vão, sistematicamente, procurar maximizar seus ganhos (hipótese da racionalidade). Eles são *homo oeconomicus**. Segundo, os jogadores sabem tudo sobre as regras do jogo, as diversas soluções possíveis, os ganhos atribuídos a cada solução…, e todos os jogadores sabem que os outros também sabem. É o chamado "conhecimento comum" (*common knowledge*) do jogo. Consequentemente, a incerteza no jogo diz respeito à estratégia adotada pelos outros jogadores: não sabemos o que eles vão fazer. Assim, mesmo que a informação seja completa e que os jogadores sejam perfeitamente racionais, eles não podem prever o resultado de suas respectivas escolhas, que podem se revelar absurdas. É o que a teoria dos jogos busca entre outras coisas mostrar, através de "dilemas" e outros "paradoxos".

O DILEMA DO PRISIONEIRO

O jogo mais conhecido, proposto por Albert W. Tucker, é chamado de "dilema do prisioneiro" e funciona da seguinte maneira: dois indivíduos, A e B, são suspeitos de um delito, e a polícia os prendeu por porte de arma. Na falta de provas suficientes para encarcerá-los, ela pretende fazê-los confessar propondo as seguintes condições: se negarem, serão ambos condenados a um ano por porte de arma, por não haver provas para o outro delito. Se um dos dois confessar, o "dedo-duro" será inocentado e seu comparsa condenado a dez anos de reclusão. Se os dois confessarem, cada um será condenado a cinco anos de prisão. Esse protocolo está resumido na tabela seguinte, que cataloga as estratégias (quatro) e as associa com os respectivos "ganhos" (números entre parênteses).

Matriz das estratégias	B confessa	B nega
A confessa	(5,5)	(0,10)
A nega	(10,0)	(1,1)

Qual será o resultado desse jogo? Que estratégia será adotada pelos indivíduos A e B? A e B vão, cada um por seu lado, confessar… e pegar cinco anos cada um. É a estratégia (5,5) chamada de "dominante". Contudo, eles deveriam ter ficado calados, para pegar apenas um ano cada um: estratégia (1,1). Esse é o famoso "dilema do prisioneiro": no momento em que cada suspeito pensa em não confessar, ele percebe que, se o outro não fizer o mesmo, ele irá pegar mais nove anos de prisão. Conclusão, a estratégia escolhida (confessar, confessar) não é um *Ótimo de Pareto**, pois a satisfação dos dois prisioneiros poderia aumentar pela escolha estratégica (1,1). Problema: a busca do interesse particular prejudicará o interesse comum. Como eles chegaram a esse ponto? Coloquemo-nos no lugar do indivíduo A. Para tomar sua decisão, A supõe a escolha de B que, como ele é um indivíduo perfeitamente racional. Se A pensa que B vai negar, ele tem interesse em "dedar" B para sair livre como um pássaro: estratégia (0,10). Se A pensa que B vai dedá-lo, ele tem interesse em confessar para não ser condenado a dez anos de prisão: estratégia (5,5). Quando A está supondo tudo isso, ele sabe que B está fazendo o mesmo (conhecimento comum do jogo). Eles chegam então a uma escolha idêntica: confessam, estratégia (5,5) para não serem penalizados. De fato, essa estratégia minimiza os prejuízos potenciais, mas é "subotimal", pois as perdas de A e B teriam sido inferiores se os dois tivessem ficado calados: estratégia (1,1). Esse "dilema do prisioneiro" está longe de ser anedótico, pois demonstra que a racionalidade individual não conduz necessariamente à eficácia social. Ele vem, portanto, minar as bases da teoria econômica dominante: a famosa "mão invisível*", cara ao economista inglês Adam Smith*, é abalada.

TORNAR OS INDIVÍDUOS COOPERATIVOS

O que fazer para que os indivíduos escolham o melhor caminho para eles? Seria preciso a intervenção de um coordenador? Seria preciso que sentimentos particularmente fortes os ligassem um ao outro para que escolhessem calar-se? Ou bastaria repetir o jogo? É essa última hipótese que o professor de ciências políticas Robert Axelrod irá testar. Ele convida especialistas da teoria dos jogos e aficionados de informática e lhes submete programas para um torneio de computador sobre o dilema do prisioneiro. Após examinar setenta e seis programas, alguns bastante complexos, R. Axelrod observa que a estratégia do *Tit for Tat*, do "toma lá dá cá" é a mais eficaz. Essa estratégia consiste em cooperar no início e depois imitar o que o outro faz. Na realidade, eu coopero para incitar o outro a cooperar e, se ele não o faz, em seguida eu também não colaboro para puni-lo de sua não cooperação, e isso até que ele mude de estratégia e (re)comece a cooperar. Assim, R. Axelrod conclui que é possível fazer indivíduos egoístas cooperarem na ausência de um poder central (um Estado que nos incite a ser solidários) ou de convenções (amizade, pertencimento a um grupo). Ele compara esse resultado com o comportamento de alguns soldados durante a guerra de trincheiras de 1914-1918. Com efeito, os beligerantes frequentemente paravam de atirar quando os soldados do campo adversário adotavam a mesma atitude. Esse sistema do "viva e deixe viver" tinha se desenvolvido sem nenhuma instância de coordenação, nem amizade de nenhum dos lados.

DOS JOGOS COOPERATIVOS AOS JOGOS NÃO COOPERATIVOS

O "dilema do prisioneiro", repetido ou não, pertence à categoria dos jogos "não cooperativos". Esse quadro de análise se desenvolve principalmente a partir dos anos 1970. Em seus primórdios, nos anos 1920, sob o impulso dos matemáticos Émile Borel e J. von Neumann, são os jogos de dois jogadores e soma nula, nos quais o que é ganho por um dos jogadores é necessariamente perdido pelo outro e vice-versa, que concentram a atenção dos pesquisadores. A partir desse tipo de jogo, J. von Neumann elabora em 1928 o "teorema do minimax". Ele considera dois jogadores A e B em situação de puro conflito; a prudência de A o leva a escolher a estratégia que *maxi*mize seu ganho *míni*mo e a prudência de B o leva a escolher a estratégia que *mini*mize sua perda *máxi*ma. Se A optar pela estratégia *maximin* e B pela estratégia *minimax*, o jogo terá então uma "solução" conforme à hipótese de racionalidade, como demonstra J. von Neumann. Será preciso esperar os anos 1950 para que a teoria dos jogos saia do círculo restrito de alguns matemáticos brilhantes. Economistas e cientistas políticos descobrem um interesse pelos jogos cooperativos nos quais os indivíduos se coalizam, fazem acordos com o fim de maximizar seus ganhos. Ora, essas situações são comuns no domínio econômico quando as empresas se aliam para proteger seus mercados, por exemplo, ou em matéria de estratégia política, quando os partidos se unem para ganhar eleições. A obra de J. von Neumann e O. Morgenstern (1944), que trata essencialmente desses jogos cooperativos, conhece um rápido e amplo sucesso (é reeditada em 1947 e em 1953).

Convém notar, entretanto, que a "cooperação" não rima com o altruísmo dos indivíduos. Como nota o economista Bernard Guerrien (*La Théorie économique néo-classique* [A teoria econômica neoclássica], 1999), "cooperação é entendida, aqui, no sentido de 'participação interessada em uma coalizão', e nada mais". O que leva John Nash a dizer ("Non Cooperative Games" [Jogos não cooperativos], *Annals of Mathematics*, nº 2, 1951) que os jogos cooperativos são uma forma de jogos não cooperativos.

A teoria dos jogos foi incorporada em muitas áreas: a economia, a ciência política, a gestão e até a biologia. É ensinada na maior parte das escolas de ciências econômicas e foi ela que permitiu que John Nash, Reinhar Selten e John C. Harsanyi ganhassem o prêmio Nobel de economia em 1994... para grande pesar de alguns de seus colegas que criticavam o irrealismo de suas hipóteses de base. É verdade que outro prêmio Nobel, Herbert A. Simon*, tinha indicado a racionalidade limitada dos indivíduos, em busca de uma solução satisfatória e não máxima.

Bibliografia: • R. Axelrod, *Comment réussir dans un monde d'égoïstes*, Odile Jacob, 1996 [1984] • K. Binmore, *Jeux et théories des jeux*, De Boeck, 1999 [1992] • M. Shubik, *Théories des jeux et sciences sociales*, Economica, 1998 [1982] • W. Poundstone, *Le Dilemme du prisonnier. Von Neumann, La théorie des jeux et la bombe*, Cassini, 2003 • J. von Neumann, O. Morgenstern, *Theory of Games and Economic Behavior*, Princeton University Press, 1944

→ *Homo oeconomicus*, **Neoclássico**, **Neumann**

JONAS, HANS
(1903-1993)

Antigo aluno de Edmund Husserl* e de Martin Heidegger*, esse filósofo alemão de origem judaica foge da Alemanha em 1933, quando os nazistas tomam o poder. Instala-se então em Londres, e depois em Israel em 1935. Durante a Segunda Guerra Mundial, ingressa nas fileiras aliadas. Ensina posteriormente no Canadá, antes de juntar-se à New School for Social Research em Nova York, no ano de 1955.

Hans Jonas é conhecido sobretudo como autor de *Das Prinzip Verantwortung* [*O princípio da responsabilidade*] (1979), cujo subtítulo indica claramente do que se trata: *Ensaio de uma ética para a civilização tecnológica*. Nessa obra, ele parte da seguinte constatação: o desenvolvimento científico e técnico é tamanho que chega a constituir uma ameaça e coloca em perigo a natureza e mesmo o próprio homem. A ética tradicional não pode responder a este desafio, pois está centrada nas relações entre os homens, quando, ao contrário, é preciso doravante atentar para nossas obrigações perante a natureza; além disso, ela leva em consideração apenas o presente, quando é preciso igualmente considerar nossa responsabilidade diante do futuro. Os efeitos nefastos da técnica não afetam somente nossa geração, mas têm também um efeito a longo prazo, ou até a longuíssimo prazo (é o caso dos dejetos nucleares, por exemplo). É porque a natureza e o homem são vulneráveis que existe responsabilidade. Essa responsabilidade diz respeito não só ao presente como ao futuro e exige a elaboração de um novo imperativo categórico que permita a permanência de uma vida autenticamente humana: "Age de maneira tal que os efeitos da tua ação não sejam destrutivos para a possibilidade futura de uma tal vida." É necessário, portanto, antecipar os perigos que espreitam o homem e a natureza. Para isso, Hans Jonas propõe o que chama de uma "heurística do medo": temos de cultivar deliberadamente um medo desinteressado, que não é covardia, e sim, ao contrário, um medo que identifica os perigos da técnica. Esse pensamento da técnica e do meio ambiente fará grande sucesso e terá influência decisiva nas correntes de pensamento ambientalistas e ecologistas.

Principais obras de H. Jonas
• *The Gnostic Religion*, 1958 [A religião gnóstica]
• *Das Prinzip Leben: Ansätze zu einer philosophischen Biologie*, 1966 [O princípio da vida: fundamentos para uma biologia filosófica]
• *Das Prinzip Verantwortung*, 1979 [*O princípio da responsabilidade*, Contraponto, 2006]

JUNG, CARL GUSTAV
(1875-1961)

Mergulhado em uma cultura teológica desde a mais tenra idade (é filho e neto de pastores), fascinado pelo orientalismo e pela mitologia, pela literatura e iconografia alquímicas – às quais irá consagrar-se no fim da vida –, grande admirador de Friedrich Nietzsche* e do *Fausto* de Goethe (segundo uma lenda familiar ele seria descendente natural do escritor alemão), Carl G. Jung irá interessar-se pelos mistérios do psiquismo dispondo de uma cultura multiforme, verdadeira pedra angular de sua reflexão teórica e de sua prática terapêutica. Elas têm início em 1900, quando é nomeado assistente de Eugen Bleuler em Burghölzi, a célebre clínica psiquiátrica universitária de Zurique. Ambos interessam-se pela "demência precoce", ou esquizofrenia*, considerando a doença de um ângulo psicodinâmico. C. G. Jung estará na origem da introdução do método psicanalítico no tratamento das psicoses*. Seu crescente renome chama a atenção de Sigmund Freud*. O primeiro encontro dos dois durará treze horas. Segue abundante correspondência que gera diálogos apaixonados, a ponto de, em 1909, S. Freud escrever: "Você será aquele que, como Josué, se eu sou Moisés, tomará posse da terra prometida da psiquiatria, que eu só posso avistar ao longe." O "filho primogênito" é consagrado herdeiro do discurso freudiano.

A RUPTURA COM FREUD

Em abril de 1908, C. G. Jung organiza o primeiro Congresso Internacional de Psicanálise, que apresenta como o primeiro congresso de psicologia freudiana, torna-se presidente da Associação Internacional de Psicanálise e redator-chefe do *Jahrbuch*, órgão oficial do movimento. Entretanto, esse quadro idílico é nublado pelas diferenças conceituais entre os dois homens. Uma das divergências de fundo diz respeito à libido*. C. G. Jung recusa a concepção freudiana de uma origem puramente sexual da energia psíquica e concebe a libido como uma energia vital, nela integrando um leque muito maior de instintos*, como a fome ou a necessidade de cultura. A ruptura do mestre e do discípulo é definitivamente consumada em 1913. C. G. Jung, como em cada uma das crises maiores de sua vida, entra num período de introspecção. Seus questionamentos irão traduzir-se, dessa vez, por uma autoanálise que durará até 1918 e que ele descreve como sua "confrontação com o inconsciente*". Seu longo ensimesmar-se resulta no desenvolvimento dos principais conceitos da "psicologia analítica", que aprofundará até o fim de seus dias.

Tipos psicológicos, *persona* e sombra

Em sua primeira obra importante do período pós-Freud (*Psychologische Typen* [*Tipos psicológicos*], 1921), C. G. Jung define "tipos psicológicos", conceito que não cessou de ser distorcido desde então: as atitudes de introversão e de extroversão. A orientação introvertida corresponde aos indivíduos influenciados por fatores subjetivos, enquanto as personalidades extrovertidas dão importância muito maior ao mundo exterior.

C. G. Jung define também as quatro funções de orientação do consciente: a sensação, o pensamento, o sentimento e a intuição. Existem, assim, intuitivos introvertidos, como existem sensitivos extrovertidos. Atitudes e funções podem evoluir no decorrer das transformações e dos períodos críticos de uma vida. Duas outras noções centrais, fortemente ligadas uma à outra, são as de *persona* e de "sombra". O termo *persona*, que vem do teatro antigo, designa a máscara usada pelos atores. Como máscara, a *persona* não corresponde ao que um indivíduo é de fato, mas ao que ele próprio e os outros pensam que ele é. A identificação com o *status* social, com o papel familiar, com os diplomas obtidos, participa da formação da *persona*. Já a sombra, avesso da *persona*, significa a parte oculta da personalidade. Ela tranca no inconsciente o conjunto dos elementos psíquicos, pessoais e coletivos, que não são vividos em razão da incompatibilidade com o modo de vida conscientemente escolhido. Nesse sentido, a sombra compõe uma personalidade autônoma, cujas tendências se opõem às tendências do consciente. A sombra de C. G. Jung aparecerá para ele num sonho, na forma de um adolescente desconhecido de pele morena, com tendências selvagens e assassinas, bem distante de sua própria *persona*. Essas duas concepções, assim como a dos tipos psicológicos, estão entre as mais conhecidas contribuições junguianas. Mas a essência de sua obra é a abordagem do "inconsciente". O inconsciente junguiano comporta uma dimensão de crescimento e desenvolvimento, como também uma busca de sentido. Ele é, de certa forma, "inteligente", busca evoluir, e nesse sentido distingue-se radicalmente do inconsciente freudiano, visto principalmente como uma instância de recalque.

A dinâmica do inconsciente

Além do mais – e nisso reside uma das maiores contribuições de Jung –, também o inconsciente é dividido em duas partes: o inconsciente pessoal, próximo da concepção freudiana, contém a parte de recalque e de esquecimento do que foi vivido por cada um, e forma-se em estreita ligação com a história individual; e o inconsciente coletivo, camada muito mais profunda do inconsciente e comum a todos, herança da evolução da espécie humana. A estrutura do inconsciente coletivo é constituída pelos instintos e pelos arquétipos*, que são imagens dinâmicas, espécies de moldes imutáveis e inatos, que se manifestam nos símbolos e nos mitos. Entre os mais importantes podemos citar a "Grande Mãe", doadora de vida, consoladora, mas também devoradora; ou o "Velho Sábio", que tem um conhecimento profundo e filosófico da vida. Os arquétipos, porém, não são diretamente acessíveis à consciência*, mas manifestam-se principalmente por meio dos sonhos ou no comportamento. Assim, a *anima* (*animus* é seu equivalente feminino) é a personificação da natureza feminina no inconsciente do homem, e pode levá-lo a este ou àquele tipo de mulher sem que ele tenha consciência. Os arquétipos são tudo menos conchas vazias: cheios de material consciente, contribuem para animar a vida psíquica.

Mesmo que C. G. Jung dedique ao inconsciente, tanto pessoal como coletivo, grande parte de suas reflexões, interessa-se também pelo consciente, pelo eu*. Finalmente, todas essas instâncias psíquicas são apenas partes de um todo, o eu, que é associado ao arquétipo da ordem interna, o *mandala*, representado tradicionalmente no Oriente por um círculo dentro de um quadrado, ou um quadrado dentro de um círculo. O objetivo da vida psíquica seria, portanto, atingir a realização do próprio eu. Para atingi-lo, o indivíduo segue um processo de individualização, que o conduz em direção à unidade de sua personalidade através de uma série de mudanças e transformações. C. G. Jung formalizou uma visão inovadora e complexa da psique. Sua obra inaugurou outra maneira de ver os mistérios do psiquismo humano. Entretanto, foram criticadas suas hipóteses a respeito de uma psicologia dos povos, que se referiam fundamentalmente às diferenças de potencial entre os inconscientes judeu e ariano (o segundo tendo potencial superior ao primeiro). Enfim, o "junguismo", separado da doutrina freudiana, teve e ainda tem grande ressonância internacional e permanece bastante popular no mundo anglo-saxão e sul-americano.

Principais obras de C. G. Jung
• *Wandlungen und Symbole der Libido*, 1912 [*Símbolos da transformação*, Vozes, 4ª ed., 1995]
• *Die Beziehungen zwischen dem ich und dem Unbewussten*, 1928 [*O eu e o inconsciente*, Vozes, 10ª ed., 2000]
• *Erinnerungen, Träume, Gedanken*, 1961 [*Memórias, sonhos, reflexões*, Nova Fronteira, 8ª ed., 1986]

→ **Psicanálise**

KEYNES, JOHN MAYNARD
(1883-1946)

"Acredito que o livro de teoria econômica que estou escrevendo vai revolucionar (...) o método de raciocínio que se aplicou até aqui, em todos os países do mundo, aos problemas econômicos."

Para anunciar tais pretensões é preciso ter certeza do próprio talento! John M. Keynes tinha... E quando pensa em "revolucionar o pensamento econômico", como escreve ao amigo George B. Shaw em 1935, não está delirando. O economista de Cambridge está redigindo sua grande obra: *The General Theory of Employment, Interest, and Money* [*A teoria geral do emprego, do juro e da moeda*], que será publicada no ano seguinte, em 1936. E, de fato, durante meio século, o "keynesianismo" reinará em todas as economias dos países ocidentais. Para entender a gênese e o alcance dessa obra, é preciso voltar ao início dos anos 1930.

A quebra da bolsa na Quinta-Feira Negra de outubro de 1929 havia provocado uma reação em cadeia. A onda de choque da "grande depressão" americana havia atingido a Europa no início dos anos 1930. As fábricas fecham por falta de mercados, há milhões de desempregados na rua.

O que fazer? Já há alguns anos os governos alemão (1932) e americano (1933) tinham se lançado numa política de grandes obras destinadas a ocupar os desempregados e a reaquecer a economia.

J. M. Keynes era favorável a essas intervenções (mesmo que ainda não fosse seu inspirador) e as compara com a construção das grandes pirâmides. Pouco importa que não sirvam para nada, contanto que gerem trabalho. E pouco importa o dogma liberal do *laisser-faire*! É com esse espírito que é pensada e escrita a *Teoria geral*: encontrar as respostas para o problema do momento, ou seja. o desemprego em massa.

UMA REVOLUÇÃO NO PENSAMENTO ECONÔMICO

A obra começa com uma crítica à "escola clássica*" de economia. Como "escola clássica", J. M. Keynes designa então Alfred Marshall (1842-1924) e Arthur Pigou (1877-1959), os principais representantes do pensamento econômico na Inglaterra. Defensores do livre mercado*, eles se apresentam como os herdeiros dos grandes fundadores do pensamento econômico, Adam Smith*, David Ricardo, John S. Mills e Jean-Baptiste Say*.

J. M. Keynes não é um adversário do mercado, mas se opõe a um de seus postulados centrais: a "lei da oferta*" de J. B. Say. Essa "lei" afirma que "a oferta cria sua própria demanda". Toda oferta de produtos encontrará mercados. Efetivamente, um marceneiro, por exemplo, que deseja produzir novos móveis, deve contratar e distribuir salários, que se tornarão uma fonte de renda disponível para a compra dos novos produtos.

Para J. M. Keynes, essa adequação espontânea entre oferta e procura é apenas uma relação hipotética. Concretamente, nem todos os salários distribuídos são automaticamente gastos. O consumidor pode poupar uma parte de sua renda em vez de gastar tudo. Uma empresa não vai automaticamente reinvestir seus capitais. Preferirá, talvez, especular na bolsa ou acumular capital, etc.

As assincronias entre diferentes fatores como "procura efetiva", "propensão a consumir", "incitação a investir", etc., podem constituir, segundo J. M. Keynes, a base de um desequilíbrio geral entre oferta e procura. Pois nada obriga a máquina econômica a funcionar a pleno vapor. Os empresários vão, então, restringir a produção e parar de contratar por receio de não vender mais. Os desempregados, por sua vez, não podem mais comprar, pois não têm mais renda. Um "equilíbrio de subemprego", ou seja, uma situação de desemprego durável, irá estabelecer-se, se nada ajudar a reaquecer o ciclo produção-consumo.

Como as regras espontâneas do mercado são insuficientes para assegurar o pleno emprego, é preciso estimular artificialmente o crescimento econômico: incentivar o consumo, dinamizar o investimento, em suma "reativar a demanda". J. M. Keynes defende até que um pequeno empurrão inicial pode fazer com que o ciclo volte a girar, através de um efeito de cascata que ele chama de "efeito multiplicador" (noção que empresta de seu colega de Cambridge, Richard F. Kahn).

O Estado tem a possibilidade – até mesmo o dever – de intervir para que o ciclo econômico seja retomado, e pode fazê-lo de diferentes maneiras: por meio de uma política de grandes obras, ou de encomendas públicas, de distribuição de renda às famílias, de taxas de juros baixas que incentivem os empresários a investir e, portanto, a criar empregos, pela taxação dos direitos de sucessão que limita o peso das rendas improdutivas... A "teoria geral" concede à moeda, principalmente, um papel central no incentivo à retomada da economia.

Para J. M. Keynes, de fato, a moeda não é um instrumento "neutro", apenas um meio de pagamento e de circulação. Criar moeda, por intermédio do crédito, por exemplo, oferece aos empresários a capacidade de fundos para criar novas atividades. Ao contrário, a "retenção" da liquidez freará a atividade econômica. J. M. Keynes vai direto ao ponto. Bastante hostil à poupança improdutiva dos rentistas, ele sugere, por provocação, a "eutanásia dos rentistas".

Destino do keynesianismo

A *Teoria geral* irá, como seu autor havia pensado, revolucionar o pensamento econômico nos anos seguintes. Apresentando a economia nacional como um "circuito global", J. M. Key-

Um economista no mundo

• John M. Keynes nasceu em 1883, ano da morte de Karl Marx*. Seus pais eram ambos universitários de Cambridge e a juventude de J. M. Keynes foi marcada pelo ambiente peculiar da intelectualidade progressista inglesa: um meio brilhante, anticonformista e cosmopolita. Participa do grupo de Bloomsbury, onde se torna amigo de escritores como Virginia Woolf e de artistas como o pintor Duncan Grant (que se tornará seu amante).

J. M. Keynes distingue-se rapidamente como um estudante brilhante que logo ascenderá ao cargo de professor na prestigiosa Universidade de Cambridge. Publica, então, diversas obras sobre a teoria monetária. Mas J. M. Keynes não se contenta apenas em ser um teórico puro, um intelectual de gabinete. Aborda o assunto como reformador e homem de ação. Conselheiro do governo britânico, participa das grandes negociações de sua época. Em 1919, está presente na Conferência de Paris sobre a paz. Toma posição contra as pesadas reparações impostas à Alemanha e expõe suas teses em *The Economic Consequences of the Peace* [*As consequências econômicas da paz*] (1919).

No final da Segunda Guerra Mundial, irá dirigir a delegação britânica nos acordos de Bretton Woods, onde preconiza a criação de um fundo monetário internacional.

Espírito eclético e aberto, J. M. Keynes era também um amante da vida, da poesia e da arte. Em 1929, casa-se com Lydia Lopokowa, a dançarina estrela dos balés russos Nijinski, com quem criará o Arts Theater de Cambridge.

Morre de infarto em 1946 aos 62 anos.

nes estabelece as bases da macroeconomia contemporânea, os princípios das compatibilidades nacionais do pós-guerra e, finalmente, fornece os fundamentos das políticas econômicas do Estado.

O keynesianismo inspirou a maior parte das políticas econômicas, do pós-guerra até o final dos anos 1970. Até que seus limites começaram a aparecer: as políticas de incentivo geram déficits crônicos do Estado e a criação de moeda resulta numa inflação galopante. Além do mais, a abertura das economias nacionais e a globalização das finanças tornavam inoperantes as políticas de reaquecimento econômico nacional.

Será o fim do keynesianismo? Os "neokeynesianos" não pensam assim. O pensamento de J. M. Keynes não se resume a algumas receitas de política econômica. J. M. Keynes era tudo, menos um doutrinário. Sua principal contribuição foi ter frisado a insuficiência do mercado em assegurar sozinho o crescimento. Ele atribui ao Estado um papel regulador, mas concebe inúmeras maneiras de agir. O autor da *Teoria geral* recusa a imagem de um mercado abstrato e autoequilibrado e aborda os fenômenos econômicos como um sistema vivo e levando em conta os fatores sociais e psicológicos envolvidos no comportamento econômico dos empresários. Dessa maneira, ele pensa a economia como uma ciência humana.

Principais obras de J. M. Keynes
• *The Economic Consequences of the Peace*, 1922 [As consequências econômicas da paz, UnB, 2002]
• *The General Theory of Employment, Interest, and Money*, 1936 [A teoria geral do emprego, do juro e da moeda, Abril Cultural, 1983]

KLEIN, MELANIE
(1882-1960)

Psicanalista britânica de origem austríaca, Melanie Klein se especializou em psicanálise de crianças. Interessou-se, particularmente, pela formação do Eu* nos recém-nascidos. Suas teorias foram frequentemente criticadas pelos anglo-saxões, que recusam análises que julgam caricaturais e excessivas da sexualidade infantil. Entretanto, ela influenciou fortemente a psicanálise anglo-saxã com a teoria das relações de objetos*.

Melanie Klein estudou com interesse particular as relações precoces entre a criança e a mãe. Foi precursora da psicanálise da criança. Para ela, a díade mãe-criança é um elemento essencial na construção do eu. A criança é atraída pelo seio da mãe (relação objetal). Ele é um objeto parcial, às vezes percebido como um bom objeto, às vezes como um mau objeto (que lhe faz mal). Ela o ama (pulsão de vida) e o odeia (pulsão de morte). O objeto parcial é um elemento da mãe, que pode ser uma mãe boa ou má. A criança conhece, portanto, conflitos psíquicos interiores, devido à discrepância entre essas duas percepções.

M. Klein influenciou psicanalistas como Donald W. Winnicott* (que desenvolveu a questão do objeto transicional) e a escola inglesa dos psicanalistas de grupo (Wilfred R. Bion, W. Jacques).

Principal obra de M. Klein
• *Die Psychoanalyse des Kindes*, 1932 [A psicanálise de crianças, Imago, 1997]

KÖHLER, WOLFGANG
→ Forma

KUHN, THOMAS SAMUEL
(1922-1996)

Filósofo e historiador da ciência americano, nasceu em 1922 no estado de Ohio. Após formar-se em física, orienta-se para o estudo da história das ciências. Thomas S. Kuhn ensinou em Chicago, e depois no MIT.

Seu livro mais importante, *The Structure of Scientific Revolutions* [*A estrutura das revoluções científicas*] (1959) dá origem a toda uma corrente "relativista" em teoria das ciências.

Segundo T. S. Kuhn, a ciência não evolui de maneira contínua, e sim por "saltos". Em cada época constata-se efetivamente a existência de um modelo dominante ou "paradigma*". Um paradigma é um *corpus* de hipóteses estruturadas entre si e que formam o sistema a partir do qual uma "comunidade" de estudiosos reflete num dado momento. Desenvolvendo-se no interior de um determinado paradigma, o trabalho do cientista não consiste em pôr em dúvida a teoria, e sim em resolver enigmas ("quebra-cabeças") no sistema de hipóteses desse paradigma.

A "ciência normal" funciona assim até que o modelo aceito entre em crise e um novo modelo venha substituí-lo. É assim que passamos da física newtoniana à física relativista do século XX.

Principais obras de T. S. Kuhn
• *The Copernican Revolution*, 1957 [A revolução copernicana]
• *The Structure of Scientific Revolutions*, 1959 [A estrutura das revoluções científicas, Perspectiva, 9ª. ed., 2006]

→ **Ciência**

KULA

O *kula* é um sistema de trocas cerimoniais de bens – em forma de presentes circulares (*Kula*) bastante codificados – praticado na Melanésia, especialmente pelos habitantes das

Ilhas Trobriand na costa da Nova Guiné. É praticada assim: os habitantes da ilha A partem numa piroga em direção a uma ilha amiga B. Levam pequenos presentes, sem grande valor ou utilidade, como braceletes de conchas. Chegando à ilha B, vão oferecer esses presentes. Os habitantes da ilha B oferecerão, em troca, outros presentes simbólicos. Essa troca de dádivas significa que foram criados novos laços entre as tribos que se tornaram amigas. A importância do presente determina o prestígio e o renome do doador. Cria também uma relação de dependência daquele que recebe em relação a seu anfitrião, sempre mais generoso. Os habitantes da ilha A vão então dar continuidade a suas visitas em outras ilhas do arquipélago. No ano seguinte, será uma expedição da ilha B, por sua vez, que irá visitar os vizinhos para receber dádivas cerimoniais por parte daqueles que lhes ficaram obrigados.

O *kula*, que, ao que tudo indica, já existia há aproximadamente mil anos, continua a ser praticado ainda hoje nas ilhas da Melanésia, sempre com bens sem valor comercial ou utilitário. A instituição do *kula*, primeiramente estudada por Bronislaw K. Malinowski* (1884-1942), foi objeto de várias interpretações antropológicas (M. Mauss, "Essai sur le don" [Ensaio sobre a dádiva], *L'Année Sociologique*, 1923-1924; A. Weiner, *Women of Value, Men of Renown: New Perspectives in Trobriand Exchange* [Mulheres de valor, homens de renome: novas perspectivas nas trocas de Trobriand], 1976; J. T. Godbout, A. Caillé, *L'Esprit du don* [O espírito da dádiva], 1992).

L

LABOV, WILLIAM
(nascido em 1927)

O linguista americano William Labov é considerado o fundador da sociolinguística*. Já em 1962, seus estudos sobre a ilha de Martha's Vineyard mostravam como uma transformação linguística podia estar diretamente relacionada a uma transformação social.

Labov realizou pesquisas sobre a estratificação social da língua inglesa em Nova York (1966), mostrando que o inglês falado nos bairros negros e populares do Harlem não seria uma simples deformação ou simplificação do inglês "correto". Em uma comunidade, onde se fala um "jargão" específico, as variações estudadas são sistemáticas e coerentes entre si. O sistema linguístico adotado possui lógica própria.

W. Labov opôs-se às teses de Basil Bernstein, segundo as quais as crianças dos meios populares possuiriam um "código restrito" em relação ao "código elaborado" das crianças originárias dos meios culturalmente favorecidos. Os tipos de inglês falados nos diferentes bairros de Nova York constituem, portanto, variações (e não empobrecimentos) do inglês do sul de Manhattan. Essa abordagem é às vezes chamada de linguística "variacionista".

Principais obras de W. Labov
• *The Social Stratification of English in New York*, 1966 [A estratificação social do inglês em Nova York]
• *Sociolinguistic Patterns*, 1972 [Mode os de sociolinguística]

LACAN, JACQUES
(1901-1981)

"O Nome-do-Pai é o significante que, no Outro, enquanto lugar do significante, é o significante do Outro enquanto lugar da lei" (*Escritos*, 1966). A leitura dos textos de Jacques Lacan certamente deixará o principiante perplexo. Escrita rebuscada, formulações sempre ambíguas, jogos de palavras, algumas fórmulas matemáticas..., é a uma busca quase "iniciática" que o leitor dos *Escritos* (1966) e dos *Seminários* (1953-1981) deve se lançar.

Com uma incerteza: o jogo vale a pena? Existirá por trás dessa prosa barroca e obscura uma construção teórica sólida e inteligível?

Na verdade, o pensamento de J. Lacan é muito menos insondável a partir do momento em que conhecemos algumas premissas básicas: o projeto intelectual do autor e a história de um pensamento que se apoiou amplamente nas teorias de sua época.

O CASAMENTO DO ESTRUTURALISMO E DO FREUDISMO

O projeto de J. Lacan é, em primeiro lugar, a tentativa – diversas vezes reelaborada – de fazer do freudismo uma teoria completamente abstrata do sujeito humano. J. Lacan não escreveu nada a respeito das centenas de pacientes que passaram pelo seu divã. Suas principais fontes de inspiração encontram-se na filosofia, na linguística* estrutural, na matemática e na incessante releitura de Sigmund Freud*. Poderíamos resumir sua busca intelectual a uma tentativa de hibridação entre Georg W. F. Hegel, S. Freud e Claude Lévi-Strauss*. Ele inspira-se na filosofia para construir uma espécie de "metafísica" do homem como "sujeito desejante", movido por uma "falta-a-ser". Também desejava transpor ao domínio do inconsciente o método linguístico estrutural, como C. Lévi-Strauss fizera na antropologia.

Três etapas marcam essa busca – inacabada – e formam os três pilares do lacanismo.

Embora sua tese em medicina *De la Psychose paranoïaque dans ses rapports avec la personnalité* [*Da psicose paranoica em suas relações com a personalidade*] (1932) seja a primeira publicação notável de J. Lacan, sua primeira contribuição inovadora para a psicanálise é a conferência que dá em 1936, intitulada "O estágio do espelho".

Henri Wallon é na realidade o verdadeiro "inventor" do estágio do espelho. Dele J. Lacan emprestou a ideia e as observações associadas, dando-lhes outro significado. O estágio do espelho é o período em que a criança toma consciência de sua própria identidade, autenticada pelo reconhecimento de sua própria imagem no espelho. Esse período, que se desenvolve em três etapas entre os 6 e os 18 meses, marca o acesso à função simbólica.

O INCONSCIENTE É ESTRUTURADO COMO UMA LINGUAGEM

A partir dos anos 1950, J. Lacan tentará introduzir o estruturalismo* no estudo do inconsciente, como seu amigo C. Lévi-Strauss havia feito alguns anos antes com a antropologia. A síntese lacaniana entre estruturalismo e freudismo possui a célebre formulação: "O inconsciente é estruturado como uma linguagem."

O que isso significa?

Para Ferdinand de Saussure*, o fundador da linguística estrutural, a linguagem é um conjunto de signos que formam entre si um "sistema". Um signo comporta, ao mesmo tempo, um "significante" (a imagem acústica do signo) e um "significado" (o conceito portado pelo signo).

J. Lacan transpõe essa ideia de uma estrutura da linguagem a uma estrutura do inconsciente feita de signos associados entre si. O inconsciente é concebido como "uma cadeia de significantes". Assim, no inconsciente, o pai real toma a forma de um conceito geral "Pai", que pode ser ligado, pelo jogo de associações entre significantes e significados, ao "Falo" ou ao "Nome-do-Pai". Pois não é o pai real que conta para o inconsciente, é o símbolo geral de toda paternidade, que remete não somente ao Falo, mas também ao Interdito, à Lei, etc.

O jogo das metáforas* e das metonímias* autoriza tais deslocamentos de sentido, que se efetuam, segundo J. Lacan, no inconsciente. Essas associações e correspondências são infinitas e evidentemente legitimam os muitos jogos de palavras ("*père version*", "*père-sévère*, expressões com a palavra *père* (pai) que, em francês, soam como "perversão" e "persevera") que J. Lacan tanto aprecia. Não seriam jogos do espírito, mas remeteriam a significados inconscientes mais profundos. A tentativa de J. Lacan de construir uma verdadeira "álgebra" do inconsciente tomará nova forma no início dos anos 1970. Apaixonado por matemática e topologia, ele se lança na tentativa de construção de uma espécie de modelização matemática das instâncias psíquicas. Propõe conceitos como "matema" (baseado no modelo dos "mitemas" de C. Lévi-Strauss), e "nó borromeano" (conjunto de três círculos atados entre si, de maneira que o corte de um separa os outros dois)...

Disso resulta uma mistura curiosa entre topologia, psicanálise e linguística – tudo servido numa língua cada vez mais metafórica e autorreferencial. Assim é o lacanismo dos anos 1970. As proposições dos *Seminários* nunca foram claras. Com o passar do tempo irão tornar-se cada vez mais obscuras e insondáveis, deixando ao comentador um espaço de interpretação sem limites.

O LACANISMO: A DIVA DO DIVÃ...

J. Lacan impôs-se como a principal figura da psicanálise francesa do pós-guerra. Cria, em 1964, após a cisão do movimento psicanalista francês (a Sociedade Francesa de Psicanálise havia rachado no ano precedente), a Escola Freudiana de Paris, que se tornará, até sua dissolução em 1980 (pelo próprio J. Lacan), o principal lugar de elaboração do lacanismo. J. Lacan era um personagem barroco e brilhante. Mundano, jogador, sedutor e ávido de glória, impôs-se como um grande pensador que subjugou todo um areópago de intelectuais e cercou-se de uma verdadeira corte de adeptos. No final de sua vida, o lacanismo quase parecia uma seita reunida em torno de um guru. Nessa época, J. Lacan praticava "sessões curtas" – às vezes três minutos apenas – junto a alguns pacientes.

A partir dos anos 1980, o lacanismo vai se dividir num sem-número de clãs e subgrupos que entrarão em disputa a respeito da interpretação do pensamento do mestre e da autenticidade da filiação.

Principais obras de J. Lacan
- *De la psychose paranoïaque dans ses rapports avec la personnalité*, 1932 [*Da psicose paranoica em suas relações com a personalidade*, Forense Universitária, 1987]
- *Écrits*, 1966 [*Escritos*, Perspectiva, 4ª ed., 1996]
- *Séminaires*, 1953-1981 [*Seminários*, Zahar, t. 1, 1996]
- (sobre J. Lacan) E. Roudinesco, *Jacques Lacan, esquisse d'une vie, histoire d'un système de pensée*, 1993 [*Jacques Lacan, esboço de uma vida, história de um sistema de pensamento*, Companhia das Letras, 3ª ed., 2001]

→ **Imaginário, Psicanálise**

LAÇO SOCIAL

A "crise do laço social" foi um dos grandes temores dos anos 1990. A expressão se difundiu para além do círculo de sociólogos para descrever a aparente desagregação dos dispositivos de integração social.

UMA CRISE DO LAÇO SOCIAL?

O diagnóstico parecia natural: o desemprego em massa, a flexibilização do trabalho, a desestabilização da família, a escalada da delinquência e das "incivilidades", o aumento da violência, a diminuição da participação política... Todos indícios de uma crise generalizada do laço social. Tudo concorreria para o enfraquecimento dos dispositivos de integração (trabalho, família, Estado, religião...), levando a uma progressiva "desfiliação" dos indivíduos e a um individualismo crescente. Entretanto, olhando mais de perto, o diagnóstico é discutível.

O desemprego constitui certamente uma dura provação econômica e psicológica para todos que passam por ele, mas não gera por isso uma ruptura dos laços sociais. Em primeiro lugar porque, para a maioria, o desemprego é uma situação transitória, que dura apenas alguns meses. Em seguida, porque os auxílios sociais (seguro-desemprego...) e o apoio familiar (os jovens permanecem mais tempo na casa dos pais) atenuam as dificuldades econômicas. Mesmo o desemprego de longa duração não resulta necessariamente na "desagregação" social. Em sua pesquisa, já clássica, sobre a *Disqualification Sociale* [*Desqualificação social*] (1991), Serge Paugam havia mostrado que, no interior das populações excluídas, somente uma minoria estava verdadeiramente em situação de "ruptura" com a família, os organismos sociais ou as redes de relações pessoais.

– A crise da família é outro fator mencionado para defender a tese da crise do laço social. O aumento do número de divórcios, de famílias monoparentais e de pessoas morando sozinhas indica indiscutivelmente uma fragilização dos laços. Mas isso não basta para concluir que há um declínio geral dos laços familiares. Pessoas que se casam mais de uma vez, as famílias recompostas, a riqueza da vida social dos solteiros, as relações e ajudas entre gerações vieram contrabalançar, em parte, a fragilização dos laços familiares.

– A solidariedade social? Às despesas de proteção social e ao peso do Estado social veio somar-se a ação de ONGs e associações financiadas pelo Estado e por doações de empresas e particulares. São dirigidas por voluntários, muitos deles aposentados, que participam cada vez mais desse tipo de ação.

PRECARIEDADE E FRAGILIZAÇÃO DE LAÇOS SOCIAIS NO BRASIL

No Brasil, o desemprego também aumentou na década de 1990 em virtude da abertura da economia e da retração do Estado e devido a fatores internacionais que interferiram no crescimento econômico do país, como o ataque especulativo na Ásia. A taxa de desemprego, que era de 4,03% em agosto de 1991, chegou a 7,80% em agosto de 1998. Após um pico de 12,3%, no ano de 2002, voltou progressivamente a cair. Segundo Marcio Pochmann, economista da Universidade Estadual de Campinas – Unicamp, no início dá década de 1990 o Brasil ocupava a oitava posição no *ranking* mundial do desemprego; em 1995, havia subido para a quinta posição e, em 1998, já estava em terceiro lugar.

Quanto aos moradores de rua, emblema máximo da ruptura de laços sociais, trata-se de uma parcela da população sem residência fixa que pernoita em praças, avenidas, casas abandonados, postos de gasolina, cemitérios, carrinhos de "catação" de papelão, sob pontes e viadutos, e que costuma exercer ocupações precárias e informais. Nessa área, não há ainda dados abrangentes no Brasil. Somente quatro cidades fazem censos próprios: São Paulo, Belo Horizonte, Porto Alegre e Rio de Janeiro – que, juntas, contabilizam 11.500 indivíduos vivendo nas ruas.

O número de associações e ONGs voltadas ao atendimento de setores mais vulneráveis da população no país tem se multiplicado de modo impressionante. Há que ressaltar também a criação de programas sociais voltados à redistribuição de renda e à carência alimentar das camadas socioeconômicas mais desfavorecidas. Portanto, não obstante a gravidade da exclusão social sofrida por uma parte da população, talvez também aqui seja precipitado deduzir que os laços sociais estejam efetivamente se desintegrando na sociedade como um todo.

COMPOSIÇÃO E RECOMPOSIÇÃO DO LAÇO SOCIAL

O termo "laço social" é uma noção sociológica vaga e ambígua. Pode designar várias coisas diferentes:
– *o laço cívico*, que une o indivíduo à coletividade. Ele se traduz pela participação eleitoral, mas também pela integração na vida social, pela participação nas associações, nos sindicatos, nos partidos políticos...
– *o laço interpessoal*, que o sociólogo e filósofo alemão Georg Simmel* chama de "sociabilidade"*. Ele remete às relações familiares, amicais ou de vizinhança e a toda outra forma de relação baseada na proximidade;
– *os laços econômicos,* que unem por um contrato de trabalho o contratado e o contratante. Esse tipo de laço repousa ao mesmo tempo no interesse recíproco (um "aceno da mão invisível") e em relações de confiança;
– *os laços de solidariedade,* tradicionalmente assegurados por mecanismos como a seguridade social, serviços sociais, seguros privados, de associações de trabalhadores. O seguro é uma forma de laço (solidariedade coletiva) que une sem que haja nenhum contato pessoal.

A EMERGÊNCIA DE NOVOS LAÇOS SOCIAIS

As sociedades contemporâneas são dilaceradas por processos contraditórios. Os laços sociais passam paralelamente por processos de decomposição e de recomposição, de fragilização e de renovação, de desagregação e de regeneração. E o tema pungente da "crise" não dá conta dessa dinâmica incessante de destruição criativa.

Se por um lado se observa algum grau de desintegração dos laços sociais tradicionais, sobretudo nos grupos excluídos, por outro, nas últimas décadas do século XX, emergiram novas formas de identificação e solidariedade, paralelamente ao processo de globalização. Não se pode negligenciar o fortalecimento dos movimentos que representam minorias – numéricas ou sociológicas –, como as mulheres, os negros e os grupos indígenas [S. Hall, *The question of cultural identity* (*A identidade cultural na pós-modernidade*), 1996].

Além disso, com a disseminação das novas tecnologias de informação, surgiram as redes sociais virtuais, que possibilitam laços sociais de nova natureza, horizontal e imediata. O sociólogo Manuel Castells [*La sociedad red* (*A sociedade em rede*), 1997-8] caracteriza a sociedade contemporânea justamente pela sua estrutura em redes, teias entrelaçadas de empresas, associações, instituições e mesmo grupos pautados por preferências pessoais. As primeiras comunidades virtuais, bastante simples, surgiram na década de 1970. Hoje, *sites* de relacionamento como o Orkut são inegavelmente novos canais para o estabelecimento de laços sociais, por fugazes que possam nos parecer.

Bibliografia: • M. Castells, *A sociedade em rede*, Paz e Terra, 1999 • IBGE, *Brasil em síntese*, disponível em: http://www.ibge.gov.br/brasil_em_sintese/default.htm • S. Hall, *A identidade cultural na pós-modernidade*, DP & A, 1999 • C. A. Oliveira, J. E. L. Mattoso, *Crise e trabalho no Brasil: modernidade ou volta ao passado?*, Scritta, 1996 • M. Pochmann, *A década dos mitos: o novo modelo econômico e a crise do trabalho no Brasil*, Contexto, 2001 • E. Silva, L. C. Costa, "O desemprego no Brasil na década de 1990", *Revista Emancipção*, n.° 5, 2005

LAKATOS, IMRE
(1922-1974)

Filósofo das ciências, professor e alto funcionário na Hungria, seu país natal, refugia-se na Grã-Bretanha após a derrota da Revolta de Budapeste de 1956. Defende sua tese em Cambridge, no King's College. Em 1965, é o organizador e editor dos atos do famoso colóquio de filosofia das ciências de Londres, que reúne a nata da disciplina (Rudolf Carnap, Alonzo Church, Thomas S. Kuhn*, Willard V. O. Quine*, Karl R. Popper*, Alfred Tarski e outros). Mais tarde, confronta-se com K. R. Popper, o que irá prejudicar fortemente a relação entre os dois. Em 1969, entretanto, é ele que sucede a K. R. Popper, quando este se aposenta, na chefia do departamento de filosofia da prestigiosa LSE. Morre em 1974 aos 52 anos.

Os programas de pesquisa científica

A contribuição central de I. Lakatos em filosofia das ciências reside no que ele chamou de "programas de pesquisa científica" (PRS). Para ele, um PRS é um *corpus* de hipóteses teóricas ligado a um plano de pesquisas especializadas. Por exemplo, "a 'metafísica cartesiana', ou seja, a teoria mecanicista segundo a qual o universo é um imenso sistema de relojoaria (e um sistema de turbilhão) com a impulsão como única causa do movimento, funcionou como um poderoso princípio heurístico". A teoria mecanicista do universo não tem de ser comprovada. É um alicerce de hipóteses no qual René Descartes irá apoiar-se para realizar suas próprias pesquisas e fazer descobertas em física.

Um PRS é, em primeiro lugar, formado por um núcleo duro, ou seja, um pequeno grupo de hipóteses que constitui o coração do programa. O núcleo duro da física de Newton, por exemplo, é formado pelas três leis do movimento e pela lei da gravitação universal. Essas hipóteses são invioláveis (são "heurísticas negativas"). O núcleo duro da astronomia de Copérnico é a hipótese segundo a qual a Terra e os planetas gravitam em torno de um Sol estacionário e a Terra dá uma volta em torno de seu próprio eixo em um dia.

O núcleo duro é envolvido por um "cinto protetor", conjunto de hipóteses auxiliares que podem ser eventualmente modificadas para integrar as observações divergentes. Os programas de pesquisa científica funcionam como uma "heurística positiva". Sugerem direções de pesquisa e selecionam campos de estudo. E eventualmente ignoram os elementos contraditórios.

Em vida, Imre Lakatos não publicou nenhum livro, somente uma dezena de artigos em revistas e obras coletivas que, após sua morte, foram reunidos em três volumes.

Principais obras de I. Lakatos
• *Proofs and Refutations: the Logic of Mathematical Discovery*, 1976 [Provas e refutações: a lógica da descoberta matemática]
• *Mathematics, Science and Epistemology: Philosophical Papers*, vol. 2, 1978 [Matemática, ciência e epistemologia: escritos filosóficos]
• *The Methodology of Scientific Research Programmes*, 1986 [A metodologia dos programas de pesquisa científica]

LATOUR, BRUNO
(nascido em 1947)

Filósofo, etnólogo e professor na EMP, Bruno Latour fez em 1979 uma entrada brilhante no campo da sociologia da ciência publicando, com Stephen Woolgar, *Laboratory Life: the Construction of Scientific Facts* [A vida de laboratório: produção dos fatos científicos] (1988). Nessa obra, ele descrevia a atividade dos pesquisadores como uma sequência de artifícios, de colagens e de compromissos com as coisas e os homens. Esse quadro está bem distante das exigências de racionalidade e de objetividade que a epistemologia* atribui ao método científico.

Mesmo efeito, algum tempo mais tarde, quando ele define o método do microbiologista Louis Pasteur como essencialmente uma arte consumada da argumentação polêmica (*Les Microbes: guerre et paix* [Os micróbios: guerra e paz], 1984).

Sua obra, hoje importante e abundante, escapa aos quadros disciplinares, pois ultrapassa o campo da sociologia da ciência para tratar, mais amplamente, do lugar do homem na natureza, das relações entre o saber e a democracia, ou da produção das regras do direito.

Principais obras de B. Latour
• *Laboratory Life: the Construction of Scientific Facts*, 1979 [A vida de laboratório, Relume-Dumará, 1997]
• *Les Microbes: guerre et paix*, 1984 [Os micróbios: guerra e paz]
• *Politiques de la nature. Comment faire entrer les sciences en démocratie*, 1999 [As políticas da natureza, Edusc, 2004]

LAZARSFELD, PAUL FELIX
(1901-1976)

Sociólogo norte-americano, de origem austríaca, ele é o inventor das grandes pesquisas de opinião sobre a influência da mídia.

Paul F. Lazarsfeld nasceu em Viena numa família de intelectuais judeus. Estudante brilhante, cursa simultaneamente direito, economia e matemática. Com o doutorado no bolso, cria com Karl e Charlotte Bühler, dois psicólogos de renome, um centro de pesquisa em psicologia econômica. Seu objetivo é compreender como os operários reagem à crise e ao desemprego: irão engajar-se na luta ou ceder à desesperança? Para responder a essa questão, realiza uma grande pesquisa publicada em 1932, *Die Arbeitslosen von Marienthal* [Os desempregados de Marienthal] (*ver quadro na página seguinte*).

Pesquisa de opinião sobre a influência da mídia

Quando se torna professor de sociologia em Columbia, P. F. Lazarsfeld irá coordenar grandes

Os desempregados de Marienthal

• *Die Arbeitslosen von Marienthal* [Os desempregados de Marienthal] (1932) é uma das primeiras pesquisas do gênero elaboradas da Europa. Marienthal é um vilarejo próximo a Viena. A cidade fora construída em torno de uma usina têxtil que dava trabalho à maior parte das famílias. Mas, em 1929, a usina fecha e grande parte da população fica desempregada. A pesquisa realizada por P. F. Lazarsfeld, que teve como assistente Marie Jahoda e Hans Zeisel, visa traçar um quadro completo da vida dos desempregados. Para tanto, os pesquisadores coletam o máximo de dados: quantitativos (orçamentos das famílias, composição das refeições, participação em associações, etc.) e qualitativos (relato de vida, observação participante*, entrevistas). Os pesquisadores têm até a ideia de organizar um concurso de redação junto às crianças do vilarejo para perguntar-lhes o que esperam ganhar de presente no Natal, como veem seu futuro…

• Descobre-se, dessa forma, a miséria que se abateu sobre a maior parte dos 1.500 habitantes da cidade. O desemprego é quase geral, e "três quartos dos lares dependem para sua existência material do seguro-desemprego". Muitos cultivam uma horta para se alimentar, mas o estudo dos menus mostra como os recursos são magros. As refeições de uma das famílias são compostas da seguinte maneira: "Café da manhã: café e pão; Almoço: sopa de batatas; Jantar: café e pão", e isso seis dias em sete. O desemprego e a miséria contribuíram para restringir todas as outras atividades no vilarejo. A escola Montessori fechou porque os operários não podiam continuar a pagar a professora; as festas, organizadas pela fábrica, cessaram. Pouco a pouco, toda a vida social declina. O movimento da biblioteca baixou. As associações, tão ativas outrora, restringem suas atividades. Ora, as associações eram justamente muito politizadas, próximas notadamente do partido socialista ou radical.

• Muitos desempregados passam os dias andando pelas ruas, ou em casa sem fazer nada. Longe de desencadear um movimento coletivo ou uma nova organização da vida, o desemprego provoca o abandono de toda atividade social e militante. No total, a análise dos dados leva à seguinte constatação: os desempregados afundaram-se na apatia, na resignação, e até mesmo no desespero. Os que queriam mudar de vida migraram para outra região ou outro país. Por isso, a capacidade de resistência dos habitantes de Marienthal foi profundamente afetada.

• Durante quanto tempo ainda irão aceitar essa situação?, pergunta-se P. F. Lazarsfeld no final da obra. Aqui, a angústia do militante transparece. No final de dois anos, a conclusão é mitigada: algumas atividades renascem em Marienthal, redes de solidariedade colocam-se em ação, mas algumas famílias "afundaram". No final das contas, os autores se confessam incapazes de prever as reações a longo prazo. A obra é concluída com uma constatação bastante desabusada: "Nós chegamos ao limite de nossa problemática e de nosso método (…). Foi um procedimento científico que nos levou a Marienthal. Voltamos com um único desejo: que desaparecessem, rapidamente, objetos de pesquisa tão trágicos."

Se, em seguida, P. F. Lazarsfeld toma suas distâncias com relação a sua pesquisa sobre Marienthal (em razão das fraquezas metodológicas que percebe posteriormente), a questão levantada constituirá o eixo central de todas as suas pesquisas ulteriores: como os indivíduos reagem diante de seu meio social? Quer se trate de pesquisas sobre a influência do rádio, quer sobre as decisões de consumo, esse tema se tornará dominante nos trabalhos de P. F. Lazarsfeld.

---

pesquisas estatísticas sobre a comunicação de massa e a influência da mídia. Assim, a Fundação Rockefeller confia a ele uma pesquisa sobre os efeitos do rádio na sociedade americana: *Radio Research 1942-1943* (1944).

As conclusões dessa pesquisa irão contradizer uma ideia preconcebida sobre o impacto dos discursos difundidos pela rádio (as estações de rádio estão se difundindo na América). Manifestamente, as populações não eram tão sensíveis à propaganda e à mídia quanto se acreditava. Suas opiniões eram bastante estáveis no tempo e pareciam relacionar-se mais com a influência dos mais próximos (família, amigos, líderes locais) do que com a leitura de um jornal ou a escuta radiofônica dos candidatos.

P. F. Lazarsfeld deduz que a ideia de uma influência direta, ligada à simples exposição à mídia (como pretendia a lógica do condicionamento behaviorista*, então em voga na psicologia americana), é falsa. Propõe então um outro modelo de comunicação: "em duas etapas" (*two-step flow*). Por exemplo, as escolhas políticas passariam pela intermediação de pessoas influentes, no interior dos grupos primários (as comunidades às quais se pertence).

Em Columbia, P. F. Lazarsfeld criou o Bureau of Applied Social Research. Ele expande suas pesquisas sobre a influência social à análise dos comportamentos eleitorais (*Voting* [Votando], 1954) e do consumo.

Paralelamente a suas pesquisas empíricas, P. F. Lazarsfeld realiza trabalhos de natureza metodológica sobre a aplicação da matemática na pesquisa sociológica. Trata-se de projetar ou desenvolver procedimentos de coleta, de codificação e de tratamento dos dados: método dos painéis, análise multivariada, análise de conteúdo*.

Esse trabalho metodológico contribuiu para dar a P. F. Lazarsfeld a imagem de um empirista ofuscado por uma visão quantitativista do social. Mas, contrariamente a essa imagem corrente, ele não reduzia a sociologia a pesquisas empíricas, como mostram suas últimas obras, *Qu'est-ce que la sociologie?* [O que é a sociologia?] (1954) e *Philosophie des sciences sociales* [Filosofia das ciências sociais] (1959), que tratam da epistemologia* das ciências sociais. P. F. Lazarsfeld reata com as reflexões teóricas da tradição europeia.

Principais obras de P. F. Lazarsfeld
• *Die Arbeitslosen von Marienthal*, 1932 [Os desempregados de Marienthal]
• (com B. Berelson, H. Gaudet) *The People's Choice: How the Voter Makes up His Mind in a Presidential Campaign*, 1944 [A escolha do povo: como o eleitor se decide em uma campanha presidencial]
• (com B. Berelson, W. N. McPhee) *Voting: a Study of Opinion Formation in a Presidential Campaign*, 1954 [Votando: um estudo de formação da opinião em uma campanha presidencial]
• *Philosophie des sciences sociales*, 1959 [Filosofia das ciências sociais]
• (com R. Boudon) *Le Vocabulaire des sciences sociales*, 1965 [Vocabulário de ciências sociais]

LAZER

O lazer foi definido pioneiramente pelo sociólogo francês Joffre Dumazedier como a parcela do tempo livre em que nos dedicamos à realização pessoal como fim último, após termos cumprido nossas obrigações. Nas palavras do autor, "o lazer não possui a miraculosa propriedade de anular os condicionamentos sociais, nem de instaurar o reinado da liberdade absoluta, mas a liberdade de escolha dentro do tempo de lazer é uma realidade, mesmo que limitada. (...) O indivíduo conquista o poder de escolher atividades com fins desinteressados, para a expressão, a criação ou a recriação de sua pessoa" (Dumazedier, 1999).

O lazer só existe em oposição ao tempo de trabalho, tendo surgido na esteira da Revolução Industrial, que separou a esfera do trabalho das demais. Com o desenvolvimento das forças produtivas, ao longo do século XX, foi se tornando possível garantir cada vez mais tempo livre do trabalho. O enfraquecimento das obrigações comunitárias (religiosas, políticas, familiares) permitiu que sobrassem momentos para as pessoas satisfazerem a si próprias. Além disso, passou a interessar às empresas que os trabalhadores tivessem tempo para *consumir*.

O sociólogo francês Roger Sue (1993) propõe a classificação do lazer em: práticas culturais; práticas esportivas; práticas de jardinagem e trabalhos manuais; e práticas sociais ou associativas (cervejada, ida ao restaurante, participação voluntária em associações, etc.). A esses quatro tipos poderíamos somar o turismo e o consumo.

O LAZER NO BRASIL

No Brasil, a visão de lazer proposta por Dumazedier teve ampla difusão entre 1960 e 1980, graças a pesquisadores da área que eram também funcionários do Serviço Social do Comércio (Sesc), como Nelson Marcellino (1996 e 2000) e Renato Requixa (1977 e 1980). O Sesc foi criado em 1946 por iniciativa de empresários, a fim de elevar o padrão de vida e ampliar os horizontes culturais de seus trabalhadores, recém-chegados do campo e atraídos pelo recente surto de industrialização urbana.

De maneira geral, os brasileiros pertencentes às camadas A e B gozam de opções de lazer abundantes e similares às dos países desenvolvidos: parques temáticos, academias de ginástica, salas de espetáculos, restaurantes sofisticados e boa infraestrutura turística (Sesc/WLRA, 2000). Por outro lado, as possibilidades de acesso ao lazer nas camadas de baixa renda são restritas, limitando-se ao futebol dos finais de semana – praticado por metade dos homens brasileiros –, às visitas aos parentes e a assistir a programas de televisão (Almeida, 2003).

A penetração da televisão é da ordem de 89% e cada brasileiro fica, em média, quatro horas diante da tela. Já o tempo dedicado à leitura é bem menor. Uma pesquisa encomendada pelo Instituto Pró-Livro ao Instituto Brasileiro de Opinião Pública e Estatística (Ibope) constatou que apenas 55% da população brasileira lê, e que a média anual de leitura é de 4,7 livros por pessoa. Dados do Instituto Brasileiro de Geografia e Estatística (IBGE) revelam ainda que 93% dos municípios brasileiros não têm sala de cinema e 94% não possuem um *shopping*; cerca de 85% não contam com museus ou teatros; 35% não têm ginásio esportivo e aproximadamente 25% não possuem bibliotecas públicas (Werneck, 2001). A Pesquisa de Informações Básicas Municipais do IBGE – Munic (2006) traz outras informações sobre práticas culturais no Brasil: 57,7% dos municípios declararam sediar exposições de artesanato; 49,2% deles afirmam ter acolhido manifestações tradicionais populares; em 38,7% ocorreram festivais de música e em 34,8%, concursos de dança. Ainda segundo a pesquisa, existem grupos de capoeira em quase metade dos municípios brasileiros; e o bordado é a atividade artesanal mais presente.

No tocante aos esportes, de acordo com o relatório "Esportes no Brasil: situação atual e propostas para desenvolvimento", do BNDES, "os brasileiros demonstram preferência por esportes com bola, movimento e participação coletiva. (...) O futebol concentra praticamente toda a atenção da população. (...) Alguns esportes, amplamente praticados em outros países, são elitizados no Brasil" (Santos *et al.*, 2009). De acordo com esse relatório, o esporte amador – comunitário e escolar – carece de instalações, equipamentos e incentivo.

Já em relação ao turismo, segundo a Fundação Instituto de Pesquisas Econômicas (Fipe), o turismo doméstico contabilizou, só no ano de 2005, 51 milhões de viagens, tendo como principais destinos os estados de São Paulo, Minas Gerais, Rio de Janeiro, Bahia e Santa Catarina. Os brasileiros que mais viajam são os paulistas, os mineiros e os cariocas, e os principais motivos para viagens são visitar amigos e parentes (53,1% dos turistas), aproveitar o sol e a praia (40,8%) e fazer turismo cultural (12,5%). Os turistas brasileiros viajam predominantemente de carro (45,7%).

Bibliografia: • M. A. B. de Almeida, *Lazer e reclusão: contribuições da teoria da ação comunicativa*, Unicamp, 2003 • J. Dumazedier, *Sociologia empírica do lazer*, Perspectiva, 1979 • Fipe, *Caracterização e dimensionamento do turismo doméstico no Brasil 2002 e 2006*, Ministério do Turismo, 2007 • N. C. Marcellino (org.), *Lazer & empresa*, Papirus, 2000 • N. C. Marcellino (org.), *Políticas públicas e setoriais de lazer:* o papel das prefeituras, Autores Associados, 1996 • P. G. Marins, "Requalificação de áreas urbanas no Brasil: caminhos para um balanço crítico em relação às práticas de turismo e lazer" [on-line], http://www.unisantos.br/pos/revistapatrimonio/artigos.php?cod=15 • R. Requixa, *Sugestões e diretrizes para uma política nacional de lazer*, Sesc, 1980 • Requixa, R., *O lazer no Brasil*, Sesc, 1977 • A. M. M. Santos *et al.*, "Esportes no Brasil: situação atual e propostas para desenvolvimento", Relatório interno do BNDES, disponível em: http://www.bndes.gov.br/conhecimento/bnset/esporte.pdf • Sesc/WLRA, *Lazer numa sociedade globalizada*, Sesc/WLRA, 2000 • R. Sue, *Le Loisir*, Puf, 1993

LE BON, GUSTAVE
(1841-1931)

De Gustave Le Bon citaremos apenas o título *La Psychologie des foules* [*A psicologia das multidões*], publicado em 1895. G. Le Bon foi, entretanto, na virada do século XIX para o século XX, uma das grandes figuras da antropologia e da sociologia nascentes. Intelectual conhecido, espírito enciclopédico, escreve tanto sobre medicina como sobre história, psicologia e até mesmo equitação. Mas tem especial predileção pelas vastas sínteses históricas, marcadas pelas ideias evolucionistas* então em voga. Opera uma espécie de síntese entre as ideias de Herbert Spencer, a antropologia física e a teoria das raças*.

"A era em que estamos entrando será verdadeiramente a das massas. (...) Hoje em dia, as tradições políticas, as tendências individuais dos soberanos, suas rivalidades pesam pouco. A voz das massas tornou-se preponderante."

Em *La Psychologie des foules*, G. Le Bon retoma o tema do elitismo que havia desenvolvido antes em outros livros (*La Civilisation des Arabes* [A civilização dos árabes], em 1884; *Les Civilisations de l'Inde* [A civilização da Índia], em 1887). As sociedades humanas são dirigidas por uma elite formada de indivíduos capazes de escapar dos preconceitos coletivos. Se a Inglaterra e os Estados Unidos dominam o mundo, é porque o sistema social desses países favorece a iniciativa individual, e portanto os indivíduos superiores.

O papel dessa elite é conduzir a multidão, concebida por G. Le Bon como uma multidão impulsiva, incoerente e irracional que necessita de mestres. "A massa é uma manada que não saberia viver sem um mestre." Para além dessas considerações elitistas, abertamente racistas e sexistas, as análises de G. Le Bon abriram o caminho para a psicologia social*, que se interessa pelos mecanismos de influência social. O tema da multidão, da imitação e das massas "de cordeiros" estava então na moda (ver Gabriel Tarde* e suas leis da imitação, ou Émile Durkheim* e sua teoria das representações coletivas).

Principais obras de G. Le Bon
• *La Psychologie des foules*, 1895 [*Psicologia das multidões*, Martins Fontes, 2008]
• (sobre G. Le Bon) B. Marpeau, *Gustave Le Bon, parcours d'un intellectuel: 1841-1931*, 2000 [Gustave le Bon, percurso de um intelectual]

LE GOFF, JACQUES
(nascido em 1924)

Historiador, especialista em Idade Média, Jacques Le Goff é um dos partidários da "nova história", herdeira da Escola dos Annales*: uma história voltada mais para os alicerces antropológicos e culturais que para os eventos e personagens ilustres. Especializado no estudo das mentalidades, buscou oferecer uma nova percepção da Idade Média em sua riqueza, sua diversidade e vitalidade, contra a imagem de um período sombrio e retrógrado que o século XIX havia legado.

Em *La Naissance du purgatoire* [O nascimento do purgatório] (1981), ele mostra que a ideia de purgatório surgiu no século XII, num momento em que a sociedade estava se transformando. Com os progressos agrícolas e a urbanização, a vida terrestre não é mais concebida como um vale de lágrimas. A ideia do purgatório coincide com uma sociedade que aspira a mais justiça e mais reconhecimento do indivíduo.

Principais obras de J. Le Goff
• *La Civilisation de l'Occident médiéva.*, 1964 [*Civilização medieval ocidental*, Edusc, 2005]

• *Pour um autre Moyen Age. Temps, travail et culture en Occident*, 1977 [Por uma outra Idade Média. Tempo, trabalho e cultura no Ocidente]
• *Saint Louis*, 1996 [*São Luís*, Record, 1999]

LE PLAY, FRÉDÉRIC
(1806-1882)

Formado na EP, Frédéric Le Play faz parte daqueles "engenheiros sociais" que abandonaram o mundo da técnica para se interessar pelos problemas humanos. A fraca posteridade desse reformador social no mundo sociológico é bastante injusta, e deve-se principalmente à sua reputação de conservador.

Suas pesquisas monográficas sobre o modo de vida dos operários constituem contudo um modelo no gênero: com o estudo dos orçamentos familiares, observações minuciosas e estatísticas, ele inaugura técnicas que serão retomadas bem depois pelos sociólogos e etnógrafos (*Les Ouvriers européens* [Os operários europeus], 1855).

A partir das monografias realizadas em sua época, F. Le Play pensa a evolução das formas familiares como uma degradação progressiva. Teríamos passado de uma forma de "família extensa" ou "alargada", característica das sociedades rurais tradicionais, à família nuclear atual que se tornaria dominante em nossas sociedades modernas. F. Le Play descreve dois tipos de famílias extensas características das sociedades camponesas tradicionais: a) a família patriarcal em que "todos os filhos se casam e se estabelecem no lar paterno"; b) a família tronco, que reúne sob o mesmo teto o pai e a mãe, um único de seus filhos casados, acompanhado de sua esposa e de seus filhos. A família tronco era considerada por Le Play um "modelo" da sociedade tradicional. Segundo ele, seu desaparecimento seria um sinal de desagregação social e moral. Ela foi substituída pela família "instável", que corresponde à nossa família nuclear, que reúne pais e filhos no lar, mas estes últimos deixam a casa assim que se tornam adultos e se casam.

Principais obras de F. Le Play
• *Les Ouvriers européens*, 1855 [Os operários europeus]
• *La Réforme sociale en France déduite de l'observation comparée des peuples européens*, 1864 [A reforma social na França deduzida da observação comparada de povos europeus]
• *L'Organisation de la famille*, 1871 [A organização da família]

LE ROY LADURIE, EMMANUEL
(nascido em 1929)

Historiador francês, titular de história na ENS, torna-se diretor da EHESS* em 1965, professor na Sorbonne em 1970, e é nomeado em 1973 para a cadeira de história da civilização moderna no Collège de France*. Também ocupou as funções de administrador da Biblioteca Nacional da França de 1987 a 1994.

Com Jacques Le Goff*, Marc Ferro e Jacques Revel, é uma das principais figuras do que esses historiadores batizam como a "nova história*". Essa "história imóvel" se interessa pelo banal, pelo cotidiano e pelos fenômenos de "longa duração".

Sua obra abundante, que trata principalmente da Idade Média e da época moderna, abriu novos caminhos para os historiadores: a história do clima, dos rituais, ou ainda a micro-história*.

Principais obras de E. Le Roy Ladurie
- *Histoire du climat depuis l'an mil*, 1967 [História do clima desde o ano mil]
- *Montaillou, village occitan, de 1294 à 1324*, 1975 [*Montaillou, povoado occitânico: 1294-1324*, Companhia das Letras, 1997]
- *Le Carnaval de Romans: de la Chandeleur au mercredi des Cendres 1579-1580*, 1979 [*O Carnaval de Romans, da Candelária à quarta-feira de cinzas 1579-1580*, Companhia das Letras, 2002]
- *L'Ancien Régime, 1610-1770*, 1991 [*O Antigo Regime, 1610-1770*]

LEACH, EDMUND RONALD
(1910-1989)

Antropólogo britânico conhecido por seus trabalhos etnográficos na Birmânia e no Sri Lanka e por suas contribuições aos debates teóricos, Edmund R. Leach questionou o funcionalismo de Alfred R. Radcliffe-Brown*, que dominava então a antropologia britânica.

Engenheiro de formação, passa muitos anos no Extremo Oriente, especialmente em Xangai, e realiza alguns trabalhos de campo na Tailândia e no Curdistão. De volta a Londres, estuda antropologia com Bronislaw K. Malinowski*. Durante a Segunda Guerra Mundial, serve no exército colonial da Birmânia, onde recolhe material etnográfico. Ensinará antropologia na LSE de 1947 a 1953, em seguida em Cambridge de 1953 a 1978.

Seu estudo sobre os kachins das terras altas da Birmânia (1954) é uma das primeiras monografias a adotar a abordagem estrutural* dos fatos simbólicos e sociais. Nesse trabalho, ele contesta o modelo de sociedade percebida como um sistema integrado e equilibrado e insiste, ao contrário, na diferença entre a norma e as práticas, no dinamismo e nas contradições. Assim, o sistema político kachin oscila entre dois polos: um modelo igualitário e democrático, e um modelo no qual as linhagens são classificadas hierarquicamente. Na obra *Pul Eliya: a Village in Ceylan* [Pul Eliya: uma cidade no Ceilão] (1961), resultado de sua pesquisa no Sri Lanka, ele defende a ideia de que as estruturas de parentesco se reduzem a relações de propriedade e explicita os comportamentos sociais mais em termos de adaptação ecológica que em termos de obediência a um sistema de normas.

Leach frisará também os limites do procedimento taxonômico e comparatista e criticará o caráter etnocêntrico das categorias analíticas dos antropólogos (*Rethinking Anthropology* [*Repensando a antropologia*], 1961). Ao contrário, irá interessar-se pelas categorias culturais indígenas (*Culture and Communication* [Cultura e comunicação], 1976; *The Unity of Man* [A unidade do homem], 1980). Sensível aos modelos formais, especialmente no campo do parentesco, adaptou na Inglaterra, com alguma reserva, o estruturalismo, privilegiando mais as oposições ternárias que as binárias. Consagra um livro a Claude Lévi-Strauss*, mas acabará qualificando de "metafísica" sua explicação das regularidades estruturais, que se deveriam, segundo aquele pensador, ao espírito humano.

Principais obras de E. R. Leach
- *Political Systems of Highland Burma: a Study of Kachin Social Structure*, 1954 [*Sistemas políticos da alta Birmânia: um estudo da estrutura social kachin*, Edusp, 1995]
- *Rethinking Anthropology*, 1961 [*Repensando a antropologia*, Perspectiva, 2001]
- *The Unity of Man*, 1972 [A unidade do homem]

LEAKEY (família)

Os Leakey formam uma grande dinastia de paleantropólogos. Dos anos 1950 aos anos 1960, devem-se a eles descobertas essenciais, especialmente a dos australopitecos* e dos mais antigos *Homo** da África do Leste.

Louis S. B. Leakey (1903-1972) e sua esposa Mary Leakey (1913-1996) realizaram juntos escavações no leste da África a partir dos anos

1930. Nos anos 1960, serão os responsáveis por grandes descobertas.

– Em julho de 1959, M. Leakey descobre um crânio australopiteco, bem conservado; esse "Dear Boy" tem 1,8 milhão de anos. Bem mais velho do que se acreditava na época.

– Em 1964, L. Leakey e Phillip Tobias descrevem pela primeira vez o *Homo habilis*.

– Os Leakey descobriram a mais velha indústria lítica, a indústria dos *choppers*, que foi chamada de "Oldoway" (do nome de desfiladeiros na Tanzânia, onde foram encontrados). São as primeiras pedras intencionalmente quebradas para fabricar utensílios.

– Entre 1976 e 1979, M. Leakey faz a extraordinária descoberta de indícios em Laetoli. Atribuído a dois australopitecos, esse primeiro indício da bipedia remonta a 3,6 milhões de anos.

Richard Leakey (nascido em 1944) é filho de Mary e Louis, e irá prosseguir com sucesso a obra dos pais. Também ele participa de grandes campanhas de escavação. A ele devemos a descoberta de uma centena de fósseis de hominídeos (australopitecos, *Homo habilis, Homo erectus*) na região do lago Turkana (Quênia).

R. Leakey destacou-se igualmente como homem de ação (participou do governo queniano e foi encarregado de dirigir o ministério da Cultura) e como vulgarizador de talento em paleantropologia.

Em 1970 R. Leakey casou com Meave Leakey, outra paleantropóloga! Ela é a autora de uma grande descoberta, uma nova espécie: *Australopithecus anamensis*, encontrada em 1995 no sítio do lago Turkana.

Bibliografia: • V. Morell, *Ancestral Passions, the Leakey Family and the Quest for Humankind's Beginnings*, Simon and Schuster, 1995

LEFORT, CLAUDE
(nascido em 1924)

Claude Lefort foi, junto com Cornelius Castoriadis*, o fundador de *Socialisme ou Barbarie*, uma revista de tendência trotskista que, nos anos 1950-1960, se consagrou à crítica dos sistemas burocráticos. Em seguida, C. Lefort vai se distanciar do marxismo* e dedicar-se a uma reflexão aprofundada sobre a natureza da democracia*.

Os pensadores marxistas negaram durante muito tempo a autonomia do sistema político, considerando o Estado, no fundo, apenas a expressão de uma "superestrutura" dependente da economia. Assim, eles não podiam pensar nem a natureza dos fenômenos totalitários nem a natureza da democracia. Foi a partir desse ponto de vista crítico que Claude Lefort se afastou do marxismo.

Na verdade, segundo ele, a democracia admite a "divisão social", ou seja, a separação entre múltiplas instâncias: entre sociedade civil e Estado, vida privada e vida pública, entre as classes sociais antagônicas e, no seio do Estado, entre os poderes executivo, legislativo e judiciário. Nisso consistem sua força de adaptação e seus limites.

Principais obras de C. Lefort
• *L'Invention démocratique: les limites de la domination totalitaire*, 1981 [*Invenção democrática: os limites da dominação totalitária*, Brasiliense, 2ª ed., 1987]
• *La Complication. Retour sur le communisme*, 1999 [A complicação. Retorno sobre o comunismo]

LEGITIMIDADE

O que leva um poder a ser reconhecido e aceito como legítimo? Segundo uma célebre tipologia proposta por Max Weber*, a legitimidade de uma autoridade pode apoiar-se em três pilares: a tradição, o carisma e a racionalidade:

– a dominação tradicional funda sua legitimidade na tradição, ou seja, nos usos e costumes, no hábito;

– a dominação carismática vincula-se a uma personalidade excepcional, dotada de uma aura particular. O chefe carismático assenta seu poder em sua força de convicção e em sua capacidade de reunir e mobilizar as massas;

– a dominação racional apóia-se no poder do direito formal e impessoal. Está ligada à função e não à pessoa. Nas organizações modernas, o poder se justifica pela competência, pela racionalidade das escolhas (guiadas pelos *experts*) e não pelo peso das tradições ou da aura pessoal de um chefe. A dominação racional ou "legal-burocrática" passa pela submissão a um código funcional (código de trânsito, código civil, etc.).

O PODER DEMOCRÁTICO

Nos sistemas democráticos, a legitimidade do poder provém das urnas. Deste ponto de vista, podemos ver a eleição e todo o cerimonial de poder que a acompanha (eleições, ceri-

As realezas sagradas: quando Deus legitima o poder

• De tanto se repetir a tipologia de M. Weber, como se fosse a palavra do Evangelho, a análise dos fatos foi esquecida. Ela visava distinguir as três formas de legitimidade presentes nas organizações e nos sistemas políticos da época. Mas não existirão, para além desses três princípios, outros fundamentos para a legitimidade do poder?

• Aos três princípios de legitimidade distinguidos por M. Weber, podemos sem dúvida acrescentar outros. A história das "realezas sagradas" sugere uma nova pista. Por realeza sagrada entendemos a monarquia em que o rei se apresenta como a encarnação ou o representante direto de uma divindade. "Eu recebo meu poder de Deus" é portanto seu princípio.
Em alguns casos, o rei se apresenta diretamente como o próprio Deus, ou o filho de Deus (caso do faraó Akhenaton), ou se define como o representante de Deus (os reis-sacerdotes, dos antigos reinos chineses, os califas, os reis africanos), ou busca simplesmente a unção divina fazendo-se sagrar rei pelas autoridades eclesiásticas (monarcas europeus). Todo um aparelho simbólico e ritual é destinado a mostrar a filiação entre o rei e Deus. Suas diferentes formas foram analisadas pelos antropólogos (J. Frazer, *The Golden Bough* [O ramo de ouro], 1898-1935; L. de Heusch, *Le Roi de Kongo et les monstres sacrés* [O rei do Congo e os monstros sagrados], 2000) e pelos historiadores (E. Kantorowicz, *The King's Two Bodies* [Os dois corpos do rei: ensaio sobre a teologia política na Idade Média], 1989; M. Bloch, *Les Rois thaumaturgues* [Os reis taumaturgos], 1924).

mônia de investidura, faixa de eleito, imóveis públicos, etc.) como rituais de legitimação do poder democrático.

Podemos considerar igualmente, seguindo a análise proposta por Luc Boltanski e a escola das convenções*, que em nossas sociedades, em que reina o pluralismo dos valores, uma ação ou uma decisão podem ser legitimadas por princípios diferentes e por vezes contraditórios: a ciência, a eficácia, a vontade geral, a moral, etc.

Bibliografia: • L. Boltanski, L. Thévenot, *De la justification. Les Economies de la grandeur*, Gallimard, 1991 • M. Weber, *Economie et société*, Pocket, 2003 [1922]

LEI DA OFERTA E DA PROCURA

"Oferta e procura, oferta e procura, oferta e procura. Sinta as palavras em sua boca, como um bom vinho. Oferta e procura: são as palavras mais utilizadas em economia. E por um bom motivo. Sempre fornecem a resposta correta para as questões econômicas. Tente perguntar: por que o presunto e a laranja ficaram tão caros neste inverno? Oferta e procura! Por que as taxas de juros baixaram? Oferta e procura! Por que as taxas de juros subiram? Oferta e procura!" (D. C. Colander, *Macroeconomics* [Macroeconomia], 2004, 5ª ed.).

Em economia, a "lei da oferta e da procura" nada mais é que a lei do mercado. É um mecanismo de ajuste entre a procura de um bem (as compras em potencial dos consumidores) e as ofertas (o volume colocado no mercado pelos produtores). Os preços são as variáveis por meio das quais se ajustam a oferta e a procura de um produto. Num mercado em que o preço pode variar livremente, existe um preço de equilíbrio entre a oferta e a procura. Esse preço é fixado por tentativas e ajustes sucessivos: toda superprodução tende a causar uma baixa dos preços; todo aumento da procura os fará subir. É o que acontece todos os dias nos mercados de produtos primários, o mercado do peixe, do tomate, ou da carne de porco.

LEITURA

Psicologia. "Mas como a percepção do olho torna-se leitura? Que relação existe entre o ato de apreender as letras e um processo que implica não somente a vista e a percepção, mas também a inferência, o julgamento, a memória, a capacidade de reconhecer, o saber, a experiência, a prática? Al-Haytham sabia que todos esses elementos eram necessários para realizar o ato de ler e lhe emprestava uma impressionante complexidade, que exigia para sua efetivação a coordenação de cem talentos diferentes."

Em sua *A History of Reading* [História da leitura] (1998), Alberto Manguel lembra que o ato da leitura, que uma vez adquirido parece tão simples, supõe a cooperação de atos mentais variados e complexos. O ato de ler se elabora em diversos níveis: reconhecimento visual dos sinais, percepção ortográfica, tradução dos signos em palavras, construção sintáxica, etc.

Para abordar o fenômeno psicológico da leitura, dois grandes modelos opuseram-se:
– o modelo *bottom up* (de baixo para cima) supõe um procedimento ascendente de decodificação dos sinais (primeiro as letras, depois as palavras, depois as frases...) na elaboração do sentido;
– o modelo *top-down* (de cima para baixo) dá prioridade, ao contrário, ao raciocínio, à utilização do contexto e às antecipações semânticas na leitura.

As pesquisas atuais se orientam em direção aos modelos interativos, nos quais, ao lado do necessário fluxo ascendente de informações (para ler, é imprescindível começar a perceber um conjunto de sinais gráficos), produzem-se efeitos retroativos provenientes das etapas de compreensão superior (sentido, sintaxe, contexto...).

UM TRATAMENTO EM CASCATA

Os pesquisadores propuseram duas vias no processo de leitura. Uma primeira, dita "lexical", supõe que, para ler, pode-se passar diretamente da decodificação do sinal à compreensão do sentido. Basta decodificar visualmente a palavra "página" para compreender seu sentido. Passamos aqui, portanto, diretamente do grafismo ao léxico mental; dito de outra maneira, do sinal ao sentido. Ora, muitas pesquisas mostraram que a leitura corrente utiliza paralelamente uma segunda via dita "fonológica". Essa segunda via supõe decodificar as palavras em forma de sons (fonemas*). Mesmo a chamada leitura silenciosa implicaria essa decodificação fonética. A dificuldade de operar a transcrição grafofonológica (das letras aos sons) seria a fonte das dificuldades de leitura dos disléxicos. Por exemplo, eles não conseguem distinguir fonologicamente /j/ e /ch/ ou /f/ e /v/, que são fonemas próximos ainda que visualmente bastante diferentes.

Atualmente, a maior parte dos especialistas admite a hipótese do "tratamento em cascata" proposto por Max Coltheart. A leitura se efetua segundo as duas vias (lexical e fonológica) e é a mais rápida que é escolhida. Assim, as palavras mais correntes seriam lidas diretamente por via lexical, enquanto as palavras mais raras (como "arbitrário" ou "bramido") implicariam uma mediação fonológica.

O APRENDIZADO

O aprendizado da leitura é outro setor particularmente ativo das pesquisas em psicologia. Os pesquisadores destacaram as diversas fases desse processo. Segundo Utah Frith (1985), a criança aprende a ler em três etapas.

A primeira é logográfica. A criança reconhece visualmente algumas palavras: "Coca-Cola", "STOP", ou seu nome. Mas não se trata de leitura, pois há apenas uma identificação visual. Por exemplo, se seu nome está escrito em letras minúsculas ("maria"), ela não saberá reconhecer a mesma palavra sob outra forma ("MARIA").

Em seguida, vem o "estágio alfabético", em que a criança aprende a reconhecer as letras que compõem uma palavra. Ela descobre que a letra "a" se encontra em "chocolate" e "papai". É – literalmente – o "bê-á-bá" da leitura.

Enfim, a etapa ortográfica é aquela em que a criança aprendeu a reconhecer a estrutura das principais palavras e já não precisa passar por uma decodificação alfabética para ler.

Sociologia. Contrariamente às ideias preconcebidas e às lamentações correntes, não se lê cada vez menos. E nem o rádio nem a televisão acabaram com a leitura. As pesquisas que abrangem um longo período mostram que no século XX, nos países ocidentais, a leitura não parou de progredir.

Desde os anos 1970, dispomos até de pesquisas sistemáticas e circunstanciais sobre as práticas de leitura. A longo prazo, a constatação global da evolução é de que o número de leitores vem aumentando há trinta anos. Na França, 73% dos lares possuíam ao menos um livro em casa em 1973; o número hoje chega a 91%. Em contrapartida, a porcentagem de grandes leitores (mais de 25 livros por ano) diminuiu (de 22% para 17%) entre 1975 e 2000.

A sociologia da leitura se interessa também pela variedade dos leitores. Não se trata simplesmente de saber "quantas pessoas leem", mas de analisar os perfis e as estratégias de leitura.

História. A invenção da imprensa permitiu colocar "o mundo no papel", segundo a fórmula da historiadora Elizabeth Eisenstein (1979). O progresso da leitura está diretamente ligado à invenção do livro (cuja forma atual data da Idade Média), posteriormente à invenção da imprensa (Renascimento), e enfim à escolarização (épocas moderna e contemporânea). Durante toda a Antiguidade e Idade Média, a leitura supõe a mobilização de um pesado arsenal de rolos, códices (as primeiras formas de livros) e, mais tarde, de grossas obras manuscritas. A leitura era portanto um ato pesado, custoso, e de toda maneira reservado a uma pequena elite alfabetizada.

A partir de 1450, a imprensa vai contribuir para a difusão do livro. Os progressos da leitura implicam igualmente o desenvolvimento da escolarização. A difusão do livro e da leitura supõe também uma outra evolução, menos conhecida: a passagem da leitura pública à leitura silenciosa. Efetivamente, a leitura foi praticada durante muito tempo de uma única forma: a leitura em voz alta diante de um público. Por exemplo, santo Agostinho ficava impressionado de ver santo Ambrósio ler sem falar: "Quando ele lia, seus olhos percorriam a página e seu coração examinava a significação, mas sua voz permanecia muda e sua língua imóvel." Essa leitura silenciosa e particular, que nos parece hoje tão evidente, é portanto, na realidade, uma invenção histórica recente.

Ela tem muitas consequências. Não somente permite a cada um ler onde e quando deseja, mas é fonte de enriquecimento e de isolamento intelectual. A leitura nos mergulha assim numa espécie de pequena bolha interior, e cria mundos virtuais suscetíveis de colocar entre nós e a realidade uma espessa cortina de palavras.

Bibliografia: • T. Baccino, P. Cole, *La Lecture experte*, Puf, "Que sais-je?", 1995 • R. Chartier, G. Cavallo (orgs.), *Histoire de la lecture dans le monde occidental*, Seuil, 1997 • C. Horellou-Lafarge, M. Segré, *Regards sur la lecture em France: bilan des recherches sociologiques*, L'Harmattan, 1996 • E. Jamet, *Lecture et réussite scolaire*, Dunod, 1997 • A. Manguel, *Une histoire de la lecture*, J'ai lu, 2001 [1998]

LEMBRANÇA (falsa)

A psicóloga americana Elizabeth Loftus, que foi presidente da American Association of Psychology, conseguiu mostrar a ocorrência sistemática de falsas lembranças. Seu método consiste em contar às pessoas episódios da infância delas (que a pesquisadora declara ter obtido com seus respectivos pais). Entre os acontecimentos reais, de fato informados pelos pais dos participantes da pesquisa, é introduzido o seguinte falso evento: "Um dia, enquanto vocês estavam fazendo compras em uma loja muito grande, você se perdeu de seus pais. Só bem mais tarde é que alguém o levou de volta a eles." Uma proporção notável de pessoas declara subitamente lembrar-se desse episódio totalmente inventado!

Nos Estados Unidos, a descoberta das falsas lembranças foi usada, pelos advogados de defesa, em uma série de processos de incesto nos quais mulheres acusavam seus pais de terem abusado delas na infância. Chegou-se, em seguida, à origem dessa epidemia de incestos re-

---

FALSA LEMBRANÇA: HISTÓRIA DE UM RAPTO

• Em seu livro, *La Formation du symbole chez l'enfant* [A formação do símbolo na criança] (1945), Jean Piaget* conta em uma longa nota uma "falsa lembrança" de sua infância, na qual ele acreditou por muito tempo. Trata-se de um evento do qual ele se lembra com precisão e que ocorreu quando ele tinha 2 anos de idade. Um dia em que sua babá passeava com ele num carrinho de bebê no Champs-Élysées, ele foi alvo de uma tentativa de rapto. Um indivíduo tentou arrancá-lo de seu carrinho, ao qual ele estava preso. Somente a intervenção da babá conseguiu impedir o rapto e afugentar o agressor. J. Piaget ainda pode ver claramente a cena: "A babá tentava corajosamente se opor ao homem (chegou mesmo a levar alguns arranhões e ainda vejo vagamente sua face machucada). Uma multidão logo se formou e um policial vestido com uma capa e segurando um cassetete branco se aproximou, o que fez que o homem saísse correndo." Ele chega mesmo a declarar ter a impressão de que o local do evento se situava próximo a uma estação do metrô.

• Muitos anos mais tarde, os pais de J. Piaget receberam de sua antiga empregada uma carta anunciando sua conversão religiosa. A ex-babá, desejando redimir-se de seus erros do passado, confessava ter inventado essa história a fim de ser valorizada e mostrar que era uma boa babá, disposta a tudo para defender a criança da qual cuidava. Quando dessa confissão, ela restituiu o relógio que havia ganhado como recompensa na ocasião. J. Piaget observa que, de tanto escutar essa história contada por seus pais durante toda sua infância, acabou por integrá-la à memória. "A narrativa dos fatos nos quais meus pais acreditavam foi por mim projetada no passado sob a forma de uma lembrança visual, precisa, mas falsa!"

lembrados: estes eram incutidos nas mulheres por sessões de psicoterapia.

Bibliografia: • E. Loftus, K. Ketcham, *Le Syndrome des faux souvenirs. Ces psys qui manipulent la mémoire*, Exergue, 2001 [1997]

LEROI-GOURHAN, ANDRÉ
(1911-1986)

André Leroi-Gourhan é o grande nome da pré-história francesa da segunda metade do século XX. Autodidata, deixa a escola muito cedo para tornar-se aprendiz tecelão, mas logo entra na Enlo, onde obtém diplomas de russo (1931) e chinês (1932). Passa dois anos no Japão, de 1936 a 1938, e entra no CNRS em 1940. Depois da Segunda Guerra Mundial, defende sua tese, e em seguida será nomeado vice-diretor do Musée de l'Homme. Obtém a cadeira de etnologia da Sorbonne em 1956 e é eleito para a cadeira de pré-história do Collège de France* em 1968. Simultaneamente pesquisador e professor, formou toda uma geração de pré-historiadores.

DA TÉCNICA À ARTE PRÉ-HISTÓRICA

"Busco homens e não pedras", gostava de dizer A. Leroi-Gourhan.

O fio condutor de sua obra apoia-se numa convicção: a de que o homem é total, ao mesmo tempo *faber* e *sapiens*, produtor de bens materiais e criador de linguagem simbólica. O homem se caracteriza pela capacidade de manipular seu meio ambiente por meio de ferramentas, memória e símbolos (*L'Homme et la Matière*, [O homem e a matéria], 1943; *Milieu et Techniques* [Meio e técnicas], 1945).

Em *Technique et langage* [Técnica e linguagem] (1964), primeiro volume da obra *Le Geste et la Parole* [O gesto e a fala], A. Leroi-Gourhan apresenta uma teoria do processo de hominização, mostrando a articulação entre a posição de pé, a liberação da mão e a posição do crânio: a mão foi liberada graças às ferramentas, o que permitiu a transformação dos músculos do pescoço e do crânio, a diminuição da face, o aumento da capacidade craniana, permitindo assim o desenvolvimento do cérebro e portanto a capacidade de simbolização do homem. O segundo volume, *La Mémoire et les Rythmes* [A memória e os ritmos] (1965), apresenta uma teoria da evolução técnica, concebida como ultrapassando a evolução biológica. A evolução dos símbolos e dos ritmos está associada com o domínio coletivo do espaço e do tempo.

A partir dos anos 1960, A. Leroi-Gourhan dedicou-se ao estudo das cavernas decoradas. Aplicou um método estruturalista: a repartição topográfica das imagens parietais (as representações de animais e os sinais abstratos corresponderiam a uma organização simbólica fundada numa dualidade masculino/feminino). Por outro lado, ele propôs uma periodização da arte parietal* em quatro estilos, que corresponderiam a uma evolução cronológica. Mas suas análises sobre a arte parietal não são mais admitidas pela maior parte dos historiadores atuais.

Ademais, A. Leroi-Gourhan desenvolveu novos métodos de escavação (recorte horizontal, estudo microtopográfico dos antigos solos de ocupação) e de análises dos resultados (conservar todos os vestígios, relatar suas posições espaciais em relação aos outros, etc.) que visam reconstituir todo o modo de vida dos homens da pré-história. Esses métodos de escavação foram aplicados na caverna de Arcy-sur-Cure (Yonne, 1948-1963) e no sítio de Pincevent (Seine-et-Marne).

Principais obras de A. Leroi-Gourhan
• *Evolution et techniques*, t. I: *L'Homme et la Matière*; t. II: *Milieu et Techniques*, 1943 e 1945 [Evolução e técnicas: t. 1 O homem e a matéria; t. 2 Meios e técnicas]
• *Les Religions de la préhistoire*, 1964 [As religiões da pré-história]
• *Le Geste et la Parole*: t. I *Technique et Langage*; t. II *La Mémoire et les Rythmes*, 1964 e 1965 [O gesto e a palavra: t. 1 Técnica e linguagem; t. 2 A memória e os ritmos]
• *Préhistoire de l'art occidental*, 1965 [A pré-história da arte ocidental]

LEVINAS, EMMANUEL
(1905-1995)

A filosofia de Emmanuel Levinas se inscreve na corrente fenomenológica* do século XX fundada por Edmund Husserl e Martin Heidegger*. Já na época de estudante, E. Levinas é impregnado por essa corrente, pois tem o privilégio de seguir em 1928-1929 os cursos de seus dois fundadores. Marcado por essa nova filosofia, ele irá contribuir para introduzi-la na França, tanto pela tese que consagra a E. Husserl como pela sua tradução das *Cartesianische Meditationen* [Meditações cartesianas] (1931) desse mesmo filósofo, primeira tradução disponível em francês.

Fenomenologia e ética

Todavia, E. Levinas se distingue rapidamente no seio da corrente fenomenológica. As origens lituana e judia do autor marcarão toda sua obra e sem elas não podemos apreender completamente sua filosofia. Lembremos que E. Levinas dirigirá, em Paris, a Enio, onde dará conferências talmúdicas até sua morte. Assim, a originalidade do filósofo reside na nova orientação que dá à fenomenologia: para além de um problema puramente cognitivo, a fenomenologia deve inscrever-se numa dimensão ética primeira, cuja fonte é transcendente: a existência do outro.

Essa tese da primazia da relação ética em um nível transcendente aparece nas principais obras de E. Levinas (*Totalité et infini* [Totalidade e infinito], 1961; *Humanisme de l'autre homme* [Humanismo do outro homem], 1972; *Autrement qu'être ou au-delà de l'essence* [Outramente que ser ou além da essência], 1974), que são complexas e de abordagem difícil. Para ele, se a relação ética é primeira, é porque nos questiona, recoloca em questão o egoísmo e o individualismo marcados pela preocupação consigo mesmo, fonte de conflitos e tensões. O outro não faz parte do mundo de objetos que me rodeiam, ele me fala, eu falo com ele. Assim, ele fixa limites ao meu poder, me julga, sua presença me opõe resistências. O outro é absolutamente outro e, nesse sentido, infinito.

O outro e seu "rosto"

Esse encontro com o outro significa mais ainda: como encontro com o infinito, ele é encontro com o "rosto", de acordo com o vocabulário de E. Levinas, que marca essa transcendência. O rosto não diz respeito ao rosto empírico do outro, tampouco é pura metáfora: ele me revela a humanidade do homem para além de todas as características sociais. Esse "rosto" me chama, me remete a uma responsabilidade. Viver sua humanidade é perceber esse chamado, é ser para outro. O rosto do outro porta o "traço" do que é infinito, divino. Podemos avaliar toda a influência da Bíblia hebraica na ideia de uma missão primeira a cumprir, missão que responde a um chamado divino, ideia de santidade e de fraternidade.

Essa filosofia teve certa influência na teologia contemporânea. Foi formulada por um filósofo que ansiava por uma maior humanidade, um homem que tinha fé no homem mesmo quando seu pensamento teve que se desenvolver sobre o pano de fundo do terror nazista, da violência e da barbárie. Efetivamente, E. Levinas escapou ao extermínio na Segunda Guerra Mundial, foi prisioneiro de guerra em 1939 na Alemanha, mas toda sua família foi massacrada nos campos nazistas.

Principais obras de E. Levinas
- *Le Temps et l'Autre*, 1948 [O tempo e o outro]
- *Totalité et infini*, 1961 [Totalidade e infinito]
- *Humanisme de l'autre homme*, 1972 [*Humanismo do outro homem*, Vozes, 2.ª ed., 2006]

LEVIRATO

Regra de casamento, praticada por muitas sociedades tradicionais, que determina que uma viúva deve se casar com o irmão mais novo do marido falecido. Os filhos desse casamento secundário são considerados descendentes do falecido. Frequente na Ásia, a regra é seguida na América do Norte pelos índios navajos, ou ainda na Melanésia. Ao levirato corresponde o sororato, costume que determina que um viúvo se case com a irmã mais nova de sua esposa falecida.

LÉVI-STRAUSS, CLAUDE
(nascido em 1908)

Claude Lévi-Strauss é a grande figura da antropologia francesa da segunda metade do século XX. Foi ele o introdutor do estruturalismo na antropologia e o responsável por aplicar o método estrutural às formas de parentesco, aos mitos, à arte.

Em *Tristes tropiques* [*Tristes trópicos*] (1955), C. Lévi-Strauss relata como, jovem professor de filosofia, rapidamente enfastiou-se dos "exercícios intelectuais gratuitos de filosofia". Descobre a etnografia aproximadamente em 1933, especialmente através da leitura do livro *Primitive Society* [Sociedade primitiva] (1920) do americano Robert H. Lowie. No livro, encontra-se uma descrição minuciosa das "sociedades primitivas" – os modos de vida dos indígenas, as regras de casamento, as técnicas. O autor se abstém das considerações gerais sobre o homem e seu destino. Para C. Lévi-Strauss, é uma "revelação", uma maneira concreta e viva de descobrir o homem. É assim que começa sua carreira de etnólogo.

LÉVI-STRAUSS, CLAUDE

MITOLÓGICAS: UMA GRAMÁTICA INCONSCIENTE DO IMAGINÁRIO

• O estudo dos mitos é outro grande domínio de exploração ao qual C. Lévi-Strauss consagrou sua grande série de *Mitológicas* (quatro volumes publicados de 1964 a 1971). Seu procedimento rompe com a explicação funcionalista* segundo a qual os mitos teriam, nas "sociedades primitivas", um papel na integração do grupo. Para C. Lévi-Strauss, os mitos não possuem nenhuma função particular, eles exprimem simplesmente a capacidade criativa do homem, que está estruturada por regras lógicas inconscientes. Assim como a linguística é capaz de encontrar uma gramática, conjunto de unidades e de regras de composição que formam as frases, é possível encontrar uma espécie de gramática inconsciente dos mitos. A partir do estudo das muitas lendas presentes em todo o continente americano, C. Lévi-Strauss identifica os temas comuns que se exprimem através de diversas variações. Ele encontra, então, os vários "mitemas" (unidade elementar do mito) que se definem uns em relação aos outros, formando duplas de oposição: cru/cozido, natureza/cultura, vida/morte, etc.

• Tomemos como exemplo o mito do caçador de pássaros, bastante difundido em toda a América, em versões diferentes. Ele conta a história de um caçador de pássaros que está acuado no topo de uma árvore após uma briga com um cunhado. Um jaguar virá salvá-lo. E desse salvador, o homem-jaguar, o personagem receberá o fogo, do qual o animal é depositário, para levá-lo a seus parentes. O método estrutural consiste em recortar o mito em segmentos (os mitemas), como o caçador, o jaguar, a fuga, a libertação, que se ligam uns aos outros por relações de oposição ou equivalência (homem-animal, natureza-cultura…). É pela comparação de muitos mitos semelhantes que as relações e as estruturas subjacentes podem ser desvendadas. Não é impossível, pensa C. Lévi-Strauss, que os mitos do mundo inteiro sejam construídos em torno de uma arquitetura única e universal. Ele proporá até mesmo uma fórmula algébrica em alguns de seus textos (*Anthropologie structurale* [*Antropologia estrutural*], t. I, 1958; *La Potière jalouse* [*A oleira ciumenta*], 1985).

Ele embarca para o Brasil, onde descobre as tribos ameríndias da Amazônia a partir de 1935, ao mesmo tempo que exerce o cargo de professor de sociologia na Universidade de São Paulo. Durante a Guerra, as leis antissemitas não lhe permitirão ocupar um posto de ensino na França. Migra, então, para os Estados Unidos, onde conhecerá o linguista Roman Jakobson*. O encontro é decisivo para a evolução intelectual de C. Lévi-Strauss. O procedimento estrutural que R. Jakobson acaba de inventar para a linguagem será o modelo científico que C. Lévi-Strauss vai doravante aplicar à antropologia.

Retornando à França, C. Lévi-Strauss entra para o CNRS, depois para a EPHE*, antes de tornar-se professor em 1959 no Collège de France*, onde cria o Laboratório de Antropologia Social e a revista *L'Homme*. Toda sua carreira será, a partir de então, consagrada à redação de uma obra monumental, sem jamais voltar à pesquisa de campo.

AS ESTRUTURAS ELEMENTARES DO PARENTESCO

No início da obra *Les Structures élémentaires de la parenté* [*As estruturas elementares do parentesco*] (1949), C. Lévi-Strauss retoma o problema, clássico para os antropólogos, da universalidade da proibição do incesto* e apresenta uma nova solução. Para ele, a proibição do incesto é ao mesmo tempo universal (encontrada em todas as sociedades) e cultural (é uma regra arbitrária). É a marca da passagem da natureza à cultura. E por que os homens estabeleceram essa proibição? Na verdade, a proibição do casamento no seio da mesma família ou do mesmo clã deveria ser entendida como uma obrigação: a de esposar uma pessoa de um outro grupo. O casamento seria, portanto, segundo C. Lévi-Strauss, uma forma de troca de mulheres entre comunidades e inauguraria uma aliança entre elas. Através disso, instaurar-se-ia uma regra de reciprocidade entre grupos sociais.

C. Lévi-Strauss busca então as diferentes fórmulas possíveis de regras para a troca de mulheres. Utilizando um enorme material relativo às sociedades ameríndias, africanas, asiáticas…, o antropólogo identifica algumas formas elementares de parentesco, que chama de "troca restrita" e "troca generalizada", que bastariam para descrever todos os sistemas existentes.

CRÍTICAS A LÉVI-STRAUSS

A propósito das regras de parentesco, muitos antropólogos notaram que a troca de mulheres entre clãs não existe nos chamados sistemas de parentesco dravidianos, presentes na Índia e em toda a América. Da mesma forma, não teriam validade para o Mediterrâneo árabe-muçulmano, onde reina o modelo de casamento árabe (em que se privilegia o casamento entre os filhos de dois irmãos).

Da mesma maneira, a estrutura pretensamente universal dos mitos descrita em *Mythologiques* [*Mitológicas*], a propósito dos mitos ameríndios, seria aplicável apenas na área cultural americana.

Essas críticas internas tendem portanto a relativizar a abrangência "universal" que C. Lévi-Strauss atribui a suas análises.

Outras críticas, mais radicais e tendo como alvo o procedimento estrutural, foram feitas. Segundo Edmund R. Leach, o procedimento adotado por C. Lévi-Strauss faz uso de uma espécie de "malabarismo verbal", em que os recortes em mitemas e seus jogos de oposição são bastante arbitrários (E. Leach, *Lévi-Strauss*, 1970). Por seu lado, Dan Sperber ironizou o procedimento estruturalista, mostrando que sua aplicação podia, com um pouco de habilidade, provar que qualquer mito – como o Chapeuzinho Vermelho e Hamlet – se fundava numa estrutura mítica comum (D. Sperber, *La Contagion des idées* [O contágio das ideias], 1996).

Principais obras de C. Lévi-Strauss
- *Les Structures élémentaires de la parenté*, 1949 [*As estruturas elementares do parentesco*, Vozes, 3.ª ed., 2003]
- *Tristes tropiques*, 1955 [*Tristes trópicos*, Companhia das Letras, 1996]
- *Anthropologie structurale*, 2 t., 1958 e 1973 [*Antropologia estrutural*, Tempo Brasileiro, 6.ª ed., 2003]
- *Le Totémisme aujourd'hui*, 1962 [*O totemismo hoje*, Vozes, 1975]
- *La Pensée sauvage*, 1962 [*O pensamento selvagem*, Papirus, 5.ª ed., 2005]
- *Mythologiques*, 4 t., 1964, 1967, 1968 e 1971 [*Mitológicas I, O cru e o cozido*, Cosac&Naify, 2004; *Mitológicas II, Do mel às cinzas*, Cosac&Naify, 2004]
- *La Potière jalouse*, 1985 [*A oleira ciumenta*, Brasiliense, 1986]

→ **Mito, Parentesco, Estruturalismo**

LEWIN, KURT
(1890-1947)

Após ter estudado psicologia em Berlim, nos anos 1910, onde reinava então a psicologia da *Gestalt* (ou teoria da forma*), Kurt Lewin torna-se professor e pesquisador nesta mesma universidade de 1924 a 1935. Com a chegada do fascismo, K. Lewin, que é judeu, deixa a Alemanha e vai para os Estados Unidos em 1935. É nesse país que realizará muitas experiências sobre a motivação, os estilos de liderança, a dinâmica de grupo. Em 1944, funda o Research Cen-

---

CLAUDE LÉVI-STRAUSS E *O PENSAMENTO SELVAGEM* (1962)

- O termo "selvagem" empregado no título deve, obviamente, ser considerado com distância. Pois justamente nesse ensaio que obteve um sucesso mundial, Claude Lévi-Strauss se propõe a refutar a tese segundo a qual o pensamento primitivo seria um pensamento "pré-lógico", mergulhado nos mitos e nas crenças irracionais.

"A exigência de ordem está na base do pensamento que chamamos de primitivo." C. Lévi-Strauss toma como objeto de estudo os sistemas classificatórios dos povos indígenas relativos às plantas e aos animais. Constata, em primeiro lugar, a riqueza e a precisão dos conhecimentos dos povos primitivos, que ultrapassam o quadro estritamente utilitário: "As espécies animais e vegetais não são conhecidas por serem úteis: são decretadas úteis ou interessantes porque são primeiro conhecidas." Além do mais, esse pensamento implica "procedimentos intelectuais e métodos de observações comparáveis". Entre a magia e a ciência, por exemplo, são mais os "resultados teóricos e práticos" do que o procedimento de pensamento que diferem.

E ele coloca então sua tese principal: o conhecimento desses povos visa, em primeiro lugar, ordenar a natureza instaurando uma classificação das coisas e dos seres. Essa preocupação em classificar, em "ordenar", está relacionada a uma lógica binária que aprecia os princípios de oposição e de semelhança. Ela manifestaria o atributo universal do espírito humano de classificar o mundo que o cerca e lhe conferir um sentido. "A verdadeira questão não é saber se o contato do bico de um pássaro cura as dores de dente, mas se é possível, de certo ponto de vista, "associar" o bico de pássaro e o dente do homem, (…) e, através desses agrupamentos de coisas e seres, introduzir um princípio de ordem no universo; a classificação, qualquer que seja, possuindo uma virtude em si em relação à ausência de classificação."

ter for Group Dynamics no MIT. Morre três anos mais tarde, em 1947. Ele lançou as bases da psicologia social* e, além de ter deixado atrás de si uma obra teórica, colocou a disciplina no caminho da experimentação e formou muitos pesquisadores de renome (Leon Festinger, Theodore Newcomb...).

A TEORIA DOS CAMPOS

Nosso meio físico e social constitui para K. Lewin um "campo de força". Os objetos ou pessoas que nos cercam são objetos de atração e de repulsão. K. Lewin dá um exemplo simples. A mesma paisagem não tem o mesmo significado para uma pessoa que faz uma caminhada no domingo e para um caçador à espreita da caça. O conjunto formado pelo sujeito (S) e seu meio (M) aparece como um "campo" estruturado de forças composto de zonas de atração e repulsão. Para formular a teoria do "campo", K. Lewin inspira-se na teoria da *Gestalt*, mas também na física teórica, que acompanha com interesse.

K. Lewin gostava de formalizar os campos de força – ou espaço de vida – nos quais um indivíduo vive, em forma de esquemas. Por exemplo, um indivíduo bulímico deseja fortemente abrir o armário para pegar um pacote de bolachas. Notemos que a motivação do indivíduo é despertada somente por uma necessidade fisiológica (a fome), mas a atração se manifesta ainda mais pelo fato de o pacote estar ao alcance de sua mão (a motivação é, portanto, dependente do meio). O sujeito resiste, entretanto, à tentação, pois prometeu emagrecer e, principalmente, porque há uma outra pessoa no cômodo que não deixará de censurar-lhe a falta de força de vontade caso ele pegue o pacote. Existe portanto um conflito entre as forças de atração e as resistências, os obstáculos para chegar a um fim. Essas diferentes forças podem ser representadas, como em física, por zonas A, B e C do meio, cada uma com um valor subjetivo diferente, ou por vetores que representam forças de atração e de repulsão que aumentam ou não em função da proximidade do sujeito (como para os polos de um ímã).

A teoria dos campos se aplica também aos grupos humanos: uma classe, um departamento numa empresa, um grupo de jovens, etc. Supõe-se que existam, entre as pessoas, fenômenos de atração e repulsão, comparáveis a campos de força. O objetivo da dinâmica de grupo será, portanto, segundo K. Lewin, estudar explicitamente os campos de força no interior das pequenas comunidades humanas. É com esse objetivo que ele cria o Research Center for Group Dynamics no MIT em 1944.

OS TRÊS ESTILOS DE LIDERANÇA

Numa célebre experiência, realizada no final dos anos 1930, K. Lewin e seus colegas Ron

---

OS CAMPOS DE FORÇA SEGUNDO KURT LEWIN

• As relações entre um indivíduo e seu meio podem ser descritas, segundo o psicólogo Kurt Lewin, a partir da noção de "campo". K. Lewin interessava-se muito pela física de sua época, na qual um "campo" é utilizado para representar as interações (as relações de repulsão e de atração) entre as partículas elementares.

Seja um sujeito (S) atraído por um objeto (O+), por exemplo, uma criança que deseja ver tevê. Mas entre S e O+ interpõe-se um personagem (p), a mãe de S, que o proíbe de assistir a um filme naquela hora. S poderá então dirigir sua atenção a outras zonas de seu meio (A, B, C, D): seu quarto, seu *videogame*, um livro, seu telefone celular, a cozinha..., que formam também zonas de atração (ou de repulsão) para S.

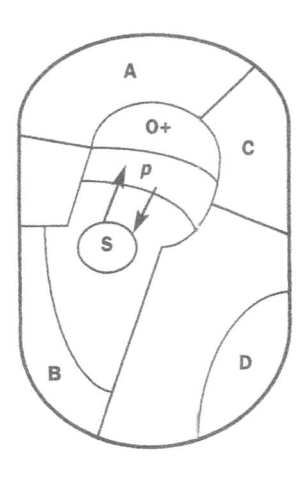

Lippitt e Robert W. White buscaram medir a influência de um tipo de comando em um grupo de meninos de 10 a 11 anos. A experiência consiste em formar três grupos dirigidos, respectivamente, por um líder de estilo autoritário (ele é impositivo, não escuta as sugestões do grupo e toma decisões sozinho), um líder de estilo democrático (que escuta o grupo, propõe mais que comanda, suscita o acordo e a adesão do grupo) e enfim um líder de estilo liberal (que intervém muito pouco, contentando-se, conforme o caso, em dar conselhos). Tendo confrontado esses três grupos com uma mesma tarefa, os autores esperavam que o estilo democrático tivesse a melhor performance. Na realidade, os resultados são um pouco mais surpreendentes. O estilo autoritário é tão eficaz quanto o estilo democrático para realizar uma tarefa solicitada ao grupo. O estilo liberal é o menos eficaz. Em contrapartida, no grupo democrático, a satisfação é maior. Quando o líder está ausente, o grupo com direção democrática se mostra mais performático, enquanto a eficácia do estilo autoritário desmorona.

K. Lewin foi um dos primeiros a realizar experimentos em psicologia social, mas foi também um teórico convicto. Defendeu uma abordagem ao mesmo tempo teórica e experimental. Atribui-se frequentemente a ele a seguinte sentença: "Nada é mais prático que uma boa teoria." Espírito progressista, era também bastante preocupado com a utilidade social da pesquisa em psicologia social.

Principais obras de K. Lewin
• *A Dynamic Theory of Personality*, 1935 [Teoria dinâmica da personalidade, Cultrix, 1975]
• *Principles of Topological Psychology*, 1936 [Princípios de psicologia topológica, Cultrix, 1973]
• *Authority and Frustration*, 1944 [Autoridade e frustração]

→ **Dinâmica de grupo**

LÉXICO, LEXICOLOGIA

Pela etimologia, o termo "léxico" significa "lista de palavras". Numa primeira abordagem, o léxico de uma língua corresponde a seu vocabulário. Assim, publicam-se léxicos de termos médicos ou de informática. A lexicografia (ciência do léxico) é a disciplina que consiste em redigir dicionários.

Em linguística, o léxico se distingue, entretanto, do vocabulário. Por exemplo, a palavra "internacional" é composta por duas unidades lexicais: "inter" (que significa relação recíproca) e "nacional" (que diz respeito à nação). O prefixo "inter" é considerado uma unidade do léxico, assim como as palavras "balão", "porta", "rosa", ou "jovem".

A lexicologia se propõe, portanto, a descrever as unidades lexicais que compõem uma língua.

LÉXICO MENTAL

Em psicologia cognitiva, o léxico mental designa o conjunto das informações relativas às palavras estocadas na memória que utilizamos para falar, ler ou escrever. Essas informações passam por diversos canais: ortográfico, fonológico, e remetem igualmente a representações mentais. Diversos modelos de psicolinguística* foram propostos para dar conta da organização do léxico mental (como as palavras são estocadas? Que relações se estabelecem entre elas?) e do acesso ao léxico (como passamos de um *estímulo* sonoro, como uma palavra ouvida, ou visual, como a escrita, à sua compreensão?).

Bibliografia: • L. Ferrand, *Cognition et lecture. Processus de base de la reconnaissance des mots écrits chez l'adulte*. De Boeck, 2001 • J. Segui, L. Ferrand, *Leçons de parole*, Odile Jacob, 2000

LIBERALISMO

"Liberalismo" é um termo genérico que designa diferentes correntes e doutrinas forjadas no Ocidente no decorrer dos séculos a partir da palavra-mestra "liberdade".

O liberalismo, como doutrina filosófica, política e econômica, nasceu no século XVIII a partir de uma reivindicação fundamental da burguesia ascendente: a expressão das liberdades políticas, econômicas e intelectuais do indivíduo, contra a arbitrariedade do Estado absolutista, contra os entraves econômicos (ordens, corporações) ou intelectuais (Igreja). Os teóricos liberais querem fundar uma ordem social que conceda ao indivíduo os direitos de propriedade, de expressão política, de consciência.

Posteriormente, o destino do liberalismo como grande movimento de pensamento vai se dividir em diversas variantes.

O LIBERALISMO POLÍTICO

O liberalismo político foi utilizado na Inglaterra e nas Províncias Unidas dos Países Baixos no século XVII como ideologia de combate contra o absolutismo monárquico e as autoridades religiosas. Ele afirma como princípio primeiro da vida política a defesa dos direitos políticos do indivíduo: direito de expressão, de associação, de propriedade..., enquanto o Antigo Regime submetia o indivíduo aos interesses do grupo: família, ordem, Estado, Igreja. Reivindica um Estado alicerçado no direito e não na autoridade caprichosa do príncipe. Os pensadores clássicos do liberalismo político são John Locke, Charles de Montesquieu, Benjamin Constant, François Guizot, Alexis de Tocqueville*.

John Locke (1632-1704) foi o primeiro a anunciar os princípios políticos: o objetivo da organização política não é reforçar o poder do Estado, mas sim oferecer aos indivíduos a liberdade de pensar, crer, circular, de organizar suas vidas da maneira como bem entenderem, desde que a liberdade do outro não seja ameaçada.

C. de Montesquieu (1689-1775) desenvolve a ideia da divisão dos poderes (entre autoridade religiosa e política, entre executivo e legislativo) que evitaria a arbitrariedade do Estado.

O liberalismo político é representado na França no século XIX por homens como Benjamin Constant (1767-1830), incansável denunciador da tirania e dos regimes despóticos (jacobino ou bonapartista), autor em 1819 do discurso *La Liberté des Anciens et des Modernes* [A liberdade dos antigos e dos modernos (in M. Gauchet, *B. Constant. De la liberté chez les Modernes* [B. Constant. Da liberdade nos modernos], 1980).

ISAIAH BERLIN E AS DUAS LIBERDADES

• Historiador das ideias e filósofo inglês (de origem russa), Isaiah Berlin (1909-1997) introduziu uma célebre distinção entre dois tipos de liberdade:
– a liberdade negativa, que remete simplesmente ao fato de não sermos impedidos na realização daquilo que desejamos fazer (exprimir-se sem censura, circular livremente...);
– a liberdade positiva, que supõe um verdadeiro poder de ação: o de controlar as decisões públicas ou tomar parte nelas.

• I. Berlin, *Eloge de la liberté*, Calmann-Lévy, 1988 [1969]

No século XX, é chamado de liberal todo um espectro de pensadores de tendências muitas vezes bastante diferentes: os defensores do pluralismo político e oponentes do totalitarismo (como Raymond Aron*) até os doutrinários ultraliberais, partidários do Estado mínimo, como foi a corrente dos "libertários" (Robert Nozick...) que tiveram seu momento de glória nos anos 1980.

O LIBERALISMO ECONÔMICO

O *laisser-faire* é a máxima dos liberais. O liberalismo econômico é baseado em duas ideias simples: o livre empreendimento é o melhor estímulo para a produção e o livre comércio é o melhor dispositivo de repartição das riquezas.

Os economistas "clássicos" que deram forma ao credo liberal foram Adam Smith* (1723-1790), David Ricardo (1772-1823), Jean-Baptiste Say (1767-1832), John Stuart Mill (1806-1873). O liberalismo desses autores não é contudo radical. Por exemplo, eles não se opõem a toda intervenção do Estado na repartição das riquezas.

O liberalismo econômico tomou em seguida várias formas.

Os "neoclássicos*", reunindo os marginalistas da geração dos anos 1870 (Léon Walras* e Vilfredo Pareto*, Alfred Marshal, William S. Jevons, Carl Menger e outros) que reformularam a teoria clássica (modelo microeconômico do mercado autoequilibrado), e os teóricos da microeconomia (modelo Arrow*-Debreu), não são todos partidários (longe disso) de um liberalismo desenfreado.

Nos anos 1980, uma corrente de pensamento "neoliberal" impõe-se. Contra o keynesianismo* até então dominante, os neoliberais (Milton Friedman, James Buchanan, Robert Lucas e outros) propõem políticas de redução do Estado, uma desregulamentação em escala nacional e a liberalização das trocas em escala internacional. Tiveram grande influência nas políticas econômicas (por exemplo, nos mandatos de Ronald Reagan e de Margaret Thatcher) e nas instituições internacionais como o Fundo Monetário Internacional (FMI).

Bibliografia: • R. Aron, *Essai sur les libertés*, Hachette, 1998 [1965] • P. Manent, *Histoire intelectuelle du libéralisme*, Hachette, 1997 [1987]

→ Economia

LIBIDO

O termo, que em latim significa "desejo", é empregado por Sigmund Freud* como sinônimo de pulsão sexual.

No pensamento clássico, falava-se também de *libido sciendi*, sinônimo de "curiosidade", gosto pelo saber.

Quanto a santo Agostinho (354-430), em *A cidade de Deus e As confissões*, ele se lançou numa análise das paixões humanas em que evoca a *libido dominandi*, paixão pelo poder que "destrói o coração dos mortais com a crueldade mais tirânica". Ela se decomporia em outras paixões, como a glória (*libido gloriandi*) e a sede de riquezas (*libido habendi pecuniam*).

LÍDER, LIDERANÇA

O que é um bom líder? O problema se coloca para os empresários, os professores, os técnicos esportivos... Os trabalhos sobre liderança datam dos anos 1930, com Kurt Lewin* e seus colegas Ron Lippitt e Robert W. White, e abordam a dinâmica de grupo*. Os pesquisadores estabeleceram uma distinção entre três estilos de liderança:

– o estilo autoritário: o líder é diretivo, não escuta as sugestões e toma as decisões sozinho;

– o estilo democrático: ele escuta, propõe mais que comanda, suscita o acordo e a adesão do grupo;

– o estilo "liberal": ele intervém muito pouco e se contenta em dar conselhos e diretivas gerais.

Após a Segunda Guerra Mundial, os trabalhos sobre liderança multiplicaram-se, especialmente nos Estados Unidos, no quadro do exército em primeiro lugar, em seguida nas empresas. Esses trabalhos podem ser classificados em diversas categorias.

– Alguns se dedicam a estabelecer os traços de personalidade do líder, na ótica inaugurada por K. Lewin.

– A abordagem de Robert R. Blake e Jane S. Mouton (*The New Managerial Grid*, 1978) concentrou-se no comportamento, partindo de uma distinção entre as formas de enquadramento centradas na atividade e na organização do trabalho, e as centradas nas relações com as pessoas.

– As chamadas abordagens de "contingência" buscam abranger, ao mesmo tempo, a personalidade dos dirigentes, dos empregados (seu grau de qualificação, de envolvimento...) e as características da empresa. A tipologia estabelecida por Paul Hersey e Kenneth H. Blanchard distingue quatro tipos fundamentais de liderança: o estilo diretivo, motivacional (que busca o envolvimento dos empregados), participativo e de delegação.

– A abordagem transacional, defendida particularmente por George C. Homans e Peter M. Blau, estuda sobretudo formas de transação "política" entre os dirigentes e seus subordinados, e o modo como cada um procura influenciar ou dominar o outro (com jogos de argumentação, prestando serviços, criando situações de dependência, apropriando-se das zonas que exigem especialização e competências determinadas, etc.)

– A abordagem transformacional focaliza-se na capacidade dos dirigentes de captar o interesse, a motivação e o engajamento dos subordinados: pelo carisma do líder, o reconhecimento individual, o estímulo intelectual, a confiança...

Bibliografia: • G. Pelletier, "Les formes du leadership: approches américaines", dans P. Cabin (org.), *Les Organisations: état des savoirs*, Sciences Humaines, 1999

LÍNGUA

Estima-se entre 4 mil e 6.500 o número de línguas faladas no mundo. O *Languages of the World*, editado em Dallas, contou 6.784 línguas em 1999. *The Linguasphere Register of the World's Languages and Speech Communities*, publicado pelo Observatório Linguístico de Hebron (País de Gales), arrolou 4.994 (em 2000), mas as subdividiu em "línguas interiores", depois em dialetos. Assim, o servo-croata, considerado uma única "língua exterior", é dividido em nove línguas interiores (três literárias e seis regionais) e mais de cinquenta dialetos...

Seis mil línguas. Tal número pode surpreender nos países onde reina o monolinguismo, ou onde coexistem apenas duas línguas. Mas não se pode esquecer que alguns Estados abrigam um número muito grande delas. Existem 410 línguas na Nigéria, 380 na Índia, 200 no Camarões e na Austrália. Os campeões são Papua-Nova Guiné (850 línguas) e Indonésia (670 línguas). Algumas dessas línguas são faladas por um grupo muito reduzido de locutores (500 línguas são faladas por menos de 100 pessoas). É o

LÍNGUA

caso das línguas das tribos papuásias, ameríndias ou aborígines, que viveram muito tempo em relativo isolamento geográfico.

O desaparecimento das línguas

• Claude Hagège estima que aproximadamente 25 línguas desaparecem por ano (*Halte à la mort des langues* [Basta à morte das línguas], 2000). Nesse ritmo, metade das línguas terá desaparecido até o final do século. Várias delas são faladas apenas por algumas dezenas ou centenas de locutores. São línguas da Ásia (Papuásia, Indonésia), da África ou ameríndias.

• O desaparecimento das línguas não se deve à globalização e à dominação do anglo-americano, como poderíamos crer. Diversos fenômenos se conjugam. A extinção de certas línguas, em primeiro lugar, está relacionada com o desaparecimento físico de um povo. Em 1974, o manês, língua de uma etnia ameríndia, desaparecia com seu último locutor. Os últimos sobreviventes desse grupo haviam na verdade adotado o espanhol. Outro exemplo: no Egito, os jovens núbios que vão ao Cairo procurar trabalho abandonam a língua de suas comunidades para falar árabe.

• Historicamente, é a constituição dos Estados que contribui, há dois séculos, para esse desaparecimento. Unificando um país, constituindo uma administração ou uma escola que veiculam uma língua oficial, os Estados contribuem para a redução massiva das línguas de uma região. O que hoje acontece num país como a Nigéria ou com a Papuásia, na Nova Guiné, é comparável ao que acontecia na França nos séculos XVIII e XIX, quando ainda coexistia uma grande diversidade de dialetos: o picardo, o champanhês, o loreno, o normando, o auvérnio, o occitano, o provençal, o gascão, etc. A isso soma-se o desaparecimento das comunidades tribais que viviam em relativa autarcia em certas regiões do mundo (África negra, Indonésia, Amazônia) e que foram integradas em conjuntos maiores (por êxodo rural, urbanização, escolarização). Embora sua extinção pareça inevitável, muitos linguistas se mobilizam para coletá-las e descrevê-las. Além disso, certas comunidades decidem-se a fazer reviver ou a defender suas línguas exigindo seu ensino, sua manutenção nos documentos oficiais…

Língua e dialeto

Segundo os especialistas, não há como distinguir de maneira rigorosa um dialeto e uma língua. Já foi dito que "uma língua é um dialeto com exército e polícia". Uma língua seria, portanto, um dos dialetos que tomou o poder num determinado país. Os dialetos, por sua vez, são maneiras de falar que possuem entre si semelhança suficiente para criar um universo de intercompreensão. É o caso dos dialetos árabes falados na Tunísia, Líbia, Argélia ou Marrocos. Na Espanha, existem o castelhano e o catalão, e um deles – o castelhano – foi erigido ao *status* de língua oficial. Em contrapartida, o basco não é um dos dialetos espanhóis. É uma língua singularmente diferente da grande família das línguas indo-europeias.

As grandes famílias linguísticas

Os linguistas dividem as línguas do mundo em famílias e macrofamílias aparentadas entre si. As divisões estão longe de ser unanimidade entre os especialistas. Merritt Ruhlen (*The Origin of Language: Tracing the Evolution of the Mother Tongue* [A origem das línguas: traçando a evolução da língua-mãe], 1997) divide as línguas em doze macrofamílias repartidas geograficamente da seguinte maneira.

– Na África, o khoisan (África do Sul), o nigero-cordofânio (Sudão, Nigéria), o nilo-saariano, o afro-asiático (que compreende o semítico árabe e o hebreu), o tchadiano, o berbere e as línguas da África negra, como a família das línguas bantas.

– Na Ásia e na Oceania, o áustrico é a única macrofamília do Sudeste Asiático. Integra tanto as línguas tonais da Ásia (chinês tibetano, birmanês, tai, vietnamita…) como as línguas da Indonésia, que são não menos de 670. As duas outras macrolínguas são o indo-pacífico (a Nova Guiné conta, sozinha, 800 línguas) e o australiano (200 línguas recenseadas).

– Na América, M. Ruhlen recenseia três grandes famílias: o esquimó-aleúte (do Alasca), o na-dene (presente no Alasca e no Cáucaso) e o ameríndio, que reuniria todas as línguas tradicionais da América do Norte e do Sul.

– Na Eurásia estão presentes quatro macrofamílias: dravidiano, kartveliano (Geórgia), dene-caucasiano (ao qual pertencem o basco e outras línguas do Cáucaso como o checheno), e enfim a grande família indo-europeia, que é a mais conhecida para nós. Esta última compreende as línguas mortas, como o grego antigo ou o sânscrito, e diversas famílias de línguas vivas: as línguas romanas (francês, espanhol, italiano, romeno), as línguas germânicas (inglês, alemão, holandês, ídiche, línguas escandinavas), as línguas celtas (bretão, gaulês, gaélico), as línguas eslavas (russo), as línguas iranianas (persa ou pársi), algumas línguas da Índia (híndi, kashmiri, punjabi, goudjarati, marata, oriya, bengali, assamês, urdu, nepali, cingalês).

Bibliografia: • R.Breton, *Atlas des langues du monde*, Autrement, 2003 • L. J. Calvet, *Pour une écologie des langues du monde*, Plan, 1999 • Obra coletiva, "Les langues du monde", *Pour la science*, 1999 • C. Hagège, *La Structure des langues*, Puf, "Que sais-je?", 2001 [1982] • G. Kersaudy, *Langues sans frontières. A la découverte des langues de l'Europe*, Autrement, 2001 • M. Malherbe, *Les Langages de l'humanité. Une encyclopédie de 3.000 langues parlées dans le monde*, Robert Laffont, 1995

→ **Linguagem, Linguística**

LINGUAGEM

O que é a linguagem? Todo mundo sabe – ou acredita saber – o que é: um conjunto de palavras associadas entre si para formar frases, a fim de trocar mensagens e ideias. Mas a questão torna-se mais difícil se buscarmos estabelecer uma diferença rigorosa com relação à comunicação animal. O canto dos pássaros, a dança das abelhas e o canto das baleias podem ser considerados linguagem?

Linguagem humana e comunicação animal

Os animais se comunicam de muitas maneiras: por gestos (o chimpanzé estende a mão para pedir comida a um congênere), posturas (o lobo ou o cavalo, inclinando as orelhas de determinada maneira, mostram que estão bravos ou atentos), odores (a urina serve para os felinos marcarem território), gritos (cacarejos, mugidos, gorgolejos, assobios, bramidos, etc.).

Mas esses modos de comunicação não verbais são realmente linguagem?

O grito de alerta de um macaco quando vê um leopardo poderia ser simplesmente um grito de pavor que sinalizaria (mas sem intenção) a presença do predador aos outros animais. Mas descobriu-se que o macaco-vervet utilizava três tipos de grito de alarme diferentes para sinalizar a presença de um leopardo, de uma águia e de uma serpente. Da mesma forma, a famosa linguagem das abelhas, estudada por Karl von Frisch (1886-1982), permite que uma abelha indique precisamente às irmãs o lugar onde se encontra o alimento. E isso graças a uma dança codificada que indica o lugar (a orientação e a distância em relação à colmeia). Tem-se, portanto, um código preciso, que transmite uma informação a partir de sinais arbitrários (o número de voltas traduz a distância).

A dupla articulação da linguagem

A criatividade do espírito humano foi frequentemente atribuída à "dupla articulação da linguagem" descrita pelo linguista André Martinet* (1908-1999).

– A primeira articulação corresponde às unidades sonoras – os fonemas*, que podem ser reunidos para formar palavras diferentes. Assim, a palavra "habitar" compreende seis fonemas: a / b / i / t / a / r. Na língua portuguesa, por exemplo, há cerca de trinta e três fonemas, que podem ser organizados diferentemente para compor outras palavras.

– A segunda articulação é das unidades de sentido (morfemas*, palavras, frases) que permitem por combinação compor uma infinidade de enunciados. A palavra "habitar" compreende dois morfemas: "habit", radical do verbo, e "ar", que indica o infinitivo verbal.

Muitos autores defenderam que a dupla articulação permitiria a expressão de uma grande criatividade do pensamento, já que, a partir de um material elementar, poderíamos emitir uma infinidade de enunciados diferentes. Entretanto, é possível afirmar que a primeira articulação (em fonemas) não é exclusiva da linguagem humana: o canto dos pássaros é também construído a partir de unidades sonoras de base (as notas) que se combinam em variações melódicas diferentes.

A segunda articulação, das unidades de sentido, é a que remete, na realidade, à variedade do léxico humano. Existe aproximadamente o mesmo número de morfemas (ou palavras) e de ideias de base a serem enunciadas numa língua. Mas nada indica que sejam as palavras (ou morfemas) que geram a diversidade de ideias, e não o inverso.

Por outro lado, a teoria da "dupla articulação", frequentemente citada pelos não linguistas como uma espécie de evidência, foi abandonada há muito tempo pela comunidade dos linguistas que, nos anos 1970, substituíram os fonemas como unidades de base da fala pela teoria dos "gestos articulatórios". Essa teoria, por sua vez, foi superada por uma abordagem psicolinguística que não se interessa unicamente pelos sons emitidos, mas também pelos indícios explorados pelos ouvintes para vincular um sinal sonoro e a representação da palavra no léxico mental (L. Ferrand, J. Segui, *Leçons de parole* [Lições de fala], 2000).

A GRAMÁTICA SERIA O ELEMENTO CARACTERÍSTICO DA LINGUAGEM HUMANA?

Muitos autores, na esteira dos trabalhos de Noam Chomsky*, afirmaram que a criatividade da linguagem humana é um produto da gramática.

Os seres humanos poderiam criar enunciados bastante complexos em virtude de uma propriedade da gramática humana que "fornece a capacidade de gerar um número infinito de expressões a partir de um número finito de elementos". Se o homem se distingue, portanto, do resto do gênero animal pela linguagem, sua criatividade repousa na faculdade da gramática. Em suma, o homem não seria mais que um "macaco gramatical".

Porém, essa teoria do macaco gramatical é muito criticada. Os afásicos*, que sofrem de um transtorno específico da gramática, deveriam passar por profundos transtornos da cognição, o que não acontece. Ao contrário, em alguns pacientes com lesão do lobo frontal constata-se um empobrecimento considerável do discurso, enquanto suas aptidões linguísticas permanecem intactas. Eles sabem falar perfeitamente, mas não têm nada a dizer...

Finalmente, as crianças possuem, com 2 ou 3 anos, uma criatividade exuberante ainda antes de dominar todas as regras da gramática. Ela se exprime de maneira notável no desenho. Não há, portanto, relação direta entre criatividade e linguagem.

Existe uma outra maneira de considerar as relações entre linguagem e criatividade, que relaciona a criatividade com uma aptidão do espírito e não da linguagem. É a tese que defendia René Descartes. Em outras palavras, não é a linguagem que produz a criatividade das ideias, mas o pensamento.

AS FUNÇÕES DE LINGUAGEM

O linguista Roman Jakobson* (1896-1982) propôs distinguir seis funções da linguagem:

– a "função referencial" consiste em fornecer uma informação ("Bangcoc é a capital da Tailândia" ou "Veja, um canguru!");

– a "função emotiva" ou "expressiva", que traduz uma emoção ("Meu Deus!", "Hurra!");

– a "função conativa" visa produzir uma mudança no interlocutor ("Eu te abençoo", ou "Saia daqui");

– a "função fática" ou "de contato", que estabelece, mantém ou conserva um contato ("Alô?", "Olá!", "Tudo bem?");

– a "função poética" está relacionada com a busca do belo, como neste verso de Joachim du Bellay: "Heureux qui comme Ulysse a fait un beau Voyage..." ["Bem-aventurado quem, como Ulisses, fez uma boa viagem"];

– a "função metalinguística" consiste em regular o próprio discurso ("Você entende o que isso significa?", "O que eu quero dizer é que...").

UM INSTINTO DE LINGUAGEM?

A linguagem parece ser o tipo de produção cultural transmitida à criança de geração em geração. Ousando afirmar que a linguagem correspondia a um "instinto" humano, o linguista Steven Pinker* defendeu uma tese provocadora, porém solidamente embasada (*The Language Instinct* [*O instinto da linguagem*], 1994).

Contrariamente à ideia corrente, afirma S. Pinker, não ensinamos as crianças a falar. Elas aprendem sozinhas, graças a uma aptidão inata: decodificar as palavras da linguagem, encontrar as regras da gramática, adquirir milhares de palavras em poucos anos. Certamente, o japonês, o francês e o bretão não têm nada de instintivo, mas a faculdade que os seres humanos possuem de aprender uma língua supõe um módulo mental específico, ancorado em nosso cérebro já no nascimento.

S. Pinker enumera uma série de argumentos em favor de sua tese.

Em primeiro lugar, a precocidade e a extraordinária facilidade com que as crianças adquirem a linguagem. O aprendizado da língua não começa com as primeiras palavras (aproximadamente aos 18 meses). Sabemos hoje que já no ventre materno a criança reconhece espontaneamente a prosódia da linguagem da mãe. Depois de nascer, já nos primeiros meses, ela compreende como é organizada a linguagem em sequências pertinentes: sons, sílabas e palavras. Em seguida, aproximadamente aos 2 anos, começa a grande "explosão linguística". S. Pinker cita o caso de Adam, um menino perfeitamente normal, que aproximadamente aos 2 anos já consegue construir pequenas frases como "Jogar bola" ou "Viu ursinho?". Seis meses mais tarde, Adam diz: "Onde mamãe colocou bolsa?" ou "Não, eu não quero colocar em cadeira". Com 3 anos, ouvimos ele dizer: "Eu comi todos os doces que mamãe fez". Ao mesmo tempo, a criança aprende um grande número de palavras numa velocidade desconcertante. Estima-se que "o vocabulário aumente ao ritmo de ao menos uma nova palavra a cada duas horas, ritmo que a criança irá manter até o final da adolescência".

S. Pinker expõe outros argumentos em favor do inatismo da linguagem. Cita especialmente o caso extraordinário das crianças surdas-mudas da Nicarágua. Antes de 1980, com a falta de centros especializados para os surdos, essas crianças viviam isoladas em suas famílias, privadas de todo acesso à linguagem do meio social. Uma vez reunidas em um centro, elas inventarão em alguns meses uma linguagem de sinais completamente nova: uma linguagem complexa, com seu vocabulário e sua gramática. Para S. Pinker, isso seria uma prova suplementar da aptidão inata dos seres humanos em produzir linguagem.

A existência de zonas cerebrais especialmente destinadas à linguagem – as famosas zonas de Broca e de Wernicke – legitimariam também a tese do inatismo da linguagem.

Enfim, para assentar solidamente sua tese inatista, S. Pinker propõe a hipótese de universais da linguagem. Apesar da variedade aparente, as línguas se parecem, como os mamíferos. Certamente, o lobo, a raposa, a zebra, o gato... são bem diferentes, mas têm em comum um plano de organização próprio aos mamíferos. Também as línguas obedeceriam a um mesmo sistema. Essa é, ao menos, a tese de N. Chomsky, de quem S. Pinker foi aluno.

Bibliografia: • R. Bijeljac, R. Breton, *Du langage aux langues*, Gallimard, 1997 • B. de Boysson-Bardies, *Le langage, qu'est-ce que c'est?*, Odile Jacob, 2003 • J. F. Dortier (org.), *Le langage: nature, histoire et usage*, Sciences Humaines, 2001 • O. Ducrot, J. M. Schaeffer, *Nouveau dictionnaire encyclopédique des sciences du langage*, Seuil, 1995 • C. Hagège, *L'Homme de paroles. Contribution linguistique aux sciences humaines*, Fayard, 1996 [1985] • M. A. Paveau, G. E. Sarfaty, *Les Grandes Théories de la linguistique. De la grammaire comparée à la pragmatique*, Armand Colin, 2003 • S. Pinker, *L'Instinct du langage*, Odile Jacob, 1999 [1994] • M. Yaguello, *Alice au pays du langage. Pour comprendre la linguistique*, Seuil, 1981

LINGUAGEM NATURAL

A invenção de linguagens em informática (Pascal, Algol, Cobol, Fortran, etc.) trouxe a necessidade de distinguir essas línguas artificiais das "línguas naturais", ou seja, as línguas faladas pelos humanos.

LINGUÍSTICA
Ver as disciplinas nas páginas centrais

LINHAGEM

Termo de antropologia do parentesco. As linhagens são subdivisões dos clãs. A linhagem reúne as pessoas que descendem de um mesmo ancestral e que são capazes de descrever (até duas ou três gerações, e às vezes mais) as relações de parentesco que as unem. Se um bisavô pudesse reunir hoje seus filhos, netos e bisnetos, a isso então chamaríamos linhagem.
→ **Clã, Parentesco**

LINTON, RALPH
(1893-1953)

Antropólogo americano formado por Franz Boas*, ensinou antropologia na Universidade de Columbia, depois em Yale, e realizou estudos etnológicos nas ilhas Marquesas, em Madagascar e com índios comanches em Oklahoma.

Na obra *The Study of Man* [*O homem*] (1936), ele apresenta a cultura como uma herança social transmitida para a criança e que tem por função adaptar o indivíduo à sociedade e esta última ao meio. Existe no seio de uma cultura todo um repertório de "papéis" que definem como o indivíduo deve se comportar em sociedade.

É em *The Cultural Background of Personality* [*Cultura e personalidade*] (1945) que ele define a noção de "personalidade de base" (*basic personality*), que chamará mais tarde de "personalidade modal". R. Linton foi, junto com Abram Kardiner (1891-1981), Ruth Benedict* (1887-1948) e Margaret Mead* (1901-1978), um dos representantes do movimento culturalista "Cultura e personalidade".

Principais obras de R. Linton
• *The Study of Man*, 1936 [*O homem*, Martins Fontes, 13ª ed., 2000]
• *The Cultural Background of Personality*, 1945 [*Cultura e personalidade*, Mestre Jou, 1945]

LOCUS OF CONTROL

Quando fracassamos numa prova, por exemplo para tirar carteira de motorista, podemos atribuir o fracasso a uma causa interna ("É culpa minha, cometi vários erros") ou externa ("O inspetor era severo", "Não tive sorte..."). Essa percepção de ser ou não o autor, a causa do que nos acontece, chama-se *locus of control* ou "local de controle". Literalmente, é o fato de se sentir como o centro (ou "local") de controle de si mesmo.

A noção de *locus of control* foi introduzida por Julian B. Rotter (1916-), que estabeleceu uma escala de medida para essa percepção.

LOCUTÓRIO (ato)

A noção foi introduzida por John L. Austin (1911-1960) no quadro da pragmática*, que estuda os efeitos da fala no interlocutor. J. L. Austin interessa-se não pelo significado intrínseco do discurso, mas por seus efeitos na comunicação. Por exemplo, se pronuncio a frase: "Você me irrita!", não estou apenas descrevendo meu estado de humor. Também estou expressando para o meu interlocutor o desejo de que ele mude de conduta. A isso se chama "valor ilocutório da fala". O efeito causado no interlocutor – ficar nervoso, ir embora, mudar de comportamento – denomina-se "ato perlocutório".
→ **Ato de linguagem**

LORENZ, KONRAD
(1903-1989)

Konrad Lorenz, um dos fundadores da etologia – estudo do comportamento animal –, permanece para o grande público como "o homem dos gansos cinzentos". Vemo-lo em muitas fotos rodeado por um pequeno grupo de gansos que o seguem como se ele fosse a mãe deles. Essa pequena cena campestre do homem ganso era apenas uma aplicação da primeira grande descoberta de K. Lorenz sobre o comportamento animal: o mecanismo de *imprinting* (estampagem).

O *IMPRINTING*

Após 1933, data da obtenção de seu doutorado em zoologia em Viena, K. Lorenz consagra suas primeiras publicações de pesquisador ao fenômeno do *imprinting*.

Nos anos 1930, ele havia demonstrado que, substituindo a mãe dos filhotes de ganso por um "objeto-ilusão" (um gato, uma galinha ou ele mesmo), os jovens recém-nascidos consideravam esse substituto sua mãe. Esse mecanismo de *imprinting* mostra bem como se associam instinto e aprendizado. A tendência a seguir o primeiro ser vivo encontrado é, nos gansos ou nos patos, um mecanismo instintivo. Mas o objeto de apego depende do que o animal encontra ao nascer. Na natureza, é a mãe, mas, se um substituto tomar o lugar da mãe ganso, o filhote vai segui-lo da mesma forma.

O INSTINTO

Nos anos seguintes, os trabalhos de K. Lorenz irão abordar principalmente os "instintos". Na maioria das espécies animais, existe certo número de comportamentos estereotipados, invariáveis e característicos da espécie: postura de agressão, cortejo amoroso, gritos de reconhecimento, procedimentos de higiene, etc., que correspondem, segundo K. Lorenz, a comportamentos instintivos. Nikolaas Tinbergen (1907-1988), zoólogo holandês com quem K. Lorenz simpatizou, havia estudado o mecanismo desencadeador dos esgana-gatos. Nessa espécie de peixes, a barriga dos machos é vermelha. Na primavera, quando os machos começam a brigar entre si, a presença de uma barriga vermelha ou de qualquer outro objeto que comporte uma mancha vermelha vai provocar o ataque do esgana-gato. K. Lorenz e N. Tinbergen irão portanto se opor à ideia defendida pelos behavioristas*, segundo a qual o instinto é "modelado" pelo aprendizado. Segundo os dois pesquisadores, o instinto é uma programação inata que evolui por maturação e não por aprendizado. Deve-se observar que K. Lorenz e N. Tinbergen trabalham com pássaros e peixes, animais nos quais as sequências de comportamentos instintivos são mais desenvolvidas, enquanto os behavioristas, que estudam o aprendizado, utilizam mais frequentemente mamíferos (ratos, cachorros, macacos).

A AGRESSÃO NO ANIMAL E NO SER HUMANO

K. Lorenz continua, dos anos 1930 aos anos 1960, suas pesquisas e o ensino na Universidade de Viena e na Universidade de Könisberg. Em 1961, instala-se na Suíça, onde se torna diretor do Max Planck Institute for Behavioral Physiology.

É nessa época que tentará aplicar os princípios da etologia no comportamento humano. Num livro famoso, *Das sogenannte Bose* [*A agressão*] (1963), ele defende que a agressividade é uma conduta natural, indispensável para a sobrevivência de qualquer espécie animal (para defender ou conquistar um território, para combater os outros pretendentes). Existem, entretanto, mecanismos de regulação e de inibição para dominá-la. Assim, muitos combates entre machos de uma mesma espécie são combates rituais, frequentemente reduzidos a ameaças e intimidações recíprocas. Nos seres humanos, esse dispositivo de inibição não existe mais em certas condições. É o caso, especialmente, da guerra, em que a violência é ilimitada.

Com esse livro bastante controverso, K. Lorenz aplica pela primeira vez a etologia no estudo dos comportamentos humanos.

Em 1973, recebe o prêmio Nobel de medicina (com N. Tinbergen e Karl von Frisch). A partir dessa data, K. Lorenz vai encerrar a carreira de pesquisador para se dedicar à redação de ensaios. Conhecido no mundo inteiro, encarna cada vez mais a postura do velho sábio e do profeta, que adverte a humanidade contra os perigos que a ameaçam.

Principais obras de K. Lorenz
- *Das sogenannte Bose*, 1963 [*A agressão*, Moraes, 1999]
- *Über tierisches und menschliches Verhalten*, 1965 [*A expressão das emoções no homem e nos animais*, Companhia das Letras, 2004]
- *Vergleichende Verhaltensforschung*, 1978 [*Os fundamentos da etologia*, Unesp, 1995]
- *Hier bin ich, wo bist du? Ethologie der Graugans*, 1989 [Aqui estou eu, onde está você? Etologia do ganso selvagem]

LOUCURA
→ **Doença mental**

LUGAR DE MEMÓRIA

Monumentos, cemitérios, placas comemorativas, museus..., a memória não é um fenômeno puramente subjetivo, ela supõe também uma inscrição material nos lugares e em formas tangíveis. Em cada município francês, um monumento aos mortos lembra aos habitantes que as duas Guerras Mundiais dizimaram uma parte da população. Em contrapartida, a Guerra da Argélia não possui memoriais. Ora, não sendo ancorada, a memória, evidentemente, tem muito mais chances de ser apagada das consciências.

O objetivo dos lugares de memória é inscrever no espaço, em forma de marcas visíveis aos olhos de todos, o que caso contrário poderia apagar-se da mente.

Em 1984, Pierre Nora publicava o primeiro volume dos *Lieux de mémoire* [Lugares de memória], uma vasta obra coletiva que estudava as múltiplas facetas da memória nacional francesa: da *Marselhesa* ao Panteão, passando pelas cerimônias do 14 de Julho.

Bibliografia: • P. Nora, *Les lieux de mémoire*, 3 vols., Gallimard, 1984-1992

→ **Memória**

LUHMANN, NIKLAS
(1927-1998)

Sociólogo alemão, Niklas Luhmann foi um representante típico da "teoria social" alemã. Trata-se de construir uma teoria geral da sociedade, de seus fundamentos, de sua natureza e de sua evolução a partir de conceitos e modelos abstratos, daí a ausência quase total da dimensão empírica. O pensamento de N. Luhmann se inscreve numa ótica sistêmica*. A sociedade é composta de subsistemas ao mesmo tempo autônomos e interdependentes.

Os sistemas sociais (como o direito, a política, a economia) se constituem como instâncias "autopoiéticas", ou seja, que geram a si mesmas por um princípio de auto-organização. Formam, assim, subsistemas do sistema social global.

Principais obras de N. Luhmann
- *Legitimation durch Verfahren*, 1969 [A legitimação pelo processo]
- *Liebe als Passion: zur Codierung von Intimität*, 1982 [*O amor como paixão. Da codificação da intimidade*, Difel, 1991]
- *Soziologische Aufklärung 4*, 1983 [Explicação sociológica]
- *Soziale Systeme: Grundriß einer allgemeinen Theorie*, 1984 [Sistemas sociais: fundamentos de uma teoria geral]

LYOTARD, JEAN-FRANÇOIS
(1924-1998)

Após ter fundado o grupo Socialismo ou Barbárie (e a revista de mesmo nome), com Cornelius Castoriadis* e Claude Lefort*, ter ficado à deriva "em torno de Marx e de Freud" (*Dérivé à partir de Marx et de Freud* [A partir de Marx e Freud], 1973), Jean-François Lyotard se distancia do marxismo* e se torna o pensador da pós-modernidade* (*La Condition post-moderne* [A condição pós-moderna], 1979; *Le Postmoderne expliqué aux enfants* [O pós-moderno explicado às crianças], 1986; *Moralités postmodernes* [Moralidades pós-modernas], 1993. A pós-modernidade é definida como uma época da história contemporânea marcada pelo "fim das metanarrativas" da modernidade, ou seja, a crença na virtude do progresso, da razão e do futuro melhor. Seu último livro *Signé Malraux* [Assinado, Malraux] (1996), uma biografia romanceada de André Malraux, é uma obra-prima.

Principal obra de J.-F. Lyotard
• *La Condition postmoderne*, 1979 [*A condição pós-moderna*, José Olympio, 7ª ed., 2002]

M

MACROECONOMIA
→ Economia

MÃE

O amor materno é inato ou adquirido? Existe um "instinto" materno?

Duas teses opostas se confrontam sobre a questão. Segundo a abordagem sociobiológica*, o amor materno é resultado de um instinto geneticamente determinado e de poderosos mecanismos biológicos. A abordagem culturalista*, por sua vez, defende que ele resulta de uma construção social* produzida pela educação e pelos valores dominantes de uma sociedade.

EXISTE UM INSTINTO MATERNO?

Segundo a abordagem evolucionista*, o instinto materno existe. Nos mamíferos, por exemplo, um recém-nascido só pode sobreviver se for amamentado e protegido pela mãe até atingir sua autonomia. Os comportamentos maternos são assim programados pelos genes para estimular essa reação.

Os pesquisadores descobriram, nos mamíferos, uma área específica do cérebro (situada no hipotálamo) que estimula o comportamento materno e paterno. Essa zona cerebral está sob a dependência de uma família de genes chamados "genes fos". Um rato desprovido do gene fosB não sabe cuidar de sua prole e a abandona. O mecanismo é sutil. O cheiro do filhote desencadeia a ativação desse gene, que participa da produção de hormônios específicos que estimulam a reação materna.

Dessa forma, o odor é elemento central desse processo. Se uma coelha ou uma rata não reconhecem o cheiro do filhote, podem matá-lo sem piedade. Inversamente, reconhecendo o cheiro familiar num indivíduo de outra prole, podem apegar-se afetivamente a ele. É por isso que uma gata pode cuidar de um filhote de coelho ou de cachorro.

Outro mecanismo que desperta o comportamento materno é o hormônio prolactina, responsável pela produção da lactação. A geração de leite desperta pulsões maternais. Algumas mulheres que não sentem nada de especial por bebês, e muitas vezes até duvidam que possam cuidar deles, mudam completamente quando dão à luz uma criança.

Genes, hormônios, odores. Existem poderosos elementos biológicos que incentivam as mães a cuidar de seus bebês. Esses mecanismos, ainda que atenuados, continuam a agir nos seres humanos.

O AMOR MATERNO:
UMA CONSTRUÇÃO SOCIAL?

Autoras feministas, como Elisabeth Badinter (*L'Amour en plus* [*Um amor conquistado*], 1980), contestaram com vigor a ideia de um instinto materno que prenderia a mulher ao papel de mãe natural. Para demonstrar suas afirmações, E. Badinter construiu um dossiê histórico que mostra que o amor materno varia profundamente segundo a sociedade e a cultura.

Os trabalhos sobre a história da infância também sugerem que esse amor é uma ideia considerada nova no Ocidente, que dataria aproximadamente da década de 1760. Antes, por conta da expressiva mortalidade infantil, dos problemas econômicos que pesavam sobre a mulher e, sobretudo, da pouca consideração que se tinha com relação às crianças (tidas como esboços grosseiros de seres humanos), os cuidados com os bebês não eram tão grandes.

O número de crianças abandonadas ou deixadas a amas de leite mostra que muitas mães não tinham apego aos filhos. A literatura revela também um número significativo de mães distantes e por vezes brutais. Para E. Badinter, é apenas no final do século XVIII que o papel da mãe começa a ser valorizado e que as ideias sobre a infância mudam. É a partir desse momento que as mulheres passam a ficar presas ao papel da mãe dedicada exclusivamente à sua progenitura.

Outras análises antropológicas seguem a mesma linha de pensamento. Arthur P. Wolf ("Maternal Sentiments: How Strong Are They?" [Sentimentos maternos: quão forte eles são?] *Current Anthropology*, nº 5, 2003), professor de antropologia na Universidade de Stanford, mostrou que, até 1930, 70% das meninas nascidas nos vilarejos ao norte da ilha de Taiwan eram entregues à adoção até a idade de 15 anos. De acordo com a pesquisa, a separação não gerava nenhum sentimento negativo nas mães.

Interações complexas

Sarah Blaffer Hrdy, primatóloga e antropóloga, propõe em *Mother Nature, a History of Mothers, Infants and Natural Selection* [*Mãe natureza: uma visão feminina da evolução. Maternidade, filhos e seleção natural*] (1981) uma visão interativa das relações entre natureza e cultura. Após descrever algumas bases biológicas da maternidade, S. Blaffer Hrdy lembra que muitas mulheres não desejam ter filhos e que algumas mães são negligentes, outras distantes ou até maltratam os filhos. O infanticídio chegou a ser praticado na China e pelos boxímanes. Foi identificado também entre os índios yanomamis do Brasil e nos kungs da África do Sul. Para a autora, entretanto, não há nenhuma dúvida de que existem mecanismos biológicos responsáveis pelo afeto da mãe em relação ao filho. Mas esses mecanismos não são pulsões tão implacáveis quanto a necessidade de comer ou dormir. Para passar da predisposição ao amor materno efetivo, há o encadeamento de uma série de lógicas. A tese central da autora é que o instinto materno não age como um programa infalível, mas atua através de uma série contínua de dispositivos que podem ou não ser postos em funcionamento segundo as circunstâncias do meio.

Bibliografia: • E. Badinter, *L'Amour en plus. Histoire de l'amour maternel: XVIIe-XXe siècle*, Livre de Poche, 2001 [1980] • S. Blaffer Hrdy, *Les Instincts maternels*, Payot, 2002 [1981] • Y. Kniebiehler, *Histoire des mères et de la maternité en Occident*, Puf, "Que sais-je?", 2000

→ **Matriarcado, Matrilinear, Parentesco**

MAGIA

Em seu *Dogme et rituel de la haute magie* [*Dogma e ritual da alta magia*], Eliphas Lévi, aliás, Alphonse-Louis Constant (1810-1875), abade que abandonou o sacerdócio e se converteu em "grande mago", nos lembra algumas boas receitas de magos da Idade média. "Pegue um grande sapo e coloque-o dentro de um frasco junto com víboras e áspides; dê a eles como único alimento durante vários dias cogumelos venenosos, dedaleiras e cicutas, depois bata neles para irritá-los, queime-os e torture-os de todas as maneiras, até que morram de cólera e fome; salpique-os, então, com espuma de cristal pulverizado e eufórbias (...); em seguida deixe esfriar, e separe a cinza dos cadáveres da cinza incombustível que sobrará no fundo do frasco: você terá então um veneno." O grande mago acrescenta que aquele que ingerir uma pitada desse veneno misturado à sua bebida irá definhar ou envelhecer em alguns dias, e em seguida morrer em meio a terríveis sofrimentos.

A magia parece estar presente em todos os meios e em todas as épocas. Podemos encontrá-la na Antiguidade e no Renascimento, no Oriente e no Ocidente, na África e na Oceania. E não temos certeza de que desapareceu do Ocidente moderno. Os feiticeiros continuam seu negócio nas grandes capitais ocidentais...

O que é magia?

"Magia" é um termo originário da Grécia antiga (*mageia*), que designava a "religião dos magos persas". Os limites entre magia, religião e até mesmo bruxaria* são pouco nítidos, e a noção de magia é utilizada, hoje, para nomear realidades que oscilam de acordo com a cultura e o contexto.

Durante muito tempo, separou-se a magia maléfica ou "magia negra" do feiticeiro, personagem agressivo e marginal, da magia benéfica e protetora, a "magia branca" do curandeiro, bem integrado na comunidade. Neste último caso, o mágico, que é ao mesmo tempo adivinho

As práticas mágicas

• Na falta de uma definição clara, podemos reconhecer a prática mágica por alguns elementos característicos:
– toda magia apela para potências invisíveis, para forças misteriosas, a fim de exercer influência sobre o outro;
– o uso de objetos fetiches (cordas, barbantes, pregos...), fórmulas encantatórias, amuletos, mascotes, fetiches, talismãs destinados a conjurar a má fortuna ou a garantir proteção, receitas de cozinha e/ou rituais bastante precisos;
– os objetivos da magia são a vidência, a prevenção de acidentes ou doenças, a cura de transtornos físicos ou mentais, o enfeitiçamento (lançar um feitiço), a garantia do sucesso de uma iniciativa...;
– em princípio todo mundo pode participar de um ritual mágico, mas o prático privilegiado ainda é aquele que dispõe das faculdades "mágicas", o chefe de culto, o xamã, o curandeiro, o vicente, o "desencantador", o "mago" ou o "mágico", conforme o caso.

e "exorcista", identifica o ato mágico antissocial do feiticeiro e se dedica a "pagar o mal com o mal" e, assim, a transformar o abatimento da vítima em cólera (J. Favret-Saada, *Les Mots, la mort, les sorts: la sorcellerie dans le Bocage* [As palavras, a morte, os feitiços: a bruxaria nos bosques bretões], 1977). A "magia" reside, então, especialmente no conhecimento íntimo das redes de interação social e, nesse sentido, o mágico é depositário de um segredo (E. de Rosny, *Les Yeux de ma chèvre* [Os olhos de minha cabra], 1981). Entretanto, a distinção entre magia negra e magia branca pode ser por vezes considerada arbitrária, na medida em que se pode ser útil a alguém fazendo o mal a outra pessoa.

Na esteira de Edward Evans-Pritchard*, os anglo-saxões também fizeram uma distinção entre *witchcraft* e *sorcery*, distinção que não tem verdadeiramente um equivalente em português. *Sorcery* se refere a competências rituais adquiridas quando se entra em uma sociedade secreta, visando prejudicar através da utilização de substâncias e fórmulas. *Witchcraft* designa os poderes quase inconscientes ou involuntários de certas pessoas. Essa dicotomia, explícita nos Azande estudados por E. Evans-Pritchard, é encontrada em muitas culturas, especialmente africanas.

Um estágio imaturo do espírito?

A magia ocupou um lugar importante na reflexão dos antropólogos. Estes, de maneira implícita, consideravam que havia culturas mais racionais que outras. Durante muito tempo, as práticas mágicas foram explicadas pelas teorias do evolucionismo* cultural como uma sobrevivência de um estágio imaturo do espírito humano, uma forma não racional de pensamento. Edward B. Tylor* (1832-1917) e James G. Frazer* (1854-1941) afirmavam que, em ordem progressiva, o pensamento humano passa por três estados sucessivos: a magia, a religião e a ciência. Lucien Lévy-Bruhl (1857-1939) fazia referência a uma forma de raciocínio radicalmente diferente da dos ocidentais, uma pretensa "mentalidade primitiva".

Assim, a magia dispunha, segundo eles, de uma lógica própria: por exemplo, um princípio analógico ou imitativo (o semelhante atrai o semelhante, um boneco vagamente semelhante *é* a pessoa), e um princípio de contágio ou de contiguidade (um pedaço de unha ou de cabelo vale pela pessoa, as coisas permanecem em contato mesmo que separadas). A outra maneira de considerar a magia irracional consiste em atribuir a ela fortes causas emocionais. Sigmund Freud*, especialmente, em *Totem e tabu* (1913), faz o paralelo evolucionista entre a infância e a condição primitiva: a prática e o pensamento mágicos seriam as expressões de um estágio primário da libido, uma ilusão narcísica de poder agir sobre o mundo a distância. Bronislaw K. Malinowski* desenvolve a ideia de que a magia melanésia responde a um estímulo emocional (conjurações e oráculos servem para acalmar a ansiedade dos homens perante as incertezas da natureza). Muitas teses etnocêntricas* e/ou intelectualistas reduziram a magia a uma ciência bastarda e espúria, e alguns continuam a defender (C. R. Hallpike, *The Foundations of Primitive Thought* [Os fundamentos do pensamento primitivo], 1979) que a magia caracteriza uma mentalidade particular ou um pensamento primitivo como o infantil.

As funções sociais da magia

A abordagem sociológica considera a magia uma maneira de agir e gerenciar as relações humanas. Embora os sociólogos distinguam geralmente a magia (egoísta, individual, pervertida) da religião (generosa, conciliadora, virtuosa), Marcel Mauss* e Émile Durkheim* consideram-nas como dois polos da atividade simbólica e ritual. Para M. Mauss e Henri Hubert ("Esquisse d'une théorie générale de la magie" [Esboço de uma teoria geral da magia], 1902-1903), as representações mágicas não valem por si mesmas: os atos mágicos são, primeiramente, ritos, uma linguagem que passa pela criação e manipulação de símbolos e sinais portadores de uma força que leva a crer em sua eficácia. A magia não seria um tecido incoerente, mas, ao contrário, comportaria uma abundância de sentidos, resultaria de uma vontade de "encantar" o mundo. M. Mauss define a magia "como um sistema de induções *a priori*, operadas sob pressão da necessidade". É uma atividade aprendida, convencional, socialmente reconhecida (resultante das representações coletivas), que nasceu da necessidade de agir sobre as forças indecifráveis e impessoais, inerentes à natureza ou a determinadas pessoas (retomando uma palavra melanésia, ele chama essa força de *mana*). Para ser utilizada concretamente, essa força pode ser captada ou manipulada.

B. K. Malinowski também insiste no caráter pragmático da magia (*Coral Gardens and Their Magic* [Os jardins de coral e sua mágica], 1935): ela é um ato prático, que atende a necessidades imediatas, enquanto a religião atende a necessidades derivadas, busca resultados abstratos e distanciados. Os funcionalistas* insistem, portanto, nas funções sociais da magia: reforço do espírito de corpo, coordenação dos esforços dos membros do grupo, socialização do indivíduo. Por exemplo, as acusações de magia negra e bruxaria podem ser um meio eficaz de exprimir e revelar tensões sociais, de resolver ou deslocar conflitos, por exemplo, na "caça às bruxas" na França dos séculos XVI ao XVIII. O estruturalismo* analisou os ritos e os saberes mágicos como sistemas de signos cuja primeira função é a comunicação. Em sua *Anthropologie structurale* [*Antropologia estrutural*] (1958), Claude Lévi-Strauss* mostrou que a magia é eficaz pois é uma crença coletiva cujos símbolos são ativos: o enfeitiçado fica doente porque percebe os sinais de seu enfeitiçamento na atitude dos outros membros da comunidade em relação a ele (ver "O feiticeiro e sua magia", em *Antropologia estrutural*). As práticas mágicas revelam o ordenamento particular do universo no seio de determinada cultura. Assim, o discurso do curandeiro apela para representações que são objeto de uma crença coletiva (ver o artigo "L'efficacité symbolique" [A eficácia simbólica]). C. Lévi-Strauss não hesita em comparar o procedimento do curandeiro ao do psicanalista nas sociedades modernas (transferências simbólicas, indução de uma transformação orgânica e psíquica).

C. Lévi-Strauss também mostrou que as estruturas dos sistemas que sustentam a magia (classificações e cosmologias indígenas) e as ciências naturais modernas são idênticas, que somente os conteúdos divergem (*La Pensée sauvage* [O pensamento selvagem], 1962). Assim, a magia não é mais comparada, com desvantagens, à ciência moderna, mas a dispositivos humanos de comunicação, cujos resultados são incertos.

A MAGIA REDESCOBERTA

Por outro lado, alguns julgam que a magia se aproxima mais da arte que da ciência, e, em vez de buscar sua lógica causal, aplicam-lhe uma hermenêutica*.

Pesquisadores de campo, por sua vez, trabalhando por um tempo no epicentro de dispositivos de poderes mágicos e feiticeiros, mostraram que a magia não é somente uma maneira de pensar, mas também de agir sobre o mundo (ver J. Favret-Saada e E. de Rosny).

Longe de estar em vias de extinção, a magia permanece presente nas sociedades modernas, não somente no interior mais longínquo (D. Camus, *Voyage au pays du magique* [Viagem ao país do mágico], 1995), mas também nas cidades (L. Kuczynski, *Les Marabouts africains à Paris* [Os feiticeiros africanos em Paris], 2002).

Para a etnologia moderna, a magia (assim como o xamanismo* e a bruxaria) saiu progressivamente do âmbito das crenças para se tornar um objeto de estudo capaz de revelar a visão ecológica das sociedades não ocidentais.

Mas como, enfim, explicar o caráter universal da crença em magia e bruxaria? Além de um sistema de pensamento, uma forma de comunicação, de significação ou ação, a crença na magia revelaria uma inclinação natural do espírito humano e estaria ligada a um processo cognitivo característico das emoções, afetos e experiências corporais. Essa é a perspectiva adotada pela antropologia cognitiva.

Bibliografia: • E. Evans-Pritchard, *Sorcellerie, oracles et magie chez les Azandé*, Gallimard, 1972 [1937] • J. Favret-Saada, *Les Mots, la mort, les sorts: la sorcellerie dans le Bocage*, Gallimard, 1985 [1977] • M. Mauss, H. Hubert, "Esquisse d'une théorie générale de la magie" [1902-1903], em *Sociologie et anthropologie*, Puf, 2001 [1950] • E. de Rosny, *Les Yeux de ma chèvre. Sur les pas des maîtres de la nuit en pays douala (Cameroun)*, Plon, 1996 [1981]

→ **Xamanismo, Racionalidade, Religião, Rito, Bruxaria**

MALINOWSKI, BRONISLAW KASPAR
(1884-1942)

Antropólogo inglês de origem polonesa (nascido em Cracóvia). Como Franz Boas*, estudou física e matemática (título de doutorado obtido em 1908) antes de se interessar pela etnologia. Com uma tese de doutorado em antropologia sobre a instituição familiar entre os aborígines (1913), tomou consciência do papel central da família na organização social e da importância de realizar estudos de campo, já que os documentos de segunda mão são muito difíceis de interpretar. A partir de então, engajou-se em diversas grandes pesquisas na Melanésia, na Nova Guiné e na Austrália.

Após uma estada nas ilhas Trobriand (de 1915 a 1918), publicou *Argonauts of the Western Pacific* [*Argonautas do Pacífico ocidental*] (1922), uma das maiores obras da antropologia, em que é descrita a célebre instituição do *kula*, espécie de dádiva cerimonial entre as tribos praticada nas ilhas da Polinésia. Sua outra obra *Sex and Repression in Savage Society* [*Sexo e repressão nas sociedades primitivas*] (1927) é uma resposta a *Totem e tabu* (1913) de Sigmund Freud*. Nessa obra, Bronislaw K. Malinowski contesta a ideia da universalidade do complexo de Édipo e do mito do assassinato do pai, que seria constitutivo das sociedades humanas. Para ele, o complexo de Édipo é uma característica das sociedades patriarcais.

B. K. Malinowski rejeitou as correntes evolucionista* e difusionista* por terem propensão a reconstruir uma história hipotética. De qualquer forma, seu trabalho de campo em uma comunidade melanésia só podia distanciá-lo da reflexão histórica.

O TEÓRICO E O HOMEM DE CAMPO

Sua principal contribuição metodológica é a "observação participante". Consiste em uma imersão completa na população estudada, aprendendo sua língua e partilhando sua vida cotidiana, observando tudo nos mínimos detalhes. Esse método permite não somente compreender de dentro as condutas, como também distinguir os discursos e regras enunciados pelo grupo das práticas reais. B. K. Malinowski é um extraordinário observador, cioso de todos os detalhes.

B. K. Malinowski elaborou uma teoria "funcionalista*" da cultura, criticando as interpretações que veem algumas instituições sociais apenas como resquícios do passado. Segundo ele, se alguns elementos culturais (regras, ritos, costumes…) perduram no seio de uma sociedade, é porque respondem a uma função social precisa. O autor de *A Scientific Theory of Culture* [*Uma teoria científica da cultura*] (1944) toma como exemplo os fiacres nas sociedades modernas. Se alguns fiacres ainda circulam, não é por serem um resíduo do passado, mas por possuírem uma utilidade atual: o tráfego turístico. B. K. Malinowski sustenta que todas as instituições estão ligadas a uma função social e advêm de necessidades biológicas subjacentes. É o aspecto mais controverso de sua obra.

Principais obras de B. K. Malinowsk:
• *Argonauts of the Western Pacific*, 1922 [*Argonautas do Pacífico ocidental*, Abril Cultural, 1984]
• *Sex and Repression in Savage Society*, 1927 [*Sexo e repressão nas sociedades primitivas*, Vozes, 2000]
• *The Sexual Life of Savages in North-Western*, 1929 [*A vida sexual dos selvagens*, Francisco Alves, 1982]
• *Coral Gardens and Their Magic*, 1935 [*Os jardins de coral e sua mágica*]
• *A Scientific Theory of Culture*, 1944 [*Uma teoria científica da cultura*, Zahar, 1962]
• *A Diary in the Strict Sense of the Term*, 1976 [*Um diário no sentido estrito do termo*, Record, 1997]

→ **Kula**

MALTHUSIANISMO

Associada ao nome de Thomas R. Malthus (1766-1834), essa teoria afirma que a população de um país cresce mais rapidamente que a produção e os recursos, o que torna necessário o controle da natalidade a fim de evitar a pauperização.

O malthusianismo econômico designa as restrições ao consumo e às despesas impostas pelo Estado.

MANA

Termo de origem melanésia e polinésia que designa uma força mágica e sobrenatural. O *mana* pode animar os objetos e ser manipulado por alguns homens, o que lhes dá um poder (de tipo mágico). A noção de *mana* foi popularizada em etnologia por Marcel Mauss* e Émile Durkheim*, que o entendiam como um princípio geral encontrado, sob diferentes nomes, em todas as formas de religião primitiva em que existe manipulação de forças sagradas.

MANAGEMENT

Você acaba de ser promovido à chefia de uma grande empresa por conta de uma herança e, sem experiência ou formação em *business school*, precisa tomar o comando da sociedade. O que fazer?

OS DIFERENTES DOMÍNIOS DA ADMINISTRAÇÃO

Tratando-se de uma pequena empresa, por exemplo uma PME de pintura de edifícios, com vinte assalariados, a direção da empresa se repartirá em diversas tarefas: encontrar clientes, fazer os orçamentos, contratar funcionários, gerenciar a contabilidade. Com frequência o patrão coloca a mão na massa, colaborando no trabalho. Atua, alternadamente, como artesão, gerente, comerciante, recrutador, etc.

Promovido à chefia de um grande grupo industrial, você fará parte de uma equipe de direção que trabalha em contato com equipes de comerciantes, gerentes, diretores de recursos humanos, administradores, advogados, chefes de produtos, além de ser assistida por consultores de todas as áreas.

Qualquer que seja o tamanho da empresa, o trabalho administrativo pode ser resumido em algumas grandes funções:

– estratégia: escolha de investimento, de desenvolvimento (Devemos começar a exportar? Como reagir diante de uma crise financeira?);

– gestão: contabilidade, gestão dos estoques, salários, gerência, informática, instalações;

– organização do trabalho: repartição das tarefas, circulação da informação, definição das responsabilidades;

– *marketing**: estratégia de vendas, comunicação externa;

– recursos humanos: comunicação interna, motivação, remuneração, recrutamento, formação de pessoal.

A ERA DOS ADMINISTRADORES DE EMPRESAS

A partir do início do século XX, a ascensão das grandes empresas e das repartições públicas impõe tarefas especializadas de direção: organização do trabalho, finanças, gestão, *marketing*. Assim, faz-se necessária a formação de um corpo de profissionais especializados na administração e gestão de empresas. Durante o período entre guerras, grandes transformações acontecem na estrutura de poder das grandes empresas. Até então, elas eram dirigidas por dinastias familiares (industriais e banqueiras) que eram ao mesmo tempo acionistas e gestoras. Mas, pouco a pouco, essas dinastias vão desaparecendo da vida dos negócios (o capital das grandes empresas se dispersa cada vez mais), enquanto os administradores tomam o poder nas esferas de direção da empresa. O poder dos acionistas se desvanece diante da ascensão de uma casta de técnicos, administradores e gestores. Nasce a "era dos administradores" (analisada por James Burnham, Joseph A. Schumpeter*, John K. Galbraith*).

A partir da Segunda Guerra Mundial, a administração de empresas e a consultoria em administração tornam-se, nos Estados Unidos, uma profissão organizada, com escolas (*business schools*), revistas (*Harvard Business Review*), associações de antigos alunos... São criadas sociedades de consultores (Boston Consulting Group, Andersen Consulting). Constitui-se uma cultura administrativa – difundida em revistas, livros e estágios de formação – com seus modelos de referência, modas e gurus.

HISTÓRIA DO PENSAMENTO ADMINISTRATIVO

O pensamento administrativo tem duas fontes principais. A primeira é a teoria das organizações, formulada e reformulada nas universidades e escolas de gestão. A segunda advém das próprias exigências da empresa, marcada por suas necessidades, fases de crescimento, crises e reorganizações.

A era tecnocrática

A primeira fase do pensamento administrativo está ligada ao advento da produção em massa na grande indústria. Henry Ford (1863-1947) é contemporâneo de Frederick W. Taylor (1856-1915). Enquanto o último concebe a abordagem científica e racional do trabalho (o taylorismo*), o primeiro introduz a linha de montagem e inventa a produção em série e a estandardização dos automóveis (o fordismo*) em suas fábricas de Detroit.

Na mesma época, Henri Fayol (1841-1925) buscava promover sua visão sobre a direção das funções na administração (as funções técnica, comercial, financeira, contábil, administrativa e de seguro) e dedicou o essencial de seus trabalhos à função administrativa.

Os Trinta (Anos) Gloriosos foram marcados pelo espírito tecnocrático. A administração das grandes empresas e das repartições públicas assimila-se a uma planificação científica. O administrador é aquele que, auxiliado por todo um aparato científico de indicadores, modelos e curvas, prevê, calcula e decide. Nas *business schools* e escolas de gestão propaga-se uma "pesquisa operacional" que nasceu nos Estados Unidos no âmbito das pesquisas militares. O princípio geral é a racionalização das decisões e o cálculo de otimização. Daí nasceram novos métodos lógico-matemáticos: as árvores de decisão, os modelos microeconômicos, a racionalização das escolhas orçamentárias para despesas públicas...

Muitas "missões de produtividade" partem da Europa para os Estados Unidos, então considerados precursores e referências em matéria de administração e direção das organizações.

A descoberta do fator humano

Nos anos 1960-1970 se tomará consciência da dimensão humana das empresas. Já nos anos 1940, Elton Mayo havia demonstrado, por meio de suas experiências em Hawthorne, que a empresa não é uma máquina e seus empregados não são engrenagens mecânicas. Mas é apenas nos anos 1960 que se começa a tomar consciência dos danos causados pela organização científica e pela fragmentação do trabalho. Nos anos 1950, Abraham Maslow* e Douglas McGregor defendem uma concepção da organização que leve em conta as aspirações dos trabalhadores à autonomia, à responsabilidade e ao reconhecimento. Peter Drucker expõe os princípios de uma administração por objetivos, destinada a repensar as relações superior-subordinado. Não se trata mais de impor de cima diretrizes precisas sobre a maneira de trabalhar (sem conhecer a realidade prática). O administrador deve fixar objetivos e resultados a serem atingidos: cada escalão deve definir a organização e o ritmo de seu trabalho.

Nesse momento, o modelo sueco de administração, que propõe o *turn-over*, as equipes "semiautônomas", a negociação, a cogestão, mostra grande vigor. A meta é conciliar crescimento econômico e progresso social. Nos anos 1980, os países industrializados veem-se mergulhados numa crise persistente, enquanto o Japão apresenta um crescimento contínuo. A indústria japonesa está em pleno desenvolvimento e penetra com sucesso nos mercados ocidentais. Muitos grupos de estudo são enviados para tentar compreender as raízes da administração japonesa. O mundo descobre, assim, o "toyotismo", inspirado em Taiichi Ohno. Nas linhas de produção da Toyota, é aplicada uma organização do trabalho que se fundamenta em alguns princípios simples: o sentido da produção é do fim (venda) para o começo (postos de trabalho); os prazos são suprimidos (gestão *just in time*) e as máquinas são autoativadas (parada automática em caso de defeito de fabricação). Surgem novos *slogans*: Qualidade total, estoque zero, defeito zero, prazo zero...

Os anos 1980 são também os anos da administração participativa. Surgida nos Estados Unidos e rapidamente difundida na Europa, esse tipo de administração baseia-se na participação dos trabalhadores: encorajam-se a iniciativa, a autonomia, a responsabilidade e o espírito de equipe. O credo dessa administração de "terceiro tipo", segundo dois de seus promotores franceses, Georges Archier e Hervé Sérieyx (*L'Entreprise du troisième type* [A empresa de terceiro tipo], 1984), é rejeitar os quadros de direção superior e incentivar, nos assalariados e nos quadros de direção intermediária, projetos e grupos de qualidade.

Outro credo da época: a "comunicação". Seja interna ou externamente, a empresa (e portanto o administrador) deve comunicar-se e encorajar o diálogo e a troca de informações entre os diferentes departamentos e escalões da empresa.

Os anos 1990 iriam transformar esse quadro. Reviravoltas brutais irão marcar a direção das grandes empresas. A globalização da economia leva a uma onda de reestruturação (reengenharia) e deslocalização das atividades (a "administração intercultural", aliás, deve permitir a adaptação às tradições locais). Por outro lado, a governança corporativa (retomada do controle das empresas pelos acionistas) vai impor exigências de rentabilidade que supõem cortes drásticos de pessoal (*downsizing*).

No final dos anos 1990, com o *boom* da internet e a aparente ascensão da economia da informação* e da economia em redes*, o pensamento administrativo se volta para outro modelo: o *knowledge management*. Numa sociedade que assiste à explosão do número de *knowledge workshop* (a expressão é de P. Drucker), a "gestão do saber" parece ter-se tornado central. A inovação tecnológica, a avaliação comparativa (*benchmarking*) e a gestão das competências aparecem, então, como o segredo do sucesso.

UMA IDEOLOGIA ADMINISTRATIVA

Empowerment, benchmarking, reengenering, knowledge management, coaching, etc. A sucessão das formas de administração pode parecer cômica. Com impressionante frequência surgem novos modelos administrativos, com seus *slogans*, gurus, *best-sellers*, estágios e consultorias muito bem pagos.

Podemos ver a cultura administrativa como uma forma de propaganda encarregada de ocultar os vícios do poder, manipular os trabalhadores ou até mesmo dar respostas às angústias dos dirigentes que buscam um modelo de conduta (M. Vilette, *L'Homme qui croyait au management* [O homem que acreditava no management], 1988).

Podemos vê-la também como reveladora das transformações reais que afetam as organizações. Como todo organismo vivo, a empresa é um pequeno universo complexo que gera permanentemente novos problemas e novas soluções.

Segundo Henry Mintzberg, um dos papas da administração e defensor do pluralismo administrativo, não há solução ótima e única para os problemas de organização. A esperança de um dia encontrar um método ideal e definitivo para dirigir as organizações (o famoso *best one way*) é, sem dúvida, vã.

Bibliografia: • J. Allouche (org.), *Encyclopédie des ressources humaines*, Vuibert, 2003 • H. Mintzberg, *Le Management: voyage au centre des organisations*, D'organisation, 2004 (1989) • R.-A. Thiétart, *Le Management*, Puf, "Que sais-je?", 2003 [1988] • M. Weill, *Le Management: la pensée, les concepts, les faits*, Armand Colin, 1994

→ **Decisão, March, *Marketing*, Mintzberg, Organização, Simon, Tecnoestrutura**

MÃO INVISÍVEL

Essa expressão é uma metáfora que aparece pela primeira vez em *The Wealth of the Nations* [A riqueza das nações: investigação sobre sua natureza e suas causas] (1776), de Adam Smith*, e inspira-se na *Fable des abeilles* [Fábula das abelhas] (1705) de Bernard Mandeville. Ela exprime a ideia de que, ao buscar seus interesses pessoais, os indivíduos contribuem para o bem-estar de todos. Efetivamente, para Adam Smith, a busca do interesse consiste em acumular riqueza aperfeiçoando permanentemente os meios técnicos de produção, criando novas fábricas e outros bens proveitosos para o resto da sociedade.

Portanto, a teoria da "mão invisível" pode ser associada à ideia de ordem espontânea e auto-organização, a uma certa moral da imoralidade, já que o bem comum provém da busca dos interesses egoístas de cada um.

Mais recentemente, o economista Arthur Okun (1928-1980) notou que, nas trocas mercantis (entre empregadores e assalariados ou entre comerciantes), a troca e o contrato de tipo "toma lá dá cá" supõem uma relação de confiança recíproca, sem a qual o contrato não poderia concretizar-se. Por trás do jogo de interesses há também um "aperto de mão invisível" (A. Okun, *Prices and Quantities. A Macroeconomic Analysis* [Preços e quantidades. Uma análise macroeconômica], 1981).

MAQUIAVEL, NICOLAU
(1469-1527)

Dizem que César Bórgia, nascido numa família romana influente na Itália renascentista, mandou assassinar o irmão Giovanni e, em seguida, ordenou a morte de Alfonso, rei de Nápoles, a fim de ampliar seu poder. Embora famoso por sua crueldade, pelas traições e trapaças políticas, César Bórgia tornou-se um modelo de êxito político para Nicolau Maquiavel, que esteve de 1501 a 1503 em missão a seu lado. Essa estranha admiração fez que a obra *Il principe* [*O príncipe*] (1513, publicada em 1532) fosse vista, frequentemente, como um manual cínico para a instauração da tirania, o que está longe de ser evidente.

Nascido em Florença no ano de 1469, N. Maquiavel entra em contato direto com a realidade política de seu tempo: secretário da República florentina de 1498 a 1512, suas funções eram certamente anedóticas, mas lhe permitiram construir uma ideia da política, cuja sutileza e complexidade sua obra nos convida a apreender.

UMA POLÍTICA DA AÇÃO

As preocupações de N. Maquiavel são primeiramente orientadas para a prática. Não se encontra nenhuma grande teoria do poder na obra do florentino, mas uma alternância permanente entre a teoria e a prática e um estudo aprofundado da história, do qual se podem tirar diversas conclusões. O filósofo privilegia "os pequenos detalhes", segundo sua expressão, que constituem toda a substância do evento histórico e político. A política não pode se exercer no vazio; ela exige, ao contrário, uma viva atenção às circunstâncias. Tomar o poder, conservá-lo, é confrontar-se com o tempo. A temporalidade é fundamental, se quisermos compreender a política quando nos diz, cruelmente, que o acaso (a "fortuna") é um importante fator que vem se chocar com a ação dos homens. O talento do príncipe (sua "virtude") será, assim, jogar com os acontecimentos. Como um rio impetuoso, nos diz N. Maquiavel, devastando tudo em sua passagem, inundando planícies, derrubando árvores e edifícios, a "fortuna", se não se tomar muito cuidado, pode tornar-se a fonte de todos os males da sociedade: a guerra, a desordem... Construir diques, barragens (que são as leis, as instituições fortes...) quando o rio está calmo, a fim de prevenir as catástrofes, é uma manifestação de virtude política. Assim, a política é uma perpétua luta entre o tempo e a força humana. Longe de ser uma ciência exata, comporta ações oportunas e eficazes, logo admiráveis. O talento político é de certa forma esse talento visionário que permite tirar proveito das circunstâncias mais incertas.

O HOMEM POLÍTICO, O LEÃO E A RAPOSA

Se os eventos e as circunstâncias determinam amplamente a conduta do príncipe, também lhe ditam as normas morais a seguir. N. Maquiavel apreende perfeitamente as realidades do mundo, o caos e a violência das paixões que nele reinam de fato. A fundação da cidade exigirá uma canalização desse caos, fim que justifica todos os meios empregados, até mesmo os mais brutais, já que o objetivo é a paz e a liberdade. Somente o homem excepcional poderá ter êxito em tal tarefa: ele deverá se tornar ao mesmo tempo leão e raposa. Será leão quando, para conquistar e conservar o poder, o uso da força se fizer necessário. É preciso por vezes praticar ações que a moral reprova a fim de manter as condições preciosas de vida que as leis garantem. Assim, essa violência não é destrutiva e sim construtiva, pois por vezes a ausência de ação ou a bondade do dirigente podem levar ao infortúnio de seu povo, à destruição de seu país ou à sua própria destituição. Isso é imoral. César Bórgia, através da utilização eficaz da violência, unificou, pacificou e fidelizou a Romanha. Para N. Maquiavel, em tempos conturbados, isso não tem preço. O príncipe deve também ser raposa: a astúcia será sua segunda virtude. Mestre das aparências, deve ganhar a estima de seu povo, fazendo que este acredite nas qualidades morais de seu governante.

O PRÍNCIPE, LIVRO DOS REPUBLICANOS?

Embora o "maquiavelismo", em sua acepção mais negativa, seja o que geralmente se retém da obra de N. Maquiavel, *O príncipe* foi considerado, durante muito tempo, uma obra fundadora da modernidade e da laicidade. Por essa política desligada do poder espiritual e da moralidade, Baruch de Espinosa (1632-1677), o barão de Montesquieu (1689-1755) e mais tarde Jean-Jacques Rousseau (1712-1778) verão em N. Maquiavel um fervoroso republicano, apóstolo da liberdade. O "espelho dos príncipes", proposto por N. Maquiavel longe de ser lisonjeiro para o poder, mostraria, ao contrário, seus perpétuos comprometimentos. Longe de fazer a apologia da mistificação política, a denunciaria. O florentino suscita polêmicas ainda hoje. Léo Strauss, filósofo político, vê em N. Maquiavel um apóstolo do vício: um "demônio", segundo suas próprias palavras, que ensina propósitos escandalosos aos dirigentes e lhes dá o segredo dos desvios modernos. Claude Lefort, ao contrário, considera sua obra um antídoto a esses desvios da política moderna: para além da duplicidade, do uso da força, N. Maquiavel visa à autonomia do povo, difícil e longa, e contribui, assim, para que a ideia moderna e laica de Estado seja aceita.

Principais obras de N. Maquiavel
• *Il principe*, 1513 [*O príncipe*, Martins Fontes, 3.ª ed., 2004]
• *Discorsi sopra la prima deca di Tito Livio*, 1513-1520 [*Discursos sobre a primeira década de Tito Lívio*, Martins Fontes, 2007]
• *De re militari*, 1521 [*A arte da guerra*, Martins Fontes, 2006]

MARCH, JAMES GARDNER
(nascido em 1928)

Já em 1958, com *Organizations* [*Teoria das organizações*], redigido com Herbert A. Simon*, James G. March propunha uma nova visão das empresas. Distante dos modelos racionalistas que as veem como uma organização racional com objetivos estratégicos claramente delimitados, essa abordagem mostra, ao contrário, que a empresa é composta por atores cujos objetivos são múltiplos e cuja racionalidade* é limitada (pela falta de informação, pela incerteza).

Contra o mito do administrador estratégico, que faz escolhas analisando rigorosamente os problemas e determinando uma solução ótima, J. G. March propõe um modelo de resolução de problemas bastante diferente: o modelo da lata de lixo.

O MODELO DA LATA DE LIXO

Concebido por J. G. March, com Michael Cohen e Johan Olsen, o modelo da lata de lixo (ou *garbage can model*) postula que as decisões nas "anarquias organizadas" são fruto de um encontro fortuito entre um problema e uma solução ("A Garbage Can Model of Organizational Choice" [O modelo da lata do lixo da escolha organizacional], *Administrative Science Quarterly*, vol. 17, 1972).

As empresas passam por diversos tipos de problemas e exigências, ligados à organização do trabalho, ao conhecimento do meio, à comunicação interna, à produção, à busca por clientes e à decisão. Mas os processos de decisão estratégica não provêm de uma análise exaustiva dos problemas e das soluções disponíveis. Frequentemente, um dirigente percebe um problema porque uma solução disponível lhe é indicada (por um consultor, por exemplo). Por outro lado, como as empresas têm múltiplos objetivos (garantir a rentabilidade, a qualidade dos produtos, a conquista de novos mercados), as prioridades para os trabalhadores podem ser flutuantes ou pouco claras. Alguns dirigentes podem delimitar objetivos que não são vistos como prioritários por outros. Muitos problemas podem não ser resolvidos até que apareça subitamente uma solução, que será abandonada mais tarde por ser muito custosa...

Principais obras de J. G. March
• (com H. A. Simon) *Organizations*, 1958 [*Teoria das organizações*, Fundação Getulio Vargas, 5.ª ed., 1981]
• *Decisions and Organisation*, 1991 [Decisões e organizações]
• (sobre J. G. March) T. Weil, *Invitations à la lecture de James March*, 2000 [Convite à leitura de James March]

MARKETING

Você conhece o "*marketing* tribal"?

É a arte de estabelecer laços de fidelidade entre uma marca e seus clientes, mobilizando valores comuns e criando, nos consumidores, um sentimento de que pertencem a um grupo privilegiado. Um exemplo típico desse laço "tribal" entre um produto e seus utilizadores são os computadores Macintosh. Para alguns utilizadores, um "Mac" não é simplesmente um computador, mas uma família, uma filosofia (a convivialidade), um combate (contra o mundo Microsoft). Seria esse laço privilegiado entre clientes e marca consequente de uma tendência da época – a necessidade de reconstituir comunidades fundamentadas em afinidades eletivas? Em todo caso, assim pensam os apóstolos do *marketing* tribal. Sendo ou não tribal, o *marketing* consiste em adequar um produto às expectativas do consumidor e deixar isso bem claro...

Isso supõe observar o consumidor, apreendendo suas motivações e condutas. Conhecer para agir: poderia o *marketing* ser considerado uma "ciência humana aplicada"?

HISTÓRIA DO *MARKETING*

O *marketing* nasceu nos Estados Unidos no início dos anos 1920, período em que se assiste à ascensão combinada da grande empresa, dos produtos de massa, de novos circuitos de distribuição (grandes lojas de departamento, vendas pelo correio, redes), da publicidade e das "marcas" (Coca-Cola, Colgate, Kodak). Para atingir o consumidor e convencê-lo, as grandes empresas não podiam contentar-se em apenas produzir, era preciso conhecer e cartografar os segmentos de mercado a conquistar. Assim, surgiu a função *marketing* (reunindo distribuição, comercialização e promoção do produto), destinada a atender essa necessidade.

Para ser mais preciso, foi em Boston, numa sociedade de imprensa, a Curtis Publishing Company, que foi contratado, em 1910, o primeiro "marqueteiro" profissional. Ele inaugurou os estudos de mercado, que logo também seriam realizados por outras companhias, como a General Electric e a Kellogg's. Paralelamente, as universidades, como Wisconsin e Harvard Business School, criaram os primeiros departamentos de estudos comerciais. O nascimento do *marketing* como nova disciplina foi alimentado ao mesmo tempo pelo inventário dos conhecimentos empíricos, adquiridos por alguns profissionais, e pelos primeiros estudos universitários. Nem um simples conhecimento empírico, nem uma ciência pura: o *marketing* é, em seu nascimento, um misto original entre duas culturas, a universitária e a empresarial.

No final da Segunda Guerra Mundial, com o advento da produção e do consumo de massa, o *marketing* viverá sua verdadeira expansão. Sua implantação se intensifica nas universidades, nas *business schools* e empresas. Sua área de atuação se estende, abarcando diversos domínios: o produto, o preço, a publicidade, a distribuição (ou *praça*), os famosos "4P" do *marketing mix*.

Essa expansão é também disciplinar. No princípio, os estudos de mercado se fundamentavam em técnicas quantitativas (tratamento estatístico de questionários) e qualitativas (por entrevista). A partir dos anos 1950, são abertos aos modelos teóricos de diferentes disciplinas: psicanálise, psicologia social, sociologia, economia. Mais tarde, nos anos 1970, a abordagem cognitiva traria suas contribuições, e em seguida a antropologia, a semiologia e até mesmo a hermenêutica (voltada para a análise das narrativas, dos fantasmas, da mitologia do consumidor, sua "experiência vivida"). Tudo ajuda a sondar as "motivações do consumidor, definir os canais de difusão, compreender como uma propaganda pode agir sobre o público".

MARKETING: UMA CIÊNCIA HUMANA?

Mas, ao ampliar seu campo, ao especializar suas pesquisas, o *marketing* passa a questionar sua identidade. Nos anos 1980, um debate epistemológico domina a disciplina. O *marketing* é uma técnica de gestão? Uma ciência do homem? Uma ciência aplicada? Como conciliar pesquisa, teoria e aplicação? Como frear a dispersão dos procedimentos e lutar contra a fragmentação da disciplina?

Renunciando a assentar a disciplina sobre uma base epistemológica estável, alguns especialistas, a partir dos anos 1990, viram na emergência do *neomarketing* uma saída possível para a crise.

O neomarketing não quer se restringir a uma metodologia única (os estudos quantitativos ou qualitativos). Para perceber de maneira acurada as evoluções deste ou daquele segmento de mercado, o especialista deve saber cruzar as informações – números, observações, análises –, mergulhando no ambiente de determinado meio ou período. O "neomarqueteiro" seria, assim, um observador arguto de um mundo em transformação.

Bibliografia: • O. Badot (org.), *Dictionnaire du marketing*, Hatier, 1998 • F. Cochoy, *Histoire du marketing. Discipliner l'économie de marché*, La Découverte, 1999

MARR, DAVID
(1945-1980)

Mesmo falecendo prematuramente em 1980, aos 35 anos, em decorrência de uma leucemia, o psicólogo britânico David Marr deixou uma importante contribuição para a disciplina. Após ter iniciado suas pesquisas sobre a visão no King's College (Grã-Bretanha), partiu em 1975 para o MIT, onde realizou pesquisas associadas ao desenvolvimento da inteligência artificial*, então em ascensão. Apesar de sua doença, Marr demonstrava grande criatividade científica e reuniu uma equipe de colaboradores com quem iria revolucionar as abordagens da percepção visual.

OS TRÊS NÍVEIS DE ANÁLISE

O trabalho de D. Marr merece atenção tanto pela contribuição específica à compreensão da visão como pela metodologia aplicada.

D. Marr propõe uma distinção dos três níveis de análise que compõem todos os sistemas de tratamento da informação, seja um computador ou o cérebro humano. Por exemplo, para explicar a visão, não podemos nos ater a um único nível de explicação:

"Tentar compreender a percepção estudando somente os neurônios é como tentar compreender o voo de um pássaro estudando somente suas penas: é simplesmente impossível" (*Vision* [Visão], 1982).

Todo sistema cognitivo deve, segundo D. Marr, ser explicado em pelo menos três níveis.

No primeiro nível (que D. Marr chama de "computacional"), é preciso construir uma teoria da visão que defina os objetivos e funções a realizar. A teoria da visão supõe determinar os tipos de informação que um organismo necessita perceber em seu meio: a forma, as cores, as distâncias, os objetos que o cercam.

No segundo nível, chamado de "algorítmico", buscam-se identificar as operações de base necessárias para realizar essa tarefa. Um engenheiro informacional pode tentar elaborar um programa computacional destinado a realizar a função definida no primeiro nível.

Enfim, o terceiro nível de análise é o nível de exploração dos processos biológicos – neurônios e estruturas cerebrais – envolvidos na percepção. Como se realiza no cérebro a circulação da informação visual?

Um explicação global da percepção visual supõe a combinação entre esses três níveis de análise. As contribuições do psicólogo (que estuda a função), do biólogo (que explora as bases neuronais) e do engenheiro informacional (que pode simular a função) se combinam. "A moral dessa história é que a ignorância em uma das três disciplinas é prejudicial."

A VISÃO EM TRÊS TEMPOS

No domínio da visão, D. Marr dedicou-se ao difícil problema da distinção de um objeto em determinado meio. Para ele, a visão de um objeto se realiza em três tempos distintos.

No primeiro tempo, algumas informações visuais que chegam ao cérebro passarão apenas por um tratamento parcial, batizado por D. Marr de "esboço primário" (*primal sketch*). Esse esboço trata os objetos unicamente em duas dimensões e na forma de níveis de luminosidade. A percepção dos contornos é suficiente para uma primeira etapa da visão. Com frequência, aliás, ela se reduz a isso. Assim, quando dirigimos um automóvel, uma multidão de objetos passa diante de nossos olhos, e é inútil identificar todos eles. Somente alguns terão verdadeira importância para o condutor (o carro da frente, os semáforos, os eventuais obstáculos, as faixas da estrada...). Esses objetos serão selecionados e passarão por um tratamento mais aprofundado. Serão tratados no segundo nível, chamado por D. Marr de "2D1/2" (duas dimensões e meia), que diz respeito à distância, à orientação e à posição relativa dos objetos em relação ao observador.

No último nível, é possível efetuar uma representação mais precisa, em 3D (três dimensões), em que os objetos são identificados com perfeição de acordo com seu volume, sua distância e sobretudo sua forma global, independentemente da posição do observador.

A teoria de D. Marr esclarece diversas questões. A visão é uma construção progressiva e não um espelho objetivo do mundo. Ela seleciona as informações que lhe são úteis. A perspectiva de D. Marr é, portanto, construtivista e funcional e tem a vantagem de poder ser simulada em computador.

Principal obra de D. Marr
• *Vision*, 1982 [Visão]

MARTINET, ANDRÉ
(1908-1999)

Nascido num pequeno vilarejo da Savoia, este linguista francês foi uma das figuras centrais da linguística* do século XX. Nos anos 1930, esteve intimamente ligado ao círculo de Praga e ao círculo de Copenhague, com Nikolai Trubetskoi* (1890-1938) e Roman Jakobson* (1896-1982).

Nos anos 1950, instalado nos Estados Unidos, tornou-se uma das figuras mais conhecidas da linguística mundial. Foi o fundador da fonologia* funcional e estrutural.

Mas a ascensão do estruturalismo* e das gramáticas gerativas* logo iria eclipsá-lo. De volta à França em 1955, foi nomeado professor na Sorbonne. Em 1960, publicou sua obra mais famosa, *Éléments de linguistique générale* [Elementos de linguística geral], traduzida em dezessete línguas. Em suas *Mémoires d'un linguiste* [Memórias de um linguista] (1993), relata com sinceridade o apogeu e o declínio de suas teses nas grandes universidades anglo-saxãs e europeias.

Foi o inventor da teoria da dupla articulação da linguagem*.

Principais obras de A. Martinet
- *Éléments de linguistique générale*, 1960 [Elementos de linguística geral, Martins Fontes, 8.ª ed., 1978]
- *La Linguistique synchronique*, 1965 [A linguística sincrônica]
- *Syntaxe générale*, 1985 [Sintaxe geral]
- *Fonction et dynamique des langues*, 1989 [Função e dinâmica das línguas]

MARX, KARL
(1818-1883)

Karl Marx é um homem do século XIX, época marcada pela expansão capitalista e pela constituição das classes operárias na Europa e suas primeiras grandes lutas. É esse mundo que ele busca pensar, integrando diversos alicerces teóricos:

– a filosofia alemã, especialmente George W. F. Hegel, de quem preserva a ideia de uma dialética da história universal, dominada pelas contradições e caminhando para uma conclusão;

– a economia política inglesa, cujas figuras principais são Adam Smith*, David Ricardo e Thomas R. Malthus;

– o socialismo "utópico" francês (o conde de Saint-Simon, Charles Fourier, Etienne Cabet) e seus contemporâneos (Pierre Joseph Proudhon, Louis Blanqui, os anarquistas), com cujos representantes debate.

O MATERIALISMO HISTÓRICO E DIALÉTICO

Em 1859, no prefácio à *Grundrisse der Kritik der politischen Ökonomie* [Contribuição à crítica da economia política], K. Marx resume, numa famosa passagem, os principais aspectos de sua concepção materialista da história. Tudo começa pelo seguinte postulado: o fundamento da sociedade reside na vida material. Através do trabalho, o homem produz a sociedade assim como produz a si mesmo.

A crítica ao hegelianismo o levou a "inverter" as posições idealistas e afirmar uma concepção materialista em que a sociedade aparece como uma espécie de pirâmide cujo alicerce é formado pela base material – a economia – sobre a qual se erguem a política, o direito e as ideias.

O modo de produção de uma sociedade é composto por "forças produtivas" (os homens, as máquinas, as técnicas) e por "relações de produção" (escravidão, arrendamento, artesanato, salariato). Assim, no decorrer da história, sucederam-se diversos modos de produção: antigo, asiático, feudal e burguês. Chegando a um determinado grau de desenvolvimento, as forças produtivas entram em conflito com as relações de produção. Então, "tem início uma era de revolução social".

Os exegetas muito discutiram sobre o que se entende por "base material da sociedade", sobre a maneira como se articulam as "forças produtivas" e as "relações de produção". Nesse ponto, os textos de Karl Marx são frequentemente imprecisos, ambíguos e variáveis. K. Marx professa por vezes um determinismo econômico sumário e uma mecânica implacável das leis da história. Em outros momentos, propõe uma visão mais aberta e complexa da organização social.

A CRÍTICA DO CAPITALISMO

O autor de *O capital* intentou construir uma obra ao mesmo tempo crítica e científica. K. Marx pensa estabelecer leis de evolução que minam o capitalismo e o condenam ao desaparecimento.

A concorrência leva os capitalistas a uma acumulação permanente. Dessa lei de acumulação, K. Marx deduz diversas tendências de evolução:

– mecanização crescente da produção;

– concentração do capital nas mãos de poucos capitalistas;

– aumento do desemprego e pauperização crescente do proletariado, que aparecem como a "lei geral da economia capitalista";

– lei da queda tendencial das taxas de lucro, resultado do aumento do capital constante (as máquinas) em relação ao capital variável (os trabalhadores). K. Marx adere à lei do valor trabalho de D. Ricardo, que estabelece que o valor de um bem provém do trabalho humano;

– exploração e concentração do capital constante (as máquinas), que levam ao aumento incessante das capacidades de produção em detrimento das possibilidades de consumo (através dos salários distribuídos). Por isso há crises de superprodução que marcam periodicamente o capitalismo.

K. Marx defendia que essas crises se agravariam com o passar do tempo até se tornarem insuperáveis.

Além do mais, a pauperização levaria, segundo ele, à revolta das massas. Aqui, a lógica econômica dá lugar a uma lógica social: a revolta dos oprimidos contra o sistema.

Uma vida de lutas e escrita

– 1818. Karl Marx nasce em Trier (Renânia). Seu pai é um advogado liberal, judeu convertido ao protestantismo.
– 1835-1841. Estuda direito e filosofia. Defende sua tese sobre Demócrito e Epicuro. Faz parte dos "hegelianos de esquerda".
– 1842. Torna-se diretor da *Gazeta Renana*, em Colônia.
– 1843. Casa-se com Jenny von Westphalen, com quem terá três filhas (e um menino que morre aos 10 anos de idade). Publica *Zur Judenfrage* [*A questão judaica*] e *Zur Kritik der hegelschen Rechtsphilosophie* [*Crítica da filosofia do direito de Hegel*].
– 1844-1845. Muda-se para Paris. Conhece os grupos socialistas em meio aos quais encontra Pierre Joseph Proudhon e Mikhaïl A. Bakunin e torna-se amigo de Friedrich Engels, com quem publica *Die heilige Familie* [*A sagrada família*].
– 1845-1848. K. Marx é expulso de Paris. Parte para Bruxelas, onde participa da Liga dos Comunistas. Redige, com F. Engels, *A ideologia alemã* (1845) e *O manifesto do Partido Comunista* (1848).
– 1848-1863. Instala-se em Colônia, em 1848, de onde também será expulso no ano seguinte. Parte para Londres em condições materiais bastante precárias. Tendo como renda apenas o que recebe por seus artigos na imprensa e as ajudas de F. Engels, adoece com frequência. Publica, em 1849, *Trabalho assalariado e capital* e, em 1852, *Der Achtzehnte Brumaire des Louis Bonaparte* [*O 18 brumário de Luís Bonaparte*]. Passa grande parte de seu tempo na Biblioteca do British Museum, onde estuda economia política e escreve artigos e opúsculos.
– 1864. Participa da criação da 1.ª Internacional dos trabalhadores, redigindo seus estatutos.
– 1867. Publica o livro 1 de *O capital*.
– 1869 a 1882. Desavenças no âmbito da Internacional com M. A. Bakunin. Redige *Der Bürgerkrieg in Frankreich* [*A guerra civil na França*] (1871) e a *Kritik des Gothaer Programms* [*Crítica do programa de Gotha*] (1875). Viaja para a Suíça e para a França.
– 1883. K. Marx morre no dia 14 de março.
– 1885. F. Engels cuida da publicação do livro 2 de *O capital*.
– 1894. F. Engels publica o livro 3 de *O capital*.

As classes sociais, o Estado, as ideologias

Frequentemente, o *Manifest der Kommunistischen Partei* [*Manifesto do Partido Comunista*], em que K. Marx declara que só existem duas classes fundamentais, e *Die Klassenkämpfe in Frankreich* [*As lutas de classe na França, 1848-1850*], em que descreve sete diferentes classes e fragmentos de classes, são vistos como obras contraditórias. Na realidade não há nenhuma contradição, já que as duas interpretações não têm o mesmo estatuto. No *Manifesto do Partido Comunista* (que é um texto de propaganda), K. Marx se preocupa fundamentalmente com a luta entre classes sociais que, no capitalismo, opõe duas classes principais (ambas portadoras de um projeto histórico): a burguesia e o proletariado. Entre as duas, a "pequena burguesia" pode se unir tanto a uma como a outra. E essa luta deve levar à revolução se os trabalhadores souberem se organizar em um partido que permita o desmantelamento da sociedade burguesa.

Já na obra *As lutas de classe na França*, K. Marx realiza uma análise empírica de um momento particular da história, descrevendo com precisão as frações de classes, suas alianças e como elas se organizam em torno das duas classes fundamentais. É preciso, portanto, no uso dessa noção, fazer a distinção entre a teoria dinâmica das classes (que se organiza em torno de dois polos) e a análise descritiva, cuja preocupação é a composição dos grupos sociais nos detalhes de sua estrutura, evolução e comportamento.

No que diz respeito ao Estado, K. Marx defende, em alguns textos, uma visão instrumentalista. O Estado se encontra reduzido a um papel simples, direto e brutal: é um instrumento nas mãos da classe dominante (a burguesia) para o domínio da classe proletária. O papel da polícia e das forças armadas é, em primeiro lugar, impedir as insurreições populares; a justiça está a serviço dos poderosos... Mas essa análise é pouco aprofundada. É preciso dizer que K. Marx escreve isso na França, em 1848, numa época em que o povo insurgente foi severamente reprimido. Em outros textos, ele aprofunda suas ideias. Para garantir sua dominação, a burguesia confia a gestão de seus interesses gerais a uma superestrutura estatal que goza de certa autonomia. Por vezes, o Estado chega a elevar-

-se "acima das classes" para restabelecer uma ordem social ameaçada. É o caso do bonapartismo.

Encontramos também em K. Marx elementos para uma teoria das ideologias*, da religião* e da alienação. Mas essas teorias, que não foram sistematizadas, continuam dando muito trabalho aos exegetas marxistas.

Principais obras de K. Marx
• *Die deutsche Ideologie*, 1845 [*A ideologia alemã*, Martins Fontes, 3.ª ed., 2002]
• *Manifest der Kommunistischen Partei*, 1848 [*Manifesto do Partido Comunista*, Vozes, 2004]
• *Lohnarbeit und Kapital*, 1849 [*Trabalho assalariado e capital*, Expressão Popular, 2006]
• *Das Kapital*, 3 t., 1867, 1885 e 1894 [*O capital*, Civilização Brasileira, 16.ª ed., 1998]

MARXISMO

O marxismo teve uma influência decisiva sobre o pensamento do século XX, desaparecendo quase por completo no início do século XXI. Sua influência se exerceu tanto no pensamento como na ação política (história do comunismo) no âmbito das ciências humanas. Karl Marx tem seu lugar na história da filosofia, da sociologia, da economia política e até mesmo da psicologia, com a corrente freudiano-marxista que esteve em voga nos anos 1960.

Marxismo e filosofia. K. Marx, embora tenha se distanciado da filosofia para dedicar-se à análise econômica e histórica, suscitou muitos desenvolvimentos filosóficos em torno dos temas da *praxis*, da dialética, do materialismo e da alienação. Nos anos 1920 e 1950, um marxismo filosófico foi desenvolvido por Georg Lukács e Karl Korsch. Em 1923, o jovem filósofo húngaro G. Lukács publica *Geschichte und Klassenbewusstsein* [*História e consciência de classe*], e K. Korsch, *Marxismus und Philosophie* [Marxismo e filosofia]. O intelectual italiano Antonio Gramsci, por sua vez, defende um marxismo humanista desvencilhado do economicismo, assim como uma teoria do intelectual e da cultura (*Lettere dal carcere* [*Cartas do cárcere*], 1926-1974).

A escola de Frankfurt* (Max Horkheimer, Theodor W. Adorno*, Jürgen Habermas*) irá desenvolver uma "teoria crítica" que pretende desvendar, por trás da ilusão de uma razão universal, o discurso dominador da eficácia, da competência e de uma ideologia alienante.

Nos anos 1945-1960, o marxismo seduz alguns filósofos situados na tradição existencialista, como J.-P. Sartre (*Critique de la raison dialectique* [*Crítica da razão dialética*], 1960) e Maurice Merleau-Ponty* (*Les Aventures de la dialectique* [*As aventuras da dialética*], 1945), que foram "companheiros de caminhada" do movimento comunista. Nesse momento, o marxismo seduz até mesmo pensadores cristãos.

A partir dos anos 1965-1975, a voga estruturalista* gera um marxismo estruturalista, com Louis Althusser* apresentando um K. Marx cientificista e bastante abstrato em *Pour Marx* [A favor de Marx] (1965) e *Lire "Le capital"* [*Ler "O capital"*] (1965).

Nos anos 1980, quando o marxismo está em declínio, o "marxismo analítico", curiosa mistura entre a teoria de K. Marx e a filosofia analítica*, viverá um efêmero período de glória nos países anglo-saxões. O projeto consiste em passar o marxismo pelo crivo do rigor analítico, desvencilhando-o, assim, de seus elementos ideológicos e especulativos. Jon Elster (*Making Sense of Karl Marx* [Entendendo Karl Marx], 1985) e John Roemer (*Analytical Marxism* [Marxismo analítico], 1986) foram os principais expoentes dessa efêmera corrente de pensamento.

Marxismo e sociologia. K. Marx influenciou profundamente a sociologia europeia. Faz parte dos "clássicos" da disciplina.

Nos anos 1950-1970, o marxismo influenciou, principalmente, a sociologia do trabalho e das classes sociais. Por exemplo, o *Traité de la sociologie du travail* [Tratado de sociologia do trabalho] (1962), organizado por Georges Friedmann e Pierre Naville, tem um forte traço marxista. A obra *Les Classes sociales dans le capitalisme d'aujourd'hui* [As classes sociais no capitalismo de hoje] (1974), de Nicos Poulantzas, foi uma das bíblias dos estudantes revolucionários. Em 1957, Ralf Dahrendorf, em *Soziale Klassen und Klassenkonflikt in der industriellen Gesellschaft* [*Classes e conflitos de classe na sociedade industrial*], buscou ampliar a concepção das classes.

A influência do marxismo ainda é nitidamente perceptível nos trabalhos de grandes sociólogos como Pierre Bourdieu* e Anthony Giddens*.

Marxismo e economia. Entre 1900 e 1920, o desenvolvimento do capitalismo nas colônias, sua relativa prosperidade nos países ocidentais e o enfrentamento entre grandes potências levam os marxistas a elaborar uma teoria do imperialismo. Como exemplo, temos Rosa Luxemburgo (*Die Akkumulation des Kapitals* [A acumulação do capital], 1913), Rudolf Hilferding (*Das Finanzkapital* [O capital financeiro], 1910) e Vladimir I. Lenin (*Novye materialy k rabote* [O imperialismo, fase superior do capitalismo], 1916).

Em seguida, o crescimento econômico do pós-guerra iria obrigar os marxistas a pensar a existência de uma nova fase do capitalismo. Assim, o economista belga Ernest Mandel publica *Der Spätkapitalismus* [O capitalismo tardio] (1972) e, nos Estados Unidos, Paul A. Baran e Paul M. Sweezy dedicam-se a pensar a nova etapa "monopolista" (*Monopoly Capital* [Capital monopolista], 1966).

As teorias do subdesenvolvimento (André G. Frank, Samir Amin, Celso Furtado e Arghiri Emmanuel), desenvolvidas durante os anos 1960-1980, são fortemente marxistas. Nelas, o subdesenvolvimento é analisado pela ótica da exploração e da dependência. O marxismo também marcou fortemente a escola da regulação* (Michel Aglietta, Robert Boyer...).

Marxismo e história. Intelectuais marxistas como Antonio Labriola (*Essais sur la conception matérialiste de l'histoire* [Ensaios sobre a concepção materialista da história], 1897), Benedetto Croce (*Materialismo storico ed economia marxista* [Materialismo histórico e economia marxista], 1900) e George Plekhanov (*K voprosu o razvitii monisticheskogo vzgliada na istoriiu* [Ensaio sobre o desenvolvimento da concepção monista da história], 1895; *K voprosu o roli litchnosti v istorii* [O papel do indivíduo na história], 1898) se interessaram pela teoria do materialismo histórico. Sua reflexão se insere no quadro da filosofia da história.

O marxismo também influenciou historiadores da Revolução Francesa (Albert Matthiez, Georges Lefebvre, Albert Souboul) e da Escola dos Annales*. Mas, enquanto o marxismo se esgotava nos países europeus, nos países anglo-saxões uma corrente de historiadores marxistas permaneceu dinâmica, especialmente com autores ingleses como Eric. J. Hobsbawm* (*The Age of Revolution: 1789-1848* [A era das revoluções 1789-1848], 1962) e Immanuel Wallerstein (*The Modern World-System* [Sistema mundial moderno], 1974-1989).

Marxismo, psicologia, psicanálise. O marxismo também influenciou a psicologia. O freudo-marxismo teve certo sucesso nos anos 1960 com Wilhelm Reich (*Dialektischer Materialismus und Psychoanalyse* [Materialismo dialético e psicanálise], 1929), Herbert Marcuse (*Eros and Civilisation* [Eros e civilização], 1955) e Erich Fromm (*The Crisis of Psychoanalysis* [A crise da psicanálise], 1970).

O marxismo teve até mesmo uma inserção inesperada em psicologia infantil com Henri Wallon (1879-1962), que propõe uma concepção evolucionista e dialética do desenvolvimento da criança (*L'Évolution psychologique de l'enfant* [A evolução psicológica da criança], 1941), e Lev S. Vigotski* (1896-1934), que, em *Myšlenie i rech* [Pensamento e linguagem] (1934), elabora uma teoria da aprendizagem social inspirada no materialismo dialético.

O FIM DO MARXISMO

Para completar, seria preciso citar a inserção do marxismo na antropologia, nas ciências políticas e na linguística. Seria preciso também citar muitos autores que, embora não sendo marxistas, homenagearam o autor de *O capital*: Max Weber*, Joseph A. Schumpeter*, Raymond Aron*, Fernand Braudel*, Georges Duby*...

Esse inventário é instrutivo. Mostra como foi forte o impacto do marxismo sobre as ciências humanas no século XX, tão rápido e impressionante quanto seu desaparecimento quase completo a partir dos anos 1980.

→ **Classes sociais, Marx**

MASLOW, ABRAHAM
(1908-1970)

Psicólogo americano, foi presidente da Associação Americana de Psicologia. É geralmente classificado, ao lado de Elton Mayo e Carl Rogers*, na corrente "humanista" da psicologia. "Humanista" porque essa abordagem se preocupa, em primeiro lugar, com o desenvolvimento pessoal do indivíduo.

A EXPERIÊNCIA PAROXÍSTICA

Abraham Maslow era um apaixonado pelo aspecto positivo da experiência humana. Em um de seus estudos, ele pediu a uma centena de pessoas que descrevessem a experiência mais maravilhosa de suas vidas, um momento de grande felicidade e plenitude. O que ele chama de "experiência paroxística" pode ser vivenciado quando estamos apaixonados, quando ouvimos uma música que nos transporta, na experiência mística, etc. Nesses momentos, o indivíduo fica totalmente absorvido, até mesmo fascinado, pelo objeto de sua contemplação, chegando mesmo a confundir-se com ele: o apaixonado tem a sensação de constituir uma unidade com o ser amado, assim como o criador com a obra, o músico com a música, o astrônomo com as estrelas. Ficamos fora do tempo e do espaço. Por exemplo, tomado por sua energia criativa, o poeta, assim como o artista, esquece o meio e perde a noção do tempo. Nessa situação, a vontade não intervém: "Nós não podemos controlar uma experiência paroxística, ela simplesmente acontece." Essa experiência encontra seu fim em si mesma, é uma revelação tão importante que tentar justificá-la atenta contra seu valor e sua dignidade.

Apesar do caráter passivo dessa experiência, a pessoa que a vivencia se sente em seguida mais responsável e mais ativa, o que pode inclusive mudar, de maneira mais ou menos durável, sua visão de mundo. Assim, a experiência paroxística é comparada à "descoberta de um paraíso pessoal" que ficará impresso no indivíduo, pois "apenas aqueles que realizaram experiências paroxísticas podem atingir a plena identidade".

A PIRÂMIDE DAS NECESSIDADES

O aspecto mais conhecido da obra de A. Maslow é a "pirâmide das necessidades", segundo a qual o ser humano é movido por uma diversidade de necessidades organizadas de maneira hierárquica. As mais elementares são as necessidades fisiológicas (fome, sede, desejo sexual...). Na sequência, temos as necessidades de segurança material; em seguida, as de afeto e aceitação, as necessidades cognitivas, estéticas, e enfim o desejo de realização pessoal. Cada necessidade só pode ser saciada se as necessidades do estágio inferior tiverem sido satisfeitas. A psicologia humanista insiste principalmente na realização e no desenvolvimento pessoal.

Principais obras de A. Maslow
• *Motivation and Personality*, 1954 [Motivação e personalidade]
• *Religions, Values, and Peak-Experiences*, 1964 [Religiões, valores e experiências paroxísticas]
• *Toward a Psychology of Being*, 1968 [Introdução à psicologia do ser, Eldorado, 1968]

MASOQUISMO

Em 1886, o psiquiatra alemão Richard von Krafft-Ebing (1840-1902) cria o termo "masoquismo" para descrever uma perversão sexual típica (hoje chamada de "parafilia"). Um indivíduo sente prazer em submeter-se, em ser humilhado e brutalizado por outro indivíduo, geralmente do sexo oposto. R. von Krafft-Ebing descreveu o transtorno a partir do caso de Leopold von Sader-Masoch, um escritor austríaco que criava vítimas indulgentes em seus romances e praticava jogos perversos com suas amantes.

Em sentido corrente, o masoquismo designa toda atitude em que um indivíduo experimenta prazer infligindo-se sofrimento físico ou moral.

MATRIARCADO

Nos anos 1970, quando o movimento feminista está no auge, surge a questão sobre a existência de matriarcados nas sociedades primitivas. São recuperados alguns trabalhos (Johann J. Bachofen, 1815-1887) que tratam de sociedades proto-históricas (como os lícios da Grécia micênica) em que o poder, a religião e o casamento teriam sido regidos pelas mulheres. Aliás, no século XIX, essa hipótese influencia Friedrich Engels, que relaciona a história da dominação masculina à história da propriedade privada (*Der Ursprung der Familie, des Privateigentums und des Staats* [*A origem da família, da propriedade privada e do Estado*], 1884).

Desde o início do século XX, os etnólogos estudam os laços de filiação. Alguns mostraram que, nas sociedades tradicionais, em que a filiação é matrilinear* (em que as crianças de um casal pertencem ao clã da mãe), as mulheres gozam de importantes prerrogativas: assim, as iroquesas tinham o poder de parar a guerra e as guerreiras cherokees exerciam importante papel nas estratégias e táticas de combate.

Mas matrilinearidade não é sinônimo de matriarcado. Nenhum etnólogo se aventurou a assimilar o regime de filiação matrilinear a uma sociedade em que poder e direção pertencem às mulheres. Quanto à questão de um matriarcado das origens, permanece uma hipótese que não recebeu confirmações arqueológicas.

MATRILINEAR

Sistema familiar no qual as mulheres definem as relações de parentesco entre indivíduos. Por exemplo, na Índia, entre os nayars do estado de Kerala, a família é composta pela mãe e seus filhos sob a autoridade do filho primogênito. O marido vem visitar a esposa regularmente, como um concubino. As crianças recebem o nome da mãe, e se uma mulher nayar se casa com um homem nambudiri, seus filhos serão considerados nayar, e não nambudiri.

Matrilinearidade não significa matriarcado*. O fato de as crianças serem consideradas em função de seu parentesco materno não significa que as mulheres detenham o poder social.

MAUSS, MARCEL
(1872-1950)

Pesquisador incansável, Marcel Mauss nunca escreveu obras de síntese e muitos de seus textos ficaram inacabados. Sua produção, rica e complexa, é composta de artigos publicados em diversas revistas. É uma obra ampla e assistemática, que aborda temas da sociologia, da etnologia e da antropologia. "Minhas teorias são dispersas e assistemáticas, sendo impossível tentar resumi-las", dirá o autor. Somente em 1950, Georges Gurvitch* iria reunir os principais artigos de M. Mauss em *Sociologie et anthoropologie* [*Sociologia e antropologia*]. Grande parte de sua obra também foi escrita em colaboração (especialmente com Henri Hubert e Émile Durkheim*), o que demonstra seu respeito pela pesquisa coletiva e o gosto pelo trabalho em equipe. M. Mauss conciliou a carreira de pesquisador e a de militante. Sociólogo socialista, teve uma vida política intensa, foi amigo de Jean Jaurès e escreveu muitos artigos nas revistas *L'Humanité* e *Le Populaire*.

A INFLUÊNCIA DE SEU TIO, ÉMILE DURKHEIM

Nascido em Epinal, em 1872, numa família de rabinos, M. Mauss estuda filosofia em Bordeaux (em 1893, passa no prestigioso concurso francês para o ingresso na carreira docente chamado "agrégation"). Em seguida, inicia-se na antropologia lendo James G. Frazer* e Edward B. Tylor* e estuda sânscrito, linguística comparada e história das religiões. A partir da fundação da revista *L'Année Sociologique*, em 1898, junta-se ao grupo de sociólogos reunidos em torno de seu tio por parte de mãe, É. Durkheim, fundador da sociologia científica. A influência de É. Durkheim, que será seu tutor, é determinante. M. Mauss se tornará seu primeiro colaborador e mais tarde seu sucessor, após sua morte em 1917. Embora seja um sociólogo durkheimiano, M. Mauss se distingue de É. Durkheim e revela, a partir de novos temas como as trocas e a dádiva, a dimensão antropológica dessa sociologia nascente. Daí, tira conclusões para a sociologia geral, com a ideia central do fato social total*. Efetivamente, M. Mauss apreende os fatos a partir de seus usos sociais e os analisa em sua relação com o conjunto do corpo social do qual fazem parte. Menos rigorista e objetivista que seu mestre, M. Mauss tem um método que mistura versatilidade, rigor e intuição, tudo alicerçado em uma grande erudição.

O PAI DA ETNOLOGIA FRANCESA

Indo de encontro ao evolucionismo*, M. Mauss nega a segmentação, bastante em voga na época, entre civilizados e selvagens ou bárbaros. Frisa a historicidade de todas as sociedades (mesmo arcaicas) e refuta a categoria de mentalidade primitiva de Lucien Lévy-Bruhl. "Etnólogo de gabinete", M. Mauss nunca foi a campo observar os povos que foram objetos de suas pesquisas. No *Manuel d'ethnographie* [Manual de etnografia] (1947), ele defende a monografia como o modo de expressão e análise mais adequado para analisar as diferentes complexidades sociais. Preocupado com as observações concretas, M. Mauss manifestou muito cedo a exigência de completude etnográfica e de totalização. Frequentemente, estava insatisfeito com a etnografia disponível, sobre a qual possuía profundo conhecimento.

A etnologia de M. Mauss permitiu a revisão do objetivismo de É. Durkheim, legitimando o ponto de vista indígena e a necessidade de sua voz. Grande inspirador das pesquisas de campo, M. Mauss formou uma geração de etnólogos. Primeiramente, em 1901, é diretor de estudos no departamento de história das religiões dos povos não civilizados na EPHE. Em 1925, M. Mauss, Paul Rivet e L. Lévy-Bruhl fundam o Institut d'ethnologie, primeira estrutura de ensino especializado na França, que formou os primeiros pesquisadores de campo franceses: Marcel Griaule, Germaine Dieterlein, Roger Bastide, Alfred Métraux*, André-Georges Haudricourt, Michel Leiris, Jean-Pierre Vernant* e outros. No fim da década de 1940, com as leis antissemitas de Vichy, M. Mauss é obrigado a se demitir da EPHE e do Collège de France*, para o qual havia sido nomeado em 1931.

A MAGIA E O SACRIFÍCIO

M. Mauss está mais interessado nas redes de sentido operantes nas magias, rituais e sacrifícios que no sagrado* em geral. Intenta demonstrar que as religiões são "sistemas solidários de crenças e práticas", sistemas simbólicos. Com H. Hubert (1872-1927), historiador, arqueólogo e sociólogo especialista no sagrado, que M. Mauss considera seu "irmão gêmeo de trabalho", ele publica o *Essai sur la nature et la fonction du sacrifice* [Sobre o sacrifício] (1899) e *Esquisse d'une théorie générale de la magie* [Esboço de uma teoria geral da magia] (1902-1903). Nessas obras, os autores também se opõem ao evolucionismo: magia* e religião*, ao contrário de serem excludentes e sucessivas, frequentemente coexistem e se completam. Para eles, o sacrifício aparece como uma dramaturgia, uma encenação regrada que visa estabelecer uma comunicação entre o mundo sagrado e o mundo profano, intermediada por uma vítima, por algo que foi destruído. Atividade aprendida, convencional e socialmente reconhecida, a magia nasce das representações coletivas, se exerce em ritos e é uma linguagem que depende da criação e da manipulação de símbolos e signos carregados de uma força que leva a crer em sua eficácia. O que M. Mauss designa pela noção de *mana** (um termo melanésio), fundamento da magia e da religião, que aparece como a emanação do poder espiritual do grupo e contribui para uni-lo, é uma atividade criadora das redes de sentido.

A DÁDIVA E A TROCA

O texto mais célebre de M. Mauss, "Essai sur le don. Forme et raison de l'échange dans les sociétés archaïques" ["Ensaio sobre a dádiva. Forma e razão da troca nas sociedades arcaicas"] (*L'Année Sociologique*, 1923-1924), analisa diferentes sistemas de trocas, de dádiva e contradádiva entre clãs e tribos do litoral do Pacífico. Recuperando especialmente os trabalhos etnográficos de Franz Boas* (sobre as despesas suntuosas e as destruições de riquezas no *potlach** dos Kwakiutls) e de Bronislaw K. Malinowski* (sobre o sistema de troca do *kula** dos trobriandeses), M. Mauss questiona o sentido social da dádiva. Mostra que há uma tripla obrigação: dar, receber e, sobretudo, restituir as oferendas. A troca-dádiva, aparentemente gratuita, na realidade é "interessada" e permite, em alguns casos, pôr fim a uma hostilidade recíproca, obter reconhecimento social, manifestar superioridade, rivalizar pelo prestígio, etc. Mas não se reduz jamais a um interesse mercantil. M. Mauss também pesquisa a presença da dádiva nas economias e direitos antigos, assim como sua reminiscência nas sociedades utilitaristas. Para ele, a troca-dádiva não é um fato positivo e setorial: ela esconde um interesse normativo e universal.

DO "FATO SOCIAL TOTAL" AO "HOMEM TOTAL"

No "Essai sur les variations saisonnières des sociétés eskimos" [Ensaio sobre as variações sazonais das sociedades esquimós] (*L'Année Sociologique*, 1904-1905), M. Mauss parte da análise da morfologia social (especialmente o *habitat* sazonal) para estudar toda a estrutura da sociedade esquimó. Seu método consiste em tomar um objeto restrito de uma sociedade e descrevê-lo sob todos os pontos de vista, em todas as suas relações, num procedimento monográfico. Mas é o estudo da troca e da dádiva que irá servir como modelo teórico para demonstrar que as sociedades são totalidades funcionais. Compreender a dádiva torna obrigatório o interesse por todos os aspectos da vida social. Recortar a realidade social, isolando um elemento para estudá-lo, é apenas um primeiro momento da análise; o objetivo da socioantropologia de M. Mauss é restituir a dinâmica do conjunto, apreendendo as realidades em sua totalidade. Forjada por M. Mauss na linha do funcionalismo de É. Durkheim, Alfred R. Radcliffe Brown* e B. K. Malinowski, a noção de "fato social total" é central em sua obra. Cada fato social é total pois concentra todas as dimensões (econômica, jurídica, religiosa, estética ou morfológica) do humano.

M. Mauss passou dos problemas do simbólico e dos fatos sociais totais ao "homem total", considerado em suas três dimensões: biológica, psicológica e social. Colocou o corpo no centro de sua concepção do homem total, e o artigo "Les techniques du corps" [As técnicas do corpo] (*Journal de Psychologie*, 1936) inaugura um importante campo etnográfico. O corpo humano é considerado por M. Mauss a primeira de todas as ferramentas. Em "Une catégorie de l'esprit humain: la notion de personne, celle de 'moi'" [Uma categoria do espírito humano: a noção de pessoa, a noção de "eu"] (*Journal of the Royal Anthropological Institute*, 1938), ele mostra que o indivíduo surge em sua singularidade própria (a pessoa) após longos processos sociais de "subjetivação" do que é externo a ele. A tradução entre corpo e alma é intermediada pelo social. Com "Effet physique chez l'individu de l'idée de mort suggérée par la collectivité" [Efeito físico no indivíduo da ideia de morte sugerida pela coletividade] (*Journal de Psychologie Normale et Pathologique*, 1926), ele mostra também que o indivíduo pode morrer, sem desejar, simplesmente em consequência de sua adesão às crenças coletivas.

M. Mauss fez a antropologia francesa avançar no caminho da autonomia e definiu seu objeto de estudo. Sua obra é de grande valor heurístico e os temas inovadores que ele aborda (a noção de pessoa, as técnicas do corpo, o sacrifício, etc.) estão longe de se esgotar.

Principais obras de M. Mauss
- *Manuel d'ethnographie*, 1947 [Manual de etnografia]
- *Sociologie et anthropologie*, 1950 [*Sociologia e antropologia*, Cosac&Naify, 2ª ed., 2005]
- *Oeuvres*, 3 vols., 1968-1969 [Obras]
- *Écrits politiques*, 1997 [Escritos políticos]

MEAD, GEORGE HERBERT
(1863-1931)

Nascido em Massachusetts, ensina psicologia social em Chicago a partir de 1892, após estudar em Harvard e Berlim. Seu livro principal *Mind, Self, and Society* [Mente, eu e sociedade] foi publicado em 1934, três anos após sua morte, a partir de anotações de conferências. Mesmo não tendo publicado nenhum livro em vida, G. H. Mead teve importante influência e impacto educativo como fundador da psicologia social. Sua abordagem é considerada pelos sociólogos fundadora da corrente do interacionismo simbólico*.

UMA TEORIA SOCIAL DA IDENTIDADE

G. H. Mead refuta duas concepções de sociedade: tanto a que parte do indivíduo isolado como a que encara a sociedade como um todo que engloba e molda os indivíduos. Para ele, a sociedade e os indivíduos se constituem na relação social.

Primeiramente, o indivíduo reage aos estímulos do meio seguindo seus próprios impulsos. São reações reflexas voltadas para os objetos. Mas certas atividades exigem um controle consciente, uma reflexividade. Assim, surge a "consciência de si" (*self consciousness*).

O mesmo acontece nas relações com os outros. Alguns impulsos dirigidos aos outros irão receber um significado particular. Por exemplo, cerrar os punhos manifesta em primeiro lugar meu estado de cólera. Mas esse gesto pode ser entendido pelo outro como uma ameaça, o que pode levá-lo a fugir. Então, eu irei atribuir a meu gesto um novo significado: um sinal de agressão. Assim, através do olhar do outro, tomo consciência de mim mesmo, de minhas capacidades, do papel que desempenho.

Portanto, a consciência* de si nasce da reflexividade sobre as próprias condutas, e a consciência da própria identidade nasce do contato com os outros, com suas reações. De maneira mais geral, essa abordagem faz de G. H. Mead um dos precursores da abordagem interacionista* em ciências sociais.

Principais obras de G. H. Mead
- *The Philosophy of the Present*, 1932 [A filosofia do presente]
- *Mind, Self, and Society*, 1934 [Mente, si e sociedade]

→ Psicologia social

MEAD, MARGARET
(1901-1978)

Seu carisma, seu entusiasmo e o sucesso de suas obras junto ao grande público fizeram de Margaret Mead a "grande dama da antropologia americana" e uma das figuras centrais do culturalismo*. Na Universidade de Columbia, foi aluna de Franz Boas*, o fundador da antropologia cultural, e tornou-se amiga da antropóloga Ruth Benedict*, assistente de F. Boas.

Aos 24 anos, M. Mead realiza seu primeiro estudo de campo em Samoa, na Oceania. Sua obra *Coming of Age in Samoa* [Atingir a maturidade em Samoa] (1927) desenha um retrato um tanto idílico da sociedade samoa. O livro teve grande repercussão, pois compara a adolescência das meninas samoas, descrita como um período tranquilo e de grande permissividade, com a adolescência perturbada das jovens americanas. Em seguida, nas ilhas do Almirantado, na Nova Guiné, estuda os manus com o psicólogo neozelandês (com quem se casou) Reo Fortune e publica *Growing Up in New Guinea* [Crescer na Nova Guiné] (1930). Nessas duas primeiras obras, ela questiona a universalidade dos transtornos adolescentes, assim como a noção de mentalidade pré-lógica (Lucien Lévy-Bruhl) e a assimilação da mentalidade primitiva à mentalidade infantil (Sigmund Freud*). Retorna à Nova Guiné para estudar os tipos de personalidade em função da educação em três grupos culturais distintos: arapesh, mundugumor, tchambuli. Dedica-se, em particular, a compreender a maneira como a cultura molda os papéis distintos entre homens e mulheres. Sobre esse tema publica uma obra central, *Sex and Temperament in Three Primitive Societies* [Sexo e temperamento] (1935), e mais tarde uma obra mais geral: *L'Un et l'autre sexe* [Um e outro sexo] (1949). É na Nova Guiné, em 1933, que encontra aquele que se tornará seu marido, o antropólogo Gregory Bateson*, que mais tarde voltará suas atenções à psiquiatria. Em Bali, realiza com ele uma pesquisa fotoetnográfica pioneira (*Balinese Character* [O caráter balinês], 1942). Em seguida, estuda a comparação dos caracteres nacionais e as transformações sociais nos países industrializados.

M. Mead participou vigorosamente dos combates de seu tempo: a luta contra o racismo, o feminismo, a educação. Participou ativamente da difusão de uma concepção humanista da antropologia.

Principais obras de M. Mead
- *Coming of Age in Samoa* [Atingir a maturidade em Samoa]
- *Growing Up in New Guinea. A Comparative Study of Primitive Education*, 1930 [Crescer na Nova Guiné. Um estudo comparativo da educação primitiva]
- *Sex and Temperament in Three Primitive Societies*, 1935 [Sexo e temperamento, Perspectiva, 4ª ed., 2000]
- (com G. Bateson) *Balinese Character. A Photographic Analysis*, 1942 [O caráter balinês. Uma análise fotográfica]
- *Male and Female*, 1949 [Macho e fêmea]

ADOLESCENTES LIVRES EM SAMOA, UM MITO ANTROPOLÓGICO?

• Em *Coming of Age in Samoa* (1928), Margaret Mead* retrata uma sociedade samoa idílica onde as meninas vivem uma adolescência sem conflitos, felizes e florescentes, num clima de grande permissividade sexual.

A imagem era bonita demais para ser verdade! Em 1983, o antropólogo Derek Freeman causa grande impacto publicando a obra *Margaret Mead and Samoa, the Making and Unmaking of an Anthropological Myth* [Margaret Mead e Samoa, a feitura e desfeitura de um mito antropológico], que acusa M. Mead de ter construído um mito científico a partir de fontes duvidosas e interpretadas de maneira parcial. D. Freeman voltou a Samoa e refez a pesquisa, encontrando seus interlocutores e chegando a uma conclusão bastante diversa de M. Mead. A questão gerou grande polêmica na antropologia americana. Entretanto, M. Mead não pôde participar dos debates: falecera cinco anos antes. Mas, em 2001, o etnólogo Serge Tcherkezoff reúne testemunhos atuais dos Samoas, concluindo que as críticas de D. Freeman eram excessivas (S. Tcherkezoff, *Le Mythe occidentale de la sexualité polynésienne 1928-1999* [O mito ocidental da sexualidade polinésia], 2001).

MECANISMO DE DEFESA
→ Defesa

MEDIAÇÃO

Os mediadores surgiram nos anos 1980. Eles intervêm em questões familiares (especialmente divórcios), problemas de vizinhança, desacordos comerciais (mediação penal), conflitos sociais e até mesmo, em escala internacional, nos antagonismos entre comunidades ou Estados.

A mediação é um procedimento de resolução dos conflitos que consiste na intervenção de um terceiro (o mediador) que busca estabelecer um diálogo entre as partes e chegar a uma conciliação, a fim de evitar que os desentendimentos se agravem e terminem em impasses ou brigas.

O mediador não é nem um juiz nem um "árbitro". Ele não tem poder para impor um acordo. Seu papel é facilitar o diálogo entre as partes, reduzir as tensões e formular soluções possíveis.

Não existe um procedimento ou um método único de mediação. No máximo podemos indicar os caminhos mais frequentemente utilizados: dar a todos a chance de expor seus pontos de vista, de ser escutado, buscar que os interesses sejam formulados objetivamente frente a frente, procurar evitar que um dos protagonistas fique constrangido. Essas são algumas das estratégias empregadas para tentar resolver os conflitos.

Bibliografia: • "Médiation et négociation. La résolution des conflits", *Sciences Humaines*, nº 84, 1998 • L. Bellenger, *La Négociation*, Puf, "Que sais-je?", 2003

MEDIAÇÃO FONOLÓGICA

Processo que consiste, durante a leitura, em converter as letras de uma palavra em sons para facilitar sua identificação.

MEDIANIZAÇÃO
→ Mendras

MEGACIDADE, MEGALÓPOLE

A partir de certa importância espacial e/ou demográfica (uma dezena de milhões de habitantes), as aglomerações e metrópoles podem adquirir o *status* de megacidades. Assim, a região metropolitana de Tóquio conta com mais de 30 milhões de habitantes (aos quais devem ser somados os 3 milhões de pessoas que vão à Tóquio mas moram nos municípios vizinhos). A cidade tem um raio de 50 km. A noção de megacidade passa a ideia de gigantismo, mas também de voracidade e desordem que revestem a extensão do espaço urbano. Podemos encontrar megacidades tanto nos países industrializados como nos países em desenvolvimento: nos dois casos, elas são quase sempre capitais econômicas.

Os geógrafos distinguem megacidade e megalópole. A megalópole é uma união de cidades que se estende por dezenas ou centenas de quilômetros seguindo uma malha contínua. Atualmente, três regiões podem aspirar ao *status* de megalópole: ao longo da fachada atlântica do nordeste dos Estados Unidos, o conjunto de cidades entre Boston e Nova York; a "malha" de cidades que se estende do sudeste da Inglaterra ao norte da Itália passando pelo eixo renano, mais conhecida como "banana azul"; enfim, na Ásia, a megalópole centrada em Tóquio, à qual viria somar-se, a médio e longo prazos, o arco urbano que corre de Seul (Coreia do Sul) a Cingapura, passando pelas grandes metrópoles do litoral chinês (Pequim, Xangai, Cantão). No interior dessas megalópoles existem polos de crescimento entremeados com bolsões de marginalidade.

As 20 primeiras megacidades do mundo (em milhões de habitantes)

Tóquio (Japão)	33,4
Cidade do México (México)	21,7
Nova York (Estados Unidos)	21,2
Seul (Coreia do Sul)	20
São Paulo (Brasil)	19
Jacarta (Indonésia)	18
Osaka-Kioto (Japão)	17,6
Deli (Índia)	17,5
Bombaim (Índia)	17,3
Los Angeles (Estados Unidos)	16,9
Cairo (Egito)	16,3
Calcutá (Índia)	14,4
Manila (Filipinas)	14
Buenos Aires (Argentina)	13,2
Moscou (Rússia)	12,2
Xangai (China)	12,2
Rio de Janeiro (Brasil)	11,7
Teerã (Irã)	11,5
Paris (França)	11,3
Ruhr (Alemanha)	11,3

MEIO

Em geografia, a palavra *meio* equivale ao "meio ambiente" dos ecologistas. Mas o meio não se resume aos elementos da "natureza": relevo, solo, vegetação, clima, recursos naturais, etc. Ele comporta, igualmente, as construções humanas: indústrias, cidades, infraestruturas, instituições. É nesse sentido que podemos falar de "meio urbano" ou "meio industrial".

O uso da noção de meio é frequentemente associado à teoria determinista em geografia, em que o meio (natural) é considerado o determinante das atividades humanas. Mas a noção se ampliou a toda forma de condicionamento do meio. Assim, Philippe Aydalot fala de "meio inovador" para designar sistemas de produção cujas performances em matéria de inovação são baseadas na existência de sinergias entre as empresas e as instituições de um mesmo meio (por exemplo, a região europeia entre a França e a Suíça onde se concentra a indústria relojoeira). Em sociologia, o meio é sinônimo de meio social. Assim, existem as expressões "meio popular" e "meio culturalmente favorecido".

MEMES
→ Dawkins

MEMÓRIA

Os primeiros estudos sobre a memória remontam ao final do século XIX. Foram realizados pelo cientista alemão Hermann Ebbinghaus que, seduzido pelos trabalhos pioneiros de Gustav Fechner (1801-1887) em psicofísica, decidiu mudar de profissão para dedicar-se a pesquisas experimentais sobre as capacidades de memorização.

Nas experiências, o próprio H. Ebbinghaus criava e decorava listas de sílabas sem significado (*bap, tox, mug, rik...*). Em seguida, media sua capacidade de memorização, seu tempo de aprendizado, quais condições eram melhores para recordá-las, etc. Assim, descobriu que a memorização é melhor quando o aprendizado é dividido em diversos períodos curtos (o chamado aprendizado "distribuído") do que quando ocorre de uma só vez (o chamado aprendizado "massivo"), e que há momentos do dia em que ela é melhor. Os resultados de seus trabalhos foram reunidos no volume *Über das Gedächtniss* (Sobre a memória, 1885), livro que teve enorme repercussão.

H. Ebbinghaus inaugurou um campo de pesquisas que se tornaria um dos assuntos preferidos da psicologia. Assim, em diversos países foram feitas novas descobertas sobre as diversas facetas da memória, suas funções e modos de funcionamento. Após um século de pesquisas, podemos citar algumas grandes descobertas.

As múltiplas facetas da memória

Nós não possuímos uma única memória, mas várias.

Nos Estados Unidos, no início do século XX, William James* estabeleceu a existência de dois tipos de memória: a memória de longo prazo (MLP) e a memória de curto prazo (MCP). Na primeira, estocamos informações de maneira durável (por exemplo nossa data de nascimento). A memória de curto prazo, por sua vez, conserva provisoriamente informações para a realização de uma tarefa (lembrar uma fórmula, um nome ou um endereço para anotá-lo num papel). Há alguns anos, os pesquisadores vêm atribuindo à memória de curto prazo, agora chamada de "memória de trabalho", uma função bastante geral. A memória de trabalho é utilizada em muitas operações intelectuais complexas, como fazer contas de cabeça, escrever uma carta, jogar xadrez ou planejar algo. Ela supõe que se armazenem provisoriamente algumas informações no contexto da resolução de um problema. Além da memória de longo prazo e de curto prazo, os psicólogos estabeleceram outros tipos de memória. Por exemplo, Daniel L. Schacter, professor em Harvard, propôs a existência de uma memória implícita e de uma memória explícita (*Searching for Memory. The Brain, the Mind and the Past* [Em busca da memória. O cérebro, a mente e o passado], 1996). Até então, os especialistas estudavam exclusivamente a memória explícita (lembrança consciente de um evento). Mas D. L. Schacter constatou a existência de uma memória implícita que escapa à nossa consciência. Assim, pessoas amnésicas podem não se lembrar de alguém que lhes foi apresentado na véspera, mas reagem positiva ou negativamente se a pessoa foi agradável ou desagradável em seus encontros precedentes. Em outras palavras, o amnésico não se lembra do encontro, porém alguns de seus aspectos são guardados por uma parte de sua memória.

Outra proposta importante foi apresentada por Endel Tulving, que separou a "memória semântica" da "memória episódica" ("Episodic and Semantic Memory" [Memória episódica e semântica], em E. Tulving, W. Donaldson, *Organization of Memory* [Organização da memória], 1972). A primeira guarda os conhecimentos gerais (por exemplo uma receita de crepe). A segunda está relacionada aos eventos particulares (a lembrança de ter comido crepe com determinada pessoa no ano passado). A memória episódica é, portanto, uma memória pessoal e biográfica. Alguns amnésicos a perdem (não conseguem se lembrar dos eventos do passado), mas conservam seu conhecimento geral sobre o mundo: sabem sua língua natal, sabem escrever, contar e conhecem o uso e o nome dos objetos que os rodeiam.

Muitos outros aspectos da memória foram estudados. Foram descobertas as três fases de memorização (atenção, gravação e recordação), as memórias excepcionais, as localizações cerebrais envolvidas, as funções de esquecimento, as relações entre memória e motivação e ainda o mecanismo das "falsas lembranças". A memó-

A ARTE DA MEMÓRIA

• Desde a mais remota Antiguidade, o homem procura um meio de aumentar as capacidades de sua memória. Em The Art of Memory [A arte da memória] (1966), a historiadora Frances Yates revelou toda a importância que as técnicas de memorização tiveram na Antiguidade grega e na Idade Média. Os autores gregos e romanos, como Cícero e Quintiliano, elaboraram técnicas de memorização que foram recuperadas e aperfeiçoadas na Idade Média por muitos autores, como Raymond Lulle, Albert Le Grand e Hugues de Saint-Victor. A maioria desses métodos de memorização tinha como alicerce o "método dos lugares" (loci).

O método dos lugares

O procedimento consistia em imaginar uma arquitetura (um monumento ou uma cidade) composta de diversos lugares – ruas, salas, corredores, galerias, entradas. Após visualizar os lugares, uma informação particular deveria ser colocada em cada local, por exemplo o versículo de um salmo ou o excerto de uma obra clássica. O processo de rememoração consistia em caminhar visualmente por esses lugares e encontrar os elementos que neles haviam sido colocados. O monge Johannes Romberch sugeria que se pensasse numa abadia imaginária como suporte de memória. R. Lulle, por sua vez, depositou seus conhecimentos em uma árvore do saber – arbor scientae – em que cada galho e cada raiz comportavam um lote de conhecimentos. O italiano Giulio Camillo inventou um "teatro da memória" onde os camarotes eram organizados em sete fileiras, cada uma situada atrás de um pilar (os sete pilares da sabedoria); cada camarote guardava um lote de preciosos saberes. Graças a essas técnicas, e através de um treino regular, algumas pessoas chegavam a realizar proezas mnemônicas. Pierre de Ravenne, que viveu no século XV, constituiu mentalmente milhares de "lugares de memória". Ele conhecia de cor os Evangelhos, tratados de direito canônico, e mais de duzentos discursos de Cícero...

A memória como arte de pensar

Como demonstrou a medievalista Mary Carruthers nos livros sobre "a arte da memória na Idade Média" (The Book of Memory: a Study of Memory in Medieval Culture [O livro da memória: um estudo da memória na cultura medieval], 1990; Machina Memorialis, 1998), para os pensadores clássicos, memorizar é algo muito diferente do simples decorar. A arte da memória serve para ordenar o pensamento, classificar os conhecimentos, suscitar novas ideias, encontrar novas pistas de reflexão, pois viajando em pensamento por nossas lembranças (que constituem imagens mentais) chegamos à inteligência das coisas.

---

ria não se contenta em estocar informações desordenadamente. Ela tende a organizá-las. O britânico Frederick C. Bartlett demonstrou esse fato a partir de engenhosas experiências (Remembering, 1932). Ele lia velhos mitos indianos bastante complexos para seus estudantes, e em seguida pedia que eles repetissem a história. Tentando reconstruir o conto, a maior parte dos estudantes deformava a narrativa. Não somente selecionavam preferencialmente alguns aspectos, como também davam importância considerável a detalhes pouco importantes. Chegavam até a inventar elementos que não estavam presentes na história inicial. Na realidade, essa deformação involuntária da narrativa visava introduzir certa coerência numa história bastante confusa. Para melhor recordar, a memória reconstruía a narrativa a partir de "esquemas" mentais conhecidos.

MEMÓRIA E SOCIEDADE

A memória não é apenas questão de psicologia individual: também existe a memória coletiva. O sociólogo Maurice Halbwachs* foi o primeiro a se interessar pelos quadros sociais da memória (Les Cadres sociaux de la mémoire [Os quadros sociais da memória], 1925; La Mémoire collective [A memória coletiva], 1950). Os grupos sociais organizados, as nações e famílias tendem a forjar um passado que seleciona e idealiza certos eventos, recalcando e obscurecendo outros. As cerimônias coletivas, os monumentos aos mortos e as narrativas veiculam também uma memória de grupo transmitida entre as gerações.

Na mesma linha de M. Halbwachs, alguns historiadores estudaram os lugares de memória que formam o alicerce imaginário de uma nação ou de uma classe social. Sociólogos estudaram a maneira como é elaborada a memória familiar, através dos álbuns de fotografias ou das histórias edificantes que são contadas nas reuniões de família.

A memória de grupo é, portanto, uma questão política. Valorizar certos episódios do passado coletivo e apagar outros é uma maneira de definir sua identidade e construir sua história. A memória participa do que Paul Ricoeur* chama de identidade narrativa dos indivíduos e dos grupos humanos (P. Ricoeur, *La Mémoire, l'histoire, l'oubli* [A memória, a história, o esquecimento], 2000).

Diante do abuso das comemorações e do "dever de memória", alguns historiadores começaram a se preocupar com o "abuso de memória" que representa a fixação contemporânea pelas cerimônias e pela redescoberta das tradições.

A memória é essencial, mas o esquecimento também, lembra Paul Ricoeur, como bom filósofo.

Bibliografia: • A. Baddeley, *La Mémoire humaine: théorie et pratique*, Presses Universitaires de Grenoble, 1993 [1990] • A. Muxel, *Individu et mémoire familiale*, Nathan, 1996 • P. Ricoeur, *La Mémoire, l'histoire, l'oubli*, Seuil, 2000 • D. L. Schacter, *A la recherche de la mémoire: le passé, l'esprit et le cerveau*, De Boeck Université, 1999 [1996] • G. Toberghien, *La Mémoire oubliée*, Mardaga, 1997 • M. van Der Linden, *Les Troubles de la mémoire*, Mardaga, 1991

→ **Lugar de memória**

MENDRAS, HENRI
(1927-2003)

Sociólogo francês que, após especializar-se no mundo rural, dedicou-se ao estudo global das transformações da sociedade francesa. Foi pesquisador, organizador científico e professor renomado (é autor de manuais clássicos da sociologia).

O FIM DOS CAMPONESES

Na obra *La Fin des paysans* [O fim dos camponeses] (1967), descreveu o declínio do mundo camponês como o fim de uma "civilização". Durante um milênio, a sociedade francesa foi uma sociedade rural. Seu núcleo de vida era a aldeia e a pequena propriedade agrícola familiar, e o peso da Igreja Católica era grande. Com a decadência do grupo social camponês, essa França rural iria desaparecer progressivamente.

Isso provocou, de acordo com H. Mendras, uma reviravolta na história da sociedade francesa. Uma "segunda Revolução Francesa" entra em curso nos anos 1960-1970, uma revolução silenciosa, social e cultural.

Ao mesmo tempo que desaparece o mundo rural, toda uma ordem social tradicional é perturbada. Além do campesinato, a França era marcada, desde o final do século XIX, pela presença de diversas grandes classes sociais*: a burguesia tradicional e suas instituições de referência (a autoridade patriarcal, as forças armadas, a escola republicana); a classe operária constituía também um mundo à parte com suas instituições particulares (o Partido Comunista, os sindicatos, as prefeituras "vermelhas"), seus locais de sociabilidade e sua cultura. No entanto, todos esses grupos entram em declínio a partir de 1975 e somente o grupo das classes médias sobrevive e se desenvolve.

A "MEDIANIZAÇÃO" DA SOCIEDADE?

Assim, após os anos 1960, as classes médias tornam-se o centro de gravidade da sociedade. Dessa forma, intelectuais, funcionários públicos, técnicos com ensino superior, diversos tipos de empregados assalariados, etc., constituem o único grupo social que conhece uma expansão contínua após a Segunda Guerra Mundial. As classes médias passam a formar uma "galáxia central" – nem pobre nem rica –, que constitui o centro da "pirâmide social". O advento dessa nova galáxia central é acompanhado por novos modos de vida e novos valores. A sociedade resultante é menos hierarquizada e piramidal. As grandes instituições que orientavam as massas – a Igreja, as forças armadas, o Estado republicano, assim como os sindicatos e partidos – perdem crédito. Para H. Mendras, a "medianização" da sociedade é, portanto, sinônimo de uma homogeneização dos modos de vida.

O GRUPO LOUIS-DIRN

Preocupado em aliar análise global e descrição das tendências concretas, H. Mendras formou um grupo de trabalho chamado "Louis-Dirn", cujo objetivo era reunir os dados sobre a evolução da sociedade francesa, trabalho que ele estendeu, em seguida, à análise da sociedade europeia. H. Mendras sempre tomou distância em relação às teorias e aos sistemas que encerram a sociedade em modelos ou leis. Contudo, não pensava que a vocação da sociedade pudesse resumir-se a estudos locais; ao contrário, refletia sobre a sociedade em termos de tendências duradouras e épocas históricas.

Principais obras de H. Mendras
• *La Fin des paysans*, 1967 [O fim dos camponeses]
• *Eléments de sociologie. Une initiation à l'analyse sociologique*, 1967 [Princípios de sociologia. Uma iniciação à análise sociológica, Zahar, 6ª ed., 1983]
• *La Seconde Révolution Française: 1965-1984*, 1988 [A segunda Revolução Francesa]
• *La France que je vois*, 2002 [A França que eu vejo]

→ **Mudança social**

MENTALIDADES

O termo "mentalidade" pertence, em primeiro lugar, à linguagem corrente. Em sentido comum, falar em mentalidade é falar de um conjunto de representações, ideias, atitudes e comportamentos que formam um todo e são próprios a determinado grupo. É nesse sentido que dizemos que é preciso "mudar a mentalidade". Embora jamais tenha sido objeto de uma formulação rigorosa por parte dos diferentes teóricos das ciências humanas, o termo remete a noções próximas propostas por especialistas de diversas disciplinas, como "personalidade de base", *habitus** e "subcultura".

EXISTE UMA MENTALIDADE PRIMITIVA?

O antropólogo e filósofo Lucien Lévy-Bruhl (1857-1939) é o teórico inconteste da noção de "mentalidade primitiva" (*La Mentalité primitive* [A mentalidade primitiva], 1922). Em seus ensaios, buscou mostrar que a razão ocidental não é universal, como afirmava René Descartes. Os povos das "sociedades inferiores" pensam a partir de princípios e categorias diferentes dos povos modernos. Dessa forma, o modo de pensar dos aborígines* da Austrália seria governado por uma "lei de participação" entre os indivíduos que os tornaria alheios aos princípios de unidade e não contradição. Por exemplo, um aborígine pode afirmar que forma com sua terra um único ser, que o espírito de uma pessoa que morreu está ao mesmo tempo aqui e em outro lugar, que o totem é ao mesmo tempo um animal e um ser humano... Em resumo, esse pensamento é essencialmente "pré-lógico", pois atende a preocupações diversas do pensamento experimental* desenvolvido no Ocidente.

Franz Boas* (1858-1942), em *The Mind of Primitive Man* [A mente do homem primitivo] (1911), apresenta uma proposta distinta. Após pesquisas de campo, ele rejeita a distinção entre pensamento primitivo e pensamento civilizado, afirmando que o homem moderno não é mais racional que o homem primitivo. F. Boas adverte contra as generalizações abusivas, as interpretações precipitadas e as especulações construídas a partir de materiais coletados por terceiros. Defende que não se podem entender ao pé da letra os mitos* que os "primitivos" contam para justificar seus ritos*. Assim como não julgamos ilógico um católico afirmar que existem três deuses em um, não devemos afirmar que os índios da Amazônia ou os aborígines da Austrália sejam inaptos ao pensamento racional.

Os argumentos contra a ideia de uma mentalidade primitiva, defendidos por F. Boas e também por alguns autores alemães, abalam as convicções de L. Lévy Bruhl que, pouco a pouco, toma consciência de que suas afirmações sobre a unidade do "pensamento mítico" dos primitivos têm pouco fundamento. Em anotações, ele registra suas dúvidas. Com o passar do tempo, abandona a distinção entre pensamento primitivo e pensamento civilizado, passando a defender a ideia de que existem dois polos no espírito humano: um polo racional e um imaginativo, ambos presentes em todas as sociedades. "Há vinte e cinco anos venho colocando muita água no meu vinho; os resultados aos quais acabo de chegar tornam essa evolução definitiva, fazendo-me abandonar uma hipótese mal fundamentada...", afirma ele em uma de suas anotações. Seus *Carnets de notes* [Anotações] serão publicados em 1949, dez anos após sua morte.

DA HISTÓRIA DAS MENTALIDADES À HISTÓRIA DAS REPRESENTAÇÕES

Na França, a história das mentalidades está associada à corrente da "nova história". Lucien Febvre* (1878-1956) e Marc Bloch* (1886-1944) quiseram fazer da história das mentalidades um dos eixos da Escola dos Annales*. No início dos anos 1930, existia o desejo de romper com uma história das ideias desligada das bases sociais para passar a refletir sobre as representações de uma sociedade. L. Febvre aplica essa abordagem na famosa obra *Le Problème de l'in-*

croyance au XVI siècle. La religion de Rabelais [O problema da descrença no século XVI. A religião de Rabelais] (1942). Nesse ensaio, o autor demonstra que o ateísmo atribuído a François Rabelais era impensável naquela época. "As ferramentas mentais" da sociedade francesa do século XVI não permitiam ainda que fosse concebido um mundo sem Deus. F. Rabelais podia ser anticlerical, agnóstico, livre-pensador, deísta, mas certamente não ateu.

Nos anos 1960, a história das mentalidades ganha a forma de uma "psicologia histórica"; Robert Mandrou e Jean Pierre Vernant* se declaram seus fundadores (referindo-se ao projeto do psicólogo Ignace Meyerson).

J. P. Vernant reconstrói o lugar que a razão e os mitos têm no pensamento grego. Seus trabalhos são fortemente influenciados pelo estruturalismo*. Mas, de maneira geral, os Annales dos anos 1960-1980 se interessam mais pelos alicerces econômicos e sociais do passado que pelas ideias e representações. A história das mentalidades será uma das bandeiras da nova história (J. Le Goff, *La Nouvelle Histoire* [A nova história], 1978). Os trabalhos de P. Ariès (sobre a morte, as concepções da infância...), Michel Vovelle, J. Le Goff, Alain Corbin, Jean Delumeau e Paul Veyne* inserem-se na nova corrente. É um conceito ampliado, utilizado por J. Le Goff para designar estudos diversos sobre a história das atitudes perante a morte, sobre as representações da criança, sobre o imaginário da Idade Média (o paraíso, o diabo, o purgatório, etc.)

PARA ACABAR COM AS MENTALIDADES

Em 1990, o historiador das ciências Geoffrey Lloyd publica a polêmica obra *Demystifying Mentalities* [Para acabar com as mentalidades], na qual critica a ideia de que os povos da Antiguidade e da Idade Média seriam prisioneiros de um quadro mental único e universal. Segundo o autor, em todas as épocas podem coexistir e se confrontar diversos modos de pensar. As representações de uma época são sempre múltiplas, gerando permanentes reinterpretações e divergências.

P. Veyne defende uma ideia similar na obra *Les Grecs ont-ils cru a leurs mythes?* [Acreditavam os gregos em seus mitos?] (1983). Com a mesma visão, Roger Chartier lança um manifesto em prol de uma história das representações ("Le monde comme représentation" [O mundo como representação], *Annales*, 1989). O termo é retomado dois anos mais tarde, em um artigo na mesma revista, pelo italiano Carlo Ginzburg* ("Représentation: le mot, l'idée, la chose" [Representação: a palavra, a ideia, o objeto], *Annales*, 1991), que propõe substituir a história das mentalidades pela história das representações.

→ **Ariès, Duby, Le Goff, História, Representação social**

MENTE (filosofia da)

A expressão "filosofia da mente" designa uma importante corrente filosófica que teve início nos Estados Unidos a partir da década de 1980 graças à expansão das ciências cognitivas*. O termo "mente" traduz a palavra inglesa *mind*, que designa a atividade mental. A filosofia da mente parte do princípio de que se deve levar em conta a contribuição das ciências cognitivas para pensar certos problemas "clássicos" da filosofia, principalmente a "intencionalidade"*, isto é, a representação, a relação corpo/mente (o que os filósofos anglo-saxões chamam de *mind-body problem**) e o estatuto da consciência*. A partir desse princípio, os filósofos da mente adotaram diferentes caminhos. A maioria deles afirma que é impossível existir mente sem corpo, e que o pensamento é dependente do funcionamento do cérebro. Mas que sentido dar a essa dependência?

O *MIND-BODY PROBLEM* E A QUESTÃO DA REPRESENTAÇÃO

Um dos pontos cruciais é escapar ao dualismo de René Descartes, que fazia, da mente e do corpo, duas substâncias distintas. Alguns filósofos, como Patricia M. e Paul S. Churchland, são qualificados de "eliminativistas", pois acham que os estados mentais são apenas noções de senso comum que podem mesmo reduzir-se a estados neuronais, o que nos levará simplesmente a eliminá-los. Os funcionalistas*, como Jerry Fodor*, pensam que certos estados mentais, como os desejos, as vontades e as crenças, têm um papel funcional e obedecem a lógicas proposicionais. Nesse caso, a analogia entre cérebro e computador seria pertinente. Para a visão funcionalista computacionista*, o computador é realmente um bom modelo para pensar o cérebro, que é uma máquina de tratar a informação. O que supõe que o pensamento se reduz à manipulação de símbolos cujo sentido ele pode ignorar.

John R. Searle se opõe a essa concepção, que, no seu entender, esquece que a mente tem não apenas uma sintaxe, mas também uma semântica. Para tanto, ele propõe uma célebre experiência de pensamento*, "A sala chinesa". Suponhamos que eu esteja substituindo um computador encarregado de responder a perguntas sobre uma história escrita em chinês, língua que desconheço. Estou fechado numa sala e, por uma abertura na parede, entregam-me caracteres chineses escritos em cartões. São perguntas que não compreendo e às quais devo responder. Para isso, disponho de respostas já prontas e de um manual de instruções que me permite associar um símbolo de resposta a um símbolo de pergunta. Entrego minhas respostas por outra abertura na parede. É muito provável que eu consiga dar respostas razoáveis sem jamais compreender coisa alguma dos caracteres que me foram entregues. Pode-se dizer que entendo o chinês? Não. Desse modo, J. R. Searle demonstra que é perfeitamente possível responder de forma pertinente às perguntas de um ser humano sem compreender o sentido do que ele diz. Pode-se dizer que eu penso como pensaria um chinês ao dar as mesmas respostas? Tampouco. Para J. R. Searle, não se pode dizer que isso é pensar.

O QUE É A CONSCIÊNCIA?

Como explicar a consciência? As concepções "fisicalistas" da mente tendem a eliminar o problema fazendo da consciência um epifenômeno que resulta das estruturas cognitivas materiais. Em outras palavras, a consciência seria, de certa forma, como a espuma na superfície do mar, ela não desempenharia nenhum papel importante na dinâmica da mente. Para Daniel C. Dennet*, "a ideia de que existiria um centro especial no cérebro é a pior e a mais tenaz de todas as ideias que envenenam as nossas maneiras de pensar a respeito da consciência" (*La Conscience expliquée* [A consciência explicada], 1991).

Na realidade, a consciência designa ora um princípio de identidade (ser um "eu" único e autônomo), ora um sentimento existencial (percepção de emoção, de prazer, de sofrimento), ora, ainda, uma capacidade reflexiva (metacognição*, auto-observação e autocontrole). É por ilusão retrospectiva que pensamos que nossos atos mentais agem em concerto, governados por uma consciência única.

Podemos perguntar se essa explicação basta para eliminar realmente a questão da consciência e da subjetividade. Thomas Nagel pensa o contrário e, para demonstrá-lo, construiu esta célebre experiência de pensamento: "Como é ser um morcego?" Ele parte da ideia de que mesmo que conheçamos bem o funcionamento dos ultrassons que os morcegos usam para se localizar no espaço, não poderíamos descrever a vida numa "paisagem ultrassonora". A experiência subjetiva da ecolocalização nos escapa e irá sempre nos escapar, pois "não sabemos o que é ser um morcego", escreve Nagel, não obstante sejamos capazes de descrever, nos mínimos detalhes, o funcionamento de seu sistema de percepção. No entender de T. Nagel, o conhecimento científico é fundamentalmente incapaz de explicar o que é a subjetividade, e é inútil pretender elaborar uma teoria objetiva da mente. Para ele, dizer que "um estado mental é um estado do cérebro" é tão insensato quanto dizer que "a raiz quadrada de 2 é... o mar".

Como era possível prever, a filosofia da mente não foi capaz de "resolver" os problemas clássicos da relação alma/corpo e o da consciência por meio das contribuições das ciências cognitivas. Em compensação, estas lhe permitiram ampliar a sua análise e construir novas teorias e novos modelos.

RUMO A UMA NATURALIZAÇÃO DA MENTE?

Na década de 1990, a palavra de ordem "naturalização da mente" foi lançada por uma plêiade de filósofos, tais como Fred Drestke, J. Fodor, Ruth Millikan, Joëlle Proust, Elisabeth Pacherie, Pierre Jacob, Dan Sperber...

Na verdade, diversas posições se manifestam por detrás dessa palavra de ordem. Para alguns, o objetivo consiste em basear-se nas descobertas em neurociências* para introduzir as imposições biológicas no funcionamento cognitivo. Por ser o cérebro um órgão como os outros, supõe-se que os comportamentos e as representações que ele gera estão submetidos a forças fisiológicas, como provam as lesões específicas que perturbam o funcionamento intelectual (afasia*, Parkinson).

Para outros, a "naturalização da mente" consiste em descobrir os "mecanismos do pensamento". Assim como o estômago, o computador e o motor de carro são "mecanismos" encarregados de executar funções de acordo com procedimentos constantes, o cérebro também funciona movimentando uma série de micromecanismos: módulos especializados que servem não só para reconhecer as cores ou caminhar, mas também para organizar o seu ambiente em classes de objetos, dominar as regras de gramática, reconhecer os semblantes, etc. Esses módulos, herdados da evolução, formam, de certo modo, a caixa de ferramentas de nosso sistema mental (D. Sperber, *La Contagion des idées* [O contágio das ideias], 1996).

Para o filósofo F. Drestke, a "naturalização da mente" remete ainda a uma outra perspectiva. À causalidade física que rege a matéria, deve corresponder – num estreito paralelismo – uma causalidade das representações mentais. Da mesma forma que, num computador, existe um estreito paralelismo entre a lógica simbólica do programa de informática e um estado da matéria (excitação elétrica), importa estabelecer um paralelismo entre o conteúdo semântico de uma representação mental ("Vou a Saint-Tropez", "Eu gosto do mar") e o estado físico que corresponde a ele (*Naturalizing the Mind* [Naturalizando a mente], 1995).

Bibliografia: • D. C. Dennet, *La Conscience expliquée*, Odile Jacob, 1993 [1991] • P. Engel, *Introduction à la philosophie de l'esprit*, La Découverte, 1994 • T. Nagel, "Quel effet cela fait-il d'être une chauve-souris?", dans *Questions mortelles*, Puf, 1983 [1974] • J. R. Searle, *La Redécouverte de l'esprit*, Gallimard, 1995 [1992]

→ **Ciências cognitivas**

MENTE (teoria da)
→ **Teoria da mente**

MERCADO

"O mundo moderno se apresenta como uma imensa acumulação de mercadorias." Essa famosa frase de Karl Marx* (1818-1883), que abre *O capital*, nunca foi tão atual. Todos os ex-países comunistas, ou quase todos, adotaram a economia de mercado. Também nos países em desenvolvimento, a economia tradicional cede lugar ao mundo do mercado. No cenário internacional, enfim, impõe-se a liberalização do comércio (mercado único europeu, Organização Mundial do Comércio – OMC). Em resumo, a "lei de mercado" parece reinar em toda parte. Mas o que significa exatamente essa lei?

AS FORMAS DO MERCADO

De modo geral, o mercado é onde acontecem a oferta e a procura de um bem.

Essa definição geral pode servir em princípio tanto para os mercados municipais como para a Bolsa de Wall Street. Mas por trás dela escondem-se diversas formas possíveis:

– o mercado concorrencial é composto por uma multiplicidade de vendedores e uma multiplicidade de compradores. É o caso das feiras livres tradicionais ou do mercado monetário;

– o oligopólio é composto por um número muito limitado de vendedores e por uma multiplicidade de compradores. É o caso dos transportes públicos (que põem em concorrência aviões, trens e ônibus) diante de uma multidão de passageiros, ou do mercado de combustível, cuja oferta é dominada por um pequeno número de vendedores;

– o monopólio é definido pela presença de um único vendedor.

TEORIAS DO MERCADO
E MERCADO DAS TEORIAS

Os economistas recorreram a diversas teorias para explicar o funcionamento desses tipos de mercado.

Adam Smith e a mão invisível

A primeira formulação foi proposta há dois séculos por Adam Smith (1723-1790), pai do liberalismo econômico. Segundo o autor de *The Wealth of Nations* [*A riqueza das nações*] (1776), o mercado é primeiramente sinônimo de troca. O sapateiro tem interesse em comprar o pão produzido pelo padeiro; este, por sua vez, tem interesse em comprar o sapato produzido pelo sapateiro. A divisão do trabalho resulta em maior eficácia de conjunto e, por conta disso, todos ganham. Para A. Smith, a oferta e a procura de um bem se equilibram espontaneamente, porque uma oferta excedente, não encontrando comprador, é rapidamente suprimida. Portanto, a lei de mercado funciona como uma "mão invisível" que regula da melhor maneira possível a produção e a repartição das riquezas em função da preferência dos compradores.

O modelo neoclássico

Um século mais tarde, Léon Walras (1834-1910) tentará formular matematicamente o modelo de mercado. Para tanto, recorre à construção de um modelo abstrato, útil para analisar rigorosamente as relações entre variáveis (preço, oferta, procura). Assim, L. Walras propõe um modelo de mercado bastante simplificado chamado de "puro e perfeito". Nesse modelo, há uma pluralidade de vendedores e compradores de um bem. Cada comprador, assim como cada vendedor, busca "maximizar sua utilidade": o vendedor quer o valor mais alto por seu produto e o comprador quer satisfazer suas necessidades pelo preço mais baixo. O preço é o mecanismo regulador que conduz a um "equilíbrio geral" entre oferta e procura. Se a procura é maior que a oferta, os preços sobem; se é menor, os preços baixam. A definição dos preços pela lei de mercado é, portanto, segundo L. Walras, o melhor regulador das expectativas recíprocas entre vendedores e compradores.

O modelo Arrow-Debreu

Nos anos 1950, ocorre a terceira etapa da construção do modelo "canônico" do mercado, em que o modelo de L. Walras é recuperado e ampliado. Enquanto este descrevia um mercado único, o modelo *standard*, Kenneth J. Arrow* e Gérard Debreu (ambos prêmio Nobel de economia, respectivamente em 1972 e 1983) construíram um modelo generalizado em que diversos mercados são coordenados entre si. O modelo "Arrow-Debreu" representa o modelo de referência da microeconomia e é formado por um sistema de equações matemáticas.

Os novos modelos microeconômicos

O modelo de mercado em que a concorrência é pura e perfeita, referência para os estudos de microeconomia, é bastante distanciado da realidade. Na maioria dos mercados, não há nem uma infinidade de vendedores nem uma infinidade de compradores. Além do mais, os compradores não podem negociar os preços, já que não conhecem todos os preços praticados, o que limita o efeito de concorrência. Para tentar integrar todos esses dados em modelos mais realistas, a microeconomia passou a construir diversos submodelos de mercado ("mercados contestáveis", "mercados eficientes", "concorrência imperfeita").

As abordagens socioeconômicas

Os sociólogos e os economistas institucionalistas* julgam irrealistas os modelos matemáticos de mercado. Na linha de Karl Polanyi* (1886-1964), os socioeconomistas propõem abordar os mercados através de sua história, sua diversidade de formas e sua "inscrição social". Por "inscrição social" compreendem-se todas as instituições e normas sociais que enquadram as regras do jogo concorrencial: intervenção reguladora do Estado, normas e regras de confiança que estruturam as relações comerciais, redes sociais nas quais as trocas são concretamente efetivadas, etc.

→ **Economia, Liberalismo, Lei da oferta e da procura, Smith, Walras**

MERLEAU-PONTY, MAURICE
(1908-1961)

O filósofo Maurice Merleau-Ponty, representante da corrente fenomenológica* fundada por Edmund Husserl, certamente não é tão famoso quanto seu contemporâneo Jean-Paul Sartre, com quem (além de Simone de Beauvoir) cria a revista *Les Temps Modernes*. Sua filosofia, entretanto, é certamente tão influente e profunda quanto a dele. A amizade entre os dois filósofos não resiste a divergências a propósito do marxismo*, após a descoberta dos *gulag* e dos acontecimentos na Hungria. M. Merleau-Ponty, cujo percurso é brilhante embora discreto, ensina no Collège de France* a partir de 1952. Suas pesquisas fenomenológicas são direcionadas às questões da percepção e do corpo e, mais tarde, à ontologia, assunto tratado na obra inacabada *Le Visible et l'Invisible* [*O visível e o invisível*], publicada postumamente por Claude Lefort* em 1964.

Fenomenologia da percepção

A principal contribuição de M. Merleau-Ponty é recuperar a importância primordial da percepção e da corporeidade. Nesse sentido, sua obra dialoga com as diversas correntes intelectuais da época: o racionalismo, o positivismo*, o espiritualismo e a psicologia*. Dedica-se, também, à crítica do idealismo (em psicologia clássica) – que considera a consciência uma entidade pura e autônoma – e do materialismo (psicofisiologia) – que reduz o homem a uma matéria bruta. M. Merleau-Ponty propõe que o mundo seja visto a partir de uma nova base que refute os dualismos (alma/corpo, interioridade/exterioridade). Para tanto, inspira-se nas reflexões das ciências humanas e especialmente da *Gestalt**, que tem o mérito, para ele, de ultrapassar esses antagonismos (*La Structure du comportement* [A estrutura do comportamento], 1942). O comportamento humano é, em primeiro lugar, uma forma significante e significativa para uma percepção, sendo objeto de uma compreensão imediata. Por exemplo, o sentido da conduta de alguém não é apreensível a partir de uma consciência refletida ou de um raciocínio, mas "o outro me é dado com evidência como comportamento"; isso primeiramente de maneira carnal, por exemplo quando a criança retribui o sorriso de sua mãe com outro sorriso. Assim, a percepção que temos do homem, do mundo que nos cerca e dos outros se inscreve, para M. Merleau-Ponty, numa fenomenologia da experiência vivida, primordial e original, o que significa que "retornar às coisas em si", segundo as palavras do filósofo, é retornar a um mundo anterracional, pré-cognitivo, que reabilita ontologicamente o sensível. Não é mais um "eu penso" isolado que apreenderá esse mundo, mas o corpo, conceito central para ele. Repensar o corpo para compreender o homem e sua relação com o mundo é, ao contrário de nos perguntarmos "o que é um corpo" (questão da psicofisiologia) ou "o que é ter um corpo" (questão da psicologia clássica), nos perguntarmos "o que é ser seu corpo". Eu sou o meu corpo: aqui, M. Merleau-Ponty posiciona-se acima dos dualismos, numa perspectiva que não enxerga mais o corpo como um meio, mas como um fim em si.

O PENSAMENTO "INCORPORADO"

O corpo não é mais objeto da consciência, mas a encarnação ou ainda "o veículo do ser no mundo". Como ex-pressão, o corpo é "corpo próprio".

Para compreender esse conceito, utilizaremos um dos exemplos esclarecedores que M. Merleau-Ponty emprega de maneira recorrente em sua obra: como um organista que deve tocar em um instrumento que não conhece pode fazê-lo com rapidez e facilidade? Segundo M. Merleau-Ponty, a psicologia clássica ou a psicofisiologia não podem responder a essa questão, pois ambas pressupõem que o órgão é um objeto exterior ao organismo. Ora, sustenta o filósofo, o organista, dispondo o corpo sobre o instrumento, faz deste último um prolongamento de seu corpo. Ele o incorpora de maneira que ambos passam a constituir não mais dois corpos distintos, mas um único corpo: "o espaço expressivo". Este é o significado do "corpo próprio", conceito inovador que dá ao homem e à sua relação com o mundo uma unidade originária e faz da filosofia de M. Merleau-Ponty uma filosofia da encarnação. A consequência ética desse pensamento é que a liberdade do homem jamais poderá ser completamente aniquilada (tese determinista) nem constituir-se como escolha livre absoluta. Nesse sentido, o pensamento de M. Merleau-Ponty inscreve-se no centro das preocupações das ciências humanas e da filosofia (relação entre o cérebro e o pensamento).

Principais obras de M. Merleau-Ponty
- *La Structure du comportement*, 1942 [Estrutura do comportamento, Martins Fontes, 2006]
- *Phénoménologie de la perception*, 1945 [Fenomenologia da percepção, Martins Fontes, 5.ª ed., 2006]
- *Sens et non-sens*, 1948 [Senso e não senso]
- *L'Oeil et l'Esprit*, 1960 [O olho e o espírito, Cosac&Naify, 2004]
- *Le Visible et l'Invisible*, 1964 [O visível e o invisível, Perspectiva, 3.ª ed., 2003]

MERTON, ROBERT KING
(1910-2003)

Sociólogo americano, Robert K. Merton ingressou na carreira quando duas principais personalidades eram proeminentes na sociologia americana: Paul F. Lazarsfeld*, representante da sociologia empírica, e Talcott Parsons, defensor de uma sociologia teórica. R. K. Merton se dedicará a integrar essas duas abordagens e ultrapassar suas oposições.

Em *Social Theory and Social Structure* [Teoria social e estrutura social] (1949), tratou com humor as duas correntes: os empiristas preocupados com a validade dos dados e a precisão dos fatos, e os teóricos "ousados" que formulam grandes generalizações e teorias. Os primeiros dizem: "Nós sabemos que isso é verdade, mas ignoramos se tem algum sentido"; os segundos dizem: "Nós sabemos que isso tem um sentido, mas não sabemos se é verdade".

Após ironizar as duas atitudes opostas, R. K. Merton se dedica então a mostrar a influência recíproca entre a teoria e a pesquisa empírica.

As teorias de médio alcance

No que diz respeito aos modelos teóricos, R. K. Merton adverte contra as teorias excessivamente generalistas e defende as "teorias de médio alcance" (*middle range theory*).

Outro aspecto da sua teoria diz respeito à construção de uma tipologia. R. K. Merton parte de um exemplo: os modos de integração social. Cruzando dados empíricos de pesquisas e conceitualizações lógicas, podemos construir cinco tipos de adaptações individuais à sociedade: "o conformismo" (o indivíduo se submete às exigências do grupo), "a inovação" (o indivíduo aceita os valores do grupo mas não segue as normas sociais e os procedimentos habituais), "o ritualismo" (o indivíduo se fixa em determinado modo de comportamento), "a evasão" (o indivíduo vive à margem da sociedade) e a "rebelião" (o indivíduo contesta e combate as normas sociais). Esses modos de adaptação formam estilos de vida característicos de determinados grupos sociais.

Merton e a sociologia das ciências

R. K. Merton deu uma importante contribuição à sociologia das ciências.

Em 1936, o jovem R. K. Merton defendeu sua tese de doutorado em filosofia sobre a revolução científica na Inglaterra do século XVII (*Science, Technology and Society in Seventeenth Century England* [Ciência, tecnologia e sociedade na Inglaterra do século XVII], 1938). Estudando a história de um grupo de pensadores membros da Royal Society of London, ele constatou que todos eles eram protestantes puritanos. Na mesma ótica de Max Weber*, mostrando as relações entre o protestantismo e o florescimento do capitalismo, R. K. Merton defendeu em sua tese que a ascensão das ciências inglesas no século XVII poderia estar associada, ao menos em parte, aos valores veiculados pelo puritanismo protestante.

Em 1942, o autor mostra mais precisamente quais valores veiculados pelo protestantismo são propícios ao espírito científico. Quatro princípios lhe parecem essenciais:

– o universalismo, que admite que os conhecimentos científicos são independentes dos indivíduos, de suas opiniões, de sua cultura, nacionalidade ou religião;

– o "comunalismo", que defende que o saber seja partilhado no seio de uma comunidade;

As profecias autorealizadoras ou o "teorema de Thomas"

• Retomando uma ideia enunciada em 1928 pelo sociólogo William I. Thomas, segundo a qual a representação que os indivíduos têm de uma situação contribui para criá-la, Robert K. Merton descreve o mecanismo da profecia autorrealizadora (*self fulfilling prophecy*): "A profecia autorrealizadora é primeiramente uma definição falsa de uma situação; essa definição errônea, no entanto, suscita um novo comportamento que a torna verdadeira."

• R. K. Merton dá diversos exemplos. A quebra da bolsa: se os acionistas imaginam erroneamente que haverá uma forte baixa no mercado e decidem vender suas ações, precipitam assim a baixa do mercado. Portanto, é o diagnóstico dos acionistas que provoca a quebra. Outro exemplo é o nervosismo de um estudante antes de uma avaliação: o estresse e a desmobilização podem levá-lo a um fracasso efetivo. Outro caso desenvolvido por R. K. Merton trata dos sindicatos americanos: os operários brancos buscavam excluir os negros porque estes eram considerados "fura-greves" e traidores da classe operária. Assim, os negros foram excluídos das lutas sindicais e tornaram-se uma mão de obra isolada e não qualificada, geralmente à margem dos movimentos de greve. A profecia se realizou…

• R. K. Merton também chama a atenção para o fenômeno inverso: quando a predição de um evento impede que ele aconteça. Assim, quando os motoristas temem um engarrafamento, eles podem decidir utilizar o transporte público ou mudar a hora de saída. Assim, o tráfego fica mais leve…

– o desinteresse, que supõe que o pensador trabalhe pelo conhecimento puro, sendo honesto e íntegro com relação aos resultados que obtém;

– o ceticismo, enfim, que é uma atitude de crítica e dúvida que favorece o progresso do conhecimento.

O respeito a esses valores garante, segundo R. K. Merton, o desenvolvimento de um conhecimento objetivo, racional e rigoroso. O espírito científico não pode ser explicado somente pelo movimento natural do pensamento. Ele só pode emergir num contexto social e cultural favorável.

Essa ética da ciência não ficou limitada ao protestantismo, mas se tornou a norma de todas as comunidades científicas que formam um subsistema social independente do resto da sociedade. De fato, nota R. K. Merton, nos países em que as regras de autonomia da ciência não são respeitadas, em que ela está submetida à religião (teocracia) ou à política (regimes totalitários), a ciência não pode se desenvolver efetivamente.

Com essa análise, R. K. Merton cria uma nova área da sociologia: a sociologia das ciências.

Principal obra de R. K. Merton
• *Social Theory and Social Structure*, 1949 [Teoria social e estrutura social]

→ **Funcionalismo, Parsons, Profecia autorrealizadora**

MESTIÇAGEM
→ **Sincretismo**

META-ANÁLISE

Método de análise que consiste em reunir e comparar os resultados de diversas pesquisas realizadas sobre um mesmo assunto para chegar a conclusões sintéticas.

METACOGNIÇÃO

O esportista profissional não pode contentar-se apenas em treinar. Deve também questionar e analisar seus métodos de treinamento para saber se são os mais adequados; de certa forma, ele deve observar a si mesmo correndo. O mesmo deve fazer um estudante que se prepara para um exame: não basta estudar, é preciso aprender a estudar de modo eficaz.

Em um sentido geral, a metacognição poderia designar a análise que o indivíduo faz de seus próprios procedimentos mentais (em geral objetivando corrigir-se).

O termo surgiu em psicologia cognitiva e pedagogia no decorrer dos anos 1980. Em psicologia cognitiva, a metacognição designa a capacidade reflexiva do indivíduo que se observa ao pensar. Já em pedagogia, o termo remete às técnicas de autoanálise e autocontrole da atividade de intelectual. Ou seja, é uma forma de autogestão da atividade mental.

Bibliografia: • M. Grangeat, P. Meirieu (orgs.), *La Métacognition, une aide au travail des élèves*, ESF, 1997

METÁFORA

O termo "metáfora" vem do grego *metaphora*, que significa "transporte". Na *Poética*, Aristóteles a define da seguinte maneira: "A metáfora é o transporte a uma coisa de um nome que designa uma outra."

"Esse sujeito é uma verdadeira pedra de gelo", "Eu estou com uma fome de leão", etc. A metáfora é uma figura de linguagem que consiste em substituir uma coisa por algo parecido.

Assim, ela permite salientar os aspectos marcantes de uma pessoa, de um comportamento. Possui ao mesmo tempo grande força argumentativa e importante poder heurístico, pois possibilita a compreensão por analogia, sem descrições ou explicações. Dizer que um indivíduo "é um predador" é melhor que qualquer discurso para caracterizar seu comportamento.

A TEORIA COGNITIVA DA METÁFORA

A metáfora permite relacionar coisas distintas sublinhando seus pontos em comum. Considerada durante muito tempo uma simples figura de linguagem, a metáfora poderia ser um processo fundamental do conhecimento. Essa é a tese defendida por alguns linguistas, especialistas em ciências cognitivas e teóricos da literatura, como George Lakoff, Mark Johnson e Mark Turner.

Como permite "adivinhar" certas coisas através de exemplos, imagens originais, analogias, a metáfora é um poderoso instrumento para elucidar as estruturas comuns, configurações semelhantes ou traços idênticos entre duas coisas distintas.

→ **Analogia, Protótipo, Esquema**

MÉTODO

René Descartes, no *Discours de la méthode* [Discurso do método] (1637), apresenta princípios "para conduzir adequadamente a razão nas ciências". Seu método é baseado em um procedimento racional e analítico de decomposição das ideias complexas em ideias simples. Inversamente, Edgar Morin*, em *La Méthode* [O método] (5 vols., 1977-2001), tenciona reformar o pensamento a fim de poder apreender a complexidade dos fenômenos humanos.

Este é o primeiro sentido que podemos dar à palavra "método": o procedimento geral de pensamento no domínio científico. É nesse sentido que Émile Durkheim* o emprega em *Les Règles de la méthode sociologique* [*As regras do método sociológico*] (1895).

Em outro nível, entendem-se por "métodos" algumas técnicas de investigação próprias à pesquisa. Assim, falamos em métodos quantitativos (pesquisa de opinião*, questionário*, comparação estatística, testes de inteligência, etc.) ou qualitativos (narrativa de vida, observação participante*, entrevista não diretiva, etc.).
→ **Quantitativo (método), Qualitativo (método)**

MÉTODO BAYESIANO
→ **Bayesiana (probabilidade)**

MÉTODO CLÍNICO
→ **Clínico**

MÉTODO DE COTAS
→ **Cotas**

MÉTODO DOS GÊMEOS
→ **Gêmeos**

MÉTODO EXPERIMENTAL
→ **Experimental**

MÉTODO QUALITATIVO
→ **Qualitativo**

A QUERELA DOS MÉTODOS EM CIÊNCIAS SOCIAIS

• O que ficou conhecido como o conflito dos métodos (*Methodenstreit*) agitou a universidade alemã no final do século XIX. Filósofos, historiadores, economistas, sociólogos, físicos debateram intensamente questões complexas. Autores como Ernst Mach, Franz Brentano, Wilhelm Wundt, Theodor Lipps, Karl Jaspers, Heinrich Rickert, Georg Simmel* e Max Weber* participaram do debate. A questão de base é a seguinte: existe um método próprio às ciências sociais?

As discussões começaram mais precisamente em 1883, após a publicação do livro *Untersuchungen über die Methode der Socialwissenschaften* [Pesquisas sobre o método das ciências sociais], do austríaco Carl Menger. Na obra, o autor defende que a economia deve tornar-se científica adotando um procedimento dedutivo e formal, bem como deduzindo leis a partir de hipóteses elementares sobre o comportamento do indivíduo ou o equilíbrio do mercado.

• Essa tese é atacada por Gustav von Schmoller (1838-1917), principal expoente da escola histórica alemã de economia. Ele critica C. Menger por utilizar o que chama de pura ficção teórica, o modelo do *homo oeconomicus**. Para G. von Schmoller, o indivíduo real é um ser complexo, que não pode se reduzir ao simples cálculo de interesses. Além do mais, o método abstrato e dedutivo não pode ser conveniente ao estudo das sociedades. Ao método de C. Menger, ele opõe um método humano, concreto e empírico fundamentado na descrição das realidades econômicas situadas historicamente. Ao individualismo metodológico*, G. von Schmoller opõe uma abordagem global e social partindo das instituições que enquadram as ações dos indivíduos. E, enfim, contesta a possibilidade de identificar leis universais no domínio da economia e da sociedade, sendo a história humana marcada pela contingência e pela especificidade de cada período e cada meio. Podemos ver que muitos aspectos opõem esses dois autores e as duas abordagens. E esse conflito seria o pano de fundo de um debate que estava apenas começando.

No mesmo ano, o filósofo alemão Wilhelm Dilthey* publica a obra *Einleitung in die Geisteswissenschaften* [Introdução às ciências do espírito], na qual confronta dois métodos científicos:

– a "explicação" (*erklären*), que é própria às ciências da natureza. Esse método consiste em pesquisar as causas de um fenômeno de maneira objetiva, estabelecendo ligações causais entre fenômenos. Busca identificar leis;

– a "compreensão" (*verstehen*), que é um método próprio às ciências da mente. Sendo o homem ao mesmo tempo sujeito e objeto da pesquisa, o procedimento consiste em reconstituir, por empatia, os fundamentos conscientes e a vivência dos sujeitos ativos. Enquanto a explicação procede por análise (decomposição das causas em fatores), a compreensão adota um procedimento sintético.

Finalmente, nesse conflito de métodos, não houve vencedores ou vencidos, já que o debate tomou diversas ramificações sem concluir-se verdadeiramente.

MÉTODO QUANTITATIVO
→ **Quantitativo**

METONÍMIA

Dizer "No almoço eu comi dois pratos" é uma figura de linguagem, pois não se come o prato, mas o seu conteúdo. A metonímia consiste em trocar uma palavra por outra que lhe seja próxima. Na frase "A França está entediada", entendemos que não é a França que está entediada, e sim os seus habitantes. Da mesma forma, antigamente as forças armadas e a Igreja eram designadas na França pela expressão *le sabre et le goupillon* [o sabre e o aspersório].

A metonímia é, ao lado da metáfora, uma figura de linguagem corrente. Roman Jakobson* a definiu de maneira bastante abrangente, concluindo tratar-se de um dos procedimentos correntes de deslocamento de sentido no discurso.

Do ponto de vista psicológico, a metonímia pode ser vista como um procedimento habitual de associação de ideias. Assim, Jacques Lacan* pensava que, inconscientemente, as ideias se associavam de acordo com figuras metafóricas e metonímicas, daí o gosto particular do psicanalista pelos jogos de linguagem.

→ **Metáfora**

MÉTRAUX, ALFRED
(1902-1963)

Alfred Métraux recebeu sua formação universitária em Paris: école de Chartes, Inalco, EPHE, doutorado em letras. Grande viajante, sempre animado por uma incessante "necessidade de estar fora", parte primeiramente para a Suécia e depois para a ilha de Páscoa, à qual dedica uma importante obra; em seguida, vai para Honolulu (pesquisador no Bishop Museum). Mas seus estudos dizem respeito principalmente à América do Sul, especialmente a Argentina (ele é fundador do Instituto de Etnologia de Tucuman e de sua *Revista*), a Bolívia (onde estuda o campesinato), o Peru e o Brasil. O cargo no Bureau of American Ethnology na Smithsonian Institution de Washington (1941-1945) permite que ele multiplique as pesquisas etnológicas, arqueológicas e históricas sobre essas regiões. A. Métraux foi um dos principais autores do *Handbook of South American Indians* [Almanaque dos índios sul-americanos] e realizou estudos de síntese sobre diversas sociedades ameríndias, como os tupinambás da costa brasileira. Interessou-se também pelos cultos afroamericanos e sua obra inovadora sobre *Le Vaudou haïtien* [O vudu haitiano] (1958) ainda é referência. A. Métraux foi funcionário internacional das Organização das Nações Unidas (ONU) e da Organização das Nações Unidas para a Educação, a Ciência e a Cultura (Unesco), por meio das quais lançou programas de antropologia aplicada e empreendeu um combate em defesa dos direitos humanos; também ensinou em Berkeley, Yale e foi diretor na EPHE. Ele se suicidou em 1963.

Principais obras de A. Métraux
- *L'Île de Pâques*, 1941 [*A ilha de Páscoa*, Ferni, 1978]
- "Ethnography of the Chaco", no *Handbook of South American Indians*, 1946 [Etnografia do Chaco, no Almanaque dos índios sul-americanos]
- *Le Vaudou haïtien*, 1958 [O vudu haitiano]
- *Les Incas*, 1962 [Os incas]
- *Religions et magies indiennes d'Amérique du Sud*, 1967 [Religiões e magias indígenas da América do Sul]

→ **Vudu**

MICROECONOMIA
→ **Economia**

MICRO-HISTÓRIA

Nascida na Itália nos anos 1970, a corrente da micro-história propõe estudar a história social detalhadamente, privilegiando o indivíduo e a história localizada. É uma aliança entre história e antropologia, já que busca compreender as trajetórias sociais, os laços de parentesco, as visões de mundo e a experiência vivida dos indivíduos. Em *Il formaggio e i vermi* [*O queijo e os vermes*] (1976), Carlo Ginzburg conta a história de Menocchio, um moleiro que vive na região do Frioul no século XVI, condenado à fogueira por heresia pelos tribunais da inquisição. O autor reconstitui o universo mental de Menocchio, "seus pensamentos, seus sentimentos, seus sonhos e aspirações", mistura sincrética de escritos bíblicos e crenças populares pagãs.

São autores como C. Ginzburg, Giovanni Levi, Carlo Poni e Edoardo Grendi que tornam a corrente da micro-história italiana conhecida. Entretanto, não podemos falar de uma verdadeira "escola", mas de uma espécie de via italiana em prol de uma história social mais elaborada e mais bem fundamentada teoricamente, num contexto universitário pouco favorável às ciências sociais e onde os meios à disposição dos pesquisadores eram limitados. Para os historiadores da micro-história, as práticas sociais e culturais podem ser compreendidas pela investigação das estratégias individuais dos atores.

MICRO-MACRO: A QUESTÃO DAS ESCALAS

Investigando a experiência dos indivíduos e reconstruindo, a partir dela, os contextos que lhe dão sentido, a micro-história se aproxima do procedimento antropológico:

"A experiência de campo (...) consiste em considerar uma multiplicidade de pequenas informações, buscando compreender como um detalhe individual ou fragmentos de experiência podem elucidar lógicas sociais e simbólicas", explica Jacques Revel (*Jeux d'échelles. La micro-analyse à l'expérience* [Jogos de escalas. A experiência da microanálise], 1996). Segundo esse autor, a micro-história poderia ser definida como uma mudança de escala de análise. Da mesma forma que variar as escalas em cartografia não significa representar uma realidade constante em tamanho maior ou menor, mas transformar o conteúdo daquilo que é representável. Na história, a mudança de escala permite que novos processos sejam descobertos e que novos conhecimentos sejam produzidos.

Entretanto, no seio da corrente da micro-história, são encontradas orientações divergentes. Para alguns, ela tem como objetivo variar as escalas para "encontrar as anomalias" (C. Ginzburg), ou seja, para buscar compreender a complexidade do social. Assim entendida, a micro-história viria completar a análise macrossociológica dos grandes trabalhos de história social.

A segunda vertente encontra sua inspiração na obra do norueguês Fredrik Barth e da antropologia anglo-saxã (F. Barth, *Scale and Social Organization* [Escala e organização social], 1978). Ela defende que somente a partir do nível micro-analítico podem ser identificados os processos causais para construir os modelos sociais mais gerais. Desta forma, a micro-história é concebida como o laboratório de uma nova história social, cujos modelos se inspiram na etnometodologia* e no interacionismo simbólico*, que propõem uma compreensão das sociedades a partir do estudo das práticas cotidianas e das relações entre os indivíduos. Não há escola micro-histórica na França, mas a obra de Emmanuel Le Roy Ladurie*, *Montaillou, village occitan de 1294 à 1324* [Montaillou, povoado occitânico: 1294 a 1324] (1975) pode ser considerada, de certa forma, uma precursora dessa abordagem. Mais recentemente, a obra de Alain Corbin, *Le Monde retrouvé de Louis-François Pinagot. Sur les traces d'un inconnu*, 1798-1876 [O mundo reencontrado de Louis-François Pinagot. Seguindo as pistas de um desconhecido] (1998) insere-se na corrente micro-histórica.

→ **Ginzburg**

MÍDIA

"Quem diz o que, a quem, por que canais, com qual efeito?" Em 1948, Harold D. Lasswell, pioneiro dos estudos sobre a mídia, traçou em torno dessas cinco questões um novo domínio de estudo.

Passados mais de cinquenta anos, essas questões – apenas um pouco modificadas – ainda orientam um campo imenso de pesquisas.

QUEM PRODUZ A INFORMAÇÃO?

Os jornalistas têm evidentemente um papel central no sistema midiático. Nos anos 1980 surgiu uma sociologia do jornalismo, interessada especialmente no grau de dependência e autonomia dos jornalistas em sua área de atuação (política, economia, esportes, etc.). Essas análises recusam dois modelos correntes e estereotipados: o modelo do "profissional", neutro, objetivo e independente (visão angelical promovida por alguns jornalistas); e o modelo inverso, excessivamente crítico, que coloca o jornalista como "cão de guarda", lacaio dos poderosos (dos ricos e dos políticos...).

A sociologia da mídia está mais interessada nas redes que os jornalistas formam, nos laços que estabelecem com seus contatos (homens políticos, juristas...) e nas estruturas editoriais (empresas de mídia, grupos de imprensa...) onde trabalham. A diversificação dos canais televisivos, a forte concorrência, o surgimento dos canais temáticos (cinema, esportes, jovens, etc.) levam a uma disputa por audiência e assinantes (no que diz respeito aos jornais) que parece pesar muito mais sobre as escolhas editoriais que a influência da publicidade ou dos políticos.

Quais são os conteúdos?

A mídia possui duas funções centrais: informar e divertir. A análise do discurso* e a análise de conteúdo* buscam identificar os temas abordados, sua frequência, as mensagens explícitas ou implícitas presentes nos filmes e documentários. A semiologia* da imagem, por sua vez, dedica-se especialmente a interpretar os signos veiculados pela mídia (televisão, jornais, publicidade). Busca identificar os códigos (geralmente invisíveis) através dos quais as imagens veiculam uma ideia ou uma mensagem.

Até os anos 1960, os especialistas consideravam a mídia uma ferramenta de propaganda que procurava impor uma mensagem precisa (publicitária, política...). A partir dos anos 1970, a perspectiva muda. Formulada por pesquisadores americanos, a teoria do *agenda-setting* (M. McCombs, D. Shaw, "The Agenda-Setting Function of Mass Media" [A função da mídia de ditar a ordem do dia], *Public Opinion Quaterly*, nº 36, 1972) defende que a mídia age sobre a opinião não tanto como um propagandista que diz "o que se deve pensar", mas sensibilizando sobre certos assuntos ("em que se deve pensar") colocados na ordem do dia.

Outro aspecto dos estudos sobre a mídia diz respeito à seleção e edição da informação. Efetivamente, a edição (imprensa escrita, televisiva, rádio) não propõe uma fotografia exaustiva da realidade. A seleção da informação acontece de acordo com critérios predefinidos:

– A "estrutura" do jornal, que determina de antemão a sequência dos assuntos a tratar (política, atualidades internacionais, locais, esportes, cultura, etc.). Em seguida, a informação é triada de acordo com princípios como: o próximo deve primar sobre o distante, o conhecido sobre o desconhecido, o original sobre o rotineiro, etc.;

– Os assuntos de interesse dos jornalistas e dos chefes de redação também pesam nas escolhas editoriais;

– As limitações de produção (meios financeiros, *timing*) têm um papel determinante no tratamento dos assuntos.

A apresentação da informação foi objeto de muitas pesquisas semiológicas. Sua "formatação" está alicerçada em técnicas particulares ensinadas nas escolas de jornalismo: técnicas de escrita (frase curta, palavras concretas, situações vivas, etc.), técnicas de entrevista, "encenação" (enquadramento, sequenciamento). O procedimento de narração dos acontecimentos teve importante desenvolvimento a partir dos anos 1990. "O acontecimento deve primeiramente ser uma estória (*story*) antes de se tornar um acontecimento comunicável" (Stuart Hall). A narrativa deve chamar a atenção do espectador ou do ouvinte mais que qualquer outra forma de discurso.

A ideia geral é veicular a informação na forma de pequenas estórias (*make a story*, como se diz nas escolas americanas de jornalismo) incluindo se possível uma intriga, personagens, lugares, uma sequência de acontecimentos.

Quais são os canais?

A diversidade das mídias é impressionante. Quando falamos da "mídia" no geral, geralmente esquecemos essa grande diversidade. Na França, a imprensa escrita é representada por setenta jornais diários e mais de 30 mil títulos de publicações periódicas diversas: de Télé 7 jours (3 milhões de exemplares vendidos) à revista *Les Couteaux* (alguns milhares de leitores). A televisão incrementou consideravelmente sua oferta após o surgimento do cabo e do satélite e a internet se fixou como uma nova mídia.

Para quem?

À diversidade da oferta corresponde a diversidade do público. Existem muitos estudos sobre os leitores de jornais, ouvintes de rádio e telespectadores. Sabemos, assim, que os franceses leem pouco os jornais diários (50% lê um jornal diário ao menos três vezes por semana), mas consomem muitas revistas (95% das pessoas com mais de 15 anos leem ou consultam revistas, semanários de informação geral, revistas femininas, revistas de televisão, etc.). Em relação ao rádio, 98% dos lares possuem o equipamento e 70% o escutam todos os dias (no banheiro, ao acordar, na cozinha ou no carro). O tempo de escuta por dia é de aproximadamente 210 minutos (3 horas e 30 minutos). Foi-se o tempo em que o leitor ou telespectador era considerado um indivíduo uniforme. A mídia, assim como os pesquisadores, acompanha de perto a diversidade do público e a maneira como as pessoas escutam ou assistem. A grande audiência das emissões *sitcom* ou *reality shows* para jovens mostra, por exemplo, que a audiência não é formada apenas por adolescentes fascinados por seus ídolos. Efetivamente, uma parte considerável do público é crítica em relação ao conteúdo, o que não impede que as pessoas assistam com ironia a seus programas prediletos.

QUAIS SÃO OS EFEITOS?
A INFLUÊNCIA DA MÍDIA

O estudo da influência da mídia é, evidentemente, um assunto caro aos sociólogos. Os estudos começaram nos anos 1930 e passaram por diversas fases.

Num primeiro momento, entre 1930 e 1945, a teoria dominante era de que a mídia de massa (*mass media*) tinha um efeito imediato, massivo e prescritivo sobre a audiência. Segundo um modelo "hipodérmico", ela injetaria ideias, atitudes e modelos de comportamento nos cérebros vulneráveis do público.

Os sociólogos da Escola de Frankfurt*, por sua vez, consideravam a mídia (ou "indústrias culturais") um instrumento de difusão da ideologia dominante. Sua influência consistiria numa uniformização do pensamento e dos comportamentos no sentido da aceitação do sistema capitalista.

As pesquisas detalhadas realizadas nos anos 1940 e 1950 nos Estados Unidos abalaram a ideia da onipotência da mídia sobre a opinião pública. Elas identificaram um modelo mais complexo de influência e chamaram a atenção para o poder que o público tem nas escolhas das informações que lhe interessam.

Paul F. Lazarsfeld*, a partir de estudos empíricos em colaboração com Bernard Berelson e Hazel Gaudet (*The People's Choice* [A escolha do povo], 1948), e em seguida com Elihu Katz (*Personal Influence* [Influência pessoal], 1955), mostra que a influência da mídia depende das opiniões preexistentes e da teia de relações interpessoais do receptor. Esse último é sensível à influência dos formadores de opinião que lhe são próximos. Portanto, os efeitos da mídia não são diretos: são filtrados e limitados na recepção. Esse é o modelo do *two-step flow* ("em dois tempos"). Autores como B. Berelson, Charles Wright e Jay G. Blumler defendem uma abordagem funcionalista: a mídia responde às necessidades de informação, divertimento, cultura. Contribui, sem dúvida, para unificar a sociedade em torno de uma cultura comum. Esses autores se recusam a ver a mídia como uma empresa de enquadramento e manipulação das massas. Suas pesquisas direcionam-se aos usos que os consumidores fazem dos diferentes tipos de mensagem e às satisfações que tiram disso. No decorrer dos anos 1960, a importância adquirida pela televisão leva os sociólogos a atribuir nova importância à influência da mídia sobre a opinião pública. Todavia, passam a estudar mais os efeitos de longo prazo que os de curto prazo. Por outro lado, o desenvolvimento das técnicas de comunicação gera a noção de que a mídia pode ter um impacto profundo sobre a organização das relações sociais. A *cultivation analysis* [Análise de cultivo], encabeçada por George Gerbner a partir de 1967, defende que a mídia tem uma influência profunda e de longo prazo sobre as percepções, valores e comportamentos dos indivíduos. Por meio de análises de conteúdo, busca mostrar que os grandes consumidores da televisão têm uma visão de mundo que reflete a veiculada pela mídia.

As análises de Elizabeth Noelle-Neuman (*The Spiral of Silence* [A espiral do silêncio], 1984) levantaram o problema da influência "repressiva" da mídia sobre a opinião pública. Segundo E. Noelle-Neuman, efetivamente, a mídia de massa (*mass media*) não reflete a totalidade das opiniões presentes no público, somente uma fração "autorizada". Os que compartilham essas opiniões "legítimas" se sentem majoritários e ousam expressar-se, enquanto os que não as compartilham se calam e se retiram do debate para não serem rejeitados. A mídia, em suma, é acusada de estabelecer um consenso artificial.

Os estudos de recepção (por exemplo, E. Katz, T. Liebes, *The Export of Meaning* [A exportação do sentido], 1990) buscam compreender como os conteúdos da mídia são retidos, restituídos e interpretados pelos receptores. Valorizam os efeitos da mensagem, ou seja, não como ela é difundida, mas como é recebida de acordo com os recursos culturais do receptor. Portanto, a influência da mídia estaria condicionada principalmente à reação do receptor, esta ligada à cultura de seu grupo social ou de sua comunidade.

Bibliografia: • F. Barbier, C. Bertho-Lavenir, *Histoire des médias, De Diderot à Internet*, Armand Colin, 2003 [1996] • J. Bourdon,

Televisão gera violência?

• Em abril de 2004, o jovem Julien (19 anos) foi condenado por homicídio após esfaquear quarenta e duas vezes sua amiga Alice (15 anos). Aos policiais que o prenderam, ele declarou ter se inspirado no filme *Pânico*.

As imagens violentas na televisão ou no cinema podem influenciar os jovens e fazer que se tornem violentos? Esta questão é feita regularmente.

Muitas pesquisas tentaram medir esse suposto efeito da violência na televisão. Algumas utilizaram métodos de laboratório. Albert Bandura* foi um dos primeiros a fazer experimentos em que observou o comportamento de crianças após elas terem visto atos de agressão. Outros métodos consistem na análise estatística (correlacionando os atos violentos à frequência com que se assiste a cenas violentas na televisão).

A multiplicação das pesquisas deu origem a meta-análises* (comparação e síntese dos resultados) que identificaram claramente algumas tendências.

• Existe sem dúvida uma correlação entre violência e televisão. A influência, evidentemente, não é nem massiva nem direta. Ela não procede – felizmente – da simples imitação. Nem todos os espectadores de filmes violentos se tornam agressivos. Somente um pequeno número de atos violentos pode ser atribuído à influência da televisão (5% a 10%).

Foram identificados diversos tipos de influência. O primeiro tipo está relacionado ao aprendizado. Os filmes violentos sugerem ao jovem espectador que a violência é um recurso diante dos conflitos, sendo praticada sem culpa por heróis positivos. As imagens violentas também possuem um efeito de desinibição e dessensibilização. De tanto ver assassinatos, crimes, brigas e cenas violentas em geral, isso acaba parecendo banal e normal, não provocando mais nenhuma reação de medo.

Esse impacto, evidentemente, atinge apenas uma minoria, que sem dúvida já se encontra num contexto social e psicológico desfavorável. A televisão e o cinema não são a causa da violência, mas podem ser considerados um instigador suplementar.

• R. M. Liebert, J. M. Sprafkin, *The Early Window: Effects of Television on Children and Youth*, Pergamon Press, 1988
• L. Bègue, I. Gilles, "La télévision rend-elle violent?", *Cerveau et Psychologie*, n°. 6, 2004

Introduction aux médias, Montchrestien, 1997 • J. M. Charon, *La Presse quotidienne*, La Découverte, "Repères", 1996 • E. Katz, E. Dayan, *La Télévision cérémonielle*, Puf, 1996 [1992] • P. Le Floch, N. Sannac, *Economie de la presse*, La Découverte, "Repères", 2000 • E. Neveu, *Sociologie du journalisme*, La Découverte, "Repères", 2001 • J. Siracusa, *Le JT, machine à décrire, Sociologie du travail des reporters à la télévision*, De Boeck, 2001 • P. Viallon, *L'Analyse du discours de la télévision*, Puf, "Que sais-je?", 1996

→ **Informação, Informação e da comunicação (ciências da)**

MIDIOLOGIA

Para seu fundador, Régis Debray (*Cours de médiologie générale* [*Curso de midiologia geral*], 1991), a midiologia é o estudo das condições materiais de difusão das mensagens. Para que uma ideia ou uma ideologia se imponha, não basta que seja convincente, é preciso também que esteja apoiada em uma estrutura humana e técnica, a "midiasfera", objeto de estudo da midiologia.

MIGRAÇÃO
→ **Imigração**

MILGRAM (experiência de)
→ **Autoridade**

MIND/BODY PROBLEM

O *Mind/body problem* (problema do corpo e da mente) diz respeito, em filosofia da mente*, à articulação entre o cérebro e a mente, entre a matéria e as ideias. Podemos reduzir os estados mentais a processos físicos? Diversas posições – dualismo, mentalismo, materialismo, funcionalismo – são definidas em função da resposta a essa questão.
→ **Dualismo, Funcionalismo**

MINORIA

Os curdos na Turquia, os turcos na Alemanha, os lapônios na Suécia, os ainus no Japão... A palavra minoria designa, de maneira geral, um grupo humano distinto inserido numa coletividade maior. A categoria "minoria" é bastante relativa, sempre suscetível a interpretações divergentes, pois depende do contexto e do ponto de vista. Assim, os tútsis foram, durante décadas, uma minoria numérica em Ruanda, mas detinham o poder perante a maioria hutu. Todas as comunidades políticas organizadas enfrentam, em maior ou menor grau, a questão das minorias. A questão fundamental levantada pela existência de minorias refere-se ao grau de heterogeneidade cultural e social que uma sociedade ou nação pode comportar. A noção de minoria remete, portanto, à problemática da construção social da identidade* coletiva e das relações com a alteridade: que imagem a coletividade tem de si mesma? Como pode garantir uma coesão social e cultural interna?

Existe um grande número de populações em situação minoritária ou considerada minoritária: os povos tradicionais (ameríndios, aborígines, canacas...), as minorias étnicas, imigradas, religiosas, linguísticas e, mais recentemente, as que reivindicam particularismos físicos, de idade ou costumes (práticas culturais, orientações sexuais, etc.).

História das minorias

Historicamente, o termo "minorias" (no plural) foi utilizado durante muito tempo para designar mais especificamente um povo (definido em referência à etnia*, língua ou religião) inserido num Estado* que comporta uma nação* dominante. Nas sociedades anteriores ao Estado-Nação moderno, as minorias foram sujeitas à arbitrariedade do poder central. A "política das minorias" consistiu principalmente em dividir para melhor governar e em subordinar as minorias impondo a elas a submissão ao grupo dominante. Um regime de proteção lhes oferecia algumas garantias ao mesmo tempo que as mantinha em sua condição inferior. Mas, por conta de suas diferenças, as minorias, em especial as de meio urbano (guetos), foram frequentemente objeto de racismo* (ou antissemitismo); muitas vezes também foram utilizadas como bode expiatório (como no massacre de judeus). Nos impérios internacionais (romano, turco, austro-húngaro e russo, por exemplo), as populações ditas "alógenas", não raro situadas na periferia, nas franjas do império, eram tratadas de maneira discriminatória, como súditos de segunda categoria. No mundo ocidental, os fenômenos de opressão organizada das minorias coincidiram amplamente com o nascimento dos Estados-Nações. A questão das minorias no seio dos Estados-Nações remete ao "princípio das nacionalidades", engendrado sobretudo a partir do século XIX e que preconiza a coincidência entre etnia e Estado*. Em virtude desse princípio, o Império Austro-Húngaro foi desmantelado em 1919. As operações de transferência de populações, como entre a Índia e o Paquistão em 1947, visaram também a fazer coincidir, com pouco sucesso, as comunidades étnicas e o Estado. O recorte estatal divide e oprime populações unidas por laços comunitários e culturais. O mal ajustamento das fronteiras políticas e do território das minorias ainda permanece uma fonte de permanentes reivindicações, conflitos e instabilidades geopolíticas. Nesse contexto, a "questão das minorias" diz respeito ao direito (em particular à autodeterminação) e à proteção jurídica.

Democracia e multiculturalismo

Mesmo em regimes democráticos, em que a questão do pluralismo cultural desponta com mais vigor, o significado da noção de minoria varia segundo o contexto nacional. No Estados Unidos, por exemplo, supostamente o país do *melting-pot*, a adoção de um modelo majoritário (com o *american way of life*) deveria teoricamente permitir a assimilação progressiva das diversas minorias. Entretanto, é primeiramente na América do Norte (Canadá e Estados Unidos) que se amplia essa categoria, já que muitos grupos que apresentam diferenças físicas ou culturais e um modo de vida particular (homossexuais, obesos, deficientes físicos, etc.) passaram a reivindicar tal condição, lutando para serem reconhecidos e pela defesa de seus direitos. Foi nesse contexto que emergiu a doutrina do multiculturalismo* e foram desenvolvidas políticas públicas de tratamento das diferenças culturais (sistema de cotas, discriminação positiva, etc.). Inversamente, o modelo republicano universalista francês ignorou durante muito tempo as reivindicações identitárias das minorias, já que reconhece apenas indivíduos cidadãos. Por outro lado, nos Estados que estabeleceram a laicidade, ou seja, um princípio de separação entre sociedade civil e sociedade religiosa, a questão das minorias religiosas e de sua visibilidade no espaço público ainda não desapareceu.

Bibliografia: • J. C. Tamisier (org.), *Dictionnaire des peuples*, Larousse, 1998 • J. Yacoub, *Les Minorités dans le monde: faits et analyses*, Desclée de Brouwer, 1998

→ **Aculturação, Cidadania, Cultura, Identidade, Nação-nacionalidade, Sincretismo**

MINTZBERG, HENRY
(nascido em 1939)

Professor de administração na Universidade McGill de Montreal, Henry Mintzberg, a despeito de seu famoso anticonformismo, tornou-se um dos grandes nomes da teoria da administração.

Iniciou sua carreira na indústria antes de obter um doutorado na Sloan School of Management do MIT em 1968. Seu primeiro livro, *The Nature of Managerial Work* [A natureza do trabalho do administrador] (1973) inaugura uma perspectiva original da profissão do administrador. Observando diretamente o trabalho cotidiano de cinco grandes dirigentes, H. Mintzberg mostra que o administrador passa a maior parte de seu tempo em reuniões ou encontros: falando, escutando e recebendo todos os tipos de interlocutor. Ele reage em tempo real a diversas solicitações. Assim, seu trabalho não é de forma alguma isolado, como o de um piloto que realizaria de maneira ordenada e sistemática planos de ação previamente estabelecidos.

Essa visão do administrador muda radicalmente a visão da ação racional proposta pela teoria administrativa então dominante.

H. Mintzberg também mostra que, em matéria de escolhas estratégicas, as decisões tomadas tampouco não são produto de uma concepção racional e longamente amadurecida. Frequentemente, resultam da intersecção das propostas e pelos diálogos com os colaboradores, e até mesmo da "intuição" do administrador.

Em suas obras posteriores, H. Mintzberg propõe uma verdadeira anatomia das organizações, descrevendo os diferentes componentes das empresas (centros de atividade, **cúpula estratégica**, linha hierárquica, logística) e os dispositivos de coordenação (ajustamento informal, supervisão direta, estandardização dos procedimentos e resultados).

Irônico em relação às modas administrativas e às receitas miraculosas, H. Mintzberg se recusa a analisar as organizações a partir de um modelo único. Não existe um modelo de organização único e menos ainda um método ideal de administração. Ele distingue sete formas organizacionais típicas: empreendedora, maquinal, profissional, diversificada, inovadora, missionária e política (*ver quadro no verbete* "Organização")

H. Mintzberg, ganhador de diversos prêmios e doutor *honoris causa* por doze universidades, publicou quinze livros.

Principais obras de H. Mintzberg
• *The Nature of Managerial Work*, 1973 [A natureza do trabalho do administrador]
• *Structure in Fives: Designing Effective Organizations*, 1982 [*Criando organizações eficazes: estruturas em cincc configurações*, Atlas, 2003]
• *Mintzberg on Management: Inside Our Strange World of Organizations*, 1989 [Management segundo Mintzberg: dentro do estranho mundo das organizações]

→ *Management,* **Organização**

MITO

Sísifo, segundo a mitologia grega, é o fundador de Corinto (dizia-se que ele povoara a cidade com homens nascidos de cogumelos). Por ter ousado desafiar os deuses (especialmente ao revelar as infâmias amorosas do todo-poderoso Zeus), ele foi condenado pelos juízes dos infernos a um suplício exemplar: levar uma pedra até o topo de uma montanha. Mas, toda vez que Sísifo chegava ao topo, a pedra rolava montanha abaixo e ele tinha de recomeçar o trabalho...

A história de Sísifo é contada por Homero, que a narrou a partir de lendas antigas. Albert Camus fez de Sísifo o símbolo de um destino humano condenado ao absurdo (*Le Mythe de Sisyphe* [*O mito de Sísifo*], 1942).

O QUE É UM MITO?

Todas as grandes civilizações possuem sua mitologia, que trata da origem e da criação do mundo. Na Índia, os grandes mitos fundadores estão reunidos no *Mahabarata*; na Mesopotâmia, o mito de Gilgamesh conta a história da primeira cidade e de seu rei. Grécia e Roma possuíam seu panteão povoado por uma multidão de deuses, cada um associado a uma lenda. Não há sociedade primitiva que não tenha construído um mito das origens. Na Austrália, os aborígines* evocam o "tempo do sonho", em que a terra era povoada por seres híbridos, metade homens e metade animais. Existe também uma mitologia ameríndia, africana, asiática e da Oceania. A Bíblia, por exemplo, não seria o grande mito fundador do Ocidente?

Lendo os belos volumes dedicados às "mitologias do mundo inteiro", não podemos deixar de fazer uma espantosa constatação: de um lado, a riqueza, a diversidade e a exuberância dos mitos parecem infinitas; por outro, há uma surpreendente regularidade de temas e personagens. De modo geral, os mitos falam de personagens extraordinários e sobrenaturais, de deuses ciumentos, animais fabulosos, monstros híbridos (dragões de sete cabeças, centauros, cavalos alados, unicórnios...). Em todos os mitos fundadores as histórias são dramáticas, falando de crimes odiosos, como parricídio e infanticídio, de incesto, grandes catástrofes (o dilúvio, as pragas do Egito), guerras, ressurreição, animais que falam, erros graves e castigos eternos. Os personagens são confrontados a situações e paixões extremas. De certa maneira, os mitos são parecidos com a maioria das histórias fantásticas: contos, lendas, histórias de ficção científica, mas se distinguem delas por dizerem respeito ao sagrado.

Para que servem os mitos?

O estudo dos mitos e lendas das sociedades antigas começa a atrair os estudiosos a partir do século XIX. Nasce uma mitologia comparada impulsionada por linguistas, antropólogos, historiadores e folcloristas interessados pela Antiguidade e pelas civilizações orientais. Friedrich M. Müller (*Essay on Comparative Mythology*, 1858) [Ensaio sobre mitologia comparada] é o estudioso mais importante dessa época. Na Inglaterra, o estudo dos mitos se torna um dos assuntos fundamentais da antropologia nascente. Em *The Golden Bough* [O ramo de ouro] (1898-1935), James G. Frazer* busca construir um grande panorama dos mitos da humanidade inteira a partir de uma narrativa comum.

Para as primeiras gerações de antropólogos, os mitos primitivos são testemunhos dos primórdios da humanidade. A mitologia primitiva reflete as formas elementares do pensamento humano – uma "mentalidade primitiva" (L. Lévy-Bruhl, *La Mentalité primitive* [A mentalidade primitiva], 1922) – distintas do pensamento racional. Os mitos, que visariam explicar o mundo numa época em que a humanidade ainda não tinha chegado ao estágio científico, são produto de um imaginário que se aproxima dos sonhos, da loucura, do imaginário infantil.

A partir dos anos 1920, o olhar dos antropólogos vai mudar. Para os funcionalistas, como Bronislaw K. Malinowski* e Albert R. Radcliffe-Brown*, o mito não é simplesmente produto de um pensamento arcaico ainda incapaz de interpretar o mundo de maneira racional. Sua razão de ser é outra. Associados aos ritos*, os mitos têm, nas sociedades primitivas, uma função social. Como grandes narrativas de fundação, eles legitimam a ordem social, consolidam o grupo e modelam as condutas. Através deles pode ser compreendida a organização de toda uma sociedade. As divindades animais são geralmente associadas a clãs totêmicos; as narrativas sobre as origens das plantas, dos animais e dos seres humanos formulam regras de organização dos casamentos, dos ritos de passagem, das proibições alimentares; os heróis são modelos de conduta para os indivíduos. Longe de ser um estágio ultrapassado do pensamento humano, os mitos corresponderiam a um desenvolvimento indireto das leis de organização da sociedade.

Também a psicanálise encontra uma lógica por trás da aparente irracionalidade dos mitos. Não a lógica da sociedade, mas das pulsões mais profundas dos indivíduos. Sigmund Freud* identifica na história de Édipo a matriz de um complexo original: o desejo do menino de casar-se com a mãe e de matar o pai. Em seguida, Carl G. Jung* analisa alguns temas míticos, como a figura do dragão, como arquétipos* universais do inconsciente coletivo. Roger Callois, por sua vez, propõe uma espécie de síntese entre a abordagem antropológica e a abordagem junguiana. Em *Le Mythe et l'Homme* [O mito e o homem] (1938) apresenta a mitologia como uma combinação complexa de determinações sociais e históricas, cuja força se deve às pulsões que a animam. Fundamentalmente, os mitos remeteriam aos "conflitos primordiais suscitados pelas leis da vida elementar". Dessa forma, as cenas de canibalismo, incesto e parricídio, por exemplo, tão frequentes nas mitologias, seriam a manifestação de pulsões arcaicas profundamente enraizadas na memória biológica.

Em busca das estruturas ocultas

Os anos 1950-1970 foram muito importantes para o estudo das mitologias. A época é marcada pelo estruturalismo* e pelos estudos sobre o imaginário, a linguagem* e os signos. Os mitos passam a ser abordados sob nova perspectiva: a busca de estruturas constantes. Obras importantes foram concebidas nesse período: as de Mircea Eliade*, Claude Lévi-Strauss*, Georges Dumézil*, Jean-Pierre Vernant*, Gilbert Durand*, Roland Barthes*. Todos buscam decifrar as gramáticas ocultas dos mitos.

M. Eliade, historiador e antropólogo do sagrado*, defende que a criação de mitos traduz a configuração da mente do *Homo religiosus*. Em todo o mundo podem ser encontradas estruturas míticas universais. A função dos mitos é explicar o mundo e dar sentido à existência humana. Assim, para M. Eliade, o mito do "eterno retorno", encontrado em muitas sociedades, refere-se ao ciclo da natureza e ao destino humano, que só tem sentido no ciclo de nascimentos e mortes. Esse ciclo traduz uma ordem imanente que deve ser respeitada e sem a qual a sociedade caminharia para o caos. O repertório dos mitos é limitado porque gira em torno dos temas fundamentais da vida humana: a vida, a morte, o amor, a saúde, as proibições sociais.

No final dos anos 1930, G. Dumézil acreditou ter estabelecido um parentesco entre os mitos da Índia e os de diferentes regiões da Europa. O panteão das divindades na Índia, na Grécia, em Roma ou nas sociedades nórdicas estaria, segundo ele, organizado em torno de três figuras centrais: o guerreiro, o padre e o produtor. Essa teoria das "três funções" na mitologia indo-europeia é amplamente aceita durante os anos estruturalistas. G. Dumézil começa, então, a obra *Mythe et épopée* [Mito e epopeia] (em três volumes, de 1968 a 1973).

Nos quatro volumes de *Mythologiques* [Mitológicas], publicados entre 1964 e 1971, C. Lévi-Strauss estabelece um objetivo ainda mais grandioso: identificar as estruturas fundamentais que presidem a criação de todos os mitos da humanidade. Recusando atribuir a eles uma função na organização da sociedade, Lévi-Strauss os vê como a expressão de uma gramática inconsciente do pensamento. Os mitos seriam, segundo ele, uma maneira de explicar o mundo a partir de uma ordem classificatória.

Na mesma época, J. P. Vernant e Marcel Détienne estudam os mitos gregos, realizando um trabalho cujo sucesso ultrapassa amplamente as barreiras do círculo de especialistas. Para G. Durand – na linha de Gaston Bachelard* e C. G. Jung –, os mitos tratam de alguns temas constantes – a luz e a escuridão, o alto e o baixo – que fazem parte das estruturas fundamentais do psiquismo humano.

Se, como defendia M. Eliade, os mitos não pertencem ao passado, mas são constitutivos da mente humana, eles devem estar presentes no mundo contemporâneo, e não apenas como um resquício. De fato, R. Barthes (*Mythologies* [Mitologias], 1957) e Edgar Morin* (*L'Esprit du temps*, 2 vols. [O espírito do tempo], 1962 e 1976; *Les Stars* [As estrelas: mito e sedução no cinema], 1957) mostram que a sociedade moderna é rica em temas mitológicos, que podem ser encontrados no cinema, na ficção científica, na publicidade e nos quadrinhos.

Em *Mythes et mythologies politiques* [Mitos e mitologias políticas] (1986), Raoul Girardet, historiador da política, desenvolve alguns temas mitológicos que são recorrentes no pensamento político moderno (*ver quadro*). Mais tarde, Lucien Boia estudará *La Mythologie scientifique du communisme* [A mitologia científica do comunismo] (1993).

CRÍTICA DA MITOLOGIA

A partir dos anos 1980, o tema dos mitos enfraquece-se nas ciências humanas. Alguns autores passam até mesmo a questionar a verdadeira importância que eles têm para os povos "primitivos".

As críticas são iniciadas pelos historiadores. Em 1981, M. Détienne, na obra *Invention de la mythologie* [A invenção da mitologia], diz que o mito, concebido como discurso sagrado, foi separado artificialmente de outras formas de narrativa pelos mitólogos: lendas, contos, narrativas históricas, crenças religiosas. Na Grécia antiga, o mito de Édipo ou as aventuras de Hércules e Zeus podem ser compreendidos como roteiros de divertimento, que foram objeto de diversas reformulações, como a lenda do rei Artur e da Bela Adormecida. "Peixe solúvel nas águas da mitologia, o mito é uma forma impossível de se encontrar."

Dois anos mais tarde, Paul Veyne*, em *Les Grecs ont-ils cru a leurs mythes?* (1983) [Acreditaram os gregos em seus mitos?], defende, por sua vez, que os gregos não eram tão crédulos em relação a seus mitos quanto se diz. Cícero

Mitos e mitologias políticas

• "Da mesma forma que as imagens secretadas por nossos sonhos não param de girar num círculo bastante curto, (...) os mecanismos combinatórios da imaginação coletiva parecem ter à disposição apenas um número bastante limitado de fórmulas." Em 1986, o cientista político Raoul Girardet publica uma obra original sobre o imaginário político contemporâneo: *Mythes et mythologies politiques* [Mitos e mitologias políticas], na qual aborda as ideias políticas dos dois últimos séculos de um ponto de vista novo. Não haveria, nos discursos políticos, formas de pensamento muito próximas dos grandes mitos da humanidade?

• Efetivamente, é possível identificar na história política dos dois últimos séculos alguns dos arquétipos* que formam as bases da mitologia. Entre eles, quatro temas têm recorrência impressionante: a "conspiração maléfica", o "salvador", a "Idade de ouro" e a "Unidade".

• Assim, o tema do complô ressurgiu diversas vezes durante a história política dos últimos duzentos anos, sempre com os mesmos aspectos. Tanto os maçons como os judeus (na Europa do início do século XX), os comunistas (nos Estados Unidos do pós-guerra) e os trotskistas (na URSS stalinista) foram acusados de tramar um complô contra a sociedade. Sempre estavam presentes a mesma constelação de imagens e a mesma arquitetura mental. Os conspiradores formam uma organização oculta que age em segredo para destruir a ordem e dominar o mundo. Eles agem sorrateiramente, mascarados. Encarnando o mal absoluto, o avanço desse inimigo interior é geralmente associado ao avanço de uma doença contagiosa – gangrena, peste ou cólera.

Como o Satã da Bíblia, encarnado pela figura da serpente, o "processo de demonização" tende a atribuir a esse mal absoluto a figura da "besta imunda". "Imutável, permanente na enorme massa de representações iconográficas e expressões literárias, existe um bestiário do complô. Ele reúne tudo o que rasteja, se infiltra e se encolhe, além de tudo o que é sinuoso, viscoso. Tudo o que traz a contaminação e a infecção: a serpente, o rato, a sanguessuga, o polvo."

No vocabulário adotado pelos stalinistas em relação aos trotskistas ("víboras lúbricas", "hienas fedorentas", "cães raivosos") podemos encontrar um bestiário dos mitos: monstros medonhos e malignos que reinam no Império das Trevas.

---

talvez acredite que Teseu existiu realmente, mas considera sua descida aos Infernos pura ficção. Platão sabe que os mitos têm valor metafórico.

Os antropólogos também começam a distanciar-se das grandes teorias sobre as mitologias primitivas. A partir dos anos 1980, diversos autores questionam a ideia de um grande corte entre o pensamento primitivo e o pensamento das sociedades ocidentais. A partir de 1990, a crítica se radicaliza. E se os grandes mitos atribuídos aos primitivos fossem pura invenção antropológica? Surge a suposição de que Marcel Griaule, por exemplo, teria criado a grande narrativa mitológica dos dogons, exposta em *Dieu d'eau* [Deus de água] (1948) e *Le Renard pâle* [A raposa pálida] (1965). O antropólogo teria, na realidade, conseguido fragmentos de narrativa junto a diversos informantes, e depois os teria reunido numa grande narrativa de fundação que supostamente representaria a mitologia dogon. Mas os dogons não teriam ouvido falar desses mitos antes que fossem reconstruídos por M. Griaule.

Esse distanciamento em relação aos antropólogos da geração precedente é acompanhado de uma releitura crítica das obras dos grandes nomes da mitologia, entre eles G. Dumézil, M. Eliade e C. Lévi-Strauss (D. Dubuisson, *Mythologies du XXe siècle: Dumézil, Eliade, Lévi-Strauss* [Mitologias do século XX: Dumézil, Eliade, Lévi-Strauss], 1993).

O antropólogo Jean-Louis Siran chega a denunciar uma "ilusão mítica" que os antropólogos teriam sustentado a propósito das sociedades primitivas (*L'Illusion mythique* [A ilusão mítica], 1998). Paradoxo dos paradoxos: a mitologia seria um mito inventado pela tribo dos antropólogos?

Bibliografia: • D. Dubuisson, *Mythologies du XXe siècle: Dumézil, Eliade, Lévi-Strauss*, Presses Universitaires de Lille, 1993 • G. Durand, *Introduction à la mythologie*, Albin Michel, 1996 • J. L. Siran, *L'Illusion mythique*, Institut Synthélabo, 1998 • X. Yvanoff, *Mythes sur l'origine de l'homme*, Errance, 1998

→ **Imaginário**

MOBILIDADE GEOGRÁFICA

A mobilidade geográfica diz respeito principalmente aos transportes, às viagens e mudanças. Já o termo "migração" se aplica mais aos deslocamentos entre países.

Quantitativamente, a mobilidade geográfica aumentou de maneira considerável por conta de alguns fatores, como:
– aumento contínuo dos transportes cotidianos (devido ao distanciamento crescente entre casa e trabalho);
– aumento do turismo;
– aumento dos deslocamentos.

Essa ampliação da mobilidade é medida por quilômetros percorridos: 14.300 km por ano é a distância média percorrida por pessoa na França (contra aproximadamente 9 mil no início dos anos 1980). É um pouco maior que a média europeia, mas cerca de duas vezes menor que a dos Estados Unidos. Os funcionários do setor empresarial e algumas outras categorias de assalariados percorrem as distâncias mais longas, mas as distâncias percorridas pelos operários são as que mais crescem. Os estudantes e aposentados se deslocam com um pouco mais de frequência e por distâncias mais longas.

No Brasil, 111.178.989 pessoas trabalhavam e/ou estudavam em 2000. Desse total, 7.403.362 indivíduos (6,7%) se deslocavam diariamente para trabalhar ou estudar fora de seu município de residência. A população que se desloca diariamente se divide entre 72,1% que só trabalham, 18,1% que apenas estudam e 9,8% que trabalham e estudam.

MOBILIDADE SOCIAL

O sonho americano é a ascensão social. Um indivíduo sai do zero e chega ao topo da hierarquia social. Assim é a história do magnata dos negócios no filme *Cidadão Kane* de Orson Welles (1941). O ideal do *self made man* não é apenas um mito, é também uma realidade da qual podemos encontrar muitos exemplos na sociedade americana. Nesse aspecto, a sociedade democrática se opõe às sociedades de ordens ou castas, nas quais o acesso a uma posição social é estritamente determinado pelo nascimento.

A definição sociológica da mobilidade social é inseparável dos instrumentos estatísticos que permitem estudá-la.

A partir de Karl Pearson (1857-1936) os estudos estatísticos passaram a fundamentar-se na análise das "tabelas de mobilidade", que agrupam os indivíduos de determinada população segundo sua profissão em início e final de carreira (trata-se, assim, de "mobilidade profissional"). A mobilidade social propriamente dita compara a profissão do pai e a do filho.

Mas qual seria a realidade estatística da miscigenação social que ocorre nas sociedades modernas? Foi o que sociólogos e demógrafos tentaram compreender após muitos estudos.

A CONTRIBUIÇÃO DA SOCIOLOGIA AMERICANA

Os primeiros grandes estudos sobre a mobilidade provêm dos Estados Unidos. Em *Social and Cultural Mobility* [Mobilidade social e cultural], Pitirim Sorokin, sociólogo americano de origem russa, buscou estudar a mobilidade social em diferentes áreas culturais, inclusive Roma e a China antiga. Ele apresentou os primeiros grandes estudos empíricos sobre o tema nos Estados Unidos. Sua conclusão mais importante foi de que as oportunidades de ascensão social nesse país são muito menores do que pode sugerir sua ideologia fundadora.

Vinte anos mais tarde, Seymour M. Lipset e Reinhard Bendix realizaram o mais famoso e, sem dúvida, o mais importante estudo internacional sobre a mobilidade. Em *Social Mobility in Industrial Society* [Mobilidade social na sociedade industrial] (1959), os pesquisadores compararam a situação dos nove países mais industrializados: Grã-Bretanha, França, Alemanha, Suíça, Suécia, Japão, Dinamarca, Itália e Estados Unidos. Contrariamente a suas expectativas, descobriram que a mobilidade não é maior nos Estados Unidos. Por outro lado, em todos esses países, o percentual de mobilidade não é significativamente diferente. A passagem dos operários ou "colarinhos-azuis" (*blue collars*) aos "colarinhos-brancos" (técnicos, funcionários de empresas, auxiliares do comércio e da indústria...) varia entre 27% e 31% segundo os países (30% nos Estados Unidos).

Peter Blau e Otis D. Duncan, dez anos mais tarde, elaboraram uma vasta síntese sobre a mobilidade nos Estados Unidos (*The American Occupational Structure* [A estrutura ocupacional americana], 1967), chegando a duas conclusões: por um lado, a real mobilidade constatada nos Estados Unidos ocorre principalmente entre categorias sociais próximas (operários e empregados de escritórios, técnicos e engenheiros...); por outro lado, ela se deve principalmente a uma transformação da estrutura social, que resultou num progresso mais rápido do número de colarinhos-brancos em relação ao de "colarinhos-azuis".

Na França, os estudos sobre mobilidade podem ser classificados em duas grandes categorias: as grandes pesquisas empíricas realizadas pelo Ined ou pelo Insee e, por outro lado, as teorias sociológicas.

Os estudos franceses

Duas características principais se destacam nos estudos franceses: a importância concedida ao papel da escola e a negação da ideia de mobilidade.

A preocupação em medir o impacto real da escola nos processos de mobilidade está bastante presente nas grandes pesquisas realizadas pelo Ined e pelo Insee entre os anos 1950 e 1970. A ideologia meritocrática da escola francesa influenciou diretamente (para frisar os efeitos positivos da escola ou, inversamente, sua função de "reprodução social") esses estudos.

Como lembra Charles-Henry Cuin (*Les Sociologues et la mobilité sociale* [Os sociólogos e a mobilidade social], 1993), a sociologia francesa se destacou por sua capacidade de negar ou ocultar os fenômenos de mobilidade. Amplamente influenciados pela ótica marxista ou estruturalista-marxista, os sociólogos da estratificação social ou da educação negaram ou minimizaram os fenômenos de mobilidade. Entre os estudos mais famosos, podemos citar os de autores como Nicos Poulantzas (*Les Classes sociales dans le capitalisme d'aujourd'hui* [As classes sociais no capitalismo de hoje], 1974), Pierre Bourdieu e Jean-Claude Passeron (*Les Héritiers* [Os herdeiros], 1964; *La Reproduction* [A reprodução], 1970), Christian Baudelot e Roger Establet (*L'École capitaliste en france* [A escola capitalista na França], 1971), e ainda Daniel Bertaux (*Destins personnels et structure de classe* [Destinos pessoais e estruturas de classe], 1977). Paradoxalmente, até mesmo um sociólogo como Raymond Boudon*, de orientação liberal, buscou mostrar, sob uma ótica individualista, as razões de *L'Inégalité des chances* [A desigualdade de oportunidades] (1973), desconsiderando assim a mobilidade social.

Um balanço global

Esses estudos, realizados durante muito tempo em diversos países ocidentais, chegaram a alguns resultados gerais.

– Podemos constatar, em primeiro lugar, que existe de fato uma circulação entre os grupos sociais, ao menos a partir do pós-guerra, período em que foram realizadas as primeiras grandes pesquisas.

– Uma parte dessa mobilidade se deve às transformações das estruturas sociais. O simples fato de que, na França, os agricultores passaram de 30% da população economicamente ativa nos anos 1940 para 4% nos anos 2000 obrigou os descendentes de agricultores a deixar a terra para buscar outras funções. O mesmo aconteceu com os operários. Como, nesse período, o número de funcionários das empresas e profissionais intermediários (classes médias) aumentou, ocorreu uma transferência estrutural para as classes sociais mais elevadas. Estima-se que essa transferência foi responsável por 40% da mobilidade social total.

– A parte mais importante da mobilidade, entretanto, escapa a esse determinismo estrutural: 60% dela se deve à real fluidez entre classes sociais (ou seja, independentemente de sua transformação).

– O essencial da circulação ocorre entre categorias sociais próximas. É raro que uma criança de origem mais pobre atinja as altas esferas da *intelligentsia* ou da alta burguesia. Na maior parte dos casos, o filho de um operário ascende à classe média.

– Até os anos 1980, existia também pouco refluxo na escala social, por dois motivos principais: por um lado, a evolução da estrutura social tinha permitido até então, de modo geral, a elevação dos *status* sociais; por outro, a imigração instalou os estrangeiros nas posições mais baixas da escala social, permitindo assim a ascensão das crianças de origem mais pobre que já estavam presentes antes deles.

Sonhos e neuroses da ascensão social

A mobilidade social não é apenas uma questão estatística, mas primeiramente uma questão de história de vida, de trajetórias pessoais vividas na esperança de sucesso e por vezes na dor.

A ascensão social foi um dos temas prediletos da literatura de formação no século XIX. O Rastignac do *Pai Goriot* (Honoré de Balzac, 1834) fornece o protótipo do jovem provinciano cheio de ambições, com seus sonhos de sucesso social. Mais recentemente, Georges Perec soube reconstruir, em *Les Choses* [As coisas] (1965), o universo mental de "pequenos burgueses" situados no meio da escala social, a igual distância entre um meio mais pobre de origem do qual buscam se distinguir e uma elite social que admiram e à qual buscam assemelhar-se.

A trajetória social de ascensão de indivíduos que deixaram seu meio de origem foi objeto de muitas pesquisas que utilizam as histórias de vida*.

A conduta das pessoas em busca de ascensão social foi analisada pela primeira vez pelo psicossociólogo americano Herbert H. Hyman ("The Psychology of Status" [A psicologia do *status*], *Archives of Psychology*, n? 269, 1942). Constatando, em muitas delas, o desejo de deixar seu meio social de origem para atingir um novo *status*, o autor propõe distinguir o grupo de origem de um indivíduo (*in-group*) e seu grupo de referência (*out-group*), ou seja, o grupo com o qual busca se identificar. O sociólogo Robert K. Merton* retoma essa distinção acrescentando a ideia de "socialização antecipadora" (*Social Theory and Social Structure* [Teoria social e estrutura social], 1949). A socialização antecipadora corresponde ao processo pelo qual um indivíduo interioriza os valores de um grupo de referência e busca identificar-se com ele. O jovem, por exemplo, que aspira a se tornar escritor ou empresário tende a adotar os códigos de conduta do grupo ao qual deseja ascender antes de estar realmente integrado a ele.

Vincent de Gaulejac estudou o fenômeno da "neurose de classe". Essa neurose é um complexo pessoal (culpa, vergonha) que surge quando um indivíduo se sente dividido entre seu meio de origem e o novo grupo ao qual pertence. É o caso, por exemplo, de François, filho de operário, comunista, cuja criação pregava o ódio à burguesia. Ele se torna estudante da escola politécnica, se casa com uma burguesa e cria os filhos junto à família de sua esposa no espírito de uma "boa educação". Durante toda sua vida,

"sofre interiormente com esse conflito que é a tradução em nível psicológico das relações de dominação entre as duas classes" (V. de Gaulejac, *La Névrose de classe* [A neurose de classe], 1987).

Esses estudos mostram duas coisas essenciais. Embora a mobilidade seja uma realidade em nossas sociedades, ela nem sempre gera nos felizes eleitos a satisfação esperada...

Bibliografia: • C. H. Cuin, *Les Sociologues et la mobilité sociale*, Puf, 1993 • J. Prévot, D. Merlié, *La Mobilité sociale*, La Découverte, "Repères", 1997 [1991]

→ **Bourdieu, Classes sociais, Elite**

MODELO

Um modelo é para a realidade o que um mapa é para a paisagem real. Do ponto de vista descritivo, ele apresenta através de um esquema simplificado os traços marcantes de uma realidade eliminando os detalhes "inúteis". Mas ele vai mais longe, já que possui uma função explicativa ao mostrar as relações que unem os elementos de um sistema.

O uso de modelos é frequente em ciências humanas. São utilizados em economia para descrever o funcionamento dos mercados (modelos de mercado concorrencial, oligopolistas, modelos econométricos), em psicologia (modelos de memória, tópicos* freudianos da personalidade), em sociologia (tipo-ideal, modelo de decisão), em geografia (modelo do espaço urbano), em história (modelo de sociedade feudal).

Em alguns casos, o modelo é simplesmente uma representação esquemática, frequentemente na forma visual. Em outros (por exemplo em demografia* e economia*) permite simular o funcionamento de um sistema e prever seu comportamento.

→ **Tipo-ideal, Esquema, Teoria**

MODELO MENTAL

"Eu vou ao cinema." Essa ação possui implicitamente uma série de sequências típicas: "ficar na fila para comprar o ingresso", "sentar-se numa poltrona numa sala ampla diante de uma tela", "ver um filme". Eis o que podemos chamar de "modelo mental". É uma representação esquemática de um objeto ou situação. Segundo o psicólogo Philip Johnson-Laird, fundador da teoria dos "modelos mentais", muitos de nossos raciocínios em situação social se apoiam mais na mobilização de modelos mentais implícitos que em verdadeiros raciocínios lógicos.

Bibliografia: • M. Cavazza, M.-F. Ehrlich, H. Tardieu (orgs.), Les Modèles mentaux, Masson, 1993 • P. N. Johnson-Laird, L'ordinateur et L'Esprit, Odile Jacob, 1994

MODERNIDADE

A modernidade é identificada como o período histórico iniciado no Ocidente com o Renascimento (século XV).

Essa nova era é marcada por grandes transformações que atingiram ao mesmo tempo as estruturas sociais (urbanização*, nascimento do capitalismo*), os costumes e valores (individualismo*, advento das liberdades públicas, igualdade de direitos), as ideias (advento do pensamento racional, das ciências) e a política (democratização).

A razão, o indivíduo, o progresso, a igualdade, a liberdade: essas seriam as palavras-chave da modernidade.

Para os sociólogos, a modernidade corresponde a uma transformação societária importante fundada na oposição entre sociedade tradicional e sociedade moderna. A sociedade ocidental se liberta do peso das estruturas sociais antigas (chamadas de tradicionais). Max Weber* aponta a racionalização das atividades humanas como o traço predominante da modernidade. Todos os domínios da atividade social (economia, direito, ciência, arte) se emancipam da tradição para seguir uma lógica própria.

AS TRÊS FASES DA MODERNIDADE

A modernidade foi frequentemente vista como um movimento uniforme e contínuo de dissolução das estruturas tradicionais, resultando na ascensão do individualismo, da liberdade e da igualdade. O sociólogo Peter Wagner, entretanto, propôs distinguir, no que diz respeito à liberdade, dois grandes períodos da modernidade (*Soziologie der Moderne, Freiheit und Disziplin* [Sociologia do moderno, liberdade e disciplina], 1996).

O primeiro período corresponde à conquista das liberdades políticas e econômicas, em que a influência da Igreja, das monarquias absolutistas e dos poderes tradicionais sobre a sociedade diminui. Mais tarde, em torno da segunda metade do século XIX, ocorre uma crise da modernidade: crise econômica, social e ideológica que afeta os fundamentos da sociedade liberal. A partir dessa época surgem novas instituições destinadas a "reinserir o indivíduo em uma nova ordem social". A escola, o asilo, a fábrica, a prisão, a família, o Estado-Providência, enfim, diversas instituições que formam as bases de uma segunda modernidade que P. Wagner chama de "modernidade organizada". Michel Foucault* descreve essas instituições como novos dispositivos de aprisionamento. Assim ocorreu, segundo P. Wagner, uma ambivalência da modernidade, em que "liberdade e disciplina" se conjugaram e se misturaram. A modernidade não foi um movimento uniforme de libertação, mas teve diversas etapas e fases de organização e desorganização social, que a sociologia histórica deve investigar detalhadamente para compreender os movimentos contraditórios das liberdades. A essa segunda modernidade, alguns sociólogos acrescentam uma nova fase histórica: a "modernidade tardia" que, a partir dos anos 1960, é marcada pela liberalização dos costumes e por um novo individualismo.

DA MODERNIDADE À PÓS-MODERNIDADE

Para os teóricos da pós-modernidade (especialmente Jean-François Lyotard*), as sociedades ocidentais entraram, a partir dos anos 1980, em uma nova fase histórica. A "grande narrativa" da marcha implacável do progresso se esgota. A identificação entre desenvolvimento e progresso perde sua consistência. Não acreditamos mais que a razão, a ciência e a técnica colocarão fim às crenças, às superstições e à religião. As grandes ideologias libertárias (utopia política, ideologia do progresso, emancipação do indivíduo, etc.) se apagam. A "condição pós-moderna" marcaria uma ruptura histórica com relação à "modernidade".

Bibliografia: • J. M. Domenach, Approches de la modernité, Ellipses, 1995 [1986] • A. Gauthier, La Trajectoire de la modernité: représentation et images, Puf, 1992 • J. Habermas, Le Discours philosophique de la modernité, Gallimard, 1988 [1985] • A. Nauss, La Modernité, Puf, "Que sais-je?", 1991 • A. Touraine, Critique de la modernité, Fayard, 1992 • P. Wagner, Liberté et discipline, les deux crises de la modernité, Métaillé, 1997 [1996]

→ **Pós-modernidade, Weber**

MODULARIDADE

A concepção modular da cognição supõe que as funções de visão, linguagem e leitura são efetuadas pela conjugação de uma infinidade de operações isoladas e independentes, que tratam separadamente cada parte da informação. A construção de uma imagem no cérebro resulta da combinação de dados tratados por "módulos" especializados: visão das formas, das cores, dos movimentos...

Segundo Jerry Fodor, o representante mais conhecido da teoria modularista, um módulo (da visão, da linguagem) é, portanto, específico a uma aplicação precisa; seu funcionamento é autônomo, rápido e inconsciente; e, enfim, possui uma localização neuronal própria.

Resta saber de que maneira o cérebro coordena esses módulos. J. Fodor propõe a hipótese de um "sistema central" que trabalharia para integrar as diferentes operações. Esse sistema é consciente e não especializado. Assim, quando falamos, a produção das palavras e o domínio das regras gramaticais são inconscientes, atividades mentais comandadas por módulos periféricos especializados. Em contrapartida, a orientação do discurso, o domínio da mensagem advêm do sistema central superior, que é consciente.

A "CAIXA DE FERRAMENTAS" MENTAL DIANTE DAS CRÍTICAS

Segundo a teoria da modularidade, nosso cérebro seria, portanto, uma "caixa de ferramentas" composta por diversos módulos: visuais (reconhecimento das formas, das cores, dos rostos), linguageiros (gramática, semântica), motores, etc.

Embora a maior parte dos neurologistas e especialistas em desenvolvimento tenham aceitado a ideia dos módulos cerebrais especializados, não é consenso que esses módulos formam programas inatos e rígidos que funcionam de maneira automática.

Segundo Annette Karmiloff-Smith, as pesquisas sobre as aptidões da criança não permitem aceitar a tese estrita da modularidade (*Beyond Modularity* [Além da modularidade], 1992). A. Karmiloff-Smith propõe que tomemos como exemplo o reconhecimento dos rostos. Ao nascerem, os bebês são atraídos por imagens compostas por três manchas contrastantes que têm uma vaga semelhança com um rosto. Eles têm tanto interesse por essas imagens quanto por imagens de rostos reais, como se ainda não pudessem distinguir claramente uma da outra. Mais tarde, em torno de 2 meses de idade, começam a preferir as imagens de rostos reais às figuras esquemáticas. Aproximadamente aos 5 meses, passam a se interessar sobretudo pelas expressões faciais. Além disso, descobriu-se que essa capacidade de discriminação não se limita somente aos rostos humanos. Curiosamente, em torno dos 8 meses de idade, os bebês são também capazes de distinguir entre diferentes rostos de macacos, o que os adultos não conseguem mais fazer espontaneamente. Durante o crescimento, essa capacidade de reconhecimento diminui e a criança especializa-se no rosto humano. "Assim, a especialização é resultado de um desenvolvimento da capacidade de reconhecer o rosto humano e não da atividade de um módulo geneticamente programado."

Dessa forma, A. Karmiloff-Smith defende uma tese que "ultrapassa" a teoria modular, sem, todavia, negar sua existência. Haveria, em princípio, um interesse inato por algumas formas características (as formas ovais que se parecem grosseiramente com um rosto). Mais tarde, um aprendizado gradual guiado pela experiência resultaria na formação de um sistema cognitivo altamente especializado (módulo de reconhecimento dos rostos). É por isso que, quando o substrato neuronal de um adulto é danificado, o indivíduo perde toda ou parte de sua faculdade de reconhecer os rostos. Mas é por esse motivo, também, que as lesões cerebrais em crianças são, em geral, menos graves.

NEM UMA MENTE EM BRANCO, NEM COMPETÊNCIA INATA

O que se aplica ao reconhecimento do rosto se aplicaria também aos outros domínios do conhecimento, como a linguagem. Quando nascemos, não temos uma mente em branco ou, ao contrário, competências inatas, mas predisposições específicas que são fruto da evolução. Essas predisposições não são necessariamente módulos prontos a usar, organizados de maneira precisa para determinada função, e sim propensões a focalizar a atenção em um assunto, uma competência particular para ter sucesso em um domínio. Em seguida, os aprendizados atuam para aperfeiçoar e especializar a função.

Bibliografia: • J. Fodor, *La Modularité de l'esprit*, Minuit, 1986 [1983] • A. Karmiloff-Smith, *Beyond Modularity: a Developmental Perspective on Cognitive Science*, MIT Press, 1992

→ **Fodor**

MONETARISMO

Doutrina econômica associada ao nome de Milton Friedman (1912-2006, prêmio Nobel de economia em 1976). Ao contrário do keynesianismo*, que considerava a política monetária ineficaz, o monetarismo se desenvolveu no final dos anos 1960 defendendo uma posição "quantitativa": a quantidade de moeda em circulação tem efeito imediato sobre os preços, o excesso de moeda podendo levar à inflação. Consequentemente, para lutar contra a inflação, o Estado deve cuidar para que a massa monetária não ultrapasse a evolução do volume da produção.

MONISMO

Em filosofia, o monismo postula a existência de uma realidade única, opondo-se, portanto, ao dualismo*. Assim, refuta a cisão da realidade em duas instâncias separadas: corpo/mente, matéria/ideia, natureza/cultura...

Podemos associar a doutrina de Baruch de Espinosa ao monismo, em oposição ao dualismo cartesiano. Para B. de Espinosa, matéria e espírito formam uma única e idêntica realidade, vista sob diferentes ângulos.

MORAL
→ **Ética**

MORENO, JACOB LEVY
(1892-1974)

Psicossociólogo americano (nascido na Romênia) apaixonado por teatro, Jacob L. Moreno é o criador do psicodrama analítico, que se fundamenta no jogo de papéis. Ele é também o pai da sociometria, tendo criado, em 1937, a revista *Sociometry*.

Principal obra de J. L. Moreno
• *Who Shall Survive? Foundations of Sociometry*, 1934 [Quem deve sobreviver? Fundamentos da sociometria, psicoterapia de grupo e sociodrama]

→ **Jogo de papéis, Sociometria**

MORFEMA

Em linguística, o morfema designa o menor signo portador de significado. Assim, a palavra "mala" constitui um morfema, pois não pode ser decomposta em elementos mais simples portadores de sentido. Em contrapartida, a palavra "nadadora" compreende dois morfemas: "Nad", que indica a ação de nadar, e "ora", sufixo feminino.

MORFOLOGIA

Linguística. Domínio da linguística que estuda a forma das palavras (declinação, conjugação...). Por exemplo, a palavra "morfológico" pode ser dividida em unidades, morfo – lóg – ico, que são morfemas*. Cada um desses elementos tem um significado: "morfo-" remete à forma, "-log" a *logos* (saber, ciência) e "-ico" é um sufixo que transforma gramaticalmente um nome em adjetivo. Assim, decompondo a palavra "morfológico", podemos concluir tratar-se de um adjetivo que se refere ao estudo das formas.

Sociologia. Durante a primeira metade do século XX, os sociólogos franceses (Émile Durkheim*, Marcel Mauss*, Maurice Halbwachs*, Georges Gurvitch*) utilizavam o termo "morfologia social" para descrever a estrutura e a organização das sociedades, o que Georg Simmel* chamava de "formas sociais". Assim, quando É. Durkheim descreve, na obra *Les Formes élémentaires de la vie religieuse* [*As formas elementares da vida religiosa*] (1912), a estrutura do totemismo australiano, busca encontrar os traços característicos, a forma pura dessa instituição social. Para M. Mauss, descrever a morfologia consiste em descrever a "anatomia" das sociedades. Um exemplo canônico de M. Mauss é a forma de agrupamento social adotada pelos esquimós. No verão, cada família vive numa cabana, distante das outras famílias. No inverno, em contrapartida, em amplas casas de madeira, agrupam-se diversas famílias separadas por divisórias. Essas grandes habitações são reunidas no mesmo lugar, formando assim um vilarejo. M. Mauss fala de "dupla morfologia" para explicar esse modo de organização que oscila de acordo com as estações, com *habitats* familiares dispersos ou um clã bastante denso. Além do mais, a morfologia social resulta em uma morfologia doméstica e religiosa específica. No verão, as famílias dispersas reduzem os rituais religiosos ao mínimo (ritos de nascimento e morte), como se a vida fosse laicizada. Inversamente, no inverno, período de reagrupamento, muitas cerimônias rituais são realizadas, gerando um "estado de exaltação religiosa contínua".

Bibliografia: • G. Gurvitch, *Traité de sociologie*, t. 1: *Introduction. Sociologie générale, morphologie sociale, sociologie économique, sociologie industrielle*, Puf, 1958 • M. Halbwachs, *Morphologie sociale*, Armand Colin, 1998 [1938] • M. Mauss, H. Beuchat,"Essai sur les variations saisonnières des sociétés eskimos. Étude de morphologie sociale" [1904-1905], in M. Mauss, *Sociologie et anthropologie*, Puf, 2001

→ **Chicago (escola de), Cidade**

MORGAN, LEWIS HENRY
(1818-1881)

Esse jurista americano, que trabalhou em Rochester (estado de Nova York), se tornou um dos fundadores da antropologia. Observador de campo e teórico, estudou particularmente os índios iroqueses, reunindo muitas informações sobre sua organização social, em especial no que diz respeito aos sistemas de parentesco. Na obra *Systems of Consanguinity and Affinity of the Human Family* [Sistemas de consanguinidade e afinidade da família humana] (1871), propõe as primeiras descrições e análises sistemáticas sobre as formas de parentesco, que permaneceram durante muito tempo como uma importante referência. Sua grande descoberta é que os laços de parentesco formam o alicerce da organização das sociedades primitivas, sendo definidos por regras sociais que não correspondem apenas à proximidade biológica. L. H. Morgan chama a atenção para o fato de as crianças iroquesas chamarem de "pai" não somente o pai biológico, mas também o irmão do pai (que nós chamamos de tio) e de este último chamar a criança de "filho".

Teórico, L. H. Morgan é também um defensor do evolucionismo*. Na obra *Ancient Society* [Sociedade antiga] (1877), ele estabelece um quadro da história humana ao tratar das grandes etapas da evolução da família, do Estado, das formas de organização social. A humanidade passou, segundo ele, por três estágios principais: a selvageria, a barbárie e a civilização:

– a selvageria corresponde ao período que precede a idade da cerâmica, ou seja, o paleolítico*. É a época dos caçadores-coletores*, na qual reinaria a promiscuidade sexual;

– o estágio de barbárie corresponde ao período da invenção da cerâmica (corresponderia, em termos atuais, à revolução neolítica*). A família se organiza, então, de acordo com regras precisas, como é o caso em todas as sociedades "primitivas" estudadas pelo autor. Ele formula a hipótese de que após a fase de promiscuidade sexual houve o período matriarcal*, mais tarde superado pelo patriarcado*;

– a civilização se inicia, segundo L. H. Morgan, com a invenção da escrita.

Essa obra fez bastante sucesso na época. Friedrich Engels foi amplamente influenciado por ela em *Der Ursprung der Familie, des Privateigentums und des Staats* [*A origem da família, da propriedade privada e do Estado*] (1884).

Principais obras de L. H. Morgan
• *Systems of Consanguinity and Affinity of the Human Family*, 1871 [Sistemas de consanguinidade e afinidade da família humana]
• *Ancient Society*, 1877 [Sociedade antiga]

MORIN, EDGAR
(nascido em 1921)

Simultaneamente sociólogo, antropólogo e filósofo, Edgar Morin construiu uma obra que escapa às classificações disciplinares rígidas. A recusa de uma especialização que "mutila o pensamento" é a base da obra *La Méthode* [*O método*] (5 vols., 1977-2001), na qual o autor visa pensar a complexidade do homem e do mundo.

DA SOCIOLOGIA...

No início dos anos 1950, o jovem E. Morin é um intelectual sem amarras, que acaba de deixar o Partido Comunista, rompendo com um sistema de pensamento que subjugou toda uma geração de intelectuais. Nos anos seguintes, ele atua como sociólogo (entra no CNRS no início dos anos 1950), intelectual, jornalista, especialista em cinema e diretor de revista. Intelectual de esquerda, toma posições sobre a guerra da Argélia e sobre a descolonização. Com Jean Duvignaud e Kostas Axelos, cria a revista *Arguments*, que é, de 1957 a 1962, um espaço de efervescência intelectual e de fundação de um novo pensamento para os ex-intelectuais do Partido Comunista.

Seus trabalhos de sociologia da cultura têm início com duas obras sobre cinema: *Le Cinéma ou l'Homme imaginaire* [O cinema ou O homem imaginário] (1956) e *Les Stars* [As estrelas: mito e sedução no cinema] (1957). O cinema, nova indústria do imaginário, é analisado do ponto de vista antropológico pelo autor, pois não se pode compreender a fascinação que exerce essa "máquina de sonhos" sem levar em conta a imbricação na existência humana entre real e imaginário, cotidiano e fantástico, verdadeiro e ilusório. "O real é permeado, rodeado, atravessado, arrastado pelo irreal. O irreal é moldado, determinado, racionalizado, interiorizado pelo real." O imaginário não deve ser entendido como uma simples ficção, uma evasão, uma fuga para o mundo irreal. Retomando um tema tratado alguns anos antes em *L'Homme et la mort* [*O homem e a morte*] (1951), E. Morin defende que o universo cinematográfico possui dupla natureza. Produtor de sonhos, o imaginário é também uma maneira única de ver o real, de examinar o mundo, de apreender realidades que, sem ele, nos escapariam.

Nos anos 1960, dedica-se a uma "sociologia do presente" em *L'Esprit du temps* [*Cultura de massas no século XX: o espírito do tempo*] (v. 1, 1962), *La Rumeur d'Orléans* [O rumor de Orléans] (1969) e muitos artigos sobre a juventude, a música, a televisão e outros fenômenos até então considerados fúteis pelos sociólogos. Com *Commune en France: la métamorphose de Plozevet* [Comuna na França: a metamorfose de Plozevet] (1967), realiza uma monografia exemplar sobre a transformação de uma pequena comuna (na França, a menor subdivisão administrativa do território) francesa no final dos anos 1960 (*ver quadro*).

... AO PENSAMENTO COMPLEXO

A obra de E. Morin passa por uma reviravolta a partir de 1973, com o livro *Le Paradigme perdu* [O paradigma perdido], seguido do monumental *O método*. O pensamento da complexidade torna-se a base de suas reflexões.

Seu objetivo é propor um novo método de pensamento capaz de apreender a complexidade das questões humanas. Esse método deve enfrentar diversos desafios e pensar:

– a articulação entre o sujeito e o objeto do conhecimento;
– a imbricação dos diversos fatores (biológico, econômico, cultural, psicológico...), que se combinam em todos os fenômenos humanos;
– os laços indissolúveis entre ordem e desordem;
– os fenômenos humanos, levando em consideração as interações, os fenômenos de emergência, de auto-organização;
– o acontecimento, no que tem de criador, singular, irredutível.

O autor busca construir ferramentas mentais destinadas a enfrentar a complexidade, como o "princípio hologramático", a recursividade, a dialógica, a emergência, a ecologia da ação.

Paralelamente, E. Morin tenta aplicar seu método ao estudo dos fenômenos sociais concretos, como a União Soviética (*De la nature de l'URSS* [Da natureza da URSS], 1983), a Europa (*Penser l'Europe* [Pensar a Europa], 1987) e os desafios da globalização (*Terre-Patrie* [*Terra-pátria*], 1993). Ele constrói uma visão de mundo em que ordem e desordem se misturam, em que as ações individuais e os acontecimentos são ao mesmo tempo produtos e produtores da dinâmica social, e os fenômenos de emergência, de auto-organização e bifurcação são constitutivos da ordem social.

DA VIDA DAS IDEIAS

A obra de E. Morin não pode ser desvinculada de sua vida pessoal. A "dialógica" entre sua existência e seu pensamento não é negada pelo autor, que a assume plenamente. "Eu trabalho as ideias que me trabalham." Por isso a publicação de seus diversos "diários": *Le Vif du sujet* [*X da questão: o sujeito à flor da pele*] (1969), *Journal de Californie* [Diário da Califórnia] (1970), *Journal d'un livre* [Diário de um livro] (1981), em que revela aspectos íntimos de seu pensamento e as condições materiais e psicológicas nas quais concebeu suas obras.

Consciente dos limites e contingências do pensamento, E. Morin também construiu uma reflexão rica e original sobre a vida das ideias e a formação das ideologias (*Auto-critique* [Autocrítica], 1959; *Pour sortir du XXe siècle* [Para sair do século XX], 1981; *Les Idées* [As ideias], 1991).

Principais obras de E. Morin
• *L'Homme et la Mort*, 1951 [O homem e a morte, Imago, 1997]
• *Le Cinéma ou l'Homme imaginaire*, 1956 [O cinema ou o homem imaginário]
• *Commune en France: la métamorphose de Plozevet*, 1967 [Comuna na França: a metamorfose de Plozevet]
• *Le Paradigme perdu: la nature humaine*, 1973 [O paradigma perdido: a natureza humana]
• *Sociologie*, 1984 [Sociologia]

COMUNA NA FRANÇA: A METAMORFOSE DE PLOZEVET (1967)

• Em 1965, Edgar Morin chefia uma equipe de pesquisadores do CNRS na realização de uma pesquisa sobre as transformações de uma pequena comuna francesa: Plozevet, um burgo situado no Finistério, extremo sul da península da Bretanha. Plozevet possuía então 3 mil habitantes, distribuídos em um burgo central circundado por pequenas aldeias. Embora a comuna esteja situada no litoral, sua atividade principal é a agricultura. A identidade local é bastante forte. Politicamente, é uma comuna "vermelha" (laica e de esquerda), que se distingue das comunas vizinhas, todas de direita.

• No início dos anos 1960, a França rural passa por uma fase de "modernização" acelerada, estimulada pela inovação técnica (tratores, fertilizantes) e promovida por uma minoria ativa de jovens agricultores (militantes do Centre national des jeunes agriculteurs – CNJA) que defendem a modernização da produção e a criação de uma cooperativa. Todas essas transformações se chocam com a gestão tradicional.
Paralelamente, ocorre outra importante revolução, que E. Morin chama de "revolução doméstica", quando os lares passam a ser equipados com refrigeradores, televisores, o famoso Citroën 2CV, banheiro, moedor de café elétrico, etc. E. Morin dedica um belíssimo capítulo à "mulher como agente secreto da modernidade". São as mulheres que incentivam os maridos a equipar os lares com o "conforto moderno". As meninas já não querem se casar com os agricultores, e essa resistência faz que muitos deles deixem a terra.
A juventude é outro grupo que traz inovações. Os mais novos não querem mais viver como os pais e avós, reunindo-se nos cafés do centro da cidade para ouvir música na *jukebox* e jogar pebolim. Os sociólogos se verão envolvidos em reuniões que resultarão na criação de uma "central de alojamento de jovens" (*foyer de jeunes*), que visa ajudá-los a se instalar nas proximidades de seu trabalho. O procedimento da observação participante* se tornou aqui uma participação ativa e o sociólogo, com sua intervenção, desempenhou o papel de revelador de uma transformação em gestação.
La Métamorphose de Plozevet [A metamorfose de Plozevet] é um belo exemplo de análise "multidimensional" em que os fatores econômicos, sociais e ideológicos são apreendidos em sua imbricação para explicar a dinâmica de uma microssociedade em plena transformação. Um pequeno mundo que reflete tendências globais da sociedade francesa, ao mesmo tempo que preserva um caráter local e singular.

• *Terre-Patrie*, 1993 [*Terra-pátria*, Sulina, 3.ª ed., 2002]
• *La Méthode*: t. 1, *La Nature de la nature*, 1977; t. 2, *La Vie de la vie*, 1980; t. 3, *La Connaissance de la connaissance*, 1986; t. 4, *Les Idées: leur habitat, leur vie, leurs moeurs leur organisation*, 1991; t. 5. *L'Humanité de l'humanité. L'identité humaine*, 2001; t. 6 *L'Éthique complexe*, 2004 [*O método*, Sulina: vol. 1 – *A natureza da natureza*, 4.ª ed., 2008; vol. 2 – *A vida da vida*, 3.ª ed., 2005; vol. 3 – *O conhecimento do conhecimento*, 4.ª ed., 2008; vol. 4 – *As ideias, habitat, vida, costumes, organização*, 4.ª ed., 2008; vol. 5 – *A humanidade da humanidade: a identidade humana*, 4.ª ed., 2007; vol. 6 – *Ética*, 3.ª ed., 2007]

→ **Complexidade**

MORTALIDADE

A taxa de mortalidade é a relação entre o número de óbitos (de indivíduos maiores de 1 ano) e o número de habitantes de determinado lugar. Na França, no ano 2000, ela é de 9,1 por 1000.

A taxa de mortalidade infantil é a proporção de óbitos de crianças menores de 1 ano. É de 6 por 1000 no Japão, entre 7 e 8 por 1000 na França, mas ainda superior a 150 por 1000 em alguns países da África.

MOSCOVICI, SERGE
(nascido em 1925)

Serge Moscovici foi a principal figura da psicologia social francesa a partir dos anos 1960. Após passar a infância e a adolescência na Romênia, instalou-se na França em 1948. Diretor de pesquisas na EHESS*, sua obra, internacionalmente reconhecida, trata da construção das representações sociais, da psicologia das massas e das minorias e de processos de influência no interior dos grupos.

AS REPRESENTAÇÕES MENTAIS

Com a obra *La Psychanalyse, son image et son public* [A psicanálise, sua imagem e seu público] (1961), inaugurou um novo campo de pesquisas: as representações mentais. Nesse livro, que se tornou um clássico, o autor estuda como a teoria psicanalítica se difunde pelo público através da mídia e como, ao ser difundida, tende a simplificar-se em torno de um esquema elementar: o inconsciente* e o complexo de Édipo. Esses dois elementos vão formar o núcleo em torno do qual são agregados elementos periféricos. Reduzida a um núcleo de base – espécie de esquema* cognitivo elementar –, essa representação social vai "ancorar-se" diferentemente segundo os diversos meios sociais (por exemplo, comunista ou católico), sendo rejeitada ou, ao contrário, aceita como a nova grade de leitura dos fenômenos psicológicos.

A análise inaugurada por S. Moscovici dá início a uma série de trabalhos francófonos dedicados às representações mentais.

Psicologia das minorias ativas

Enquanto a maior parte dos trabalhos em psicologia social tendiam a considerar a importância da força da maioria e da norma coletiva sobre a opinião individual, S. Moscovici mostrou (*Psychologie des minorités actives* [Psicologia das minorias ativas], 1976) que uma minoria determinada e segura pode ter mais impacto sobre a opinião que uma maioria inconsistente.

Principais obras de S. Moscovici
- *La Psychanalyse, son image et son public*, 1961 [A psicanálise, sua imagem e seu público]
- *La Société contre nature*, 1972 [A sociedade contra a natureza]
- *Psychologie des minorités actives*, 1976 [Psicologia das minorias ativas]
- *La Machine à faire des dieux*, 1988 [A máquina de fazer deuses]

→ Influência, Psicologia social, Representação social

MOTIVAÇÃO

Em sentido corrente, "estar motivado" significa querer algo intensa e voluntariamente (parar de fumar, ser aprovado num exame, praticar um esporte com dedicação, etc.). A psicologia dá à motivação um sentido mais amplo, abrangendo tudo o que nos leva a agir, voluntariamente ou não, sejam instintos*, pulsões* ou desejos. A história da psicologia é rica em teorias sobre a motivação, inspiradas em diferentes visões do ser humano e do paradigma psicológico.

A teoria fisiológica. A fome, a sede, a pulsão sexual e a necessidade de segurança, por exemplo, são, segundo o psicólogo americano Walter B. Cannon (1871-1945), pulsões "primárias" que determinam as ações dos seres vivos. Elas funcionam segundo uma lógica "homeostática" de redução das tensões. Quando o organismo precisa ser hidratado, uma impressão subjetiva de "sede" é despertada, levando a um comportamento de procura pelo líquido. Uma vez saciada a sede, o equilíbrio orgânico é restabelecido, o que provoca um prazer subjetivo. No livro *Wisdom of the Body* [Sabedoria do corpo], publicado em 1932, W. B. Cannon explica muitos comportamentos através desses mecanismos de autorregulação. Suas concepções antecipam a teoria sistêmica da autorregulação e a cibernética*.

A teoria evolucionista. Seriam os seres humanos, como os outros animais, guiados por instintos fundamentais: o desejo sexual, o amor materno, a agressividade, o instinto gregário, etc.? É o que defende a teoria evolucionista das pulsões instintivas, bastante em voga no início do século XX com a psicologia evolucionista*. Segundo essa abordagem, o sentido da vida e os valores que guiam nossos destinos – comportamentos sociais como o altruísmo, as condutas parentais, o desejo sexual, a necessidade de comunicação, a agressividade, o desejo de conhecer… – estão alicerçados em instintos fundamentais que são metamorfoseados e remodelados pela cultura e pelas representações humanas (R. Winston, *Human Instinct* [Instinto humano], 2002).

A teoria psicanalítica. Para Sigmund Freud* (1856-1939), a maioria das grandes paixões humanas, do amor romântico ao desejo de potência, da pulsão criadora do artista à agressividade do adolescente, explica-se em última instância como a expressão de pulsões arcaicas, frequentemente ocultas, que governam a atividade humana. A libido*, ou pulsão sexual, ocupa um lugar particular entre outras pulsões arcaicas como a agressividade e a necessidade de proteção. Segundo a história pessoal, as motivações serão estruturadas desde a infância em torno de objetos* distintos: o objeto "transicional" descrito por Donald W. Winnicott* (1896-1971); o narcisismo* (ou "amor por si próprio") ou qualquer outro "objeto" físico (os objetos fetiches do colecionador); uma atividade (a arte, o esporte…); um ser humano (um modelo de identificação), etc.; na realidade, tudo o "que permitir que a pulsão atinja seu objetivo", segundo as palavras de S. Freud.

A teoria behaviorista. As teorias comportamentalistas (ou behavioristas*) dão importância fundamental às influências externas sobre o comportamento dos indivíduos, minimizando a influência dos fatores internos. C. L. Hull constata, por exemplo, que os ratos de laboratório só trabalham num labirinto se estiverem famintos e forem recompensados com alimentos. A partir do momento em que saciam a fome, eles cessam a atividade de exploração.

Contudo, na mesma época de C. L. Hull, outro pesquisador, Edward C. Tolman, defendia uma tese behaviorista menos radical, buscando reinserir fatores internos, como os estados mentais (objetivos, projetos), na análise da motivação. É por esse motivo que sua teoria é considerada precursora das teorias cognitivistas.

A teoria das pulsões de C. L. Hull, desenvolvida nos anos 1940-1950, faz parte das teorias da aprendizagem*. O objetivo das ações humanas é garantir a sobrevivência do indivíduo e da espécie. As pulsões (*drives*) têm, portanto, um valor adaptativo. Mas é por associação e condicionamento que o indivíduo aprende a relacionar uma pulsão e sua realização. A satisfação positiva obtida como resultado de um comportamento (por exemplo, a satisfação provocada por beber vinho) causa a vontade de repetir. Da mesma forma, o sucesso numa tarefa incentiva sua reprodução.

A psicologia humanista. Nos anos 1940, o psicólogo americano Henry A. Murray estabeleceu experimentalmente uma lista de vinte "necessidades" (*needs*) que seriam a fonte da maioria das condutas humanas. Nessa lista encontramos, além da fome e da sexualidade, o prazer, a agressão, a exibição, a busca pelo poder, a autonomia, etc.

Entre as motivações humanas, H. A. Murray identifica uma necessidade específica, que chama de *need for achievement* (necessidade de realização). Após H. A. Murray, outros psicólogos, como David C. McClelland e John Atkinson, dedicam muitos estudos a essa necessidade. Segundo D. C. McClelland, ela corresponde à vontade de alcançar o maior êxito possível num domínio de excelência (escolar, profissional, esportivo, etc.) valorizado socialmente. Essa necessidade visa a uma satisfação pessoal, mas também ao reconhecimento social.

Nos anos 1960, o psicólogo americano Abraham Maslow* propôs uma teoria piramidal das necessidades humanas, na qual o ser humano é movido por uma diversidade de necessidades organizadas de maneira hierárquica. Em primeiro lugar, ele aspira a desenvolver seu potencial pessoal. Para tanto, precisa satisfazer diversos tipos de necessidades, das mais primárias – as necessidades fisiológicas como a fome, a sede, o sono – às mais existenciais, como a realização pessoal. A principal premissa dessa concepção é que as necessidades superiores só podem surgir a partir do momento em que as necessidades inferiores estiverem satisfeitas, por isso a metáfora da "pirâmide das necessidades". A psicologia humanista insiste principalmente no desenvolvimento e na realização pessoal.

A psicologia social. Muitos trabalhos em psicologia social mostraram o importante papel desempenhado pelo olhar dos outros nas motivações humanas. A vontade de aparecer e o desejo de reconhecimento seriam, segundo essa ótica, um dos principais motores dos comportamentos humanos. Muitas experiências mostraram que o fato de ser observado por alguém durante uma atividade (esportiva, por exemplo) contribui para estimular o esforço e melhorar a performance.

A teoria cognitiva. A orientação cognitivista estuda os processos mentais e os objetivos conscientes que interferem na motivação. Os psicólogos americanos Edward L. Deci e Richard M. Ryan estudaram o impacto das necessidades de autonomia e competência sobre a motivação individual. Assim, eles distinguem "motivação intrínseca" e "motivação extrínseca" (*Intrinsic Motivation and Self-Determination in Human Behavior* [Motivação intrínseca e autodeterminação no comportamento humano], 1985). A primeira corresponde ao exercício de uma atividade pela satisfação que ela proporciona. Inversamente, a motivação extrínseca corresponde à busca pelas vantagens derivadas da atividade (boas notas, promoção, salário, elogios, etc.).

Dessa forma, a abordagem cognitiva considera a motivação a partir dos objetivos que um indivíduo estabelece. Esses objetivos podem ser organizados de acordo com níveis hierárquicos:

os mais elevados são mais gerais e abstratos (por exemplo, ser um bom aluno); em seguida temos os objetivos intermediários (passar de ano) e, enfim, os mais imediatos (compreender a aula do dia). Após realizar uma ação, o indivíduo compara os resultados obtidos com os objetivos estabelecidos, o que pode levá-lo a interromper a ação, continuá-la ou modificá-la.

Enquanto as teorias precedentes – evolucionista, psicanalítica, behaviorista – enfatizam o que estimula o indivíduo a agir (as pulsões, o instinto ou as necessidades), as teorias cognitivas se interessam pelo que o leva para frente (os objetivos, as expectativas). O indivíduo pode se comportar como um "estrategista", que não somente estabelece objetivos como os reavalia, reajusta e reformula em função de seus resultados.

AS ABORDAGENS INTERATIVAS

Segundo Claude Lévy-Leboyer, especialista em motivação no trabalho, nenhum modelo pode pretender por si só sintetizar todas as dimensões do processo motivacional, ainda que cada um deles o esclareça em parte. Assim, é infrutífero querer encontrar "a" teoria definitiva da motivação (C. Lévy-Leboyer, *La Motivation dans l'entreprise* [A motivação na empresa], 1998). Somente uma abordagem pluralista permite "sintetizar as diversas peças do quebra-cabeça". Os fatores da motivação são sempre diversos, mutáveis, e estão relacionados às características do indivíduo e do meio (organização, sociedade de origem...). Por exemplo, a motivação no trabalho depende de muitos fatores: o conteúdo das obrigações, as relações dentro da empresa, o reconhecimento social, o salário... Para o mesmo cargo, uma pessoa poderá estar motivada (em função de suas aspirações, suas competências) enquanto outra não estará, e essa motivação poderá mudar no decorrer do tempo. Portanto, para compreender o processo motivacional é preciso realizar uma análise *ad hoc*, utilizando um "modelo flexível de motivação" que mobilize este ou aquele fator, conforme o caso a ser explicado. "A motivação não é um estado estável, mas um processo que é sempre recolocado em questão." Ela é construída no tempo e é renovada incessantemente. A mesma pessoa, motivada para uma tarefa, poderá com o passar do tempo perder o interesse por seu trabalho, por conta de frustrações, conflitos, novas aspirações, etc.

Assim, é preciso ter cuidado com as receitas prontas que resultam da aplicação de um modelo simples e unívoco. A diversidade das abordagens deve ser a base para um estudo flexível e uma análise caso a caso que alcance soluções específicas.

Bibliografia: • P. Diel, *Psychologie de la motivation*, Payot, 2002 [1947] • C. Lévy-Leboyer, *La Crise des motivations*, Puf, 1993 [1984] • A. Mucchielli, *Les Motivations*, Puf, "Que sais-je?", 2003 [1981] • J. Nuttin, *Théorie de la motivation humaine. Du besoin au projet d'action*, Puf, 1996 [1980] • R. J. Vallerand, E. E. Thill (orgs.), *Introduction à la psychologie de la motivation*, Vigot, 1993 • R. Viau, *La Motivation en contexte scolaire*, De Boeck, 2003 [1994]

MOVIMENTO SOCIAL
→ Ação coletiva

MUDANÇA SOCIAL

"O mundo muda." A proposição é verdadeira, mas oca. As dificuldades começam quando queremos saber exatamente o que muda e quais são as diferentes causas da mudança.

COMO MUDA A SOCIEDADE

Nos anos 1980, Henri Mendras* e seu assistente, Louis Dirn, realizaram um estudo sistemático das transformações da sociedade em termos de tendências (*La Société française en tendances* [A sociedade francesa em evolução]; H. Mendras, *La Seconde Révolution Française 1965-1984* [A segunda Revolução Francesa 1965-1984]). Inicialmente, o objetivo era identificar, a partir de dados estatísticos, as grandes *trends* (tendências) da mudança: transformação dos valores (crenças religiosas e políticas, permissividade), da família (evolução dos casamentos, dos divórcios e dos nascimentos), dos conflitos sociais, da criminalidade, dos empregos, etc.

Na sequência, os sociólogos tentaram reagrupar e comparar essas tendências para ver se existiam ligações entre elas. Ao analisar tais matrizes, julgaram ser possível identificar uma lógica de conjunto. Assim, as mudanças socioculturais teriam origem no centro da pirâmide social e não no vértice. Nas mudanças sociais (transformação da família, do trabalho), a dimensão cultural, e não a econômica, é preponderante.

Henri Mendras tentou traçar um quadro de conjunto em seus trabalhos sobre as mudanças na sociedade francesa. A "medianização" da sociedade, a desinstitucionalização* e a importância crescente das redes* relativamente à hierarquia tradicional formam, segundo ele, as dinâmicas primordiais da sociedade francesa há quatro décadas (H. Mendras, *La France que je vois* [A França que vejo], 2002).

COMPARAÇÕES INTERNACIONAIS DA MUDANÇA

O programa Louis Dirn ganhou uma extensão internacional. Em 1987, foi lançado um programa de pesquisa denominado Comparative Charting of Social Change (Quadro comparativo da mudança social), que agrupava diversas equipes (francesa, alemã, americana e quebequense, às quais vieram juntar-se as equipes italiana, espanhola, russa e grega). Desse programa internacional nasceram diversas obras a respeito de temas tais como *Ethique des choix médicaux* [Ética das decisões médicas] (J. Elster, N. Herpin, 1992), *Les Chômeurs de longue durée* [Os desempregados de longa duração] (O. Benoît-Guilbot, D. Gallie, 1992), *Les Musulmans em Europe occidentale* [Os muçulmanos na Europa ocidental] (B. Lewis, D. Schnapper, 1992), *La Famille en Europe* [A família na Europa] (M. Segalen, 1995), *Les Capitalismes en Europe* [Os capitalismos na Europa] (C. Crouch, W. Streeck, 1996), *Les Politiques des revenus en Europe* [As políticas dos salários na Europa] (R. Dore, R. Boyer, 1994).

Esse trabalho comparativo levaria os estudiosos a refletir sobre a convergência ou não das mudanças (*ver quadro*).

AS TEORIAS DA MUDANÇA SOCIAL

Os sociólogos tentaram elaborar teorias gerais da mudança social destacando alternadamente fatores fundamentais: a demografia*, as leis da economia, as técnicas*, as mentalidades*, a ação do Estado, os conflitos sociais e ainda os indivíduos inovadores.

Desde então, admite-se (mas não está demonstrado) que as sociedades mudam pelo efeito conjunto de diversas causas, e que é inútil tentar encontrar um *primum mobile*, um motor único que pudesse justificar as evoluções sociais.

Essa conclusão fez caducarem as teorias gerais da mudança social que, durante todo o século XX, julgavam poder resolver a grande questão das causas da mudança social.

O pensamento evolucionista* prevaleceu no século XIX entre os primeiros pensadores sociais. Georg W. F. Hegel, Auguste Comte, Herbert Spencer e Karl Marx* pensam a história das sociedades em termos de etapas sucessivas, quase invariáveis, e que levam a um resultado final. A dialética histórica, tal como a concebe G. W. F. Hegel (a história progride por etapas, que são também fases do espírito humano), corresponde à lei dos três estados, de A. Comte. A essa dialética idealista, Karl Marx vai contrapor uma visão materialista. Para ele, o desenvolvimento das forças produtivas e a luta das classes impulsionam a marcha da história.

As teorias evolucionistas sofrerão um declínio no início do século XX. Os sociólogos, mais prudentes, preferem usar como argumento certos fatores fundamentais da mudança, sem pretender que sejam os únicos e que atuem num único sentido. Para Émile Durkheim* (1858-1917), a demografia é um fenômeno importante: é nas cidades, nas quais grande parte da população se concentra, que se observam as principais mudanças econômicas, culturais e políticas. Depois a sociedade rural as absorve. Já Pitirim Sorokin (1889-1968) e outros formulam a hipótese de que as mudanças se operam numa curva bastante constante que vai da cidade ao campo, das classes abastadas para as classes populares, dos países desenvolvidos aos países em desenvolvimento (P. Sorokin, *Comment la civilisation se transforme* [Como a civilização se transforma], 1941).

Atribui-se, com frequência, a Max Weber* (1864-1920) a ideia contraria à de Karl Marx, de que a cultura é o motor da mudança. A oposição é caricatural. De fato, Max Weber considerava os valores religiosos um elemento importante na dinâmica social, mas sem transformá-los no primeiro motor das mudanças.

Nos anos 1960, período do avanço técnico, as técnicas eram apontadas como o principal motor da mudança social (ver as obras de Jean Fourastié). Na mesma época, os conflitos e os movimentos sociais também se revelam fatores decisivos para compreender a mudança (Alain Touraine*, Ralf Dahrendorf).

Por sua vez, a análise sistêmica* dá ênfase às interações entre os fatores. Sem dúvida não

SOCIEDADES PÓS-INDUSTRIAIS: CONVERGÊNCIAS E DIVERGÊNCIAS

• Incentivadas pelo sociólogo Henri Mendras* e Theodore Caplow, várias equipes de pesquisa se dedicaram a comparar sistematicamente as mudanças em quatro grande países: França, Estados Unidos, Canadá e Alemanha. Grande quantidade de dados foram comparados no período de 1975 a 1995, o que permitiu classificar as tendências em dois grupos de acordo com o grau de convergências a fim de avaliar a dimensão das semelhanças e das diferenças.

As convergências
– *Ciclos de vida*: prolongamento da "juventude" em razão da extensão da fase de transição entre a escolaridade e a atividade profissional. O "*vovó-boom*" é outra tendência marcante das sociedades pós-industriais, com a numerosa geração do pós-guerra chegando à idade da aposentadoria a partir do final do século.
– *Estruturas profissionais*: aumento contínuo do setor terciário em detrimento dos setores secundário e primário. Constata-se, de passagem, que o Japão continua sendo a sociedade em que ainda há maior número de camponeses. Outras evoluções convergentes: redução do número de operários e aumento dos funcionários qualificados, informatização do trabalho e dessindicalização.
– *Família*: baixa da fecundidade e enfraquecimento do modelo clássico de casamento, com o aumento dos divórcios, das uniões livres e dos nascimentos fora do casamento (com fortes disparidades conforme o país com relação a esse último item).
– *Mulheres*: em toda parte verifica-se o crescimento da escolaridade e da atividade feminina. Sinal da equiparação das condições entre homens e mulheres: a evolução geral dos modelos matrimoniais e dos papéis das mulheres.
– *Práticas culturais*: aumento tanto da escolaridade inicial e da formação dos adultos como do tempo livre, das férias e das práticas desportivas.

As divergências
– *Estratificação social:* as desigualdades e o sentimento de pertencer a determinada classe social evoluíram de maneira diferente conforme o país. Enquanto na França as desigualdades salariais diminuíram nas três últimas décadas, nos Estados Unidos elas aumentaram fortemente. Na Europa, o fraco crescimento econômico se traduziu por desemprego em massa, enquanto os assalariados estáveis permaneciam protegidos em seu nível de salário. Uma nova pobreza surgiu por toda parte, mas sob formas muito diferentes: problemas dos guetos nos Estados Unidos; pobreza integrada sem marginalidade social (dos países do Sul); pobreza marginal dos países nórdicos; exclusão social, um problema de primeira importância na França e na Grã-Bretanha.
– *Religião*: enquanto na Europa, desde o pós-guerra, todas as religiões oficiais sofrem contínuo refluxo, observa-se o surgimento de novas formas de religiosidade. Esse fenômeno não existe nos Estados Unidos, onde os vínculos com a religião sempre foram de outra natureza.
– *Criminalidade*: apesar da dificuldade de comparar os índices de criminalidade entre um país e outro, é evidente que ela não evoluiu de forma similar na Europa e nos Estados Unidos. Nestes últimos, como já foi constatado por inúmeros observadores, existe uma verdadeira cultura da violência e o índice de homicídio por habitante é o dobro do da Europa.

• "Vers la convergence des sociétés?" *Sciences Humaines*, Hors série n° 14. 1996
• M. Forsé, S. Langlois, *Tendances comparées des sociétés post-industrielles*, Puf, 1995
• Louis Dirn, "Convergences et divergences des quatre sociétés industrielles avancées", *Revue de l'OFCE*, 1995

---

há um fator único de transformação, pois quando uma sociedade toma o caminho da mudança, uma dinâmica se põe em marcha e continua muito além das causas iniciais. Existiria uma espécie de turbilhão da mudança. Talcott Parsons* (1902-1979) é um dos que argumentam em favor dessa visão da evolução social. A mudança é, então, vista sob uma ótica neoevolucionista: a modernização das sociedades se identifica com a complexificação e a diferenciação das funções. Essa concepção neoevolucionista e sistêmica é encontrada nas teorias do desenvolvimento* (Walt W. Rostov, *The Stages of Economic Growth: a Non-Communist Manifesto* [*Etapas do desenvolvimento econômico: um manifesto não comunista*], 1960).

O FIM DAS TEORIAS DA MUDANÇA

A partir dos anos 1980, a comunidade sociológica vai abandonar a busca por uma teoria geral da mudança social. Os estudos irão centrar-se em questões mais limitadas e concretas: como se transforma a organização do trabalho sob o efeito das novas tecnologias? Como será a difusão do telefone celular? De onde vêm as inovações pedagógicas na escola?

Por outro lado, admite-se que os fatores da mudança são múltiplos (econômicos, culturais, políticos...) e suas formas podem variar (mudança progressiva, por ciclos, por saltos etc.). Em síntese, as visões deterministas* da mudança deram lugar a visões mais caóticas e complexas do mundo social. A mudança é vista mais sob a ótica da instabilidade, dos efeitos perversos* e da agregação de ações individuais.

Bibliografia: • R. Boudon, *La Place du désordre. Critique des théories du changement social*, Puf, 1997 • F. Dubet, D. Martucelli, *Dans quelle société vivons-nous?*, Seuil, 1998 • M. Forsé, H. Mendras, *Le Changement social: tendances et paradigmes*, Armand Colin, 1991 [1983] • M. Forsé, *Analyse du changement social*, Seuil, 1998 • R. Nisbet, *Social Change and History: Aspects of Western Theory of Development*, Oxford University Press, 1969 • G. Rocher, *Introduction à la sociologie générale*, t. 3: Le Changement social, Seuil, 1975

MULHER

A mudança de estatuto das mulheres na sociedade é atualmente considerada pelos sociólogos um dos fenômenos sociais mais importantes do século XX. Mas, se hoje a ascensão das mulheres parece irreversível, ela não foi feita da noite para o dia. Tal ascensão acompanhou o declínio progressivo das sociedades patriarcais* – pelo menos nos países ocidentais –, sem que se possa dizer, no entanto, se foi o ovo que originou a galinha ou o contrário. Porém, muitas mulheres estimam que estão apenas no meio do caminho e que nada foi definitivamente alcançado na sua marcha rumo à igualdade. Os homens, por sua vez, sofrem na pele as mudanças sociológicas que incitam a construção de novas identidades masculinas. Como chegamos a isso? Pode-se dizer que estamos de fato caminhando para o advento de sociedades verdadeiramente mistas?

PRIMEIRAS LUTAS

"As lutas das mulheres não esperaram o (fim do segundo) milênio para se manifestar. Elas foram desde sempre um dos componentes da experiência humana, mesmo quando tomaram formas bem diversas que foram, na maior parte do tempo, ignoradas pelos livros de história e que estão totalmente ausentes dos documentos escritos", escreveu o sociólogo Manuel Castells (*Era de la información, t. 2: El poder de la identidad* [*A era da informação, t. 2: O poder da identidade*], 1999).

Na França, os trabalhos sobre a história das mulheres veem a Revolução Francesa como um ponto de ruptura. Proclamando a igualdade dos indivíduos e o acesso de todos à cidadania, os membros da Assembleia Constituinte decidiram intencionalmente – pois o problema já havia sido levantado por revolucionários como Condorcet e Olympe de Gouges – não atribuir cidadania às mulheres, deixando assim a metade da espécie humana "para fora das portas da cidade", conforme a expressão da historiadora Michelle Perrot. Eles transformavam assim uma situação plurissecular e informal de sujeição das mulheres em uma desigualdade real e tangível, que as *suffragettes* não deixaram de denunciar ao longo do século XIX. Uma delas, Hubertine Auclert, que tinha fundado o jornal "sufragista" *La Citoyenne*, foi presa quando participava de uma manifestação. O relatório da polícia a descrevia como "afligida de loucura ou histeria, doença que a levava a pensar que era igual aos homens" (1880, relatado por Joan W. Scott, *Only Paradoxes to Offer* [*Apenas paradoxos para oferecer*], 1996).

Uma vez que houve resistência de boa parte da classe política (tanto de direita como de esquerda) inteiramente masculina, as francesas só obtiveram o direito de voto em 1944, no final da Segunda Guerra Mundial – muito tardiamente em relação à maioria dos países europeus.

A SÚBITA ONDA DE EMANCIPAÇÃO FEMININA

Porém, não foi pela via política que as mulheres se libertaram do estatuto de guardiãs do lar, que lhes era atribuído pelo modelo burguês do século XIX. O campo da política continua sendo um bastião no qual elas ainda têm grande dificuldade de penetrar. Na França, apesar da lei sobre a paridade que teoricamente as encorajaria, as mulheres representavam apenas 12% dos eleitos no Parlamento em 2002.

O Brasil está abaixo da média mundial (16,6%) de participação de mulheres no poder legislativo. Em 2009, do total de 81 senadores brasileiros, apenas 10 eram mulheres. Na Câmara, eram 45 deputadas contra 468 deputados.

Parece que tal emancipação se deveu antes às formidáveis evoluções econômicas, científicas e sociais em obra durante os Trinta (Anos) Gloriosos, e depois às ondas de choque provindas dos movimentos de 1968 que fizeram evoluir radicalmente a condição feminina em todos os países ocidentais.

Por um lado, as mulheres aproveitaram o contexto de forte crescimento econômico do pós-guerra para entrar de maneira maciça no mercado de trabalho. Desde os anos 1960, o aumento da população ativa ocorreu quase que exclusivamente em virtude da participação feminina, cuja progressão se estendeu até mesmo nos "anos de desemprego". Na França, onde a porcentagem de atividade feminina é uma das mais altas da Europa, quatro entre cinco mulheres em idade de trabalhar têm um emprego.

Paralelamente, as mulheres também se tornaram mais numerosas que os homens no ensino secundário e na universidade e, em média, passaram a apresentar melhores resultados. Se durante muito tempo a presença feminina se limitava aos estudos literários, hoje há cada vez mais mulheres que se dedicam aos estudos científicos.

Mas, não se poderia falar de emancipação feminina sem mencionar um terceiro fator surgido nos anos 1960 e proveniente dos progressos científicos: graças à contracepção, as mulheres puderam, pela primeira vez na história, controlar sua maternidade. "Um filho se eu quiser e quando eu quiser", proclamavam as feministas dos anos 1970. As palavras de um punhado de mulheres – que, há apenas trinta anos, pareciam estar na vanguarda de um combate considerado por muitos extremista ou até mesmo utópico – se tornaram hoje um discurso quase consensual.

Além disso, os Estados-Providência contribuíram amplamente para esse movimento de emancipação, com leis que instauraram a igualdade das mulheres, a substituição da noção de pai de família pela de "autoridade conjunta do pai e da mãe", o divórcio por consentimento mútuo, leis sobre a igualdade profissional, sobre a paridade na política, contra o assédio e as discriminações sexuais, entre outras.

As diferenças permanecem

Apesar de tudo, as análises sociológicas ainda mostram várias desigualdades entre os sexos. No mercado de trabalho, por exemplo, as diferenças de salário entre homens e mulheres – com o mesmo diploma – perduram, girando em torno de 12% a 20% conforme o país. É, sobretudo, nas profissões de salário mais baixo que as mulheres estão sujeitas às desigualdades mais alarmantes: são elas que estão em maior número expostas ao desemprego e ao tempo parcial imposto. Além do mais, se algumas profissões se feminizaram espetacularmente (enfermeira, professora, secretária), as mulheres ainda continuam minoritárias nos cargos de chefia e nas equipes dirigentes, mesmo que um número cada vez maior esteja conquistando esses postos.

Entretanto, é na esfera doméstica que as desigualdades permanecem mais gritantes. As mulheres, desejando hoje levar simultaneamente uma vida pública e uma vida privada, se veem confrontadas com o que os sociólogos chamam de "dupla jornada de trabalho". Em média elas seguem encarregadas de 80% do grosso das tarefas domésticas e educativas. Nesse ponto, os números parecem estagnados e a divisão das funções na intimidade do lar está longe de ser conquistada. A participação dos "novos pais", consequência anunciada de uma nova configuração dos papéis sexuais, se revela ainda muito relativa. Exemplo disso é que a maioria das famílias monoparentais é composta por mulheres sobre as quais recai, quase sempre, toda a tarefa da educação dos filhos.

Se o final do segundo milênio inaugurou uma era de mudanças consideráveis no que concerne às relações entre os sexos nas sociedades ocidentais, é preciso lembrar que, no resto do mundo, o modelo patriarcal e social ainda é uma norma bem ancorada, privando as mulheres do acesso aos estudos, ao trabalho e, dessa maneira, à emancipação.

Bibliografia: • A. Bihr, R. Pfefferkorn, *Hommes/Femmes, l'introuvable égalité. École, travail, couple, espace public*, Editions de l'Atelier, 1996 • M. Castells, *L'Ere de l'information, t. 2: Le Pouvoir de l'identité*, Fayard, 1999 • J. Commaille, *Les Stratégies des femmes: travail, famille et politique*, La Découverte, 1993 • G. Duby, M. Perrot (orgs.), *Histoire des femmes en Occident*, 5 vols., Perrin, 2002 [1991-1992] • Y. Knibiehler, *La Révolution maternelle depuis 1945. Femmes, maternité, citoyenneté*, Perrin, 1997 •

D. Méda, Le Temps de femmes. Pour un nouveau partage des rôles, Flammarion, 2001 • J. Véron, Le Monde des femmes. Inégalité de sexes, inégalité des sociétés, Seuil, 1997

→ **Feminismo, Gênero, Matriarcado**

MULTICULTURALISMO

As sociedades contemporâneas são compostas por grupos culturais distintos, e poucos Estados são homogêneos culturalmente. As diferenças são, primeiramente, étnicas, mas cada vez mais também sexuais e religiosas, estendendo-se a todo modo de vida particular. Nas democracias* pluralistas, assiste-se a uma escalada das reivindicações identitárias particulares. As sociedades pluriculturais devem, portanto, encontrar os meios de viabilizar a coexistência desses grupos distintos. O multiculturalismo, ou seja, o tratamento político dessa diversidade cultural, levanta questões importantes, sobretudo no que diz respeito à cidadania*: como ser cidadão por completo sem negar sua especificidade?

DISCRIMINAÇÃO E DEFESA DAS MINORIAS

Para a doutrina multiculturalista, as culturas minoritárias são discriminadas e devem alcançar o reconhecimento público. Para tanto, as especificidades culturais devem ser protegidas por leis. Logo, é o direito que desenvolve as condições para uma sociedade multicultural. As primeiras políticas desse tipo foram desenvolvidas na América do Norte, há aproximadamente trinta anos. A partir de 1971, o Canadá, seguido mais tarde por outros países, inseriu o multiculturalismo em sua Constituição. Nos Estados Unidos, as comunidades passaram a ser representadas em todos os níveis para não serem lesadas em seus interesses perante a cultura dominante, chamada de Wasp (*White Anglo-Saxon Protestant*). Leis são estabelecidas para defender as especificidades culturais: uma política de reparação de danos, medidas administrativas da *affirmative action* (ou "discriminação positiva") instauram cotas para mulheres e minorias étnicas (princípio do *color-consciousness* ou consideração da cor da pele) e um sistema de preferência ligado a carências sociais diversas. Essa "etnicização" das minorias está de acordo com a ideologia do politicamente correto. Seu risco é o gueto cultural, a acentuação das rivalidades interétnicas e a institucionalização das diferenças. O indivíduo passa a existir, assim, em função de determinado grupo, que aliás ele não escolhe. A sociedade se torna o campo de batalha de interesses particulares. Nesse contexto, é preferível ser a vítima a não ser visto. O liberalismo* econômico e o multiculturalismo só reconhecem a liberdade na medida em que o indivíduo possui os meios para se afirmar.

Alguns teóricos defendem, entretanto, que os direitos das minorias podem, para os membros desses grupos, promover as condições culturais da liberdade individual ou da socialização. Para Michael Walzer* (*Pluralisme et démocratie* [Pluralismo e democracia], 1997), a comunidade pode ser o local para o aprendizado da cidadania.

Na França, ao contrário, os particularismos culturais são relegados à esfera privada. O modelo jacobino é o de uma República* universalista e individualista, com uma laicidade negligente em relação às diferenças. As identidades religiosas não podem se constituir politicamente (separação entre Igreja e Estado), e o mesmo acontece com as identidades étnicas, sexuais ou que estejam ligadas a um modo de vida específico. O multiculturalismo é percebido como um fermento de decomposição do Estado-Nação. Nele só pode haver indivíduos-cidadãos. Mas esse modelo abstrato de integração cega tende a sufocar as especificidades culturais e a aplainar as diferenças. A concepção de um cidadão que é "negligente" com relação à sua condição particular e que encarna um pretenso universalismo não corresponde exatamente às realidades da modernidade. O indivíduo pode, assim, se sentir excluído e recusar a cidadania.

ENTRE O UNIVERSALISMO E O PARTICULARISMO

Alguns teóricos da diferença cultural nas democracias defendem um caminho intermediário entre universalismo e particularismo, considerando que não se devem institucionalizar as diferenças culturais, como ocorre nos Estados Unidos, mas torná-las visíveis na vida social: as diferenças não devem ser restritas à vida privada nem ocupar o primeiro plano na esfera política. Em vez de fazer do multiculturalismo um padrão (impedir as discriminações culturais), a ideia é instaurar um novo aprendizado democrático que torne possível a comunicação intercultural.

Promover os grupos culturais implicaria um reconhecimento mútuo das identidades, o Estado favorecendo a mobilidade e a troca entre grupos. Charles Taylor* (*Multiculturalism and "the Politics of Recognition"* [Multiculturalismo e "as políticas do reconhecimento"], 1992) define a democracia como a política de reconhecimento do outro; portanto, da diversidade.

Para reformular o debate e ultrapassar as oposições recorrentes entre patriotismo constitucional e reconhecimento de uma justiça etnocultural, ou, em termos mais simples, entre República e democracia, os pesquisadores estudaram também as lógicas de produção e reprodução da diferença e as relações entre diferença e desigualdade socioeconômica (M. Wieviorka, J. Ohana, *La Différence culturelle. Une reformulation des débats* [A diferença cultural. Uma reformulação dos debates], 2001). Há também um interesse pelos processos de transformação das identidades (transformação, recomposição), ou seja, pela mobilidade cultural.

Bibliografia: • W. Kymlicka, *Multicultural Citizenship: a Liberal Theory of Minority Rights*, Clarendon Press, 1995 • C. Taylor, *Multiculturalisme. Différence et démocratie*, Flammarion, 1997 [1992] • A. Touraine, *Pourrons-nous vivre ensemble? Égaux et différents*, Fayard, 1997 • M. Walzer, *Pluralisme et démocratie*, Esprit, 1997 • M. Wieviorka (org.), *Une société fragmentée? Le multiculturalisme en débat*, La Découverte, 1996 • M. Wieviorka, J. Ohana (orgs.), *La Différence culturelle. Une reformulation des débats*, Balland, 2001

→ **Cidadania, Identidade**

MULTINACIONAL (empresa)

As empresas multinacionais existiam desde antes da Primeira Guerra Mundial e atendiam pelo nome de Saint Gobain, Nestlé, General Electric... Hoje, as mais conhecidas são Nike, Coca-Cola, Nissan, Microsoft. Em 2002, as mais poderosas eram Wall Mark (distribuição), General Electric (equipamento eletrônico), Microsoft (informática), Exxon Mobil (petróleo) e Intel (informática).

O poder econômico das maiores é comparável ao PIB de alguns países.

Elas estão presentes em todos os setores: finanças, indústria, comércio, serviços, etc. A Conferência das Nações Unidas sobre Comércio e Desenvolvimento (Cnuced) define uma multinacional como "uma empresa que controla ao menos uma filial instalada em outro país". Assim, foram identificadas 63 mil empresas multinacionais que controlam 800 mil filiais espalhadas pelo mundo. Entretanto, embora *a priori* possamos definir como multinacional toda empresa – qualquer que seja seu tamanho – que esteja implantada em outros países, suas características principais são o grande tamanho (em termos de volume de negócios e número de funcionários) e uma estratégia de desenvolvimento internacional; uma gestão centralizada enquanto a produção é espalhada parcial ou totalmente por outros países, sendo terceirizada ou entregue a filiais. O qualificativo "multinacional" não deve ser entendido de maneira estrita: a firma implantada em diversos países conserva uma nacionalidade: a dos acionistas majoritários. Por isso, ao falar de multinacionais, convém especificar se são americanas, japonesas ou francesas...

MUNDO POSSÍVEL

A noção de "mundo possível" foi exposta pela primeira vez por Gottfried W. Leibniz (1646-1716) no final dos *Essais de théodicée* [Ensaios de teodiceia] (1710), obra em que o filósofo relata o sonho de Teodoro no templo de Atenas. A deusa convida Teodoro a visitar o "palácio dos destinos", do qual tem a guarda e onde se encontram todas as possibilidades que Júpiter, o deus dos deuses, teria imaginado antes de criar o mundo. Eis o que diz Atenas: "Nele há representações não somente do que acontece, mas de tudo o que é possível. (...) Basta que eu solicite e veremos todo um mundo que meu pai podia criar, onde encontraremos representado tudo o que podemos pedir; e, assim, poderemos saber também o que aconteceria se determinadas possibilidades existissem". Na filosofia de G. W. Leibniz essa noção está relacionada a um conjunto de criações virtuais que exprimiriam as trajetórias possíveis que a história pode tomar em determinado momento.

A noção foi retomada na semântica* e na lógica. Um "mundo possível", ainda que não real, refere-se a um imaginário circunscrito na ordem das possibilidades. Assim, podemos considerar possível que, sem Nelson Mandela, a África do Sul tivesse entrado numa guerra civil após o fim da dominação branca. Em contrapartida, é uma impossibilidade histórica que uma criança de 4 anos seja eleita à Presidência da República. Portanto, o mundo possível não é nem o real nem o imaginário puro. É a partir dessa ideia que podemos levantar possibilidades quanto à história: o que teria acontecido se Lenin não tivesse conseguido chegar à Rússia em abril de 1917? O que teria sido da economia americana sem a invenção da ferrovia?

Em lógica, a partir dos trabalhos de Saul A. Kripke, o mundo possível passou a ser considerado uma modalidade do discurso formulado com afirmações como "seria possível que", ou "pode ser que".

Bibliografia: • D. K. Lewis, *On the Plurality of Worlds*, Blackwell, 1986

MURDOCK, GEORGE PETER
(1897-1985)

Este antropólogo americano com aspirações enciclopedistas estabeleceu um inventário comparativo dos sistemas culturais humanos, desenvolvendo o Human Relation Area Files (HRAF), vasto sistema documental que recenseia as culturas de centenas de etnias do mundo todo. Nele, centenas de obras e monografias são repertoriadas. Um sistema de fichas permite encontrar rapidamente informações sobre os traços culturais de uma sociedade. George P. Murdock trabalhou primeiramente em Yale, e mais tarde na Universidade de Pittsburgh. Ele é fundador da revista *Ethnology* e criador do *Ethnographic Atlas* (1967).

Principais obras de G. P. Murdock
• *Social Structure*, 1949 [Estrutura social]
• *Outline of World Cultures*, 1954 [Inventário das culturas do mundo]
• *Ethnographic Atlas*, 1967 [Atlas etnográfico]

MUSTERIENSE

Termo que diz respeito a um tipo de cultura técnica predominante no período paleolítico* médio (entre 100 mil e 40 mil anos atrás), geralmente associada ao homem de Neandertal. O termo foi criado por Gabriel de Mortillet em 1869 para definir a indústria, que se distinguia pela produção de pontas e raspadores, encontrada nos abrigos do Moustier aux Eyzies (Dordonha). O musteriense sucede o acheuliano* (que tem as ferramentas bifaces como principal característica).

MYRDAL, GUNNAR
(1898-1987)

Economista e funcionário do alto escalão sueco, foi um teórico e homem de ação que fez parte da escola keynesiana* e reformadora. Recebeu o prêmio Nobel de economia em 1974. Encontrando-se nos Estados Unidos no momento da grande Depressão, ficou profundamente impressionado com a instabilidade do sistema e as desigualdades entre ricos e pobres, o que gerou um belo estudo sobre a situação dos negros nos Estados Unidos (*An American Dilemma: the Negro Problem and Modern Democracy* [Um dilema americano: a questão negra e a democracia moderna], 1944).

Em *The Political Element in the Development of Economic Theory* [Aspectos políticos da teoria econômica] (1930), Gunnar Myrdal questiona as relações entre moral e economia, contestando a ideia de uma "ciência econômica pura" que tem como modelo a física. Para ele, é impossível separar economia normativa e economia positiva. Os valores influenciam as pesquisas, o que tem implicações metodológicas: os economistas não devem ceder à abstração pura, às definições abstratas e separadas do real. É preciso relacionar as ciências sociais, ou seja, a economia não pode ser separada da história, da sociologia, da política.

Principais obras de G. Myrdal
• *The Political Element in the Development of Economic Theory*, 1930 [*Aspectos políticos da teoria da economia*, Nova Cultural, 1997]
• *An American Dilemma: the Negro Problem and Modern Democracy*, 1944 [Um dilema americano: a questão negra e a democracia moderna]
• *Asian Drama: an Inquiry into the Poverty of Nations*, 1968 [O drama da Ásia. Uma pesquisa sobre a pobreza das nações]

N

NAÇÃO, NACIONALIDADE

A Europa do século XIX foi sacudida pelo despertar das nacionalidades. Na Alemanha, assim como na Itália, as elites querem reunir as províncias e os principados separados para formar nações unidas. No velho império Habsburgo, os povos húngaros, tchecos, poloneses, etc., também reivindicam sua independência. A imprensa, os intelectuais e os artistas participam, cada um a seu modo, desse impulso nacionalista. Os folcloristas, os gramáticos e os filólogos querem reativar "a alma dos povos" coletando lendas, contos, mitos e folclores de cada povo. Os músicos não ficam atrás. Frédéric Chopin, ao compor sua *Polonaise*, revela-se um fervoroso nacionalista. Assim também Piotr Tchaikovski na Rússia, Giuseppe Verdi na Itália, Richard Wagner na Alemanha, Jean Sibelius na Finlândia...

Os filósofos, por sua vez, vão tentar conferir à nação uma sólida consistência conceitual.

Duas concepções de nação se opõem. Deve-se construir uma nação pelo alto ou por baixo? Pelo Estado ou pela cultura? (*Ver quadro*.)

A questão da definição de nação surgirá novamente em outros momentos da história, quando alguns povos reivindicarem sua independência. É o caso da descolonização na África e na Ásia (após a Primeira e, em seguida, a Segunda Guerra Mundial) ou dos dias que sucederam ao fim do império soviético (no Leste Europeu e na Ásia central).

Os pensadores marxistas* se defrontaram, a partir dos anos 1920, com a questão nacional. Ela constituía um desafio tanto político como teórico. Desafio político: as nacionalidades podiam ser um suporte das revoluções populares. Vladimir I. Lenin e a Internacional comunista darão grande importância aos movimentos dos povos. Nessa abordagem, a revolução nacional é uma passagem obrigatória antes da revolução proletária. Ela une as classes sociais de um país contra um opressor comum, antes mesmo que os camponeses e operários reivindiquem sua própria emancipação. Mas os movimentos nacionalistas também constituem um desafio teórico para os marxistas. O materialismo histórico confere efetivamente um lugar central à luta de classes sociais, e a nação acomoda-se mal a esse esquema.

Otto Bauer (1882-1938), um dos principais representantes da corrente austro-marxista, será o primeiro teórico marxista a reconhecer a força do sentimento nacional, estudando-o como um problema social. À rígida concepção marxista a respeito da luta de classes, O. Bauer opõe a ideia de nação como realidade histórica e política em constante renovação (*Die Nationalitätenfrage und die Sozialdemokratie* [A questão das nacionalidades e a social-democracia], 1907).

A CONSTRUÇÃO DAS IDENTIDADES NACIONAIS

A publicação de *Nations and Nationalism* [Nações e nacionalismo] (1983) por Ernest Gellner* marca uma nova etapa nos estudos sobre a nação. Para o antropólogo inglês, o Estado-Nação moderno é um produto da sociedade industrial e, sobretudo, da escola, que contribui para forjar uma consciência nacional. A lógica econômica da sociedade industrial implica efetivamente maior mobilidade e maior polivalência dos indivíduos, as quais são garantidas pelo sistema educativo. A escola assume, desse modo, uma função de homogeneização cultural. Ela também participa da construção de uma cons-

O DEBATE HERDER-RENAN:
DUAS CONCEPÕES DE NAÇÃO

• O filósofo e linguista alemão Johann G. Herder (1744-1803) ficou famoso por sua concepção "orgânica" de nação. Uma nação, segundo ele, deve estar fundada em uma comunidade de homens que partilham a mesma cultura: o povo (ou *Volk*). A língua, mais do que a religião ou as distinções de "raça", constitui o elemento primordial dessa cultura nacional. A cultura nacional prevalece, portanto, sobre a ordem política representada pelo Estado. A concepção etnolinguística e cultural (ou *Kulturnation*) de nação foi desenvolvida por Johann G. Fichte (1762-1814) em seus célebres *Reden an die deutsche Nation* [Discursos à nação alemã] (1807) e marcará uma série de movimentos nacionalistas. Essa visão se opõe à construção do Estado-Nação tal como ele se constituiu na França, ou seja, pelo alto e pelo Estado, eliminando as particularidades e as línguas regionais. Para J. G. Herder, a nação se constrói por baixo, a partir do povo e de sua cultura.

• Uma concepção totalmente diferente de nação será defendida por Ernest Renan no texto *Qu'est-ce qu'une nation?* [O que é uma nação?] (1882). O filósofo francês se opõe à visão de uma nação baseada na língua e na "raça" (ou "etnia*", como se diria hoje). Para ele, a nação supõe a adesão voluntária e consciente dos povos a um destino comum. Não é o passado, a história que guia um povo, mas sua adesão voluntária a um mesmo ideal.
É preciso lembrar que, na época em que E. Renan escrevia, a França enfrentava o problema das províncias – Alsácia e Lorena – que se tornaram alemãs após 1870. É bem verdade que, por sua história e sua língua, essas regiões são germânicas, mas por sua "alma", ou seja, pelo "desejo claramente expresso de continuar a vida comum", são francesas...

ciência nacional, envolvendo primeiramente as elites para depois se difundir progressivamente pelo resto da população.

Alguns anos mais tarde, Anthony D. Smith contesta a tese de E. Gellner. Mesmo reconhecendo a dificuldade de se detectarem indícios de consciência nacional nas sociedades pré-industriais, ele sustenta que formas de nacionalismo étnico existiram ao longo da Idade Média no seio da aristocracia, antes de se propagarem pelo resto da população. A partir disso, ele desenvolve a tese de que as nações têm sua origem em etnias cujos mitos e símbolos fornecem os primeiros elementos constitutivos da identidade nacional (*The Ethnic Origins of Nations* [As origens étnicas das nações], 1986).

Duas versões de nação se opõem aqui: uma, de Estado, outra, "étnica". Na realidade, essas duas concepções de nação remetem a dois processos possíveis. Já em 1973, John Plamenatz havia proposto a distinção entre dois tipos de nacionalismo: um ocidental e um oriental. No primeiro, o Estado precedeu a nação. No segundo, a nação se afirmou na ausência de Estado, graças à luta das elites locais pela independência ("Two Types of Nationalism", *in* E. Kamenka, *Nationalism: the Nature and Evolution of an Idea* ["Dois tipos de nacionalismo", *in* Nacionalismo: a natureza e a evolução de uma ideia], 1973).

Para além de suas diferenças – construção pelo alto ou por baixo –, as duas concepções concordam, no entanto, em um ponto: o papel essencial do imaginário, dos mitos, dos símbolos na construção de uma identidade nacional.

Nos anos seguintes, diversos trabalhos vão analisar a construção desse imaginário nacional. A ótica é decididamente construtivista: o imaginário não é concebido como uma cultura preexistente, fruto de um longo passado, como pensava Johann G. Herder. O imaginário nacional, por meio de seu cortejo de símbolos, de heróis, de narrativas épicas, é geralmente visto como uma reconstrução *a posteriori* de uma lenda maravilhosa.

Segundo o cientista político Benedict Anderson, as identidades nacionais são "comunidades imaginadas". O "imaginário nacional" modela uma representação mítica da nação (*Imagined Communities* [O imaginário nacional], 1983). Ele cria uma história cujas fontes se ancoram num passado distante, e que narra uma epopeia secular em que figuram heróis nacionais, episódios gloriosos. A língua escrita é, segundo B. Anderson, um veículo fundamental dessa unificação cultural.

Bibliografia: • E. Gellner, *Nations et nationalisme*, Payot, 1999 [1983] • R. Girardet, *Le Nationalisme français. Anthologie; 1871-1914*, Armand Colin, 1996 [1983] • E. Hobsbawm, *Nations et nationalisme depuis 1780*, Gallimard, 2001 [1990] • A.-M. Thiesse, *La Création des identités nationales. Europe: XVIIIe-XXe siècle*, Seuil, 1999

NACIONALISMO
→ Nação

NARCISISMO

Na mitologia grega, Narciso é o personagem que se apaixona pela própria imagem refletida na água. Por extensão, denominam-se "narcisistas" as pessoas que gostam de si mesmas e se admiram mais do que o normal.

Atribui-se em geral a Sigmund Freud* a introdução do conceito na psiquiatria. O termo já havia sido empregado, porém, por Alfred Binet* (1857-1911) e em seguida por Havelock Ellis (1859-1939), em 1898, para descrever uma forma de fetichismo sexual voltado para si próprio ("Le fétichisme dans l'amour. Etude de psychologie morbide" [O fetichismo no amor. Estudo de psicologia mórbida], *Revue Philosophique*, vol. 24, 1887).

S. Freud concebe inicialmente o narcisismo como um estágio do desenvolvimento da libido*. "O sujeito começa por tomar a si próprio e a seu corpo como objeto de amor." Num segundo momento, se o sujeito permanece fixado nesse estágio, o narcisismo se transforma em perversão.

Em um texto de 1914, "Zur Einführung des Narzissmus" ["Sobre o narcisismo: uma introdução"], S. Freud retoma sua análise. O narcisismo não é mais um estágio da personalidade, mas um estado normal. Ele distingue, então, o "narcisismo primário", que corresponde ao estágio infantil, e o "narcisismo secundário", que corresponde à fase do autoerotismo adulto.

A CULTURA NARCISISTA DE NOSSO TEMPO

Em 1979, o ensaísta Christopher Lasch publicava *The Culture of Narcisism* [A cultura do narcisismo]. Diagnosticava então a emergência de uma nova cultura centrada no indivíduo, a cultura de si, o medo de envelhecer e certa imaturidade afetiva. Esse retrato do "homem psicológico de nosso tempo" estaria ligado a uma nova categoria social: uma pequena burguesia oriunda dos *baby-boomers*, portadora de valores de emancipação individuais e liberais (no sentido anglo-saxão) e consumista. Refratária a todo tipo de imposição e valor tradicionais, ela é incentivada pela mídia e se afirma através de uma prática consumista desenfreada. Bastante crítico com relação a essa cultura da emancipação, C. Lasch pensa que ela se tornou uma norma dominante que leva tanto ao egocentrismo como ao infantilismo.

O NARCISISMO DAS PEQUENAS DIFERENÇAS

Empregada por S. Freud (em *Das Unbehagen in der Kultur* [O mal-estar na civilização], 1930), a expressão "narcisismo das pequenas diferenças" é utilizada com frequência na ciência política, designando a vontade de alguns povos de se diferenciar a todo custo de um povo vizinho (isso foi dito a respeito dos canadenses em relação aos americanos) em coisas aparentemente menores, mas fundamentais para a identidade e a afirmação de si. O narcisismo nacional ou étnico foi aplicado à análise do antissemitismo.

Bibliographie: • C. Lasch, *La Culture du narcissisme*, Climats, 2000 [1979] • S. Freud, "Pour introduire le narcissisme" [1914], in S. Freud, *La Vie sexuelle*, Puf, 1969 [1925]

NARRATIVA

Por que gostamos tanto de histórias? De onde vem o poder fascinante das narrativas e dos contos? Por que o espírito humano é mais atraído por uma boa história ou um acontecimento marcante do que por uma teoria ou uma argumentação?

O QUE É UMA NARRATIVA?

Não existe uma definição canônica da narrativa. Existe um consenso em se admitir que, para criar uma história digna desse nome, são necessários vários componentes: elementos descritivos (personagens, cenários, situações, fatos e acontecimentos), uma sucessão de acontecimentos e uma intriga.

– *A descrição.* A arte da narração é, em primeiro lugar, a da descrição. Quer se trate de uma obra histórica, de um romance, de uma biografia ou de um relato jornalístico, a força de atração das histórias e seu poder evocatório residem exatamente nessa capacidade de encenar personagens, descrever lugares, relatar fatos e reconstituir situações. Fazer viver ou reviver, é daí que a narrativa tira sua força e seu encanto. Isso explica por que *La Comédie humaine* [A comédia humana], de Honoré de Balzac, terá sempre mais alma do que os relatos históricos ou sociológicos sobre as classes sociais na França do século XIX. Do mesmo modo,

Por que gostamos tanto de histórias?

• O poder da narrativa não é somente o de nos transportar para um universo fictício, é também um meio de acesso à condição humana: descrever os meios sociais, as trajetórias individuais, explorar os sentimentos, sugerir a experiência e a vivência das pessoas. Ao lado da função recreativa, a narrativa também possui uma função explicativa... Ela tem seu modo próprio de nos fazer descobrir e conhecer a condição humana.

Foi justamente contra essa força sugestiva da abordagem literária, contra as armadilhas da intuição e das imagens demasiado evocativas que se constituiu a maior parte das ciências humanas. Exagerando um pouco, podemos considerar que a perspectiva científica nas ciências do homem consistiu, durante um século, em uma vasta empresa de expulsão da subjetividade e da descrição viva dos fenômenos humanos em prol de um olhar objetivo.

A escola dos Annales* (fundada em 1929) edificou-se contra uma história dita factual, tida como suspeita porque fundada na narrativa, em detrimento da análise das forças subterrâneas. A "história-narrativa" foi substituída pela "história-problema", segundo a fórmula de Paul Veyne*. Conforme demonstrou Wolf Lepenies (*Die drei Kulturen* [As três culturas], 1985), a sociologia se definiu com uma vontade explícita de adotar um método científico, preocupada com a conceituação, a objetividade e a quantificação, recusando as abordagens literárias e psicológicas do social. A própria psicologia científica recusou-se a levar em conta a subjetividade e a análise introspectiva no estudo dos fenômenos mentais. O estruturalismo*, enfim, expulsando o sujeito em benefício das estruturas, fazia da narrativa um gênero suspeito. Na mesma época, os escritores adeptos do Nouveau Roman dedicaram-se a quebrar o esquema do romance tradicional construído em torno de um personagem central e de uma intriga.

Todavia, temos assistido, desde os anos 1980, a um novo interesse pelas formas mais descritivas e narrativas nas ciências humanas. Essa redescoberta se fez em várias etapas.

Nos anos 1970-1980, a história redescobre a biografia sob uma forma enriquecida, uma espécie de síntese entre a abordagem *dos Annales* e a "história-acontecimento". Na sociologia e na antropologia, a volta do ator vem acompanhada da redescoberta de um gênero até então esquecido: a história de vida*.

• Na esteira dos trabalhos do filósofo Paul Ricoeur* (*Temps et récit* [Tempo e narrativa], 3 vols., 1983-1985), iniciou-se uma reflexão epistemológica acerca do papel da narrativa nas ciências do homem. P. Ricoeur insiste na importância da "composição da intriga", que agencia elementos singulares e heterogêneos em uma sequência de acontecimentos no intuito de criar uma história. Por outro lado, ele procura enfatizar os elos de correspondência que unem a narrativa ao modo pelo qual o ser humano vivencia mentalmente suas experiências de vida. Em suma, a atração pela narrativa seria a expressão de um modo de pensar em adequação espontânea com o espírito humano. Para o psicólogo Jerome S. Bruner*, a forma da história está em conformidade com uma tendência natural do espírito humano de abordar a realidade como sucessões de fatos, de representações de ações e de objetivos de intenções (*Pourquoi nous racontons-nous des histoires?* [Por que nos inventamos histórias?], 2002). Essa ideia já está presente nas abordagens de vários especialistas da teoria literária, como Mark Turner, para quem o gosto por contos é a manifestação de uma predisposição própria do ser humano para criar ficções, para inventar mentalmente mundos possíveis (*The Literary Mind* [A mente literária], 1996). Em suma, o ser humano seria, por natureza, um "Homo fabulator" (J. Molino, R. Lafhail-Molino, *Homo fabulator*, 2003).

L'Enfance d'un chef [A infância de um chefe], de Jean-Paul Sartre, será sempre mais atraente do que sua *Critique de la raison dialectique* [Crítica da razão dialética].

– A intriga. A narrativa deve ainda girar em torno de uma "intriga", que pode corresponder a um enigma a ser resolvido, um projeto a ser cumprido ou simplesmente uma ação a ser realizada. No modelo mais simples, um "herói" (Hamlet, Lenin ou Tarzan) vê-se confrontado com uma prova (vingar o pai, tomar o poder na Rússia ou salvar Jane) que deverá ser por ele superada. Esse esquema, de uma grande simplicidade, pode ser complicado à vontade. Sua força de atração reside no fato de corresponder ao roteiro de toda existência humana: a confrontação entre atores possuidores de projetos e submetidos às imposições e às imprevisibilidades da vida. Nesse quadro extremamente genérico, é possível inscrever tanto a história real dos homens (*history*) como as histórias fictícias dos contos e dos romances (*story*).

A narrativa se funda, portanto, em uma combinação entre a descrição e essa forma particular de ação: a "composição da intriga". É isso que distingue a narração de outras formas de discurso: poesia, dissertação, discurso, relatório ou argumentação.

O SEGREDO DA FABRICAÇÃO DE HISTÓRIAS

A análise da narrativa tornou-se objeto de uma ciência objetiva: a narratologia. Desse modo, constituiu-se progressivamente uma análise estrutural das narrativas. Vladimir Propp*, René Diatkine, Tzvetan Todorov*, Algirdas J. Greimas e Gérard Genette são os grandes nomes que marcaram a história dessa disciplina, nascida na segunda metade do século XIX. As análises desses autores têm em comum o fato de fazer emergir aos poucos uma espécie de "gramática das histórias", dissecando a estrutura lógica dos contos, dos romances, dos roteiros de ficção e de qualquer outra forma narrativa, para evidenciar seus elementos constitutivos (sequências de ação, funções, actantes) e sua estrutura lógica (esquema narrativo).

Atualmente, a narratologia deixou um pouco de lado a abordagem formal e estrutural para privilegiar a "comunicação" entre o leitor e o autor. Compreendeu-se que o universo mental particular criado por uma história não diz respeito unicamente a sua composição interna. Ele supõe ainda uma recriação, pelo leitor, dos fatos narrados – os especialistas falam em "universo diegético" (J. M. Adam, *Le Récit* [A narrativa], 1984). Em outras palavras, a narrativa não funciona sozinha, ela envolve aquilo que Umberto Eco* denomina uma "cooperação interpretativa", uma comunicação implícita entre o leitor e o autor (U. Eco, *Lector in fabula* [Lector in fabula], 1979).

Essa capacidade de preencher os vazios contidos em toda narrativa, projetando o próprio universo, foi estudada principalmente pelos psicólogos, com a noção de "esquema*", emprestada num primeiro momento do psicólogo inglês Frederick C. Bartlett (*Remembering: an Experimental and Social Study* [Recordando: um estudo experimental e social], 1932) e, posteriormente, retomada e desenvolvida a partir dos anos 1970.

Bibliografia: • J.-M. Adam, *Le Récit*, Puf, 1984 • Q. Debray, B. Pachoud, *Le Récit, aspects philosophiques, cognitifs et psychopathologiques*, Masson, 1993 • M. Fayol, *Le Récit et sa construction: une approche de psychologie cognitive*, Delachaux et Niestlé, 1992 [1985] • J. Molino, R. Lafhail-Molno, *Homo fabulator. Théorie et analyse des récits*, Leméac/Acte Sud, 2003

Narratologia

NARRATOLOGIA

Disciplina que analisa o modo de organização interna das narrativas. Nascida no mesmo berço da fonologia*, a narratologia se desenvolveu no contexto do formalismo russo. Vladimir Propp (1895-1970) é seu principal fundador. Sua obra mais importante, *Morfologija skazki* [*Morfologia do conto maravilhoso*], publicada em 1928, é uma análise de uma centena de contos populares reduzidos a um repertório de ações e personagens recorrentes. V. Propp distingue trinta e uma funções e um número reduzido de personagens a partir dos quais todos os contos podem ser engendrados. Por exemplo, em *Chapeuzinho vermelho*, há um herói (Chapeuzinho), um vilão (o lobo), um objeto de busca (salvar a Vovozinha), um adjuvante (os caçadores). A ação parte sempre de uma ausência (o afastamento de Chapeuzinho) e termina com o êxito do objetivo da busca (ou com o fracasso).

Nos anos 1960, a obra de V. Propp obtém um sucesso que ultrapassa consideravelmente o círculo dos folcloristas: seu método morfológico funda uma disciplina, a narratologia, que Algirdas J. Greimas articula à semiologia* estrutural. Inspirados nas ideias de V. Propp e do círculo de Moscou, Tzvetan Todorov*, Claude Brémond e Roland Barthes* as aplicam a outros campos textuais: mitos, narrativas literárias, textos de imprensa.

A narratologia cognitiva emergiu nos anos 1990. Inúmeras pistas sugerem a convergência das pesquisas entre narratologia e ciências cognitivas*. Primeiramente, os trabalhos pioneiros de Frederick Bartlett sobre a organização esquemática da memória tratavam explicitamente da memória das narrativas. Em seguida, a análise dos "modelos mentais*", "protótipos*" ou "esquemas*" contribuiu com conceitos úteis para a análise das narrativas. Enfim, a antropologia cognitiva, que se interessa por alguns fenômenos invariantes nos contos e lendas (aparição de personagens estranhos, quimeras, animais que falam...), também pode trazer contribuições para a narratologia.

Bibliografia: • J.-M. Adam, *Le Texte narratif: traité d'analyse pragmatique et textuelle*, Nathan, 1994 [1985] • J.-M. Adam, F. Revaz, *L'Analyse des récits*, Seuil, 1996 • D. Herman (org.), *Narratologies: New Perspectives on Narrative Analysis*, Ohio State University Press, 1999

→ **Propp, Narrativa**

NATALIDADE

A taxa de natalidade é calculada dividindo-se o número de "nascimentos vivos" em um ano pelo número de habitantes da mesma área. As estimativas de 2009 apontam uma taxa de natalidade de 18,43% no Brasil, 14% na China, 12,57% na França e 49,15% no Mali.

NATIVISMO

O nativismo é empregado em psicologia como um equivalente de "inatismo".

Na filosofia, o inatismo – defendido, sobretudo, por Platão, René Descartes e Gottfried W. Leibniz – designa uma concepção do conhecimento segundo a qual algumas produções do espírito são inatas. Essa teoria se opõe ao empirismo* – cujos principais representantes são John Locke, David Hume e Etienne Bonnot de Condillac –, para quem o conhecimento é o resultado da experiência.

O nativismo é a tradução contemporânea do inatismo filosófico, tal como ele se manifesta nas ciências cognitivas*. A tese nativista, bastante radical, foi retomada, primeiramente, por Noam Chomsky e Jerry Fodor a respeito da linguagem. A partir dos anos 1960, eles sustentam que a gramática é uma produção inata do espírito humano. À época, essa teoria é minoritária entre os psicólogos do desenvolvimento, que aderem, principalmente, à visão construtivista* de Jean Piaget. Esse autor supõe que a inteligência da criança, como a linguagem, se constrói pela interação entre os esquemas inatos e a experiência. O famoso embate entre J. Piaget e N. Chomsky, em 1975, confronta os dois teóricos a respeito da função respectiva da aprendizagem e do inato no desenvolvimento da linguagem e do pensamento. Nos anos seguintes, uma série de dados fará pender a balança para o lado do inatismo.

As pesquisas sobre as aptidões precoces do recém-nascido, realizadas a partir dos anos 1980, mostram que a criança possui, desde cedo, aptidões cognitivas até então inimagináveis: na esfera da categorização*, da permanência do objeto*, do raciocínio*, do cálculo, etc.

Isso dará um forte impulso à corrente nativista na psicologia do desenvolvimento. Mas seus opositores não cedem e, a partir do final dos anos 1990, novos avanços farão que as pesquisas se voltem novamente para uma abordagem muito mais interativa do desenvolvimento.

Bibliografia: • R. Lécuyer, "L'inné est-il vraiment acquis?", in J.-F. Dartier (org.), *Le Cerveau et la Pensée*, Sciences Humaines, 2003 • J. Mehler, E. Dupoux, *Naître humain*, Odile Jacob, 2002 [1990] • M. Piatelli-Palmarini, *Théories du langage, théories de l'apprentissage; le débat entre Jean Piaget et Noam Chomsky*, Seuil, 1979

→ **Chomsky, Desenvolvimento (psicologia do), Fodor, Inato-adquirido, Natureza-cultura, Piaget**

NATUREZA-CULTURA

A violência* é fruto da natureza humana maléfica ou de um contexto cultural pernicioso? As diferenças homens/mulheres* são biológicas ou culturalmente determinadas? A organização do parentesco* é um fenômeno de natureza ou de cultura?

O debate natureza-cultura persiste nas ciências humanas há mais de um século. Essa disputa, chamada *nature-nurture debate* nos países anglófonos, é a versão antropológica do debate inato-adquirido na psicologia. Ele opõe duas grandes concepções do ser humano.

De um lado, temos uma visão naturalista, na qual os comportamentos humanos (violência, poder*, diferenças sexuais, ritos*, organização do parentesco*) são determinados por imposições naturais: determinismos* biológicos ou ecológicos. Em geral, a abordagem naturalista é determinista e busca as invariantes. Ela postula uma relativa permanência das estruturas de conduta e das instituições.

Inversamente, a concepção culturalista concebe o homem, essencialmente, como um ser de cultura. As instituições humanas se explicam, acima de tudo, pela educação ou pela organização própria da sociedade. Essa abordagem é mais receptiva à diversidade, às mudanças, e postula uma flexibilidade comportamental das condutas humanas.

A ABORDAGEM NATURALISTA

O naturalismo se desdobra em algumas versões que diferem entre si.

– *A antropologia racial.* Uma primeira versão se firmou na antropologia no final do século XX. É representada pelo darwinismo social* e pela antropologia* física. Esta última supunha que os graus de desenvolvimento das sociedades estão ligados às aptidões diferentes das raças* humanas. Ela explica as culturas nacionais pelas características raciais de cada povo. Essa teoria racial das condutas humanas praticamente desapareceu do cenário das ciências humanas.

– *O determinismo geográfico.* Outra forma de naturalismo é o determinismo geográfico, que explica as atividades humanas pelo impacto do meio natural. Esse determinismo "ecológico" é muito presente na geografia. O geógrafo Friedrich Ratzel (1844-1904), por exemplo, explica que o meio ambiente determina o tipo de atividade a ser desenvolvida. Os homens se tornam agricultores nos locais em que o clima e a terra são propícios. Continuarão sendo nômades nas regiões em que a aridez dos solos ou o rigor do clima não favorecem a agricultura. E dessas determinações físicas decorrem comportamentos, valores, temperamentos próprios a cada povo.

– *Ecologia cultural* e materialismo cultural.* Na esteira do determinismo ambiental (chamado *environmentalism* nos Estados Unidos), uma corrente de "ecologia cultural" foi inaugurada pelo antropólogo Julian H. Steward (*Theory of Culture Change* [*Teoria da mudança cultural*], 1955). A ideia central é de que as culturas humanas (o "núcleo cultural" de uma sociedade) podem ser entendidas como formas de adaptação ao meio ambiente.

O "materialismo cultural", associado ao nome de Marvin Harris (1927-2001), inscreve-se nessa ótica. Ele explica a guerra, as formas familiares, os tabus alimentares e ainda as formas de organização das sociedades primitivas pelo acesso aos recursos (em particular, às necessidades em proteínas).

– *Sociobiologia* e psicologia evolucionista**. A partir dos anos 1970, observa-se um retorno vigoroso do naturalismo na antropologia anglófona, com o surgimento da sociobiologia e, em seguida, da psicologia evolucionista. Os comportamentos morais, os instintos parentais e ainda a hierarquia podem ser entendidos como consequências de uma longa evolução e da mobilização de instintos que se prolongam nas sociedades humanas. Essa ótica estritamente darwiniana recusa-se a operar um desacoplamento entre a natureza e a cultura. "Os genes seguram as rédeas da cultura", escreverá Edward O. Wilson, o pai da sociobiologia.

A ABORDAGEM CULTURALISTA

Ela finca suas raízes na obra de Jean-Jacques Rousseau que, em *Discours sur l'origine et les fondements de l'inegalité parmi les hommes* [*Discurso sobre a origem e os fundamentos da desigualdade entre os homens*] (1755), se recusava a ver na natureza a fonte das desigualdades humanas.

– *A antropologia cultural.* A partir dos anos 1920-1930, a antropologia sofre uma reviravolta com o surgimento da antropologia* cultural. Franz Boas*, o fundador da corrente culturalista* nos Estados Unidos, travará um combate contra as teorias raciais então dominantes. Toda essa corrente tratará de mostrar que, no homem, a cultura precede a natureza: a educação prevalece sobre a raça, os instintos e as determinações do meio natural. Dos anos 1930 aos anos 1970, a antropologia foi dominada por uma abordagem "culturalista".

– *O determinismo sociológico.* A escola durkheimiana de sociologia se constituiu pela afirmação da ideia de que existe uma dimensão propriamente social nas condutas humanas. Do suicídio aos hábitos culinários, da criminalidade à sexualidade, supõe-se que a sociedade molda os comportamentos, muito mais do que a natureza. A sociologia* se institui como disciplina desvinculando-se, de um lado, do naturalismo e, de outro, do psicologismo (L. Mucchielli, *La Découverte du social. Naissance de la sociologie en France* [A descoberta do social. Nascimento da sociologia na França], 1998). A abordagem durkheimiana terá grande influência sobre a antropologia social anglo-saxã e a etnologia francesa (por intermédio de Marcel Mauss*). A sociologia de Pierre Bourdieu* se insere nessa linha. Segundo ele, a sociologia visa a "desnaturalizar o mundo social" para mostrar que as condutas aparentemente mais "espontâneas" são o resultado de uma longa aprendizagem, de um *habitus** oculto.

– *Os cultural studies**. A abordagem culturalista tem seu desenvolvimento mais radical na corrente dos *cultural studies*, que se desenvolve nos Estados Unidos a partir dos anos 1980. Simultaneamente, é adotado um construtivismo* radical. As diferenças de sexo (renomeado "gênero*"), as doenças mentais, a família, as relações de poder, os ritos, os códigos de conduta, as instituições, as tradições, o corpo, a sexualidade..., tudo é passado pelo crivo da "construção social*". A rigor, não há outra realidade senão a das representações sociais, que moldam as condutas humanas nos âmbitos mais particulares. *The Social Construction of Reality* [*A construção social da realidade*] (P. Berger, T. Luckmann, 1966) é o título emblemático dessa corrente de pensamento.

As tentativas de superação

A oposição entre cultura e natureza é irredutível? Há muito tempo se busca superar a oposição considerada estéril entre esses dois determinismos.

– *A teoria da superposição*. É preciso saber, em primeiro lugar, que F. Boas, pai do culturalismo, não é um doutrinário. Ele não nega a importância dos instintos naturais nas condutas, mas se recusa a considerá-los o único fator explicativo. Do mesmo modo, se Émile Durkheim* se dedica a estudar os determinismos sociais, ele não nega, entretanto, a existência de outros determinismos: simplesmente acredita que eles não dizem respeito à análise sociológica. A cultura é, portanto, apenas uma dimensão que se superpõe, de certo modo, à natureza. Tal dicotomia se encontra de forma mais explícita na antropologia freudiana: a cultura se superpõe à natureza e tenta domá-la. Uma abordagem similar é feita pelo etnologista Konrad Lorenz*.

– *O possibilismo*. O geógrafo Paul Vidal de La Blache propõe uma tese – o possibilismo* – para se desvincular de um determinismo geográfico excessivamente rígido: a natureza apenas propõe possibilidades, que os homens utilizam ou não.

– *A coevolução* e a complexidade**. Charles Darwin*, em *The Descent of Man and Selection in Relation to Sex* [A descendência do homem e seleção em relação ao sexo] (1871), quis reintroduzir o homem entre os seres vivos. Ele não professa nem um naturalismo absoluto (tudo é determinado pelo instinto), nem mesmo uma teoria da superposição. Procura articular natureza e cultura, instinto e aprendizagem em um *continuum*. Atualmente, a maior parte dos modelos provenientes do darwinismo defende uma teoria da coevolução que articula natureza e cultura segundo modelos complexos. Essa complexidade já havia sido teorizada por Edgar Morin* (*Le Paradigme perdu* [O paradigma perdido], 1973).

Bibliografia: • J.-F. Dortier, *L'Homme, cet étrange animal*, Sciences Humaines, 2004 • E. Morin, *Le Paradigme perdu: la nature humaine*, Seuil, 1973 • M. Ridley, *Nature via Nature: Genes, Experience, and What Makes Us Human*, Haper Collins, 2003

→ **Inato-adquirido**

NAVALHA DE OCKHAM

"Não se devem multiplicar os seres sem necessidade." Esse princípio do conhecimento, enunciado pelo teólogo inglês Guilherme de Ockham (ou Occam, 1290-1349), significa que se devem evitar criar muitas categorias para pensar o real.

Em epistemologia*, isso também significa que, entre duas teorias que explicam os mesmos fatos, se opta em geral pela mais simples, isto é, por aquela que recorre a um número mais restrito de hipóteses.

NAZISMO

O regime instaurado pelos nazistas na Alemanha entre 1933 e 1945 suscitou e suscitará ainda por muito tempo inúmeras questões de interpretação para historiadores, especialistas das ciências políticas e filósofos. Qual a natureza do regime nazista: uma variante dos regimes totalitários ou um regime irredutível aos outros? Como explicar a *Shoah*: pelas decisões pessoais de Adolf Hitler ou pela instalação de um sistema que o transcende amplamente?

Inúmeras explicações se sucederam ao longo do tempo. Nos anos 1930, os marxistas* propunham uma explicação do nazismo e do fascismo em geral como um último recurso do Estado burguês diante da revolução. Mas a interpretação foi contestada, pois a burguesia alemã (da qual uma parte era judia) está longe de ter aderido ao regime. Autores pós-marxistas como Ralf Dahrendorf e Barrington Moore veem o regime nazista como um regime autoritário, oriundo de uma crise social, que se serve de elementos arcaicos da sociedade para impor uma modernização forçada. Mas essa abordagem será criticada, por sua vez, por não ter captado a especificidade do nazismo com relação ao regime autoritário em geral. Já Hannah Arendt* via no nazismo uma das facetas de um "sistema totalitário", enquanto o comunismo representaria a outra face. Ela confere à crise da modernidade*, à dissolução das massas e ao papel da ideologia* um lugar central no nazismo.

A DISPUTA DOS HISTORIADORES

Na Alemanha, durante os anos 1980, ocorreu uma famosa disputa historiográfica que opunha "intencionalistas" e "funcionalistas". O debate girou em torno da *Shoah* e da investigação das causas do genocídio. O objetivo era saber se o genocídio foi planejado consciente e antecipadamente por A. Hitler e os nazistas (tratar-se-ia então de uma política "intencionalista"), ou se a *Shoah* resultou de uma sucessão de fatos que teriam levado, por um fenômeno sistêmico de impulsividade, aos extremos, à solução final. Do lado dos intencionalistas, autores como Eberhard Jäckel (*Hitlers Weltanschauung* [A visão de mundo de Hitler], 1969), Andréas Hillgruber e Klaus Hildebrand interessavam-se de perto pela personalidade demente do *Führer*, seu antissemitismo, sua ideologia. Eles querem mostrar que a solução final é o resultado de um plano pensado e amadurecido que A. Hitler havia elaborado nos anos 1920 e já formulado no *Mein Kampf*.

Os funcionalistas (ou "estruturalistas"), como Martin Broszat e Hans Mommsen, centravam-se mais na dinâmica de um regime ditatorial que foi arrastado pela Guerra para um caminho de eliminação dos opositores que não havia sido inicialmente previsto.

A disputa vai se agravar a partir dos anos 1980. O historiador Ernst Nolte publica em 1986 um artigo que se tornaria célebre: "Vergangenheit, die nicht vergehen will: Eine Rede, die geschrieben, aber nicht mehr gehalten werden konnte" [Um passado que não quer passar: um discurso que pode ser escrito mas não mantido] (*Frankfurter Allgemeine Zeitung*, 6 de junho de 1986), no qual sustenta que a política de exterminação era, no fundo, uma resposta aos crimes stalinistas dos anos 1930. O filósofo Jürgen Habermas* replicará violentamente, acusando E. Nolte, assim como A. Hillgruber, que se expressara no mesmo jornal, de serem "revisionistas". Durante dois anos, a polêmica foi violenta. Pois, para além da análise do regime nazista e do papel de A. Hitler, o que está em causa é ora a responsabilidade do povo alemão, ora, inversamente, a isenção de qualquer responsabilidade em uma época bárbara que envolveu comunistas e o Ocidente em toda forma de crimes...

Posteriormente, outras polêmicas da mesma ordem vão se desenvolver com a publicação de livros como o do historiador Daniel J. Goldhagen, *Hitler's Willing Executioners: Ordinary Germans and the Holocaust* [Os carrascos voluntários de Hitler: o povo alemão e o holocausto] (1997), que sustentava que o antissemitismo particularmente violento e profundamente enraizado nos alemães explicava por que todos eles tinham sido "cúmplices" do holocausto.

Os trabalhos do historiador Ian Kershaw contribuíram sobremaneira para superar o debate. Em suas análises sobre o fenômeno nazista (*The nazi dictatorship: problems and perspectives of interpretation* [A ditadura nazista: problemas e perspectivas de interpretação], 1985), ele integra os fatores estruturais combinados a fatores intencionais – especificidade da ideologia e da personalidade de A. Hitler – no contexto de um sistema que se radicaliza progressivamente ao longo dos acontecimentos da Guerra.

Bibliografia: • P. Ayçoberry, *La Question nazie. Les interprétations du national-socialisme 1922-1975*, Seuil, 1979 • I. Kershaw, *Qu'est-ce que le nazisme? Problèmes et perspectives d'interprétation*, Gallimard, 1997 [1985] • I. Kershaw, *Hitler, 1889-1936, Hubris; 1936-1945, Némesis*, 2 vols., Flammarion, 2000 • I. Kershaw, M. Lewin, *Stalinism and Nazism : Dictatorships in Comparison*, Cambridge University Press, 1997

→ **Totalitarismo**

NECESSIDADE
→ **Motivação**

NEGOCIAÇÃO
→ **Mediação**

NEOCLÁSSICA (teoria econômica)

Essa corrente de pensamento econômico surgiu a partir de 1870. Ela desenvolve e aprofunda as teses liberais dos autores "clássicos" (Adam Smith*, David Ricardo, Jean-Baptiste Say*, Thomas R. Malthus).

Todavia, os neoclássicos se distinguem de seus predecessores em três pontos:

– em primeiro lugar, eles sempre partem do indivíduo e de suas escolhas preferenciais: são os fundadores da microeconomia;

– seu procedimento é abstrato e formal: eles empregam em abundância a modelização matemática para argumentar;

– diferentemente dos clássicos, os neoclássicos supõem que o valor de um bem depende da utilidade (isto é, da satisfação esperada) e não dos custos de produção.

Entre os principais fundadores da corrente neoclássica, distinguem-se a corrente dos engenheiros franceses, por exemplo, Antoine Cournot (1801-1877), uma escola inglesa com William S. Jevons (1835-1882) e Alfred Marshall (1842-1924), a escola de Lausanne com Léon Walras* (1834-1910) e Vilfredo Pareto* (1848-1923), e a escola vienense com Carle Menger (1840-1921), Friedrich von Wieser (1851-1926) e Eugen Böhm-Bawerk (1851-1914).

Os neoclássicos contemporâneos retomaram e desenvolveram o modelo do equilíbrio geral de L. Walras, aprofundando ainda mais sua formulação matemática. Gérard Debreu e Kenneth J. Arrow* são os fundadores do modelo de referência, às vezes chamado de "modelo *standard*" do equilíbrio geral.

Associam-se com frequência os neoclássicos aos adeptos do livre mercado. Erroneamente... O mercado puro é um modelo teórico e não um modelo a ser defendido. Nem L. Walras nem, mais tarde, Maurice Allais e K. J. Arrow defenderam o livre mercado no plano da política econômica. Esses autores até mesmo defenderam a necessidade do Estado como regulador do mercado.

Bibliografia: • H. Defalvard, *La Pensée économique néo-classique*, Dunod, 2000 • B. Guerrien, *La Théorie économique néo-classique*, t. 1: *Microéconomie*; t. 2: *Macroéconomie*, La Découverte, 1999

→ **Clássicos (economistas), Economia, Pareto, Walras**

NEOINSTITUCIONALISMO

O neoinstitucionalismo é uma corrente de análise em ciência política surgida nos anos 1980. O enfoque é dado à ideia de "dependência da trajetória" (*path dependance*): uma instituição, uma vez tendo optado por um caminho (em uma fase inicial), dificilmente poderá reorientar sua ação, reformar seus objetivos... Isso ocorre com relação à organização do trabalho ou da escolha técnica (*ver quadro*). Em matéria de análise das políticas públicas, essa abordagem privilegia os dispositivos institucionais estáveis e rígidos – estatutos, infraestruturas materiais, leis, rotinas organizacionais, normas e regulamentos em vigor –, que sobrecarregam e

---

COMO "QWERTY" CONQUISTOU OS TECLADOS

• O teclado "qwerty" foi inventado em 1860 pelo americano Christopher L. Sholes, um dos primeiros fabricantes da máquina de escrever. Nessa época, várias máquinas de escrever e teclados concorrentes foram introduzidos no mercado.
Por que aquele e não outro conseguiu impor-se?
E por que não encontra rivais hoje, visto que todos os teclados de computadores do mundo adotaram a mesma norma?
O teclado qwerty não era o mais simples nem o mais fácil para a digitação (e continua não sendo). Mas apresentava uma vantagem: evitava que as barras de metal que acionavam as letras esbarrassem umas nas outras. Em função disso, a empresa Remington decidiu comercializar o modelo de C. L. Sholes. Ocorre que a primeira escola de datilografia, criada em 1880, comprara Remingtons para seus alunos. O modelo tornou-se, assim, uma referência para os datilógrafos e se expandiu rapidamente.
Alguns anos mais tarde, as primeiras máquinas de escrever elétricas tinham resolvido o problema técnico inicial e teclados muito mais adaptados foram inventados: posições de letras muito mais cômodas para a digitação foram testadas. Mas já era tarde demais, pois os concorrentes haviam perdido a batalha da formação dos datilógrafos. O teclado qwerty e a norma Remington já tinham se espalhado pelo mundo inteiro. Não era mais possível para os fabricantes de máquinas de escrever tentar impor uma nova norma. O teclado qwerty havia se tornado a norma, e continuará sendo com o advento dos computadores.

• Uma causa inicial contingente pode, portanto, desencadear uma evolução técnica em determinada direção sem que, depois, seja possível voltar atrás. É o que os economistas e os sociólogos institucionalistas chamam de "dependência da trajetória".

limitam a ação pública. Assim, as mudanças importantes só podem ocorrer em circunstâncias excepcionais (como nos momentos de crise), que constituem ocasiões privilegiadas de abertura.

→ Institucionalismo, Política pública

NEOLÍTICO

Devemos o termo "neolítico" ao inglês John Lubbock, que, em 1865, assim batizou a idade da "nova pedra". A pedra polida e a cerâmica marcam a passagem para uma nova época da pré-história. Mas é sobretudo o pré-historiador Vere Gordon Childe que, nos anos 1940, vai dar forma ao modelo de referência do que ele chamou de "revolução neolítica".

O neolítico marca, com efeito, uma virada decisiva na história da humanidade. Trata-se não somente de uma nova técnica de talhar a pedra, mas, sobretudo, da domesticação animal, da invenção da agricultura e da cerâmica, da sedentarização dos homens e da instalação em aldeias. Esse novo modo de vida provocará um aumento da população, acompanhado de mudanças sociais significativas: a divisão do trabalho, a hierarquia social, a guerra. A neolitização trouxe consigo uma modificação das crenças. As divindades animais, típicas das sociedades de caçadores, seriam substituídas por um culto das divindades femininas, símbolo da fertilidade do solo. Trata-se, mais exatamente, de uma revolução nos modos de vida, com repercussões na economia, nas estruturas sociais, nas crenças...

ONDE E QUANDO OCORREU A REVOLUÇÃO NEOLÍTICA?

O fenômeno de neolitização ocorreu isoladamente, em diferentes lugares do planeta, todos situados em uma faixa intertropical. No Oriente Próximo, o neolítico é mais antigo e mais bem conhecido. Em torno de 10 mil a.C., populações de caçadores-coletores começam a se sedentarizar, construindo casas sólidas e se agrupando em aldeias. Esses primeiros focos do neolítico estão situados na Palestina – cultura "Natufiana" (do sítio al-Natuf) –, na Judeia com Mallaha e Nahal Oren, e no norte da Síria (Mureybet e Abu Hureyra). Os primeiros vestígios de produção agrícola são posteriores à sedentarização: eles datam de 9 mil a.C. Uma neolitização (sedentarização, criação e agricultura) aparece a seguir, isoladamente, na China, na América Central e na região andina, a partir do VIII milênio a.C. É possível, mas não comprovado, que o neolítico tenha surgido independentemente no Sudeste Asiático e na África central. Sua chegada à Europa deu-se entre 6 mil a.C. e 4 mil a.C., não por um processo de difusão, mas a partir do foco próximo-oriental.

QUAIS SÃO SUAS CAUSAS?

O arqueólogo escocês V. G. Childe falava em "revolução neolítica" para estabelecer uma comparação com a Revolução Industrial do século XIX. Para ele, o neolítico representava uma reviravolta global, ao mesmo tempo técnica, social e cultural. O homem passa de uma economia de predação a uma economia em que é o produtor de seus recursos, com a agricultura e a criação. Segundo V. G. Childe, a invenção da agricultura provocou a sedentarização, a organização em aldeias, etc.

Para explicar esse processo, V. G. Childe propõe uma teoria centrada nas transformações climáticas: a teoria dos oásis. Tendo o ressecamento dos solos (devido ao aquecimento climático do fim da era glacial) provocado a aglomeração das populações e dos animais nos oásis férteis, a agricultura e a domesticação animal seriam o resultado dessa transformação.

Robert J. Braidwood propôs uma tese em que rejeitava a importância exagerada atribuída às imposições do meio. Em um artigo que se tornou célebre, "The Agricultural Revolution" [A revolução agrícola] (*Scientific American*, setembro de 1960), ele invoca uma inovação cultural em pequenas comunidades isoladas, seguida de uma difusão dessas inovações. "É em termos de culturas que a origem da agricultura deve ser pensada. (...) Na minha opinião, não precisamos complicar as coisas com 'causas' externas. (...) Aproximadamente em 8 mil a.C., os habitantes das colinas que dominavam o Crescente fértil tinham atingido um conhecimento tão bom de seu *habitat* que começaram a domesticar as plantas e os animais que, até então, eles colhiam e caçavam."

NOVIDADE NO NEOLÍTICO

Há alguns anos, a visão do neolítico vem sofrendo profundas modificações devido às des-

OS PRIMEIROS FOCOS DO NEOLÍTICO NO MUNDO

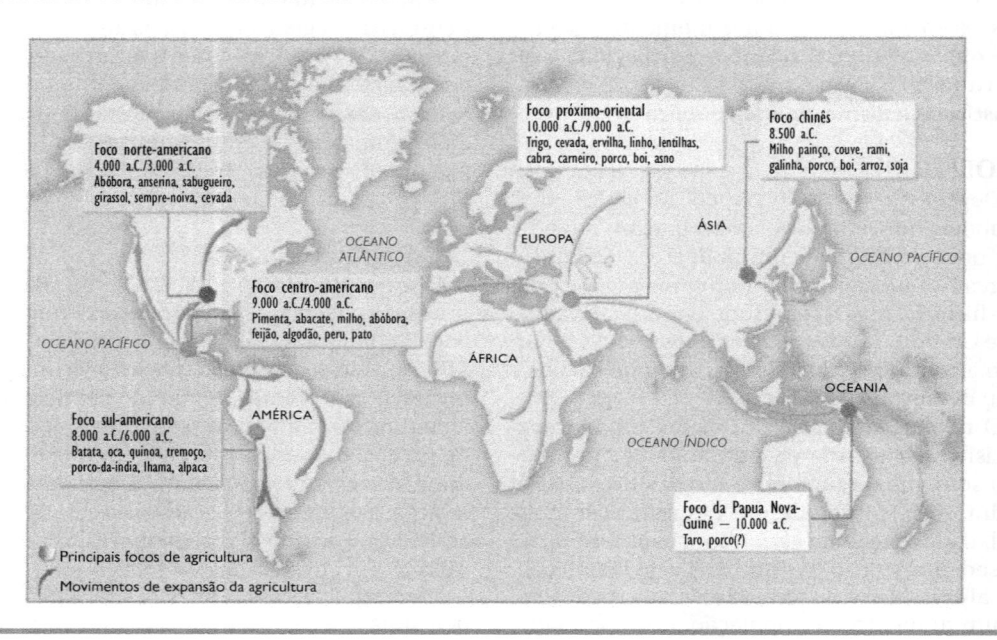

cobertas arqueológicas e às comparações entre diferentes focos de neolitização (na China, na África, na América Latina e no Oriente Médio).

– Sabe-se hoje que no Oriente Médio a sedentarização precedeu a agricultura (em aproximadamente 2 mil anos).

– A formação de centros de poder e de uma hierarquia social se desenvolveu muito rapidamente em alguns lugares, e não no final de um processo lento e contínuo. Uma revolução política pode, portanto, ter precedido ou acompanhado uma revolução tribal e urbana.

– Transformações culturais, como o surgimento de novas divindades femininas, acompanharam desde muito cedo as transformações econômicas e sociais. O que leva Jacques Cauvin a dizer (*Naissance des divinités, naissance de l'agriculture: la révolution des symboles au néolithique* [Nascimento das divindades, nascimento da agricultura: a revolução dos símbolos no neolítico], 1997) que a revolução cultural teria precedido as transformações econômicas.

Bibliografia: • J. Guilaine (org.), *Premiers paysans du monde. Naissance des agricultures*, Errance, 2000 • J. Guilaine, *De la vague à la tombe, la conquête néolithique de la Méditerranée (8000-2000 avant J.-C.)*, Seuil, 2003 • C. Loubourtin, *Au néolithique, les premiers paysans du monde*, Gallimard, 1990 • S. Mithen, *After the Ice: a Global Human History 20,000-5000 BC*, Weidenfeld & Nicolson, 2003 • M. Otte, J.-P. Mohen, C. Eluère, M. David-Elbiali, *La Proto-histoire*, De Boeck, 2001

→ **Arqueologia-pré-história**

NEUMANN, JOHN VON
(1903-1957)

Matemático americano de origem húngara, John von Neumann possui todos os atributos do gênio: a precocidade (aos 12 anos, fala fluentemente várias línguas e domina o conteúdo dos programas de matemática da Universidade de Budapeste) e a variedade de talentos: ele trará inúmeras contribuições à ciência.

J. von Neumann será o fundador, juntamente com Oskar Morgenstern (1902-1977), da teoria dos jogos (teoria das tomadas de decisão em situação de incerteza), que revolucionará a microeconomia contemporânea. É o idealizador do computador (os computadores são construídos com base em um plano de organização funcional, chamado "arquitetura Von Neumann").

Ele também pode ser considerado um dos pioneiros das ciências cognitivas*. Enfim, participou do projeto Manhattan de criação da bomba atômica.

Principais obras de J. von Neumann
- (com O. Morgenstern) *Theory of Games and Economic Behavior*, 1944 [Teoria dos jogos e comportamento econômico]
- *Mathematical Foundation of Quantum Mechanics*, 1932 [Fundamentos matemáticos de mecânica quântica]
- *The General and Logical Theory of Automata*, 1951 [A teoria geral e lógica do autômato]
- (sobre J. von Neumann) W. Poundstone, *Prisoner's Dilemma: John von Neumann, Game Theory and the Puzzle of the Bomb*, 2003 [O dilema do prisioneiro: John von Neumann, teoria dos jogos e o quebra-cabeças da bomba]

→ **Teoria dos jogos**

NEUROCIÊNCIAS

"As neurociências cognitivas receberam esse nome no final dos anos 1970, no banco traseiro de um táxi nova-iorquino." É assim que Michael S. Gazzaniga, um dos mais proeminentes neurocientistas, narra como foi batizada sua disciplina. Mas para compreender por que o epíteto "cognitivas" foi vinculado às "neurociências" – as ciências do cérebro –, é necessário traçar as grandes etapas dessa disciplina.

O TEMPO DOS PIONEIROS

As primeiras pesquisas sobre o funcionamento do cérebro remontam ao século XIX. A ideia de que cada parte do cérebro estaria associada a uma função precisa foi proposta por Franz J. Gall (1758-1828), o pai da frenologia. A forma da testa e do crânio estaria relacionada com as partes mais ou menos desenvolvidas do cérebro, que refletiriam, por sua vez, faculdades mais ou menos desenvolvidas. Assim como nos músculos do corpo, poderíamos conhecer as forças e as debilidades mentais do indivíduo observando a anatomia de seu crânio. Essa teoria viveu seu momento de glória durante todo o século XIX, apesar de não apresentar bases empíricas sólidas.

Foi Paul Broca (1824-1880) quem fez a primeira descoberta importante. Ao autopsiar doentes acometidos de afasia*, ele descobriu lesões em uma região do cérebro, no nível da terceira circunvolução frontal esquerda (próximo da têmpora esquerda). A partir disso, deduziu que o centro da linguagem devia se situar nessa região. Alguns anos depois, Carl Wernicke (1848-1905) fez uma descoberta parecida: uma outra forma de afasia estaria associada à lesão de uma região vizinha à "área de Broca". Os pesquisadores passam, então, a realizar um mapeamento do cérebro e se lançam na descoberta das áreas cerebrais especializadas.

Dois grupos se formam entre os cientistas. De um lado, os "localizacionistas" (ou atomistas) acreditam que cada área do cérebro é responsável por uma função mental especializada: a visão, a memória, a linguagem, as emoções. De outro, os "holistas" (ou unitaristas), como Pierre Flourens (1794-1867) sustentam que o cérebro funciona como um "todo" e que cada uma de suas partes pode, no nascimento, ser atribuída indiferentemente a uma ou outra função. O debate permanecerá inflamado por muitos anos.

Quase no final do século XIX, o espanhol Santiago Ramón y Cajal (1852-1934) descobre a existência do neurônio. Quando surgem os primeiros "mapeamentos" das áreas do cérebro no início do século XX, em torno de cinquenta áreas corticais são identificadas (K. Brodmann, "On the Comparative Localization of the Cortex", 1909), que ainda servem de referência aos especialistas.

A EXPLORAÇÃO DO CÉREBRO

Ao longo de todo o século XX, a exploração do cérebro segue adiante e revela aos poucos o funcionamento dos neurônios, a transmissão do influxo nervoso, o papel das sinapses, a ação dos neuromediadores, etc. Todas essas descobertas permanecem restritas, no entanto, à área da neurobiologia. Os cientistas encontram dificuldades para relacionar a anatomia e a psicologia do cérebro com a psicologia das funções mentais. Como esses elementos estariam interligados?

É, sobretudo, a partir dos anos 1950 que as neurociências tomam um novo rumo.

As pesquisas de David H. Hubel e Torsten N. Wiesel vão permitir delimitar com precisão as diferentes áreas visuais envolvidas na visão. Por seus trabalhos, eles recebem o prêmio Nobel de medicina em 1981. Esse prêmio foi dividido com Roger W. Sperry, outro grande neurologista, que evidenciou o papel específico dos dois hemisférios cerebrais. A esses trabalhos se juntaram inúmeras outras descobertas, entre as quais as de Wilder Penfield (mapeamento das funções cerebrais situadas no córtex), Paul McLean (os "três cérebros"), Jean-Pierre Changeux (pesquisas sobre a epigênese), Michael Posner, M. S. Gazzaniga e vários outros.

A década das neurociências

A partir dos anos 1980, a invenção de novas técnicas de imagem cerebral – escâner, imagens por ressonância magnética (IRM), tomografia por emissão de pósitrons (TEP) – faz avançar consideravelmente o estudo da atividade cerebral. Parece que seria finalmente possível abrir a "caixa-preta" do cérebro e compreender seu modo de funcionamento. Os anos 1990 serão até mesmo batizados de "a década do cérebro". No entanto, seria um engano pensar que os progressos das neurociências se limitam a querer mapear o cérebro em atividade. O principal objetivo dessas ciências é conhecer as operações mentais envolvidas. Pela observação (graças à IRM) da atividade cerebral de sujeitos durante as atividades de leitura, cálculo, fala, é possível isolar os diferentes componentes cognitivos de uma tarefa. Por exemplo, o método chamado "de subtração" consiste em comparar as zonas cerebrais ativadas quando um sujeito lê palavras que têm um sentido ("mesa", "sapatos") e outras que não têm ("charlus" ou "raible"). O estudo de lesões muito específicas, como a propagnosia (inabilidade específica de reconhecer faces humanas), também traz informações preciosas sobre os mecanismos da visão.

O desenvolvimento das neurociências irá fomentar grandes debates científicos e filosóficos. A velha controvérsia sobre a localização das zonas cerebrais volta à tona, mas sob nova forma. Com a admissão de que existem realmente áreas especializadas no cérebro (para a linguagem, a visão, a motricidade, etc.), o debate trata agora do grau de plasticidade* das áreas cerebrais. Outra questão diz respeito à existência de dispositivos de coordenação entre módulos (eles seriam pilotados por um "centro" ou seriam espontaneamente coordenados?).

Outro debate, de natureza filosófica, reflete sobre as relações entre cérebro e espírito: o pensamento poderia ser reduzido à atividade neuronial? Nesse ponto, deixa-se o campo específico dos fatos para se passar a uma discussão de filósofos. A maior parte dos neurocientistas admite que o pensamento está inevitavelmente assentado em um suporte cerebral (cujo funcionamento lhes cabe estudar), mas que ele também depende da aprendizagem, e, portanto, de fatores culturais e sociais. São raros os que pensam, como Patricia S. e Paul M. Churchland – os partidários da neurofilosofia –, que todas as atividades intelectuais poderão, em breve, ser descritas pela atividade dos neurônios.

Do homem neuronial à neurobiologia da consciência

Enquanto os filósofos debatem, alguns grandes nomes das neurociências irão tornar essa disciplina de domínio público, redigindo obras de divulgação que farão muito sucesso. Já Aleksandr Luria (*L'Homme dont le monde volait en éclats* [O homem com o mundo estilhaçado], 1995) e Oliver Sacks (*The Man Who Mistook His Wife For A Hat* [O homem que confundiu sua mulher com um chapéu], 1985) haviam encantado milhões de leitores, em seu tempo, ao narrar os impressionantes distúrbios ligados às lesões cerebrais. Em 1983 era publicado *L'Homme neuronal* [O homem neuronial], de Jean-Pierre Changeux. Nessa obra, o autor apresenta os avanços das novas "ciências do cérebro", anunciando uma ambição clara: a longo prazo, as neurociências permitiriam desvendar os segredos mais profundos do pensamento (essa afirmação provocaria a revolta daqueles que viam nisso o efeito de um "reducionismo neuronial" arrogante).

Logo em seguida, Gérald M. Edelman (*Bright Air, Brilliant Fire: on the Matter of Mind* [Ar claro, fogo brilhante: sobre a natureza da mente], 1989), Antonio Damásio* (*Descartes' Error* [O erro de Descartes], 1994) e Joseph LeDoux (*Synaptic Self* [Personalidade sináptica], 2002) vão propor a um público cada vez mais vasto os desenvolvimentos mais recentes de sua disciplina.

Enquanto a inteligência artificial* havia sido a "ciência-piloto" das ciências cognitivas, as neurociências tornam-se, por sua vez, o pivô da galáxia cognitiva. É por isso que M. S. Gazzaniga e Georges Miller, um dos fundadores da psicologia cognitiva, decidem um dia, no banco traseiro de um táxi nova-iorquino, enfeitar as neurociências com o adjetivo "cognitivo".

Bibliografia: • J.-F. Dortier (org.), *Le Cerveau et la Pensée: La révolution des sciences cognitives*, Sciences Humaines, 2003 •

M. S. Gazzaniga, R. B. Ivry, G. R. Mangun (orgs.), *Neurosciences cognitives: la biologie de l'esprit*, De Boeck, 2003 [1998]

→ Área cerebral, Damásio, Dominância cerebral, Neurofilosofia, Plasticidade cerebral, Ciências cognitivas

NEUROFILOSOFIA

Na filosofia do espírito*, a corrente da neurofilosofia é representada pelo casal Patrícia S. e Paul M. Churchland. Eles são os teóricos de um "materialismo eliminativista", um reducionismo radical que consiste em querer relacionar todos os fenômenos mentais a processos neurológicos.

Segundo essa abordagem, seria possível construir uma teoria do psiquismo exclusivamente com base nas descobertas em neurologia. P. S. Churchland contestou claramente, portanto, as teses de Jerry Fodor* e a ideia de um nível "representacional". Para a neurofilosofia, não há necessidade de supor estados mentais para explicar o funcionamento do psiquismo.

Bibliografia: • P.S. Churchland, *Neurophilosophy: Toward a Unified Science of the Mind-Brain*, MIT Press, 1986

NEUROLINGUÍSTICA

Estudo da organização da linguagem a partir de distúrbios ocasionados por lesões cerebrais.

→ Psicolinguística

NEUROPSICOLOGIA

Disciplina que estuda os efeitos das lesões cerebrais na cognição. Seu objetivo é compreender a função de uma área cerebral* a partir de sua deterioração. Paul Broca (1824-1880) fez a primeira grande descoberta nessa área mostrando a relação da afasia* com a lesão de uma área cerebral, chamada desde então de "área de Broca".

Entre os principais distúrbios neuropsicológicos, encontram-se:
– os distúrbios da percepção (agnosia* visual, prosopagnosia...);
– os distúrbios da linguagem (afasia);
– os distúrbios da memória (amnésia*);
– os distúrbios da atenção e da consciência (heminegligência);
– os distúrbios das funções executivas (síndrome frontal).

A neuropsicologia foi vulgarizada com sucesso pelos trabalhos de Alexander Luria, Oliver Sacks e Antonio Damásio*.

Bibliografia: • A. Damásio, *L'Erreur de Descartes. La raison des émotions*, Odile Jacob, 2001 [1994] • J. Flessas, F. Lussier, *Neuropsychologie de l'enfant. Troubles développementaux et de l'apprentissage*, Dunod, 2001 • A. Luria, *L'Homme dont le monde volait en éclats*, Seuil, 1995 • O. Sacks, *L'Homme qui prenait sa femme pour un chapeau*, Seuil, 1998 [1985] • E. Siéroff, *La Neuropsychologie. Approche cognitive des syndromes cliniques*, Armand Colin, 2004

NEUROSE

William Cullen (1710-1790), médico escocês que fora professor de medicina em Edimburgo, acreditava que grande parte das doenças – mentais ou outras – provinha dos nervos. Foi por isso que ele criou em 1769 a palavra "neurose". O termo ficaria famoso.

No século XIX, ele funciona, sobretudo, como um "rótulo conveniente" (Jean Thuillier) para reunir todos os transtornos mentais que não possuem causas orgânicas evidentes. O conceito de neurose será reutilizado em seguida por Sigmund Freud*, a partir de 1893. O fundador da psicanálise o emprega para designar um transtorno psíquico marcado pelo conflito recalcado, de origem infantil, entre as pulsões inconscientes* e as resistências do Eu*. Uma série de transtornos – histeria*, neurose obsessiva, neurose de angústia, neurastenia, neurose de transferência e neurose narcísica – entram nessa categoria geral.

A partir de então, opõem-se com frequência, na psiquiatria, neurose e psicose: as neuroses são transtornos dos quais o indivíduo tem consciência e que não afetam profundamente sua personalidade. Por exemplo, a fobia* é uma neurose, pois o fóbico sabe que sofre de um transtorno. Já o esquizofrênico* sofre de uma alteração profunda da personalidade, da qual ele não tem consciência. Sua doença é considerada, portanto, uma psicose.

O conceito de neurose desapareceu do *Manual de diagnóstico e estatística de distúrbios mentais* (*DSM-IV**).

O termo continua a ser empregado habitualmente para designar diferentes tipos de transtornos:
– os transtornos ansiosos* ou fóbicos;
– os transtornos obsessivos compulsivos (TOC);

– os transtornos "histéricos" (sintoma somático ocasionado por um conflito psíquico);
– os transtornos depressivos*.

Emprega-se às vezes a expressão "neurose de fracasso" para descrever a conduta de um sujeito que se revela incapaz de realizar uma tarefa (declarar seu amor, prestar um concurso, etc.) por medo de sofrer um fracasso.
→ Psicose

NEW ECONOMIC HISTORY
→ Nova história econômica

NIETZSCHE, FRIEDRICH
(1844-1900)

Friedrich Nietzsche nasceu em Röcken, na Alemanha. Após se formar em filologia e filosofia, ele obtém uma cadeira de filologia em Bâle. Sua obra é difícil porque facilmente sujeita a mal-entendidos, a equívocos. O filósofo pretende não somente atacar as ideias metafísicas clássicas em seus fundamentos, a moral e a religião, como também as ideologias dominantes em seu tempo, como o socialismo, o "democratismo" e o darwinismo*. Seria para deixar como único horizonte uma terra arrasada, o niilismo (*nihil*: nada)? Acompanhemos a parábola esclarecedora do camelo, do leão e da criança (ver "As três metamorfoses do espírito", in: *Also sprach Zarathustra* [*Assim falava Zaratustra*], 1883-1885), que marca as diferentes etapas do pensamento nietzschiano.

COMO O ESPÍRITO SE TORNA CAMELO

O camelo representa o metafísico, isto é, aquele que evolui em um mundo de ideias que formam o ser, único mundo verdadeiro a seus olhos. No mundo das ideias, o mundo sensível, aquele que presenciamos a cada instante, que evolui e se funda na aparência, não possui uma verdadeira densidade ontológica. Assim, o metafísico vive em um mundo "dualizado". Em suma, ele é camelo na medida em que carrega o peso do ser, única verdade, negando o devir das coisas, a mudança, com tudo o que ela comporta de desejo, de paixões, de sofrimento e de gozo, toda a densidade da vida, de acordo com F. Nietzsche.

Essa atitude diante do conhecimento tem efeitos morais e religiosos, uma vez que implica determinado tipo de valores dualistas, próprios do cristianismo, que desprezam o corpo: quem não se considera um espírito puro separado de um corpo às vezes cruel e doloroso? Quem não se sente em conflito com suas paixões? Quem não desconfia de seus sentidos e não tenta resistir-lhes, diante do desejo, por exemplo? O pensamento repousa, no fundo, em uma oposição dos valores intimamente ligados à moral e à religião. F. Nietzsche reconhece no ser o bem, a sombra de Deus, ideal de permanência. Esses valores, diz Nietzsche, ex-filólogo, merecem ser questionados por meio de uma genealogia da moral (esse método interpretativo será retomado por Michel Foucault* em *Histoire de la folie* [*História da loucura*] e *L'archeologie du savoir* [*A arqueologia do saber*]). Inicialmente, estabelecer uma genealogia familiar tinha por objetivo determinar, através da história dos membros de uma família, se eles podiam usufruir de títulos de nobreza. O mesmo é válido para a moral: o nascimento dos valores determinará sua grandeza ou sua baixeza. O que essa genealogia revela? Ela desvela, como por trás das paredes de uma bela casa burguesa, o sofrimento e a crueldade, fundamentos da moral cristã: o ressentimento, o peso na consciência, o espírito de sacrifício, quinta-essência do que F. Nietzsche denomina "o homem reativo", que padece como o camelo. Um dos avatares do cristianismo é a apologia do igualitarismo que acompanha esses valores. A moral sofre inúmeras metamorfoses, em geral anticristãs, cujas formas atualizadas na época de F. Nietzsche são principalmente o "democratismo" e o socialismo. Essa "virtude moral" conduz justamente à uniformização, ao nivelamento por baixo em detrimento da originalidade, da criatividade. F. Nietzsche afirma que esse igualitarismo conduz ao processo inverso daquele descrito por Charles Darwin*: a seleção natural favorece os "fracos" por seu gregarismo e sua adaptabilidade e leva à exclusão dos "fortes", inadaptados porque diferentes e minoritários.

COMO O CAMELO SE TORNA LEÃO

Desse balanço da origem dos valores e do conhecimento resulta a depreciação destes últimos, ou seja, o niilismo. O niilismo significa que "Deus está morto", esse Deus que cristalizava os ideais e os valores que negam a vida, a moral decadente dos "fracos". É a era da angústia moderna que se anuncia, era privada de qualquer finalidade, fatalmente absurda. O niilista adota uma atitude passiva diante da absurdidade ambiente (etapa do niilismo dito "passivo"). Se Deus está morto, de que adianta? Esse niilismo vem acompanhado de uma total abdicação do querer e anuncia a chegada daquele a que F. Nietzsche chama de "o último dos homens": ele reduz a existência a uma inércia ininterrupta, ao prazer e ao conforto, não tem mais forças, se fecha e se compraz com sua vidinha acanhada e sem graça a que chama de "felicidade".

A destruição dos valores pede um niilismo dito "ativo": o camelo deve se transformar em leão. O leão é aquele que rejeita ativamente o fardo carregado pelo camelo. Ele rejeita Deus e afirma sua própria autonomia. Não sofre a ausência de valores, não é um mero espectador; ao contrário, ele a provoca. Isso significaria que é preciso permanecer nesse bombardeamento anunciado das ideologias e crenças ancestrais, fundamentos das comunidades e da estabilidade das sociedades? O niilismo deve necessariamente ser ultrapassado e ceder lugar a novos valores.

Como o leão se torna criança

Que tipo de valor? F. Nietzsche pretende se situar "para além do bem e do mal". Se o leão deve voltar a ser criança, é porque a criança representa a inocência e a liberdade criadora. A criatividade infantil não é parasitada pelo peso na consciência e pelo sentimento de culpa. Ela é representada pelo jogo, atividade afirmativa por excelência. E é a vontade de potência inata no homem que será fundadora desses valores. Esse mundo será um mundo que aceita o devir, a força, o desejo, a singularidade. O homem, nesse mundo, não mais será um indivíduo fechado em si mesmo, sujeito à introspecção permanente, uma futilidade quando a consciência constitui apenas um epifenômeno. Segundo F. Nietzsche, a exaltação do corpo através da "vontade de potência" deve ser pensada sem nenhum pano de fundo moral, religioso ou estético, mas como o processo orgânico mais elementar, próprio a qualquer forma de vida. Todo ser vivo nasce, se forma, cresce, se transforma, luta, se alimenta, morre... Os valores oriundos desse vitalismo reivindicarão a criatividade (através da arte), a pluralidade (no conhecimento), a complexidade, o risco. Se o saber é pluralista, ele é "perspectivista". F. Nietzsche prega a interpretação como método de conhecimento. O mundo pode estar sujeito a uma infinidade de interpretações válidas, se o real for decifrado sob a forma de um "ensaio", e não sob a forma de razões e provas.

Todavia, essa apologia da força encarnada por aquele que F. Nietzsche chama de "super-homem" é ambígua, quando se sabe que vem acompanhada de uma valorização da luta e da guerra. É também uma moral aristocrática e elitista que pouco caso faz do homem comum.

É preciso lembrar que a vida de F. Nietzsche foi marcada por contradições, sofrimento e solidão. Após a morte do pai, ele viveu rodeado por uma mãe e uma irmã invasivas, uma irmã que, esposa de um nazista notório, assume a responsabilidade pela interpretação nazista do nietzschianismo: ela manipulará os fragmentos póstumos do irmão para constituir uma obra inautêntica, à qual dará o título de *Der Wille zur Macht* [*A vontade de potência*] (1901), organizada de forma a deixar entrever um F. Nietzsche apóstolo da pureza, da dominação, do elitismo, do corpo, temas caros aos nazistas. Mas, se por um lado, a filosofia de F. Nietzsche é ambígua em si mesma, por outro, o filósofo sempre se mostrou hostil ao antissemitismo.

Desde cedo sujeito à doença, ele se vê obrigado a abandonar sua carreira de filólogo e passa a levar uma vida boêmia em climas mais propícios, no sul da Europa, na França e na Itália. O filósofo permanecerá obcecado pela ideia de saúde e de força, temas recorrentes em sua obra. Uma saúde que ele nunca mais recuperaria, dada sua imersão na loucura em 1889 até sua morte em 1900.

Nietzsche no século XX

Durante todo o século XX, F. Nietzsche marcará o mundo intelectual e terá uma influência decisiva nas ciências humanas. Um exemplo significativo é dado pela psicanálise, que, ao insistir no poder do desejo e na dualidade Eros/Tânatos, se inscreve em uma filiação nietzschiana.

A empresa de destruição nietzschiana encontrará um eco favorável em uma corrente intelectual conhecida como "filosofia da suspeita" ou "desconstrucionismo". M. Foucault*, Gilles Deleuze* e Jacques Derrida* reivindicarão a influência nietzschiana.

Essa "filosofia da suspeita" pretendia substituir um discurso racional, fundado na busca da verdade, por uma análise genealógica das condições de produção dos discursos. Em suma, não se tratava mais de saber quem tinha ou não razão, mas "Quem fala? Com que interesse? Com que procedimentos retóricos? E para defender qual ordem?".

Principais obras de F. Nietzsche
• *Die Geburt der Tragöedie aus dem Geiste der Musik*, 1872 [*O nascimento da tragédia ou helenismo e pessimismo*, Companhia das Letras, 2.ª ed., 1999]
• *Menschliches, Allzumenschliches*, 1878-1879 [*Humano, demasiado humano*, Companhia das Letras, 2005]
• *Also sprach Zarathustra; ein Buch für Alle und Keinen*, 1883-1885 [*Assim falou Zaratustra*, Civilização Brasileira, 9.ª ed., 1998]
• *Jeinseits von Gut und Böse*, 1886 [*Além do bem e do mal*, Companhia das Letras, 2005]
• *Zur Genealogie der Moral; ein Streitschrift*, 1887 [*A genealogia da moral – uma polêmica*, Companhia das Letras, 2.ª ed., 2000]

NOMINALISMO

"Eu vejo um cavalo, mas não vejo a cavalidade", declarava o filósofo grego Antístenes. Na filosofia, o nominalismo considera que as categorias, os conceitos, os nomes que empregamos para pensar são categorias mentais, ferramentas de pensamento, e não reproduções do real. Para o nominalismo, todas as nossas categorias gerais são apenas uma construção mental representada em um nome. Os conceitos são somente ferramentas de pensamento.

Nascido durante a Antiguidade, o nominalismo se desenvolveu na Idade Média (Roscelin, Abelardo, Guilherme de Ockham), e depois se prolongou durante a Idade Clássica (Thomas Hobbes, John Locke, Etienne Bonnot de Condillac, George Berkeley). No século XX, o nominalismo ganha certa atualidade com as filosofias da linguagem anglo-saxãs, segundo as quais todos os nossos conhecimentos são tributários de um sistema de signos (Willard van Orman Quine*).

NORMA SOCIAL

Até os anos 1980, na França, era comum, e socialmente aceito, dirigir além do limite de velocidade ou até consumir bebidas alcoólicas antes de pegar no volante. Isso fazia parte das coisas "normais". Mesmo sendo ilegal, o excesso de velocidade era aceito por muitos. A noção de "normalidade" é, portanto, diferente da noção de "legalidade". Aquela remete à norma estatística (a "média") e ao que é socialmente aceito.

As normas sociais são conjuntos de regras, mais ou menos explícitas, adotadas por uma sociedade. Elas se estabelecem de acordo com os valores dominantes, e aquele que não as respeita será submetido à reprovação social: por exemplo, as regras de boa educação e as convenções de vestimenta.

Em uma mesma sociedade, várias normas podem entrar em conflito. Assim, o que é considerado normal para alguns – ir à missa de domingo, fumar maconha, a homossexualidade – pode não ser para outros.

Após viver seu apogeu entre os anos 1930 e 1960, o estudo das normas (assim como o estudo dos papéis* sociais) entrou em declínio na área da psicologia social*. Por outro lado, a partir dos anos 1980 ele foi revalorizado no campo da socioeconomia*. A explicação das condutas econômicas pelas normas surgiu como uma alternativa ao modelo da escolha racional (*rational choice**):

– enquanto o modelo da escolha racional explica os comportamentos econômicos pela racionalidade dos indivíduos, a socioeconomia preconiza que os atores econômicos agem mais em função de normas sociais, de convenções e de regras;

– enquanto o modelo da escolha racional entende que os sistemas econômicos são regulados por jogos de equilíbrios espontâneos, a socioeconomia afirma que as normas sociais (relativamente arbitrárias) têm justamente a função de regular dispositivos econômicos.

Paralelamente, existe um debate sobre a gênese das normas. Para Raymond Boudon*, as normas resultam dos valores. Para Jon Elster* (*Alchemies of the Mind* [Alquimias da mente], 1999), elas se baseiam nas emoções e os indivíduos obedecem às normas vigentes porque uma violação provocaria um grave sentimento de humilhação ou de culpabilidade. Nessa ótica, não há sequer uma oposição radical entre racionalidade e emoção, pois a emoção sentida quando há violação de regras suscita um cálculo racional.

Assim, essa perspectiva abre caminho para uma reconciliação possível entre a teoria das normas e da escolha racional. Por exemplo, podemos considerar que os indivíduos (em uma empresa) optam racionalmente por regrar seu comportamento segundo uma norma estabelecida – não raro totalmente arbitrária – em vez de terem que negociar e interagir constantemente sobre os objetivos e os meios de ação. Nessa hipótese, a abordagem da escolha racional vai ao encontro das normas sociais.

Bibliografia: • R. Boudon, P. Demeulenaere, R. Viale (orgs.), *L'Explication des normes sociales*, Puf, 2001

→ **Convenções (teoria das)**

NORMAL E PATOLÓGICO

Em seu livro *Le Normal et le pathologique* [*O normal e o patológico*] (1943), o filósofo Georges Canguilhem (1904-1995) se interessou pela concepção médica da doença, durante muito tempo vista como um estado de desequilíbrio (excesso ou falta) com relação a uma situação normal. Somente há pouco – no século XX – a biologia passou a considerar que a doença pode advir de um funcionamento equilibrado do organismo.

NORTH, DOUGLASS CECIL
(nascido em 1920)

Economista americano, recebeu o prêmio Nobel de economia em 1993.

Toda sua obra é dedicada a responder à questão: por que algumas nações se desenvolvem e outras não?

Não são os recursos do meio ambiente que explicam, segundo Douglass C. North, o crescimento das nações. Estados fartamente dotados de recursos naturais vegetam (como na África). Outros, no entanto, parcamente dotados, são ricos (como o Japão). Para D. C. North, é nas instituições econômicas que devem ser buscadas as fontes do crescimento. Ele define essas instituições como o conjunto das regras formais (leis, Constituições, regulamentos) e informais (convenções, rotinas, código de conduta, normas de comportamento). D. C. North é o líder de uma corrente da ciência econômica nomeada *New Institutional Economics* (NIE).

D. C. North insiste sobre o modo como as instituições incitam ou não os indivíduos a criarem riquezas. Algumas sociedades os estimulam a ser piratas, celebridades, guerreiros, ou a viver de rendas. Para que uma sociedade propicie o dinamismo econômico, isto é, para que indivíduos criem empresas e tentem expandir sua riqueza, é necessário que a propriedade privada se desenvolva e que "direitos de propriedade" garantam seus recursos.

Na abordagem de D. C. North, a inovação* e a iniciativa individual não são uma variável externa ao sistema econômico. As inovações técnicas, a acumulação do capital, a educação, etc. não são motores do crescimento, mas os efeitos deste último. As causas profundas devem ser buscadas nas instituições.

Principais obras de D. C. North
• *Structure and Change in Economic History*, 1981 [Estrutura e mudança em história econômica]
• *Institutions, Institutional Change and Economic Performance*, 1990 [Instituições, mudanças institucionais e performance econômica]

NOVA HISTÓRIA
→ **História**

NOVA HISTÓRIA ECONÔMICA

Nascida no início dos anos 1960 nos Estados Unidos, a "nova história econômica" propôs-se estudar a história com as ferramentas e os procedimentos da ciência econômica: métodos quantitativos, modelização, procedimento hipotético-dedutivo. Robert Fogel e Douglass C. North, os dois fundadores da disciplina, receberam o prêmio Nobel de economia em 1993.

R. Fogel mostrou que a estrada de ferro não foi nem uma condição indispensável nem o motor principal durante a primeira fase da industrialização. Os trabalhos de D. C. North tratam das condições institucionais do êxito do crescimento do Ocidente.

Em *The Rise of the Western World* [O despertar do mundo ocidental] (com R. P. Thomas, 1973), ele vê nas formas de propriedade individuais, mais do que nos progressos técnicos, a principal causa do progresso econômico do Ocidente.
→ **North**

NOVOS MOVIMENTOS RELIGIOSOS

Ao declínio das grandes religiões instituídas, observável na Europa há muitas décadas, seguiram-se a disseminação e a proliferação de crenças de todo tipo. A perda de influência do religioso "clássico" não significa absolutamente o fim da religiosidade. No universo laico, pluralista e dessacralizado da modernidade*, o religioso ressurge sob formas desreguladas, quase sempre heterodoxas, e se expande desordenadamente. A religiosidade torna-se livre, fluida e difusa. Assim, após teorizarem por muito tempo sobre a secularização e prognosticarem de certo modo o "fim da religião", os sociólogos das religiões voltaram atrás e se interessam hoje pelos fenômenos de recomposição religiosa. Como objeto de investigação científica, a religião readquiriu, portanto, seu lugar de sempre.

Os sociólogos das religiões inventaram a expressão "novos movimentos religiosos" (NMR), neutra mas muito genérica e abrangente, em substituição a "seitas", termo muito polêmico e carregado de conotação negativa. Mas os militantes engajados na luta antisseitas apontam um perigo de amálgama positivo: segundo eles, esse termo designaria grupos que muitas vezes nada têm de religioso e que usariam essa denominação como uma fachada para dissimular atividades licenciosas ou manobras de um grupo totalitário. Os limites da expressão "novos movimentos religiosos" são particularmente visíveis com a Igreja da Cientologia. Vários sociólogos, como Jean-Paul Willaime e Danièle Hervieu-Léger, a veem como uma empresa com fins muito lucrativos que oferece técnicas terapêuticas e de bem-estar pessoal. Outros, como Massimo Introvigne, defendem o caráter eminentemente religioso da Cientologia, elegendo-a, inclusive, como modelo dos novos movimentos religiosos... Na realidade, o que está em jogo aqui é a própria definição do religioso (implicitamente, da "verdadeira religião"), assim como a questão da laicidade e do papel do Estado na regulação do religioso.

Paralelamente, trabalhos antropológicos de campo também observam o vigor e o ressurgimento de um "sagrado selvagem" (segundo a expressão de Roger Bastide*), que permitiria uma comunicação direta com o "sobrenatural": vitalidade dos cultos de possessão (e até mesmo surgimento de novos cultos como na África do leste), renovação xamanista (América do Sul, Coreia, Ásia central, etc.), emergência de práticas xamanistas sincretizadas em meio urbano e, enfim, o neoxamanismo de origem ocidental. Esses cultos se adaptam à modernidade, empregam um pensamento simbólico de grande maleabilidade, e sua função terapêutica passa a ser seu aspecto mais importante. Enfim, a emergência dos novos movimentos religiosos não impede uma reabilitação da crença, na modalidade emocional, das grandes religiões históricas de salvação. Isso é nítido, por exemplo, na rápida expansão dos movimentos carismáticos, pentecostais e evangélicos, especialmente na América do Sul e na África, ou na radicalização de alguns movimentos (retorno à Torá para o judaísmo, integrismos muçulmanos, etc.).

AS BUSCAS ESPIRITUAIS INDIVIDUAIS

Para os sociólogos, a individualização e a subjetivação das crenças e práticas são os traços marcantes dessa modernidade religiosa. A "verdade" é agora apreendida individualmente e a iniciativa religiosa parte dos indivíduos. Fala-se, então, em "procura", "busca" ou "busca espiritual". Com a dispersão e a fragmentação das crenças, os atores rejeitam cada vez mais os sistemas impositivos, constituídos fora deles. As crenças se desvincularam dos contextos estabelecidos pela Igreja. A religião é vivida como um meio de realização pessoal, permitindo ao sujeito construir-se a partir de sua própria existência. A opção religiosa é consequência de uma escolha voluntária e, a longo prazo, a obediência a uma única autoridade (guru, padre carismático, pastor) torna-se cada vez mais improvável. A religião não mais opera no modo exclusivo, mas alternativo.

Verificam-se, assim, uma versatilidade e maior mobilidade das crenças e obediências. Os "sem-teto da crença" (J.-P. Willaime) transitam de uma filiação a outra, afastam-se do antigo modelo do "fiel" e se tornam "consumidores espirituais" (D. Hervieu-Léger). Essa "bricolagem" pessoal conduz a uma religião *à la carte*, a um credo mínimo e às vezes a uma "religião de bolso" (expressão empregada para a New Age). As religiões tradicionais são despedaçadas e seus fragmentos se transformam em recursos disponíveis para usos e combinações variados, para o surgimento de crenças ecléticas e sincréticas.

Há um aspecto eminentemente consumista nas novas formas de crença, que se inserem em um contexto de concorrência e de diversificação dos bens religiosos. Esses produtos de salvação de eficácia instantânea combinam quase sempre espiritualidade e racionalidade econômica, carisma, gestão e técnicas de desenvolvimento pessoal. A globalização provoca uma

A NEBULOSA DAS NOVAS CRENÇAS

• A partir do final dos anos 1960, fenômenos religiosos efervescentes, ligados em parte ao movimento da contracultura, surgiram no Ocidente. Eles formam uma vasta "nebulosa místico-esotérica" (ver, a esse respeito, F. Champion, "Religieux flottant, éclectisme et syncrétisme" [Religiosidade fluida, ecletismo e sincretismo], in J. Delumeau, *Le Fait religieux* [O fato religioso], 1993), um conjunto muito heteróclito: grupos sincréticos de origem oriental (neo-budismo, neo-hinduísmo) e adaptações de religiões estrangeiras no Ocidente, seitas paracristãs (Moon, Cientologia, Testemunhas de Jeová...), movimentos New Age, grupos esotéricos variados (Templários, Rosa-Cruz...), etc.

• Num quadro mais amplo, as práticas e crenças "paralelas" desenvolveram-se consideravelmente: astrologia, vidência, reencarnação, telepatia, experiência de morte iminente, espiritismo, etc. Na maioria das vezes, esses movimentos justapõem ou combinam os registros espirituais, mágicos, terapêuticos, psicológicos e de desenvolvimento pessoal* ou profissional.

"mercadização" do religioso. No mercado mundial e concorrencial, bens mágico-religiosos (um verdadeiro "supermercado espiritual") são julgados por sua eficácia, com as rivalidades entre pentecostalismo, umbanda e a religião afro-brasileira tradicional. É uma concepção "empresarial" da religião que se afirma, em que os novos movimentos religiosos funcionam como pequenas empresas prestadoras de serviços simbólicos, com fins lucrativos.

Na organização dos novos grupos e redes religiosos, o carisma pessoal parece prevalecer sobre o carisma funcional: um novo grupo se constitui em torno de um chefe que oferece um bem religioso inovador, como Taisen Deshimaru com a implantação do zen-budismo na Europa. Funcionando muitas vezes em redes interindividuais transnacionais, os novos movimentos religiosos transcendem facilmente as fronteiras, inscrevendo-se assim na mundialização*. O ciberespaço, por sua vez, possibilita a versatilidade e o ecletismo das crenças, e os *sites* religiosos na internet se multiplicam. Surgem atores transnacionais, marcados por seu caráter informal e pela busca de uma nova legitimidade. São os "homens apressados da religião": tele-evangelistas, líderes pentecostais dos países do Sul, bem como responsáveis por movimentos neo-hinduístas, novos profetas, etc. Os líderes carismáticos, em constante inovação, intervêm nesse registro espetacular e midiático.

Bibliografia: • P. L. Berger, *Le Réenchantement du monde*, Bayard, 2001 • D. Hervieu-Léger, *Le Pèlerin et le Converti: la religion en mouvement*, Flammarion, 1999 • *Ethnologie Française*, "Les noveaux mouvements religieux", n° 4, 2000

→ **Religião, Seita, Secularização, Sincretismo**

O

OBJETO (permanência do)

Na psicologia do desenvolvimento, diz-se que uma criança possui a "permanência do objeto" a partir do momento em que compreende que um objeto continua a existir mesmo tendo desaparecido de seu campo de visão. "Eu não consigo mais vê-lo, mas ele está aí em algum lugar", poderia pensar a criança. Para Jean Piaget*, a permanência do objeto aparece relativamente tarde no desenvolvimento da criança e só se consolidava em torno dos 2 anos de idade. Antes disso, se escondermos um objeto, a criança nada fará para encontrá-lo.

Em 1985, uma experiência realizada por Renée Baillargeon, Elisabeth Spelke e Stanley Wassermann mostrou que o bebê possui a permanência do objeto já aos 5 meses de idade. Isso indica uma certa estabilidade na visão de mundo do bebê.

OBJETO (relação de)

Num sentido muito amplo, Sigmund Freud* emprega o termo "objeto" para evocar aquilo sobre o que as pulsões se exercem. É nesse sentido que se pode falar em "objeto de amor" ou "objeto de ódio". O objeto pode ser uma pessoa (a mãe), uma ideia (Deus), uma atividade (a arte, o esporte), um objeto físico (no caso do fetichismo), ou ainda o próprio sujeito no caso do narcisismo, ou seja, quando o indivíduo toma a si mesmo como objeto de amor exclusivo. A noção de "relações de objeto" foi desenvolvida principalmente pela psicanalista Mélanie Klein* no tocante à psicologia do bebê. Segundo M. Klein, o seio materno se torna um "bom objeto" para o bebê na medida em que lhe permite satisfazer uma pulsão. Na realidade, a criança interioriza as noções de "bons" e "maus" objetos. Mais do que verdades empíricas, os objetos passam a constituir categorias mentais. A mãe é considerada "boa mãe" a partir do momento em que alivia a criança de seus medos e vontades; é considerada "má mãe", sinônimo de sofrimento e de frustração, quando se nega a sucumbir ao desejo da criança.

Donald W. Winnicott*, teoricamente próximo de M. Klein, falou em "objetos transicionais" a respeito dos objetos de substituição – paninho, chupeta, boneca de pano –, dos quais a criança reluta em se afastar e que simbolizam, segundo ele, a presença da mãe.

A noção de relações de objeto, relegada durante muito tempo à análise das relações mãe-filho, obteve avanços clínicos (análise dos investimentos psíquicos dos indivíduos) e teóricos bastante significativos na Grã-Bretanha e nos Estados Unidos. Falou-se em uma escola das relações de objeto a respeito do grupo informal composto por Michael Balint, Wilfred R. Bion, Ronald Fairbairn e D. W. Winnicott. Nos Estados Unidos, a *egopsychology* e a *self-psychology* atribuíram um lugar central às relações entre o Eu e seus objetos de amor...

Bibliografia: • B. Brusset, "La relation d'objet", em D. Widlöcher et al., *Traité de psychopathologie*, Puf, 1994 • O. F. Kernberg, *Object Relations Theory and Clinical Psychoanalysis*, Jason Aronson, 1995 [1976]

OBSERVAÇÃO PARTICIPANTE

A observação participante é o método por excelência da antropologia de campo, que consiste em mergulhar em uma realidade "diferente", em viver em contato direto com uma população nativa, em participar de suas atividades, e, na medida do possível, em levar a mesma vida dos membros do grupo. A observação participante supõe uma longa estada (no mínimo vários meses), a aprendizagem da língua e a capacidade de se integrar à população observada. Para o etnólogo, esse é o único modo possível de conseguir se distanciar dos próprios automatismos, condicionamentos culturais e preconceitos etnocentristas (um descentramento, um desprendimento de si mesmo), bem como de encontrar a justa medida para se inserir no cenário social, de ser menos invasivo, de ser aceito e até mesmo de ser esquecido. Agindo dessa forma, ele acredita que terá menos dificuldade em obter as informações que procura e estará apto a vivenciar fisicamente uma outra relação com o mundo. Na realidade, trata-se de penetrar em uma cultura pelo lado de dentro, não apenas graças à observação visual direta, à escuta e troca verbal (anfitriões, amigos, informantes, etc.), mas experimentando igualmente uma nova relação com o corpo (gestos, empatia, interações sociais sutis, etc.). A observação participante recorre menos a métodos formais (conversas guiadas, protocolos de análise) do que a métodos informais (entrevistas abertas, observação de toda ordem e participação nas atividades). O que importa, no estudo dos indivíduos e de sua cultura, é a experiência direta. O campo é tanto o lugar de uma experiência vivida quanto o lugar de materialização de um objeto científico, onde a observação participante funciona como um procedimento de objetivação. Revela-se, muito progressivamente, a racionalidade de uma realidade social e cultural diferente.

A observação participante de campo é uma experiência cotidiana que pode se mostrar bastante desestabilizadora para o antropólogo, confrontado com a perda de suas referências culturais, afetivas e sociais em um meio físico geralmente hostil (experiência da solidão, doença, etc.).

Alguns vivenciaram antes de seu tempo, e sem sabê-lo, formas avançadas de observação participante (missionários jesuítas na Ásia, prisioneiros de índios, espiões, desertores, etc.).

O ETNÓLOGO E SEU CAMPO

Muitos foram os pesquisadores de gabinete, como James G. Frazer*, Émile Durkheim*, Marcel Mauss* e Lucien Lévy-Bruhl, que compilaram, compararam e sintetizaram as informações e as observações colhidas por terceiros em campos exóticos. Os que vão a campo, como Franz Boas*, geralmente colhem textos codificados que lhes são ditados por eruditos autóctones; fala-se então em *armchair anthropologists*, antropólogos de poltrona...

Bronislaw K. Malinowski* foi o primeiro a atribuir um lugar preponderante à pesquisa direta *in loco*, sem intermediários: ele mesmo colhe os dados a serem analisados e participa da vida dos trobriandeses com a finalidade de analisar sua organização social. Nesse sentido, é o inventor da antropologia de campo e de seu método, a observação participante. Os métodos de campo de B. K. Malinowski vão se tornar uma espécie de modelo obrigatório, e a observação participante, uma condição de toda pesquisa e reflexão antropológicas. Ao término desse estudo de campo prolongado e aprofundado, o etnógrafo poderá produzir um texto de tipo monográfico.

Se, por um lado, existiu uma etnologia sem campo (no sentido experimental), portanto, sem observação participante, modelo este que conservou relativa perenidade (Claude Lévi-Strauss*, em certa medida), no extremo oposto alguns etnólogos foram muito além da observação participante, chegando ao ponto de se estabelecerem no campo de pesquisa e, em alguns casos, de se integrarem de vez na cultura de acolhimento (Curt Nimuendaju, Pierre Verger, Jacques Lizot, etc.).

A grande proximidade do objeto "estudado", associada a esse método que, invertendo a fórmula clássica, pode ser qualificado de "participação observante", traz à tona a questão central do "distanciamento" do etnólogo perante seu campo. Trata-se do problema da justa distância: participar demais comporta o risco de reduzir o distanciamento necessário à objetivação, participar pouco não permite sair do olhar etnocêntrico* e superficial, e impede a compreensão pelo lado de dentro.

Na realidade, a noção de observação participante é no mínimo paradoxal, quase um oximoro, uma contradição dos termos. Como pertencer a uma sociedade da qual não se faz parte? Como o etnólogo deve proceder para se manter ao mesmo tempo distante e receptivo? A observação participante pode se revelar uma forma de jogo duplo ou de desdobramento. Em todo caso, ela continua sendo o tipo ideal* da pesquisa de campo, apesar de pouco exercida. Para Jean Copans, "a observação participante à maneira da escola de Chicago* possuiria um caráter um tanto mítico, uma vez que somente um número reduzido de pesquisas (no máximo 30%) correspondeu de fato a uma imersão de longa duração no campo". Entre o simples fato de estar lá e a participação total, a gama de papéis é efetivamente muito vasta.

Em pesquisa sobre a feitiçaria no bosque normando (1977), Jeanne Favret-Saada mostrou, por outro lado, que não há neutralidade possível na pesquisa de campo. A etnóloga se viu obrigada a se manifestar, a assumir uma posição no campo das relações de força, a participar muito mais do que havia planejado inicialmente. Ela afirma, por exemplo, que o discurso da feitiçaria se dá de um modo tal que, para ter acesso a ele, é preciso que o próprio pesquisador se coloque na posição de sustentá-lo.

Os antropólogos se observam

Idealmente, qualquer "bom campo" reúne os pontos de vista do *insider* e do *outsider*, os etnógrafos vão e vêm entre observação e participação. Os novos campos que se apresentam aos antropólogos os obrigam inclusive a rever por completo a relação entre o interno e o externo e, por conseguinte, o conjunto de suas práticas e éticas profissionais. Isso ocorre, por exemplo, com os campos "minados", onde o etnólogo se vê impelido a tomar partido, a justificar suas motivações, a emitir um parecer (M. Agier, *Anthropologues en dangers* [Antropólogos em perigo], 1997). A chamada etnologia dos "objetos próximos" também resulta em situações muitas vezes ambíguas e incertas, tendo em vista que a alteridade próxima não é necessariamente mais fácil de ser negociada: novos dilemas ganham espaço, acompanhados de tensões entre dever profissional e dever moral.

A antropologia reflexiva examinou especificamente essa tensão entre visão interna e visão externa e questionou os métodos da etnografia convencional (positivista* e não reflexiva). A reflexividade* postula fundamentalmente que os antropólogos devem considerar seus próprios condicionamentos culturais e determinismos, as forças epistemológicas* e políticas que os impulsionam. Para Pierre Bourdieu*, "não é necessário escolher entre a observação participante, imersão necessariamente fictícia em um meio estrangeiro, e o objetivismo do 'olhar distanciado' de um observador que se mantém tão distante de si mesmo quanto de seu objeto". Ele propõe, então, que se pratique uma "objetivação participante", ou seja, a objetivação da relação subjetiva do pesquisador com seu objeto de estudo: em vez de resultar em um subjetivismo relativista e mais ou menos anticientífico, a objetivação participante é, segundo ele, uma das condições da objetividade científica. O pesquisador deve ser ao mesmo tempo sujeito e objeto, aquele que age e que se vê agindo.

Bibliografia: • M. Agier, *Anthropologues en dangers. L'engagement sur le terrain*, J.-M. Place, 1997 • P. Bourdieu, "L'objectivation participante", *Actes de la Recherche en Sciences Sociales*, n°. 150, 2003 • J. Copans, *L'Enquête ethnologique de terrain*, Nathan, 1998 • J. Favret-Saada, *Les Mots, la mort, les sorts: la sorcellerie dans le bocage*, Gallimard, 1985 [1977.]

OCEÂNICO (sentimento)

Sigmund Freud* e o escritor Romain Rolland (1866-1944) trocaram correspondência no final dos anos 1920. Em uma de suas cartas, R. Rolland evoca pela primeira vez o "sentimento oceânico". Na realidade, essa discussão se refere ao sentimento religioso. S. Freud acaba de publicar o ensaio *Die Zukunft einer Illusion* [*O futuro de uma ilusão*] (1927), no qual analisa a religião como uma forma de regressão do adulto às emoções da infância. A submissão dos homens a Deus assemelha-se à da criança que experimenta o desamparo e a fragilidade. Diante das provações da vida, o homem recorre a uma figura paterna ideal, Deus, que, supostamente, lhe daria proteção e apoio. R. Rolland, espírito místico voltado para a espiritualidade oriental, nega-se a reduzir a religião a uma regressão psicológica. Ele prefere falar em um outro estado de consciência – um "sentimento oceânico" –, sentimento estranho de fusão com o cosmo, em que a consciência se dissolve em uma totalidade.

O sentimento oceânico já havia sido descrito por diversas místicas em experiências similares, tanto religiosas quanto profanas. No entanto, ele é mais comumente associado à mística indiana, pela qual o próprio R. Rolland demonstrava um interesse particular. A Índia fascinou muitos ocidentais, seduzidos por sua espiritualidade. Com a onda da New Age, muitos deles foram para a Índia com a esperança de entrar em contato com esse sentimento oceânico, prática mística e drogas inclusas.

Neurociências do êxtase

As neurociências* tentaram observar se a experimentação do sentimento oceânico está associada a um estado particular do cérebro. Andrew Newberg e Eugene d'Aquili observaram, com o auxílio de uma câmera eletrônica, o cérebro dos praticantes de meditação transcendental capazes de induzir voluntariamente seus estados unitários. Verificou-se que esse sentimento oceânico está associado a uma queda de atividade de uma zona do neocórtex parietal e que essa área cerebral adormecida é justamente a área associativa responsável pela orientação no espaço e pelo posicionamento relacionado ao meio. A inibição dessa zona provocaria uma espécie de sentimento de indiferenciação entre o eu e o não eu. Esse estado mental induzido conscientemente, graças a um treinamento, por especialistas da meditação, também pode se manifestar de forma repentina nos indivíduos.

Bibliografia: • R. Airault, *Fous de l'Inde. Delires d'Occidentaux et sentiment océanique*, Payot, 2002 [2000] • M. Hulin, *La Mystique sauvage*, Puf, 1993 • A. Newberg, E. d'Aquili,V. Rause, *Pourquoi "Dieu" ne disparaîtra pas. Quand la science explique la religion*, Sully, 2003

OFERTA
→ Lei da oferta e da procura

OLIGARQUIAS (lei de ferro das)

Fala-se em oligarquia quando um pequeno grupo de pessoas detém o poder num sistema político ou numa organização.

O sociólogo Robert Michels (1876-1936) observou o desenvolvimento dos partidos políticos social-democratas na Europa no início do século XX, em particular sua tendência à burocratização e à constituição de uma elite dirigente que se torna autônoma, separando-se da base social. Ele concluiu que existe uma "lei de ferro das oligarquias", segundo a qual toda organização política tende a gerar, durante seu processo de desenvolvimento, uma oligarquia dirigente.

OLSON (o paradoxo de)

O sociólogo americano Mancur Olson (1932-1998) é o autor do famoso "paradoxo da ação coletiva". Na obra *The Logic of Collective Action* [*Lógica da ação coletiva: os benefícios públicos e uma teoria dos grupos sociais*] (1965), M. Olson tentou demonstrar que uma comunidade de interesses entre indivíduos não é suficiente para formar uma comunidade de ações. É bem verdade que uma ação comum (greve, ação sindical) promove vantagens coletivas, mas não necessariamente um indivíduo tem interesse em participar dela, uma vez que o engajamento numa ação tem um preço (o custo de adesão ao sindicato); não obstante, todos são contemplados pelos benefícios obtidos. Um indivíduo "racional" não tem interesse, portanto, em participar de um movimento coletivo, pois sabe que, de um modo ou de outro, receberá os benefícios (mesmo sem ter de arcar com os custos). Para romper o paradoxo (que consiste em demonstrar a impossibilidade do movimento coletivo), M. Olson explica que um indivíduo só se empenha em fazer parte de um movimento com a condição de existirem incitações seletivas (sob a forma de recompensas ou sanções individuais, e não simplesmente uma vantagem coletiva). Isso poderia explicar por que a adesão sindical é muito mais forte nos setores profissionais ou nos países onde os sindicatos participam da gestão das carreiras individuais e do acesso ao emprego...

ONTOGÊNESE

A ontogênese é o desenvolvimento biológico do indivíduo desde a fase embrionária até o estágio adulto. Essa construção do indivíduo biológico sofre influência direta do programa genético (genótipo), mas depende igualmente de fatores do meio (epigênese). Ernst Haeckel (1834-1919), fundador da ecologia e da embriologia, formulou em seu tempo a lei segundo a qual "a ontogênese recapitula a filogênese", o que significa que, ao longo de seu desenvolvimento, o embrião reproduz todos os estágios da evolução da vida das espécies. Essa ideia foi abandonada.

OPINIÃO

Na psicologia social, o estudo sobre a opinião teve seu auge nos anos 1930. Abandonado logo em seguida, o tema foi incorporado a áreas mais abrangentes, com destaque para os estudos sobre os estereótipos* e a "cognição social".

OPINIÃO PÚBLICA

"O que pensam os europeus sobre a expansão da Europa?"; "Qual é a opinião dos franceses a respeito de seus médicos?". Não há um só dia em que os jornais não publiquem pesquisas de opinião que supostamente medem a temperatura da opinião pública. A opinião pública foi acusada de exercer uma verdadeira ditadura da democracia (a ditadura das pesquisas de opinião); o próprio valor das pesquisas foi contestado (elas seriam uma construção artificial da realidade social). Apesar disso, a opinião pública parece ser um fator determinante dos regimes democráticos contemporâneos.

QUANDO SURGIU A OPINIÃO PÚBLICA?

A opinião pública não se restringe à pesquisa de opinião. A ideia remonta ao século XVIII, e Jean-Jacques Rousseau seria o inventor da expressão. A opinião pública é constitutiva do ideal da Revolução Francesa: o povo pode e deve tomar a palavra para se expressar; a opinião pública é a voz do povo. No entanto, uma opinião de fato só ganha corpo a partir do surgimento de um "espaço público" de discussão, ficando restrita, num primeiro momento, a uma classe social: o crescimento de uma imprensa de opinião, as reuniões dos burgueses nos salões e nos cafés... Nessa época, ainda não é o povo que "fala", mas as elites emancipadas. Mais tarde, no século XIX, com a criação de partidos políticos, de sindicatos, com a multiplicação dos jornais, com a possibilidade de fazer greves, abaixo-assinados e de protestar nas ruas, a opinião pública passa a ser também uma manifestação da expressão popular.

Mas somente no século XX, com o surgimento das pesquisas de opinião, é que a opinião pública se tornará um objeto de estudo e de preocupação. As primeiras pesquisas de opinião são criadas nos Estados Unidos, nos anos 1930, por psicossociólogos como Gordon Gallup e Paul F. Lazarsfeld*. A partir do pós-guerra, os institutos de pesquisa de opinião especializados em política, consumo e valores começam a ganhar um espaço crescente.

CRÍTICA DAS PESQUISAS DE OPINIÃO

O peso da opinião pública na vida política foi apontado como um paradoxo da democracia. Por um lado, ela expressa o controle crescente dos governados sobre os governantes, o que vem a ser o princípio mesmo da democracia. Por outro lado, a ditadura das pesquisas de opinião resultaria em paralisia política: como dar seguimento a reformas difíceis, ainda que necessárias, num sistema em que os governantes estão sob o jugo permanente da opinião?

"L'opinion publique n'existe pas" [A opinião pública não existe] é o título de um artigo de grande repercussão escrito por Pierre Bourdieu* (Les Temps modernes, 1973, retomado em Questions de sociologie [Questões de sociologia], 1980). Nesse texto polêmico, ele considera que a opinião pública é uma construção artificial. Os entrevistadores fazem perguntas nas quais os entrevistados nunca haviam pensado. Impõem-lhes uma problemática que lhes é desconhecida. Da compactação desses dados constrói-se uma entidade artificial: a opinião pública.

Alguns cientistas políticos (Gérard Grunberg, Alain Lancelot) objetaram que algumas fragilidades das pesquisas de opinião (perguntas mal feitas ou distantes das preocupações das pessoas) não seriam suficientes para negar a existência propriamente dita de uma opinião. Metaforicamente falando, não é porque o termômetro é impreciso que a temperatura não existe.

ALGUMAS TEORIAS EXPLICATIVAS

Além da pesquisa de opinião, a opinião pública possui outros canais de expressão: a imprensa e a mídia (como as cartas do leitor ou os medidores de audiência), as manifestações, os abaixo-assinados e ainda o simples entusiasmo ou lamentação geral.

Várias teorias foram elaboradas para explicar a formação da opinião pública. Mencionou-se, por exemplo, o peso da mídia e da propaganda, o qual foi relativizado pelas pesquisas de P. Lazarsfeld. Esse autor mostrou que o público não é tão permeável à mídia quanto se imagina: as pessoas não mudam de opinião ao sabor dos discursos públicos, mas selecionam na informação recebida aquela que melhor lhes convém. Apesar de inegável, a influência da mídia é difusa. A esse respeito, sua "função do agendamento*" foi muito discutida. Assim, o que provocaria a sensibilização para um problema não seria tanto o conteúdo das mensagens, que poderiam ou não influenciar a opinião ("ser a favor ou contra os transgênicos", por exemplo), mas o fato de trazer essa questão para a ordem do dia. Entre os fatores essenciais para a formação da opinião estão o importante papel desempenhado pelos formadores de opinião e a capacidade que alguns grupos possuem de mobilizá-la e atrair a atenção geral.

A construção da opinião pública consiste, assim, num jogo triplo, do qual fazem parte a mídia, os formadores e grupos de influência, e o público (os cidadãos), que reage de modo favorável, negativo ou indiferente a uma dada solicitação.

Bibliografia: • P. Cabin, "La construction de l'opinion publique", Sciences Humaines, n° 96, 1999 • J. Lazar, L'Opinion publique, Sirey, 1995

→ **Influência, Mídia**

ORGANIZAÇÃO

Um hospital, um partido político, uma escola, um corpo de soldados, um sindicato, um banco, um ministério, uma empresa, etc. Quais são os traços comuns a esses grupos humanos denominados "organização"?

A primeira característica da organização é a existência de uma missão explícita a ser cumprida: tratar, educar, produzir, defender um ideal, etc.; a segunda característica é a divisão das tarefas em funções especializadas; a terceira é a presença de uma hierarquia e de regras formais de funcionamento. Desse esqueleto comum decorrem lógicas de funcionamento, esquemas de comportamento, mecanismos gerais bastante similares. Isso explica por que, de modo geral, as organizações assemelham-se entre si. Seja na escola ou na empresa, seja no clube esportivo ou na ONG, toda forma de organização possui dirigentes temidos e/ou respeitados, subordinados que se sentem muitas vezes incompreendidos ou pouco reconhecidos, assim como desigualdade de posição, regulamentos formais convivendo com "jeitinhos" sutis, uma cultura comum com conflitos pessoais e problemas de comunicação, desejos de mudança resistindo a forças de inércia, escolhas previamente calculadas contra decisões precipitadas, etc.

A ORGANIZAÇÃO COMO MÁQUINA

A necessidade de entender e de estabelecer uma lógica das organizações surgiu com o avanço das grandes empresas industriais e das grandes administrações na passagem do século XIX para o século XX.

Três autores lançaram os fundamentos da ciência das organizações. O mais conhecido é Frederick W. Taylor (1856-1915), fundador da Organização Científica do Trabalho* (OCT). Na obra *The Principles of Scientific Management* [*Princípios da administração científica*], publicada em 1911, ele preconiza a organização científica das tarefas, baseada numa divisão específica do trabalho: divisão horizontal (cada indivíduo é encarregado de exercer uma tarefa precisa e única) e vertical (a direção planeja as atividades de cada indivíduo e os funcionários se limitam a executá-las). Num afã similar de racionalidade do trabalho, o engenheiro francês Henri Fayol (1841-1925) concebe a "função administrativa" das empresas em torno das tarefas de planejamento, organização, comando, coordenação e controle da atividade. O terceiro "pai fundador" da sociologia das organizações é o sociólogo Max Weber*, com sua teoria da burocracia*.

Essa primeira fase de reflexão sobre a organização é, desse modo, dominada por uma visão da organização como uma máquina bem lubrificada e regida por regras de organização racionais.

A ORGANIZAÇÃO COMO SER VIVO

A partir dos anos 1930, a visão da organização muda de perspectiva. A chamada corrente das "relações humanas" (da qual Elton Mayo foi um dos fundadores) estuda, como o próprio nome indica, as dimensões humanas da organização. De 1927 a 1932, as experiências realizadas nas fábricas da Western Eletric, situadas em Hawthorne, tendem a mostrar que a produtividade dos assalariados depende menos de uma organização racional decidida exclusivamente pelas instâncias superiores do que das boas relações humanas no trabalho (ambiente e motivação dos assalariados, espírito de cooperação).

A corrente das relações humanas, que leva em consideração as "necessidades humanas fundamentais", como as motivações e as necessidades de autorrealização, adquire força entre os anos 1950 e 1960 com as pesquisas de Abraham

Maslow* e Douglas McGregor. E será complementada pela dinâmica de grupos, iniciada por Kurt Lewin* (estudo das formas de liderança, dos campos de força no interior de um grupo).

A ORGANIZAÇÃO COMO SISTEMA POLÍTICO

Em 1958, James G. March* e Herbert A. Simon* publicam *Organizations* [*A teoria das organizações*], obra que inaugura uma nova fase no estudo das organizações. Esse livro parte de uma análise crítica do que os autores denominam teoria clássica (F. W. Taylor, H. Fayol) da organização, cujos principais defeitos dizem respeito à negligência dos conflitos, das motivações, à impossibilidade da racionalidade... Eles passam, então, a levar em conta os conflitos de interesse ou de projetos. A principal contribuição de J. G. March e H. A. Simon será introduzir a noção de racionalidade* limitada. Tomando a direção contrária das visões economicistas da decisão, segundo as quais é possível racionalizar uma organização com base em critérios científicos e rigorosos, os autores sugerem que aqueles que tomam as decisões agem em função de uma informação parcial e de possibilidades de investigação limitadas.

Aprofundando as ideias de J. G. March e H. A. Simon, os sociólogos franceses Michel Crozier* e Erhard Friedberg desenvolvem uma "análise estratégica*". Em toda organização, os atores (dirigentes, assalariados, indivíduos) desenvolvem estratégias pessoais que nem sempre estão naturalmente de acordo entre si e com os objetivos gerais da organização. Consequentemente, surge a necessidade de analisar essas estratégias de atores para compreender as relações de poder, os bloqueios, as condições de mudança. Na organização, cada indivíduo possui maior ou menor margem de manobra, tenta proteger sua autonomia, ter controle sobre certa zona de competências e fazer prevalecer suas escolhas. Resultam disso os conflitos (mais ou menos abertos), as estratégias de defesa, as negociações implícitas sobre as regras do jogo. A composição dessas estratégias culmina na constituição de "sistemas de ações".

A ORGANIZAÇÃO COMO FAMÍLIA

A organização pode ser vista ainda pelo prisma das paixões: amor, ódio, pulsões de vida e de morte, mecanismo de defesa e neurose de grupo. A psicanálise das organizações foi concebida a partir dos anos 1960 na Inglaterra (Tavistock Institut) por Wilfred R. Bion e Elliott Jaques. Eles estudaram os mecanismos de defesa de um grupo diante de suas angústias e fantasmas. W. R. Bion interessou-se particularmente pela reação de "ataque e fuga", na qual o grupo projeta seus medos num inimigo externo. Outra reação, exposta por E. Jaques, reside no fenômeno do bode expiatório. Nas relações de trabalho, algumas funções são sistematicamente denegridas, condenadas e consideradas responsáveis por todos os males. Tais atitudes são na verdade uma forma de jogar os problemas num "sujeito ruim", o que permite isentar-se das próprias responsabilidades, aliviar as tensões, dar vazão a algumas tendências sádicas e fortalecer uma parte do grupo.

A ORGANIZAÇÃO COMO COMUNIDADE

Nos anos 1980, sociólogos como Renaud Sainsaulieu (*L'Identité au travail* [A identidade no trabalho], 1977) renovam a abordagem das organizações ao conceberem a noção de identidade e de cultura das organizações. A cultura da organização é uma ideologia global com uma história, mitos, ritos e valores fundadores. Em *La Logique de l'honneur* [*A lógica da honra*] (1989), Philippe d'Iribarne mostra que as relações de trabalho obedecem a códigos de valores diferentes na França, nos Estados Unidos e na Holanda. A cultura de empresa também pode ser vista como um conjunto de conhecimentos compartilhados, de saberes e saberes-fazer formalizados, ou ainda como a cristalização de regras e convenções mais ou menos explícitas. Numa grande organização, cada comunidade de trabalho também pode desenvolver sua própria subcultura.

UM CONTINENTE ESFACELADO

Um século depois de seu surgimento, o estudo das organizações se transformou num imenso *corpus* de pesquisas, teorias e modelos de análise, o que dificulta a delimitação de seus grandes eixos. Após a época áurea da abordagem sistêmica* (anos 1960-1980), que concebia a organização como um dispositivo complexo formado por subsistemas, mecanismos de regulação, *feedback* e outros círculos viciosos, a análise das organizações foi enriquecida por outras abordagens, a saber, institucionalistas (que privilegiam a aprendizagem organizacional), neoevolucionistas (que enfatizam os ajustes institucionais internos e as dinâmicas de evolução) e cognitivas.

A ciência das organizações assemelha-se hoje a uma árvore com inúmeras ramificações. Os objetos de estudos se diversificaram: motivação, poder, estratégia, decisão, mudança, inovação, cultura, aprendizagem, comunicação, etc. Cada uma dessas questões foi explorada por um grande número de sociólogos, psicólogos, gestores e consultores.

Buscando um modo prático de se situar no labirinto das teorias, um especialista canadense das ciências da organização, Gareth Morgan, concebeu um engenhoso modelo de análise (*Images of Organization* [Imagens da organização], 1986). Ele reuniu os principais modelos de leitura e transformou-os em "imagens", cada uma das quais revela uma faceta da vida das organizações. A organização pode ser vista alternadamente como uma máquina (modelo tayloriano e weberiano), um organismo vivo (corrente das relações humanas), um sistema político (abordagem sistêmica e estratégica), uma família (abordagem psicanalítica), um instrumento de dominação... A função dessas metáforas é dupla: didáticas, por serem fáceis de memorizar; heurísticas, por fornecerem uma ferramenta de análise prática para o estudo e a intervenção.

Esses pontos de vista sobre a organização não esgotam o campo das interpretações. Outras metáforas são possíveis. Segundo G. Morgan, é inútil decidir-se por uma dessas diferentes abordagens, pois cada uma evidencia uma faceta da realidade e elimina outras. Assim como os seres humanos, as organizações são entidades ambivalentes e contraditórias. Elas podem ser ao mesmo tempo escravizantes e libertadoras, necessárias e parasitárias, seduto-

---

OS SETE MODELOS DE ORGANIZAÇÃO (SEGUNDO HENRY MINTZBERG)

• Henry Mintzberg*, reconhecido especialista americano do *management*, distingue vários tipos de organização segundo o tipo de poder, a relação com o meio, os mecanismos de decisão, a organização do trabalho e os problemas internos que as caracterizam:
– **empresarial.** É uma pequena estrutura (tipo Pequenas e Médias Empresas – PME) simples e flexível. A linha hierárquica é pouco desenvolvida nesse tipo de organização e o papel do líder (carismático e autocrítico) é marcante. A estratégia é quase sempre visionária;
– **mecanicista.** Corresponde às burocracias centralizadas. Nesse tipo de organização, a divisão do trabalho é muito desenvolvida, os procedimentos são codificados e a linha hierárquica é extensa. O meio é estável e as decisões são de tipo estratégico e planejado. A capacidade limitada de inovação resulta em longos períodos de estabilidade seguidos de crises;
– **divisionalizada.** Típica dos grandes grupos que reúnem várias empresas. Cada divisão é autônoma, mas sofre reorganizações periódicas comandadas pelo grupo central. Compra e venda, reorganização e deslocalização de empresas constituem a regra;
– **profissional.** Baseada no modelo de uma profissão (universidades, hospitais). A burocracia desempenha papel importante nesse tipo de organização, e sua capacidade de ação é baixa. O meio é estável. As estratégias e as inovações são fracas e ligadas às ações coletivas. Verifica-se grande autonomia no exercício das tarefas;
– **inovadora.** Típica das pequenas estruturas criadas com base num projeto, essa organização funciona a partir do princípio da "adocracia", isto é, um grupo de trabalho muito sólido, composto por especialistas. A comunicação é fundamental, a hierarquia é fraca e o espírito de grupo ocupa papel de destaque. Apesar de dinâmica, essa organização tende a esgotar as pessoas que a compõem;
– **missionária.** Caracteriza-se por uma forte ideologia. O poder é quase sempre carismático e a participação se baseia na adesão voluntária. As dissidências, rupturas e fraturas são muito frequentes. Possui capacidade de inovação muito limitada.
– **política.** É marcada pelos conflitos, alianças e concorrência interna. As regras de cooptação e de apadrinhamento são comuns nesse tipo de organização.

• Ver H. Mintzberg, *Le Management: voyage au centre des organisations* [A administração: viagem ao centro das organizações], Ed. d'Organisation, 2004 [1989]

ras e repugnantes, estimulantes e paralisantes, congregadoras e conflitantes. "Sendo a realidade social de caráter humano, ela é equívoca e inesgotável" (Raymond Aron*).

Bibliografia: • P. Cabin (org.), Les Organisations. État des savoirs, Sciences Humaines, 1999 • M. Crozier, E. Friedberg, L'Acteur et le Système, Seuil, 1992 [1977] • J. G. March, Handbook of Organizations, Rand McNally, 1965 • J. G. March, H. A. Simon, Les Organisations. Problèmes psychosociologiques, Dunod, 1999 [1958] • H. Mintzberg, Le Management: voyage au centre des organisations, Ed. d'Organisation, 2004 [1989] • G. Morgan, Images de l'organisation, De Boeck, 1999 [1989]

ORGANIZAÇÃO CIENTÍFICA DO TRABALHO (OCT)
→ Taylorismo

ORIENTALISMO

Para os ocidentais, o termo "Oriente" designa, desde a Antiguidade, tudo o que se encontra ao leste. Geograficamente, isso engloba o "Extremo Oriente" (ou seja, a Ásia) e o Oriente Médio (os países árabes). O termo "orientalismo" designa tanto o orientalismo científico (a ciência das coisas do Oriente), nascido no início do século XIX na Europa, como o gosto pelo Oriente, em voga desde essa época e durante todo o século XIX (gravura, pintura, relatos de viagem, descrições exóticas ou ficções).

Do imaginário oriental...

No século XIX, o orientalismo designa tanto um movimento literário como pictórico, exclusivamente relacionado ao mundo muçulmano (Oriente Médio e Norte da África). A viagem ao Oriente será uma espécie de rito iniciático para muitos escritores (Alphonse de Lamartine, Gérard de Nerval, Gustave Flaubert, Ernest Renan), tal como já havia ocorrido com a Itália. No que diz respeito ao orientalismo literário, destacam-se as obras *Itinéraires de Paris à Jerusalem* [Itinerários de Paris a Jerusalém], do visconde de Chateaubriand (1811); *Voyage en Orient* [Viagem ao Oriente], de A. de Lamartine (1835) ou a de G. de Nerval (1851); *Salambô*, de G. Flaubert (1862); *Les Orientales* [As orientais], de Victor Hugo (1829). Esse gênero literário é inspirado numa visão exótica do mundo muçulmano. Da Turquia ao Marrocos, passando pelo Egito, as obras citadas descrevem os charmes de uma civilização radicalmente diferente. A Turquia (então Império Otomano) é associada ao mundo dos contos das mil e uma noites, dos palácios de sultões e seus haréns... O Oriente é uma fonte para o imaginário dos autores românticos e simbolistas.

A pintura orientalista tem sua maior expressão em Jean-Auguste Dominique Ingres (1780-1867) e Eugène Delacroix (*As mulheres de Argel*, 1834) e na criação da Sociedade dos Pintores Orientalistas em 1893. Os temas favoritos são os haréns e suas mulheres lascivas, enfeitadas com joias, tecidos e sedas de cores brilhantes, e ainda imponentes mouros com turbantes, oásis, arquiteturas de cidades orientais...

... ao orientalismo científico

No terreno da história das ideias e das ciências humanas, o orientalismo tomará outro rumo, passando a designar o estudo das línguas e, de modo geral, das culturas da Ásia. Surgiram, assim, a disciplina científica "orientalista" e as instituições a ela relacionadas (como, na França, o Inalco em 1795 e a EFEO em 1901).

O primeiro passo foi dado pelos administradores coloniais que, na Índia e na China, promoveram o primeiro contato do Ocidente com os mitos, as línguas e a cultura do Oriente. O orientalismo científico, inicialmente restrito a uma pequena comunidade de especialistas e a alguns amadores eruditos, erigiu-se aos poucos em saber positivo unificado ao longo do século XIX. Além dos missionários jesuítas na China, na Índia e no Japão a partir do século XVI, ou ainda os administradores ingleses na Índia de 1780, os demais precursores do orientalismo são bibliófilos: eruditos bíblicos, pesquisadores solitários especialistas em línguas semíticas ou do Islã.

Num primeiro momento, os orientalistas se interessaram quase exclusivamente pelo período antigo da língua e da sociedade que estudavam. Note-se que os países estudados (do Norte da África, a Índia, a China...) são os herdeiros das grandes civilizações escritas. É por meio de livros e manuscritos que os cientistas descobrem o Oriente, apresentando-o em seguida através de uma série de fragmentos, traduções comentadas e anotadas.

É o caso de Abraham Hyacinthe Anquetil-Duperron (1731-1805), tradutor dos *Upanishads*, ou de William Jones (1746-1794) em suas pesquisas sobre o sânscrito. Com isso, a filologia vai se tornar a disciplina por excelência. Nessa época, o orientalismo é fortemente marcado pelo estudo das mitologias, das religiões e das línguas (Max Müller, Louis Renou, Antoine Meillet...). Pode-se dizer que, num certo sentido, essa visão encerra as civilizações numa cultura e modo de pensamento homogêneos e estáticos no tempo.

A indologia do século XIX representa uma espécie de época de ouro do orientalismo clássico, com figuras únicas como, entre tantos outros, Eugène Burnouf (1801-1852), especialista em sânscrito e estudioso do budismo indiano; W. Jones descobriu o parentesco sânscrito-greco-latino; e o alemão Franz Bopp (1791-1867) postula a existência de uma língua antiga comum, indo-europeia, e funda a gramática comparada. O linguista A. Meillet (1866-1936), com sua gramática comparada das línguas indo-europeias, abrirá caminho para Émile Benveniste* (1902-1976) e Georges Dumézil* (1898-1986), fundador da mitologia comparada do mundo indo-europeu. A análise das castas e o estudo sociológico da estrutura social ganham espaço na sequência, sobretudo com Louis Dumont* (1911-1998). A sinologia é obra de homens muito mais próximos da pesquisa de campo, como Edouard Chavannes (1865-1918), Marcel Granet (1884-1940) e Henri Maspero (1883-1945). Uma tradição de islamologia é inaugurada na França com Louis Massignon (1883-1962), Henry Corbin (1903-1978) e Jacques Berque (1910--1995), e indianistas como Sylvain Levi (1883--1935) e L. Dumont, ligados a E. Burnouf.

Crítica ao orientalismo

Há, sem dúvida, um paralelismo histórico entre o desenvolvimento da pesquisa orientalista e a formação dos grandes impérios orientais ingleses e franceses (1815-1914).

Para o Ocidente, o "Oriente" sempre será visto como um reservatório de fantasmas: no pior dos casos, um negativo de si próprio, um rival cultural, e, no melhor, uma réplica, um espelho. Isso explica uma série de generalizações, de afirmações totalizantes. O método comparatista concebe um sistema de oposições e de diferenças tal que, à força de enfatizar as especificidades e incompatibilidades, acaba acentuando a separação entre "eles" (os orientais) e "nós" (os ocidentais). A falta de reciprocidade possível (um "ocidentalismo" é inconcebível) e a posição de "espectador" são ilustrativas da supremacia do Ocidente. Edward W. Said, intelectual americano de origem palestina, fará sua crítica virulenta em *Orientalism* [*Orientalismo*] (1978). Expressão simbólica de uma dominação, exercício intelectual de um poder, o orientalismo seria, segundo ele, um sistema racista, etnocêntrico e imperialista. Essa crítica foi radical e eficiente, mas provavelmente exagerada, visto que o orientalismo também foi obra de indivíduos isolados e independentes dos poderes, dotados de uma sensibilidade única para com o outro. Os orientalistas fizeram parte da tomada de consciência do relativismo cultural e se opuseram às humanidades greco-latinas, base da cultura "clássica" que alimenta a percepção ocidental do mundo. Além disso, a pesquisa orientalista desempenhou (e continua a desempenhar) um papel singular na preservação e na revalorização do patrimônio cultural na Ásia e na África do norte (sobretudo para a arqueologia e literaturas orais de línguas vernáculas). Os orientalistas também contribuíram para a redescoberta da cultura dos povos colonizados, fornecendo-lhes ferramentas e até mesmo armas intelectuais contra a dominação ocidental. Nesse sentido, o orientalismo foi um dos componentes do humanismo universalista.

Novos estudos orientais

Atualmente, a expressão "orientalismo" soa ultrapassada. Na antropologia, o orientalista europeu era, até a metade do século XX, um generalista que via na civilização indiana ou chinesa uma cultura praticamente eterna. A separação dos saberes em subespecialidades universitárias e a compartimentação das áreas culturais opõem-se agora a essa visão unificada de uma civilização homogênea. No campo dos estudos orientais, a língua inglesa ficou sendo o principal vetor, e o modelo de pesquisa americano tornou-se a regra. Os estudos das áreas culturais (*area studies*) pouco têm a ver com o orientalismo "clássico". O *area specialist* requer uma competência de especialista regional. O Ocidente (Estados Unidos, Europa) continua a promover e a financiar grande parte dos estudos orientais (quase sempre a pedido dos próprios países asiáticos), mas outros países, como o Japão, também exercem essa função. As universidades norte-americanas são igualmente responsáveis por formar um número considerável de pesquisadores asiáticos que se tornaram especialistas em Oriente.

Bibliografia: • G. Leclerc, *La Mondialisation culturelle. Les civilisations à l'épreuve*, Puf, 2000 • E. W. Said, *L'Orientalisme. L'Orient créé par l'Occident*, Seuil, 1997 [1978] • Dossiê "La pensée orientale: une invention de l'Occident?", *Sciences Humaines* n° 118, jul. 2001

ORIGEM DO HOMEM

Um mito hindu extraído dos *Bramanas* (comentários dos *Vedas*, os textos sagrados mais antigos da tradição indiana) conta que, no início dos tempos, nada havia. Então o Ser emergiu sobre o não-Ser, sob a forma de um ovo de ouro flutuando na imensidão das águas. Ele assim permaneceu durante um ano, navegando calmamente na superfície líquida. Até que um dia sua casca se partiu em duas metades: uma de ouro e outra de prata. A parte de ouro deu origem ao céu e a de prata deu origem à terra. Do ovo saiu Prajāpati, o "senhor das criaturas", que engendrou as montanhas e as nuvens. O vento e a neblina se formaram por suas palavras. Mais tarde, ele se expandiu na água, tornando-se rio, mar e, finalmente, o grande oceano. Tudo assim permaneceu por mais um ano. Do ovo primordial saíram, em seguida, a luz e alguns deuses. Enfim, surgiu o homem. O primeiro se chamava Yama. Ele se uniu a sua irmã Yami e dessa união nasceram a espécie humana e os povos da terra...

Todas as sociedades humanas inventaram grandes mitos de origem. O tema do ovo primordial está presente em várias mitologias: na Índia e no Irã, no Japão, na China e no Tibete, assim como em algumas regiões da África e da Oceania. Em outras regiões, a origem do homem e do mundo vem da água, do céu, das flores, das frutas ou de um gigante cósmico...

Segundo o relato do Gênese, um Deus único gerou o mundo em sete dias e consagrou sua criação pela invenção do homem.

As etapas da hominização

Com o nascimento da paleontologia, em meados do século XIX, surge no Ocidente mais uma grande história sobre as origens. Ela se baseia na teoria da evolução* e na busca de fósseis humanos. O que nos diz essa história a respeito das origens do homem?

Ela se desenrola em diversos grandes períodos.

– Há aproximadamente 6 a 8 milhões de anos, a família dos hominídeos se dividiu em dois grandes troncos. Um deles deu origem aos grandes macacos atuais (gorilas e chimpanzés), o outro a uma linhagem de primatas bípedes, que são os ancestrais mais antigos do homem. Toumai, assim como Orrorin* (descoberto em 2000 no Quênia), pertence a essa linhagem surgida na África entre 5 e 7 milhões de anos atrás.

– Os australopitecos vieram mais tarde. Eles viveram entre 1 milhão e 5 milhões de anos atrás. Durante muito tempo, Lucy, descoberta em 1974, foi sua representante oficial. Tem-se registro da existência de pelo menos uma dezena de tipos de australopitecos diferentes, e é muito difícil traçar filiações entre eles.

– Seus sucessores, os *Homo*, também se dividiram em vários tipos: *H. rudolfensis* e *H. habilis* (alguns autores os classificam como australopitecos), *H. ergaster*, *H. erectus*, *H. georgicus*, *H. heidelbergensis*, *H. antecessor*, *H. neanderthalensis*, *H. sapiens*.

– Os homens modernos (Neandertal ou Cro-Magnon) chegaram depois dos antigos *Homo*, há mais ou menos 150 mil anos. Com o *Homo sapiens** e o homem de Neandertal, novos comportamentos são observados: as sepulturas, técnicas novas e, muito provavelmente, uma linguagem evoluída. O homem de Neandertal desaparece, por sua vez, há aproximadamente 30 mil anos, deixando uma única espécie de humanos: os *sapiens sapiens*.

Como se vê, a família dos humanos e pré-humanos ampliou-se consideravelmente e o esquema da evolução linear, outrora predominante, tornou-se obsoleto. Não se deve mais tentar estabelecer filiações diretas e únicas entre esses grupos, do menos evoluído para o mais evoluído. Alguns fósseis muito antigos, por exemplo, possuem estruturas anatômicas bastante modernas. Do mesmo modo, um mesmo esqueleto pode apresentar vestígios antigos e modernos. A evolução assemelha-se, portanto, a um arbusto onde se entrecruzam diversas ramificações. É por isso que os especialistas falam em "evolução ramificada".

A ÁRVORE GENEALÓGICA DOS HUMANOS

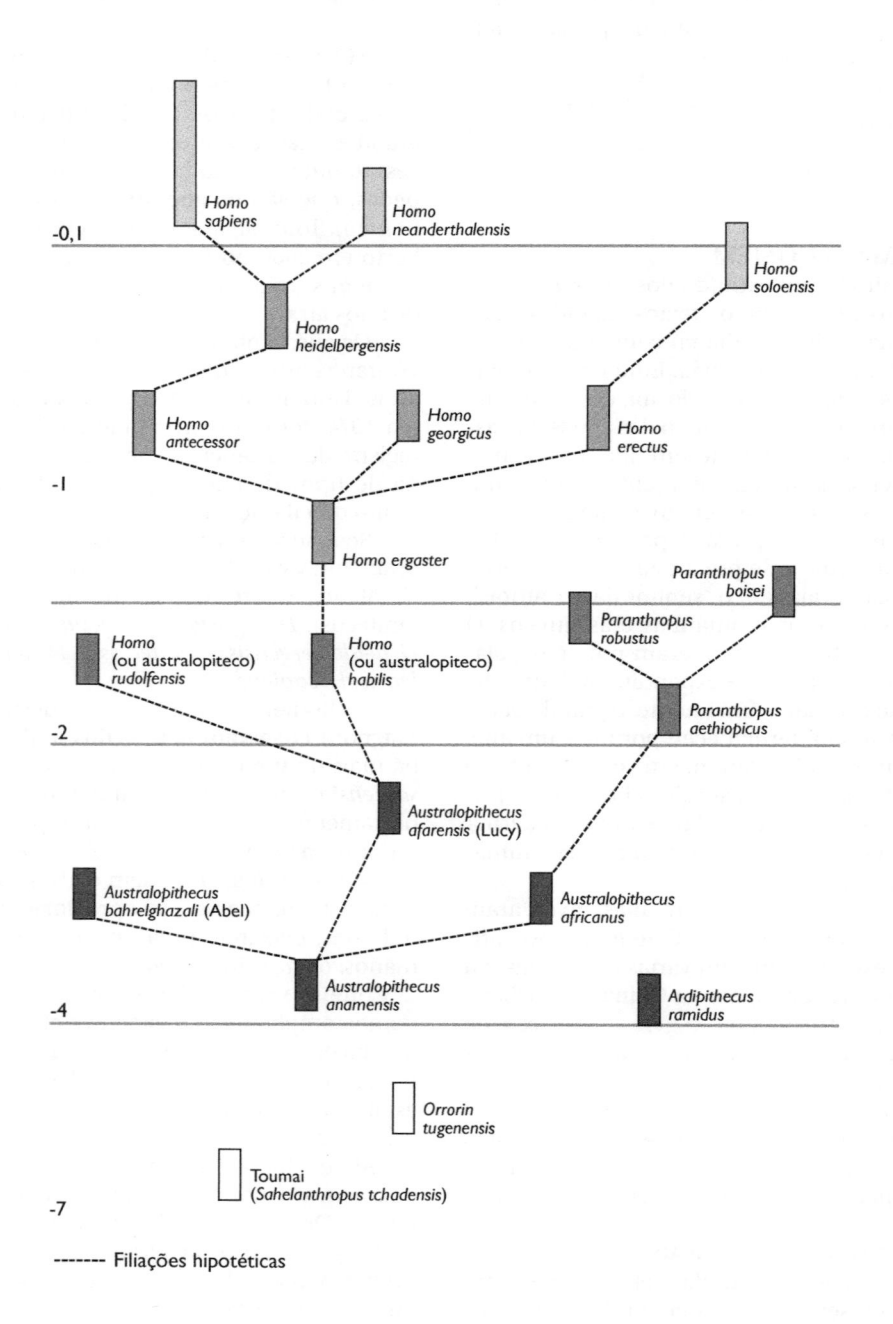

-0,1 — Homo sapiens — Homo neanderthalensis — Homo soloensis

Homo heidelbergensis

Homo antecessor — Homo georgicus — Homo erectus

-1

Homo ergaster

Paranthropus boisei
Paranthropus robustus

Homo (ou australopiteco) rudolfensis — Homo (ou australopiteco) habilis

Paranthropus aethiopicus

-2

Australopithecus afarensis (Lucy)

Australopithecus bahrelghazali (Abel) — Australopithecus africanus

Australopithecus anamensis — Ardipithecus ramidus

-4

Orrorin tugenensis

Toumai (Sahelanthropus tchadensis)

-7

------- Filiações hipotéticas

A ORIGEM CULTURAL DA HUMANIDADE

Será que, mesmo quando conseguirmos um dia reconstituir o quebra-cabeça completo de nossa genealogia, teremos realmente descoberto o segredo da origem humana? Provavelmente não, pois a evolução humana não se reduz à evolução anatômica. Nossa história não é apenas uma questão de ossos e de DNA. O que faz o homem é também a linguagem, a técnica, a cultura, o pensamento. E, desse ponto de vista, praticamente toda a nossa história cultural está para ser descoberta.

Progressos consideráveis vêm ocorrendo nos últimos anos, sem dúvida menos espetaculares do que o crânio de Toumai. Com base nos dados combinados da etologia, das ciências cognitivas, da paleoantropologia e da arqueologia, pesquisadores propõem roteiros diversos sobre a origem cultural da humanidade.

Uma das áreas de ponta diz respeito às origens da linguagem, um tema até então restrito a simples especulações. No entanto, existem atualmente bons modelos sobre o que poderia ter sido uma protolíngua das origens. Do mesmo modo, foram feitos estudos sobre as origens da organização social, a paleocognição e a coevolução* cérebro-cultura. Essas áreas de pesquisa relativamente novas vêm enriquecer e renovar os estudos sobre a origem da arte e das culturas líticas que, até o momento, constituíam as bases documentais da origem cultural da humanidade.

Bibliografia: • Y. Coppens, P. Picq (orgs.), *Aux origines de l'humanité*, 2 vols., Fayard, 2001 • J.-F. Dortier, *L'Homme, cet étrange animal: aux origines du langage, de la culture et de la pensée*, Sciences Humaines, 2004 • J. Silk, R. Boyd, *L'Aventure humaine, des molécules à la culture*, De Boeck, 2003 [1997] • P. Picq, *Au commencement était l'homme*, Odile Jacob, 2004

→ **Arqueologia-pré-história, Australopiteco,** *Homo, Homo sapiens,* **Paleoantropologia, Protolinguagem**

ORRORIN

Batizado "o fóssil do milênio", esse fóssil de 6 milhões de anos foi encontrado por uma equipe franco-queniana dirigida por Brigitte Senut e Martin Pickford nas colinas Tugen (Quênia), em janeiro de 2001. Orrorin é um hominídeo mais antigo que o australopiteco*, do qual difere bastante em termos anatômicos. Surgem assim um novo gênero Orrorin ("homem original" na língua tugen) e uma nova espécie *tugenensis*. Apesar de sua dentição possuir um aspecto simiesco, o *Orrorin tugenensis* não é um macaco fóssil, pois seus fêmures comprovam que ele era bípede.

ORTOGÊNESE

Na teoria da evolução, é a hipótese segundo a qual as grandes tendências evolutivas seguem uma orientação constante, qualquer que seja a pressão seletiva do meio. Assim, o aumento contínuo do tamanho do cérebro no *Homo** perdurou ao longo do paleolítico, a despeito da existência de meios muito diferentes segundo as épocas (glaciais ou não) e os lugares (África, Ásia, Europa).

ÓTIMO DE PARETO

O Ótimo de Pareto – do nome do italiano Vilfredo Pareto* (1848-1923) – é uma distribuição dos recursos disponíveis entre os membros da sociedade, feita de tal modo que se torna impossível modificar essa distribuição para melhorar o bem-estar de um indivíduo sem que o de pelo menos um outro seja prejudicado. Em outras palavras, mudar de distribuição significa "despir um santo para vestir outro".

P

PALEOANTROPOLOGIA

Ciência que estuda as origens e a evolução do homem, em particular os fósseis humanos.
→ *Homo*, Origem do homem, Pré-história

PALEOLÍTICO

Etimologicamente, significa "pedra lascada antiga". É o período mais antigo da história da humanidade. O termo foi criado em 1865 por John Lubbock, a quem se deve a divisão da pré-história em dois períodos: o paleolítico ou idade da pedra lascada antiga, e o neolítico* ou idade da pedra nova (pedra polida). Alguns anos mais tarde, foi criado o termo "mesolítico", que corresponde a um período de transição entre o fim do paleolítico e o início do neolítico.

O paleolítico compreende um período vasto e longo da pré-história humana, de mais de dois milhões de anos. Ele foi dividido em três subperíodos:

– o paleolítico inferior tem início com as primeiras pedras lascadas (pelos *Homo habilis*), há 2,5 milhões de anos, e finda por volta de 100 mil anos atrás;

– o paleolítico médio corresponde a uma indústria mais evoluída (fabricação de utensílios com pedra lascada) de tipo musteriense* ou levallois. A data de aparição desse novo perfil técnico é bastante variável de acordo com as regiões do mundo. Assim, o início do paleolítico médio oscila, segundo os lugares (e os autores), entre 300 mil e 150 mil anos atrás, e termina há aproximadamente 35 mil anos, época em que o homem de Neandertal e os primeiros homens modernos (*Homo sapiens sapiens*) conquistaram a Europa.

– o paleolítico superior (de 35 mil a 8 mil anos atrás) divide-se em várias fases: aurignaciano, solutreano, magdaleniano, etc. É a época em que o homem de Neandertal desaparece e o homem moderno passa a ser o único representante da espécie humana.

Na África, uma datação diferente foi empregada pelos autores anglo-saxões. O paleolítico (Stone Age) se divide em três períodos: o Early Stone Age (ESA), de 2 milhões a 300 mil anos atrás; o Middle Stone Age (MSA), de 300 mil a 30 mil anos atrás; o Late Stone Age (LSA), de 30 mil anos atrás ao neolítico (10 mil anos atrás).
→ Arqueologia-pré-história

PALEONTOLOGIA

A paleontologia é a ciência dos fósseis animais e vegetais. Georges Cuvier (1769-1832) é seu fundador.

PALO ALTO (escola de)

A escola de Palo Alto (do nome de uma pequena cidade no subúrbio de São Francisco) designa um grupo de pesquisadores e terapeutas (Gregory Bateson, Paul Watzlawick, Paul Jackson, Edward T. Hall…) e teve seu apogeu entre os anos 1970 e 1980. É associada a uma teoria da comunicação humana e a um procedimento terapêutico inspirados na abordagem sistêmica. Sua concepção da comunicação baseia-se nas noções de "sistema" e "interação". Numa relação entre duas pessoas (um conflito interpessoal, por exemplo), uma lógica global se instala e supera as lógicas individuais. O que vale para a comunicação também vale para os distúrbios mentais. Os adeptos da escola de Palo Alto desenvolvem, assim, uma concepção sistêmica das doenças mentais*, segundo a qual as patologias mentais procedem de problemas nas relações familiares e não no indivíduo isoladamente. A análise e a intervenção terapêutica devem partir, portanto, do contexto familiar. Isso explica por que as terapias familiares sistêmicas são associadas à escola de Palo Alto. Cada um de seus membros seguiu uma trajetória singular. G. Bateson, o fundador, tornou-se uma espécie de guru da educação e da ecologia. P. Watzlawick, por sua vez, teve uma carreira inusitada na área da comunicação, destacando-se por seu enfoque radical do construtivismo*. E. T. Hall é um dos divulgadores da comunicação intercultural (*The Hidden Dimension* [*A dimensão oculta*], 1966).

Bibliografia: • E. Marc, D. Picard, *L'École de Palo Alto, un nouveau regard sur les relations humaines*, Retz, 2000 [1984] • Y. Winkin, *La Nouvelle Communication*, Seuil, 2000 [1981]

→ **Análise sistêmica, Bateson, Psicoterapia, Watzlawick**

PANOFSKY, ERWIN
(1892-1968)

Historiador e filósofo da arte, esse alemão naturalizado americano foi professor na Universidade de Princeton. Ele renovou as categorias tradicionais da filosofia e da história da arte, e é o fundador da "iconologia" (*ver quadro*).

Em *Perspective as Symbolic Form* [*A perspectiva como forma simbólica*] (1927), Erwin Panofsky procurou mostrar que o surgimento da perspectiva na pintura, no século XVI, expressa uma nova visão de mundo, um estilo de pensamento típico de uma época.

Do mesmo modo, em *Gothic Architecture and Scholasticism* [*Arquitetura gótica e escolástica*] (1951), ele propõe a existência de um elo estreito entre a filosofia escolástica e a arquitetura gótica. A preocupação com a clareza conceitual e com o rigor, característica do pensamento escolástico, se traduz em uma estrutura

---

A INVENÇÃO DA ICONOLOGIA

• Erwin Panofsky propôs uma renovação total da análise da obra de arte com base em um novo procedimento que ele denominou "iconologia". Trata-se, segundo ele, de uma interpretação da obra em três níveis distintos. No texto "Iconography and Iconology" ["Iconografia e iconologia"] (in: *Studies in Iconology* [*Estudos de iconologia*], 1939), esse procedimento é explicitado a partir de um exemplo simples: a cena de um homem tirando o chapéu.

Num primeiro nível de interpretação (dito "pré-iconográfico"), a imagem é analisada por um enfoque puramente perceptivo, que recorre às categorias do senso comum. As formas e as cores, associadas a conhecimentos elementares, nos fazem ver simplesmente um homem que se descobre, e nada mais. É a primeira abordagem da obra.

Num segundo nível ("iconográfico"), a imagem comporta uma segunda significação, a ser decifrada. Tirar o chapéu é uma regra de boa conduta associada às convenções de uma sociedade e de uma época. O sentido dessa imagem só pode ser interpretado quando ela é relacionada ao conhecimento dos quadros mentais de uma época. Assim, a imagem do Cristo na cruz ou as esculturas de Shiva só podem ser apreendidas com base no conhecimento dos evangelhos ou da simbólica hindu.

Bom dia, sr. Courbet

Surge, então, o terceiro nível (propriamente "iconológico"), mais global e mais profundo, correspondente a uma síntese do enfoque cultural e da intenção profunda do autor. Nesse tipo de obra singular, o artista deseja criar uma atmosfera particular, cara ao estilo de uma época e a uma intenção pessoal. A título de exemplo, na tela *Bom dia, sr. Courbet* (1854), de autoria de Gustave Courbet, vê-se o encontro de três homens a caminho do campo: um burguês e seu criado, posicionados de frente para o pintor, o sr. Courbet. Os três acabam de tirar os respectivos chapéus em sinal de cumprimento. Nesse quadro, o pintor quis retratar, de modo alegórico, a riqueza (o burguês) saudando o gênio (o pintor Courbet). Este é representado numa postura que ilustra uma nova imagem do artista: gênio independente que caminha sozinho pelo campo. É a nova condição do artista do século XIX: não mais submisso aos poderosos, como nos séculos anteriores. E. Panofsky pensava esse terceiro nível de análise da obra, denominado "significação intrínseca", como a apreensão de um estilo, de uma visão de mundo típica de uma época, "que pode ser interpretado em função das informações gerais de que eventualmente se dispõe sobre o período em que essa pessoa viveu, bem como sobre sua nacionalidade, sua classe social...".

mental específica: a divisão dos tratados filosóficos em partes, subpartes e parágrafos distintos. É assim que Santo Tomás de Aquino constrói suas obras. Na arquitetura gótica, verifica-se exatamente a mesma configuração global: a preocupação com a clareza exprime-se na construção dos edifícios em partes, seções, subseções distintas. Há, portanto, uma correspondência formal entre a arquitetura das igrejas e a arquitetura mental da época. Segundo E. Panofsky, essa correspondência se explica por um mesmo "hábito mental", ou seja, uma visão de mundo comum que se expressa tanto na arte como na filosofia.

Herdeira da obra de Aby Warburg (1866-1929) e influenciada pela teoria das formas simbólicas de Ernst Cassirer (1874-1945), a iconologia, na concepção de E. Panofsky, só pode ser compreendida se levada em conta a importância das noções de "forma" e de "visão de mundo", tal como fizera o pensamento alemão dos anos 1920-1930.

Principais obras de E. Panofsky
• *Perspective as Symbolic Form*, 1927 [A perspectiva como forma simbólica]
• *Studies in Iconology: Humanist Themes in the Art of the Renaissance*, 1939 [Estudos de iconologia: temas humanistas na arte da Renascença]
• *Gothic Architecture and Scholasticism* 1951 [Arquitetura gótica e escolástica, Martins Fontes, 2001]
• *Meaning in the Visual Arts*, 1955 [O significado nas artes visuais, Perspectiva, 2002]

→ **Forma, visão de mundo**

PAPEL

O termo "papel" pertence originalmente ao vocabulário do teatro: um ator que interpreta o papel de Napoleão adota, ao longo da encenação, uma série de comportamentos – falas, gestos, etc. – que dão ao público a ilusão de estar diante do imperador francês; se a encarnação for convincente, o público dirá, então, que o ator "fez bem o papel".

As ciências humanas, em particular a psicologia social* e a sociologia, adotaram o termo para aludir a um fenômeno tido por inúmeros autores como fundamental em qualquer sociedade: num contexto determinado, cada um dos membros dessa sociedade tende a exibir uma série de condutas que caracteriza um personagem, como no teatro. O papel pode ser psicológico (tal pessoa se comporta como o "palhaço" da família) ou social (professor autoritário, ou funcionário modelo), mas, em ambos os casos, apresenta a característica fundamental que justifica o termo "papel": é representado para um público, composto por uma ou mais pessoas; é um comportamento social.

A noção de papel remete a uma realidade bastante conhecida. Diariamente, somos levados a assumir certo número de "papéis", em função da posição social que ocupamos. Ser pai ou mãe de família, professor ou médico, deputado ou militante de um partido político, árbitro de um time de futebol, vizinho, etc., eis alguns dos "papéis" sociais definidos de acordo com as expectativas daqueles que nos rodeiam. Um papel corresponde muitas vezes a um modelo de conduta muito estereotipado e exige algumas obrigações. O papel do médico, por exemplo, é tratar os pacientes, mas ele deve respeitá-los e preservar o sigilo médico. No entanto, o fato de esse mesmo médico ser jovial ou taciturno, esportista ou saxofonista, não faz parte de seu papel social. Assumir um papel social implica, portanto, vestir uma indumentária social, como o ator que representa um papel em cena.

Os papéis sociais podem assumir a forma de couraças incômodas e artificiais, que bloqueiam nossa espontaneidade e liberdade de ação. Contudo, ao mesmo tempo, sua função é normalizar e estabilizar as relações entre as pessoas, estabelecer um quadro de referência que permita aos indivíduos se situar dentro de um contexto. O que aconteceria se, durante uma reunião, o chefe de uma empresa começasse a chorar ou a cantar como uma criança?

Inversamente, o afrouxamento das normas e dos modelos sociais muito rígidos em nossas sociedades conduz a uma liberação das condutas, mas também a uma certa indecisão. Isso se observa quando enfrentamos situações inéditas, nas quais sentimos dificuldade para reconhecer os códigos de comportamento e os papéis a serem assumidos. Desde os anos 1970, os papéis de professor, de administrador, de médico, de pai ou mãe de família deixaram de ter o caráter tão impositivo e estereotipado que possuíam nas gerações anteriores. Essa instabilidade dos papéis sociais cria uma incerteza a respeito do modo como devem se comportar um professor com seus alunos, um administrador com seus subalternos, os pais com os filhos, os homens com as mulheres, etc.

A noção de papel, frequentemente associada à de *status*, foi importante na psicologia social e na sociologia nos anos 1960, mas foi abandonada em seguida, a ponto de ter praticamente desaparecido da literatura das ciências humanas. Ela foi substituída – apenas em parte – pelo termo "identidade social".

Bibliografia: • R. Chappuis, R. Thomas, *Rôle et Statut*, Puf, "Que sais-je?", 1995 • A.-M. Rocheblave-Spenlé, *La Notion de rôle en psychologie sociale*, Puf, 1969

→ **Identidade, Jogo de papéis, *Status***

PARADIGMA

Na filosofia das ciências, o termo é empregado por Thomas S. Kuhn (1922-1996) para designar um modelo explicativo dominante no âmbito de uma disciplina científica. Na medicina biológica, por exemplo, todos os distúrbios físicos são explicados por causas fisiológicas, e seu tratamento se dá por vias orgânicas (remédios, operações...). Ela constitui, assim, o paradigma dominante da medicina oficial. Segundo T. S. Kuhn, os paradigmas se sucedem ao longo da história e formam um quadro de pensamento dominante no seio de uma comunidade científica.

Na linguística, uma relação paradigmática designa as relações entre palavras que podem ter uma mesma função e, assim, substituírem umas às outras na frase. Exemplo: O cão sai, o gato sai, o caminhão sai, etc.

→ **Kuhn, Ciência**

PARANOIA

A paranoia faz parte dos chamados "estados delirantes". O paranoico é um sujeito egocentrado, convencido de que uma ou várias pessoas – às vezes, o mundo todo – têm a intenção de enganá-lo ou de prejudicá-lo.

A forma mais conhecida é a paranoia de perseguição. O sujeito emprega todos os recursos da razão e da interpretação dos fatos (reais ou deformados) para comprovar a existência de um complô armado contra ele. Por exemplo, X se sente perseguido por seus colegas de trabalho, que se aliaram contra ele. A partir de então, qualquer conversa mantida em sua ausência e qualquer sorriso suspeito soam para ele como um sinal de complô. Uma atitude complacente por parte de um colega é interpretada como uma armadilha: "Y está escondendo o jogo. Se ele me trata bem agora, é para me atacar mais tarde, sem que eu desconfie." A atitude agressiva adotada pelo paranoico provocará reações hostis contra sua pessoa, que constituirão a "prova evidente" de que querem seu mal.

As cenas delirantes são dificilmente refutáveis. Aquele que contestar suas teses será imediatamente catalogado como inimigo. O paranoico é persuasivo e pode levar uma pessoa de seu círculo a acreditar em sua ficção. A tomada de consciência do caráter patológico da conduta acontece quando o mesmo esquema de perseguição se reproduz em diferentes situações, ou quando ocorre uma passagem ao ato – uma agressão física ou verbal contra um vizinho ou um colega –, tornando-se necessária, em alguns casos, uma internação. Pois, se existem "personalidades" com tendência paranoica, o delírio paranoico diz respeito, em seus graus mais patológicos, a um distúrbio grave e crônico.

Entre os distúrbios paranoicos, os psicólogos classificam em geral o delírio de perseguição, o ciúme doentio, a megalomania e a erotomania.

A EROTOMANIA: UMA PARANOIA AMOROSA

Uma das formas mais exóticas do delírio paranoico é a erotomania, descrita pelo psiquiatra Gaëtan Gatian de Clérambault (1872-1934) no início do século XX. A erotomania designa um tipo singular de delírio em que um sujeito está convencido de ser amado por uma pessoa importante e famosa. "O postulado fundamental da síndrome erotomaníaca consiste na convicção fundamental de estar em comunhão amorosa com uma pessoa de um nível mais elevado, que teria sido a primeira a se apaixonar e a fazer os primeiros avanços" (G. de Clérambault, *L'Erotomanie* [A erotomania], 1993). Em 1920, G. de Clérambault descreveu o caso de Léa Anna B., uma mulher de 53 anos que se persuadira de ser amada pelo rei da Inglaterra, que teria se apaixonado por ela em uma de suas idas a esse país. Desde que a notara sem que ela percebesse, o rei prodigalizava, havia vários anos, toda sorte de estratagemas para provar seu amor. Um oficial inglês, presente no restaurante onde ela se encontrava, era a comprovação de que sua majestade enviava emissários para espioná-la; se alguém batesse a sua porta à noite, tratava-se do próprio rei, que ali se encontrava para assediá-la em sua casa. Ela se recusava então a abrir a porta, julgando inconveniente tal atitude da parte dele...

→ Doença mental

PARANTROPO

Grupo de hominídeos da África, primos dos australopitecos*, que viveram entre 2,5 e 1,2 milhões de anos atrás. É muito provável que eles tenham utilizado utensílios de pedra. Esse ramo da humanidade não deixou nenhuma descendência.

PARENTESCO

Em sentido amplo, o parentesco designa todas as pessoas que se sentem unidas por elos familiares: irmãos e irmãs, pais e filhos, tios, tias, primos, avós, cunhados, etc. Mais especificamente, o estudo do parentesco trata das regras de aliança (quem pode casar com quem? Sob que condições?), dos elos de filiação (como são transmitidos o nome, a herança e a identidade do pai ou da mãe para os filhos) e de sua integração num sistema mais vasto de geração (tribo, linhagem, clã). É um dos temas fundadores da antropologia.

DE MORGAN A MURDOCK:
OS SISTEMAS DE PARENTESCO

Os criadores da disciplina, Henry Maine (1822-1888), Johann J. Bachofen (1815-1887), Lewis H. Morgan* (1818-1881) e John F. McLennan (1827-1881), não levaram muito tempo para entender que a organização do parentesco é uma matriz da organização das sociedades "arcaicas". É a primeira grande descoberta da antropologia: a família e o parentesco são uma constante das sociedades humanas e possivelmente formam uma de suas vértebras. A segunda grande descoberta é a multiplicidade das formas do parentesco. A família nuclear não é a única presente em todas as sociedades (apesar de existir em toda parte). Há outras formas: polígama*, extensa, aquelas em que o nome é transmitido pelo pai ou pela mãe, em que o casamento entre primos é proibido ou permitido sob certas condições, etc. Em suma, regras de parentesco sempre foram constatadas. mas sem que se soubesse exatamente quais eram elas. L. H. Morgan, em suas viagens à tribo dos iroqueses, observara que um indivíduo chamava de "pai" tanto ao seu pai biológico como ao irmão deste (seu tio). Ele também chamava os primos de "irmãos" ou "irmãs". Essa observação o levou a empreender uma classificação dos sistemas de parentesco das sociedades primitivas. É o início de um trabalho de terminologia que ocupará a pesquisa antropológica durante várias décadas; esta será marcada por um trabalho intenso de compilações, de fixação terminológica, ao qual estão associados os nomes de Alfred L. Kroeber (1876-1960), de Robert H. Lowie (1883-1957), de William H. Rivers (1864-1922) e vários outros. A classificação estabelecida por George P. Murdock* (1897-1985) em 1949 (*Social Structure* [Estrutura social]), a partir de várias dezenas de sociedades, serve atualmente de referência para a comunidade dos antropólogos.

O critério empregado por G. P. Murdock nessa classificação dos sistemas de parentesco refere-se ao nome que um indivíduo dá a seus tios, pais ou primos. Eles somam um total de onze e foram designados a partir de uma população-tipo: crow, dakota, esquimó, fox, guineano, havaiano, nankanse, iroquês, omaha, sudanês, yuma. No sistema dos crow, por exemplo, as primas cruzadas (filhas da irmã do pai e filhas do irmão da mãe) levam nomes diferentes e não há distinção entre as gerações (uma tia e uma prima são designadas do mesmo modo).

Há outros sistemas de parentesco (como o dos dravidianos) e outras classificações possíveis de acordo com os critérios empregados.

AS REGRAS DA FILIAÇÃO:
VOCÊ É FILHO DE QUEM?

Os etnólogos anglo-saxões interessaram-se particularmente pelas regras que estabelecem a filiação*. Como são transmitidos o nome, o *status* e a herança na família? Nos povos maasai, as crianças levam o nome do pai e os bens são transmitidos pela linhagem paterna: esse sistema é designado "patrilinear*". Mas existem igualmente linhagens "matrilineares", nas quais o nome e o *status* provêm da mãe. Esse é particularmente o caso das sociedades melanésias, como a das ilhas Trobriand, estudada por Bronislaw K. Malinowski*.

Observam-se ainda filiações bilineares (nas quais a transmissão se dá tanto pelo pai como pela mãe), apesar de essas modalidades serem muito mais raras. Nos povos yakos, da Nigéria, por exemplo, a herança das terras e das casas é feita pela linhagem paterna, enquanto a dos bens mobiliares (gado, dinheiro) é feita pela linhagem da mãe.

Enfim, no modo de transmissão indiferenciado (também chamado "cognático"), a descendência é efetuada indiferentemente pelo pai ou pela mãe. A partir dos anos 1950, a descoberta de sistemas cognáticos na Oceania foi um golpe para a ideia, até então admitida por etnólogos anglo-saxões como W. H. Rivers e Alfred R. Radcliffe-Brown* (1881-1955), de que as filiações eram universalmente unilineares (fossem patrilineares ou matrilineares). Essa classificação, estabelecida a partir do caso africano, teve, assim, de ser abandonada. A descoberta os obrigou a reconsiderar a importância da filiação. Alguns antropólogos chegaram inclusive a questionar se as regras da filiação não seriam um subproduto de imposições externas ao parentesco.

As regras do casamento: quem pode casar com quem?

Com *Les Structures élémentaires de la parenté* [*As estruturas elementares do parentesco*] (1949), Claude Lévi-Strauss deu início a uma pequena revolução no estudo do parentesco. Até então, os trabalhos anglo-saxões consideravam que as regras da filiação (transmissão do nome, definição da linhagem segundo a descendência) orientavam as regras do parentesco. C. Lévi-Strauss adotou um ponto de vista diferente: não são as relações de pais com filhos, mas as regras de casamento que predominam na organização da família. A partir de C. Lévi-Strauss, essas regras vão formar o novo centro de gravidade dos estudos do parentesco. Ele vê o casamento pelo prisma da aliança entre dois clãs, que se realiza por meio de uma "troca de mulheres". Para esse autor, a estrutura mais elementar do parentesco é aquela em que a sociedade se divide em dois clãs, A e B – como em certas sociedades aborígines da Austrália. Assim, os homens do clã A devem se casar no clã B e vice-versa. Casar-se com uma pessoa do próprio clã seria cometer incesto*. A regra universal da proibição do incesto equivaleria, na realidade, à obrigação de trocar mulheres entre grupos. A partir desse sistema de base, considerado o átomo do parentesco, ele estende a análise a outros sistemas de troca.

Na troca generalizada, os homens da seção A se casam com as mulheres da seção B, os da seção B se casam na seção C, que se casa na D, e assim consecutivamente... Aquele que se encontra no final da lista deve se casar com uma mulher de A. Esse tipo de troca, cujo protótipo é

O casamento entre os massai

• Entre os massai (Quênia), o casamento é motivo de grande cerimônia.
Seguindo a tradição, a jovem esposa deve deixar a casa dos pais de manhã, escondida sob um manto. Na saída da tribo, o manto é retirado e a noiva segue o futuro marido a passos lentos e sem jamais olhar para trás. Durante todo o trajeto, ela deverá caminhar nesse ritmo, acompanhada por algumas amigas de infância, até a tribo de seu esposo.
Ao chegar na entrada da casa do noivo, sua sogra (*a mamma*) está a sua espera. No momento em que a jovem adentra o recinto da casa, o casamento é selado. A moça ganha, a partir daí, um novo nome. Em alguns casos, a noiva pode ter entre 14 e 15 anos. Antigamente, o casamento era arranjado entre os pais. Mas as coisas mudam e, cada vez mais, a união só é possível com o consentimento dos futuros esposos.

• Nesse tipo de união, a moça e seus filhos levam o nome do pai; a filiação é dita, então, "patrilinear". Como ela deixa sua tribo para ir ao encontro do marido, o casamento é chamado "patrilocal".
Nas tribos massai, um casamento sempre acontece fora do clã. Um clã reúne as pessoas que levam o mesmo nome e que se reconhecem como parentes, ou seja, que possuem um ancestral comum. Mesmo quando moram a centenas de quilômetros um do outro e nunca se viram antes, dois membros de um mesmo clã se reconhecem entre si. Isso porque cada clã possui seu totem, como, por exemplo, a serpente para o clã Irmakesen. Os membros de um clã se identificam entre si por alguns sinais: seus colares e pulseiras de pérolas possuem um desenho característico, suas vacas são tatuadas com uma marca específica. Ainda com relação ao casamento, a regra imperativa determina que ninguém se case no interior do clã, pois isso seria infringir o tabu do incesto*.

o casamento com a filha do irmão da mãe (uma prima cruzada matrilateral), é comum nas sociedades do sudeste da Indonésia, e foi descrita por etnólogos holandeses nos anos 1930.

Existem ainda sistemas de trocas mais complexos, definidos por regras negativas (proibição de se casar com os membros de tal ou tal clã) ou por casamentos preferenciais.

O enfoque estruturalista* inaugurado por C. Lévi-Strauss inspirará toda uma corrente de estudos, cujo espírito comum é a busca de fórmulas gerais que permitam descrever os sistemas de parentesco. Dos anos 1960 aos 1970, os estudos antropológicos sobre o parentesco identificam a necessidade de criar modelos e recorrem, às vezes, àqueles fornecidos pela matemática. A moda era utilizar os computadores para modelizar as relações de parentesco. O grande sonho era depreender, assim como nas pesquisas desenvolvidas sobre a linguagem ou na economia, algumas leis simples que servissem de base à variedade das formas empíricas.

Essa abordagem sofreu, no entanto, alguns reveses. O próprio C. Lévi-Strauss encontrou uma dificuldade interna para fechar seu sistema teórico e criar uma espécie de álgebra unificada das relações de parentesco. A construção dos modelos de aliança se chocava frequentemente com as inúmeras exceções, dificultando a formalização. Além disso, verificou-se que, em muitas sociedades, as práticas reais de casamento diferiam das regras prescritas. As pessoas nem sempre se casam de acordo com as regras estabelecidas (assim como, no emprego usual da língua, os falantes nem sempre respeitam as regras da gramática oficial). Às vezes, o desvio chegava a ser sistemático. Como interpretar essas distorções à regra e encaixar a realidade nos modelos?

Assim, alguns tipos de casamento pareciam resistir à "teoria da aliança" de C. Lévi-Strauss. O casamento árabe, por exemplo, constitui à primeira vista uma violação à regra da proibição do incesto. Esse casamento consiste em um arranjo entre os cunhados e prescreve o casamento com uma prima paralela patrilinear. Do mesmo modo, os sistemas de parentesco dravidianos na América e no norte da Índia são raramente compatíveis com os modelos teóricos.

Essa série de dificuldades levaria alguns a criticar o enfoque estruturalista (como Edmund R. Leach*), e outros a se afastar dele. Nos Estados Unidos, com o peso das críticas formuladas por David M. Schneider, ou dos estudos feministas, os estudos sobre o parentesco foram praticamente abandonados.

A partir dos anos 1980, o estudo do parentesco, que, com o estudo dos mitos*, estivera entre os grandes temas unificadores da antropologia, cai em descrédito.

AS PERSPECTIVAS CONTEMPORÂNEAS

Paradoxalmente, foi a partir daquela década que os historiadores começaram a voltar o olhar para a história da família e os dispositivos de parentesco. Data dessa época uma série de trabalhos notáveis, como os da escola de Cambridge e os promovidos na França por Georges Duby*, sobre a história da família.

No limiar dos anos 1990, o interesse pelas questões do parentesco reaparece em um contexto totalmente diferente. As profundas modificações na família ocidental – famílias recompostas, uniões livres, procriação clinicamente assistida, mudança do estatuto das mulheres – convidam a ver o parentesco sob uma nova perspectiva.

Bibliografia: • R. Deliège, *Anthropologie de la parenté*, Armand Colin, 1996 • L. Dumont, *Introduction à deux théories d'anthropologie sociale*, Mouton, 1971 • R. Fox, *Anthropologie de la parenté*, Gallimard, 1972 [1967] • C. Ghasarian, *Introduction à l'étude de la parenté*, Seuil, 1996 • E. Leach, *Critique de l'anthropologie*, Puf, 1968 [1961] • C. Lévi-Strauss, *Les Structures élémentaires de la parenté*, Mouton de Gruyter, 2002 [1949] • G. Murdock, *De la structure sociale*, Payot, 1972 [1949] • A. R. Radcliffe-Brown, *Structure et fonction dans la société primitive*, Minuit, 1968 [1952] • D. M. Schneider, *American Kinship: a Cultural Account*, University of Chicago Press, 1980 [1968] • D. M. Schneider, *A Critique of the Study of Kinship*, University of Michigan Press, 1984

→ **Antropologia, Família, Lévi-Strauss**

PARETO, VILFREDO
(1848-1923)

Economista e sociólogo italiano, Vilfredo Pareto fez sua carreira de professor em Lausanne. Ele fundou uma teoria geral da sociedade que tenta articular economia e sociologia. Na esfera da economia, reinam as "ações lógicas" (as condutas se baseiam no interesse e no cálculo); na área de estudo da sociologia, reinam as "ações não lógicas" (isto é, baseadas nos sentimentos e nas crenças).

As ações não lógicas resultam daquilo que V. Pareto designa como "resíduos". Em certo sentido, trata-se de "instintos", necessidades fundamentais que impulsionam determinadas ações humanas. Assim, a necessidade de conservar "a integridade do indivíduo e de sua descendência" conduz os homens a práticas como a vendeta (que visa a restaurar a integridade moral da família) ou os ritos de purificação (destinados a manter a integridade moral do indivíduo). V. Pareto distingue muitas classes de resíduos, os voltados para a sociabilidade, para a integridade do indivíduo, para a sexualidade... Embora algumas dessas ações sejam não lógicas, o homem sente necessidade de lhes atribuir um ar de coerência. V. Pareto denomina "derivações" os argumentos e as teorias que servem para justificar esses atos não lógicos. Em termos freudianos, fala-se em "racionalizações". As derivações são um "verniz lógico" aplicado a ações que não são lógicas. As cosmologias, as religiões, os mitos, as ideologias políticas não passam de derivações.

Como economista, V. Pareto trouxe uma contribuição fundamental para a teoria do mercado*, ampliando e aprofundando os trabalhos de Léon Walras* sobre o equilíbrio geral.

Todos os economistas aprenderam a noção do "ótimo de Pareto". Trata-se de um estágio da distribuição dos recursos em que é impossível melhorar o bem-estar de uma pessoa sem piorar o de pelo menos uma outra.

Principais obras de V. Pareto
- *Cours d'économie politique*, 1896 [Curso de economia política]
- *Les Systèmes socialistes*, 1902 [Os sistemas socialistas]
- *Trattato di sociologia generale*, 1916 [Tratado de sociologia geral]

→ **Ótimo de Pareto**

PARIETAL (arte)

A arte parietal (do latim *paries* = parede) é comumente associada à arte das grutas ornamentadas. Os anglófonos, por sua vez, distinguem *rock art*, a arte rupestre (sobre a rocha), de *cave art*, arte das cavernas.

Durante muito tempo, a arte parietal foi associada às pinturas encontradas no sul da Europa (especialmente na Espanha e no sul da França) e às grutas de Lascaux, Altamira, Niaux, Pech-Merle. Sabe-se, na realidade, que a arte parietal é uma arte mundial. Ela surgiu há aproximadamente 35 mil anos em várias regiões do mundo: Europa, Austrália, África do Sul. Em seguida, aparece em todos os continentes: Ásia, África, Europa, América.

A arte parietal é marcada por uma profunda unidade dos temas. Em quase todos os lugares aparecem grandes mamíferos (os famosos bisões, cavalos, leões, cervos na Europa; alces e cervídeos na África do Sul; girafas e bois na África do Norte), figuras híbridas, metade homem, metade animal (como o "feiticeiro" da gruta dos Três Irmãos ou os "marcianos" de Tassili) e cenas de caça. Encontram-se ainda, fato comovente, marcas de mãos humanas impressas nas paredes de várias grutas situadas em diferentes continentes (Austrália, África, Europa, América do Sul).

Várias interpretações se sucederam ao longo do tempo para explicar a arte parietal.

Uma teoria da arte pela arte, isto é, de uma arte puramente decorativa, predominou no final do século XIX, mas foi suplantada pela teoria totemista* (os animais representam clãs totêmicos) e da magia da caça (os animais servem para auxiliar na caça), em seguida pela teoria estrutural (as figuras animais representam uma oposição estrutural entre princípios masculino e feminino) e pela teoria do xamanismo pré-histórico.

→ **Xamanismo, Leroi-Gourhan**

PARIETAL (lobo)

O lobo parietal se situa na parte superior do córtex, entre o lobo frontal (situado na frente) e o lobo occipital (situado atrás). Ele age na percepção e no controle das mensagens sensoriais.

PARSONS, TALCOTT
(1902-1979)

Sociólogo americano. Professor em Harvard a partir de 1937, Talcott Parsons foi, nos anos 1950 e 1960, o "papa" da sociologia americana. Influenciado por autores europeus (formou-se em Heidelberg, na Alemanha), ele tentou edificar uma teoria global da sociedade. Nessa época, o projeto opunha-se à tendência empirista predominante na sociologia americana.

UMA TEORIA DA AÇÃO

A teoria de T. Parsons apresenta-se inicialmente como uma teoria da ação individual e de suas finalidades. Mas, na realidade, o que o sociólogo pretende explicar é a relação que as ações mantêm entre si para formar um sistema social. Se a ação individual se guiasse unicamente por motivos individuais, pessoais, nenhuma sociedade poderia funcionar. As ações são, portanto, socializadas pelos papéis que cabem a cada indivíduo desempenhar.

Para que uma sociedade estável possa existir, é preciso que ela atenda a várias funções: a adaptação ao meio (*Adaptation* = A), a busca por objetivos (*Goal* = G), pois um sistema só funciona se for orientado para uma finalidade, a integração interna do sistema (*Integration* = I) e, finalmente, a manutenção dos modelos e normas (*Latent Pattern Maintenance and Tension Management* = L). A sigla Agil serve de procedimento mnemotécnico para pensar as funções de um sistema ou subsistema social.

A cada uma dessas funções corresponde um subsistema: o econômico visa à adaptação (produção de bens), o cultural é responsável pela manutenção da definição das normas e dos valores, o político é responsável pela definição dos fins, e o social, por fim, é responsável pela integração social. E cada subsistema atende às quatro funções Agil. Em *Economy and Society* [Economia e sociedade], escrito em 1956 com Neil Smelser, T. Parsons tentará demonstrar, no caso específico do sistema econômico, que, se o subsistema econômico assume globalmente a função de produção para a sociedade como um todo, ele também deve socializar os trabalhadores, definir suas próprias finalidades, manter suas normas.

A partir desse modelo funcional e sistêmico, T. Parsons tenta explicar as diferentes instituições sociais da sociedade americana: a família, a polícia, a justiça, o ensino, a religião, em suas funções e lógicas internas. Esses sistemas são abertos e evolutivos: a família americana, por exemplo, baseia-se na liberdade de escolha dos esposos; do mesmo modo, a profissão também é livremente escolhida.

Em certo sentido, a construção teórica de T. Parsons visa a solucionar um problema: como entender a organização de uma sociedade e sua evolução equilibrada num país livre, onde os homens escolhem livremente suas atividades?

AS SOCIEDADES E SUAS EVOLUÇÕES

De posse desse modelo, T. Parsons tenta forjar, na segunda parte de sua obra, uma visão evolucionista* da sociedade. Um evolucionismo aberto, influenciado pela cibernética*, pela ciência dos sistemas*, que admite a diversidade das trajetórias evolutivas e a interdependência dos fatores.

Para ele, a sociedade americana corresponde ao grau mais elevado na escala da evolução, em razão de sua complexidade e abertura, que favorecem a liberdade dos indivíduos.

T. Parsons foi criticado por sua visão demasiado "integrada" e coerente da sociedade e das instituições. Sua concepção da sociedade em termos de função e de sistema transformava-a em um dispositivo excessivamente bem regulado, sem desordem, conflito ou contradição interna.

O sociólogo Charles W. Mills (1916-1962) ironizou a determinação de T. Parsons em querer construir "uma teoria suprema", que pretendia englobar toda a sociedade, sua história e o lugar ocupado pelos indivíduos.

O atual abandono do funcionalismo* e de qualquer ambição de construir uma teoria geral da sociedade fez que a obra de T. Parsons caísse em esquecimento.

Principais obras de T. Parsons
• *The Structure of Social Action*, 1937 [A estrutura de ação social]
• *The Social System*, 1951 [O sistema social]
• (com R. F. Bales, E. A. Shils) *Working Papers in the Theory of Action*, 1953 [Documentos sobre a teoria da ação]
• (com R. F. Bales) *Family, Socialization and Interaction Process*, 1955 [Família, socialização e processo interativo]
• (com N. Smelser) *Economy and Society*, 1956 [Economia e sociedade]
• *Social Structure and Personality*, 1964 [Estrutura social e personalidade]

PATRIARCADO

Literalmente, o patriarcado significa a autoridade do *paterfamilias*. O sociólogo Manuel Castells* define a sociedade patriarcal como um modelo de "autoridade institucionalizada dos homens" no seio da família introduzida em toda organização social (*Era de la información*, v. 2: *El poder de la identidad* [A era da informação, v. 2: O poder da identidade], 1997).

O patriarcado é o modelo da família romana, em que o pai todo-poderoso possui direito de vida e morte sobre a mulher e os filhos. É o modelo da família árabe-muçulmana, na qual mulheres e filhos são submetidos ao poder exclusivo do pai. É também o modelo da família tradicional até meados do século XX; nela, em princípio, o pai e marido reina como um monarca em seu reino.

Nos anos 1970-1980, os analistas marxistas e depois feministas sustentaram (apoiando-se na teoria de Johann J. Bachofen, que data do século XIX) que o patriarcado só teria surgido com o advento das primeiras civilizações. Mas essa teoria do matriarcado original, ao qual o patriarcado teria sucedido, foi abandonada pelos especialistas de hoje.

Para o sociólogo Pierre Bourdieu*, a dominação masculina seria "a consequência de um trabalho incessante de reprodução", para o qual contribuem não somente os homens, mas também as mulheres, por *habitus**. A dominação masculina se beneficiaria, assim, do "consentimento das dominadas" (P. Bourdieu, *La Domination masculine* [*A dominação masculina*], 1998).

O fim do patriarcado?

No início do século XXI, parece difícil negar a crise vivida pelo patriarcado, pelo menos nas sociedades ocidentais. Segundo M. Castells, sua desintegração se explica por diversos fatores: o aumento da escolarização feminina e a entrada massiva das mulheres no mercado de trabalho; a contracepção, que permitiu a liberação sexual; a intensa onda de choque de movimentos sociais culturais (o feminismo e as reivindicações homossexuais); tudo isso amparado por um "mundo em rede*", no qual as estruturas piramidais e hierárquicas tendem a desaparecer.

Em matéria de poder familiar, a constatação dos sociólogos é unânime: em um quarto de século, a família patriarcal caiu por terra. A figura do "pai todo-poderoso", que reinava no pequeno reino familiar, desapareceu. A "imagem do pai", um homem severo mas justo, representante da lei e da autoridade, que impunha respeito perante a mulher e os filhos, se esvaeceu, reduzindo-se à de um chefe autoritário. O patriarcado teria cedido lugar a uma família "democrática", também chamada de "relacional".

No mundo corporativo e, em menor grau, na política, o poder não é mais exclusividade dos homens. E a forma assumida por essa autoridade mudou. Ela não se baseia mais numa dominação hierárquica, autoritária e paternalista, característica do patriarcado tradicional.

→ **Matriarcado, Poder**

PATRILINEAR

No sistema de parentesco de tipo patrilinear, é por intermédio do pai que um filho adquire uma posição social: seu sobrenome, sua herança, eventualmente os atributos ligados a sua casta, seu local de residência...

→ **Matrilinear, Parentesco**

PEIRCE, CHARLES SANDERS
(1839-1914)

Filósofo e lógico americano, foi, com John Dewey (1859-1952) e William James* (1842-1910), um dos fundadores do pragmatismo, teoria segundo a qual o valor dos conhecimentos resulta mais de sua utilidade e de sua eficácia experimental do que de seu valor intrínseco.

Charles S. Pierce é, antes de tudo, um lógico que trouxe contribuições notórias à lógica proposicional. É nessa condição que ele aborda o pensamento, estabelecendo uma teoria das "categorias do espírito" (ou "faneroscopia") bastante sofisticada, que sofrerá reformulações sucessivas. Essa teoria das ferramentas do pensamento, que são as categorias, se apresenta como uma imensa combinatória onde se articulam as diferentes formas de conceitos e suas relações lógicas. C. S. Pierce cria vários termos, oriundos do latim ou do grego, para designar as categorias e subcategorias do espírito.

Dessa teoria origina-se uma ciência dos signos ou "semiótica", outra importante contribuição de C. S. Pierce, geralmente conhecida pela distinção entre três tipos de signos: o indício (= *indice*; por exemplo, a fumaça em relação ao fogo), o ícone (= *icon*, uma imagem ou uma pintura do fogo) e o símbolo (= *token*, a palavra "fogo"). O signo propriamente dito é composto de três elementos: o signo como tal, o objeto ao qual ele remete e a mediação entre os dois. Todavia, o elo que une signo e objeto não é exclusivo: um mesmo signo pode remeter a vários objetos. O termo "raiz", por exemplo, pode remeter à ideia de origem, de tubérculo, à raiz de um dente... Não se pode falar, portanto, em fechamento do sentido. O sistema de signos não é hermético, pois sempre remete a um conjunto de novas significações.

Em vida, C. S. Pierce publicou um único livro, *Recherches photométriques* [Investigações fotométricas] (1878), uma coletânea de artigos de astronomia, geofísica e matemática. A maior parte de suas obras é composta por artigos reunidos e publicados postumamente.

Principais obras de C. S. Peirce
• *Collected Papers*, 6 vols., 1931-1958 [*Escritos coligidos*, Abril Cultural, 3ª ed., 1983]
• *Écrits sur le signe* [1885-1911], 1978 [Escritos sobre o signo]
• *À la recherche d'une méthode* [1893], 1993 [Em busca de um método]

→ **Pragmatismo**

PERCEPÇÃO

Imagine a seguinte cena, num laboratório de psicologia. Um psicólogo pergunta a uma pessoa presente:
– *O que você está vendo em cima da mesa?*
– *Um livro.*
– *É de fato um livro, mas o que você realmente está vendo?*
– *O que você quer dizer com isso? Acabei de dizer que estou vendo um livro, um livrinho vermelho com uma capa vermelha.*

O psicólogo insiste:
– *Qual é sua real percepção? Peço-lhe que a descreva com a maior precisão possível.*
– *Você está querendo dizer que isso não é um livro? O que é isso, uma pegadinha?* (A pessoa começa a ficar impaciente.)
– *É um livro mesmo, não é uma pegadinha. Quero que você me descreva exatamente o que está observando, nem mais, nem menos.*
– (O entrevistado fica desconfiado.) *Bem, aqui de onde estou, a capa do livro se parece com um paralelogramo vermelho escuro.*

Essa cena foi imaginada pelo psicólogo George A. Miller, um dos pais da psicologia cognitiva (*Psychology: the Science of Mental Life* [*Psicologia: a ciência da vida mental*], 1962). Essa historinha serve para nos mostrar como funciona o ato da percepção. Espontaneamente, pensamos ver apenas um livro ao olhar para a mesa. Na realidade, "vemos" um retângulo vermelho sobre um fundo cinza, mas "sabemos" que se trata de um livro. À percepção sobrepõe-se uma interpretação dos dados visuais. No ato da percepção, o conhecimento se confunde, portanto, com a pura sensação.

AS TRÊS ETAPAS DA PERCEPÇÃO

A percepção não se resume, portanto, à simples recepção de dados procedentes do real, como se nossos olhos fossem uma janela aberta para o mundo, e o cérebro, um observador passivo desse espetáculo. As informações provenientes do mundo exterior são selecionadas, decodificadas e interpretadas. A percepção é uma leitura da realidade. Essa leitura passa por várias etapas, formalizadas pelos psicólogos da percepção. Distinguem-se três delas: sensorial, perceptiva e cognitiva.

A etapa sensorial

Tomemos um exemplo. Eu observo o céu numa noite de verão. Várias estrelas brilham e se destacam sobre um fundo negro. Alguns dos raios luminosos enviados chegarão ao fim de sua jornada pela imensidão do espaço em nossos olhos. O fundo do olho é revestido por células receptoras, que absorvem os fótons de luz.

Cada um desses receptores se liga, através dos nervos óticos, a neurônios especializados na visão. Alguns analisam especificamente a luminosidade; outros, as cores; outros, ainda, analisam os movimentos. Se um ponto luminoso começa a se mexer no céu – uma estrela cadente, um avião ou um helicóptero –, ele será imediatamente detectado pelos captores do movimento. Essa primeira fase da percepção é, portanto, uma etapa puramente sensorial. Ela permite identificar as características do meio externo.

A etapa perceptiva

Aparece, em seguida, uma segunda etapa propriamente "perceptiva". Ainda que as estrelas estejam dispersas no céu, sem ordem aparente, o cérebro tende a agrupar espontaneamente as que estão mais próximas umas das outras. Surgem, assim, configurações globais que denominamos constelações. Em todas as civilizações, o homem sempre as notou no céu. Elas não passam de esquemas organizados por um cérebro em busca de formas globais. Esse nível de tratamento perceptivo consiste em extrapolar os dados puramente sensoriais para conferir-lhes uma forma.

De modo geral, as estrelas são reunidas segundo a lei de proximidade, concentrando as estrelas vizinhas. Outra lei da percepção determina que sejam detectadas, preferencialmente, as formas geométricas simples: linhas, círculos, quadrados, retângulos. Se tais figuras aparecem, elas são imediatamente detectadas.

A identificação dessas formas perceptivas foi um dos temas de estudo privilegiados da psicologia da forma* (*Gestaltpsychology*). Elas nos ajudam a organizar os dados do meio pela identificação das distinções fundo/forma, dos contornos dos objetos, deformando ou completando os elementos ausentes, conforme o caso, para restituir às coisas certa coerência.

A etapa cognitiva

A terceira etapa corresponde à interpretação dos dados. A constelação Ursa Maior aparece para nós sob a forma de uma grande panela celeste, ou ainda de uma carroça. No Ocidente, os antigos a chamaram Ursa Maior. É em função das representações de uma época e de seus modelos culturais que fazemos determinada leitura dessas formas perceptivas. A panela é um objeto contemporâneo, ao passo que a carroça é uma ferramenta comum no mundo. Isso explica por que nós vemos uma panela onde nossos ancestrais viam, espontaneamente, uma carroça.

Essa terceira etapa, puramente cognitiva, se insere nos níveis 1 e 2 da percepção e consiste em atribuir uma significação à informação. A pessoa que via um livro sobre a mesa não "via" um livro, mas simplesmente um retângulo vermelho que ela interpretava como um livro em função de seus conhecimentos.

Para uma pessoa de outra cultura (que nunca tenha visto um livro), os níveis 1 (sensorial) e 2 (perceptivo) são idênticos, mas ela não consegue tirar (nível 3) as mesmas conclusões.

A PERCEPÇÃO É UMA LEITURA DA REALIDADE

Quais são os mecanismos biológicos e psicológicos envolvidos no ato de perceber?

O primeiro nível puramente sensorial da percepção é regido por captores sensoriais, uma herança de nossa evolução. Nossa visão das cores é limitada a um espectro luminoso preciso. Nós não enxergamos os raios ultravioleta nem a luz infravermelha que nos rodeiam (ao contrário de alguns insetos ou pássaros); do mesmo modo, a gama de percepção sonora é limitada (os ultra e infrassons existem, mas nós não os percebemos). Isso também se dá com o olfato e o paladar. Nossa relação com o meio externo é moldada, portanto, pela sensibilidade de nossos captores sensoriais, que divergem significativamente de uma espécie animal para outra. Os seres humanos são dotados de vários sistemas perceptivos: visão, audição, olfato, paladar e tato, que participam da "exterocepção", isto é, da percepção do mundo exterior, à qual é necessário acrescentar a percepção interna de nosso organismo – chamada "interocepção" –, que nos permite sentir o estado de nosso organismo (desde uma dor de dente até o prazer sexual). Soma-se a isso a propriocepção*, que nos informa sobre o posicionamento de nosso corpo no meio. A filtragem dos dados do meio também é determinada pela atenção e pela motivação. Várias experiências mostraram que, entre todos os dados captados por nossos sentidos, apenas uma parte é tratada no nível consciente. Quando espreita um rato, o gato focaliza o olhar na presa e deixa em estado de suspensão todas as outras informações provenientes do meio. Do mesmo modo, quando nos concentramos em uma atividade (ler ou escutar alguém falar), outros dados do meio são colocados em suspenso. Isso explica por que o som da música tocada no rádio sai de nosso campo de consciência no momento em que estamos imersos em uma leitura. Nossa percepção do mundo é, portanto, finalizada e orientada em função das capacidades de nossos órgãos sensoriais, mas também de nossos centros de interesse e conhecimentos anteriores. Durante uma caminhada na floresta, um biólogo experiente não vê a mesma coisa que um simples visitante. Ele consegue detectar um tipo de planta rara ou de pegada de animal porque seus "sentidos estão em alerta" e uma longa aprendizagem o tornou mais sensível a determinados sinais desse meio.

AS TEORIAS PERCEPTIVAS

A percepção propiciou o surgimento de várias teorias psicológicas (abordagem ecológica de James J. Gibson, *new look perceptif* de Jerome S. Bruner*, teoria cognitiva de David Marr*) e debates filosóficos (empirismo*, fenomenologia*, etc.).

Todas essas teorias se inseriram no interior do debate tradicional sobre a natureza do conhecimento, que opõe empiristas e subjetivistas. Esse antigo debate está para ser superado por uma abordagem chamada pelos filósofos de "realismo indireto". Se vemos um livro sobre a mesa (e não um cavalo, ou um tinteiro), é porque, em última instância, os dados dos sentidos e do mundo físico determinam em grande parte nossa percepção. No entanto, se podemos identificá-lo como um livro, é certamente porque, desde a infância, sempre estivemos rodeados por esse objeto.

PERFORMATIVO

Na teoria dos atos de fala, John L. Austin (1911-1960) batizou de "performativos" (do inglês *to perform*, que significa "fazer", "realizar") enunciados do tipo "eu prometo", "eu agradeço", "eu batizo", que se caracterizam por realizar uma ação pelo simples ato de seu pronunciamento.

→ Ato de linguagem

PERIFERIA

O conceito de periferia perpassa diversos campos de pesquisa e disciplinas. Dentro da teoria da dependência, o termo emerge da oposição entre periferia e centro. Serve, portanto, como chave de análise para as assimetrias entre os países periféricos, em desenvolvimento, e aqueles dos quais dependem economicamente, altamente desenvolvidos. De acordo com Imannuel Wallerstein, autor de *Modern World System* [Sistema mundial moderno], o início desse processo de polarização mundial remonta ao século XVI.

Outra abordagem refere-se aos problemas e aspirações dos habitantes dos bairros nos arredores de grandes cidades. Historicamente, o termo francês *faubourg* designava a expansão da cidade 'fors-le-bourg' (fora do burgo), cujo teor não pejorativo foi mantido até o século XIX. Já *ban-lieue* referia-se ao espaço situado a até uma légua da cidade, no qual esta exercia jurisdição, antes de passar a designar, no século XVII, quaisquer cercanias imediatas povoadas por sujeitos marginalizados. As periferias operárias insalubres proliferaram na Europa com a Revolução Industrial, e, no final do século XIX, surgiram os bairros projetados pelas próprias empresas ao redor das grandes cidades, a fim de oferecer moradias aos operários. Esse processo foi retomado nos anos 1950, 1960 e 1970. Em Brasília, cidades-satélite como Taguatinga e Ceilândia surgiram nesse período, relacionadas à construção da nova capital.

A periferia é um fenômeno multifacetado e heterogêneo. Nos Estados Unidos, por exemplo, existem subúrbios de classe média, seguros e bem equipados. É importante também distinguir as fases históricas da formação dos bairros periféricos. A Rocinha, hoje conhecida pela violência, era, na década de 1930, um polo fornecedor de hortaliças na Zona Sul do Rio de Janeiro. Essa favela, aliás, permite pensar em um fenômeno recorrente em metrópoles do Terceiro Mundo: o crescimento de zonas com características da periferia dentro das metrópoles, lado a lado com outros bairros valorizados e organizados.

Diversas causas ajudam a explicar a degradação da periferia: a chegada de novas e numerosas populações de imigrantes ou migrantes em busca de trabalho; sua inadaptação aos novos modos de vida; a lógica das gangues, que tendem a transformar as periferias em "territórios" a serem preservados de ingerências externas; a situação irregular dos lotes. Em resposta a tal situação, a política de desenvolvimento social e urbano das cidades é posta em ação, em vários países, a partir dos anos 1980. Entre os desafios de cunho político-administrativo, nessas regiões, estão o zoneamento, as diretrizes de construção e a distribuição de recursos públicos.

Uma política que leve os moradores da periferia a sério terá à disposição farta bibliografia de pesquisa. No Brasil, o geógrafo Milton Santos abordou, em diversas publicações, os impactos das desigualdades socioeconômicas sobre o território urbano. A urbanista Raquel Rolnik tem escrito sobre a segregação socioespacial das cidades brasileiras, nas quais cabe às camadas populares a ocupação de terrenos excluídos do mercado imobiliário formal. Maria Celina Marinho analisou, no romance *Triste fim de Policarpo Quaresma*, de Lima Barreto, a representação dos arredores de um grande centro urbano em desenvolvimento. Na antropologia, o trabalho de José Guilherme Magnani foi pioneiro ao revelar, por meio de uma etnografia sobre o circo-teatro, a lógica cultural da periferia [*Festa no pedaço*, 1984]; já Hermano Vianna estudou o sentido doa bailes *funk* na periferia carioca [*O mundo funk carioca*, 1997].

A cultura produzida nas periferias brasileiras tem conseguido visibilidade. Em 1960, Maria Carolina de Jesus, catadora de lixo da favela do Canindé, publicou *Quarto de despejo. Diário de uma favelada*. Vendeu 10 mil exemplares em uma semana. Sucesso similar teve Paulo Lins, morador de uma favela carioca que lançou *Cidade de Deus*, em 1997, e viu a adaptação cinematográfica de sua história vencer festivais internacionais. Desde o final da década de 1980, o *hip-hop* e o *rap* – cujos ícones são os Racionais MCs – vende milhões de CDs sem precisar nem de gravadoras, nem da imprensa. Não se pode negligenciar o sucesso do quadro "Central da periferia", apresentado no programa Fantástico, da TV Globo, desde 2006.

Existem cada vez mais iniciativas brasileiras com o objetivo de promover a inclusão social, a profissionalização e a melhoria da autoestima da população da periferia por meio da cultura e da arte. Nota-se o investimento crescente de entidades do terceiro setor na área cultural, em busca da capitalização da criatividade artística vinda dos subúrbios.

Bibliografia: • H. V. Baron, *Les Banlieues. Des singularités françaises aux réalités mondiales*, Hachette, 2001 • P. Bourdieu, "Effets de lieux", *La Misère du monde*, Points/Seuil, 1993 • E. R. Durham, "A sociedade vista da periferia", *Revista Brasileira de Ciências Sociais*, 1986 • J. G. C. Magnani, *Festa no pedaço: cultura popular e lazer na cidade*, Brasiliense, 1984 • M. C. Marinho, *Ironia e interdiscurso em Lima Barreto: uma análise de Triste fim de Policarpo Quaresma*, tese de doutorado em Linguística, Universidade de São Paulo, 2000 • R. Rolnik, *A cidade e a lei: legislação, política urbana e território na cidade de São Paulo*, Nobel/Fapesp, 1997 • M. Santos, *Economia espacial: críticas e alternativas*, São Paulo, Edusp, 2003 • H. Vianna, *O mundo funk carioca*, Zahar, 1997 • L. Wacquant, *Os condenados da cidade. Estudo sobre marginalidade avançada*, Revan/Fase, 2001 • I. Wallerstein, *The Modern World System*, Academic Press, vol. I: 1974, vol. II: 1980

PERLOCUTÓRIO
→ Locutório

PERMANÊNCIA DO OBJETO
→ Objeto (permanência do)

PERSONALIDADE

Júlia é tímida, Tomás é desconfiado, Ângela é instável, Hugo é nervoso, Paulo é obsessivo, Fabrício é autoritário, etc. Julgamos a todo instante o comportamento das pessoas a nossa volta. Esses traços de personalidade são considerados suficientemente estáveis e marcantes para determinar um comportamento geral no dia a dia. Diante da frustração, Alessandra tende a se irritar com mais facilidade, enquanto Márcio, mais tímido e reservado, tende a fugir.

Os psicólogos tentaram elaborar uma descrição rigorosa desses traços e tipos de personalidade, estabelecendo perfis característicos.

A partir dos anos 1930, uma grande parte da pesquisa sobre a personalidade teve início nos estudos ditos "diferenciais". O princípio consiste em estabelecer listas de traços de personalidade (x, y, z, v...) e medir, com o auxílio da análise fatorial*, se alguns traços estão correlacionados. O principal objetivo é identificar as tendências predominantes. Assim procederam Gordon Allport (1897-1967), Hans J. Eysenck (1916-1997) e Raymond Cattell (1905-1998) (e ainda J. P. Guilford), os nomes mais importantes desse campo de pesquisa. A tipologia de H. J. Eysenck, por exemplo, distinguia três grandes dimensões em torno das quais as personalidades se organizavam: a primeira opõe as personalidades extrovertidas às introvertidas; a segunda, as personalidades emocionalmente estáveis às com tendência à neurose, que têm dificuldade em controlar suas pulsões; a terceira, as personalidades agressivas e antissociais (com tendência à psicose) àquelas em que as "forças do eu" são mais controladas. Essas dimensões se desmembravam em seguida em vários aspectos: sociabilidade, passividade, vivacidade, otimismo, agressividade, etc.

O MODELO DOS *BIG FIVE*

Após seu esgotamento nas décadas de 1970 e 1980, os estudos quantitativos sobre a personalidade se reciclaram, a partir dos anos 1990, em torno do modelo dos *big five*. Os pesquisadores conseguiram estabelecer mais ou menos consensualmente que, apesar das divergências entre modelos de personalidade, existia uma convergência dos dados para os cinco grandes fatores constitutivos que aparecem nos múltiplos testes e questionários.

Esses cinco fatores são os seguintes:

– a extroversão (*versus* introversão) descreve as pessoas ativas, sociáveis e/ou impulsivas;

– a amabilidade (*versus* hostilidade) corresponde às pessoas altruístas, indulgentes, voltadas para o outro e que assumem uma posição conciliadora nos momentos de conflito;

– a consciência, no sentido de "consciencioso", relaciona-se às pessoas "responsáveis", preocupadas em agir corretamente e em realizar uma atividade com escrúpulo e meticulosidade;

– a estabilidade emocional (*versus* neurose) define as pessoas que enfrentam situações tensas com serenidade e sem emoções exageradas. Elas raramente são vistas exaltadas, constrangidas, angustiadas ou irritadas;
– a abertura de espírito representa as pessoas curiosas, criativas, que possuem interesses variados.

Os principais promotores do modelo dos *big five* são os psicólogos Paul Costa, Robert McCrae, Robert e Joyce Hogan.

Paralelamente às abordagens diferenciais, surgiram outras concepções de personalidade.

Na psicanálise*, Sigmund Freud* (1856-1939) propõe, mais do que uma análise dos tipos de personalidade, um modelo de funcionamento da personalidade (dividido em três instâncias: o id*, o ego (eu*), o superego*).

Carl G. Jung* (1875-1961) propôs mais explicitamente uma tipologia organizada em torno de dois grandes componentes, a partir de duas atitudes, duas "relações com o mundo" opostas: a introversão e a extroversão (*Psychologische Typen* [*Tipos psicológicos*], 1921). O extrovertido é voltado para o mundo, para o outro, para os objetos exteriores. Ele é sociável e sensível ao meio em que vive. O introvertido é fechado em si próprio, em suas fantasias, em seu mundo interior. Em C. G. Jung, essa tipologia não pretende encerrar os indivíduos em dois modelos, mas, antes, depreender duas orientações da vida que se encontram mais ou menos presentes em cada indivíduo.

Os testes de personalidade

Os psicólogos elaboraram dois grandes tipos de testes de personalidade: os questionários de personalidade e os testes projetivos.

Os questionários de personalidade são criados a partir de uma bateria de questões às quais o sujeito deve responder. Os mais utilizados são EPI e EPQ (Eysenck Personality Inventory e Eysenck Personality Questionnaire) ou MMPI (Minnesota Multiphasic Personality Inventory). O questionário IPH (Inventário Pessoal de Holland) é empregado na orientação profissional e escolar. Seu modelo hexagonal descreve seis tipos de personalidades, que revelam as aptidões para exercer determinada profissão: "realista", "investigador", "artista", "social", "empreendedor" e "convencional". Equivale a dizer que um tipo "artista" teria dificuldade em seguir a carreira de contador (e vice-versa). O modelo dos *big five* (*ver tópico anterior*) levou à elaboração de questionários como o D5D (descrição em cinco dimensões) ou o Alter Ego (ou Big Five Questionnaire).

Os testes projetivos, como o teste de Rorschach ou o TAT (Thematic Aperception Test) de Henry Murray, baseiam-se na interpretação de uma imagem ambígua pelo sujeito. O que ele projeta nessa imagem é um elemento revelador de sua personalidade.

Os testes podem ser utilizados na educação (orientação), no trabalho, na inserção profissional e no recrutamento. Os testes clínicos (testes projetivos) são empregados principalmente em contexto psiquiátrico.

A questão das causas da personalidade constitui o tema de debates clássicos. Para a psicanálise, a personalidade é moldada nos primeiros anos da infância, em função das experiências precoces, das relações estabelecidas com a mãe. Na abordagem ambientalista, a educação e o meio cultural são os fatores determinantes da personalidade. H. J. Eysenck tinha forte inclinação pelo componente hereditário da personalidade. Desde os anos 1980, vários trabalhos desenvolvidos na área da psicobiologia ressaltam a ação dos hormônios e dos neuromediadores na constituição da personalidade.

Bibliografia: • J.-L. Bernaud, *Les Méthodes d'évaluation de la personnalité*, Dunod, 1998 • S. Clapier-Valladon, *Les Théories de la personnalité*, Puf, "Que sais-je?", 1997 [1986] • M. Hansenne, *Psychologie de la personnalité*, de Boeck, 2003

→ **Genética do comportamento**

PERSONALIDADE E CULTURA
→ **Culturalismo**

PERTINÊNCIA

Com o livro *La Pertinence* [A *pertinência*] (1986), Dan Sperber e Deirdre Wilson enunciaram um importante princípio sobre o funcionamento da comunicação humana.

Segundo esse princípio, uma mensagem não contém a integralidade da informação veiculada, mas somente as informações "pertinentes" no que diz respeito à situação. A frase "Passa o sal", por exemplo, diz algo muito mais restrito do que "Passe-me o saleiro que está na mesa ao seu lado, pois eu gostaria de salgar meu prato." No entanto, o receptor compreende perfeitamente a integralidade da informação, apesar de ter recebido apenas um elemento parcial. Isso significa que as informações trocadas se limitam aos dados necessários para solicitar e estimular representações mentais subjacentes. Essa teoria da pertinência pretende mostrar que a informação não está contida na linguagem, mas no pensamento implícito que ela veicula.

PESQUISA

Nas ciências sociais, a palavra "pesquisa" é uma noção bastante geral que significa a realização de um estudo para conhecer uma população: consumo, trabalho, *habitat*, renda, saúde, mobilidade... Algumas pesquisas têm objetivos descritivos (quem lê o quê? quem ouve tal música?, etc.) outras, objetivos explicativos (Qual é o efeito da mídia nos comportamentos alimentares das crianças?). Em geral, dizem respeito a uma amostra representativa de uma população, às vezes a uma população em seu conjunto.

PEQUENA HISTÓRIA DAS GRANDES PESQUISAS

Na França, as primeiras grandes pesquisas sobre a população datam de meados do século XIX, por solicitação das autoridades que desejavam conhecer a situação em que esta vivia. Seu objetivo era elaborar um quadro do estado moral e social da população visando à intervenção e à reforma social. Assim, em 1833, François Guizot, ministro da Instrução Pública, encomenda uma pesquisa "sobre o estado moral da instrução primária". Por sua vez, o ministro dos Trabalhos Públicos determina a realização de uma pesquisa sobre o trabalho infantil nas fábricas (1837). Alguns anos mais tarde, o "Quadro do estado físico e moral dos operários empregados nas manufaturas de algodão, de lã e de seda" (1840), realizado por Louis Villermé, vai impressionar os espíritos e atrair a atenção das classes dirigentes para as terríveis condições de vida das classes trabalhadoras. Também nessa época, são realizadas pesquisas do mesmo tipo na Inglaterra e na Alemanha.

Um dos incentivadores das grandes pesquisas sobre os modos de vida das populações será Frédéric Le Play* (1806-1882), que elaborou um método de investigação sistemática (estudo dos orçamentos, observações, questionários) para estudar as condições de vida dos operários (*Les Ouvriers européens* [Os operários europeus], 1855).

OS ESTUDOS DE LOCALIDADES

Nos Estados Unidos, as grandes pesquisas têm início no limiar do século XX, dando origem a uma corrente denominada Survey Movement. Consistia em realizar amplos estudos sobre a população de uma localidade, considerada representativa do país em seu conjunto. A primeira grande pesquisa é realizada por Paul Kellog em Pittsburgh entre 1907 e 1909. Será seguida de outras memoráveis, como a de Robert e Hellen Lynd sobre a cidadezinha de Indiana, de 40 mil habitantes, rebatizada de "Middletown" ("cidade média"). Inicialmente, os pesquisadores pretendiam estudar as práticas religiosas dos americanos, mas a investigação se expandiu para outros campos de estudo, por exemplo, como ganhar a vida, construir um lar, educar os filhos, aproveitar o tempo livre, a participação nas atividades coletivas. *Middletown* [Cidade média] foi publicado em 1929 e logo se tornou um *best-seller*, provavelmente o primeiro *best-seller* sociológico. Cinquenta anos mais tarde, o sociólogo Theodore Caplow voltará a Middletown para fazer a mesma pesquisa focalizando o que se transformou e o que não se alterou na cidadezinha.

Outra grande pesquisa memorável foi a realizada por William L. Warner e sua equipe sobre a estratificação social numa cidade americana. Intitulada *Yankee City Series* (5 vols., 1941-1949), essa monografia exemplar servirá como base para a elaboração da grade das classes sociais dos Estados Unidos.

Na França, nos anos 1960, foram realizadas, em burgos rurais, grandes pesquisas pluridisciplinares (historiadores, antropólogos, sociólogos, linguistas, economistas). Assim, Laurence Wylie coordenou uma pesquisa sobre uma cidadezinha próxima de Avignon (*Un village du Vaucluse* [Um vilarejo do Vaucluse], 1957). Edgar Morin* e uma grande equipe pluridisciplinar realizaram uma ampla pesquisa de vários anos sobre Plozevet, um burgo do Finistère (*Commune en France: la métamorphose de Plozevet* [Comuna francesa: a metamorfose de Plozevet], 1967). Essas pesquisas cruzavam múltiplas fon-

Algumas grandes pesquisas em sociologia

- L. Villermé, *Tableau de l'état physique et moral des ouvriers employés dans les manufactures de coton, de laine et de soie*, 1840
- F. Le Play, *La Méthode sociale*, 1879
- M. Halbwachs, *La Classe ouvrière et les niveaux de vie*, 1912
- W. Thomas, F. Znaniecki, *Le Paysan polonais en Europe et en Amérique: récit de vie d'un migrant*, 1919
- R. S. e H. M. Lynd, Middletowr. *A Study in Modern American Culture*, 1929
- P. Lazarsfeld, *Les Chômeurs de Marienthal*, 1932
- W. L. Warner, *Yankee City Series*, 5 vols., 1941-1949
- P. Lazarsfeld, B. Berelson, H. Gaudet, *The People's Choice: How the Voter Makes up His Mind in a Presidential Campaign*, 1944
- L. Wylie, *Un village du Vaucluse*, 1957
- E. Morin, *Une Commune en France. La métamorphose de Plozevet*, 1967.

tes, como entrevistas aprofundadas, questionários, observações, estatísticas diversas.

A pesquisa por questionário e entrevista

Atualmente, a maior parte dos grandes institutos de pesquisa (Insee, Ined, Credoc, Inserm) efetuam grandes pesquisas sobre a população: consumo, emprego, formação, saúde. As empresas privadas também encomendam pesquisas com objetivos comerciais; fala-se então de estudo de mercado ou de estudos de *marketing*. As sondagens* efetuadas por institutos especializados dependem também do procedimento da pesquisa.

Geralmente as pesquisas usam o método da entrevista* e do questionário*. Em todos os casos, elas supõem uma metodologia rigorosa relativa à construção de amostras representativas, à formulação das questões, à coleta dos dados e à análise dos resultados (análise de conteúdo*, análise estatística*).

Entre as grandes pesquisas por questionário, a de Paul L. Lazarsfeld* sobre as escolhas eleitorais durante a eleição presidencial americana de 1944 (*The People's Choice* [A escolha do povo], 1944) constitui um dos modelos do gênero. Ela visava determinar a influência dos meios de comunicação sobre as opiniões políticas.

Bibliografia: • A. Blanchet, A. Gotman *L'Enquête et ses méthodes: l'entretien*, Nathan, 1992 • R. Ghiglone, B. Matalon, *Les Enquêtes sociologiques: théories et pratiques*, Armand Colin, 1998 [1978] • G. Leclerc, *L'Observation de l'homme. Une histoire des enquêtes sociales*, Seuil, 1979 • A. Savoye, *Les Débuts de la sociologie empirique*, Méridiens Klincksieck, 1994 • F. de Singly, *L'Enquête et ses méthodes: le questionnaire* Nathan, 1992

PESQUISA DE OPINIÃO

A pesquisa de opinião não é realizada somente para tornar conhecidas as intenções de voto dos eleitores; é uma técnica utilizada por demógrafos, sociólogos e especialistas em ciência política e em psicologia social que desejam conhecer as opiniões das pessoas sobre uma gama enorme de assuntos: frequência de relações sexuais, gostos culinários, crenças sobre a existência de extraterrestres...

Utilizada em política, a pesquisa de opinião possui um efeito reflexivo. De fato, os eleitores às vezes modificam seu voto em função dos resultados dela. Da mesma forma, os políticos reorientam sua ação de acordo com os resultados das sondagens. Nesse sentido, a pesquisa de opinião, a princípio simples instrumento de medição, torna-se um fator de mudança.

Bibliografia: • H.-Y. Meynaud, D. Duclos, *Les Sondages d'opinion*, La Découverte, 1996

PESQUISA-AÇÃO

Empregada em educação e no campo social, uma pesquisa-ação é uma pesquisa aplicada e engajada em que se propõe colocar em prática uma intervenção (por exemplo, a experimentação de uma nova prática pedagógica) cujos efeitos se pretende medir. O objetivo é aliar prática e pesquisa, para que uma possa esclarecer a outra.

Bibliografia: • R. Barbier, *La Recherche-action*, Anthropos, 1996

→ **Método**

PIAGET, JEAN
(1896-1980)

Após defender uma tese de biologia (1918), Jean Piaget (nascido em 9 de agosto de 1896 em Neuchâtel) estuda psicologia e psicanálise em Zurique e Paris, onde assiste às aulas de Pierre Janet (1859-1947) e de Henri Piéron (1881-1964). Em 1920, é publicado seu primeiro artigo de psicologia, centrado na relação entre a psicanálise e a psicologia infantil.

Não demora muito, no entanto, para J. Piaget começar a se dedicar à compreensão da lógica do pensamento infantil e multiplicar suas pesquisas e publicações. Seu percurso profissional é marcado por cargos de prestígio. Em 1921, ele ingressa no Instituto de Educação Jean-Jacques Rousseau, de Genebra, do qual se tornará co-diretor ao lado de Edouard Claparède e Pierre Bovet em 1932. Ele também será professor de história do pensamento científico na Universidade de Genebra (1929), diretor do Bureau international de l'éducation, presidente da Sociedade Suíça de Psicologia (1939), professor de psicologia da criança na Sorbonne (de 1952 a 1963) e fundador do Centro Internacional de Epistemologia Genética de Genebra (1955). Foi proclamado doutor *honoris causa* em diversas universidades do mundo (como Harvard, em 1936).

Trabalhador incansável, bonachão e espirituoso, mas também um defensor tenaz de suas teorias, Piaget dará, através de seus trabalhos, um impulso decisivo à psicologia do desenvolvimento* (ou psicologia da criança), enquanto sua obra, mundialmente conhecida no final do século XX, provocará debates estimulantes. Quatro anos antes de sua morte, em 1980 em Genebra, J. Piaget declarava: "Tenho a convicção, ilusória ou fundada, e cuja veracidade ou simples obstinação orgulhosa somente o futuro será capaz de confirmar, de ter estabelecido um arcabouço geral mais ou menos evidente e ainda repleto de lacunas, de tal modo que, ao preenchê-las, seremos levados a diferenciar, de várias maneiras, suas articulações, sem que seja necessário contradizer as grandes linhas do sistema."

A INTELIGÊNCIA, COMO CAPACIDADE DE ADAPTAÇÃO

Nos anos 1920, duas grandes correntes dominam a psicologia. De um lado, a psicologia da forma* (*Gestalt*), segundo a qual o cérebro contém estruturas inatas que configuram os conhecimentos. De outro, o behaviorismo*, que preconiza que o espírito humano é como uma "cera mole" na qual as aprendizagens irão se inscrever. Em suma, para uns, os conhecimentos são inatos; para outros, eles são adquiridos pelos estímulos do meio. Virando as costas para o inatismo da *Gestalt* e para o processo cumula-

PIAGET, PSICÓLOGO POR ACASO

• Por que, depois de se formar em biologia, ele se tornou o grande especialista da psicologia infantil? Para obter a resposta, é necessário refazer as etapas de seu percurso intelectual.

O pai, historiador, lhe transmite o amor pelo conhecimento, enquanto a mãe, protestante, lhe transmite a fé. Apaixonado por biologia desde a infância (aos 11 anos de idade, ele já estudava os limneídeos, pequenos moluscos de água doce encontrados nos lagos de sua Suíça natal), Jean Piaget, na atmosfera darwiniana* do início do século XX, acredita que o acaso não é capaz de explicar por si só a evolução dos organismos. Leitor de Blaise Pascal, Immanuel Kant e Henri Bergson (com seu "impulso vital"), ele deseja compreender as condições de evolução dos seres vivos e, em particular, os progressos humanos desde as origens: em que consiste a inteligência, ele se pergunta então, e como os conhecimentos se constituíram? O projeto inicial de J. Piaget é construir o que ele mais tarde chamará de "epistemologia genética*", que consiste em reconstituir a evolução do pensamento humano. Sua interrogação, inicialmente de ordem filosófica, o leva a estudar a gênese das funções cognitivas no desenvolvimento da criança, o que fará dele um dos maiores psicólogos do século XX.

tivo dos behavioristas, J. Piaget concebe a ideia de que o indivíduo constrói seus conhecimentos através de suas próprias ações: o desenvolvimento da inteligência é fruto de um processo de adaptação, no qual interagem o inato (as estruturas mentais) e o adquirido (a tomada de consciência do mundo exterior).

J. Piaget distingue duas funções no processo de adaptação: a "assimilação" e a "acomodação". Todo organismo vivo tenta assimilar os dados do meio em que vive (assimilação), mas, diante de uma nova dificuldade, deve adaptar suas estruturas mentais (acomodação) para poder assimilar novamente esses dados. Assim, quando a criança está aprendendo a segurar objetos, ela se vê obrigada a modificar sua maneira de proceder diante de um objeto mais pesado ou pontiagudo. Ela terá enriquecido, dessa forma, sua capacidade de ação. A inteligência se constrói pelo equilíbrio entre esses dois processos, provocando uma autoestruturação do sujeito.

J. Piaget inventa, assim, um novo quadro teórico de referência para a psicologia: o construtivismo. Servindo-se do exemplo da cibernética*, ele descreverá o desenvolvimento como "uma autorregulação, isto é, uma sequência de compensações ativas do sujeito em resposta às perturbações externas e uma regulação retroativa (*feedback*) e antecipadora que constituem um sistema permanente de tais compensações" (*La Psychologie de l'enfant* [*A psicologia da criança*], 1966).

Ele é então levado a dividir o desenvolvimento intelectual em grandes períodos ou estágios, cuja ordem de sucessão é constante e cada etapa provém da etapa anterior por um processo integrativo, resultante de reestruturações sucessivas. Essa teoria dos estágios, ainda que diferentemente questionada em pesquisas mais recentes, valerá a Piaget grande notoriedade. Assim como Sigmund Freud* descrevera as etapas afetivas do desenvolvimento, J. Piaget exporá as etapas cognitivas, formulando a primeira grande teoria do desenvolvimento da inteligência. Das atividades motoras da primeira infância ao pensamento abstrato, o desenvolvimento do indivíduo passava, segundo ele, por uma série de descentrações sucessivas (revoluções copernicanas), que permitiam à criança ou ao adolescente sair de sua subjetividade.

OS GRANDES ESTÁGIOS DO DESENVOLVIMENTO

– *O estágio sensório-motor.* Até os 2 anos de idade, o bebê irá começar a construir sua inteligência através das atividades motoras. J. Piaget, que observa atentamente seus três filhos desde o nascimento, mostra que o pensamento do bebê é, inicialmente, totalmente egocêntrico e associado a suas próprias ações (chupar o dedo, encontrar o mamilo do seio materno…). Progressivamente, ele se diferencia do meio, ao perceber que um objeto continua a existir mesmo quando desaparece de seu campo de visão; ele identifica seus pais, irmãos e irmãs… Assim, o bebê se descentra de si próprio para descobrir o mundo. Já no final desse período "sensório-motor", a emergência da função simbólica vai ampliar seu campo de pensamento. Pela imitação, pelo jogo, pelo desenho, pela memória e pela linguagem, ele adquire o controle das representações simbólicas: finge dormir, irritar-se, pega seu agasalho para indicar que quer sair…

– *O estágio das operações concretas* (em torno de 2 a 12 anos de idade). As crianças de 5 anos afirmam, quando se transfere a água de um pote A para um pote B, mais estreito, que a quantidade de água aumentou. É somente aos 7 anos de idade que a noção de invariância começa a se construir gradativamente. O raciocínio lógico entra em ação (seriação, classificação, percepção do tempo, da velocidade), mas sempre por meio de ações concretas e materiais. Ao término desse período, que J. Piaget divide em várias etapas, o realismo infantil e o egocentrismo são cada vez mais bem superados. A criança operou um segundo tipo de descentração: ela entende que o que está a sua esquerda também pode estar à direita, e que a formiga que carrega uma folha maior do que ela possui uma força surpreendente…

– *A pré-adolescência, período das operações formais.* Para J. Piaget, essa etapa constitui o ponto culminante do pensamento intelectual. No final da infância, ocorre uma "última descentração fundamental", que permite ao sujeito lidar com hipóteses e raciocínios desconectados da realidade concreta e imediata: é o pensamento "hipotético-dedutivo", que define a inteligência adulta e permite gerir o pensamento abstrato.

Os trabalhos de J. Piaget representaram uma contribuição significativa à psicologia do desenvolvimento, na medida em que ele procurou descrever o mundo da criança distanciando-se das normas do adulto. Além disso, seu método clínico foi extremamente inovador, pois consistia em fazer a criança realizar experiências ao mesmo tempo que era questionada sobre o que estava fazendo. Esse método envolvia tanto a entrevista psiquiátrica (o que explica seu caráter clínico) como a psicologia experimental, que visa destacar o que é generalizável na conduta dos sujeitos. Com o passar dos anos, esse método foi enriquecido pelas experiências realizadas por inúmeros pesquisadores que trabalhavam com J. Piaget em sua escola de Genebra, em particular seus colaboradores, como Alina Szeminska e Bärbel Inhelder.

CONTROVÉRSIAS E REPERCUSSÕES

À medida que era difundida, a teoria piagetiana também ocasionava diversas críticas e até mesmo célebres controvérsias.

Em 1975, por exemplo, um encontro histórico organizado na abadia de Royaumont, na presença dos mais brilhantes pesquisadores da época, opõe o psicólogo J. Piaget ao linguista Noam Chomsky*. Este último diverge radicalmente da teoria construtivista de J. Piaget, por conceber que o bebê humano é geneticamente programado para a linguagem – enquanto seu oponente sustenta que a linguagem é uma etapa na construção do pensamento simbólico e da abstração.

A hipótese de N. Chomsky, desenvolvida posteriormente nos trabalhos de cognitivistas como Jerry Fodor*, fomentará, entre alguns especialistas do bebê, uma nova forma de inatismo denominada "nativismo*". Para esses pesquisadores, capacidades observáveis aos 3 ou 4 meses de vida não poderiam provir da aprendizagem. Eles concluíram, então, que nascemos equipados com algumas capacidades ou conhecimentos. A corrente nativista teve um desenvolvimento bastante significativo, sobretudo nos países anglo-saxões (essas ideias são difundidas na França por Jacques Mehler e Emmanuel Dupoux na obra *Naître humain* [Nascer humano], 1990).

No mesmo período, os estudos sobre as competências precoces do recém-nascido contribuem para abalar o edifício piagetiano e levar água ao moinho dos nativistas. Novos métodos de observação do bebê são empregados. Eles não mais se dedicam ao estudo das capacidades motoras, mas, através da visão ou da audição, consideram suas capacidades de observação e suas manifestações de surpresa ou de habituação através do olhar. Psicólogos anglo-saxões e franceses como Roger Lécuyer enfatizam as "competências precoces" do recém-nascido desde os primeiros meses de vida, com relação à imitação e à categorização de objetos de tamanhos, formas e cores diferentes (R. Lécuyer, *Bébés astronomes, bébés psychologues*, [Bebês astrônomos, bebês psicólogos], 1989).

Em suma, J. Piaget havia subestimado em larga medida as capacidades dos bebês. Sua descrição dos estágios também é questionada por inúmeras experiências que mostram que, em meios estimulantes, as crianças podem aprender muito mais cedo do que previra sua teoria. Outra crítica formulada, já nos anos 1930, por Henri Wallon e Lev S. Vigotski*, afirma que ele não leva em consideração o meio social. J. Piaget se interessou pela cognição, deixando de lado o papel dos afetos e da cultura. No entanto, é justamente em seu entorno social que o bebê exerce as primeiras ações: ao chorar, ele consegue chamar a mãe... Como explica R. Lécuyer, os pais e os outros seres humanos são fontes de informações infinitas.

QUE CONTRIBUIÇÕES NOS DEIXOU PIAGET?

Apesar desses questionamentos, alguns psicólogos continuam a fazer referência a J. Piaget, seja adaptando, seja atualizando suas ideias. A psicologia cognitiva* e a neuropsicologia* acumularam conhecimentos sobre as diferentes funções mentais, a linguagem, a memória, o cálculo, a leitura, o raciocínio... Mas a abordagem relativamente compartimentada dessas diferentes funções não produz uma teoria geral do desenvolvimento, como a teoria de J. Piaget havia feito. Nesse sentido, ser piagetiano nos dias de hoje pode significar reivindicar uma teoria geral do desenvolvimento intelectual, que aceita corrigir a maior parte dos resultados obtidos por Piaget.

Os neopiagetianos atuais tentam integrar aos conceitos de J. Piaget ao mesmo tempo os conhecimentos acumulados a respeito das competências precoces, as concepções nativistas e as ciências cognitivas (conferir, em particular, O. Houdé, C. Melijac, *L'Esprit piagétien* [O espírito piagetiano], 2000). Assim, apesar das inúmeras críticas que recebeu, a teoria de J. Piaget e as outras teorias construtivistas desse período da história da psicologia da criança ainda ocupam o centro das discussões, simplesmente porque elas propunham algo simples, mas decididamente novo para a época: estudar a criança e a maneira como seu psiquismo se constrói é o melhor modo de compreender o pensamento humano.

Principais obras de J. Piaget
• *Le Langage et la Pensée chez l'enfant*, 1923 [A linguagem e o pensamento da criança, Martins Fontes, 7ª ed., 1999]
• *La Représentation du monde chez l'enfant*, 1926 [A representação do mundo na criança, Ideias e Letras, 2005]
• *Le Jugement moral chez l'enfant*, 1932 [O juízo moral da criança, Summus, 3ª ed., 1994]
• *La Naissance de l'intelligence chez l'enfant*, 1936 [O nascimento da inteligência na criança, LTC, 4ª ed., 1987]
• *La Formation du symbole chez l'enfant*, 1945 [A formação do símbolo na criança, LTC, 3ª ed., 1990]

- *Introduction à l'épistémologie génétique*, 1950 [*Epistemologia genética*, Martins Fontes, 2.ª ed., 2007]
- *Sagesse et illusions de la philosophie*, 1965 [*Sabedoria e ilusões da filosofia*, Abril, Col. Os Pensadores, 1975]
- *Psychologie et pédagogie*, 1969 [*Psicologia e pedagogia*, Forense Universitária, 9.ª ed., 2003]
- *Psychologie et épistémologie*, 1970 [*Psicologia e epistemologia*, Forense Universitária, 2.ª ed., 1978]

PIGMALIÃO (efeito)

Pigmalião, rei de Chipre, esculpiu uma estátua tão bela que por ela se apaixonou. Afrodite, deusa do amor, tocada por sua paixão, transformou a estátua em mulher, e ele casou-se com ela. Essa é a lenda. Para a tradição, trata-se de uma metáfora do poder do amor: como Pigmalião via em sua estátua uma mulher desejável, ela assim se tornou... Voltemos à Terra. A lenda de Pigmalião poderia se reproduzir na realidade? Acreditando que algo é verdadeiro, seria possível torná-lo verdadeiro?

O psicólogo Robert Rosenthal, da Universidade de Harvard, tentou verificar, a partir de experiências realizadas nas escolas, se o conceito – favorável ou não – de um professor com relação às capacidades intelectuais de um aluno influenciava o desempenho deste último. Seu livro *Pygmalion in the Classroom* [Pigmalião na escola], escrito com L. Jacobson (1968), alcançaria grande sucesso nos anos 1970.

Na primavera de 1964, R. Rosenthal visita uma escola primária (Oak School, que recebe em sua maioria crianças oriundas de camadas de baixa renda, 15% delas de origem mexicana). Ele aplica testes de inteligência e, em seguida, divide as crianças, avisando aos professores que separará os alunos com boas aptidões dos outros, não tão bem preparados. Mas, na realidade, a classificação dos alunos foi feita aleatoriamente.

O objetivo é verificar se "as crianças nas quais o professor deposita maior confiança terão melhor desempenho". A hipótese será confirmada: em um novo teste, aplicado um ano depois, as crianças classificadas como possuidoras de boas aptidões obtiveram melhores resultados, ainda que, não se pode esquecer, a classificação tivesse sido feita aleatoriamente!

Conclusão: o efeito Pigmalião é mesmo real. Se um professor "acredita" em seus alunos, eles terão melhores resultados do que se ele os julgar previamente fracos.

Efeito Pigmalião ou efeito Rosenthal?

O livro de R. Rosenthal foi duramente criticado, em particular por Robert R. Thorndike e Richard E. Snow nos Estados Unidos, e por Michèle Carlier e Hana Gottesdiener na França. Especialistas como M. Carlier mostraram que os dados estatísticos não eram confiáveis.

As reproduções da experiência por pesquisadores um tanto desconfiados deram resultados muito menos espetaculares. De acordo com um recente relatório de estudos (S. J. Madon, L. Jussim, J. Eccles, "In Search of the Powerful Self-Fulfilling Prophecy" [Em busca da poderosa profecia da autorrealização], *Journal of Personality and Social Psychology*, 72, 1997), as expectativas dos professores tiveram algum peso nos desempenhos dos alunos, mas muito modesto: de 0,1 a 0,2 ponto de diferença nas médias dos alunos.

Finalmente, alguns críticos observaram que as experiências de R. Rosenthal nunca foram objeto de publicação científica e, por esse motivo, são dificilmente verificáveis. Para M. Carlier, que criticou as conclusões desse estudo, o sucesso dessas teses traduz outro efeito Pigmalião: "O efeito de expectativa em pesquisadores e professores que poderiam explicar o sucesso fulgurante dessa teoria."

Bibliografia: • C. Bert, "L'effet Pygmalion: mythe ou réalité?", *Sciences Humaines*, n.º 84, 1998 • M. Carlier, H. Gottesdiener, "Effet de l'expérimentateur, effet du maître: réalité ou illusion?", *Enfance*, 1975 • A. Rosenthal, L. Jaccbson, *Pygmalion à l'école*, Casterman, 1971 [1968] • R. E. Snow, "Unfinished Pygmalion", *Contemporary Psychology*, n.º 14, 1969 • R. L. Thorndike, "Review of Pygmalion in the Classroom", *American Educational Research Journal*, n.º 5, 1968

→ **Profecia autorrealizadora**

PINKER, STEVEN
(nascido em 1954)

Linguista americano, professor no MIT, Steven Pinker se destacou em 1994 com a publicação de *The Language Instinct* [*O instinto da linguagem*], em que defendia com primor a tese sobre a origem inata da linguagem humana.

Em obras posteriores, S. Pinker torna-se o principal difusor da psicologia evolucionista*.

Principais obras de S. Pinker
• *The Language Instinct*, 1994 [*O instinto da linguagem*, Martins Fontes, 2.ª ed., 2004]

- *How the Minds Works*, 1997 [*Como a mente funciona*, Companhia das Letras, 2.ª ed., 1998]
- *The Blank Slate: the Modern Denial of Human Nature*, 2002 [*Tábula rasa. A negação contemporânea da natureza humana*, Companhia das Letras, 2004]

→ **Linguagem**

PIRÂMIDE DE IDADE

A pirâmide de idade foi inventada em 1870 pelo diretor do censo demográfico americano, Francis Walker. Essa representação gráfica mostra a distribuição populacional de acordo com a faixa de idade e de sexo. Dois histogramas, um para os homens e outro para as mulheres, são representados lado a lado. Os efetivos situam-se no eixo horizontal e as idades no eixo vertical. Reúnem-se, assim, as gerações, isto é, o conjunto de pessoas nascidas no mesmo ano.

A pirâmide de idade permite reconstituir em escala populacional as tendências (classes vazias, classes cheias) e os acidentes demográficos (guerras, fomes...).

A história do século XX pode ser lida através da seguinte pirâmide:

– o topo ainda é recortado pelos vestígios da Primeira Guerra Mundial: o vazio 1914-1919 mostra o déficit dos nascimentos;

– a Guerra de 1939-1945 também é marcada por um recorte;

– o ano de 1946 e os seguintes formam um inchaço: é a chegada do *baby-boom*, perceptível até 1974;

– a partir de 1975, aparecem algumas flutuações, entre as quais uma baixa no período 1993-1994: 700 mil nascimentos por ano contra 850 mil no período anterior. Desde então, a natalidade vem obtendo um leve crescimento, e a base da pirâmide parou de encolher.

→ ***Baby-boom*, Demografia, Mortalidade, Natalidade**

PLACEBO

"Basta acreditar para que dê certo." Esse é o princípio do "efeito placebo". Simule um tratamento para um doente e ele já se sentirá melhor, simplesmente porque acredita ter sido tratado.

O princípio do placebo havia sido identificado já em 1785, quando uma obra de medicina assinala o fenômeno, e, em 1811, quando um dicionário médico define o placebo como "uma medicação receitada menos para ajudar o doente do que para agradá-lo". "Eu agradarei" é, inclusive, o sentido da palavra "placebo" em latim.

A PIRÂMIDE DE IDADE NA FRANÇA EM 1º DE JANEIRO DE 2000

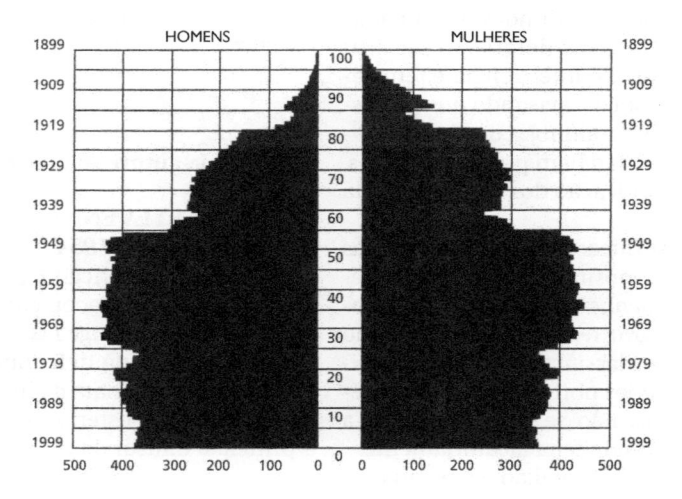

F. Héran, "Qu'est-ce que la démographie? Voyage historique et critique au pied des pyramides", in Y. Michaud (org.), *L'Université de tous les savoirs*, t. 2: *Qu'est-ce que l'humain?*, © Odile Jacob, 2000

Os estudos sobre o efeito placebo têm início no século XX. Sua eficácia foi comprovada no tratamento de diversos males: enxaquecas, insônia, tosse, alergias, úlcera gástrica, hipertensão, mal de Parkinson. Seu efeito para a diminuição da dor é visível. Em compensação, ele se revela menos operante em doenças como o câncer e muitas infecções virais graves.

A RELAÇÃO COM O PACIENTE

Desde os anos 1970, a observação do efeito placebo integra os protocolos experimentais para medir a eficácia de um tratamento (procedimento particularmente incentivado pela Foods and Drugs Administration americana). O princípio consiste em comparar de que modo age um produto em três grupos: um com tratamento, outro com placebo e, finalmente, um último sem nenhum tipo de tratamento. Nem o paciente nem o médico sabem quem recebeu o tratamento ou o placebo (procedimento "duplo-cego").

O efeito placebo não diz respeito apenas ao tratamento medicamentoso; o médico também desempenha uma função importante. "Quando encontro meu paciente e lhe estendo a mão, ele já está 50% curado", declara um clínico geral, totalmente ciente do aspecto "mágico" de sua intervenção. O papel do médico foi salientado por Michael Balint (fundador dos grupos Balint), principalmente em *The Doctor, his Patient and the Illness* [*O médico, seu paciente e a doença*] (1957), que sugere a importância da relação com o paciente e o perigo de reduzir a prática médica ao aspecto puramente técnico (diagnóstico e tratamento). A relação já seria um fator de tratamento, pelo menos para algumas doenças.

O efeito placebo basta para explicar por que qualquer tipo de ação com fins terapêuticos – dietas com produtos orgânicos, medicinas alternativas, medicinas esotéricas, bruxaria, orações, receitas de gurus ou todos os remédios de charlatães – pode apresentar alguma eficácia.

Bibliografia: • C. Bert, "L'effet placebo", *Sciences Humaines*, nº 149, 2004 • A. Harrington (org.), *The Placebo Effect, an Interdisciplinary Exploration*, Harvard University Press, 1997 • B. Lachaux, P. Lemoine, *Placebo, um mécicament qui cherche la vérité*, Mc Graw Hill, 1988

O ENIGMA DO PLACEBO

- A existência do efeito placebo é inconteste, apesar de continuar sem explicação.

A explicação mais comumente evocada é a da "autossugestão", insuficiente, todavia, para responder à questão sobre como as crenças contribuem para melhorar a saúde do paciente. Os estudos realizados por John Levine, nos anos 1970, haviam demonstrado que a administração de um placebo possuía um efeito comparável ao da liberação de endorfina (neurotransmissores que aliviam a dor). No início dos anos 2000, estudos de imageamento cerebral* forneceram algumas informações interessantes. Em pacientes acometidos pela doença de Parkinson, a administração de um placebo (água salgada) faz que seus cérebros comandem a produção de dopamina, um neuromediador que atenua momentaneamente os distúrbios. Em pacientes depressivos, o placebo provoca, em algumas áreas do cérebro, o mesmo efeito da administração do Prozac. Se, por um lado, o resultado terapêutico é mais fraco e menos duradouro, por outro, ele tem um efeito visível sobre a atividade cerebral.

A constatação de que ocorre uma modificação da atividade cerebral não explica, no entanto, o funcionamento do placebo. Os mecanismos pelos quais age uma crença permanecem em parte desconhecidos. De modo geral, ela diz respeito à psicossomática e, mais especificamente, às relações entre o corpo e a mente.

PLASTICIDADE CEREBRAL

Os estudos sobre o funcionamento do cérebro e a localização das áreas cerebrais* demonstraram incontestavelmente que algumas zonas específicas são destinadas a algumas funções. O lobo occipital, por exemplo, é em grande parte responsável pela percepção visual; o controle das ações motoras localiza-se no córtex parietal; o lobo frontal abriga as "funções executivas" (antecipação, memória de trabalho, atenção); o cérebro límbico comporta as emoções e a regulação corporal, etc. Essas zonas são as mesmas em todas as pessoas e são fruto de milhões de anos de evolução.

Já no estágio embrionário, o cérebro humano começa a se desenvolver de acordo com um programa predefinido. Nas primeiras fases do desenvolvimento embrionário, aparecem ventrículos que se transformarão em cerebelo, bulbo raquidiano, hipotálamo, córtex... Em seguida, desenvolvem-se, em cada hemisfério, as zonas responsáveis pelas grandes funções: visão, motricidade, audição, memória, emoções. Além disso, cada grande zona vai se subdividir em áreas mais precisas, responsáveis pela execução de tarefas específicas: as áreas visuais, por exemplo, se dividem em aproximadamente vinte áreas específicas. Aparentemente, nada é casual nessa combinação inicial. Mas, se por um lado, a mecânica do desenvolvimento é bem regulada, por outro, a repartição das funções não é de todo rígida. Há uma plasticidade relativa das funções.

Após o nascimento, as experiências do indivíduo se cristalizam em forma de ligações sinápticas entre neurônios. É o que se denomina epigênese. Se um indivíduo exerce algumas atividades mais do que outras, zonas específicas adquirem então uma importância maior. Entre os violinistas, por exemplo, demonstrou-se que a zona de comando dos dedos, localizada no hemisfério esquerdo (que comanda os dedos da mão direita), é mais desenvolvida do que em outras pessoas. Isso não altera a configuração global do cérebro, simplesmente confere mais importância a tal função. Na realidade, assim como os músculos – a musculação aumenta o volume do bíceps e a caminhada aumenta o volume do coração –, o cérebro também pode ser desenvolvido.

Em caso de desequilíbrio do desenvolvimento ou de falta de uso, ocorre uma reorganização parcial das estruturas cerebrais. Nas pessoas que possuem um membro amputado, as zonas cerebrais responsáveis por comandá-lo podem ser parcialmente redirecionadas a outros membros.

A plasticidade é limitada, no entanto, por alguns fatores. Ela tem relação com a idade da pessoa (as crianças possuem maior plasticidade do que os adultos) ou ainda com a prática intensiva ou não (reeducação) que vai permitir o deslocamento das zonas cerebrais que comandam partes lesadas. Ela também depende das zonas atingidas e da extensão da lesão. E parece depender, finalmente, da atenção, isto é, da disposição e da capacidade do sujeito para se concentrar em uma nova tarefa.

Bibliografia: • M. S. Gazzaniga, R. B. Ivry, G. R. Mangun, *Neurosciences cognitives, la biologie de l'esprit*, De Boeck, 2001 [1998] • V. S. Ramachandran, *Le Fantôme intérieur*, Odile Jacob, 2002 [2000]

PLN
→ Processamento da linguagem natural

PNL (programação neurolinguística)

Técnica de mudança pessoal e de comunicação elaborada em meados dos anos 1970 pelos americanos Richard Bandler e John Gringer.

Essa terapia de múltiplas facetas é inspirada nos elementos da hipnose de Milton Erikson, nas teorias da comunicação* (especialmente nas teorias sistêmicas*) e nas terapias comportamentais. Segundo essa abordagem, alguns indivíduos são mais "visuais", outros "auditivos", outros "sinestésicos", outros ainda "olfativo-gustativos". Isso pode ser claramente observado na seguinte fala: "Estou vendo o que você quer dizer" (e não "Estou ouvindo", "Estou sentindo").

Levando em conta o modo de comunicação próprio de cada pessoa, a PNL tem por objetivo ensinar a utilizar o cérebro. Ela parte da observação de indivíduos bem-sucedidos nas áreas profissional, social, artística, afetiva, etc., e tenta determinar como eles se motivam, triam a informação, administram suas próprias impressões, raciocinam e tomam decisões. Com base nessa observação, a PNL estabelece modelos de excelência supostamente aplicáveis a todos. A criação de uma tipologia do funcionamento mental passa, em grande parte, por uma análise precisa das imagens mentais (visual, auditiva, sinestésica) que compõem nossa "experiência subjetiva", ou seja, nossa vida interior.

A eficácia da PNL nunca foi objeto de uma avaliação rigorosa, o que não a impediu de obter um sucesso considerável e de ser o ganha-pão de vários instrutores no âmbito das empresas.

POBREZA

Sempre existiram pobres, miseráveis, deserdados. Do camponês do Egito antigo aos beduínos do deserto, do servo da Idade Média ao pequeno comerciante chinês, a grande massa da população sempre viveu em situação de indigência. Mas há pobres e pobres. Ao lado da grande massa composta por camponeses, artesãos, pescadores e criadores de animais que viviam modestamente e sem grandes bens, havia outro mundo, ainda mais necessitado: o dos párias, dos mendigos e miseráveis que não tinham nem terra, nem animais, nem lar, e que se viam obrigados a viver de mendicidade ou de rapina.

O historiador Bronislaw Geremek dedicou vários estudos à pobreza e à marginalidade social na Idade Média e na época moderna, interessando-se em particular pela visão que a sociedade tem sobre os pedintes e vagabundos, oscilante entre medo e compaixão, tal como indica o título de uma de suas obras: *La Potence ou la Pitié* [A potência ou a piedade. A Europa e os pobres, da Idade Média aos nossos dias] (1968), 1989. A industrialização trouxe consigo um novo tipo de empobrecimento no Ocidente. No século XIX, a condição das classes proletárias era marcada pela precariedade, pelo ritmo infernal nas fábricas, pela insalubridade das moradias. Foi nessa época que tiveram início as primeiras grandes enquetes sociais, como a de Louis Villermé (1782-1863) (*Tableau de l'état physique et moral des ouvriers dans les fabriques de coton, de laine et de soie* [Quadro do estado físico e moral dos operários nas fábricas de algodão, lã e seda], 1840), que descrevem as condições de vida deploráveis das massas empobrecidas. Observa-se que a fragilidade econômica vem acompanhada de uma desagregação social. Nos bairros mal-afamados onde os proletários se amontoam, a miséria caminha lado a lado com a delinquência, a prostituição, o alcoolismo, a violência e as famílias desagregadas. *Classes laborieuses, classes dangereuses* [Classes trabalhadoras, classes perigosas] (1958), título da obra clássica de Louis Chevallier, traduz bem essa situação.

Uma cultura da pobreza?

A pobreza e a exclusão fazem parte dos grandes temas da literatura sociológica. Em Chicago, berço da sociologia americana, os primeiros grandes estudos monográficos tratam dos *hoboes*, os "sem-teto" da época (N. Anderson, *The Hobo: the Sociology of the Homeless Man* [O hobo: sociologia do sem-teto], 1923), dos criminosos e pequenos delinquentes (F. Thrasher, *The Gang* [A gangue], 1927; C. Shaw, *The Jack-Roller* [O Jack-Roller], 1930), da vida no gueto judeu (L. Wirth, *The Ghetto* [O gueto], 1928), dos cortiços da Costa do Ouro (H. W. Zorbaugh, *The Gold Coast and the Slum*, 1929) ou ainda dos bairros negros (St. Clair Drake, H. R. Cayton, *Black Metropolis: a Study of Negro Life in a Northern City* [Metrópole negra: um estudo da vida negra numa cidade do norte], 1945).

Onde quer que impere a pobreza, o vício parece acompanhá-la. Existiria uma relação indissociável entre pobreza e miséria moral? É o que sugere a expressão "cultura da pobreza", cunhada por Oscar Lewis. Na obra clássica *The Children of Sanchez* [Os filhos de Sanchez] (1961), o antropólogo descreve o modo de vida de uma família pobre de índios imigrantes no México. Segundo ele, a pobreza produz uma "personalidade" particular, cujas principais características são o sentimento de dependência e de inferioridade, o fatalismo, a falta de autocontrole, a capacidade reduzida de se projetar no futuro e uma atitude voltada para o presente. Em outros estudos realizados em Porto Rico e nos cortiços de Nova York, O. Lewis constata "similaridades notáveis" nas estruturas familiares, nos comportamentos individuais e nos valores dos pobres. Essa é a "cultura da pobreza". A tese sobre a cultura da pobreza será objeto de um grande debate nos Estados Unidos nos anos 1960-1970 (E. B. Leacock, *The Culture of Poverty: a Critique* [A cultura da pobreza: uma crítica], 1971). Sociólogos como Anthony Leeds sugerem que as restrições econômicas e sociais explicam as condutas sem que seja necessário falar em "cultura" específica, sob o risco de encerrar os pobres num universo cultural à parte e de responsabilizá-los, em certa medida, por sua condição.

O debate se acirra a partir dos anos 1980. A ofensiva é lançada em 1984 no ensaio devastador de Charles Murray: *Losing Ground, American Social Policy 1950-1980* [Perdendo terreno: política social americana 1950-1980]. O autor sustenta que a criação da *underclass** americana tem origem nas políticas progressistas do Estado salvador. Os programas de luta contra a pobreza levaram os pobres a assumir um comportamento assistencialista e deixaram de incitá-los a procurar emprego ou a se casar, já que podem obter auxílio na previdência social.

William J. Wilson responde a C. Murray alguns anos mais tarde. Em *The Truly Disavantaged* [Os verdadeiros desfavorecidos] (1987), o sociólogo propõe quatro hipóteses para explicar o crescimento da pobreza e dos problemas sociais nos guetos negros.

– A primeira está relacionada à transformação dos empregos. O recrutamento de mão de obra não qualificada na indústria diminuiu, gerando bolsões de desemprego significativos.

Muitos jovens negros, que não conseguiam encontrar oportunidade de emprego, voltaram-se para a criminalidade, para a venda de droga...

– O declínio da taxa de casamento dos negros, que, segundo C. Murray, se deve às políticas de auxílio às mães solteiras, é explicado pela diminuição da quantidade de empregos, reduzindo-se, assim, o número de homens "casáveis" (ou seja, com emprego).

– Nos anos 1970, o aumento dos salários e a *affirmative action* (discriminação positiva) favoreceram principalmente uma classe média de negros, que passou a habitar os subúrbios. Essa *selective out-migration* foi responsável pela

QUANTOS POBRES?

• Existem vários critérios de medida da pobreza. Segundo a definição da União Europeia, é pobre "uma pessoa que possui uma renda inferior a 50% da renda média disponível da população de seu país". Em 2004, aproximadamente 15% dos europeus estariam nessa situação. Na França, o Insee* dá a mesma definição. De acordo com esse critério, a pobreza atinge cerca de 10% da população, totalizando 6 milhões de pessoas. Esse número se manteve relativamente estável dos anos 1980 ao início dos anos 2000.

• E quanto à pobreza no mundo? Em 2003, estima-se que dos 6 bilhões de habitantes do planeta, 2,8 bilhões, isto é, quase a metade, vivem com menos de dois dólares por dia, e 1,2 bilhão (um quinto), com menos de um dólar.
Por trás desse balanço global, é preciso levar em conta a evolução muito variada nas diversas regiões do mundo. No leste da Ásia, por exemplo, a situação melhora nitidamente a cada dia. O número de pessoas que vivem com menos de um dólar por dia caiu de 420 milhões para mais ou menos 280 milhões entre 1990 e 2000, o que se deve ao fato de esses países viverem uma dinâmica de desenvolvimento acelerado. Na África negra, entretanto, a situação se deteriorou: o número de pessoas pobres aumentou. Nos países da Europa e da Ásia central durante a transição econômica (ao término do comunismo), o número de pobres (vivendo com menos de um dólar por dia) explodiu, ao passo que a situação econômica da maior parte dos países apresentava melhoras.

concentração da pobreza e por outros problemas sociais nos guetos.

– Enfim, os efeitos de proximidade contribuem para criar efeitos de contágio nos guetos, onde um meio patogênico se desenvolve devido à ausência de modelos de integração diferentes, à concentração dos problemas e à dificuldade de intervenção por parte dos serviços sociais.

A noção de "cultura da pobreza" foi empregada por Richard Hoggart num sentido totalmente diferente (*The Uses of Literacy* [Os usos da cultura], 1957). Nesse estudo, o sociólogo inglês descreve os estilos de vida e as crenças associadas às classes populares na Inglaterra. Nesse caso, não se trata propriamente de excluídos e marginais, mas das camadas mais populares da sociedade (de onde o próprio R. Hoggart saiu). Apesar do efeito das mídias de massa, que penetram nos lares, nos modos de vida e nas crenças, ele constata uma regularidade nos modos de falar, de se vestir e de se comportar nas relações interpessoais, marcas características dos meios populares. "Viver em um meio popular significa, ainda hoje, pertencer a uma cultura difusa e não menos impositiva e elaborada do que aquela que caracteriza as classes superiores." A cultura do pobre, na concepção de R. Hoggart, está mais próxima daquilo que outros sociólogos, como Pierre Bourdieu* e Claude Grignon, chamarão de "culturas populares": uma cultura que se distingue por seus *habitus**, valores e estilos de vida próprios.

DA POBREZA À EXCLUSÃO

Durante os Trinta (Anos) Gloriosos (1945-1975), os pobres eram representados nas sociedades modernas pelos camponeses, trabalhadores não qualificados, imigrantes e idosos sem aposentadoria. Acreditava-se, então, que a modernização das estruturas sociais, o crescimento do nível de vida e as políticas sociais (implementação de um benefício assistencial ao idoso e do salário mínimo, surgimento das alocações familiares e dos fundos habitacionais, construção de habitações sociais) iriam absorver aos poucos os bolsões de miséria residuais. A partir dos anos 1970, a diminuição dessas formas de pobreza é nítida.

Mas, a partir dos anos 1980, o problema da pobreza vai ressurgir sob uma forma nova e inesperada: os "novos pobres", desempregados e pessoas sem direito ao auxílio-desemprego, sem-teto, mães solteiras, jovens sem emprego... A miséria e a exclusão, aparentemente em vias de erradicação, reaparecem nas sociedades modernas. Na França, diversos mecanismos de proteção social são instaurados, como a garantia de uma renda mínima e assistência médica para pessoas em vias de exclusão, que podem contar, também, com o apoio de associações beneficentes que distribuem alimentos (Les Restaurants du Coeur) ou auxiliam na inserção social (Emmaüs). Nos Estados Unidos, acontece o fenômeno dos *working poors*: assalariados com rendas ínfimas obtidas a partir de subempregos.

Uma massa considerável de pesquisas (demográficas, econômicas, sociológicas) será dedicada a recensear e descrever o destino dessas populações. Além dos trabalhos descritivos sobre os sem-teto, dos estudos quantitativos, outros tentam estabelecer uma tipologia das formas de pobreza e de precariedade. Serge Paugaum procurou delimitar as diferentes categorias de exclusão nas sociedades: os assistidos, os precários... (*L'Exclusion, l'état des savoirs* [A exclusão, balanço dos saberes], 1996). Outros tentaram ainda identificar os mecanismos da exclusão, como Robert Castel, que a explica pela fragilização da sociedade salarial (*Les Métamorphoses de la question sociale* [As metamorfoses da questão social], 1995).

Nas temáticas sociológicas, os termos "exclusão", "precariedade" e até mesmo "desqualificação social" tomam o lugar da noção de pobreza, considerada não pertinente do ponto de vista científico.

Bibliografia: • R. Castel, *Les Métamorphoses de la question sociale*, Fayard, 1995 • B. Geremek, *La Potence ou la Pitié. L'Europe des pauvres du Moyen Âge à nos jours*, Gallimard, 1997 [1968] • A. Gueslin, *Gens pauvres, pauvres gens dans la France du XIXe siècle*, Aubier, 1998 • A. Gueslin, *Les Gens de rien. Une histoire de la grande pauvreté dans la France du XXe siècle*, Fayard, 2004 • R. Hoggart, *La Culture du pauvre. Étude sur le style de vie des classes populaires en Angleterre*, Minuit, 1997 [1957] • S. Paugaum (org.), *L'Exclusion, l'état des savoirs*, La Découverte, 1996 • S. Paugaum, *La Disqualification sociale. Essai sur la nouvelle pauvreté*. Puf, 2002 [1991]

→ **Exclusão**

PODER

Por mais estranho que possa parecer, as ciências humanas não formularam uma teoria geral do poder. Presente no vocabulário diário, o termo não pode ser filiado, entretanto, a nenhuma grande tese ou paradigma de referência capazes de dar conta de suas diferentes facetas. Em compensação, dispõe-se de um sem-número de estudos sobre os diferentes aspectos do poder, tal como ele se manifesta no Estado, nas organizações* ou através das relações pessoais. A ciência política se interessa exclusivamente pelo poder político – em particular do Estado – e pelas formas de regime político. A sociologia* das organizações estuda o poder nas empresas. De modo geral, a sociologia estuda as formas de autoridade (na escola, na família, etc.). A psicologia social* analisou os mecanismos da influência* e da submissão voluntária. A etologia estudou as formas de hierarquia e de domínio nas relações entre os animais.

O QUE É O PODER?

O poder é geralmente definido como a capacidade de impor a própria vontade aos outros. Em *Wirtschaft und Gesellschaft* [*Economia e sociedade*] (1922), Max Weber* propõe a definição seguinte: o poder é a "oportunidade de fazer prevalecer, no âmbito de uma relação social, sua própria vontade, até mesmo contra a vontade do outro". Jean Baechler tem razão ao salientar que essa definição é vaga (*Le Pouvoir pur* [O poder puro], 1978). Não obstante, ela tem o mérito de se aplicar a diferentes situações: o governante que estabelece um novo imposto ou decide sobre o destino de um prisioneiro; o policial que detém o motorista por excesso de velocidade; a mãe que manda o filho se deitar e o proíbe de assistir à televisão; o empresário que dá ordens a seus funcionários; o professor que dita a tarefa aos alunos; e até mesmo o dono que dá ordens ao cachorro.

A partir dessa simples série de exemplos, já é possível extrair algumas conclusões importantes:

– o poder não se restringe à política; ele está em todo lugar: na empresa, na família, na escola, nos grupos;

– o poder não é apenas um "estado", uma posição, uma espécie de capital detido por uma pessoa; ele se constrói num tipo de relação em que a força de um depende da resistência do outro. A criança pode resistir à mãe, chorar, espernear ou implorar por clemência. O assalariado pode fazer uso de seus direitos, do conflito ou da resistência passiva para se opor, pelo menos em parte, às ordens do patrão. Assim, não existe poder sem contrapoder;

– o poder não se constrói simplesmente numa relação bilateral entre duas pessoas. É apenas aparentemente que o professor estabelece uma relação interpessoal com seus alunos. Na realidade, seu poder se deve à posição que ocupa e que lhe permite, se necessário, mobilizar forças externas (a administração, o conselho de disciplina, os pais).

Os três pilares do poder

O poder possui vários componentes: a força pura, o domínio dos recursos e o imaginário.

A força é sem dúvida um elemento central. A "imposição pelo corpo" é o primeiro elemento de subordinação. O Estado pode, em última instância, prender os recalcitrantes e os fora da lei. Havendo necessidade, os pais podem dominar os filhos pela força física. A força e a ameaça são um dos pilares do poder.

Mas não basta a força. As principais fontes do poder provêm do domínio dos recursos estratégicos, isto é, o dinheiro, a informação ou os bens materiais. Se o dono de uma empresa goza de grande poder perante seus empregados, é porque detém os meios para empregar e desempregar. O professor distribui notas que vão determinar o futuro da criança. É um instrumento muito poderoso para impor a própria lei. O domínio dos recursos é suficiente para colocar as pessoas em situação de dependência e subordinação.

O imaginário vem se unir à força bruta e ao domínio dos recursos para assentar o poder. Enquanto a força se impõe através do corpo, o imaginário pretende doutrinar os espíritos. A polícia do pensamento encontra respaldo na ideologia*, na violência simbólica e em todo um cenário do poder que tem por objetivo garantir sua legitimidade* (*ver quadro*).

Do Estado às organizações

Durante muito tempo, o estudo do poder esteve associado ao campo da política e à análise do poder do Estado. Foi uma das grandes áreas de reflexão da filosofia política. "De onde vem o poder do Estado?", perguntavam-se os filósofos da época moderna. Como eles deixaram de acreditar numa origem divina da autoridade política, as respostas variam segundo um espectro que vai da pura e simples imposição (Thomas Hobbes) à submissão voluntária (Etienne de La Boétie), passando pela vontade comum (John Locke).

Seja como for, o surgimento do Estado acontece tão logo uma força se eleva sobre a sociedade, impondo-lhe sua ordem. M. Weber define o Estado pelo "monopólio da violência legítima". Dois pontos fundamentais devem ser observados nessa definição.

Em primeiro lugar, o Estado é o detentor da força pelo exército e pela polícia. No Ocidente, a emergência do Estado moderno tomou corpo a partir do século XI. Sobrepondo-se aos feudos, o Estado arrogou para si a exclusividade das funções do rei (polícia, justiça, exército). Com isso, o poder público põe fim às violências privadas: guerras feudais, vendetas, duelos. Esse processo foi analisado por Norbert Elias*, em *Über den Prozess der Zivilisation* [*O processo civilizador*] (1939), como um fenômeno de "monopolização do poder".

Mas a força pura não é suficiente. É necessário, segundo Weber, que o poder do Estado seja "legítimo". Essa legitimidade pode vir da tradição, da lei ou ainda do "carisma" pessoal do chefe.

Em suma, para que um Estado se estabeleça, são necessários instrumentos de coerção acompanhados de uma espécie de autoridade sagrada que confira ao poder uma base ideológica.

Do poder do Estado, passemos aos escalões inferiores.

Michel Foucault* lançou um olhar inédito sobre o poder, que deixa então de assumir apenas as feições do Estado. Para ele, a modernidade ocidental se constituiu pela implantação de dispositivos de dominação que perpassam a sociedade como um todo. Em *Histoire de la folie à l'âge classique* [*História da loucura*] (1961) e, depois, em *Surveiller et punir* [*Vigiar e punir*] (1975), M. Foucault descreve em detalhes como, do século XVI ao século XIX, foram pensados e edificados o asilo e a prisão, "dispositivos de isolamento" que tinham como finalidade afastar os loucos, os desviantes, os delinquentes e os marginais do convívio social. Nesse período, o poder ganhou a forma de uma verdadeira "sociedade disciplinar". Por extensão, a escola, a empresa, os hospitais e as casernas são vistos como lugares de doutrinamento de corpos e espíritos. Sob essa ótica, as ciências humanas em ascensão também podem ser vistas como "sucursais" do poder. Seria por mero acaso que as ciências se dividiram em "disciplinas"? Segundo M. Foucault, a psiquiatria, por exemplo, por meio de seus dispositivos de tratamento e normatização das condutas desviantes, contribui para a normatização dos comportamentos e torna-se um auxiliar do poder. Visto desse modo, o saber também teria ligação com o poder. Com sua *Histoire de la sexualité* [*História da sexualidade*] (1976-1984), M. Foucault descerá um degrau em sua "microfísica do poder", interessando-se dessa vez por essa forma suprema de "tecnologia do poder" que constituem a moral e o "governo de si próprio". As práticas de autodisciplina e de autocontrole desenvolvidas desde a Antiguidade pelos filósofos ou pelas morais religiosas, que visavam domar as próprias pulsões, não seriam a forma acabada do poder? O indivíduo se transforma em guardião de si próprio e "a alma se torna a prisão do corpo".

O PODER IMAGINÁRIO

• "Podemos fazer qualquer coisa com as baionetas, exceto sentar em cima delas", declarava Napoleão. Conhecido por sua habilidade em criar frases de efeito, ele também afirmava: "Eu planejo minhas batalhas com os sonhos de meus soldados adormecidos."
A seu modo, Napoleão assim resume duas dimensões do poder. Primeiramente, a força pura, que compele, cerca e ameaça. Mas isso não basta; falta ainda o imaginário. "Um chefe vende esperança", também dizia Napoleão.
Em todos os tempos, os "senhores" — reis, patrões, governantes — tentaram legitimar sua autoridade elegendo-se representantes e/ou porta-vozes de um poder sagrado. Na tribo dos Baruya da Nova Guiné, os *big men** ("grandes homens") declaram dever seu poder a um objeto mágico — o *kwaimatnié* —, uma suposta oferta do sol e da lua aos ancestrais, transmitida de geração em geração. Esse objeto mágico contém uma parte dos poderes que o sol e a lua delegam àqueles que o possuem. Os faraós do Egito, os imperadores da China e do Japão, as realezas sagradas da África proclamaram-se de essência divina, assim como os reis da Europa, que sempre buscaram a unção de Deus.
O imaginário do poder vem acompanhado de todo um arsenal de "práticas simbólicas", ou seja, de rituais ou encenações. Coroa, trono, vestimenta, tribuna oficial, tapete vermelho, palácio e efígies, etc., essa parafernália de objetos existe para lembrar, mostrar e impregnar nas mentes o poder do chefe. Ao protocolo acrescentam-se práticas rituais típicas que servem para demonstrar a força mágica do soberano. Antigamente, praticavam-se a investidura e a bênção. Atualmente, distribuem-se medalhas, colocam-se pedras fundamentais, cortam-se fitas ou pratica-se a graça presidencial. Por detrás da aparente diversidade, o poder imaginário e simbólico é bastante universal em suas manifestações e constante ao longo da história.

O PODER NAS ORGANIZAÇÕES

As organizações* — empresas, administrações — constituem outro campo de atuação do poder, cujas facetas foram minuciosamente investigadas pelas ciências humanas. A psicologia social dedicou-se ao estudo das formas de liderança, ou seja, dos diferentes estilos de administração das organizações. A sociologia das organizações introduziu uma perspectiva totalmente diferente. Segundo a análise estratégica* (M. Crozier, E. Friedberg, *L'Acteur et le Système* [O ator e o sistema], 1977), o poder não gira em torno dos dirigentes; ele é onipresente em todos os escalões hierárquicos. Cada ator da empresa detém uma parcela de poder que não provém unicamente de sua posição, mas do domínio de uma determinada "zona de incerteza". Um empregado de manutenção, por exemplo, pode adquirir e defender certo poder com relação a outros serviços ou a sua hierarquia pelo conhecimento exclusivo do funcionamento interno das máquinas. Assim, ele tem o poder de decidir se é preciso desligar uma máquina, ou quanto tempo durará o conserto. Nesse quesito, ele é o único especialista. É nesse sentido que deter o conhecimento sobre uma informação útil a todos significa dominar uma "zona de incerteza".

A empresa é um ambiente de embate permanente entre indivíduos que não dividem nem os mesmos interesses nem as mesmas estratégias. O domínio de uma zona de incerteza permite a cada indivíduo agir de maneira estratégica, num grau que determina em parte a relação de força. O executivo depende do técnico de informática, que conhece a máquina e é o único capaz de dizer o que é possível ou impossível ser feito. Mais uma vez, o saber é fonte de poder.

Essa relação desigual referente à posse de informações não é exclusividade das empresas. A mesma situação se verifica nas relações de comércio. Foi assim que a economia da informação* se construiu a partir da análise das situações de troca, em que a informação desempenha um papel fundamental.

A uma visão piramidal do poder, a sociologia das organizações opõe, assim, uma visão relacional e interativa, baseada no "toma lá, dá cá" e nas relações de força.

A um poder instituído, tradicionalmente analisado sob a ótica do *status*, da coerção ou da norma, ela acrescenta um novo elemento: o domínio da informação.

A ETOLOGIA DO PODER

O poder também está presente no mundo animal. A maior parte das sociedades animais são sociedades hierárquicas. Entre os lobos, a matilha obedece a um casal de dominantes. Sua condição de "chefes" lhes confere alguns privilégios: são os únicos a se reproduzir, os primeiros a se alimentar após uma caçada... Mas essa posição também os incumbe de alguns "deveres": o lobo dominante guia a matilha nos deslocamentos, garante a defesa do grupo em caso de ataque, intervém para cessar o combate quando sobrevém uma batalha entre dois membros, etc.

A hierarquia está presente em toda parte, sob formas mais ou menos rígidas: da estrutura feudal das galinhas ao potentado dos leões, dromedários e outras espécies que vivem em haréns.

Entre as galinhas, as bicadas (ou *pecking order*, analisado pela norueguesa Thorleif Schjelderup-Ebbe em estudo clássico de 1922) servem para reafirmar a ordem hierárquica entre os indivíduos. Na maioria das espécies, os ataques (bicadas, coices, mordidas, etc.), corretivos e outras posturas de intimidação servem de apelo à ordem. A violência física constitui, assim, o principal instrumento de poder.

Entre os mamíferos sociais (lobos, leões, dromedários, chimpanzés e cervos), quando um macho consegue impor seu domínio sobre um grupo – após ter destronado o antigo chefe durante um combate –, ele ganha um *status* que o coloca acima dos outros indivíduos. Para impor seu poder, ele não precisa ficar constantemente vigiando, fiscalizando e punindo. Os subordinados adotam uma atitude de submissão, marcada por posturas características. Os lobos, por exemplo, colocam o rabo entre as pernas, abaixam as orelhas, curvam a cabeça e evitam encarar o chefe, o que seria um sinal de provocação. Os chimpanzés, por sua vez, seguem ritos de saudação em deferência ao dominante. O dominado o saúda com grunhidos curtos (*pant-grunting*), seguidos de uma série de curvaturas, denominadas *bobbing*. As fêmeas, por sua vez, saúdam o dominante mostrando-lhe o traseiro.

Bibliografia: • M. Crozier, E. Friedberg, *L'Acteur et le Système*, Seuil, 1992 [1977] • J. K. Galbraith, *Anatomie du pouvoir*, Seuil, 1985 [1983] • M. Mann, *The Sources of Social Power*, Cambridge University Press, 1986 • H. Mintzberg, *Le Pouvoir dans les organisations*, D'Organisation, 2003 [1986] • C. Rivière, *Anthropologie politique*, Armand Colin, 2000 • J. Russ, *Les Théories du pouvoir*, Le livre de poche, 1994 • F. de Wall, *La Politique du chimpanzé*, Odile Jacob, 1997

→ **Autoridade, Estado, Liderança, Ciências políticas**

POÉTICA

Diferentemente do que se poderia imaginar, a poética não tem relação direta com a poesia. Trata-se mais especificamente da análise das formas literárias (em sentido amplo). Assim, em sua *Poética*, Aristóteles descreve os gêneros literários, como o drama, a tragédia, a comédia e a epopeia. Não podemos esquecer que, naquela época, o drama e a epopeia não eram escritos e lidos, mas representados sob a forma teatral. A poética pode ser entendida, portanto, num sentido muito mais amplo do que o puramente literário. Com efeito, durante os séculos que se seguiram, ela abrangeu um campo vasto que compreende desde a retórica até a interpretação dos textos sagrados (hermenêutica).

Foi preciso esperar o início do século XX para que uma nova fase fosse inaugurada. Nos anos 1920, uma nova poética toma corpo com os formalistas russos, que tentam depreender as estruturas da narrativa (Vladimir Propp). É o início da narratologia*. Na Inglaterra e nos Estados Unidos, uma corrente chamada New Criticism surge nos anos 1930 e 1940.

Mas é somente a partir dos anos 1960 que a poética se desenvolve significativamente, sob o impulso do estruturalismo* e da semiótica. Ela é então associada aos trabalhos de Roland Barthes*, Tzvetan Todorov*, Umberto Eco*, Algirdas J. Greimas, Gérard Genette, que estudam as formas abstratas do texto literário.

A partir dos anos 1990, os estudos literários passam, como muitas ciências humanas, por uma virada cognitiva. Em 1983, as poéticas cognitivas aparecem pela primeira vez (R. Tsur, "What is Cognitive Poetics?" [O que é poética cognitiva?], *Papers in Cognitive Poetics*, nº 1, 1983). Essa abordagem estudará em especial a metáfora e a narrativa, como formas de expressão de esquemas universais do pensamento humano. (M. Turner, *The Literary Mind* [A mente literária], 1996).

Bibliografia: • Aristote, *Poétique*, Gallimard, 2002 • R. Barthes, *S/Z*, Seuil, 1970 • G. Genette, *Figures: I, II, III*, Seuil, 1966, 1969, 1972 • T. Todorov, *Poétique de la prose*, Seuil, 1980 [1971]

→ **Narrativa, Retórica**

POLANYI, KARL
(1886-1964)

Pai da socioeconomia, Karl Polanyi é um judeu húngaro nascido em Budapeste em 1886. Muito cedo, ele se afasta do liberalismo* econômico e do marxismo*, cujo determinismo* rejeita. Em 1933, ele se retira para a Grã-Bretanha e, em 1946, para os Estados Unidos, onde morre em 1964.

Na obra *The Great Transformation* [A grande transformação] (1944), K. Polanyi descreve "a ascensão e a decadência da economia de mercado" de 1830 a 1930. Esse período marca, segundo o autor, a tentativa de impor um mercado livre da terra, do trabalho e da moeda. No entanto, esse mercado teria provocado tantas tensões econômicas e sociais que acabou impondo a reação dirigista após a crise dos anos 1930.

Para K. Polanyi, a instauração de um mercado livre corresponde a um período muito curto da história econômica, que teve de ser rapidamente extinto.

Na obra coletiva *Trade and Markets in the Early Empires* [Comércio e mercados nos impérios da Antiguidade] (1957), K. Polanyi procura mostrar, pelo estudo histórico do comércio na Antiguidade (Mesopotâmia, império do Dahomey, etc.), que as instituições do mercado não são universais. Aplicar a noção moderna de mercado ao comércio antigo resulta, segundo ele, em uma "inversão das perspectivas". Na Antiguidade, o comércio ainda está "incrustado" na malha social, política e religiosa. Os mercadores babilônios eram funcionários e não comerciantes privados. A tese da "incrustação" (*embeddedness*) foi retomada por vários socioeconomistas. O pesquisador americano Mark S. Granovetter atenua, porém, as asserções de K. Polanyi ("Economic Action and Social Structure: the Problem of Embeddedness" [Ação econômica e estrutura social: o problema da desincrustação], *American Journal of Sociology*, vol. 91, nº 3, 1985). Nas sociedades em que a economia de mercado não se estabeleceu, o econômico e o social não estão tão fortemente ligados quanto pensava K. Polanyi. Mais tarde, ao longo do século XIX, a "desincrustação" foi bem menos radical do que pressupunha o autor de *A grande transformação*. Em suma, a história não é nem obra de indivíduos que, em todo tempo e lugar, estariam evidentemente em busca de seus interesses econômicos (versão liberal), nem o teatro de fusões, seguido de rupturas radicais entre a sociedade e o mercado (versão polanyiana). Uma abordagem socioeconômica exigiria, portanto, leituras históricas e interpretações mais refinadas.

Principais obras de K. Polanyi
• *The Great Transformation*, 1944 [A grande transformação, Campus, 2ª ed., 2000]
• *Trade and Markets in the Early Empires*, 1957 [Comércio e mercados nos impérios da Antiguidade]

→ **Socioeconomia**

POLIARQUIA

Nas democracias modernas, ninguém detém todo o poder, mas todos detêm uma parte dele. O poder político está distribuído em vários centros de decisão (executivo, legislativo, judiciário). Suas elites, por sua vez, sofrem a influência dos grupos de pressão*, das comissões, das esferas administrativas e dos partidos políticos, de modo que a ação política é resultante de interações entre várias instâncias.

Nesse contexto, a política moderna raramente é obra de uma vontade única e muito bem definida. Na maioria das vezes, ela depende de uma boa dose de barganhas e negociações, cujo objetivo é chegar a um consenso ou acordo entre as diferentes partes.

Robert Dahl introduziu o conceito de poliarquia na obra *Who Governs? Democracy and Power in an American City* [Quem governa? Democracia e poder em uma cidade americana] (1961), a partir de uma pesquisa sobre o poder municipal de New Haven. R. Dahl concluiu que a "poliarquia" é intrínseca aos regimes democráticos.

Em certo sentido, a noção de poliarquia é precursora daquilo que mais tarde será designado como "governança".

Bibliografia: • R. Dahl, *Qui gouverne?*, Armand Colin, 1971 [1961]

→ **Democracia, Governança**

POLIGAMIA

A poligamia é a possibilidade de união conjugal entre um homem e várias mulheres. A poliandria diz respeito à situação em que uma esposa pode se casar com vários maridos, verificável em apenas algumas sociedades: os nayar, na Índia, os toda, nas ilhas Marquesas, os índios guayaki do Paraguai e em algumas regiões do Tibete e do Nepal.

Já a poligamia é bastante difundida no mundo inteiro. Três quartos das novecentas sociedades humanas recenseadas por George P. Murdock* são polígamas. Contudo, apenas uma minoria de homens nessas sociedades, em geral abastados, tem condições de manter várias mulheres. De modo oposto, nas sociedades monogâmicas (como no Ocidente), nota-se que existem formas não declaradas de poligamia. Os nobres, príncipes e reis mantêm cortesãs, enquanto os burgueses mantêm amantes. Apesar de extraoficiais, essas relações são de conhecimento geral. Isso sem falar dos casos em que um homem se divide, alternadamente, entre dois lares (O. Lewis, *The Children of Sanchez* [Os filhos de Sanchez], 1961).

Em algumas sociedades em que a poligamia é exercida, as esposas vivem sob o mesmo teto: é o caso dos haréns nos países árabe-muçulmanos. Mas, de modo geral, as esposas não moram juntas; o marido visita uma de cada vez. É o caso dos nuers (Sudão).

POLÍTICA PÚBLICA

Reformar a escola, a saúde, a justiça, planejar uma política da habitação, de luta contra o tabagismo são algumas das áreas de atuação das políticas públicas. Em ciência política, a análise das políticas públicas visa compreender as condições em que o Estado atua. Ela procura determinar os atores e as condições da ação pública, bem como seus efeitos: quem decide? A respeito de quê? Em que condições? Com que efeitos?

– *Quem decide?* Durante muito tempo, o Estado foi considerado um centro de decisão homogêneo e autônomo, situado no topo da pirâmide social. O estudo das políticas públicas levou à abertura da caixa-preta do Estado, a fim de entender suas engrenagens internas. A abordagem pluralista, iniciada por Robert Dahl nos anos 1960, baseia-se na ideia de uma pluralidade dos órgãos de decisão no seio do Estado. Essa diversidade, bem como o peso dos grupos de interesse (*lobbies*, corporações), as negociações e as estratégias eleitorais conferem ao Estado uma imagem fragmentada (ou poliárquica*), em que intervêm diferentes atores e níveis de decisão. As análises atuais em termos de governança* ou de redes* (*policy networks*) também se inserem em uma ótica pluralista.

– *A respeito de quê?* Outro campo de estudos das políticas públicas trata do "agendamento" de um problema político: por que um programa de reforma, e não outro, é colocado na ordem do dia? Sob o efeito de forças externas, de grupos de pressão? A abordagem cognitiva das políticas públicas começa a se interessar, a partir dos anos 1990, pelo peso das ideias e das representações na determinação das prioridades (P. Hall, *The Political Power of Economic Ideas* [O poder político das ideias econômicas], 1989).

– *Em que condições?* O Estado não é uma máquina bem lubrificada em que as decisões tomadas no topo repercutem na base sem sofrer nenhuma deformação. A administração está sujeita a todo tipo de pressão: estatutos, rotinas, regulamentos, resistência dos funcionários, de tal modo que as mudanças importantes dificilmente ocorrem em situações que não sejam excepcionais. Além disso, uma vez tendo tomado uma direção, a organização só pode evoluir num "caminho de dependência" bem demarcado. Essas lógicas institucionais foram analisadas pela teoria neoinstitucional*.

– *Com que efeitos?* Os resultados efetivos de uma política preocupam cada vez mais os tomadores de decisão políticos e os pesquisadores, já que não basta colocar em prática uma decisão, é preciso também medir suas consequências. Os dispositivos de avaliação das políticas começaram a se desenvolver em todos os países ocidentais a partir dos anos 1980, o que permitiu mostrar o descompasso entre os projetos iniciais e os resultados efetivos (em matéria de custos, prazos e desempenho) e contribuiu ainda para evidenciar alguns efeitos perversos*. Observa-se que algumas medidas vão de encontro aos efeitos esperados ou se afastam totalmente dos resultados previstos.

Bibliografia: • P. Muller, Y. Surel, L'Analyse des politiques publiques, Montchrestien, 1998 • J. C. Thoenig, Les Politiques publiques, t. 4 Traité de science politique, M. Grawitz, J. Leca (orgs.), Puf, 1985

POLÍTICAS (ciências)
→ Ciências políticas

POPPER, KARL RAIMUND
(1902-1994)

O filósofo das ciências Karl R. Popper nasce em Viena em 1902, numa época em que a capital austríaca ocupa o centro cultural da Europa. Durante a juventude, o adolescente acompanha com entusiasmo os debates intelectuais em torno do marxismo*, da psicanálise* e da teoria da relatividade do jovem Albert Einstein. Muito cedo, ele começará a se interrogar sobre a cientificidade de algumas dessas teorias, em particular do marxismo, ao qual adere por algum tempo. Ainda como professor de matemática e de física no ginásio, dá seguimento às reflexões epistemológicas sobre a natureza da ciência e publica, em 1934, *Logik der Forschung* [*A lógica da pesquisa científica*].

De família judaico-protestante, o surgimento do nazismo* o obriga a se exilar na Nova Zelândia. Após a Guerra, ele fixa residência em Londres (graças à intervenção do amigo Friedrich von Hayek*), construindo toda sua carreira de professor de filosofia e de metodologia científica na famosa LSE, onde também publica suas obras.

HIPÓTESE E REFUTAÇÃO

"Sob que condição uma teoria pode ser considerada científica?" Eis a questão que norteia toda a obra de K. R. Popper. Seu projeto é distinguir o verdadeiro procedimento científico das especulações ideológicas ou metafísicas.

De modo geral, uma teoria é considerada científica na medida em que pode ser verificada. Para ele, no entanto, o que define a cientificidade de uma proposição não é a verificação, mas a capacidade que ela possui de passar por testes que poderiam anulá-la, falsificá-la ou torná-la "falsificável".

Tomemos como exemplo a fórmula "Todos os cisnes são brancos". Essa proposição é uma hipótese levantada com base na experiência, mas não pode ser comprovada, visto que é materialmente impossível verificar se todos os cisnes do planeta são brancos. Por outro lado, essa hipótese é, em princípio, "falsificável", já que um contraexemplo seria suficiente para refutar a teoria. Em outras palavras, a tese "Todos os cisnes são brancos" nunca é comprovada, mas permanece válida até que se encontre um contraexemplo. "Cheguei à conclusão de que a atitude científica era a atitude crítica. Ela não buscava verificações, mas experiências cruciais. Essas experiências podiam refutar a teoria submetida a exame, porém nunca poderiam estabelecê-la." Eis o princípio da "refutabilidade" (ou "falseabilidade").

Segundo K. R. Popper, algumas teorias pseudocientíficas, como o marxismo ou a psicanálise, sempre encontram confirmações para suas teses na realidade, pois são feitas de modo a poder integrar um fato e seu contrário.

Nunca é possível comprovar a verdade absoluta de uma teoria, mas é possível avaliar sua maior ou menor fiabilidade através de experiências críticas. Uma boa teoria, como é o caso da teoria da relatividade, é tão somente uma hipótese (ou "conjectura") que soube resistir a algumas experiências críticas. Assim, não há diferença de natureza entre hipóteses* e teorias*. A ciência avança por "tentativas e erros", por críticas sucessivas das teorias anteriores, por "conjecturas e refutações".

O RACIONALISMO CRÍTICO

A outra vertente do pensamento de K. R. Popper diz respeito à filosofia política, e especialmente à crítica do que ele designa como "historicismo", isto é, as teorias sociais que pretendem descobrir as leis do desenvolvimento histórico. "Por historicismo, eu entendo uma abordagem das ciências sociais que tem na predição histórica seu principal objetivo, e que en-

> AS TEORIAS SÃO COMO REDES DE PESCA...
>
> • "Concebo as teorias científicas como mais uma das invenções humanas, como redes de pesca criadas por nós e destinadas a capturar o mundo... Uma teoria não é somente um instrumento. Nós buscamos a verdade... Essas teorias nunca são instrumentos perfeitos. São redes racionais, inventadas por nós, e não devem ser confundidas com uma representação completa de todos os aspectos do mundo real, nem mesmo se elas funcionarem ou se parecerem dar excelentes representações da realidade."
>
> • K. R. Popper, The Postcript to the Logic of Scientific Discovery [O universo aberto – argumentos a favor do indeterminismo], 1982

sina que esse objetivo pode ser alcançado se descobrimos os 'ritmos' ou os 'modelos', as 'leis' ou as 'tendências gerais' que subjazem aos desenvolvimentos históricos" (*The Poverty of Historicism* [A miséria do historicismo], 1945).

Para ele, a história humana não é previsível, pois a sociedade não está submetida a um determinismo* absoluto. A sociedade é "aberta", rica em potencialidades infinitas. Além disso, o conhecimento que possuímos do real não pode ser absoluto, ele não atinge a essência das coisas, mas tenta aceder à realidade por meio de aproximações sucessivas.

O historicismo defende, assim, uma visão metafísica do saber e totalitária da ordem social. Os teóricos modernos do historicismo, cujas origens K. R. Popper detecta em Platão, Georg W. F. Hegel e Karl Marx*, são os "inimigos das sociedades abertas". No campo da prática, o historicismo conduz a políticas utópicas e "ideocráticas". A atitude crítica se pretende pragmática. Também na política, ela se submete à refutação dos fatos.

Existe, assim, um elo profundo que une o critério da falseabilidade, a crítica do historicismo e a filosofia liberal professada por K. R. Popper. Esse elo é o "racionalismo crítico", que se vale da indeterminação do real e da imperfeição de todo saber para reivindicar uma atitude crítica baseada no "possibilismo*", na abertura e na livre confrontação das ideias. O liberalismo político e ideológico caminha lado a lado com o progresso do saber. O totalitarismo supõe um fechamento teórico. A busca por um mundo melhor, como a de um conhecimento verdadeiro, será sempre uma "busca inacabada" (*Auf der Suche nach einer besseren Welt* [Em busca de um mundo melhor], 1984).

Principais obras de K. R. Popper
• *Logik der Forschung: Zur Erkenntnistheorie der modernen Naturwissenschaft*, 1934 [A lógica da pesquisa científica, Cultrix, 6.ª ed., 2000]
• *The Poverty of Historicism*, 1944-1945 [A miséria do historicismo, Cultrix, 1980]
• *Conjectures and Refutation*, 1953 [Conjecturas e refutações, UnB, 1982]
• *Unended Quest*, 1976 [A busca inacabada]

→ **Epistemologia, Ciência**

POPULAÇÃO
→ **Genética das populações**

POPULAÇÃO ATIVA

Compreende a totalidade de pessoas empregadas (ativos ocupados) e desempregadas (ativos desocupados). São considerados parte da população ativa de um país pessoas com idade apropriada para trabalhar e efetivamente à procura de um emprego. Ou seja, trata-se da mão de obra disponível num país. Os inativos compreendem crianças em idade escolar e estudantes, mulheres e homens do lar, aposentados e qualquer outro adulto que não esteja à procura de emprego.

PÓS-INDUSTRIAL (sociedade)

Do ponto de vista sociológico, duas figuras são associadas à emergência do conceito de "sociedade pós-industrial": o americano Daniel Bell*, na obra publicada em 1973 (*The Coming of Post-Industrial Society* [O advento da sociedade pós-industrial]), e o francês Alain Touraine*, em 1969 (*La Société post-industrielle* [A sociedade pós-industrial]).

Para D. Bell, a sociedade pós-industrial se define por cinco grandes traços característicos e inter-relacionados. Em primeiro lugar, o surgimento de uma economia de serviços, ligada, sobretudo, à saúde, ao ensino, à pesquisa e à administração. O segundo aspecto refere-se à mudança de natureza da divisão socioprofissional, na qual imperam os técnicos, cientistas e engenheiros com alto nível de formação. Um terceiro aspecto concerne à primazia do saber teórico, do qual passa a depender a atividade econômica, e que faz do conhecimento um recurso estratégico por excelência. O quarto elemento está relacionado à pesquisa-desenvolvimento em matéria de técnica. Finalmente, vem a "complexidade organizada" das grandes organizações. A produção dos bens materiais, inerente à sociedade industrial, é substituída, irremediavelmente, por uma sociedade da informação e do saber.

O CONHECIMENTO NO CERNE DA SOCIEDADE

A. Touraine, por sua vez, insiste na dimensão conflitante da nova sociedade que está para nascer. Na sociedade pós-industrial, ou "sociedade programada", as decisões econômicas perdem seu foco: o crescimento não depende mais exclusivamente da acumulação do capital, mas, cada vez mais, do conhecimento. Assim, a produção depende de esferas mais vastas da sociedade: educação, informação, consumo... É a vida social como um todo que se torna condição para o crescimento. No entanto, a uma nova sociedade correspondem novas formas de dominação social. Por um lado, o aumento das exigências da produção implica um fortalecimento e uma ampliação da integração social. Os atores são incitados a participar não apenas no trabalho, mas também em setores como o consumo ou a formação. A manipulação cultural, a criação de novas necessidades e modelos de comportamento tornam-se uma condição primordial para o crescimento, novamente não restrito ao campo exclusivo da produção. Em reação a essas novas figuras da dominação, A. Touraine define novos tipos de conflitos sociais. Assim, a luta clássica entre o capital e o trabalho é substituída pela oposição entre os aparelhos de decisão econômica e política e aqueles que estão submetidos a eles.

É no prolongamento dessas duas abordagens que se insere a obra de Manuel Castells* (*Era de la información* [*A era da informação*], 3 vols., 1998-1999).
→ **Pós-modernidade**

POSITIVISMO

Filosofia da ciência que surgiu no século XIX, o positivismo preconiza que o conhecimento científico deve se limitar aos fatos de experiência, aos fenômenos observáveis.

O positivismo rejeita a metafísica como um exercício puramente "especulativo", que não nos traz nenhum ensinamento consistente. Somente a ciência pode nos trazer conhecimentos válidos, pois se funda na observação dos fatos e dos resultados de experiências.

Auguste Comte foi o primeiro a empregar o termo "positivismo", que passou a designar sua doutrina.

Em seguida, o "positivismo lógico" do círculo de Viena* vai designar um grupo de lógicos e filósofos estabelecidos em Viena na década de 1930. Seu projeto é reconstruir uma ciência unificada, rejeitando a metafísica e apoiando-se em dois tipos de conhecimento:

– fundados nos fatos de observação (positivismo)

– fundados nas verdades lógicas (daí o termo "positivismo lógico").

POSITIVISMO LÓGICO
→ **Positivismo, Viena (círculo de)**

PÓS-MODERNIDADE

A ideia de "pós-modernidade", que se propagou largamente nos Estados Unidos a partir da década de 1980, remete à imagem de um mundo que não acredita mais no progresso, na ciência onipotente, no amanhã radiante e na razão triunfante.

Já não se trata de valorizar uma cultura (científica, ocidental) em oposição às outras, mas de ressaltar os méritos da mestiçagem, do multiculturalismo e da diferença.

O termo foi popularizado, na obra *La Condition postmoderne* [*O pós-moderno*] (1979), pelo filósofo Jean-François Lyotard*, que o emprestou do crítico inglês Charles Jenck, que qualificava de *postmodern* um novo tipo de arquitetura.

Para J.-F. Lyotard, o pós-moderno designa uma época marcada pelo "fim das grandes narrativas". Na realidade, é o fim das crenças no progresso e na marcha inexorável rumo a um homem melhor.

"Pós-moderno" é sinônimo de "desilusão". É uma estética desiludida, de um indivíduo que perdeu seus referenciais e que vaga numa sociedade sem futuro, sem passado e sem transcendência.

Nos Estados Unidos, a temática da pós-modernidade também é associada a um grande sucesso universitário nos departamentos de antropologia e de estudos literários. Essa corrente filia-se a uma plêiade de autores como J.-F. Lyotard, Richard Rorty*, Michel Foucault*, Jacques Derrida* e Jürgen Habermas*, que criticaram, cada um a seu modo, o grande discurso da razão ocidental. Nos Estados Unidos, a noção de pós-modernidade remete igualmente a autores como Clifford Geertz* e James Clifford*, que possuem em comum o fato de terem questionado a visão universalista e cientificista da antropologia. Na França, o tema da pós-modernidade ou da "supermodernidade" foi desenvolvido por alguns antropólogos como Georges Balandier* e Marc Augé.

Bibliografia: • J.-F. Lyotard, *La Condition postmoderne*, Minuit, 1994 [1979] • J.-F. Lyotard, *Le Postmoderne expliqué aux enfants*, LGF, 1994 [1986]

POSSIBILISMO

Teoria do geógrafo Paul Vidal de La Blache (1845-1918) referente às relações existentes entre as imposições do meio e a organização das sociedades. P. Vidal de La Blache rejeita o princípio determinista* demasiado estrito, segundo o qual a geografia exerce um papel determinante na vida social. Para ele, a natureza se limita a determinar uma gama de possibilidades, a partir da qual os homens podem construir vários tipos de sociedade. "Em todos os níveis, a natureza oferece possibilidades, entre as quais o homem faz uma escolha. A geografia fornece um bastidor a partir do qual o homem vai bordando seu destino" (P. Vidal de La Blache).

POTÊNCIA

Em ciência política, o conceito de "potência" remete ao poder de um Estado em relação aos outros. Para a escola realista das relações internacionais* – centrada nas relações de força entre Estados –, a potência é medida de acordo com a capacidade de impor a própria vontade no cenário internacional, seja pela força, seja pelo dinheiro ou por qualquer outro meio. Ela está associada a uma série de fatores: o potencial militar do Estado, sua posição estratégica, seu peso econômico, sua demografia e sua situação geográfica e também suas características políticas e culturais (grau de coesão nacional, patriotismo), responsáveis por sua unidade. Essa visão tradicional da potência foi questionada, porém, a partir dos anos 1970. A reflexão dos especialistas em relações internacionais se reorientou, e as questões estritamente militares perderam peso para as dimensões econômicas e culturais. A guerra entre Estados parecia acontecer mais no cenário econômico e tecnológico do que propriamente no militar. Foi então que Susan Strange, especialista em economia política internacional, introduziu a noção de "potência estrutural", definida como a posição ocupada por um Estado nos setores de segurança, conhecimento, produção e finanças.

Atualmente, o conceito de potência, revisto, leva em conta os novos atores do cenário internacional: os atores privados (ONGs, empresas multinacionais...) e as instâncias internacionais (Banco Mundial, ONU...) que agem por conta própria. Além disso, com a globalização, a "desterritorialização" da economia relativiza a ideia de uma potência nacional autônoma.

O cientista político americano Joseph Nye introduziu o conceito de *soft power* para designar a capacidade de influência de uma nação sobre as outras com base em sua cultura e em seu sistema de valores. Os Estados Unidos, por exemplo, exportam sua cultura e abrem suas universidades aos estudantes estrangeiros. Ser capaz de intervir militarmente onde quer que seja não é mais suficiente; também é preciso saber seduzir.

Bibliografia: • R. Aron, *Paix et guerre entre les nations*, Calmann-Lévy, 2004 [1962] • J. Nye, *Quand les règles du jeu changent*, Presses Universitaires de Nancy, 1992 [1990] • S. Strange, *The Retreat of the State*, Cambridge University Press, 1996

POTLACH

O *potlach*, praticado principalmente pelos kwakiutls, índios da região noroeste dos Estados Unidos, é uma palavra que significa "dar". No inverno, os chefes de clã organizam grandes festas onde ofertam generosamente, entre si, bens diversos (comida, peles, pratos de cobre...). Trata-se de uma verdadeira "luta pela riqueza", onde cada um tenta obter o máximo de prestígio ao distribuir os presentes mais belos, mais caros, mais numerosos. Aquele que recebe um presente fica em dívida de honra para com o presenteador. Quanto mais generoso for o presente, mais nobre e prestigioso será o doador e maior a dívida daquele que foi presenteado. No entanto, retribuir imediatamente o presente é considerado uma afronta para o doador. Algum tempo deve transcorrer antes de se retribuir a cortesia sob forma de presentes, se possível ainda mais suntuosos.

A instituição do *potlach* foi objeto de uma abundante literatura etnológica. Ela foi estudado por Franz Boas* no final do século XX, analisada por Marcel Mauss* em seu "Essai sur le don" [Ensaio sobre a dádiva] (*L'Année Sociologique*, 1923-1924) e, depois, por Georges Bataille. M. Mauss via nessa cerimônia uma forma de "dádiva/contradádiva", cuja finalidade era estabelecer relações sociais estáveis, bem como uma forma de trocas dissimuladas. O *potlach* possuiria, assim, funções tanto econômicas como sociais, políticas... Segundo M. Mauss, trata-se de um "fato social total*".

O *POTLACH*, UM MITO ETNOLÓGICO?

Numa época em que o *potlach* tinha se tornado uma espécie de referência canônica na antropologia, Isabelle Schulte-Tenckhoff, na obra *Potlach: conquête et invention* [Potlach: conquista e invenção] (1986), reabriu o caso. Foi para a costa leste e reabriu os arquivos etnológicos. Suas buscas revelaram que o *potlach* foi muito superestimado com relação à importância que tinha para os índios. De uma mesma prática, foram feitas interpretações muito diferentes: para uns, ele estava relacionado à origem do mercado, enquanto para outros constituía a base do elo social entre grupos.

Após ser proibido pelas autoridades canadenses em 1884 sob alegação de desperdício, o *potlach* se tornaria um símbolo de resistência cultural dos índios. Paradoxalmente, eles vão adotar o mesmo discurso dos antropólogos sobre o *potlach* para fazer desse ritual um símbolo de sua identidade.

Bibliografia: • M. Mauss,"Essai sur le don", em *Sociologie et Anthropologie*, Puf, 2001 [1950] • M. Mauzé,"Boas, les Kwagul et le *potlach*. Éléments pour une réévaluation", *L'Homme*, XXVI (4), 1986 • I. Schulte-Tenckhoff, *Potlach: conquête et invention. Réflexion sur un concept anthropologique*, D'En Bas, 1986

PRAGMÁTICA

A pragmática estuda a linguagem do ponto de vista de seus efeitos na comunicação, e não de seu conteúdo ou estrutura. Essa corrente de pensamento é oriunda da linguística* e da filosofia da linguagem. O filósofo inglês John L. Austin* (1911-1960) é seu principal representante (*How to Do Things with Words* [*Quando dizer é fazer*], 1962). As raízes da pragmática se encontram na chamada "segunda filosofia" de Ludwig J. Wittgenstein*. Se, em sua primeira obra, intitulada *Tractacus logico-philosophicus* (1921), L. J. Wittgenstein vê a linguagem apenas como um modo de expressão de pensamentos e ideias e de transmissão de informações, no fim da vida ele sustentará uma hipótese radicalmente diferente. Grande parte de nossas produções linguageiras não visa informar, comentar e descrever o mundo, mas agir sobre o outro. "Olá!", "Sai já daí!", "Alô!" ou "Que família!" são mais propriamente "atos de linguagem*" do que meios de troca de informações. Alguns tipos de falas apresentam uma singularidade. Elas não produzem atos, mas constituem o ato em si, como é o caso das expressões "Eu juro" ou "Eu te abençoo". Porém, é comum que uma mesma frase, como "Está tarde, não é?", que, à primeira vista, corresponde a uma constatação neutra (J. L. Austin fala de enunciação "constatativa"), contenha, num contexto determinado, outra mensagem. Pronunciada por uma moça que se dirige ao namorado durante uma festa, essa frase significa implicitamente "Estou cansada, vamos embora." O enunciado adquire, assim, um efeito "performativo*" (do inglês *to perform*, que significa "fazer, realizar").

O linguista e semioticista Charles Morris (1901-1979) propôs dividir a linguística em três ramos: a "sintaxe", que trata da arquitetura da frase; a "semântica", que estuda a significação dos enunciados; e a "pragmática", cujo objeto de estudo se refere aos usos dos enunciados no âmbito da comunicação.

Bibliografia: • J. Moeschler, A. Reboul, *Dictionnaire encyclopédique de pragmatique*, Seuil, 1994

PRAGMATISMO

O sentido usual de ser "pragmático" refere-se a fazer escolhas mais em função da eficácia das ações do que do respeito absoluto dos princípios. Assim, diz-se que um homem político é pragmático quando se importa mais com os resultados concretos do que com a doutrina.

Na filosofia, o pragmatismo é uma corrente de pensamento tipicamente americana, que vê o conhecimento pela ótica de sua eficácia e não de sua verdade absoluta. Três pensadores americanos estão associados a essa corrente de pensamento: Charles S. Peirce* (1839-1914), lógico e fundador da semiótica (ciência dos signos); John Dewey (1859-1952), filósofo e pedagogo; e William James* (1842-1910), filósofo e psicólogo.

Para o pragmatismo, não existem verdades absolutas, mas conhecimentos mais ou menos úteis, validados ou não pela experiência. E isso vale tanto para as crenças comuns como para os conhecimentos científicos, tanto para os valores morais como para as doutrinas políticas.

Mais tarde, muitos filósofos americanos, como Willard van Orman Quine*, Nelson Goodman, Hilary Putnam*, Donald Davidson* e Richard Rorty*, se filiaram à tradição do pragmatismo e ficaram conhecidos como "neopragmatistas".

Bibliografia: • G. Deledalle, *La Philosophie américaine*, De Boeck, 1999 [1983] • W. James, *Le Pragmatisme*, Flammarion, 1968 [1907] • R. Rorty, *L'Espoir au lieu du savoir: introduction au pragmatisme*, Albin Michel, 1995 [1993]

PRÉ-HISTÓRIA
Ver disciplinas nas páginas centrais

PRINCÍPIO DE RESPONSABILIDADE
→ Jonas

PROCEDURAL
O termo vem da informática. Um procedimento é um conjunto de instruções a serem efetuadas para realizar uma determinada tarefa. O raciocínio "procedural" designa um conjunto de regras a serem seguidas para atingir um objetivo específico.
→ Declarativo-procedural

PROCESSAMENTO DA LINGUAGEM NATURAL (PLN)
A linguagem natural é a linguagem humana (em relação às linguagens da informática). O PLN designa o conjunto de técnicas usadas para decodificar ou reproduzir a linguagem humana por meio de um computador. Compreende a síntese vocal, a leitura automática, a tradução automática e o reconhecimento da escrita manual.

PRODUTIVIDADE
A produtividade mede a eficácia dos meios de produção. A principal causa do aumento de produtividade é o progresso técnico. Numa profissão como a de cabeleireiro, porém, a produtividade dificilmente evolui.

Em 1957, no artigo intitulado "Technical Change and the Aggregate Production Function" [Mudanças técnicas e a função produtiva agregada] (*Review of Economics and Statistics*, n? 39), Robert Solow mostrou que o crescimento regular da produtividade do trabalho na América do Norte, entre 1910 e 1950, se devia 90% ao progresso técnico e somente 10% ao aumento do capital.

PRODUTO INTERNO BRUTO (PIB)
Índice de medida da produção de um país. Tecnicamente falando, o PIB é a soma dos valores de todos os bens e serviços finais produzidos nos diferentes setores econômicos. Ele é composto pelo PIB comercial (que corresponde aos bens e serviços comerciais) e pelo PIB não comercial (que corresponde aos serviços oferecidos gratuitamente à população pelo Estado, como o ensino, a polícia, as forças armadas). A economia informal (trabalho ilegal, mercado negro) não entra nesse cálculo.

Distingue-se ainda o PIB do PNB (produto nacional bruto). O primeiro mede a produção efetuada no interior de um país (inclui a atividade de empresas estrangeiras que produzem em solo nacional), enquanto o PNB se refere à produção das empresas de um país (inclusive as que não são efetuadas em solo nacional).

A comparação do PIB permite medir o poderio econômico de um país. Sua evolução de um ano para outro constitui um indicativo de medida do crescimento.

PROFECIA AUTORREALIZADORA
Temendo a queda do valor de um título, alguns investidores se precipitam e vendem suas ações, provocando assim a queda do preço. Sentindo-se incapaz de passar em uma prova, um estudante desiste de fazê-la e acaba sendo reprovado.

Esses são apenas alguns exemplos de profecias autorrealizadoras, em que um fato acontece porque as pessoas acreditaram que ele iria acontecer. Um paciente se cura repentinamente de sua doença, após ter tomado apenas um remédio placebo*...

O conceito de "profecia autorrealizadora" (*self-fulfilling prophecy*) foi introduzido em 1948, pelo sociólogo Robert K. Merton*. Ele propõe a seguinte definição: "A profecia autorrealizadora é inicialmente uma definição falsa de uma situação, mas essa definição errônea suscita um novo comportamento, que a torna verdadeira", ou ainda uma outra, mais lapidar: "Uma profecia autorrealizadora é uma asserção que induz a comportamentos que irão validá-la" (*Social Theory and Social Structure* [Teoria social e estrutura social], 1949).

A ideia já havia sido proposta vinte anos antes pelo sociólogo americano William I. Thomas. De acordo com o "teorema de Thomas", "se os homens definem certas situações como reais, elas são reais em suas consequências". Por exemplo, se as pessoas acreditam no valor da moeda de papel (uma nota de 1 real), então a moeda possuirá esse valor.

R. K. Merton dá um exemplo de profecia. No período entre guerras, os brancos tentaram excluir os negros dos sindicatos, por acreditar que eles fossem furadores de greve e traidores da classe operária. Privados do apoio sindical e, portanto, mais facilmente manipuláveis pelos empregadores, os negros não aderem aos movimentos de greve e se tornam, de fato, "fura-greves".

Com o efeito Pigmalião*, as ciências da educação acreditam ter obtido um bom exemplo de profecia autorrealizadora: bastaria que os professores acreditassem no valor de seus alunos para que estes melhorassem seu desempenho. Essa visão um tanto miraculosa do êxito escolar será relativizada em estudos posteriores.

JUST BELIEVE IT?

O conceito de profecia autorrealizadora foi amplamente divulgado nos Estados Unidos a partir dos anos 1970. A popularidade precoce do termo é confirmada pelo uso que dele fez o presidente Richard M. Nixon, já em 1971, em discurso sobre a situação da União. Entre 1985 e 1997, o termo é empregado em média vinte e sete vezes por ano no jornal *Los Angeles Times*. O sucesso dessa noção se explica por uma visão otimista e voluntariosa do mundo, segundo a qual basta "ter fé" para que as coisas mudem, concepção em concordância com os ideais americanos da emancipação pessoal, do *Just do it* e, por que não, do *Just believe it*.

Contra essa visão idílica das profecias autorrealizadoras, dois tipos de crítica se pronunciaram.

A primeira diz respeito à metodologia: as bolhas especulativas do mercado financeiro, o efeito placebo e o efeito Pigmalião não correspondem necessariamente ao mesmo fenômeno nem supõem os mesmos mecanismos. A segunda crítica, emitida pelo psicossociólogo Lee Jussim, consiste em relativizar os efeitos reais das profecias autorrealizadoras. Na maioria dos casos estudados, eles seriam muito mais fracos e limitados do que se poderia imaginar.

Bibliografia: • R. E. A. Farmer, *The Macroeconomics of Self-Fulfilling Prophecies*, MIT Press, 1999 [1993] • R. Jones, *Self-Fulfilling Prophecies. Social, Psychological and Physiological Effects of Expectancies*, Hillsdale, 1977 • L. Jussim, "Self-Fulfilling Prophecies: a Theoretical and Integrative Review", *Psychological Review*, n° 93, 1986 • R. K. Merton, *Éléments de théorie et de méthode sociologique*, Armand Colin, 1998 [1949] • J.-F. Staszak, "Les prophéties autoréalisatrices", *Sciences Humaines*, n° 94, 1999 • P. Watzlawick, "Les prédictions qui se vérifient d'elles-mêmes", in Watzlawick (org.), *L'Invention de la réalité, Comment savons-nous ce que nous croyons savoir? Contributions au constructivisme*, Seuil, 1997 [1981]

→ **Pigmalião (efeito)**

PROJETO

Nos três volumes de *Das Prinzip Hoffnung* [O princípio esperança], que levou mais de vinte anos para ser escrito, o filósofo alemão Ernst Bloch (1885-1977) elaborou uma verdadeira cartografia dos projetos de antecipação da humanidade. Essa "enciclopédia das esperanças" propõe-se recensear todas as formas de esperança e de sonho que povoam o espírito humano: da "fantasia cotidiana banal e pequeno-burguesa" (como a do jovem casal que sonha em morar em uma casa com jardim) aos projetos coletivos de transformação social (como as utopias de Thomas More e Charles Fourier), dos projetos arquitetônicos mais desvairados aos projetos técnicos futuristas.

DA UTOPIA AO PROJETO DE EMPRESA...

Para Martin Heidegger*, projetar-se no amanhã e imaginar futuros possíveis é a característica peculiar do ser humano. Além de ser um aspecto importante da natureza humana, o projeto também remete a um método de ação valorizado, ou não, pela sociedade. Nas décadas de 1980 e 1990, o tema do "projeto" teve seu apogeu nas empresas, nas escolas e nos centros sociais.

O QUE É UM PROJETO?

Um projeto se distingue de uma vaga aspiração ou da formulação de um desejo em pelo menos três aspectos:

– *Definir uma meta específica*. "Todos correm atrás de alguma coisa, sem saber exatamente de quê", escreve François Mauriac. Nem a fantasia volúvel do adolescente desocupado, nem a esperança difusa da dona de casa que deseja se libertar dos afazeres domésticos para "fazer algo interessante" constituem projetos de fato. Um verdadeiro projeto supõe a determinação de uma meta específica que dá forma aos sonhos. "Mudar de vida" não é um projeto. No entanto, tomar a decisão de mudar de emprego e estabelecer para si próprio um objetivo preciso (por exemplo, prestar concurso para se tornar professor) num prazo determinado constituem a primeira etapa de um autêntico projeto.

– *Definir um plano de batalha*. Uma vez fixada a meta, é preciso definir um procedimento adequado. Diante de um projeto de longo prazo, que requer esforço e constância, a boa vontade do momento nem sempre é suficiente. Faz-se necessário, então, definir etapas intermediárias, encontrar apoios, analisar os avanços e falhas para, eventualmente, reformular os objetivos. Qualquer grande aspiração implica obstáculos, momentos de desânimo, remanejamentos, sucessos e fracassos transitórios, bem como a adaptação das próprias ambições às possibilidades reais. Nas organizações, a implementação de um projeto supõe não apenas um plano de ação, como também dispositivos de regulação para ajustar a ação, medir os resultados intermediários, etc.

– *Transformar a antecipação em ação*. A passagem ao ato provoca às vezes paralisia, um medo da transformação e do fracasso, pois a mudança tem um preço e comporta riscos. Existe uma verdadeira patologia do projeto, quando a própria perspectiva da passagem ao ato provoca bloqueios e medos ou, inversamente, ilusões que fazem que o projeto seja sempre adiado para o dia seguinte. No plano individual, a análise transacional* estudou particularmente os tipos de conduta em que algumas mensagens – "Seja perfeito!", "A partir de amanhã, vou mudar radicalmente", "Você tem que ser o melhor", etc. – bloqueiam a ação ao invés de favorecê-la. No plano coletivo, a intimação a "fazer planos" sempre foi apontada como uma "injunção contraditória": não se pode obrigar um indivíduo ou uma organização a fazer planos, já que, por natureza, o projeto supõe adesão voluntária e mobilização espontânea.

No âmbito dos projetos de empresa, de educação e de inserção profissional, foi concebida uma metodologia inspirada na prospectiva* e no desenvolvimento pessoal*.

Bibliografia: • J.-P. Boutinet, *Anthropologie du projet*, Puf, 1999 [1990] • J.-P. Boutinet, *Psychologie des conduites à projet*, Puf, "Que sais-je?", 2004 [1993] • V. Giard, *Gestion de projets*, Economica, 1999 [1991] • A. Mucchielli, C. Le Boeuf, *Le Projet d'entreprise*, Puf, "Que sais-je?", 1989

PROPOSIÇÃO

"Chove" e "João é louco". Na gramática, denomina-se sentença uma frase provida de sentido. Na lógica, uma sentença, comumente chamada de proposição, pode ter dois valores: verdadeiro ou falso (caso corresponda, ou não, a uma realidade externa). De modo geral, os filósofos analíticos* designam como proposição qualquer estado mental cujo conteúdo pode ser classificado como verdadeiro ou falso.

A proposição adquiriu grande importância no cognitivismo*. No modelo de pensamento computacional-simbólico, os pesquisadores tentaram relatar todos os estados mentais sob a forma de sentenças: "Eu acho que a Terra é redonda", "Espero que faça sol amanhã". Nossos pensamentos, crenças e desejos seriam construídos como a combinação de uma atitude expressa por um verbo ("Eu acho que"), que governa uma proposição ("A Terra é redonda") passível de ser verdadeira ou falsa.

Esse modelo de representação dos conhecimentos é fortemente inspirado na programação informática, em que todos os dados e instruções são escritos como proposições.

PROPP, VLADIMIR
(1895-1970)

Especialista do folclore, o russo Vladimir Propp é mais conhecido por seus estudos acerca da estrutura dos contos populares. Ele pode ser considerado um dos fundadores da narratologia. Suas obras obtiveram reconhecimento internacional, apesar de terem sido consideradas suspeitas na época de Stálin. Seus últimos escritos só foram publicados graças ao degelo de Kruschev, após 1956.

Principais obras de V. Propp
• *Morfologija skazki*, 1928 [A morfologia do conto maravilhoso, Forense Universitária, 1984]
• *Storitcheskie korni volchebnoi skazki*, 1946 [As raízes históricas do conto maravilhoso, Martins Fontes, 2.ª ed., 2003]

→ **Conto, Narratologia**

PROPRIOCEPÇÃO

A propriocepção é a sensação da posição e dos movimentos do corpo no espaço, obtida através de receptores sensoriais localizados na orelha interna, nos músculos e nos tendões.

→ **Percepção**

PROSOPAGNOSIA

Distúrbio da percepção visual (agnosia*) caracterizada por uma dificuldade específica de identificar rostos. Para aqueles que sofrem desse mal, todas as pessoas são parecidas. Eles não conseguem reconhecer rostos, nem mesmo os das pessoas mais próximas. Oliver Sacks descreveu um caso famoso no livro *The Man Who Mistook His Wife for a Hat* [O homem que confundiu sua mulher com um chapéu] (1985). A prosopagnosia confirma a existência de um módulo muito especializado de reconhecimento das feições humanas no cérebro.

→ **Modularidade**

PROSPECTIVA

"O futuro não pode ser previsto, mas pode ser preparado" (Michel Godet).

Para os futurólogos incumbidos de antecipar o futuro, a prospectiva substituiu a previsão. Ninguém mais acredita ser possível predizer o futuro em matéria de economia, política e sociedade. Nos anos 1950, os "previsionistas" traçavam cenários (de crescimento, de evolução demográfica, de desenvolvimento...) aprofundando as tendências da época. Os modelos de previsão se apoiavam numa visão determinista da mudança social (de acordo com uma evolução contínua ou marcada por etapas e limites). O futuro parecia estar programado e o planejamento parecia possível.

Hoje, os prospectivistas substituem a previsão pela prospectiva por duas razões.

Em primeiro lugar, admite-se que o futuro é aberto e em grande parte indeterminado. Em vez de prever, criam-se cenários mais ou menos prováveis. O "método dos cenários" consiste em elaborar evoluções possíveis, indicar os caminhos a serem tomados e as condições necessárias para atingi-las.

Em segundo lugar, entende-se que o futuro pertence em grande parte àqueles que sabem tomar as rédeas do próprio destino. O futuro está aberto para a ação, projetos e sonhos. O papel do prospectivista é, portanto, o de um "conspirador" do futuro (M. Godet, *Manuel de prospective stratégique* [Manual de prospectiva estratégica], 1997).

A prospectiva é muito empregada nas políticas públicas. Para construir infraestruturas de transporte, por exemplo, é necessário prever a evolução do trânsito. As grandes empresas também recorrem à prospectiva: os fabricantes de automóveis, por exemplo, concebem carros com até dez anos de antecedência, o que supõe uma antecipação das tendências do mercado e das necessidades futuras dos consumidores.

A PROSPECTIVA NA EMPRESA

A prospectiva de empresa (denominada Future Studies) desenvolveu-se nos Estados Unidos a partir dos anos 1960, no âmbito do planejamento por objetivos. Desde os anos 1970, mais da metade das quinhentas maiores empresas americanas são dotadas de células de previsão e de prospectiva. Na França, elas são em número bastante inferior: apenas alguns grandes grupos privados (L'Oréal, Péchiney, Axa, Total-Fina-Elf) ou públicos (EDF, SNCF, Correios) são dotados desse sistema.

Ocorre que, nas grandes empresas cotadas na Bolsa, a projeção a longo prazo entra em contradição com a lógica de curto prazo dos acionistas. Assim, nos últimos anos, algumas empresas tenderam a se concentrar em meios ou métodos simplificados, como a dinâmica de grupo, que consiste em confrontar os pontos de vista dos *experts*, ou a busca de informações tecnológicas ou comerciais via internet, para captar os sinais antecipadores das evoluções de seu meio.

Bibliografia: • M. Godet, *Manuel de prospective stratégique*, t. 2: *L'Art et la Méthode*, Dunod, 1997 • G. Minois, *Histoire de l'avenir. Des prophètes à la prospective*, Fayard, 1996

PROTOLINGUAGEM

Qual era a linguagem do *Homo* erectus*? O linguista Derek Bickerton formulou a hipótese de que os primeiros homens empregavam uma forma de linguagem primitiva, denominada "protolinguagem", que teria precedido a linguagem complexa. Para chegar a essa conclusão, D. Bickerton recorreu a inúmeras fontes convergentes que poderiam refletir a linguagem das origens (*Language and Species* [Linguagem e espécies], 1990).

A primeira é a linguagem dos sinais, que pode ser aprendida e empregada pelos grandes símios (gorilas, chimpanzés). Apesar de não existir na natureza, o fraco domínio dessa linguagem pelos macacos fornece pistas sobre o que poderia ter sido uma linguagem submetida a fortes limitações cognitivas. A linguagem das crianças com aproximadamente 2 anos de idade seria outro indicador possível de uma linguagem elementar. A terceira fonte utilizada por D. Bickerton refere-se às crianças reclusas, sequestradas e privadas de qualquer contato linguístico desde os primeiros anos da infância. Enfim, D. Bickerton cita o caso do pidgin, língua de sua especialidade, definida como um código inventado por povos de diferentes nacionalidades que necessitam comunicar-se entre si.

Qual era a linguagem dos primeiros homens?

Esses quatro tipos de linguagem embrionária possuem traços comuns. Em primeiro lugar, elas são compostas unicamente por palavras concretas: "mesa", "comer", "vermelho", "feira", "gordo", "ruim". Além disso, não possuem gramática. A simples justaposição de duas ou três palavras já é suficiente para definir o sentido. Para dizer que quer uma bala, uma criança pode dizer, por exemplo, "Juju quer bala", "Bala quer Juju", "Quer bala" ou ainda "Juju bala". Para expressar mensagens simples, essa estrutura é amplamente suficiente.

Segundo D. Bickerton, a protolinguagem, que provavelmente foi utilizada pelo *Homo erectus*, é baseada num sistema de representações primárias (*primary representational system*) formado por representações concretas, nas quais as coisas são descritas sob a forma de objetos (cachorro, bola, maçã...), qualidades (gordo, vermelho, ruim...) e ações (andar, pular, comer...).

Adaptada às capacidades mentais do *Homo erectus*, a protolinguagem teria possibilitado a realização de uma série de ações e a coordenação de atividades. Ela representa um grande passo com relação à comunicação animal, na medida em que evoca objetos distantes da situação imediata ("Juju dorme", "Lá tem lobo"), podendo inclusive indicar atos futuros ("Eu ir montanha" ou "Você pegar arma"). No entanto, a protolinguagem é inapta para construir relatos complexos ou discursos abstratos e seria incapaz, de acordo com D. Bickerton, de evocar acontecimentos passados ou imaginários. Sua função é transmitir informações concretas sobre o mundo ao redor e organizar atividades em comum.

Bibliografia: • D. Bickerton, *Language and Species*, University of Chicago Press, 1990

PROTÓTIPO

O termo "protótipo" foi proposto pela psicóloga americana Eleanor Rosch no âmbito de sua teoria das representações dos conhecimentos. O protótipo é um exemplar de referência que serve para definir uma palavra ou uma categoria mental. A título de exemplo, o pardal é o protótipo do pássaro, enquanto o avestruz (que não possui asas e não voa) não é um representante prototípico dessa categoria. É pela maior ou menor semelhança com o protótipo de referência que o pensamento comum identifica os objetos do meio.

A análise em termos de protótipo apresenta-se como uma alternativa interessante para as teorias proposicionais, que representam os conhecimentos sob a forma de proposições do tipo: pássaro = animal que possui plumas, bico, que voa, que põe ovos...

→ **Forma, Esquema**

PROXÊMICA

Nas relações humanas, a distância que separa duas pessoas é um bom indicador da relação de proximidade entre elas. Os amantes colam seus corpos, os amigos conversam cara a cara e não hesitam em se tocar. Por outro lado, quanto menor for o grau de familiaridade entre as pessoas, maior será a distância entre elas. Nos lugares em que o espaço pessoal é obrigatoriamente limitado ao mínimo, por exemplo, no elevador ou no metrô, as pessoas presentes olham para cima ou para os próprios pés...

O antropólogo americano Edward T. Hall, membro da escola de Palo Alto*, é o inventor do termo "proxêmica" e também o iniciador dos primeiros trabalhos nessa área. Ele define a proxêmica como "o estudo da percepção e do uso do espaço pelo homem".

Bibliografia: • E.T. Hall, *La Dimension cachée*, Seuil, 1978 [1966] • E.T. Hall, "Proxémique", em Y. Winkin, *La Nouvelle Communication*, Seuil, 2000 [1981]

PRÓXIMO (antropologia do)

Nos anos 1960, o etnólogo era obrigado a se deslocar para regiões afastadas para fazer sua pesquisa de campo: estudar os ritos funerários numa tribo da Indonésia, as mitologias de um grupo de ameríndios, as formas de parentesco numa aldeia da Oceania, etc. Hoje em dia, vemos etnólogos explorar os costumes de seus contemporâneos em salões de beleza, conselhos administrativos de grandes empresas, hospitais ou ainda academias de ginástica. A antropologia interessou-se durante muito tempo e exclusivamente pelas sociedades ditas "primitivas" – como as dos "caçadores-coletores*" – ou pelas sociedades agrárias. Recentemente, essa disciplina voltou o olhar para o mundo próximo e familiar das sociedades ocidentais, na qual surgiu. Não se trata mais de estudar o que resta dos costumes "tradicionais" ou do folclore dessas sociedades, e sim a contemporaneidade e a modernidade como tais, mesmo em seus aspectos mais agressivos, perturbadores ou desestabilizadores. Tomar o presente e o próximo como objeto etnológico implica uma mudança de perspectiva.

As reflexões acerca da "antropologia do próximo" ou "antropologia do mundo contemporâneo" (na América, fala-se em *anthropology at home*), uma disciplina em construção, datam dos anos 1980. Elas foram formalizadas na década seguinte, e um grande número de pesquisas de campo sobre o tema foi publicado desde então. Em 1992, o antropólogo Marc Augé publica *Non-lieux* [Não lugares], concebido como uma *Introdução a uma antropologia da supermodernidade*. Para ele, "a primeira dificuldade de uma etnologia do 'aqui' é que ela sempre tem relação com o 'lá', sem que a identidade desse 'lá' possa se constituir em objeto singular e distinto (exótico)". A questão da distância com relação ao objeto coloca-se, assim, em novos termos, e a alteridade próxima não é necessariamente mais fácil de ser negociada. Por exemplo, como deve se comportar o etnólogo diante do olhar altivo dos *énarques* (diplomados pela Escola Nacional de Administração, na França)? Como deve ser administrado o uso da *expertise* etnológica no setor privado? (C. Ghasarian, *De l'ethnographie à l'anthropologie réflexive* [Da etnografia à antropologia reflexiva], 2002). Apreender as sociedades ocidentais contemporâneas exige que se mantenha distância, mas dessa vez uma distância que permita produzir um conhecimento pelo lado de dentro. Os pesquisadores se veem, assim, diante de novas situações, quase sempre ambíguas e desestabilizadoras. Eles precisam justificar o *status* de pesquisadores, repensar o paradoxo do chamado método de "observação participante" (insiders ou outsiders?), administrar a tensão entre dever profissional e dever moral, efetuar um trabalho de reflexividade* – mais até, portanto, do que em regiões "exóticas" –, levar em conta seu condicionamento cultural, suas emoções e sua subjetividade, sem perder de vista a cientificidade, etc. Delicada e experimental, a chamada etnologia dos "objetos próximos" exige, portanto, um autoquestionamento a respeito da legitimidade do método e da finalidade da disciplina. Ela possui novos objetos de estudo (as paixões comuns, as atividades de lazer, as práticas urbanas, as instituições e os lugares de poder, as empresas, os excluídos, a solidão, a relação com o espaço, etc.) e opera um deslocamento dos centros de interesse, mudanças de problemáticas. Assim, um debate fecundo se instaura entre o aqui e o lá, entre o próximo e o distante, o que pode propiciar uma dimensão melhor do etnocentrismo* e limitar suas possíveis falhas.

Bibliografia: • G. Althabe, D. Fabre, G. Lenclud (orgs.), *Vers une ethnologie du présent*, Maison des Sciences de l'homme, 1992 • M. Augé, *Non-lieux, Introduction à une anthropologie de la surmodernité*, Seuil, 2002 [1992] • C. Bromberger, *Passions ordinaires: football, jardinage, généalogie, concours de dictée...*, Hachette, 2002 [1998] • C. Ghasarian (org.), *De l'ethnographie à l'anthropologie réflexive. Nouveaux terrains, nouvelles pratiques, nouveaux enjeux*, Armand Colin, 2002

→ **Observação participante, Pós-modernidade, Cotidiana (vida), Reflexividade**

PSICANÁLISE
Ver disciplinas nas páginas centrais

PSICOLINGUÍSTICA

Disciplina que estuda as relações entre a linguagem e as outras funções intelectuais como a memória, o raciocínio e a percepção.

A psicolinguística nasceu em 1951 do encontro dos psicólogos Charles E. Osgood e John B. Carroll com os linguistas Thomas E. Sebeok e Floyd G. Lounsbury. Eles lançaram o projeto e o termo durante um colóquio na Universidade de Cornell, nos Estados Unidos. O objetivo inicial era estudar as relações entre as intenções do locutor e a tradução destas em mensagem, isto é, os elos entre o pensamento e a linguagem.

O campo psicolinguístico estende-se em seguida a outras áreas: a aquisição da linguagem na criança, o estudo dos distúrbios de linguagem e ainda as relações entre a personalidade dos locutores e a forma de expressão.

PSICOLOGIA
Ver disciplinas nas páginas centrais

PSICOLOGIA CULTURAL
→ Psicologia histórica

PSICOLOGIA DIFERENCIAL
→ Diferencial

PSICOLOGIA DO DESENVOLVIMENTO
→ Desenvolvimento (psicologia do)

PSICOLOGIA DO EGO

Após a morte de Freud*, a psicanálise tomou rumos muito diferentes em cada lado do Atlântico. A psicanálise americana foi marcada primeiro pela *ego psychology*, de que Heinz Hartmann (1894-1970) foi um dos fundadores (*Ego Psychology and the Problem of Adaptation* [*Psicologia do ego e o problema de adaptação*], 1930). A psicologia do ego consagra-se principalmente ao ego (eu*), a seus mecanismos de defesa e de adaptação, deixando de lado a questão do inconsciente* e da sexualidade*. O ego forma o cerne da adaptação psíquica, e os distúrbios psíquicos são o efeito de uma perturbação na sua constituição.

O ego, denominado *self*, está também no centro da teoria da *self psychology* de Heinz Kohut (1913-1981), para quem o indivíduo contemporâneo tem uma personalidade narcísica* e hedonista. O modelo do "homem culpado" (*guilty man*), que domina a época freudiana, caracterizada pela inibição das pulsões, é substituído pelo do "homem trágico" (*tragic man*). As relações conturbadas com o objeto parental – principalmente a mãe – levam o indivíduo a desenvolver um ego patológico, frágil e instável, voltado para si (narcísico). As desordens narcísicas seriam um traço característico do homem contemporâneo.

PSICOLOGIA EVOLUCIONISTA

Os seres humanos sentem uma repulsão espontânea por seus dejetos – saliva, urina, excrementos –, enquanto as moscas os adoram. Os cães, por sua vez, gostam de farejar a urina de seus congêneres. Por quê? Para as moscas, os excrementos são fonte de alimento. Para os cães, um meio de comunicação (marcação de território) e de reconhecimento (identificação dos indivíduos, do sexo...). Para os seres humanos, os dejetos são vetores de doenças. A repulsão espontânea pelos próprios excrementos seria, portanto, uma forma de adaptação emocional natural correspondente a um perigo biológico.

Considera-se, de modo geral, que alguns tipos de emoções elementares são naturais: o medo (do escuro, do vazio, de cobra) é uma reação de defesa do organismo diante de um perigo; o desejo sexual é uma condição da reprodução dos indivíduos; etc. Para os adeptos da psicologia evolucionista, essa programação das condutas pela evolução pode ser estendida para uma série de fenômenos: as emoções, as condutas sociais, os modos de comunicação, o raciocínio, as atitudes amorosas e a linguagem.

A EVOLUÇÃO NA HERANÇA

Para Leda Cosmides e John Tooby, dois pioneiros da abordagem evolucionista em psicologia, o cérebro não é uma "cera mole" na qual é possível gravar qualquer tipo de programa. Assim como todos os outros órgãos do corpo, o cérebro foi moldado pela evolução para resolver problemas específicos de adaptação: reproduzir-se, alimentar-se, defender-se, observar o meio, comunicar-se com os membros do grupo...

De modo similar, a capacidade de "categorizar" (isto é, de classificar) os objetos ao nosso redor (as flores, as árvores, os pássaros, os homens) seria uma aptidão inata, forjada pela evolução. Ela permite estruturar o meio e agir com eficácia num mundo em constante mudança. A evolução teria dotado os seres humanos (assim como as outras espécies) de um aparato mental particular, uma espécie de caixa de ferramentas intelectual dividida em "módulos especializados" adaptados a funções precisas.

A psicologia evolucionista surgiu entre os anos 1980 e 1990 nos países anglo-saxões. Desde então, difundiu-se consideravelmente: na literatura especializada, nos dicionários, nos manuais de psicologia, nas obras de divulgação e nos *sites* da internet.

Duas correntes se distinguem.

A primeira é originária da sociobiologia* e da etologia humana e se aplica principalmente ao campo dos afetos: as emoções, as condutas morais e os comportamentos amorosos. A diferença entre o modo como homens e mulheres manifestam o ciúme, por exemplo, poderia ser explicada por seu respectivo modo de reprodução. Se os homens são mais sensíveis à infidelidade sexual da companheira do que à infidelidade afetiva, isso se deve ao fato de que um macho nunca está seguro de ser o verdadeiro genitor do filho de sua companheira. Essa forma de ciúme masculino foi, portanto, selecionada pela evolução. Já o ciúme da mulher é de natureza emocional, pois a infidelidade afetiva de seu companheiro teria consequências mais graves do que uma infidelidade sexual. A mulher correria o risco, por exemplo, de ser abandonada e de ter de assumir sozinha a responsabilidade pela educação dos filhos.

A outra corrente da psicologia evolucionista nasce da psicologia do desenvolvimento* e diz respeito às aptidões intelectuais: percepção, raciocínio, memória, consciência, linguagem. Assim, a capacidade de contar um número pequeno de objetos (de 1 a 6) é uma aptidão inata, presente no homem e em outras espécies (ratos, pássaros, macacos...). Apoiando-se principalmente no estudo das capacidades precoces dos recém-nascidos, a psicologia evolucionista tenta estabelecer uma espécie de repertório das aptidões mentais ou das condutas emotivas herdadas da evolução: categorização, raciocínio, percepção das leis do mundo físico, aptidão espacial, consciência, linguagem.

Tudo está programado?

As reflexões da psicologia evolucionista atraem as críticas daqueles que veem nela uma maneira de explicar todas as condutas humanas pelo passado evolutivo dos homens, pela hereditariedade das condutas e pelos mecanismos adaptativos, inserindo os comportamentos humanos no âmbito de "leis naturais externas". Os psicólogos evolucionistas negam veementemente o desejo de reduzir tudo ao inato. Todos concordam que grande parte das condutas e das aptidões humanas não são "naturais": o cálculo mental, a leitura e o piano exigem anos de treino e são evidentemente adquiridos. Contudo, essas aprendizagens não seriam possíveis sem um instrumental mental de base que é universal, inato, limitado e próprio da espécie humana. A cultura se ancora em aptidões (cognitivas e emocionais) relativamente estáveis e herdadas de nosso passado evolutivo.

Bibliografia: • J. H. Barkow, J. Tooby, L. Cosmides, *The Adapted Mind: Evolutionary Psychology and the Generation of Culture*, Oxford University Press, 1992 • S. Pinker *Comment fonctionne l'esprit*, Odile Jacob, 2000 [1997] • R. Wright, *L'Animal moral*, Michalon, 1995 [1994]

→ **Darwinismo, Evolucionismo, Pinker**

PSICOLOGIA HISTÓRICA

A ideia de uma psicologia histórica se deve a Ignace Meyerson (1888-1983), uma figura desconhecida na psicologia francesa. Polonês, oriundo de uma família de intelectuais judeus (é sobrinho do filósofo Émile Meyerson), ele imigrou para a França em 1906. I. Meyerson desempenhou um papel fundamental na psicologia no período entre guerras. Junto com artistas, historiadores, filósofos e linguistas, foi um dos principais incentivadores do *Journal de Psychologie Normale et Pathologique*. Ele se opõe a uma psicologia atemporal e "fixista", e seu objetivo foi fundar uma psicologia histórica e comparativa, comprometida com o estudo do homem em sua diversidade cultural.

I. Meyerson idealiza uma psicologia que insira os homens em seu tempo, reconstituindo a personalidade e os pontos de vista característicos de cada época. Para ele, o ser humano é criativo e só pode ser compreendido através de suas produções culturais: a arte, os sonhos, os mitos, as religiões, as técnicas, etc. A ideia geral é que a personalidade, os valores, as formas de engajamento e as visões de mundo* diferem entre si de acordo com os diferentes períodos históricos. Existe um *ethos*, uma atitude para com o mundo típica do homem grego, do homem do Renascimento ou de um grupo social particular. A finalidade da psicologia histórica seria reconstruir esse perfil singular de personalidade.

Jean-Pierre Vernant, que foi seu aluno, foi muito influenciado pela ideia de uma psicologia histórica, assim como o psicólogo americano Jerome S. Bruner, que tentou dar continuidade a esse espírito promovendo uma "psicologia cultural". Apesar desses esforços, a psicologia histórica não vingou.

O projeto de psicologia histórica se distingue da "psico-história", termo patenteado pelo historiador americano Lloyd de Mause, que se propõe fazer um estudo psicanalítico da formação das mentalidades e da personalidade dos grandes homens.

Bibliografia: • I. Meyerson, *Les Fonctions psychologiques et les oeuvres*, Albin Michel, 1995 [1948] • F. Parot (org.), *Pour une psychologie historique. Écrits en hommage à Ignace Meyerson*, Puf, 1996

→ **Bruner, Vernant**

PSICOLOGIA SOCIAL
Ver disciplinas nas páginas centrais

PSICOMETRIA
Ramo da psicologia que visa medir as diferenças individuais em matéria de inteligência ou personalidade.

PSICOPATA
Usualmente, o termo "psicopata" remete a um assassino em série, um pedófilo perverso ou um sádico. Na psicologia, o termo é empregado em sentido mais amplo, designando uma pessoa que sofre de um distúrbio mental qualquer.
→ **Psicopatologia**

PSICOPATOLOGIA
A psicopatologia é o estudo dos distúrbios mentais; faz parte tanto da psiquiatria como da psicanálise.
→ **Psicanálise, Psiquiatria**

PSICOSE
Atribui-se ao psiquiatra alemão Ernst von Feuchtersleben (1806-1849) a autoria do termo "psicose", como corolário de "neurose*", que, por sua vez, foi criado pelo escocês William Cullen em 1769. Enquanto a neurose estaria supostamente relacionada às doenças dos nervos, a psicose se referiria às doenças do psiquismo ou da alma. Numa acepção geral, a psicose designava todos os alienados acometidos de delírio. O termo será retomado pela psicanálise com este último sentido. Atualmente, o termo "psicose" tende a ser reservado aos distúrbios delirantes, tais como a esquizofrenia*, a paranoia* ou a maníaco-depressão*.

Bibliografia: • J.-L. Pedinielli, G. Gimenez, *Les Psychoses de l'adulte*, Nathan, 2002 • A. Manus, *Psychoses et névroses de l'adulte*, Puf, "Que sais-je?", 2003 [1987] • P.-M. Llorca (org.) *Les Psychoses*, John Libbey Eurotext, 2002

→ **Doença mental, Neurose**

PSICOSE MANÍACO-DEPRESSIVA
É um transtorno psiquiátrico chamado de "bipolar" pois dois estados opostos se alternam no tempo. O estado maníaco é aquele em que o indivíduo é tomado por grande exaltação, delírios e um sentimento de extremo poder, ao qual sucede uma fase depressiva: o indivíduo se fecha em si mesmo e perde o gosto pelas coisas.

A psicose maníaco-depressiva é tratada com neurolépticos, como o lítio, que é um regulador do humor.

PSICOSSOMÁTICA
A mente é capaz de agir sobre o corpo? Uma causa psicológica pode realmente provocar distúrbios orgânicos? O senso comum admite tranquilamente que certas doenças, como a asma, a alergia e a úlcera estomacal podem ser provocadas – ou pelo menos propiciadas – por causas psicológicas. As personalidades angustiadas e estressadas seriam as primeiras vítimas da úlcera estomacal. O estresse seria em grande parte responsável pelas dores nas costas; os conflitos emocionais poderiam provocar asma nas crianças. Esse efeito do psiquismo no organismo parece comprovado pela evidência dos fatos: se uma emoção como o medo é capaz de nos fazer transpirar ou tremer, por que não admitir que o estado mental de um indivíduo pode ter consequências e provocar distúrbios graves? Esse é o sentido do termo "somatizar".

DA PSICANÁLISE À ABORDAGEM "BIOPSICOSSOCIAL"

A medicina psicossomática já possui uma longa história, originada na psicanálise*. A interpretação dos famosos casos de histeria* descritos por Sigmund Freud* (como o caso Dora, em *Über Psychoanalyse, fünf Vorlesungen* [*Cinco lições sobre a psicanálise*], 1895) atesta, segundo ele, o "salto misterioso do psíquico no físico". As moças histéricas sofrem de distúrbios físicos (paralisia parcial, cólicas, etc.) sem causas orgânicas aparentes. O mental age, portanto, diretamente no corpo. Georg Groddeck, um dos discípulos de S. Freud, retoma e desenvolve sistematicamente uma concepção das doenças somáticas em *Das Buch vom Es* [*O livro disso*] (1923). Ele não hesita em interpretar o bócio como uma "gravidez oral" associada a fantasias inconscientes. A prisão de ventre seria a recusa do id* (o inconsciente) de dar ao mundo alguns bens...

Na França, a corrente psicossomática de inspiração psicanalítica é representada pelo Instituto de Psicossomática de Paris, criado pelo doutor Pierre Marty nos anos 1970, cuja teoria se baseia no princípio de uma "economia psicossomática". Qualquer traumatismo provoca uma "desorganização" da vida mental (neurose*, depressão*) que pode levar a uma "reorganização patogênica" (por exemplo, a regressão). O trabalho do psicossomatologista consiste em identificar as desorganizações e tentar restabelecer uma organização funcional equilibrada. No caso de uma criança que sofre de eczema agudo, os terapeutas vão detectar uma "insuficiência dos mecanismos de defesa mental" e uma "neurose histérico-fóbica" na mãe. As crises de eczema se manifestam no momento da separação dos pais em conflito.

Outra abordagem psicossomática da doença começa a se constituir nos anos 1930 pela psicanálise: a "psicobiologia". Ela nasce nos Estados Unidos sob influência de Franz Alexander, fundador do Instituto de Psicanálise de Chicago, e de Helen Flanders Dunbar, autora da primeira grande obra dedicada à psicossomática, datada de 1935. Nessa última abordagem, a doença é associada aos perfis de personalidade. Assim, para cada tipo de doença (diabética, coronária, reumática, etc.) corresponde uma personalidade específica. Comportamentos e distúrbios de saúde são as duas vertentes de um mesmo modo de regulagem da "energia vital", comparável à energia na física. F. Alexander, por sua vez, associa os distúrbios emocionais a uma tradução somática, sem mencionar, no entanto, as relações existentes entre eles. Ele descreve e propõe a etiologia de seis doenças psicossomáticas: asma, úlcera, hipertireoidismo, hipertensão arterial, eczema e poliartrite reumatoide.

Após viver um momento fecundo entre os anos 1930 e 1950, as ricas promessas feitas pela medicina psicossomática não serão cumpridas.

Em termos terapêuticos, a medicina psicossomática apresenta um rendimento incerto. As raras curas miraculosas dos portadores de câncer que teriam conseguido reagir positivamente contra a doença não podem ser reproduzidas. A psicossomática passa a fazer parte de uma corrente mais ampla: a abordagem "biopsicossocial", que considera a doença em sua totalidade. A questão não é mais contrapor-se à abordagem médica tradicional (as doenças possuem uma causa orgânica) para afirmar uma tese psicossomática (as doenças possuem uma causa psicológica). A abordagem é complexa e contempla diversas dimensões na análise do distúrbio, e o psicológico e o social são alguns de seus fatores.

Desse ponto de vista, a abordagem biopsicossocial pode integrar-se a inúmeras pesquisas da área médica, mas perde sua especificidade de corrente de análise.

NOVAS ABORDAGENS

Nas últimas décadas, outras disciplinas científicas se dedicaram às doenças psicossomáticas: a psicologia da saúde (em especial as pesquisas relacionadas ao estresse*), a psiconeuroimunologia e as neurociências cognitivas*.

A psicologia da saúde foi criada no início dos anos 1980 pela Associação Americana de Psicologia e surgiu na Europa alguns anos depois. Um de seus objetivos é estudar os processos psicológicos que intervêm no surgimento das doenças. Ela integra os dados extraídos do modelo biomédico (a doença seria uma consequência de agentes patogênicos externos – traumatismos, vírus, tóxicos – e internos, como os desequilíbrios bioquímicos) e da abordagem epidemiológica (comparar grupos de pessoas doentes e sadias em busca de todos os fatores –

ambientais, biográficos, psicossociais – que os diferenciem).

A psicologia da saúde manifesta um interesse particular pelo estresse, tido há muito como um fator capaz de desencadear doenças orgânicas. É possível, por exemplo, causar úlceras em ratos por métodos experimentais, deixando-os amarrados durante horas ou enviando-lhes descargas elétricas de forma não previsível. Uma das vias de estudo diz respeito às estratégias de *coping* adotadas em situação de estresse. O termo *coping*, proposto por Richard S. Lazarus em 1966, no livro *Psychological Stress and the Coping Process* [Estresse psicológico e o processo do enfrentamento], significa "encarar" ou "enfrentar". Que estratégias o indivíduo adotará para lutar contra um estresse que ameaça seu equilíbrio: controlar ou se entregar à situação, se resignar ou agir, tolerar ou enfrentar? Conforme o indivíduo encare a doença ou fuja dela, suas reações diante da dor e, talvez, do tratamento serão diferentes. A hipótese de que a atitude de combate ou, inversamente, de angústia com relação ao estresse pode incidir diretamente no sistema imunológico do paciente não é descartada.

O sistema imunológico ocupa, inclusive, o centro de uma nova abordagem da psicossomática: a psiconeuroimunologia. Decompondo esse termo complexo, compreenderemos facilmente seu significado: "psiconeuro" remete basicamente ao sistema das emoções e a seu suporte neurológico. "Imunologia" designa o sistema imunológico responsável pela defesa do organismo contra os mais variados tipos de infecção. Constatou-se que o cérebro podia agir diretamente no sistema imunológico, considerado durante muito tempo independente. Observa-se uma queda do sistema imunológico, por exemplo, em estudantes durante o período de provas, em mulheres em processo de divórcio, ou em pessoas de idade que perderam o cônjuge. Em tais circunstâncias, os vírus podem, pois, atacar o organismo com mais facilidade. Esses dados permitiram elaborar hipóteses sobre o efeito dos traumatismos psicológicos em doenças orgânicas.

Estudos mostraram que o sistema imunológico interagia com as glândulas endócrinas e o sistema nervoso. Haveria, assim, uma ação recíproca entre o cérebro e o sistema imunológico, o que significa que uma doença orgânica pode interferir no "estado de espírito" de um paciente e que, inversamente, suas capacidades de análise e seu estado de espírito podem igualmente agir em seu sistema imunológico.

De acordo com alguns modelos teóricos, níveis elevados de estresse emocional tornariam um indivíduo ainda mais vulnerável ao surgimento de doenças e comprometeriam seu equilíbrio hormonal. Se o estresse não desaparece, o sistema imunológico pode ser perturbado, ocasionando a manifestação de um câncer.

Os mecanismos psicossomáticos poderiam ainda fornecer pistas promissoras através do estudo das relações entre emoção e cognição. Todos sabem que as emoções se traduzem em efeitos fisiológicos precisos: o medo se manifesta por sintomas tais como aceleração dos batimentos cardíacos, palidez da pele, boca seca e dilatação dos vasos sanguíneos.

O neurobiologista Antonio Damásio* tentou analisar as relações existentes entre essas emoções e os mecanismos mentais da decisão e descobriu que o córtex órbito-frontal, lugar de planificação e centro de decisão, está ligado ao centro das emoções, situado nas zonas límbicas do cérebro. Diante de uma decisão importante a ser tomada, ou de uma escolha crucial, o cérebro não recorre unicamente a deliberações abstratas e racionais; ele solicita mecanismos emocionais (medo, entusiasmo), que se traduzem em sinais fisiológicos, ou, como diz A. Damásio, "marcadores somáticos", que atuam como "alertas" ("Cuidado, perigo!", ou "Recompensa à vista!").

Essa análise abre caminho para o estudo preciso das relações entre a decisão, a análise cognitiva do meio e as reações de nosso organismo, ou simplesmente para a análise científica das relações entre corpo e mente.

Bibliografia: • L. Albert, *Les Maladies psychosomatiques*, De Vecchi, 2003 • R. Dantzer, *L'Illusion psychosomatique*, Odile Jacob, 2001 [1989] • L. Kreisler, *La Psychosomatique de l'enfant*, Puf, "Que sais-je?", 1989 [1976] • M. Sami-Ali et al, *Psychosomatique: nouvelles perspectives*, EDK, 2004

→ **Placebo**

PSICOTERAPIA

A psicoterapia opera, por meio da linguagem e de uma relação pessoal, no tratamento de doenças, crises pessoais ou sofrimentos, sem o recurso a intervenções farmacológicas ou físicas. No Brasil, por lei, a psicoterapia é uma atividade que só pode ser exercida por profissionais formados nas áreas de psicologia e psiquiatria. Vale dizer que é antiga a discussão sobre a regulamentação dessa atividade.

Ao longo das últimas décadas, as psicoterapias venceram o estigma de serem indicadas apenas a pessoas "loucas" e passaram a ser aceitas como modo de autoconhecimento e reflexão profunda, o que poderia beneficiar um grupo abrangente de pessoas.

Etimologia

O termo "terapia" (*therapeía*), do grego, significa "servir a deus", com a conotação de tratamento ou cura de doença. Se concebermos a saúde como equilíbrio ou homeostase, a terapia visa restituí-la, ou seja, corrigir a perturbação produzida por *páthos*. Em português, *páthos* dá origem a uma série de termos como patologia, paixão, passividade, paciente, etc. É o que perturba e desequilibra os sistemas, tornando-se o paradigma da doença. Como o mundo moderno tem como fundamento o sujeito autônomo, *páthos* é um perigo a ser domado. Psique, por sua vez, remete a alma, espírito, mente. O termo é também derivado do grego (*psykhé*) e pode ter uma conotação metafísica ou religiosa, em sua acepção de alma. Mas a própria criação da expressão "psicoterapia", no final do século XIX, remete à concepção de um espaço psicológico irredutível – que não é o da atividade cerebral nem da alma imortal e autônoma em relação ao corpo.

História

A rigor, a origem da psicoterapia é a mesma que a da psicologia como ciência. Ambas tiveram como condição a construção e a crise de determinada concepção de subjetividade, compreendida como espaço psicológico e privado. Esta concepção só se consolidou ao final do século XIX, ainda que traços de sua criação possam ser identificados desde a filosofia antiga.

Aos nossos olhos é tentador identificar intervenções psicológicas anteriores a esse período, mas isso representaria um anacronismo. Se tomarmos o trabalho de Franz-Anton Mesmer (1734-1815), por exemplo, ele já nos parecerá um psicoterapeuta. Mas é preciso lembrar que se considerava um médico que manipulava uma energia denominada "magnetismo animal".

Foi entre alguns pensadores e médicos do fim do século XIX que se consolidou o reconhecimento de um mundo psicológico tal como concebemos hoje. Se nossa referência necessária é Sigmund Freud* (1856-1939), não podem ser ignorados nomes importantes como Pierre Janet (1859-1947) e Jean-Martin Charcot (1825-1893).

Freud desenvolve uma forma de tratamento pela fala, reconhecendo que ela, no homem, pode substituir a ação. E, uma vez que cada pessoa se encontra no ponto cego de si mesmo, o autoconhecimento só pode advir pela intermediação por um outro, o psicoterapeuta. Assim, o neurólogo Freud afastou-se da prática médica convencional e inventou o espaço da psicoterapia. É justificável reconhecer na psicanálise de Freud o paradigma de todos os diversos modelos contemporâneos de psicoterapia, quer derivem dela, quer se constituam como críticas a ela.

Hoje, há uma variedade incomensurável de modelos psicoterapêuticos, individuais ou grupais, realizados em consultórios particulares ou em instituições comunitárias ou de saúde.

Psicanálise

Podemos considerar que a psicanálise é, hoje, um dos modelos de psicoterapia. Mas os próprios psicanalistas não gostam de ser incluídos entre os psicoterapeutas, a quem identificam como produtores de procedimentos adaptativos e normativos. A psicanálise como terapia é organizada em torno da relação analista/analisando (transferência). Através dela, o analisando reencena e constrói sua subjetividade, dá voz e elabora conteúdos (desejos reprimidos, marcas de traumas, excitações e angústias perturbadoras) não integrados até então à sua história consciente. O resultado é um conhecimento de si no qual o sujeito se apropria melhor de sua vida; transforma, em maior ou menor medida, seus sintomas, mas, sobretudo, dá-se conta de que há uma dimensão de falta e sofrimento (*páthos*) intrínseca à vida.

Cognitivo-comportamental

Derivada do behaviorismo e do cognitivismo, esta é a forma de psicoterapia mais próxima do discurso científico e psiquiátrico. É a ela que os psiquiatras costumam indicar seus pacientes, em associação com a terapia medicamentosa. O campo cognitivo codeterminaria a relação da pessoa com o meio. Essa terapia é centrada na observação da vida presente do paciente e na auto-observação, em busca do conhecimento dos disparadores e do contexto ambiental que envolve os comportamentos que geraram a queixa.

Acredita-se que a tomada de consciência de padrões de conduta possa levar a transformações nos mesmos. A meta é a do autocontrole, com a correção de cognições desadaptativas. Daí a afinidade desse modelo com a concepção científica moderna, que espera da terapia o domínio sobre o *páthos*.

Humanistas

Denominação hoje genérica, aplicável a diversos métodos que se baseiam, no entanto, em alguns procedimentos comuns: a valorização da pessoa, compreendida como "eu" consciente, o contato mais próximo ou "amigo" com o terapeuta, que se apresenta como modelo e sabedor dos caminhos que levariam à cura do paciente.

Aqui, a sugestão (o aconselhamento) e a catarse (o alívio) são fundamentais. O terapeuta se apresenta como pessoa experiente ou competente tecnicamente, que identifica e nomeia o problema a ser resolvido. Em alguns modelos, a espiritualidade pode também ser um instrumento de conhecimento e influência. Pela influência e crença na liberdade da pessoa, espera-se levá-la a superar seu sofrimento. O discurso dominante é bastante próximo daquele que denominamos "autoajuda": liberdade, vontade, decisão, autocontrole, positividade. As psicoterapias humanistas têm um forte apelo para o leigo, embora sejam vistas, em geral, como menos sérias pelas outras linhas.

Crise contemporânea

As psicoterapias sempre tiveram problemas no que diz respeito à sua validação científica. Seus procedimentos não se prestam à reprodução experimental e seus resultados específicos dificilmente são identificáveis. Num processo que pode durar anos, não há como dimensionar como seria a vida da pessoa caso não tivesse passado pelo processo. Em suma, não há controle. As tentativas de mensuração e controle nessa área costumam ser pífias, uma vez que procuram se fiar em critérios de transformação objetiva e mensurável que não estão sequer no horizonte de definição de tratamento de alguns dos modelos psicoterápicos. O depoimento dos pacientes, por sua vez, por mais convictos que sejam, também não pode comprovar a objetividade dos resultados da psicoterapia.

Ao lado dessa dificuldade de validação, desde o início dos anos 1980 temos assistido a uma evolução importante da psicofarmacologia. Tal evolução levou à generalização (para não dizer banalização) do uso de substâncias que são vendidas como soluções químicas para o sofrimento humano. É compreensivelmente sedutor recorrer a um método relativamente rápido de combate aos sintomas que, sobretudo, não requer o comprometimento subjetivo do paciente. Naturalmente, as medicações não são pílulas da felicidade ou alienantes em si. Elas podem ser utilizadas conjuntamente com psicoterapias.

Como resultado, temos assistido a uma crise mundial das psicoterapias. Em países com importantes tradições nessa área – como a França, os Estados Unidos e mesmo o Brasil –, elas encolheram bastante em relação à explosão que desfrutaram nos anos 1970 e 1980.

Por outro lado, num mundo contemporâneo identificado com a instantaneidade das coisas e superficialidade das relações pessoais, as psicoterapias podem guardar justamente o papel de preservação de um espaço pessoal e privado. Uma experiência reflexiva rara, talvez inédita, pode levar alguém a formular melhor seus desejos, memórias e projetos num caminho que a ajude a tornar-se sujeito implicado no mundo em que vive.

Bibliografia: • M. T. Berlink, *Psicopatologia fundamental*, Escuta, 2000 • S. J. Cazeto, *A constituição do inconsciente em práticas clínicas na França no século XIX*, Escuta, 2001 • L. C. Figueiredo e P. L. R. Santi, *Psicologia. Uma (nova) introdução*, Educ, 1997 • R. Mezan, "Psicanálise e psicoterapia", in *A vingança da esfinge*, Brasiliense, 1982

PSIQUIATRIA
Ver disciplinas nas páginas centrais

PULSÃO

O termo "pulsão" (*Trieb* em alemão) pertence ao vocabulário da psicanálise*. Sigmund

Freud* o introduziu em 1905 em seus *Drei Abhandlungen zur Sexualtheorie* [*Três ensaios sobre a teoria da sexualidade*] para descrever a libido* ou "pulsão sexual". Trata-se de uma força interna, oposta ao estímulo proveniente de uma fonte externa. Freud a distingue do instinto, força puramente orgânica e cega. A pulsão está no limite entre o orgânico e o psíquico (ela se traduz mentalmente sob a forma de um desejo intenso).

Em 1915, em "Pulsão e destino das pulsões", S. Freud tenta formalizar um conceito "ainda muito confuso" e define a pulsão por quatro características: seu "impulso", seu "alvo", seu "objeto" e sua "fonte". Ele se dedica então a examinar o destino das pulsões, que podem atingir, além de sua realização, quatro destinos diferentes: a inversão em seu contrário (sadomasoquismo), o voltar-se para si mesmo (narcisismo*), o recalque e a sublimação.

Mais tarde, S. Freud acrescentará outro tipo de pulsão, distinto da libido: as "pulsões de autoconservação", que fazem que nos protejamos e sobrevivamos. Será, no entanto, com outra noção – a "pulsão de morte" – que ele introduzirá uma inovação fundamental.

EROS E TÂNATOS

A Primeira Guerra Mundial (1914-1918) chega ao fim e a descoberta das neuroses* de guerra leva S. Freud a supor a existência de uma espécie de "pulsão de autodestruição" ("compulsão de repetição"). Os sujeitos acometidos por essa neurose têm pesadelos nos quais as situações dramáticas vividas se repetem indefinidamente. S. Freud sugere que eles se comprazem numa repetição mórbida de situações dolorosas e traumatizantes (conhecidas hoje pelo nome de "síndromes pós-traumáticas"). Assim é a pulsão de morte: agressi-

---

REPRESENTAÇÃO E REALIDADE: "QUANTOS OBJETOS HÁ EM CIMA DA MESA?"

• "Estou criticando uma tese que eu mesmo defendi anteriormente." É raro um filósofo mudar de opinião. Mais precisamente, é excepcional que, ao longo de sua vida intelectual, um pensador rejeite explicitamente um sistema de pensamento que ele próprio concebera. Foi, no entanto, o que fez Hilary Putnam com a teoria "funcionalista*" e "mentalista" de pensamento. Uma teoria que ele ajudou a criar com Jerry Fodor*, um antigo aluno.

Segundo a teoria mentalista, as representações, crenças e ideias podem se traduzir sob a forma de símbolos, como "átomos de sentido" que são isolados e tratados segundo procedimentos lógicos. Essa abordagem supõe que o espírito humano funciona pela manipulação de conceitos e símbolos, aos quais confere um conteúdo preciso (por exemplo, o cachorro é um animal doméstico de quatro patas, que late, etc.). Por "cálculo" (*computation*), pode-se, portanto, construir um pensamento elaborado.

• H. Putnam passa então a contestar essa versão das representações. Nenhum conceito, nenhuma noção – "cachorro", "água", "H. Putnam" – pode ser reduzido a um conteúdo simples e redutível a algumas proposições elementares (que poderiam combinar-se entre si). A significação é sempre múltipla e se constrói na interação. Se perguntarmos a alguém quantos objetos há em cima de uma mesa onde se encontram um caderno e um lápis, a pessoa responderá: "Dois." Se lhe perguntarmos: "E quantas páginas há no caderno?", ela perceberá a armadilha: as páginas devem ser contadas como objetos independentes? A noção de "objeto" é relativa. Ela se constrói como uma convenção e não como um conceito precisamente determinado e, portanto, formalizável.

Por outro lado, H. Putnam não pretende tampouco dissolver as noções num relativismo vago (segundo o qual a significação de uma palavra vem de seu uso). Ele professa agora um "realismo interno". Se definirmos com precisão a noção de objeto, podemos, consequentemente, responder à pergunta: "Quantos objetos há em cima da mesa?" sem equívoco. Os esquemas mentais (os conceitos de "cachorro", "objeto" e "caderno") podem, pois, adquirir uma definição universal, embora convencional e socialmente construída. Para ele, essa é uma forma de escapar tanto do mentalismo como do relativismo.

• H. Putnam, *Représentation et réalité*, Gallimard, 1990 [1988]

va e destrutiva, orientada para si próprio. Rebatizada de "Tânatos", ela vai se opor, no modelo freudiano, à "pulsão de vida", ou "Eros", voltada para o prazer.
→ **Freud, Motivação, Psicanálise**

PUTNAM, HILARY
(nascido em 1926)

Professor de matemática moderna e de lógica em Harvard, Hilary Putnam é um dos principais teóricos das ciências cognitivas*. Pioneiro do funcionalismo* na filosofia da mente, ele voltou atrás em suas posições para, em seguida, mudar de doutrina (*ver quadro na p. anterior*).

H. Putnam adere ao pragmatismo*. A ciência não atinge a verdade, ela avança por meio de "investigações", bem como de tentativas e erros, na direção de conhecimentos mais ou menos exatos, adaptados e úteis.

Principais obras de H. Putnam
- *Reason, Truth and History*, 1981 [Razão, verdade e história]
- *Representation and Reality*, 1988 [Representação e realidade]
- *Realism with a Human Face*, 1990 [O realismo com rosto humano]

→ **Mente (filosofia da)**

Q

QUALIA

Esse termo é empregado na filosofia da mente para designar as qualidades (*qualia* em latim) subjetivas sob as quais as coisas se apresentam a nós: cor, cheiro, solidez ou suavidade... Um dos debates consiste em saber se as "qualia" – a parte subjetiva da consciência – não seriam apenas um epifenômeno, uma pintura suplementar conferida às coisas, ou se elas possuem uma função no tratamento das informações.

→ **Mente (filosofia da),** *Mind-body problem*

QUALITATIVO (método)

Em *Street Corner Society* [*Sociedade de esquina: a estrutura social de uma área urbana pobre e degradada*] (1943), o sociólogo americano William F. Whyte constrói um retrato minucioso e realista dos grupos de jovens imigrantes italianos de um bairro de Boston nos anos 1930. Ele descreve e dá vida ao ambiente da rua, reproduz as conversas e mostra como um chefe de gangue luta para manter a autoridade sobre seu grupo. Para chegar a esse resultado, W. F. Whyte adota o método da observação participante. Esse procedimento supõe uma imersão no meio estudado, e, nesse caso, o sociólogo torna-se um dos membros de alguns grupos.

Em 2000, a socióloga Janine Mossuz-Lavau realizou uma pesquisa sobre a sexualidade das mulheres na França (*La Vie sexuelle en France* [A vida sexual na França], 2002), sob a forma de longas entrevistas (de mais de três horas) em que as pessoas expunham sua primeira experiência sexual.

Essas duas pesquisas correspondem a dois procedimentos dos métodos qualitativos, em que os dados não são submetidos a um tratamento quantitativo, mas à análise subjetiva do pesquisador.

Os principais métodos e técnicas qualitativos são a entrevista (não diretiva), a observação participante, a história de vida e os testes* projetivos.

É necessário ressaltar que nos métodos qualitativos, os dados não são simplesmente submetidos ao julgamento subjetivo do pesquisador. Eles possuem suas próprias regras e metodologias rigorosas.

Bibliografia: • A. Mucchielli (org.), *Dictionnaire des méthodes qualitatives en sciences humaines et sociales*, Armand Colin, 1996

→ **Entrevista, História de vida, Método, Observação participante, Quantitativo (método)**

QUANTITATIVO (método)

Nas ciências humanas, os métodos quantitativos têm como ponto comum o recurso aos dados numéricos, podendo servir de simples medida ou de análise da causalidade. Esses métodos recorrem a tratamentos estatísticos mais ou menos avançados. Entre os mais conhecidos, encontram-se as pesquisas de opinião, os estudos estatísticos*, a análise fatorial, os testes de inteligência* e a análise de conteúdo.

Bibliografia: • R. Boudon, *Les Méthodes en sociologie*, Puf, "Que sais-je?", 2002 [1969] • G. Ferréol, D. Schlacther, N. Rahmania, D. Duverney, *Dictionnaire des techniques quantitatives appliquées aux sciences économiques et sociales*, Armand Colin, 1995

→ **Conteúdo (análise do), Fatorial (análise), Método, Qualitativo (método), Pesquisa de opinião**

QUESTIONÁRIO

Para conhecer a opinião de seu público leitor, os jornais costumam enviar um questionário escrito aos leitores, no qual fazem perguntas sobre as seções mais lidas, a diagramação, o tamanho e o grau de dificuldade dos artigos, entre outras.

Os métodos do questionário escrito são muito empregados na pesquisa científica por duas disciplinas: a sociologia* e a psicologia social*.

Existem dois tipos: aqueles cujas questões são chamadas "abertas", isto é, quando o próprio sujeito interrogado define a forma e o tamanho da resposta (por exemplo: "O que você acha da acupuntura?"); e aqueles cujas questões são chamadas "fechadas", quando o sujeito deve responder de acordo com um protocolo específico e dentro de uma escala de resposta predefinida (por exemplo: "Em sua opinião, a acupuntura é um tratamento da dor: muito, moderadamente, pouco ou nada eficaz").

Bibliografia: • F. de Singly, *L'Enquête et ses méthodes: Le questionnaire*. Nathan, 2000 [1992]

QUÉTELET, ADOLPHE
(1796-1874)

Astrônomo e matemático belga, Adolphe Quetelet é um dos fundadores da estatística*, que tentou aplicar aos fenômenos de população. Ele é, assim, um dos pioneiros da demografia*.

Principal obra de A. Quételet
• *Sur l'homme et le développement de ses facultés ou essai de physique sociale*, 1835 [Sobre o homem e o desenvolvimento de suas faculdades ou ensaio de física social]

QUINE, WILLARD VAN ORMAN
(1908-2000)

Esse filósofo americano construiu toda sua carreira em Harvard. Suas pesquisas tratam da lógica e da teoria do conhecimento. Aluno de Rudolf Carnap (1891-1970), ele pertence à corrente do "positivismo lógico", do qual, no entanto, se afastou. Em um artigo de 1951, "Two Dogmas of Empiricism" ([" Dois dogmas do empirismo"], *The Philosophical Review*, vol. 60), ele relativiza e reformula essa posição.

O primeiro dogma do empirismo (ou positivismo) é a distinção entre as "verdades analíticas", que são verdades lógicas, e as "verdades sintéticas", relacionadas aos fatos. Para W. V. O. Quine, as verdades analíticas também dependem dos fatos. Assim, a lei do terceiro excluído ("uma porta está aberta ou fechada, não havendo uma terceira possibilidade"), um dos pivôs da lógica clássica, pode ser questionada pela mecânica quântica (que admite que uma partícula pode ao mesmo tempo ser e não ser).

A TESE DUHEM-QUINE

O segundo dogma recusado por W. V. O. Quine trata da existência das verdades empíricas, verificáveis pela experiência. Retomando um argumento do filósofo francês Pierre Duhem (1861-1916), ele defende que uma experiência nunca valida totalmente uma proposição. Assim, para comprovar que um único cisne é branco, é necessário comparar a cor do cisne com outra cor. Para confirmar a comparação, pode-se recorrer a especialistas que, de modo totalmente imparcial, afirmariam a verdade da observação. Mas, rigorosamente, é possível ainda questionar a legitimidade dos especialistas... Assim, cada experiência simples convoca uma multiplicidade de outros fatos auxiliares. Essa tese é conhecida pelo nome de "tese Duhem-Quine".

Segundo W. V. O. Quine, somente a confrontação entre uma ciência, em sua totalidade, e as experiências pode conduzir a algumas das verdades empíricas. Essa posição foi caracterizada como "holismo", em oposição a "elementarismo" (um fato = uma proposição).

É preciso frisar para o leitor potencial que a obra de W. V. O. Quine é muito técnica e de difícil leitura.

Principais obras de W. V. O. Quine
• *From a Logical Point of View*, 1953 [De um ponto de vista lógico, Abril, 1975]
• *Word and Object*, 1960 [Palavra e objeto]
• *The Time of my Life: an Autobiography*, 1985 [Minha vida: uma autobiografia]

→ **Empirismo, Positivismo**

QUOCIENTE INTELECTUAL (QI)

O famoso QI (quociente intelectual) foi concebido para medir a inteligência. Os testes de inteligência surgiram no início do século XX. A primeira escala de desenvolvimento intelectual, de Alfred Binet* e Théodore Simon ("escala

Binet-Simon"), data de 1905. Alguns anos mais tarde, em 1912, o psicólogo alemão William Stern propõe, pela primeira vez, a noção de quociente intelectual. O QI relaciona a "idade mental" do sujeito a sua idade real.

$$QI = \frac{\text{idade mental} \times 100}{\text{idade real}}$$

A noção de idade mental é definida por um teste em que, por convenção, a média dos sujeitos de uma dada idade obtém a nota 100. Assim, se uma criança de 10 anos responde a um teste como a média das crianças de 9 anos, essa criança tem uma idade mental de 9 anos. Seu QI é, portanto, de:

$$QI = \frac{9 \times 100}{10} = 90$$

O QI de David Wechsler (WAIS, ou Wechsler Adult Intelligence Scale) é concebido para adultos e não leva em consideração a idade. Ele foi estabelecido com relação a uma população de referência. O QI se divide muitas vezes em vários fatores: verbal, lógico, espacial, etc.

O QUE MEDE O QI?

Em princípio, o QI é *culture free*, isto é, não leva em consideração os conhecimentos do sujeito, mas tão somente sua agilidade intelectual e sua capacidade para solucionar problemas lógicos ou de produção verbal.

Trata-se, no entanto, de pura convenção. "A inteligência é o que meus testes medem." Essa fórmula é atribuída a A. Binet, que nunca a pronunciou. Mas a ideia está correta.

→ **Inteligência**

QUOTA (método de)

O método de quota permite constituir amostras de uma população com vistas a uma pesquisa de opinião. Ela consiste em ter, nos grupos estudados, a mesma proporção de características (idade, sexo, profissão…) da população total, para ter boa representatividade.

→ **Quantitativo (método), Pesquisa de opinião**

R

RAÇA

Sim, as raças existem. Essa é a tese defendida por três renomados biólogos – Marcus Feldman, Richard Lewontin e Mary-Claire King – no número de julho-agosto de 2004 do periódico *La Recherche* ("Les races humaines existent-elles?" [As raças humanas existem?], nº 377). Esses pesquisadores, pouco suspeitos de racismo (R. Lewontin participou de famosas batalhas antirraciais nos Estados Unidos), apenas sintetizaram uma concepção já admitida por muitos biólogos das populações.

Graças ao sequenciamento do genoma humano, concluído já no início dos anos 2000, é possível determinar com precisão a zona de origem de um indivíduo, com base em indicadores genéticos precisos, pois já ficou estabelecido que os indivíduos localizados em uma determinada região do mundo possuem em comum uma parte de seu patrimônio genético. E, contrariamente à tese antirracista, amplamente difundida há meio século, as diferenças genéticas entre dois indivíduos de uma mesma população são tão significativas como as que distinguem dois grupos.

Do ponto de vista biológico, o conceito de raça apresenta, pois, pertinência, na medida em que designa um conjunto de indivíduos que possuem uma parte significativa de seu patrimônio genético em comum. Essa noção de raça sucede à antiga concepção da antropologia física, que estabelecia a raça com base em características físicas (cor da pele, morfologia, etc.).

DA COR DA PELE AO GENOMA...

Procurando classificar os seres vivos de acordo com o gênero e a espécie, Carl von Linné, conhecido como Lineu, em português, em sua célebre classificação, havia dividido a espécie humana *Homo sapiens* em cinco subespécies: os europeus, os asiáticos, os americanos, os africanos e os monstros. Essa distinção era baseada na cor da pele e na morfologia geral às quais estavam associados traços de personalidade. As raças humanas serão descritas com base nesses critérios (morfologia e personalidade do povo), que serão refinados posteriormente, ao longo de todo o século XIX. A partir de 1840, a antropometria craniana vai servir de base para essa classificação, completada por dados etnológicos. As classificações variavam, porém, de um autor para outro, na medida em que as raças designavam a cor da pele (brancos, amarelos, vermelhos, negros), um tipo regional (a raça aino) ou às vezes uma morfologia (os pigmeus), um grupo linguístico (os magiares), uma tribo (os botocudos), e assim por diante...

A partir dos anos 1950, essa concepção morfológica e cultural da raça será progressivamente abandonada, por vários motivos. Um deles é de ordem científica: por um lado, a antropologia vai demonstrar que não existe um elo evidente entre os costumes de um povo e sua fisiologia; por outro, não existem critérios morfológicos simples para definir uma população. Mas será principalmente a condenação da ideologia racista que tornará a noção de raça suspeita. Os biólogos que estudavam as diferenças fisiológicas entre grupos humanos preferiam falar em "população", evitando o termo "raça".

A partir dos anos 1960, as pesquisas sobre as "raças" humanas passam a se fundamentar essencialmente em aspectos biológicos: grupos sanguíneos, sistemas imunológicos e marcadores genéticos.

Os estudos genéticos iriam mostrar que a diversidade genética era muito grande numa mesma população, podendo até mesmo ser mais forte no interior de um grupo do que entre dois grupos vizinhos. Por que falar, então, em "raça" caucasiana, mongol ou judia, se a diversidade biológica nesses grupos é tão grande quanto em qualquer outra amostra de população do planeta? A partir disso, concluiu-se que o conceito de raça não tinha nenhum fundamento biológico (A. Jacquard, *Les Hommes et leurs gènes* [Os homens e seus genes], 1994).

Por outro lado, as pesquisas também mostravam que alguns marcadores genéticos são muito particulares de algumas populações locais. Assim, quanto mais isolada geograficamente uma população se encontra, mais especificidades genéticas ela desenvolverá. Vários estudos permitiram localizar com precisão a origem geográfica de um indivíduo a partir de marcadores genéticos, o que traz uma nova consistência ao conceito biológico de raça.

Bibliografia: • L. e F. Cavalli-Sforza, *Qui sommes-nous? Une histoire de la diversité humaine*, Albin Michel, 1994 • C. Suzanne, E. Rebato, B. Chiarelli (orgs.), *Anthropologie biologique*, De Boeck, 2003

RACIOCÍNIO

"Sócrates é homem. Todos os homens são mortais. Logo, Sócrates é mortal".

Todos conhecem o famoso silogismo proposto por Aristóteles. Exemplo canônico da lógica clássica, que é a base da lógica das proposições, bem como, supostamente, o reflexo da "lógica natural", que os homens empregam em situações corriqueiras.

É sobre essa lógica que a teoria irá se fundar durante mais ou menos dois milênios, até que esse eficiente sistema seja abalado, em meados do século XX, e que se descubra que o raciocínio humano está longe de corresponder ao modelo da lógica clássica. Em outras palavras, os seres humanos não são tão lógicos quanto imaginam.

Lógica natural contra lógica formal

As pesquisas sobre a inteligência artificial*, realizadas a partir dos anos 1960 e 1970, levaram à dissociação entre lógica natural e lógica formal. Quando se tentou construir programas informáticos que imitavam o pensamento humano, percebeu-se que nossos raciocínios mais simples eram incompatíveis com as regras da lógica. Assim, um raciocínio simples como "Se João está na cozinha, ele não está no banheiro", não é nada óbvio para uma máquina lógica. Nada se opõe, rigorosamente, ao fato de João estar "ao mesmo tempo" nos dois lugares. Para tanto, basta admitir que a cozinha fica no banheiro! É bem verdade que não se trata de uma localização "normal", mas a ideia não é logicamente impossível. A afirmação "Se João está na cozinha, ele não está no banheiro" resulta, portanto, dos conhecimentos partilhados e não de um raciocínio racional.

Desse modo, uma grande parte de nosso raciocínio mais comum se basearia menos em leis puras da razão do que em conhecimentos simples e hábitos de pensamento. O "bom senso" não rima com o rigor lógico.

A partir dos anos 1960, psicólogos britânicos vão elaborar experiências destinadas a verificar a racionalidade do espírito humano. Os resultados foram implacáveis. Quando submetidos a problemas de raciocínio, mesmo elementares, a maior parte dos sujeitos comete muitos erros. Se, por um lado, qualquer um é capaz de resolver silogismos simples do tipo "Todos os pássaros possuem asas, o sabiá é um pássaro, logo o sabiá possui asas", por outro, muitos sujeitos se deixam enganar por raciocínios como: "Os papagaios têm asas. Todos os pássaros têm asas. Portanto, todos os papagaios são pássaros."

Se cada uma dessas proposições é empiricamente verdadeira, o raciocínio, porém, não é válido. Para perceber a falha lógica, basta substituir o termo "papagaio" pelo termo "mosca". Assim como os pássaros, as moscas também possuem asas, mas não é possível concluir que as moscas são pássaros.

Inversamente, qualquer um admitirá o absurdo do raciocínio seguinte: "Todos os papagaios são militares. Todos os militares amamentam seus filhotes. Portanto, todos os papagaios amamentam seus filhotes."

Não obstante, o raciocínio é em si perfeitamente rigoroso. São as premissas e, por extensão, a conclusão que são falsas. Em lógica, distingue-se a verdade de uma proposição (que se refere à sua correspondência dos fatos) da validade de uma dedução (que se refere apenas ao rigor interno da demonstração).

Uma outra limitação do pensamento humano foi evidenciada pelos psicólogos. Trata-se da dificuldade de lidar com as formas de raciocínio abstrato ou que se baseiam em cadeias lógicas um pouco complexas. Assim, o silogismo "Todos os A são B, todos os B são C, portanto, todos os A são C" é mais difícil de ser entendido do que o mesmo silogismo aplicado a Sócrates ("Sócrates é homem. Todos os homens são mortais. Logo, Sócrates é mortal"). De modo semelhante, a maioria de nós fica bloqueada diante de raciocínios do tipo: "Alguns cantores não são poetas. Todos os poetas têm cabelos encaracolados. Portanto, alguns cantores têm cabelos encaracolados", ou, pior ainda, "Alguns irmãos de arqueólogos são jogadores de xadrez. Todos os irmãos de jogadores de xadrez têm amigos músicos. Os arqueólogos têm amigos músicos?" Você decide... Nesse ponto, o pensamento fica confuso. Isso mostra que a racionalidade humana é muito limitada. Em alguns exercícios elaborados pelos pesquisadores, a taxa de erros chega a 80%!

Outra imperfeição do raciocínio humano foi detectada em armadilhas lógicas como as "ilusões cognitivas" (*ver quadro*).

O QUE É ILUSÃO COGNITIVA?

• Ilusão cognitiva é um raciocínio aparentemente coerente, mas que contém um erro de julgamento devido a um efeito de perspectiva. Por exemplo, na loteria, é comum apostar em séries do tipo: 7, 13, 26, 30, 43, 45, 47. Ninguém pensaria em marcar a série 1, 2, 3, 4, 5, 6, 7. No entanto, estatisticamente, esta sequência de números possui tantas chances de ser sorteada quanto qualquer outra. E, nesse caso, ela valerá muito mais dinheiro (visto que mais ninguém pensaria em tal jogada). Subjetivamente, a segunda série nos parece menos provável por não ser "semelhante" àquelas normalmente sorteadas. Mas essa semelhança se baseia apenas numa analogia superficial: a aparente desordem dos números. A série escolhida não possui probabilidade estatística superior à série 1, 2, 3, 4, 5, 6, 7. Do mesmo modo, no jogo de dados, é tão improvável ou provável que a série 6, 6, 6, 6, seja sorteada quanto a série 3, 5, 2, 3. Assim, muitos de nossos raciocínios diários são falseados por erros de perspectiva.

AS TEORIAS DO RACIOCÍNIO HUMANO

Como explicar o nítido divórcio entre as leis da lógica e o funcionamento do pensamento humano? Duas teorias principais se opõem a esse respeito: a teoria da "lógica mental" e a dos "modelos mentais".

– *A teoria da lógica mental* (também chamada "teoria das regras de inferência") dominou na psicologia do raciocínio até os anos 1980. Ela foi elaborada (em diferentes formas) pelos psicólogos Martin Braine e Lance Rips. Essa teoria defende a ideia tradicional de que a mente humana faz uso de regras de inferência* (ou de dedução), ou seja, de regras da lógica. O pensamento humano funcionaria a partir de fórmulas abstratas do tipo: "A é incompatível com não-A." Essa regra permite produzir enunciados do tipo: "Chove ou não chove", "Não se pode ser ao mesmo tempo rico e pobre", "Se estou aqui, não estou lá", etc. Assim, seria perfeitamente possível retranscrever a maior parte de nossos pensamentos sob a forma da lógica das proposições. Mas, então, como explicar os erros e desvios de raciocínio? Pelo simples fato de o pensamento humano estar submetido também a perturbações externas: os conhecimentos comuns (como no exemplo do papagaio) ou as dificuldades de concentração (devido aos limites da capacidade da memória de trabalho) vêm atropelar a lógica mental interna. No fundo, trata-se de uma atualização da tese de René Descartes, para quem os erros de julgamento provinham do excesso da sensibilidade ou das paixões em nosso pensamento. Se os sujeitos são capazes de entender e de retificar seus erros, de corrigir suas primeiras impressões, é porque dispõem de uma capacidade de raciocínio, de uma "lógica mental" que ordena o pensamento.

– *A teoria dos modelos mentais*, formulada pelo psicólogo Philip N. Johnson-Laird a partir dos anos 1980, oferece uma alternativa. Segundo esse autor, o pensamento humano não raciocina com base nas regras da lógica formal, mas em "modelos mentais". Estes correspondem a representações visuais e espaciais da situação a ser analisada. No exemplo evocado anteriormente, a premissa "João está na cozinha" se traduz sob a forma de uma representação mental da situação. Em seguida, o cérebro constrói uma segunda imagem mental: a do banheiro. Como é habitual situar um cômodo ao lado de outro (e não um dentro do outro), conclui-se que é impossível estar ao mesmo tempo em um cômodo e em outro. Mas é perfeitamente possível corrigir o erro imaginando um novo modelo mental: aquele em que o banheiro se encontra na cozinha. A partir de então, será possível chegar a uma conclusão correta (P. N. Johnson-Laird, *Mental Models: Towards a Cognitive Science of Language* [Modelos mentais: rumo a uma ciência cognitiva da linguagem], 1983).

A teoria da lógica mental e a dos modelos mentais orientaram inúmeras pesquisas a partir dos anos 1980-1990. Cada uma procurou transpor, de acordo com um modelo próprio, diferentes tipos de raciocínio (dedutivo, indutivo, condicional, etc.). Apesar dos desenvolvimentos extremamente sofisticados, nenhuma dessas duas teorias conseguiu verdadeiramente suplantar a outra. Ambas se valem de bons argumentos, mas, mesmo assim, após duas ou três décadas de pesquisas meticulosas, nenhuma conseguiu de fato se impor.

UMA RAZÃO PLURAL?

A dificuldade de optar por um dos modelos reside provavelmente no fato de o pensamento humano não operar a partir de um processo único. É possível que vários mecanismos psicológicos estejam em jogo – uma hipótese levantada por Christian George na obra *Polymorphisme du raisonnement humain* [Polimorfismo do raciocínio humano] (1997). Esse psicólogo contesta a existência de um mecanismo único capaz de explicar a variedade das formas do raciocínio. Ele propõe uma visão "pluralista" do pensamento, na qual vários processos inferenciais se combinariam e poderiam operar, alternadamente, de acordo com os problemas, por combinação ou por oposição. Cada uma das teorias em conflito (modelos mentais ou lógica mental) construiu um modo de raciocínio dedutivo, que foi, em seguida, generalizado. A partir de então, "cada teoria vai tentar ampliar essa explicação inicial para novos campos". Em princípio, nada impede que os dois modelos coexistam, cooperem ou se oponham. Alguns mecanismos seriam bem adaptados à resolução de certo tipo de problema, enquanto outros seriam mais adequados a problemas diferentes, o que explica a dificuldade de elaborar uma teoria geral do raciocínio humano.

"A razão tem razões que a própria razão desconhece…"

Bibliografia: • D. Déret, *Pensée logique, pensée psychologique*, L'Harmattan, 1998 • E. Drozda-Senkowska, *Les Pièges du raisonnement. Comment nous nous trompons en croyant avoir raison*, Retz, 1997 • C. George, *Polymorphisme du raisonnement humain*, Puf, 1997 • L. Méro, *Les Aléas de la raison. De la théorie des jeux à la psychologie*, Seuil, 2000 • M. Piattelli-Palmarini, *La Réforme du jugement ou comment ne plus se tromper*, Odile Jacob, 1995

RACIONALIDADE

Um discurso sobre a racionalidade dos atores/agentes econômicos ganhou forma no início do século XX, nas ciências sociais. Max Weber* fazia da racionalidade um dos traços marcantes da modernidade ocidental. A racionalidade das ações sociais constitui o foco de seu pensamento. Essa noção permite compreender tanto a natureza das ações individuais como a das instituições sociais da sociedade moderna. A racionalidade dos comportamentos e das instituições seria uma característica essencial da sociedade moderna, distinguindo-a dos comportamentos guiados pelo hábito ou pela lei divina nas sociedades tradicionais.

Em *Wirtschaft und Gesellschaft: Grundriss der verstehenden Soziologie* [Economia e sociedade: fundamentos da sociologia compreensiva] (1922), o sociólogo alemão se propõe a mostrar que todas as esferas da atividade social se libertam das garras da tradição para seguir uma lógica com eficiência própria. A economia, o direito, a ciência e mesmo a arte estão envolvidos nesse movimento geral de racionalização. Assim, na esfera da economia, a expansão da empresa capitalista, com um cálculo contábil, uma divisão "científica do trabalho" e técnicas modernas, traduz a crescente preponderância dos valores de eficácia sobre os valores tradicionais.

O advento da ação e do pensamento racional teria possibilitado, assim, o desenvolvimento das ciências, das técnicas, da gestão e do direito.

Segundo Vilfredo Pareto* (1848-1923), a ação é racional (V. Pareto diz "lógica") pelo fato de os meios empregados serem adequados aos objetivos fixados pelo indivíduo. Ao propor essa definição rígida da racionalidade, o autor do *Trattato di sociologia* [Tratado de sociologia] (1916) está pensando nos comportamentos que visam à eficácia: os do empreendedor, do funcionário ou do técnico que agem de acordo com o meio mais eficaz para atingir seus objetivos. Ao contrário, o comportamento do mágico que faz encantamentos para fazer chover seria considerado "ilógico".

Vê-se assim que, no espírito dos primeiros sociólogos, a racionalidade é definida de modo bastante geral, como um tipo de conduta que se opõe às ações rotineiras guiadas pela tradição, às ações emotivas guiadas pelas paixões ou ainda às crenças guiadas pelos preconceitos. Ser racional significa fazer cálculos, sopesar, medir e avaliar com vistas a um determinado fim.

A TEORIA DO ATOR RACIONAL

A teoria do ator racional ganhará um espaço importante na economia e na teoria das organizações a partir dos anos 1950. Em 1951, com a publicação de *Social Choice and Individual Values*, o economista Kenneth J. Arrow* formaliza uma nova abordagem: a teoria da *rational choice** (escolha racional), que terá múltiplas aplicações na microeconomia e, posteriormente, nas ciências políticas. Na gestão, é a época da "racionalidade das escolhas orçamentárias". Trata-se de determinar matematicamente a melhor solução para efetuar escolhas econômicas. Todo um arsenal de métodos matemáticos é concebido nessa perspectiva: teoria dos jogos*, árvore de decisão, escolha em situação de incerteza, cálculo das probabilidades, etc.

Todos esses métodos se baseiam no ideal científico: do *Homo oeconomicus**. Os agentes econômicos podem se comportar como sujeitos racionais se estiverem aptos a fazer um cálculo rigoroso dos custos e vantagens das várias soluções possíveis para atingir um determinado objetivo.

Esse modelo de decisão racional sempre foi indevidamente associado à visão estreita de um indivíduo guiado exclusivamente por objetivos utilitários. No entanto, não se deve perder de vista sua dimensão exata. Em primeiro lugar, a racionalidade não tem a ver com o objetivo a ser alcançado, mas com o rigor dos meios empregados. Assim, um colecionador de discos de vinil ou de carros antigos é considerado um agente racional a partir do momento em que compra, revende e administra com rigor e método suas peças de coleção. Pouco importa se o objetivo é útil ou não (por que colecionar discos ou carros antigos?), o essencial é que o procedimento seja racional. Em segundo lugar, esses modelos não visam necessariamente a descrever comportamentos reais, e sim a determinar as melhores escolhas possíveis. A teoria não estava preocupada – pelo menos no início – em descrever os fatos e atitudes do decididor, mas em lhe indicar as atitudes a serem tomadas. Foi somente mais tarde que as teorias matemáticas da decisão passaram a ser empregadas como um modelo de aproximação das situações reais (teoria das antecipações racionais).

RUMO A UMA "RACIONALIDADE LIMITADA"

O modelo de ação proposto pela teoria da *rational choice* defrontava-se com uma dificuldade: a quase impossibilidade de traduzir os dados reais em fórmulas rigorosas, o que pode ser facilmente percebido quando compramos um carro. Nesse caso, é impossível estabelecer uma lista exaustiva de critérios passíveis de ser quantificados e comparados sistematicamente, pois o resultado seria uma "explosão combinatória", ou seja, uma quantidade absurda de cálculos e escolhas possíveis. Ciente desse impasse – ao mesmo tempo teórico e prático –, Herbert A. Simon* irá propor, nos anos 1950, um novo modelo de decisão, ao qual chamará de "racionalidade limitada" (H. A. Simon, "A Behavioural Model of Rationality Choice" [Um comportamento-modelo de escolha racional], *Quarterly Journal of Economics*, nº 69, 1955). Segundo esse modelo, os agentes econômicos em situação real não estão em busca de situações ótimas, mas de soluções satisfatórias. Por não disporem de todas as informações nem de capacidades ilimitadas de cálculo, os tomadores de decisão se restringem a fazer cálculos aproximativos. Assim, para a compra de um carro, estabelecem-se alguns critérios gerais (preço, uso prático, conforto, elegância) que são comparados a uma gama limitada de escolhas com relação ao conjunto dos possíveis. Esse exemplo revela que o julgamento de conjunto prevalece sobre o cálculo rigoroso e que uma avaliação baseada em conselhos prudentes se sobrepõe, portanto, a critérios lógicos rígidos.

É preciso entender a dimensão exata da abordagem inaugurada por H. A. Simon. A racionalidade limitada não é a ausência de racionalidade. Ela simplesmente substitui soluções ótimas pouco ou nada operantes por soluções "razoáveis" – imperfeitas, mas realizáveis.

Nem sempre dispomos de todas as informações necessárias para fazer a melhor escolha, e tentar obter uma informação exaustiva pode custar tempo. Nesse contexto, ser racional consiste em buscar uma solução "satisfatória", com o risco de cometer erros. Mas ser racional não significa ser infalível, e sim ser capaz de aprender com os próprios erros.

Rumo a uma racionalidade "ampliada"

As críticas dirigidas à teoria do ator racional são de dois tipos.

Algumas simplesmente rejeitam a teoria do ator racional sob pretexto de falta de realismo. Para elas, a racionalidade apresenta pouca pertinência e não passaria de um mito. A crítica mais veemente foi feita com base nos trabalhos experimentais de Amos Tversky e Daniel Kahneman. Seus experimentos mostraram que os sujeitos submetidos a situações em que se deve escolher o melhor investimento, entre várias soluções possíveis, cometem vários erros de raciocínio e se deixam enganar facilmente dependendo do modo como o problema é formulado. No jogo de cara (A) ou coroa (B), por exemplo, ao serem perguntados sobre qual das duas séries, ABABAAB ou AAAAAAA, tem maiores chances de ser sorteada, a maioria dos entrevistados escolhe a série 1, apesar de ambas serem equivalentes.

Agora já é admitido que indivíduos desafiados a raciocínios lógicos se deixam enganar facilmente por "vieses cognitivos*". Seus raciocínios, cálculos, deduções e estimativas não estão isentos de inúmeros erros. Mesmo cientes de que o ator social não é esse calculador pródigo e onisciente imaginado pela teoria da *rational choice*, alguns sociólogos de credo "racionalista" não rejeitam de todo o postulado da racionalidade, propondo-lhe uma visão ampliada.

Para Jon Elster*, por exemplo, os atores são de fato racionais: suas ações cotidianas envolvem estratégias conscientes e coerentes e seus comportamentos nem sempre são ditados por obrigações ou ideologias dominadoras. Mas, por outro lado, nenhum consumidor, eleitor ou tomador de decisão se assemelha ao raciocinador rigoroso e infalível idealizado pelo modelo da *rational choice*. Diante disso, é preciso considerar o ator social um "animal que evita os deslizes" e não um "animal racional". Em diferentes obras, J. Elster estuda as "artimanhas da ação" empregadas pelos indivíduos para atingir seus fins: como fazemos, por exemplo, para domar as próprias emoções ou para fortalecer nossa frágil força de vontade para deixar de fumar ou para organizar o trabalho (*Ulysses and the Sirens: Studies in Rationality and Irrationality* [Ulisses e as sereias: estudos sobre a racionalidade e irracionalidade], 1979).

O sociólogo Raymond Boudon* adota uma perspectiva muito parecida com a de J. Elster. Ele também se recusa a considerar que nossas ações são guiadas por crenças irracionais; ele também se distancia da abordagem irrealista da *rational choice* e emprega a teoria dos "vieses cognitivos" (A. Tversky) para explicar a formação das ideologias. Em *L'Idéologie ou, L'origine des idées reçues* [Ideologia ou a origem das ideias recebidas] (1986) e em *L'Art de se persuader* [A arte de se persuadir] (1990), R. Boudon se propõe explicar as ideologias políticas ou os preconceitos recorrendo a processos lógicos de raciocínio. Em resumo, para ele, sempre é possível ter "boas razões" para se enganar. Os erros de julgamento e as crenças diversas podem ser explicados ao atribuir-se ao sujeito aptidões cognitivas racionais, ainda que essa racionalidade não seja perfeita.

→ **Raciocínio**

RACISMO

A maioria dos brasileiros parece ter vergonha de assumir seus preconceitos raciais, mascarando-os com frases como "tenho até um amigo que é judeu" ou "ele é um negro de alma branca". Não foi à toa que uma pesquisa realizada pelo DataFolha, em 1995, levou o título de "Racismo cordial": 88% dos entrevistados não negros afirmaram "não ter preconceito de cor", porém 87% desses mesmos entrevistados confessaram, em outro momento da entrevista, já ter sentido preconceito contra os negros em alguma situação.

A discriminação à brasileira, por mais sutil e mascarada que seja, salta aos olhos quando se examinam as estatísticas. O censo de 2004 mostrou que um branco ganha cerca de 50% a mais que um negro com o mesmo número de anos de escolaridade. E um estudo apresentado pelos pesquisadores Nelson Valle e Silva e Carlos Hasenbalg chegou a conclusões igualmente eloquentes ["Educação e diferenças raciais na mobilidade ocupacional no Brasil", trabalho apresentado no XXII Encontro Anual da Anpocs, de 27 a 31 de outubro de 1998]. "Não só os não brancos contam com menores oportunidades de mobilidade ascendente, como (...) os nascidos nos estratos mais elevados estão expostos a riscos maiores de mobilidade descendente. (...) No Brasil de hoje o núcleo das desvantagens que pretos e pardos parecem sofrer se localiza no processo de aquisição educacional".

Um fator que torna a discussão complicada no Brasil é a grande mestiçagem biológica e cultural que aqui se processou, que alguns autores – entre eles Gilberto Freyre e Jorge Amado – consideram um antídoto gradual e certeiro contra o racismo. Gilberto Freyre teve o mérito de, nos anos 1930, efetuar uma releitura particularmente positiva da mestiçagem que, até então, era vista como perigosa e negativa. Em *Casa-grande & senzala* (1933), notabilizou-se por sustentar que "a miscigenação, que largamente se praticou aqui, corrigiu a distância social que doutro modo se teria conservado enorme, entre a casa-grande e a mata tropical, a casa-grande e a senzala". Foi por essa ideia que Freyre acabou dando margem às acusações de que negaria a existência de desigualdades e de racismo no Brasil, por meio do "mito da democracia racial".

O "mito da democracia racial" vem sendo criticado por diversos pesquisadores e militantes. Florestan Fernandes, na década de 1950, acusou-o de permitir às camadas dominantes manterem seus privilégios sem competição nem confronto. Na mesma direção, Clóvis Moura, autor de *Sociologia do negro brasileiro* (1988), argumenta que a ideia de democracia racial faz parte dos "mecanismos ideológicos de barragem aos diversos segmentos discriminados". O professor da USP Kabengele Munanga, por sua vez, lamenta que empréstimos culturais entre segmentos étnicos dificultem, no Brasil, a formação de movimentos de "ação afirmativa" e com "identidade racial e cultural" puras.

Se discutir o racismo em solo brasileiro é tarefa das mais espinhosas, também é difícil encontrar o melhor caminho para combatê-lo, conforme sugere a grande polêmica gerada pela implantação de sistemas de cotas para negros, que, em 2007, suscitou manifestos contra e a favor, assinados ambos por respeitados intelectuais. O jornalista Ali Kamel [*Não somos racistas*, Nova Fronteira, 2006] argumenta que os negros representam somente 7,1% dos pobres brasileiros. No entanto, as comissões de avaliação das universidades que oferecem cotas para negros têm pedido fotos dos candidatos, que são selecionados com base no fenótipo tipicamente negro: lábios grossos, nariz largo e cabelos crespos. Resultado: os pardos tendem a ser barrados, sobretudo se seus cabelos forem ondulados e seus narizes afilados. Segundo Kamel, é o "classismo" – e o não o racismo – que faz, por exemplo, que um negro dirigindo um carro importado seja considerado ladrão ou motorista. Portanto, as cotas deveriam favorecer pobres de uma maneira geral.

Tudo leva a crer que as raízes do problema, no Brasil, não sejam apenas oriundas do racismo ideológico, mas, sobretudo, de desigualdades no acesso à educação e de injustiças históricas, que insistimos em apagar: 3,8 milhões de africanos foram trazidos à força da África para serem escravos e, após a Abolição, não somente não foi formulada qualquer política compensatória, como, no ano de 1890, Rui Barbosa, então ministro e secretário de Estado dos Negócios da Fazenda, mandou queimar documentos de três séculos relativos a matrículas de escravos, filhos livres de mulher escrava, libertos sexagenários etc. A historiadora Angela Marques da Costa julga que esse ato, dois anos após a Abolição, intentava "eliminar de suas lembranças a imagem da escravidão (...) tentativa de aplacar a vergonha que pesava sobre os novos tempos republicanos" (Marques, 1996:82).

A XENOFOBIA É UNIVERSAL?

Numa acepção restrita, o racismo é uma ideologia da desigualdade das raças que se desenvolveu na Europa a partir do final do século XIX. Em seu *Essai sur l'inégalité des races humaines* [Ensaio sobre a desigualdade das raças humanas] (1853-1855), Joseph A. de Gobineau (1816-1882) defendia uma visão da história na qual as "raças" humanas desempenham papel fundamental: as "raças" negra, amarela e branca estariam destinadas a se misturar, provocando o declínio irreversível da "raça" branca. Toda a antropologia física nascente tinha se constituído com base na ideia de que existem diferenças profundas e intransponíveis entre "raças" e civilizações. Como lembra Michel Wieviorka, as ciências sociais contribuíram, no início, para o desenvolvimento da teoria racista (*L'Espace du racisme* [O espaço do racismo], 1991).

Depois de J. A. Gobineau, o pensador alemão Oswald Spengler (1880-1936), teórico do declínio da civilização, assim como os ideólogos do nazismo* (Friedrich Ratzel, Alfred Rosenberg) vão retomar e desenvolver essa ideia da desigualdade das "raças" e da superioridade absoluta da "raça" ariana. Os pressupostos essenciais dessa doutrina racista, surgida no final do século XIX e plenamente desenvolvida no início do século XX, são: desigualdade das raças, superioridade de ordem biológica da "raça" branca, legitimação dos propósitos hegemônicos (como escravidão e colonialismo), preservação de um ideal de "pureza", com apelo à depuração, ao eugenismo*.

No entanto, P. A. Taguieff refere-se a um fenômeno de acepção mais ampla, o "racismo antropológico", ou a xenofobia comum, que parece ser um dado universal da história humana. Christian Delacampagne mostrou, em *L'Invention du racisme: Antiquité et Moyen Age* [A Invenção do racismo: Antiguidade e Idade Média] (1983), que se encontram em toda parte reações de desprezo ou exclusão para com as minorias ou os povos vizinhos. Na China, os Han desprezam as outras minorias nacionais; na Índia, os "intocáveis" são marginalizados pela sociedade; no Japão, os ainos e os burakumins são minorias desprezadas; na África, os povos bantu sempre manifestaram desdém em relação aos vizinhos pigmeus. Essa lógica de "nós" *versus* "eles" parece ser um traço constante nas sociedades humanas.

O racismo pode adquirir formas e graus variados. Em sua forma aparentemente mais branda, ele se refere à gozação expressa em piadas, como aquelas sobre os portugueses e os judeus, por exemplo, que zombam da suposta ignorância ou cobiça desses povos. Em sua forma radical, está relacionado à segregação sistemática de uma parte da população, como ocorreu com o *apartheid* na África do Sul. Entre esses dois extremos, pode existir um feixe amplo de atitudes intermediárias.

Por que o racismo?

Nas ciências humanas, várias explicações foram formuladas para o racismo. Os primeiros trabalhos científicos sobre o assunto surgem nos Estados Unidos, a partir dos anos 1920. Terra de imigração e caldeirão multiétnico, na América do Norte os preconceitos raciais ocupavam (e ainda ocupam) um lugar importante nas relações sociais. As pesquisas de opinião realizadas no período entre guerras mostravam que os negros eram tidos como "preguiçosos e violentos"; os judeus, como "interesseiros e traiçoeiros"; os chineses, os filipinos e outras minorias tampouco escapavam de julgamentos semelhantes.

Os psicólogos sociais vão recorrer às noções de "preconceito" e "estereótipo*" para explicar o racismo. Theodor W. Adorno* (1903-1969), judeu alemão imigrado para os Estados Unidos, realizará uma grande pesquisa sobre os motivos que conduzem ao racismo. Concluirá que os preconceitos racistas estão associados à "personalidade autoritária" (*The Authoritarian Personality* [A personalidade autoritária], 1950). Aqueles com personalidade "autoritária" raciocinariam com base em clichês e tenderiam a caracterizar as pessoas em função da etnia ou de outros marcadores identitários. Seu pensamento rígido seria fruto da educação autoritária que receberam.

A pesquisa de T. W. Adorno terá grande repercussão na psicologia social. Mas, na sequência, estudos comparativos irão relativizar sua conclusão. T. F. Pettygrew, por exemplo, vai mostrar que, se a personalidade dos americanos do Sul dos Estados Unidos era de tipo predominantemente autoritário (em relação ao Norte do país), o mesmo não ocorria na África do Sul, onde o racismo era onipresente.

"Eles e nós"

Numa etapa posterior, os trabalhos em psicologia social ampliarão seu campo de estudos, passando dos preconceitos raciais à análise geral das opiniões e atitudes intergrupais. O psicossociólogo Muzafer Sherif e sua equipe realizaram, em 1961, uma experiência na qual confrontaram dois grupos de crianças em uma colônia de férias. Após separarem os dois grupos e, em seguida, reunirem-nos no mesmo recinto, reações de hostilidade de um grupo por outro se manifestaram espontaneamente. As experiências finais demonstraram que bastava dividir um grupo em dois, nomear um deles de "vermelho" e o outro de "branco", para que os dois campos entrassem instantaneamente em confronto.

Preconceito, segregação, discriminação

• O grau de aceitação ou rejeição e a força dos preconceitos contra outros grupos variam bastante segundo os grupos em questão, as épocas (de conflito ou não) e as situações nacionais.
É possível fazer comentários racistas sobre estrangeiros sem ser necessariamente preconceituoso na prática. Inversamente, é possível professar opiniões antirracistas e – de fato – adotar práticas discriminatórias (evitando a promiscuidade social ao escolher o lugar de residência, o (a) cônjuge, ao recrutar funcionários, etc.).

• Em uma pesquisa clássica, Richard T. LaPiere ("Attitudes *versus* Actions" [Atitudes contra ações], *Social Forces*, n° 13, 1934) estudou os preconceitos racistas dos americanos. Ele conhecia as inúmeras pesquisas de opinião sobre os preconceitos dos americanos contra os asiáticos. Acontece que durante uma de suas viagens de estudo, R. T. LaPiere era acompanhado por um casal de estudantes chineses. Ele imaginava, com certa apreensão, que eles seriam mal recebidos nos hotéis ou restaurantes por onde passassem, mas, para sua enorme surpresa, durante essa longa jornada pelos Estados Unidos (estamos no início dos anos 1930), R.T. Lapiere só encontrou, entre as dezenas de hotéis e restaurantes visitados, uma única recusa em recebê-los.
Surpreendido com essa atitude – bastante tolerante, no final das contas – dos donos de hotéis e restaurantes, LaPiere quis saber se existia um verdadeiro desnível entre a opinião declarada das pessoas, fundada em preconceitos, e a discriminação real. Após a viagem, ele enviou dezenas de cartas a hotéis em toda a América para saber se aceitavam clientes chineses no estabelecimento. De aproximadamente metade dos que responderam, 90% declararam recusar clientes de "raça chinesa". Porém, os mesmos estabelecimentos que declaravam recusar clientes chineses os haviam recebido algumas semanas antes.

Em outra perspectiva, os estudos de Henri Tajfel sobre a categorização social revelaram que o racismo pode se basear ainda em mecanismos cognitivos. Por "categorização social", H. Tajfel designa a tendência a classificar as pessoas em categorias que apresentam características marcadas ("Os judeus são inteligentes, os asiáticos são trabalhadores, as mulheres são mais sensíveis do que os homens", etc.). As experiências de H. Tajfel sugeriam que a formação de estereótipos e preconceitos é um fenômeno universal relacionado à natureza do psiquismo. E que existe um viés sistemático que consiste em exagerar as diferenças entre dois grupos e em reduzir as diferenças internas entre os membros de um mesmo grupo (H. Tajfel e A. L. Wilkes, "Classification and Quantitative Judgement" [Classificação e julgamento quantitativo], *British Journal of Psychology*, n° 54, 1963). Além disso, ele mostrou que o fato de saber que uma pessoa é alemã, professora ou ecologista muda nossa percepção a seu respeito – em função daquilo que pensamos a respeito dos alemães, dos professores ou dos ecologistas de maneira geral (H. Tajfel, *Human Groups and Social Categories* [Grupos humanos e categorias sociais], 1981). Nos Estados Unidos, após os atentados de 11 de setembro de 2001, desenvolveu-se, por exemplo, a síndrome do TWA (*travelling with an Arab*): alguns passageiros se recusavam a embarcar no mesmo voo em que estivesse presente uma pessoa com feições árabes...

Segundo H. Tajfel, o racismo mais comum se explica ainda pelo desejo de um grupo fortalecer sua autoestima por meio do desmerecimento de outros. Max Weber* já havia lançado uma hipótese a esse respeito, enquanto Sigmund Freud* falava em narcisismo* da pequena diferença, para ressaltar a vontade dos grupos de se distinguir entre si.

Bibliografia: • S. Allemand, D. Schnapper, *Questionner le racisme: essai et anthologie*, Gallimard, 2000 • P. Bataille, *Le Racisme au travail*, La Découverte, 1997 • A. M. da Costa, "A violência como marca: a pesquisa em história", in L. Reis, L., Schwarcz. (orgs.), *Negras imagens*, Edusp/Estação Ciência, 1996 • R. DaMatta, "Digressão, a fábula das três raças", in *Relativizando, uma introdução à antropologia social*, Zahar, 1987 • F. de Fontette, *Le Racisme*, Puf, 1984 [198] • G. Freyre, *Casa-grande & senzala*, José Olympio, 1958 [1933] • A. Memmi, *Le Racisme: description, définition, traitements*, Gallimard, 1994 • K. Munanga, "Mestiçagem e experiências interculturais no Brasil", in *Negras* *imagens*, Edusp/Estação Ciência, 1996 • L. Schwarcz,"Questão racial no Brasil", *in Negras imagens*, Edusp/Estação Ciência, 1996 • N.V. Silva,"Uma nota sobre raça social no Brasil", *in Estudos Afro-asiáticos*, n? 26, 1994 • P.-A. Taguieff, *La Force du préjugé. Essai sur le racisme et ses doubles*, Gallimard, 1990 [1988] • P.-A. Taguieff, *Le Racisme*, Flammarion, 1997 • C. Turra (org.) *Racismo cordial. A mais completa análise sobre o preconceito de cor no Brasil*, Ática, 1996 • M. Wieviorka (org.), *Racisme et xénophobie en Europe: une comparaison internationale*, La Découverte, 1994.

RADCLIFFE-BROWN, ALFRED
(1881-1955)

Antropólogo e etnólogo inglês, professor em Oxford, Alfred R. Radcliffe-Brown foi, juntamente com Bronislaw K. Malinowski*, um dos pais da antropologia* social e cultural inglesa, além de um dos principais teóricos do funcionalismo*.

Rejeitando as interpretações evolucionista e difusionista dominantes na Inglaterra do início do século XX, A. R. Radcliffe-Brown propôs-se a fundar a antropologia em bases científicas, tomando as ciências naturais como referência. Para ele, a sociedade funciona como um sistema coerente e a função do antropólogo é conceber suas leis de funcionamento.

Especialista das questões de parentesco* e do totemismo*, ele procurou mostrar que o parentesco, assim como as crenças, se organiza em estruturas (conjuntos de elementos ligados entre si por relações equilibradas). Seus críticos, no entanto, mostraram a relativa imprecisão dos termos "estruturas", "função" e "processo", que aparecem a todo instante ao longo das páginas, sem nunca serem efetivamente operacionais.

Principais obras de A. R. Radcliffe-Brown
• *Social Organization of Australian Tribes*, 1931 [Organização social das tribos australianas]
• *Structure and Function in Primitive Society*, 1952 [Estrutura e função na sociedade primitiva]
• *Method in Social Anthropology*, 1958 [Método na antropologia social]

RATIONAL CHOICE (ESCOLHA RACIONAL)

A corrente da *rational choice* conheceu um *boom* nas ciências políticas americanas a partir dos anos 1970. Praticamente inexistente no início dos anos 1950, ela será objeto de aproximadamente 40% das publicações das grandes revistas de ciências políticas nos anos 1990. Do que se trata exatamente? A *rational choice* (escolha racional) designa um tipo de análise dos comportamentos individuais e da vida em sociedade baseada em dois princípios:

– o indivíduo é um agente racional, isto é, calculista, que procura maximizar seus interesses ("considerando as regras impostas", acrescentam os economistas);

– a vida em sociedade não seria outra coisa senão a soma dessas ações individuais (em oposição a uma visão da sociedade em termos de cultura*, de classes*, de normas*, etc.).

Essa corrente é originária da microeconomia, na qual faz as vezes de "teoria *standard*" para a análise do comportamento do consumidor. A obra *Social Choice and Individual Values* [Escolha social e valores individuais] (1951), do economista Kenneth J. Arrow* (prêmio Nobel de economia em 1972, além de criador do modelo de referência da microeconomia), está por trás da exportação do modelo da *rational choice* para o campo da política (*ver quadro*).

O modelo de análise introduzido por K. J. Arrow permitia transpor para o terreno da política as ferramentas matemáticas da microeconomia: teoria dos jogos*, teoria matemática da decisão, etc. Aplicado à vida política, esse modelo consiste em considerar que os políticos são indivíduos como outros quaisquer, cujo comportamento é movido menos pela busca do interesse comum do que pela defesa dos interesses próprios.

DA ESCOLA DAS ESCOLHAS PÚBLICAS À ANÁLISE DA DELINQUÊNCIA

James Buchanan, prêmio Nobel de economia em 1986, é o fundador da corrente da *public choice*, modo de análise que aplica à vida política os princípios da *rational choice*. Em *The Calculus of Consent* [O cálculo do consentimento], escrito em parceria com Gordon Tullock em 1962, J. Buchanan critica a visão falsa de um Estado entendido como uma instância superior preocupada em defender o interesse geral. O Estado é, antes de qualquer coisa, um instrumento controlado por políticos eleitos e funcionários – indivíduos racionais preocupados essencialmente em maximizar os próprios interesses. Sob essa ótica, os homens políticos visam, sobretudo, a se reeleger.

O eleitor se comporta como um consumidor de bens. Essa visão cínica da política como um

RATIONAL CHOICE (ESCOLHA RACIONAL)

O paradoxo de Condorcet

• Kenneth J. Arrow* aplica o paradoxo formulado pelo marquês de Condorcet (1743-1794) às eleições democráticas, para demonstrar que a eleição não é necessariamente o melhor procedimento para determinar as escolhas coletivas. Sob certas condições em que se determina uma escolha por uma série de votos sucessivos, verifica-se que o princípio de "transitividade das preferências" não é respeitado. O que isso significa?

Um exemplo simples pode ajudar a entender melhor essa situação. Suponhamos que cada membro de uma família de três pessoas (pai, mãe, filho) queira decidir o destino das próximas férias por meio de votação. Três escolhas são possíveis: o campo, a montanha ou o litoral. As preferências individuais são as seguintes:
– o pai prefere a montanha ao campo e o campo ao litoral, assim: "pai: montanha > campo > litoral";
– a mãe: campo > litoral > montanha;
– o filho: litoral > montanha > campo.

Numa primeira votação, nenhuma maioria se destaca: cada opção obtém um voto... Para desempatar as possibilidades entre si, emprega-se outro procedimento de escolha, que consiste em optar entre duas possibilidades. Cada um deve escolher inicialmente entre "montanha" e "campo", para fazer o desempate entre essas duas escolhas. Respeitando as preferências iniciais, verifica-se que "montanha" ganha de "campo", este último sendo, assim, eliminado.

Em seguida, vota-se entre "montanha" e "litoral", vencendo "montanha" (agora eliminada). Ao término dessa eleição de dois turnos, o "litoral" sai vitorioso do sufrágio. Era a melhor escolha?

Se fosse feita uma votação entre "litoral" e "campo" (respeitando as preferências iniciais), veríamos que... o campo ganharia do litoral!

Conclusão: não há "transitividade das preferências". De acordo com a ordem da votação, os resultados serão diferentes a cada vez.

• K. J. Arrow mostrará, com base em argumentos similares ao do paradoxo de Condorcet, que não existe uma solução verdadeiramente democrática capaz de alcançar a melhor escolha para todos (ou seja, que dê melhor conta das preferências individuais).

mercado, onde tudo pode ser trocado, tem consequências muito graves para a visão das escolhas públicas. Às vésperas das eleições, por exemplo, os homens políticos têm interesse em distribuir benefícios aos eleitores, em lançar obras públicas, etc. Alguns eleitores (ditos "medianos") são particularmente bem tratados, pois seu voto é decisivo para obter a maioria dos votos numa eleição.

O modelo microeconômico da *rational choice* também foi exportado para outras áreas, até então reservadas aos sociólogos: a ação coletiva (o paradoxo de Olson*), a família ou a educação (teoria do capital humano de Theodore W. Schultz, prêmio Nobel de economia em 1979, e Gary S. Becker, prêmio Nobel de economia em 1992). Existem várias versões da *rational choice*. Numa ótica restrita, a do *Homo oeconomicus**, o indivíduo é considerado um egoísta, materialista e utilitarista. Seu único objetivo é obter dinheiro, poder ou prestígio para si próprio. Mas, em sua versão "ampliada", o postulado da racionalidade dos comportamentos não envolve nada que se refira às finalidades da ação. Em outros termos, se admitirmos simplesmente que o indivíduo faz uma escolha racional para atingir suas metas, sejam elas altruístas ou egoístas, espirituais ou materiais, o suicida, o místico e o combatente são racionais por agirem de maneira coerente para realizar seus objetivos. Essa visão ampliada do postulado da racionalidade parece ser mais sensata do que a visão puramente utilitária e egoísta. No entanto, ela é objeto de uma crítica que não podemos deixar de destacar: uma concepção tão ampliada da escolha racional explica tudo, mas deixa de ter qualquer valor discriminante. Se o mesmo princípio explicativo é capaz de dar conta de dois comportamentos opostos (o homem faz suas escolhas racionais quando dá dinheiro a um pobre ou quando se recusa a fazê-lo), o modelo atinge uma validade universal, porém, nesse caso, perde toda sua capacidade de predição.

Críticas à *rational choice*

A teoria da *rational choice* suscitou vários tipos de crítica.

Algumas apontam o irrealismo do modelo, recusando-se a considerar o indivíduo um ser racional, sem levar em conta os valores, os hábitos e o contexto social que estruturam seu comportamento. Os adeptos da *rational choice* preconizam, contrariamente, que essa teoria é muito realista e pecam por idealismo: de acordo com essa visão, tanto os homens políticos como os eleitores ou os delinquentes calculam passo a passo as escolhas estratégicas e táticas necessárias à realização de seus objetivos. Do mesmo modo, muitos pais americanos se veem obrigados a calcular quanto custará a escolaridade dos filhos, a fim de poder poupar dinheiro para seus estudos no futuro.

Na obra *Pathologies of Rational Choice Theory* [Patologias da teoria da *rational choice*] (1994), Donald Green e Ian Shapiro propõem uma crítica "empírica". Experimentos mostraram que os sujeitos submetidos a testes de raciocínio práticos não se comportam de acordo com os princípios racionais enunciados pela teoria (*ver o verbete "Raciocínio"*).
→ **Individualismo metodológico**

RAWLS, JOHN
(1921-2002)

Filósofo americano cuja obra, *A Theory of Justice* [*Uma teoria da justiça*] (1971), exerceu grande influência na filosofia anglo-saxã. O objetivo desse ensaio de filosofia política e moral é fundar um contrato social justo. Seu método: construir uma ficção na qual indivíduos que se encontram em "posição original", isto é, livres e solitários, são encarregados de definir as regras de uma sociedade a ser construída. Cabe a eles estabelecer regras universais para uma sociedade sem saber ainda que lugar ocuparão nela. Eles estão envoltos, portanto, em um "véu de ignorância", sem poder escolher em função de um interesse particular.

Nessa situação, cada indivíduo tenderá a imaginar, por prudência, a pior situação possível para si, logo que as funções de todos tiverem sido estabelecidas. Caso ocupe uma posição inferior, ele desejará, então, poder minimizar as perdas. É a estratégia do "minimax" em termos da teoria dos jogos*.

A partir desse quadro, J. Rawls deduz que todo homem tentará criar o sistema mais "justo" e equitativo possível. Esse sistema atende a dois princípios:

– o primeiro princípio, ou "princípio de liberdade", afirma a igualdade dos direitos no acesso às liberdades fundamentais. "Toda pessoa tem um direito igual ao conjunto mais extenso de liberdades fundamentais."

– o segundo princípio, ou "princípio de diferença", tolera as desigualdades apenas sob certas condições. A primeira condição é que o acesso às posições privilegiadas esteja ao alcance de todos: a igualdade de oportunidades deve, portanto, ser garantida. A segunda condição determina que a sociedade deve ajudar os menos favorecidos a ter o máximo de benefícios possível: ou seja, melhorar ao máximo sua condição nessa sociedade.

A maior proeza de J. Rawls foi ter elaborado um modelo teórico que concilia os princípios de liberdade e justiça. Liberdade é muitas vezes sinônimo de desigualdades. A teoria de J. Rawls tolera essas desigualdades, mas ao mesmo tempo justifica a opção por uma política de redistribuição em favor dos menos favorecidos. Essa filosofia é inspirada no pensamento social-democrata, mas também no método da *rational choice**.

As críticas foram numerosas. De um lado, os comunitários o acusaram de fazer do indivíduo o fundamento da sociedade, sendo que, na realidade, são as comunidades que constituem a célula de base da sociedade. Do outro, os teóricos ultraliberais (como Robert Nozick) o acusaram de justificar políticas sociais que se opunham ao liberalismo.

J. Rawls fez questão de responder a essas críticas em *Political Liberalism* [*O liberalismo político*], 1993.

Principais obras de J. Rawls
• *A Theory of Justice*, 1971 [*Uma teoria da justiça*, Martins Fontes, 4ª ed., 2002]
• *Political Liberalism*, 1993 [*O liberalismo político*, Ática, 2000]

REAL
→ **Realismo**

REALISMO

Na estética, o realismo – doutrina muito influente no século XIX – atribui à arte a vocação de recriar a realidade o mais fielmente possível. Na política, o realismo designa – em oposição ao utopismo – duas posições possíveis: o abandono puro e simples dos ideais em prol de uma atitude de submissão às exigências imediatas; ou o reconhecimento das exigências mas numa perspectiva de mudança (posição "reformista").

O realismo nos interessa aqui do ponto de vista da epistemologia*. Essa doutrina postula pura e simplesmente a existência de uma realidade independente de nosso pensamento. Mas seria ela cognoscível? Eis a questão...

O REAL EXISTE?

O mundo quântico é um mundo estranho. É o mundo das partículas subatômicas – como o fóton ou o elétron –, cujos comportamentos fogem às regras do mundo tal como o conhecemos.

As partículas possuem uma "natureza dupla": elas se comportam ao mesmo tempo como um corpúsculo (um grão de matéria localizado num ponto) e como uma onda (um movimento vibratório que se expande num espaço). Além disso, uma partícula pode apresentar vários "estados" simultaneamente. Outro fenômeno perturbador: uma partícula não é localizável num local e momento precisos (não pelo fato de ignorarmos sua localização exata, mas porque ela ocupa parcialmente várias posições ao mesmo tempo). Qualquer tentativa de observar uma partícula altera seu estado, não havendo, portanto, uma distinção clara entre o objeto e o sujeito, etc.

Esse mundo estranho da física quântica suscitou um debate filosófico sobre a natureza das leis físicas e a própria noção de realidade. O que a física nos descreve? O real ou simples fenômenos de observação? E qual é a natureza desse real que se distingue da realidade?

Esse debate opõe basicamente dois grupos: os realistas e os antirrealistas, que se subdividem em inúmeras variantes.

Os realistas se dividem em realistas "ingênuos", para quem a percepção comum do real corresponde à realidade, e "realistas científicos", que afirmam existir uma realidade que corresponde às leis descritas pela física (ainda que diferente de nossa visão comum do real).

Concomitantemente a esses realismos "tradicionais", ocorreram desenvolvimentos recentes, como o "realismo velado" de Bernard d'Espagnat (o real existe, mas não é apreendido pela física atual). No livro *How the Laws of Physics Lie* [Como as leis da física mentem] (1983), Nancy Cartwright sustenta um "realismo fenomenológico". Segundo ela, as leis da física são falsas (elas "mentem") porque generalizam observações parciais, ao passo que as leis "fenomenológicas", isto é, as que experimentamos concretamente no laboratório ou na natureza, são verídicas. Em outros termos, nossa descrição do mundo é sempre falsa, mas o que vemos, medimos, sentimos e experimentamos é verdadeiro. Em suma, a teoria é ilusória, enquanto o real existe e não mente.

Os antirrealistas também se dividem em vários grupos: os positivistas (que afirmam que nunca atingimos a realidade última das coisas e que isso não é tão importante), os instrumentalistas (para quem o real não é atingível e, por isso, devemos nos ater apenas aos resultados de experiências), os pragmatistas (as teorias científicas são simples ferramentas mentais, mais ou menos fiáveis e nunca homogêneas à realidade), os idealistas (tudo não passa de representação) e os construtivistas*. Um dos construtivismos mais conhecidos é o de Bas C. Van Fraassen. Em *The Scientific Image* [*A imagem científica*] (1980), o filósofo declara: "Uso o termo 'construtivo' para designar meu ponto de vista, segundo o qual a atividade científica é menos uma descoberta do que uma construção: construção de modelos que pode ser adequada aos fenômenos, e não descoberta de verdades relativas a realidades não observáveis."

É interessante, finalmente, a posição de Hilary Putnam*, que passou do "realismo interno" a uma forma de construtivismo sofisticado, afirmando: "A mente e o mundo constroem juntos a mente e o mundo."

→ **Ciência**

RECONHECIMENTO

"Se o principal motor da atividade humana não é o desejo de bens materiais, da satisfação egoísta, mas a aspiração à glória e às honras, como poderíamos nos abster dos outros, que são seus únicos provedores possíveis?" De acordo com François de La Rochefoucauld (*Maximes et réflexions diverses* [*Máximas e reflexões*], 1664), a necessidade de "reconhecimento" – entendida como a busca da estima pública – supõe uma dependência com relação ao outro, que é constitutiva da natureza humana e não pode se contentar com a vida solitária.

O DESEJO DE APARECER

Para vários filósofos, a busca por consideração e prestígio, bem como a preocupação de aparecer fazem parte dos impulsos fundamentais que guiam nossas vidas. Para Jean-Jacques Rousseau, a busca por "consideração" é ao mesmo tempo um dos motores pessoais mais poderosos e um alicerce da vida em grupo. "Cada um começou a olhar os outros e a querer ser visto", escreve o autor em seu *Discours sur l'origine et les fondements de l'inégalité entre les hommes* [*Discurso sobre a origem e os fundamentos da desigualdade entre os homens*] (1755). Adam Smith* também entendeu que a necessidade de reconhecimento é o "desejo mais ardente da alma humana". O autor da *Theory of Moral Sentiments* [*Teoria dos sentimentos morais*] (1759) observa que "os homens quase sempre renunciaram voluntariamente à vida, para adquirir, após a morte, uma reputação da qual não mais podiam desfrutar". A mesma temática está presente na obra de Georg W. F. Hegel. Em um célebre capítulo da *Phänomenologie des Geistes* [*Fenomenologia do espírito*] (1807), dedicado à "dialética do senhor e do escravo", ele descreve a luta mortal a que se entregam os homens para obter o "reconhecimento". Aquele que se tornará o senhor é aquele que está "disposto a perder a vida para ganhar renome".

Esquecida durante muito tempo, a ideia central do reconhecimento será retomada e desenvolvida por alguns pensadores contemporâneos. Tzvetan Todorov* defende, em *La Vie commune* [*A vida em comum*] (1995), uma proposição simples: uma das principais motivações da existência humana reside no desejo de ser "reconhecido pelo outro".

Desse postulado resultam várias consequências sociais, psicológicas e morais. Uma delas é a seguinte. Se a mola propulsora da existência reside na busca por reconhecimento, disso resulta uma incompletude fundadora do ser humano. Precisando do outro para "existir", sua necessidade só pode ser provisoriamente satisfeita. No plano psicológico, T. Todorov sustenta que a necessidade de reconhecimento é tão fundamental quanto as necessidades primárias, como a fome ou a sede.

Que formas e que direções vai tomar esse desejo de reconhecimento? Podemos procurá-las em distinções pessoais, ou, inversamente, inserindo-nos em um grupo. Nesse caso, o reconhecimento nos leva a valorizar nosso grupo, conformando-nos e até mesmo fundindo-nos com ele. "Se não tenho nada do que me orgulhar em minha vida, eu me esforço obstinadamente para provar ou para defender a boa reputação de minha nação ou de minha família religiosa."

Mas, assim como ocorre com toda pulsão, o desejo de reconhecimento pode ser frustrado. A humilhação ou a indiferença do outro são as principais sanções. Diante do desprezo ou da indiferença, o indivíduo recorrerá a "estratégias de defesa ou de substituição". T. Todorov dedica-se então a descrever algumas dessas estratégias paliativas.

Para aquele que não consegue se fazer admirar por seus talentos, há sempre a possibilidade de obter um "reconhecimento de substituição" pela transgressão das regras. É o caso do delinquente ou do extravagante, que, para atrair os olhares, adota uma posição clara de conflito, que consiste em seguir na contramão dos valores dominantes. A idolatria e o fanatismo constituem outra estratégia de substituição que consiste em aceitar viver na sombra de um ídolo ou de um grupo esperando receber uma parte da glória, dada sua proximidade com ele.

As possibilidades não param por aí. Entre os paliativos da busca por prestígio, há também o "reconhecimento ilusório" do convencido ou do mitômano que cria para si falsos títulos de glória; ou o orgulho, que é uma forma de culto solitário do próprio valor, quando não se consegue obter o reconhecimento alheio. Há ainda a tática da vítima que quer chamar a atenção sobre si, alardeando suas misérias ou suas doenças...

Se a busca por honras exige o olhar do outro, essa solicitação dirige-se tanto a pessoas reais como a "personagens interiores" que povoam nosso espírito. T. Todorov chama de "mestre de reconhecimento" esse "juiz interior que sanciona positiva ou negativamente nossos atos". É sempre em função desse personagem imaginário – consciência moral, anjo da guarda ou superego*, que assumem quase sempre a figura de uma imagem parental – que nós agimos. O olhar do outro é tão decisivo em nossas condutas que ele se torna uma instância psíquica de nossa personalidade profunda.

AS COMUNIDADES EM BUSCA DE RECONHECIMENTO

Com o filósofo Charles Taylor*, passa-se da necessidade de reconhecimento individual ao reconhecimento dos grupos. Se a identidade individual se constrói no olhar do outro, isto é igualmente verdade com relação às comunidades. As minorias étnicas de uma nação também reivindicam seu direito ao "reconhecimento". E a negação de reconhecimento pode ser considerada uma forma de opressão. Esse assunto é muito delicado nos Estados Unidos e no Canadá, onde C. Taylor vive e se expressa.

Segundo o filósofo alemão Axel Honneth (*Kampf um Anerkennung* [*A luta pelo reconhecimento*], 2000), a noção de reconhecimento permite entender melhor o modo como se resolvem os conflitos individuais e sociais do que as noções de interesse, de vontade de poder ou princípios abstratos como o amor, a igualdade ou a liberdade. A. Honneth destaca o papel da luta pelo reconhecimento em todos os níveis da sociabilidade humana. Assim, o amor e a solicitude pessoal constroem o círculo das relações primárias (família, amigos); a consideração e o respeito fundam o universo das relações jurídicas e sociais; a estima e o reconhecimento da utilidade de cada um estão na base da solidariedade de grupos (nação, associação).

A reflexão de A. Honneth volta-se para as aplicações concretas do desejo de reconhecimento tal como ele se expressa nas relações pessoais, no trabalho e na política. Ela vai, então, ao encontro dos trabalhos de psicologia social, que mostram a importância do reconhecimento do outro na construção da identidade pessoal (George H. Mead*), nas relações de trabalho (Christophe Desjours) e na comunicação com o outro (Erwing Goffman*).

Bibliografia: • A. Honneth, *La Lutte pour la reconnaissance*, Cerf, 2000 • T. Todorov, *La Vie commune*, Seuil, 1995 • "De la reconnaissance à l'estime de soi", *Sciences Humaines*, n°. 131, 2002

→ Identidade, Psicologia social

REDE

"Entrelaçamento de fios" é o significado do termo latino *retis*, do qual se originou a noção de rede.

Os médicos a empregavam no século XVIII para descrever a circulação do sangue. No século XIX, é a vez dos engenheiros: a rede ocupa o centro das revoluções técnicas, como o telégrafo e a estrada de ferro. Ela também inspira a organização das telecomunicações e dos transportes, a ponto de o filósofo Saint-Simon (1760-1825) e seus discípulos fazerem dela o vetor de uma nova utopia social (P. Musso, *Saint-Simon et le saint-simonisme* [Saint-Simon e o sansimonismo], 1999). Em 1841, o engenheiro Jean Reynaud preconiza a ideia de que a melhor organização espacial para um território é aquela em que as grandes cidades se distribuem em redes de hexágonos intercalados.

Já nas ciências humanas e sociais, o emprego da noção de rede é mais recente. Ela se impõe a partir dos anos 1970-1980 com as abordagens que introduzem a noção de capital social*. O sociólogo americano James Coleman ressalta a importância das redes duráveis de relações mútuas para a realização de objetivos individuais ou coletivos (achar um emprego ou um apartamento, criar uma empresa, etc.), enquanto Mark Granovetter trabalha com a noção de redes sociais.

NOVAS FORMAS DE COMUNICAÇÃO

O advento da internet contribuiu em grande parte para a banalização do conceito de rede, em detrimento das noções de "estrutura" ou de "sistema*". Segundo o sociólogo Manuel Castells (*Era de la información*, t. 1: *La sociedad red* [*A era da informação*, t. 1: *A sociedade em rede*], 1998), a organização piramidal da sociedade – em torno do Estado e das instituições – é substituída por uma organização em redes: de telecomunicações, de empresas, de cidades, interpessoais...

A partir dos anos 1980-1990, um campo de pesquisa sobre os migrantes transnacionais tentou mostrar o papel determinante das redes comunitárias e familiares na organização do fluxo de bens e mercadorias entre o país de destino e o país de origem (ver, por exemplo, J. Cesari, *La Méditerranée des réseaux* [O Mediterrâneo das redes], 2002). Nas ciências políticas, as análises em termos de redes de ação pública, desenvolvidas na Grã-Bretanha (*policy networks*), renovam o olhar sobre o político ao opor a visão de um Estado monolítico à de um Estado fragmentado, engajado em uma multiplicidade de relações com atores variados. Por sua vez, os teóricos das relações internacionais foram obrigados a se conscientizar da importância dos fenômenos reticulares para a compreensão do mundo contemporâneo (A. Colonomos, *Sociologie des réseaux transnationaux* [Sociologia das redes transnacionais], 1995).

A literatura empresarial não ficou para trás, demonstrando grande interesse pela noção de rede como paradigma de uma nova empresa: a "empresa-rede" ou "em rede". Inúmeras obras com títulos significativos vêm sendo publicadas desde os anos 1990: *Il castello et la rete: impresa, organizzazioni e professioni nell'Europa degli anni'90* [O castelo e a rede: imprensa, organizações e profissões na Europa dos anos 1990] (F. Butera, 1991); *Face à la complexité, mettez du réseau dans vos pyramides. Penser, organiser, vivre la structure en réseau* [Diante da complexidade, coloque rede em suas pirâmides. Pensar, organizar, viver a estrutura em rede] (H. Sérieyx, H. Azoulay, 1996); etc. A empresa-rede está associada às noções de "flexibilidade" e "autonomia". Além disso, ela abranda as hierarquias. Junto com ela, surgiria o homem das redes (ou "homem-rede"), personificado no administrador de projeto. A crítica a essa literatura foi encabeçada por Luc Boltanski e Eve Chiapello (*Le Nouvel Esprit du capitalisme* [O novo espírito do capitalismo], 1999).

UM NOVO FENÔMENO?

Na realidade, muitos dos fenômenos de redes são antigos. O que muda é a forma como são designados: clã, gangue, etc. Já as pesquisas sobre as redes de sociabilidade são uma continuação daquelas realizadas a partir dos anos 1940 por Jacob L. Moreno*, e que estão na origem dos sociogramas. O sucesso atual da noção de rede também poderia ser reflexo de um outro modo de apreender a realidade. Isso implica priorizar a horizontalidade das relações sociais em contraste com as representações hierárquicas; opor o informal às instituições; os fluxos e a troca aos bens materiais; os jogos travados entre os atores a seu *status*. Trata-se, consequentemente, de sugerir outra forma de poder, não mais centralizada, e sim compartilhada. Não causa surpresa, portanto, que o surgimento da noção de rede no campo das ciências sociais seja concomitante ao de governança*.

É provável que existam redes e redes: locais ou transnacionais (as redes de droga ou terroristas, por exemplo), redes instituídas e outras em constante evolução. É o que também sugere a noção de "rizoma", preferida por alguns.

Apesar de todo esse sucesso, a noção não deixa de suscitar o ceticismo dos pesquisadores. Assim, para Pierre Musso, "a rede se tornou uma noção curinga, uma ferramenta de análise muitas vezes útil, mas que não pode mais almejar o *status* de conceito, pelo menos no campo das ciências humanas" (*Critique des réseaux* [Crítica das redes], 2003). Para outros, tudo não passa de moda, como já havia acontecido com as noções de estrutura e de sistema. De qualquer forma, a análise em termos de rede não deixa de ser interessante para uma análise intermediária ou "meso" entre os enfoques micro e macro da sociedade, ou para superar um enfoque internacional em favor de um enfoque mais transnacional dos fenômenos contemporâneos.

Bibliografia: • M. Castells, *L'Ere de l'information*, t. 1: *La Société en réseaux*, Fayard, 1998 • J. Cesari, *La Méditerranée des réseaux. Marchands, entrepreneurs et migrants entre l'Europe et le Maghreb*, Maisonneuve et Larose/MMSH, 2002 • A. Colonomos, *Sociologie des réseaux transnationaux. Communautés, entreprises et individus: lien social et système international*, L'Harmattan, 1995 • A. Degenne, M. Forsé, *Les Réseaux sociaux: une analyse structurale en sociologie*, Armand Colin, 2004 [1994] • P. Musso, *Critique des réseaux*, Puf, 2003

REDE SEMÂNTICA

As redes semânticas são sistemas de representações* dos conhecimentos empregados desde os anos 1970 em inteligência artificial*. É preciso lembrar que a semântica* é o ramo da linguística que estuda a construção do sentido e o conteúdo das palavras.

Uma rede semântica se apresenta como uma rede composta por "etiquetas" (ou "nós") relacionadas a um conceito ("animal", "gato", "Lili", "mesa"...). Esses nós são interligados por elos (*links*), que definem as relações entre os conceitos ("dá a", "pertence a", "é um", etc.). Desse modo, os conhecimentos novos estão aptos a ser produzidos por inferência* (isto é, por dedução). Por exemplo, se o programa aprendeu que "Lulu" é um gato e que "Os gatos miam", a máquina pode deduzir, então, que "Lulu mia". O esquematismo das redes semânticas reflete uma visão conexionista* da inteligência e parece ser capaz de se adequar à organização neuronal. Não obstante, surgem vários obstáculos:

– a multiplicidade das relações possíveis conduz rapidamente a uma explosão dos dados a serem ativados: os elos entre os referidos conceitos podem desdobrar-se grandemente;

– algumas relações não são unívocas; a proposição "Cachorros não gostam de gatos", por exemplo, nem sempre é verdadeira;

– certas ambiguidades surgem devido à grande quantidade de sentidos assumidos por uma palavra: "bolo", por exemplo, pode tanto significar um alimento como uma concentração de objetos ou pessoas ou ainda o ato de faltar a um encontro.

→ Representação dos conhecimentos

REDES DE NEURÔNIOS FORMAIS

"As redes de neurônios formais estão para os neurônios assim como os cavalos-vapor estão para os cavalos, ou o que as lagartas dos tratores estão para as lagartas vivas" (Jean-Gabriel Ganascia). Os modelos conexionistas* empregam a noção de "redes de neurônios" para designar uma arquitetura informática inspirada nas redes de neurônios do cérebro.

REDUCIONISMO

"No futuro, todos os estados mentais poderão ser explicados pela atividade dos neurônios." Essa afirmação de alguns neurofilósofos* exprime um reducionismo radical. Ela postula que um fenômeno humano – os estados mentais – pode ser explicado a partir de uma causa ou de um nível de explicação único: o nível neurobiológico.

Poderíamos levar o reducionismo a seu extremo. Por que não "reduzir" os fenômenos neuroniais a fenômenos biológicos, os fenômenos biológicos à escala química, e, enfim, à escala física: a das partículas elementares?

À explicação reducionista opõe-se uma postura que admite a existência de níveis de organização específicos da realidade, em que cada grau de complexidade é irredutível ao nível inferior, uma vez que "o todo é superior à soma das partes".

Entretanto, Steve Pinker* observa astuciosamente que, "assim como no colesterol, há um reducionismo bom e um ruim". O reducionismo ruim diz respeito a uma utopia científica que recusa os níveis de organização e nega a autonomia de algumas esferas da realidade. O bom reducionismo, que o físico Steven Weinberg denomina "reducionismo epistemológico", adota a seguinte posição de princípio: é preciso explicar um fenômeno, na medida do possível, por sua ligação com um nível de organização inferior, no intuito de não optar, a priori, pela autonomia radical dos níveis de organização da matéria física ou humana. Em outros termos, o psicólogo não deve, em princípio, se dobrar ao biólogo, o biólogo ao químico, e o químico ao físico. Mas nenhum deles pode se isolar em sua torre de marfim e se recusar a levar em consideração as determinações reveladas pelas disciplinas afins.

REFLEXIVIDADE

George Soros, o famoso capitalista húngaro-americano, ficou conhecido por ter obtido grandes lucros financeiros na gestão de seus *hedge funds* (fundos de investimento) nas bolsas de valores. Sabe-se também que ele comanda, nos países do Leste Europeu, diversas ações de desenvolvimento por meio de fundações que criou nos anos 1980. Sabe-se, ainda, que se trata de um espírito iconoclasta e crítico ferrenho do liberalismo econômico desde que publicou *Open Society* [A crise do capitalismo global] (1998).

É menos sabido que esse antigo estudante de filosofia, convertido ao mundo das finanças, nutre, por outro lado, um projeto teórico: pensar a economia e a história contemporâneas a partir de uma "teoria da reflexividade" (*The Alchemy of Finance* [A alquimia das finanças: lendo a mente do mercado], 1988). Sua ideia central é de que não é possível estudar os fenômenos humanos como fenômenos físicos, pois as ciências humanas estudam um ser pensante que age e reage em função de suas representações da situação (e não somente a partir de dados objetivos). A reflexividade é nada mais nada menos do que essa interação entre pensamento e ação – que implica, segundo G. Soros, abordar incessantemente as ações humanas pela ótica do meio e das representações dos homens sobre este último.

A ambição teórica de G. Soros poderia ser vista apenas como um louvável passatempo de bilionário se sua teoria da reflexividade não estivesse em sintonia com os desenvolvimentos mais recentes da ciência econômica e não tivesse sido forjada paralelamente à teoria de Anthony Giddens* e de Ulrich Beck*, duas figuras proeminentes da sociologia contemporânea. À pergunta "Qual é a diferença entre a sua teoria da reflexividade e a de George Soros?", o sociólogo A. Giddens respondeu: "Nada, a não ser que ele ganhou milhões de dólares com isso."

G. Soros aplica a ideia de reflexividade, primeiramente, ao funcionamento dos mercados financeiros. Sabe-se que, em matéria de investimento, os operadores não se determinam unicamente em função da realidade da economia (crescimento, benefícios...), os chamados "fundamentais". Os mercados são, com frequência, muito suscetíveis à opinião, às prospectivas, às antecipações – boas ou ruins – feitas pelos *experts*. Assim, aos fundamentais vêm se juntar aquilo que alguns passaram a denominar "sentimentais" (crenças, antecipações, representações, opiniões). Nesse jogo de espelhos que constitui a reflexividade mercadológica, aquele que ganha é aquele que se antecipa às tendências. Não as da economia real, mas as da opinião.

Para faturar, é preciso tomar a dianteira e investir no início de uma curva ascendente. Para não perder tudo, é preciso, em seguida, saber abandonar suas posições, sentindo a queda se aproximar. G. Soros tirou proveito de sua teoria da reflexividade dos mercados, de seu conhecimento sobre a "curva da opinião" para obter benefícios extraordinários.

UMA SOCIEDADE REFLEXIVA

A. Giddens desenvolve uma ideia similar a respeito dos fenômenos sociais. A reflexividade não envolve somente a economia dos mercados financeiros. A sociedade como um todo está

O INDIVÍDUO REFLEXIVO

• Segundo Charles Taylor* (*Sources of the Self* [As fontes do self], 1989), a "reflexividade radical" é uma característica do indivíduo moderno. Em uma sociedade em que os quadros de socialização são menos rígidos, a reflexão permanente sobre nossas próprias condutas, nossos objetivos de vida e os meios para realizá-los torna-se um imperativo. Nosso destino social não sendo mais previamente estabelecido, cada um deve construir sua vida e, para isso, pensar, refletir, pesar, calcular, avaliar antes de agir. Certamente, essa atitude existiu em todas as épocas, mas ela se tornou um modelo, e até uma exigência no mundo contemporâneo, em que os papéis sociais não são mais tão fechados no quadro de normas, convenções, hábitos e programas de ação.

• O sociólogo Anthony Giddens fala em termos de "reflexividade" para dar conta desse processo de autoanálise.
Segundo ele, a "reflexividade" é a aptidão dos atores "constantemente engajados no rameirão das condutas cotidianas (...) para compreender o que eles fazem enquanto fazem" (*The Constitution of Society* [A constituição da sociedade], 1984).

• O sociólogo François Dubet* fala em "distanciamento" para se referir a essa tomada de consciência da reflexividade dos atores. Uma vez que os papéis e as normas sociais deixaram de ser claramente estabelecidos, o que importa agora é se questionar a todo instante sobre o modo de se comportar. Como o professor deve agir diante de um aluno que perturba a classe: punir, dialogar, ignorar? Na realidade, nenhuma fórmula para pensar ou agir é imposta. O repertório comportamental fica em aberto, o que leva a uma reflexão permanente. É o caso das mulheres cuja vida é dilacerada entre vários modelos: mulher ativa ou mãe de família, solteira ou esposa. Além disso, a crise de identidade masculina obriga os homens a determinar suas condutas. O mesmo ocorre com o executivo (que estilo de gerenciamento escolher?), com o assalariado (devo ou não ficar no cargo?).

• Os *habitus* sociais, programas de comportamentos "incorporados e adaptados a um meio social", não são mais suficientes para controlar as condutas. Bernard Lahire mostra que, em toda uma série de tarefas cotidianas, do modo de fazer as compras ao modo de gerir o trabalho, o ator social não pode se restringir à ativação dos programas inconscientes (*L'Homme pluriel* [O homem plural], 1998).

permanentemente submetida a um fluxo de informações – através dos jornais, dos livros, do ensino, das ideologias políticas – que contribuem para forjar as representações dos atores sociais. E é em função dessas representações que eles agem.

Segundo A. Giddens, o casamento ou o divórcio também podem ser afetados pela reflexividade. A frequência de divórcios calculada pelos demógrafos e amplamente divulgada pela imprensa contribui para frear a atração dos casais jovens pelo casamento, uma vez que a formação de um casal se tornou instável (*The Consequences of Modernity* [*As consequências da modernidade*], 1990).

As sociedades modernas são consumidoras assíduas de informações sobre si próprias. É em parte por meio das estatísticas oficiais que os governos estabelecem suas políticas, que as economias se informam sobre a situação dos mercados e que os atores sociais regulam suas ações. Todas essas informações tornam-se, por sua vez, fatores de mudança.

A reflexividade não é outra coisa senão essa auto-observação permanente dos homens por si próprios, que transforma suas condutas em fenômenos imprevisíveis e cambiantes... e que faz que G. Soros ganhe tanto dinheiro.

Reflexividade em ciências sociais

A reflexividade também concerne ao estudo dos sociólogos e antropólogos. Eles se deram conta do quanto seus trabalhos de pesquisa são tributários de sua própria história, de sua cultura e modo de pensar. Consequentemente, torna-se necessário pensar sobre as condições de produção de seu próprio saber. Em seus últimos trabalhos, Pierre Bourdieu* dedicou-se a esses exercícios de autoanálise de sua obra (*Science de la science et réflexivité* [Ciência da ciência e reflexividade], 2001, e com L. Wacquant, *Réponses. Pour une anthropologie reflexive* [Respostas. Por uma antropologia reflexiva], 1992). Trata-se do mesmo trabalho iniciado bem antes por Edgar Morin* em suas obras sobre o método e colocado em prática em seus "diários" (*Le Vif du sujet* [*X da questão: o sujeito à flor da pele*], 1969; *Le Journal de Californie* [Diário da Califórnia], 1970; *Journal d'un livre* [Diário de um livro], 1981).

A reflexividade estreou na antropologia em particular pelo impulso dos trabalhos de Clifford Geertz*, que propõe uma análise crítica das condições de escrita do etnólogo. O que também fez, com muito humor, Nigel Barley em seu delicioso livro *Not a Hazardous Sport* [Um esporte sem risco] (1999).

Enfim, se considerarmos a reflexividade a arte da autoanálise e da gestão de si próprio, podemos então associar essa noção às de "autoeficácia" (Albert Bandura*), de "governo de si próprio" (Michel Foucault*), de metacognição* (psicologia cognitiva), e até mesmo a todas as técnicas ligadas ao desenvolvimento pessoal*.

Bibliografia: • P. Bourdieu, *Science de la science et réflexivité*, Liber/Raisons d'Agir, 2001 • C. Ghasarian (org.), *De l'ethnographie à l'anthropologie réflexive*, Armand Colin, 2002 • A. Giddens, *La Constitution de la société*, Puf 1987 [1984] • R. Salais (org.), *Institutions et conventions. La réflexivité de l'action économique*, EHESS, 1998

REFUTABILIDADE

De acordo com o epistemólogo Karl R. Popper, uma teoria só é científica se for refutável ou "falsificável", ou seja, se ela contiver proposições suscetíveis de serem testadas de maneira crítica.

→ **Popper**

REGIÃO

O termo região pode ser empregado com diferentes sentidos: região administrativa (Ródano-Alpes ou Aquitânia, na França), região política (Castela ou Catalunha, na Espanha), região agrícola (o *corn belt* – cinturão de milho – ou o *cotton belt* – cinturão de algodão –, nos Estados Unidos), região industrial (o Vale do Silício ou a Rota 128 nos Estados Unidos), ou ainda como geopolítica regional (o Oriente médio ou a zona do Pacífico). Há, assim, por trás do mesmo termo, uma diversidade de abordagens geográficas que destacam um aspecto particular – natural, econômico, administrativo ou político –, segundo escalas muito variáveis. A análise regional ganhou importância na geografia há três décadas, devido a dois fenômenos recentes. O primeiro deles diz respeito à descentralização e à construção europeia iniciada nos anos 1980. "Os Estados são muito pequenos para as coisas grandes, e muito grandes para as coisas pequenas", dizia-se então.

Em segundo lugar, o interesse pela análise regional aumentou a partir da constatação de que, no interior de um mesmo país, algumas regiões se desenvolviam e outras não (A. Lipietz, G. Benko, *Les regions qui gagnent* [As regiões vencedoras]. Através de que dinâmica própria (alheia à ação do Estado ou aos recursos naturais) algumas zonas geográficas se transformavam em polos de grande desenvolvimento? Passou-se a observar, então, o dinamismo particular das elites locais, a configuração social dos meios inovadores, os modelos regionais de ação coletiva, a organização dos tecnopolos, as políticas locais de desenvolvimento e todas as outras construções, fossem elas identitárias, locais, etc.

Nos anos 1960, os geógrafos chamavam a atenção para o fato de que a região é um espaço "polarizado". Em torno dos grandes centros urbanos, formam-se uma malha de pequenas cidades e uma rede de transportes voltada para o centro regional. A região forma, assim, uma bacia econômica coerente com relação a suas especificidades econômicas e culturais. É interessante notar que a região como "espaço vivenciado" (ou seja, como lugar de representação e de identidade específica) suscitou o interesse dos geógrafos muito tardiamente. Muito depois que o velho regionalismo militante, que proclamava a unidade cultural ancestral das regiões, atingisse seu apogeu nos anos 1970.

Bibliografia: • A. Bagnasco, C. Triglia, *La Construction sociale du marché. Le défi de la troisième Italie*, l'ENS de Cachan, 1993 • G. Benko, A. Lipietz (orgs.), *Les Régions qui gagnent*, Puf, 1992 • H. Cardy, *Construire l'identité régionale*, L'Harmattan, 1997 • Curapp, *Les Politiques régionales*, Puf, 1993 • E. Dupoirier, *Régions: la croisée des chemins, perspectives françaises et enjeux européens*, Presses des Sciences Po, 1998 • O. Nay, *La Région, une institution: la représentation, le pouvoir et la règle dans l'espace régional*, L'Harmattan, 1997 • R. Pasquier, *La Capacité politique des régions. Une comparaison France/Espagne*, Presses Universitaires de Rennes, 2004 • L.-J. Sharpe, *The Rise of Meso Government in Europe*, Sage, 1993

REGIME POLÍTICO

Uma velha tradição da filosofia e das ciências políticas consiste em tentar classificar as formas do poder político, geralmente segundo um eixo que vai das mais anárquicas às mais autoritárias.

DA TIRANIA À REPÚBLICA

Em sua *Política*, Aristóteles distinguia três tipos de regime: monarquia, aristocracia e república. Na monarquia, um homem governa sozinho. Aristóteles observa que esse poder pode degenerar em tirania quando o soberano o exerce unicamente em seu próprio proveito, sem dividi-lo ou preocupar-se com o bem-estar dos súditos. Na aristocracia, um grupo pequeno de pessoas governa. Finalmente, a república, ou "*POLITEIA*", é, segundo Aristóteles, o regime em que muitos governam. Ele pode degenerar em democracia, regime no qual "o povo exerce o poder em prol dos mais fracos".

Ao descrever esses três tipos de regime, Aristóteles apresenta formas puras, apesar de não ignorar a existência de inúmeras outras formas intermediárias, que podem ser compostas pela combinação das três fórmulas. Temos aqui uma importante contribuição do pensamento comparativo, que tem consciência da necessidade de inventar categorias gerais para pensar, sem desprezar, no entanto, a complexidade do real. A história das ideias também conservou a célebre distinção, proposta pelo barão de Montesquieu, entre três regimes: monarquia, república e despotismo (*De l'esprit de lois* [*Do espírito das leis*], 1748).

DEMOCRACIA E TOTALITARISMO?

Atualmente, nas ciências políticas, a distinção mais recorrente consiste em separar os regimes políticos em três grupos: as democracias pluralistas, os regimes autoritários e os sistemas totalitários.

Em seus princípios gerais, a democracia se apresenta como o regime do povo, por via de eleições. Porém, isso não é suficiente para qualificar um regime de democrático. Os sistemas totalitários e autoritários também promovem eleições: com um candidato único, propaganda oficial e, se necessário for, com a manipulação do escrutínio. Um regime verdadeiramente democrático envolve várias condições: o pluralismo partidário; a liberdade de imprensa; a separação dos poderes judiciário, executivo e legislativo; a existência de contrapoderes (sindicatos, partidos...); o direito de expressão política dos cidadãos (manifestação, abaixo-assinado...).

Entre as democracias, distinguem-se os regimes presidencial e parlamentarista, nos quais, respectivamente, o poder é centrado na figura do presidente (como na França) ou no Parlamento (como na Itália).

Já a noção de totalitarismo foi empregada para designar os novos regimes surgidos no século XX: o nazismo* e o comunismo. Eles são marcados não apenas pela ditadura de um partido como também pela monopolização de todos os meios de poder (ideológicos e militares) e a prática do terror. Um de seus traços determinantes é o peso de uma ideologia "totalizante".

Os regimes autoritários

A oposição entre democracia e totalitarismo é cômoda, tendo em vista que polariza a análise em torno de dois regimes que se enfrentaram no século XX. Mas, entre esses dois extremos, existiu toda uma série de regimes intermediários, em particular nos países do terceiro mundo – África, Ásia e América Latina –, onde uma grande variedade de formas de poder se manifestou:

– as ditaduras militares, em que o exército monopoliza o poder;

– os regimes de partido único: a Argélia com a Frente Nacional de Liberação (FLN) de 1962 até os anos 1990, o México com o Partido Revolucionário Institucionalista (PRI), que deteve o poder de 1930 a 2000;

– as tiranias patrimoniais, nas quais o Estado passa a ser propriedade pessoal de uma família ou de um clã dirigido por um chefe ditatorial: as Filipinas sob a ditadura de Ferdinando E. Marcos, de 1972 a 1986, as monarquias do Golfo;

– as oligarquias clientelistas como a dos *caudillos* da América Latina (François Duvalier no Haiti), em que grandes famílias se apropriam do poder do Estado, das terras e das principais indústrias. Nesse regime, os negócios são gerenciados de forma clientelista;

– o cesarismo bonapartista é a forma de "ditadura esclarecida" em que um regime político forte, extremamente nacionalista, estimula o desenvolvimento econômico de forma voluntarista. Foi o caso da Alemanha de Otto Bismarck, do regime de Napoleão III e de Mustafa Kemal na Turquia;

– os regimes populistas resultam da combinação de um regime autoritário com um forte apoio popular a um chefe carismático;

– os regimes fascistas de Benito Mussolini (Itália), de Francisco Franco Bahamonde (Espanha), que são uma aliança entre a ditadura militar, o culto à personalidade, o populismo e/ou a oligarquia familiar.

As ditaduras do século XX foram fortemente influenciadas pelas formas políticas precedentes. Existiram ainda inúmeras formas transitórias ou híbridas, baseadas nos instrumentos clássicos do poder: a repressão, a ideologia, a economia e, às vezes, a adesão das massas.

Bibliografia: • B. Badie, G. Hermet, *Politiques comparées*, Armand Colin, 2001 [1990] • M. Grawitz, J. Leca, *Traité de sciences politiques*, t. 2: *Les Régimes politiques contemporains*, Puf, 1985 • A. Heymann-Doat, *Les Régimes politiques*, La Découverte, "Repères", 1998 • J.-L. Quermonne, *Les Régimes politiques occidentaux*, Seuil, 2000 [1986]

→ **Democracia, Estado, Governança, República, Ciências políticas, Totalitarismo**

REGULAÇÃO (escola da)

O capitalismo se desenvolveu em várias fases e segundo muitas variedades nacionais. O capitalismo concorrencial do século XIX não é o capitalismo monopolístico dos Trinta Anos Gloriosos, assim como o capitalismo americano não é igual ao europeu... Descrever o funcionamento e a configuração própria de cada época ou forma nacional do capitalismo é o principal objetivo da escola da regulação. Na economia, essa escola teve origem na França, com os trabalhos de Michel Aglietta, Robert Boyer e Alain Lipietz.

O ponto de partida dos teóricos da regulação é uma vontade deliberada de inspirar-se nas lições da história, a fim de ressaltar o valor relativo dos mecanismos econômicos e de rejeitar a ideia de leis econômicas abstratas e atemporais.

A escola da regulação considera que o capitalismo pode ser analisado a partir de um conjunto de relações sociais fundamentais, cujas articulações conseguem explicar sua evolução. Essas relações sociais ("ou formas institucionais") levam em conta o tipo de relação salarial estabelecida entre patronato e assalariados, as formas de concorrência, as modalidades de ação do Estado e, enfim, o modo de inserção de um país na economia internacional.

Com base nisso, é possível descrever os diferentes modos de regulação econômica que se sucederam ao longo da história ou entre um país e outro.

Fases e tipos de capitalismo

R. Boyer e M. Aglietta fizeram uma primeira distinção, agora tida como canônica, entre o modo de regulação concorrencial, dominante na segunda metade do século XIX, e o modo de regulação fordista, que o sucedeu.

No capitalismo concorrencial, a fixação dos salários e dos preços é muito flexível: estes variam em função das condições do mercado. A forte concorrência provoca uma instabilidade do emprego; as flutuações econômicas levam à estagnação dos salários. Essa regulação concorrencial se baseia na acumulação extensiva do capital: é o aumento da mão de obra, e não a técnica, que garante a rentabilidade dos capitais. Os baixos investimentos geram baixa produtividade: os salários baixos fazem que o consumo operário se restrinja essencialmente às despesas com moradia e alimentação.

No início do século XX, juntamente com o taylorismo*, são lançadas as bases de um novo modo de acumulação do capital: a acumulação intensiva. A modernização dos equipamentos e um crescimento rápido e regular da produtividade constituem as duas principais características dessa nova modalidade. Mas se por um lado as empresas produzem mais e melhor, se o lucro aumenta, por outro, os benefícios são praticamente inexistentes para os assalariados. Resultado: a produção cresce, mas não consegue se escoar de modo suficiente, uma vez que os salários e o consumo estagnam. Definida essa distinção, é possível analisar a crise de 1929 como a expressão de uma acumulação intensiva (graças à implantação do taylorismo), dentro de um panorama em que a regulação continua sendo de tipo concorrencial.

O bloqueio será rompido nos anos 1930, com a lenta inserção de um modo de regulação monopolístico, assentado em novos pilares: aumento da força das organizações sindicais de assalariados, cartelização das grandes empresas, desenvolvimento da intervenção do Estado, indexação dos salários sobre a produtividade... Todas essas modificações provocam uma rigidez dos preços nos mercados. O crescimento rápido e regular dos salários somado ao desenvolvimento do crédito permite aos assalariados alcançar um nível de consumo superior. Introduz-se, assim, nos Estados Unidos e na Europa, um novo modo de regulação macroeconômica, denominado fordismo* pelos teóricos da regulação. A nova organização do trabalho gera excelentes ganhos de produtividade e permite produzir em massa bens de consumo durável (automóveis, máquinas de lavar, televisores...), agora acessíveis à maioria das famílias. Desse modo, a conjunção entre produção e consumo de massa produz um círculo virtuoso.

A partir dos anos 1980, as pesquisas de inspiração "regulacionista" começaram a se interessar por novos campos de investigação: a comparação dos diferentes tipos de capitalismo contemporâneo (americano, francês, nórdico, asiático), a transição econômica nos países do Leste os sistemas de inovação ou ainda a passagem para uma economia "pós-fordista".

No plano teórico, a teoria da regulação tentou estabelecer uma ponte com outras correntes de pensamento, como a economia das convenções* e o institucionalismo*.

Bibliografia: • M. Aglietta, Régulation et crise du capitalisme, Calmann-Lévy, 1976 • R. Boyer, La Théorie de la régulation: une analyse critique, La Découverte, 1986 • R. Boyer, Une théorie du capitalisme est-elle possible?, Odile Jacob, 2004 • R. Boyer, J.-P. Durand, L'Après-fordisme, Syros, 1993 • R. Boyer, Y. Saillard (orgs.), Théorie de la régulation. L'état des savoirs, La Découverte, 1995

→ Capitalismo, Inovação

RELAÇÕES HUMANAS (escola das)

A escola das relações humanas, cujo fundador é Elton Mayo (1880-1949), destaca a importância do fator humano na empresa.

A experiência das fábricas de Hawthorne, da Western Electric, dirigida por E. Mayo, é a referência fundadora da escola das relações humanas.

Numa época em que as práticas do taylorismo* predominavam nas grandes indústrias, E. Mayo mostrou que os operários não são movidos unicamente pelo atrativo da remuneração; eles também reivindicam consideração e reconhecimento.

Depois de E. Mayo, a corrente das relações humanas se desenvolveu em torno de dois eixos:

– as contribuições de Abraham Maslow* (1908-1970), de Frederick Herzberg (1923-2000) e de Douglas MacGregor (1906-1964), para quem o homem que trabalha não é motivado apenas pelo interesse econômico, mas por um sistema complexo de necessidades (reconhecimento, segurança, realização pessoal, etc.);

– a dinâmica de grupo, cujos principais representantes são Kurt Lewin* (1890-1947) e Jacob L. Moreno* (1892-1974), dá destaque às relações dinâmicas e aos laços afetivos que se estabelecem no interior de pequenos grupos.

RELAÇÕES INTERNACIONAIS

O desmoronamento do bloco soviético no início dos anos 1990 pôs fim a um sistema bipolar em que se enfrentavam as duas superpotências: Estados Unidos e União Soviética. A partir de então, muito se discutiu sobre o dispositivo internacional que iria substituí-lo.

– Alguns imaginaram o surgimento de uma "nova ordem mundial", regida por instâncias supranacionais como a Organização das Nações Unidas (ONU), os tribunais internacionais ou uma corte de justiça internacional.

– Também se supôs que o fim da Guerra Fria produziria um mundo "multipolar", espalhado em vários centros (os Estados Unidos, a Europa, a China, o Japão, a Índia).

– Para outros ainda, a globalização traria consigo o desaparecimento das fronteiras nacionais, dando origem a um mundo transnacional turbulento, cujos mercados, internet, mas também o crime organizado e as redes terroristas se sobreporiam a Estados impotentes.

– Para outros, enfim, o lugar preponderante ocupado pelos Estados Unidos nas intervenções internacionais (Guerra do Golfo) sugeria que uma nova superpotência iria dominar o mundo. A nova configuração desafiava os modelos das relações internacionais. Nenhum parecia conseguir explicar totalmente a nova ordem mundial. Mas nenhum podia ser descartado.

Do mundo multipolar...

A teoria das relações internacionais ganhou forma nos anos 1930 nos Estados Unidos. Ela sucede à antiga diplomacia e à história militar, e ostenta uma ambição: pensar as relações internacionais com base em modelos científicos. Não se trata mais de relatar os fatos e de avaliar o poder de cada um, mas de depreender uma lógica geral das relações de força.

Essa teoria das relações internacionais se estruturou basicamente em torno de duas perspectivas.

A primeira, da corrente dita "realista" ou "clássica", vê os Estados como monstros insensíveis, interessados somente em obter poder no cenário internacional. Os Estados vivem em situação de conflito permanente, ainda que possam estabelecer acordos temporários.

Essa corrente filia-se à tradição de Karl von Clausewitz (1780-1831) e Thomas Hobbes (1588-1679). O *maître à penser* da escola realista americana foi Reinhold Niebuhr (1892-1971). Em *Moral Man and Immoral Society* [Homem moral e sociedade imoral] (1932), esse teólogo protestante apresenta uma visão dos homens e da sociedade profundamente pessimista, na qual as relações entre os Estados são dominadas pela lógica do enfrentamento. R. Niebuhr não acredita na visão idealista e pacifista de um governo mundial, preferindo a ideia da possibilidade de que, em alguns casos, os chefes de Estado dominem suas paixões e façam uma política "sensata".

Os outros adeptos da visão realista são Frederick L. Schuman (*International Politics* [Políticas internacionais], 1933) e Nicholas J. Spykman (*Americans' Strategy in World Politics* [A estratégia americana na política mundial], 1942). Porém, Hans J. Morgenthau (*Politics among Nations* [A política entre as nações], 1948) é quem vai se tornar a referência central da corrente realista, a partir dos anos 1950. As teses de H. J. Morgenthau podem ser sintetizadas em três proposições essenciais:

– "Há um determinismo aplicável aos fatos políticos, cujas regras e leis são independentes de nossas preferências."

– "A política internacional, como toda política, é uma luta pelo poder." Em outras palavras, os Estados lutam para defender seus interesses e aumentar seu poder.

– A partir disso, é necessário admitir que os Estados vivem em situação de concorrência ou, na melhor das hipóteses, de coexistência, mas nunca de paz harmoniosa. Eles podem gerir seus antagonismos pelo conflito ou pela negociação. Mas, *in fine*, a política internacional não é outra coisa senão o ajustamento dos antagonismos.

A partir de 1945, a visão realista do sistema internacional tornou-se preponderante na teoria das relações internacionais. Ela analisa a configuração de então como um equilíbrio entre dois sistemas de alianças dominados, respectivamente, por uma superpotência: a Organização do Tratado do Atlântico Norte (Otan), dominada pelos Estados Unidos, e o Pacto de Varsóvia, dominado pela União Soviética. O sistema bipolar da Guerra Fria é um caso particular de sistema "multipolar" de Estados-Nações soberanos em competição, descrito por Raymond Aron* em *Paix et guerre entre les nations* [Paz e guerra entre as nações] (1962).

... À ANÁLISE TRANSNACIONAL

Caricaturando ao extremo, poderíamos opor à abordagem realista uma visão alternativa: a análise transnacional. Segundo essa abordagem, o Estado deixa de ser a escala pertinente para compreender as relações de força. As instâncias internacionais – como a ONU, os sistemas de aliança (Otan), a globalização econômica – fariam o Estado perder sua posição central nas relações internacionais.

A ideia de uma interdependência entre Estados não é nova. Ela já estava presente em autores realistas, para quem a natureza dos sistemas de regulação consiste em pacificar as relações internacionais e impedir a hegemonia. Assim, após a Primeira Guerra Mundial, o "internacionalismo liberal" ou "idealismo liberal" (em referência à doutrina do presidente americano Thomas W. Wilson) exerceu um papel fundamental na criação de uma Sociedade das Nações. A partir dos anos 1950, uma corrente denominada "funcionalista" vai se inserir nessa tradição e inspirar a formação da Comunidade Econômica Europeia; tal corrente preconiza acordos limitados entre Estados a partir de "funções" (mercado comum, cooperação industrial, etc.), a fim de dar início a processos irreversíveis de cooperação entre os Estados.

Mas a ideia de uma interdependência global só se tornou efetiva a partir dos anos 1970, com, entre outros, Robert O. Keohane e Joseph S. Nye, autores de *Transnational Relations and World Politics* [Relações transnacionais e política mundial] (1970), e James N. Rosenau (*Linkage Politics: Essays on the Convergence of National and International System* [Links políticos: ensaios sobre a convergência do sistema nacional e internacional], 1969).

Outros pesquisadores, como Morton Kaplan, tentaram construir uma teoria sistêmica* das relações internacionais baseada em modelos de funcionamento nos quais as estratégias nacionais fazem parte de lógicas que as extrapolam: sistema do veto, sistema do equilíbrio, sistema bipolar flexível, sistema bipolar rígido, sistema universal e sistema hierarquizado (*System and Process in International Politics* [Sistema e processo na política internacional], 1957).

A partir dos anos 1990, a globalização econômica e financeira, aliada ao *boom* da internet, levou inúmeros pesquisadores de renome a tomar consciência de um novo período nas relações internacionais. O aumento dos "fluxos transnacionais" de mercadorias, de capitais e de informações parecia selar o destino do Estado-Nação, que já não mais constituía a unidade fundamental da organização mundial. Em 1990, J. Rosenau inaugurava, assim, uma abordagem da organização política mundial em termos de "turbulências". Ele definia a coexistência de um sistema de relações internacionais "estadocêntrico" (centrado no Estado) e de um sistema "multicentrado", no qual os atores são os grupos infraestatais de toda ordem que reivindicam o enfraquecimento do Estado. Na França, o cientista político Bertrand Badie mostrou que, na maior parte das regiões do mundo, as formas assumidas pelo Estado são artificiais. A realidade também é estruturada por atores e fluxos transfronteiriços (religiões, comércio, movimentos políticos globais, etc.).

UMA CIÊNCIA DAS RELAÇÕES INTERNACIONAIS É POSSÍVEL?

A reflexão sobre as relações internacionais não se reduz à oposição realismo/transnacionalismo.

Outras hipóteses foram exploradas. A partir do final dos anos 1990, a análise das relações internacionais ficou marcada ainda por uma torrente de trabalhos sobre a guerra*, as novas formas de conflito (em particular as guerras civis na África) e sobre a estratégia dos principais atores do cenário mundial (empresas, igrejas, etc.). Diante da imbricação dos sistemas internacionais – Estados tradicionais, sistemas de aliança, poderio americano hegemônico, fluxos transnacionais –, alguns duvidam ser possível apreender as relações internacionais com base em um quadro teórico unificado.

Bibliografia: • B. Badie, *Un monde sans souveraineté*, Fayard, 1999 • J. Huntzinger, *Introduction aux relations internationales*, Seuil, 1987 • T. de Montbrial, *L'Action et le Système du monde*, Puf, 2002 • J.-J. Roche, *Théorie des relations internationales*, Montchrestien, 1997

RELATIVISMO

"O homem é a medida de todas as coisas", afirmava o filósofo Protágoras. Em outras palavras, não existe verdade absoluta nem universal. Nossos conhecimentos, valores e gostos são consequência de nosso ponto de vista particular.

O relativismo pode se aplicar, assim, aos valores morais*, ao julgamento estético ou ainda à teoria do conhecimento. No pensamento contemporâneo, o relativismo assumiu várias facetas.

Na sociologia, é frequentemente associado à nova sociologia das ciências (representada por David Bloor e Bruno Latour*). Nessa abordagem, os conhecimentos científicos não são considerados verdades absolutas, mas construções sociais forjadas nas interações entre os pesquisadores.

Na história, a abordagem relativista consiste em considerar que a verdade histórica está relacionada à perspectiva inicialmente adotada, aos preconceitos e à situação social do historiador. Nessas condições, a objetividade só pode ser atingida se o historiador tomar o cuidado de esclarecer e de explicitar as operações usadas na pesquisa.

Na antropologia, o relativismo é geralmente associado à doutrina de Edward Sapir* (1884-1939), segundo a qual as categorias da linguagem e do pensamento das diferentes culturas são mutuamente irredutíveis. Ou seja, não existiriam categorias mentais universais.

Na filosofia moral, o pensador americano Richard Rorty* preconiza uma doutrina relativista segundo a qual nossos conhecimentos são construções mais úteis do que verdadeiras. Segundo ele, essa doutrina é coerente com o espírito da democracia, escola da dúvida e da livre discussão, que rejeita qualquer visão de uma verdade ou felicidade absoluta (R. Rorty, *Hoffnung statt Erkenntnis: Einleitung in die pragmatische Philosophie* [Esperança em vez de saber. Introdução ao pragmatismo], 1995).

RELIGIÃO

A religião pode ser definida como a crença em Deus (ou em espíritos), por meio de ritos (a oração, os sacramentos), instituições (as igrejas, seitas...), ou até mesmo de lugares e objetos sagrados (fetiches, estátuas, templos, etc.). O primeiro perigo a ser evitado é tentar achar uma definição exata de religião. Em cem anos de estudos, ninguém conseguiu chegar a um consenso a respeito do assunto.

O QUE É A RELIGIÃO?

Globalmente, duas concepções extremas de religião se opõem. A primeira postula a unidade fundamental do fenômeno religioso. Independentemente da história e da diversidade de suas manifestações concretas, existiria uma essência única da religião. Essa é a tese do *Homo religiosus*, defendida por toda uma corrente de inspiração fenomenológica (Rudolf Otto, Gerardus van der Leeuw, Mircea Eliade*, Julien Riès). A unidade do fenômeno religioso se manifestaria através da crença na existência de um mundo invisível, transcendente e sagrado, povoado de espíritos ou deuses, aos quais, em todos os tempos, os homens devotaram um mesmo tipo de culto. Do xamanismo* ao cristianismo, dos cultos satânicos ao confucionismo, todas as crenças seriam tão somente manifestações distintas de uma mesma postura mental, manifestada num mesmo esquema de representação.

De modo oposto, alguns autores contestam o uso do termo "religião", vendo-o como um artifício conceitual que agrupa, arbitrariamente, fenômenos distintos em uma realidade única. Para muitos historiadores, não existe uma única religião, mas várias. É o que afirma mais frequentemente o pesquisador especializado, que tende sempre a distinguir e a particularizar seu objeto de pesquisa. Além disso, como lembra Daniel Dubuisson, a noção de religião é uma invenção recente do pensamento ocidental (*L'Occident et la Religion. Mythes, science et idéologie* [O Ocidente e a religião. Mitos, ciência e ideologia], 1998), que consiste em isolar a esfera do religioso – seus ritos, suas crenças – do resto da sociedade, transformando-a num mundo à parte. No entanto, todos esses elementos constitutivos também estão presentes em outras esferas. O culto aos ídolos, por exemplo, aparece no esporte, no cinema e na música. As missas, cerimônias, crenças messiânicas, por sua vez, estão presentes na política. A esse respeito, chegou-se a inventar o conceito de "religião secular" para designar o comunismo ou o fascismo, que apresentavam muitas características de uma religião de Estado (A. Piette, *Les Religiosités séculières* [As religiosidades seculares], 1993).

Quanto ao culto aos mortos, não é preciso acreditar em espíritos para celebrar aqueles que morreram pela pátria. A busca por transcendência, enfim, é observada em outras esferas de atividades, como na música e na ciência.

A religião seria, então, um fenômeno *sui generis* ou um artifício conceitual? Optar por uma dessas fórmulas é uma questão de postura intelectual, mas, seja como for, todos concordam em reconhecer que o que se convencionou chamar de "religião" engloba uma realidade heterogênea. E é justamente todo esse arsenal que os pesquisadores tentam estudar, inclusive um dos adeptos da unidade fundamental do fenômeno religioso, G. van der Leeuw, para quem a religião deve ser estudada em seus diferentes componentes: crenças, ritos, práticas, clero... (G. van der Leeuw, *Religion in Essence and Manifestation* [Religião na essência e manifestação] 1933).

Sob esse ponto de vista, uma religião sempre vai apresentar, *grosso modo*: um sistema de crenças, com seu panteão de divindades, sua cosmologia e mitos de origem; uma moral, com seus interditos e prescrições, seus valores e tabus; rituais e cerimônias, com suas orações e objetos de culto; pessoas especializadas na mediação com os espíritos. Quer se trate das Testemunhas de Jeová, dos cultos de mistérios da Antiguidade, da religião egípcia ou da religião dos pigmeus, é inevitável que muitos desses elementos estejam presentes, interligando-se como os átomos de uma molécula.

EXISTEM VÁRIOS TIPOS DE RELIGIÃO?

Há um século, Edward B. Tylor* via a história do fenômeno religioso como uma sucessão de etapas que marcaram o passado da humanidade: o animismo* (espíritos são atribuídos aos elementos naturais e aos animais) seria a religião dos primeiros homens; viria em seguida a idolatria (adoração de totens*); depois, o politeísmo (como no panteão grego, romano ou hindu); e, enfim, o monoteísmo (judaísmo, islamismo e cristianismo). Essa visão evolucionista caiu em desuso. Sabe-se que as religiões africanas, por muito tempo consideradas "fetichistas" e "primitivas", comportam em sua maioria um Deus criador e divindades locais. Inversamente, podemos nos perguntar se o cristianismo é mesmo uma religião monoteísta, com sua panóplia de deuses (o Pai, o Filho e o Espírito Santo), o culto à Virgem Maria, os santos, o cortejo dos anjos e a presença ambígua do diabo (P. Gisel, G. Emery, *Le christianisme est-il un monothéisme?* [O cristianismo é um monoteísmo?], 2001).

Rompendo com o evolucionismo e a vontade de classificar os cultos segundo uma progressão cronológica, os sociólogos alemães do início do século XX tentaram estabelecer diferentes classificações ideal-típicas das formas religiosas. Assim, Max Weber* propôs a famosa distinção entre "igreja" e "seita". A Igreja é definida como uma instituição religiosa burocratizada: ela exerce domínio sobre uma sociedade, é organizada por um corpo de sacerdotes profissionais e possui um dogma codificado em textos sagrados. Já a seita é uma associação voluntária de crentes em ruptura com a sociedade, e que se sente movida por uma missão. Desse modo, já se nasce membro de uma Igreja, ao passo que se adere por livre vontade a uma seita.

A esperança de criar uma tipologia das diversas formas religiosas com base em critérios claramente estabelecidos foi acalentada por muitos. Mas, como já é sabido, os especialistas raramente são unânimes. Existem tantas definições do xamanismo, por exemplo, quanto especialistas no assunto. Assim, na falta de uma conceitualização única aceita por todos, é-se levado, pelo inventário dos estudos especializados, a constatar a extraordinária diversidade de formas assumidas pela religião mundo afora e a suspeitar que, por trás de tudo isso, devem realmente existir algumas formas fundamentais que as compõem.

A VARIEDADE DAS EXPERIÊNCIAS RELIGIOSAS

Outra maneira de abordar as formas de religião consiste em não tomar por base as instituições religiosas, e sim a vivência dos fiéis. Na obra *The Varieties of Religious Experience* [Variedades da experiência religiosa] (1902), o psicólogo William James* analisou os convertidos (os "nascidos duas vezes"), chegando a traçar vários perfis característicos: os bem-aventurados (que tendem a ver o mundo como maravilhoso), os místicos, os ascetas, os santos, etc. Logo depois, psicólogos, sociólogos e historiadores se põem a examinar as diversas modalidades da crença. Gabriel Le Bras (1891-1970) iniciou, assim, grandes pesquisas sobre a evolução das crenças na Europa. Constatando o retrocesso do catolicismo na sociedade francesa, ele conseguiu distinguir quatro figuras típicas de católicos, classificadas por ordem de adesão decrescente: os "beatos", os "praticantes regulares", os "conformistas" e os "não praticantes". Em seguida, outras pesquisas ajudariam a evidenciar dois polos da identidade cristã: um "cristianismo eclesial", composto pelos crentes que seguem os dogmas da Igreja e respeitam as cerimônias; um cristianismo "deísta", formado por aqueles que se dizem religiosos, mas que não creem em um Deus pessoal nem na vida após a morte, e que praticam as cerimônias religiosas por simples convenção. Segundo o sociólogo Yves Lambert, os últimos trinta anos viram o cristianismo eclesial transformar-se em um deísmo cristão ("Et si la majorité des chrétiens étaient des déistes?" [E se a maioria dos cristãos

---

A INVENÇÃO DOS DEUSES

• No início dos anos 1960, o antropólogo Edward E. Evans-Pritchard* propunha classificar as teorias do fenômeno religioso em duas categorias: as "teorias psicológicas" e as "teorias sociológicas" (E. E. Evans-Pritchard, *Theories of Primitive Religion* [Teorias da religião primitiva], 1965).
As teorias psicológicas se subdividiam em duas. As teorias afetivas partem das emoções: a necessidade de crer nasce do sofrimento e de sua consequente necessidade de consolo. Karl Marx* via na religião "o suspiro da criatura oprimida", uma "felicidade ilusória", em suma, "o ópio do povo". Em *Totem e tabu* (1913), Sigmund Freud* defendia a ideia de que a religião tem origem no sentimento de culpa. As teorias intelectualistas, por sua vez, explicam a religião por uma formação particular da mente. O antropólogo inglês Edward B. Tylor* explicava o animismo pela projeção da noção de alma (já experimentada pelo homem primitivo) nas "criaturas" naturais. Os alemães, como Max Müller e R. Otto, explicavam a emoção religiosa por um sentimento misto de surpresa, temor e encantamento diante da natureza.

• Esse tipo de explicação foi abandonado em seguida. O próprio E. E. Evans-Pritchard procurou mostrar que essas teorias são puras especulações sobre o pensamento do homem primitivo, impossíveis de serem confirmadas ou refutadas.
Recentemente, no entanto, esse tipo de explicação psicológica voltou a ocupar uma posição de destaque na antropologia cognitiva. Pascal Boyer, em *Et l'homme créa les dieux* [E o homem criou os deuses] (2001), e Scott Atran, em *In Gods We Trust* [Nos deuses nós confiamos] (2002), propõem uma teoria semelhante: a crença nos espíritos é universal e provém de uma ativação de módulos mentais inatos* no cérebro humano. Essa ativação seria responsável por nos fazer, por exemplo, atribuir um espírito aos seres humanos (mesmo quando mortos), pedir ajuda em caso de necessidade ou, ainda, evitar as contaminações, recorrendo à purificação.

• A outra grande via de explicação das religiões é a teoria sociológica. Alexis de Tocqueville* e Auguste Comte já a haviam notado em seu tempo: a religião contribui para formar o "cimento moral" das sociedades, bem como para unir as comunidades. Sua razão de ser deve ser buscada pelo lado da ordem social.
Na obra *Les Formes élémentaires de la vie religieuse* [As formas elementares da vida religiosa] (1912), Émile Durkheim* propõe uma análise global da origem das sociedades humanas a partir da religião. Tomando por base o caso australiano, ele vê no totemismo o protótipo da religião primitiva. Religião de um clã, o totem confere um emblema e cria relações de solidariedade entre os membros de um grupo. É durante as cerimônias coletivas que estes tomam consciência de si e solidificam seus elos. As "representações coletivas" se traduzem por uma emoção comum que domina o grupo.
Nesse ponto, É. Durkheim está pensando incontestavelmente nas grandes manifestações políticas de sua época, que mobilizam as massas.
A ideia segundo a qual o ideal comum é constitutivo dos grupos humanos será abordada em seguida por inúmeros sociólogos. A. de Tocqueville já havia percebido o papel da religião na unidade do povo americano. Nos Estados Unidos, a chamada "religião civil", estudada pelo sociólogo Robert Bellah, descreve o modo como a sociedade americana sacraliza seu ser coletivo como uma comunidade unida em torno de valores comuns.

fosse deísta?], em *Ethnologie des faits religieux en Europe* [Etnologia dos fatos religiosos na Europa], 1993).

O modo como os cristãos, os mulçumanos ou os judeus vivem atualmente suas religiões é muito diferenciado. A recomposição dos modos de crenças é um dos grandes temas atuais da sociologia das religiões. O reconhecimento do declínio dos dogmas "oficiais" não basta para deduzir que as crenças desapareceram. Estamos assistindo, mais especificamente, a uma "miscelânea" das crenças, em que cada um faz suas escolhas e compõe para si uma "religião à la carte" (D. Hervieu-Léger, *Le Pèlerin et le Converti* [O peregrino e o convertido], 1999). Nos dias de hoje, é comum ver, cristãos seduzidos pela reencarnação, místicos do New Age professarem crenças sincréticas, nas quais Jesus, Krishna, neoxamãs budistas, etc., convivem sem maiores dificuldades.

Historiadores e antropólogos também se interessaram pela diversidade dos "regimes de crenças". No interior de uma mesma religião, existem diferentes formas de viver a própria fé: do simples beatismo ao misticismo, da prática assídua à vaga convicção, do fervor iluminado ao simples conforto moral. É igualmente notável constatar que, em meio à diversidade das religiões, alguns perfis típicos sobrevivem: místicos em terra islâmica, na Índia ou no Ocidente; profetas que surgiram em todos os continentes e em todas as épocas, assim como bruxos, adivinhos e outros magos. Experiências religiosas similares se manifestam em épocas e lugares muito diferentes. A força da religião talvez resida na sua capacidade de renascer acoplando-se a algumas estruturas psicológicas e sociais fundamentais. E, invariavelmente, isso nos faz perguntar: por quê?

COMO "FUNCIONA" UMA RELIGIÃO?

Com a especialização das pesquisas, em religião ou em qualquer outro campo, as grandes teorias cederam lugar a mecanismos de investigação mais precisos sobre o funcionamento das religiões: como se dão as conversões? Como as populações são evangelizadas? Em que terreno social um determinado movimento religioso é implantado? Como se organizam as igrejas? Para essas questões, dispõe-se atualmente de um material bastante rico, até rico demais. Não há sequer um único assunto relativo à Reforma protestante, à difusão do budismo, aos escritos bíblicos ou ao xamanismo que não tenha sido objeto de milhares de pesquisas, publicações e colóquios.

Vejamos um exemplo. Por si só, a conversão religiosa já constitui um tema de estudos muito ativo, explorado por historiadores, antropólogos, psicólogos, sociólogos e especialistas da literatura. Trata-se de entender como e por que as pessoas se convertem ao budismo ou ao islamismo no Ocidente atual, por que aderem a uma seita, ou ainda como o cristianismo das origens foi implantado. A conversão do apóstolo Paulo, o primeiro e mais célebre cristão convertido, forma um ramo exclusivo de pesquisa, com seus eruditos, debates e dezenas de artigos. Na obra *Paul the Convert* [Paulo, o convertido] (2003), por exemplo, o historiador Alan F. Segal tenta entender por que Paulo aderiu tão repentinamente à palavra de Jesus, que havia combatido até então. A. F. Segal passa em revista centenas de trabalhos de história e de psicologia sobre a conversão que mostram que uma revelação, vivida individualmente como uma transformação interior repentina, nunca se manifesta em terreno virgem. A maior parte dos convertidos apresenta um perfil semelhante: a conversão é precedida por um período de insatisfação, o convertido já entrara em contato com as ideias ou com os membros do grupo do qual faria parte. As ondas de conversão, tal como ocorreram nos primeiros tempos da Igreja cristã, são antecedidas por condições sociais e históricas precisas, a exemplo do clima apocalíptico no tempo do cristianismo primitivo.

Iniciada há um século, a ambição de fundar uma "ciência da religião" cedeu lugar a uma miríade de estudos especializados. Não existe sequer um único período da história das religiões que não tenha sido minuciosamente estudado, uma única palavra dos grandes textos sagrados que não tenha sido objeto de investigações detalhadas, um único campo da simbólica sagrada que não tenha seu especialista. E aquele que, nos dias de hoje, quiser enfrentar esse imenso *corpus* para tentar extrair uma verdade definitiva, vai precisar ter fé...

Bibliografia: • D. Hervieu-Léger, J.-P. Willaime, *Sociologie et religions: approches classiques*, Puf, 2001 • F. Lenoir, Y. Tardan-Masquelier, *Encyclopédie des religions*, 2 vols., Bayard, 1997 • C. Rivière, *Socio-anthropologie des religions*, Armand Colin, 2003 [1997] • J.-P. Willaime, *Sociologie des religions*, Puf, "Que sais-je?", 2004 [1995]

REPRESENTAÇÃO

A palavra "sol" é a representação verbal de um astro que brilha no céu. A bandeira americana é a representação de um país. O sinal "+" é a representação simbólica de uma operação matemática. No sentido mais amplo, a representação de um objeto ou de uma ideia é sua cópia sob a forma de uma imagem, de um símbolo ou de um sinal abstrato.

Para além dessa generalidade, surgem os problemas conceituais.

UMA NOÇÃO NEBULOSA...

Em *The Mind's New Science* [A nova ciência da mente: uma história da revolução cognitiva] (1985), o psicólogo Howard Gardner* atribuía às representações o *status* de conceito "central" das ciências cognitivas*. Vinte anos depois, em um balanço proposto por Jean Lassègue e Yves-Marie Visetti ("Que reste-t-il des représentations?" [O que sobrou das representações?], *Intellectica*, nº 35, 2002), os pesquisadores constataram "uma ligeira inconsistência" no emprego da noção. As representações mentais são ao mesmo tempo onipresentes e invisíveis nas ciências cognitivas. Onipresentes: Jean Delacour faz das representações mentais a quintessência da cognição (*Une introduction aux neurosciences cognitives* [Uma introdução às neurociências cognitivas], 1998). Inexistentes: o termo é totalmente ignorado em muitos manuais de psicologia, o que diz muito sobre sua ambiguidade.

Jerry Fodor* propôs uma abordagem simbólico-computacional da representação em *The Language of Thought* [A linguagem do pensamento] (1975) e, posteriormente, em *Representations* [Representações] (1981). De modo geral, todas as atividades cognitivas, da percepção à consciência, são tratadas no cérebro através de uma linguagem do pensamento (o "mentalês"), escrito na forma de representações simbólicas. Segundo essa abordagem – cujo modelo é inspirado na informática –, as representações não são uma propriedade especificamente humana. Elas também podem ser encontradas nos computadores.

Outros filósofos da mente* (Daniel C. Dennett*, John R. Searle, Ruth G. Millikan, Fred I. Dretske, Peter Carruthers, Pierre Jacob) associam a representação à noção de intencionalidade* na fenomenologia*; outros, às imagens mentais; outros ainda, às categorias, aos esquemas* e aos estereótipos*, que nos ajudam a decodificar o real; finalmente, outros se perguntam, por exemplo, se os animais são dotados de representações (J. Proust, *Comment l'esprit vient aux bêtes. Essai sur la représentation* [Como o espírito sobrevém aos animais. Ensaio sobre a representação], 1997). Antes de seguir adiante, é necessário, pois, reservar algum tempo para desbravar e limpar os campos semânticos dessa noção de múltiplas acepções.

No sentido mais amplo, a representação designa qualquer realidade (objeto, sinal, imagem) que mantenha uma relação de correspondência com uma outra realidade, e que a substitua. Certo quadro de Monet é uma representação de nenúfares, a bandeira malgaxe representa Madagascar, o termo "cubo", um objeto com essa forma... Nesse sentido geral, trata-se de uma propriedade muito genérica, observável em objetos físicos (o nível de mercúrio de um termômetro representa a temperatura externa) ou na cognição animal (para o tigre, um odor estranho sinaliza a presença de outro animal em seu território), e que informa sobre a coisa representada. Para o cão de Ivan Pavlov, a campainha representa que a comida está para chegar, fazendo-o salivar antes mesmo de visualizar o alimento.

Em sentido restrito, a filosofia e as ciências humanas empregaram tradicionalmente o termo "representação" para caracterizar as ideias, as imagens e as percepções produzidas pelo cérebro humano. É nesse sentido que a psicologia social* estuda as "representações coletivas" ou as "representações sociais": dos mitos à opinião pública, das crenças comuns às ideias religiosas.

DO SINAL ÀS IDEIAS

Qual é a fronteira entre a definição mais ampla da representação e a definição mais estreita, atribuída aos seres humanos? A partir dos anos 1980, os filósofos da mente e os psicólogos deram início a um trabalho de elucidação conceitual (às vezes árido), para tentar conferir um conteúdo rigoroso aos conceitos em uso.

Todo esse trabalho converge no sentido de um desejo de depreender vários níveis na elaboração das representações.

– *Nível 1: o sinal*. "A primeira etapa que marca o surgimento das representações consiste na capacidade de extrair regularidades do mundo, e de empregá-las para controlar o próprio comportamento" (J. Proust, *Les animaux pensent-ils?* [Os animais pensam?], 2003). Esse primeiro nível corresponde ao tratamento da informação pelos neurônios sensoriais do animal dotado de um cérebro ainda muito elementar. Ele recebe uma informação do mundo externo e seu organismo transforma essa informação (visual, auditiva, olfativa...) em uma propriedade interna que "covaria" de acordo com a fonte de informações.

O nível mais elementar da representação corresponde à sensação pura. Coloco a mão sobre uma chama. A dor transmite a informação automaticamente para o cérebro, que ordena à minha mão que se afaste. É inútil, nesse estado, possuir uma representação do fogo; um único sinal é suficiente. O mesmo ocorre com o mercúrio do termostato, que varia em função da temperatura ambiente e liga, ou não, o aquecedor.

– *Nível 2: as "pré-representações"*. Para pegar um objeto, como um copo, estendemos a mão e, mecanicamente, os dedos se afastam quase que no espaço exato do tamanho do copo, antes de o agarrarem. Se o objeto for mais volumoso, como uma garrafa, a pinça formada pelo polegar e os outros dedos se abre ainda mais, apenas alguns milímetros além do tamanho do objeto. Ninguém abre muito mais ou muito menos a mão. A realização desse simples gesto supõe que houve, previamente, uma representação exata do gesto a ser feito, uma "representação motora" inconsciente, que precede a ação (M. Jeannerod, "La main, l'action et la pensée" [A mão, a ação e o pensamento], em J.-F. Dortier, *Le Cerveau et la Pensée* [O cérebro e o pensamento], 2003).

– *Nível 3: as categorias*. Uma fase ulterior das representações é a das categorias mentais que nos ajudam a decodificar o meio. Para reconhecer o lápis, a xícara de café ou o livro que estão em cima da mesa, é necessário dispor de um léxico mental*, formado por categorias estáveis que nos ajudam a reconhecer e a identificar os objetos. E essas categorias, armazenadas na memória de longo prazo e adquiridas por aprendizagem, merecem plenamente o nome de representações. Mas não são exclusivas do homem. Quase todos os mamíferos, aves e répteis possuem categorias mentais, sem as quais seu meio seria completamente instável. Um cachorro, por exemplo, não conseguiria identificar um gato marrom tendo visto um gato preto, ou um gato deitado tendo visto um gato de pé.

Além disso, essas representações parecem ser sempre ativadas "em situação". É somente quando está diante de um objeto que o animal reage, solicitando então suas representações ou categorias para identificar o objeto em questão.

– *Nível 4: as metarrepresentações ou "ideias"*. Em comparação com os outros animais superiores, os seres humanos possuem a capacidade de inventar tipos de representações novas, isto é, imagens mentais e "metarrepresentações". As primeiras são representações (de objetos, de seres vivos...) que podem ser invocadas independentemente de estímulos externos. Essas imagens mentais são ativadas em todo ato de imaginação *lato sensu* (lembranças, antecipação ou experiências de pensamento*). Elas são o suporte cognitivo das palavras da linguagem.

A metarrepresentação é definida por alguns pesquisadores como específica dos seres humanos. Trata-se da capacidade de formular representações de segunda ordem, que não se referem às coisas externas, mas às próprias representações: uma representação da representação. A afirmação "A página é branca" é uma representação (da cor do livro). Já a afirmação "Eu acho que a página é branca" é uma representação de segundo grau, visto que não se refere ao objeto, mas à representação deste último. Essas singulares "representações da representação" podem ser ativadas independentemente do objeto representado. Podemos chamá-las simplesmente de "ideias", pois correspondem a uma experiência de pensamento das mais corriqueiras: aquela que consiste em invocar objetos, seres, imagens ou seres imaginários (J.-F. Dortier, *L'Homme, cet étrange animal* [O homem, esse estranho animal], 2004).

O MUNDO DAS REPRESENTAÇÕES MENTAIS

O Papai Noel, a Torre Eiffel, o número 13, Deus, as recordações de infância, os projetos de viagens..., todos esses seres reais ou virtuais povoam nossas mentes sob a forma de representações mentais. Nossas representações sobre um amigo, por exemplo, remetem a um conjunto de informações, de imagens ou de sentimentos associados a sua pessoa, e nos permitem identificá-lo, descrevê-lo, julgá-lo e adotar um determinado comportamento a seu respeito (será que devemos convidá-lo para o casamento?). Mas esses pequenos rótulos mentais não são úteis apenas para decifrar o meio; também nos ajudam a nos comunicar com os outros, a sonhar, a imaginar, a planejar e a orientar nossas condutas.

A partir dos anos 1970, dois grandes debates sobre as representações mentais vão surgir na psicologia cognitiva*:

– as representações seriam codificadas no cérebro sob a forma de imagens ou, pelo contrário, de símbolos (de natureza linguística)? Após três décadas de debates, a tese da imagem parece ter triunfado;

– o segundo debate está relacionado à "representação dos conhecimentos*" e consiste em saber sob que formas (lista de propriedades, esquemas, modelos mentais, categorias…) o cérebro trata e agrupa as diferentes informações. O debate se decidiu por uma codificação das representações sob a forma de esquemas ou de protótipos*, e não de lista de proposições, como concebia o cognitivismo*.

Bibliografia: • J.-F. Dortier (org.), *Le Cerveau et la Pensée: la révolution des sciences cognitives*, Sciences Humaines, 2003 • J. Fodor, *Representations*, MIT Press, 1981 • D. Sperber (org.), *Metarepresentations: in a Multidisciplinary Perspective*, Oxford University Press, 2000

→ **Imagem mental, Intencionalidade, Representação social**

REPRESENTAÇÃO DOS CONHECIMENTOS

"Tenho um peixe vermelho que se chama Alexandre"; "O peixe vermelho é um animal"; "Um animal é um ser vivo". Proveniente da inteligência artificial*, a representação dos conhecimentos designa o conjunto dos métodos – descritivos ou lógicos – pelos quais se tenta traduzir os conhecimentos relativos a um objeto (como um "mamífero") ou a um conceito (como Deus), a fim de transmitir essas informações para um computador. Entre os métodos de representação dos conhecimentos, podem ser citados as redes semânticas, os protótipos, os *scripts* e os esquemas.

→ **Protótipo, Representação, Rede semântica, Esquema, *Script***

REPRESENTAÇÃO SOCIAL

"Os bombeiros são pessoas corajosas, que fazem um trabalho difícil"; "O esporte é bom para a saúde"; "Os políticos são corruptos". Eis alguns exemplos de lugares-comuns que muitas vezes ouvimos. A particularidade dessas representações comuns é o fato de funcionarem como "clichês", reduzindo uma realidade complexa a alguns elementos salientes (nem sempre falsos, aliás), e de serem usadas como um guia de leitura do mundo. O estudo dessas opiniões, estereótipos e preconceitos foi um dos temas fundadores da psicologia social.

Nos países de língua francesa, uma tradição particular de pesquisa foi instituída a partir do estudo realizado por Serge Moscovici*, em 1961 (*La Psychanalyse, son image et son public* [A psicanálise, sua imagem e seu público]). Abordando o tema da imagem da psicanálise entre o público geral, essa pesquisa fundadora forneceu algumas ideias centrais, amplamente exploradas em seguida.

– As representações sociais se formam em torno de um núcleo (alguns autores falam em "esquemas* cognitivos de base" ou "sistema central"), que corresponde a alguns princípios diretores. Em suas pesquisas sobre a psicanálise, S. Moscovici mostrou, assim, que a ampla difusão da teoria de Sigmund Freud* acabou reduzindo-a a duas ideias simples: a existência do inconsciente e do complexo de Édipo, aceitas ou rejeitadas em bloco. Em torno desse núcleo de base agregam-se "elementos periféricos".

– As representações sociais estão arraigadas no interior de um grupo e do sistema de valores que lhe é próprio. Em sua pesquisa, S. Moscovici mostrou que, na época, a imprensa comunista e a imprensa católica deram suas próprias interpretações da psicanálise, diferentes entre si porque ligadas à visão particular de cada uma sobre o indivíduo e a sociedade. Uma vez "arraigada", a representação social desempenha uma função de filtro cognitivo, e toda informação nova é interpretada segundo os quadros mentais preexistentes. O estudo das representações sociais se estendeu para um campo mais amplo: as representações da doença, da empresa, do meio ambiente, da alimentação, da caça…

Bibliografia: • C. Bornadi, N. Roussiau, *Les Représentations sociales. État des lieux et perspectives*, Mardaga, 2001 • P. Mannoni, *Les Représentations sociales*, Puf, "Que sais-je?", 1998 • J.-M. Seca, *Les Représentations sociales*, Armand Colin, 2001

→ Ideologia, Imaginário, Mentalidade, Mito, Psicologia social, Representação

REPÚBLICA

Numa acepção muito ampla, a república é o regime no qual o poder político é regido pela lei. Ela pode comportar tanto elementos da democracia* como de outros regimes*. Isso explica por que, excetuando-se o sentido particular que lhe confere Platão, a república não se apresenta classicamente como um regime puro, e sim como o resultado de uma espécie de alquimia entre vários regimes. Para Cícero (século I a.C.), por exemplo, ela combina o que há de melhor na monarquia, na aristocracia e na democracia.

Da Antiguidade aos dias atuais, o conceito de república não parou de evoluir segundo o contexto em que era pensado. A partir do século XVII, ela é definida como um regime misto, mas também em oposição à monarquia absoluta. Com os federalistas americanos, a república se distingue da democracia pela introdução do sistema de representação. "Em uma democracia", escrevia James Madison, "o próprio povo se reúne e governa; em uma república, ele se reúne e governa por meio de representantes e agentes." Além disso, ela se apresenta como o regime que melhor se adapta aos Estados federais. Os revolucionários franceses, por sua vez, lhe conferem uma nova dimensão. A república será a democracia representativa acrescida de princípios de caráter universal, destinados a selar a unidade do povo dos cidadãos: a liberdade, a igualdade e a fraternidade.

RESILIÊNCIA

Os filhos de alcoólatras não estão condenados ao alcoolismo; as crianças que sofreram maus-tratos não necessariamente irão se tornar pais agressivos; aquelas que sofreram um traumatismo na infância (estupro, acidente grave, paralisia, etc.) não estão condenadas à infelicidade eterna... Esses exemplos resumem a ideia contida no termo "resiliência".

A CRIANÇA INVULNERÁVEL

"Resiliência" é um termo importado da física que designa a resistência ao choque dos materiais. Quanto mais resiliente for um material, mais resistente ao choque ele será. O termo começou a ser empregado na psicologia nos anos 1980.

Nessa época, vários pesquisadores têm por objeto de estudo as crianças "de risco", ou seja, aquelas que um meio patogênico – pais alcoólatras ou agressivos, acontecimentos traumáticos – tornou mais "vulneráveis" à manifestação de distúrbios do desenvolvimento. Em 1982, o psiquiatra americano James Anthony dedica toda uma obra ao tema, *The Child in his Family*, vol. 4: *Vulnerable Children*. [A criança em sua família, vol. 4: Criança vulnerável] (com P. Heller, C. Koupernik, C. Chiland). Constatando que, entre as crianças vulneráveis estudadas, algumas se desenvolviam normalmente, seu interesse se volta para elas. Em 1987, é publicado *The Invulnerable Child* [A criança invulnerável] (com B. J. Cohler).

A passagem da "invulnerabilidade" para a "resiliência" é fruto de uma pesquisa de campo. A psicóloga americana Emmy Werner detectou, entre as 698 crianças nascidas em 1955 em Kauai, no arquipélago do Havaí, um subgrupo de 201 bebês de risco. Ela e sua equipe os acompanharam por trinta e dois anos, certos de que os efeitos deletérios do meio patogênico sobre o desenvolvimento dos bebês seriam confirmados. Nada disso: na adolescência, um terço das crianças não apresentava nenhum problema, e a maioria esmagadora dos dois terços restantes resolveu seus problemas aos 30 anos e se inseriu normalmente na sociedade; apenas doze das 201 crianças, isto é, 6%, necessitaram de ajuda psicológica. Em seu primeiro relatório, E. Werner caracterizava os sujeitos de seu estudo como *resilient children* (E. Werner, R. Smith, *Vulnerable, but Invincible: a Longitudinal Study of Resilient Children and Youth* [Vulnerável mas invencível: um estudo longitudinal de crianças e jovens resilientes],1982).

Por que a descoberta da resiliência foi tão tardia? Provavelmente por causa daquilo que Boris Cyrulnik chama de "viés do profissionalismo" (*Un merveilleux malheur* [Uma maravilhosa infelicidade], 1999). Os profissionais médicos e os assistentes sociais só tratam de crianças que apresentam algum problema. Ao investigar suas histórias de vida, eles deparam tantas vezes com pais agressivos, nascimentos complicados, etc., que têm a impressão de que um começo difícil condena essas crianças à infelicidade e de que os casos bem-sucedidos são uma espécie de milagre de que é impossível extrair algum ensinamento.

A resiliência foi objeto de vários estudos empíricos, interessados, por exemplo, nos fatores que a favoreçam. Os estudos de síntese revelam três fatores de proteção. Os fatores individuais, ligados à personalidade e à inteligência do sujeito: alguns tipos de personalidade são espontaneamente mais bem preparados para o estresse do que outros. Os fatores familiares também influem. Em se tratando de pais ausentes ou deficientes, as crianças apresentam bons resultados quando uma irmã, um avô ou um tio comparecem para suprir a ausência dos pais. Os pesquisadores revelam ainda que alguns contatos com pessoas que não são da família oferecem às vezes um refúgio, uma esperança, um horizonte ou um modelo político para as crianças isoladas em um meio patogênico. Outros pesquisadores mostram que a resiliência não significa a ausência de reação ao choque. Na realidade, ela se manifesta por estratégias ativas de resistência. Nesse sentido, pode ser associada a um mecanismo de defesa ou *coping*.

Bibliografia: • M. Anaut, *La Résilience, surmonter les traumatismes*, Nathan, 2003 • B. Cyrulnik, *Un merveilleux malheur*, Odile Jacob, 1999 • J. Lecomte, *Guérir de son enfance*, Odile Jacob, 2004 • J. Lighezzolo, C. de Tychey, *La Résilience: se (re)construire après un traumatisme*, In Press, 2004

→ Defesa (mecanismo de)

RETÓRICA
→ Argumentação

RICOEUR, PAUL
(1913-2005)

Uma filosofia da nuance, da moderação e da conciliação: esse é o espírito da obra de Paul Ricoeur.

Suas obras são de difícil compreensão, pois se propõem superar as polêmicas que atravessaram a história da filosofia e combinar essas oposições numa terceira via, que será a busca dos sentidos múltiplos e contraditórios das ações humanas, uma leitura interpretativa da cultura (esse é o sentido da hermenêutica*).

Toda sua obra visa a encontrar uma articulação entre a fenomenologia*, a hermenêutica e diferentes linhas de pesquisa nas ciências humanas (teoria literária, história*, filosofia analítica*). Trata-se, em suma, de pensar em conjunto a contribuição dessas correntes no âmbito de uma filosofia reflexiva.

Seu trajeto filosófico tem início na linha da revista *Esprit*, associando as contribuições do cristianismo a um certo distanciamento crítico da atualidade. P. Ricoeur se tornará inclusive redator dessa revista, e em uma seção, denominada "Nas fronteiras da filosofia", defenderá um protestantismo social.

Se, por um lado, o filósofo ficou marcado pela fenomenologia alemã, que ajudará a difundir na França ao lado de Emmanuel Levinas*, Maurice Merleau-Ponty* e Jean-Paul Sartre*, por outro, ele não despreza o desenvolvimento das ciências humanas no século XX (especialmente da psicanálise), o que se confirma pela publicação de *Le Conflit des interprétations* [*O conflito das interpretações*] (1969). Essa obra levanta algumas questões cruciais para os debates da época: como pensar a hermenêutica*, o estruturalismo*, a linguística* ou ainda a fenomenologia*? Que relações existem entre essas disciplinas?

Embora fundamentada na filosofia analítica anglo-saxã (P. Ricoeur foi professor em Chicago), sua obra é pontuada por diálogos com autores reconhecidos na atualidade, como John Rawls* (*A Theory of Justice* [*Uma teoria da justiça*], 1971), Michael Walzer* (*Spheres of Justice* [*Esferas da justiça*], 1983) e Charles Taylor*, ao longo dos quais ele tenta transpor a conhecida alternativa entre o comunitarismo* e o liberalismo*, mediante uma reabilitação do liberalismo político e um pensamento do "agir razoável", do elo entre a moral* e o político.

A filosofia moral é, aliás, uma parte essencial de seu percurso. Órfão desde muito cedo, após a morte do pai durante a Guerra, tendo sido ele mesmo prisioneiro durante a Segunda Guerra Mundial, o filósofo refletirá incessantemente sobre o sofrimento, o mal, a culpa e a relação destes com a vontade (*Philosophie de la volonté* [*Filosofia da vontade*], 1950). A ação humana será o fio condutor de sua filosofia. Em *Soi-même comme un autre* [*O si-mesmo como um outro*] (1990), trata-se de repensar a identidade a partir de uma nova base: o outro é a única fonte de moralidade. Colocar-se no lugar do outro será a nova norma moral. P. Ricoeur também se questionará sobre a história, a ficção e o tempo (*Temps et récit* [Tempo e narrativa], 3 vols., 1983-1985), através da análise dos romances de Marcel Proust, Thomas Mann e Virginia Woolf, chegando à ideia de uma unidade de estrutura entre a narrativa de ficção e os relatos históricos. Essa reflexão contribuirá para o desenvolvimento de uma nova historiografia, que corresponde ao último sopro da Escola dos Annales*.

Em "Ce qui me préoccupe depuis trente ans" [O que me preocupa há trinta anos] (*Esprit*, nos. 8-9, 1986), P. Ricoeur relembra todos os pensamentos que o influenciaram: Edmund Husserl* e Martin Heidegger* para a fenomenologia*, Johann G. Fichte para a tradição reflexiva, Wilhelm Dilthey* e Hans G. Gadamer* para a hermenêutica. Ele ressalta igualmente a importância da linguística e da filosofia analítica anglo-saxã. P. Ricoeur fazia questão de tornar pública sua filosofia, com modéstia e generosidade, sempre num espírito de abertura, diálogo e moderação. Sua obra é muito variada e denota um desejo de completude: a justiça, a política e o direito, a moral e a ação, a narrativa, a historiografia e ainda a exegese bíblica. Por sua abordagem sempre atual, P. Ricoeur figura entre os expoentes da filosofia contemporânea.

Principais obras de P. Ricoeur
• *Le Conflit des intérpretations. Essais d'Herméneutique I*, 1969 [*O conflito das interpretações. Ensaios de hermenêutica I*, Imago, 1977]
• *Temps et récit*, 3 vols., 1983-1985 [*Tempo e narrativa*, Martins Fontes, no prelo]

RISCO

Durante muito tempo relegado ao domínio exclusivo dos profissionais do seguro, o risco atrai hoje o interesse de uma vasta gama das ciências humanas e sociais. Elas tentam mostrar a que ponto ele é inerente à existência humana, bem como à vida social, e, portanto, o quão ilusório é pretender erradicá-lo e atingir um risco zero. Ainda mais porque os homens adoram provocá-lo...

Na usina de tratamento dos dejetos nucleares de La Hague, por exemplo, as normas de segurança, particularmente estritas e formalizadas pela direção, não são rigorosamente respeitadas. Por descuido dos técnicos? Longe disso: apegados a uma visão mais viril de sua profissão, esses técnicos preferem encarar o perigo do risco a respeitar as normas, que dão a impressão de reduzir suas funções a uma simples tarefa doméstica. Para eles, uma pequena irradiação não constitui um acidente de trabalho, mas um batismo de fogo...

Esse comportamento de risco, cujo estudo se deve a Françoise Zonabend (*La Presqu'île au nucléaire* [A península nuclear], 1989), não é exclusivo dos técnicos da indústria nuclear. Do motorista que dirige em estado de embriaguez ao saltador de *bungee jumping*, passando pelo consumidor de *ecstasy* ou de qualquer outra substância química, esse comportamento é observado em diversas circunstâncias. Contrariamente ao que em geral se pensa, a adolescência não é a fase privilegiada para o risco. Apesar de pouco mais de 15% dos jovens declararem que já se submeteram a um comportamento de risco, muitos estão relacionados a pequenas transgressões, como pegar um ônibus sem pagar (J. Arènes, M.-P. Janvrin, F. Baudier, *Baromètre santé jeunes 1997-98* [Barômetro da saúde dos jovens 1997-1998], 1998).

OS RISCÓFOBOS E OS RISCÓFILOS

O risco não é apenas uma questão de percepção pessoal, mas também de representação, variável conforme as profissões, a idade e as culturas. Foi o que procurou mostrar a antropóloga inglesa Mary Douglas*, nos anos 1980, em *Risk and Blame. Essays in Cultural Theory* [Risco e culpa. Ensaios de teoria cultural] (1992), ao distinguir as sociedades "riscófobas" (resumidamente, as sociedades ou grupos humanos predominantemente hierárquicos) e as sociedades "riscófilas" (predominantemente individualistas).

Mesmo sendo da ordem das representações, os riscos não deixam de ser reais. Vaca louca, *tsunami*, nos últimos anos, catástrofes e incidentes confirmaram o surgimento de novos riscos tecnológicos ou sanitários importantes. Apesar de reais, eles nem sempre são naturais. É o que mostram as análises dos geógrafos, ao revelarem a responsabilidade dos homens no desencadeamento de catástrofes naturais. Muitas inundações podem ser explicadas pelo excesso de urbanização. Mais do que riscos naturais, seria apropriado falar em riscos sociais.

Será que as sociedades industriais se tornaram "sociedades de risco"? Essa é a tese defendida pelo sociólogo alemão Ulrich Beck* na célebre obra *Risikogesellschaft* [A sociedade do risco], publicada em 1986 (no mesmo ano da explosão do reator da central de Tchernobyl). Ele constata a tendência dessas sociedades em gerar, através de seus sistemas produtivos e científicos, novos riscos perante os quais os indivíduos não são iguais. A sociedade do risco também pode levar a uma outra tendência: a de classificar como "de risco" perigos até então desconhecidos ou para os quais não se dava nenhuma importância (como as doenças profissionais), em razão mesmo da ampliação dos mecanismos de seguro. Persistem, no entanto, aqueles riscos cujo grau de probabilidade não pode, no estado atual dos conhecimentos científicos, ser medido. Como preveni-los sem contrariar o desenvolvimento das sociedades ou a inovação? Essa é a grande questão dos debates acerca dos transgênicos e, em outro nível, acerca do princípio de precaução.

Bibliografia: • U. Beck, *La Société du risque. Sur la voie d'une autre modernité*, Flammarion, 2003 [1986] • M. Douglas, A. Wildavsky, *Risk and Culture. An Essay on the Selection of Technological and Environmental Dangers*, University of California Press, 1982 • Y. Dupont (org.), *Dictionnaire des risques*, Armand Colin, 2003 • P. Peretti-Watel, *Sociologie du risque*, Armand Colin, 2000 • A. Roy, *Les Experts face au risque: le cas des plantes transgéniques*, Puf/Le Monde, 2001

RITO

Abrir a cauda em leque (quando se é um pavão), apertar as mãos em sinal de cumprimento, tomar o chá das cinco, cruzar os dedos, ir à missa, celebrar o Natal, um aniversário ou um casamento, etc., todos esses atos podem ser chamados de ritos. A diversidade parece ser tão grande que fica difícil estabelecer os limites desse conceito. O dicionário não ajuda muito: *ritus*, em latim, designava os preceitos de um culto religioso, mas também qualquer "costume" instituído por uma tradição. A antropologia e a sociologia empregam a noção para descrever cerimônias coletivas religiosas (batismos, missas, etc.) e profanas (entronização, trote estudantil), tanto quanto práticas mais individuais (acender uma vela, cumprimentar), cuja forma e intenção variam bastante. Os etnólogos chamam de "rituais" as sequências de comportamentos manifestadas pelos animais em algumas situações: sedução, intimidação. Em psicopatologia, fala-se em condutas rituais como comportamentos pessoais compulsivos, associados a uma neurose* (lavar as mãos dez vezes por dia).

Ainda que difícil de ser definido, o rito possui em geral dois aspectos específicos. Os atos têm em comum o fato de serem condutas repetitivas e codificadas, geralmente carregadas de um forte significado simbólico, e até mesmo sagrado.

Para além das características comuns, vários tipos de rito podem ser distinguidos.

DOS RITOS DE ACASALAMENTO AOS CÓDIGOS HUMANOS

Nos animais, a ritualização serve para designar condutas rígidas e demonstrativas, como os ritos de acasalamento de vários pássaros. Assim, o galo doméstico, o faisão e o pavão fazem a corte simulando ostensivamente bicar grãos na terra. Muitos pássaros cantadores, como o pisco, se "bicam" (esfregam o bico) alimentando-se mutuamente durante as cerimônias da corte. Segundo a ideia geralmente difundida, trata-se de sequências de comportamentos que possuem um valor funcional em outros contextos (luta, infância), agora empregadas para fins de comunicação. A ritualização surge, assim, momentos antes da luta, para intimidar o adversário e, eventualmente, evitar o ataque. Em geral, os encontros entre animais da mesma espécie são seguidos de rituais de apaziguamento e de confirmação. A esse respeito, Jane Goodall* mostrou que, entre os chimpanzés, o animal em posição hierárquica inferior estende a mão aberta àquele de nível superior, que em seguida lhe estende a mão em sinal de paz. Rito de acasalamento, rivalidade, reconciliação: percebe-se que a ritualização animal intervém nos momentos críticos das relações entre os indivíduos. As duas funções da ritualização animal parecem ser, portanto, de mostrar a intenção de cada um (atacar, seduzir, pedir alimento) e de evitar os conflitos, ou pelo menos de controlá-los.

Os rituais de comunicação dos seres humanos são muito semelhantes aos dos animais. O apaixonado que oferece flores à bem-amada tem muito do pássaro que corteja oferecendo minhocas ou construindo ninhos. Em um colóquio em 1966, na Royal Academy, o biólogo Julian Huxley reuniu várias contribuições destinadas a ilustrar esse paralelismo em *A Discussion on Ritualization of Behaviour in Animals and Man* [O comportamento ritual nos animais e no homem] (1971). Uma aproximação direta entre os comportamentos de acasalamento animal e alguns esquemas rituais humanos era então evocada. A utilidade comum dos ritos é estabelecer uma linguagem não verbal apta a evitar uma passagem violenta ao ato e conciliar as intenções dos participantes.

Na mesma época, o sociólogo Erving Goffman* também era influenciado pela etologia. Ele denomina "ritos de interação" as regras de polidez, as normas de bom comportamento, os gestos protocolares e as posturas voltadas para o outro. E. Goffman vê a vida social como um palco de teatro, onde cada ator desempenha um papel. Nesse jogo, o importante é se autovalorizar, adotando uma postura altiva. Para haver interação, é necessário que o indivíduo não se contente apenas em afirmar a própria condição, mas faça uma deferência especial ao outro e não o humilhe. Os ritos cotidianos são particularmente importantes para atingir esse duplo resultado (autoafirmação e reconhecimento do outro). Eles podem ser verbais, gestuais ou comportamentais: a "distância exata" entre as pessoas ou o fato de liberar o caminho são alguns exemplos. E. Goffman distingue os "ritos de evitação", destinados a preservar a esfera de intimidade de cada um, e os "ritos de apresentação", que especificam "o que convém fazer". As transgressões a essas regras são "profanações rituais" (insultos, gestos obscenos).

DOS RITOS CÍCLICOS AOS RITOS DE PASSAGEM

A compreensão moderna do rito deve muito ao estudo comparado das culturas. No século XIX, os historiadores e os antropólogos tentaram encontrar similitudes nos ritos religiosos e profanos, a fim de estabelecer uma lista. Os ritos foram classificados, assim, segundo seu caráter cíclico – ciclo de vida (nascimento, puberdade e morte), ciclos naturais (estações, passagem dos astros) e ciclos sociais (festas, comemorações) – ou em função de acontecimentos imprevisíveis (doença, dificuldades climáticas, guerras), chamados por Victor Turner de "ritos de aflição" (*The Drums of Affliction: a Study of Religious Process among the Ndembu of Zambia*) [Os tambores de aflição: um estudo do processo religioso entre os Ndembu da Zâmbia], 1972). Os ritos curativos (purificação, expiação, expulsão) foram definidos em oposição aos ritos preventivos (conjuros, propiciações). Os ritos de instalação (entronização dos reis, ordenação dos padres) podem ser opostos aos ritos de inversão (carnavais, festas dos mortos, Halloween). Distinguem-se ainda os ritos de separação (luto) dos ritos de agregação (batismo), ambos podendo se juntar para formar sequências mais complexas. A classificação mais célebre dos ritos é um legado do folclorista Arnold Van Gennep*. Em 1909, ele descreveu os "ritos de passagem" como espécies de ritos nos quais os participantes eram submetidos a uma sequência de atos em três tempos: separação (do grupo de origem); "liminaridade" (período vivido longe do mundo social); agregação (aquisição de um novo *status*). Esse esquema se aplica particularmente bem aos ritos de iniciação das sociedades primitivas e das seitas, em que adquire a forma de uma sequência simbólica morte/gestação/novo nascimento. Fora desse campo restrito, ele também se aplica às datas festivas, aos trotes estudantis e a outras cerimônias, como, no costume popular, o casamento precedido por uma "despedida de solteiro".

OS RITOS, O SAGRADO E A SOCIEDADE

"Os ritos são regras de conduta que prescrevem como o homem deve se comportar diante das coisas sagradas", escrevia Émile Durkheim* (*Les Formes élémentaires de vie religieuse* [As formas elementares da vida religiosa], 1912). Para ele, bem como para Marcel Mauss*, o rito religioso por excelência é o sacrifício, que permite a conjunção de uma assembleia humana com um deus ou ancestrais, por intermédio de um objeto. A verdadeira função do rito, no entanto, é social: o sagrado, para É. Durkheim, é uma projeção da sociedade, e a força do rito é criar uma "comunidade moral", ao mesmo tempo intelectual e afetiva.

A concepção durkheimiana exerceu uma influência duradoura sobre as teorias subsequentes do ritual. Deve-se a ele a ideia segundo a qual as cerimônias profanas são rituais comparáveis às liturgias religiosas, não apenas porque podem assumir formas análogas (desfile-procissão, discurso-sermão, casamento civil-casamento religioso), mas por possuírem as mesmas funções de exaltação dos sentimentos coletivos e de integração do indivíduo em uma comunidade. Nos anos 1950, os antropólogos funcionalistas* defenderam que o ritual, religioso ou não, é um dispositivo muito geral de regulação das relações sociais. Ele não consiste apenas em cerimônias coletivas ou liturgias sagradas, manifestando-se em inúmeros atos da vida comum. Atitudes, comportamentos, objetos, enfim, tudo aquilo que, numa determinada sociedade, "comporta um elemento expressivo ou simbólico" é suscetível, segundo Alfred R. Radcliffe-Brown*, de constituir um rito (*Structure and Function in Primitive Society* [Estrutura e função na sociedade primitiva], 1952). Essa evolução fundamental relegou a segundo plano a distinção sagrado/profano e ampliou consideravelmente o uso dos termos "rito" e "ritual", desde então aptos a designar toda ação que comporte uma dimensão significante possível. Do ponto de vista das funções, a contribuição mais concreta dos antropólogos britânicos foi mostrar até que ponto cerimônias agrárias e rituais – religiosos ou profanos – podiam gerir conflitos em sociedades sem Estado, ou regular tensões internas em organizações hierárquicas. Assim, os zulus da Suazilândia, por exemplo, organizam festas sazonais nas quais as mulheres se comportam como homens e os escravos imitam o rei, enquanto este é insultado: segundo Herman M. Gluckman, esses ritos servem para afirmar a unidade dos membros do grupo que, em situação normal, vivem relações de dominação tensas (*Order and Rebelion in Tribal Africa* [Ordem e rebelião na África tribal], 1963).

Os rituais e o TOC

• Já é sabido que alguns transtornos obsessivo-compulsivos (TOC) vêm acompanhados de rituais: lavar as mãos dezenas de vezes ao dia; arrumar os pertences segundo uma ordem minuciosamente estabelecida (e passar horas verificando se está tudo certo). Quando esses rituais não são realizados, a pessoa atingida por tais transtornos sente uma angústia insuportável. O pesquisador Alan P. Fiske estabeleceu uma comparação com os rituais descritos pelos etnólogos e antropólogos e constatou que:
– os rituais são gestos rigorosamente codificados;
– eles envolvem questões relativas ao puro e ao impuro (sujeira ou purificação), à ordem e à desordem (organização ou caos).
É como se o indivíduo colocasse a si próprio em situação de grave perigo, caso não obedecesse a essas regras (S. Dulaney, A. P. Fiske, "Cultural Rituals and Obsessive-Compulsive Disorder: is there a Common Psychological Mechanism?" [Rituais culturais e transtorno obssessivo-compulsivo: há um mecanismo psicológico comum?], *Ethos*, 1994).

• Uma das hipóteses levantadas para explicar esses ritos patológicos é a seguinte: os comportamentos rituais são programas de condutas rigorosamente codificados, captados no cérebro sob a forma de pequenos módulos fixos. Esses programas são indispensáveis para garantir a sobrevivência: para o ser humano, lavar as mãos regularmente é tão necessário quanto, para o gato, lamber os pelos, ou, para o pato, lavar as plumas. Porém, em algumas pessoas, esse pequeno módulo pode se desregrar. O módulo mental "Lave as mãos" começa, então, a "ganhar velocidade", repetindo indefinidamente o mesmo comando. Ele giraria em falso, como um disco riscado. E, apesar de consciente do absurdo de suas condutas repetitivas, o indivíduo não consegue deixar de fazê-las.

Bibliografia: • E. Goffman, *Les Rites d'interaction*, Minuit, 1974 • J. Huxley (org.), *Le Comportement rituel chez l'homme et l'animal*, Gallimard, 1971 • J. Maisonneuve, *Les Conduites rituelles*, Puf, 1995 • C. Rivière, *Les Rites profanes*, Puf, 1995 • M. Segalen, *Rites et rituels contemporains*, Nathan, 1998 • V. Turner, *Le Phénomène rituel*, Puf, 1990 [1967] • A. Van Gennep, *Les Rites de passage*, Picard, 1969 [1909] • "A quoi servent les rites?", *Sciences Humaines*, n° 58, 1996

ROGERS, CARL RANSOM
(1902-1987)

Nascido em Chicago, é um dos pais da "psicologia humanista" nos Estados Unidos. Professor e médico, escreve em 1954 *Client-Centered Therapy: its Current Practice, Implications and Theory* [A terapia centrada no cliente: sua prática, implicações e teoria], onde expõe a ideia-mestra de sua obra: é o próprio indivíduo, e não o terapeuta, que sabe do que necessita. Uma ideia que vai de encontro aos modelos psicológicos então dominantes.

Seu enfoque em psicologia gira em torno da autorrealização; o método de intervenção preconizado por ele é a entrevista* não diretiva e as técnicas de grupos.

Em 1961, a obra *On Becoming a Person* [*Tornar-se pessoa*] adquire grande repercussão e lhe garante notoriedade no mundo inteiro. Em 1963, ele deixa o meio universitário para se ver livre das obrigações acadêmicas e trilhar mais livremente seu próprio caminho: "Quem viaja sozinho, viaja mais rápido", escreve o autor em sua biografia.

O nome Carl R. Rogers evoca, antes de mais nada, a "não diretividade". Por essa expressão, C. R. Rogers vislumbra um procedimento "centrado na pessoa". Nessa abordagem, o terapeuta adota uma atitude de empatia, de aceitação incondicional e de autenticidade para com o cliente (no sentido de "paciente"). Ele evita qualquer forma de sugestão ou de interpretação externas. A pessoa que está em terapia deve ser o piloto da própria terapia, e o objetivo final é que ela se torne autônoma e autorrealizada.

Para C. R. Rogers, todo indivíduo é dotado de possibilidades de desenvolvimento e de resolução de problemas, a menos que esteja em situação de dependência neurótica em relação aos outros. A abordagem rogeriana, praticada individualmente e, depois, em "grupos de encontro", exerceu forte influência sobre a relação de ajuda. C. R. Rogers também foi o pioneiro da pedagogia não diretiva, centrada na qualidade da relação no interior do grupo, na aceitação incondicional do outro e numa grande permissividade. Isso implica, por exemplo, que os conflitos surgidos dentro da sala de aula sejam submetidos ao grupo, que decidiria qual a atitude a ser tomada.

Principais obras de C. R. Rogers
• *Counseling and Psychotherapy*, 1942 [*Psicoterapia e ajuda psicológica*, Martins Fontes, 3.ª ed., 2005]
• *On Becoming a Person: a Therapist's View of Psychotherapy*, 1961 [*Tornar-se pessoa*, Martins Fontes, 7.ª ed., 2002]
• *Autobiography*, 1967 [*Autobiografia*]
• *Carl Rogers on Encounter Groups*, 1971 [*Grupos de encontro*, Martins Fontes, 2002]
• *On Personal Power*, 1977 [*Sobre o poder pessoal*, Martins Fontes, 2.ª ed., 1986]

RORTY, RICHARD
(1931-2007)

Filósofo americano, professor na Universidade de Virgínia e teórico do "neopragmatismo", R. Rorty foi influenciado tanto pela filosofia de John Dewey (1859-1952) como pela filosofia analítica*. Para o pragmatismo, não existe verdade absoluta nem universal, mas conhecimentos mais ou menos fiáveis, mais ou menos úteis. Analogamente, para um organismo, não existe "saúde perfeita" no absoluto, mas estados variáveis de bem-estar físico (e, inversamente, de doença). O pragmatismo de R. Rorty é uma escola do relativismo*. Para ele, os conhecimentos científicos não podem pretender ser o reflexo objetivo da realidade – o que ele graciosamente chama de "espelho da natureza". Mais do que verdadeiros, são construções humanas úteis.

A filosofia pragmática de R. Rorty é uma filosofia da democracia e da livre discussão, que rejeita toda visão de uma verdade ou felicidade absoluta, o que explica seu tom irônico para com as pretensas verdades universais.

Principais obras de R. Rorty
• *Consequences of Pragmatism*, 1972-1980 [Consequências do pragmatismo]
• *Philosophy and the Mirror of Nature*, 1979 [Filosofia e o espelho da natureza]
• *Hoffnung statt Erkenntnis: Einleitung in die pragmatische Philosophie*, 1994-1995 [Esperança em vez de saber: introdução ao pragmatismo]

→ **Pragmatismo**

ROSANVALLON, PIERRE
(nascido em 1948)

"Minha ambição é pensar a democracia retomando o fio de sua história." Em sua *Leçon inaugurale au Collège de France* [Aula inaugural no Collège de France] (2003), Pierre Rosanvallon define seu projeto intelectual como uma "história conceitual do político".

Toda a obra desse sociólogo, professor no Collège de France*, visa a abordar, sob uma perspectiva histórica, os principais desafios para o Estado francês: a vida de uma democracia, a unidade da República, a crise do Estado-Providência*, a questão social, a construção europeia. A situação atual do Estado se define por relações de força, por dispositivos institucionais e por representações ideológicas herdadas de uma longa história, cuja genealogia deve ser reconstituída.

GENEALOGIA DO ESTADO FRANCÊS

Em *La crise de l'État providence* [*A crise do Estado-Providência*] (1981), P. Rosanvallon descrevia o modo como o Estado francês havia se constituído: em várias etapas, com seus sucessivos "estratos". Num primeiro momento, o Estado francês assumia funções reais (justiça, polícia, exército, administração do território), antes de avocar a si as funções educativas (através da escola republicana), em seguida econômicas (Estado regulador e produtor) e, finalmente, sociais (o Estado-Providência). A crise do Estado-Providência, que tem início nos anos 1980, é ao mesmo tempo uma crise financeira (devido aos crescentes encargos) e uma crise de legitimidade: quais são os limites do Estado no tocante à garantia dos direitos sociais?

P. Rosanvallon é o autor de uma trilogia dedicada à história da representação democrática na França: *Le Sacre du citoyen* [A sagração do cidadão] (1992), *Le Peuple introuvable* [O povo inencontrável] (1998) e *La Démocratie inachevée* [A democracia inacabada] (2000).

Le Sacre du citoyen reconstitui os debates que presidiram à instituição do sufrágio universal. A partir de uma leitura rigorosa de textos conhecidos e desconhecidos, P. Rosanvallon mostra que o sufrágio universal (instituído na França pelo decreto de 5 de março de 1848, que concedia o direito de voto a todos os homens maiores de 21 anos) é fruto de uma revolução das ideias ocorrida ao longo do século XVIII, e que reconhece a liberdade e a igualdade dos cidadãos.

Com *La Démocratie inachevée*, P. Rosanvallon não pretende, como o título poderia fazer supor, realizar um balanço pessimista de um ideal (democrático), cuja realização teria sido abandonada. A democracia é, por vocação, inacabada. O autor insiste em mostrar que a democracia, assim como o "povo" (em *Le Peuple introuvable*), é uma referência ideal em constante mudança, de acordo com as circunstâncias históricas. A representação do "povo" ou da "democracia" varia segundo as épocas e os fatores sociais em jogo.

Assim, até o final da Terceira República, a imprecisão e a ambiguidade que cercavam as noções de democracia e de soberania permitiram que tanto liberais como revolucionários, republicanos bonapartistas ou adeptos da democracia direta, pretendessem representar a democracia. Cada um possuía, então, sua própria concepção de democracia e de soberania popular.

Com *Le Modèle politique français. La société civile contre le jacobinisme de 1789 à nos jours* [O modelo político francês. A sociedade civil contra o jacobinismo, de 1789 aos dias de hoje] (2004), P. Rosanvallon se volta para o jacobinismo. Ao cruzar a história das ideias com a história social, ele pretendia mostrar que, na realidade, a democracia francesa foi moldada, ao longo de todo o século XIX, por uma tensão entre esse jacobinismo – que ele prefere chamar de "cultura política da generalidade" – e a realidade social do país.

O jacobinismo comporta três dimensões: uma dimensão social (a celebração do "todo nacional"), uma dimensão política e ideológica (a supremacia do Estado e a reticência para com os partidos políticos) e uma dimensão procedural (o "culto à lei"). Posteriormente, ao assumir a perspectiva de uma história social, P. Rosanvallon descreve as formas de resistência contra o jacobinismo, sobretudo pelo mundo associativo e sindical. Ainda que tenham abalado o jacobinismo original, essas resistências não o destruíram por completo.

Principais obras de P. Rosanvallon
- *La Crise de l'État providence*, 1981 [A crise do Estado-Providência, UnB, 1997]
- *Le Sacre du citoyen*, 1992 [A sagração do cidadão]
- *Le Peuple introuvable*, 1998 [O povo inencontrável]
- *La Démocratie inachevée*, 2000 [A democracia inacabada]
- *Pour une histoire conceptuelle du politique. Leçon inaugurale au Collège de France*, 2003 [Por uma história conceitual do político. Aula inaugural no Collège de France]
- *Le Modèle politique français. La société civile contre le jacobinisme de 1789 à nos jours*, 2004 [O modelo político francês. A sociedade civil contra o jacobinismo, de 1789 aos dias de hoje]

ROTULAGEM (teoria da)
(*labelling theory*)

A teoria da rotulagem tem origem para explicar a desviância no livro *Outsiders* [Outsiders] (1963), do sociólogo americano Howard S. Becker. Classicamente, um desviante é uma pessoa que transgride uma norma jurídica ou moral, e a sociologia da desviância geralmente se alimenta das estatísticas da polícia, das prisões e dos serviços de assistência social para estudá-la. Para H. S. Becker, essa maneira de ver as coisas é inadequada. A desviância resulta sempre de uma interação; um comportamento socialmente marcado procede, em parte, da natureza do comportamento do agente e, em parte, daquilo que "os outros fazem com isso": "Antes que qualquer ato possa ser considerado desviante e que qualquer categoria de indivíduos possa ser rotulada e tratada como estranha à coletividade por ter cometido tal ato, é preciso que alguém tenha instaurado a norma que define esse ato como desviante" (*Outsiders*).

Ao escrever essas palavras, H. S. Becker está alfinetando os "empresários de moral", entre os quais se podem distinguir dois tipos: os que criam as normas e os que as fazem aplicar. O primeiro tipo é encarnado pelo indivíduo que organiza uma cruzada pela reforma dos costumes. Pessoas assim pretendem emendar o mundo e consideram que as leis existentes não são satisfatórias. É, por exemplo, o caso do movimento antialcoólico americano do século XIX. Do outro lado, encontram-se os que estabelecem o novo dispositivo institucional e são encarregados de fazer que sejam aplicados, como a polícia.

Assim, a teoria da rotulagem atribui um papel determinante à maneira como a sociedade designa os indivíduos. Mas H. S. Becker sempre recusará a ideia de que se trata de uma teoria causal: "Seria absurdo sugerir que os assaltantes à mão armada atacam as pessoas simplesmente porque foram rotulados como assaltantes a mão armada, ou que tudo o que um homossexual faz decorre do fato de ter sido rotulado como tal" ("Labelling Theory Reconsidered" [A teoria da rotulagem reconsiderada], em *Outsiders*, 1963). Entretanto, a análise de H. S. Becker contribui para mostrar as consequências que a rotulagem tem sobre os desviantes. O julgamento que se faz a respeito deles torna sua vida cotidiana mais difícil (por exemplo, é difícil encontrar um trabalho legal quando se tem ficha na polícia), o que os leva a praticar ainda mais ações qualificadas como "anormais".

→ **Becker, Desviância, Interacionismo simbólico**

RURAL

Durante muito tempo, a oposição rural/urbano significava, *grosso modo*, a divisão campo/cidade. Ao mundo do campo era associado o universo das plantações, dos campos, do vilarejo – pequeno microcosmo autárquico e comunitário reunido em torno do sino da igreja.

Em oposição ao campo, a cidade era geralmente considerada o lugar dos citadinos, do comércio, da fábrica e das relações sociais impessoais.

No imaginário, ao campo correspondiam a estabilidade – "a ordem eterna dos campos" descrita por Gaston Roupnel –, a tradição, as crenças, a pobreza, um espírito tosco e atrasado. À cidade correspondiam o movimento e a civilidade.

A distinção campo/cidade deixou, entretanto, de ser pertinente:

– o campo não é mais território exclusivo dos camponeses. O mundo rural é habitado agora em sua maioria por populações não agrícolas;

– o camponês se transformou em agricultor e seu modo de vida se assemelha hoje ao dos citadinos;

– o trabalho da terra se industrializou e as pequenas propriedades polivalentes estão desaparecendo.

Tomando por base a tipologia do geógrafo Pierre George (*Fin de siècle en Occident* [Fim de século no Ocidente], 1983), as zonas rurais podem ser divididas em três tipos:

– os "verdadeiros campos", onde predomina uma produção agrícola cada vez mais industrial;

– o "deserto rural", onde a produção agrícola foi abandonada. Essas zonas se tornaram incultivadas ou se transformaram em parques naturais ou florestas;

– o "campo da reconquista urbana", remanejado em função das atividades dos citadinos: áreas de lazer, moradias de veraneio ou residenciais na periferia das cidades. Daí o termo "rurbano", muitas vezes empregado para designar essa nova paisagem rural invadida pela urbanidade.

S

SABER AUTÓCTONE (popular, indígena)

Tais noções são comumente tomadas como sinônimos. Os saberes autóctones são, por exemplo, os conhecimentos que os índios da Amazônia têm sobre a floresta, os animais que caçam, os procedimentos utilizados para cultivar a terra, curar-se, etc. Podem ser também conhecimentos práticos, como os empregados pelos aborígines da Austrália, pelos inuítes ou pelos boxímanes para se deslocarem por vastos territórios orientando-se pelas estrelas, pela direção do vento e por outros sinais identificados no meio ambiente.

O interesse pelos saberes autóctones marca uma importante inversão de perspectiva em relação a uma abordagem clássica da antropologia que durante muito tempo se dedicou ao estudo das mitologias, cosmogonias e práticas mágicas das sociedades ditas "primitivas".

Falar de "saberes autóctones" significa, portanto, reabilitar os saberes e o *savoir-faire* concedendo-lhes certa pertinência e certa eficácia prática.

Bibliografia: • Collectif, *La Science sauvage: des savoirs populaires aux ethnosciences*, Seuil, 1993 • C. Lévi-Strauss, *La Pensée sauvage*, Plon, 1962

→ Etnociência

SABER DE AÇÃO

São os saberes e o *savoir-faire* empregados na vida cotidiana e no trabalho: os conhecimentos especializados da enfermeira, do cozinheiro, do engenheiro, do artesão, do motorista, do homem de negócios...

Que operações mentais são utilizadas, por exemplo, para fazer um diagnóstico médico? Pesquisas realizadas nos anos 1960 sobre os saberes de especialistas permitem entrever a possibilidade de descrever essas heurísticas* (ou seja, as operações de resolução de problemas) sob a forma de séries de instruções simples: comparação entre sintomas e listas de doenças, por exemplo. Seria então possível criar sistemas especializados (no âmbito da inteligência artificial*) para auxiliar ou mesmo substituir o trabalho humano.

Contudo, percebeu-se que o diagnóstico não se resumia de forma alguma a um procedimento simples e linear. A observação dos sintomas depende muito do "olho clínico" do médico – adquirido através da experiência –, de um conjunto de informações ligadas ao contexto, ao conhecimento dos antecedentes e da situação atual do enfermo, à interação estabelecida com o paciente... A análise do especialista não se limita a aplicar uma heurística simples, e o desvendamento dos mecanismos mentais subjacentes aos saberes de ação ainda está longe de ser realizado.

Bibliografia: • J.-M. Barbier, *Savoirs théoriques et savoirs d'action*, Puf, 1996

SACRIFÍCIO

Deus disse a Abraão: "Toma teu filho Isaac, teu único filho que tanto amas, vai à terra de Moriá e lá tu o ofertarás em holocausto no alto de uma montanha que eu te indicarei" (Gênesis, 22, 1-2). O sacrifício de Abraão é uma das passagens mais dramáticas do Antigo Testamento. Deus ordena a Abraão sacrificar-lhe Isaac, seu filho único, como prova de submissão absoluta. Com a morte na alma, o velho patriarca prepara-se para cometer o mais horrível dos crimes por fidelidade ao seu Deus. No último instante, Deus detém-lhe o braço. Queria somente ter uma confirmação de sua submissão absoluta. No lugar da criança, um cordeiro é sacrificado. Esse texto, de grande intensidade, sempre foi problemático para os teólogos. Como Jeová pode solicitar tão cruel testemunho de fé? Um Deus de amor pode praticar uma insuportável tortura moral? De fato, o Deus do Antigo Testamento não é um Deus de amor. É um Deus ciumento e exclusivista, que espera de seus adeptos sacrifício e devoção total. Para alguns autores, o episódio do sacrifício (evitado) de Isaac revela a origem de uma antiga lei hebraica, "a lei do primogênito", que exigia que todo primogênito – humano ou animal – fosse sacrificado a Deus. Detendo o braço de Abraão, Deus indicava, portanto, que era necessário extinguir todo sacrifício humano.

OS SACRIFÍCIOS HUMANOS E ANIMAIS

Os sacrifícios humanos mais conhecidos são os praticados pelos astecas. Durante as cerimônias, os reis mandavam executar prisioneiros para o deus Sol ou outras divindades. As vítimas eram enforcadas, queimadas ou, mais frequentemente, golpeadas com uma faca de sacrifício talhada em pedra. Em seguida, o coração do sacrificado era arrancado e oferecido aos deuses. Sob o reinado de Ahuitzotl (1486-1502), quando da renovação do grande templo Mexico-Tenochtitlán, estima-se que durante a cerimônia 20 mil prisioneiros tenham sido executados! Mesmo as vítimas pareciam consentir, pois, dessa forma, os guerreiros morriam de forma honrosa e eram elevados à categoria de "companheiros da águia", ou seja, do Sol.

Se o sacrifício humano é raro na história, o sacrifício animal, ao contrário, parece universal. Ele esteve presente em todos os continentes. Na Antiguidade, os sacrifícios de animais são uma prática disseminada. Na religião grega, o sacrifício de carneiros, porcos, aves e sobretudo de bovinos ocupava um lugar importante. Nas cerimônias públicas, um cortejo levava a vítima ornada de fitas até o altar. Com uma faca sacrifical, o sacerdote cortava a garganta do animal. O sangue escorrido era derramado no altar. Em seguida, o animal era esfolado e esquartejado. Alguns pedaços eram então queimados como oferenda aos deuses. Em seguida, a carne, depois de cozida, era comida comunalmente, dividida segundo um ritual preciso.

Na África, nas sociedades de caçadores-coletores* como os boxímanes (deserto de Kalahari) e os hadza (da África do Leste), é usual deixar, após a caçada, um pedaço do animal abatido ao espírito "senhor dos animais". É um modo de compartilhar seu alimento com os deuses.

Nas sociedades agrárias da África, durante as grandes festas familiares, o chefe da casa sacrifica uma pequena parte da comida queimando-a e despejando, no chão ou no altar dos ancestrais, um pouco de bebida, farinha ou tabaco.

AS INTERPRETAÇÕES

Edward B. Tylor*, em *Primitive Culture* [A cultura primitiva] (1871), inscreveu o sacrifício no âmbito de uma interpretação evolucionista*. No início, o sacrifício é uma dádiva dirigida aos espíritos com a finalidade de obter, em troca, um serviço: cura, chuva, boa caça. Mais tarde, quando os deuses sucederam aos espíritos, o sacrifício deu lugar a uma dádiva desinteressada, sem exigência de contrapartida. Por fim, quando um Deus único substituiu a pluralidade de deuses, o sacrifício animal foi substituído pela dádiva de si, ou seja, a renúncia.

Alguns anos mais tarde, Robertson W. Smith (1846-1894) insistirá em outro aspecto do sacrifício: a comunhão com os deuses. O ato sacrificial não se limita simplesmente a matar um animal. Na maior parte dos casos, o animal é comido em seguida. O sacrifício é um sinal de aliança. Exatamente como quando se abre uma boa garrafa de vinho ao chegarem amigos. O "sacrifício" de um bem precioso é o sinal de uma aliança. Ele mantém os vínculos com a divindade e une os participantes entre si.

R. W. Smith era especialista na religião dos semitas (*Lectures on the Religion of the Semites* [Conferências sobre a religião dos semitas], 1889). Sua teoria foi elaborada acerca de um rito dos beduínos do deserto: o sacrifício de um camelo branco. Mais tarde, foi descoberto um rito similar entre os aborígines da Austrália: o *intichiuma*, um grande banquete coletivo que finaliza grandes encontros. Em tal ocasião, é o animal totêmico que é sacrificado e comido. James G. Frazer* propôs outra interpretação do sacrifício no âmbito de sua teoria exposta em *The Golden Bough* [O ramo de ouro] (1890). O rei-sagrado é um rei-sacerdote que supostamente

SACRIFÍCIO

Do sagrado ao sacrifício: a teoria do bode expiatório

• Em 1972, René Girard publicou um livro, hoje célebre, intitulado *La Violence et le Sacré* [*A violência e o sagrado*]. Nesse ensaio, o professor de literatura propõe uma explicação dos sacrifícios humanos e animais (a teoria do bode expiatório) e, mais amplamente, uma teoria da religião.

Seu ponto de partida: uma visão do homem como ser de desejo, que ele chama de desejo "mimético". Os homens ambicionam o que os outros possuem. Não pelo objeto possuído em si, mas porque o outro o possui. Tal é a razão de esse desejo ser chamado mimético: desejando apropriar-se do que o outro possui, trata-se de assemelhar-se a ele, de deter aquilo que lhe dava valor. A criança deseja o brinquedo do outro e o abandona assim que o consegue, pois não era o objeto em si que contava, mas o fato mesmo de que o outro o possuía.

Esse desejo mimético é fonte de violência. Uma violência fundamental que faz pesar uma ameaça de caos sobre as sociedades humanas, pois, se cada um deseja o que o outro possui, o desejo mimético pode desencadear um ciclo de violência.

Para frear esse ciclo de violência mortífera, as sociedades primitivas (e, em grau menor, as sociedades modernas) criaram um mecanismo: o sacrifício do bode expiatório. A sociedade investe um objeto, um animal ou um homem, do papel de bode expiatório. A vítima sacrificial vai canalizar para ela a violência do grupo. Seu sacrifício é, portanto, um rito conjuratório que desvia a violência social para uma vítima. "Em um universo onde o menor conflito pode acarretar desastres, tal como a menor hemorragia, o sacrifício polariza as tendências agressivas sobre as vítimas reais ou ideais, animadas ou inanimadas."

Para R. Girard, toda sociedade conheceu esse momento fundador, no qual a violência é canalizada por um sacrifício fundador do grupo. Tal é a origem do religioso (do sagrado), pois a vítima imolada é frequentemente divinizada. R. Girard tenta sustentar sua hipótese apoiando-se em alguns mitos, como a história de Édipo, o sacrifício de Jesus – que foi crucificado, segundo o cristianismo, "para redimir os pecados do mundo" –, as orgias dionisíacas dos gregos ou o canibalismo tupinambá, já que, a cada vez, trata-se de comemorar, sob múltiplas formas, o gesto que R. Girard supõe estar na fundação de toda sociedade: a destruição de uma vítima que reúne contra ela a unidade do grupo.

A teoria de R. Girard teve seu apogeu nos anos 1980. Muitos autores tentaram aplicar a teoria do desejo mimético ao sistema econômico contemporâneo (M. Aglietta, A. Orléan, *La Violence de la monnaie* [*A violência da moeda*], 1982).

• R. Girard dedicou vários livros a desenvolver sua hipótese. Com o passar do tempo, ele acabou por defender o cristianismo, a única boa religião universal, uma vez que ela seria a única a propor um bom modelo de bode expiatório redentor, através da imagem de Jesus. Consequentemente, a moral cristã seria capaz de salvar a humanidade de seus perigos...

deve zelar pelo bem-estar do grupo, a fim, principalmente, de que haja abundantes colheitas. Mas o rei é mortal. Quando suas forças declinam, a doença e a seca podem se abater sobre o corpo social. O rei envelhecido é então morto e substituído por um jovem e vigoroso pretendente. Quando é morto, o rei-deus leva embora o mal que carregava em si. Ele desempenha, portanto, o papel de bode expiatório. Tais práticas de regicídio existiam na Roma Antiga e em certas regiões da África central. J. G. Frazer pensa encontrar no cristianismo vestígios do assassinato do rei-sagrado e do fenômeno do bode expiatório. Jesus, sacrificando-se na cruz, expia as faltas da humanidade e a regenera.

Em 1899, Marcel Mauss* e Henri Hubert publicaram um artigo que marcou época: "Essai sur la nature et la fonction du sacrifice" [Ensaio sobre a natureza e a função do sacrifício] (*L'Année Sociologique*, nº 2, 1899). Sua base documental refere-se aos sacrifícios dos brâmanes na Índia. Sua tese é de que o sacrifício é um meio pelo qual o sacrificante "entra em comunhão com o sagrado", e tal comunhão suscita naquele que a realiza "uma transformação pessoal". Essa análise inscreve-se na teoria de M. Mauss que atribui à religião, às práticas rituais e mágicas, a função de cimento do grupo pela formação de uma consciência coletiva. Assim, os antropólogos do início do século XX debateram muito o problema do sacrifício. Mas, em seguida, as teorias globais foram abandonadas. Atualmente, os antropólogos têm a tendência a deixar de lado as explicações demasiado gerais, que amalgamam diversos tipos de práticas. A tendência contemporânea consiste antes a se concentrar em uma área cultural precisa e a estudar práticas sacrificiais específicas.

Bibliografia: • M. Biardeau, C. Malamoud, *Le Sacrifice dans l'Inde ancienne*, Puf, 1976 • M. Detienne, M. Vernant (orgs.), *La Cuisine du sacrifice en pays grec*, Gallimard, 1979 • R. Girard, *La Violence et le Sacré*, Grasset, 1981 [1972] • L. de Heusch, *Le Sacrifice dans les religions africaines*, Gallimard, 1986 • H. Maccoby, *L'Exécuteur sacré, le sacrifice humain et le legs de la culpabilité*, Cerf, 1999 [1982] • P. Méniel, *Les Sacrifices d'animaux chez les Gaulois*, Errance, 1992 • P. Tierney, *L'Autel le plus haut, le sacrifice humain de l'Antiquité à nos jours*, Robert Laffont, 1991

SAGRADO

Nas ciências humanas do começo do século XX, o sagrado era, em geral, confundido com o religioso. Além disso, a noção de "sagrado" ganhava sentido por oposição ao mundo "profano". O mundo do sagrado era então a transcendência e o além, enquanto o mundo profano era o mundo terreno comum, materialista e sem mistério. As coisas sagradas são alvo de interdições, "são elas que devem ser protegidas e isoladas" (Robertson W. Smith) e representam os valores mais elevados, ao passo que as coisas do mundo profano podem ser trocadas, dadas, vendidas… com fins utilitários. Não é o caso dos objetos sagrados, como a Bíblia, uma cruz, uma máscara africana, um altar… mas também uma bandeira ou uma coroa.

Em muitos autores, o sagrado remete a uma visão espiritualista do ser humano, que universalmente seria atraído por uma força interior para o além, a transcendência, o mistério da fé. Assim, o teólogo alemão Rudolf Otto (1869-1937) sustentava, em *Das Heilige* [*O sagrado*] (1917), que a experiência religiosa é irredutível a qualquer outro fenômeno psíquico. O sagrado diz respeito ao que ele chama de "numinoso", elemento não racional e íntimo, característico da experiência religiosa. O numinoso é definido de forma vaga como "o sentimento da criatura que mergulha profundamente em seu próprio nada e desaparece perante aquilo que está acima de toda criatura". Trata-se de uma mistura de pavor místico (*tremendum*), de temor respeitoso diante do poder absoluto do divino e de fascinação (*fascinans*). Essa visão supõe que o sagrado é, antes de tudo, um sentimento arraigado no coração dos homens. Essa visão mística do sagrado influenciou Carl G. Jung* (1875-1961), para quem a alma humana é naturalmente religiosa (*Zur Psychologie westlicher und östlicher Religion* [*Psicologia e religião*], 1939). Uma visão similar é também encontrada em Mircea Eliade (*Le Sacré et le Profane* [*O sagrado e o profano*], 1956) e em Roger Caillois.

A sociologia e a antropologia das religiões, a partir dos anos 1950, vão globalmente abandonar essa visão espiritualista do sagrado para se centrar em práticas, ritos, instituições e papel social das religiões. Desse modo, no seu pequeno ensaio intitulado *Anthropologie du sacré* [*Antropologia do sagrado*] (1992), Régis Boyer, especialista em religiões escandinavas, propõe uma interpretação global do fenômeno. A tese do autor pode ser resumida em uma frase: dado que o papel da religião é transcender a morte, o sagrado é sinônimo de vida. É adorado, sacralizado aquilo que contribui para os fundamentos e a perpetuação da vida. As religiões primitivas veneram três tipos de "espíritos": os elementos naturais (fogo, ar, terra, água), os ancestrais fundadores da comunidade e ainda a alma coletiva. Nos três casos, eles são sacralizados como fonte de poder e de vida, como genitores ou criadores. Sabe-se que, para Émile Durkheim*, a alma coletiva (o famoso *mana**) não é nada mais do que a própria sociedade. Os ritos de sacrifícios reais (imolação de vítimas humanas ou animais) ou simbólicos (a eucaristia cristã) têm como função alimentar a divindade, fazê-la recobrar as forças vitais necessárias: "Todo sacrifício, em todas as religiões, é destinado a revigorar o(s) deus(es) da vida." Essa simbolização da "vida" no sagrado deve-se ao fato de o divino estar universalmente associado ao eterno e ao imortal, ao passo que o profano é temporal e perecível. É sagrado aquilo que se refere à perpetuação da vida, maldito o que ameaça a sobrevivência. Seja assumindo a figura do "Destino" ou do "Absoluto", o sagrado teria, portanto, a função de encarnar a "vida", ou seja, a permanência dos seres.

Bibliografia: • R. Boyer, *Anthropologie du sacré*, Mentha, 1992 • R. Caillois, *L'Homme et le Sacré*, Gallimard, 1950 [1939] •

M. Eliade, *Le Sacré et le Profane*, Gallimard, 1969 [1956] • R. Girard, *La Violence et le Sacré*, Grasset, 1981 [1972] • R. Otto, *Le Sacré: l'élément non rationnel dans l'idée du divin et sa relation avec le rationnel*, Payot, 1968 [1917] • J.-J. Wunenburger, *Le Sacré*, Puf, "Que sais-je?", 1981

→ **Eliade, Religião, Sacrifício**

SAHLINS, MARSHALL
(nascido em 1930)

Antropólogo americano. Em *Stone Age Economics* [Economia da idade da pedra] (1972), ele se opõe à tese de que a miséria material e a fome reinariam nas sociedades primitivas e pré-históricas. Ao contrário, as sociedades primitivas são, a seu modo, "sociedades de abundância" em que o tempo de trabalho, destinado a satisfazer as necessidades econômicas, não dura mais que cinco horas diárias.

Em 1976, em *Culture and Practical Reason* [Cultura e razão prática], Marshall Sahlins generaliza suas conclusões. Na maior parte das sociedades, é a razão cultural (a ordem simbólica) que se impõe aos fatos e determinações materiais e lhes dá um sentido particular.

M. Sahlins dedicou, além disso, vários trabalhos a um fenômeno singular: o assassinato do capitão Cook por índios havaianos em 1779. Ele tenta mostrar, primeiramente, como a chegada do explorador britânico ao Havaí foi reinterpretada à luz do pensamento mítico. O capitão Cook teria sido identificado ao deus Lono, que, na mitologia havaiana, é uma divindade cujo retorno cíclico é seguido de sua morte ritual. Para M. Sahlins, portanto, uma razão cultural explicaria em parte esse assassinato.

Principal obra de M. Sahlins
• *Stone Age Economics*, 1972 [Economia da idade da pedra]

SALARIATO

O assalariado – aquele que troca seu trabalho por um salário – é um fenômeno recente na história do trabalho*. Até o início do século XIX, o essencial da mão de obra trabalhava no campo. Há os camponeses proprietários, os artesãos, os trabalhadores agrícolas, os meeiros, os aprendizes, etc., que são atrelados à sua terra, à sua casa ou a seu ofício. Os criados são ligados a um senhor que os alimenta e abriga, sem, no entanto, pagá-los. Na cidade, há muitos independentes: comerciantes, artesãos, médicos, tabeliões. Os assalariados, porém, só aparecem de fato com o desenvolvimento das fábricas, administrações públicas e grandes lojas. Dito de outra forma, os assalariados são fundamentalmente operários e pessoal administrativo. Eles representam somente 50% da mão de obra ativa na metade do século XIX.

Em um século, o salariato vai "absorver" quase toda a mão de obra. Em 2000, ele abrange nove em cada dez trabalhadores ativos. Os independentes formam a partir de então uma minúscula minoria residual (10%).

Ao mesmo tempo, o *status* do assalariado mudou drasticamente. A partir do século XVIII, o desenvolvimento do salariato foi marcado por um grande movimento de "liberação do trabalho". O camponês não é mais atrelado à sua terra, o artesão às regras da sua corporação, nem o criado ao seu senhor. Cada um pode "vender sua força de trabalho" onde bem entender. Mas o preço dessa liberdade será o desaparecimento de toda proteção. Em meados do século XIX, a condição do salariato é a precariedade absoluta.

A partir desse período, assiste-se a uma progressiva "fixação" do salariato. A proteção social é implantada, impulsionada tanto pelo Estado como pelos trabalhadores, que se organizam em sindicatos, organismos regionais de defesa de direitos e associações mutualistas de seguridade. As primeiras legislações trabalhistas (sobre o direito de greve e de associação, os seguros contra acidentes de trabalho, etc.) do século XIX darão lugar, a partir da Segunda Guerra Mundial, à política do Estado-Providência*: seguridade social, contrato de trabalho de duração indeterminada, salário mínimo...

O crescimento espetacular dos salários e de seu poder de compra abrangeu todas as categorias de mão de obra. Em um século e meio, "o poder de compra do salário médio foi multiplicado por onze ou doze" (O. Marchand, C. Thélot, *Deux siècles de travail en France, 1800-2000* [Dois séculos de trabalho na França, 1800-2000], 1997).

No seu livro sobre *Les Métamorphoses de la question sociale* [*As metamorfoses da questão social*] (1995), Robert Castel considera que, a partir dos anos 1980, o salariato entrou numa nova era. Para ele, a "flexibilização" da mão de obra e o forte crescimento do trabalho precário (empregos temporários, contratos de duração determinada, estágios...) conduzem a uma "desafiliação" de uma parte do salariato. "Esse é o cerne da questão que a desagregação da sociedade salarial expõe, ou pelo menos do modelo que ela apresentava no começo dos anos 1970. Esse é o cerne da questão social hoje".

Bibliografia: • M. Aglietta, A. Brender, *Les Métamorphoses de la société salariale*, Calmann-Lévy, 1984 • R. Castel, *Les Métamorphoses de la question sociale: une chronique du salariat*, Fayard, 1995 • O. Marchand, C. Thélot, *Deux siècles de travail en France, 1800-2000*, Insee, 1997

SAPIR, EDWARD
(1884-1939)

Linguista e antropólogo nascido na Alemanha, Edward Sapir fez sua carreira nos Estados Unidos, onde foi aluno de Franz Boas*. Conservador do museu etnográfico de Ottawa, professor secundário em Chicago e posteriormente docente na Universidade de Yale, E. Sapir realizou trabalhos de campo no Canadá e adquiriu um vasto conhecimento sobre as culturas e línguas ameríndias. Teve também forte influência na linguística nos Estados Unidos. Seu livro *Language, an Introduction to the Study of Speech* [A linguagem, introdução ao estudo da fala] (1921) serviu de introdução à linguística para muitas gerações de estudantes. Considerado um dos fundadores da fonologia* estrutural, é defensor de um relativismo cultural segundo o qual as línguas moldam culturas e representações diferentes.

Principal obra de E. Sapir
• *Language, an Introduction to the Study of Speech*, 1921 [A linguagem, introdução ao estudo da fala, Perspectiva, 2ª ed., 1980]

→ Relativismo, Sapir-Whorf (hipótese)

SAPIR-WHORF (hipótese)

Segundo essa hipótese, formulada por Edward Sapir* (1884-1939), um dos pioneiros do estudo das relações entre linguagem e sociedade, e seu aluno Benjamin L. Whorf (1897-1941), as línguas moldam as maneiras de pensar de cada povo. "Nós dissecamos a natureza segundo as linhas traçadas pela nossa língua de origem. É equivocado acreditar que as categorias e os tipos que nós distinguimos no mundo dos fenômenos são aí encontrados porque saltam aos olhos de todos os observadores. Ao contrário, o mundo se apresenta como um fluxo caleidoscópico de impressões que deve ser organizado pelo nosso pensamento – e isso quer dizer, sobretudo, pelo sistema linguístico que existe no nosso pensamento" (B. L. Whorf).

Especialista em línguas indígenas, B. L. Whorf percebeu que o modo de se exprimir em apache e em hopi diferia fortemente quanto à maneira de descrever os objetos, as cores e o tempo. Na língua hopi, por exemplo, não há marcas para o passado nem para o futuro. B. L. Whorf e E. Sapir concluíram, a partir disso, que eles não tinham a mesma noção de tempo que os ocidentais. Em suma, os recortes da língua produzem os recortes do pensamento. Assim, as pessoas que falam línguas diferentes têm modos de pensar diferentes.

Um dos argumentos da dupla Sapir-Whorf é que se um povo, como os esquimós, dispõe de um rico repertório de palavras para descrever os estados da neve ou as tonalidades das cores, tal riqueza de vocabulário lhes permite perceber nuances. Contudo, dois outros antropólogos americanos, Brent Berlin e Paul Kay, vão apresentar uma severa crítica à hipótese de Sapir-Whorf. O estudo comparado da percepção e dos nomes das cores entre vinte culturas (*Basic Color Terms, Their Universality and Evolution* [Os termos básicos de cor, sua universalidade e evolução], 1969) sugere antes que a percepção das cores é idêntica nas diversas sociedades, mesmo se o vocabulário varia de uma língua para a outra. Não é porque os navajos utilizam a mesma palavra para designar o verde e o azul que eles não distinguem essas cores.

SAUSSURE, FERDINAND DE
(1857-1913)

Em linguística, Ferdinand de Saussure é um verdadeiro divisor de águas. No século XIX, essa ciência é dominada por uma perspectiva histórica e comparativa. Estudar uma língua* é buscar sua origem, história e evolução através da comparação com outras, almejando, dessa forma, achar as raízes comuns entre elas. Assim, os linguistas do século XIX reconstruíram a genealogia das línguas indo-europeias*. Depois de F. de Saussure, a língua adquire outro aspecto, aparecendo então como uma estrutura com coerência interna própria.

Essa nova visão da língua começou a tomar corpo no final dos anos 1870 em Leipzig, onde reinava a corrente dos neogramáticos, que estavam introduzindo a noção de "leis" da linguagem*. É com eles que F. de Saussure vai estudar linguística. Aos 22 anos, publica sua *Mémoire sur le système primitif des voyelles dans les langues indo-européennes* [Dissertação sobre o sistema primitivo das vogais nas línguas indo-europeias] (1879). Sua abordagem é radicalmente nova. As vogais de uma língua mantêm entre si relações funcionais formando um sistema, e seu emprego é explicado pelos vínculos que as unem.

Esse trabalho já contém as principais intuições de F. Saussure. Concluída sua tese, ele é nomeado professor de linguística em Paris, onde permanecerá de 1881 a 1891. Muito influenciado pelas ideias do sociólogo Émile Durkheim*, que está concebendo sua teoria da sociedade como uma "totalidade" que transcende os indivíduos, F. Saussure acredita que o mesmo vale para a língua: "Trata-se de um sistema organizado e dotado de uma função social." Ele elabora então os grandes eixos de sua linguística* geral.

É possível estudar a língua de duas formas. Reconstruindo sua história – a abordagem diacrônica*. Contudo, deve-se, sobretudo, compreendê-la a partir de sua organização interna em um momento dado – a abordagem sincrônica. Essa teoria estrutural (qualificada em seguida de "estruturalista"), mesmo que F. de Saussure fale mais de "sistema" do que de "estrutura", define a língua como um sistema de elementos interdependentes. Seus signos* adquirem sentido uns em relação aos outros segundo regras de oposição e de distinção. Todo signo é composto de duas facetas: o significante* e o significado. O significante corresponde, por exemplo, à "imagem acústica", ou seja, ao som produzido para enunciar uma palavra. O significado remete ao conceito, ao conteúdo semântico atribuído ao signo. As relações entre significante e significado são puramente arbitrárias.

Em 1891, F. de Saussure volta a Genebra. Até 1906, ele será professor de filologia e de gramática das línguas indo-europeias. Ensina alemão arcaico, sânscrito, latim, versificação francesa e outras especialidades. Somente quando um colega se aposenta é que lhe confiam o curso de linguística geral (ou seja, "teórica"), que ele ministrará por três anos letivos.

EM BUSCA DO MANUSCRITO PERDIDO

• O *Cours de linguistique générale* [Curso de linguística geral] (1916), de F. de Saussure, é sem dúvida uma das obras científicas mais célebres do século. É considerado o texto fundador da linguística moderna, disciplina que servirá de modelo e de fonte de inspiração a muitos outros campos das ciências humanas (semiologia*, antropologia*, sociologia*, geografia*, psicanálise*, filosofia*).
Em 1913, F. de Saussure morre de um mal súbito, sem deixar nada escrito sobre o assunto. São seus dois admiradores, Charles Bally e Albert Sechehaye, que reunirão as anotações de seus alunos e as publicarão, em 1916, com o título de *Curso de linguística geral*.
F. de Saussure tinha a intenção de ser o pai de uma teoria da língua? Fragmentos de manuscritos descobertos em um anexo de sua antiga residência em 1996 parecem responder afirmativamente à pergunta. Já em 1891, ele queria escrever um livro "muito interessante" sobre o papel da palavra. Em 1911, confidenciou a colegas possuir anotações sobre tal assunto, "perdidas nas pilhas de papel". Anotações importantes encontradas, datadas de 1896 (*Écrits de linguistique générale* [Escritos de linguística geral], 2001), só abordam uma parte da questão, de forma que a busca do manuscrito perdido de F. de Saussure ainda não está terminada.

Principais obras de F. de Saussure
• *Mémoire sur le système primitif des voyelles dans les langues indo-européennes*, 1879 [Dissertação sobre o sistema primitivo das vogais nas línguas indo-europeias]
• *Cours de linguistique générale*, 1916 [Curso de linguística geral, Cultrix, 27ª ed., 2005]
• *Recueil de publications scientifiques*, 1922 [Antologia de publicações científicas]

SAY, JEAN-BAPTISTE
(1767-1832)

Economista francês e um dos fundadores da economia política, Jean-Baptiste Say introduziu as teses dos economistas liberais ingleses na França. Ficou conhecido, sobretudo, por sua famosa formulação segundo a qual toda produção cria sua própria demanda, a "lei de Say". Assim, toda produção supõe o pagamento de salário e dos fornecedores e, portanto, uma distribuição de dinheiro que inaugura um novo poder de compra e consumo suplementar. Por conseguinte, não seria possível haver bens não solváveis ou uma crise de superprodução.

Principal obra de J.-B. Say
• *Traité d'économie politique, ou simple exposition de la manière dont se forment, se distribuent et se consomment les richesses*, 1803 [*Tratado de economia política*, Nova Cultura, 2.ª ed., 1986]

SCHMITT, CARL
(1888-1985)

O filósofo Carl Schmitt, discípulo de Max Weber*, é um teórico do político e um dos representantes da revolução conservadora alemã. Num período em que a sociedade alemã estava em crise, em que a democracia mostrava o rosto da negociata e da má gestão dos negócios públicos e em que a sociedade parecia dominada pelas forças da economia e da técnica, C. Schmitt reafirma os plenos direitos do político.

Em *Der Begriff des Politischen* [*O conceito do político*] (1932), C. Schmitt estende a esfera do político consideravelmente para além do Estado, que é, segundo ele, apenas uma forma efêmera que o político engloba. O homem é por natureza um animal político, que vive em comunidade e deve se agrupar. A essência do político reside na constituição de uma comunidade organizada a partir de um dentro e um fora, "os amigos e os inimigos". Tal comunidade adotou, na época moderna, a forma do Estado-Nação.

Principal obra de C. Schmitt
• *Der Begriff des Politischen*, 1932 [*O conceito do político*, Vozes, 1992]

SCHUMPETER, JOSEPH ALOYS
(1883-1950)

Joseph A. Schumpeter nasceu na Áustria no mesmo ano que John M. Keynes*, em 1883. Após brilhantes estudos de direito e de economia, J. A. Schumpeter ingressa na carreira docente e publica, já em 1908, sua primeira obra, *The Nature and Essence of Theoretical Economics* [Natureza e a essência da teoria econômica], e, em 1912, a *Theorie der Wirtschaftlichen Entwicklung: eine Untersuchung uber Unternehmergewinn, Kapital, Kredit, Zins und den Konjunkturzyklus* [A teoria da evolução econômica: uma investigação dos lucros, capital, crédito, juros e ciclo econômico]. Logo após a Guerra, torna-se ministro das Finanças de um efêmero governo socialista, e, em seguida, vai dirigir um banco em Viena até 1924. Nenhuma das duas experiências foi bem-sucedida. J. A. Schumpeter abandona então a vida pública e retorna à carreira universitária, primeiro na Alemanha, depois nos Estados Unidos, onde ele se refugia devido à ascensão do nazismo. Professor em Harvard, vai então dedicar-se integralmente a seus trabalhos econômicos e sociológicos.

Publica, em especial, *Business Cycles: a Theoretical, Historical and Statistical Analysis of the Capitalist Process* [Ciclos de negócios: uma análise teórica, histórica e estatística do processo capitalista], em 1939, e, em 1942, sua obra mais conhecida: *Capitalism, Socialism and Democracy* [*Capitalismo, socialismo e democracia*]. Inicia a redação de uma monumental *History of Economic Analysis* [História do pensamento econômico] (1954), que sua morte o impedirá de concluir.

A DINÂMICA DO CAPITALISMO

O tema central dos trabalhos de J. A. Schumpeter é a dinâmica do capitalismo. Enquanto a maioria dos economistas de seu tempo se interessa pelas condições de equilíbrio da economia de mercado, o autor de *Business Cycles* logo revela sua originalidade ao estudar as flutuações do capitalismo e suas fases de expansão e de crise. Segundo ele, trata-se de um sistema instável, em mudança contínua, e que só pode ter um equilíbrio dinâmico, assim como o ciclista, que só pode manter o equilíbrio em movimento.

Retomando os trabalhos do economista russo Nikolai Kondratieff – que, nos anos 1920, havia posto em evidência os ciclos longos (alternância de fases de crescimento e de crises de aproximadamente quarenta anos) na evolução do capitalismo –, J. A. Schumpeter os interpreta como o resultado da inovação tecnológica.

As fases de crescimento são explicadas pelo surgimento de inovações técnicas fundamentais que são fontes de enormes ganhos de produtividade e permitem o desenvolvimento acelerado de ramos inteiros da produção. Assim que essas novas tecnologias esgotam suas potencialidades, inicia-se um período de crise que se mantém até que uma nova série de inovações venha impulsionar uma nova fase de crescimento. O crescimento do capitalismo não é contínuo porque as tecnologias fundamentais não surgem continuamente; elas só sobrevêm em "cachos", ou seja, agrupadas e ao mesmo tempo.

Com efeito, a inovação técnica provoca uma renovação permanente do sistema de produção, o que J. A. Schumpeter chama de "processo de destruição criadora". Essa dinâmica está ligada à existência de um grupo social particular de empresários capitalistas inovadores que, motivados pela busca do lucro, são levados a introduzir incessantemente novas tecnologias mais eficientes. É da existência desse grupo social que depende a dinâmica do capitalismo e é em virtude de sua extinção progressiva que o capitalismo morrerá.

O FIM DO CAPITALISMO

Na sua obra principal, *Capitalismo, socialismo e democracia* (1942), J. A. Schumpeter questiona-se sobre o destino do capitalismo. Como Karl Marx* – a quem homenageia no livro –, ele acredita que o capitalismo está condenado. Mas, divergindo do autor de *O capital*, ele acha que a morte do capitalismo será provocada não por uma crise econômica interna, mas por razões sociológicas. É devido a seu sucesso que o capitalismo corre o risco de perecer: a tendência à concentração e à burocratização das empresas gera a concentração do poder nas mãos dos administradores (tecnocratas) em detrimento dos capitalistas. Uma organização burocrática e centralizada tende a substituir progressivamente o capitalismo individual. A isso se soma a hostilidade crescente dos intelectuais a esse regime econômico. O tema da extinção progressiva do capitalismo em razão de sua burocratização era recorrente nos anos 1940, e então defendido por diversos autores. Isso leva J. A. Schumpeter a preocupar-se com os destinos da democracia num regime econômico cada vez mais burocratizado.

Principais obras de J.A. Schumpeter
• *Capitalism, Socialism and Democracy*, 1942 [*Capitalismo, socialismo e democracia*, Zahar, 1984]
• *History of Economic Analysis*, 1954 [*História do pensamento econômico*]

→ **Capitalismo, Inovação, Técnica, Tecnocracia**

SCHÜTZ, ALFRED
(1899-1959)

"Bancário de dia, sociólogo à noite", dele disse Edmund Husserl*. Esse pensador original efetivamente exerceu a atividade de advogado de negócios por toda a vida: primeiramente em Viena e, a partir dos anos 1930, em Nova York, para onde imigrou, assim como muitos intelectuais judeus. Apenas no final da vida irá lecionar na New School of Social Research. Sua concepção fenomenológica do mundo social terá uma influência preponderante sobre autores como Peter Berger e Thomas Luckmann (*The Social Construction of Reality* [*A construção social da realidade*], 1966) e Harold Garfinkel*.

UMA FENOMENOLOGIA DA VIDA COTIDIANA

Talvez tenha sido no contato com as atividades bancárias que ele tomou consciência do papel das representações na construção da vida social. Em última instância, o que são o dinheiro e as letras de câmbio senão representações comuns e valores que atribuímos a objetos? Imbuído da filosofia fenomenológica, Alfred Schütz almeja fundar uma "sociologia compreensiva" inspirada simultaneamente em Max Weber* e na fenomenologia de E. Husserl. A. Schütz interessa-se pela vida cotidiana, que ele nomeia de "mundo da vida". A vida social é produzida e reproduzida cotidianamente pelos indivíduos por meio de seu trabalho diário, da comunicação, dos transportes, dos acontecimentos comuns, etc. No entanto, nessa atividade cotidiana, os indivíduos mobilizam representações corriqueiras e frequentemente inconscientes. Para utilizar uma ferramenta ou dirigir-se a um médico, o indivíduo mobiliza categorias mentais correntes (a representação do trajeto, a função de uma ferramenta, o *status* do médico) que fazem sentido para ele. Tais representações são em parte subjetivas e pessoais, em parte compartilhadas por todos. Sem esse mundo de representações partilhadas, a vida social não seria possível.

O objetivo da fenomenologia do mundo social, como concebida por A. Schütz, é tentar descrever esses mundos mentais que moldam a vida cotidiana. Um dos modos de abordar o mundo social supõe uma tipificação da realidade, ou seja, a classificação das coisas e dos seres em categorias comuns. "O mundo social tem um significado particular e uma estrutura pertinente para os seres humanos que nele vivem, pensam e agem. Eles classificaram e interpretaram preliminarmente o mundo através de inúmeras construções comuns da realidade da vida cotidiana, e são esses objetos do pensamento que determinam seu comportamento, definem a finalidade de suas ações e os meios possíveis para realizá-las – em suma, que os ajudam a se situar no interior do seu ambiente tanto natural como sociocultural e a se acomodar a ele" (*Le Chercheur et le Quotidien* [O pesquisador e o cotidiano], 1987).

A perspectiva adotada por A. Schütz o leva a recusar a oposição radical entre o pesquisador e o cotidiano e entre o pensamento científico e o pensamento do "senso comum", já que ambos supõem a construção de representações e a tipificação. Para o pesquisador em ciências sociais, o acesso à realidade supõe o acesso às representações e experiências do homem comum. "Os objetos de pensamento, construídos pelos pesquisadores em ciências sociais, baseiam-se nos objetos de pensamento construídos pelo pensamento corrente do homem que leva sua vida cotidiana entre seus semelhantes, e a eles se refere. Dessa forma, as construções utilizadas pelo pesquisador em ciências sociais são, por assim dizer, de segundo grau, em particular aquelas erguidas na cena social pelos atores, cujo comportamento o homem de ciência observa e tenta explicar respeitando o procedimento científico" (*Le Chercheur et le Quotidien*). Deve-se ressaltar que A. Schütz jamais tentou aplicar sua abordagem da sociologia a nenhuma realidade social particular. Seus escritos limitam-se a enunciar princípios gerais, baseiam-se em abstrações e referências teóricas e raramente apoiam-se em exemplos concretos. A leitura de sua obra é de difícil acesso.

Principal obra de A. Schütz
• *Le Chercheur et le Quotidien. Phénoménologie des sciences*, 1987 [O pesquisador e o cotidiano]. Coletânea francesa que agrupa textos publicados originalmente nos três volumes de *Collected Papers*, 1962, 1964, 1966

SCRIPT

A noção de *script* (próxima às de esquema* e de protótipo*), criada pelo linguista Roger Schank, é utilizada como técnica de representação dos conhecimentos* em tradução automática e em inteligência artificial*. O modelo canônico do *script* é o do restaurante. O *script* do restaurante designa a série de episódios característicos de uma refeição no restaurante: recepção do cliente, pedido, refeição, pagamento, etc.

Cada um desses episódios divide-se, por sua vez, em minirroteiros construídos a partir de um modelo de referência. Por exemplo, uma refeição = entrada + prato principal + sobremesa + café. O modo de comer determinado prato (peixe, sopa...) é igualmente submetido a minirroteiros estruturados. Em *Scripts, Plans, Goals and Understanding* [Scripts, projetos, objetivos e entendimento] (1977), R. Schank e Robert P. Abelson empregam os termos *script*, MOP (*memory organization packets*) e TOP (*thematic organization packets*) para indicar um nível de organização das representações de maior ou menor generalidade em relação aos *scripts*.

SECULARIZAÇÃO

Segundo a tese da secularização apresentada pelos sociólogos no final do século XIX, as sociedades, ao se modernizarem, devem passar por um declínio irreversível das crenças e práticas religiosas. O fortalecimento da ciência e das técnicas deve fazer refluir as crenças; o materialismo enfraquece a espiritualidade; o poder religioso dá lugar ao poder laico.

O DESENCANTAMENTO DO MUNDO

A secularização se traduz por um "desencantamento do mundo", segundo a expressão de Max Weber*. É o fim das crenças mágicas e de um mundo encantado, governado pelos deuses, pelos espíritos ancestrais, pelos anjos e pelos demônios. Um mundo onde os milagres são possíveis, onde o sagrado* ocupa uma posição central no espírito dos homens.

De fato, durante décadas, o movimento geral parecia confirmar tais teses. As sociedades europeias conheceram uma descristianização contínua ao longo do século XX.

– A secularização não parece ter alcançado os Estados Unidos nem o Japão, onde as crenças e as práticas permaneceram estáveis ao longo do tempo, independentemente das transformações econômicas e sociais.

– Na Europa, assistiu-se, a partir do último quarto do século XX, ao aparecimento de "novos movimentos religiosos*": seitas*, crenças sincréticas, expansão do budismo*, islamismo. As Igrejas tradicionais reativaram-se em parte pelos canais habituais, carismáticos ou movimentos de jovens.

– Em diversos países em desenvolvimento, a religião é muito forte e passou mesmo por uma renovação nas últimas décadas: desenvolvimento dos movimentos protestantes na América Latina, renovação do islamismo, etc. No umbral de um novo século, o anúncio da morte de Deus mostrou-se muito prematuro.

É necessário, contudo, distinguir na evolução recente das religiões duas lógicas específicas. As crenças religiosas nas sociedades modernas não possuem mais o caráter de uma adesão institucional a uma Igreja. Cada vez mais, elas advêm de convicções pessoais, privadas, frequentemente sincréticas. O domínio da Igreja sobre a sociedade não para de diminuir. Marcel Gauchet, em *Le Désenchantement du monde* [O desencantamento do mundo] (1985), falava de "saída da religião" para evocar mais a perda de controle da Igreja Católica sobre a sociedade do que o declínio das crenças propriamente ditas. Desse ponto de vista, a secularização deve ser distinguida da laicização da sociedade.

Bibliografia: • M. Gauchet, *Le Désenchantement du monde. Une histoire politique de la religion*, Gallimard, 1985 • O. Tschannen, *Les Théories de la sécularisation*, Droz, 1992

→ **Religião**

SEGMENTAR (sociedade)

Utilizada em antropologia, a noção de "sociedade segmentar" foi forjada no século XX para designar as sociedades primitivas não diferenciadas, em que os grupos sociais de base (clãs, famílias) são idênticos, pois não existe especialização de funções nem poder separado (sociedades "acéfalas"). A sociedade global é, portanto, composta de "segmentos" idênticos, como as pérolas de um colar.

Mais tarde, os antropólogos britânicos (Alfred R. Radcliffe-Brown*, Edward E. Evans-Pritchard*) estabeleceram uma ligação entre a organização segmentar e o sistema de filiação. O que unificaria cada grupo no interior de uma sociedade mais ampla seria o pertencimento a uma mesma filiação (unifiliação). É o caso dos nuers (sociedade pastoral do Sudão) estudados por E. E. Evans-Pritchard. As famílias e os clãs não estão unidos por um poder político, mas por elos de filiação relativos. Entre os nuers, os grupos aliam-se e opõem-se em função de seu grau de proximidade genealógica. Grupos até então opostos podem aliar-se em nome de uma genealogia de um grau superior para oporem-se a um inimigo comum mais distante do ponto de vista do parentesco.

Durante muito tempo, a antropologia identificou, portanto, "sociedade de linhagem" e "sociedade segmentar", quase universalizando o modelo africano, em que o princípio fundamental de associação dos grupos é a proximidade de filiação. Contudo, a universalidade desse esquema é atualmente contestada. Outros tipos de união com base territorial, econômica ou simbólica podem interferir na aliança por filiação.

→ **Clã, Tribo**

SEITA

Em 20 de novembro de 1978, na comunidade de Jonestown, na Guiana, 911 membros da seita comandada por James Jones morrem em um dos maiores suicídios coletivos da história. Em 1994, algumas dezenas de membros da seita dos cavaleiros do templo solar são encontrados mortos em decorrência de um suicídio coletivo. Em 1995, membros da seita Aum, comandada por Shoko Ashara, cometem um atentado com gás sarin no metrô de Tóquio. No final de 2002, Rael, o guru da seita raeliana, é manchete na mídia mundial ao anunciar ter conseguido realizar a primeira clonagem de um ser humano.

Periodicamente, a imprensa dirige seus holofotes para os delitos das seitas mais radicais. Quando as seitas não metem medo, são motivo de riso. A seita do Mandarom era dirigida por um "messias cosmoplanetário", Gilbert Gourdin, que toda manhã afirmava ter matado, durante a noite, milhares de "atlantas e outros lemurianos", demônios interestelares que vinham ameaçar a Terra (M. Duval, *Un ethnologue au Mandarom. Enquête à l'intérieur d'un secte* [Um etnólogo no Mandarom. Enquete no interior de uma seita], 2002). Rael (cujo nome verdadeiro é Claude Vorilhon), fundador do movimento raeliano, alega ter sido raptado por extraterrestres e encarregado por eles da vinda dos Elohim para a Terra. Esse novo profeta, que se situa na linhagem de Moisés, Buda, Jesus e Maomé, pratica com seus adeptos a "meditação sensual" e aproveita-se da generosidade deles para financiar suas participações em corridas de automóvel.

Em fenômenos sectários assim radicais, são facilmente encontrados traços comuns: um guru carismático, uma organização comunitária fortemente definida, crenças que rompem claramente com as da sociedade exterior, um projeto messiânico e membros devotos que se sentem investidos de uma missão universal.

Centrar-se em alguns casos excepcionais e extravagantes é tornar a seita um fenômeno estranho e exótico. No entanto, a seita religiosa é apenas a radicalização de tendências e formas de organização, de crenças comuns presentes na maioria das sociedades. Pode-se notar que certas características sectárias (guru, crenças messiânicas) não são específicas dos grupos religiosos, mas podem facilmente ser encontradas em seitas políticas e revolucionárias ou em comunidades utópicas. Da mesma forma, várias religiões e igrejas instituídas podem conter elementos sectários.

Sociologia das seitas

O sociólogo alemão Ernst Troeltsch (1865-1923) apresentou uma definição de seita que se tornou canônica na sociologia das religiões. Em seus trabalhos sobre o cristianismo, ele opõe seitas e Igrejas segundo três critérios: as seitas representam heresias em relação às crenças ortodoxas; seus membros engajam-se voluntariamente, ao passo que para os membros de uma Igreja a adesão é transmitida culturalmente; por fim, a seita tende a incentivar crenças radicais e revolucionárias, enquanto a Igreja instituída defenderá preferencialmente posições conservadoras.

As condições de emergência das seitas e os fatores que favorecem a adesão a elas foram objeto de muitos debates e estudos. A maioria das análises sociológicas não concorda com as teses normalmente apresentadas pela mídia sobre o modo como elas operam. Em primeiro lugar, não é evidente que recrutem prioritariamente pessoas frágeis intelectual e psicologicamente. Muitos trabalhos enfatizam os benefícios simbólicos que os membros podem tirar de sua adesão a um grupo sectário: apoio social, amor-próprio, sentimento de participar de uma tarefa

---

Os tipos de seita

• O sociólogo inglês Bryan R. Wilson propôs, em 1970 (*Religious Sects: a Sociological Study* [As seitas religiosas: um estudo sociológico]), uma tipologia das seitas:

– as "seitas convertedoras", que visam ao proselitismo e procuram, portanto, a adesão do máximo de pessoas. A ação dos membros baseia-se na militância e na busca por conversão: por exemplo, o movimento pentecostal;

– as "seitas revolucionárias ou adventistas" creem na iminência do fim do mundo ou de uma revolução social, para o que exortam seus membros a se prepararem: por exemplo, as Testemunhas de Jeová.

– as "seitas intervencionistas" concentram-se somente na salvação de seus membros, o que supõe o respeito de regras de vida muito diferentes daquelas do mundo que os rodeia: por exemplo, os amish;

– as "seitas manipuladoras" ou gnósticas. Enfatizam as doutrinas esotéricas, que permitiriam a seus adeptos atingir certas capacidades e realizar objetivos fora do alcance das pessoas comuns: por exemplo, a cientologia;

– as "seitas taumatúrgicas" baseiam-se na crença na capacidade de realizar milagres (curar doenças, resolver problemas) ou de vencer as dificuldades por intermédio de médiuns ou de rituais mágicos: por exemplo, as seitas espíritas;

– as "seitas reformistas" têm como objetivo transformar a sociedade alterando as mentalidades;

– as "seitas utópicas" fundam comunidades ou colônias que buscam criar um tipo de paraíso terrestre experimentando um novo modo de vida: por exemplo, a comunidade Oneida ou os grupos Breuderhof.

---

nobre e elevada... Ademais, os traços frequentemente muito racionais das ideologias sectárias tornam pouco prováveis as teses que se baseiam em uma "lavagem cerebral" de pessoas desequilibradas ou "subjugadas".

Na verdade, a adesão a uma seita raramente é um ato espontâneo, pois supõe um recrutamento dos adeptos que é feito por etapas sucessivas (observador, simpatizante, filiado, membro ativo). No início, é necessário, portanto, um punhado de militantes convictos, treinados por um núcleo dirigente ou um membro fundador enérgico que consiga estabelecer seu movimento. Por essa razão, o "modelo empresarial" pode ser adaptado à análise da atividade das seitas (M. Hamilton, *The Sociology of Religion: Theoretical and Comparative Perspectives* [A sociologia da religião: perspectivas especulativas e comparativas] 1994).

Bibliografia: • N. Cohn, *The Pursuit of the Millennium: Revolutionary Messianism in the Medieval and Reformation Europe and Its Bearing on Modern Totalitarian Movements*, Pimlico, 1993 [1957] • A. Fournier, M. Monroy, *La Dérive sectaire*, Puf, 1999 • A. Guest, J. Guyard, *Les Sectes en France. Rapport d'enquête de l'Assemblée nationale*, 1995 • D. Hervieu-Léger, *La Religion en miette ou la question des sectes*, Calmann-Lévy, 2001 • J. Vernette, C. Moncelon, *Dictionnaire des groupes religieux aujourd'hui*, Puf, 2001 [1995] • R. Wallis (org.), *Sectarianism*, Peter Owen, 1975 • R. Wallis, *Salvation and Protest: Studies of Social and Religious Movements*, St. Martin's Press, 1979 • B. R. Wilson, *Les Sectes religieuses*, Hachette, 1970

→ **Influência, Religião**

SEMÂNTICA

Se alguém lhe diz ter passado uma hora e meia diante de um "abacaxi", você está diante de um botânico ou de um espectador de cinema decepcionado? O sentido nos parece habitualmente como um dado imediato. Contudo, ele é menos evidente do que parece. Como a língua veicula o significado? Como o sentido, material impalpável indispensável ao homem, se constrói no âmbito da palavra, da frase ou do discurso? São essas as questões às quais a semântica tenta responder. Durante mais de meio século, ela permaneceu como o primo pobre da linguística: a primeira metade do século XX assistiu, sobretudo, ao desenvolvimento da fonologia*, que estuda a organização dos sons em uma língua, e da sintaxe*, que analisa as funções das palavras na frase. Por muito tempo, a linguística privilegiou o estudo do significante*, o lado material da linguagem, em detrimento do significado*, o conteúdo semântico. No entanto, se há uma constatação à qual ninguém pode escapar, é a de que a língua tem como função transmitir o significado, e ela não faz isso aleatoriamente. Assim, apesar de um começo lento e difícil, a semântica se impôs gradativamente como uma verdadeira disciplina. Na segunda metade do século XX, ela passou por múltiplos desenvolvimentos. Trataremos, de forma cronológica, de suas quatro principais correntes, que por vezes se sobrepõem: histórica, estrutural, gerativa e cognitiva.

SEMÂNTICA HISTÓRICA

O nascimento da semântica é atribuído ao linguista francês Michel Bréal (1832-1915), que publica, em 1897, um *Essai de sémantique* (*Ensaio de semântica*). Nos seus primórdios, a semântica era essencialmente histórica (ou diacrônica) e lexical (referia-se à palavra): buscava explicar de que forma o sentido das palavras pode mudar ao longo do tempo. A palavra "burguês", por exemplo, antes de se tornar o emblema de uma classe social, significa literalmente "habitante de um burgo". A semântica histórica vincula-se parcialmente à etimologia (estudo da origem das palavras) e à lexicologia* (estudo do léxico). Considerando que a linguagem* reflete o pensamento tanto dos indivíduos como da sociedade, a semântica de M. Bréal relaciona-se com a psicologia e a sociologia. Ele é o inventor da noção de "polissemia", na qual uma mesma palavra possui diversas significações, como é o caso de "abacaxi" (quer dizer tanto uma fruta como uma coisa maçante). A semântica histórica foi predominante do final do século XIX aos anos 1930. A partir de então, ela coexistirá com outras tendências, que se tornarão, por sua vez, dominantes.

SEMÂNTICA ESTRUTURAL

Na esteira de Ferdinand de Saussure*, fundador da linguística moderna no início do século XX, a semântica estrutural afasta-se dos preceitos de Bréal e torna-se sincrônica, passando a ter como objetivo explicar a organização do sentido no léxico de uma língua em um momento dado de sua evolução. Ela rejeita toda dimensão psicológica ou social e se constitui "em imanência", ou seja, no próprio interior do sistema linguístico, excluindo todo fator externo. Com Louis Hjelmslev* ("Pour une sémantique structurale" [Por uma semântica estrutural] [1957], em *Essais linguistiques* [*Ensaios linguísticos*], 1959), ela passa a postular a independência do plano do conteúdo (os significados) com relação ao plano da expressão (os significantes): o sentido teria, dessa forma, seu próprio modo de organização autônoma.

A exemplo da fonologia*, que estuda o funcionamento das menores unidades de som, os fonemas*, a semântica buscou analisar as menores unidades de sentido, os "semas". A análise sêmica consiste em dissecar os componentes semânticos de uma palavra. Mais comumente, ela apresenta-se sob a forma de um esquema em forma de árvore no qual os significados são hierarquizados. A categoria "assento", segundo o exemplo clássico de Bernard Pottier, engloba as palavras "cadeira", "tamborete", "banco"... "Assento" é, portanto, o hiperônimo, ao passo que os outros, subordinados, são os hipônimos. Além dos semas comuns à classe de objetos "assento" (objetos que servem para sentar), cada palavra distingue-se das outras por certo número de traços semânticos ("sem braços", "com encosto", "para uso individual" ou "coletivo", etc.).

A semântica estrutural baseia-se, em grande parte, na teoria do "valor" de Ferdinand de Saussure, segundo a qual o valor de uma palavra depende do sistema todo, no qual ela adquire seu lugar de modo diferencial: "cadeira" não é "tamborete", nem "poltrona", nem "banco", etc. Se a análise sêmica se preocupou sobretudo com a denotação*, ou seja, com o sentido próprio ("quinta-feira 12" denota uma data), teve contudo dificuldades para analisar a conotação, ou seja, o sentido secundário ("sexta-feira 13" denota uma data e conota uma superstição).

Na Europa, a análise sêmica foi desenvolvida por B. Pottier, Luis Prieto, Eugenio Coseriu, Georges Mounin e ainda Algirdas J. Greimas. A partir da sua obra *Sémantique structurale* [Semântica estrutural] (1966), A. J. Greimas estendeu a análise do sentido para além do léxico puro e simples, passando a considerar o sentido nas suas diversas formas de manifestação, o que resultou em uma semiótica.

SEMÂNTICA GERATIVA

Enquanto a linguística gerativa iniciada por Noam Chomsky* nos anos 1950 se dedicava unicamente à sintaxe, Jerrold Katz e Jerry Fodor* propõem, em 1963, adicionar-lhe a semântica. Para estudar os componentes semânticos, eles utilizavam um método semelhante à análise sêmica europeia, a análise dita "componencial" (de *component*, em inglês). Esta, estabelecida pelos antropólogos americanos ao compararem o vocabulário de parentesco em diferentes línguas, mais tarde foi adaptada à linguística. A semântica gerativa pretendia estudar o sentido não como um inventário fixo de semas, mas como um processo dinâmico que permite "gerar" frases. Tratava-se, então, de extrair regras a fim de construir um modelo geral, possibilitando certas aplicações na informática, especialmente na tradução automática de línguas.

Contudo, em muitos casos o sentido resistia à modelização, particularmente as metáforas. Admitindo-se uma regra simples, que afirma que somente um sujeito animado (animal ou ser humano) pode ser associado a certos verbos de ação, como em "O cachorro come", como explicar que objetos inanimados possam igualmente ser sujeitos de tal ação, como em "Sua franja come-lhe a metade do rosto"? Eis a questão do sentido figurado, tão frequente na vida cotidiana, que provavelmente terá sido o limite intransponível com o qual se deparou a semântica gerativa, a qual foi objeto de uma profusão de debates e críticas. Uma censura frequente referia-se ao aspecto artificial dos exemplos, fabricados para servir de demonstração e não extraídos de enunciados espontâneos. Os próprios gerativistas tiveram querelas internas memoráveis, uns defendendo que as regras gramaticais primavam sobre o conteúdo semântico, outros afirmando que o sentido exercia, por sua vez, um forte condicionamento sobre a gramática e de forma nenhuma desempenhava um papel secundário.

No final dos anos 1960, as múltiplas polêmicas da linguística gerativa, então em voga, tiveram como efeito relançar a semântica, tão comumente desprezada pelos linguistas. Durante seu percurso, a semântica gerativa encontrou outras correntes: sua preocupação em criar modelos aproximou-a da semântica formal, de fundamento lógico-matemático, e a ênfase na competência linguística do sujeito encontrou ecos na semântica cognitiva.

SEMÂNTICA COGNITIVA

Contrariamente à semântica estrutural, fundada na análise das redes de diferenças no interior da língua, a semântica cognitiva pergunta-se sobre a construção do sentido em função do repertório de representações* mentais disponíveis no espírito do locutor médio de uma língua. Ela postula que os significados não são isolados, mas se atrelam a categorias. A questão é: como são criadas categorias que nos permitem dar certa coerência à nossa interpretação? Para responder a ela, a semântica cognitiva primeiramente desenvolveu a teoria das "condições necessárias e suficientes" (CNS), que permitem a um elemento pertencer a uma categoria: "servir para sentar" basta para definir a categoria dos assentos e, nesse caso, "com ou sem encosto" é secundário. Em seguida, ela estabeleceu sua teoria central: a do protótipo* (G. Kleiber, *La Sémantique du prototype. Catégories et sens lexical* [A semântica do protótipo. Categorias e sentido lexical], 1990). Originária da psicologia, ela foi adaptada à linguística no anos 1980, especialmente por George Lakoff, semanticista gerativo que se tornou cognitivista. Numa dada categoria, a das aves, por exemplo, qual seria o protótipo? O pinguim, a andorinha, o avestruz ou o pardal? O protótipo é o melhor representante de uma categoria em dada cultura e em dada língua. A coesão entre os membros de uma categoria é assegurada por uma "semelhança de família", um conjunto de traços comuns (penas, bico, ovos…) que gravitam em volta dele. Porém, distingui-los não é sempre fácil: qual o protótipo dos assentos? Resta igualmente saber como um protótipo passa a ser considerado como tal: por que o pardal e não a andorinha?

SEMÂNTICA, DISCIPLINA EM EXPANSÃO

A semântica, que em sua origem era essencialmente lexical (âmbito da palavra), progressivamente incorporou o contexto sintagmático (a frase, o discurso) e, mais recentemente, o contexto extralinguístico (a situação, os gestos, as mímicas), integrando assim a dimensão pragmática* da comunicação. A polissemia, por exemplo, exige que se leve em conta o contexto: um "pato", por exemplo, pode tanto fazer referência a uma ave como a um indivíduo tolo… Do mesmo modo, o enunciado "Eu adoro esse filme" pronunciado com uma mímica negativa significa ironicamente o contrário do que ele parece dizer e torna-se, assim, uma antífrase. Pelo fato de o sentido fazer interviem diferentes parâmetros, os semanticistas progressivamente ampliaram seu campo de ação da palavra para a frase, da frase para o discurso e, em seguida, para a situação de enunciação.

Em razão dessa ampliação do domínio, alguns temeram a diluição da semântica em outras disciplinas, principalmente na antropologia e na sociologia – quando o sentido é reinserido na sua dimensão cultural – e na semiologia – quando ele é veiculado por meios que não a língua (desenho, vestimentas…). Contudo, a semântica conserva sua especificidade própria ao ter como pilar o sentido no interior da língua, quer esta seja tomada em contexto, quer não.

→ **Linguística, Semiologia**

SEMIOLOGIA

A semiologia, ou semiótica, é a ciência geral dos signos. Ela estuda todas as formas do discurso, seja qual for seu modo de manifestação: desenho, gesto, filme, texto, vestimentas… A reflexão sobre esse objeto é certamente antiga e considera-se que a primeira grande teoria geral do signo remonta a Santo Agostinho (354-430), que propôs uma classificação dos signos segundo sua fonte, sua natureza, seu grau de intencionalidade… O termo "semiótica" (do grego *semeîon*, "signo") aparece pela primeira vez no século XVII, nos escritos do filósofo inglês John Locke (*An Essay Concerning Human Understanding* [Ensaio acerca do entendimento humano], 1690). Mas é somente no início do século XX que se constitui o projeto de uma disciplina dedicada ao estudo dos signos. Duas correntes emergem paralelamente: de um lado, a semiologia europeia com Ferdinand de Saussure* e, de outro, a semiótica americana, com Charles S. Peirce*.

O DUPLO NASCIMENTO DA SEMIOLOGIA

F. de Saussure é conhecido como o pai fundador da linguística* moderna. Mas esta não passava, a seu ver, de uma pequena parte de uma ciência mais ampla, a semiologia. Segundo F. de Saussure, "a língua é um sistema de signos que exprimem ideias e, por isso, comparável à escrita, ao alfabeto dos surdos-mudos, aos ritos simbólicos, às boas maneiras, aos sinais militares, etc. Ela é somente o mais importante desses sistemas. É possível, portanto, conceber uma ciência que estude a vida dos signos no interior da vida social; (…) nós a nomearemos semiologia (…). Ela nos ensinaria em que consistem os signos, quais leis os regem. Dado que ela ainda não existe, não se pode dizer o que ela será; mas ela tem direito à existência, seu lugar é determinado de antemão" (*Cours de linguistique générale* [Curso de linguística geral], 1916). Eis a certidão de nascimento da semiologia, que, para

F. de Saussure, deveria enriquecer a linguística. Mas, como ele dedicou seus trabalhos essencialmente a esta última, foram os conceitos forjados para o estudo da língua que, num primeiro momento, nutriram a semiologia, a começar pela definição do signo. Quer seja linguístico, quer não, um signo é composto de duas faces: o significante, o lado material, perceptível, do signo, e o significado, seu conteúdo semântico. Trata-se então de analisar o código que os une, o sistema no qual o signo se insere. F. de Saussure acabou por escrever muito pouco sobre a semiologia, mas sua concepção terá um impacto imenso no futuro da disciplina.

Paralelamente, C. S. Peirce, filósofo e lógico americano, elabora uma teoria do signo que ele nomeia de "semiótica" (*Écrits sur le signe* [Escritos sobre o signo], 1978, textos redigidos entre 1885 e 1911). Segundo o autor, o signo compõe-se de três polos: o "significante" (ou *representamen*), o "referente" (objeto do discurso) e um "interpretante" (conjunto de conhecimentos originários da cultura ou da experiência que permitem construir uma interpretação) que os une.

A significação é então o produto da interação desses três polos: o som /gato/ é um significante que, passando pelo filtro dos conhecimentos adquiridos (o interpretante, nesse caso a língua portuguesa), remete ao objeto "gato" em um discurso dado (o Gato de Botas, o gato angorá da vizinha, o velho gato pardo da vovó, etc.). Certos referentes não têm nenhum objeto que a eles corresponda no mundo real: o unicórnio é um animal lendário cujo referente só existe no discurso e não na realidade. Em C. S. Peirce, o modelo geral do signo é concebido para se adaptar ao contexto particular da comunicação, sublinhando sua dimensão pragmática, contrariamente a F. de Saussure, para quem o signo faz parte de um sistema abstrato. C. S. Peirce propõe uma classificação do signo extremamente densa e complexa, da qual frequentemente são retidos somente três conceitos principais: o "índice", o "ícone" e o "símbolo". Esses três conceitos descrevem a relação que o significante mantém com o referente. O índice conserva uma relação de proximidade imediata, de contiguidade com o referente: a fumaça é índice do fogo, a pegada na neve é índice da passagem de alguém, etc. O ícone mantém uma relação de semelhança com o referente: por exemplo, o retrato assemelha-se ao seu modelo. Os ícones não se limitam às imagens: nas línguas, as onomatopeias, como "au-au" e "miau", são ícones sonoros; os aromatizantes são ícones olfativos, pois se assemelham aos odores naturais; ou o couro sintético o ícone do couro. Enfim, o símbolo mantém uma relação convencional com o referente: a pomba branca simboliza a paz por convenção cultural, a placa de contramão baseia-se em um código, e a língua inteira, convenção por excelência, depende do sistema simbólico.

Peirce teve grande influência nos países anglo-saxões, graças principalmente a um de seus sucessores, Charles W. Morris. Seguindo o projeto de C. S. Peirce de constituir uma teoria geral dos signos, Thomas A. Sebeok, aluno de C. W. Morris, intentou estender a semiótica à comunicação animal, fundando a zoossemiótica. A teoria de C. S. Peirce não parou de evoluir ao longo do tempo, modificando seus conceitos no percurso, o que a tornou de acesso ainda mais difícil. A semiologia francesa constituiu-se essencialmente em torno da herança de F. de Saussure.

O SEGUNDO NASCIMENTO DA SEMIOLOGIA

Após quarenta anos de pesquisas esparsas, a semiologia de influência saussuriana irá efetivamente expandir-se a partir dos anos 1950 e 1960, em pleno estruturalismo*. Na França, distinguem-se três correntes: a semiologia da comunicação, a semiologia da significação e a semiótica narrativa.

– *Semiologia da comunicação*. Originária do funcionalismo* de André Martinet*, ela interessa-se sobretudo por códigos fortemente estruturados: o código de trânsito, os símbolos que figuram nas etiquetas de roupas, a numeração telefônica, etc. Os signos são estudados na sua denotação* (sentido próprio) e não na sua conotação (sentido secundário: o caviar denota um alimento e conota o luxo). Essa semiologia foi desenvolvida por linguistas como Georges Mounin (*Introduction à la sémiologie* [Introdução à semiologia], 1970) e Luis Prieto. Uma vez que restringia seu campo de pesquisas a códigos muito explícitos, essa corrente esgotou-se progressivamente à medida que surgia o estudo dos signos que correspondiam a códigos menos rígidos.

– *Semiologia da significação*. Desenvolveu-se em torno dos trabalhos de Roland Barthes* (1915-1980). Em 1957, ele publica *Mythologies* [*Mitologias*], uma coletânea de artigos nos quais lança um olhar analítico e crítico sobre os signos da França dos anos 1950. Ele se coloca mais do ponto de vista da recepção do signo que do código e estuda os efeitos de sentido, a conotação. No seu artigo "Rhétorique de l'image" [Retórica da imagem] (*Communication*, nº 4, 1964), R. Barthes analisa uma propaganda das massas Panzani segundo diferentes estratos: a associação da sonoridade da palavra Panzani (estrato linguístico) com a representação de tomates, cebolas e pimentões (estrato icônico) e com as cores verde-amarelo-vermelho (estrato cromático) contribui para a construção da "italianidade" dessas massas... 100% francesas. Esse artigo ficará famoso, pois propõe um método de análise da imagem concebida como um discurso construído, permitindo a consideração das conotações e estereótipos socioculturais. Depois disso, a publicidade entrará no campo dos estudos universitários. R. Barthes só estudou semiologia por um certo tempo, dedicando o essencial da sua obra à análise literária. Porém, sua semiologia, fortemente impregnada de ideologia política contestatória, encontraria um eco considerável no período de efervescência que envolveu Maio de 1968.

– *Semiótica narrativa*. Constitui-se em torno dos trabalhos de Algirdas J. Greimas (1917-1992), herdeiro de F. de Saussure e do linguista Louis Hjelmslev, de quem conserva o rigor científico. Influenciada pela *Morphologija skazki* [*Morfologia do conto maravilhoso*] (1928), do folclorista russo Vladimir Propp*, a semiótica de A.J. Greimas postula que a diversidade dos discursos se origina da combinação de componentes elementares. *Romeu e Julieta*, *Tristão e Isolda*, *Orfeu e Eurídice* e ainda *Love Story* são narrativas bem diferentes que, contudo, repousam na mesma trama fundamental: um amor interrompido pela morte. Os componentes elementares situam-se no nível das estruturas profundas e, como um embrião que se desenvolve, passam por uma série de etapas antes de se manifestarem sob a forma de um discurso acabado (estrutura de superfície), seja ele um conto, um filme ou uma história em quadrinhos. O caminho que faz nascer o discurso é chamado de percurso gerativo da significação. Entre as estruturas profundas, encontra-se certo número de valores de base que se opõem dois a dois, como o bem e o mal. Bem e mal são valores gerais, que podem se encarnar na luta de Deus contra o diabo, de São Jorge contra o dragão, de Luke Skywalker contra Darth Vader, ou ainda de Harry Potter contra Voldemort. Tais valores elementares opõem-se dois a dois e podem ser esquematizados sob a forma do quadrado semiótico.

O quadrado semiótico é uma ferramenta de análise destinada a representar de modo claro uma rede semântica, sublinhando as relações entre os termos: contrários (bom/mau), contraditórios (bom/não bom) e complementares (bom/não mau). Dizer que um filme "não é mau" não implica dizer que ele é "bom", mas é próximo disso. As nuances semânticas são assim decompostas segundo suas relações lógicas.

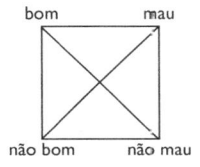

O quadrado semiótico tornou-se durante certo tempo o emblema, um tanto redutor, da semiótica greimasiana. Ele foi muito utilizado na semiótica aplicada, principalmente para a análise dos valores veiculados pelos discursos publicitários. Em *Sémiotique, marketing et communication. Sous les signes, les stratégies* [Semiótica, marketing e comunicação. Sob os signos, as estratégias] (1990), Jean-Marie Floch expõe uma série de estudos de caso que provavelmente constitui uma das introduções mais acessíveis à semiótica greimasiana: ele estuda objetos tão variados quanto os trajetos dos usuários do metrô, o logotipo de um banco, a publicidade de um automóvel ou a propaganda de antidepressivos! Tal diversidade demonstra bem a ambição globalizante da semiótica: elaborar uma teoria geral e uma metodologia que permitam analisar todos os tipos de discurso.

As principais obras de A. J. Greimas são *Sémantique structurale* [Semântica estrutural] (1966), *Du sens* [Sobre o sentido] (t. 1, 1970; t. 2 1983) e, com Joseph Courtès, um *Dictionnaire raisonné de la théorie du langage* [Dicionário enciclopédico da teoria da linguagem] (1979). A análise estrutural da narrativa influenciará a narratologia*. Em 1991, em *Sémiotique des passions* [Semiótica das paixões], escrito com Jacques Fontanille, dá início a uma virada na semiótica ao se interessar, para além das estruturas, por uma questão mais fenomenológica*: o modo pelo qual a significação é sentida.

Na Itália, Umberto Eco*, professor de semiótica na Universidade de Bolonha, empreende uma reflexão global sobre as teorias do signo, retraçando com um olhar preciso e sintético o percurso das ideias desde a Antiguidade até as teorias atuais (*Segno* [O signo], 1971; *Sémiotique et philosophie du langage* [Semiótica e filosofia da linguagem], 1984). Com a criação da Associação Internacional de Semiótica, em 1967, a semiótica ganha maior visibilidade, mas sofre ainda de falta de reconhecimento nos cursos universitários. No entanto, há quase um século, as diversas tendências da semiologia ou da semiótica não cessam de fornecer chaves importantes para a análise dos discursos e de enriquecer a teoria do signo.

SENTIMENTO OCEÂNICO
→ Oceânico (sentimento)

SETOR INFORMAL

Santiago do Chile, outubro de 1993. Margarita, uma jovem desempregada, angaria calçados usados em certos bairros de classe média. Eles são então levados para sua casa, onde sua mãe procede a uma rápida restauração: os calçados são repintados, colados se necessário e preenchidos com jornal para devolver-lhes a forma. Em seguida, Margarita revende os sacos de calçados a um comerciante ambulante que vai às feiras dos vilarejos vizinhos, onde os pobres (normalmente índios Mapuche) os compram a preços baixos.

O setor informal – chamado também de "economia subterrânea" – agrupa o conjunto de atividades econômicas que escapam à economia oficial, regulamentada e registrada pelas estatísticas nacionais. Nos países em desenvolvimento, esse setor abarca o "trabalho informal", os mercados ilícitos (drogas, armas), normalmente controlados pelas máfias, e a pequena produção agrícola ou artesanal que não passa pelos circuitos comerciais oficiais.

O trabalho informal pode abranger uma empregada doméstica ou um trabalhador empregado sem registro e adquirir também uma forma mais industrial. Nas grandes cidades, ateliês de confecção inteiros funcionam com trabalho informal.

O setor informal pode representar, em certos países, até metade da produção oficial medida pelo Produto Interno Bruto (PIB)*.

SETORES PRIMÁRIO, SECUNDÁRIO E TERCIÁRIO

Nos anos 1940, o economista australiano Colin Clark propôs uma divisão das atividades econômicas em três setores: primário, secundário e terciário. O setor primário envolve a agricultura e a pesca, o secundário corresponde ao setor industrial, e o terciário abarca os serviços. Todas as sociedades modernas assistiram, na sua história recente, ao declínio do setor primário (agrícola) e ao desenvolvimento do setor secundário (indústria) e, numa segunda fase, também do setor terciário (serviços). Na maioria dos países desenvolvidos, esse último corresponde a três quartos da atividade econômica.

A repartição do PIB brasileiro, em 1999 era de:
– setor primário: 8,4%;
– setor secundário: 34%;
– setor terciário: 57,6%.

SEXO
→ Gênero

SEXUALIDADE

Os primeiros vínculos entre as ciências humanas e a sexualidade remontam ao fim do século XIX. Tudo começou nos meios psiquiátricos, nos quais surgiu grande interesse pelas perversões sexuais (denominadas hoje "parafilias"). O psiquiatra austríaco Richard von Krafft-Ebing publica em 1886 sua *Psychopathia sexualis*, um tratado dedicado às patologias sexuais que permanecerá muito tempo como referência no assunto. Nessa obra, ele apresenta uma classificação das perversões (fetichismo, sadismo, exibicionismo, masoquismo*, pedofilia, homossexualidade, zoofilia, gerontofilia, autoerotismo...) apoiada em inúmeros estudos de caso. Entre 1880 e 1900, os estudos sobre as patologias sexuais vão se multiplicar na Alemanha.

Theodor Meynert (que foi professor de Sigmund Freud*) defende, já em 1889, a hipótese de que certas situações vividas na primeira infância podem engendrar desvios sexuais mais tarde. Na Inglaterra, Henry H. Ellis, considerado o fundador da sexologia, publica seus *Studies in the Psychology of Sex* [Estudos sobre a psicologia do sexo] (7 vols., entre 1898 e 1927). A França não fica de lado. Em 1887, Alfred Binet* inventa a palavra "fetichismo" para designar uma perversão sexual (por exemplo, o "fetichismo por sapatos"). Théodule Ribot também propõe, em 1896, uma classificação dos transtornos sexuais (*La Psychologie des sentiments* [A psicologia dos sentimentos]). Contrariamente à lenda e conforme Henri Ellenberger bem demonstrou (*Histoire de la découverte de l'inconscient* [História da descoberta do inconsciente], 1970), a sexualidade não era, de forma alguma, um tema tabu na Europa quando S. Freud publica seus *Drei Abhandlungen zur Sexualtheorie* [*Três ensaios sobre a teoria da sexualidade*] (1905). Talvez essa obra tenha chocado uma sociedade de ideias convencionais, mas não os meios intelectuais e médicos.

Se S. Freud não é, portanto, inovador, ele possui, ainda assim, uma posição de destaque no estabelecimento da relação entre a sexualidade e as ciências humanas. Sua teoria da libido* coloca a pulsão* sexual no coração do inconsciente* e dos distúrbios mentais: por exemplo, a histeria* e a maioria dos distúrbios são explicados como o recalque de pulsões sexuais. Mais tarde, a sexualidade será o pivô da sua teoria dos sonhos e, em seguida, da afetividade humana e do desenvolvimento da personalidade.

ANTROPOLOGIA DA SEXUALIDADE

A partir dos anos 1920, a sexualidade torna-se igualmente um objeto de pesquisa para os antropólogos, embora o assunto não fosse totalmente novo. Os fundadores da disciplina haviam se interrogado sobre a existência de um "comunismo sexual" original que poderia ser encontrado nos povos selvagens (Robert H. Lowie).

É, porém, Bronislaw K. Malinowski* que empreende o primeiro estudo sério da sexualidade em uma população primitiva: os trobriandeses (*Sex and Repression in Savage Society* [Sexo e repressão na sociedade selvagem], 1927; *The Sexual Life of Savages in Northwestern Melanesia* [*Vida sexual dos selvagens*], 1929). Ele afirma que a vida sexual dos "povos selvagens" é mais livre do que no Ocidente. Desde os 5 ou 6 anos de idade, as crianças trocam entre si toques sexuais (com o conhecimento de todos). Na adolescência, os jogos sexuais continuam. As relações sexuais entre jovens são toleradas até que um casal se forme e que o casamento seja realizado. A partir de então, a fidelidade torna-se a norma (mesmo se constantemente transgredida). B. K. Malinowski travou uma célebre polêmica sobre a ausência do complexo de Édipo*. Além disso, ele afirma que entre os trobriandeses, uma sociedade matrilinear, os homens não associam a sexualidade à concepção dos bebês. Essa outra tese surpreendente resultará também em um famoso debate entre os antropólogos (E. Leach, "Virgin birth" [Virgens-mães], em E. Leach, *The Unity of Man* [A unidade do homem], 1972). No mesmo período, Margaret Mead* estudava, por sua vez, a sexualidade dos oceânicos. A jovem antropóloga descobre que em Samoa e nas ilhas da Oceania reina grande liberdade em matéria sexual – uma liberdade completamente oposta ao puritanismo da sociedade americana daquela época. Sua narrativa descreve uma sociedade em que o amor e a sexualidade afloram quase sem constrangimentos entre os adolescentes (*Coming of Age in Samoa* [A maioridade em Samoa] 1927). Bem mais tarde, alguns antropólogos criticarão essa visão idílica da sociedade melanésia (*ver quadro* Um mito antropológico? *no verbete* "Mead, Margaret"). O fato, porém, é que a obra marcou seu tempo e, de certo modo, participou da liberação dos costumes que estava então em gestação nos Estados Unidos.

A REVOLUÇÃO SEXUAL E SUAS CONSEQUÊNCIAS

No período que se seguiu à Guerra, o estudo da sexualidade deixa a esfera estritamente reservada dos antropólogos e dos psicanalistas para adentrar o domínio público. Em 1948, é editado o primeiro grande estudo de Alfred Kinsey sobre as práticas sexuais dos americanos. Ele será seguido, nos anos 1960, pelas pesquisas de William Masters e de Virginia Johnson (*Human Sexual Response* [Reações sexuais humanas], 1966). Grande é o sucesso dessas obras, que falam abertamente sobre a sexualidade – frequência das relações, idade da pri-

SCRIPTS SEXUAIS: ROTEIROS PARA PENSAR E AGIR...

• O desejo sexual está ligado às pulsões "naturais", mas também à sociedade. A difusão de imagens pornográficas (na televisão, nas revistas, na internet), as proibições estabelecidas pelo Direito e pelas normas dominantes (legislação antipedofilia, por exemplo), as posições da Igreja (sobre o uso de preservativo, o casamento de padres...), a promoção da homossexualidade (Orgulho Gay...) são alguns dos elementos que fazem da sexualidade uma "construção social*". O que é ou não permitido, o que é ou não desejável em matéria de sexualidade (num primeiro encontro entre um homem e uma mulher, até onde se pode ir?), origina-se de uma incessante normalização e reinvenção por parte da sociedade e dos indivíduos.

• Dois sociólogos americanos, John H. Gagnon e William Simon, analisam a construção social das práticas sexuais em termos de "scripts sexuais". Um script é definido como um "esquema cognitivo estruturado", ou seja, um programa de conduta a respeitar em uma situação dada.

Os scripts sexuais são minirroteiros construídos a partir de três elementos: fantasias e gostos pessoais ("scripts intrapsíquicos"); ajustamento das condutas entre duas pessoas ("scripts interpessoais"); as normas em vigor numa sociedade (roteiros culturais). Assim, a felação, durante muito tempo tida como prática tabu (só as prostitutas a praticavam), banalizou-se atualmente nas relações de casais. Uma vez que a felação é mostrada em filmes pornográficos e evocada sugestivamente em muitos filmes de grande público, não se pode sustentar que ela seja efeito de uma simples pulsão natural: sua prática supõe a existência de uma norma social que a torna mais ou menos aceitável e o comum acordo entre as pessoas que a praticam.

• Nas sociedades contemporâneas, o repertório comportamental da sexualidade é aberto – donde a multiplicidade de scripts possíveis. Como escreveu J. H. Gagnon: "Em nossas sociedades complexas, os roteiros culturais da sexualidade não são monolíticos ou hegemônicos (...): muito ao contrário, os grupos e indivíduos afrontam-se permanentemente a fim de impor seus próprios roteiros" ("Les usages explicites et implicites de la perspective des scripts dans les recherches sur la sexualité" [Os usos explícitos e implícitos da perspectiva dos scripts nas pesquisas sobre a sexualidade], Actes de la Recherche em Sciences Sociales, n° 128, 1999).

meira relação, número de parceiros – e evocam claramente práticas sexuais até então não comentadas e escondidas: masturbação, felação, sodomia... Tais relatórios não só contribuíram para tornar conhecida a sexualidade dos americanos, como também tiveram um papel reflexivo incontestável sobre os costumes em si. Nessa época, passa a ser possível falar de sexualidade e os consultórios de sexologia, aonde os casais vão falar abertamente de seus problemas, prosperam.

A LIBERAÇÃO SEXUAL

Em meados dos anos 1960, a revolução sexual está em curso. As minissaias aparecem em 1965, enquanto os primeiros seios nus são vistos nas telas e provocam escândalo. Percebem-se então um claro aumento dos divórcios e a explosão das uniões livres já no final dessa mesma década. A literatura tórrida de Henry Miller (Tropic of Cancer [Trópico de Câncer], 1934) e de Anaïs Nin (The Diary of Anais Nin [Diário de Anaïs Nin], 1945) circula por toda parte. As pessoas leem apaixonadamente as obras do inflamado pensador freudiano-marxista da revolução sexual Wilhelm Reich (Die Funktion des Orgasmus [A função do orgasmo], 1927; Die sexuelle Revolution [A revolução sexual], 1945), enquanto as de Herbert Marcuse (Eros and Civilization [Eros e civilização], 1955) viram um manifesto.

Maio de 1968 precipita essa mudança. O movimento hippie, surgido na costa oeste dos Estados Unidos no final dos anos 1960, espalha-se pela Europa. Os slogans "Faça amor, não faça guerra", "Paz e amor" e "Gozemos livremente" estão nos muros das universidades. Comunidades libertárias experimentam a promiscuidade sexual e o amor livre.

A EVOLUÇÃO DAS PRÁTICAS

As pesquisas sobre a sexualidade dos franceses (o primeiro relatório Simon sobre La Sexua-

lité des Français [A sexualidade dos franceses] data de 1972) indicam transformações notáveis nas práticas. A idade da primeira relação sexual diminui em média cinco anos entre 1968 e 1981 (a partir desta data estabiliza-se em torno de 17 anos e meio). Na categoria entre 15 e 25 anos, a evolução é marcada sobretudo por uma nova forma de entrada na vida sexual. O modelo da jovem que chega virgem ao casamento e que conhece somente um parceiro durante toda a vida está quase extinto. A sexualidade feminina aflora. As mulheres ousam afirmar seu prazer e se tornam mais ativas na relação.

Paradoxalmente, a revolução sexual não impulsionou as pesquisas sobre o assunto. Afora a psicanálise e o freudiano-marxismo, a sexualidade pouco afetou as ciências humanas. O tema parece ainda não interessar os sociólogos. Alguns raros historiadores, como Jean-Louis Flandrin, realizam trabalhos isolados (*Le Sexe et l'Occident. Evolution des attitudes et des comportements* [O sexo e o Ocidente. Evolução das atitudes e dos comportamentos], 1981, coletânea de artigos, datado o mais antigo de 1964). Quando Michel Foucault* publica, em 1976, o primeiro volume de sua *Histoire de la sexualité* [História da sexualidade], ele se revela ainda um precursor. Os antropólogos preocupam-se mais em estudar as relações de parentesco ou as diferenças entre os sexos do que a sexualidade propriamente dita. Ainda hoje, o tema está ausente dos dicionários e manuais de antropologia.

Foi necessário esperar a chegada dos anos 1990 para que o tema da sexualidade despertasse novamente interesse. A epidemia de Aids foi decisiva para isso, pois levou as autoridades a requisitar com urgência pesquisas sobre as práticas sexuais (N. Bajos, M. Bozon, A. Ferrand, A. Giami, A. Spira e o grupo ACSF – Analyse des comportements sexuels en France – publicam *La Sexualité au temps du sida* [A sexualidade em tempos de Aids], 1998), principalmente a dos adolescentes (H. Lagrange, *Les Adolescents, le sexe, l'amour* [Adolescentes, sexo e amor], 1999). Outra razão para isso é o desenvolvimento da pornografia, do cibersexo, da onda do "pornô chique", da troca de casais, que suscitam reflexões de sociólogos e filósofos (C. Authier, *Le Nouvel Ordre sexuel* [A nova ordem sexual], 2002, J.-C. Guillebaud, *La Tyranie du plaisir* [A tirania do prazer], 1998, P. Baudry, *La Pornographie et ses images* [A pornografia e suas imagens], 1997).

Bibliografia: • M. Bozon, *Sociologie de la sexualité*, Nathan, 2002 • M. Jaspard, *La Sexualité en France*, La Découverte, 1997 • J. Mossuz-Lavau, *La Vie sexuelle en France*, La Martinière, 2002.

SIGNIFICANTE/SIGNIFICADO

Essa distinção foi estabelecida por Ferdinand de Saussure*. São as duas faces do signo. O significante representa o aspecto exterior do signo: o som produzido ou o grafismo da palavra escrita. O significado remete à ideia ou objeto representados.

Roland Barthes* introduziu essa distinção num segundo nível. No mito nacional, por exemplo, o significante corresponde à bandeira, e o significado alude à ideia que ela evoca: a pátria.

→ Signo

SIGNO

"Suponhamos que o sr. Sigma, cidadão italiano em viagem a Paris, comece a sentir uma 'dor de barriga'. (...) Queimação gástrica? Espasmos? Cólicas? O sr. Sigma tenta dar um nome a sensações imprecisas: nomeando-as, ele as culturaliza; ou seja, ordena sob rubricas precisas e codificadas o que, até então, era um conjunto de fenômenos naturais. Ele busca, desse modo, colar à sua experiência pessoal uma etiqueta que a torne comparável a outras experiências às quais os livros de medicina já deram um nome." Assim começa a obra *Segno* [O signo], de 1971, de Umberto Eco*.

A dor de barriga é designada por uma palavra, mais ou menos precisa, que o sr. Sigma pode utilizar para descrever o seu mal-estar. "Todos concordarão que a palavra assim identificada pelo sr. Sigma é um signo." O sr. Sigma decide consultar um médico, uma boa oportunidade para que U. Eco nos introduza no universo dos signos. O sr. Sigma encontra um nome (um signo) de um médico numa lista telefônica, pega o telefone e disca o número (também um signo) e em seguida dirige-se ao consultório médico de táxi (ao qual ele faz um sinal – mais um signo – para que pare). Ao longo do trajeto, o motorista do táxi anda e para, transita em função de vários sinais – outros signos – de trânsito (farol vermelho ou verde, contramão, "pare"...).

"Por fim, aí está nosso herói sentado diante do médico, a quem ele tenta explicar o que lhe aconteceu pela manhã: 'Estou com dor de barriga!'." O médico faz um exame e, observando a existência de manchas vermelhas na palma das mãos do paciente, declara: "Mau sinal!"

Vivemos em um mundo povoado de signos. Nuvens negras? Sinal de tempestade. Olheiras? Sinal de cansaço. Placas de circulação? Sinalização de trânsito. Palavras escritas no jornal, palavras que as pessoas trocam entre si, um sorriso no rosto, um gesto com a mão..., signos, sempre signos.

A CIÊNCIA DOS SIGNOS

A semiologia – ciência dos signos – surge no início do século XX. Seus fundadores são Ferdinand de Saussure* e Charles S. Peirce*.

F. de Saussure é considerado um linguista, pois se interessou por um tipo particular de signo: o signo linguístico. Porém, no princípio, seu projeto era mais vasto: em seu *Cours de linguistique générale* [*Curso de linguística geral*] (1916), o signo é definido de forma bastante ampla. Além dos signos linguísticos, há imagens codificadas (como os símbolos do código de trânsito), gestos codificados (semáforos, gestos de polidez), ou ainda marcas (uma insígnia). F. de Saussure distingue duas facetas do signo – o significante* e o significado – e acrescenta que a relação entre ambos é puramente arbitrária. O mesmo objeto (uma árvore) será designado pela palavra "tree" em inglês e "arbre" em francês. Eis o que é chamado, desde F. de Saussure, de "arbitrariedade do signo".

Do filósofo e lógico C. S. Peirce (1839-1914), retêm-se habitualmente três tipos de signo: o índice, o ícone e o símbolo. O índice é a fumaça que indica o fogo. O ícone é a imagem mais ou menos esquematizada que representa um objeto (um garfo e uma faca desenhados numa placa que indicam um restaurante nas proximidades). Por fim, o símbolo mantém uma relação puramente convencional com aquilo que representa. O farol vermelho indica a ordem de parar. O ícone não é necessariamente uma imagem, mas pode ser também aromas, onomatopeias...

Por outro lado, C. S. Peirce ressalta que a interpretação de um signo supõe uma relação entre três elementos: signo, objeto representado e interpretante (a pessoa que medeia a relação entre o signo e a coisa), pois, uma vez que um mesmo signo pode representar vários objetos, há sempre uma parcela de interpretação. Charles W. Morris, um de seus alunos, defende que pode ser signo tudo aquilo que "é interpretado em um dado momento". No limite, uma nuvem em forma de coelho torna-se signo para quem a vê assim.

→ **Linguística, Semiologia**

SÍMBOLO, SIMBOLISMO

"Símbolo é uma palavra que sempre aconselho que meus alunos empreguem com parcimônia, enfatizando os contextos em que se encontra, a fim de deixar claro o sentido que adquire ali e não em outro lugar. Na verdade, eu mesmo já não sei o que é um símbolo" (U. Eco, *Sulla letteratura* [*Sobre a literatura*], 2003).

O fato de um semiótico tão experiente quanto Umberto Eco* admitir seu desconcerto diante da noção de símbolo diz muito sobre a ambiguidade dessa palavra.

A palavra "símbolo" e as expressões a ela associadas – "função simbólica", "pensamento simbólico", "práticas simbólicas", "violência simbólica", etc. – possuem uma longa história nas ciências humanas. Infelizmente, são empregadas em acepções muito diferentes segundo os autores e disciplinas, o que torna seu uso muito delicado. Essa ambiguidade é ainda mais perniciosa na medida em que a maioria toma o pensamento simbólico como o critério de demarcação entre o homem e o animal.

O QUE É UM SÍMBOLO?

O filósofo e linguista Charles S. Peirce* distinguia três tipos de signos: o "índice", o "ícone" e o "símbolo". O índice é a fumaça que indica o fogo ou a pegada que denuncia a passagem de um animal. O ícone é a imagem mais ou menos esquematizada que representa um objeto (a imagem do Sol é representada por um círculo amarelo com raios que emanam dele). Por fim, o símbolo mantém com aquilo que representa uma relação puramente convencional: um triângulo vermelho invertido em uma placa de trânsito indica que se deve dar a preferência, as palavras "arbre" (em francês), "árvore" (em português) ou "tree" (em inglês) são signos que não estabelecem nenhum vínculo de similitude com o objeto representado. Essa definição de símbolo é correntemente utilizada nas ciências: na física e na química, H_2O é o símbolo da água, assim como + e = são símbolos matemáticos, etc.

É também nesse sentido que a psicologia cognitiva propôs um modelo "simbólico" de pensamento, baseado na analogia com o programa de computador. Segundo o modelo computacional-simbólico de Jerry Fodor*, que foi durante muito tempo o modelo de referência nas ciências cognitivas, todas as atividades cognitivas (da percepção à linguagem) seriam tratadas pelo cérebro sob a forma de símbolos abstratos.

Em um sentido completamente diferente, o símbolo designa com frequência uma imagem ou objeto que possui um valor sagrado e metafórico, como quando se diz: "A pomba branca é o símbolo da paz" ou "O uniforme é o símbolo da autoridade". Simbolismo é o nome de uma corrente literária e artística nascida na França no final do século XIX com poetas como Stéphane Mallarmé e Charles Baudelaire. Esse movimento defende uma visão poética do mundo, segundo a qual o homem mantém com a natureza uma relação sensível na qual cada objeto, odor e cor evoca outros objetos, perfumes e ideias através de um jogo de correspondências infinitas.

O QUE É FUNÇÃO SIMBÓLICA?

O filósofo alemão Ernst Cassirer, em *Philosophie der symbolischen Formen* [*Filosofia das formas simbólicas*] (1923-1929), inclui no campo simbólico simultaneamente a linguagem, a arte e o universo mítico-religioso. Esses três fenômenos têm em comum o fato de referir-se a representações (imagéticas ou verbais) que, no espírito dos homens, possuem significações múltiplas. Assim, o símbolo da Lua, expresso sob a forma de uma palavra, de uma imagem ou de um esquema, designa o astro da noite, mas também a feminilidade, a fertilidade ou os sonhos ("estar com a cabeça na Lua"), etc. Segundo E. Cassirer, essa potencialidade de evocação própria do símbolo permite ao ser humano, "animal simbólico" por essência, imaginar, criar, inovar e pensar.

Em *La Formation du symbole chez l'enfant* [*A formação do símbolo na criança*] (1945), o psicólogo Jean Piaget* define a função simbólica como um estágio do desenvolvimento do pensamento da criança. Entre 18 meses e 2 anos de idade aparecem simultaneamente a linguagem, a imitação diferida, o jogo, o sonho, as imagens mentais e o desenho. Todas essas atividades mentais têm em comum o fato de representar uma coisa na ausência desta por meio de um signo ou símbolo. Por exemplo, num jogo, quando a criança utiliza seu dedo para representar um revólver. Com a função simbólica, a criança abandonaria, portanto, o período sensório-motor da inteligência (inteligência prática e concreta) e ingressaria no mundo das representações, do imaginário e dos pensamentos interiores.

O SIMBOLISMO NA ANTROPOLOGIA

Em antropologia, a palavra "simbólico" se reveste de duas significações implícitas. Por um lado, ela é empregada em um sentido bem geral de representação coletiva codificada. Assim, Claude Lévi-Strauss*, na introdução à obra *Sociologie et Anthropologie* [*Sociologia e antropologia*] (1950), define a cultura como "um conjunto de sistemas simbólicos, entre os quais se destacam a linguagem, as regras matrimoniais, as relações econômicas, a arte, a ciência, a religião". De acordo com essa concepção, admite-se que os símbolos são organizados em sistemas nos quais os signos ganham sentido uns em relação aos outros, segundo uma lógica de oposição (masculino/feminino, branco/preto). Fala-se, por conseguinte, de "sistemas simbólicos". Por outro lado, em um sentido mais estrito, o símbolo designa os rituais, as cerimônias, os mitos e as práticas mágicas e sagradas. Por isso fala-se em "prática simbólica" para designar uma bênção, um batismo ou ainda um gesto sagrado. Lavar as mãos é um ato higiênico e utilitário corriqueiro, mas, no contexto de um rito religioso, ele é entendido como um "ato simbólico" que remete a uma purificação espiritual.

Os antropólogos acreditaram por muito tempo que o pensamento dos primitivos funcionava de modo analógico e metafórico, e não de modo racional, motivo pelo qual o pensamento simbólico – identificado ao pensamento mágico, poético e animista – era considerado o primeiro estágio do pensamento humano.

SIMBOLISMO NA PRÉ-HISTÓRIA

A expressão "pensamento simbólico" é utilizada nos estudos sobre a pré-história ora no sentido linguístico (de C. S. Pierce), ora no sentido antropológico, ou ainda no sentido de J. Piaget e E. Cassirer... Daí a existência de uma grande confusão.

Acreditou-se durante muito tempo que o pensamento simbólico, identificado com o surgimento da linguagem, da arte e das crenças mítico-religiosas, teria aparecido há cerca de 35 mil anos, no paleolítico* superior. Contudo, essa tese é contestada atualmente.

Poderiam ser citados outros empregos da palavra "simbólico". Na sociologia, Pierre Bourdieu* falava de "violência simbólica"; na psicanálise, Jacques Lacan* distinguia entre o "simbólico", o "imaginário" e o "real"; na antropologia, fala-se de "eficácia simbólica*".

Todas essas definições fundam-se nas noções que comentamos, mas, a cada vez, a configuração é particular, de modo que o esclarecimento conceitual é sempre necessário.

Bibliografia: • P. Lantz, *L'Investissement symbolique*, Puf, 1996 • J. Piaget, *La Formation du symbole chez l'enfant*, Delachaux et Niestlé, 1994 [1945] • D. Sperber, *Du symbolisme en général*, Hermann, 1997 [1974] • C. Tarot, *De Durkheim à Mauss, l'invention du symbolique. Sociologie et science des religions*, La Découverte/Mauss, 1999 • T. Todorov, *Théories du symbole*, Seuil, 1997

→ **Computação, Signo**

SIMIAND, FRANÇOIS
(1873-1935)

Filósofo, economista e sociólogo francês, François Simiand foi um dos grandes nomes da escola durkheimiana* de sociologia. Ele desenvolveu o uso dos métodos estatísticos em sociologia e deu início à história quantitativa, que influenciou a escola dos Annales* nos seus primórdios.

Principais obras de F. Simiand
• "Méthode historique et science sociale", *Revue de Synthèse Historique*, 1903 [*Método histórico e ciência social*, Edusc, 2003]
• *Les fluctuations économiques à longue période et la crise mondiale*, 1932 [As flutuações econômicas de longo período e a crise mundial]

SIMMEL, GEORG
(1858-1918)

A obra de Georg Simmel, que foi professor de filosofia, abrange tanto a sociologia como a filosofia da história e da cultura, a epistemologia e as questões estéticas. Apesar de durante muito tempo ter sido ignorado na França, ele é, ao lado de Max Weber*, uma das figuras mais importantes da sociologia alemã clássica e o fomentador da "sociologia formal". Nascido em Berlim, numa família judia convertida ao protestantismo, G. Simmel defende sua tese de doutorado em filosofia aos 22 anos. Pouco apreciado nos meios acadêmicos, ele só obterá um cargo de professor em 1901, o que não o impediu de publicar inúmeros trabalhos. G. Simmel participará, com Ferdinand Tönnies e Max Weber*, da criação da Sociedade Alemã de Sociologia. Em 1914, aos 56 anos, ele obterá finalmente uma cadeira de filosofia na Universidade de Strasbourg. Para G. Simmel, a sociedade é produto das interações humanas, as quais produzem e utilizam "formas" em número restrito. Tais formas – repetidas, mas mutantes – conservam, contudo, uma morfologia semelhante. Contrariamente à sociologia durkheimiana*, que busca determinar leis empíricas e universais, G. Simmel afirma que o conhecimento dos fenômenos sociais só é possível a partir do momento em que o próprio sociólogo ou historiador organiza o real, com o auxílio de sistemas de categoria, de "protótipos*". Para ele, o objetivo da sociologia é desvendar as estruturas formais das relações sociais, independentemente de seus conteúdos concretos.

UMA SOCIOLOGIA DAS FORMAS SOCIAIS

No momento em que M. Weber propõe a teoria dos tipos ideais*, G. Simmel estabelece, portanto, sua teoria das "formas sociais". Trata-se de construir "formas" que sintetizem um tipo social (o capitalismo, a seita), ou que exprimam uma experiência, um estilo de vida, uma relação com o mundo (o burguês, o estrangeiro, o protestante). Assim, a "forma" buscada por G. Simmel vai prefigurar a noção moderna de modelo*.

Pesquisador interdisciplinar e eclético, G. Simmel realizou trabalhos epistemológicos sobre o problema da explicação em história e sobre a filosofia das ciências sociais. Ele pode também ser considerado um dos fundadores da psicologia social* e, com Max Weber, um dos pioneiros da sociologia da ação. Sua teoria do conhecimento histórico (*Die Probleme der Geschichtsphilosophie* [Problemas da filosofia da história], 1892) concebe o enquadramento dos acontecimentos numa forma pelos atores históricos, assim como a interpretação dessa formalização pelo historiador, como a condição mesma da possibilidade da história. Em *Philosophie des Geldes* [Filosofia do dinheiro] (1900), G. Simmel estuda as consequências sociais da invenção desse meio de pagamento simbólico. Analisa a despersonalização e desmaterialização das relações sociais pela economia monetária. Seus ensaios de "sociologia da vida cotidiana" (sobre a moda e a sedução, a conversação, o segredo, a mentira) são os mais acessíveis. G. Simmel influenciou fundamentalmente a escola de Chicago*.

Principais obras de G. Simmel
• *Die Probleme der Geschichtsphilosophie*, 1892 [Problemas da filosofia da história]
• *Philosophie des Geldes*, 1900 [Filosofia do dinheiro]
• *Soziologie*, 1908 [Sociologia]
• *Grundfragen der Soziologie*, 1917 [Questões fundamentais de sociologia]

SIMON, HERBERT A.
(1916-2001)

Os economistas o conhecem por ter obtido o prêmio Nobel de economia (1978), os sociólogos das organizações, por ser o teórico da "racionalidade limitada", e os especialistas das ciências cognitivas, por considerá-lo o criador, com Allan Newell, do primeiro programa de inteligência artificial*. Uma mesma problemática une todos esses domínios de pesquisa: a tentativa de compreender os modos de raciocínio do ser humano em situação social.

A CIÊNCIA DA DECISÃO

Herbert A. Simon empenhou-se, desde sua tese em ciência política (1943), na fundação de uma nova ciência: a ciência da decisão. Como tomar uma decisão em um universo incerto? Qual estratégia mental adotar para resolver um problema? A ciência da decisão, tal qual a concebeu H. A. Simon, supõe o conhecimento da psicologia dos agentes decisores no interior das grandes organizações. Ele procura, para isso, construir um modelo de raciocínio essencialmente "heurístico*".

O modelo de H. A. Simon diferencia-se da visão calculadora do *homo oeconomicus*. Quando deve fazer uma escolha, o decisor não conhece todos os dados do problema, e o número de parâmetros em jogo torna impossível um cálculo exato da solução ótima. Em suma, a racionalidade do sujeito é limitada. Para resolver os problemas, o sujeito não explora, por conseguinte, todas as soluções possíveis para encontrar a melhor. Ele atém-se a algumas heurísticas habituais, buscando mais as soluções razoáveis do que as totalmente racionais. Introduzindo o conceito de racionalidade limitada, H. A. Simon convida-nos a repensar os vínculos entre economia, ciências cognitivas e outras ciências humanas.

Principais obras de H. Simon
• *Administrative Behavior: a Study of Decision-Making Processes in Administrative Organizations*, 1947 [Comportamento administrativo, Fundação Getulio Vargas, 3.ª ed., 1979]
• (com J. G. March) *Organizations*, 1958 [Teoria das organizações, Fundação Getúlio Vargas, 1981]
• *The New Science of Management Decision*, 1969 [A nova ciência da decisão administrativa]
• *Models of Bounded Rationally: Empirically Grounded Economic Reason*, 1982 [Modelos de racionalidade limitada: razão econômica argumentada empiricamente]
• *Models of My Life*, 1991 [Modelos da minha vida]

→ **Decisão, Racionalidade, Ciências cognitivas**

SINCRETISMO

Empregado por Plutarco, o termo "sincretismo" designa literal e inicialmente a "união das cidades cretenses", habitualmente rivais. Por extensão, ele designa uma aliança circunstancial de duas partes opostas contra um inimigo comum. Assim, Erasmo aplica essa palavra à frente formada por humanistas e luteranos. A partir do século XVII, o termo passa para o vocabulário religioso e filosófico, indicando a combinação, mais ou menos coerente e harmoniosa, de doutrinas religiosas ou de correntes filosóficas. Atualmente, "sincretismo" é empregado para falar da síntese de vários elementos culturais. O termo é sobretudo utilizado em antropologia ou em sociologia da religião, principalmente para evocar o contexto latino-americano, no qual essa noção encontrou um terreno propício.

BRICOLAGENS CULTURAIS

As invenções sincréticas nascem do encontro entre sistemas simbólicos diferentes. A aculturação* – adoção e adaptação por parte de um grupo de elementos de culturas diferentes – é um fenômeno universal e constitutivo das culturas. Não obstante, será necessário aguardar os trabalhos de Melville Herskovits e de Roger Bastide sobre as culturas afro-americanas para que a aculturação não seja mais considerada uma forma degenerada e não merecedora de análise, mas uma criação sincrética válida e completa. R. Bastide refutou as conotações que associavam o "sincretismo" a uma simples adição de elementos desconexos, à mistura ou à fusão. A "bricolagem" da qual ele fala (adaptando um conceito de Claude Lévi-Strauss*) a propósito dos sincretismos afro-brasileiros resulta na criação de um conjunto homogêneo, coerente, novo (mesmo que faça referência a uma tradição). No entanto, num primeiro momento, essa "bricolagem" às vezes aparenta ser um remendo, não obstante os elementos simbólicos reempregados possuam um poder próprio, independentemente da estrutura que os reúne.

Dessa forma, o sincretismo dos cultos africanos no Brasil foi inicialmente uma estratégia de sobrevivência cultural dos escravos que desembarcavam no Novo Mundo. Sincretismo de fachada, o candomblé permitia a veneração dos deuses africanos sob a máscara de um culto aos santos católicos. Isso não impediu que posteriormente os membros do culto afro-brasileiro também se tornassem praticantes sinceros do catolicismo, bem integrados à sociedade moderna. Assim, pode ocorrer, explica R. Bastide, uma coexistência das crenças sem contradição nem conflito. Com efeito, graças a um "princípio de corte", o sujeito recorta a realidade em "compartimentos estanques", escapando de cair em desgraça e da marginalidade. R. Bastide também elaborou uma tipologia das reações culturais de dois grupos que entraram em contato um com o outro (R. Bastide, *Les Religions africaines au Brésil* [As religiões africanas no Brasil], 1960). Entre os dois extremos que representam a recusa da cultura imposta e a assimilação completa, restam muitas possibilidades intermediárias: aceitação e apropriação da outra cultura, mas igualmente reinterpretação, recusa parcial e triagem seletiva, contra-aculturação. A aculturação é sempre recíproca e todo contato modifica as duas partes. Mesmo forçada e violenta (escravidão, colonização), ela pode, no fim, resultar em uma reformulação cultural original, inventiva e positiva. Serge Gruzinski mostra que, no México pós-conquista espanhola, duas populações distantes em tudo, espanhóis e índios, souberam coligar-se a ponto de imbricar seus imaginários artísticos de modo indissociável (*La Pensée métisse* [O pensamento mestiço], 1999)

"Razão mestiça"

Mas falar atualmente de mistura de culturas e de sincretismo pressuporia que tais culturas fossem "puras", claramente separadas umas das outras e presas às suas respectivas tradições. Para o antropólogo Jean-Loup Amselle, a emergência de "culturas" autônomas, distintas e não hierarquizadas é, em grande medida, uma invenção da antropologia, particularmente do culturalismo* norte-americano. As "culturas" são essencialmente construções etnológicas e históricas. J.-L. Amselle propõe, portanto, adotar uma "razão mestiça", ou seja, uma abordagem "continuísta" que enfatiza a indistinção e o sincretismo originário, uma mistura cujas partes são impossíveis de serem dissociadas (*Logiques métisses* [Lógicas mestiças], 1990).

A mestiçagem cultural e religiosa sempre existiu, mas a desregulação do campo religioso e o fenômeno da globalização geram, atualmente, processos acelerados de mestiçagem cultural e de interpenetração de religiões. Vários fenômenos sincréticos de grande plasticidade e vitalidade aparecem. Por exemplo, nas metrópoles andinas, cultos novos associam elementos do xamanismo* amazônico a práticas pentecostais ou terapêuticas diversas; na África negra, cultos sincréticos professados por líderes carismáticos inspiram-se nos messianismos protestantes e invocam elementos de bruxaria, rituais de possessão, etc. Graças a processos de adaptação seletiva, esses movimentos religiosos fazem uma "triagem" das influências e "selecionam" elementos do ambiente social e cultural. Assim, a Igreja Universal do Reino de Deus se adapta de forma pragmática à escala local: procedendo por mimetismo, ela toma emprestados traços de outras tradições, ao mesmo tempo que conserva suas características próprias.

A esse respeito, Jean-Pierre Bastian distingue os processos de hibridação e de sincretismo (J.-P. Bastian, *La Modernité religieuse en perspective comparée. Europe latine – Amérique latine* [Modernidade religiosa numa perspectiva comparada. Europa latina – América latina], 2001). Enquanto o sincretismo remete, numa abordagem culturalista do religioso, a uma ideia de pureza imaginária e a uma classificação normativa, a noção de hibridação significaria uma justaposição dos conteúdos das crenças e das formas de transmissão e mediação (dos mais arcaicos aos mais modernos), um uso eclético dos modelos articulados entre si e uma adaptação à lógica do mercado.

André Mary fala de um "efeito de telescopagem": a abolição das distâncias conduz à coexistência e à interpenetração dos referenciais religiosos. Ele avalia também que o sincretismo pós-moderno não se parece mais com uma bricolagem criativa, mas antes com uma simples colagem individualista de elementos heteróclitos: elementos fragmentados de culturas são colados entre si sem que se busquem uma unidade coerente e uma tradição legitimadora (A. Mary, *Le Bricolage africain des héros chrétiens* [A bricolagem africana dos heróis cristãos], 2000). Com a individualização das crenças e das práticas (busca de uma vivência emocional, de desenvolvimento pessoal, de satisfação dos interesses práticos), as religiões são fragmentadas e recompostas segundo as demandas. Os sincretismos pós-modernos resultariam, desse modo, em uma forma de narcisismo e de acomodação oportunista.

Bibliografia: • J.-L. Amselle, *Logiques métisses*, Payot, 1990 • R. Bastide, *Les Religions africaines au Brésil. Contribution à une sociologie des interpénétrations de civilisations*, Puf, 1995 [1960] • R. Bastide, *Le Candomblé de Bahia (rite nagô)*, Pocket, 2001 [1958] • S. Gruzinski, *La Pensée métisse*, Fayard, 1999 • F. Laplantine, A. Nouss (orgs.), *Métissages, de Arcimboldo à Zombi*, Pauvert, 2001 • C. Lévi-Strauss, *La Pensée sauvage*, Plon, 1962 • A. Métraux, *Le Vaudou haïtien*, Gallimard, 1998 [1958]

→ **Minoria, Multiculturalismo**

SINCRÔNICO
→ **Diacrônico**

SINTAGMA

Ferdinand de Saussure* designa por "sintagma" uma combinação de unidades linguísticas (letras, palavras...) que se seguem umas às outras e que são ligadas entre si. Por exemplo, "o cachorro" forma um sintagma nominal na frase "o cachorro late". Esse sintagma (constituído por dois elementos) é composto pelo determinante "o" e pelo substantivo "cachorro".

SINTAXE

A sintaxe (do grego *sun*, "com", e *taxis*, "ordem, ordenação") é o estudo das regras pelas quais as palavras se combinam e se ajustam entre si para formar uma frase coerente. Sintaxe e gramática são comumente tomadas como sinônimos. Por exemplo, apesar de falarmos de "gramática gerativa*" a propósito da teoria de Noam Chomsky*, na realidade, seu enfoque teórico provém da sintaxe: sua primeira obra intitula-se *Syntactic Structures* [Estruturas sintáticas] (1957). Ambas se preocupam com a organização geral da frase. Tradicionalmente, pode-se dizer que a gramática descreve as regras de uso, ao passo que a sintaxe busca a lógica subjacente que as comanda. A gramática diz o que é necessário fazer e por que fazê-lo. A sintaxe procura as razões profundas que comandam essas regras. Uma seria, portanto, normativa; a outra, mais descritiva e teórica. Contudo, tal distinção não é unânime.

Os conceitos e abordagens da sintaxe divergem segundo os modelos. Alguns autores pensam a frase a partir de funções elementares: sujeito, verbo, complemento do objeto; outras visões decompõem a frase em sintagmas*: sintagma nominal e verbal (modelo de N. Chomsky e de Lucien Tesnière); outros ainda apelam para as noções de "agente" e "paciente".

O progresso da linguística computacional (tradução automática, programas de tratamento de texto com corretor ortográfico, pesquisa documental) conduziu ao desenvolvimento de "sintaxes formais" (também chamadas de "gramáticas formais").

Bibliografia: • O. Soutet, *La Syntaxe du français*, Puf, 1992 [1988] • E. Wehrli, *L'Analyse syntaxique des langues naturelles*, Masson, 1997

→ **Gramática**

SISTÊMICA (análise)
→ **Análise sistêmica**

SKINNER, BURRHUS F.
(1904-1990)

Psicólogo americano que se tornou a grande figura do behaviorismo após John B. Watson*, Burrhus F. Skinner estudou uma forma particular de aprendizagem: o condicionamento operante. Ele o demonstrou a partir de um dispositivo chamado "caixa de Skinner", que consiste em induzir um indivíduo (uma pomba, um rato ou um ser humano) a efetuar um gesto preciso dando-lhe alguma recompensa, como no adestramento de um cachorro ou de um golfinho. Para B. F. Skinner, a maioria das condutas humanas é certamente produto de aprendizagens e condicionamentos.

Esse modo de conceber os comportamentos humanos através da aprendizagem está na base do "ensino programado", inventado por B. F. Skinner. Ele corresponde a um dispositivo técnico em que o aluno aprende por etapas, respondendo a uma série de questões. Cada resposta certa, que é automaticamente comunicada ao respondente, permite passar à etapa seguinte até que ele domine completamente o assunto. B. F. Skinner foi também uma figura da *intelligentsia* americana e travou célebres polêmicas com a psicologia "romântica", de um lado, e com a psicologia cognitiva, de outro.

Principais obras de B. F. Skinner
• *Science and Human Behavior*, 1953 [*Ciência e comportamento humano*, Martins Fontes, 10.ª ed., 2003]
• *Beyond Freedom and Dignity*, 1971 [*O mito da liberdade*, Summus, 1983]
• *About Behaviorism*, 1974 [*Sobre o behaviorismo*, Cultrix, 5.ª ed., 1995]

→ **Aprendizagem**

SMITH, ADAM
(1723-1790)

Nascido na Escócia, Adam Smith faz parte da geração de pensadores escoceses que assistem à emergência de um novo mundo. Com efeito, é no norte da Inglaterra, onde ele passará toda a sua vida, que começa a Revolução Industrial. Também na Escócia, está em curso uma revolução intelectual com David Hume, pensador que o antecedeu e cujo *A Treatise of Human Nature* [*Tratado da natureza humana*] (1737) o impressionou bastante durante seus estudos de filosofia.

Aos 14 anos, entrou no colégio de Glasgow e, aos 17, em Oxford, onde estudou filosofia e literatura durante seis anos. Foi nomeado professor de literatura em Glasgow aos 28 anos e ocupou a cátedra de filosofia moral a partir de 1753.

Pesquisas sobre a riqueza das nações

Impressionado com o desenvolvimento da indústria e do comércio e com a nova riqueza da Inglaterra, A. Smith interroga-se sobre as causas profundas desse crescimento recente. Para ele, a resposta pode ser resumida em uma fórmula: a divisão do trabalho, que torna as grandes fábricas industriais muito mais produtivas que o modo artesanal de produzir. A troca e a especialização das tarefas são as fontes do enriquecimento coletivo. Essa é a ideia central desenvolvida em sua obra *The Wealth of Nations* [*A riqueza das nações: Investigação sobre sua natureza e suas causas*] (1776), que será considerada o primeiro grande livro de economia política.

Para A. Smith, o mercado é, primeiramente, sinônimo de troca e de divisão do trabalho. O sapateiro tem interesse em comprar pão do padeiro, e este em comprar sapatos do sapateiro. Dessa divisão de tarefas resulta uma maior eficiência global, uma vez que cada um se especializa em uma só atividade, na qual pode ser mais eficiente. Todos têm, portanto, interesse em recorrer à troca em vez de viver em um regime de autossuficiência. Além disso, o mercado harmoniza o interesse individual com o interesse geral pela ação do mecanismo da oferta e da procura*, uma espécie de "mão invisível*" que decide da melhor forma possível a produção e a distribuição das riquezas de acordo com a preferência dos compradores. O interesse geral, ou seja, a justa repartição dos bens, não precisa de uma autoridade superior que defina as necessidades e reparta os bens. Isso seria alcançado espontaneamente pela troca. Curiosamente, não é uma autoridade moral superior que contribui para o bem de todos, mas o zelo que cada um tem com o próprio interesse no ato da troca. Donde a famosa formulação: "Não é da boa vontade do açougueiro, do cervejeiro ou do padeiro que esperamos nosso jantar, mas do cuidado que dedicam a seu interesse pessoal."

A divisão do trabalho deve ser desenvolvida na empresa. No exemplo da "manufatura de alfinetes", A. Smith mostra que a divisão de tarefas entre os que endireitam e cortam o fio de ferro, os que afiam as pontas e os que fabricam a cabeça é muito mais eficaz que o sistema artesanal, em que cada um tem que fabricar, sozinho, o alfinete inteiro. Como bom compilador, A. Smith tinha, inclusive, tomado esse exemplo da *Encyclopédie* [*Enciclopédia*] (1751-1772) de Diderot e Alembert... A divisão do tra-

Teoria dos sentimentos morais

• Em 1759, Adam Smith publica sua primeira obra, *Theory of Moral Sentiments* [*Teoria dos sentimentos morais*], que teve grande repercussão. Nesse livro, ele defende a ideia de que a busca de reconhecimento* e de consideração é uma das necessidades fundamentais do ser humano. Ser tomado em consideração pelo outro seria "a expectativa mais prazerosa" e "o desejo mais ardente da alma humana". Para A. Smith, a busca do olhar do outro é tão poderosa que estamos dispostos a perder a vida por isso: "Os homens muitas vezes renunciaram voluntariamente à vida para conquistar, após a morte, um renome do qual já não poderiam mais desfrutar." Mesmo a busca de bens materiais é, com frequência, comandada mais pelo olhar do outro do que pela necessidade: "É principalmente a atenção dada ao sentimento das pessoas que nos faz procurar a riqueza e fugir da indigência." Mais tarde, Thorstein B. Veblen* chamará isso de "consumo ostentatório". Para A. Smith, a busca por honrarias é, portanto, um potente mecanismo da alma humana, que nunca permite o repouso: "A pessoa ambiciosa não almeja realmente nem o repouso nem o prazer, mas sempre a honra, de um tipo ou de outro."

Nos anos que se seguiram, A. Smith viaja bastante, particularmente para a França, onde estabelece contato com os enciclopedistas e com os fisiocratas: encontra-se com Turgot e François Quesnay. Quando retorna à Escócia, redige e publica, em 1776, *A riqueza das nações*, obra fundadora do liberalismo* econômico.

balho entre as nações em função de suas competências particulares é igualmente fonte de enriquecimento mútuo; quando cada uma fabrica mais e melhor nos domínios em que é mais capaz, a riqueza global aumenta e todos são beneficiados.

Essa visão do mercado, que estimula o crescimento e que reparte harmoniosamente os bens, constituirá o credo liberal. Ao contrário da falsa ideia difundida, A. Smith não foi um doutrinário, defensor ideológico do "mercado total". Em *A riqueza das nações*, ele ressalta inúmeras vezes que o Estado deve exercer o seu papel. Paradoxalmente, A. Smith pensa, como Karl Marx* fará mais tarde, que o Estado está sempre a serviço da classe dominante. É preciso, por conseguinte, reduzir suas arrecadações e impostos ao simples financiamento das despesas úteis "ao bem-estar de toda a sociedade".

O ALCANCE DE UMA OBRA

Smith é o fundador, com David Ricardo e Thomas R. Malthus*, da escola clássica inglesa, que serviu de base para o desenvolvimento do pensamento econômico.

A riqueza das nações, ao mesmo tempo tratado de economia e obra de divulgação, forma uma síntese teórica coerente (da divisão do trabalho ao mercado, do crescimento ao comércio internacional, do papel da moeda ao Estado). Mas, produz um corpo de doutrinas que mais tarde será desenvolvido por outros economistas da escola clássica, sob formas frequentemente mais dogmáticas e técnicas, o que sem dúvida despojará esse ensaio de sua elegância e de seu caráter aberto e engajado.

Principais obras de A. Smith
• *Theory of Moral Sentiments*, 1759 [*Teoria dos sentimentos morais*, Martins Fontes, 1999]
• *Inquiry into the Nature and Causes of the Wealth of Nations*, 1776 [*A riqueza das nações*, Martins Fontes, 2003]

SOCIABILIDADE

"Antigamente, as pessoas conversavam mais"; "Hoje as pessoas não mais se comunicam"; "Não se conhecem mais os próprios vizinhos". Quem nunca ouviu alguém emitir essas opiniões, acompanhadas de lamentações sobre os estragos do individualismo*, sobre os malefícios da cidade desumanizada, onde reinam as "solidões urbanas"? E sonhar nostalgicamente com as pequenas comunidades calorosas de antigamente... Essa opinião corresponde, no fundo, a um velho esquema sociológico, que opõe as sociedades tradicionais, rurais e provincianas, marcadas por elos estreitos e pessoais, a uma sociedade moderna, em que urbanização e as relações mercantis tornaram as relações entre as pessoas mais distantes, formais e superficiais.

Contudo, já nos anos 1890, o sociólogo Charles H. Cooley havia mostrado que, nas sociedades modernas, eram incessantemente criadas novas comunidades de pertencimento: turmas de jovens, comunidades de trabalho ou ainda relações de vizinhança.

Georg Simmel* (1858-1918) foi um dos primeiros sociólogos a falar de sociabilidade. Ele entendia por esse termo o conjunto de relações sociais que "se estabelecem por si sós", ou seja, que não possuem funções utilitárias. Estar entre amigos, conversar com o vizinho, fazer parte de um clube ou associação, são algumas entre tantas ocasiões de constituir relações "eletivas" ou "por afinidades".

REDES DE SOCIABILIDADE

Dispõe-se atualmente de grandes pesquisas estatísticas sobre as redes de sociabilidade: quem encontra quem? Em que ocasião? Com que frequência? Para fazer o que? As sondagens nos levam a três constatações fundamentais.

– Primeiro, a sociabilidade varia fortemente segundo a idade, pois a cada faixa etária corresponde um modo de vida diferente: a juventude é o "tempo dos amigos" que se encontram na escola, na universidade, nos passeios (no cinema, nas casas noturnas, nos cafés...) ou nas atividades de lazer (esporte, música, etc.). Quando da entrada na vida profissional, do casamento e, sobretudo, do nascimento dos filhos, a rede de relações se modifica consideravelmente. Os passeios com os amigos são com frequência substituídos pela recepção em casa, pelas relações profissionais e pelo contato com os parentes. Entre os mais velhos, as relações se restringem e se limitam ao local.

– Segunda constatação importante: as redes de sociabilidade variam igualmente segundo o *status* profissional. Quanto mais se ascende na escala social, mais numerosas se tornam as relações sociais. Ademais, constata-se uma forte homogamia*, ou "homofilia", das relações, confirmando a velha máxima: "Cada qual com seu igual."

– Por fim, as redes de sociabilidade estão fortemente ancoradas em contextos sociais precisos: as relações sociais se constituem a partir da família, do local de trabalho, de residência e dos lazeres.

Bibliografia: • J. Baechler, "Groupes et sociabilité", in R. Boudon, *Traité de sociologie*, Puf, 1992 • A. Degennes, M. Forsé, *Les Réseaux sociaux*, Armand Colin, 2004 [1994] • J.-F. Dortier, "Bonjour, bonsoir... Les évolutions de la sociabilité", *Sciences Humaines*, hors-série n° 26, 1999 • X. Molénat (coord.), Dossier "Les relations interpersonnelles", *Sciences Humaines*, n° 150, 2004

SOCIALIZAÇÃO

Na psicologia social*, socialização designa o processo pelo qual os indivíduos assimilam as normas, os códigos de conduta, os valores, etc. da sociedade à qual pertencem. Ela pode ser vista sob o ângulo do condicionamento social, no qual o indivíduo se torna, de certo modo, um microcosmo que herda passivamente as características (linguagem, cultura, valores, modos de conduta) do meio ao qual pertence. Essa concepção do modelo da personalidade de base é defendida pelos antropólogos culturalistas* (Ralph Linton*). Para Norbert Elias*, a socialização é o processo de interiorização das normas do meio. Segundo Pierre Bourdieu*, ela efetua-se através do *habitus** de classe. Porém, contra essa "concepção supersocializada do homem" (D. Wrong, "Oversocialised Conception of Man in Modern Sociology" [Concepção supersocializada do homem na sociologia moderna], *American Sociological Review*, vol. 26, n° 2, 1961) que, de Émile Durkheim a Talcott Parsons*, vê o indivíduo como um "idiota cultural" totalmente prisioneiro de seus parâmetros de socialização, a sociologia contemporânea defende uma concepção mais complexa.

Duas formas de socialização se distinguem: a primária e a secundária. A primeira se dá durante a infância*, no seio das primeiras comunidades às quais se pertence, como a família. A criança adquire sua linguagem, suas referências culturais principais, seu *habitus* social. Ela é fortemente "modelada" por essa marca cultural precoce. A socialização secundária desenvolve-se a partir da adolescência*. As socializações escolar, profissional e política são processos mais voluntários e conscientes, e por isso deixam uma marca menos forte.

Robert K. Merton* fala de uma "socialização antecipadora" a propósito de indivíduos que procuram se integrar em um dado meio: por exemplo, um jovem que quer se tornar artista ou escritor e se identifica com um modelo do qual adota conscientemente as condutas, os modos de falar e os códigos de vestuário. Para Jean Piaget*, a socialização é produto de um duplo processo de assimilação-acomodação. A assimilação é a integração pelo indivíduo das normas e dos valores do meio; a acomodação, inversamente, é o modo como as características próprias do indivíduo o moldam e reagem ao ambiente. Os estudos sobre a resiliência* confirmam que o indivíduo não é um simples produto do meio. Os modos de reagir a determinado ambiente variam de um indivíduo a outro.

Desde os anos 1980, a antropologia da cultura* trabalha com a noção de reflexividade*, que enfatiza as competências dos indivíduos para regular de modo consciente sua conduta e analisar de modo lúcido o seu entorno.

Bibliografia: • C. Dubar, *La Socialisation*, Armand Colin, 2002 [1997]

→ Cultura, Identificação, Identidade

SOCIOBIOLOGIA

A vida em sociedade não é uma característica exclusiva dos seres humanos. Leões, lobos, formigas, morcegos e milhares de outras espécies possuem também vida social. E ela não se resume a uma simples coexistência: comporta uma verdadeira organização social, com regras de dominância, regulação da sexualidade, formas de cooperação e rituais de comunicação. Explicar essa organização social em termos darwinianos* é o objetivo da sociobiologia. Uma disciplina que, em seus primórdios, não teria causado tanta polêmica se seu fundador, Edward O. Wilson, não tivesse a intenção de aplicar aos comportamentos humanos os mesmos princípios válidos para os cupins, gaivotas, elefantes marinhos...

O ENIGMA DO ALTRUÍSMO

A sociobiologia nasceu da tentativa de resolver um enigma do comportamento de certas espécies animais. Por que os insetos himenópteros como as formigas, as vespas e os cupins vivem em sociedade? Por que, nessas sociedades, castas de operários e de soldados aceitam se comportar em relação a seus congêneres de modo "altruísta", alimentando-os e protegendo-os, muitas vezes em detrimento da própria existência?

A solução foi proposta em 1964 por William D. Hamilton, na época um jovem estudante ainda desconhecido. A "teoria da seleção de parentesco" encontra explicação para a organização social das formigas ou dos cupins na escolha de comportamentos altruístas em relação a indivíduos que lhes são aparentados. A maioria dos membros de uma sociedade de formigas é de indivíduos estéreis, frequentemente nascidos de uma única rainha. Portanto, compartilham com os membros de seu grupo mesmo patrimônio genético. Para perpetuar a própria descendência, o indivíduo tem como única possibilidade proteger e alimentar os membros da sociedade à qual pertence. Participando da vida coletiva dessa grande família, o formigueiro ou o cupinzeiro, o indivíduo obedece a um programa genético implacável: garante sua própria descendência assegurando a sobrevivência de seus congêneres.

Os formigueiros, cupinzeiros e colmeias comportam-se, por conseguinte, como "superorganismos", em que cada membro não se reproduz isoladamente, mas é como uma célula do nosso corpo. Ele se contenta em executar uma função particular como forma de participação na reprodução do grupo. É assim que os soldados se dedicam à defesa da comunidade contra os inimigos.

UMA DISCIPLINA POLÊMICA

O artigo de W. D. Hamilton ("The Genetical Evolution of Social Behavior" [A evolução genética do comportamento social], *Journal of Theoretical Biology*, vol. 7, 1964), assim que chegar ao conhecimento de E. O. Wilson, professor de zoologia em Harvard e especialista em formigas, terá sobre ele forte impacto. A partir de então, ele decide realizar um vasto programa de pesquisa sobre as raízes biológicas do comportamento social. E. O. Wilson reunirá o conhecimento de outras disciplinas existentes – etnologia, teoria sintética da evolução*, ecologia animal e dinâmica das populações – e sintetizará suas próprias pesquisas e os trabalhos de cientistas como W. D. Hamilton, John M. Smith, Richard D. Alexander, que se inscrevem na mesma perspectiva. Esse trabalho levará, em 1975, à publicação de um impressionante volume, *Sociobiology, the New Synthesis* [Sociobiologia, a nova síntese] em que o autor anuncia a criação de uma nova disciplina científica: a sociobiologia. Seu programa: "O estudo sistemático das bases biológicas do comportamento social tanto nos animais como no homem."

Para E. O. Wilson, em muitas espécies, as condutas sociais são "instintivas", ou seja, guiadas pelos genes. Consequentemente, afirmava Wilson no último capítulo de seu livro, "nos homens, as condutas sociais possuem raízes biológicas. A sociobiologia pode, portanto, ser aplicada ao homem".

Esse último capítulo irá desencadear uma tempestade e polêmicas furiosas, visto que E. O. Wilson vai reiterar sua posição alguns anos mais tarde, em 1978, publicando On Human Nature [Da natureza humana], obra na qual afirma claramente que "os genes comandam a cultura".

A reação será violenta. Muitos antropólogos, filósofos e mesmo biólogos e teóricos da evolução, como Stephen J. Gould e Richard C. Lewontin, engajaram-se, através de artigos e colóquios, na luta para denunciar o "reducionismo biológico" e o darwinismo social*. O antropólogo Marshall Sahlins* publica The Use and Abuse of Biology: an Anthropological Critique of Sociobiology [O uso e abuso da biologia: uma crítica antropológica da sociobiologia] (1976). Na França, Patrick Tort conduz a batalha reunindo as reações em um livro coletivo, Misère de la sociobiologie [Miséria da sociobiologia] (1985). Essas críticas candentes desencadeiam um debate épico e contribuiem para "diabolizar" a disciplina entre as ciências humanas. É como se estas fossem atacadas frontalmente. Se o homem é produto da cultura e da sociedade, como admitir uma teoria que define os genes como fator explicativo do comportamento? O livro de Richard Dawkins*, The Selfish Gene [O gene egoísta], publicado em 1976 e que se situa na mesma linha da sociobiologia, provocará também intensa polêmica e será um sucesso editorial.

Desenvolvimento e mutação de uma disciplina

Nos anos que se seguiram, a sociobiologia prosseguiu seu caminho de forma tranquila e segura pelos meios científicos: principalmente entre biólogos e etólogos, e mais raramente entre os antropólogos. Muitos estudos sobre os fundamentos biológicos do comportamento animal serão realizados: sobre as estratégias sexuais, os comportamentos parentais, os comportamentos territoriais, a dominância, as formas de organização social, as diferenças de comportamento macho/fêmea, etc. Os modelos se diversificam com o objetivo de compreender os modos de vida em sociedade a partir de diversos modelos de seleção: seleção natural, de grupo, de parentesco, sexual, etc. Busca-se entender o comportamento dos indivíduos em termos de "estratégia de reprodução" ou de fitness (adaptação ao ambiente). Obras de divulgação levarão ao conhecimento do grande público os grandes temas da sociobiologia: Helen Fischer em sua Anatomy of Love [Anatomia do amor] (1992) e Robert Wright com The Moral Animal [O animal moral] (1995).

A partir dos anos 1990, a polêmica se atenua. A sociobiologia faz menos barulho, mas nem por isso deixa de progredir. Nos anos que se seguirão, pesquisas sobre os fundamentos biológicos do comportamento animal e humano serão realizadas sob o nome – mais politicamente correto – de "biologia evolucionista" ou de "psicologia evolucionista". Ao mesmo tempo que se diversifica e amplia seus domínios de investigação, a nova sociobiologia assimilará progressivamente modelos de "coevolução gene-cultura" que rompem com o determinismo genético estrito da fase inicial.

Bibliografia: • H. Fischer, Histoire naturelle de l'amour. Instinct sexuel et comportement amoureux à travers les âges, 1994 [1992] • P. Jaisson, La Fourmi et le Sociobiologiste, Odile Jacob, 1993 • M. Veuille, La Sociobiologie, Puf, "Que sais-je?", 1997 [1992] • R. Wright, L'Animal moral. Psychologie évolutionniste et vie quotidienne, Michalon, 1995

→ **Altruísmo, Coevolução, Natureza-cultura, Psicologia evolucionista**

SOCIOECONOMIA

O que é a socioeconomia (ou sociologia econômica)? É uma corrente de pensamento pouco coesa que reúne sociólogos e economistas em torno de uma mesma preocupação: repensar a economia de mercado não como um simples jogo de oferta e procura*, mas integrando a ela as regras e normas sociais, assim como as organizações que estruturam toda relação mercantil.

A teoria econômica "ortodoxa" (ou "neoclássica"), dominante na ciência econômica, propõe um modelo abstrato do mercado com características muito precisas. Trata-se do local de encontro entre indivíduos e/ou empresas, que se caracterizam por ser agentes racionais, bem informados, buscando maximizar seus interesses ao longo da transação e livres a qualquer momento para "ir cantar em outra freguesia". Porém, tais condições nem sempre estão presentes na realidade. O mercado de trabalho, por exemplo, não corresponde a esse modelo puro. Quando um empregador contrata um trabalhador, ele não sabe qual será o rendimento exato do trabalho executado; não pode alterar o salário conforme o rendimento. O mercado de trabalho é regulado por um contrato, relações de "confiança", convenções coletivas..., que substituem em parte a negociação permanente.

Contratos, confiança, convenções sociais e instituições são, portanto, as palavras-chave da nova socioeconomia.

Na primeira parte de sua *Current Sociology* [Sociologia corrente] (1993), Richard Swedberg retraça a longa tradição na qual a sociologia econômica se apoia. No início do século XX, Georg Simmel*, com sua *Philosophie des Geldes* [Filosofia do dinheiro] (1900), Max Weber*, em seu famoso livro *Wirtschaft und Gesellschaft* [*Economia e sociedade*] (1922), mas também Thorstein B. Veblen* e Werner Sombart tinham lançado as bases de uma sociologia das relações de mercado. Mas, nos anos 1930, um fosso se abriu entre economistas e sociólogos, simultaneamente nos Estados Unidos e na Europa. De fato, de 1920 a 1960, apenas algumas personalidades, como Joseph A. Schumpeter*, Karl Polanyi* e Alberto O. Hirschman*, manterão uma ponte entre as duas disciplinas. Será necessário esperar o início dos anos 1970 para assistir ao ressurgimento da sociologia econômica, que renasce como uma alternativa à teoria econômica neoclássica*, trazendo diversas contribuições.

– Nos anos 1970, o neomarxismo e as teorias do desenvolvimento demarcaram-se claramente da economia neoclássica ao analisar os fenômenos de poder instalados no coração do sistema econômico.

– A análise das "redes*" mostra que o mercado real (como o mercado de trabalho ou financeiro) está, na verdade, raramente aberto e inscreve-se em um tecido social muito compartimentado. Mark Granovetter é um dos representantes desse tipo de análise.

– A economia dos custos de transação, ou "neoinstitucionalismo*", situa-se entre a economia clássica e a socioeconomia. A ideia central é a seguinte: a lógica da barganha não é sempre a mais eficiente devido aos custos de transação (preço para se informar, negociar, renegociar...); a existência de contratos e de uma hierarquia estável entre parceiros no interior de uma instituição econômica pode se mostrar mais sensata. Por exemplo, uma empresa tem, por vezes, mais interesse em integrar certas funções às suas atividades do que jogar ininterruptamente com a concorrência entre empresas terceirizadas.

– A escola da regulação* e a "economia das convenções*" fazem igualmente parte do modo de pensar socioeconômico. Ambas procuram levar em conta as imbricações entre os sistemas sociais e a lógica dos mercados.

De certo modo, pode-se considerar que a "constelação socioeconômica" poderia integrar também os autores keynesianos* e pós-keynesianos ou economistas heterodoxos, tais como John K. Galbraith* e François Perroux, que se demarcaram da ótica neoclássica por levar em conta o papel central das instituições e organizações e os comportamentos psicológicos dos agentes na condução dos assuntos econômicos.

Bibliografia: • B. Bürgenmeier, *La Socioéconomie*, Economica, 1994 • R. Swedberg, *Une histoire de la sociologie économique*, Desclée de Brouwer, 1994 [1993] • O. Williamson, *Les Institutions de l'économie*, Interéditions, 1994 [1985]

SOCIOLINGUÍSTICA

"Mas não acredito!"; "Você é demais, cara!"; "Concordo plenamente"; "Isso é engraçado pra caramba!"; "Acelera, estamos atrasados!"

Não se fala do mesmo modo em um bairro popular e nos corredores de uma escola de elite. A expressão linguística varia segundo o meio social. O objetivo da sociolinguística consiste justamente em estudar as diferenças linguísticas entre esses meios.

No final dos anos 1960, William Labov* estudou o modo como os jovens negros do Harlem se expressavam (*Language in the Inner City* [Linguagem no interior da cidade], 1972). Ele descobriu que o inglês utilizado por esses adolescentes, com inúmeras formas gramaticais incorretas, expressões idiomáticas, etc. não poderia ser uma simples deformação ou um empobrecimento de um inglês "correto". Uma vez que as variações estudadas eram sistemáticas no seio de uma comunidade e coerentes entre elas, sua linguagem formava uma lógica própria, mesmo se ela não correspondia ao câno-

Arte de falar, arte de se distinguir

• Durante uma cerimônia em homenagem a um poeta da região francesa do Béarn, o prefeito de Pau dirige-se ao público "em um bearnês de qualidade", segundo os termos de um jornal local.

Na obra de Proust À la Recherche du Temps Perdu [Em busca do tempo perdido], escrita entre 1913 e 1927, a duquesa de Guermantes nunca afirma tanto sua preeminência quanto ao rejeitar as convenções e se exprimir coloquialmente ou adotando um sotaque campesino.

Esses dois exemplos ilustram a sutileza das estratégias de distinção linguísticas reveladas por Pierre Bourdieu* em Ce que parler veut dire: l'économie des échanges linguistiques [Economia das trocas linguísticas: o que falar quer dizer] (1982). É o "capital linguístico" de que dispõem esses dois locutores, sua facilidade de expressão e sua credibilidade social que os autoriza a, por vezes, empregar um modo de falar popular sem se descreditar. Ninguém pensaria que o político formado em letras não saiba falar francês, nem que a rainha da aristocracia ignore as regras da alta sociedade. Ao contrário, a legitimidade dos dois personagens é reforçada pela elegância que consiste em ser acessível ao outro e em "não fazer pose".

A linguagem distinta não é somente correta no plano gramatical; ela é, sobretudo, socialmente aceitável. A comunicação é um mercado no qual se atribui um preço às pessoas e performances, que são avaliadas através das normas e usos dominantes.

Contudo, nem todos têm as mesmas condições para dominar as formas legítimas, tanto de pronúncia como gramaticais. Para alguém de origem popular, apropriar-se da linguagem dos dominantes requer um esforço constante, que transparece na tensão e na atenção perceptíveis na fala. Inversamente, a distinção reside na tomada de distância, em um relaxamento controlado (hipercorreção) com o qual o prefeito de Pau e a princesa de Guermantes jogam de forma sutil.

• P. Bourdieu, "Linguagem e poder simbólico". In: Economia das trocas linguísticas: o que falar quer dizer, 1982.

ne da língua correta. W. Labov colocava, pois, em questão as teses de Basil Bernstein (Class, Codes and Control [Classe, códigos e controle], 1975), segundo as quais as crianças dos meios populares possuiriam um código linguístico "restrito" em relação ao "código elaborado" das crianças dos meios culturalmente favorecidos. Por outro lado, W. Labov (Sociolinguistic Patterns [Padrões sociolinguísticos], 1973) notou também que um mesmo locutor podia utilizar registros de linguagem diferentes segundo as situações e os meios em que se encontrava (linguagem coloquial, linguagem refinada, linguagem oficial).

W. Labov descreveu os tipos de variações sofridas pelas regras gramaticais:

– Há regras categóricas que jamais são violadas. Por exemplo, nenhum falante do português diz: "Eu comido muito";

– Regras semicategóricas, cujas violações – frequentes – são interpretadas socialmente: "Eu se toquei";

– Regras variáveis, como a substituição do pronome complemento clítico de terceira pessoa pelo pronome sujeito correspondente: "Eu vi ele" em vez de "Eu o vi". O uso dessa regra por uma mesma pessoa varia segundo as circunstâncias (a forma coloquial é aceitável na esfera privada, a segunda será empregada em um contexto oficial).

Para o americano Dell Hymes, fundador da etnografia da comunicação, não basta adquirir o domínio gramatical de uma frase para ser um locutor competente. É necessário também que ela seja apropriada ao contexto. Por exemplo, "Tudo bem?", uma frase inofensiva, deve ser utilizada em um contexto apropriado (para alguém que se conhece bem) ou aceitável (não se diz "Tudo bem?" para o parente de alguém que acaba de morrer).

É por isso que uma das principais noções da etnografia da comunicação é a "competência comunicativa", segundo a qual os elementos da linguagem devem ser estudados em seu contexto natural. Essa noção é simétrica à de "competência linguística" de Noam Chomsky*.

Como analisar essas situações de comunicação: almoço, cerimônia, reunião...? D. Hymes propôs um modelo, resumido em uma fórmula: SPEAKING (Setting, Participants, Ends, Acts, Key, Instrumentalities, Norms, Gender). Assim ele evidenciou a variedade de estratégias discursivas, seus componentes e suas finalidades.

A análise da conversação* que se dedica ao estudo das regras implícitas da conversa (gestão dos turnos de fala, frases incompletas, risos, pausas...) pode ser integrada ao campo de estudos da sociolinguística (John J. Gumperz).

Bibliografia: • B. Bernstein, *Langage et classes sociales*, 1975 • P. Bourdieu, *Langage et pouvoir symbolique*, 2001 [1982] • H. Boyer, *Introduction à la sociolinguistique*, 2001 • J. J. Gumperz, D. Hymes (orgs.), *Directions in Sociolinguistics: the Ethnography of Communication*, Holt, Rinehart and Winston, 1972 • D. Hymes, *Foundations in Sociolinguistics*, University of Pennsylvania Press, 1974 • W. Labov, *Sociolinguistique*, Minuit, 1989 [1973]

SOCIOLOGIA
Ver disciplinas nas páginas centrais

SOCIOMETRIA

Fundada pelo psicólogo Jacob L. Moreno*, a sociometria é um método de análise das relações que se estabelecem entre as pessoas no interior de um grupo.

Em todas as pequenas comunidades, como uma classe, uma oficina, um grupo, etc., são travadas relações privilegiadas entre certos membros, da mesma forma que oposições e conflitos são criados entre outros. Algumas pessoas recebem o assentimento de todos e exercem o papel de líder; por outro lado, outras são sistematicamente rejeitadas. A sociometria consiste em estudar o conjunto dessas relações.

J. L. Moreno investigou as relações de simpatia e antipatia entre prisioneiros da prisão de Sing-Sing. Para descrever as relações interpessoais, ele elaborou um método de análise particular: o sociograma. A técnica consiste em perguntar – confidencialmente – para os indivíduos quem são as pessoas que eles preferem ou rejeitam no grupo e em inserir essas relações em um gráfico, formando, assim, uma rede de relações (*ver gráfico ao lado*).

A sociometria passou por uma renovação a partir dos anos 1980 no âmbito da teoria das redes.

Bibliografia: • J. L. Moreno, *Fondements de la sociométrie*, 1970 [1934] • P. Parlebas, *Sociométrie, réseaux et communication*, Puf, 1992

→ **Psicologia social, Rede**

SOLIDARIEDADE (mecânica e orgânica)

Em *De la division du travail social* [*Da divisão do trabalho social*] (1893), Émile Durkheim* opõe dois tipos de sociedade segundo as origens do vínculo social.

SOCIOGRAMA
Análise das relações no interior de um grupo segundo o método sociométrico.

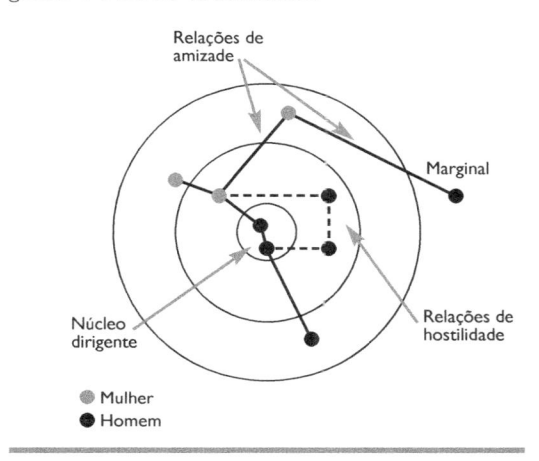

As sociedades tradicionais são unidas por uma solidariedade social de tipo "mecânica". Não há divisão do trabalho, de forma que os indivíduos são idênticos e intercambiáveis. Eles experimentam os mesmos sentimentos e a crença coletiva (religião, moral, sentimento de pertencimento a uma mesma comunidade) assegura a coesão social.

Nas sociedades que se industrializam, a divisão do trabalho conduz a uma diversificação funcional. Os fundamentos da moral mecânica se dissolvem: tradição, religião e crenças coletivas comuns se desagregam. A divisão do trabalho, ao assegurar uma interdependência entre as profissões, é o primeiro elemento que garante a solidariedade social. Tal solidariedade é chamada "orgânica", pois se baseia na interdependência das funções como num organismo vivo. Cada elemento, cada órgão, executa uma função especializada.

Contudo, diz É. Durkheim, essa solidariedade orgânica, fundada na divisão do trabalho, é insuficiente para assegurar a coesão social. É necessário restabelecer uma nova base moral para a sociedade. A moral dos grupos profissionais (corporações) deve então provê-la, pois eles asseguram o vínculo entre o indivíduo e a sociedade como um todo. Para É. Durkheim, a moral laica e a educação cívica são igual-

mente elementos fundamentais dessa nova moral social.
→ **Sociabilidade**

STATUS

No sentido usual, *status* pode corresponder a uma posição social determinada pela profissão (médico ou empregado), pelo direito (ter maioridade ou requerer asilo), pelo prestígio (ser um astro, um notável...), etc. O sociólogo Max Weber* (*Wirtschaft und Gesellschaft* [*Economia e sociedade*], 1922) utilizava justamente a noção de *status* para descrever a posição social em contraste com a posição econômica (em termos de classe social) ou com a de poder (em termos de hierarquia). Assim, possuir o *status* de "intelectual" não se refere a uma posição nem econômica nem de poder, mas antes a uma posição relativa ao prestígio, à consideração obtida.

Em seguida, os antropólogos e sociólogos (Robert K. Merton*, Ralph Linton*) buscaram determinar os diferentes critérios que definem o *status*. Esse termo, muito utilizado em sociologia e em psicologia social até os anos 1960, acaba por cair em desuso.

SUBCULTURA
→ **Cultura de classe**

SUPEREGO

Na segunda versão da teoria do psiquismo de Sigmund Freud*, o superego designa a instância psíquica que é formada durante a infância pela interiorização das proibições e regras morais legadas pelos pais.
→ **Id, Eu (Ego)**

T

TABU

Em sua terceira viagem às ilhas do Pacífico, o capitão James Cook encontrou chefes de tribos aos quais era proibido sentar-se ou comer em público. Esses chefes eram denominados *tabu*. No Taiti, J. Cook observou também que aquilo que era proibido era qualificado de *tapu*. A Inglaterra importou o termo que logo se tornou uma fórmula corrente para designar o que não podia ser dito (um assunto "tabu") ou feito (o "tabu do incesto"*).

Barbara Glowczewski conta que, na Austrália, entre os aborígines da tribo dos walpiri, numerosos tabus envolvem um morto (*Les Rêveurs du désert* [Os sonhadores do deserto], 1989). Após a morte de um aborígine, ninguém pode se dirigir ao local de seu último acampamento durante todo o período do luto, ou seja, durante pelo menos dois anos. Da mesma forma, durante esse tempo, não se deve pronunciar o nome do falecido, e é preciso evitar dizer palavras semelhantes. "A palavra 'França' se tornara tabu, pois o jovem finado se chamava Francis." Quando um defunto tinha um nome parecido com a palavra "leite" (em língua walpiri), essa palavra era banida e substituída por um equivalente ou por uma palavra-ônibus como "treco".

DOS INSTINTOS ALIMENTARES
AOS TABUS SEXUAIS

Tabus de todos os tipos pautam a vida das sociedades. No tocante aos alimentos, é proibido aos muçulmanos comer carne de porco e aos hindus, comer carne de vaca. O tabu do incesto é universal, mas outros ligados ao sexo são mais circunscritos. Por exemplo, em muitas sociedades, uma mulher fica impossibilitada de ter relações sexuais no período menstrual e tampouco pode cozinhar.

Alguns tabus dizem respeito ao contato entre pessoas. Em muitas tribos da Sibéria, as jovens noras eram proibidas de erguer os olhos para o sogro. Robert R. Lowie relata numerosos casos similares em que é o genro que não pode olhar para a sogra, encontrá-la ou tocar nela (*Primitive Society* [Sociedade primitiva], 1920).

O tabu é mais do que uma simples interdição. O roubo é, por certo, um ato escandaloso e repreensível aos olhos de todas as sociedades, mas um tabu é um ato mais grave e provoca reações de horror. Podemos pensar aqui na transgressão de um tabu alimentar, como ingerir carne humana, pois diz respeito a algo "sagrado", como bem o compreenderam os antropólogos clássicos (James G. Frazer*, William R. Smith, Lucien Lévy-Bruhl, Arnold Van Gennep*), que discutiram amplamente sobre o estatuto do tema no início do século XX.

TARDE, GABRIEL
(1843-1904)

Gabriel Tarde foi, a princípio, juiz de instrução, depois diretor de estatística judiciária, mas foi sua obra que o levou ao Collège de France*, para onde foi eleito em 1900.

G. Tarde, precursor da psicologia social*, era conhecido por sua teoria da imitação*, aplicada à psicologia das massas e à psicologia econômica.

Para ele, a difusão das ideias, das modas e dos comportamentos econômicos se explica por um fenômeno de imitação que atua como uma espécie de corrente magnética que "irradia" a partir de "focos imitativos", à semelhança das forças eletromagnéticas ou como um vírus que se propaga por contágio. É preciso, pois, "olhar o homem social como um verdadeiro sonâmbulo (...) O estado social, a exemplo do estado sonambulístico, não passa de uma forma do sonho, um sonho de comando e um sonho em ação. Ter apenas ideias sugeridas e acreditá-las espontâneas, é essa a ilusão própria do sonâmbulo e também do homem social" (*Les Lois de l'imitation* [As leis da imitação], 1890).

Essa concepção do poder quase hipnótico de forças sociais inconscientes que se apoderam dos indivíduos estava muito em moda no final do século XIX. A sociologia* nascente inspirou-se nas teorias da hipnose*, que estavam no apogeu na França nas décadas de 1880 e 1890. Gustave Le Bon*, com sua teoria das massas, e Émile Durkheim*, que vê na sociedade uma força que se apodera das consciências individuais (ele fala de "corrente suicidógena" para explicar a propagação do suicídio), não estão longe desse tipo de explicação.

G. Tarde trouxe uma contribuição à criminologia nascente. Em suas obras (*La Criminalité comparée* [A criminalidade comparada], 1886; *La Philosophie pénale* [A filosofia penal], 1890; *Études pénales et sociales* [Estudos penais e sociais], 1892), ele pretende mostrar, com base em estatísticas, que a criminalidade tem causas psicológicas e sociais, cujas condições de surgimento podem ser percebidas. Com isso, ele se opõe à teoria biológica do criminoso nato, de Cesare Lombroso, célebre na época, e que atribuía a criminalidade a taras congênitas.

Principais obras de G. Tarde
• *Les Lois de l'imitation*, 1890 [As leis da imitação]
• *L'Opinion et la Foule*, 1901 [A opinião e as massas, Martins Fontes, 2.ª ed., 2005]

Criminalidade

TAYLOR, CHARLES
(nascido em 1931)

Professor na Universidade McGill, em Montreal, cidade onde nasceu, Charles Taylor é simultaneamente anglófono e francófono. Essa característica original não deixará de orientar decisivamente o conteúdo teórico de sua obra, bem como seus engajamentos políticos em prol do reconhecimento da nação quebequense pelo Canadá. Nos anos 1990, sua obra filosófica adquire importância internacional, e ele é considerado um dos representantes do comunitarismo.

Para C. Taylor, a noção de identidade* – individual e coletiva – está no centro da consciência moderna.

As fontes do eu

C. Taylor tentou traçar uma genealogia da identidade moderna em seu grande livro *Sources of the Self* [*As fontes do self*] (1989). A indagação sobre o sentido da vida só pode ser efetuada por um sujeito que tenha adquirido certa autonomia e uma interioridade que o coloquem sozinho diante de si mesmo. O sujeito moderno se libertou dos vínculos que outrora o mantinham encerrado no âmbito de poderosas hierarquias sociais, que o prendiam a códigos morais coercitivos e ligavam seu destino à esperança de salvação no além. O indivíduo moderno conquistou a liberdade, mas se encontra só diante do seu destino. Perdeu aquilo que C. Taylor chama de "horizontes de sentido" ou "horizontes de significação" que regiam a vida.

Porque não podemos compreender os ideais e também as angústias da identidade moderna sem compreender-lhes as condições de formação, C. Taylor pensa que a individualidade moderna se edificou, em parte, em torno da "afirmação da vida comum", isto é, da valorização da vida material, do trabalho, do bem-estar. Outro aspecto dessa identidade é o advento da "interioridade", que se estabelece, a partir do século XVII, entre as elites sociais e espirituais do norte da Europa. Encontramos sua marca nos filósofos e nos escritores (Montaigne, René Descartes) que partem em busca de um "eu interior" que se situa à margem da sociedade.

O indivíduo autônomo é uma ilusão

No entender de C. Taylor, a identidade moderna, tão emancipadora, tem o seu reverso. A concepção de um eu autônomo, isolado do mundo, de certo modo preexistente à sociedade, é uma ilusão. Em que medida é possível fundar uma existência que seja consagrada unicamente a si (sem "o reconhecimento" do outro)? É possível pensar por si mesmo (sem um diálogo crítico com o outro)?

O indivíduo autônomo é uma ilusão, afirma C. Taylor. O eu individual está sempre arraigado e situado no interior de um grupo. Um pensamento se forma sempre no interior de um diálogo – invisível, por vezes – com um interlocutor. Não podemos fundar o sentido de nossa vida fora de um vínculo com o outro, pois "a liberdade completa seria um vazio no qual nada valeria a pena ser realizado, nada mereceria que se lhe atribuísse algum valor. O eu que obtém sua liberdade afastando todos os obstáculos e todos os entraves externos é desprovido de caráter e privado de todo objetivo definido" (*Hegel and Modern Society* [*Hegel e a sociedade moderna*], 1979).

Principais obras de C. Taylor
• *Sources of the Self: the Making of Modern Identity*, 1989 [*As fontes do self: a construção da identidade moderna*, Loyola, 1997]
• *Multiculturalism: Examining the Politics of Recognition*, 1994 [*Multiculturalismo: diferença e democracia*]
• *La Liberté des modernes*, 1997 [*A liberdade dos modernos*]. Coletânea francesa de ensaios do autor

→ **Identidade**

TAYLORISMO

A organização científica do trabalho (OCT) foi idealizada pelo engenheiro americano Frederick W. Taylor (1856-1915) no início do século XX. A vida de F. W. Taylor retrata o espírito de uma época e permite compreender melhor o seu engajamento. Nascido numa família de quacres, recebeu uma educação rigorosa, baseada na disciplina, no trabalho e na educação física. Tendo ingressado como mecânico nas siderúrgicas de Midvale, prossegue os estudos em cursos noturnos e se diploma em engenharia, tornando-se logo engenheiro-chefe da fábrica. Toda a sua atividade é exercida visando à eficiência no trabalho e à mais rigorosa gestão dos meios para alcançar um fim, o rendimento.

Aos 33 anos, torna-se consultor em organização e começa a fazer conferências e intervenções em prol de um novo método de "organização científica do trabalho". Ele procurará introduzir esse método com algum sucesso nas grandes empresas (como a Bethlehem Steel Company, que recorre a ele em 1898 para reorganizá-la) e irá popularizá-lo em suas conferências pelo mundo e em sua célebre obra, *The Principles of Scientific Management* [*Princípios de administração científica*] (1911).

A organização científica do trabalho preconizada por F. W. Taylor apoia-se em três princípios maiores: organização da produção, fundada na separação radical entre a concepção e a execução; divisão das atividades em tarefas elementares não qualificadas; e o salário de acordo com o rendimento. Na mente de F. W. Taylor, essa organização favoreceria a todos.

O TRABALHO EM MIGALHAS

O operário especializado, condenado a uma tarefa infinitamente repetitiva (apertar sempre os mesmos parafusos, soldar sempre a mesma peça, etc.) será a figura emblemática da organização científica do trabalho. O taylorismo se propagará principalmente nos setores da produção de massa: automobilístico, têxtil, de embalagem.

Embora tenha sido um fator extraordinário do incremento da produtividade, o taylorismo deu origem a muitos efeitos perversos, tais como desmotivação, absenteísmo, lentidão no ritmo de trabalho, grande índice de defeitos.

O taylorismo sempre nos aparece como uma terrível máquina de escravizar o trabalhador, caricaturada por Charles Chaplin em *Tempos modernos* (1936). Para F. W. Taylor, essa organização se inscrevia numa verdadeira filosofia do *management**. Por oferecer, ao indivíduo, uma tarefa na medida de suas aptidões, permitia a cada um realizar-se ao máximo no seu trabalho. O trabalho por peça era, ao mesmo tempo, um auxiliar da motivação e, para quem tivesse mais merecimento, um meio de enriquecer-se. De um ponto de vista global, ocasionava maior produtividade e a possibilidade de enriquecimento para todos.

O taylorismo *strictu sensu* (divisão do trabalho levado ao extremo, salários por produção) só foi aplicado a uma parte limitada da mão de obra assalariada nas grandes empresas. Nas indústrias de porte, o trabalho dos operários especializados foi substituído por MFCN (máquinas-ferramentas de controle numérico) e por robôs. Em contrapartida, evocou-se a existência de um "neotaylorismo" no setor terciário. Em alguns postos administrativos, a organização do trabalho não está longe de assemelhar-se ao que Taylor concebeu há um século.

Bibliografia: • M. Pouget, *Taylor et le taylorisme*, Puf, "Que sais-je", 1998 • F. Vatin, *Organisation du travail et économie des entreprises*, D'Organisation, 1990

→ **Fordismo, Trabalho**

TÉCNICA

Toda a história da humanidade pode ser lida através da história das técnicas.

DA PEDRA LASCADA AO COMPUTADOR

Tudo começou com a pedra lascada. Os primeiros *choppers* são encontrados na África há 2,5 milhões de anos e são contemporâneos do gênero *Homo** (mesmo não sendo impossível que os últimos australopitecos* e parantropos* os tenham fabricado). Depois, a ferramenta vai se aperfeiçoando, revelando um progresso das aptidões intelectuais e maior domínio do homem sobre a natureza. Então, começarão a aparecer os bifaces, o uso do fogo, as construções das cabanas, o arco, as lanças, as ferramentas de osso e de madeira, a pesca, a navegação...

As ferramentas de pedra e o fogo deixaram vestígios, mas são apenas os indícios visíveis de uma tecnologia primitiva que tinha muitas outras facetas (*ver quadro*).

Depois, a história foi avançando por saltos. Cada grande fase de transformações sociais é contemporânea de grandes invenções técnicas. Depois do paleolítico*, vem o neolítico*. Em diversos pontos do globo, há cerca de 10 mil anos, a sociedade e as técnicas mudam. Às mutações sociais – surgimento dos povoados, dos cacicados, dos novos ídolos religiosos – é associada uma reviravolta das técnicas, como a criação da agricultura, a criação e a fabricação de objetos de argila. Cinco mil anos depois, surgem as primeiras grandes "civilizações". Nesse mesmo período, aparece uma nova sociedade (formada por cidades-Estados, por comércio, por realezas sagradas) ao mesmo tempo que novas técnicas (a escrita, a metalurgia e a arquitetura monumental). Que relações se estabelecem entre a mudança técnica e a mudança social? Ninguém sabe responder.

Depois, as civilizações se sucedem na Ásia, na África, na América e na Europa. Cada foco de civilização trará sua cota de técnicas. Nas armas, na medicina, na arquitetura, na navegação, na contabilidade, na siderurgia e na agricultura.

Os chineses – cujo gênio técnico ultrapassa o Ocidente em muitos setores – distinguem-se na agricultura (relhas de arado, arreios), na indústria (bombas hidráulicas, máquinas a vapor), na

A TÉCNICA NÃO É A FERRAMENTA

• Muitas vezes, a história das técnicas ficou reduzida à das ferramentas e dos objetos materiais: na Pré-História, objetos de pedra e de osso; na Antiguidade, a metalurgia e a roda; na Era Moderna, a ferrovia, a eletricidade, o computador.

Mas pode-se falar de técnica também a respeito da medicina ou da culinária. A receita culinária é, essencialmente, um conhecimento prático cristalizado em forma de sequências de gestos. O mesmo ocorre quanto à técnica musical ou de luta. A criação de vacas ou de carneiros não requer nenhuma ferramenta material, mas é também uma técnica que supõe o aprendizado de processos específicos, tais como a domesticação, a ordenha, a transumância, os cuidados...

Essas técnicas nos afastam do objeto material (a ferramenta) para voltar mais especificamente nossa atenção para o saber-fazer.

• Essa visão mais ampliada contribui para renovar a abordagem das técnicas

– Ela desmaterializa a noção de técnica, descentrando-se do objeto para se voltar para o saber cristalizado. O filósofo Gilbert Simondon falava de "concretização" para indicar que o objeto é apenas a encarnação física de uma ideia abstrata (G. Simondon, *Du mode d'existence des objets techniques* [Sobre o modo de existência dos objetos técnicos], 1958).

– Revela, por trás do próprio objeto técnico, as dimensões sociais do emprego das técnicas, pois um arado ou um carro não valem nada por si mesmos. Não é possível fazê-los funcionar sem um contexto social de aprendizado e de transmissão dos usos, sem um mundo social que envolve esses objetos e lhes permite funcionar. Não existe automóvel sem combustível e, portanto, sem refinaria e sem comércio. É esse o ponto de vista adotado pela antropologia das técnicas, cujo intuito é exatamente separar a análise das técnicas do próprio objeto a fim de se voltar para as condições sociais e cognitivas que possibilitam seu funcionamento.

• J.-P. Warnier, *Construire la culture matérielle. L'homme qui pensait avec ses doigts*, Puf, 1999
• A.-G. Haudricourt, *La Technologie, science humaine. Recherche d'histoire et d'ethnologie des techniques*, MSH, 2002 [1987]
• T. Ingold, K. R. Gibson (orgs.), *Tools, Language and Cognition in Human Evolution*, Cambridge University Press, 1993

engenharia civil (construção de pontes), na relojoaria, na medicina (acupuntura) e na arte militar. Eles vão transmitir ao Ocidente o papel, a pólvora, a tipografia e a porcelana. No setor da navegação, transmitirão também o uso da bússola, do timão e do compasso náutico, sem os quais "é provável que as grandes viagens de exploração nunca tivessem sido empreendidas" (R. Temple, *The Genius of China: 3000 Years of Science, Discovery, and Invention* [O gênio da China, 3000 anos de descobertas e de invenções], 2000).

Portanto, o desenvolvimento técnico do Ocidente deve muito às outras civilizações, mas não permaneceu inativo em seu próprio solo. Por exemplo, J. Gimpel pôs um fim à ideia de estagnação técnica na Idade Média. Do século XI ao século XIII, as técnicas agrícolas, os moinhos de água ou de vento e também a siderurgia tiveram pleno desenvolvimento (J. Gimpel, *La Révolution industrielle du Moyen Age* [A Revolução Industrial da Idade Média], 1975).

Depois, chega o momento das revoluções industriais, que anunciam uma nova fase para a história da humanidade. A primeira, que ocorreu no século XVIII na Inglaterra, é a da máquina a vapor e do maquinismo. Mais uma vez verifica-se a convergência entre mudanças sociais (nascimento do capitalismo*, revoluções políticas), culturais (desenvolvimento científico, individualismo*) e técnicas (maquinismo).

Na esteira da primeira Revolução Industrial, virá uma segunda propiciada principalmente pela eletricidade e pelo motor a explosão. Tudo será transformado: o trabalho (máquinas-ferramentas, usinas hidrelétricas), a comunicação (telégrafo, telefone) e a vida cotidiana (a iluminação, o rádio).

A partir da Segunda Guerra Mundial, anunciam-se as primícias de uma terceira revolução industrial com a invenção do computador e da energia nuclear e com os primórdios da conquista do espaço.

Os pensadores da técnica

Em meados do século XX, surgem as primeiras grandes reflexões filosóficas, históricas e sociológicas sobre o lugar da técnica na evolução humana. O "progresso técnico" parece, então, ter tomado as rédeas da história e tem-se a impressão de que nada poderá detê-lo.

Os pensadores da técnica podem ser classificados em dois campos, os "tecnófilos" e os "tecnófobos". Do lado dos tecnófobos, podem ser incluídos filósofos como Edmund Husserl* e Martin Heidegger* e, mais tarde, os pensadores da escola de Frankfurt*, para quem a técnica é sinônimo de desumanização. Os homens se tornaram escravos da máquina e perderam a alma. Deixaram-se subjugar pela própria criação, e a sociedade tornou-se semelhante a uma imensa máquina da qual os indivíduos não passam de engrenagens. Na mesma época, são muitos os que denunciam a nova classe de tecnocratas e a tecnoestrutura* que se assenhorearam das alavancas do poder.

Os tecnófilos, ao contrário, exaltam os benefícios da civilização técnica. Jean Fourastié considera que o progresso técnico é a mola mágica que produz, ao mesmo tempo, o crescimento econômico e o progresso social (melhora do nível de vida, redução do tempo de trabalho, progresso da saúde e do conforto). Os estudos sobre as causas do crescimento atribuem à técnica um papel central no aumento da produtividade* (ver especialmente, de R. Solow, "Technical Change and the Aggregate Production Function" [Mudança técnica e função de produção agregada], *Review of Economics and Statistics*, nº 39, 1957).

Entretanto, tecnófilos e tecnófobos concordam num ponto: a técnica impera no mundo moderno e assumiu o comando da evolução. Em *Technics and Civilization* [Técnica e civilização] (1950), o historiador americano Lewis Mumford traçava um grande quadro do desenvolvimento do Ocidente (em três grandes fases: "eotécnica", "paleotécnica" e "neotécnica") e mostrava como a técnica se impôs em todas as esferas da vida social: no trabalho, na comunicação, na vida cotidiana e na moradia. Alguns anos mais tarde, Jacques Ellul publica *La Technique ou l'enjeu du siècle* [A técnica ou a grande questão do século] (1954), onde escreve: "Tudo o que é tecnicamente possível será realizado, pois a técnica se tornou autônoma e forma um mundo devorador que obedece às suas próprias leis."

Qual é o motor da evolução tecnológica?

A ideia do determinismo tecnológico impregnara as décadas de 1950 a 1970. Hostis ou favoráveis à técnica, todos os pensadores a consideravam uma força autônoma que tudo transformava à sua passagem. Monstro frio ou libertador, o progresso técnico se apresentava então como o motor da evolução social. Hoje, essa ideia está ultrapassada. Todos os trabalhos empreendidos posteriormente por historiadores, sociólogos e economistas para determinar as causas e os efeitos do progresso técnico vão questionar o modelo do determinismo tecnológico.

Foram consideradas três grandes questões:

Qual a ligação entre ciência e técnica?

Muitos trabalhos historiográficos sobre os elos que unem ciência e técnica não conseguiram pôr em evidência uma relação simples e unívoca. Por exemplo, o progresso da teoria óptica no século XVII muito deve à invenção da luneta. Em outros setores, como a mecânica, acontece o contrário, ou então as relações se confundem. Na China, a técnica e a ciência se desenvolveram independentemente.

Qual a ligação entre técnica e sociedade?

De acordo com os trabalhos de alguns especialistas, como Douglas C. North*, William Baumol e Nathan Rosenberg, o incremento das técnicas é condicionado por um contexto econômico favorável: o desenvolvimento do mercado concorrencial. Porém um único fator não basta para explicar tudo. O avanço da ferrovia, do telefone, da conquista do espaço, do computador, da internet e das biotecnologias supõe a ação combinada do mercado e do Estado, de inovadores independentes e de grandes laboratórios, de instituições (como as forças armadas) e de redes independentes.

Tampouco se deve esquecer a contribuição do imaginário, pois os irmãos Wright eram, além de engenheiros, grandes sonhadores cuja aspiração era voar. Deve-se o surgimento do microcomputador e da internet a jovens engenheiros que acreditavam em uma utopia social, a informática ao alcance de todos (P. Flichy, *L'Imaginaire d'Internet* [O imaginário da internet], 2001).

O avanço técnico não é, pois, uma variável independente, uma força autônoma que se desenvolve a partir de suas próprias bases. É no dizer dos sociólogos, uma "construção social*" (T. P. Hugues, T. J. Pinch, W. Bijker, *The Social Construction of Technological System. New Direction in the Sociology and History of Technology* [A construção social do sistema tecnológico. Novos rumos em sociologia e história da tecnologia], 1987).

A técnica segue uma lei de evolução?

O progresso tecnológico obedece a algumas leis simples de evolução? Os historiadores das técnicas ressaltaram que a técnica não evolui de maneira linear, mas por saltos. Em certas épocas, as inovações surgem às "pencas" (Joseph A. Schumpeter*). Essa ideia de interdependência foi explorada por Bertrand Gilles por meio da noção de "sistema técnico" (*Histoire des techniques* [História das técnicas], 1978).

Para N. Rosenberg, um dos grandes especialistas de história das técnicas, o desenvolvimento técnico não segue uma via linear que possa ser estabelecida antecipadamente. É um processo complexo, em que os projetos iniciais, os novos conhecimentos e as alternativas possíveis modificam constantemente a problemática original (N. Rosenberg, *Exploring the Black Box: Technology, Economics and History* [Por dentro da caixa-preta: tecnologia, economia e história], 1994). A inovação técnica é incentivada por um contexto institucional ligado ao mercado. Joel Mokyr, outro especialista da história das técnicas, mundialmente conhecido, defende uma tese semelhante. O progresso tecnológico não obedece ao acaso nem à necessidade. A exemplo da evolução biológica, a evolução tecnológica segue um curso multifacetado e imprevisível.

SOCIOLOGIA DAS TÉCNICAS

A sociologia das técnicas desenvolveu-se paralelamente à sua história. Em seus primórdios, nos anos 1950-1960, caracteriza-se por forte determinismo técnico. Estudam-se então os "efeitos" do progresso técnico na sociedade. A máquina suprime ou cria empregos? Que ritmos e formas de trabalho impõe? Opera mudanças radicais na comunicação e na vida cotidiana?

A ideia geral é de que a máquina comanda a transformação, isto é, a técnica decide, e o homem se submete a ela. Mas os trabalhos posteriores vão atenuar essa visão.

Estudos comparativos internacionais revelam que algumas sociedades com igual nível de desenvolvimento fazem escolhas diferentes em termos de energia, de agricultura, de transporte e de conquista do espaço. Nos anos 1970, alguns países optaram pelo "nuclear total" enquanto outros o recusaram maciçamente. No início dos anos 2000, surge a mesma problemática a respeito dos transgênicos. Daí se conclui que o sistema social não é uma esponja que se contenta em absorver as técnicas existentes.

Por outro lado, os sociólogos também voltaram a atenção para a "lógica do uso" (J. Perriault, *La Logique de l'usage. Essais sur les machines à communiquer* [A lógica do uso. Ensaios sobre as máquinas de comunicação], 1989).

Fica, pois, evidente que o usuário de uma tecnologia não é um sujeito passivo, submetido às imposições da máquina. No que diz respeito à informática e à telefonia, os usuários só utilizam uma pequena parcela das funções propostas. Depois de algum tempo, o filtro social entra em ação selecionando certas inovações e rejeitando outras. Por exemplo, o telefone celular foi maciçamente adotado a partir do final dos anos 1990, enquanto o videofone, inventado na mesma época, encontrou resistência por parte dos usuários.

Em resumo, os comportamentos sociais não se submetem ao ritmos da técnica.

Bibliografia: • G. Basalla, *The Evolution of Technology*, Cambridge University Press, 1988 • A. Beltran, P. Griset, *Histoire des techniques au XIXᵉ et XXᵉ siècles*, Armand Colin, 1990 • J. Elster, *Explaining Technical Change: a Case Study in the Philosophy of Science*, Cambridge University Press, 1983 • P. Flichy, *L'Innovation technique: récents développements en sciences sociales. Vers une nouvelle théorie de l'innovation*, La Découverte, 2003 [1995] • B. Gilles (org.), *Histoire des techniques*, Gallimard, 1978 • T. P. Hugues, *American Genesis: a Century of Invention and Technological Enthusiasm 1870-1970*, Viking, 1989 • P. Roqueplo, *Penser la Technique*, Seuil, 1983 • V. Scardigli, *Les Sens de la technique*, Puf, 1992 • R. Volti, *Society and Technological Change*, Worth, 2001 [1988]

→ Inovação, Risco, Schumpeter, Tecnociência, Tecnoestrutura

TECNOCIÊNCIA

Ao que tudo indica, a noção de tecnociência não tem inventor, mas surgiu nos anos 1980 com base numa constatação histórica.

Da Antiguidade ao Renascimento, os conhecimentos sobre a natureza e o desenvolvimento das técnicas tiveram destinos relativamente independentes, mas, na época contemporânea, a ciência e a técnica vão se desenvolver em conjunto.

A pilha atômica, o rádio, o computador e a terapia gênica nasceram na estrita dependência da física nuclear, da teoria eletrônica e da biologia molecular. Hoje, nem se concebe mais separar "pesquisa" e "desenvolvimento", exceto quando há imposições de prioridades externas, como a exigência de rentabilidade mais ou menos imediata, por exemplo.

Por isso, no final das contas, a tecnociência nada mais é do que a descrição do estado atual das relações estreitas que unem os saberes fundamentais aos desenvolvimentos técnicos.

Mas raramente os conceitos são neutros. O uso crítico da noção denuncia a submissão da ciência aos imperativos da técnica e da indústria, com toda sorte de consequências negativas sobre as relações entre os homens e destes com o meio ambiente. O termo "tecnociência" remete então aos eruditos e técnicos que se tornaram aprendizes de feiticeiros e que se apropriam do poder e de um saber específico em nome da todo-poderosa ciência.

Todavia, a tendência atual dos especialistas é esquecer um pouco a palavra "tecnociência", cuja consistência conceitual se revela duvidosa.

TECNOESTRUTURA

O termo "tecnoestrutura" foi cunhado por John K. Galbraith* nos anos 1960 para designar um novo grupo social, o dos gerentes e administradores nas empresas, dos tecnocratas e dos funcionários nas administrações. Essa nova elite, cuja legitimidade repousaria na competência técnica e nos conhecimentos especializados, teria conquistado o poder nas sociedades modernas.

Ainda nos anos 1960, o cientista político Maurice Duverger falava de "tecnodemocracia" para designar o poder dos especialistas, dos engenheiros e dos altos funcionários – formados nas grande escolas (como ENA e a Escola Politécnica) – que substituiria o poder de decisão dos homens políticos nas democracias modernas.

Outros, na mesma época, denunciavam o domínio crescente da "tecnocracia" (R. Boisdé, *Technocratie et démocratie* [Tecnocracia e democracia], 1964; J. Meynaud, *La Technocratie: mythe ou réalité?* [A tecnocracia: mito ou realidade?], 1964; H. Lefebvre, *Position: contre les technocrates* [Posição: contra os tecnocratas], 1967).

O tema do domínio da tecnocracia reaparecerá nos anos 1990 com a denúncia do reinado dos especialistas e da tecnociência (F. Fischer, *Technocracy and the Politics of Expertise* [Tecnocracia e políticas de expertise], 1990); G. Larochelle, *L'Imaginaire technocratique* [O imaginário tecnocrático], 1990); M. G. de La Huerta, *Critica de la razón tecnocratica* [Crítica da razão tecnocrática], 1996).
→ Tecnociência

TEORIA

Conjunto de conceitos, de proposições e de modelos articulados entre si cujo objetivo é explicar um fenômeno (as teorias do desenvolvimento*, a teoria da luta de classes, a teoria quântica, etc.).

O sociólogo Robert K. Merton* propõe distinguir as teorias gerais e as teorias de "médio alcance". Por exemplo, o marxismo* se apresenta como uma teoria geral da história, ao passo que a teoria do valor é, nesse aspecto, somente de médio alcance. Em seu tempo, o sociólogo Charles W. Mills havia ridicularizado a "suprema teoria", isto é, o projeto apresentado pelo sociólogo Talcott Parsons* de construir uma teoria global da sociedade e da ação humana. Para C. W. Mills, tal ambição só podia perder-se em generalidades abstratas.

Nas ciências humanas, podemos citar, como teorias gerais, a psicanálise* e o behaviorismo*, que propõem modelos gerais do funcionamento do psiquismo. Existem teorias de médio alcance que se aplicam apenas a um objeto limitado. Por exemplo, a teoria do narcisismo* é uma teoria de médio alcance no interior da metapsicologia freudiana.

TEORIA DA *GESTALT*
→ Forma (psicologia da)

TEORIA DA MENTE

Os psicólogos denominam "teoria da mente" a capacidade de atribuir, ao outro, intenções, crenças, desejos ou representações mentais. Ter uma teoria da mente é, pois, poder "ler os pensamentos" (*mindreading*) do outro. Conforme muitos especialistas, isso seria uma das condições maiores da formação de um novo tipo de relação social próprio das sociedades humanas.

Os animais têm uma teoria da mente?

Em 1978, David Premack e Guy Woodruff publicam um artigo intitulado "Does the Chimpanzee Have a Theory of Mind?" (Os chimpanzés têm uma teoria da mente?, *The Behavioral and Brain Sciences*, nº 4, 1978), no qual se interrogavam sobre a capacidade que teria um chimpanzé de atribuir "estados mentais" a si mesmo ou a um outro. Os autores sugeriam que, se um chimpanzé é capaz de "trapacear", isto é, de agir de maneira a desviar a atenção do outro (para fazer, às escondidas, algo proibido), é, de fato, porque ele atribui "intenções" ao outro.

Num primeiro momento, alguns especialistas consideraram que os múltiplos exemplos de trapaça observados entre os chimpanzés (esconder a comida ao avistar o outro para não deixar que ele a tome) mostravam sua capacidade de ler os pensamentos alheios. Essa é a tese defendida principalmente por Richard Byrne e Andrew Whiten, etólogos, autores de *Machiavellian Intelligence* [Inteligência maquiavélica], 1998, obra consagrada a descrever os comportamentos de embuste entre os primatas.

Posteriormente, porém, a maioria dos especialistas vai rejeitar essa ideia. Adotar uma atitude de desconfiança ou de dissimulação (esconder um alimento ao avistar o outro para que este não o roube) pode ser concebido como um bom conhecimento dos comportamentos do outro e não como uma atribuição de "representações" ou de "crenças". Em outros termos, é possível perceber e compreender as condutas do outro sem atribuir-lhe uma "mente", intenções ou crenças.

Enfim, atualmente, a maioria dos especialistas (Michael Tomasello, Daniel P. Povinelli, D. Premack) pensa que os chimpanzés e outros grandes símios podem desenvolver certas aptidões para reconhecer as intenções do outro, mas suas competências nesse campo continuam muito limitadas. A maioria dos pesquisadores concluiu que a teoria da mente seria uma especificidade da cognição humana.

Quando as crianças adquirem a teoria da mente?

Os psicólogos Heinz Wimmer e Joseph Perner (1983) interrogaram-se sobre o aparecimento da "teoria da mente" na criança. Para tanto, conceberam a seguinte experiência ("Beliefs about Beliefs: Representation and Constraining Function of Wrong Beliefs in Young Children's Understanding of Deception" [Crenças sobre crenças: representação e função coercitiva das crenças falsas no entendimento infantil da decepção], *Cognition*, nº 13, 1983): crianças com idade entre 3 e 5 anos assistem a um espetáculo de marionetes. Uma das marionetes põe um objeto num armário e sai de cena. Logo depois que esse primeiro boneco desaparece, outra marionete aproveita para colocar o objeto em outro armário. Depois, a primeira marionete volta à cena para buscar o seu objeto.

Pergunta-se então às crianças: "Onde a primeira marionete vai procurar seu objeto?" As crianças de 3 anos respondem: "No segundo armário", o que está errado. Elas não se dão conta de que a primeira marionete não pode saber que o objeto foi tirado do lugar. Não conseguem se pôr mentalmente no lugar dela. Em compensação, a partir de 4-5 anos, respondem corretamente que a marionete vai buscar seu objeto no primeiro armário. Compreendem que, por não ter visto o objeto ser posto no outro armário, ela pensa (erroneamente) que ele continua onde o havia posto de início.

Ao que tudo indica, a capacidade de atribuir crenças (verdadeiras ou falsas) ao outro apareceria nas crianças por volta dos 4 anos de idade.

De acordo com os trabalhos de Simon Baron-Cohen, Alan M. Leslie e Uta Frith, os autistas sofreriam de um déficit específico da teoria da mente ("Does the Autistic Child Have a Theory of Mind?" [As crianças autistas têm uma teoria da mente?] *Cognition*, nº 21, 1985). Em outras palavras, eles não seriam capazes de atribuir crenças, intenções e representações ao outro. Isso explicaria seus graves distúrbios de comunicação nas interações pessoais.

Os múltiplos debates acerca da teoria da mente e, mais geralmente, sobre a especificidade da cognição humana levaram à reativação do velho conceito filosófico de "intencionalidade".

Bibliografia: • J. W. Astington, *Comment les enfants découvrent la pensée: la théorie de l'esprit chez l'enfant*, Retz, 1999 [1993]

→ **Intencionalidade**

TERAPIA COMPORTAMENTAL E COGNITIVA
→ **Psicoterapia**

TERAPIA FAMILIAR SISTÊMICA
→ **Psicoterapia**

TERCEIRO MUNDO

A noção de "Terceiro Mundo" foi criada por Alfred Sauvy em 1952 para designar o conjunto dos países que não pertenciam aos dois blocos, capitalista e comunista, então em antagonismo. O conjunto desses países tinha como características comuns o subdesenvolvimento econômico, forte demografia, predominância de estrutura social e ideológica pré-industrial. Então, aos dois mundos industrializados, podia-se opor um terceiro, por analogia com o terceiro estado anterior à Revolução Francesa.

Essa noção tornou-se consistente nas décadas de 1950 e 1960 com o surgimento do movimento dos países não alinhados (Conferência de Bandung em 1955), com o movimento terceiro-mundista e com as políticas de desenvolvimento das organizações mundiais (FMI, Unctad…) cujo objetivo era encontrar um modo de desenvolvimento* único para o conjunto dos países do Sul.

O FIM DO TERCEIRO MUNDO

A partir dos anos 1990, a ideia de Terceiro Mundo perde a força por diversas razões:

– extinguiu-se o movimento terceiro-mundista;

– com o fim do bloco de países comunistas no Leste, a oposição entre os "três mundos" deixa de ser pertinente;

– muitos países do antigo bloco comunista estão em situação "de transição", intermediária entre a dos países industrializados e a dos subdesenvolvidos do Sul.

A situação dos antigos países subdesenvolvidos já não é a mesma, pois os continentes asiático, africano e a América do Sul percorrem caminhos de desenvolvimento muito diferentes. Na Ásia e na América Latina, muitos países entraram para o campo dos novos países industrializados (NPI) ou "mercados emergentes". Enfrentaram crises financeiras típicas dos "mercados emergentes" (Sudeste da Ásia, Rússia, México, nos anos 1990) e já não são subdesenvolvidos. Em cinco décadas, a América do Sul passou por fases de grande desenvolvimento e de estagnação. Ela continua enfrentando a coexistência de enormes desigualdades entre setores modernos e tradicionais. O destino da África negra é diferente. Com exceção de alguns bolsões de desenvolvimento, ela tem sofrido, desde os anos 1980, com o marasmo econômico, as guerras civis e a Aids.

A imagem de um Terceiro Mundo homogêneo, em que caminham lado a lado a fome, a miséria e o subdesenvolvimento não passa de uma caricatura. Não existem mais comunidade de destino e problemas semelhantes que possam reunir alguns dos países em desenvolvimento sob o conceito unificador de Terceiro Mundo.

TERRITÓRIO

Os observadores do mundo animal sabem, há muito tempo, que a maioria dos animais têm seu território e estão dispostos a tudo para defendê-lo. O mesmo acontece entre os homens...

Em ciências humanas, são principalmente os geógrafos que fazem uso da noção, que entrou de modo notável na disciplina a partir dos anos 1990. Relativamente às noções de espaço* e de meio*, a de território comporta a ideia de um esforço de apropriação pelos indivíduos ou pelos grupos humanos. Um território é uma porção de espaço da qual os homens se apropriam pela força, por meio de suas atividades e de seu imaginário. Ele adquire, então, ao longo do tempo, uma "personalidade" que o distingue dos outros. Segundo a fórmula de Roger Brunet, ele "é para o espaço o que a consciência é para a classe".

Assim, compreendemos melhor os conflitos que podem originar-se de uma política de reorganização territorial, ou da imposição de "novos territórios de pertencimento" (por exemplo, os "países"). Resta saber o que acontecerá com a própria noção de território no momento das redes* de telecomunicações e das mobilidades* generalizadas. Evidentemente, para usar as palavras do título de uma obra de Bertrand Badie (1995), o que está começando a surgir no horizonte é "o fim dos territórios". Exceto se considerarmos como partes de um território virtual próprio de uma pessoa os muitos lugares frequentados diariamente em seu trabalho, seu lazer, sua vida familiar, etc. É o que fazem, aliás, certos geógrafos, que, a exemplo do brasileiro Rogerio Haesbaert, rejeitam a ideia de "desterritorialização" em prol da de "multiterritorialidade".

Bibliografia: • B. Badie, La Fin des territoires, Fayard, 1995 • C. Chivallon, "Fin des territoires ou nécessité d'une conceptualisation autre?", Géographie et Cultures, n° 31, 1999 • R. Haesbaert, "Le mythe de la déterritorialisation", Géographie et Cultures, n° 40, 2001 • J. Lévy, "A-t-on encore (vraiment) besoin du territoire?", Espaces-Temps, n° 51-52, 1991

TESTE

Quando se fala em "teste", pensa-se de imediato no quociente intelectual* (QI) ou nos testes de personalidade, que são, efetivamente, os mais conhecidos e praticados em psicologia. Mas existem também testes de conhecimentos, de motricidade e de criatividade. Os testes de inteligência e de personalidade tiveram sucesso dos anos 1930 aos 1970, no âmbito da orientação escolar e profissional e no recrutamento para as forças armadas, mas perderam a influência (mesmo que continuem sendo usados com frequência para detecção das deficiências mentais). Em contrapartida, é verdade que eles permanecem populares nos jornais e nas revistas. "Calcule o seu QI"; "Você é ansioso?"; "Avalie o seu QI emocional"...

– *Os testes de inteligência*. Foram criados no início do século XX na esteira dos trabalhos de Alfred Binet*, de William Stern e dos estudos estatísticos ingleses (Francis Galton, Charles Spearman) e culminaram na elaboração do célebre QI. Porém, existem outros testes de inteligência, como o D48, o General Aptitude Test Battery (GAT13), o teste composto de inteligência (I.C.3.(2)), os cubos de Kohs, o Wechsler Adult Intelligence Scale (Wais), o Wechsler Intelligence Scale for Children (Wisc), que se increvem no quadro do desenvolvimento*, da psicologia diferencial e da psicologia cognitiva.

– *Os testes de personalidade*. Alguns se baseiam em métodos projetivos que consistem em solicitar a um sujeito que interprete uma imagem (enigmática) ou faça um desenho. A ideia é que o sujeito vá "projetar" no desenho suas fantasias, suas inquietudes, suas preocupações e seus sentimentos e, assim, revelar a sua personalidade. Entre esses testes, o mais conhecido é o de Rorschach, no qual se solicita ao indivíduo que atribua sentido e forma a manchas de tinta. Outros são concebidos com base em questionários fechados, como o teste de personalidade de Eysenck (EPQ), o EPI e o MMPI (Minnesota Multiphasic Personality Inventory), ou, ainda, o inventário da personalidade de Holland (usado em aconselhamento).

– *Os testes de aptidão*. Uma bateria de testes específicos – de leitura, de memória, de agilidade, de motricidade, de conhecimentos, de raciocínio, etc. – pode ser usada para a detecção de certos distúrbios cognitivos, para avaliar as capacidades precisas de uma pessoa tanto em uma orientação como para a pesquisa em psicologia (por exemplo, o teste de Wisconsin).

Os testes são sempre uma série de provas padronizadas que devem passar por uma avaliação ou por uma interpretação precisas. E sua pertinência é aquilatada por diversos critérios:

– fidelidade: um teste é dito "fiel" quando diversos experimentadores chegam aos mesmos resultados para um mesmo sujeito;

– validade: é a apreciação da relação entre o instrumento de medida e daquilo que ele supostamente analisa.

→ Fatorial (análise), Inteligência, Personalidade

TESTE DE TURING
→ Turing

TIPO
→ Tipo ideal

TIPO IDEAL

O personagem de *O avarento*, de Molière, é caricatural e dificilmente encontraremos em estado puro na realidade, mas ele representa o protótipo da avareza. Esse personagem é uma espécie de "tipo ideal" dos personagens avarentos.

O MODELO, FERRAMENTA DE ANÁLISE

Max Weber* pensou o tipo ideal (ou "ideal tipo") como uma ferramenta conceitual utilizável em ciências sociais e destinada a definir as características essenciais das condutas humanas e das instituições sociais. Um tipo ideal é um modelo*, uma construção intelectual que não reflete a realidade empírica, mas que permite a análise de seus componentes. Em economia, por exemplo, o mercado "puro e perfeito" (em que a concorrência não é entravada por nenhuma norma social) é um tipo ideal, ou seja, um padrão a partir do qual se podem compreender, por comparação, os mercados reais.

O tipo ideal situa-se, portanto, a meio caminho entre a individualidade concreta e o modelo teórico puro. Esse método foi bastante utilizado por Max Weber para descrever o perfil típico de comportamento do capitalista, do profeta, do sábio... Werner Sombart inspira-se nesse mesmo procedimento em sua obra *Le Bourgeois. Contribution à l'histoire morale et intelectuelle de l'homme économique moderne* [O burguês. Contribuição à história intelectual e moral do homem econômico moderno] (1913); o mesmo faz Georg Simmel, para descrever a situação característica do estrangeiro ou do pobre (*Der Arme* [Os pobres], 1908).

Bibliografia: • D. Schnapper, *La Compréhension sociologique*, Puf, 1999 • M. Weber, *Economie et société*, La Découverte, 2001 [1922] • M. Weber, *Essais sur la théorie de la science*, Pocket, 1992 [1904-1917]

→ Método

TOCQUEVILLE, ALEXIS DE
(1805-1859)

Para Alexis de Tocqueville, que pertencia a uma família nobre, a Revolução Francesa foi antes de tudo um traumatismo, pois grande parte de seus familiares pereceu na tormenta revolucionária. Contudo, ele não se voltou com nostalgia para o Antigo Regime, esperando a restauração da antiga ordem. Compreendera que a Revolução Francesa e a Revolução Americana eram a expressão de um movimento profundo e irreversível das sociedades contemporâneas, a ascensão da democracia*.

Para ele, a democracia não é somente um regime político, é, antes de mais nada, um movimento social e político global.

Do ponto de vista social, é a reivindicação da igualdade das condições, isto é, a supressão de uma sociedade aristocrática, na qual a posição na sociedade é determinada pelo nascimento. No plano político, é o direito para todos (e não só para uma elite) de participar da vida pública.

No entender de A. de Tocqueville, essa reivindicação democrática é um movimento que não pode ser contido. Embora perceptível na América e em toda a Europa, não se traduz da mesma forma nos dois continentes.

Na América, para onde empreendeu uma viagem de observação em 1831 com seu amigo Gustave de Beaumont, descobre uma sociedade marcada pelo individualismo* e por uma organização do poder federal e descentralizada. Em *De la démocratie en Amérique* [*A democracia na América*] (1835), ele compara a sociedade americana à situação na França, onde a reivindicação em prol da igualdade passou pela Revolução e pela intervenção de um Estado forte e centralizado.

Mais tarde, em *L'Ancien Régime et la Révolution* [O Antigo Regime e a Revolução] (1856), ele mostrará que a Revolução Francesa, mesmo que tenha derrubado a monarquia em nome da democracia e a sociedade aristocrática em favor da igualdade de direitos, está de fato inscrita no quadro de um movimento de centralização administrativa que tivera início bem antes, durante o Antigo Regime.

A. de Tocqueville não era um teórico, mas um observador arguto preocupado em compreender a sua época. Suas análises comparativas das sociedades americana e francesa ainda são, mais de um século depois, admiravelmente esclarecedoras, pois alguns autores, como os bons vinhos, adquirem valor com o passar do tempo. A publicação do primeiro volume de *A democracia na América* (1835) obteve estrondoso sucesso. Muitos de seus contemporâneos viram nele um prodígio da nova ciência política, que ele então almejava. Mas, cinco anos mais tarde, o segundo volume de sua pesquisa, bem mais ambicioso, encontra uma acolhida nitidamente menos entusiástica. Quanto ao *O Antigo Regime e a Revolução*, publicado em 1856, por mais rica e inovadora que fosse a interpretação do fenômeno revolucionário que constituía seu arcabouço, sua originalidade é pouco perceptível no conjunto. Depois de sua morte e durante quase todo o século XX, A. de Tocqueville será, na França, apenas um clássico menor da filosofia e da ciência política.

Somente nos anos 1960, com as leituras propostas por Raymond Aron* no exercício de seu magistério na Sorbonne, A. de Tocqueville alcançará progressivamente seu estatuto atual. Ele é considerado não só um precursor da sociologia e um historiador de primeira grandeza, como também um grande entre os maiores filósofos políticos. Nos Estados Unidos, A. de Tocqueville sempre foi visto como um autor de muita importância.

Principais obras de A. de Tocqueville
• *De la démocratie en Amérique*, 2 vols., 1835-1840 [*A democracia na América*, Martins Fontes, Livro I, 3ª ed., 2005; Livro 2, 2000]
• *L'Ancien Régime et la Révolution*, 1856 [*O Antigo Regime e a Revolução*, WMF Martins Fontes, 2009]

TODOROV, TZVETAN
(nascido em 1939)

Tzvetan Todorov, nascido em Sofia (Bulgária), é diretor de pesquisa no CNRS, o prestigioso centro nacional da pesquisa científica francês, e autor de uma obra já monumental que pode ser dividida em duas épocas. A primeira é dedicada à teoria literária e à poética*, e a segunda, uma reflexão sobre os problemas éticos.

DA TEORIA DA NARRATIVA...

Como teórico da literatura, T. Todorov trouxe duas contribuições principais. Por um lado, tornou conhecidas na França as teorias da narrativa dos formalistas russos, como Vladimir Propp, e, por outro lado, tentou estabelecer uma ponte entre a análise literária de diferentes tradições nacionais (francesa, anglo-americana, alemã e russa) e de diferentes escolas de pensamento (estudos literários, linguística*, estética, hermenêutica* e filosofia da linguagem*).

No plano da análise da narrativa, enquanto os trabalhos dos formalistas eram centrados na intriga e na divisão em sequências de acontecimentos, T. Todorov mostra que a narrativa se baseia em outra dimensão que, até então, passara despercebida: a transformação do tema. Em "Les deux principes du récit" [Os dois princípios da narrativa] (*La Notion de littérature et autres essais* [*A noção de literatura e outros ensaios*], 1987), ele distingue inicialmente dois gêneros de narração. Quando um texto contém elementos descritivos, como personagens, ambientes e lugares, estes não bastam para torná-lo uma "narrativa". Para que ela exista de fato, é preciso uma sucessão de sequências de situações ou de ações que se encadeiam. "A narrativa não se satisfaz com a descrição de um estado, ela exige o desenvolvimento de uma ação, isto é, a mudança." A partir desse fato, diz T. Todorov, é possível distinguir "dois princípios de narrativa". Num caso, trata-se apenas de uma sucessão de ações; no outro, há "transformação". Esta pode ser a alteração de estado de um personagem, por exemplo, que de infeliz se torna feliz, de pobre se torna rico, e que, apaixonado, consegue conquistar a amada...

Depois, T. Todorov introduzirá a distinção entre a narrativa mitológica e a narrativa "gnosiológica". Na primeira, há uma sucessão de ações ou uma série de transformações. Na segunda, as transformações têm por objeto o grau de conhecimento do herói e, consequentemente, do leitor. Nesse tipo de narrativa, um mistério é revelado e caminha-se para o conhecimento de uma situação, descobre-se um passado, descobre-se um país... T. Todorov toma como exemplo de narrativa gnosiológica a procura do Graal ou o romance policial. Essa análise permite estabelecer uma ponte entre o romance policial e um relato científico que, quando bem orientado, pode ser também do gênero gnosiológico.

... À QUESTÃO ÉTICA

Na segunda parte de sua obra, T. Todorov se volta para questões morais ligadas ao encontro de culturas, como a conquista da América, a compreensão do totalitarismo... (*Face à l'extrême* [*Em face do extremo*], 1991). Com *La Vie commune* [*A vida em comum*] (1995), ele propõe uma verdadeira "antropologia filosófica". A ideia central é de que o indivíduo é, por natureza, um ser social que precisa do olhar dos outros para existir. O "desejo de reconhecimento" é uma das mais fundamentais necessidades existenciais. Então, uma visão limitada do individualismo*, que reduzisse o indivíduo a um ser preocupado unicamente consigo mesmo e seus interesses materiais, seria inconsequente e passaria ao largo do essencial. Portanto, impõe-se uma nova concepção do individualismo – e do humanismo* –, tema que T. Todorov irá explorar em vários de seus livros (*Eloge de l'individu* [Elogio do indivíduo], 2000; *Montaigne ou la découverte de l'individu* [Montaigne ou a descoberta do indivíduo], 2001; *Le Jardin imparfait: la pensée humaniste en France* [O jardim imperfeito: o pensamento humanista na França], 1998).

Principais obras de T. Todorov
• *Poétique de la prose*, 1971 [*Poética da prosa*, Martins Fontes, 2003]
• *La Conquête de l'Amérique*, 1982 [*A conquista da América*, Martins Fontes, 3ª ed., 2003]
• *La Notion de littérature et autres essais*, 1987 [A noção de literatura e outros ensaios]
• *Les Morales de l'histoire*, 1991 [As morais da história]
• *La Vie commune: essai d'anthropologie générale*, 1995 [*A vida em comum: ensaio de antropologia geral*, Papirus, 1996]
• *L'Homme dépaysé*, 1996 [*O homem desenraizado*, Record, 1999]
• (entrevista com C. Portevir) *Devoirs et délices, une vie de passeur*, 2002 [Deveres e delícias, uma vida de *passeur*]

TÖNNIES, FERDINAND
(1855-1936)

Ferdinand Tönnies é célebre em sociologia por seu livro *Gemeinschaft und Gesellschaft* [Comunidade e sociedade], publicado em 1887, mas que se tornará realmente conhecido com a segunda edição em 1902. Nessa obra, o autor opõe dois tipos de vínculos sociais. Há a "comunidade" – a família, o povoado, a comunidade religiosa –, na qual as relações são marcadas pela proximidade, pela afetividade e também pela fusão das atividades e dos espíritos. A ela, F. Tönnies opõe a "sociedade", isto é, as organizações complexas, que são as cidades, as empresas e as administrações. Aqui, as relações sociais são marcadas por trocas frias e interessadas, por normas de direito e diferentes estatutos. Essa distinção entre comunidade e sociedade, que se reporta ao antagonismo entre sociedade tradicional e sociedade moderna, irá tornar-se uma oposição fundadora do pensamento sociológico nascente.

Principal obra de F. Tönnies
• *Gemeinschaft und Gesellschaft*, 1887 [Comunidade e sociedade]

TOP-DOWN
→ *Bottom-up*

TÓPICA

A palavra tópica (do grego *tópos*, que significa "lugar") designa, em psicanálise, os modelos criados por Sigmund Freud para representar o funcionamento do psiquismo. A primeira tópica (1900-1920) ou concepção do psiquismo distingue três principais "lugares" ou "instâncias": o inconsciente*, o pré-consciente e o consciente. Na segunda tópica, formulada a partir de 1920, ele distingue três instâncias diferentes, o id*, o ego (eu*) e o superego*.

→ **Freud**

TOTALITARISMO

A noção de totalitarismo foi usada para designar novos tipos de regimes políticos que surgiram no século XX, o nazismo e o comunismo. Esses regimes caracterizam-se não só pela ditadura de um partido, mas também pela monopolização de todos os meios de poder (ideológicos e militares) e pelo uso do terror. Um dos traços determinantes é o peso de uma ideologia messiânica "totalizante", que pretende transformar o homem e criar uma nova sociedade. Essa ideologia totalitária é pretensamente revolucionária; age em nome da raça (nazismo) ou da classe trabalhadora (comunismo). Enfim, os regimes totalitários lançaram mão de práticas de eliminação de população em grande escala, como os campos de extermínio nazistas, ou o *Gulag* no regime comunista...

O QUE É UM SISTEMA TOTALITÁRIO?

A noção de totalitarismo, empregada pela primeira vez pelo ditador fascista italiano Benito Mussolini, foi inserida depois no vocabulário da ciência política. O termo é usado pelo filósofo Karl R. Popper*, na sua obra *The Open Society and its Enemies* [A sociedade aberta e seus inimigos] (1945). Ele considera o totalitarismo a união de dois desvios ideológicos principais, o "historicismo" (doutrina que pretende conhecer o curso da história e pautar-se por ele) e o "utopismo".

Em *Totalitarianism* [O sistema totalitário] (1951, tomo 3 de *The Origins of Totalitarism* [As origens do totalitarismo]), Hanna Arendt* procura compreender as raízes da ideologia totalitária. Para ela, os totalitarismos, fascista ou stalinista, assentam-se numa base similar, numa ideologia totalizante caracterizada pela vontade de total dominação da sociedade, pela vontade de conquistar as outras nações e também pela invocação de "leis científicas", como a superioridade das raças, as leis da história.

Vemos que os filósofos deram destaque à ideologia para definir e explicar o totalitarismo. Por sua vez, os especialistas em ciência política vão procurar construir um tipo-ideal mais sistemático que integre outras dimensões do poder totalitário.

Raymond Aron*, em *Démocratie et totalitarisme* [Democracia e totalitarismo] (1965), censura H. Arendt por "substituir a história real por uma história frequentemente irônica e trágica". Ele propõe uma definição a partir de cinco características do regime, a saber: monopólio do partido; ideologia absolutista; duplo monopólio estatal dos meios de força e de persuasão; submissão das atividades econômicas ao Estado; os vínculos consubstanciais entre o Estado, os partidos e a ideologia.

Por seu lado, os cientistas políticos americanos J. Friedrich e Zbigniew Brzezinski (*Totalitarian Dictatorships and Autocracy* [Ditaduras totalitárias e autocracia], 1956) propuseram uma definição do totalitarismo em seis pontos: existência de uma ideologia oficial que recai sobre todos os aspectos da vida; partido único de massa conduzido por um guia carismático; controle policial da população; monopolização de todos os meios de informação; direção das forças armadas; controle da economia.

O DEBATE SOBRE O TOTALITARISMO SE ACIRRA

Nos anos 1980, o debate sobre o totalitarismo vai acirrar-se. Primeiramente, a partir da querela dos historiadores na Alemanha a respeito do nazismo. O historiador alemão Ernst Nolte propõe uma interpretação "histórico-genética", segundo a qual o totalitarismo não é visto como um fenômeno único e *sui generis*, mas cujo surgimento se deu como reação ao comunismo e à guerra. Ademais, ele já tem suas raízes na tradição político-ideológica alemã. Essa posição de E. Nolte equivalia a banalizar o totalitarismo e a equipará-lo aos outros regimes.

Em contrapartida, muitos autores – entre os quais alguns ex-marxistas* – rejeitarão toda assimilação entre nazismo e comunismo e negarão qualquer pertinência ao conceito de totalitarismo.

Enfim, o termo "totalitarismo" vai ser retomado por autores como Alexandre Zinoviev, Leszek Kolalowski e Mikhail Heller – todos eles dissidentes dos regimes comunistas –, que o usarão como base para ler o fenômeno soviético.

Bibliografia: • B. Bruneteau, *Les Totalitarismes*, Armand Colin, 1999 • M. Grawitz, J. Leca, *Traité des sciences politiques*, t. 2: *Les Régimes politiques contemporains*, Puf, 1985 • G. Hermet, *Totalitarismes*, Economica, 1984 • E. Menze, *Totalitarism Reconsidered*, Kennikat Press, 1981 • C. Polin, *Le Totalitarisme*, Puf, "Que sais-je?", 1992 [1982] • E. Traverso, *Le Totalitarisme, Le XXᵉ siècle en débat*, Seuil, 2001

→ **Nazismo, regime político**

TOTEM, TOTEMISMO

Na região dos Grandes Lagos (lagos Huron e Superior), na fronteira entre os Estados Unidos e o Canadá, encontra-se a terra tradicional dos índios ojibwa. No século XVIII, missionários, mercadores e viajantes já haviam estabelecido contato com essas tribos de caçadores e peleteiros, alguns para convertê-los, outros para comprar suas peles, outros ainda por curiosidade de explorador. Um desses mercadores e viajantes, o inglês John K. Long, deixou registradas suas observações sobre o modo de vida dos ojibwa num livro de viagens publicado em 1791, intitulado *Voyages and Travels of an Indian Interpreter and Trader* [Viagens de um intérprete indiano e negociante].

Em seu relato, J. K. Long explica que esses peles-vermelhas organizam-se em tribos, que são divididas em clãs, cada um recebendo o nome de um animal. Há o clã do urso, do peixe, do grou, da lontra, do salmão, do esquilo, etc. Os membros de cada um deles mantêm laços de amizade e de parentesco. Assim, quando um membro do clã do urso recebe alguém de seu clã, dirige-se a ele nestes termos: "Entre, amigo, você é do meu clã (meu totem)", ou então "Nosso clã (totem) é o do urso." Além disso, tais índios veneravam espíritos protetores com figuras de animais (urso, chacal, bisão) que lhes apareciam em sonhos. Enfim, seus contos e lendas falavam de seres híbridos, meio-homens e meio-tartarugas ou meio-homens e meio-ursos, que teriam outrora povoado a superfície da terra. J. K. Long, que dominava apenas imperfeitamente a língua ojibwa, conclui, um tanto precocemente, que o animal-totem de um clã correspondia ao espírito animal que eles celebravam nas cerimônias. O totem, por ser representado em muitos lugares – nas armas, nas habitações, em forma de tatuagem corporal –, podia ser considerado uma espécie de divindade tutelar, um espírito que assegurava a proteção de cada clã.

Ao longo de todo o século XIX, outros observadores vão relatar fatos similares na Austrália, no Peru, na África, etc. Chegou-se a pensar que a instituição do totem se assemelhava muito a práticas conhecidas entre os povos da Antiguidade, como os celtas, que veneravam espíritos animais.

O TOTEMISMO, PRIMEIRA INSTITUIÇÃO HUMANA?

Em 1868, o jurista John F. McLennan redige um artigo de referência sobre o "totem" na *Chamber's Encyclopœdia*. Afirma ele que o totemismo é um estágio universal pelo qual passaram todas as sociedades humanas. Prova disso é o fato de ser observado em diversas regiões do mundo, como a América, a Austrália, a África. Ademais, a instituição do totem era muito semelhante a práticas conhecidas na Antiguidade.

A instituição do totem, observa J. F. McLennan, é associada a um interdito sexual, o de casar-se com alguém de seu próprio clã. Assim, entre os aborígines da Austrália, os membros do clã do corvo se casam obrigatoriamente com os do clã da águia (e vice-versa), como mostrarão os célebres trabalhos de Francis J. Gillen e Baldwin Spencer, *The Native Tribes of Central Australia* [As tribos nativas da Austrália central], 1899.

Do mesmo modo, o fato de pertencer a um clã impõe uma interdição alimentar; os membros do clã do urso não podem matar nem comer carne de urso.

Essa associação entre organização social (clânica), religião (culto de um espírito animal) e interdito sexual e alimentar não podia deixar de intrigar os primeiros etnólogos. Efetivamente, a partir dos anos 1880, o totemismo torna-se um dos maiores temas da etnologia nascente.

Todos os grandes nomes da disciplina – Herbert Spencer, Edward B. Tylor*, William R. Smith, John Lubbock, James G. Frazer*, Arnold van Gennep*, Émile Durkheim*, Wilhem Wundt – vão tomar o totemismo como tema de estudo. Alguns autores, como o abade Breuil e Salomon Reinach, sugerem que as figuras de animais descobertas nas cavernas pré-históricas poderiam ser a expressão de um totemismo pré-histórico. Acima de todas as diferenças de interpretação, todos concordam em ver nele uma instituição primitiva que seria a origem da religião*, a primeira forma religiosa de que se tem notícia. Em 1910, J. G. Frazer publica *Totemism and Exogamy* [Totemismo e exogamia], uma obra monumental em quatro volumes, que arrola todos os dados conhecidos sobre o assunto.

A partir desses elementos, Sigmund Freud* e É. Durkheim vão elaborar dois grandes mitos de origem sobre a fundação das sociedades humanas. O totemismo australiano formará a base documentária do livro de É. Durkheim, *Les Formes élémentaires de la vie religieuse* [*As formas elementares da vida religiosa*] (1912), e da obra de S. Freud, *Totem und Tabu* [*Totem e tabu*] (1912-1913). A tese central de É. Durkheim é de que a religião forma um conjunto de crenças comuns que ligam entre si os membros da sociedade. Ao venerar um deus, os ancestrais ou um totem, os homens veneram e sacralizam a sua sociedade. "A ideia da sociedade é a alma da religião." Por sua vez, S. Freud também faz uso do totemismo australiano para construir sua própria teoria, segundo a qual o totem representa o ancestral mítico do clã que foi morto pelos filhos. Esse "assassinato primitivo" é um ato fundador da sociedade e dos interditos alimentares, os tabus*, que recaem sobre o animal-totem, e esse ato resulta do sentimento de culpa ligado a esse parricídio *(ver quadro)*.

Críticas e desconstruções

Mas nem todos os etnólogos partilham esse ponto de vista a respeito do papel central do totem. Ao mesmo tempo que se acumulam os trabalhos sobre o totemismo, alguns autores começam a sublinhar a ambiguidade do termo e até mesmo a duvidar da unidade do fenômeno.

Franz Boas*, o grande expoente da antropologia americana, constata que a mesma palavra é usada para descrever realidades bastante diferentes. Numa série de artigos, um de seus alunos, Alexander A. Goldenweiser (1880-1940), demonstra que, em muitas tribos ditas totêmicas, não existe correspondência entre o fato de dar o nome de um animal ao seu clã e o culto a esse mesmo animal ("Totemism: an Analytical Study" [Totemismo: um estudo analítico], *Journal of American Folklore*, vol. 23, 1910). Parece também que as associações entre o totemismo e os tabus sexuais ou alimentares estão longe de ser sistemáticos.

A partir dos anos 1930, o totemismo, que até então fora uma das bases do estudo antropológico, começa a se desagregar. Alguns autores, como Adolphus P. Elkin, a partir de pesquisas comparativas na Oceania (*Studies in Australian Totemism* [Estudos sobre o totemismo australiano], 1978), puseram por terra a noção, distinguindo um totemismo individual, sexual,

Totem e tabu

• A obra *Totem und Tabu: Einige Übereinstimmungen im Seelenleben der Wilden und der Neurotiker* [*Totem e tabu. Interpretação pela psicanálise da vida social dos povos primitivos*], escrita por Sigmund Freud* em 1912-1913, pretende ser "uma tentativa de explorar as origens da religião e da moral". É nesse ensaio que ele elabora a sua teoria do assassinato primitivo do pai como ato fundador da sociedade.

Freud se baseia fundamentalmente na tese de Charles Darwin*, segundo a qual os primeiros grupos humanoides eram hordas submissas a um macho dominante todo-poderoso, que se apropriava das mulheres do grupo e excluía os machos mais jovens. A sociedade das origens teria, pois, sido dominada por um "pai violento, ciumento, que reserva para si todas as fêmeas e expulsa os filhos que chegam à idade adulta". Segundo S. Freud, tal dominação vai levar ao horrível "drama primordial", que é o assassinato do pai. Os jovens machos vão aliar-se para matar o pai e, depois, executado o ato, ébrios de alegria, vão devorá-lo para apropriar-se de sua força.

O parricídio é, no entender de Freud, fonte de um pesado sentimento de culpa que vai se apoderar dos filhos. Morto o pai, o ancestral é divinizado e alçado a objeto de culto. Esse culto de um ancestral sagrado aliado a um sentimento de culpa é a origem combinada da religião e da moral. Para tentar redimir-se, os irmãos vão impor para si próprios um interdito. Uma vez que mataram o pai para ter acesso às mulheres, eles proíbem exatamente qualquer relação sexual com elas. Essa seria, pois, a origem da proibição do incesto.

Uma fabulosa tragédia

Portanto, para S. Freud, existe correspondência entre a história psíquica individual e a história da humanidade. O complexo de Édipo, entendido como o assassinato do pai que dá acesso à mulher, está no centro da análise. Nas sociedades ditas "primitivas", o totem representa um animal fetiche. A refeição totêmica, que consiste em sacrificar um animal representante do grupo, não é mais do que uma repetição daquele roteiro original.

Totem e tabu é um texto extraordinário. No plano dramático, é o relato de uma tragédia fabulosa, isto é, a tomada do poder pelos filhos, o assassinato do pai, a culpa que daí resulta e a fundação de um novo reino baseado na associação dos irmãos... Estamos em plena intriga shakespeariana.

No plano teórico, é proposta uma trama única e fundadora que explica o nascimento da civilização, o tabu do incesto, a moral ligada à culpabilidade e a religião com tudo o que é a ela associado; totens, sacrifício, culto dos ancestrais… *Totem e tabu* tem o mérito de explicar as origens de diversos fenômenos sociais maiores num relato único.

No plano antropológico, o tema tem certa credibilidade, ao menos em relação aos conhecimentos de seu tempo. A ideia de uma horda primitiva em que o pai domina, apodera-se das mulheres de forma exclusiva e expulsa os jovens pretendentes tem certa consistência a partir da análise de alguns grupos de grandes símios. O tema da antropofagia dos ancestrais corresponde a certos dados antropológicos, da mesma forma que a proibição do incesto, a isogamia e principalmente a culpa. Mas nenhum especialista dá crédito ao grande relato das origens que S. Freud teceu com detalhes a partir de tais elementos.

---

clânico, local ou ainda múltiplo, cada um deles remetendo a condutas sociais bastante diferentes. Robert H. Lowie, depois de reexaminar os estudos sobre a questão, acaba por dizer que "não está convencido [de que] a realidade do fenômeno totêmico tenha sido demonstrada (*Primitive Society* [Sociedade primitiva], 1920). Depois dele, Edward E. Evans-Pritchard* falará do "suposto totemismo". A partir dos anos 1940, o totemismo começa a perder o seu interesse em etnologia.

Mas, mesmo assim, em 1962, Claude Lévi-Strauss* retoma a questão e publica um pequeno livro destinado a marcar época, *Le Totémisme aujourd'hui* [O totemismo hoje].

O antropólogo adota essencialmente as críticas de seus antecessores. De tudo o que foi chamado de totemismo, ele propõe que se conserve apenas um elemento: a denominação de um clã com um nome de animal, de planta ou de outro fenômeno natural (uma árvore, o sol, o raio, etc.). Para C. Lévi-Strauss, essa relação é uma forma de "nominalismo*", isto é, um modo que o grupo encontra de se dar um nome. Ele pensa que a relação totêmica permite traduzir, no plano simbólico, as relações entre dois clãs. O totemismo seria, então, uma forma de pensar o mundo a partir de categorias distintas, uma divisão do mundo segundo os princípios de correspondência e de oposição.

UMA ILUSÃO CIENTÍFICA?

Atualmente, a questão do totemismo está relegada ao limbo da antropologia. Depois de considerarem o totemismo uma instituição universal e fundadora das sociedades humanas, os etnólogos perceberam que, na verdade, o termo reunia realidades muito diversas, como o clã, o culto animal, os interditos sexuais e os tabus alimentares, e raramente esses elementos estavam associados.

Os etnólogos só empregam a palavra e a ideia com infinitas precauções. Os autores que continuam a falar do totemismo o definem agora como uma relação muito geral que une um grupo humano a um nome de animal.

Assim, depois de lhe terem atribuído um grande papel, ele foi relegado à categoria das ilusões do passado. Uma ilusão científica que mostra que também os etnólogos têm suas crenças e seus mitos…

TOURAINE, ALAIN
(nascido em 1925)

"Afirmei, cada vez mais claramente, de livro em livro, o meu caminho. Ao longo dos anos 1990 o conjunto do meu pensamento mudou de foco, passando da análise do sistema ou do ator social para uma análise do sujeito. E isso me parece ligado a muitas transformações na vida coletiva. Foi decisivo o fato de as referências à sociedade industrial, ao movimento operário, ao progresso e sua ideologia terem-se esgotado a partir dos anos 1960-1970 (…) Passamos a uma visão centrada na afirmação da vida pessoal" (A. Touraine, F. Khosrokhavar, *La Recherche de soi, dialogue sur le sujet* [A busca de si, diálogo sobre o sujeito], 2000).

DA ANÁLISE DOS MOVIMENTOS SOCIAIS…

A. Touraine passou grande parte da sua carreira de sociólogo estudando os movimentos coletivos. Iniciou-a com um estudo célebre sobre a evolução do trabalho nas fábricas Renault. Depois, voltará a atenção para a consciência operária. Na época, o mundo operário é muito mais do que um grupo profissional. É uma classe social dotada de forte identidade e que luta contra a ordem estabelecida a fim de impor seu próprio projeto coletivo. A partir da análise do movimento operário, A. Touraine elabora uma teoria geral dos movimentos sociais e uma visão global da sociedade, que ele denomina "historicidade", na qual os atores coletivos procuram impor o seu projeto.

Nos anos 1970, A. Touraine registra o fato de que a sociedade industrial está dando lugar a uma nova sociedade, a sociedade pós-industrial*. O movimento operário já não é o grupo social central nessa sociedade. A. Touraine volta-se então para o estudo dos novos movimentos sociais (as mulheres, o movimento antinuclear, os jovens, os movimentos regionalistas) suscetíveis de orientar a sociedade pós-industrial num novo projeto coletivo. Mas, depois da pesquisa, nenhum novo movimento social lhe parece capaz de retomar o papel que o movimento operário desempenhou na sociedade industrial.

... À PROCURA DO SUJEITO

No início dos anos 1980, A. Touraine percebe que o engajamento dos indivíduos está voltado mais para a "procura de si mesmo" e para a busca de uma identidade pessoal do que para os movimentos coletivos (*Le Retour de l'acteur* [O retorno do ator], 1984). Grande parte da vida individual se passa agora na cena privada, longe das questões sociais. Esse tema será explorado por ele nas obras seguintes. Ele concebe o sujeito social como um ator social que, sendo portador de valores, engaja-se e nem sempre calcula cautelosamente o saldo de seus custos e benefícios. Ele deseja "fazer da sua vida uma narrativa", isto é, dar a ela um sentido que não se resuma a uma soma de pequenos prazeres pessoais.

Em um pensador que, até então, consagrara seu tempo ao estudo dos movimentos coletivos, essa tomada de consciência da importância do sujeito individual se explica em parte por um novo contexto social que o sociólogo deve levar em conta. Mas também está ligada a uma dolorosa experiência pessoal; sua mulher, acometida de câncer, vai lutar durante longos anos contra a doença antes de morrer. A. Touraine permaneceu continuamente ao lado dela. "A maneira como ela suportou esses anos de penosíssimos tratamentos me encheu de admiração e me fez pensar que, afinal de contas, os valores privados são, do ponto de vista da própria vida social, mais importantes do que todos os serviços que prestamos à sociedade. Não foi por acaso que publiquei *Critique de la modernité* [Crítica da modernidade] em 1992. A maior parte desse livro foi escrita no ano anterior à sua morte. Eu passava a tarde com ela no hospital e de manhã eu escrevia" (*A busca de si*, 2000). "Hoje", confessará o sociólogo, "procuro mais o sentido da minha vida do que o sentido do mundo."

Principais obras de A. Touraine
• *Sociologie de l'action*, 1965 [Sociologia da ação]
• *La Societé postindustrielle*, 1969 [A sociedade pós-industrial]
• *La Production de la société*, 1973 [A produção da sociedade]
• *Pour la sociologie*, 1974 [*Em defesa da sociologia*, Zahar, 1976]
• *Un désir d'histoire*, 1977 [Um desejo de história]
• (org.) *Mouvements sociaux d'aujourd'hui, acteurs et analystes*, 1982 [Movimentos sociais de hoje, atores e analistas]
• *Le Retour de l'acteur*, 1984 [O retorno do ator]
• *Le Mouvement ouvrier*, 1984 [O movimento operário]
• *La Parole et le Sang. Politique et société en Amérique Latine*, 1988 [*Palavra e sangue. Política e sociedade na América Latina*, Unicamp, 1989]
• *Critique de la modernité*, 1992 [*Crítica da modernidade*, Vozes, 2007]

TOYNBEE, ARNOLD
(1889-1975)

Em sua monumental e solitária obra – *A Study of History* [Um estudo da história] (que comporta doze volumes, 1934-1961) – o historiador britânico procurou compreender a causa determinante do nascimento e da morte das civilizações. Para A. Toynbee, cada civilização se constitui em torno de um grande desafio (*challenge*) a ser enfrentado. De fato, "a facilidade é nociva à civilização". As grandes civilizações se edificaram num meio rude e impiedoso que foi necessário combater. Esse combate vai determinar as características essenciais da civilização. É o caso dos Estados Unidos, por exemplo, que se constituíram num imenso continente a desbravar. Não existe, em A. Toynbee, uma imposição ou um determinismo da história. É realmente a capacidade de responder a um desafio que vai estimular os homens na construção de uma nova civilização. Essa noção de civilização que se forma a partir de um sopro original é equivalente às "culturas" de Oswald Spengler (1880-1936).

Principal obra de A. Toynbee
• *A Study of History*, 12 vols., 1934-1961 [*Um estudo da história*, Martins Fontes, 2.ª ed., 1987]

TRABALHO

História. Se fosse preciso resumir as tendências mais importantes, poderíamos selecionar quatro:
– a passagem tendencial do trabalho nos campos para a fábrica e, depois, para o escritório;
– o declínio do trabalho braçal em prol de um trabalho cada vez mais tecnicizado;
– a redução maciça do tempo de trabalho durante a vida;
– a entrada maciça das mulheres na atividade assalariada.

1. Do arado ao computador

No início do século XIX, 90% da população francesa vivia no campo e 70% vivia da terra. O trabalho era feito com o arado e a foice. Desmatar, lavrar, plantar, colher, cuidar dos animais, cortar lenha, tirar água do poço, ... e começar tudo de novo. Foi esse o trabalho de homens e mulheres durante séculos.

Depois, é possível resumir a história do mundo camponês no século XX numa palavra: "desaparecimento". Realmente, a porcentagem de camponeses em 1950 ainda era de 35%; hoje é de 4%.

Com a Revolução Industrial muitos trabalhadores haviam deixado o campo para ir trabalhar nas fábricas. Nas manufaturas e nas minas, emerge então uma nova "classe", os proletários. Durante um século, da década de 1880 à de 1980, a classe trabalhadora vai constituir-se em torno de figuras emblemáticas, o minerador, o metalúrgico e o siderurgista. O número de operários não vai parar de aumentar no decorrer da industrialização até os anos 1970.

Na indústria têxtil ou automobilística, em torno de alguns grandes baluartes, eles vão se organizar numa classe com seus sindicatos, seus partidos políticos e sua cultura. Depois, a partir dos anos 1970, o mundo industrial também entra em relativo declínio. Os operários perdem em efetivos, mas principalmente em consciência.

Hoje, o setor terciário domina amplamente: 70% da população ativa trabalha em escritórios, repartições públicas, hospitais, escolas e no comércio. O mundo dos funcionários, dos vendedores, dos secretários, dos atendentes e dos "focas" da administração começa a se desenvolver no início do século XX com o crescimento das grandes lojas, dos bancos e das repartições públicas.

Mas é a partir da Segunda Guerra Mundial que esses empregos se multiplicam. Em 1985, o número de funcionários é superior ao de operários. Os executivos (engenheiros, diretores comerciais, diretores administrativos) e os profissionais ditos intermediários(enfermeiras, técnicos superiores, informaticistas, professores, jornalistas) formam outra categoria que conheceu uma verdadeira explosão depois da Guerra. Eles representam, em 2000, um quarto da população ativa.

2. A tecnicização do trabalho

Outra grande tendência é a tecnicização do trabalho. No século XIX, o trabalho nos campos, nas fábricas e na construção era um trabalho braçal, penoso e extenuante. Os corpos se desgastam rapidamente. Conforme a mecanização avança, a natureza do trabalho vai mudando. Os tratores e as colheitadeiras-batedeiras chegam nas fazendas, ao mesmo tempo que as máquinas-ferramentas se tornam comuns nas fábricas. Depois, virá o tempo das máquinas-ferramentas digitalizadas (MFCN – Máquinas e Ferramentas de Controle Numérico), seguidas por linhas de produção robotizadas. Nos escritórios, as máquinas de escrever e as mesas de desenho darão lugar aos computadores. O trabalho se torna cada vez mais técnico. Em 2000, calculava-se que, nos Estados Unidos, 46% dos assalariados trabalhavam com computador e, na França, eles eram 40%. Essa tecnicização do trabalho é uma tendência geral.

Isso não significa necessariamente que o trabalho seja menos penoso. Algumas vezes, o estresse veio substituir o cansaço físico, e isso nem sempre significa um incremento na qualificação. Em certos setores, a mecanização foi sinônimo de desqualificação; como no caso dos operários especializados em uma só tarefa no início do século XX e dos caixas de supermercados.

3. A redução do tempo de trabalho

A redução maciça do tempo de trabalho é outra tendência importante. Há um século, a grande maioria dos jovens camponeses e dos operários entravam no mundo do trabalho por volta dos 13-14 anos. Iam, então, trabalhar seis dias por semana a vida toda, até morrer. O aumento contínuo do tempo de escolaridade, os feriados remunerados, a redução do tempo de trabalho semanal e a diminuição da idade da aposentadoria mudaram completamente a situação. Calcula-se que a duração média anual do trabalho foi reduzida pela metade na França entre 1900 e 2000. E a tendência é a mesma na maioria dos países industrializados (somente nos Estados Unidos e no Japão houve aumento do tempo de trabalho entre 1980 e 1995).

4. O trabalho das mulheres

Ao contrário do que geralmente se pensa, as mulheres sempre trabalharam, e não simplesmente no lar. No início do século XX, a maioria delas exercia uma atividade, fosse ela na fazenda, no comércio ou em casa de família. Mas, a partir dos anos 1960, a natureza desse trabalho muda. Elas entram maciçamente nas fábricas, nos escritórios, nas escolas, nos hospitais. O trabalho operário é masculino, ao passo que o trabalho no setor terciário é mais feminino.

Sociologia. A sociologia do trabalho erigiu-se em torno do mundo operário e da grande indústria. Essa inscrição social da disciplina permite compreender seus temas fundadores, sua evolução e sua crise atual. Nos Estados Unidos, a sociologia do trabalho não existe, fala-se mais de "sociologia industrial" (P. Desmarez, *La Sociologie industrielle aux États-Unis* [A sociologia industrial nos Estados Unidos], 1986). A expressão é significativa, indicando claramente que o trabalho é pensado e analisado a partir da fábrica. E quanto ao trabalho artesanal, ao trabalho nos escritórios, ao trabalho doméstico e às profissões liberais? Na época, eles não existem no universo mental dos sociólogos. Na França, a sociologia do trabalho surge nos anos 1950 por influência de Georges Friedmann e Pierre Naville. Nos seus primeiros tempos, caracteriza-se por grandes pesquisas empíricas, entre as quais a de Alain Touraine* sobre a evolução do trabalho operário nas fábricas Renault (*L'Évolution du travail ouvrier aux usines Renault* [A evolução do trabalho operário nas fábricas Renault], 1955). Logo depois, publicações de referência definem os quadros de reflexão. A revista *Sociologie du Travail* é criada em 1959 e o primeiro *Traité de sociologie du travail* [Tratado de

EVOLUÇÃO DA DURAÇÃO ANUAL DO TRABALHO

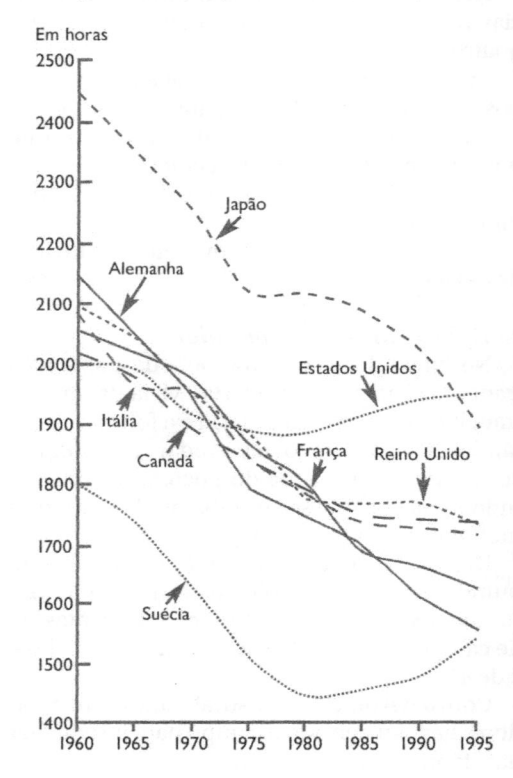

Em horas

Fonte: OCDE.

• Por volta de 1870 um assalariado trabalhava 3 mil horas por ano. Hoje, nos países industrializados há mais tempo, a duração anual do trabalho vai de 1340 (Países Baixos) a 1900 horas (Japão). Até uma época recente, essa redução se efetuara na maioria dos países industrializados pela limitação diária ou semanal da duração do trabalho e pelo aumento dos descansos remunerados, sem esquecer a instauração dos feriados. Depois, foi a ampliação dos trabalhos de tempo parcial que contribuiu para a redução da duração do tempo de trabalho. A elevação que se verificou nos Estados Unidos se explica pela ausência de uma legislação que limite o recurso às horas extras. Na Suécia, a explicação é outra: a elevação resulta da escassez de mão de obra que se verificou no país até 1990.

sociologia do trabalho], é publicado em 1961--1962 (dois volumes organizados por Georges Friedmann e Pierre Naville).

O mundo da grande indústria vai imprimir na disciplina seus temas e problemáticas. Dos anos 1960 aos 1980, os grandes temas de estudo serão: a influência da técnica no trabalho; os conflitos sociais e as relações profissionais; a sucessão dos modelos produtivos (taylorismo*, fordismo*, "pós-fordismo" e suas variedades nacionais); as formas de culturas e de identidade no trabalho, bem como o estudo das relações informais que se estabelecem entre os assalariados.

A partir dos anos 1980, o setor industrial entra em declínio, o movimento operário perde a força, os sindicatos se esvaziam e os grandes centros industriais (siderurgia, indústria têxtil, indústria automobilística), que haviam sido o centro de gravidade do movimento operário, passam por reformulações e fechamento de unidades. A sociologia do trabalho vai sofrer os contragolpes dessa crise. Suas problemáticas tradicionais se desfazem. Os grandes debates em torno do taylorismo e da divisão do trabalho perdem a consistência.

No próprio interior da sociologia, a subdisciplina "sociologia do trabalho" deixa de ser central diante de novos domínios (sociologia da família, da periferia, do indivíduo).

A partir dos anos 1990, a sociologia do trabalho, em busca de uma nova identidade, vai tentar se renovar abordando novos domínios, como o trabalho no interior das "profissões" (como os advogados, os técnicos em informática, os professores ou os médicos) e o estudo das "competências" em vez das qualificações. A disciplina vai impregnar-se também das novas orientações da sociologia que se voltará para a microssociologia, as abordagens cognitivas e a etnografia.

Mas, ao procurar renovar-se, ela se vê prensada entre outras disciplinas já constituídas, como a sociologia das organizações e das profissões, a economia de empresa, a gestão e a sociologia da inovação e a socioeconomia*, que têm suas próprias tradições.

Bibliografia: • R. Castel, *La Métamorphose de la question sociale: une chronique du salariat*, Fayard, 1995 • M. de Coster, F. Pichault, *Traité de sociologie du travail*, De Boeck, 1994 • S. Erbès-Seguin, *La Sociologie du travail*, La Découverte, "Repères", 2004 [1999] • O. Marchand, C. Thélot, *Deux siècles de travail en France*, Insee, 1991 • T. Pillon, F. Vatin, *Traité de sociologie du travail*, Octares, 2003 • A. Pouchet (coord.), *Sociologie du travail, 40 ans après*, Elsevier, 2001

→ **Organização**

TRADIÇÃO

Conta-se que, numa pequena cidade da França, cujo nome não é importante citar, era tradição, para os homens, tirar o chapéu e, para as mulheres, persignar-se ao passar por um determinado ponto em depressão de uma estrada ladeada por uma velha parede. Ninguém conhecia a razão desse gesto que, segundo se dizia, dava sorte. Um dia chegou ao povoado um padre apaixonado por história local, que se interessou por tal costume e obteve, da municipalidade, autorização para fazer algumas escavações no local. Depois de muitas pesquisas, acabou dando alguns golpes de picareta na velha parede que ladeava a estrada. Descobriram, então, uma antiga imagem de São Martim, provavelmente encerrada na parede na época em que os protestantes ocuparam a região. Depois, sua existência fora esquecida, mas todos sabiam o que deviam fazer ao passar diante da relíquia. Aqui, a palavra "tradição" remete a uma herança cuja origem e cujo significado se perdem na noite dos tempos. Uma tradição é algo que se faz ou em que se acredita porque os antepassados assim o fizeram ou acreditaram.

Mas a história continua. Uma vez descoberta a estátua, os transeuntes deixaram de saudá-la. O padre, por sua vez, instituiu uma procissão anual que, a cada festa de São Martim, vinha depositar flores junto à estátua resgatada. Pode-se afirmar com toda certeza que essa festa do padroeiro entrou na tradição local e que sua origem se perde na "noite dos tempos".

O PASSADO RECONSTRUÍDO

É essa a natureza paradoxal das tradições. Embora seus valores estejam associados às origens antigas e obscuras, eles podem também ter sido inventados por alguém. O uso da palavra "tradição" será, pois, muito diferente, conforme a abordemos sob um ou outro desses dois aspectos.

Por um lado, a tradição é um instrumento cômodo para solidificar toda herança cultural cuja autenticidade não foi posta em dúvida. As tradições nacionais, regionais, étnicas ou familiares são tanto mais intocáveis quanto mais se mostram portadoras da própria identidade da coletividade onde é cultivada. Assim, existem músicas, danças, culinária, religiões e artes qualificadas como tradicionais em oposição a outras que seriam menos, ou nada tradicionais. Muitas vezes, basta uma esfregadela para que se apague a ilusão da antiguidade ou da pureza dessas heranças.

Há vinte anos, na esteira dos historiadores Eric B. Hobsbawm* e Terence Ranger (*The Invention of Tradition* [*A invenção da tradição*], 1983), os historiadores, os cientistas políticos e os antropólogos abordam a noção de modo diferente e procuram mostrar o quanto as tradições podem ser voláteis e historicamente datadas, quando não são reconstruídas com finalidades políticas. Mas, se elas mudam, que diferença existe entre as sociedades que as têm como referência e as que se dizem voltadas para o progresso? Como diz o antropólogo Gérard Lenclud ("La tradition n'est plus ce qu'elle était..." [A tradição já não é o que era...], *Terrain*, nº 9, 1987), são as sociedades modernas que desabam sob o peso de seus arquivos e do seu patrimônio. Os povos sem escrita tratam sua herança com mais desenvoltura.

TRANSACIONAL (análise)
→ Análise transacional

TRANSIÇÃO DEMOGRÁFICA

A transição demográfica traduz a passagem de um regime demográfico antigo, em que a mortalidade e a natalidade são elevadas, para outro em que a mortalidade e a natalidade declinaram.

No início e no final desse processo, o crescimento natural é pouco elevado, mas no seu decorrer a população aumenta intensamente. Na Europa, ela ocorreu a partir da segunda metade do século XVIII para terminar nas décadas de 1930-1940. Nos países em desenvolvimento, ela ocorreu a partir dos anos 1960.

A transição demográfica se efetua em duas etapas. Para explicar, usaremos o exemplo europeu.

EUROPA

Até a metade do século XVIII, a expectativa de vida* é de 25 a 30 anos aproximadamente. Como a mortalidade infantil é muito elevada, são necessários seis ou sete filhos por mulher para assegurar a reposição das gerações. A população só aumenta nos períodos prósperos, que são anulados pelos períodos de miséria e epidemias.

A TRANSIÇÃO DEMOGRÁFICA

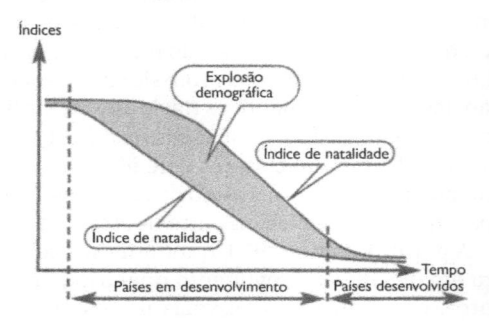

Fonte: Géographie 2ᵈᵉ, © Bordas/VVEF, 2001.

– *1ª etapa*. A partir da segunda metade do século XVIII e no século XIX, a mortalidade regride em razão do desenvolvimento econômico*, dos progressos da alimentação, da medicina e da higiene. Nesse primeiro período, a natalidade se mantém ou aumenta, o que produz a explosão demográfica. Na Europa do século XIX, o crescimento natural é de 10 a 15 por 1000.

– *2ª etapa*. Corresponde à diminuição da natalidade, que chega mais tardiamente por razões culturais e religiosas. As francesas adotaram métodos contraceptivos (início do século XIX), quase um século antes do resto do continente.

Hoje, na Europa, a expectativa de vida se aproxima dos 80 anos e o número de filhos por mulher mal chega a dois.

"PAÍSES EM DESENVOLVIMENTO"

Fora da Europa e da América do Norte, a transição demográfica iniciada a partir dos anos 1950 ocorre muito mais depressa e com mais amplitude.

Logo após o término da Segunda Guerra Mundial, os progressos no combate às doenças infecciosas e parasitárias são postos em prática por programas organizados com a colaboração da Organização Mundial da Saúde (OMS). Nos países do Terceiro Mundo, a expectativa de vida passa de 30 a 50 e até mesmo a 60 anos, enquanto a fecundidade continua elevada (de sete a oito filhos por mulher), produzindo aumentos que podem passar de 30 por 1000. É a chamada "explosão do Terceiro Mundo", pois de 1950 a 1987 a população mundial duplica, passando de 2,5 bilhões para 5 bilhões.

A TRANSIÇÃO DEMOGRÁFICA NA CHINA

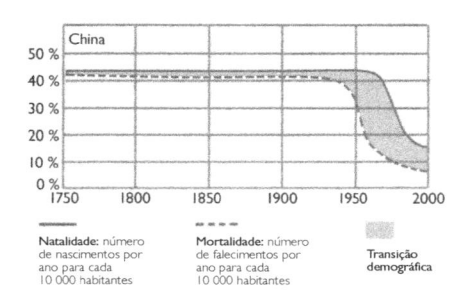

[Gráfico: Natalidade e Mortalidade na China, 1750-2000]

Natalidade: número de nascimentos por ano para cada 10 000 habitantes
Mortalidade: número de falecimentos por ano para cada 10 000 habitantes
Transição demográfica

Fonte: J. L. Matheu, Géographie 2de, © Nathan, 2001.

- Nos países desenvolvidos, a transição demográfica se estendeu por dois séculos e terminou na primeira metade do século XX.

Nos países em desenvolvimento, ela teve início depois da Segunda Guerra Mundial, como se vê aqui em relação à China, que limitou, de forma autoritária, o número de filhos a um ou dois por casal, ao mesmo tempo que os progressos sanitários permitiriam a redução da mortalidade e o aumento da expectativa de vida.

No presente, o declínio da fecundidade é um fato em todo o planeta. Porém, enquanto os europeus levaram quase dois séculos para passar de seis a pouco menos de dois filhos por mulher, na China, por exemplo, essa mudança se deu em trinta anos (1960-1990). Com uma expectativa de vida de 70 anos ao nascer, hoje esse país se aproxima dos padrões europeus.

Atualmente, a Índia, a Indonésia e a maioria dos países da América Latina estão a meio caminho da transição demográfica. Os menos adiantados (PMA) são os países da África e alguns países islâmicos.

UMA GRADE DE LEITURA?

Nos anos 1930, o francês Adolphe Landry expõe esse esquema da evolução da população europeia qualificando-o de "revolução demográfica". A expressão *demograhic transition* é inventada depois da Guerra por autores americanos (Frank Notestein, Kingsley Davis) que a aplicam aos países em desenvolvimento para formular hipóteses sobre seu futuro demográfico.

O fim dessa transição marcaria o encerramento de um processo histórico – que se tornou, para os demógrafos, uma verdadeira grade de leitura – que permite prever a estabilização geral da população mundial por volta de 2050 e um mundo em que a expectativa de vida chegaria ao teto de 85 anos e a fecundidade, a dois filhos por mulher.

Entretanto, dois novos fenômenos podem abalar essas previsões: a explosão da Aids na África, e a crise sanitária do Leste Europeu e da antiga URSS.

→ **Demografia**

TRIBO

O termo "tribo" é polêmico em antropologia. Foi tirado do vocabulário da Antiguidade, das referências às "doze tribos" de Israel ou às tribos romanas. Nesse sentido geral, a palavra "tribo" era usada principalmente pelos antropólogos evolucionistas* para designar os modos de organização social típicos das sociedades "primitivas", intermediárias entre o simples "bando" de caçadores-coletores e as sociedades complexas ou com a presença do Estado. Falava-se assim das tribos tuaregue, apache, navajo. Mas, diante do caráter bastante vago dessa noção, o termo foi considerado uma invenção colonial e não um conceito preciso e, pouco a pouco, caiu em desuso na comunidade antropológica.

DOS ÍNDIOS DAS PLANÍCIES ÀS TRIBOS AFEGÃS

No entanto, alguns antropólogos afirmam que a tribo corresponde a uma realidade social precisamente identificável. No Islã, na Melanésia ou entre os índios da América do Norte, a tribo constitui uma comunidade muito concreta. Por exemplo, entre os baruya da Nova Guiné, uma tribo tem um nome e ocupa um território que defenderá pelas armas se preciso for, diz Maurice Godelier*.

Outro exemplo: os patanes do Afeganistão consideram que a tribo corresponde a um nome, a um território, a uma unidade política dirigida por um chefe. Na América do Norte, os índios das planícies (sioux, cheienes, comanches, kiowas, blackfeet, etc.) foram, durante muito tempo, organizados em tribos formadas de pequenos grupos que se dispersavam no inverno, mas voltavam a reunir-se na primavera. "Reunião, cerimônias tribais e grandes caçadas comunitárias aos bisões revivificavam a identidade da tribo. Fora desse período estival, a língua, as tradições, a história comum e a solidariedade mantinham a identidade tribal e a dos povos nômades" (P. H. Carlson, *The Plains Indians* [Os índios das planícies], 1998). No século XIX, diversas tribos de índios que pertenciam à família linguística iroquesa se reuniram na grande confederação tribal dos iroqueses.

Bibliografia: • J.-L. Amselle, E. M'Bokolo (orgs.), *Au coeur de l'ethnie. Ethnie, tribalisme et État en Afrique*, La Découverte, 1999 [1985] • H. Dawood (org.), *Tribus et pouvoirs en terre d'Islam*, Armand Colin, 2004 • M. D. Sahlins, *Tribesman*, Prentice Hall, 1968

TROCA

"Ninguém nunca viu um cão trocar deliberadamente um osso com outro cão. Ninguém nunca viu um animal procurar fazer o outro compreender, pela voz ou pelos gestos: 'isto é meu, isso é seu, vamos trocar?'." Para Adam Smith* (*The Wealth of the Nations* [A riqueza das nações], 1776), é pela propensão para efetuar trocas que o homem se distingue do animal. E a troca é um dos fundamentos da sociedade humana.

No início, as trocas se reduzem ao escambo. Com o mercado e sua extensão, aparece a divisão do trabalho. Adam Smith vê nela a causa e o fundamento da riqueza de uma nação, uma vez que os homens podem se abastecer junto a comerciantes ou artesãos e, assim, especializar-se num ou noutro tipo de trabalho e tornar-se mais produtivos. Na escala da sociedade considerada como um todo, o equilíbrio entre o conjunto das trocas é assegurado pelo famoso mecanismo da mão invisível*, isto é, ao perseguir seus interesses pessoais, os indivíduos concorrem para o interesse de todos e, *ipso facto*, para a coesão da sociedade.

Nas sociedades tradicionais, os etnólogos não observaram nenhuma troca mercantil no sentido em que a entendemos a partir de A. Smith. Algumas tribos praticam o escambo, uma forma primitiva de troca. As trocas de bens entre tribos podem também adquirir a forma de uma dádiva*/contradádiva, analisada por Marcel Mauss em "Essai sur le don" [Ensaio sobre a dádiva] (*L'Année sociologique*, 1923-1924). M. Mauss vê, nos tipos de dádivas cerimoniais, tais como o *kula** e o *potlach**, formas de trocas (de bens simbólicos) fundadas numa tríplice obrigação: dar, receber e retribuir. Essa troca torna possíveis as relações de amizade e de aliança que asseguram o vínculo social entre os grupos.

Claude Lévi-Strauss* retomou a análise de M. Mauss com a intenção de generalizá-la. Para ele, a dádiva/contradádiva se inscreve num quadro mais geral baseado num "princípio de reciprocidade" observado nas regras do casamento. Segundo ele, a lei universal do incesto (não é permitido casar-se com um membro do próprio grupo familiar) corresponde à obrigação de incentivar a circulação (ou troca) das mulheres entre os grupos. Por essa mesma razão, essa troca de mulheres sela a conclusão de alianças entre os clãs. C. Lévi-Strauss propõe, então, uma distinção entre "troca restrita" e "troca generalizada". A troca restrita é efetuada entre dois grupos, A e B. Os homens do clã A devem escolher as esposas no clã B (e vice-versa). Tal caso é encontrado com frequência nas estruturas aborígines divididas em duas seções duplas. A troca é generalizada quando ocorre entre diversos grupos (pelo menos três). Os homens do grupo A escolhem mulheres no clã B, os do clã B as escolhem no clã C...

Nas sociedades contemporâneas, os sociólogos observam formas de trocas que não correspondem nem à lógica estrita do mercado nem à lógica rigorosamente definida da dádiva recíproca. É o caso das formas de negociação mais ou menos implícitas que ocorrem no casal ou na família. O casamento tradicional era baseado numa divisão nítida do trabalho entre o homem e a mulher. O homem devia trazer o dinheiro, a mulher cuidava do lar. Agora, as divisões já não são tão nítidas e o casal funciona com base numa igualdade de princípio. Mas isso não impede negociações e trocas do tipo "Eu cuido da roupa e você faz as compras". As trocas de presentes e de serviços também fazem parte dessa sociabilidade familiar (cunhados que se ajudam mutuamente para consertos na casa ou para fazer mudança...).

O clientelismo político igualmente pode ser considerado uma forma de troca. Pode tomar a forma direta do clientelismo eleitoral (em troca de seus sufrágios, os eleitores obtêm favores). Esse clientelismo é classicamente associado às sociedades antigas ou então aos Estados africanos, mas existe também nas democracias ocidentais. Mais geralmente, observa o cientista político Jean-François Ménard, "a troca é consubstancial tanto à vida política como à vida social (...). Constitui a mola propulsora das organizações políticas e das relações que estas mantêm entre si ou com seus membros".

Bibliografia: • P. H. Claeys, A. Frognier, *L'Échange politique*, Université de Bruxelles, 1995 • C. Lévi-Strauss, *Les Structures élémentaires de la parenté*, EHESS, 1998 [1949] • M. Mauss, *Essai sur le don*, Puf, 1989 [1950], publicado originalmente em *L'Année Sociologique*, 1923-1924

TROCA (termos da)

No comércio internacional*, o índice dos "termos da troca" avalia os preços das exportações relativamente ao preço das importações. Concretamente, os termos da troca = preço das exportações/preço das importações. Se, de um ano a outro, um país vê o preço das importações se elevar e o dos produtos que exporta permanecer estável, os termos da troca estão se degradando para ele.

TRUBETZKOI, NIKOLAI S.
(1890-1938)

O linguista russo Nikolai S. Trubetzkoi deu um impulso decisivo à linguística com sua definição do "fonema*", que levará à instauração de uma nova fonética "funcional e estrutural".

Principal obra de N. S. Troubetskoi
• *Grundzüge der Phonologie*, 1939 [Princípios de fonologia]

TURING, ALAN MATHISON
(1912-1954)

Matemático e engenheiro inglês. Filho de um funcionário do Império das Índias, foi educado em internato. Criança solitária e um pouco marginalizada, bem cedo revela gosto pela abstração matemática. Depois, entra no King's College de Cambridge, onde dá início às pesquisas sobre os algoritmos.

Durante a Segunda Guerra Mundial, é alistado como membro da contraespionagem britânica com a missão de participar da concepção de máquinas destinadas a decifrar as mensagens codificadas do inimigo. Depois da Guerra, vai procurar construir uma verdadeira "máquina de Turing" com base no modelo teórico que elaborara antes do conflito. Mesmo que não tenha conseguido concretizá-lo, esse projeto será um passo decisivo para a construção do primeiro computador.

Em 1952, é condenado por homossexualidade pela justiça britânica e obrigado a escolher entre ir para a prisão ou ingerir hormônios destinados a modificar seu estado. Optou pela segunda alternativa, mas, dois anos depois, pôs termo à vida comendo uma maçã envenenada.

A MÁQUINA DE TURING

Trata-se de uma "máquina teórica", isto é, de um esquema funcional e não de um dispositivo material. O funcionamento dessa máquina hipotética é, a princípio, destinado a mostrar certos limites da lógica. Mas, ao fazê-lo, A. M. Turing inventa um dispositivo teórico capaz de resolver todos os problemas matemáticos tratados em forma de algoritmos. A máquina de Turing se apresenta como uma fita sem fim, que comporta um número ilimitado de células e, nestas, são inscritos símbolos numéricos. A máquina é capaz de realizar algumas operações simples: pode ler uma célula de cada vez, apagar seu conteúdo e/ou imprimir outro símbolo, depois mudar para a célula seguinte, ou para a precedente.

Com esse dispositivo teórico, A. M. Turing lança uma das bases essenciais da informática, pois mostra que, se tal máquina existisse, seria capaz de resolver todos os tipos de problemas que podem ser traduzidos em forma de algoritmos, isto é, de uma série de instruções.

O TESTE DE TURING
E A SALA CHINESA

"Proponho que se considere a pergunta 'As máquinas são capazes de pensar?'." Essa é a pergunta feita por A. M. Turing em seu artigo de 1950, "Computing Machinery and Intelligence" (*Mind*, nº 59). Em vez de se lançar num debate sem-fim sobre as definições de "máquina" e de "pensar", ele propõe substituí-lo por um teste empírico na forma de um "jogo de imitação". São três jogadores, um homem (A), uma mulher (B) e um interrogador (C), que fica num compartimento separado. Este último tem o objetivo de determinar quem é o homem e quem é a mulher, fazendo-lhes perguntas do tipo "Qual é o comprimento de seus cabelos?" As vozes de A e B são alteradas para que o seu timbre não seja ouvido. O teste de Turing é, então, formulado da seguinte maneira: se uma das pessoas, A ou B, for substituída por uma máquina, o interrogador conseguirá distinguir quem é o ser humano e quem é a máquina? Se for possível construir um programa tal que o interrogador não consiga distinguir o ser humano da máquina, isso significa que ela se comporta do mesmo modo que ele. Então, pode-se responder positivamente à questão "As máquinas são capazes de pensar?".

O teste de Turing deu margem a longos debates entre os teóricos das ciências cognitivas*. O filósofo John R. Searle* em particular imaginou uma ficção denominada a "sala chinesa" destinada a resolver as questões propostas por esse teste. Suponhamos uma pessoa fechada em uma sala, e que um chinês lhe dirija perguntas escritas num papel. Mesmo não conhecendo a língua chinesa, ela pode dar respostas com sentido desde que conheça algumas regras que permitam responder corretamente associando um determinado tipo de ideograma chinês (cujo significado ignore) a uma pergunta feita em forma de outro ideograma (cujo significado também desconheça). J. R. Searle afirma que é possível responder pertinentemente às perguntas de um ser humano sem compreender o que ele diz (sem pensar, portanto).

Principais obras de A. M. Turing
- *The Turing Machine*, 1936 [A máquina de Turing]
- (Sobre A. Turing) J. Lasségue, *Turing*, 1998

TYLOR, EDWARD BURNETT
(1832-1917)

Este antropólogo inglês, filho de industrial, descobriu a antropologia por acaso.

De saúde precária, foi enviado pelo pai para se restabelecer na América. Em Cuba, encontra Henry Christy, próspero banqueiro inglês apaixonado por etnografia e quacre (seita protestante) como ele. Tornam-se amigos e Henry C. o leva ao México em viagem exploratória. Para Edward B. Tylor, essa viagem é uma revelação; mostra-lhe, através das técnicas e dos modos de vida das sociedades indígenas, a riqueza e a unidade da cultura humana.

Ao retornar à Inglaterra, publica seu relato de viagem intitulado *Anahuac; or Mexico and the Mexicans, Ancient and Modern* [Anahuac ou o México e os mexicanos, antigo e moderno], (1861).

Empreende, então, um vasto projeto científico: coletar, classificar e interpretar dados sobre as técnicas, os costumes, os modos de vida e as crenças de todos os povos tradicionais. Em seu livro *Primitive Culture* [Cultura primitiva] (1871), ele definirá a "cultura" como "o conjunto complexo que inclui o conhecimento, as crenças, a arte, a moral, o direito, os costumes e quaisquer outras produções e formas de viver do homem que vive em sociedade". E. B. Tylor produziu uma importante obra etnográfica que lhe permitiu obter, em 1896, um cargo de professor na Universidade de Oxford. Suas obras o tornaram internacionalmente conhecido.

Contrariando as teses da "decadência" dos povos primitivos, sustentada por alguns membros da Igreja Anglicana, E. B. Tylor pensa que existe uma continuidade entre as sociedades primitivas e os estágios mais evoluídos da humanidade e afirma com veemência a tese da "unidade psíquica da humanidade". Em todas as sociedades, os homens inventaram uma linguagem, leis, técnicas e mitologias. Podem-se mesmo descobrir surpreendentes analogias entre os mitos da África, da Ásia e da América. Em todos os lugares, acredita-se na existência de uma alma distinta do corpo e na sobrevivência dessa alma após a morte.

O ANIMISMO, PRIMEIRA RELIGIÃO DA HISTÓRIA

É a E. B. Tylor que se deve a noção de "animismo", termo que designa uma visão religiosa do mundo que seria própria das culturas primitivas e segundo a qual:

– a natureza é "animada" por forças sobrenaturais que dão vida e movimento aos animais, às plantas e aos elementos. O homem pode se conciliar com esses espíritos por meio de ritos, de práticas mágicas ou também por meio de rezas, que frequentemente são reservadas a sacerdotes ou a feiticeiros;

– acredita-se em uma alma que sobrevive ao corpo após a morte (tanto no homem como no animal).

Assim, E. B. Tylor elabora uma interpretação "psicológica da religião". A crença nos deuses nasceu da reflexão dos primitivos: "O homem primitivo modelou os seres espirituais de acordo com a ideia que ele fez de sua própria alma."

Finalmente, a exemplo da maioria dos homens de seu tempo, ele olha o estudo das sociedades primitivas do ponto de vista evolucionista. Mas pode também ser considerado um dos fundadores do culturalismo*, pelo interesse que dedicou ao estudo dos sistemas culturais e das religiões.

Principais obras de E. B. Tylor
- *Researches into the Early History of Mankind and the Development of Civilization*, 1865 [Pesquisas na história antiga da humanidade e o desenvolvimento da civilização]
- *Primitive Culture*, 1871 [Cultura primitiva]
- *Anthropology: an Introduction to the Study of Man and Civilisation*, 1881 [Antropologia: uma introdução ao estudo do homem e da civilização]

U

UNDERCLASS

A expressão apareceu nos Estados Unidos em 1962, inventada pelo economista Karl G. Myrdal. Servia, então, para designar uma categoria da população americana formada de famílias e de indivíduos "sem emprego e que vão se tornando progressivamente inimpregáveis, situados no mais baixo grau da escala social". Michael Harrington retoma o termo num *best-seller* da época, *The Other America: Poverty in the United States* [*A outra América*] (publicado em 1962), que traça um retrato da pobreza nos Estados Unidos. Durante toda a década de 1970, o termo *underclass* vai ser usado pelos sociólogos e pelos jornalistas para descrever as condições de vida das populações miseráveis, que são submetidas à segregação urbana e sobrevivem graças à assistência social. São os guetos negros de Nova York e de Chicago que servem de referência.

A partir dos anos 1980, o termo vai ser aplicado, por autores conservadores, às novas "classes perigosas". A *underclass* é o reino da delinquência, da violência, da marginalidade, da droga, da promiscuidade sexual, etc. Ele será citado pela imprensa conservadora com esse significado, muitas vezes com sucesso. Ken Auletta descreve, em 1982, em seu livro *The Underclass*, uma população de "fracassados sociais, que devastam nossos bairros, cometem crimes insensatos e hediondos, estupros e agressões, (…) ladrões que penetram em nossas casas por arrombamento; desempregados de longa duração; pilantras da economia subterrânea revendedores de mercadorias roubadas, proxenetas, prostitutas, traficantes; os pobres passivos incapazes de se adaptar ao trabalho diário; as mães solteiras que vivem mais ou menos à custa da assistência social". A definição de *underclass* passava assim do âmbito da sociologia ao do estereótipo social.

UNIVERSAIS

Existem, por trás da diversidade das línguas, das culturas, dos comportamentos, caracteres invariantes da mente humana que poderíamos denominar "universais"?

A QUERELA DOS UNIVERSAIS NA IDADE MÉDIA

Em sua introdução à "lógica de Aristóteles", o filósofo Porfírio (234-305) faz esta pergunta (que deixa propositadamente sem solução): os gêneros e as espécies que servem para designar as classes de objetos ou de formas vivas são realidades ou construções da mente? Em outras palavras, os universais – isto é, os conceitos universais, como "homem", "cão", "mesa", "pedra", "vermelho" – que usamos para pensar são somente instrumentos mentais mais ou menos cômodos, ou a expressão de uma realidade inscrita nas próprias coisas? É esse o ponto de partida da famosa "querela dos universais" que agitará a comunidade dos filósofos na Idade Média.

As posições irão dividir-se entre nominalistas* e realistas*. Para os primeiros, os conceitos que usamos para descrever o mundo são apenas palavras, e não coisas reais. Assim, Roscelin de Compiègne (1050-1120), um dos expoentes da corrente nominalista, sustenta que os universais não passam de um *flatus vocis*, uma "emissão de voz". Os realistas pensam, ao contrário, que existe uma realidade fundamental cujo reflexo são as palavras. Em outros termos, para os nominalistas, quando usamos a palavra "flor", não fazemos mais do que reunir, em uma palavra cômoda, objetos diferentes. Para os seus detratores, a flor é uma realidade universal, e a palavra que a designa expressa uma essência fundamental inscrita na natureza e que pertence a todas as flores.

Os universais linguísticos

Em linguística, chamamos de "universais" os fenômenos linguísticos que seriam universais.

Uma primeira posição (encontrada na linguística descritiva ou na tradição estruturalista*, que aborda cada língua como um sistema específico) defende a irredutibilidade das línguas entre si. As dificuldades de tradução mostram que nunca existe correspondência exata entre o sentido das palavras ou entre as regras de gramática de uma língua e outra. Por conseguinte, os universais não existem.

A posição universalista, ao contrário, postula a existência de universais. Anna Wierzbicka afirma que existiriam, em todas as línguas, noções tais como "eu", "alguém", "alguma coisa", "isto", "o/a outro/a", "um", "dois", "diversos", "muito", "eu penso", "eu quero", "eu sinto", "fazer", "ter", "lugar", "bom", "mau", "pequeno", "grande", "quando", "antes", "depois", "onde", "sobre", "não", "se", "então", etc. (*Semantics: Primes and Universals* [Semântica: princípios e universais], 1996).

Os universais linguísticos, se existem, podem ser de vários tipos:

– o conteúdo semântico das palavras (por exemplo, a palavra "branco" tem um valor semântico universal?);

– as regras de gramática (como sustenta Noam Chomsky*);

– as funções gerais das unidades linguísticas (assim, parece que, em todas as línguas, é possível encontrar verbos, substantivos e pronomes).

As novas linguísticas cognitivas deslocaram o centro de gravidade do debate. Elas sustentam que as categorias linguísticas são a expressão de categorias mentais subjacentes. Em outras palavras, a questão pertinente a ser levantada concerne à existência de categorias mentais universais.

Para o linguista Bernd Heine, especialista em línguas africanas, existe uma correlação relativamente direta entre os universais de cognição e os da linguagem, pois as formas gramaticais derivam de esquemas cognitivos subjacentes.

Os universais da natureza humana

No âmbito da etologia* humana, a questão dos universais remete à existência de supostos invariantes do comportamento. Irinäus Eibl-Eibesfeldt demonstrara que o repertório das expressões faciais (sorriso, contração das pálpebras) tinha um significado universal (ver seu livro *Der vorprogrammierte Mensch* [O homem programado]. Todas as culturas humanas usariam as mesmas expressões para a alegria, a raiva, a vergonha...

O antropólogo Donald Brown tentou recensear várias centenas de traços universais do comportamento humano. Entre a enorme diversidade de comportamentos universais identificados, D. Brown cita ações tão diferentes como a tendência a contar piadas, o fato de se esconder para fazer amor, a fabricação de ferramentas, o penteado, a divisão sexual do trabalho e da família, etc. (ver a obra de D. Brown, *Human Universals* [Universais humanos], 1991).

URBANIZAÇÃO

A urbanização é um processo antigo que acompanha o aparecimento da agricultura (cerca de 8 mil anos a.C.) e a formação das aldeias. No Oriente Próximo, por volta de 7 mil anos a.C., aparecem os primeiros povoados, como Catal Hoyuk na Anatólia (atual Turquia). Catal Hoyuk vive da agricultura, da pecuária e de um princípio de comércio de cerâmica. Mas não se trata ainda de uma cidade propriamente dita, com um centro político e religioso, lugares de comércio e bairros especializados. Depois, tem início uma fase de protourbanização por volta de 4 500 anos a.C. Enfim, surgem as primeiras cidades-Estados (como Ur, Uruk, na Mesopotâmia) no Oriente Médio por volta de 4 500 e 3 000 anos a.C.

Três outras fases pontuaram depois a história da urbanização.

– Da Antiguidade até o século XVIII, alguns centros urbanos podem reunir centenas de milhares de pessoas (como Roma durante a Antiguidade). Entretanto, a população citadina ainda representa somente um décimo da população mundial, ou seja, no máximo 70 milhões de habitantes.

– Do século XIX até metade do século XX, as revoluções industriais são acompanhadas de movimentos maciços de êxodo rural e de migração para as cidades. Em um século e meio, o índice de urbanização nos países desenvolvidos passa de cerca de 10% para perto de 50%. Londres passou de 1 milhão de habitantes em 1800 a 7 milhões em 1900. No mesmo período, Berlim passou de 200 mil habitantes a 2 milhões; Paris, de 550 mil a 3 milhões. Chicago, que era um povoado em 1850, torna-se uma cidade de 1 milhão de habitantes quarenta anos mais tarde.

– Dos anos 1950 até hoje (e provavelmente até meados do século XXI) os países subdesenvolvidos vão assistir, por sua vez, a uma urbanização galopante. Entre 1945 e 1975, o crescimento urbano chegou a 4,5% por ano, ou seja, duas vezes mais que a Europa no auge de sua urbanização (entre 1880 e 1905).

Bibliografia: • P. Bairoch, *De Jéricho à Mexico. Villes et économie dans l'histoire*, Gallimard, 1985 • P. Butterlin, *Les Temps proto-urbains de Mésopotamie: contacts et acculturation à l'époque d'Uruk au Moyen Orient*, CNRS, 2003

URBANO

A definição de zona urbana varia de acordo com o país. No Brasil, ela é administrativa; é considerada urbana a população residente em áreas que são sedes de municípios ou distritos, independentemente do tamanho de sua população e de outras características. Em diversos países a zona urbana é definida pelo número de habitantes. Na França, por exemplo, são chamadas urbanas as aglomerações e as cidades isoladas com pelo menos 2 mil habitantes.

No Brasil, segundo dados do IBGE, em 1940 12.880.182 pessoas residiam em zonas urbanas. Já em 2000 esse número chega a 137.953.959 pessoas, contra 31.947.618 na zona rural. A região mais urbanizada do Brasil é a Sudeste, que abriga São Paulo, o maior conjunto urbano do país, com 19,5 milhões de habitantes, e o Rio de Janeiro, com 11,8 milhões de habitantes (dados de 2007, IBGE).

A partir da década de 1990, surgiram estudos brasileiros sobre a emergência de uma nova configuração socioespacial, a "rurbanização". Nela, as famílias pluriativas são o ator privilegiado, combinando atividades agropecuárias a profissões de prestação de serviços, lazer ou moradia, por exemplo.

→ **Urbanização, Cidade**

UTILITARISMO

"A natureza colocou o gênero humano sob o governo de dois senhores soberanos, o prazer e a dor. O princípio de utilidade reconhece essa sujeição e a considera o fundamento do sistema que tem por objeto erigir, com o auxílio da razão e da lei, o edifício da felicidade" (J. Bentham). O utilitarismo é uma doutrina moral desenvolvida pelos filósofos britânicos Jeremy Bentham (1748-1832) e John Stuart Mill (1806--1873). Postula que a felicidade dos homens consiste na melhor divisão do total de seus prazeres e de suas dores. A doutrina utilitarista repousa, em primeiro lugar, no princípio do "cálculo dos prazeres e das dores" (J. Bentham).

DA FELICIDADE PESSOAL
À FELICIDADE COLETIVA

O indivíduo age, em primeiro lugar, de acordo com seus interesses pessoais. E por serem racionais os seus comportamentos, ele busca uma satisfação máxima por um custo mínimo.

O utilitarismo foi muitas vezes apresentado como uma doutrina que reflete a moral do burguês, egoísta e calculista. Essa visão da ação humana pode parecer mesquinha, amoral e até mesmo cínica. Na realidade, para seus criadores, a doutrina utilitarista é uma moral pública que busca a felicidade coletiva. É o segundo princípio do utilitarismo, que busca "a maior felicidade para o maior número de pessoas". Ganhar algum dinheiro a mais proporciona somente um pequeno prazer para o rico, ao passo que a mesma importância vai trazer uma satisfação muito maior para um mendigo. Portanto, para a felicidade coletiva, é mais racional que essa quantia caiba a ele.

Ao definir a felicidade como um dado quantificável e totalizável (uma "utilidade"), J. Bentham e J. S. Mill introduziram a noção de utilitarismo no campo da economia política. A visão utilitarista do homem o concebe como *Homo oeconomicus**, noção que fundamenta a microeconomia contemporânea.

CRÍTICAS AO UTILITARISMO

Muitas são as críticas dirigidas ao utilitarismo. A primeira refere-se à sua metodologia. Os princípios utilitaristas seriam sempre verdadeiros e irrefutáveis. De fato, num certo grau de generalidade, sempre é possível afirmar que uma ação é guiada unicamente pela busca do prazer. Mesmo o comportamento aparentemente altruísta e penoso, como o da mãe que se sacrifica para salvar os filhos, pode ser interpretado em termos de interesses. Basta admitir – como, aliás, afirma J. Bentham – que o indivíduo possa sentir maior satisfação moral em sacrificar-se do que em abandonar os seus. Mas qual é então o grau de pertinência de uma teoria que pode explicar comportamentos absolutamente opostos? Tanto um gesto generoso quanto um gesto egoísta podem ser considerados utilitários.

Os críticos do utilitarismo afirmam também que as ações humanas são guiadas tanto pela cultura e pelos valores quanto pelo interesse. Essa crítica assume vários aspectos:

– o indivíduo utilitarista é um ser desencarnado: de fato, a teoria não leva em conta o contexto social, os valores, os códigos sociais, a cultura que guiam os comportamentos;

– os homens fazem parte de comunidades às quais estão ligados de maneira afetiva e solidária. E os princípios utilitaristas não conseguem compreender condutas como a ação militante, o gesto patriótico, a obra de caridade...

– a racionalidade individual é um mito. Nossos comportamentos são movidos pelas paixões cegas, pelas pulsões irracionais, pelos hábitos inconscientes e também pelo cálculo interessado.

Bibliografia: • J. S. Mill, *L'Utilitarisme. Essai sur Bentham*, Puf, 1998 [1861]

V

VAN GENNEP, ARNOLD
(1873-1957)

Filho de alemão e holandesa, o etnólogo e folclorista Arnold van Gennep, nascido na Alemanha, viveu e estudou na França. Em 1897, entra na EPHE. Depois de passar quatro anos na Polônia, onde leciona francês, apresenta sua dissertação sobre o totemismo* em Madagascar (1904). Logo depois, elabora um livro de síntese sobre os *Mythes et légendes d'Australie* [Mitos e lendas da Austrália] (1906).

Em 1909, traz a lume o seu grande livro *Les Rites de passage* [Os ritos de passagem], em que reúne uma série de cerimônias (batismo, esponsais, funerais, noivados, circuncisão, entronização, ritual de iniciação...) que pontuam a vida de uma pessoa e que têm em comum o fato de marcar a passagem de um estatuto a outro. Van Gennep considera os ritos de passagem um mecanismo presente em todas as sociedades humanas.

Candidato frustrado a um posto no Collège de France*, deixa Paris e vai para Florença e, depois, para a Suíça. Em 1912, leciona na Universidade de Neuchâtel, cidade onde se torna também diretor adjunto do Museu de Etnografia. Em 1915, retorna à França.

Dedica-se, então, inteiramente a trabalhos pessoais centrados no folclore das províncias francesas. Suas pesquisas culminarão numa obra monumental composta de nove volumes, *Manuel de folklore français contemporain* [Manual do folclore francês contemporâneo], que deixou inacabada e cujo último volume viria a ser publicado em 1958, depois de sua morte.

Principal obra de A. Van Gennep
• *Les Rites de passage*, 1909 [Os ritos de passagem]

→ **Rito**

VANTAGENS COMPARATIVAS

Conforme a teoria da livre-troca do economista David Ricardo (1772-1823), cada país tem interesse em se especializar na produção do bem que lhe trouxer mais vantagem, ou seja, cujo custo de produção for relativamente menor. Desse fato resultariam o crescimento global da produção mundial e um aumento da riqueza de todos os países que praticassem a divisão internacional do trabalho.

Essa teoria, que constitui o fundamento das doutrinas liberais em favor da livre-troca, conheceu inúmeros desenvolvimentos teóricos e críticos.

→ **Comércio internacional**

VARIÂNCIA

Medida estatística da extensão da variação de determinada característica de uma população. Se a altura média dos franceses é 1,74 m, a variância calcula a diferença entre as situações extremas, isto é, entre o indivíduo mais alto e o mais baixo. Por exemplo, se o francês mais baixo medir 50 cm (que é a altura de um bebê) e o mais alto, 2,20 m, a variância será de 1,70 m.

VARIÁVEL (dependente e independente)

O índice de suicídios é uma variável, ou seja, altera-se de acordo com as épocas, os países, as regiões... Essa variável sofre a influência de diversos fatores, tais como a idade, o sexo, a religião, a situação econômica. Em ciências sociais, procura-se avaliar o impacto de um fator (a idade) sobre outro (o índice de suicídio) por meio de comparações estatísticas. A variável que se procura explicar – neste caso, o suicídio – é chamada "variável dependente" (porque depende de outros fatores). O fator explicativo (por exemplo, a idade, o sexo ou a religião) é chamado de "variável independente": é esse fator que se visa isolar para avaliar sua interferência no índice de suicídio.

VEBLEN, THORSTEIN BUNDE
(1857-1929)

O "Avez-vous lu Veblen"? [Você leu Veblen?], de Raymond Aron*, publicado como prefácio à *The Theory of the Leisure Class* [*Teoria da classe ociosa*] (1899), chamou a atenção para esse autor original, cuja obra, situada na fronteira entre a economia e a sociologia, propõe uma nova visão do funcionamento da economia moderna.

Filho de um imigrante norueguês (seu pai, fazendeiro no Wisconsin, jamais aprenderia o inglês), o menino Thorstein B. Veblen – quarto filho da família – teve de completar 10 anos antes de ir à escola e aprender a língua do país onde nascera. Mesmo assim, cursa brilhantemente o ensino superior no Carleton College; depois, entra na Universidade Johns Hopkins, onde obtém o doutorado. Mas ele nunca fará realmente parte dessa elite. Volta à fazenda do pai e lá fica durante sete anos. Depois desse tempo, obtém finalmente um posto na Universidade de Chicago.

A partir de então, segue uma carreira universitária atípica, nas fronteiras entre a sociologia e a economia. Seus escritos e seu ensino são muito críticos e sarcásticos. Seu primeiro livro, *Teoria da classe ociosa*, é o mais conhecido. Nele, o autor apresenta uma crítica ferina e corrosiva dos comportamentos econômicos da classe dos rentistas, dos novos-ricos e de outros homens de finanças que detêm o domínio da economia americana.

Enquanto as classes médias são movidas pelo "instinto" de artesão, centradas no trabalho e no desejo de agir corretamente, os financistas, os proprietários e os acionistas entregam o poder nas mãos dos administradores para desfrutar dos prazeres do "consumo ostentatório", de "emulação pecuniária".

O EFEITO VEBLEN

A lógica do "consumo ostentatório" faz que certas mercadorias de luxo (como perfumes, roupas, móveis…) adquiram um valor que não depende do trabalho incorporado ou do equilíbrio entre oferta e procura. Ao contrário, a vontade de parecer requintado atrai determinada clientela para os preços mais elevados. É aquilo que se denominou "efeito Veblen", segundo o qual, quando o preço de certas mercadorias se eleva (e não quando ele abaixa), sua procura aumenta, contrariando os ditames da teoria clássica da economia.

T. B. Veblen é também um pioneiro da abordagem institucionalista* na economia. Em sua teoria da empresa (1904), ele afirma que a economia deveria ser uma ciência da evolução, que integrasse o estudo da gênese e da dinâmica das instituições econômicas. A visão da economia como um mercado regido por mecanismos de preços e autoequilibrado parece-lhe falsa e irreal. A economia é, antes de tudo, feita de instituições sociais, regidas por rotinas e comportamentos convencionais. No entender de T. B. Veblen, a economia deve comportar um estudo dos usos e costumes sociais.

Principais obras de T. B. Veblen
• *The Theory of the Leisure Class*, 1899 [*Teoria da classe ociosa*, Pioneira, 1985]
• *The Theory of Business Enterprise*, 1904 [*Teoria da empresa industrial*, Globo, 1966]

VELHICE, ENVELHECIMENTO

O envelhecimento da população é um dado geral de todos os países desenvolvidos. Na União Europeia, em 2001, a expectativa de vida ao nascer era de 74,9 anos para os homens e de 81,2 anos para as mulheres (*Données sociales*, 2002). De acordo com as projeções demográficas, em 2030, um quarto da população dos países da Organização para Cooperação e Desenvolvimento Econômico (OCDE) terá mais de 65 anos.

Ao mesmo tempo que a população envelhece, o estatuto e as atividades das pessoas idosas mudam consideravelmente. A idade da "aposentadoria" fazia jus à denominação. A cessação da atividade acarretava o declínio das relações sociais, o retraimento no lar e a restrição ao círculo familiar. Agora, a terceira idade é composta de *seniors* muito ativos. Viajam, estudam, praticam esportes, animam associações (voluntariado filantrópico, auxílio nas tarefas escolares…). Os medicamentos contra os efeitos da menopausa e os contra as disfunções eréteis propiciam o rejuvenescimento das populações idosas.

Depois, a quarta idade (após os dos 80 anos) marca uma nova fase. Discute-se que instituições devem incumbir-se dos idosos (casa de repouso, cuidados dispensados no próprio domicílio). Fala-se até de "quinta idade" para designar os centenários, cujo número vem aumentando.

O ENVELHECIMENTO COGNITIVO

O aumento do número de pessoas idosas suscitou muitas pesquisas sobre a psicologia do envelhecimento. Elas mostram que o envelhecimento acarreta uma redução da atenção, uma diminuição da capacidade da memória de trabalho de aproximadamente 10% e, principalmente, uma diminuição da memória* a longo prazo. Se as performances do raciocínio e da resolução de problemas também diminuem com a idade, isso se deve sobretudo à diminuição das capacidades de atenção, pois, consideradas isoladamente, as aptidões para raciocinar são tão boas nas pessoas de idade quanto nos jovens.

No que diz respeito à diminuição das capacidades cognitivas dos idosos, é importante discernir aquilo que está ligado à redução do ritmo da atividade (sem alterar as capacidades), à redução dos recursos e à mudança das estratégias cognitivas. As pessoas podem estar mais vagarosas sem que estejam forçosamente limitadas em suas aptidões. É possível também que se sirvam de sua experiência para melhor solucionar certos problemas.

As síndromes de demência senil e os danos graves sofridos pela memória são fenômenos patológicos associados ao envelhecimento do cérebro, como no caso do mal de Alzheimer.

Em que medida a continuidade das atividades intelectuais (o fato de exercitar a memória ou o raciocínio) pode retardar o envelhecimento cognitivo? A questão permanece em aberto.

VERNANT, JEAN-PIERRE
(1914-2007)

Jean-Pierre Vernant foi um historiador especialista em Grécia Antiga. Ele renovou consideravelmente os estudos helenísticos por meio de uma abordagem caracterizada pela psicologia histórica e pelo procedimento estruturalista*.

Primeiro colocado no prestigioso concurso francês para admissão de professores, a *agrégation*, torna-se professor de filosofia em 1937, e se forma na escola de Ignace Meyerson (1888--1983), criador da psicologia histórica*. Depois da Segunda Guerra Mundial – durante a qual foi resistente e aderiu ao partido comunista – torna-se professor de filosofia em Toulouse e mais tarde em Paris. Por intermédio de I. Meyerson, encontra o seu segundo mestre, Louis Gernet (1882-1962), helenista, filólogo e sociólogo, que o orienta para a antropologia histórica. Tendo sido inicialmente responsável por pesquisas no CNRS (de 1948 a 1957), tornar-se-á professor na EPHE (na seção Pensamento social e religioso da Grécia); depois, será titular da cátedra de estudo comparado das religiões antigas no Collège de France* até 1984.

O "MILAGRE GREGO"

J.-P. Vernant vê a Grécia Antiga como uma experiência singular da humanidade. No seu entender, nas colônias gregas da Ásia Menor, entre os séculos VIII e IV a.C., surgiu uma nova forma de humanidade. Ele se dedica a avaliar o que separa os antigos heróis homéricos ou o camponês de Hesíodo da Grécia arcaica do homem racional de que fala Aristóteles.

Assim, em *Les Origines de la pensée grecque* [*As origens do pensamento grego*] (1962), ele analisa as condições que, por volta do século VI a.C., possibilitaram o desabrochar de um pensamento filosófico e de novas formas de racionalidade. O surgimento da razão grega (retórica*, sofística, demonstração de tipo geométrico, formas de história e de medicina) deve-se à cidade e vem acompanhado de transformações sociais e mentais ligadas ao advento da *pólis*.

MITO E PENSAMENTO ENTRE OS GREGOS

Em *Mythe et pensée chez les Grecs* [*Mito e pensamento entre os gregos*] (1965), Vernant segue particularmente as transformações que interferiram nos esquemas de pensamento e nas funções psicológicas, tais como as noções de tempo, espaço, memória, imaginação, formas de trabalho, pessoa, modos de expressão simbólica, etc. Em *Mythe et tragédie en Grèce ancienne* [*Mito e tragédia na Grécia antiga*] (2 tomos, 1972 e 1986), escrito com Pierre Vidal-Naquet, os autores mostram que a reflexão da cidade sobre si mesma precede a elaboração do direito. Eles leem os indícios dessa matriz das instituições no *corpus* trágico.

No âmbito religioso, J.-P. Vernant associa sistematicamente a análise estrutural e a pesquisa histórica. Ele seguiu duas vias principais: a decifração dos mitos (o discurso mítico obedece a uma lógica do ambíguo, da oposição complementar) e o desvendamento das estruturas do panteão. A interpretação estrutural leva J.-P. Vernant a ver no politeísmo grego um sistema de classificação em que cada deus se define em sua relação com os outros deuses. A partir daí, certas estruturas mentais podem ser evidenciadas. Por exemplo, a reunião dos deuses caracterizados pela inteligência astuciosa, a *métis* (*Les Ruses de l'intelligence* [As artimanhas da inteligência], 1974), revela um "esquema teológico" organizador do pensamento grego.

O INDIVÍDUO NA GRÉCIA

J.-P. Vernant sempre procurou desvendar a psicologia do homem grego antigo: como funcionava mental e intelectualmente o homem grego? Quais eram as suas emoções, sua representação da morte, do espaço e do tempo, do outro? O que significava, para um grego, ser ele mesmo (o que chamaríamos hoje de "eu")?

A Grécia Antiga veicula uma cultura da vergonha e da honra. O indivíduo existe em função daquilo que os outros veem nele e pensam dele. Nele, a identidade não é reflexiva (não existe introspecção ou autoanálise, como atualmente no Ocidente). Para um grego, não é o mundo que está na minha consciência (ideia cartesiana), sou eu que estou no mundo. O que permite a um grego constituir a sua identidade é a sua relação com o outro, com o ser amado, com os deuses e com a morte. Sua obra *L'Homme grec* [O homem grego] (1993) traça um quadro do homem grego antigo em forma de antropologia histórica.

Através da história grega, J.-P. Vernant pretende fazer-nos compreender que a nossa relação com o mundo, a nossa psicologia, são construções históricas em perpétua evolução: a história não é senão uma contínua transformação da natureza humana.

Principais obras de J.-P. Vernant
* *Mythe et pensée chez les Grecs*, 1965 [*Mito e pensamento entre os gregos*, Paz e Terra, 2ª ed., 2002]
* (com P. Vidal-Naquet) *Mythe et tragédie en Grèce ancienne*, 2 tomos, 1972 e 1986 [*Mito e tragédia na Grécia antiga*, Perspectiva, 1999]
* (com M. Detienne) *Les Ruses de l'intelligence. La métis des Grecs*, 1974 [As artimanhas da inteligência]
* *L'Individu, la mort, l'amour. Soi-même et l'autre en Grèce ancienne*, 1989 [O indivíduo, a morte, o amor. Si mesmo e o outro na Grécia antiga]
* *Mythe et religion en Grèce ancienne*, 1990 [*Mito e religião na Grécia antiga*, WMF Martins Fontes, 2006]
* (coletivo) *L'Homme grec*, 1993 [O homem grego]

VEYNE, PAUL
(nascido em 1930)

O historiador Paul Veyne, especialista em Antiguidade greco-romana, publicou, em 1976, a sua tese *Le Pain et le Cirque* [O pão e o circo], monumental estudo da sociedade romana, que lhe valeu uma cátedra no Collège de France*. Nessa obra, ele mostra a importância do mecenato (o "evergetismo") no funcionamento da cidade romana: os notáveis governam a cidade oferecendo ao povo pão e jogos circenses, terras aos veteranos e monumentos ao imperador.

A VERDADE EM HISTÓRIA

Permitiria essa análise elaborar um conceito geral a respeito do poder ou da cidade antiga?

De forma alguma, explica P. Veyne (o seu livro tem como subtítulo *Sociologia histórica de um pluralismo político*). Da Grécia ao *Welfare state*, passando por Roma ou pela cidadania dos revolucionários franceses, não encontramos, nesses diferentes modelos, aquelas famosas invariantes que os historiadores dos *Annales** perseguem, fortemente influenciados pelo estruturalismo* que predominava na época.

Grande admirador de Michel Foucault*, que afirma a historicidade das crenças e das convicções, P. Veyne publica, em 1971, um ensaio (*Comment on écrit l'histoire* [*Como se escreve a história*]) no qual dá início a uma discussão sobre o estatuto incerto da verdade em história. Para ele, essa disciplina é tudo, menos ciência; não demonstra coisa alguma e não permite tirar lições eternas. Cada historiador apresenta a sua própria visão de um segmento do passado que decidiu estudar. A narrativa histórica é a criação de uma intriga, cujos elementos procedem realmente de opções nas quais intervêm a projeção dos valores de cada um e as respostas às perguntas que faz a si mesmo.

ACREDITAVAM OS GREGOS EM SEUS MITOS?

Em 1983, com um novo ensaio de título contundente *Les Grecs ont-ils cru à leurs mythes?*

[*Acreditavam os gregos em seus mitos?*], P. Veyne lança uma nova tese que vai de encontro às visões tradicionais da história das mentalidades*. A ideia segundo a qual os gregos teriam vivido num mundo de mitos e de crenças e que, de repente, teriam despertado para a racionalidade nada mais é do que uma fábula de historiadores. Certamente os gregos não confiavam em seus mitos mais do que nós no relato do Gênesis. Ariadne, Psique, Héracles... e Zeus, filho de um certo Cronos, tecem a história dos tempos fabulosos da Grécia Antiga. Mas nossos ancestrais gregos acreditavam realmente em seus deuses-heróis?

Acreditavam sem acreditar. Suas crenças deviam distribuir-se conforme todo um espectro entre a credulidade e o ceticismo. Em seu livro sobre as partes do organismo, o médico Cláudio Galeno (século II d.C.) luta longamente contra a ideia de que pudessem existir "naturezas mistas como os centauros". Mas, numa obra destinada a conquistar novos discípulos, apresenta o centauro Quíron como o mestre dos médicos... As crenças se subdividem, como de hábito, socialmente: "No final de *As vespas* de Aristófanes, um filho que tenta inculcar um pouco de distinção ao pai, cujas ideias são vulgares, ensina-lhe que, à mesa, não é conveniente falar de mitos."

Se a mitologia goza de grande credibilidade junto ao grande público, entre os intelectuais, as posturas são ambíguas e variam de acordo com os propósitos e as épocas. O mito se encontra presente ora como "o fundamento de verdades filosóficas", ora como "uma leve deformação" destas, ou as duas coisas ao mesmo tempo, como em Platão, por exemplo.

De qualquer maneira, o uso que dele se faz é "ideológico", ou melhor, "retórico": poetas, políticos e outros oradores se valem dele para cantar a grandeza de uma cidade, de um príncipe, de uma arte...

P. Veyne consagrou muitos outros trabalhos à vida cotidiana, à sexualidade, à propaganda e à cultura em Roma.

Principais obras de P. Veyne
• *Le Pain et le Cirque. Sociologie historique d'un pluralisme politique*, 1976 [Pão e circo. Sociologia histórica de um pluralismo político]
• *Les Grecs ont-ils cru à leurs mythes? Essai sur l'imagination constituante*, 1983 [Acreditavam os gregos em seus mitos? Ensaio sobre a imaginação constituinte, Brasiliense, 1984]

VIDA COTIDIANA
→ **Cotidiana (vida)**

VIENA (círculo de)

Wissenschaftliche Weltauffassung [A concepção científica do mundo] é o título de um manifesto publicado em Viena em 1929. Esse texto foi produzido por um pequeno grupo de homens eruditos que decidiram combater o espírito especulativo e metafísico que, segundo eles, impera sobre o pensamento.

Entre os signatários do manifesto, encontram-se filósofos – como Moritz Schlick (1882--1936), expoente do grupo, e Rudolf Carnap (1891-1970) – e também lógicos – Kurt Gödel (1906-1978), Otto Neurath (1882-1945), Hans Reichenbach (1891-1953) – e físicos.

Para os membros do círculo, unicamente a ciência, com base na demonstração rigorosa e recorrendo aos fatos observados, pode fazer o saber progredir. Os conhecimentos científicos são de duas ordens. Há as proposições lógico--matemáticas, que são coerentes entre si e não estão ligadas à experiência. Além dessas, existem as proposições empíricas, fundamentadas nos fatos e que, por isso, devem ser submetidas ao critério de verificação a fim de serem estabelecidas como verdadeiras. Qualquer outro discurso sobre o mundo é denunciado como "vazio de sentido" ou reduzido a "falsos problemas".

Para redigir seu manifesto, os membros do círculo de Viena se inspiraram num ensaio publicado nessa cidade alguns anos antes pelo jovem **Ludwig Wittgenstein***, o *Tractatus logico-philosophicus* (1921).

Pouco tempo depois de constituído, o círculo de Viena irá dissolver-se. O que unia o grupo era a rejeição da metafísica, mas não se sabe ao certo se os membros tinham realmente o mesmo ponto de vista. Já em 1931, K. Gödel demonstra, com o seu famoso teorema da incompletude, a impossibilidade de criar uma lógica que repousasse em bases integralmente demonstradas. Acabara-se, pois, a esperança de assentar a ciência numa base lógico-matemática totalmente irrefutável. De sua parte, o jovem **Karl R. Popper***, que, mesmo não sendo membro, gravita em torno do grupo, questiona a ideia de "provas" em matéria científica. No seu entender, a ciência se caracteriza pela capacidade de refutar ou validar hipóteses provisoria-

Viena, capital intelectual no início do século XX

• No início do século XX, Viena foi um extraordinário centro de inovação intelectual, um "caldo de cultura" para o pensamento, para as artes e para as ciências. Enquanto o Império Austro-Húngaro, burocrático e militarista, desaparece em 1918 sob os escombros da guerra, enquanto o Estado austríaco ainda permanece burocrático e paralisado, a vida intelectual, em contrapartida, revela-se extremamente fértil. A Europa Central, da Alemanha à Hungria, acolhe as melhores elites intelectuais da época, e Viena é o seu centro.

De fato, a Viena dos anos 1900-1930 assiste ao aparecimento sucessivo de diversos movimentos de pensamento.

É lá que se encontra o berço da psicanálise, com Sigmund Freud* e seus primeiros discípulos, como Alfred Adler*, médico vienense que foi um dos primeiros a aderir à doutrina freudiana, e também um dos primeiros a afastar-se dela para fundar a sua própria escola psicológica.

Centro filosófico, é lá que nascem as duas correntes filosóficas que teriam o maior impacto no século XX. Surge a fenomenologia*com Franz Brentano e seu aluno Edmund Husserl, que ali recebe sua formação antes de partir para a Alemanha, onde faria carreira. Outra corrente filosófica é o positivismo lógico* do círculo de Viena*, criado por Moritz Schlick, cujos principais expoentes foram Rudolf Carnap e Otto Neurath, além do matemático Kurt Gödel. Outro filósofo, Karl R. Popper*, estava próximo do grupo. O círculo adota como base de discussão um texto de outro jovem filósofo vienense, Ludwig J. Wittgenstein*.

Além disso, Viena é o centro de uma nova economia subjetiva e individualista, a de Carl Menger e seu discípulo Friedrich von Wieser. Numa direção diferente, Joseph A. Schumpeter* se dispõe igualmente a renovar a economia.

Mas a Viena da época é também a da literatura, com Robert von Musil, que publica *Der Mann ohne Eigenschaften* [*O homem sem qualidades*] entre 1930 e 1933, com Arthur Schnitzler e ainda com Karl Kraus. O espírito vienense é, ademais, o da música, com Gustav Mahler e Arnold Schoenberg, e o da pintura, cujo símbolo é Gustav Klimt.

• W. M. Johnston, *L'Esprit viennois, une histoire intellectuelle et sociale 1848-1938*, Puf, 1985 [1972]

mente, e nunca em fornecer provas definitivas. Entretanto, a ideia de prova experimental é uma das teses centrais defendidas por R. Carnap, uma das principais figuras do círculo.

De qualquer maneira, a ascensão dos nazistas ao poder e a perseguição aos judeus, na Alemanha e depois na Áustria, vão obrigar grande parte dos membros do círculo a refugiar-se na Inglaterra ou nos Estados Unidos.

VIÉS COGNITIVO

É um raciocínio aparentemente lógico, mas que comporta erros e falseia o julgamento. Por exemplo:

1) Os bombeiros são corajosos;
2) Entre as pessoas corajosas, há verdadeiros heróis;
3) Logo, há bombeiros heróis.

A evidência da conclusão e de cada uma das proposições nos leva a crer que a demonstração é lógica, quando não é. Isso pode ser observado no exemplo seguinte, no qual, entretanto, a mesma estrutura lógica é usada:

1) Os violinos são instrumentos musicais;
2) Entre os instrumentos musicais há pianos;
3) Logo, há violinos que são pianos.

→ **Racionalidade**

VIOLÊNCIA

Nas sociedades humanas, a violência assume múltiplas formas, como a guerra (interétnica, interestatal, civil, de conquista), crimes e atos delituosos (passionais, políticos, cometidos por motivos torpes), violência do Estado (repressão, tortura, confinamento), a violência mais difusa das rixas e brigas entre indivíduos (nos pátios de recreio ou entre bandos), violências ocultas (violência conjugal, estupro, maus-tratos infligidos às crianças), castigos corporais infligidos pelo clero, pelos pais, pelos educadores e outros senhores de escravos...

Existe uma solução de continuidade entre tais fenômenos? É possível agrupar, sob um mesmo termo, fenômenos tão diferentes como um genocídio ou algumas palmadas? São eles do âmbito de uma análise geral? A questão se apresenta na medida em que o termo "violência", durante muito tempo limitado aos atos físicos, tende agora a abranger as violências morais: violências verbais, assédios morais e outras "violências simbólicas". Atualmente, fala-se até

O declínio histórico da violência no Ocidente?

• Para o sociólogo Norbert Elias*, a partir da Idade Média a violência doméstica e urbana vem passando por um declínio histórico. Isso se deve a um duplo processo.

Em primeiro lugar, a monopolização da violência pelo Estado, já analisada por Max Weber*. Ao arrogar-se "o monopólio da violência legítima", ou seja, o direito exclusivo de justiça e de exército, o Estado põe termo às guerras privadas, aos duelos, aos torneios e outras vendetas, que eram frequentes antes da instauração do Estado moderno.

No plano dos costumes, a pacificação da sociedade traduziu-se por uma civilidade mais ampla, pelo aprendizado das polidez, das regras de convívio em sociedade, da moderação das paixões.

A violência nas aldeias

Estudos posteriores confirmaram essa regressão histórica da violência privada. Em *La Violence au village* [A violência no vilarejo] (1989), Robert Muchembled mostrara que a brutalidade reinava nos campos franceses até o século XVII. A análise sistemática das cartas de indulto – pelas quais os príncipes concediam perdão para crimes de sangue – leva à constatação indubitável de que a violência fazia parte do cotidiano das comunidades aldeãs. O historiador identificou os motivos e os lugares de conflitos que culminavam em crimes de sangue. A violência era uma realidade em todas as camadas da sociedade. Os homens viviam armados e brigavam por razões de vizinhança, de patrimônio, motivos fúteis, de ciúme, de honra ferida, ou simplesmente quando embriagados nas festas populares. Não raramente os conflitos terminavam em morte. Pelas estatísticas, observam-se, a partir do século XVII, uma regressão da criminalidade nas aldeias e um declínio da brutalidade comum no meio.

N. Elias já estudara a pacificação das relações sociais na aristocracia, que passa, em três séculos, de uma ética de guerra (a dos cavaleiros) ao comportamento policiado da "sociedade cortesã" (*Die höfische Gesellschaft* [*La Société de cour*], 1969). Essa "civilização dos costumes" parece ter chegado mais tardiamente à sociedade rural.

O estudo vinha confirmar aquilo que verificara o historiador e demógrafo Jean-Claude Chesnais. Seu livro clássico, *Histoire de la violence en Occident* [História da violência no Ocidente] (1981), mostrava incontestavelmente que a violência estava regredindo no Ocidente havia dois séculos, quer se tratasse da violência individual (crimes, ataques, ferimentos contra as pessoas), quer da violência coletiva (a das revoltas dos camponeses ou das greves de operários, insurreições frequentemente reprimidas com derramamento de sangue).

Retorno da violência?

A partir dos anos 1980, assistimos a um recrudescimento da violência urbana nas sociedades ocidentais. Ela se traduziu por um impressionante aumento dos crimes nas cidades americanas, principalmente nos guetos. Na França, a progressão regular dos atos violentos dos anos 1950 aos 1980 conheceu uma aceleração. Os ataques contra as pessoas (agressões físicas, ameaças, extorsões) triplicaram nos últimos trinta anos. Entretanto, é preciso sublinhar que eles representam uma parte mínima da delinquência, ou seja, menos de catorze para 10 mil habitantes.

Seria um retrocesso do processo secular de civilização dos costumes?

Alguns sociólogos assim o creem, mas a maior parte deles relativiza o fenômeno. A explosão da violência regrediu nos Estados Unidos depois que foram instauradas políticas de combate. Em segundo lugar, a violência urbana localiza-se em certas esferas da sociedade. Enfim, trata-se também de um fenômeno de percepção social. É o caso da violência doméstica. Houve um tempo, não muito distante, em que bater na mulher e nos filhos estava na ordem das coisas. As denúncias de maus-tratos contra as mulheres e contra as crianças não constituem necessariamente sinal do aumento da sua frequência. Se se fala tanto de violência, não é forçosamente porque ela esteja recrudescendo, mas porque para nós ela se tornou insuportável.

• N. Elias, *La Civilisation des moeurs*, Calmann-Lévy, 1991 [1939]
• J.-C. Chesnais, *Histoire de la violence en Occident de 1800 à nos jours*, Robert Laffont, 1981
• R. Muchembled, *La Violence au village: sociabilité et comportements populaires en Artois du XVe au XVIIe siècle*, Brepols, 1989

de "violência no trânsito", "violência escolar", "violência urbana" para designar fenômenos multiformes...

As causas da violência

Como frequentemente acontece em ciências humanas, é possível distribuir as teorias da violência em dois campos. O primeiro reúne as teorias da violência fundadora. O homem (a mulher certamente menos) é visto, nesse caso, como um ser naturalmente brutal e malfazejo, que somente a cultura consegue dominar parcialmente. Nesse quadro teórico, podem-se alinhar a tese de Konrad Lorenz* sobre o instinto agressivo não ritualizado (*Das sogenannte Böse. Zur Naturgeschichte der Aggression* [A agressão, uma história natural do mal], 1963) e as teorias psicanalíticas sobre as pulsões destrutivas (Tânatos). A teoria de René Girard sobre a violência fundadora, ligada ao desejo mimético (*La Violence et le sacré* [A violência e o sagrado], 1972), procede desse gênero de análise.

Em sentido inverso, todo um lado das ciências humanas sustenta que a violência é um fato de sociedade. É o caso da antropologia culturalista*, que vê na violência um fenômeno de cultura. Por exemplo, Ruth Benedict* pretende mostrar que a cultura apolínea dos índios pueblos é mais comunitária e pacífica que a cultura dionisíaca dos índios das planícies, mais arrebatados e agressivos (*Patterns of Culture* [Padrões de cultura], 1934).

A psicologia social* pende globalmente a favor das teses sobre o impacto do meio. As pesquisas sobre a influência* (Albert Bandura*, Stanley Milgram*) têm por objetivo mostrar que a violência não provém do indivíduo, mas dos modelos de conduta a ele ditados.

Mesmo sem o intuito de conciliar à força teses opostas, é preciso observar que as posições não podem ser radicalizadas. Os partidários da violência fundadora aceitam a ideia de que a cultura e as leis conseguem moderar um instinto fundamentalmente violento. Por sua vez, os defensores da tese do meio ambiente não recusam a existência de um programa de comportamento violento inscrito no homem. Porém, supõem que este só se desencadeia em certas circunstâncias ligadas ao meio. Então, em vez de contrapor os paradigmas, seria mais válido voltar a atenção para as dinâmicas e para as sucessões de causalidades que levam da pulsão ao ato violento, da violência individual à violência coletiva, da violência comedida à sua ascensão aos extremos.

Pesquisas diversas

Além das teorias gerais, o tema da violência se distribui em múltiplos temas que são objeto de uma infinidade de pesquisas e estudos especializados. Alguns deles são clássicos, como a ligação entre violência e televisão, violência dos jovens, violências urbanas. No final dos anos 1990, surgiram novos temas associados às preocupações da sociedade para com novas formas de violência: conjugal, sexual, escolar, guerras civis.

Bibliografia: • C. Bachmann, N. Le Guennec, *Violences urbaines. Ascension et chute des classes moyennes à travers cinquante ans de politique de la ville*, Albin Michel, 1996 • J.-C. Chesnais, *Histoire de la violence en Occident de 1800 à nos jours*, Robert Laffont, 1981 • F. Héritier (org.), *De la violence*, 2 tomos, Odile Jacob, 1996 e 1999 • P. Karli, *L'Homme agressif*, Odile Jacob, 1996 [1987] • H. Laborit, *L'Agressivité détournée*, 10/18, 1970 • Y. Michaud, *La Violence*, Puf, "Que sais-je?", 1998 [1986] • M. Wieviorka, *Violence en France*, Seuil, 1999

→ **Agressão, Elias**

VISÃO
→ **Percepção**

VISÃO DE MUNDO (*Weltanschauung*)

O termo *Weltanschauung* faz parte da tradição filosófica alemã. Foi introduzido pela primeira vez por Emmanuel Kant em sua *Kritik der Urteilskraft* [Crítica da faculdade do juízo] (1790). Será depois retomado por Wilhelm Dilthey* (1833-1911), Max Scheler (1874-1928), Karl Jaspers (1883-1969) e Martin Heidegger* (1889-1976).

A "visão de mundo" define uma atitude geral perante a vida. Integra, ao mesmo tempo, uma representação global da realidade (mundo físico e social) e um tipo de engajamento existencial. O cavaleiro da Idade Média, o burguês conquistador, o militante revolucionário, o muçulmano fundamentalista, cada um deles tem uma *Weltanschauung* particular.

Segundo W. Dilthey, reconstituir os grandes tipos de *Weltanschauung* que a consciência histórica conheceu corresponde a uma das principais tarefas da ciência social.

Em estética, o termo *Weltanschauung* é, por vezes, utilizado para designar a visão de mundo implicada na obra de um grande artista, como Richard Wagner, Jerônimo Bosch ou Rembrandt.

VODU

O vodu é uma religião originária da África Negra, do golfo do Benim. Depois, com a escravidão, propagou-se no Caribe – principalmente no Haiti – e também no Brasil (na forma análoga do candomblé), onde integrou certos elementos do catolicismo. Na língua fon, falada no Benim (ex-Daomé), a palavra *vodun* designa as forças misteriosas e invisíveis. Tais *vodun* podem atuar tanto para o bem quanto para o mal no destino dos homens, trazer-lhes bem-estar, ou males. Por essa razão, são praticados rituais destinados a aplacar esses espíritos invisíveis. Esses rituais comportam danças e cantos ritmados ao som dos tambores. São sacrificados animais (frangos, carneiros ou bois) e oferecidos aos *vodun*. Durante a dança, alguns indivíduos entram em transe. Perdem a consciência e ficam como que "possuídos" por um espírito que se teria apoderado de seu corpo. O ritual se realiza sob a direção de um sacerdote denominado *voduno* ou *huno* cujo papel é interpretar as mensagens dos espíritos.

Bibliografia: • L. Hurbon, *Les Mystères du vaudou*, Gallimard, 1993 • A. Métraux, *Le Vaudou haïtien*, Gallimard, 1998 [1958]

→ **Religião, Sincretismo**

VONTADE DE POTÊNCIA
→ **Potência**

VYGOTSKI, LEV SEMENOVICH
(1896-1934)

Nascido numa família russa rica e muito culta, Lev S. Vygotski é uma espécie de criança prodígio da psicologia. Seus estudos muito diversificados permitem-lhe abordar o direito, a medicina, a filosofia, as línguas antigas e a literaturas. Não há dúvida de que essa abertura para as ciências e as artes dão a ele a possibilidade de perceber com um olhar diferente as duas escolas de psicologia que se defrontam então na Rússia: uma corrente psicofísica voltada somente para o estudo científico das funções elementares (percepção, sensação, aprendizagem reflexa) e uma corrente mais "fenomenológica*", centrada nos estados mentais e nas representações subjetivas do indivíduo.

L. S. Vygotski vai procurar conciliar essas duas abordagens. Além disso, a infância decorrida num meio culturalmente privilegiado e a sua formação nas letras e nas línguas o tornam bastante sensível à influência do meio cultural no pleno desenvolvimento do espírito. É preciso ter em mente esse contexto para compreender a importância que L. S. Vygotski atribui àquilo que ele chama de "inteligência social".

Para ele, a inteligência se desenvolve como um processo combinado entre desenvolvimento orgânico e influência cultural.

É neste aspecto que L. S. Vygotski insiste. É na interação com os adultos que a criança adquire inicialmente os mecanismos mentais superiores do pensamento.

A riqueza das interações com o meio será, pois, um fator essencial do desenvolvimento intelectual.

A linguagem tem um papel central nesse processo. Seu domínio se realiza em dois tempos. Numa primeira etapa, a linguagem passa por uma fase "social", na qual a criança aprende as palavras e as estruturas gramaticais no contato com seu meio. Em seguida, vem uma fase de interiorização dos conceitos.

L. S. Vygotski propõe uma visão dinâmica das aptidões intelectuais, que podem ser estimuladas pelo ambiente. Ele denomina "zona proximal de desenvolvimento*" a distância que existe entre o potencial latente de uma criança e as realizações efetivas.

Faleceu aos 38 anos, deixando uma obra importante, mas não aprimorada. Seus trabalhos, por muito tempo ignorados ou deixados à margem da psicologia do desenvolvimento, são atualmente redescobertos na Europa e nos Estados Unidos.

Principal obra de L. S. Vygotski
• *Myšlenie i rech*, 1934 [*Pensamento e linguagem*, Martins Fontes, 5ª ed., 2005]

W

WAGNER (lei de)

No início do século XX, o economista alemão Adolph Wagner (1835-1917) enunciara a lei segundo a qual o Estado e as despesas públicas tendem a aumentar mais do que a produção interna e, portanto, a ter cada vez mais peso na economia de um país. Quando observamos a evolução do Estado ao longo de todo o século XX nos países desenvolvidos, a lei de Wagner parece ter sido confirmada, mesmo que não tenha o caráter ineluctável de uma lei física.

WALRAS, LÉON
(1834-1910)

"Ninguém é profeta em sua terra". Léon Walras sentiu duramente na pele esse dito, pois teve de deixar a França, seu país natal, para exilar-se na Suíça em busca de um cargo à sua altura, que não encontrava em sua terra. É verdade que aquele que iria introduzir a matemática na economia fora reprovado duas vezes no exame de admissão da Escola Politécnica, repetira três vezes a mesma disciplina na Escola de Minas e, finalmente, saíra sem diploma!

O projeto que anima L. Walras, e também muitos economistas da sua época, é transformar a economia numa verdadeira "ciência", que, como a física, seria fundada em modelos, cálculos e demonstrações irrefutáveis.

Para tanto, L. Walras age como um engenheiro matemático. Procura construir um modelo teórico do mercado, fundamentado em algumas hipóteses básicas:

– o mercado é concorrencial (não há monopólio). L. Walras fala de "regime hipotético de livre concorrência absoluta";

– existem interdependências entre as mercadorias (quando o preço da cerveja se eleva muito, alguns consumidores preferem o vinho tinto...);

– os preços podem flutuar livremente de acordo com a oferta e a procura.

A partir desse modelo, L. Walras pretende demonstrar matematicamente que existe um "equilíbrio geral", isto é, uma situação ideal em que todos os produtos encontram compradores, sem que haja superprodução, subconsumo nem crise (tampouco crescimento, aliás).

Esse ponto de equilíbrio, que pode ser encontrado matematicamente pela resolução de um sistema de equação, é, na realidade, obtido pelo mecanismo do mercado. "Agora, percebe-se claramente o que é o mecanismo da concorrência no mercado: é a solução prática, pela alta e baixa dos preços, do problema da troca, cuja solução teórica e matemática fornecemos".

Esse modelo simplificado do mercado e, principalmente, o método de análise inaugurado por L. Walras tiveram um papel considerável na história do pensamento econômico. Seu procedimento é o ponto de partida de toda a microeconomia contemporânea.

O modelo matemático "do mercado de concorrência pura" poderá ser complexificado à vontade mudando as hipóteses iniciais (sobre a quantidade de produtores, a quantidade de mercadorias...), integrando a elas dados numéricos...

O próprio L. Walras tinha uma visão realista do seu modelo. No seu entender, o modelo teórico era somente um instrumento prático para raciocinar de maneira rigorosa, mas só refletia imperfeitamente a realidade. "O estado de equilíbrio da produção é como o estado de equilíbrio da troca, um estado ideal e não real".

No plano prático, L. Walras não era, como poderíamos julgar, um adepto do não intervencionismo generalizado. Espírito contestatório e rebelde, foi defensor da economia social (*Etudes d'économie sociale. Théorie de la répartition de la richesse sociale* [Estudos de economia social. Teoria da divisão da riqueza social], 1896).

Ele propôs principalmente a nacionalização de grande número de propriedades privadas. Foi também um ferrenho defensor da nacionalização das ferrovias que, segundo ele, eram da competência do serviço público (*L'État et les chemins de fer* [O Estado e as ferrovias], 1875).

Principal obra de L. Walras
• *Eléments d'économie politique pure ou théorie de la richesse sociale*, 1874-1877 [Elementos de economia política pura ou teoria da riqueza social]

→ Mercado

WALZER, MICHAEL
(nascido em 1935)

Michael Walzer é um filósofo engajado. Professor no Institute for Advanced Studies da Universidade de Princeton, foi militante contra a Guerra do Vietnã, depois, um dos próceres da corrente comunitarista* e se empenhou pela intervenção ocidental em Kosovo.

Pensador do engajamento moral, M. Walzer propõe, em *Spheres of Justice: a Defense of Pluralism and Equality* [As esferas da justiça: uma defesa do pluralismo e da igualdade] (1983), uma visão pluralista da moral. Segundo ele, é ilusório buscar um sistema moral universal, suscetível de ser partilhado por todos.

As razões e os valores que nos levam a agir são múltiplos e não necessariamente coerentes entre si. As regras morais (assistência, auxílio mútuo) que são formuladas no interior de uma família não podem ser transpostas para uma comunidade maior (a nação, por exemplo) e menos ainda para a humanidade inteira. Portanto, o grande problema da moral é articular as esferas entre si: nem dissolvê-las num sistema abstrato e universal (que não leva em conta a inscrição dos indivíduos nas comunidades de vinculação concretas) nem privilegiar uma só dessas esferas (o que levaria a uma moral estritamente comunitária).

Em *Just and Unjust Wars: a Moral Argument with Historical Illustrations* [Guerras justas e injustas: uma argumentação moral com exemplos históricos] (1977), o filósofo se interroga sobre as justificativas morais da guerra. Em que condição um Estado democrático pode entrar num conflito, fora de suas fronteiras, sem que ele próprio seja ameaçado? Se, moralmente falando, certas guerras – por exemplo, as coloniais – são injustificáveis, outras, como a luta contra os totalitarismos, são justas, responde o filósofo.

Principais obras de M. Walzer
• *Just and Unjust Wars: a Moral Argument With Historical Illustrations*, 1977 [*Guerras justas e injustas: uma argumentação moral com exemplos históricos*, Martins Fontes, 2003]
• *Spheres of Justice: a Defense of Pluralism and Equality*, 1983 [*As esferas da justiça: uma defesa do pluralismo e da igualdade*, Martins Fontes, 2003]

WATSON, JOHN BROADUS
(1878-1958)

Oriundo de uma família de fazendeiros pobres do Sul dos Estados Unidos, John B. Watson tornou-se um dos grandes nomes da psicologia americana do período entre guerras e fundou o behaviorismo.

Tendo sido inicialmente professor primário, defende uma tese em psicobiologia; depois, especializa-se em cirurgia na Universidade John Hopkins. Aos 31 anos torna-se diretor do departamento de psicologia da universidade e dirige a célebre revista *Psychological Review*, o que lhe permite exercer considerável influência nas orientações da psicologia. Entretanto, essa carreira fulgurante vai ser logo interrompida. Sete anos mais tarde, J. B. Watson é demitido quando sua mulher divulga as cartas apaixonadas que ele trocava com sua assistente. A exemplo de James M. Baldwin (1861-1934), que fora fotografado ao sair de um prostíbulo, é vítima do puritanismo da instituição universitária.

J. B. Watson deixa então a universidade e faz, com sucesso, carreira na publicidade. Paralelamente, dá continuidade às suas publicações behavioristas e às polêmicas com outros psicólogos e se dedica a difundir o behaviorismo na sociedade americana, notadamente no âmbito da educação.

"Deem-me uma dúzia de crianças saudáveis (...) e o mundo que desejo para criá-las, e garanto que posso fazer, de qualquer uma delas, qualquer tipo de especialista à minha escolha – um médico, um advogado, um artista, um comerciante astuto e, até mesmo, sim, um pedinte e um ladrão, quaisquer que sejam seus talentos, inclinações, tendências, aptidões, vocações e a raça de seus antepassados."

Essa afirmação é a expressão de uma visão do ser humano: uma página inicial em branco, que o condicionamento educativo e cultural pode modelar à vontade. É um dos postulados do behaviorismo e de sua teoria da aprendizagem*.

Principais obras de J. B. Watson
- *Behavior: an Introduction to Comparative Psychology*, 1914 [O comportamento: uma introdução à psicologia comparativa]
- *Psychology: from the Standpoint of a Behaviorist*, 1919 [Psicologia: do ponto de vista de um behaviorista]

→ Behaviorismo

WATZLAWICK, PAUL
(1921-2007)

Psicólogo americano de origem austríaca, Paul Watzlawick é uma figura insigne da Escola de Palo Alto* e um dos principais iniciadores da terapia familiar sistêmica. É defensor de um construtivismo* radical, que ele define como "a análise dos processos por meio dos quais criamos realidades, quer sejam elas individuais, familiares, sociais, ideológicas, científicas". Em outras palavras, "a realidade é uma construção", e tudo o que nos acontece depende de nossa maneira de perceber o mundo. Esse tema é explorado por ele com humor em sua obra *The Situation is Hopeless, but not Serious: the Pursuit of Unhappiness* [Sempre pode piorar ou A arte de ser (in)feliz] (1983).

Seu estilo vivaz fez a popularidade de seus livros e valeu-lhe grande fama.

Principais obras de P. Watzlawick
- *How Real is Real?: Confusion, Disinformation, Communication*, 1976 [Quão real é real? Confusão, desinformação, comunicação]
- *The Language of Change: Elements of Therapeutic Communication*, 1980 [A linguagem da mudança: elementos de comunicação terapêutica]
- (org.) *The Invented Reality: How Do We Know What We Believe We Know?*, 1981 [A realidade inventada: como sabemos o que cremos saber?, Psy, 1994]
- *Ultra-Solutions: How to Fail Most Successfully*, 1988 [Ultrassoluções: como fracassar com sucesso]

WEBER, MAX
(1864-1920)

Max Weber faz parte da geração que, com Émile Durkheim* (1858-1917), Georg Simmel* (1858-1918) e Ferdinand Tönnies* (1855-1936), vai dar corpo à disciplina sociológica, construir seus instrumentos de análise e uma representação da vida social. Nesse sentido, Max Weber é um "clássico da disciplina".

Nasceu em Erfurt (Alemanha). Após brilhantes estudos de direito, economia, história, filosofia e teologia, lecionará essas disciplinas em diferentes universidades alemãs, de Berlim a Heidelberg. Figura de proa da ciência social na Alemanha, viaja, faz conferências na Europa e nos Estados Unidos, desenvolve uma atividade contínua em favor da constituição da jovem ciência sociológica.

Apesar de sua paixão pela política, M. Weber jamais se engajou realmente na ação pública. Sua concepção da ciência social, expressa em *Politik als Beruf* e *Wissenschaft als Beruf Politik als Beruf* [Ciência e política, duas vocações] (1919), supõe uma distinção radical entre juízo de valor e juízo de fato. A ciência não pode fundar os valores que regem a política.

M. Weber faleceu em 1920, deixando uma obra abundante – mas em estado bruto – que tematiza o procedimento das ciências sociais, a história econômica, a sociologia das religiões, etc. Seu grande tratado, *Wirtschaft und Gesellschaft* [Economia e sociedade] (1922) ficará inacabado e será publicado dois anos depois de sua morte.

UMA SOCIOLOGIA DA MODERNIDADE

No entender de M. Weber, a sociologia é, antes de tudo, uma ciência da ação social. A sociedade é o produto da ação dos homens, que agem de acordo com valores, motivos, cálculos racionais. Portanto, explicar o social é considerar a maneira como os homens orientam suas ações. "Chamamos de sociologia uma ciência que se propõe compreender, pela interpretação, a atividade social" (*Economia e sociedade*).

Munido dessa orientação metodológica (compreender a ação dos agentes a partir de seus valores e de sua relação com o mundo) e do método do tipo ideal*, M. Weber se aplica a responder a uma única pergunta: o que faz a singularidade da sociedade moderna? Para tanto, faz uso de múltiplos estudos comparativos das formas do direito, dos tipos religiosos ou dos modos de organização social e política. A resposta cabe em poucas palavras: a "racionalização da vida social" é a característica mais significativa das sociedades modernas. Mas o que se deve entender aqui por "racionalização"?

Em *Economia e sociedade*, M. Weber propõe uma distinção, que se tornou canônica, entre três grandes gêneros de atividade humana:

– *a ação tradicional* está ligada ao costume. Por exemplo, comer com garfo ou cumprimentar os amigos são do domínio da atividade tradicional;

– *a ação afetiva* é guiada pelas paixões. O colecionador ou o jogador agem dessa maneira;

– *a ação racional* é uma ação instrumental, voltada para uma finalidade utilitária ou para certos valores e que implica a adequação entre fim e meios. A atividade estratégica (estratégia militar ou econômica) pertence a esta categoria. O estrategista é racional pelo fato de calcular ao máximo a eficácia de sua ação, seja ela voltada para um objetivo material (a conquista de um território), seja orientada por valores (a glória). Segundo M. Weber, a ação racional é característica das sociedades modernas: o empresário capitalista, o cientista, o consumidor e o funcionário agem de acordo com esta lógica.

M. Weber acrescenta, entretanto, que é muito raro ser a atividade orientada unicamente conforme uma ou outra dessas espécies de finalidades. Isso ocorre porque "elas são simples tipos, construídos para servir aos fins da pesquisa sociológica. A atividade real se assemelha mais ou menos a elas e, com maior frequência ainda, combina-as. É a sua fecundidade que, a nosso ver, impõe a necessidade de construí-las" (*Economia e sociedade*).

OS TRÊS TIPOS DE DOMINAÇÃO

Em *Economia e sociedade*, M. Weber trata dos diferentes tipos de relações sociais e, principalmente, das formas de dominação política. Ele distingue três formas de dominação ideal-típicas:

– a dominação tradicional funda sua legitimidade no caráter sagrado da tradição. O poder patriarcal no interior dos grupos domésticos e o dos senhores na sociedade feudal são desse tipo;

– a dominação carismática supõe uma personalidade excepcional, dotada de uma aura particular. O chefe carismático fundará o seu poder na força de persuasão, na propaganda, na sua capacidade de reunir e de mobilizar as massas. A obediência a tais chefes procede de fatores emocionais que eles conseguem suscitar, manter e controlar;

– a dominação "legal-racional" se assenta no poder do direito formal e impessoal. É ligada à função e não à pessoa. O poder nas organizações modernas se justifica pela competência, pela racionalidade das escolhas e não por virtudes mágicas. A dominação racional ou "legal-burocrática" passa pela submissão a um código universal e funcional (código de trânsito, código civil...).

A administração burocrática representa o "tipo puro" da dominação legal: nesse caso, o poder é fundado na "competência" e não na origem social; ele se inscreve no quadro de uma regulamentação impessoal; a execução das tarefas é dividida em "funções" especializadas, de contornos metodicamente definidos; a carreira é regida por critérios objetivos de tempo de serviço, de qualificação, etc., e não por critérios individuais.

M. Weber sublinha que esse tipo de organização não é específico da administração pública, como se interpreta erroneamente muitas vezes, mas concerne também às grandes empresas capitalistas e mesmo a certas ordens religiosas. Portanto, a concepção weberiana da burocracia corresponde, ao mesmo tempo, a uma forma de gestão da produção, que se estende a todas as formas modernas de organização e não somente à função pública, e que integra também a dimensão da racionalização das tarefas, tal como começava a ser praticada (por Frederick W. Taylor e Henri Fayol).

A racionalização do pensamento se expressa por meio da intensa expansão das ciências e das técnicas e também pela laicização da sociedade, pelo desenvolvimento do direito, das técnicas contábeis, da gestão. Essa racionalização do pensamento deve, a termo, pôr fim ao universo dos mitos e das crenças religiosas – pelo menos é o que pensa M. Weber. Eis por que ele assimila a racionalização ao que chama de um "desencantamento do mundo".

WEBER E A RELIGIÃO

Sua obra *Die protestantische Ethik und der Geist des Kapitalismus* [*A ética protestante e o espírito do capitalismo*] (1905) figura inegavelmente entre os grandes clássicos da sociologia.

Esse estudo – é preciso sabê-lo – se inscreve num programa bem mais amplo, que levou M. Weber a redigir, de 1905 a 1918, um grande número de artigos de sociologia das religiões. Publicados em *Archiv für Socialwissenschaft und Sozialpolitik*, tais artigos posteriormente reunidos comporiam diversos e longos volumes.

M. Weber estudou assim as principais religiões da humanidade, a saber, as da Índia, da China, o judaísmo antigo, o budismo, o cristianismo e o Islã. Todos os comentaristas observaram uma espantosa erudição que o levava a expressar-se com a mesma facilidade tanto sobre a contemplação mística dos monges janaístas como sobre as vias de salvação na Grécia Antiga.

Porém, o que realmente interessa a M. Weber em seus trabalhos de sociologia religiosa não é tanto a compreensão das religiões em si mesmas, mas a relação delas com a organização econômica. O que importa é detectar, no interior de cada uma das grandes civilizações, a influência da ética religiosa no comportamento econômico. Enfim, o estudo das grandes religiões da humanidade não tem outro objetivo senão o de detectar – por comparação – a particularidade da civilização ocidental e, mais precisamente, o papel da ética protestante na gênese do capitalismo.

Principais obras de M. Weber
• *Die protestantische Ethik und der Geist des Kapitalismus*, 1905 [*A ética protestante e o espírito do capitalismo*, Companhia das Letras, 2004]
• *Gesammelte Aufsätze zur Religionssoziologie*, 1910-1920 [*Sociologia das religiões*]
• *Politik als Beruf e Wissenschaft als Beruf Politik als Beruf*, 1919 [*Ciência e política, duas vocações*, Cultrix, 12ª ed., 2004]
• *Wirtschaft und Gesellschaft*, 1922 [*Economia e sociedade*, UnB, vol. 1, 3ª ed., 1994; vol. 2, 1999]

→ **Sociologia**

WELTANSCHAUUNG
→ **Visão de mundo**

WERTHER (efeito)

A obra de Johann W. von Goethe, *Die Leiden des jungen Werther* [*Os sofrimentos do jovem Werther*] (1774) narra a história trágica de um jovem atormentado que será levado ao suicídio em consequência de uma decepção amorosa. Conta-se que a publicação desse livro teria ocasionado uma onda de suicídios na juventude alemã, por identificação com o destino trágico do herói. Verdadeira ou falsa, a informação aguçou a curiosidade do sociólogo David Phillips, que consagrou diversos estudos àquilo que ele denomina "efeito Werther". Ao observar, por exemplo, todos os suicídios noticiados na primeira página do *New York Times* entre 1946 e 1968, ele constatou que a notícia de um suicídio pela imprensa é seguida de um aumento do número de mortes voluntárias na população.

Outras pesquisas mostraram que esse aumento geralmente é proporcional à dimensão dada ao evento pelos meios de comunicação. Mesmo os programas sobre o suicídio com objetivo preventivo teriam o efeito de provocar maior número deles entre os adolescentes.

WILLIAMSON, OLIVER
(nascido em 1932)

Um dos próceres, com Douglass C. North*, da nova economia institucional. A partir da teoria dos "custos de transação", de Ronald Coase, ele procurou repensar a economia da empresa como um conjunto organizado em torno de um "nó de contratos".

Essa visão da empresa procura integrar os modelos da microeconomia na teoria das organizações.

Principal obra de O. Williamson
• *The Economic Institutions of Capitalism*, 1985 [*As instituições econômicas do capitalismo*]

→ **Institucionalismo**

WINNICOTT, DONALD WOODS
(1896-1971)

Donald W. Winnicott, psicanalista escocês, teoricamente próximo de Melanie Klein*. A exemplo desta, atribui à mãe um papel central na individuação psíquica da criança. A ele se deve especialmente a teoria dos "objetos transicionais", o famoso pedaço de pano ou bichinho de pelúcia que a criança segura para adormecer. O objeto transicional é um intermediário entre uma parte do eu e o objeto exterior, situado psicologicamente no limite entre o exterior e o interior.

Principal obra de D. W. Winnicott
• *Playing and Reality*, 1971 [*O brincar e a realidade*, Imago, 1975]

WITTGENSTEIN, LUDWIG JOSEF
(1889-1951)

Nascido em Viena, de uma grande família burguesa, o jovem Ludwig J. Wittgenstein inicia seus estudos de engenharia, que logo abandona para seguir, em 1912, os cursos de Bertrand Russell (1872-1970), em Cambridge. Irrompida a Guerra, alista-se no exército austríaco, e é durante esse período que compõe o *Tractatus logico-philosophicus* (que será concluído em 1918 e publicado em 1921). Esse curto tratado terá influência determinante no círculo de Viena*.

Espírito solitário, arredio e atormentado, L. J. Wittgenstein decide abandonar tudo logo após a Segunda Guerra Mundial. Doa a imensa fortuna herdada do pai e se torna professor primário, vindo a pedir demissão algum tempo depois. Após alguns contatos com os membros do círculo de Viena, vai, em 1929, para a Universidade de Cambridge, onde Bertrand Russell, seu ex-professor, lhe propõe um cargo e onde irá lecionar até 1947, data de sua demissão.

Morre de câncer em 1951.

O pensamento de Wittgenstein divide-se em dois períodos distintos.

O primeiro Wittgenstein

O primeiro período é o do *Tractatus logico-philosophicus*, publicado em 1921. O *Tractatus* se apresenta como uma obra curiosa; é uma pequena brochura de oitenta páginas, dividida numa série de fórmulas lacônicas, cada uma delas numerada como teoremas:

"*1 – O mundo é tudo o que acontece*" ou "*6.373 – O mundo é independente da minha vontade.*"

O tema central do livro trata da correspondência entre o mundo e a linguagem e principalmente da capacidade de constituir uma língua rigorosa que possa representar exatamente a realidade.

A questão teórica – muito debatida na época – consiste em distinguir, na linguagem, o que faz parte do verdadeiro conhecimento daquilo que é somente uma especulação metafísica, vazia de sentido.

O mundo é, a princípio, concebido como "a totalidade dos fatos, não das coisas" ou como "tudo o que acontece". L. J. Wittgenstein recusa todo essencialismo. Os fatos, nada mais que os fatos: "O cão ladra" é um fato. E é possível decompor o mundo numa série de fatos ou de "estados do mundo" elementares.

Por sua vez, a linguagem é formada de proposições, estas também decomponíveis em fórmulas elementares: "Chove"; "Maria brinca com Clara"... Essas proposições são consideradas imagens da realidade. Só são verdadeiras ou falsas conforme correspondam, ou não, a um determinado estado do mundo.

As proposições da linguagem são ligadas entre si por regras de conexão lógicas ("se", "então", "ou então", "não") que podem refletir uma organização do mundo possível. A validade das proposições depende de sua coerência lógica e de sua correspondência com o mundo. Fora disso, tudo é mera verborragia. "Deus é todo-poderoso" e "Esta flor é bonita" são proposições que não têm verdadeiras significações, uma vez que não se baseiam numa verdadeira correspondência entre uma proposição e um fato palpável (a beleza é um juízo de valor e não um estado de fato).

Unicamente as ciências da natureza, que têm base no mundo físico, têm validade. A missão da filosofia, se ainda lhe resta uma missão, não é dizer a verdade, mas elucidar as proposições da linguagem ("4.112 – O objetivo da filosofia é esclarecer os pensamentos"). Todos os discursos que procedem da ética ou da estética não têm sentido algum do ponto de vista de uma linguagem realmente rigorosa. Não podem ser proferidos sem cair na vacuidade e na confusão.

L. J. Wittgenstein escreve: "6.421 – Eis por que não pode haver proposições éticas" porque "as proposições nada podem expressar de superior". O resultado é, pois, brutal: fora as proposições baseadas em fatos, nada existe que possa ser dito. Consequência: "Sobre aquilo que não se pode falar, é preciso calar-se". Essa é a célebre fórmula com a qual se encerra o *Tractatus*.

A partir daí, L. J. Wittgenstein considera ter posto um ponto-final em seu trabalho, e talvez também encerrado o da filosofia...

Logo depois de publicado, em inglês em 1921, depois, em alemão em 1922, com prefácio de B. Russell, o texto de L. J. Wittgenstein tem grande repercussão na comunidade intelectual. Torna-se o manifesto do círculo de Viena*, um grupo de filósofos, matemáticos, físicos reunidos em torno de Moritz Schlick. Os membros do círculo de

Viena se dedicam então a fundar uma nova filosofia do conhecimento, o positivismo lógico*.

O SEGUNDO WITTGENSTEIN

Depois do *Tractatus*, L. J. Wittgenstein não publicou nenhum outro livro em vida. Contentou-se em ir anotando as suas reflexões em "cadernos" (elas serão publicadas posteriormente com os títulos de *The Blue and Brown Books* [*Cadernos azul e marrom*] e em dar aulas, que alguns de seus alunos anotam religiosamente (*Lectures and Conversations on Aesthetics, Psychology and Religions Belief* [Lições e conversações sobre estética, psicologia e crença religiosa], 1966).

Redige intermitentemente uma obra, *Philosophischen Untersuchugen* [*Investigações filosóficas*], que só será publicada postumamente.

Wittgenstein, porém, estava elaborando uma nova filosofia que romperia com o *Tractatus*. A denominada "segunda filosofia de L. J. Wittgenstein" está em ruptura com sua teoria anterior da "linguagem-imagem".

No *Caderno marrom*, a linguagem já não é vista sob o ângulo da descrição do mundo, mas como uma ferramenta de comunicação. As expressões "Vá embora!", "Meu Deus!", "Maldito seja!", ou "Passe-me o sal!" não narram o mundo. Inscrevem-se num contexto de comunicação e têm, em primeiro lugar, uma função prática: pedir, mandar, xingar, imaginar, recusar. L. J. Wittgenstein fala de "jogos de linguagem" para evocar as interações verbais que se produzem entre indivíduos. Ademais, acrescenta o filósofo, o sentido de uma expressão ("Ele é belo") pode mudar de uma pessoa a outra e em função do contexto, do lugar... Delineia-se então uma concepção pragmática* da linguagem, isto é, voltada para a ação, para a comunicação e profundamente dependente do contexto.

Assim como o *Tractatus logico-philosophicus* deu origem ao positivismo lógico, o segundo período do pensamento de L. J. Wittgenstein vai suscitar outra corrente de pensamento. Por sua influência, forma-se em Cambridge um movimento que será qualificado de "filosofia da linguagem comum", reunindo autores como John L. Austin*, o pai da pragmática, Peter F. Strawson e Gilbert Ryle.

Principais obras de L. J. Wittgenstein
• *Logisch-philosophische Abhatrdlung*, 1921 [*Tratactus logico-philosophicus*, Edusp, 3ª ed., 2005]
• *The Blue and Brown Books*, 1933-1935 [Cadernos azul e marrom]
• *Philosophischen Untersuchugen*, 1953 [*Investigações filosóficas*, Vozes, 3ª ed., 2005]

XYZ

XAMANISMO

O primeiro autor a introduzir a palavra "xamã" no Ocidente foi um religioso russo, Avvakum Petrovitch, exilado na Sibéria no século XVII. Em sua *Zhitie protopopa Avvakuma* [Autobiografia] (1673), P. Avvakum descreve uma cerimônia de predição a que assistiu. Intimado por um chefe guerreiro a lhe dizer se uma expedição contra os mongóis tinha bom presságio, o *saman* (xamã) resolve da seguinte maneira: "Ao anoitecer, perto de minha cabana, aquele arremedo de mágico trouxe um carneiro vivo e se pôs a praticar nele a sua magia: depois de tê-lo virado e revirado, torceu-lhe o pescoço e atirou a cabeça longe. Depois, começou a pular e dançar e a invocar os demônios; enfim, em altos brados, jogou-se ao chão, sua boca começou a espumar. Os demônios o assediavam e ele lhes perguntava: 'A expedição vai ser bem-sucedida?' E os demônios lhe disseram: 'Com grande vitória e grande riqueza o senhor voltará.'"

Em tungúsico, língua da Sibéria, a palavra "xamã" designa um homem ou uma mulher que mantém um contato privilegiado com os espíritos. Seu papel é interceder junto a um espírito-animal a fim de obter sua ajuda para tornar frutífera a caça, curar doenças, fazer chover, afastar a má sorte, encontrar um objeto perdido ou fazer predições.

O CONTATO COM OS ESPÍRITOS

O contato com os espíritos se dá durante uma cerimônia particular. O xamã canta e dança ao ritmo do tambor, depois entra num estado conhecido como "transe". É tomado por tremores, começa a gritar e, de repente, cai como se tivesse perdido a consciência. Durante essa fase de possessão, o xamã efetua uma "viagem" no mundo dos espíritos-animais e pode comunicar-se com eles.

Para os antropólogos, o xamanismo se define por um modo de pensar característico das sociedades de caçadores (mesmo que depois se tenha propagado em outros tipos de sociedades). Os animais e as plantas são habitados por espíritos (o equivalente da "alma" no homem), que são outras tantas forças e princípios vitais que animam a natureza: permitem que as plantas germinem, que os animais se reproduzam, que a chuva caia, etc. Portanto, são responsáveis pela vida (e, por conseguinte, pela doença e pela morte).

Em um sentido estrito, o xamã é aquele que entra em contato com os espíritos-animais durante a cerimônia de transe, e que assume, ao olhar da sociedade, uma função de terapeuta e de conselheiro (na caça, na colheita). A zona de expressão do xamanismo está reduzida ao Polo Norte (Sibéria, Lapônia, Groenlândia), a uma parte da Ásia (Nepal e Tibete) e à América indígena. Existem formas similares de xamanismo, híbridas com as outras religiões, na Ásia (China, Coreia, Japão, Índia).

Circunscrito inicialmente à Sibéria, o termo "xamã" se generalizou para toda uma categoria de práticas mágico-religiosas, as dos *medicine man*, dos feiticeiros, dos marabutos, dos curandeiros e dos sacerdotes, que se encontram em todos os continentes. Isso não deixa de levantar problemas de definição. Atualmente, o termo tende a ser empregado num sentido muito mais amplo; é usado tanto para designar curandeiros que invocam os espíritos sem recorrer ao transe (na Austrália e na Nova Guiné) quanto para denominar feiticeiros-curandeiros que organizam rituais de possessão, nos quais são os pacientes

– e não os próprios xamãs – que entram em transe.

COMO EXPLICAR O XAMANISMO?

Já no século XVI, os exploradores descreviam "um culto ao diabo" entre os índios da América. Algumas tribos do Haiti, observa o navegante espanhol Gonzalo Fernandez de Oviedo (1478-1557), usam um fumo que os faz "perder a razão" e cair num sono durante o qual podem "comunicar-se com a natureza". Para André Thevet (1503-1592), sacerdote franciscano que morou no Brasil entre os tupinambás, alguns indivíduos se isolam do grupo a fim de comunicar-se com os espíritos. São "ministros do diabo que conhecem os segredos da natureza". O padre Antoine Biet descreve, em 1664, no Caribe, médicos-curandeiros, denominados *piayès* [pajés], que "jejuam com tabaco para aprender a curar".

Uma vez que os primeiros observadores eram padres, o xamanismo foi, durante muito tempo, considerado uma crença supersticiosa, assimilada a práticas demoníacas (a possessão) e à bruxaria (uso de plantas e manipulação dos espíritos com finalidade de cura).

As primeiras teorias científicas datam realmente dos anos 1930. Para os antropólogos evolucionistas*, o xamanismo seria a primeira religião da humanidade. Baseado em práticas mágicas, sucede ao totemismo* (religião de um clã que cultua um animal sagrado) e, por sua vez, está fadado a ser substituído pelas "grandes religiões".

A ARTE PRÉ-HISTÓRICA É XAMÂNICA?

• Em 1996, o pré-historiador francês Jean Clottes e o antropólogo sul-africano David Lewis-Williams publicavam um livro que teria grande repercussão: *Les Chamanes de la préhistoire. Transe et magie dans les grottes ornées* [Os xamãs da Pré-História. Transe e magia nas cavernas decoradas].
O livro parte da constatação da similaridade das figuras entre as pinturas rupestres dos san (povo de caçadores-coletores que viviam na África do Sul) e as das cavernas decoradas da Europa: desenhos de grandes mamíferos, de seres metade homens, metade animais e motivos gráficos abstratos. Segundo D. Lewis-Williams, as últimas imagens são características da visão dos xamãs. Sob o efeito de certos alucinógenos, a mente fica tomada por "visões" que passam por fases. Na fase 1, veem-se pontos luminosos, linhas e grades. Na fase 2, as figuras geométricas adquirem forma e são reinterpretadas a partir de imagens conhecidas do ambiente cultural ou natural (bola, árvore, serpente, etc.) que variam de acordo com as sociedades. Depois, numa fase terceira, o sujeito tem a sensação de sair do corpo, de voar e de formar uma unidade com o mundo externo. E vê animais estranhos ou seres híbridos, aos quais se identifica.
Para os autores, os motivos das gravuras e das pinturas rupestres da Pré-História correspondem, então, a visões de xamãs. Os artistas de outrora eram, pois, xamãs que apenas pintaram, nas paredes, aquilo que viam durante os sonhos. Com essa teoria, finalmente tinham sido descobertas as chaves de interpretação da arte parietal* pré-histórica.

• A tese teve repercussão, conquistou os meios de comunicação, mas também provocou a indignação de muitos colegas pré-historiadores e antropólogos. As críticas dos especialistas se acumularam em diversos pontos:
– a existência das "três fases alucinógenas" está longe de ser demonstrada pelos neurologistas especialistas em alucinógenos. De fato, a universalidade das visões é muito contestada. Seria muito hipotético atribuir as imagens reproduzidas a efeitos alucinatórios;
– alguns argumentaram que nunca houve xamanismo na África do Sul, nem na região das cavernas, nem entre os descendentes das populações san. Mesmo na Austrália (onde se encontram pinturas rupestres) o xamanismo, tal como é entendido habitualmente, não existe. Os *medicine man*, chamados por vezes de *schamen*, não praticam o transe de possessão;
– D. Lewis-Williams também é criticado por ter selecionado apenas os motivos dos grandes afrescos (representando cenas de caça) que se adequaram a seu quadro explicativo.
O conjunto dessas críticas mostra que, para alguns pré-historiadores, J. Clottes e D. Lewis-Williams ultrapassaram demais os limites do procedimento científico ao propor uma explicação única, unilateral e pouco convincente.

As cenas de possessão e de transe impressionaram muito os observadores e, desde o início do século XX, evoca-se uma explicação psiquiátrica. O xamã seria um doente mental, cujos transes não passariam de crises de histeria* ou de epilepsia. Essa explicação vai perdurar até os anos 1960.

Em 1951, Mircea Eliade* publica Le Chamanisme et les techniques archaïques de l'extase [O xamanismo e as técnicas arcaicas do êxtase], primeiro livro que realiza uma síntese do tema e que vai contribuir para tornar conhecido o xamanismo além das fronteiras da comunidade científica. Ele apresenta o xamã como "um psicopompo, especialista do domínio do fogo, do voo mágico e de um transe durante o qual se acredita que sua alma deixa o corpo para realizar ascensões celestes (...). Ele se relaciona com os espíritos que domina". Atualmente, os especialistas são muito críticos em relação à tese de M. Eliade. De fato, ele dá uma definição bastante vaga do xamanismo; suas fontes – sempre de segunda mão – são, por vezes, duvidosas e misturam, sem discernimento, dados muito diferentes uns dos outros. Além disso, sua visão é idealizada e remete a uma natureza humana marcada por profunda religiosidade. Entretanto, seu livro vai cativar muitos leitores e incentivar o estudo do xamanismo.

Hoje, os inúmeros e variados estudos antropológicos sobre o xamanismo buscam ser mais precisos e circunstanciados. Procuram apreender o fenômeno em todos os seus componentes: estudo das funções sociais do xamã, de sua visão de mundo, das condições de sua formação, da organização das cerimônias, do papel das plantas alucinógenas, de seus conhecimentos de medicina, etc.

Roberte N. Hamayon, especialista mundialmente reconhecida, procura circunscrever o uso do termo "xamã" ao território preciso das taigas do Polo Norte e a certas áreas da América indígena. Segundo ela, o famoso "transe" xamânico é, não raro, uma encenação espetacular destinada a impressionar um público (mais ou menos crédulo). "The shaman is a show-man", resume, a seu modo, o pré-historiador Paul Bahn.

A MODA DO NEOXAMANISMO

O xamanismo não deveria ter desaparecido com a sociedade dos caçadores-coletores* às quais está associado? Ao contrário, já há vinte anos estamos assistindo a sua extraordinária expansão no mundo.

Esse ressurgimento está ligado a vários fatores. Na América Latina, na Austrália entre os inuítes e os índios, organizam-se movimentos com o objetivo de reavivar as tradições, ou o modo de vida e a cultura desses povos. Nesse movimento militante – em que intervêm etnólogos –, o xamã está na ordem do dia. Ele representa supostamente o sacerdote e o médico-curandeiro, e, ao mesmo tempo, também o trabalhador social de um grupo em busca de suas raízes.

Nos Estados Unidos, a moda xamânica se propagou a partir dos anos 1970. As obras de Carlos Castañeda, etnólogo marginal que conta sua iniciação por um feiticeiro e sua "viagem" no mundo dos espíritos sob a influência de cogumelos alucinógenos, tiveram grande aceitação no seio da contracultura. Depois, a moda "xamanomania" se espalhou no Ocidente, a julgar pelo número de livros, de estágios e de *sites* de internet consagrados ao tema. A valorização dos "saberes tradicionais" faz do xamã um depositário de "práticas ancestrais" e de capacidades de exploração psíquica que, sem ele, estaríamos perdendo para sempre.

Bibliografia: • J. P. Chaumeil, *Voir, savoir, pouvoir, le chamanisme chez les Yagua de l'Amazonie péruvienne*, Georg, 2000 [1983] • J. Clottes, D. Lewis-Williams, *Les Chamanes de la préhistoire, transe et magie dans les grottes ornées*, Seuil, 1996 • J. Clottes, D. Lewis-Williams, *Les Chamanes de la préhistoire, transe et magie dans les grottes ornées. Après "Les chamanes", polémiques et réponses*, La Maison des Roches, 2001 • J.-P. Costa, *Les Chamans, hier et aujourc'hui*, Flammarion, 2001 • H.-P. Francfort, R. N. Hamayon (orgs.) *The Concept of Shamanism: Uses and Abuses*, Akadémiai Kiadó, 2001 • B. Hell, *Possession et chamanisme, les maîtres du désordre*, Flammarion, 1999 • M. Perrin, *Le Chamanisme*, Puf, "Que sais-je", 2001 [1995]

YERKES-DODSON (lei de)

Formulada em 1908 por dois psicólogos americanos, Robert M. Yerkes e John D. Dodson, esta lei estabelece que a *performance* numa tarefa se eleva de acordo com a motivação do sujeito. Em outras palavras, quanto mais uma pessoa estiver motivada, melhores resultados obterá. Em contrapartida, quando um certo limite de motivação é ultrapassado, a *performance* decai.

ZEIGARNIK (efeito)

Kurt Lewin* tinha o hábito de ir ao café com seus alunos depois das aulas. Ele observara que o garçom era capaz de se lembrar de uma lista bastante longa de pedidos, fato que sempre causava espanto entre os clientes. Depois, uma vez que as bebidas eram servidas, o rapaz não mais se lembrava do que fora solicitado anteriormente.

K. Lewin propôs a uma de suas alunas, Bluma Zeigarnik, que estudasse tal fenômeno em laboratório. Foi assim que a jovem estudante demonstrou que a memória está ligada à motivação. Depois que terminamos uma tarefa, lembramo-nos bem menos dos dados relativos a ela do que quando a tarefa foi interrompida antes do término. A interrupção da atividade constituía, então, um "efeito de espera" e contribuía para uma memorização melhor. Esse efeito foi denominado "efeito Zeigarnik". É por essa razão que, depois de passados os exames, os estudantes esquecem tão depressa as lições.

ZEN

O zen é uma filosofia e um modo de vida de origem budista* que nasceu no Japão do século XII. Tem base em técnicas mentais e corporais que visam à iluminação interior (satori), que encontraram plena expressão no Japão do período feudal, na prática do arco e flecha, da pintura e da arquitetura de jardins.

ZONA DE DESENVOLVIMENTO PROXIMAL

Em seu Discurso Preliminar da *Encyclopedia* (1751), D'Alembert presta homenagem a Voltaire dizendo que sua principal qualidade de escritor é "nunca estar acima nem abaixo de seu tema".

Se transpusermos essa fórmula para a educação, podemos dizer que não estar jamais nem "acima nem abaixo do interlocutor" significa permanecer na "zona de desenvolvimento proximal".

Todos os educadores, professores, divulgadores, conferencistas, etc. devem estar a par deste fato: quando se pronuncia um discurso demasiadamente complexo e além da capacidade do público, este deixará de acompanhá-lo e não aprenderá coisa alguma. Por outro lado, se o discurso for demasiado simples e evidente, o aluno ou o leitor também não irão aprender nada, pois não precisarão fazer esforço algum. Para que seja possível uma nova aprendizagem, o discurso (ou o exercício a ser feito) deverá situar-se a meia distância entre o que já é sabido e o que se pode aprender. Essa distância é o que o psicólogo russo Lev S. Vygostki* (1896-1934) denomina "zona de desenvolvimento proximal".

ZOO HUMANO

Eles chegaram em Paris em 1885, numa turnê de exibição pela Europa organizada por um museu ambulante. Eram três, Billy, Jenny e Toby, aborígines originários do Queensland australiano. O organizador os conduzira por todo o Norte dos Estados Unidos, indo de cidade em cidade para mostrar ao público aqueles estranhos seres. Eram apresentados como os "últimos canibais" e eram exibidos ao lado de outros nativos, tais como o "feroz zulu", "o selvagem muçulmano núbio" e os "extraordinários todawars".

Em Paris, o antropólogo Paul Topinard (1830-1911) quis examinar os aborígines a fim de tomar medidas antropomórficas e avaliar suas aptidões intelectuais. Ao testar a capacidade de Billy, o professor verificou que ele era capaz de se lembrar precisamente das cerca de cem cidades que os três haviam percorrido durante o périplo americano! Provavelmente Billy estava fazendo uso de uma aptidão dos aborígines para memorizar todos os lugares percorridos, condição indispensável para voltar a encontrar seu caminho no deserto australiano.

A história dos três aborígines, Billy, Jenny e Toby, foi narrada por Roslyn Poignant num livro coletivo, *Zoos Humains* [Zoológicos humanos] (2002). Da metade do século XIX até as grandes exposições coloniais dos anos 1930, foram organizadas exposições de "selvagens" em todas as grandes cidades da Europa e da América. Assim, ao lado de girafas, tigres, chimpanzés e crocodilos, foram mostrados ao público índios da América, pigmeus, papuas, canaques e outros "caçadores de cabeças".

Às vezes, a encenação era grosseira e obscena. No início do século XIX, a "Vênus hotentote" – uma jovem boxímane de nádegas protuberantes – foi exibida ao público ao lado de mulheres barbadas, irmãos siameses e outros "monstros" disformes.

Outras vezes, tratava-se simplesmente de exibir nativos da maneira mais exótica possível em seu meio natural. Por exemplo, na Exposição Colonial de 1931, ainda se encontravam espaços fechados onde eram expostos grupos de moças khmeres costurando trajes tradicionais.

Os zoos humanos são o produto típico da época colonial. Exprimem a visão de mundo dos ocidentais, que olham os nativos dos trópicos com um misto de condescendência, medo e fascinação. É evidente que, hoje, podemos achar risíveis ou nos escandalizarmos, com razão, com esses espetáculos com tonalidades nitidamente racistas. Mas também não se deve esquecer que esse imaginário despertou vocações etnológicas e o interesse em conhecer as culturas do mundo. O filósofo Michel Serres, no texto "Tintin et les sciences humaines" [Tintin e as ciências humanas] (*Science et Vie*, 2002), mostra o quanto suas visitas ao Jardin d'Acclimatation ou a leitura de *Tintin no Congo* – um concentrado de imaginário colonialista – atuaram a favor de sua atração pelas ciências humanas.

Bibliografia: • N. Bancel, P. Blanchard, G. Bœtsch, E. Deroo, S. Lemaire, *Zoos humains: de la Vénus hottentote aux reality shows*, La Découverte, 2002

Antropologia

Oriunda da observação de civilizações diferentes, a antropologia seguiu, de 1850 aos dias de hoje, orientações teóricas contrastantes. Constitui, ainda assim, uma tradição científica de pesquisa dos universais humanos através da diversidade das variações culturais.

Definir a antropologia não é tarefa fácil. O conteúdo de uma disciplina que propõe como projeto o estudo do "gênero humano" em geral parece bastante vago. É preciso ter em mente que a antropologia nasce e se desenvolve no decorrer do século XIX, época marcada pela expansão colonial e pela demonstração de que o homem moderno é produto de uma longa história natural. Mas essa longa história poderia explicar as diferenças físicas, morais, técnicas e sociológicas que os observadores apontam entre os continentes mais distantes? E por que uma espécie, cuja unidade já é praticamente inquestionável, seria marcada por tantas variações coletivas, a exemplo do que ocorre no reino animal? Essas variações são naturais ou decorrentes da atividade humana? A antropologia é resultado das diferentes maneiras que os eruditos naturalistas ou os filósofos, e mais tarde os antropólogos profissionais, utilizaram para tentar responder a essas questões, empregando para tanto métodos cada vez mais inspirados na observação direta. Quando a antropologia se torna disciplina de ensino, já possui suas ramificações, seus objetos e métodos: a antropologia física é uma especialidade (em declínio) fundamentada na antropometria; a antropologia social é o estudo das instituições não ocidentais ou populares; a antropologia cultural estuda as técnicas, os costumes e as crenças. As duas últimas são também chamadas de "etnologia" e trabalham de preferência com materiais recolhidos diretamente em campo.

CORRENTES E TEORIAS

Apesar da orientação empírica de suas pesquisas, os antropólogos não puderam escapar à necessidade de dispor de uma base teórica para guiar seus trabalhos. Emprestaram sucessivamente seus modelos das ciências ou das filosofias naturalistas, sociológicas e psicológicas, que puderam entrar em concorrência e coexistir, definindo quatro grandes períodos do pensamento antropológico.

1850-1920: racialismo e evolucionismo

O racialismo, oriundo dos pensadores naturalistas fixistas do século XVIII, fundamenta-se na ideia simples de que, assim como existe uma "escala" das espécies animais, existe uma "escala das raças" na humanidade, cujas diferenças (físicas e culturais) são transmitidas naturalmente e são, excluindo a mestiçagem, relativamente imutáveis. Fazendo uso da ferramenta antropométrica, a antropologia física, convencida ou não da amplitude do determinismo* racial, terá como única ambição constituir um catálogo explicativo dos tipos humanos correspondentes a grupos sociais observáveis. Sua incapacidade de realizar esse objetivo, seu valor explicativo duvidoso e sua impotência em explicar a ligação entre um determinado tipo físico e uma cultura levam a seu abandono a partir de 1890.

O evolucionismo* tem maior participação no desenvolvimento da antropologia social. Alicerçado na ideia bastante espontânea de que os "selvagens" encarnam o passado dos "civilizados", deve sua força à vitória do "transformismo" em ciências naturais, tanto o de Charles Darwin* como o de Jean-Baptiste Lamarck: as diferenças entre as culturas no mundo são apenas vestígios deixados pela marcha única da humanidade em direção ao progresso encarnado pelas sociedades modernas e pelo pensamento científico. Essa ideia tem duas consequências: em primeiro lugar, toda sociedade se caracteriza por um certo estágio evolutivo; em segundo lugar, um bom número de traços culturais é herança de um passado cuja forma original se tentará reconstruir. Devemos, assim, a Lewis H. Morgan* (1818-1881), Henri S. Maine (1822-1888), Edward B. Tylor* (1832-1917), William R. Smith (1846-1894) e James G. Frazer* (1854-1941) a inauguração do estudo comparado de instituições e tradições que se tornarão objetos clássicos da antropologia: respectivamente, o parentesco*, a organização social, as crenças religiosas e mágicas*, os rituais e a mitologia*. Livre (em princípio) do determinismo racial, o evolucionismo abre caminho para uma visão dinâmica das civilizações humanas, mas esbarra em duas falhas: seu caráter especulativo e seu método, que consiste em compilar materiais fragmentados, heteróclitos e frequentemente pobres.

1880-1940: o difusionismo e o primeiro culturalismo

Duas correntes, germânica e anglo-saxã, inspirando-se mais diretamente na história cultural, na geografia e na arqueologia, e muito pouco nas ciências naturais, diferenciaram-se da teoria evolucionista.

O difusionismo*, inaugurado pelo alemão Friedrich Ratzel (1844-1904), seguido por Fritz F. Graebner (1877-1934), Leo Frobenius (1873--1938) e pelo inglês William H. Rivers (1864--1922), parte do princípio de que os traços culturais são invenções únicas e as civilizações passam por fases de expansão e de declínio sob pressão do meio. Uma parte de seus trabalhos consiste em reconstituir as vias pelas quais as noções ou as técnicas se expandiram no mundo. Devemos a eles ao menos a ideia de que as culturas resultam de misturas e de que todos os seus traços merecem ser estudados, e não apenas seus estranhos "arcaísmos".

O culturalismo* americano, dominado pela figura de Franz Boas* (1858-1942), se diferencia nitidamente das outras escolas teóricas num ponto essencial: preconizando o estudo direto e exaustivo de culturas vivas, deixa de lado as generalidades, opõe-se ao evolucionismo e a qualquer aproximação especulativa no espaço e no tempo. Além do mais, F. Boas combate a teoria do racialismo. Efetivamente, para ele, as cultu-

A ANTROPOLOGIA E OS PRIMITIVOS

A noção de "sociedade primitiva", de acordo com Adam Kuper (*The Invention of Primitive Society* [A invenção da sociedade primitiva], 1988), surgiu nos anos 1860 e atendia à necessidade da antropologia evolucionista nascente de tornar as observações realizadas sobre os "selvagens" (como também eram chamados) uma referência para a compreensão dos primeiros estágios da história cultural humana. A expressão, assim como suas variações ("religião primitiva", "mentalidade primitiva", "comunismo primitivo", etc.), servirá mais de uma vez para caracterizar os objetos da antropologia e irá curiosamente sobreviver à teoria que a gerou, mesmo em críticos virulentos do evolucionismo como Robert H. Lowie (*Primitive Society* [Sociedade primitiva], 1920), e até os anos 1950 (*The Law of Primitive Man* [A lei do homem primitivo], de E. A. Hoebel, é publicado em 1954). Em seguida, a palavra "primitivo", que aliás não possui definição precisa, perde crédito, mas aparentemente faz falta aos antropólogos, que utilizam outros termos como "sociedades tradicionais", "sem Estado", "orais", "sem história", etc. Jack Goody*, em 1977, qualificou essa prática de "grande cisão", sugerindo que a antropologia tem bastante dificuldade em se definir como disciplina sem apelar para uma generalização que opõe "nós" (os observadores) aos "outros" (os observados). Será um vício colonialista ou uma condição operacional, necessária a toda reflexão geral em ciências sociais? Pode-se fazer antropologia sem tomar certa distância em relação ao objeto? Hoje está claro que esse distanciamento não corresponde mais a nenhuma tipologia civilizacional e que esse tipo de generalização incomoda os antropólogos. Contudo, os sociólogos, por sua vez, não deixam de mencionar a "modernidade", como se se tratasse de uma entidade palpável.

ras são realidades mentais, independentes do tipo físico e pouco sensíveis ao meio. Esse conjunto de ideias marca a crescente autonomia da antropologia em relação às ciências naturais do homem e do meio. Entre os primeiros alunos de F. Boas, Alfred L. Kroeber (1876-1960) e Robert H. Lowie (1883-1957) dedicam-se a tornar a cultura um dado autônomo e a desconstruir as noções mais caras aos evolucionistas (a organização clânica, o totemismo*, etc.).

1920-1950: o funcionalismo britânico e o segundo culturalismo

Inspirado na sociologia de Émile Durkheim* e, posteriormente, na ideia de que as sociedades humanas são, como todo organismo vivo, dotadas de mecanismos autocorretivos, o funcionalismo* põe fim, em primeiro lugar, ao chamado método "comparativo" (que consiste em isolar traços ou sequências de tradições) e o substitui pelo estudo integrado de agrupamentos sociais e sua cultura material e simbólica. Nos anos 1920, Bronislaw K. Malinowski* e Alfred R. Radcliffe-Brown* inauguram o movimento, rejeitando as especulações históricas dos difusionistas e dos evolucionistas: segundo eles, os "primitivos" não encarnariam nossas origens, e sim variações sobre o tema das necessidades universais das sociedades humanas e das diferentes maneiras de satisfazê-las (ou funções). O resultado é uma transformação profunda da disciplina (que se chama doravante "antropologia social") e de seus procedimentos: toda a escola britânica, e mais tarde a francesa, que resulta desse momento irá dedicar-se ao estudo de pequenas comunidades, eventualmente sob diferentes enfoques (parentesco, organização social, crenças, ritos), e aos laços que podemos tecer entre esses diferentes fatores. De maneira geral, as comparações estão limitadas a questões sociológicas: deve-se aos trabalhos dos funcionalistas sobre a África a oposição entre as sociedades segmentárias* e as sociedades centralizadas, que representam dois modelos de gestão da ação coletiva.

Paralelamente, nos Estados Unidos, o culturalismo retorna um pouco ao comparatismo, fazendo uso da noção psicológica de "personalidade*". Com um pouco de psicanálise* e muitos estudos de comportamento, pode-se afirmar que cada cultura impõe um "estilo de personalidade" a seus membros, inculcado durante a infância e a adolescência. É assim que Ruth Benedict* (1887-1948), Margaret Mead* (1901-1978) e Clyde Kluckhohn (1905-1960) se tornarão clássicos dessa escola, cujos pressupostos e resultados serão ao longo do tempo cada vez mais contestados.

1950-1980: o estruturalismo e o neoevolucionismo

O estruturalismo*, essencialmente europeu, e o neoevolucionismo, essencialmente americano, representam duas tentativas de fundamentar cientificamente a antropologia social e cultural, e se apoiam em pressupostos bastante heterogêneos.

A antropologia estrutural, desenvolvida por Claude Lévi-Strauss* (nascido em 1908), toma emprestada da linguística* a ideia de que as culturas, ou os elementos de cultura, podem ser ordenados para serem comparados. Partindo do princípio de que todas as línguas humanas são construídas da mesma maneira (ou seja, com elementos que só passam a ter sentido quando associados de acordo com certas regras), C. Lévi-Strauss transpõe essa ideia a unidades maiores, como terminologias de parentesco, regras de matrimônio, mitos que ele demonstra, com o auxílio de algumas regras de oposição, estarem relacionados às mesmas categorias da experiência humana: as relações sexuais, o matrimônio, a vida, a morte, a sociedade, a natureza, etc. Aberta a toda sorte de materiais, a análise estrutural não constitui uma teoria explicativa da diversidade das culturas (que permanece um dado empírico) mas, antes, da unidade formal de sua construção.

O neoevolucionismo é uma teoria causal e materialista dessa diversificação, fundamentada numa visão darwiniana das relações entre o homem e seu meio. Seguindo uma tradição ininterrupta nos Estados Unidos, o evolucionismo ainda rivaliza com o culturalismo: George P. Murdock* (1897-1985), Leslie A. White (1900-1975), Julian H. Steward (1902-1972) realizam grandes estudos comparativos sobre as relações entre recursos, tecnologia e cultura nas sociedades pré-industriais e conseguem apontar as regras de suas transformações. Elman R. Service (1915-1996) e Marshall Sahlins* (nascido em 1930) produzem um manifesto evolucionista, e Marvin Harris desenvolve o "materialismo cultural", que explica todos os traços culturais a partir das imposições do meio e de algumas regras elementares de economia geral.

TEMAS E NOÇÕES ANTROPOLÓGICAS

A sucessão das escolas e das inspirações em antropologia pode dar a impressão de que se trata de uma disciplina instável e com delineamento impreciso quanto ao objeto, aos métodos e aos argumentos. E de fato, o homem, a humanidade, não é simplesmente um objeto de estudo científico: o que se pode dizer varia extremamente de acordo com o interesse que se tem, seja em suas produções materiais, seja nas representações, na regularidade e na diversidade destas, etc. O que há em comum entre o "ramo de ouro" de J. G. Frazer, o quadro da sexualidade melanésia de B. K. Malinowski, a descrição do "despotismo oriental" de Karl Wittfogel e a noção de "parentesco selvagem" de C. Lévi-Strauss? Na realidade, não podemos esquecer que a antropologia nasceu da observação pelos ocidentais de práticas, crenças e costumes dotados de regularidade, mas profundamente diferentes dos seus. Uma vez eliminado o racialismo, a antropologia não cessou de encontrar regularidades, até mesmo universais*. O evolucionismo buscou origens e, portanto, estabeleceu uma ciência das "instituições primitivas"; o funcionalismo investigou os equilíbrios afetivos e sociais e assim estabeleceu uma ciência das normas não escritas; o estruturalismo investigou as categorias universais do espírito, estabelecendo uma ciência das formas fixas da cultura.

Mas esses pontos de vista sucessivos possuem um aspecto comum: os objetos em que a antropologia se apoiou, por terem presença universal ou supostamente universal, para levar a cabo suas comparações. Quais são esses objetos?

– *Os sistemas de parentesco e matrimônio.* Estudados ininterruptamente de L. H. Morgan aos dias de hoje: sua variabilidade mostrou que estavam longe de ser fatos naturais, e que desempenhavam o papel de uma instituição. Durante muito tempo, viu-se nos sistemas de parentesco e matrimônio a norma pela qual os grupos se reproduzem numa população. C. Lévi-Strauss mostrou também como o parentesco afetava as regras de trocas matrimoniais, de acordo com um número limitado de fórmulas.

– *As formas de governo.* O poder* é uma instituição nas sociedades sem Estado*? A autoridade nas comunidades autônomas é frequentemente bastante limitada. Em que está alicerçada, senão na força? Os estudos mostraram três tipos de autoridade: fundamentada na guerra, na generosidade ou na competência ritual ou mágica. A origem sagrada da realeza é um dos assuntos mais debatidos. Nas sociedades não monárquicas, os estudos sobre a África encontraram um modelo de gestão dos conflitos sem arbitragem, que põe em questão a definição funcional do Estado moderno.

– *As crenças mágicas.* Como podemos crer que nosso avô é uma serpente? A surpresa dos eruditos diante das crenças e das religiões ditas "primitivas" e antigas nunca se esgotou. Do "animismo*" de E. B. Tylor à antropologia cognitiva de hoje (Pascal Boyer, Dan Sperber), passando pela noção de "mentalidade primitiva", a antropologia propôs muitas sínteses e conceitualizações nessa área. A antropologia estrutural separou nitidamente o que é próprio do simbolismo e da crença, o que tem uma coerência e o que é irracional. (C. Lévi-Strauss, *La Pensée sauvage* [*O pensamento selvagem*], 1962).

– *Os ritos.* A despeito de sua abundante diversidade, os rituais religiosos ou mágicos mostram em toda parte do mundo impressionantes analogias de forma e função. A elaboração de esquemas universais como o sacrifício* (M. Mauss, "Essai sur la nature et la fonction du sacrifice" [Ensaio sobre a natureza e a função do sacrifício], *L'Année Sociologique*, nº 2, 1899), o rito de passagem (A. Van Gennep, *Les Rites de passage* [Os ritos de passagem], 1909), o rito de aflição (V. W. Turner, *The Drums of Affliction: a Study of Religious Process among the Ndembu of Zambia* [Os tambores de aflição. Análise dos rituais nos ndembu de Zâmbia], 1968) e o rito de possessão (G. Rouget, *La Musique et la Transe* [A música e o transe], 1980) comprovam, sem esgotar a análise, a existência de um campo de conhecimentos já estabelecidos.

A ANTROPOLOGIA HOJE

A antropologia social e cultural predomina na Europa, mas nos Estados Unidos ainda rivaliza com abordagens naturalistas inspiradas pelo darwinismo, como a ecologia cultural* e a psicologia evolucionista*. Na França, a partir do final dos anos 1970, passou por duas grandes transformações: uma em relação ao objeto e outra em relação ao método.

A orientação exótica das pesquisas, abalada pelo anticolonialismo e pela crítica antidoutrinária dos anos 1970, foi entravada de fato por diferentes processos: descolonização, abertura econômica e política das sociedades agrárias ou tribais, crítica da neutralidade do pesquisador. Assim como, dez anos antes, o socorro às tradições em vias de extinção estava na ordem do dia, uma parcela da profissão se volta agora para o estudo das transformações em curso. Ao mesmo tempo, o distanciamento e o valor exemplar da alteridade cultural se enfraquecem e passam até a ser considerados um artifício prejudicial, um resíduo de evolucionismo que pretende que as sociedades se dividam em dois blocos: primitivas/civilizadas, tradicionais/modernas, etc. Desenvolve-se uma política de "repatriação" da antropologia, com a criação, entre outras coisas, de uma missão do patrimônio etnológico (1981). Surgem novas especialidades: antropologia urbana, etnologia do próximo*, etnologia do mundo contemporâneo. Seus objetos ultrapassam amplamente os objetos clássicos de estudo (família, folclore, vida rural, comunidades estrangeiras): o esporte, as instituições políticas, os espetáculos, as práticas profissionais, o lazer*, os bairros, os jogos, tudo isso se torna observável pelo antropólogo (mas sob o nome de "etnologia"), no momento com um pouco de incerteza quanto aos benefícios intelectuais dessa diversificação e um enfraquecimento dos limites entre sociologia e antropologia.

Simultaneamente, por conta do efeito, entre outras coisas, de uma onda de autocrítica proveniente dos países anglo-saxões, a disciplina é recolocada em questão. Diversas correntes começam a contestar a autoridade e a desconstruir o valor informativo das práticas e da escrita dos antropólogos: o trabalho de campo prolongado, a escrita etnográfica, a postura distanciada e as escolhas temáticas preconcebidas aparecem como artifícios legados pelo olhar colonial, ou simplesmente como reflexo da psicologia do pesquisador, e não como contribuições a um saber cumulativo. Alguns, como Clifford Gertz*, preconizam uma antropologia interpretativa e narrativa, outros defendem uma abordagem reflexiva das práticas antropológicas (James Clifford). Essa crise epistemológica*, virulenta nos Estados Unidos na área dos *cultural studies*, não atingiu em profundidade a antropologia europeia, que foi mais marcada por transformações de objeto que de método ou escrita. Entretanto, em relação à teoria, nota-se que sua orientação exclusivamente sociológica foi superada por

ANTROPOLOGIA OU ETNOLOGIA?

Qual a diferença entre "antropologia" e "etnologia"? Na França, hoje, essas duas palavras estão sendo usadas quase indistintamente para designar a mesma disciplina. Se tivermos senso de método, diremos que os termos "etnografia", "etnologia" e "antropologia" formam uma sequência, indo da observação à teoria: o etnógrafo descreve fatos; o etnólogo analisa e modeliza esses materiais; o antropólogo faz comparações, apresenta sínteses, isola objetos e formula teorias. Há um século, essas três ocupações ainda podiam gerar uma divisão concreta de tarefas. Hoje é a uma única profissão que remetem: no decorrer de sua carreira, um etno/antropólogo começa como etnógrafo em campo, passa a etnólogo ao redigir e, mais tarde, se seus gostos e ambições o conduzirem a tanto, torna-se antropólogo ao comparar seus materiais aos dos outros, criticar seus métodos ou generalizar suas ideias.

Essas palavras também têm uma história. No século XIX, na França, a antropologia era essencialmente uma ciência natural, que compreendia em primeiro lugar o estudo dos tipos físicos dos cinco continentes. A palavra "etnologia" designava, no início do século XX, a classificação cultural desses tipos naturais. Quando a busca pelas origens da cultura se voltou para as sociedades "primitivas", a mesma palavra "etnologia" foi aplicada à análise comparada dos costumes e das instituições das sociedades tradicionais. E permaneceu em uso com esse sentido. Entretanto, no decorrer dos anos 1950, Claude Lévi-Strauss* e Georges Balandier*, ambos preocupados em marcar a ampliação do objeto de sua disciplina, propuseram que fosse retomado o termo "antropologia", com o sentido dado no mundo anglo-saxão às expressões *social anthropology* e *cultural anthropology*. O que foi feito, sobretudo pelos pesquisadores, e que explica de outra maneira o significado atual das denominações "antropologia" e "etnologia". Contudo, nota-se que, quando a disciplina é aplicada a campos próximos ou modernos, é mais frequentemente chamada de "etnologia".

abordagens oriundas da psicologia cognitiva, ou ainda pela psicanálise.

Arqueologia – pré-história

Como detetives, o arqueólogo e o pré-historiador devem reconstituir a história passada a partir de poucas pistas: ossadas, objetos diversos (ferramentas, joias, vasos quebrados, armas), vestígios de habitações... Em um século e meio de pesquisas, as origens longínquas dos homens começam a ser reconstituídas.

O passado mais remoto dos homens permaneceu durante muito tempo um enigma. Até o final do século XIX, o Ocidente se atinha ao relato bíblico e outras civilizações, a outros mitos fundadores (o "tempo dos sonhos" dos aborígines*, *O Mahabharata* na Índia, etc.). A Antiguidade só era conhecida através de Roma, Grécia e Egito.

É somente no século XIX que se inicia o verdadeiro estudo científico da pré-história e que se começa a suspeitar que o passado do homem remonta a uma época muito antiga. A ideia de uma pré-história humana ganha força.

Em 1830, o dinamarquês Christian J. Thomsen publica o *Ledetraad til nordisk Oldkyndighed* [Guia das antiguidades escandinavas], no qual classifica os objetos da pré-história em três períodos: "Idade da Pedra", "Idade do Bronze" e "Idade do Ferro". Nesse mesmo momento (aproximadamente em 1830), o francês Jacques Boucher de Perthes (1788-1868) descobre às margens do rio Somme muitos sílices que, segundo ele, teriam sido talhados pela mão do homem numa época "antediluviana" (antes do dilúvio). Em 1856, é feita outra descoberta decisiva. Em Neander, na Alemanha, operários encontram numa pedreira de calcário restos de um homem com traços primitivos: o homem de Neandertal.

As ideias estão maduras para que se ouse afirmar com convicção que o homem está inscrito no processo de evolução das espécies. Ele também provém de espécies anteriores já extintas. Quatro anos após Charles Darwin* ter publicado *The Origin of Species by Natural Selection* [A origem das espécies através da seleção natural] (1859), seu amigo Thomas H. Huxley publicou *Man's Place in Nature* [O lugar do homem na natureza], em que afirmou a descendência símia do homem.

A partir dos anos 1860, um grande trabalho de deciframento do passado humano pôde começar. Muitos pesquisadores se lançam na busca do "elo perdido" entre o homem e o animal. O jovem médico holandês Eugène Dubois vai para a Indonésia e descobre na ilha de Java os fósseis do *Homo* erectus*. O espanhol Marcelino Sanz de Sautuola, defensor apaixonado da arqueologia, descobre a magnífica caverna decorada de Altamira, em 1879. Em seguida, formam-se sociedades de pré-história. Homens da Igreja irão engajar-se ativamente nessas pesquisas. Entre os grandes pré-historiadores franceses do início do século XIX encontram-se religiosos, como o filósofo e paleontólogo Pierre Teilhard de Chardin (1881-1955) e o abade Henri Breuil (1877-1961), grande especialista em arte parietal*.

Mais tarde, a partir dos anos 1950, a criação de instituições públicas de pesquisa vai permitir o lançamento de grandes programas de pesquisa e a formação de equipes especializadas. Desde então, nos cinco continentes, são realizadas grandes campanhas de escavação que trazem todos os anos sua safra de descobertas.

Os estudos sobre a pré-história humana se organizam em torno de três grandes áreas: o estudo dos fósseis humanos (paleantropologia*), da arte e das ferramentas pré-históricas. É a partir desses vestígios que se tenta reconstruir o quebra-cabeça de nossas origens.

A PALEANTROPOLOGIA E A EVOLUÇÃO HUMANA

Em um século, eis o que descobrimos. Os homens modernos pertencem a uma linhagem de hominídeos que surgiu na África, há 10 milhões

ARQUEOLOGIA – PRÉ-HISTÓRIA

de anos, e resultou em duas ramificações: a primeira deu origem aos grandes macacos africanos, chimpanzés e gorilas, e a segunda formou a linhagem humana.

Essa última começa com Toumai ou Orrorin* e segue com os australopitecos* (há cinco milhões de anos). O australopiteco é uma espécie de grande macaco bípede que viveu na África de 5 milhões a 1 milhão de anos a.C. Devemos sua descoberta, em 1924, ao pré-historiador Raymond Dart. Sua história e seu modo de vida só começaram a ser realmente conhecidos a partir dos anos 1960, com as escavações dos Leakey* na região dos grandes lagos do leste africano, mais tarde com a descoberta de Lucy (em 1974) e, enfim, com a descoberta de novas espécies de australopitecos (uma dezena de espécies diferentes). Os antigos *Homo*, que surgiram há 2,5 milhões de anos aproximadamente, sucedem os australopitecos. Esses antigos *Homo* (uma dezena de espécies foram identificadas: *Homo habilis, Homo erectus, Homo ergaster, Homo heidelbergensis, Homo antecessor*...) vão fabricar as primeiras ferramentas (*chopper*, bifaces), em seguida dominar o fogo (há 800 mil anos aproximadamente) e sair à conquista do mundo (deixam seu berço na África e chegam na Ásia e na Europa).

Enfim, surge o *Homo sapiens**, há 150 mil anos, nosso ancestral direto e primo do homem de Neandertal. Com ele se produz um verdadeiro *big bang* cultural. Há 100 mil anos aparecem as primeiras sepulturas e novas técnicas (musteriense*), e depois, há 35 mil anos, acontece uma nova "revolução cultural". Nossos ancestrais começam a pintar nas paredes das cavernas, inventam novas ferramentas de osso e madeira, costuram as próprias roupas, constroem embarcações e praticam rituais sagrados.

AS FERRAMENTAS

Como viviam esses homens do passado? Quais eram suas técnicas, seu modo de vida, sua cultura? Vimos que J. Boucher de Perthes foi o primeiro a se interessar pelas ferramentas. A partir de então, os aficionados pelo conhecimento – amadores, profissionais – se lançaram na busca das pedras talhadas. No final dos anos

AS DISCIPLINAS DO PASSADO

Pré-história
A pré-história não é uma disciplina, mas o período do passado humano anterior à escrita. Falamos de pré-historiadores, como falamos de "medievalistas". Ela é dividida em grandes períodos.

Arqueologia
A área de estudo da arqueologia não se limita à pré-história. Longe disso. A arqueologia abrange o estudo dos vestígios não escritos do passado humano: sepulturas, *habitat*, joias, armas ou quaisquer outros rastros de atividade.
Durante muito tempo, a pré-história e a Antiguidade foram as áreas privilegiadas pela arqueologia. Mas podemos fazer uma arqueologia da Idade Média, ou, até mesmo, dos Tempos modernos (arqueologia industrial). Como todas as disciplinas das ciências humanas, ela se caracteriza por métodos (datação, escavações, arqueologia experimental…) cada vez mais técnicos (polemologia, traceologia) e possui sistemas de leitura, especialidades e revistas.
– *Arqueologia experimental*. A arqueologia se tornou experimental quando os pré-historiadores decidiram se pôr a talhar os sílices, praticar a caça e o corte do animal, a construção de cabanas, etc., para redescobrir os gestos e os conhecimentos práticos, as imposições técnicas e as aptidões mentais necessárias para esses trabalhos.
– *Etnoarqueologia*. Foi preciso esperar os anos 1960 para que antropologia* e arqueologia se encontrassem, graças ao esforço do americano Lewis R. Binford. A ideia era comparar as técnicas e os modos de vida das sociedades de caçadores-coletores* atuais com as dos homens da pré-história.
– *Traceologia*. A traceologia permitiu o progresso no conhecimento do uso das pedras talhadas. Observando os vestígios microscópicos, podemos descobrir para que serviram tais pedras.
– *Arqueologia cognitiva*. A arqueologia cognitiva propõe relacionar as pesquisas das ciências cognitivas* (neurociências*, psicologia cognitiva e linguística*, principalmente) com a pré-história. É uma área ainda pouco explorada, que tenta compreender o nascimento do espírito, da linguagem e da consciência. Em suma, a evolução cultural da humanidade.

1860, o engenheiro Gabriel de Mortillet elabora, a partir das ferramentas de pedra, a primeira classificação cronológica conhecida dos pré-historiadores (acheuliano*, musteriense*, solutreano, magdaleniano). A partir dos anos 1960, as descobertas das mais velhas ferramentas na África conduzirão Louis e Mary Leakey a criar a nova categoria "Indústria de Olduvai" (do sítio Olduvai, na Tanzânia) representando as ferramentas mais antigas: os *choppers* ou "pedras talhadas".

A classificação das culturas continuará sendo aperfeiçoada ao longo de todo o século XX.

Durante muito tempo, o estudo do material lítico consistirá principalmente em reunir, classificar e datar as ferramentas em função de seu grau de evolução técnica. Em contrapartida, ignorava-se quase tudo a respeito do uso exato, do contexto de fabricação e da inteligência necessária para a produção dessas ferramentas. A exigência crescente de rigor, aliás, não permitia muitas especulações a propósito da vida dos homens da pré-história.

André Leroi-Gourhan*, indo de encontro à visão técnica predominante, foi um dos primeiros a declarar a necessidade de dar vida e sentido à pré-história. "Busco homens, não pedras", gostava de dizer. O objetivo da pré-história, afirmava o grande pré-historiador francês, é encontrar o homem por trás do osso, o pensamento por trás da ferramenta, "o vivo por trás do morto". Mas será preciso esperar os anos 1970-1980 para que o estudo das técnicas pré-históricas resulte em novas abordagens, como a arqueologia experimental, a etnoarqueologia, a traceologia, a etologia, a arqueologia cognitiva, ou ainda a paleopsicologia (*ver quadro* "As disciplinas do passado"). Elas irão contribuir para modificar o olhar sobre o modo de vida e as aptidões mentais dos homens antigos.

A ARTE DAS ORIGENS

A arte das origens é outra área de estudo privilegiada da pré-história. Quando se evoca o "nascimento da arte", imaginam-se geralmente as pinturas de Altamira, de Lascaux ou da caverna de Chauvet. Nesses lugares, pela primeira vez, os homens decoraram as paredes das cavernas com grandes animais: bisões, cavalos e vacas, sinais abstratos, algumas figuras humanas e comoventes marcas de suas próprias mãos.

ALGUMAS GRANDES DESCOBERTAS ARQUEOLÓGICAS E PRÉ-HISTÓRICAS

1856: o esqueleto do homem de Neandertal, em Neander, perto de Düsseldorf, na Alemanha;

1872: ferramentas bifaces em St. Acheul, indústria acheuliana*, por Gabriel de Mortillet;

1879: a caverna decorada de Altamira, na Espanha, por Marcelino Sanz de Sautuola;

1891: fósseis de pitecantropos (de *pitec*(o) = "macaco" e *antropo* = "homem") na Indonésia, atualmente denominado "*Homo* erectus*", pelo pré-historiador holandês Eugène Dubois;

1900: o palácio de Cnossos, em Creta, por Arthur Evans, descortina a história da civilização minoica;

1908: a primeira sepultura do homem de Neandertal em La Chapelle-aux-Saints;

1911: a cidade de Machu Picchu pelo explorador americano Hiram Birgham;

1920-1921: duas cidades da civilização do Índus, Mohenjo-Daro e Harrapa;

1922: a tumba de Tutankamon no Vale dos Reis;

1924: a criança de Taung, o primeiro fóssil de australopiteco*, por Raymond Dart;

1927: as tumbas reais de Ur, pelo arqueólogo britânico Leonard Wooley;

1940: as pinturas da caverna de Lascaux por adolescentes;

1947: os manuscritos do mar Morto em Qumrân;

1952: o deciframento da escrita linear B;

1961: em Catal Hoyuk, no Oriente Médio (atual Turquia), o arqueólogo britânico James Mellaart abre uma área de escavações que vai se tornar um dos principais sítios do neolítico*;

1974: o mausoléu do primeiro imperador da China: T'sin Che Houang Ti;

1974: Lucy, uma australopiteca que viveu no leste da África, há 3,4 milhões de anos;

1994: a caverna Chauvet em Ardèche, uma das mais belas cavernas decoradas da pré-história, datada de 32 mil anos a.C.;

2001: os restos de Toumai, um ancestral da linhagem humana que remonta a 7 milhões de anos, no Chade, pela equipe de Michel Brunet.

Considerou-se durante muito tempo que essas pinturas rupestres, surgidas no paleolítico* superior (aproximadamente 35 mil anos a.C.), indicavam ao mesmo tempo a origem da arte e do pensamento simbólico.

Há alguns anos, essa perspectiva mudou. A origem da arte deve ser considerada de maneira muito mais ampla. A arte não se resume à pintura rupestre. Sem dúvida, ela surgiu muito mais cedo, com a criação das belas ferramentas de pedra, dos adornos corporais e, talvez, da dança e da música.

A própria arte rupestre não é uma invenção europeia. Conhecemos atualmente milhares de sítios no mundo inteiro, como os da África do Sul e da Austrália, tão antigos e ricos quanto a arte europeia. Durante muito tempo se debateu se essa arte estava relacionada a uma "arte pela arte", a uma magia da caça, a uma arte totêmica* ou a um xamanismo* pré-histórico. O que parece certo é que ela indica a existência de um tipo de culto mágico-religioso cujos mistérios ainda é preciso investigar.

Ciências cognitivas

As ciências cognitivas nasceram nos anos 1950 e propõem estudar o pensamento humano em todas as suas formas, das bases neurológicas aos estados mentais conscientes. Em meio século, fizeram descobertas decisivas, mesmo que a esperança inicial de reduzir o pensamento a um modelo único não esteja mais na ordem do dia.

"A natureza é um templo onde vivos pilares deixam filtrar não raro insólitos enredos; O homem o cruza em meio a um bosque de segredos. Que ali o espreitam com seus olhos familiares" (Charles Baudelaire, *As flores do mal*, 1857, tradução de Ivan Junqueira em *Baudelaire, poesia e prosa*).

Que imagens, que impressões, que ideias furtivas essa estrofe de Charles Baudelaire suscita em nós? O que esse "templo", esse "bosque de segredos" ou esses "olhos familiares" podem evocar? Para ler, compreender e interpretar esses versos, o pensamento deve seguir meandros complexos. Requer-se a percepção* visual*. Pois, para ler, é preciso em primeiro lugar perceber esses signos* escritos mobilizando certas áreas* visuais especializadas no reconhecimento das formas*. É preciso também dominar a leitura, ou seja, decodificar as letras, as palavras e orações para transformar os signos visuais em frases portadoras de sentido. Isso supõe recorrer a representações* mentais: "a natureza", "o templo", "o bosque de segredos", ou seja, solicitar um léxico mental*. A memória* e as emoções* também estão implicadas. As referências culturais são igualmente necessárias para apreender o sentido de algumas fórmulas: é preciso saber que C. Baudelaire, falando de "vivos pilares", nos convida a adivinhar que se trata das árvores da floresta.

Percepção, memória, linguagem*, representação dos conhecimentos*, inteligência*, emoções... Eis algumas aptidões mobilizadas na leitura de um texto. Todas essas atividades mentais formam o que chamamos de "cognição*". E o objeto das ciências cognitivas é o estudo da cognição em todas as suas dimensões: das bases neurológicas às representações mentais, de seus primórdios (no bebê) a suas etapas ulteriores (no adulto), de seus traços universais a suas variações culturais.

Diversas disciplinas fazem parte desse vasto empreendimento que visa desvendar o funcionamento da mente. No princípio, a psicologia*, a inteligência artificial*, a linguística* e as neurociências* foram as ciências-piloto. Em seguida algumas disciplinas periféricas vieram juntar-se a elas: a antropologia cognitiva (estudo da universalidade de determinados processos mentais), a etologia cognitiva (estudo do "pensamento animal"), a psiquiatria* (estudo cognitivo dos transtornos mentais) e a sociologia cognitiva, que se propõe examinar o pensamento comum em situação social.

História das ciências cognitivas
O modelo do computador (1955-1975)

As ciências cognitivas nasceram em meados dos anos 1950. Seu surgimento se inscreve numa nova configuração intelectual marcada:
– pela ascensão do computador e da inteligência artificial (IA);
– por uma nova abordagem psicológica do funcionamento da mente humana.

As ciências cognitivas não teriam se tornado o que são sem a invenção do computador em meados dos anos 1940. Se um computador consegue calcular, triar, classificar e memorizar dados, ou seja, se consegue realizar tarefas que eram até então próprias da mente humana, isso não significaria que o cérebro também funciona como um computador? Para os partidários da IA, como Herbert A. Simon*, o pensamento é comparável a um programa de computador. É possível descrever todas as atividades inteligentes (percepção, linguagem, raciocínio, etc.) na forma de programas que tratam as informações de acordo com procedimentos lógicos. Um dos grandes projetos fundadores das ciências cognitivas consiste em querer decodificar as regras mais profundas da linguagem humana para transformá-las em linguagem-máquina. A teoria de Noam Chomsky* (que postula a existência de um sistema de regras universais e abstratas que governariam todas as línguas* do mundo) parece oferecer um sólido suporte a esse projeto. Na mesma época, alguns psicólogos começam a se distanciar do behaviorismo*, que até então era o modelo dominante da psicologia anglo-saxã. Enquanto, por questões de método, o behaviorismo se interessa somente pelo comportamento observável dos indivíduos, uma nova psicologia cognitiva (iniciada por George Miller e Jerome S. Bruner*) intenta estudar os "estados mentais". Trata-se essencialmente de revelar as estratégias cognitivas utilizadas para categorizar (classificar os objetos) e tomar decisões* (H. A. Simon estuda as estratégias mentais dos jogadores de xadrez). Até então, os testes* de inteligência mediam o desempenho dos indivíduos. Doravante, busca-se compreender o procedimento mental implicado.

Durante os primeiros anos, as ciências cognitivas vão se desenvolver em torno da psicologia, da linguística e da IA. As pesquisas principais concentram-se principalmente nos sistemas *experts*, no tratamento automático da linguagem*, na resolução de problemas* e no raciocínio*.

Essa nova abordagem da mente humana vai gerar vigorosos debates em filosofia da mente*: o pensamento seria comparável a um dispositivo de cálculo? As máquinas podem pensar?

A era das neurociências cognitivas (a partir de 1985)

A partir de meados dos anos 1980, o modelo da IA começa a entrar em declínio em razão dos insucessos no campo da tradução automática e da dificuldade em modelizar certos aspectos da cognição (como a representação visual). Novos modelos da mente irão concorrer com o modelo "ortodoxo", como é o caso das teorias conexionistas*. Entretanto, os resultados desse novo paradigma não estarão à altura da expectativa que suscitou. Nesse momento, uma nova ciência-piloto desponta no interior das ciências cognitivas: as neurociências.

Os progressos em neurociências se apoiam nas descobertas realizadas a partir dos anos 1950, graças aos trabalhos de David H. Hubel e Torsten N. Wiesel, Roger Sperry, Wilder Penfield, Paul D. Maclean e muitos outros. Mas será o desenvolvimento das novas técnicas de imageamento cerebral* que dará à disciplina seu impulso fundamental. Os anos 1990 serão batizados como "a década do cérebro".

Contudo, seu projeto não se limita a cartografar o cérebro. O objetivo principal das chamadas neurociências "cognitivas" é compreender os mecanismos que regem as operações mentais, tentando associar a cada área cerebral uma função mental específica. Assim, quando uma pessoa dita palavras a alguém (como "salada" e "casa"), percebe-se que as zonas visuais são ativadas, como se a pessoa "visse" mentalmente imagens de uma salada ou de uma casa. Isso significa que as representações mentais tomam uma forma visual e não simplesmente linguística. Em outros termos, existe um pensamento visual da linguagem.

A ascensão das neurociências também iria suscitar debates em filosofia da mente, especialmente a propósito dos laços entre o cérebro e a mente (*mind/body problem**) ou do estatuto da consciência*.

BALANÇO E PERSPECTIVAS

Após cinquenta anos de existência, é possível fazer um inventário das ciências cognitivas? Isso supõe discernir, no interior desse universo complexo de disciplinas, de pesquisas especializadas e teorias, os dados solidamente estabelecidos, as teorias robustas e as hipóteses plausíveis, dos insucessos e pistas erradas.

As descobertas fundamentais

Em primeiro lugar, devemos às ciências cognitivas muitas descobertas.

– Os estudos sobre a visão* – as áreas cerebrais implicadas no tratamento das cores, do movimento e da orientação dos objetos (D. H. Hubel e T. N. Wiesel), as etapas de tratamento (David Marr*) – mostraram que a percepção visual é um mecanismo de reconstrução da realidade. Além do mais, a visão supõe a filtragem da informação, sua organização (teoria da forma, dos protótipos*) e a interpretação cognitiva dos dados a partir de um determinado contexto

A FORMAÇÃO DA GALÁXIA "CIÊNCIAS COGNITIVAS"

Até 1975, a expressão "ciências cognitivas" não existia. Mas uma convergência de ideias e pesquisas estava se operando entre alguns pesquisadores da inteligência artifical* (IA), psicólogos cognitivos, linguistas de inspiração chomskyana e certos filósofos. O "cognitivismo*" ainda não se havia estabelecido como uma verdadeira disciplina, com um paradigma unificado e uma base institucional sólida.

Mas as coisas iriam mudar. Nos Estados Unidos, as ciências cognitivas começam a chamar a atenção e a se organizar e se reunir sob uma mesma bandeira. A cristalização acontece em três esferas: teórica, institucional e midiática.

– Teoricamente, um "paradigma cognitivo" se impõe em torno do modelo simbólico de Jerry Fodor*. Apesar das contestações e da existência de outras opções teóricas (de Jerome S. Bruner* aos conexionistas*), o modelo "simbólico" ou "cômputo-representacional" se impõe como uma referência dominante. Cognitivo passa a ser sinônimo de tratamento da informação simbólica.

– Institucionalmente, um impulso decisivo virá da iniciativa da fundação Alfred P. Sloan, uma grande fundação privada norte-americana que decide investir nesse novo domínio promissor. Até então, as pesquisas eram primordialmente realizadas em alguns centros, como o MIT, Carnegie ou San Diego. Em 1975, a Fundação Sloan vai injetar 20 milhões de dólares para financiar pesquisas em todo o país. Também irá financiar a criação de uma revista, a *Cognitive Science* (o primeiro número sai em 1977), e de uma sociedade científica (em 1979). A pedido da fundação é publicado um primeiro relatório, redigido em 1978, sobre o estado das ciências cognitivas. Pela primeira vez aparece o pentágono das disciplinas correlacionadas: filosofia, inteligência artificial, psicologia, linguística e antropologia.

– A edição é o terceiro polo do reconhecimento da disciplina. No início dos anos 1980 se multiplicam os manuais, as obras de introdução e os livros de vulgarização. Em 1985, o psicólogo Howard Gardner* publica a primeira história da revolução cognitiva, com o título *The Mind's New Science: a History of the Cognitive Revolution* [A nova ciência da mente: uma história da revolução cognitiva]. Na França, dois anos mais tarde, em 1987, com o título "Une nouvelle science de l'esprit" [Uma nova ciência da mente], a revista *Le Débat* (n° 47) publica um dossiê especial sobre o tema. Na época, discute-se ainda a denominação: "ciências cognitivas", "ciências da cognição". Francisco Varela publica, em 1989, *Knowing Cognitive Sciences* [Conhecendo as ciências cognitivas].

cultural. Longe de ser uma simples fotografia da realidade, a visão aparece como uma leitura do mundo. Uma leitura finalizada em função das determinações perceptivas e dos centros de interesse do indivíduo.

– Os estudos sobre a memória evidenciaram a existência de diversos tipos de memória: a memória de curto prazo e de longo prazo, a memória semântica e episódica, declarativa e procedural. Assim como a visão, a memória de longo prazo funciona como um dispositivo de triagem e organização das informações e não apenas como uma gravação passiva das lembranças, como mostraram os trabalhos de Frederick C. Bartlett sobre o esquema* ou ainda os de Elizabeth Loftus sobre as falsas lembranças*.

– As pesquisas sobre a categorização* mostram que se trata de uma aptidão universal e bastante precoce de ordenação do mundo. A categorização funciona mobilizando "protótipos" (esquemas, tipos, modelos mentais) que estruturam a realidade a partir de seus traços mais marcantes. As categorias que formam nosso léxico mental (objetos, animais, seres humanos, plantas, categorias abstratas...) tomam frequentemente uma forma mais visual que linguageira, como revelaram os trabalhos de Stephen Kosslyn sobre o imageamento cerebral.

– As pesquisas sobre o raciocínio e a resolução de problemas mostram que, na vida cotidiana, o homem comum emprega heurísticas* correntes (H. A. Simon) ou modelos mentais* (Philip N. Johnson-Laird*). Essas formas de raciocínio não correspondem às regras definidas pela lógica formal. O homem seria mais "razoável" que "raciocinador".

As lições gerais

Todas essas pesquisas em ciências cognitivas trouxeram uma nova maneira de conceber a mente humana. O cérebro não pode ser concebido como um sistema passivo de gravação de dados. Ao contrário, funciona como um dispositivo ativo de tratamento da informação, filtrando os dados e colocando-os em ordem, ou seja, interpretando-os de acordo com esquemas mentais estáveis. Esse tratamento da informação se efetua a partir de módulos especializados, que são ou inatos ou desenvolvidos no decorrer da evolução individual (por exemplo, o reconhecimento dos rostos e a linguagem). De fato, já está claramente estabelecido que o cérebro é organizado por módulos: áreas visuais, motoras e da linguagem que executam operações específicas. É o que mostram claramente as lesões em que uma única função fica alterada, como a prosopagnosia* (transtorno no reconhecimento dos rostos). Todos esses dados conspiram, no amplo debate holismo*/especialização cerebral, em favor de uma concepção essencialmente modular do cérebro. Entretanto, essa modularidade* não impede certa plasticidade* das áreas cerebrais. Da mesma forma, modularidade não significa independência. As áreas especializadas cooperam entre si de acordo com modalidades que permanecem em grande parte desconhecidas (interações, auto-organização, pilotagem por centros-piloto?).

O desenvolvimento das pesquisas levou à invalidação de algumas das hipóteses que no princípio haviam guiado a ciência cognitiva, como a teoria computacional* da mente que, nos anos 1970, tinha *status* de modelo-padrão. Os trabalhos de Daniel Kahneman, de Amos Tversky e de Peter C. Wason sobre o raciocínio mostram que os indivíduos cometem muitos erros e não se comportam como bons lógicos. A análise dos erros e dos "vieses cognitivos*" sugere que o pensamento emprega mais mecanismos analógicos* que lógicos. O próprio Jerry Fodor*, principal defensor do modelo computacional da mente, reconheceu as falhas de seu modelo (*The Mind Doesn't Work That Way* [A mente não funciona assim], 2003).

A demonstração das aptidões cognitivas precoces do bebê (aptidão da linguagem, da categorização, do reconhecimento dos rostos) colocou em voga uma visão evolucionista* do pensamento. O cérebro seria equipado com dispositivos especializados, selecionados durante milhares de anos de evolução para resolver tarefas precisas (ver, memorizar, categorizar, utilizar a linguagem, raciocinar). As possibilidades e os limites cognitivos seriam estritamente determinados pelos recursos desse órgão mental (exatamente como os outros órgãos do corpo).

Isso não significa, no entanto, que o cérebro esteja exclusivamente sob o controle de seus mecanismos biológicos. As aptidões para a aprendizagem*, para a categorização, para a predisposição à linguagem e para a criatividade são dispositivos herdados da evolução, que preparam o ser humano para receber os proventos da experiência e da cultura*. O cérebro humano está, de certa forma, adaptado para viver imerso num "banho cultural" e o alicerce biológico do pensamento não entra, de maneira alguma, em contradição com sua inserção cultural.

AS CIÊNCIAS COGNITIVAS NO LIMIAR DO SÉCULO XXI

Qual a situação das ciências cognitivas no limiar dos anos 2000?

Elas passaram por diversas etapas ao longo de cinquenta anos. Nos anos 1960-1970, a informática exerceu o papel de ciência-piloto (modelo do cérebro-computador). O modelo "computacional" do "tratamento da informação" constituía então o paradigma de referência. A partir dos anos 1980-1990, as neurociências vivem seu apogeu. As "neurociências cognitivas" tornam-se um de seus eixos centrais. São desenvolvidos os modelos de "redes neuronais" (conexionismo, inteligência distribuída, neurônios formais, etc.).

No início dos anos 2000, uma nova configuração se apresenta. Não há mais modelo dominante: nem o modelo "computacional" nem seu concorrente "conexionista" podem ter pretensões à hegemonia. Isso por diversas razões:

– em primeiro lugar, devido ao desenvolvimento das pesquisas que mostram os limites desses modelos. O modelo computacional esbarra na formalização da linguagem ou no reconhecimento das formas. Da mesma forma, o conexionismo não traz a revolução esperada nos domínios da aprendizagem;

– surgem novas abordagens: o evolucionismo, os modelos interacionistas, construtivistas e ecológicos acentuam o papel do contexto e das interações na elaboração dos processos psíquicos.

– um certo ecletismo se impõe. A ideia de que um modelo (ou uma disciplina) poderia possuir a chave mestra do psiquismo não está mais em voga. A maioria dos pesquisadores admite que o pensamento é um fenômeno "biopsicossocial", mesmo que cada pesquisa especializada se inscreva em um nível específico de observação e só se proponha considerar determinada dimensão.

Nos anos 1960-1970, os temas diletos das ciências cognitivas eram a percepção, a resolução de problemas e a linguagem. Nos anos 1990, a memória e a consciência passaram a ser os temas principais. Em seguida, as emoções, a atenção e a motricidade suscitaram o interesse dos pesquisadores. Insiste-se, doravante, no fato de o cérebro ser um órgão vivo, de o pensamento ser tributário de um corpo e de este estar mergulhado num meio social. Outra tendência é a consideração da diversidade dos processos mentais, das inteligências múltiplas, da memória múltipla, dos dispositivos implicados na produção da linguagem, etc.

A esperança de encontrar um modelo único para "pensar o pensamento" vai ficando distante à medida que avanços decisivos acontecem em diferentes domínios: funcionamento do cérebro, transtornos cognitivos, mecanismos da percepção e da memória e representações mentais.

Os livros-chave

1948 – **Norbert Wiener,** *The Human Use of Human Beings, Cybernetics and Society* [Cibernética e sociedade: o uso humano de seres humanos]
1948 – **Ignace Meyerson,** *Les Fonctions psychologiques et les oeuvres* [As funções psicológicas e as obras]
1949 – **Claude E. Shannon,** *The Mathematical Theory of Communication* [A teoria matemática da comunicação]
1956 – **Jerome S. Bruner, Jacqueline J. Goodnow e George A. Austin,** *A Study of Thinking* [Um estudo do pensamento]
1957 – **Noam Chomsky,** *Structures syntaxiques* [Estruturas sintáticas]
1958 – **Donald E. Broadbent,** *Perception and Communication* [Percepção e comunicação]
1967 – **Ulrich Neisser,** *Cognitive Psychology* [Psicologia cognitiva]
1968 – **Ludwig Von Bertalanffy,** *General System Theory* [Teoria geral dos sistemas]
1969 – **Herbert A. Simon,** *The Sciences of the Artificial* [Ciências do artificial]
1975 – **Jerry Fodor,** *The Language of Though* [A linguagem do pensamento]
1977 – **Roger C. Schank, Robert Abelson,** *Scripts, Plans, Goals and Understanding* [Roteiros, planos, objetivos e entendimento]
1980 – **Stephen M. Kosslyn,** *Image and Mind* [Imagem e mente]
1982 – **Hubert Dreyfus,** *What Computers Can't Do: the Limits of Artificial Intelligence* [O que os computadores não podem fazer: os limites da inteligência artificial]
1982 – **David Marr,** *Vision* [Visão]

1983 – **Jean-Pierre Changeux,** *L'Homme neuronal* [O homem neuronal]
1983 – **Philip Johnson-Laird,** *Mental Models: Towards a Cognitive Science of Language* [Modelos mentais: rumo a uma ciência cognitiva da linguagem]
1985 – **Howard Gardner,** *The Mind's New Science: a History of the Cognitive Revolution* [A nova ciência da mente: uma história da revolução cognitiva]
1986 – **James L. McClelland, David E. Rumelhart,** *Parallel Distributed Processing* [Processamento distribuído paralelo]
1986 – **Patricia S. Churchland,** *Neurophilosophy: Toward a Unified Science of the Mind-Brain* [Neurofilosofia: rumo a uma ciência unificada da mente-cérebro]
1990 – **Jerome S. Bruner,** *Acts of Meaning* [Atos de significação]
1990 – **Jacques Mehler e Emanuel Dupoux,** *Naître humain* [Nascer humano]
1991 – **Daniel C. Dennett,** *Consciousness Explained* [A consciência explicada]
1992 – **John R. Searle,** *The Rediscovery of Mind* [A redescoberta da mente]
1994 – **Antonio Damásio,** *Descartes' Error* [O erro de Descartes]
1995 – **Michael S. Gazzaniga, Richard B. Ivry, George R. Mangun,** *Cognitive Neuroscience: the Biology of the Mind* [Neurociência cognitiva: a biologia da mente]
1997 – **Steven Pinker,** *How the Mind Works* [Como a mente funciona]
1997 – **Robert A. Wilson, Frank C. Keil (orgs),** *The MIT Encyclopedia of the Cognitive Sciences* [A enciclopédia MIT de ciências cognitivas]

Ciências da educação

Sociologia, psicologia, história, economia, didática... As ciências da educação, disciplina recente e compósita, engendraram um campo de pesquisas rico e dinâmico em torno da educação e da formação, que se transformaram em preocupações centrais nos países desenvolvidos.

A partir dos anos 1960, os países desenvolvidos impulsionaram e acompanharam um formidável crescimento da infraestrutura escolar e de formação: prolongamento das escolaridades, desenvolvimento de formações para adultos... A educação se tornou naturalmente uma área de estudos, devido à ampliação do número de pesquisadores e quadros da educação e da formação.

A INSTITUCIONALIZAÇÃO DE UMA DISCIPLINA

Nos anos 1960, a educação passa a ser vista como um verdadeiro campo de pesquisas dentro das ciências sociais. Surge então a disposição de criar uma disciplina autônoma, as "ciências da educação", que irão englobar, ao mesmo tempo, não apenas a pedagogia e a filosofia da educação, mas também os trabalhos sociológicos, psicológicos, demográficos, históricos, econômicos, etc., e as novas abordagens científicas, como as didáticas disciplinares, a avaliação dos alunos, a administração escolar...

As transformações dos sistemas educativos geram, além do mais, uma necessidade de novas competências: adaptação aos "novos públicos" que frequentam os diversos ciclos de ensino, demanda crescente em matéria de formação de adultos e necessidade de planificação educacional nos países em desenvolvimento.

UMA MULTIPLICIDADE DE PESQUISAS

A pesquisa em educação, atualmente um domínio bastante dinâmico, é realizada em laboratórios universitários, institutos de pesquisa e, cada vez mais frequentemente, em redes internacionais de pesquisadores e educadores. Com o passar do tempo, as temáticas evoluíram. Em parte, seguiram os encaminhamentos das ciências humanas no mesmo período: passagem das análises macro para as análises micro, preocupação com as estratégias e a cultura dos atores (alunos, educadores, famílias, etc.), desenvolvimento das ciências cognitivas*.

Os anos 1970 representam um período áureo para a sociologia da educação e para a reflexão pedagógica.

Sociólogos e psicólogos estudam o problema do "fracasso escolar" que, com o prolongamento das escolaridades e a demanda crescente de educação por parte das famílias, se torna uma preocupação fundamental. Com base na noção de "deficiência sociocultural", analisam os fatores familiares, sociais ou culturais que podem explicá-lo.

A reflexão pedagógica, impregnada pelas ideias de 1968, centra-se em Jean-Jacques Rousseau* e nos pensadores da educação nova*, na não diretividade de Carl Rogers* e nas experiências em psicologia social* realizadas, principalmente nos Estados Unidos, pelos discípulos de Kurt Lewin* (como a famosa experiência de Ron Lipitt e Robert W. White sobre as formas de comando, as lideranças* nos grupos*).

A partir dos anos 1980-1990, os sociólogos passam a se interessar pelo funcionamento interno do sistema educativo e pela responsabilidade de estabelecimentos, educadores, procedimentos de orientação, programas e currículos na desigualdade entre os percursos escolares (sociologia do currículo*). Levanta-se a questão do sentido que cada aluno dá à sua escolaridade e de sua relação com o saber.

A psicologia cognitiva começa a ser aplicada à educação, examinando os procedimentos cognitivos dos alunos (como modificar as representações erradas? Como desenvolver os procedimentos metacognitivos*? Como se realizam as transferências das aprendizagens?)

A reflexão pedagógica é destronada pelo sucesso crescente das didáticas* disciplinares que se apoiam numa reflexão epistemológica e na psicologia do aprendizagem*.

De maneira mais geral, o questionamento sobre os saberes, seus modos de constituição, de aquisição, seu lugar no processo de educação e formação suscita uma multiplicidade de trabalhos.

COMO ESTÁ A PESQUISA EM EDUCAÇÃO NO INÍCIO DO SÉCULO XXI?

Essas orientações continuam se desenvolvendo e simultaneamente se polarizando, tanto nos Estados Unidos como na Europa, em torno de dois grandes domínios. Um, ligado à psicologia e à didática, serve diretamente aos processos de ensino ou de orientação pedagógica. O outro, ligado à sociologia e à economia, está relacionado às políticas educacionais e à demanda dos governos.

As comparações entre os diferentes países, mesmo difíceis de serem estabelecidas, se multiplicam através das redes de pesquisadores e estimulam as pesquisas.

A GRANDE ASCENSÃO DAS DIDÁTICAS

A didática das ciências foi a primeira a mostrar a distância que se instaura entre os "saberes científicos" e os saberes ensinados em sala de aula. Existe uma "cultura escolar" específica na medida em que todo saber, para poder ser ensinado, deve sofrer certas deformações: necessidade de generalizar, sintetizar ou simplificar...
Por outro lado, a didática estuda a maneira como os alunos se apropriam dos saberes em função de suas próprias concepções e das injunções das situações de classe. Esses aspectos suscitam a pesquisa das melhores modalidades possíveis de transmissão.

O currículo ou como é pensada e difundida a cultura escolar

Nos países anglo-saxões, os *curriculum studies* constituem um ramo importante da sociologia da educação. As pesquisas distinguem, por exemplo, "currículo formal" (tudo o que a escola pretende explicitamente transmitir, programas, etc.), "currículo real" (o que se faz efetivamente) e "currículo oculto" (onde intervêm as dimensões sociais, morais, afetivas, etc.). Essas análises se inscrevem num ponto de vista crítico da sociedade e da cultura, na medida em que acentuam também as formas de seleção, de avaliação e de distribuição dos saberes escolares por instituição.

Ciências da informação e da comunicação

Da comunicação animal à linguagem humana, da imprensa à televisão, da publicidade à internet, dos boatos à opinião pública…, tudo é comunicação e troca de informações. Esse vasto domínio, inserido no âmago das questões contemporâneas, faz das ciências da comunicação e da informação um amplo campo de pesquisas pluridisciplinares.

As ciências da informação e da comunicação (CIC) merecem bem esse plural. Nascidas na segunda metade do século XX, após a fulgurante ascensão da comunicação, as CIC reúnem uma multiplicidade de pesquisas, teorias e aplicações. Como frisa Yves Winkin, a comunicação é "um verdadeiro saco de gato onde encontramos ônibus e trens, telégrafos e canais de televisão, pequenos grupos de encontro, vasos e sistemas de comportas, além de uma colônia de guaxinins, já que os animais também se comunicam, como todos sabem" (*La Nouvelle Communication* [*A nova comunicação*], 1981). A fim de analisar a diversidade dos fenômenos de comunicação, as CIC se relacionam com diferentes disciplinas: a cibernética*, cuja influência será fundamental, a psicologia*, a etologia, a sociologia* e a semiologia*. A grande abrangência dessas ciências torna seu delineamento mais difícil.

Podemos, contudo, indicar seus pontos mais importantes, as grandes questões e as principais correntes que constituem os alicerces desta "interdisciplina".

A EVOLUÇÃO DOS MEIOS DE COMUNICAÇÃO

As ciências da informação e da comunicação não teriam jamais nascido sem a prodigiosa ampliação dos meios de comunicação.

O surgimento da linguagem falada foi a primeira grande revolução. Em seguida, alguns milhares de anos mais tarde (3 mil anos antes de nossa era) ocorre a invenção da escrita, que permite ao homem emancipar-se das fronteiras do tempo e do espaço: um texto pode ser lido séculos depois de ter sido escrito, longe do lugar em que foi produzido, e a *Odisseia* encontra sempre novos leitores. Em torno de 1450, Gutenberg inventa a imprensa. Primeiramente reservado a uma elite, o acesso ao livro é pouco a pouco democratizado nas sociedades ocidentais, que veem seu nível de alfabetização aumentar em decorrência da escolarização.

Graças ao domínio da eletricidade, o século XIX é o século das grandes inovações que revolucionam a modernidade: o telefone, com Graham A. Bell em 1876; o cinema, com os irmãos Lumière em 1895; o rádio, com Guglielmo Marconi em 1899. A partir dos anos 1940, a televisão entra na vida doméstica. Algumas décadas mais tarde, é a vez do computador. Nos anos 1970 se desenvolve a internet, primeiramente com fins militares e depois com o objetivo de garantir a comunicação entre as universidades. Mas é apenas em 1991 que a World Wide Web (a "teia de aranha mundial") se torna acessível para uso particular. Os satélites de comunicação espalham mensagens pelo planeta (*Telstar 1* é lançado pela Nasa em 1962) e o telefone celular entra em cena nos anos 1990. As novas tecnologias da informação e da comunicação (NTIC) são progressivamente integradas à vida dos usuários.

OS TRABALHOS FUNDADORES
A cibernética

Nos anos 1940, alguns cientistas americanos (principalmente matemáticos) estudam como uma máquina pode produzir cálculos, tratar informações e resolver problemas. Junto com Joseph von Neumann*, Norbert Wiener inaugura uma corrente de pesquisa que, em 1948, ele chamará de "cibernética". Ele a definiu como "o estudo do comando e da comunicação no animal e na máquina". Matemático do MIT, N. Wiener busca desenvolver um dispositivo automático de pontaria, que permita ajustar as trajetórias dos tiros de canhão... Graças ao *feedback* ("reação"), a máquina pode integrar novos dados sobre o meio externo (*input*) a fim de melhor realizar sua ação (*output*). Ela não se contenta mais em apenas executar, mas pode, doravante, se adaptar. O computador é concebido como uma cópia do cérebro humano e de suas capacidades. As pesquisas sobre a inteligência artificial* irão reatualizar o velho sonho que, de Pigmalião a Frankenstein, de Pinóquio ao Exterminador do Futuro, povoa o imaginário do homem: criar uma cópia de sua imagem, uma cópia capaz de se comunicar (P. Breton, *A l'image de l'homme* [À imagem do homem], 1995). As pesquisas realizadas frisam o funcionamento das interações no interior de um sistema, dando origem à teoria dos sistemas (desenvolvida em matemática, economia, biologia, ecologia...). Dessas reflexões também irão emergir as ciências cognitivas*, a robótica e ainda a teoria da informação.

A teoria da informação

Elaborada pelo matemático Claude E. Shannon e pelo psicólogo Waren Weaver (*The Mathematical Theory of Communication* [Teoria matemática da comunicação], 1949) a teoria da informação* fundamenta-se em bases estatísticas de probabilidade: quanto mais uma informação for esperada, menos peso ela terá e vice-versa. Assim, a notícia do nascimento de uma ovelha de cinco patas terá maior valor informativo que a notícia do mero nascimento de uma ovelha de quatro patas. C. E. Shannon e W. Weaver elaboram também um modelo de comunicação relacionando emissor, sinal e receptor. Tudo o que pode interferir na comunicação é chamado de "ruído".

O esquema da comunicação

O linguista Roman Jakobson* irá propor uma adaptação do modelo de C. E. Shannon e W. Weaver em seu famoso esquema da comunicação composto de seis polos: um emissor (1) envia uma mensagem (2) a um receptor (3) graças a um código (4) – linguístico, gestual, gráfico... – através de um canal (5) – auditivo, visual, tátil... – num determinado contexto (6). Apesar de criticado por seu caráter simplista, esse esquema, assim como as seis funções da linguagem a ele ligadas, permanece inevitável nos estudos de comunicação (*ver quadro no verbete* "Jakobson").

A escola de Palo Alto

Célebre por seus trabalhos sobre a comunicação interpessoal, a escola de Palo Alto*, no sul de São Francisco, foi formada em torno de Gregory Bateson*, antropólogo e etólogo especialista em comunicação animal (ver Y. Winkin, *A nova comunicação*, 1981). Influenciado pela cibernética, G. Bateson adota a abordagem sistêmica, a noção de interação ou de *feedback* (*Steps to an Ecology of Mind* [Passos para uma ecologia da mente], 1972). Na conversação, por exemplo, um locutor pode atenuar suas afirmações diante de um movimento de sobrancelhas do interlocutor. Este não é, portanto, um simples receptor passivo, mas, através de uma reação (*feedback*), produz um efeito na mensagem emitida. Em 1956, os trabalhos realizados sobre a comunicação paradoxal resultam na teoria do "duplo vínculo*" (*double bind*), que seria um fator de esquizofrenia: uma mãe fria e distante que censura seu filho por não ser carinhoso, está lhe enviando mensagens contraditórias, difíceis de administrar. O estudo da comunicação familiar resulta, com os psicólogos Don Jackson, Paul Watzlawick* e Janet Helmick-Beavin, nas terapias sistêmicas (*Pragmatics of Human Communication* [Pragmática da comunicação humana], 1967). Para Erving Goffman (*The Presentation of Self in Everyday Life* [A representação do eu na vida cotidiana], 1959; *Interaction Ritual* [Ritos de interação], 1967), a vida é um teatro onde cada interlocutor tenta resguardar sua "face" (noção de *face work*), preservar sua própria imagem. Entre os pesquisadores que gravitam em torno da escola de Palo Alto, podemos citar também Ray Birdwhistell, fundador da cinésica (estudo da gestualidade), e Edward T. Hall (*The Hidden Dimension* [A dimensão oculta], 1966), pai da proxêmica* (estudo das distâncias interpessoais). Esses trabalhos frisam a importância da comunicação não verbal, estudada na França por Jacques Cosnier e Dominique Picard.

A escola de Palo Alto criticou fortemente a linearidade do esquema da comunicação proposto por R. Jakobson, que, como no modelo do telégrafo, vai do emissor ao receptor. A ele opõe o modelo de orquestra, em que os indivíduos participam conjuntamente da construção do diálogo, cada um tocando sua própria partitura. A simples presença de um indivíduo já é comunicação, de acordo com a famosa frase de P. Watzlawick: "Nós não podemos não comunicar."

As ciências da linguagem

Algumas pesquisas oriundas das ciências da linguagem* também já foram incorporadas aos fundamentos das ciências da informação e da comunicação. Nos anos 1960, a semiologia* estuda o universo dos signos na mídia de massa (R. Barthes, *Mythologies* [*Mitologias*], 1957). A pragmática* de John L. Austin e John R. Searle estuda a comunicação como ação efetuada pela linguagem ("Eu vos declaro marido e mulher" efetiva um casamento). Mais recentemente, a análise do discurso se voltou para as interações verbais*, o jornalismo escrito e os debates televisivos. A linguista Catherine Kerbrat-Orecchioni investigou o funcionamento do implícito na comunicação. As ciências da linguagem, pouco a pouco, estenderam sua área de estudo à comunicação não verbal, à imagem e à mídia*, multiplicando as zonas de contato com as ciências da informação e da comunicação.

INOVAÇÕES TÉCNICAS E MUTAÇÕES SOCIOCULTURAIS

Diante da expansão incessante dos meios que o homem possui para se comunicar, uma questão se apresenta: qual o impacto das inovações técnicas nas sociedades que as utilizam? Não se trata aqui de compreender a influência dos conteúdos da comunicação, mas de suas técnicas: cada novo modo de comunicação (escrita, imprensa, rádio, internet, telefone celular...) pode efetivamente engendrar, no plano social, econômico ou ideológico, transformações de comportamento em larga escala. Segundo Jack Goody* (*The Domestication of the Savage Mind* [A domesticação do pensamento selvagem], 1977), a escrita dá origem ao pensamento racional: escrever permite selecionar, classificar, hierarquizar, e também comparar ideias novas ou antigas, favorecendo assim a dimensão crítica. Por sua vez, Marshall McLuhan (*Understanding Media* [Entendendo a mídia], 1964) afirma que o impacto da mídia como meio de comunicação é muito mais importante que o impacto dos conteúdos comunicados: a mídia modificaria profundamente nossas sociedades e nossos modos de vida. M. McLuhan resumiu esse ponto de vista numa fórmula tão célebre quanto criticada: "O meio é a mensagem."

A questão das técnicas de comunicação e de seu impacto em nossas sociedades também é objeto da midiologia*, termo forjado por Régis Debray. Em seu *Cours de médiologie générale* [Curso de midiologia geral] (1991), R. Debray distingue – sumariamente demais, segundo seus detratores – três grandes períodos que se articulam em torno de técnicas de comunica-

INFORMAÇÃO E/OU COMUNICAÇÃO?

Por que as "ciências da informação e da comunicação" escolheram um nome tão longo? Um só termo não bastaria? Na realidade, "informação" não se confunde com "comunicação". Em função dos autores, os dois termos podem sofrer algumas variações. Na esteira da cibernética*, a teoria da informação está relacionada com a estatística. No estudo das relações interpessoais, a comunicação implica certa reciprocidade nas trocas, enquanto a informação, emitida ou recebida, parece mais unívoca. Em *La Communication contre l'information* [A comunicação contra a informação] (1995), Daniel Bougnoux considera a informação um conteúdo e a comunicação um continente ou, mais exatamente, uma relação. Segundo ele, a confusão entre as duas pode ser perigosa quando a informação se torna um espetáculo e animadores se dizem jornalistas. Pois, se esta última necessita da comunicação, ela pode também ser submetida a suas leis (pressões por audiência, edição simplificadora...). Esquematicamente, a informação se situaria ao lado da razão, respeitando o livre-arbítrio individual, enquanto a comunicação se situaria ao lado da sensação, cujo poder de sedução e manipulação é bastante conhecido. A última privilegia a rapidez, o imediatismo, ao passo que a primeira pode exigir algum tempo de investigação. Em *La Télévision au quotidien* [A televisão no cotidiano] (2003), François Jost analisa a "telerrealidade", onde a informação se mistura com a ficção, como demonstra o neologismo "docudrama". Conflitantes ou não, informação e comunicação estão inexoravelmente ligadas. As CIC certamente ganhariam se analisassem seus termos de base e se se dispusessem a redefinir seus contornos.

ção: primeiramente, a "logosfera", ligada à escrita, onde reina o divino (Bíblia, Sagradas Escrituras); em seguida, a "grafosfera", oriunda da imprensa, onde prevalece o ideal de conhecimento herdado das Luzes; em terceiro lugar, a "videosfera", fruto do audiovisual, dominada pela busca de prazeres imediatos e dedicada ao culto da celebridade. Em *L'Innovation technique* [A inovação técnica] (1995), o sociólogo Patrice Flichy analisa as relações entre inovação técnica e sociedade. Como Daniel Bougnoux (*Introduction aux sciences de la communication* [Introdução às ciências da comunicação], 1998), refuta qualquer determinismo*: a técnica por si só não provoca uma transformação sociocultural, mas permite, com maior ou menor intensidade, sua emergência. Certamente, a imprensa não é a causa direta do pensamento crítico que vai da filosofia das Luzes às ciências modernas, mas é incontestavelmente um dos meios que permitiram sua difusão. Fala-se atualmente em "momentos de irreversibilidade" para descrever essas fases de transição em que uma técnica cede lugar a outra mais promissora. Os ateliês de copistas desapareceram com o advento da imprensa, e o CD substituiu o vinil em nossas prateleiras. Os modos de leitura da imagem e do texto também evoluem em decorrência das novas mídias (zapear na televisão, *links* hipertexto em multimídia), e surgem novos códigos de expressão, como na linguagem abreviada do SMS (pequenos textos enviados por telefone celular), em que "você" se escreve VC, "beleza", BLZ, e assim por diante...

A COMUNICAÇÃO, QUESTÕES CONTEMPORÂNEAS

Hoje, a comunicação tornou-se uma preocupação central. No trabalho, na vida conjugal, em família. Os livros de autoajuda estão repletos de soluções miraculosas: tal postura para convencer, tal atitude para seduzir, tal astúcia para conseguir um emprego. Mais que um meio, a comunicação tende a tornar-se uma ideologia*. As novas tecnologias da informação e da comunicação mobilizam indústrias de ponta e envolvem investimentos econômicos colossais. O desenvolvimento do telefone celular é fulgurante. Espécie de "bichinho de estimação" tecnológico, o celular seria um substituto afetivo unindo permanentemente o indivíduo à sua comunidade (S. Tisseron, *Petites mythologies d'aujourd'hui* [Pequenas mitologias de hoje], 2000). Mas é também uma formidável ferramenta para tirar do isolamento regiões em que uma infraestrutura excessivamente custosa não permite a instalação de linhas fixas. Assim, em Bangladesh, as "moças do telefone" são remuneradas pela locação de seus celulares. Entre 1998 e 2000, a Grameen (o "banco dos pobres") concedeu empréstimos, equipando assim mais de trezentos povoados com ao menos um telefone celular (M. Balvanes, D. James, S. Donald, *Atlas des médias dans le monde* [Atlas da mídia no mundo], 2002).

Paralelamente, os grandes impérios midiáticos, como AOL-Time Warner e Walt Disney, se lançam numa concorrência feroz por mercados. Os canais de televisão privados, assim como os *sites* na internet, não param de crescer. Diante de tal profusão, surgiu a questão dos efeitos da mídia* nos comportamentos e na opinião pública. Nos anos 1940, o sociólogo americano Harrold Lasswell inaugurava o estudo da influência da mídia. Se, durante algum tempo, acreditou-se que ela era direta e massiva, uma série de trabalhos mostrou que essa influência se exerce de maneira mais sutil e indireta (*ver a teoria da* agenda-setting *e do* two-step flow *no verbete* "Mídia").

Em termos globais, observam-se duas tendências (por vezes caricaturais) a respeito do papel das mídias: de um lado, a denúncia da manipulação das massas; de outro, o ideal comunitário. Essas duas posturas são exacerbadas pela questão da globalização, hoje um debate central (A. Mattelart, *La Mondialisation de la communication* [A globalização da comunicação], 1996). Desde os anos 1930, os sociólogos da escola de Frankfurt*, Theodore W. Adorno* e Herbert Marcuse, consideram a mídia um instrumento que garante a hegemonia da ideologia capitalista* dominante. Guy-Ernest Debord critica os rumos de *La Société du spectacle* [A sociedade do espetáculo] (1967) e Pierre Bourdieu* analisa as formas difusas de censura que amordaçam a televisão, e a lógica alienante da audiência (*Sur la télévision* [Sobre a televisão], 1996). Ignacio Ramonet condena *La Tyrannie de la communication* [A tirania da comunicação] (2001). A mídia também é acusada de anestesiar o público sob uma avalanche de informações com as quais as pessoas não sabem mais o que fazer, e de transformar o mundo num espetáculo, o que engendraria uma "perda de realidade".

Do lado do ideal comunitário, encontramos o sonho humanista do cidadão do mundo. M. McLuhan profetiza a "aldeia global", onde a comunicação acaba com as fronteiras. Outros consideram a mídia uma guardiã da democracia, especialmente Dominique Wolton, que enfatiza as desigualdades no acesso à técnica (*Penser la communication* [*Pensar a comunicação*], 1997). O papel da mídia suscita frequentemente posicionamentos tão apaixonados quanto ambivalentes. Por exemplo, o desenvolvimento da internet nutriu a esperança de uma solidariedade planetária, mas também gerou o temor de uma uniformização cultural ou, ao contrário, de uma dissolução do laço social em uma multiplicidade de microcomunidades virtuais. Diante da aleatoriedade da opinião, as ciências da informação e da comunicação insistem, hoje, na necessidade de preservar nos debates o procedimento analítico próprio a toda ciência. E embora a "sociedade da comunicação" seja sintomática de nossa época, é preciso relativizar seu alcance: a cada cinco homens, um não sabe ler nem escrever, e metade da população mundial não possui telefone.

Ciências políticas

Quem governa de fato? Como as elites são formadas? Como o Estado age? Essas questões – e muitas outras, a respeito dos partidos políticos, dos eleitores, da ação coletiva, das ideologias, das relações internacionais – são centrais para as ciências políticas.

As ciências políticas dedicam-se primeiramente ao estudo do poder político nas sociedades contemporâneas. Seu campo de investigações é, portanto, mais restrito que o estudo do poder* em geral e que o estudo do poder político em particular. Efetivamente, a hierarquia está presente em todas as instituições humanas: família, grupo, associação, empresa, Igreja, etc. O poder "político", porém, diz respeito mais especificamente à gestão da "cidade" (a palavra política vem do grego *polis* = cidade) e, nesse sentido estrito, existe historicamente sob diversas formas: *big man**, cacicado*, realeza, cidade-Estado, império, etc.

As ciências políticas se constituíram, portanto, em torno do estudo de uma forma precisa de poder político: a configuração do poder nos Estados modernos. Elas surgiram no início do século XX e constituem, por natureza, uma disciplina de síntese: forjada na esteira dos estudos sobre as elites* políticas (Vilfredo Pareto*, Gaetano Mosca) e sobre a burocracia (Max Weber*), na esteira da ciência administrativa, do direito e da filosofia política, a disciplina foi enriquecida pelos estudos sobre as relações internacionais* (ou geopolítica), pela antropologia e a psicologia políticas e pela geografia eleitoral. Uma vez que cada um desses subdomínios possui sua autonomia relativa, fala-se mais frequentemente "das" ciências políticas, no plural.

Trajetórias nacionais e correntes de pensamento

As ciências políticas foram formadas, no decorrer do século XX, de acordo com trajetórias bastante diferentes na Europa e nos países anglo-saxões.

– O *behaviorismo*. Nos Estados Unidos, as ciências políticas nascentes afirmam-se numa corrente empirista (também chamada de "behaviorista") que deseja romper com as especulações da filosofia política. Por outro lado, sob o impulso de Charles Merriam e de seus estudantes, as ciências políticas pretendem afirmar-se também como uma ciência, no sentido pleno do termo: fundamentada em fatos empíricos, estatísticas e rigor demonstrativo. Em 1920, a Associação Americana de Ciência Política já conta com 1.300 membros. Essa poderosa associação irá dar à disciplina grande homogeneidade de procedimentos. O voto, os partidos políticos, os grupos de pressão*, os mecanismos de decisão*, a propaganda e a influência tornam-se seus objetos de estudo. Nesse contexto, que não é exatamente favorável à originalidade, algumas obras irão se destacar. Nos anos 1930, as obras de um jovem prodígio, Harold D. Lasswell, marcam fortemente a disciplina. Em 1927, então com 25 anos, ele publica *Propaganda Technique in the World War I* [Técnica de propaganda na Primeira Guerra Mundial], que inaugura as pesquisas sobre a propaganda e os mecanismos de influência. Em uma outra, *Politics: Who Gets What, When, How* [Política: quem ganha o quê, quando, como] (1936), ele se preocupa com a capacidade das elites em mobilizar a opinião em torno de questões e valores específicos. Na mesma ótica, situam-se os trabalhos de Paul F. Lazarsfeld*, Bernard R. Perelson, Angus Campbell e Philip E. Converse.

Após a Segunda Guerra Mundial, os grandes paradigmas que influenciam as ciências sociais irão marcar a teoria política: a análise sistêmica*, o funcionalismo*, o desenvolvimentismo, a *rational choice*, etc.

– *Análise sistêmica*. David Easton promove uma abordagem que pensa a esfera política como um sistema. Nos livros *The Political System* [O sistema político] (1953), *A Framework for Political Analysis* [Uma estrutura para análise política] (1965) e *A Systems Analysis of Political Life* [Um sistema de análise da vida política] (1965), o mundo político aparece como um "sistema" que recebe informações do exterior (*inputs*) – demandas (de segurança, de bens de consumo...) e ofertas (apoio eleitoral, etc.) – que a instância política deve tratar e gerenciar. Em seguida, vêm as ações dirigidas à sociedade (*outputs*): políticas públicas, legislação, declarações públicas, etc. Os resultados dessas ações incidem novamente no mundo político (*feedback*) como novos *inputs*, etc.

Essa visão está fortemente marcada pelo modelo americano de democracia, em que a política aparece não raro como um mercado* feito de incessantes transações com os porta-vozes de grupos de pressão.

– *Funcionalismo*. Gabriel A. Almond foi o expoente de uma corrente funcionalista* que considera o mundo político sob a ótica das funções sociais (executiva, legislativa, jurídica, social) por ele garantidas. Assim, podemos considerar que, em todos os tipos de sociedade, o regime deve garantir uma função de coesão social, de política e defesa. A sociedade é vista como um organismo em que cada elemento contribui para o funcionamento do conjunto. Assim, o que difere de um regime político para outro (monarquia, democracia*, autoritarismo, etc.) são as diferentes formas que tomam essas funções sociais. G. A. Almond fez um estudo comparativo dos diversos regimes políticos, especialmente os do Terceiro Mundo e dos países industrializados. (G. A. Almond e G. B. Powell, *Comparative Politics* [Políticas comparativas], 1966).

– *Desenvolvimentismo*. A partir dos anos 1960, uma das questões mais debatidas entre os especialistas em ciências políticas é a possível existência de etapas universais para o desenvolvimento do Estado, que caminharia das sociedades tradicionais às sociedades modernas. Essa abordagem desenvolvimentista, que era, inicialmente, uma perspectiva progressista, orientou-se para uma abordagem complexa integrando a diversidade das dinâmicas nacionais (ver especialmente David Apter). Esse debate ocorreu paralelamente aos estudos sobre o desenvolvimento econômico* e opôs os universalistas aos "independentistas".

– *Rational choice* e *public choice*. A partir dos anos 1970, a corrente da *rational choice* passou por um verdadeiro *boom* nas ciências políticas americanas. Praticamente inexistente no início dos anos 1950, quarenta anos mais tarde essa corrente representa 40% das publicações das grandes revistas de ciências políticas. O livro *Social Choice and Individual Values* [Escolha social e valores individuais] (1951), do economista Kenneth J. Arrow*, dá origem à aplicação desse modelo ao domínio político. Seu modelo permitia aplicar ao voto as ferramentas matemáticas da vida microeconômica: teoria dos jogos*, teoria matemática da decisão, etc.

Aplicado à vida política, o protótipo da *rational choice* considera que os eleitos, assim como os eleitores, não são impelidos pela busca do interesse geral, mas primeiramente pela defesa de seus próprios interesses (ver, por exemplo, Mancur Olson* e o paradoxo da ação coletiva*: *La Logique de l'action collective* [A lógica da ação coletiva], 1965). James Buchanan, prêmio Nobel de economia em 1986, é o fundador da corrente da *public choice*, modo de análise que aplica à vida política os princípios da escolha racional. Em *The Calculus of Consent* [O cálculo do consentimento], escrito com Gordon Tullock em 1962, J. Buchanan critica a ilusão de um Estado tido como uma instância superior que defenderia o interesse geral. O Estado é, em primeiro lugar, um instrumento colocado nas mãos de eleitos e funcionários, de indivíduos racionais que visam acima de tudo maximizar seus interesses. Nessa ótica, o eleito quer, primeiramente, ser reeleito. O eleitor se comporta como um consumidor de bens. Essa ótica cínica da política como mercado tem consequências muito importantes sobre a visão das escolhas públicas. Por exemplo, às vésperas das eleições, os homens públicos têm interesse em distribuir vantagens a seus eleitores e engendrar obras públicas. Alguns eleitores (ditos "eleitores médios") são particularmente bem tratados, pois podem influenciar uma maioria num determinado sentido.

Não poderíamos reduzir as correntes de pensamento em ciências políticas às figuras e correntes acima citadas. Existem muitos outros modos de análise: marxismo*, sociologia histórica, pós-modernismo*, culturalismo... Algumas obras, relativas à origem e à constituição do Estado, situam-se no entroncamento de diversas abordagens (Samuel N. Eisenstadt, Theda Skocpol, Charles Tilly, Bertrand Badie).

OS DOMÍNIOS DE ESTUDO

Os temas privilegiados das ciências políticas são muitos: as elites*, os regimes políticos*, a nação e os nacionalismos*, os comportamentos eleitorais, as mobilizações coletivas, as políticas públicas* e as ideologias* políticas.

– *As elites*. O estudo das elites políticas visa compreender como são formadas, em Estados modernos, minorias que monopolizam o poder, constituindo-se em círculo autônomo e reproduzindo-se de maneira hermética. Toda uma tradição de autores, de V. Pareto a G. Mosca, passando por Robert Michels, vê na formação das elites uma lógica implacável da história. Uma abordagem crítica (Charles W. Mills, Pierre Bourdieu*) frisa os mecanismos de dominação e reprodução das minorias dirigentes. Isso deu origem a muitos estudos empíricos sobre a formação das elites (Alain Birbaum), suas ligações com as políticas econômicas, suas trajetórias e também sobre as redes*.

– *Os regimes políticos*. A oposição democracia/totalitarismo* foi o pano de fundo de muitas reflexões sobre os regimes contemporâneos (por exemplo, Raymond Aron*). Mas essa grande oposição tutelar não deve fazer esquecer que os regimes políticos contemporâneos têm muitas variantes, não se resumindo às formas intermediárias entre regimes autoritário e democrático. O estudo do populismo é um bom exemplo (ver Guy Hermet).

– *O comportamento eleitoral*. O indivíduo é objeto de muitas pesquisas que visam principalmente compreender as determinantes do voto: origem social, religiosa e geográfica dos eleitores.

– *A análise das políticas públicas*. A ação do Estado se realiza através de políticas públicas: reformas da educação, políticas de saúde, escolhas orçamentárias, ações culturais, organização do território, política agrícola. Uma questão recorrente concerne à motivação do Estado ou a suas capacidades de reforma.

– *Os outros domínios*. Entre os temas tradicionais de estudo das ciências políticas, também encontramos a análise das ideologias políticas, dos grupos de pressão e da mobilização coletiva. A partir dos anos 1990, novos temas, ligados à evolução das sociedades, surgiram: a construção europeia, os conflitos interétnicos, o terrorismo, as políticas de saúde, a governança* mundial...

Mas seria incorreto classificar as ciências políticas em correntes e domínios com fronteiras precisas e rígidas.

Muitos pesquisadores e cientistas políticos não pertencem a uma escola de pensamento, mas dedicam-se ao estudo de um fenômeno (as ideias políticas no século XX, a política regional, a comunicação política, a psicologia dos homens de Estado) ou de uma região (os "sovietólogos", os especialistas em África, Índia, Ásia, países árabes).

Enfim, a dificuldade das ciências políticas em fixar sua identidade e suas fronteiras não é necessariamente um mal. Isso atua em favor da diversidade e da riqueza de suas contribuições.

Demografia

Ciência que estuda a população humana, a demografia não apenas observa a evolução passada, como também faz previsões. Em razão de seu objeto, está frequentemente no centro das grandes questões econômicas e geopolíticas.

Seis bilhões de indivíduos: esse é o total da população mundial no limiar do século XXI. O mais extraordinário não é o número em si, mas o fato de o conhecermos. Devemos essa proeza à demografia, ciência que estuda a população humana, sua composição e suas dinâmicas, seus movimentos naturais e migratórios.

História e métodos

Em suas *Recherches et considérations sur la population de la France* [Pesquisas e considerações sobre a população da França] (1778), Jean-Baptiste Moheau lembrava que, para contar a população da França – que avaliara em 24 milhões de habitantes –, o tratamento dos dados lhe havia custado "20 mil dias de trabalho e o esforço hercúleo de uma multidão de colaboradores"...

Desde então, e principalmente no século XX, o aperfeiçoamento dos métodos de contagem das populações (estado civil, recenseamentos), os progressos matemáticos (cálculo de probabilidade) e os recursos tecnológicos forneceram à demografia as ferramentas necessárias para que pudesse se tornar uma verdadeira disciplina científica, representada nas universidades de muitos países. Seus métodos se aperfeiçoaram, suas áreas de investigação se ampliaram e muitos pesquisadores no mundo se dedicam a ela. O Ined por exemplo, criado na França em 1945 e dirigido até 1962 pelo demógrafo Alfred Sauvy, constitui o maior organismo de pesquisas demográficas do mundo.

Ciência essencialmente quantitativa fundamentada na estatística, a demografia contabiliza os seres humanos, tanto seu número como suas variações no decorrer do tempo e sua repartição no espaço, nos países e continentes. Para tanto, criou certo número de indicadores: a natalidade* e a fecundidade*, a mortalidade* e a expectativa de vida*, os fenômenos migratórios e representações gráficas bem específicas, como as famosas pirâmides de idade*.

A demografia permite, além de uma visão retrospectiva, uma visão prospectiva das sociedades humanas. Não se contentando em apenas contabilizar, ela busca explicar os fenômenos e descobrir as leis que os regem. Como e por que, por exemplo, uma população passa de um regime estável, no qual não aumenta, para um regime de forte crescimento, e depois retorna a um regime estável? Os demógrafos evidenciaram o processo de transição demográfica* que se tornou uma verdadeira referência teórica para compreender a evolução das populações.

Os embates da demografia

A demografia não poderia deixar de gerar polêmicas em função das questões que abrange. Na França, por exemplo, no reinado de Luís XV, o barão de Montesquieu e depois os fisiocratas alegavam (na realidade sem nenhuma prova) que a população estava em forte declínio, sugerindo assim o "mau governo" real.

Desde a Segunda Guerra Mundial, os países europeus se preocupam com as consequências econômicas do *baby-boom**, com a diminuição da fecundidade e com os riscos de envelhecimento* da população, multiplicando os estudos prospectivos.

A partir dos anos 1950, os debates sobre as previsões de crescimento da população mundial passaram a abranger também importantes questões econômicas e geopolíticas: falou-se, por exemplo, em "perigo amarelo", em razão da explosão demográfica na China (cuja população está, hoje, estabilizada), e depois em bomba "P", em referência à explosão demográfica no Terceiro Mundo*.

É verdade que a população mundial mais que dobrou na segunda metade do século XX, passando de 2,5 bilhões para 6 bilhões de habitantes. No final dos anos 1950, os demógrafos previam que o crescimento seguiria uma curva exponencial que, com a explosão demográfica dos países do Sul, deveria levar a um superpovoamento dramático para o planeta. O número de 6 bilhões de habitantes foi atingido no ano 2000, mas a maioria dos países reduziu seu crescimento natural e as Nações Unidas preveem uma estabilização da população mundial em 9,5 bilhões a partir de 2050.

O CRESCIMENTO DA POPULAÇÃO MUNDIAL DE 1750 A... 2200
(EM DADOS CORRIGIDOS)

A demografia permite contar a população e pode igualmente ser prospectiva. É o que nos mostra esta representação gráfica. Entre 1950 e 2050 o crescimento natural da população mundial deve atingir seu máximo: essa fase corresponde à transição demográfica* dos países em desenvolvimento, que deve estar concluída até o final da primeira metade do século XXI. Nesse meio-tempo, a população do planeta Terra terá duplicado!

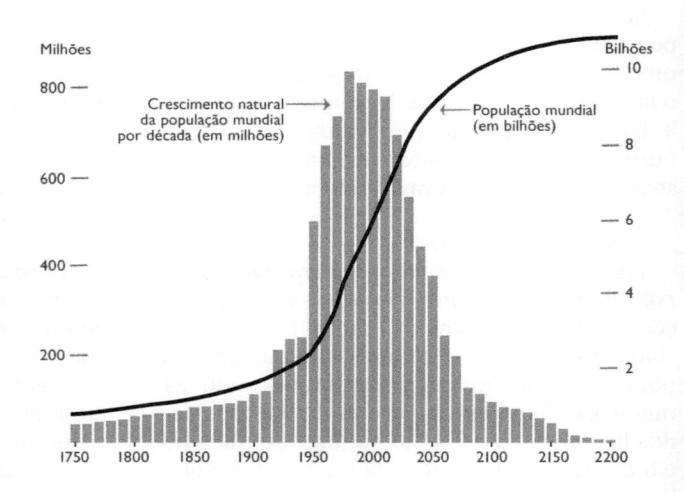

Economia

Liberais, keynesianos, marxistas, institucionalistas..., a diversidade das correntes de pensamento em economia decorre da diversidade de métodos, questões e objetos de estudo, e também de fortes embates ideológicos. Essa multiplicidade de abordagens entraria em contradição com a ideia de ciência?

Sobre o que os economistas concordam? Sabemos que, entre eles, podemos encontrar os liberais, partidários do livre mercado*, e os keynesianos*, mais favoráveis à regulação do Estado. Para os leigos (e até para os espíritos um pouco mais inteirados do assunto), a existência de correntes de pensamento em economia não deixa de ser desconcertante.

Por um lado, a economia tem todos os atributos de uma ciência: as equações, as demonstrações rigorosas, os dados numéricos, os modelos abstratos. A partir de 1969, a existência de um prêmio Nobel – o único na área de ciências sociais – veio coroar a entrada da economia no domínio das chamadas ciências "exatas".

Mas sabemos também que a disciplina abriga uma infinidade de escolas: "neoclássica*", "keynesiana", "monetarista*", "regulacionista*", "institucionalista*", etc. Podemos conceber a existência de escolas em pintura e literatura, mas como admiti-las para uma ciência*? Os modelos abstratos dissimulariam a existência de "panelas" ideológicas? Como explicar essa situação?

– A primeira explicação é que a economia é uma "pseudociência" que se veste com os atributos da cientificidade, mas, na realidade, só constitui um conjunto de debates ideológicos e conhecimentos duvidosos.

– Uma segunda explicação – exatamente inversa – é que existe, por trás dos debates das escolas – simples movimentos de superfície –, uma comunidade de referências e conhecimentos: o mesmo alicerce teórico compartilhado pela grande maioria dos economistas.

– Também é possível outra explicação. Se os economistas nem sempre estão de acordo, é porque seus modelos* não dizem respeito aos mesmos objetos, não fazem as mesmas perguntas e se fundamentam em métodos* distintos. Por conseguinte, a diversidade dos pontos de vista reflete a diferença de perspectiva. E a variedade dos modelos não entra em contradição com a cientificidade de cada um. Não é inconcebível que todos eles tenham um pouco de razão, já que não falam da mesma coisa...

AS QUATRO ESCOLAS DE PENSAMENTO

No início dos anos 1980, ainda podíamos dividir os economistas em quatro grandes escolas de pensamento: os clássicos (e neoclássicos), os keynesianos, os marxistas* e os heterodoxos.

– Os clássicos (autores do século XIX) são os defensores do livre comércio. Veem no mercado ao mesmo tempo o melhor estímulo para a produção e o melhor meio de repartição dos produtos. Seus herdeiros, os "neoclássicos", vão inventar uma nova maneira de compreender a economia, a partir de um modelo de equilíbrio geral do mercado*.

– Para John M. Keynes (1883-1946) e seus defensores, o mercado não corresponde ao modelo de equilíbrio espontâneo e harmonioso que os clássicos descrevem. Os keynesianos pensam em termos "macroeconômicos" (ver o quadro "Macroeconomia, a economia 'vista de cima'") e admitem que o mercado não controlado pode gerar situações de desemprego crônico e crises. Enfim, defendem que o Estado tem um papel a desempenhar na regulação do circuito econômico.

– Karl Marx* e os marxistas introduziram uma crítica muito mais radical do capitalismo*. As crises, as desigualdades, a pobreza e o desemprego, longe de serem falhas passageiras do sistema, são inerentes à sua natureza.

Macroeconomia, a economia "vista de cima"

Em ciências econômicas, é comum distinguir uma abordagem "macro" e uma abordagem "micro". A macroeconomia estuda o funcionamento de conjunto da economia, em escala nacional ou internacional. Raciocina em termos de circuito global integrando Estado, família, moeda... Inversamente, a "microeconomia" parte das unidades elementares ("microscópicas") da economia, o consumidor e o produtor, para modelizar as situações de mercado. Entretanto, há alguns anos, as fronteiras entre macro e microeconomia têm se tornado mais tênues.

A economia vista como um organismo

Podemos considerar que tudo começou com o quadro econômico de François Quesnay (1694-1774), médico do rei e fundador da escola dos "filósofos economistas". Ele foi o primeiro a abordar a economia nacional como um "organismo" onde os bens são produzidos e trocados entre os diferentes órgãos do corpo social, representados pelas classes (camponeses, comerciantes, industriais, proprietários).

A macroeconomia moderna está associada ao keynesianismo. John M. Keynes* (1883-1946) introduz a noção de "circuito econômico": um vasto sistema de produção e circulação dos bens e da moeda em que intervêm os grandes agentes: a empresa, a família, o Estado, os bancos. Dos anos 1940 aos anos 1970, o pensamento keynesiano é predominante. Em sua maioria, os economistas são inspirados por ele. Está associado à ideia de que uma política econômica pode conseguir agir sobre o crescimento ou controlar o desemprego e a inflação, através da ação do Estado sobre alguns fatores: a política monetária, orçamentária ou industrial.

A abordagem macroeconômica levou à criação de grandes modelos econométricos. São modelos matemáticos – espécie de maquinaria contábil – que simulam as relações entre grandes parâmetros (investimento, consumo, poupança, balança comercial, PIB) e, a partir disso, tentam fazer previsões de médio prazo sobre a atividade econômica de um país. São enormes maquinarias matemáticas, feitas de centenas de equações, que modelizam as relações entre diversas variáveis. Um dos modelos econométricos mais conhecidos é o MPS (MIT – University of Pennsylvania – Social Science Research Council, 1974), realizado nos Estados Unidos sob a coordenação de Franco Modigliani e Albert Ando.

Crise e ressurgimento da macroeconomia

A partir dos anos 1970, a abordagem macroeconômica associada ao keynesianismo entrou em relativo declínio. No momento em que as políticas keynesianas parecem inoperantes diante da abertura dos mercados nacionais, constata-se um esgotamento das teorias de mesmo nome.

Contudo, a partir dos anos 1990, emerge uma nova macroeconomia. A abordagem macroeconômica é revitalizada pela ascensão de três correntes de pensamento: os neoclássicos* (que abordam os fenômenos macroeconômicos a partir das formulações da microeconomia e das antecipações racionais*), a geração dos "neokeynesianos" e as novas teorias do crescimento.

– Os "heterodoxos" formam um conjunto bastante diversificado. Costumam-se reunir, sob esse termo, todos os economistas que se recusam a considerar a economia um mundo autônomo, separado do resto da sociedade e com leis próprias. Para eles, não se pode pensar a economia desconectada das formas de organização das empresas, das relações de poder, das condutas dos grupos sociais, das instituições, das normas e valores de uma sociedade.

A CHEGADA DOS NOVOS ECONOMISTAS

Era assim que a grande família dos economistas podia ser descrita ainda há pouco tempo. Há duas décadas, esse quadro vem apresentando algumas mudanças. Como acontece nas famílias, houve casamentos, novas ramificações... e crises. Surgiu uma geração de "novos" economistas. São os chamados "neoclássicos", os "neokeynesianos" e os institucionalistas.

Ainda que o fenômeno seja recente para podermos analisar todas suas evoluções, algumas linhas gerais podem ser identificadas.

– A corrente neoclássica fortaleceu-se. Enriqueceu-se, diversificou-se e sofisticou-se ainda mais. Frequentemente é apresentada como a corrente dominante da economia contemporânea.

Seus procedimentos – fundamentados na formalização matemática e no raciocínio dedutivo – permanecem essencialmente os mesmos. Os alicerces teóricos não mudam: os agentes econômicos são racionais e procuram otimizar seus ganhos. Em contrapartida, o quadro de aplicação da teoria se ampliou consideravelmente. Os neoclássicos não raciocinam mais a partir do mercado "puro e perfeito", supostamente equilibrado, como único quadro de referência. Construiu-se uma infinidade de modelos possíveis: situação de monopólios, concorrência imperfeita, custos de transação, etc. Reconhece-se também que os agentes econômicos (consumidores ou produtores) nem sempre estão bem informados (economia da informação*), que agem num meio incerto (teoria dos jogos*), que os diferentes comportamentos da empresa dependem de sua organização interna (economia da empresa), etc. Surgiu uma infinidade de ramificações teóricas. Além do mais, essa forma ampla da teoria neoclássica foi aplicada a comportamentos que não decorrem *stricto sensu* da economia: a família, o crime, a política...

– Os keynesianos, após terem passado por uma forte crise nos anos 1980, começaram a se recuperar há algum tempo. Os "neokeynesianos" conservam dois princípios fundamentais de J. M. Keynes: a imperfeição do mercado e a necessidade da intervenção do Estado. Entretanto, eles tiveram de se renovar diante dos evidentes erros teóricos e do esgotamento das políticas keynesianas. Os neokeynesianos integraram em sua teoria muitos aspectos da abordagem neoclássica (especialmente a importância da oferta e das antecipações racionais*). Por exemplo, propõem um novo papel para o Estado. Sua função não seria intervir para estimular a atividade, mas para criar um meio favorável ao crescimento (através da criação de infraestrutura, da contribuição para a formação da mão de obra, para a inovação).

– Os marxistas quase desapareceram da cena das ideias econômicas. Juntaram-se aos heterodoxos para formar uma nova constelação: a dos "socioeconomistas*", às vezes também chamados de "institucionalistas". Para a socioeconomia e seus diferentes componentes (convenções*, evolucionismo, escola da regulação*, institucionalismo), não se pode pensar a economia fora das relações sociais. O mercado de trabalho, por exemplo, não é (e não deve ser) regulado pelas leis da oferta e da procura*, supostamente universais, mas estruturado por normas, convenções e regras produzidas pelos atores sociais.

Evidentemente, nem todos os economistas se identificam com uma das três famílias (neoclássicos, neokeynesianos, socioeconomistas). A apresentação da economia em termos de "correntes de pensamento" tende a radicalizar as posições e criar fronteiras herméticas.

EM QUE CONCORDAM?

Em primeiro lugar, existe entre as escolas uma linguagem, referências e um conjunto de conhecimentos em comum. Assim, keynesianos, neoclássicos ou institucionalistas analisam mais ou menos da mesma maneira os efeitos da desvalorização ou as consequências dos ganhos de produtividade*. A respeito de um assunto bastante controverso, como o desemprego em massa na Europa, todos os especialistas aceitam a ideia de que diversos fatores se conjugam: um "desemprego clássico" ligado à oferta (ou seja, à organização da produção), um fator "keynesiano" ligado à demanda (ou seja, à insuficiência do consumo e do crescimento), e outros fatores ligados à organização das relações profissionais ou aos efeitos sistêmicos.

Dessa forma, é possível que não sejam as questões da técnica econômica em si que dividam os economistas, mas sim as questões de valores e de escolhas políticas.

EM QUE DISCORDAM?

O que contrapõe os economistas? Por que e sobre o que eles não chegam a um acordo? Pode-se nutrir a esperança de um dia ver a ciência econômica unificada em uma única grande família?

A respeito dessas questões, as opiniões são controversas.

Em primeiro lugar, como lembra John K. Galbraith*, as teorias não nasceram na mesma época e não tiveram de enfrentar os mesmos problemas (*Economics in Perspective: a Critical History* [A economia em perspectiva: uma história crítica], 1989). Os mercantilistas foram confrontados com o afluxo de moeda na Europa, J. M. Keynes com a brusca escalada do desemprego que se seguiu à grande crise dos anos 1930, e o atual aprimoramento da corrente neoclássica não poderia ser explicado sem o desenvolvimento dos mercados financeiros ou dos problemas ligados à gestão da empresa. Os métodos de estudo, por sua vez, também criam cisões: por exemplo, entre os que procuram apreender a economia a partir de uma análise sócio-histórica e os que refletem sobre a evolução dos mercados a partir de modelos matemáticos. Essa grande cisão está na origem da famosa "querela dos métodos" (*ver o quadro no verbete* "Método") que agitou a universidade desde o século XX e que ainda continua sendo debatida.

MICROECONOMIA: UMA ECONOMIA DE ROBINSON CRUSOÉ...

A microeconomia é uma economia de Robinson Crusoé, em que alguns atores considerados racionais se encontram num pequeno mercado para trocar seus bens em função de interesses recíprocos. Atribuindo a cada um dos bens um valor (medindo a intensidade da "utilidade esperada"), a expectativa é de encontrar as condições matemáticas de equilíbrio em que a demanda se iguala à oferta e em que todas as partes saem satisfeitas da transação.

A esperança dos fundadores da microeconomia é conseguir construir um modelo matemático condizente com a realidade do mercado. A partir de um modelo matemático mais ou menos sofisticado, espera-se colocar o mundo mercantil em equação.

A história da microeconomia pode ser resumida em três períodos.

Ato 1. Fundações

Nos anos 1870, os economistas neoclássicos* propõem fazer da economia uma "ciência pura", construída sobre modelos teóricos que abranjam o comportamento do consumidor e do produtor, assim como o mecanismo de equilíbrio dos preços.

Os fundadores da microeconomia foram os marginalistas Stanley Jevons (1835-1882) e Carl Menger (1840-1921), Leon Walras* (1834-1910), Vilfredo Pareto* (1848-1923)...

Ato 2. Desenvolvimentos

No princípio, os fundadores da microeconomia partem de um modelo simples: alguns agentes que oferecem, alguns agentes que demandam, e um único bem. Depois os pesquisadores vão tentar estabelecer um modelo de equilíbrio geral de diversos mercados coordenados, ou seja, que comportam uma pluralidade de bens (em que podemos preferir as maçãs às peras, em que podemos usar o transporte público em vez de comprar um carro).

Esse modelo será pouco a pouco aperfeiçoado por pesquisadores como John R. Hicks e Paul Samuelson, nos anos 1930 e 1940, e mais tarde, nos anos 1950, por Kenneth Arrow*, Gérard Debreu, Maurice Allais. A *performance* matemática é notável. Mas constata-se, num modelo como esse, que o equilíbrio de mercado só é conseguido através de hipóteses muito restritivas (um infinidade de agentes que ofereçam, compradores capazes, conhecimento perfeito da qualidade dos produtos pelos protagonistas, a possibilidade, para o consumidor, de comparar todos os preços) que pouco correspondem ao mundo da economia real.

Ato 3. Novas fundações

No mundo real do mercado, se uma pessoa quer investir e hesita entre comprar um apartamento e comprar ações, ela não pode saber como vai evoluir o mercado, e qual das duas escolhas será mais proveitosa. Ela deve, portanto, agir em situação de incerteza. O modelo do mercado supõe um conhecimento perfeito dos produtos comprados ou que o vendedor tenha dado todas as informações sobre o produto. Mas esse não é sempre o caso. O vendedor de um carro usado tem, por exemplo, interesse em dissimular os defeitos do produto.

A partir dos anos 1970, os economistas vão tentar construir modelos teóricos que levem em conta a incerteza do consumidor, a ausência de concorrência...Orientando-se por novos modelos matemáticos, entre os quais a teoria dos jogos*, surge uma nova microeconomia que leva em conta as situações de concorrência imperfeita (monopólio, duopólio, mercados contestáveis, assimetria de informações, etc.). Diversas áreas de pesquisa, bastante prolíficas, irão desenvolver-se: teoria dos contratos, teorias dos direitos de propriedade, teorias da empresa, economia da informação*, etc. O procedimento microeconômico vai se estender para novos domínios, como a análise da vida política (com James M. Buchanan) e da família (com Gary Becker). Enfim, para coroar seu império na ciência econômica, a microeconomia tentará propor novos fundamentos para pensar os fenômenos macroeconômicos (Robert Lucas).

Outra causa de divergência provém da diversidade de objetos de estudo. Os regulacionistas se preocupam em estudar as fases históricas do capitalismo e seus diferentes sistemas nacionais. Isso tem pouco a ver com a "teoria do crescimento endógeno" que, como o nome indica, tem uma função completamente diferente: compreender as molas propulsoras internas do crescimento. Teoria do crescimento, do comércio internacional, da moeda, dos ciclos e das crises..., há especialidades suficientes para criar compartimentos de pesquisa que, a longo prazo, evoluem de maneira separada. Colocar essas teorias no mesmo plano e opô-las entre si tem tanto sentido quanto opor a biologia molecular à física de materiais. Enfim, não podemos ignorar que a ciência econômica é profundamente engajada nas questões sociais e está, portanto, impregnada dos valores e das ideologias dessa sociedade: o liberalismo* exprime a visão otimista da burguesia dominadora; o marxismo, por sua vez, traduz uma revolta contra os malefícios da Revolução Industrial; enfim, a abordagem neoclássica revela a preocupação de engenheiros matemáticos em compreender a sociedade a partir de equações.

A FRUTÍFERA CONFRONTAÇÃO DOS MODELOS

Todas essas razões (e algumas outras) explicam as cisões entre os economistas e afastam a esperança de vê-los reunidos em torno de um mesmo modelo de referência.

Podemos nos consolar pensando que a controvérsia é fonte de enriquecimento, como mostrou claramente a história recente da disciplina, e que "importantes progressos foram realizados por conta da vivacidade das controvérsias teóricas" (J. P. Fitoussi, "Prefácio" a B. Snowdown, H. Vane, P. Wynarczyk, *A Modern Guide to Macroeconomics: an Introduction to Competing Schools of Thought* [O guia moderno para macroeconomia: uma introdução às escolas de pensamento adeversárias], 1994). Uma ciência que não tivesse debate interno talvez morresse. Além do mais, na verdade, nenhum modelo por si só basta para explicar todos os dados. A multiplicidade de teorias talvez seja a condição para considerar as diversas facetas do real.

Filosofia

Esta disciplina, de longo reinado, viu se emanciparem pouco a pouco alguns saberes que eram de sua jurisdição. Apesar desses sobressaltos, a filosofia, amor pelo conhecimento e pela sabedoria, está longe de ser considerada ultrapassada, como atestam os importantes desenvolvimentos da filosofia contemporânea.

O que é filosofia? Sejamos francos, a pergunta é capciosa, e podemos encontrar uma resposta diferente em cada filósofo. Em geral, essa pergunta remete a uma outra, menos neutra: "Para que serve a filosofia?" Esse tipo de questionamento sugere que haveria uma espécie de essência eterna da filosofia, quando, ao contrário, seria conveniente enxergá-la como uma disciplina e uma atividade humana com sua história e tradição. Comecemos, portanto, pelas origens, investigando a emergência dessa disciplina de longo reinado, mas atualmente contestada por aqueles que levantam dúvidas quanto à sua utilidade ou que veem nela apenas os belos restos de uma cultura ultrapassada.

As origens da filosofia

Concorda-se, em geral, que a filosofia teria nascido na Grécia no século VI a.C. Mais exatamente na cidade de Mileto, na costa da Ásia Menor, onde três homens, Tales, Anaximandro e Anaxímenes teriam encarnado o surgimento da razão. Em que se baseia esta tese? Desses milésios, só nos restam alguns poucos fragmentos. A novidade de seu discurso só pode ser compreendida no contexto da cultura grega arcaica, em que o saber é oral e se transmite pelo canto ou pela poesia. Os milésios constituem uma ruptura. Como ressalta Jean-Pierre Vernant*, "nem cantores, nem poetas, nem contadores, eles se exprimem em prosa, em textos escritos, que não visam desenvolver uma narrativa segundo as normas da tradição, mas expor uma teoria explicativa para alguns fenômenos e para a organização do cosmos. Do oral ao escrito, do canto à prosa, da narração à explicação, a mudança da forma de registro responde a um tipo de indagação completamente novo; novo pelo objeto que designa: a natureza, *physis*; novo pela forma de pensamento que nela se manifesta e que é inteiramente positivo" (J. P. Vernant, "Les origines de la philosophie" [As origens da filosofia], em C. Delacampagne, R. Maggiori, *Philosopher* [Filosofar], vol. 1, 1980).

Saber ou arte de viver?

Mas os milésios não se definem como filósofos. A palavra teria sido forjada por Pitágoras, que recusava considerar-se um sábio (*sophos*), pois a posse do conhecimento era privilégio dos deuses. Preferia ser chamado de "amante do conhecimento" (*philosophos*). Apenas com Platão e Aristóteles os termos "filósofo" e "filosofia" ganham verdadeiramente um significado preciso. Paradoxalmente, Platão toma suas distâncias com relação aos milésios, a que chama de "físicos". Vemos, portanto, que desde as origens a questão sobre o que vem a ser a filosofia é problemática. É preciso, com frequência, referir-se à etimologia para tentar defini-la. "Filosofia" vem do grego *philein*, que significa "amar", e *sophia*, que é traduzido habitualmente como "sabedoria". É aqui, sem dúvida, que reside o problema. Por "sabedoria" entende-se geralmente a "arte de viver", mas o termo *sophia* não se resume a isso. Dizer que a filosofia é o amor pela sabedoria não é suficiente. *Sophia* também pode ser traduzida tanto por "saber" como por "conhecimento". Assim, compreende-se melhor uma tensão constitutiva e essencial entre duas maneiras de apreender a disciplina: uma considera a filosofia um empreendimento teórico que visa um saber; para a outra se trata de uma atividade de objetivos práticos, uma arte de viver, um caminho em direção à sabedoria.

Obviamente, seria simplista enxergar uma oposição forte entre essas duas dimensões, que estão sem dúvida alguma indissoluvelmente ligadas. A maior parte dos filósofos não as dissociou, mesmo que pudessem subordinar uma à outra. Os epicuristas, que veem na felicidade o objetivo da filosofia, insistiram na importância de uma física, ou seja, de uma ciência da natureza que, libertando o homem do temor dos deuses, da morte e da dor, seria condição para a felicidade. Por outro lado, Baruch de Espinosa, por exemplo, recusaria a distinção entre sabedoria e conhecimento.

FILOSOFIA, UMA ESPECIFICIDADE OCIDENTAL?

Por trás da indagação sobre a natureza da filosofia, há também a questão de saber se convém restringi-la à tradição ocidental ou se tem sentido falar em filosofia não ocidental. Michel Gourinat, num "manual" de filosofia que se tornou referência, vê um grave erro por trás da tentativa de acrescentar à filosofia pensamentos não ocidentais ou, antes, um mal-entendido sobre a própria natureza da disciplina: "Hoje batizam-se sem discernimento como 'filosofia indiana' ou 'filosofia chinesa' as velhas sabedorias indiana e chinesa, ou como 'filosofia trágica' o sentimento pessimista da vida que, na sabedoria grega, precedeu o surgimento da filosofia. Sem dúvida, existem na sabedoria indiana, chinesa ou grega, elementos de pensamento suscetíveis de interessar à filosofia e que foram efetivamente retomados por ela. Mas a forma do pensamento sistemático abstrato, que define a filosofia, está ausente nessas sabedorias" (M. Gourinat, *De la philosophie* [Da filosofia], t. 1, 1969).

Entretanto, a comunidade filosófica se divide. Note-se que é sem dúvida no século XX que esse problema é debatido com mais acuidade, mesmo que alguns filósofos já tivessem sido confrontados com a questão (no século XIX, Arthur Schopenhauer tinha grande interesse pela filosofia budista). Reduzir a filosofia à sua tradição ocidental não seria, efetivamente, dar provas de um etnocentrismo dogmático e escandaloso? Muitos são os filósofos que, hoje, recolocam em questão esse antigo preconceito. Os trabalhos de François Jullien sobre o pensamento chinês ou de Louis Gardet sobre o pen-

UMA COMUNIDADE CIENTÍFICA BASTANTE RECENTE

Mesmo que no século XVII René Descartes e Gottfried W. Leibniz já tivessem correspondentes em toda a Europa, a constituição de uma verdadeira comunidade filosófica internacional data do final do século XIX.

A explosão das revistas filosóficas

Efetivamente, a filosofia se profissionaliza massivamente no momento em que as universidades se reorganizam e nascem muitas associações e jornais especializados. Basta lembrar de algumas datas para nos convencermos: a já canônica *Revue de Métaphysique et de Morale* é fundada em 1893 por Xavier Léon e Elie Halévy, e a *Revue Philosophique de la France et de l'Étranger*, fundada por Théodule Ribot, data de 1876; a Alemanha, que foi sem dúvida o Estado mais precoce, pois Johann G. Fichte já havia fundado em 1837 a *Zeitschrift für Philosophie und philosophische Kritik*, assiste em 1895 à criação dos *Archiv für Geschichte der Philosophie* e em 1891 à criação do *Archiv der systematische Philosophie*; na Grã-Bretanha, em 1872, a revista *Mind* toma a forma que conserva até hoje; nos Estados Unidos, em 1893, é fundada a *Philosophical Review* e o *International Journal of Ethics* (rebatizado em 1938 com o nome *Ethics*). Essas revistas desempenham um papel crucial para a constituição das tradições filosóficas nacionais e para a difusão da filosofia.

O congresso internacional de filosofia

O ano de 1900 coroa esse movimento com a organização, em agosto, do I Congresso Internacional de Filosofia, que ocorre em Paris e permite o encontro das diferentes comunidades filosóficas nacionais, reunindo personalidades prestigiosas como Bertrand Russell, Henri Poincaré e Henri Bergson. Como já notava Emmanuel Kant em "Was heisst sich im Denken orientieren?" ['O que significa orientar-se no pensamento?"]: "Mas, quanto e com que correção pensaríamos nós se, por assim dizer, não pensássemos em comunhão com os outros, aos quais comunicamos os nossos pensamentos e eles nos comunicam os seus!"

samento islâmico, e o interesse que suscitam, mostram como pode ser fértil para a filosofia ocidental o confronto com outras tradições, que não se reduzem somente a "sabedorias", como pensa M. Gourinat. De resto, os primeiros filósofos gregos sem dúvida se inspiraram nessas tradições: Tales teria sido influenciado por suas viagens à Babilônia e ao Egito; Pitágoras também teria aprendido muito no Egito.

O ABANDONO DO IDEAL ENCICLOPÉDICO

Não é porque a filosofia possui a riqueza de uma longa tradição que se deve imaginá-la como uma disciplina hierática situada fora do tempo, num imutável céu de ideias eternas. A filosofia considerada como amor pelo conhecimento e pela sabedoria se destinava a buscar um saber total. E, excetuando obviamente algumas disciplinas, como a história, muitas são as áreas do saber que se constituíram a partir dela.

Durante séculos, o filósofo foi ao mesmo tempo matemático, físico, biólogo, às vezes até jurista ou economista. Platão, Aristóteles, René Descartes, Gottfried W. Leibniz, Emmanuel Kant, Georg W. F. Hegel e Auguste Comte encarnam perfeitamente esse espírito enciclopédico. Nada parecia escapar ao olhar desses pensadores. Mas, pouco a pouco, a filosofia viu se emanciparem alguns de seus objetos, que passaram a constituir disciplinas autônomas: as disciplinas científicas, como física e biologia, a economia política, mais tarde a linguística, a psicologia, a sociologia, a antropologia... Tanto que nos anos 1970 é moda questionar se a filosofia não está fadada a morrer rapidamente, a ser definitivamente ultrapassada.

O século XX, sem dúvida, apontou com acuidade as dificuldades da filosofia; entretanto, é importante constatar que foi também um século de grande riqueza. A filosofia contemporânea renovou profundamente a reflexão sobre a moral, o Estado, a política, as ciências e o espírito, para citar apenas alguns exemplos significativos.

O RENASCIMENTO DA FILOSOFIA MORAL E A REFLEXÃO POLÍTICA

Ofuscada a partir dos anos 1960, período globalmente anti-humanista, a filosofia moral renasce na França nos anos 1980, especialmente graças à introdução de autores alemães (como Jürgen Habermas*, Karl O. Apel* e Hans Jonas*) e anglo-americanos (John Rawls*, Charles Taylor*, Charles Larmore, por exemplo). A obra de Paul Ricoeur* tem grande ressonância. Além das questões sobre o fundamento dos juízos morais e sobre os princípios da ação, a reflexão moral se interessou pelas aplicações da filosofia em domínios de atividades que exigem decisões concretas: a procriação, a saúde, o trabalho, o meio ambiente. Essa preocupação com a ética não deve ser confundida com a formulação de regras de conduta. Ela consiste principalmente em utilizar a filosofia como um conhecimento capaz de esclarecer os problemas e se manifesta no campo da biologia humana, da ética nos negócios, dos direitos sociais, da pesquisa científica (como atestam, por exemplo, os trabalhos de Anne Fagot-Largeault). A filosofia política não fica atrás. A queda do comunismo e a intensificação do interesse pelas obras de autores mais distantes do marxismo*, como Leo Strauss, Eric Weil, Hannah Arendt* e Cornelius Castoriadis*, renovaram a reflexão sobre o político. Os assuntos

---

A CRÍTICA DA MODERNIDADE

"Desconstrução", "pós-modernismo"..., não faltam qualificativos para designar o que terá sido um dos principais eixos do pensamento contemporâneo: a "crítica da razão moderna". O Ocidente, a partir das Luzes, identificou-se com a ideia de razão, com a ciência triunfante, com o progresso, a liberdade e o desenvolvimento do indivíduo*. O século XX irá desnudar a ilusão desse discurso progressista. A escola de Frankfurt* abriu esse caminho, com sua crítica da ideologia moderna. Michel Foucault* se dedicará a mostrar que a razão pode servir à dominação, que o saber pode servir ao poder*. Jacques Derrida* se aplicará a desconstruir os discursos de pretensão universalista. Jean-François Lyotard* anunciará o fim da "grande narrativa" da modernidade, marcando a entrada numa nova era: a pós-modernidade*.
Essa palavra fará grande sucesso nos Estados Unidos e servirá também para designar autores como J. F. Lyotard, Gilles Deleuze*, J. Derrida e M. Foucault, que se recusam a acreditar na ilusão de uma razão universal e se dedicam a mostrar suas falhas e impasses.

concernentes à democracia*, à relação entre indivíduo* e comunidade*, à liberdade e à justiça tornaram-se dominantes, e pensadores como J. Rawls, J. Habermas, Claude Lefort*, Ronald Dworkin e Michael Walzer* ganham grande ressonância. Paralelamente, o surgimento na cena intelectual dos pensadores do multiculturalismo*, como C. Taylor ou Will Kymlicka, estimula os questionamentos sobre a identidade*, a cultura* e as relações destas com as instituições democráticas.

A REVOLUÇÃO DA FILOSOFIA DAS CIÊNCIAS

A epistemologia* é sem dúvida um dos campos mais férteis da filosofia contemporânea. Os trabalhos de Georges Canguilhem* sobre a vida ou os de Jean Cavaillès sobre a matemática forneceram importantes esclarecimentos sobre as disciplinas com as quais eles se confrontaram em toda sua complexidade. De Gaston Bachelard* a Karl R. Popper*, de Thomas S. Kuhn* a Imre Lakatos*, a filosofia das ciências* se preocupa em investigar a natureza do procedimen-

FILOSOFIA ANALÍTICA *VERSUS* FILOSOFIA CONTINENTAL

Está na moda opor duas correntes da filosofia contemporânea: as chamadas filosofias "analítica*" e "continental". Essa oposição ganha frequentemente um caráter geográfico: a filosofia analítica predomina nos países anglo-saxões, nos países escandinavos e em alguns países da Europa oriental, como a Polônia, enquanto a filosofia continental seria preponderante na França, na Alemanha e na Itália, entre outros.

Uma filosofia continental heteróclita

Filosofia continental é uma denominação bastante vaga que reúne filosofias tão diversas quanto a fenomenologia*, a escola heideggeriana, o existencialismo, a hermenêutica*, o estruturalismo* e a escola de Frankfurt*. Difícil encontrar um ponto em comum entre essas diferentes correntes. Na realidade, o título "continental" só pode ser compreendido de maneira negativa, enquanto se opõe à filosofia analítica. De resto, é utilizado pelos filósofos não continentais de maneira um pouco pejorativa para denunciar a preponderância concedida às exegeses de autores canônicos, ou para criticar um certo estilo filosófico: mais literário, menos argumentativo... Portanto, *grosso modo*, filosofia continental significa filosofia não analítica.

Filosofia analítica e análise da linguagem

O que seria, porém, a filosofia analítica? Também suas definições são, com frequência, aproximativas ou redutivas, já que lhe é censurado o fato de limitar-se a justas argumentativas formais ou de ser cientificista. Na realidade, é muito difícil definir essa escola, que não possui o caráter monolítico que frequentemente lhe é atribuído. De modo geral, segundo Michael Dummett, "o que distingue a filosofia analítica em seus diversos aspectos de outras correntes filosóficas é, em primeiro lugar, a convicção de que uma análise filosófica da linguagem pode conduzir a uma explicação filosófica do pensamento e, em segundo lugar, a convicção de que essa é a única maneira de se chegar a uma explicação global" (*Les Origines de la philosophie analytique* [As origens da filosofia analítica], 1988). A filosofia analítica, quanto aos objetos que propõe, em nada se distingue da filosofia tradicional. As questões a que busca responder são as mesmas que preocupam a filosofia desde os gregos: o que é o conhecimento? O que é o espírito? O que é a matéria? O que é a justiça?

O início de uma aproximação

Se a análise da linguagem, especialmente a partir da obra de Ludwig J. Wittgenstein*, é efetivamente uma das vias privilegiadas da filosofia analítica, seria bastante simplista enxergá-la apenas como uma filosofia da linguagem no sentido estrito do termo, pois na maioria das vezes a análise da linguagem não é um fim em si mesma. Os campos de sua reflexão são diversos e dizem respeito tanto às ciências (Bertrand Russell, Rudolf Carnap, Willard V. O. Quine*) como à mente (John R. Searle, D. C. Dennett*, Donald Davidson*), à estética (Nelson Goodman) e à política. Embora o estilo difira, as duas tradições tendem sem dúvida a aproximar-se: os países anglo-saxões se interessam cada vez mais pela filosofia continental, enquanto a velha Europa já começa a conhecer melhor os grandes autores oriundos da filosofia analítica. A guerra pode ainda não ter acabado completamente, mas em todo caso os dois campos se fecham um pouco menos em sua indiferença e desprezo recíprocos...

to científico. Seu objetivo é também revelar o "impensado da ciência", os esquemas mentais, os "paradigmas*", que guiam implicitamente a pesquisa. Da mesma forma, a epistemologia evidencia alguns aspectos mais recônditos da ciência, defendendo que o progresso científico pode não ser contínuo e linear e que os cientistas não são seres friamente racionais.

A ASCENSÃO DA FILOSOFIA DA MENTE

A filosofia da mente* foi durante muito tempo uma especialidade quase exclusivamente anglo-saxã. Entretanto, a partir dos anos 1970, passou por um grande desenvolvimento e beneficiou-se da ascensão das ciências cognitivas*, particularmente forte nos anos 1980. "Filosofia da mente" é a tradução do inglês *philosophy of mind*. A palavra *mind* tem um sentido mais intelectual que espiritual. Designa a atividade mental. Portanto, a filosofia da mente se interessa por questões tão diversas quanto as relações entre o corpo e a mente, a natureza das representações* mentais e a unidade da consciência*. Entre os grandes nomes dessa disciplina, encontramos Daniel C. Dennett*, John R. Searle, Patricia e Paul Churchland, Jerry Fodor*, Donald Davidson* e Thomas Nagel.

OUTRAS PISTAS...

Evidentemente, muitos outros campos atestam o vigor da filosofia e sua renovação.

Consideremos, por exemplo, a filosofia da arte, com figuras como Walter Benjamin (1892-1940), famoso especialmente por sua reflexão sobre as consequências da reprodutibilidade de certas obras de arte, como as obras fotográficas ou cinematográficas; Theodor W. Adorno* (1903-1969), com suas análises sobre a música; Nelson Goodman (1906-1998), que não busca definir a arte de maneira absoluta, mas sim analisar as propriedades da arte considerada sistema simbólico*. Ou ainda as reflexões nascidas das aporias que a arte moderna parece apresentar para o filósofo Arthur Danto (nascido em 1924). Mas os objetos de reflexão podem ser bem menos convencionais e também merecer a análise do filósofo. Assim, um filósofo como François Dagognet reflete sobre os dejetos e imundícies (*Des détritus, des déchets, de l'abjet* [Dos detritos, dos dejetos, do abjeto], 1997), tradicionalmente abandonados pela reflexão filosófica. Michel Onfray exalta a "gastrosofia", estimando que a boa cozinha é também digna da filosofia e que essa última negligenciou durante muito tempo os sentidos do olfato e do paladar (*La Raison gourmande. Philosophie du goût* [A razão gulosa. Filosofia do gosto], 1995). Podemos também lembrar das análises finas e comoventes do filósofo americano Stanley Cavell sobre alguns filmes hollywoodianos, por exemplo *Pursuits of Happiness: the Hollywood Comedy of Remarriage* [Em busca da felicidade. Hollywood e a comédia do segundo casamento] (1981).

Contudo, uma parte importante do trabalho universitário é consagrada à análise dos autores e à história da filosofia. Essa é sem dúvida outra especificidade desta disciplina, tão apegada à sua longa tradição. Mas se a exegese constitui sem dúvida uma etapa indispensável do trabalho filosófico, a filosofia não se reduz a ela. Pois, como afirmava Gilles Deleuze* em *Qu'est-ce que la philosophie?* [O que é a filosofia?], "de que valeria um filósofo de quem se pudesse dizer: ele não criou nenhum conceito, ele não criou seus próprios conceitos?". Nesse sentido, a filosofia está longe de ser uma atividade inútil e estéril: ela esclarece problemas despercebidos ou mal-formulados, criando novos conceitos que são maneiras de apreender de outra forma o real.

Geografia

Uma "ciência de síntese", essencialmente descritiva: reagindo contra essa visão simplista de sua disciplina, os geógrafos se dedicaram a afirmar, a partir dos anos 1950, a posição da geografia entre as ciências... exatas, humanas e sociais.

Até o século XIX, a superfície da Terra possuía regiões ainda inexploradas ou desconhecidas. Nesse contexto, o geógrafo aparecia mais frequentemente como o explorador cuja vocação era reunir conhecimentos, tanto no plano geológico como no plano climático, botânico e etnográfico. Na ausência de uma disciplina instituída como tal, o geógrafo se tornava ao mesmo tempo botânico, geólogo, zoólogo, climatólogo, naturalista, etc. Sua verdadeira especificidade aparecia no uso e elaboração de mapas relativos à organização do relevo, à repartição das plantas, aos grupos humanos, etc. "Inicialmente, aliás, a palavra 'geografia' fazia referência aos mapas, desenhados após muitos cálculos, que descreviam os diferentes aspectos da superfície da Terra e, acima de tudo, a configuração dos continentes e oceanos", como lembra Yves Lacoste em seu dicionário *De la géopolitique aux paysages* [Da geopolítica às paisagens] (2003). Ainda hoje, é frequente que se reduza a geografia à cartografia.

UMA "CIÊNCIA DE SÍNTESE"?

No século XIX, duas figuras encarnam, apesar das diferenças que as contrapõem, essa visão da geografia: de um lado, o alemão Alexander von Humboldt (1769-1859), a quem se devem especialmente as explorações na América (*Reise in die Aequinoctial Gegenden des neuen continents* [Viagem às regiões equinociais do Novo Continente de 1799 a 1804], com seu amigo Aimé G. Bonpland) e também um "ensaio de descrição física do mundo" (*Cosmos* [Cosmos], em dois volumes editados em 1845); de outro lado, o francês Elisée Reclus (1830-1905), criador de um novo gênero geográfico: a "geografia universal", uma descrição dos conhecimentos geográficos do mundo. Redigida entre 1876 e 1894, sua obra totalizou dezenove volumes, aproximadamente 18 mil páginas e mais de 4 mil mapas... Por mais eruditas que sejam, essas obras utilizam um procedimento enciclopédico e uma narrativa literária. A intenção de modelização está ausente. Assim, estão perfeitamente de acordo com o significado primeiro da geografia. Com efeito, como sugere sua terminação, essa disciplina não pretende. etimologicamente falando, ser um discurso racional (*logos*) sobre a realidade, mas da ordem da descrição (*grafia*).

Essas particularidades fizeram e ainda fazem que a geografia seja, às vezes, colocada à margem das ciências humanas e sociais. Não que o *status* de ciência lhe seja negado. É reconhecido, mas sob o título de "ciência de síntese". Ou seja, ela não poderia existir por si só, principalmente quando pretende interpretar os fenômenos sociais e os comportamentos humanos. Seus desenvolvimentos posteriores – marcados pela adoção de métodos científicos, e por sua institucionalização no mundo acadêmico – não irão alterar essa percepção. Enquanto a sociologia* e a história* se constituem como ciências sociais, a geografia parece ficar à margem. Essa aparente marginalização suscitou intensos debates nas últimas décadas entre a comunidade geográfica, especialmente na França, a propósito da responsabilidade do pai fundador da escola francesa de geografia, Paul Vidal de La Blache.

UMA CIÊNCIA EXATA, HUMANA E SOCIAL

Mostrar que a geografia é uma ciência completa, ou seja, com objetos e conceitos específicos e metodologia rigorosa, essa foi indubitavelmente a preocupação das gerações de geógrafos que se sucederam a partir dos anos 1950, na

França e em outros países, notadamente anglo-saxões. Resta saber que ciência se tratava de promover. Desde a metade do século XX, ao menos três concepções podem ser identificadas.

– *A geografia como ciência exata*, que tende a identificar leis, ou ao menos regularidades, a partir de métodos quantitativos rigorosos. Essa concepção se manifesta a partir dos anos 1950 através do que se convencionou chamar de nova geografia (*new geography*), que emerge nos países anglo-saxões sob a liderança de Peter Haggett, Peter Gould, etc. Os defensores dessa geografia foram incentivados pelo desenvolvimento da informática e pela introdução dos primeiros computadores nos laboratórios de pesquisa. Mas também se inspiraram na economia espacial e na ciência regional, então em plena renovação. À abordagem descritiva opõem um esforço de modelização destinado a revelar as leis da organização espacial. A introdução da *new geography* na França, a partir dos anos 1960, será a ocasião de (re)descobrir os pioneiros da análise espacial, principalmente o alemão Walter Christaller, cuja teoria dos lugares centrais ilustra a possibilidade de um procedimento hipotético-dedutivo em geografia (*Die zentralen Orte in Süddeutschland* [Os locais centrais no sul da Alemanha], 1933). Efetivamente, a hipótese que essa teoria subentende – a repartição e a hierarquização das cidades de acordo com uma divisão do território em hexágonos regulares, desde que algumas condições estejam reunidas – é formulada por W. Christaller antes de ele verificar sua legitimidade com o exemplo das cidades do sul da Alemanha.

Na França, a *new geography* e seu esforço de modelização encontram ressonância favorável junto a geógrafos como Roger Brunet, criador da concepção de "coremas", figuras que devem representar as unidades elementares do espaço. Concebidos em referência explícita ao sema da semiologia, eles visam claramente identificar leis ou regularidades espaciais. Os coremas foram amplamente utilizados para evidenciar a existência da megalópole* europeia que se estende do sul da Inglaterra ao norte da Itália, ao longo do eixo renano, a famosa "banana azul".

Apesar de estimulante, a abordagem científica da nova geografia não deixará de ser alvo de críticas, especialmente por parte dos defensores de uma geografia radical, de inspiração marxista*, para os quais a busca de leis faz perder de vista os verdadeiros embates sociais ligados à segregação espacial. Mas será alvo de críticas também dos partidários de uma geografia humanista, que, como Armand Frémont, lhe censuram o caráter desencarnado. É em reação contra ela que ele propõe em *La Région, espace vécu* [*A região, espaço vivido*] (1976) uma análise fenomenológica* da maneira como os normandos percebem sua região no cotidiano.

– *A geografia como ciência humana*. A partir do momento em que centra suas atenções no homem, nas relações que ele estabelece com o meio, com suas representações, suas crenças, etc., a geografia pode também reivindicar o *status* de ciência humana. Entretanto, foi preciso esperar algumas décadas após a constituição da geografia humana para que um diálogo fosse realmente estabelecido com as outras ciências humanas. Ele se instaura graças à renovação da geografia cultural, sob a égide de Paul Claval, mas também da geografia da paisagem, de uma geografia do gosto, etc. Observação participante*, entrevista* qualitativa, etnometodologia*, mapas mentais..., os empréstimos de outras ciências humanas (antropologia, psicologia, ciências cognitivas) são reconhecidos e assumidos. Esse esforço de abertura põe mais uma vez em questão a especificidade da geografia humana. Para muitos, não há dúvida de que o estudo da paisagem é ainda sua melhor definição. A paisagem como produto da interação entre o homem e o meio, revestindo uma dimensão ao mesmo tempo material e simbólica. Alguns falam, aliás, da geografia como a "ciência da paisagem", fazendo referência aos primeiros trabalhos sobre as paisagens agrárias que, longe de se limitarem a uma simples descrição, se dedicavam a identificar os tipos ideais* dessas paisagens, trabalhadas pelos homens em função das imposições climáticas, do relevo, e também em função de suas relações com a natureza e de suas crenças.

– *A geografia como ciência social*. Todo fenômeno social se manifesta no espaço, público ou privado, local, regional, nacional ou mundial. Da mesma forma que as outras ciências sociais, a geografia também está habilitada a se pronunciar sobre os fenômenos sociais. Esta é a premissa que está por trás do esforço de alguns geógrafos para que a geografia seja reconhecida como uma verdadeira ciência social, entre eles diversos geógrafos franceses, como Jacques Lévy e Michel Lussault. Segundo eles, o risco de distorção que a ameaça (explicar tudo pelo espaço, ou seja o "espacialismo") não deveria descreditá-la mais que as outras ciências sociais, também expostas a esse risco (a economia com o "economicismo", a sociologia com o "sociologismo"). Entre determinismo* e individualismo*, a geografia pode mostrar como a localização espacial é determinante, mas também como os indivíduos preservam uma liberdade de escolha, especialmente em relação a sua localização residencial. Os desafios lançados pela globalização e pela expansão das novas tecnologias da informação e comunicação (nos quais alguns viram o fim da geografia, ou seja, das distâncias e portanto da disciplina) suscitaram uma renovação conceitual, sobretudo em torno da noção de "métricas". Desenvolvida por J. Lévy, ela designa as formas de medida e gestão da distância relativamente às telecomunicações, ao transporte e aos deslocamentos. Nessa perspectiva, fica evidente que não podemos falar de fim das distâncias em função da globalização ou dos desenvolvimentos dos transportes e das telecomunicações, e sim de novas arbitragens entre as diferentes métricas.

A disposição de colocar a geografia entre as ciências sociais se traduz por grande participação nos debates sociais, em relação à organização do território, à política urbana e à globalização. Passa também por uma contribuição à crítica da ciência dominante no interior das ciências sociais: a ciência econômica. As contribuições dos geógrafos, mesmo que frequentemente desconhecidas fora da disciplina, são muito importantes na medida em que auxiliam na (re)descoberta da dimensão territorial da economia: seja por meio das estratégias de localização das empresas, seja no papel dos distritos industriais (aglomerações de empresas encontradas tanto na Itália e em outros países europeus como nos Estados Unidos e nos países emergentes). No último balanço que propõem dos trabalhos realizados sobre as dinâmicas de crescimento nas diferentes regiões do mundo, Georges Benko e Alain Lipietz defendem uma "nova geografia socioeconômica" (*La Richesse des régions* [A riqueza das regiões], 2000) capaz, segundo eles, de superar as fraquezas da economia espacial neoclássica. A contribuição da análise geográfica se revela igualmente preciosa na avaliação do impacto real da internet sobre a organização espacial das socie-

O FIM DAS DISTÂNCIAS?

Em 1992, três anos depois da publicação do artigo de Francis Fukuyama sobre o fim da história (*The End of History and the Last Man* [O fim da história e o último homem], 1989), o inglês Richard O'Brien anunciava o fim da geografia (*Global Financial Integration: The End of Geography?* [Integração financeira global: o fim da geografia?]). Com a globalização financeira e a ascensão das telecomunicações, as distâncias, contraindo-se, deixavam de ser um obstáculo para a localização das empresas ou para a circulação dos capitais. A expressão teve imediata ressonância (foi retomada especialmente pelo filósofo Paul Virilio em sua crítica da revolução informática). Mas, por "fim da geografia", deveria-se entender também o fim da disciplina? Muitos podem ter entendido desta forma. Era subestimar a ampliação dos objetos (re)explorados pelos geógrafos ao longo do tempo, do estudo dos imaginários coletivos ao estudo das segregações espaciais, passando pela difusão dos processos de inovação*. Era também desconhecer as contribuições de muitos geógrafos na revelação de um verdadeiro paradoxo: a persistência da concentração das empresas e populações nas proximidades das metrópoles, apesar das possibilidades de disseminação que oferecem as novas tecnologias e os meios de transporte. Longe de privar a geografia de seu conteúdo, a aparente contração do espaço, por conta das novas tecnologias da telecomunicação, teve como efeito a abertura de novas perspectivas de pesquisa, tanto teórica como empírica. Citemos os trabalhos de Jacques Lévy sobre a elaboração de novas unidades de medida ou "métricas", para avaliar as distâncias próprias às redes. Citemos também a ascensão – nos Estados Unidos – de uma nova corrente, a telegeografia, cujos últimos progressos mostram os fenômenos de concentração que caracterizam a internet, do ponto de vista não só das infraestruturas como dos utilizadores e produtores (ver M. Castells, *La Galaxie Internet* [A galáxia da internet] 2001).

Em suma, o espaço se contrai e as distâncias se anulam, mas não para todo mundo, nem em todas as circunstâncias.

dades. Diferentemente do que alguns acreditavam, ela não diminui as distâncias mais do que os meios clássicos de telecomunicação (*ver o quadro* "O fim das distâncias"). Por trás do ciberespaço, da internet, temos infraestruturas e servidores localizados no espaço mundial, principalmente nos países desenvolvidos. Como demonstra Solveig Godeluck (*La Géopolitique d'Internet* [A geopolítica da internet], 2002), a análise desse fenômeno justifica plenamente uma abordagem geopolítica.

Mas a geografia como ciência social pode ser entendida em outro sentido, complementar: como produto social, respondendo às demandas sociais ou políticas de seu tempo. Uma realidade que se traduz por um esforço de reflexão por parte dos geógrafos, mais precisamente dos defensores de uma geografia "pós-moderna*", preocupados em se inteirar das contribuições dos *gender studies*, mas também das críticas da geografia colonial.

Esse quadro não estaria correto se desse a entender que existe uma distinção absoluta entre as diferentes abordagens da geografia (como ciência exata, ciência humana e ciência social). Como mostram os escritos de R. Brunet, a abordagem modelizadora não exclui a consideração da história do lugar e da lógica dos atores. A obra que consagrou ao diamante, aliás, investiga o modo de organização dos coremas. A análise geográfica dos sítios de produção torna-se, além disso, a oportunidade para uma análise viva dos atores desse universo particular que é a indústria diamantífera (R. Brunet, *Le Diamant, un monde en révolution* [O diamante, um mundo em revolução], 2002).

Os últimos anos foram também marcados pelo surgimento de novas tecnologias e pela renovação que estas permitiram na concepção cartográfica, com o desenvolvimento, a partir dos anos 1960, nos Estados Unidos, e mais recentemente na França, de sistemas de informação geográfica (SIG) que permitem o estabelecimento de correlações entre diversas variáveis. O aumento das telecomunicações, por sua vez, inspirou o desenvolvimento de uma nova disciplina: a telegeografia, que pretende quantificar e cartografar os fluxos ligados às telecomunicações, e também a rede da internet, seus servidores, fornecedores e utilizadores.

Além dessas inovações, a intenção de fazer da geografia uma verdadeira ciência resultou num esforço direcionado à epistemologia* da disciplina, à qual os geógrafos, ao menos na França, durante muito tempo quase não prestaram atenção. As coisas mudam a partir dos anos 1970, graças à iniciativa de geógrafos reunidos sob o nome de Grupo Dupont. Diferentes obras e trabalhos, desde então, vieram preencher o vazio. Citemos os trabalhos de Antoine Bailly e Robert Ferras (*Éléments d'épistémologie de la géographie* [Elementos de epistemologia da geografia], 1997) e de Paul Claval (*Épistémologie de la géographie* [Epistemologia da geografia], 2001), que privilegiam uma abordagem histórica. Essa epistemologia é mais frequentemente utilizada para inventariar o que a geografia importou das outras disciplinas, como também os conceitos e teorias que ela conseguiu exportar.

Esses esforços destinados a mostrar que a geografia é uma disciplina tão científica quanto as outras ciências exatas, humanas ou sociais, parece ter tido uma contrapartida: uma linha divisória mais acentuada com a geografia física. Entretanto, já há alguns anos, existe um movimento de reaproximação entre seus diferentes componentes. Exemplo disso são os trabalhos de Georges Bertrand, autor que desde o final dos anos 1970 se dedica a articular a vertente ecológica das paisagens e suas dimensões sociais. No final, a geografia se revela uma das raras ciências que trabalham tanto com as ciências naturais como com as ciências sociais e humanas.

História

A história não se resume a contar histórias... Ela é também o reflexo dos grandes paradigmas políticos, religiosos e científicos de sua época. A partir do século XIX, essa disciplina deu provas de um dinamismo até hoje não desmentido e passou a ocupar um lugar central no seio das ciências humanas.

A disciplina histórica sempre esteve fortemente ligada às histórias nacionais, aos países e aos povos cujo passado retraça. Na França em particular, a história é uma disciplina querida e ao mesmo tempo considerada um elemento fundamental da cultura. Integrada no século XIX aos programas escolares, passa a ter, a partir dos anos 1960, grande sucesso midiático: publicações e coleções editoriais pululam; os mais renomados professores universitários participam da realização de programas de rádio e televisão (Georges Duby* foi um dos primeiros com o programa "Le temps des cathédrales" [O tempo das catedrais], em 1973) e as revistas populares abrem frequentemente suas colunas para eles...

De fato, a história tem o mérito de nos contar histórias. Para Paul Veyne*, ela seria nada menos que um "romance verdadeiro" (*Comment on écrit l'histoire* [Como se escreve a história], 1971). Mas é justamente por ser tida como uma disciplina que diz a verdade que a história foi, ao longo dos séculos, portadora de importantes embates – primeiro de ordem religiosa ou política, e hoje de ordem epistemológica – que a colocaram, particularmente a partir do século XIX, no centro de debates e combates, às vezes virulentos, da comunidade de historiadores. A história pode ser uma ciência (social)? Se sim, quais devem ser suas fontes? Seus métodos? Seus objetos? Que provas podem fundamentar sua legitimidade? A objetividade pode existir?

Essas questões, na realidade, não são novas. Os letrados que se encarregaram de relatar os eventos de sua época sempre buscaram justificar seus procedimentos. Mas elas passaram a ser levantadas com uma acuidade crescente a partir do final do século XIX, momento em que nasceram verdadeiras escolas históricas e com elas uma reflexão historiográfica sobre a disciplina.

A historiografia, que poderíamos definir como a história da história, nasceu no século XIX na Alemanha, onde se desenvolvia uma dinâmica escola histórica, e tomou lugar crescente a partir do século XX nas preocupações dos historiadores de todas as nacionalidades, que começaram a confrontar as maneiras de "fazer história". Atualmente, ela se inscreve no quadro das disciplinas universitárias.

DE HOMERO A HERÓDOTO

A história nasce na Grécia do século V a.C., com Heródoto* e Tucídides. O primeiro tem como projeto relatar as guerras médicas, que opuseram gregos e persas e favoreceram a expansão das cidades gregas. Grande viajante e espírito curioso, etnógrafo e geógrafo por suas observações detalhadas dos povos que encontra, Heródoto cria também o relato histórico, segundo ele para "que o tempo não destrua os trabalhos dos homens, e as grandes conquistas realizadas, seja pelos gregos, seja pelos bárbaros, não caiam no esquecimento" (*História*, prólogo do livro I). Algumas décadas mais tarde, Tucídides será testemunha da guerra do Peloponeso, que opõe Atenas e Esparta de 431 a 404 a.C.

Procurando as causas dos acontecimentos e a objetividade em suas descrições e explicações, Heródoto e Tucídides são considerados os pioneiros da ciência histórica. A história se separa da mitologia; o trabalho de pesquisa (*história*) e o do historiador vêm suceder o reinado dos aedos, contadores de lendas e conquistas heroicas.

Seu projeto, entretanto, não terá continuidade nos séculos seguintes. Se "historiadores" romanos como Cícero, Tito Lívio, Tácito ou Suetônio são reverenciados com o passar dos séculos e especialmente no Renascimento, é sobretudo por suas qualidades literárias, por sua arte da retórica (que, segundo Cícero, consiste em "ornamentar" o discurso), pela qualidade de estilo e pela erudição.

IDADE MÉDIA: UMA HISTÓRIA CRISTÃ

Com a expansão do cristianismo nos primeiros séculos de nossa era, a história torna-se cristã, orientada pela tradição do Antigo Testamento e dos Evangelhos. Desprezada durante muito tempo, considerada subordinada à teologia e ao poder da Igreja, a história medieval passou, contudo, por reavaliações durante o século XX: os cronistas dos poderosos do cristianismo, teólogos ou simplesmente moralistas, deixaram, ao lado dos textos hagiográficos sobre a vida dos santos e outros relatos de milagres, testemunhos preciosos sobre sua época. Assim, por exemplo, o bispo Grégoire de Tours (538-594) registrou, em sua devota *História dos francos* (*Historia Francorum*), preciosas indicações sobre as crenças de seu tempo e evocações precisas sobre acontecimentos, como o relato da peste que assolou Marselha em 588. No século XIII, as crônicas de Jean de Joinville, destinadas a relatar "as santas palavras e os bons feitos" de são Luís, fornecem uma descrição detalhada dos costumes dos beduínos encontrados durante a Cruzada no Egito e descortinam a percepção desses cruzados enfrentando o mundo muçulmano. Para descrever o universo mental dos homens do ano 1000, G. Duby irá se basear nos testemunhos do monge cluniense Raoul Glaber, a quem considera um dos espíritos mais representativos de seu tempo.

A partir do Renascimento e até o século XVIII, o conhecimento histórico toma orientações diversas que, cada uma à sua maneira, constituem as premissas da história contemporânea. Os humanistas do Renascimento, entre os quais um crescente número de laicos, inauguram um método de trabalho fundamentado na busca de documentos originais (religiosos ou não) e na análise crítica das fontes. Seus herdeiros, chamados de antiquários em razão de sua paixão pela Antiguidade grega e romana, dão continuidade à sua obra, estabelecendo assim as bases da erudição moderna.

No século XVIII, século das Luzes, os filósofos – Voltaire, Montesquieu, Denis Diderot, Condorcet – manifestam um interesse apaixonado pela história e constroem os fundamentos de uma filosofia da história orientada em torno de questões como a origem das nações*, a história das civilizações, ou a marcha do progresso humano. No século XIX, com o desenvolvimento do racionalismo, os filósofos Emmanuel Kant, George W. F. Hegel e Karl Marx* irão, cada um a seu modo, conceber toda a história da humanidade como uma marcha em direção à liberdade, iluminada pela razão.

SÉCULO XIX: O SÉCULO DA HISTÓRIA

O século XIX é chamado frequentemente, e com justa razão, o "século da história". A Revolução Francesa e a constituição das nações na Europa alimentam a reflexão dos historiadores franceses, alemães, ingleses. Formam-se escolas nacionais, entre as quais uma dinâmica escola alemã com Leopold von Ranke (1795-1886) e sua *Die Geschichte der romanischen und germanischen Völker von 1494-1535* (1824) [História dos povos romanos e germanos de 1494 a 1535], Theodor Mommsen (1817-1903) e Wilhelm Roscher (1817-1894), a quem podemos considerar o fundador da história econômica. O suíço Jakob Burckhardt (1818-1897), discípulo de L. von Ranke e amigo de Friedrich Nietzsche*, funda a história cultural (*Die Kultur der Renaissance in Italien* [A cultura do Renascimento na Itália], 1860).

Na França, é o momento em que a história adquire suas bases institucionais (École des chartes em 1821, organização dos arquivos nacionais sob a monarquia de Julho, ensino nos liceus napoleônicos, criação da *agrégation* no final do século...). Na primeira metade do século XIX, a corrente romântica, ao mesmo tempo que cultiva o exotismo do passado, exalta a grandeza dos heróis que participaram da construção nacional e cultua os grandes panoramas literários e artísticos. Historiadores como Augustin Thierry (1795-1856) e o talentoso Jules Michelet (1798-1874) manifestam a ambição de escrever uma "história total" da nação francesa, organizada em torno das noções de universalidade e progresso.

A partir do meio do século XIX, a filosofia positivista* de Auguste Comte influencia historiadores franceses como Hyppolyte Taine (1828-1893) e Numa Denis Fustel de Coulanges (1830-1889): todos pensam que a história deve ser abordada de maneira racional, inspirando-se nas ciências da natureza. Em 1876, Gabriel Monod cria a *Revue Historique* e publica no primeiro número o texto fundador da "escola metódica". Essa escola, em matéria de inventário e crítica das fontes, se inspira nos trabalhos dos historiadores alemães (G. Monod compara a Alemanha do século XIX a "um vasto laboratório histórico"). Charles-Victor Langlois e Charles Seignobos, grandes mestres da ciência histórica na Sorbonne (*Introduction aux études historiques* [Introdução aos estudos históricos], 1897), convidam ao despreendimento "da retórica e da falsidade" ou ainda dos "micróbios literários" que poluem o discurso histórico.

A história metódica (também chamada de positivista) vai então produzir textos em que a estilística cede lugar ao rigor, e até a um certo ascetismo que se pretende pedagógico.

Em 1900, num contexto de rivalidade com a Alemanha e de consolidação da França republicana, a *Histoire de la France* [História da França] de Ernest Lavisse (1842-1922) – em dezessete volumes – exalta o prestígio do Estado-Nação* construído desde Clóvis e se torna a "história oficial" do ensino francês.

O DESAFIO DA SOCIOLOGIA
PARA OS HISTORIADORES

Na virada do século XIX, o desenvolvimento das ciências sociais e a poderosa ascensão da sociologia durkheimiana vão finalmente abalar essas orientações. Em 1903, na *Revue de Synthèse Historique*, o sociólogo François Simiand* elabora uma crítica da tradição positivista que, segundo ele, reduz a história à descrição de fenômenos contingentes e aleatórios, enquanto a sociologia, ao contrário, é capaz de criar leis e evidenciar regularidades. F. Simiand convida a "tribo historiadora" a se livrar de "seus três ídolos": o político, o cronológico e o indivíduo, ou seja, de uma história-batalha, fundamentada na cronologia dos eventos militares e nos reinos dos grandes monarcas.

Por outro lado, a *Histoire socialiste de la Révolution Française* [História socialista da Revolução Francesa] (1901-1908) de Jean Jaurès e, mais amplamente, as ideias de K. Marx, que

HISTÓRIA, CIÊNCIA OU NARRATIVA?

Em 1971, o historiador Paul Veyne* publicava um livro muito mal recebido pela comunidade historiadora: *Comment on écrit l'histoire* [Como se escreve a história], no qual afirmava que a narrativa histórica era apenas uma construção de fatos que o historiador seleciona arbitrariamente, dando importância àquilo que lhe interessa... Ou seja, a história, segundo P. Veyne, seria um romance construído sobre uma base verídica. Em 1979, o historiador inglês Lawrence Stone, por sua vez, preconizava um necessário retorno à narração da história, denunciando na revista *Past and Present* (1979) a pretensa objetividade dos procedimentos da história científica ou estrutural. No final do século XX, irá surgir um grande debate epistemológico sobre a questão da narração e da verdade em história. O *linguistic turn*, corrente americana das ciências sociais, proclama que toda realidade social, passada ou presente, se reduz a jogos de linguagem; segundo Hayden White, a história seria nada mais que um *fiction-making-operation*. Se essas posições podem levar a um relativismo absoluto (abrindo caminho, por exemplo, para as leituras revisionistas do nazismo*), na França, na esteira de filósofos como Michel Foucault*, Michel Certeau e Paul Ricoeur*, os historiadores passaram a adotar uma posição de "realismo crítico" em relação ao conhecimento histórico. Para Antoine Prost (*Douze leçons sur l'histoire* [Doze lições sobre a história], 1996), a história é uma "composição do enredo". Gérard Noiriel (*Sur la crise de l'histoire* [Sobre a crise da história], 1996) chega a afirmar que a questão da objetividade e da verdade é hoje o principal desafio da disciplina. Para Roger Chartier (*Au bord de la falaise, l'histoire entre certitude et inquiétudes* [À beira da falésia, a história entre certezas e inquietudes], 1998), o discurso histórico oscila entre ficção e ciência, mas o trabalho do historiador é constituído de operações específicas – identificação e seleção das fontes, validação de hipóteses e produção de um saber "verificável" e controlado pela comunidade de historiadores. De qualquer forma, essas reflexões levaram a história para o mesmo caminho seguido pelo conjunto das ciências sociais a partir do final do século XX: um pluralismo das práticas, no qual os gêneros históricos – narrativa, biografia, monografia, análise quantitativa ou qualitativa global – se multiplicam e se superpõem, para maior benefício da disciplina histórica e dos amantes da história!

insistem nos determinismos econômicos e sociais, influenciam toda uma geração de historiadores (Marc Bloch*, Lucien Febvre*, Albert Mathiez, Ernest Labrousse...) que recomendam o abandono da história política em prol de uma história econômica e social.

Em 1929, L. Febvre e M. Bloch criam a revista dos *Annales d'Histoire Économique et Sociale*. Criticando a história nacional de seus predecessores ("A história que serve é uma história serva", dirá L. Febvre), os *Annales* querem promover uma "história-total" que seja uma história que problematize, levantando questões que ajudem na compreensão das sociedades do passado e do presente, e que utilize para tanto as outras ciências sociais (sociologia, economia, geografia, psicologia, etnologia, etc.).

A HEGEMONIA DOS ANNALES

Os Annales* vão então se tornar uma escola de prestígio mundial, influenciando quatro gerações de historiadores franceses, essencialmente especialistas em história medieval e moderna.

A corrente irá passar, entretanto, por diversas mudanças, ligadas à dinâmica das ideias ao longo do século XX:
– desenvolvimento da história econômica, da demografia histórica e da história quantitativa, sob a liderança de E. Labrousse nos anos 1950;
– resposta ao desafio estruturalista*, com a invenção da "longa duração" de Fernand Braudel*, que dá à disciplina histórica uma posição hegemônica nas ciências sociais (criação da EHESS*; publicação de *La Mediterranée et le monde mediterranéen au temps de Philippe II* [O Mediterrâneo e o mundo mediterrânico no tempo de Filipe II] 1949);
– expansão da "história das mentalidades*", que privilegia o sociocultural e a abordagem etnológica, cujo precursor é Philippe Ariès* (*L'Enfant et la vie familiale sous l'Ancien Régime* [A criança e a vida familiar no Antigo Regime], 1960);
– influência de Michel Foucault* (*L'Archéologie du savoir* [A arqueologia do saber], 1969), que leva os historiadores da terceira geração dos Annales a renunciar ao programa de uma história total: as noções de ruptura e de descontinuidade são reavaliadas, "a história se escreve no plural e sem maiúscula", explica François Dosse (de F. Dosse ver *L'Histoire en mièttes* [A história em migalhas], 1987). É nessa época que Pierre Nora cria, na editora francesa Gallimard, a coleção "La bibliothèque des historiens" [A biblioteca dos historiadores] (1971).

A partir dos anos 1970, os Annales vivem seus "anos de ouro" (F. Dosse), quando toda uma geração de historiadores – André Burguière, Marc Ferro, Jacques Le Goff*, Emmanuel Le Roy Ladurie*, Jacques Revel e outros – forma uma direção colegiada. As produções se multiplicam e se diversificam. A antropologia histórica aprofunda a história das mentalidades e se dedica de maneira crescente às representações dos atores.

Em 1974, J. Le Goff e P. Nora dirigem a obra coletiva *Faire l'histoire* [Fazer história], em três tomos, que se torna a bíblia da "nova história": t. 1: *Nouveaux problèmes* [Novos problemas]; t. 2: *Nouvelles approches* [Novas abordagens]; t. 3: *Nouveaux objets* [Novos objetos].

RENOVAÇÕES CONTEMPORÂNEAS

Em 1985, o grande historiador medievalista G. Duby constata "uma impressão de esgotamento" do programa dos Annales. O historiógrafo F. Dosse afirma esse esgotamento em 1987 em *A história em migalhas*.

A partir do final do século XX, a pesquisa histórica se internacionalizou e seus temas se diversificaram. Novas correntes historiográficas, como a micro-história* italiana (com Carlo Ginzburg*), a *social history* inglesa (com Edward P. Thompson e Eric J. Hobsbawm*), a *public history* americana, a *Alltagsgeschichte* alemã (história do cotidiano), que tinha seu centro de gravidade no Instituto Max Planck, ou ainda os questionamentos engendrados pelo *linguistic turn* (*ver o quadro* "História, ciência ou narrativa?") nos Estados Unidos, contribuem para a renovação das práticas dos historiadores.

O conjunto desses trabalhos introduziu uma mudança de escala, do macro para o micro, atestando um "retorno do ator" que resulta num interesse pelas estratégias individuais como testemunho das representações de uma época. Além do mais, o gênero biográfico foi reabilitado e o factual voltou a ser levado em consideração.

No entanto, a história contemporânea, cultural ou política, não tem mais nada a ver com a história praticada no século XIX: permanece, em primeiro lugar, uma história social, preocupada com os indivíduos comuns e com os grupos sociais.

Enquanto a história política, estimulada pelos eventos mais importantes do século XX, como o comunismo e sua derrocada, a ascensão do fascismo e do nazismo* e a descolonização, dá provas de grande vitalidade, a história cultural se desdobra em diversos campos: história da leitura* e da escrita, da sensibilidade, da imigração*, das religiões*, das empresas, das ciências*, etc. A história contemporânea também é atraída pelas grandes indagações de sua época, a propósito de temas como a memória e a história das mulheres*, que passam por um importante desenvolvimento a partir dos anos 1980. E se os Annales, como afirma F. Dosse, haviam instruído o processo contra a filosofia da história obtendo ganho de causa, novos questionamentos epistemológicos, sobre a veracidade em história e sobre o estatuto da narrativa, irão tornar-se objeto de debates exaltados (ver o quadro "História: ciência ou narrativa?"). "O historiador de hoje, consciente da singularidade do ato da escrita (...) se posiciona numa perspectiva essencialmente reflexiva" (C. Delacroix, F. Dosse, P. Garcia, *Histoire et historiens en France depuis 1945* [História e historiadores na França desde 1945], 2004).

Linguística

Após séculos de reflexão sobre a linguagem, a linguística moderna se constitui efetivamente no início do século XX. Foi disciplina "guia" nos anos 1960, quando buscava compreender a estrutura interna das línguas. Desde então, interessa-se por diversos aspectos da linguagem, ampliando progressivamente sua área de atuação.

Ferdinand de Saussure* (1857-1913) é considerado o fundador da linguística moderna, no início do século XX. Mas a reflexão sobre a linguagem* é muito mais antiga. A filologia (do grego *philos*, amor, e *logos*, linguagem) dedica-se a esse estudo há séculos. Desde a Antiguidade grega, os filósofos tentam compreender as grandes operações envolvidas nos discursos, especialmente com a retórica de Aristóteles. Na Idade Média, a gramática especulativa considerava a linguagem um reflexo (*speculum* em latim) das essências divinas. No século XVIII, a *Gramática** de Port-Royal (Arnauld e Lancelot, *Grammaire générale et raisonnée* [*Gramática de Port-Royal*], 1660) procurava descobrir os fundamentos lógicos da língua decompondo os enunciados: a diversidade das frases possíveis seria apenas aparente, e elas seriam, na realidade, derivadas de um mesmo quadro de base. Esses gramáticos eram religiosos para quem a presença de Deus transparecia por trás da linguagem.

No século XIX, a linguística se afasta completamente do ponto de vista religioso e adota voluntariamente, como propõe Wilhelm von Humboldt, uma concepção "vitalista", na qual cada língua*, como um organismo vivo, encerra suas próprias capacidades de transformação. Para muitos, essa concepção advém da influência das ciências naturais, especialmente dos trabalhos de Carl von Linné e Charles Darwin*, dos quais os linguistas emprestaram um modelo de classificação das línguas em forma de árvore genealógica. O século XIX foi fortemente marcado por uma visão histórica, ou diacrônica*: tratava-se de reconstituir a história das línguas, de classificá-las em grandes famílias.

Em 1786, na Índia colonizada pelos britânicos, William Jones, juiz em Calcutá, fazia que a Europa descobrisse o sânscrito. Antiga língua indiana sagrada, o sânscrito provocou uma revolução no estudo das línguas. Em 1816, Franz Bopp publicava uma dissertação na qual demonstrava o parentesco entre o sânscrito, o grego e o latim, confirmando a intuição de W. Jones. A partir de então, os filólogos vão se lançar na busca da famosa "língua-mãe", o indo-europeu*, comparando as línguas entre si. O comparatismo tem então seu período áureo, com linguistas como os irmãos Schlegel, August Schleicher (1821-1868), Jacob Grimm (1785-1863) e ainda o dinamarquês Rasmus Rask (1787-1863). Regras fonológicas* e gramaticais são identificadas e a linguística passa da observação à teorização crescente.

A REVOLUÇÃO SAUSSURIANA

Em 1916, é publicada uma obra que irá revolucionar a linguística e que, entretanto, jamais foi escrita por seu autor: o *Cours de linguistique générale* [*Curso de linguística geral*] de F. de Saussure. Efetivamente, de 1906 a 1911, F. de Saussure, linguista genebrês, é encarregado de ministrar um curso de linguística geral. Depois de sua morte, dois de seus alunos, Charles Bally e Albert Sechehaye, decidem reconstituir o pensamento do mestre, a partir das notas de curso. F. de Saussure estabelece distinções binárias, dicotomias que se tornarão célebres.

– *Sincronia/diacronia*. F. de Saussure rejeita radicalmente a linguística histórica então predominante e, à diacronia, opõe um estudo da língua em sincronia, ou seja, num momento preciso. Pretende estudar a língua "em si mesma, e por si mesma", a fim de apreender seu funcionamento interno, em vez de reconstruir uma genealogia hipotética.

– *Significante/significado*. Para F. de Saussure, um signo é composto por duas faces indissociáveis, o significante e o significado. O significante corresponde ao aspecto material do signo: a sonoridade da palavra *gâteau*, por exemplo, desligada de qualquer significação. O significado, por sua vez, é justamente o conteúdo semântico: o que significa a palavra *gâteau* em francês. F. de Saussure afirma também que a relação entre significante e significado é arbitrária, não é "natural". O som [gato] não remete automaticamente ao sentido, mas passa por uma convenção, o código linguístico, necessário para toda compreensão: em francês, *gâteau* significa bolo, mas em português [gato], quando se desconsidera a diferença de acento, remete ao animal "gato". A diversidade das línguas atesta bem a arbitrariedade do signo.

– *Língua/fala*. F. de Saussure estabelece a distinção entre a língua, conjunto de regras abstratas, e a fala, ação singular de um locutor. A língua é concebida como um sistema no qual todas as unidades são interdependentes. A noção de "sistema" vai influenciar profundamente a linguística estrutural que, nos anos 1960, servirá de modelo para as outras ciências humanas, como a antropologia de Claude Lévi-Strauss* e a psicologia de Jacques Lacan*. F. de Saussure é portanto considerado o precursor do estruturalismo*.

Em 1996, anotações manuscritas de F. de Saussure foram encontradas em Genebra. Publicadas em 2001, com o título de *Écrits de linguistique générale* [*Escritos de linguística geral*], essas anotações permitiram, apesar das lacunas que ainda persistem, melhor compreender o pensamento do fundador da linguística moderna. Muitas correntes serão influenciadas por sua teoria, como a escola de Praga, a escola de Copenhague e o funcionalismo*.

AS GRANDES CORRENTES DE PENSAMENTO DO SÉCULO XX
Escola de Praga

Fundado em 1926, o círculo linguístico de Praga reúne notadamente Nikolai Trubetzkoi* (1890-1938) e Roman Jakobson* (1896-1982), considerados os pais da fonologia* (estudo da organização dos sons da língua). A escola de Praga herda a noção de sistema de F. de Saussure, que concebe a língua uma rede de dependências internas, uma estrutura*. Todavia, ao reintroduzir a dimensão histórica, emancipa-se de F. de Saussure. A fonologia estuda o funcionamento dos fonemas*, as menores unidades de som distintivas de uma língua: o som [r] ápico-alveolar e o som [r] uvular constituem dois fonemas diferentes em português, pois "caro" é distinto de "carro". São unidades distintivas, pois sua comutação provoca mudança de sentido. Em contrapartida, constituem um único fonema em francês, pois apenas a pronúncia muda, não o sentido. Não são unidades fonologicamente distintivas no seio do sistema linguístico constituído pela língua francesa, apenas foneticamente diferentes.

Além da fonologia, que permanece sua mais importante contribuição, a escola de Praga se interessou pela poética*, pela estilística e pelas funções de linguagem. Em razão do rigor e da objetividade de seu método e da eficácia em demonstrar a existência de estruturas no funcionamento das unidades sonoras, a fonologia se tornará, nos anos 1950-1960, o símbolo do estruturalismo, fazendo da linguística, pelo menos durante algum tempo, a "ciência-piloto" na qual muitas ciências humanas se inspiram.

LINGUÍSTICA OU CIÊNCIAS DA LINGUAGEM

Frequentemente, vemos os termos "linguística" e "ciências da linguagem" serem usados indistintamente. Entretanto, a diferenciação não é anódina. Se a linguística, em sentido estrito, diz respeito ao estudo da língua*, algumas correntes foram pouco a pouco integrando fatores extralinguísticos (gestos, mímicas, sinais de vestimenta), especialmente em pragmática* e em semiologia*. De modo que, hoje, trabalhos em semiologia da imagem, por exemplo, podem ser objeto de uma tese de doutorado em linguística, mesmo sendo uma questão de linguagem visual e não de língua propriamente dita. O título "ciências da linguagem", mais amplo, pode integrar outras abordagens, como as reflexões sobre a linguagem* oriundas da psicologia, da cibernética* ou das neurociências*, as reflexões sobre a inteligência artificial*, a tradução automática, o reconhecimento vocal, etc. O território da disciplina está em franco movimento entre as tradições da instituição, a diversificação das correntes linguísticas e a renovação das abordagens complementares.

A escola de Copenhague

Constituiu-se em torno do linguista dinamarquês Louis Hjelmslev (*Omkring sprogteoriens grundlaeggelse* [Prolegômenos a uma teoria da linguagem], 1943). A teoria linguística de L. Hjelmslev (1899-1965), a "glossemática*", radicaliza as teses de F. de Saussure: nela, a noção de estrutura é fundamental, e a língua é tratada "em imanência", como um sistema autônomo de dependências internas, excluindo qualquer fator externo, seja psicológico ou social. L. Hjelmslev se inspira em F. de Saussure afirmando que "a língua é forma e não substância": a língua não é apenas uma simples mistura sonora (a substância fônica), mas um conjunto de regras abstratas (a forma*) que se manifestam na fala. Ele distingue a forma da expressão (o significante) e a forma do conteúdo (o significado). Tendo banido a substância de seu domínio de estudo, a linguística só iria voltar suas atenções para alguns fenômenos, como a entonação e a prosódia, alguns anos mais tarde. L. Hjelmslev retoma a distinção saussuriana língua/fala, a que chama de "esquema/uso", à qual acrescenta um terceiro termo: a "norma". A norma corresponde ao uso coletivo, variável de acordo com os grupos sociais. "Cê não viu meu livro?" será incorreto do ponto de vista acadêmico, mas corresponde a uma norma de uso globalmente aceita. Se essa norma de uso se generaliza, pode chegar a causar modificações na própria língua. A noção de norma terá uma influência considerável na sociolinguística*, particularmente na americana. A obra de L. Hjelmslev, mesmo tendo sido traduzida tardiamente, muito marcou a linguística estrutural europeia e americana, a semântica* e a teoria semiótica de Algirdas J. Greimas.

O funcionalismo

O linguista francês André Martinet* (1908-1999), figura central do funcionalismo, é herdeiro do estruturalismo de F. de Saussure e da escola de Praga, da qual participou e emprestou a noção de função. De fato, o funcionalismo estuda as funções que os diferentes componentes da língua ocupam na comunicação. A contribuição mais importante de A. Martinet diz respeito à dupla articulação da linguagem: toda língua é composta por unidades de primeira articulação, os "monemas", e de segunda articulação, os "fonemas". Os monemas são as menores unidades de sentido que compõem as palavras. Em "Eu retornarei", distinguimos duas palavras, mas quatro monemas: "eu", primeira pessoa; "re", repetição da ação; "tornar", ação de voltar; e "ei", que indica o futuro. Os fonemas são as menores unidades de som. A linguística funcional trabalha com um *corpus* de enunciados reais representativos do funcionamento de uma língua. As principais obras de A. Martinet são: *Economie des changements phonétiques* [Economia das mudanças fonéticas] (1955), *Éléments de linguistique générale* [Elementos de linguística geral] (1960), particularmente claro e acessível, e *La Linguistique synchronique* [A linguística sincrônica] (1965).

O distribucionalismo

Ao contrário dos europeus, os primeiros linguistas americanos tiveram de dar respostas a questões práticas, como a comunicação com as populações ameríndias. Franz Boas* (1858-1942) é um dos fundadores dessa corrente. Entre seus alunos estão Edward Sapir* (1884-1939), autor, junto com Benjamin L. Whorf (1897-1941), da célebre hipótese Sapir-Whorf*, segundo a qual a língua tem uma incidência sobre a representação de mundo dos locutores. Outro aluno de F. Boas, Leonard Bloomfield (1887-1949), funda a corrente distribucionalista. L. Bloomfield (*Language* [Linguagem], 1933) irá aplicar ao inglês os métodos desenvolvidos para o estudo das línguas ameríndias: depois de constituir um *corpus*, os distribucionalistas analisam a maneira como as unidades são "distribuídas" no interior das frases a fim de identificar sua estrutura. Mas, diferentemente do estruturalismo europeu, no qual o sistema é uma abstração, o distribucionalismo se interessa apenas pelos fatos concretos, observáveis, na mesma linha do behaviorismo*. O distribucionalismo dedica-se primordialmente à sintaxe*, construída a partir de operações simples, essencialmente a comutação e a combinação. A comutação ocorre no eixo paradigmático (o reservatório das possibilidades da língua): consiste em trocar as palavras que ocupam uma mesma posição no interior da frase, a fim de verificar se elas podem pertencer à mesma classe. "Uma casa grande" ou "uma casa bonita" fazem que a classe dos adjetivos, por exemplo, se destaque. A combinação, por sua vez, acontece no eixo sintagmático* (a sucessão das palavras) e obedece ao padrão de dada língua: em português, a combinação "uma casa" é possível, mas não a combinação "casa uma".

Propondo exclusivamente o estudo da organização das línguas, sem se preocupar com o sentido que elas veiculam, o distribucionalismo constituiu certamente uma sintaxe, mas, renegando toda semântica, limitou consideravelmente seu campo de atuação.

A gramática gerativa

Elaborada a partir dos anos 1950, sob a égide do linguista americano Noam Chomsky* (nascido em 1928), a linguística gerativa busca identificar as regras que permitem a um locutor "gerar" as frases. Aluno de Zellig Harris, linguista distribucionalista, N. Chomsky tomará o rumo contrário de sua formação inicial: o "gerativismo" será "mentalista" (as capacidades linguageiras estão ancoradas no espírito do locutor) e não mecanicista; inatista (as estruturas profundas da linguagem são anteriores ao aprendizado) e não behaviorista; buscará os universais da linguagem e não suas particularidades, e rejeitará qualquer *corpus* preestabelecido, construindo, assim, seus próprios exemplos. N. Chomsky vai buscar inspiração no século XVII, na gramática de Port-Royal (ideia de uma mesma estrutura profunda que supera as variações de superfície). Baseando-se na "intuição de gramaticalidade" (que permite a uma pessoa que tem o português como língua materna identificar imediatamente o erro numa frase como: "eles colheram muitos os cogumelos"), N. Chomsky irá trabalhar exclusivamente com sua língua materna, o anglo--americano, e não com línguas "exóticas".

Assim como F. de Saussure estabelece a dicotomia língua/fala, N. Chomsky distingue a "competência", conjunto de regras abstratas de que dispõe o locutor, e a "*performance*", atualização dessas regras no discurso. A linguística gerativa se dedicou durante muito tempo exclusivamente à sintaxe, como mostram as obras de N. Chomsky *Syntactic Structures* [*Estruturas sintáticas*] (1957) e *Aspects of the Theory of Syntax* [*Aspectos da teoria sintática*], (1965). A integração progressiva de uma semântica será motivo de discórdia, nutrindo muitas polêmicas, especial-

Os tipos de língua

A classificação das línguas* é uma questão que vem sendo debatida em linguística há muito tempo. Além do estabelecimento das grandes famílias linguísticas, buscou-se reuni-las de acordo com seu funcionamento. No século XIX, uma classificação baseada na morfossintaxe é proposta pelos irmãos Schlegel e aperfeiçoada em seguida. Distinguem-se quatro grandes tipos de línguas:
— as línguas isolantes, como o chinês, em que as palavras são curtas e não possuem derivações. A derivação consiste em construir palavras complexas a partir de uma base (por exemplo em português: "raiz", "enraizar", "enraizamento"), o que não é o caso para o chinês. A morfologia dessas línguas é reduzida;
— as línguas aglutinantes, como o turco, possuem sufixos que são acrescidos ao radical, para indicar o plural ou o possessivo, por exemplo;
— as línguas flexionais, como o latim, possuem formas de declinação: a função e o sentido da palavra sendo fornecidos pelas desinências que lhe são acrescidas, seu lugar na frase é relativamente livre;

— as línguas polissintéticas, como o groenlandês, agregam muitos componentes a um núcleo, a ponto de colocar uma frase inteira numa única palavra! Mas essa classificação não é perfeita, pois muitas línguas não se enquadram nessas categorias. A língua portuguesa, por exemplo, é ao mesmo tempo flexional (as marcas do tempo e do sujeito na conjugação) e aglutinante (os sufixos e plurais acrescidos à palavra). Mais recentemente, o linguista americano Joseph H. Greenberg propôs uma tipologia essencialmente sintática, baseada na ordem dos constituintes da frase: sujeito (S), verbo (V), objeto (O). Segundo J. H. Greenberg, algumas línguas, como o francês e o português, seguem a ordem S-V-O; outras, a ordem S-O-V, como o latim; e por último, V-S-O, como o espanhol, por exemplo.
Dada a diversidade das línguas, estabelecer uma tipologia geral não é tarefa fácil. Mas, ainda que tenha suas lacunas, a tipologia tem o mérito de suscitar uma reflexão transversal sobre as grandes regras do funcionamento das línguas, e reacende por vezes o velho sonho dos universais* da linguagem.

mente sobre a questão da supremacia entre gramática e sentido. Ainda que não tenha conseguido produzir uma "gramática universal", a linguística gerativa não parou de evoluir, buscando ultrapassar as sucessivas críticas a fim de aperfeiçoar sua teoria. Sua influência foi muito grande, tanto nos Estados Unidos como na Europa.

A linguística cognitiva

Já na primeira metade do século XX, as teorias do linguista francês Gustave Guillaume (1883-1960) frisam a importância da relação entre linguagem e pensamento. Herdeiro de F. de Saussure, ele desenvolve a psicomecânica da linguagem, uma abordagem mentalista que em certa medida antecede a linguística cognitiva, que vai desenvolver-se plenamente nos anos 1980, com a ampliação das neurociências* e das pesquisas sobre inteligência artificial*, e constituir-se em torno de linguistas em sua maioria oriundos do gerativismo, como George Lakoff. A linguística gerativa havia salientado a competência do sujeito, sua bagagem de conhecimento. A linguística cognitiva, por sua vez, se interessa pela maneira como o espírito humano pode construir categorias mentais, selecionar e reunir dados que lhe permitam organizar sua compreensão do mundo e exprimi-la através da linguagem. Ao contrário da gramática gerativa, a linguística cognitiva concede certa primazia à semântica*, especialmente com base na teoria do protótipo*. A sintaxe se encarrega, então, de veicular o sentido e se utiliza de um sistema simbólico, como afirma Ronald Langacker (*Foundations of Cognitive Grammar* [Fundamentos da gramática cognitiva], vol. 1, 1987).

Pragmática e enunciação

A pragmática* e a linguística da enunciação* são duas correntes distintas que têm como particularidade o estudo da linguagem considerada na situação de enunciação, e não de um sistema abstrato. A pragmática estuda os efeitos da fala numa situação de comunicação, baseando-se na noção de ato de linguagem*: num enunciado como "Eu vos declaro unidos pelos laços do matrimônio", a fala tem valor de ação. A pragmática filia-se à filosofia da linguagem anglo-saxã, que tem duas figuras emblemáticas: John L. Austin (*How to Do Things with Words* [Como fazer coisas com as palavras], 1962) e John R. Searle (*Speech Acts* [Atos de linguagem], 1969).

A linguística enunciativa provém, em grande parte, dos trabalhos do linguista francês Émile Benveniste* (1902-1976) e do linguista russo Mikhail Bakhtin* (1895-1975). É. Benveniste interessou-se pela presença, no discurso, do sujeito, que foi durante muito tempo deixado de lado pelo estruturalismo então dominante, que só levava em conta o sistema. Desde então, a linguística da enunciação desenvolveu-se amplamente na França, especialmente com os trabalhos de Antoine Culioli. Nos anos 1930, M. Bakhtin propôs uma concepção dialógica da linguagem, notadamente com a noção de "polifonia": em todo discurso transparecem diversas vozes; a voz do enunciador, das pessoas que ele cita, de seu interlocutor e de todo um alicerce cultural que pode igualmente se exprimir. Sua obra, difundida tardiamente na Europa, exerce há aproximadamente vinte anos grande influência em linguística e análise literária. No decorrer de sua história, a linguística diversificou suas áreas de estudo: a fonética e a fonologia, a morfologia e a sintaxe, a semântica, a pragmática, a enunciação, a análise do discurso e da conversação*. Associou-se também a outras disciplinas, originando a psicolinguística* e a sociolinguística, fundada nos Estados Unidos por William Labov* nos anos 1960. Para além da língua abre-se o campo da semiologia*. Longe de ser uma ciência unificada, a linguística é primordialmente uma constelação de disciplinas que gravitam em torno da questão da linguagem.

Psicanálise

O ano de 1895, que assiste à publicação dos estudos sobre a histeria, entre eles o famoso caso "Anna O.", marca o nascimento da psicanálise. Propondo ao mesmo tempo uma psicoterapia, uma teoria das doenças mentais e uma nova concepção do psiquismo humano, Sigmund Freud deu origem também a um vasto movimento de pensamento que iria influenciar decisivamente o pensamento do século XX.

O que é a psicanálise? Uma disciplina? Uma teoria? Um método terapêutico? Ou uma ciência? Sigmund Freud*, seu criador no início do século XX, a define da seguinte maneira, num artigo da *Encyclopaedia Britannica* de 1923:

"Psicanálise é o nome:

1. de um procedimento de investigação dos processos psíquicos, que de outra forma seriam dificilmente acessíveis;

2. de um método de tratamento dos transtornos neuróticos, que se alicerça nessa investigação;

3. de uma série de concepções psicológicas adquiridas por esse meio, e que se fundem progressivamente numa nova disciplina científica."

Para melhor compreender o que é a psicanálise, sigamos o conselho de S. Freud que, também em 1923, escreveu: "(...) a melhor maneira de compreender a psicanálise é ainda atentar para sua gênese e seu desenvolvimento".

A INVENÇÃO FREUDIANA

S. Freud se forma em biologia antes de se encaminhar para a medicina. Duas temporadas na França irão influenciar sua carreira. Estagia em primeiro lugar no hospital Salpêtrière, no departamento do especialista em histeria, o professor Jean Martin Charcot. Alguns anos mais tarde, realizará outro estágio junto a Hippolyte Bernheim na escola de Nancy. Adota então a hipnose* em sua prática terapêutica. As discussões com Josef Breuer sobre o caso denominado "Anna O." o levam a adotar um novo método dito "catártico". Com o tratamento através da fala, a paciente rememora as primeiras manifestações do sintoma que a afeta, levando-o, então, a desaparecer. A aplicação da hipnose e depois da catarse é a marca dos primeiros tempos da prática freudiana. O termo "psicanálise" aparece em 1896 num texto intitulado "Weitere Bemerkungen über die Abwehrneuropsychosen" ["Novos comentários sobre as neuropsicoses de defesa"].

A partir de meados dos anos 1890 (os *Studien über Hysterie* [*Estudos sobre a histeria*], entre eles o caso "Anna O.", são publicados em 1895), S. Freud se engaja verdadeiramente na investigação do inconsciente*, especialmente através da análise dos sonhos, seus ou dos pacientes. Em 1896, define o trabalho analítico da seguinte maneira: "Demos o nome de psicanálise ao trabalho através do qual se traz à consciência do paciente o psiquismo nele reprimido." Também em 1896 morre seu pai, acontecimento que leva S. Freud a empreender uma "autoanálise". Durante essa fase, numa carta a seu amigo e confidente da época, Wilhelm Fliess, S. Freud levanta a hipótese do complexo de Édipo: "Descobri em mim mesmo sentimentos de amor por minha mãe e de ciúmes por meu pai, sentimentos que são, creio eu, comuns a todas as crianças. Se é assim, podemos compreender então o poder do Édipo rei."

Ao longo de suas diferentes experiências, S. Freud desenvolve o que serão os fundamentos do método psicanalítico, a saber: a resistência que os pacientes desenvolvem quando da busca pelas lembranças antigas – a maioria das vezes de origem sexual –, que estão na origem de seus transtornos; a análise dos sonhos (*Über den Traum* [*A interpretação dos sonhos*], publicada em 1899, e a regra da "livre associação". No que diz respeito à condução do tratamento, identificará suas principais regras logo no início do século XX. O laço que se estabelece no decorrer das sessões entre o paciente e o analista, a "transferência", se revelará seu verdadeiro motor. Apesar de tudo, S. Freud, como terapeuta, não teve apenas sucessos. Os desenvolvimentos freudianos seguem movimentos de construção e desconstrução. Assim, as primeiras modelizações propostas são chamadas a ser reformuladas, quer se trate da concepção da sexualidade infantil ou da modelização do aparelho psíquico, que passa por uma grande transformação em 1923. S. Freud, pesquisador incansável, soube constituir em torno de si um verdadeiro movimento através do qual a psicanálise se difundirá para alcançar ressonância internacional.

Difusão e dissensões

A partir de 1902 instaura-se na residência de S. Freud a Sociedade Psicológica das Quartas-Feiras. Trata-se de uma reunião de médicos e intelectuais, entre eles Alfred Adler*, em torno do mestre. As reuniões são iniciadas com uma exposição teórica ou um estudo de caso, ao que se segue uma troca de ideias. Pouco a pouco, o grupo aumenta. Em 1906, já conta com uma quinzena de participantes. Em 1907, Carl G. Jung* junta-se a ele. Em 1908, torna-se Sociedade Psicanalítica de Viena. A dissolução da primeira é uma maneira de colocar fim às desavenças emergentes. Efetivamente, desde suas origens, a corrente psicanalítica apresenta divergências teóricas que resultarão em dissidências ou desafetos. Se S. Freud está aberto às ideias de seus seguidores, é também intransigente com relação ao núcleo duro de sua teoria, especialmente no que diz respeito ao papel concedido à sexualidade.

Em 1909, S. Freud deixa a velha Europa para ir aos Estados Unidos, atendendo a um convite da Universidade de Clark (Worcester). Lá, pronunciará cinco conferências. Sándor Ferenczi, médico e psicanalista húngaro, e C. G. Jung, que na época S. Freud considerava seu herdeiro, o acompanham. Em 1910 acontece o Congresso de Nuremberg, no qual S. Ferenczi fará um discurso propondo a criação da Associação Psicanalítica Internacional (API). S. Freud dá assim uma base internacional ao movimento analítico. A primeira grande ruptura que atinge o movimento é consequência da saída de um de seus fundadores, A. Adler, em 1911. Em 1913 ocorre outra ruptura importante. O desacordo teórico entre S. Freud e C. G. Jung em relação à questão do papel central da sexualidade na teoria psicanalítica – fundadora para o primeiro, secundária para o outro – está consumado. A partir desse momento, C. G. Jung desenvolverá seu próprio pensamento, a psicologia analítica, e criará

Editar e traduzir Sigmund Freud

A psicanálise, com suas reflexões sobre o inconsciente e a sexualidade, mudou radicalmente a visão que o homem ocidental tem de si. Sua penetração na cultura fez da obra de Sigmund Freud* objeto de constantes debates, que se refletem nas várias traduções hoje disponíveis ou que por elas são suscitados. No Brasil, encontramos em 1931 [Companhia Editora Nacional] uma primeira tradução do alemão, por Durval Marcondes, das *Cinco lições de psicanálise*, depois incorporada com algumas modificações às *Obras psicológicas completas – Edição Standard* [Imago, 1974, 24 vols.], até hoje a única edição quase completa em português das obras de Sigmund Freud. Essa edição, contudo, baseia-se na versão inglesa sistematizada e traduzida por James Strachey e sua esposa Alix em 1953-1954. Existe ainda uma versão mais antiga da editora Delta [1959], em dez volumes, incompleta e sem a sistematização que Strachey deu à obra freudiana. Embora muito respeitado, o trabalho de Strachey foi alvo de várias críticas, sobretudo pela adoção de termos científicos no lugar da linguagem freudiana, mais coloquial e polissêmica. Os desdobramentos da teoria psicanalítica nos diversos países, a proliferação de escolas que reivindicam diferentes leituras da obra freudiana e seu diálogo com outros campos da cultura e da ciência, deram lugar a novos projetos de tradução, mais ou menos completos, nos vários cantos do mundo, em particular na Argentina e na França.

No Brasil, Marilene Carone e Paulo César Souza publicaram traduções feitas diretamente do alemão de alguns artigos de Freud no *Jornal de Psicanálise* da Sociedade Brasileira de Psicanálise de São Paulo, e Luiz Hanns vem coordenando e participando de uma nova tradução das *Obras completas* pela Editora Imago, agora diretamente do alemão, com três volumes já publicados.

Com a aproximação da data em que os direitos autorais da obra do autor vienense cairão em domínio público, aguarda-se a publicação de edições críticas e de novas traduções em todo o mundo.

sua própria escola. Em 1924, é a vez de Otto Rank marcar sua dissidência teórica com a publicação da obra *Das Trauma der Geburt* [O trauma do nascimento]. Paralelamente a essas dissidências, a corrente psicanalítica continua a ganhar ressonância no plano internacional. Surge uma nova geração de psicanalistas, especialmente em torno de Karl Abraham. Este cria em Berlim um instituto onde desenvolve um programa de formação dos futuros analistas, que se tornará modelo. Foram formadas algumas mulheres, entre as quais Karen Horney, Helen Deutsch e ainda Melanie Klein*, uma das fundadoras da psicanálise infantil ao lado de Anna Freud. M. Klein desenvolve uma abordagem original dos primeiros momentos da elaboração do psiquismo, enquanto a filha de S. Freud permanece próxima das concepções paternas. As famosas "controvérsias", que relatam a oposição delas nos anos 1941-1945, determinaram os avanços da British Psycho-analytical Society no pós-Segunda Guerra. Daí emergirão personalidades como Donald Winnicott* e Wilfred R. Bion.

Os Estados Unidos se beneficiarão com a onda de imigração causada pela ascensão dos nazistas ao poder. São desenvolvidas a psicologia do ego (eu*) com Heinz Hartmann, Ernst Kris e Rudolph Loewenstein (que, no período em que viveu na França, foi analista de Jacques Lacan*), as teorias de Heinz Kohut sobre o narcisismo*, e também a corrente "culturalista*". No Novo Mundo, as diferentes correntes psicanalíticas tendem a se distanciar da doutrina freudiana para desenvolver apenas um aspecto dela. Mais ao sul, especialmente na Argentina, a psicanálise passa por uma formidável ascensão. No Leste Europeu, após uma primeira fase de difusão das ideias psicanalíticas a partir de figuras como S. Ferenczi, o endurecimento dos regimes comunistas leva à interdição pura e simples da psicanálise. Na França, o movimento psicanalítico demora a se instalar institucionalmente. A sociedade de psicanálise de Paris nasce em 1926, apesar de as ideias freudianas já terem encontrado ressonância antes de 1914. Após 1950, o movimento é marcado por cisões. A cena francesa passa então a ser dominada por

A CHEGADA DA PSICANÁLISE NO BRASIL

Os primeiros registros dessa clínica no país datam de 1914, por iniciativa de renomados psiquiatras. A primazia coube ao Rio de Janeiro, com Juliano Moreira, seguido de São Paulo, através de Franco da Rocha, em 1920, e Salvador, por Arthur Ramos, em 1926.

Mas sua notoriedade é obtida graças ao interesse que desperta na vanguarda intelectual, em particular nos modernistas Mario de Andrade e Oswald de Andrade. A doutrina é acolhida como uma ciência moderna, associada à ideia de progresso e urbanidade. "Freud explica" fenômenos sociais, questões da subjetividade e sexualidade.

Em 1927 é criada a primeira Sociedade Psicanalítica da América do Sul, na capital paulista, seguida de uma seção carioca. Visando difundir a doutrina, sobretudo entre os pedagogos, como método preventivo de comportamentos desviantes, são organizadas palestras, conferências, publicações, além da tradução de mais de cinquenta títulos de Freud. Nos anos 1930, surgem as experiências médico-pedagógicas de Saúde Mental de Arthur Ramos no Rio de Janeiro, em 1934, e as de Durval Marcondes, em São Paulo, em 1938.

É quando tem início a institucionalização. Coube à psicanalista berlinense Adelheid Koch, fugindo do nazismo e recém-instalada na capital paulista, formar a primeira geração. O reconhecimento da Sociedade Brasileira de Psicanálise de São Paulo (SBPSP), como membro da Associação Psicanalítica Internacional (IPA), é obtido em 1950.

Nessa época, liderada pela escola kleiniana, a IPA também controla de perto a formação dos dois grupos cariocas criados em 1948. O reconhecimento da Sociedade Psicanalítica do Rio de Janeiro (SPRJ) é obtido em 1955, e o da Sociedade Brasileira de Psicanálise do Rio de Janeiro (SBPRJ), em 1957. Já em Porto Alegre, coube aos psiquiatras formados na Argentina a fundação da Sociedade Psicanalítica de Porto Alegre (SPPA), reconhecida em 1963.

Atualmente, a psicanálise está implantada nos mais importantes centros urbanos do país e conta mais de uma centena de instituições representando todas as tendências e escolas. Goza também de uma forte presença no meio universitário, em particular nos cursos de pós-graduação.

J. Lacan que, através dos seminários que realiza de 1954 a 1981, desenvolve uma visão original das teorias freudianas.

A PSICANÁLISE, FILHA DE SEU SÉCULO

Qual o futuro da psicanálise agora que alguns já pretendem ouvir soar seus cantos fúnebres, quando o legislador pretende enquadrar sua prática e a questão de sua avaliação se apresenta de maneira mais incisiva? Em vida, o próprio criador da disciplina a considerava um fenômeno cultural. Desde sua origem e durante todo o século XX, a psicanálise dialogou com as ciências humanas, a arte e a literatura. Se os psicanalistas continuam querendo prosseguir o diálogo – especialmente diante da ascensão das ciências cognitivas* –, devemos nos perguntar sobre seu lugar nos diferentes campos do saber. Se a psicanálise, como disciplina e teoria, parece perder o prestígio, permanece contudo presente na mídia popular. Os "psis" estão no rádio e programas de televisão: hoje, a psicanálise parece fazer parte da vida cotidiana do mundo ocidental.

Psicologia

Alguns descrevem-na como a ciência do espírito, outros como a ciência dos fenômenos mentais e das condutas humanas. O que melhor caracteriza a psicologia não é tanto sua definição, mas a história de sua construção científica e a extensão dos domínios por ela abarcados.

A pré-história dessa disciplina se confunde com a história da filosofia. Em seu período pré-científico, desde os clássicos gregos até os filósofos do século XVIII, a psicologia toma a forma de um discurso metafísico sobre as relações entre a alma e a matéria, o inato e o adquirido... Essas questões dividem os filósofos, que entretanto concordam num ponto: a psicologia é um estudo dos dados do espírito, uma ciência da subjetividade, e o método essencial para sua apreensão é a introspecção. Uma ciência do psiquismo é possível, mas permanece nesse momento prisioneira de um discurso filosófico abstrato e formal, sem consequências práticas ou possibilidades de descobertas autênticas.

Foi preciso esperar as três últimas décadas do século XIX para assistir ao nascimento da psicologia como disciplina autônoma, que busca libertar-se de toda filosofia e de toda metafísica. Essa emancipação se faz com a entrada em cena dos "cientistas" (físicos, fisiologistas e médicos) e com a criação de cátedras e laboratórios especializados.

Na Alemanha são desenvolvidas as premissas de uma psicologia de laboratórios e doutores: a psicologia experimental. Gustav Fechner (1801-1887) é frequentemente apontado como seu pioneiro, por ter introduzido elementos de uma medida baseada numa relação matemática entre excitação e sensação. G. Fechner intenta estabelecer leis que regeriam a evolução interdependente dos fatos fisiológicos e dos fatos psicológicos. Assim, estabelece as bases da psicofísica, cujo método (a "sensorimetria") fecunda rapidamente todos os campos da psicologia.

Alguns anos mais tarde, Wilhelm Wundt (1832-1920) escreve o que seria considerado o primeiro grande tratado de psicologia (*Grundzüge der Physiologischen Psychologie* [Elementos de psicologia fisiológica], 1874) e em 1878 cria em Leipzig, na Alemanha, o primeiro laboratório dessa ciência. W. Wundt busca decompor os fenômenos conscientes para isolar seus elementos simples, como as sensações, os sentimentos e as imagens. Seu laboratório é o primeiro a ter uma existência durável e a ser reconhecido oficialmente. Nele será formada ou estagiará a maior parte dos primeiros grandes psicólogos ocidentais (com exceção dos franceses). É o caso do americano William James* (1842-1910) e de seu discípulo Granville S. Hall (1844-1924), futuro fundador, com o inglês McKeen James Cattel (1860-1944), do *American Journal of Psychology*.

No final do século XIX a psicologia se torna, portanto, em todos os países industrializados, uma disciplina autônoma e aspirante à cientificidade. Entretanto, não se desenvolve da mesma maneira em todos os lugares. Na França, por exemplo, a psicologia experimental se distingue por sua referência central à patologia mental, e o hipnotismo de Jean Martin Charcot (1825-1893) é considerado o método experimental da psicologia, e constituirá sua base científica, com o apoio oficial de Théodule Ribot (1839-1916), nomeado titular da primeira cátedra de psicologia no Collège de France*. T. Ribot forma muitos alunos, alguns dos quais se tornarão famosos (Pierre Janet, Georges Dumas), e incentiva a criação do primeiro laboratório francês de psicologia experimental, na Sorbonne, dirigido no início por Henry Beaunis.

Mas de T. Ribot a W. Wundt, passando por W. James, a tendência da época são tratados e laboratórios de psicofísica ou de psicologia fisiológica. Os resultados das pesquisas permanecem restritos a uma fisiologia sensorial e os psicólogos do século XIX não falam ainda em comportamento, conduta ou ação.

AS GRANDES CORRENTES FUNDADORAS

O início do século XX, marcado pelo florescimento do capitalismo nos Estados Unidos, pelo nascimento do socialismo na Rússia e pela emergência de um positivismo* radical, anuncia o advento do behaviorismo* que, junto com a psicanálise* e a teoria da forma* (teoria da Gestalt), irá marcar fortemente os desenvolvimentos posteriores da psicologia.

– O americano John B. Watson* (1878-1958) publica o artigo "Psychology as the Behaviorist Views it" (*Psychological Review*, nº 20, 1993), que desencadeia uma revolução. Esse professor de psicologia animal explica que somente o comportamento observável constitui objeto de estudo científico. Assim, toda a psicologia deve ser construída a partir dos únicos elementos observáveis e objetivos: os estímulos e as respostas. Ele não nega que entre estímulo e resposta exista um organismo, mas afirma que este deve ser considerado uma "caixa-preta" cuja exploração seria reservada aos biólogos.

– Fundada em 1896 por Sigmund Freud*, a psicanálise torna-se realmente conhecida cerca de quinze anos mais tarde. Pretende ser uma psicologia dinâmica que explore a personalidade profunda e os fenômenos inconscientes com métodos próprios. A partir dos anos 1920 e 1930, passa a ter considerável ressonância no mundo todo.

– A psicologia da forma surge na Alemanha nos anos 1920 graças aos trabalhos de Max Wertheimer (1880-1943), Kurt Koffka (1886-1941) e Wolfgang Köhler (1887-1967). As "formas" às quais faz referência são as representações organizadas que o psiquismo projeta na realidade para dar-lhe sentido. A percepção não procede por agregação de elementos isolados, mas compõe-se, em primeiro lugar, de "formas" e configurações globais.

Dessas primeiras correntes fundadoras nascem diversas escolas de pensamento, entre as quais se destaca a psicologia do desenvolvimento*. Essa abordagem psicológica – que tem suas origens nos primeiros estudos sobre a inteligência* e nas teorias evolucionistas* popularizadas por Charles Darwin* (1809-1882) – se interessa

OS MÉTODOS DE PESQUISA EM PSICOLOGIA

Distinguem-se usualmente três grandes métodos de pesquisa em psicologia, que por sua vez se subdividem em diversas partes, de acordo com seus domínios de aplicação.

A psicologia experimental

Como o nome indica, esse ramo se define pelo recurso ao método experimental. Essa psicologia de laboratório se interessa cada vez mais por experiências em meios ditos "naturais" ou "intactos", suscetíveis de fornecer informações sobre fenômenos mais complexos e também mais próximos dos aspectos da vida cotidiana (psicologia social, ergonomia, psicopedagogia). Ao estudo psicofísico das sensações e à medida das reações motoras elementares foram acrescidos, graças aos progressos técnicos, trabalhos sobre a organização perceptiva, os processos de tratamento da linguagem, os mecanismos da memória*, as emoções*, a afetividade, as formas mais elaboradas de raciocínio* e de resolução de problemas.

O método diferencial ou comparativo

Aborda o dado psicológico a partir das variações entre os indivíduos. Interessa-se, portanto, pelas variações psíquicas, sua extensão, seu grau de correlação e suas condições: hereditariedade, meio, educação. É a psicologia dos sexos, das raças, das civilizações, dos tipos sociais, das aptidões e caracteres individuais. Suas aplicações práticas interessam à pedagogia, à seleção e orientação profissionais, à legislação penal.

O método clínico

Podemos concebê-lo a serviço da pesquisa de base e também da intervenção. Visa apreender o sujeito individual através dos meios oriundos tanto da psicologia diferencial (testes mentais) como da investigação da personalidade* (anamnese, questionários*, testes projetivos, entrevista*) e da psicologia social* (jogo de papéis*, dinâmica de grupo*).

pelo desenvolvimento intelectual, moral, afetivo da personalidade. Adquire rapidamente uma importância considerável, tanto no aspecto teórico como no prático, como atesta sua incidência no domínio da educação. Suas aplicações, de início centradas exclusivamente na criança, integram também, atualmente, a idade adulta e a velhice*. Seus principais nomes são Jean Piaget* (1896-1980), Henri Wallon (1879-1962), Lev S. Vygotski* (1896-1934), Arnold Gessell (1880--1961), Eric Erikson (1902-1994) e Jerome S. Bruner* (nascido em 1915).

O FIM DA SUPREMACIA BEHAVIORISTA

No início dos anos 1950, alguns autores começam a tomar suas distâncias com relação ao paradigma do behaviorismo, entre eles dois professores de Harvard, J. S. Bruner e George Miller. O primeiro publica, em 1956, uma obra intitulada *A Study of Thinking* [Um estudo do pensamento], que rompe com os princípios behavioristas. Em vez de se interessar unicamente pelos comportamentos observáveis dos indivíduos, J. S. Bruner e seus colaboradores buscam evidenciar as estratégias mentais de indivíduos confrontados com uma tarefa (classificar cartas, por exemplo). Trata-se de compreender o curso de seu pensamento, a sequência de operações mentais que levam à resolução de um problema. Em suma, a psicologia cognitiva propõe uma nova abordagem do pensamento: abre-se a "caixa-preta" para compreender os segredos do pensamento em ação. G. Miller, por sua vez, se interessa pelos primeiros passos da inteligência artificial*, na qual pensa encontrar ferramentas para formalizar seus famosos "planos de ação", que são para o pensamento o que o programa é para o computador. J. S. Bruner considera que o estudo dos estados mentais representa um novo e imenso campo para a psicologia, à qual devem associar-se antropólogos, filósofos, linguistas, historiadores das ideias, etc.

Os anos 1950 assistem também ao nascimento, mais informal, da psicologia humanista em torno da personalidade de Carl Rogers* (1902-1987). Seus adeptos pretendem recolocar o homem no centro de uma psicologia que julgam excessivamente científica, fria e desumanizada, criando uma terceira força ao lado dos imperialismos da psicanálise ortodoxa e do behaviorismo. Os princípios que sustentam a corrente humanista propiciam que cada um se res-

---

PROFISSÃO: PSICÓLOGO

Em 1954 inicia-se o primeiro curso de psicologia no Brasil e em 1962 a profissão de psicólogo é regulamentada. Nestes quase cinquenta anos, registraram-se nos Conselhos de Psicologia brasileiros nada menos que 293.332 psicólogos e, segundo dados do final de 2008, estariam ativos 248.925. Uma média de um psicólogo para cada 730 habitantes.

A formação de psicólogo exige um curso de psicologia por cinco anos, mesclando teoria com práticas nas principais áreas de atuação: clínica, hospitalar, organizacional e educacional. O profissional de saúde formado está habilitado a intervir nos três diferentes níveis de atenção à saúde mental: primária, secundária e terciária. Na atenção primária realiza ações de promoção de saúde mental; na secundária ações preventivas; na terciária ações sobre problemas de saúde mental já instalados.

Na psicologia organizacional, além da saúde do trabalhador, seleção e treinamento, a área de *coaching* tem crescido consideravelmente. Nesse ramo, o psicólogo faz um acompanhamento detalhado dos profissionais dentro da organização, visando melhorar os relacionamentos, o rendimento e a má gestão de pessoas.

Na psicologia hospitalar, o psicólogo atua no atendimento de pacientes internados e suas famílias e também no cuidado psicológico dos pacientes crônicos, como parte de uma equipe multidisciplinar.

Na psicologia educacional, o profissional de psicologia atuará junto a pedagogos e professores visando promover boas práticas, prevenir o fracasso escolar e tratar casos-problema, individuais ou institucionais. Mais recentemente, a Educação Inclusiva tem sido um interessante desafio aos psicólogos educacionais.

O psicólogo clínico é o que escolhe o atendimento psicoterapêutico como área de atuação. Pode trabalhar em consultórios particulares e instituições de saúde mental, tanto públicas como privadas. É também habilitado a elaborar diagnósticos psicológicos, fazendo uso de instrumentos de avaliação psicológica.

Há ainda uma importante função junto ao Poder Judiciário, com a elaboração de perícias que auxiliam decisões jurídicas, principalmente nas Varas de Infância e Juventude.

Para regulamentar a atuação dos psicólogos há obrigatoriedade de registro no Conselho de Psicologia e cumprimento de rigoroso código de ética.

ponsabilize por si mesmo e por suas interações com os outros. Têm como objetivo ajudar a pessoa a "se realizar" encontrando os meios de uma maior autonomia.

A PSICOLOGIA NOS DIAS DE HOJE

Ao lado do paradigma cognitivista, ainda bastante em voga, assistimos à institucionalização de outras correntes cujo futuro parece promissor. É o caso do "interacionismo*" e da "cognição situada", que criticam as concepções das abordagens computacionais* do espírito. Diferentemente destas últimas, levam em conta o fato de que o homem vive com seus congêneres e de que suas atividades psicológicas se realizam em circunstâncias determinadas (regidas por regras, normas e valores). Uma das particularidades importantes dessas abordagens é que nelas o contexto não é concebido como uma realidade exterior ao indivíduo, mas como constitutivo de sua atividade psicológica.

Ao termo desse histórico, podemos ver que o desenvolvimento da psicologia não se realiza no sentido de uma unificação teórica e metodológica. Ao contrário, a disciplina enriqueceu e diversificou seus quadros conceituais, estendendo seus domínios de investigação para as áreas da saúde, do trabalho, da educação, da justiça, etc. (ver quadro "Profissão psicólogo").

QUAIS SÃO OS OBJETOS DE ESTUDO DA PSICOLOGIA?

As pesquisas em psicologia experimental tratam por um lado daquilo que chamamos de cognição*. Perceber, memorizar, aprender, raciocinar: essas atividades remetem ao que geralmente chamamos de "pensamento". Estudar o pensamento humano, portanto, é explorar alternadamente cada uma de suas facetas: a percepção*, a memória*, o aprendizado*, a resolução de problemas e, finalmente, esta faculdade enigmática que se chama "inteligência".

OS DIFERENTES TIPOS DE PSICOTERAPIA

A multiplicidade de psicoterapias existentes hoje pode ser resumida em algumas grandes famílias.

A hipnose
A hipnoterapia contemporânea, contrariamente à prática tradicional, não procura modificar diretamente as representações mentais patogênicas. Busca suscitar a mudança, incentivando a retomada de confiança e a recuperação da iniciativa pelo indivíduo. Assim, apoia-se na tendência do ser humano de manifestar mais iniciativa, audácia e independência quanto mais dispuser de um meio favorável e seguro.

A psicanálise e as terapias psicanalíticas
Atualmente existem muitas correntes psicanalíticas, que se pretendem herdeiras de Sigmund Freud*, Carl G. Jung*, Melanie Klein*, Donald W. Winnicott* e Jacques Lacan*. Essas correntes diferenciaram-se umas das outras tanto por seus teóricos como por suas modalidades práticas. Seu trabalho terapêutico, entretanto, manifesta algumas regras comuns, como o interesse pelos processos inconscientes, pelos conflitos oriundos da infância e a concessão de um papel central à fala, à transferência e à interpretação.

As terapias psicocorporais e emocionais: bioenergia, terapia do grito primal, psicodrama emocional, etc.
Derivadas da psicanálise, desenvolveram-se a partir dos trabalhos de Wilhelm Reich (discípulo dissidente de S. Freud) sobre as defesas corporais. Retomam o essencial do procedimento psicanalítico, mas dão particular atenção à linguagem do corpo, à expressão das emoções e aos sintomas de bloqueios musculares e respiratórios que reforçam as defesas de caráter.

As terapias comportamentais e cognitivas
Baseiam-se na psicologia experimental, especialmente nas teorias do condicionamento* e da aprendizagem*. Essas terapias visam mais eliminar os sintomas patológicos que transformar o conjunto da personalidade. Agem por descondicionamento e reestruturação cognitiva.

As terapias da comunicação: análise transacional, Gestalt-terapia, terapias sistêmicas, etc.
Buscam agir essencialmente na maneira como entramos em relação com os outros, nas dificuldades de comunicação e nos jogos patológicos que entravam nossas interações com o outro.

A psicologia explora também, evidentemente, as questões da vida afetiva. Mas o que entendemos por "vida afetiva"? Um conjunto impreciso composto pelas emoções, paixões, sentimentos e traços de personalidade. No meio desse turbilhão afetivo são identificados diversos subgrupos: as motivações* (necessidades, pulsões, desejos, vontades), a personalidade* ou as maneiras de se comportar (otimismo, introversão) e as emoções* (alegria, medo, raiva, etc.). Surpreendente é que esse setor, que atrai espontaneamente os estudantes e muito entusiasma o grande público, permaneça ainda hoje o menos desenvolvido em matéria de pesquisas.

A psicologia, enfim, se propõe a exercer o papel de ajudar e aconselhar as pessoas doentes. Desde suas origens dedicou-se a estudar os problemas mentais – domínio da psicopatologia* – e a maneira de tratá-los, objetivo das psicoterapias*. A psiquiatria do final do século XIX deu origem à psicologia clínica, disciplina fundamentada num método bastante diferente da psicologia experimental, já que inspirada desde sua origem na medicina clínica.

Na França, a psicologia clínica teve como referência principal a psicanálise, pela qual permanece fortemente marcada. Mas muito cedo, na maioria dos outros países – a começar pelos Estados Unidos – aceitou diversas influências teóricas, como as abordagens cognitivas*, a fenomenologia* ou as concepções sistêmicas*, que entendem o sofrimento como gerado e inserido num sistema, geralmente a família.

Psicologia social

Tendo recentemente completado cem anos, a psicologia social se desenvolveu graças a um grande número de pesquisas experimentais originais sobre os mecanismos da influência, as opiniões de grupo, a autoridade, a formação das identidades coletivas e as relações entre indivíduo e sociedade.

Em que condições os ciclistas conseguem a melhor performance? Parecem ser mais rápidos nas situações de competição com outros ciclistas. Mas se várias pessoas juntas devem puxar um peso com uma corda, o esforço de cada uma delas diminui à medida que o número de participantes aumenta.

Essas duas experiências inauguraram a psicologia social experimental. A primeira foi realizada por Norman Triplet em 1897 e a segunda por Max Ringelmann no mesmo ano. Elas são interessantes por mais de um motivo: em primeiro lugar, abrem caminho para um dos eixos mais importantes dessa disciplina nascente, a saber, a influência do outro sobre os comportamentos individuais. Além do mais, apresentam resultados contraditórios, a primeira mostrando a "facilitação social" e a segunda, "a preguiça social", o que ilustra a complexidade das relações humanas e, de maneira mais abrangente, das interações entre o indivíduo e seu contexto, o que a psicologia social tenta decifrar há mais de um século. Jean-Jacques Rousseau já estimava que as condutas humanas tinham origem social. Em 1895, a obra *La Psychologie des foules* [A psicologia das multidões] de Gustave Le Bon* esboçava o papel do condutor, do líder*, e o advento da era das massas, temas que serão amplamente estudados no decorrer do século XX.

IMITAÇÃO, INFLUÊNCIA E IDENTIDADE

Gabriel Tarde*, inventor em 1898 da expressão "psicologia social", elabora uma teoria da imitação* centrada na compreensão dos mecanismos sociais de influência*, persuasão e inovação. Por sua vez, George H. Mead*, filósofo de formação, se interessa mais diretamente pela formação da identidade* individual, pelo "eu", que seria construído progressivamente, graças às interações com o outro, por processos de imitação e identificação*. As contribuições desses pioneiros, assim como a oposição entre G. Tarde e Émile Durkheim* sobre a primazia do individual ou do social (que resultará na criação de uma nova disciplina, a sociologia*), lançam as bases da psicologia social, que visa compreender os comportamentos humanos levando em consideração os fatores implicados, geralmente de maneira conjunta: individuais, interpessoais e institucionais. A psicologia social interessa-se mais que a sociologia pelo indivíduo como ator* e por seus processos internos (pensamentos, atitudes, emoções*). O grupo também faz parte de suas preocupações teóricas e de suas pesquisas experimentais, mas pelo viés das relações estabelecidas entre os indivíduos. E contrariamente à psicologia* geral, a psicologia social se dedica a descrever a maneira como as dimensões sociais agem sobre o funcionamento individual.

A INFLUÊNCIA DO BEHAVIORISMO

Assim, a psicologia social está situada na interface dessas duas disciplinas (sociologia e psicologia). No decorrer do século XX irá progressivamente adquirir reconhecimento científico, elaborando teorias sobre as atitudes e as normas sociais*, a identidade e os papéis*, os mecanismos de influência ou a formação das representações sociais*. Influenciados pelo behaviorismo*, os trabalhos sobre esses temas provêm principalmente dos Estados Unidos, a partir dos anos 1930, e são realizados por pesquisadores bastante motivados pela análise dos fenômenos sociais mais em voga no país naquela época, como o racismo*. A vontade de mudar as coisas nunca está ausente...

Richard T. LaPiere, em 1934, buscou demonstrar a ausência de concordância entre as atitudes das pessoas – aquilo que elas pretendem – e seus comportamentos efetivos. Acompanhado de um casal de chineses, ele percorreu aproximadamente 16 mil quilômetros de estradas nos Estados Unidos; o trio foi admitido em todos os 250 hotéis e restaurantes. Entretanto, mais tarde, a quase totalidade dos responsáveis por esses estabelecimentos afirmou, em resposta a uma correspondência do pesquisador, que recusaria clientes de origem chinesa. Uma outra experiência famosa (a mais conhecida na verdade, especialmente para o grande público) é a de Stanley Milgram, que nos anos 1960 se interessou pelos mecanismos de submissão à autoridade*. O pesquisador nunca escondeu sua vontade de compreender o extermínio de judeus durante a Segunda Guerra Mundial. Buscando considerar os mais emblemáticos fenômenos contemporâneos, essas duas pesquisas se distinguem por seus métodos*. A de R. T. LaPiere se inscreve no quadro da observação sistemática em campo, enquanto a de S. Milgram é puramente experimental* (as condições e as variáveis da pesquisa são definidas e conduzidas em laboratório, e não *in situ*). Esses dois métodos, aperfeiçoados ao longo do tempo, contribuíram progressivamente para emprestar cientificidade à psicologia social e permitiram a elaboração ou o aperfeiçoamento de muitos procedimentos: a entrevista, o questionário*, a análise de conteúdo* dos dados recolhidos e ainda a sociometria*. A pesquisa-ação* é também um procedimento utilizado (especialmente em psicologia social aplicada), cruzando as contribuições dos dois métodos principais, ou seja, o clínico* e o métrico: um dos mais belos exemplos provém de Kurt Lewin* e de seus estudos sobre a dinâmica de grupo*.

Experiências ilustres com resultados impressionantes

Apesar de a produção científica ter permanecido bastante limitada durante a primeira metade do século XX, entre os anos 1965 e 1990 ela literalmente explode, graças a experiências ilustres com resultados geralmente impressionantes (*ver quadro* "O efeito espectador") e sempre reveladores da diversidade das interações humanas.

Muzafer Sherif se dedica, nos anos 1930, à construção da norma social; Soloman E. Asch* estuda os mecanismos do conformismo (o indivíduo tem tendência a modificar suas respostas a

---

"O efeito espectador"

Março de 1964. Um acontecimento escandaliza os Estados Unidos. O *New York Times* publica em manchete: "Trinta e sete pessoas assistem a um assassinato sem chamar a polícia." De fato, uma jovem fora apunhalada várias vezes em seu bairro, em pleno dia, e apesar de seus gritos de socorro nenhuma testemunha fora acudi-la. Como explicar essa inimaginável passividade? Estaríamos diante do mais sombrio retrato do individualismo?

Depois desse sinistro episódio muitos psicossociólogos se dedicaram a pesquisar os fatores que influenciam a decisão de ajudar ou não uma pessoa em situação crítica. Bibb Latané e John M. Darley evidenciaram em 1968 o que chamaram de "o efeito espectador": parece razoável supor que quanto maior for o número de testemunhas, maior será a chance de receber ajuda, mas o trabalho desses pesquisadores revelou o fenômeno exatamente oposto. Se há uma única testemunha, o socorro à vítima acontece em 70% dos casos, mas essa estimativa pode chegar a 12% na medida em que o número de testemunhas aumenta. Constatar a presença de outras testemunhas parece inibir a iniciativa individual de prestar socorro. Outros elementos entram em jogo, como o grau de competência ou o custo envolvido: no primeiro caso, as experiências anteriores em situação de urgência constituem um excelente elemento preditivo do comportamento de ajuda, como por exemplo o fato alguém de ser enfermeiro (eles intervêm tanto estando sozinhos como acompanhados de outras testemunhas). Por custo envolvido, é preciso entender tanto o simples fato de manchar as roupas como o de arriscar a própria vida ou de ter medo de ser ridicularizado na frente dos outros.

Dois fatores psicossociais importantes estão estreitamente ligados ao "efeito espectador": a "difusão da responsabilidade" e a "influência social normativa". Cada pessoa se sente menos responsável por agir numa situação que partilha com vários indivíduos. Ela pode estimar que, se os outros permanecem passivos, é porque a atitude apropriada é não intervir.

um problema sob a influência das respostas unânimes do grupo, mesmo que elas lhe pareçam visivelmente falsas); Leon Festinger testa nos anos 1960 suas hipóteses sobre a dissonância cognitiva* no interior de uma seita (*L'Échec d'une prophétie* [O fracasso de uma profecia], 1956). Na mesma época, Albert Bandura* se interessa pela aprendizagem* social (*ver sua obra* Social Learning Theory [Teoria da aprendizagem social], 1976), mais especificamente pelo efeito do modelo – um adulto maltratando um boneco, por exemplo – nos comportamentos das crianças (que imitam esse modelo). Por seu lado, Serge Moscovici* mostra a influência de uma minoria* sobre a maioria (perspectiva que completa a de S. E. Asch sobre o conformismo no interior de um grupo); uma minoria muito determinada e perfeitamente consistente pode ter mais peso que uma maioria pouco segura de si mesma e de suas convicções (*Social Influence and Social Change* [Influência social e mudança social], 1976).

Diversos temas são particularmente profícuos, como os estereótipos* e os preconceitos, ou ainda os papéis sociais, impositores mas também fonte de estabilidade nas relações entre as pessoas.

A partir dos anos 1960, o behaviorismo, paradigma de referência, cede progressivamente seu lugar ao cognitivismo*. Para compreender a atividade social, essa abordagem concentra-se nos processos internos dos indivíduos. Como o indivíduo vê a si mesmo e o mundo que o rodeia? O estudo das representações sociais – ou cognição* social – vai trazer muitos elementos para responder a essa questão, identificando interessantes mecanismos do pensamento comum, como a categorização* social, ou seja, o processo mental através do qual inserimos os indivíduos em categorias – os asiáticos, os pobres ou os homossexuais.

A complexidade das interações sociais

Mas o tema central da psicologia social, desde suas origens até hoje, sempre consistiu nas relações ou interações sociais: como um grupo impõe suas normas aos indivíduos que o compõem? Sobre que alicerces se constitui o laço social*, seja a agressão*, a cooperação, o altruísmo* ou as afinidades? Como se opera a influência do outro sobre nossos comportamentos? Outros temas, como as ideologias, os sistemas de valores e os rituais, e outros objetos – a educação*, a aculturação*, a marginalidade ou a delinquência* –, fazem atualmente parte do campo de pesquisas psicossociais.

Com o objetivo de auxiliar e acompanhar as práticas sociais, a intervenção psicossocial também se desenvolve para intervir na regulamentação de uma coletividade e nas relações entre seus membros, seja em meio hospitalar, empre-

---

Um olhar psicossociológico sobre a justiça

A imparcialidade do juiz é um pressuposto essencial para que a justiça seja efetiva, mas será ela partilhada por todos de maneira indefectível? Os veredictos dependem de fatores exclusivamente legais? Desde os anos 1930, os psicossociólogos começaram a se interessar pelos fatores extralegais que poderiam explicar a grande diversidade de penas pronunciadas sobre um mesmo crime. Os estudos focalizaram-se essencialmente na personalidade dos juízes, evidenciando que os juízes conservadores ou protestantes tinham tendência a pronunciar uma sentença severa.

Pesquisas mais recentes, realizadas notadamente por Peter D. Blanck em 1993, investigaram a influência dos juízes sobre os jurados. Segundo seu modelo das expectativas interpessoais entre juízes e jurados, os primeiros teriam convicções pessoais sobre a inocência ou não do acusado, e esperariam que os segundos se conformassem a elas. Os jurados, por sua vez, buscariam nos comportamentos verbais (ou não verbais) do juiz sinais indicativos de sua opinião sobre a questão em curso. Analisando diversas gravações em vídeo de processos, P. D. Blanck mostrou os fatores mais suscetíveis de indicar o desfecho de um processo: os pressupostos do juiz sobre o veredicto, os "microcomportamentos" do juiz durante o processo (contatos oculares com o júri, número de sorrisos ou de movimentos de cabeça, etc.) e o grau de acordo entre o juiz e o júri sobre a culpabilidade do acusado.

• R. Finkelstein, "Influences sociales dans la justice: des juges et des justiciables", em A. Le Blanc, M. Doraï, N. Roussiau, C. Bonardi (orgs.), *Psychologie sociale apliquée. Education, justice, politique*, In Press, 2002.

sarial ou aberto (junto aos jovens de um bairro, por exemplo). A psicologia social aplicada (*ver quadro* "Um olhar psicossociológico sobre a justiça"), em plena ascensão, permite a frutificação dos resultados obtidos durante mais de um século de pesquisas, tanto para os grandes debates relativos à sociedade como para as demandas sociais mais concretas: saúde*, educação, cidadania*, trabalho*, justiça, política, qualidade de vida... domínios em que as problemáticas são abundantes.

Assim, podemos dizer que a psicologia social, longe de estar fenecendo, mostra ao contrário um belo vigor e grandes ambições.

Psiquiatria

Para compreender os modelos terapêuticos e as estruturas atuais da psiquiatria, é importante reconstituir as grandes etapas que levaram à situação atual.

Uma "medicina da alma": eis o que diz, *grosso modo*, a etimologia da palavra psiquiatria. Na verdade, isso pouco nos ensina sobre seu percurso na história de nossa civilização, e menos ainda sobre sua definição... De que medicina se trata e a que alma se está fazendo referência? À "alma vegetativa" de Aristóteles? À alma imortal do cristianismo?

Além do mais, os antropólogos nos dirão que, se todas as culturas parecem ter suas representações sociais da loucura, apenas algumas – as que exercem uma medicina mais ou menos herdeira da medicina grega e romana – possuem algo que poderíamos chamar de psiquiatria. De fato, a psiquiatria e a medicina sempre mantiveram estreitas relações, sem entretanto jamais terem se confundido... Já no período helenístico, em Alexandria, e mais tarde durante todo o Império Romano, filósofos como Cícero (106 a.C.-43 a.C.), ou médicos como Cláudio Galeno (131-201), estimam que a medicina está em condições de compreender a loucura, até então relegada ao âmbito divino do mundo antigo. A medicina passa portanto a conhecer e identificar alguns transtornos inerentes ao que a cultura entende como loucura. A partir de então, e durante muitos séculos, a delimitação da psiquiatria, a parte que a cultura entende como loucura e da qual a medicina estima poder cuidar, varia conforme as pretensões médicas de dominá-la, parcial ou totalmente. São esses, sem dúvida, os primórdios do que hoje chamamos de "psiquiatria".

As origens da tradição psiquiátrica atual

Tudo teria começado depois de um acontecimento impressionante... Estamos no final do século das Luzes, no dia 25 de agosto de 1793. Philippe Pinel (1745-1826) acaba de ser nomeado médico-chefe no hospital Bicêtre. Para surpresa geral, ele ordena que todos os loucos, que estavam acorrentados e trancafiados em masmorras, sejam libertados. Levados por um sentimento de reconhecimento em relação ao médico, os doentes teriam recobrado a razão. Desde então, P. Pinel encarna a figura mítica daquele que teria conseguido transformar o "insensato" em "sujeito". Para além do hospital Bicêtre, essa história, da qual não se sabe exatamente o quanto é verdade e o quanto é lenda, ilustra a transformação radical que se produz na percepção da doença mental. Georges Lantéri-Laura, chefe de serviço honorário no hospital Esquirol, explica como efetivamente, em toda a Europa, "cresce um movimento laico e filantrópico, que transforma os hospitais – até então instituições de caridade voltadas a garantir uma "morte decente" a doentes destinados ao paraíso – em lugares medicalizados de exames e cuidados" (G. Lantéri-Laura, "Histoire de l'institution psychiatrique" [História da instituição psiquiátrica], *Sciences Humaines*, nº 147, 2004). O grande enclausuramento descrito por Michel Foucault* está chegando ao fim... Os insensatos passam a ser considerados pacientes a se proteger, tratar e curar.

Primeiro período: o paradigma da alienação mental

Impõe-se então um primeiro paradigma, que guiará o desenvolvimento da psiquiatria durante toda a primeira metade do século XIX: o paradigma da alienação mental. Esta constitui uma única doença, com quatro variantes identificadas por um antigo aluno de Pinel, o psiquiatra Jean-Etienne Esquirol (1772-1840): a mania, a melancolia, o idiotismo e a demência. Além do mais, J. E. Esquirol afirma que a alienação só pode ser tratada longe dos outros tipos de pacientes, em estabelecimentos a que ele chama de "asilos". Esses estabelecimentos devem conservar o paciente distante das paixões e tumultos do mundo, num meio perfeitamente racional, na esperança de que, pouco a pouco, a realidade termine se impondo a ele. P. Pinel cria as modalidades do único tratamento contra a loucura então em vigor: o "remédio moral". Esse tratamento envolve o intelecto e as emoções, ao contrário dos métodos tradicionais, à base de sangrias e purgações. M. Foucault explica como se instala um verdadeiro "poder psiquiátrico" (O poder psiquiátrico, curso no Collège de France, 1973-1974) através de uma douta disciplina construída em torno da figura do médico, com códigos hierárquicos muito estritos e todos os tipos de intimidação, mas sem nenhum recurso à ciência médica...

Segundo período: o paradigma das doenças mentais

A partir da segunda metade do século XIX, diversas críticas atacam o paradigma da alienação mental e da unidade da psiquiatria. Essas críticas partem de jovens alienistas – Antoine Laurent Bayle, Jean Pierre Farlet, Jacques Joseph Moreau (conhecido como Moreau de Tours) – que desejam se reaproximar da medicina para buscar as causas orgânicas da alienação mental. Uma evolução da prática clínica, somada às primeiras descobertas sobre as localizações cerebrais, leva assim à construção do paradigma das "doenças mentais*", fundado na identificação de diversas espécies mórbidas irredutíveis umas às outras. É durante esse período da psiquiatria clássica (1854-1926) que se elabora a disciplina atual, com sua variedade de doenças e meios terapêuticos; ela se funda em quatro grupos patológicos principais que serão, durante muito tempo, a base da taxonomia das doenças mentais: neuroses*, psicoses*, demências e oligofrenias (retardos mentais). Joseph Babinski, Jules-Joseph Déjerine, Sigmund Freud* e Pierre Janet na área das neuroses, e Paul Sérieux, Joseph Capgras e Gaëtan de Clérambault na área das psicoses serão os primeiros artífices de uma teorização e de uma taxonomia das doenças mentais. A autoridade moral dos médicos que prevalecia até então dá lugar às novas terapias físicas (tratamento com insulina, sismoterapia) e psicológicas, entre as quais a psicanálise*, que será durante muito tempo dominante.

Terceiro período: o surgimento da psicofarmacologia

Em 1926, a publicação dos trabalhos de Eugen Bleuler sobre a esquizofrenia* – termo criado por ele para substituir a expressão "demência precoce" – marca o início de um terceiro

---

A organização da psiquiatra

No Brasil, o serviço público de saúde não atinge o total da população. As classes mais favorecidas costumam recorrer a atendimento psiquiátrico particular, que se dá na forma de medicação, internação em clínicas e hospitais psiquiátricos ou tratamento em hospitais-dia e com acompanhamento terapêutico de profissionais especializados.
A partir da Lei n° 12.160, de 2002, o Brasil dispõe de uma política nacional que criou a única rede pública de Saúde Mental da América do Sul, composta dos seguintes serviços e equipamentos, que visam ao atendimento clínico e à reinserção social de seus usuários:
– os Centros de Atenção Psicossocial (Caps I, II e III): prestam atendimento multidisciplinar diário para pessoas com transtornos mentais severos e persistentes. Os Caps III atendem 24 horas por dia com enfermaria, os Caps I atendem adultos, jovens e crianças das 8h às 17h e os Caps II, dependentes de álcool e outras drogas. Os usuários chegam aos Caps por iniciativa própria ou por encaminhamento das Unidades Básicas de Saúde (UBS);
– residências terapêuticas: moradias com até oito habitantes portadores de transtornos mentais graves que passaram longo tempo internados, contam com suporte profissional multidisciplinar e visam à reconstrução de laços sociais perdidos ou inexistentes;
– Programa de Volta para Casa: auxílio-reabilitação psicossocial destinado a promover a reinserção social de pessoas com história de longa internação hospitalar;
– Leitos de atenção integral em saúde mental: recursos hospitalares de acolhimento noturno do paciente em crise articulados com os equipamentos da rede.

período na evolução da psiquiatria (1926-1977). A emergência da corrente estruturalista* devolve certa unidade à disciplina, que passa a se organizar exclusivamente em torno das estruturas neuróticas e psicóticas (as primeiras dizem respeito ao indivíduo normal; as segundas designam o que se entendia até então por loucura). O surgimento dos neurolépticos, dos ansiolíticos e dos antidepressivos transforma a terapêutica e a prática psiquiátricas, favorecendo o tratamento e a autonomia dos pacientes, enquanto a psicanálise cede um pouco o lugar às terapias comportamentais e cognitivas*. Mas a psiquiatria tal como estava instituída tendia, dizia-se, a tornar crônicas as doenças... No intuito de desafogar os hospitais e reduzir as internações prolongadas no setor público, a lei de 23 de junho de 1970 impõe a criação de centros médico-psicológicos, hospitais-dia, centros de crise, etc. (ver quadro "A organização da psiquiatria"). Durante esse período de remanejamentos, a instituição psiquiátrica sofre violenta condenação... Entre os anos 1960 e 1970, sob influência do movimento inglês de antipsiquiatria*, a legitimidade de sua prática e terapêutica é questionada. A psiquiatria é acusada de abusos e de impostura em sua pretensão de tratar os doentes mentais.

Esse terceiro período termina em 1977, com a morte de Henri Ey. Esse especialista em psicopatologia exerce grande influência na psiquiatria francesa desde os anos 1930 e havia realizado uma brilhante tentativa de síntese entre sintomas psiquiátricos e dados neurofisiológicos.

QUARTO PERÍODO: A PSIQUIATRIA CONTEMPORÂNEA

O que sobrou desse desejo de abertura? Na França, a psicanálise até então predominante sobre o conjunto da prática psiquiátrica tem dificuldades em manter suas prerrogativas, especialmente diante da forte ascensão da psiquia-

ALGUMAS FIGURAS IMPORTANTES DA PSIQUIATRIA

Philippe Pinel (1745-1826)
O famoso médico francês transforma a loucura numa doença que se pode classificar e diagnosticar, isolar e tratar. Ele escreve: "Os alienados não são culpados que se devem punir, mas sim doentes cujo estado penoso merece todas as atenções que devemos aos seres humanos que se encontram em estado de sofrimento."

Jean Martin Charcot (1825-1893)
Ficou famoso por seus trabalhos sobre a histeria*, que considerava uma doença neurofisiológica, diagnosticada a partir da hipnose*. É em seu departamento que nascem as teorias psicopatológicas das neuroses de Pierre Janet e Sigmund Freud*.

Emil Kraepelin (1856-1926)
Considerado um dos últimos alienistas, enfatiza a classificação das doenças mentais, com um projeto científico semelhante à descrição das plantas ou dos animais. Desenvolve a noção de doenças endógenas e insiste em seu caráter evolutivo.

Sigmund Freud* (1856-1939)
Desenvolve uma teoria das neuroses e do desenvolvimento da personalidade, centrada nos confli-tos psíquicos inconscientes. Na França, entre 1900 e 1920, o meio psiquiátrico se opõe à psicanálise. Em seguida, ela vai ganhando espaço discretamente. Jacques Lacan*, Daniel Lagache, Sacha Nacht participam do desenvolvimento de uma psiquiatria psicanalítica.

**Jean Delay (1907-1987)
e Pierre Deniker (1917-1998)**
Mostram o benefício de uma molécula sintetizada pelos químicos da empresa Rhône-Poulenc, a clorpromazina, no tratamento das doenças mentais. Entramos então na era de uma psiquiatria farmacológica, que vai ter, como primeiro efeito, a abertura das portas dos hospitais psiquiátricos.

Thomas Szasz (nascido em 1920)
No momento em que a psiquiatria se abre, sua legitimidade é questionada pela antipsiquiatria. Para Thomas Szasz, a doença mental é um "mito" criado para excluir. Experiências comunitárias são desenvolvidas como alternativa à psiquiatria clássica, por exemplo Kingsley Hall, criado por Ronald D. Laing, David Cooper e Aaron Esterson.

tria norte-americana, ligada às neurociências e adepta da abordagem cognitiva-comportamental. Um manual anglo-saxão de diagnóstico dos transtornos mentais, o *Diagnostic and Statistical Manual of Mental Disorders* [*Manual de diagnóstico e estatística de distúrbios mentais*] (*DSM**), se impôs pouco a pouco como a obra de referência para a prática psiquiátrica. Muitos psiquiatras (especialmente os de linha psicanalítica, que ainda são maioria na França) não veem com bons olhos essa nova abordagem dos transtornos mentais, por eles considerada ao mesmo tempo muito complacente com as moléculas químicas e excessivamente "quantitativa". Alguns veem no recenseamento que o *DSM* oferece – do qual, no decorrer das revisões, todas as referências psicanalíticas foram eliminadas – uma tentativa de "objetivação" dos pacientes. A isso soma-se a imposição de rentabilidade econômica com a qual os hospitais do conjunto dos países desenvolvidos devem lidar, alimentando a exigência de tratamentos rápidos e eficazes em detrimento da história e subjetividade dos pacientes.

Conseguirá a psiquiatria do século XXI, enfraquecida e "em crise", atenuar suas insuficiências e ultrapassar as cisões entre o ser neuronal e o ser de desejo?

Sociologia

Tendo nascido em meio às tormentas das sociedades ocidentais do século XIX, a sociologia logo se defrontou com os grandes problemas de seu tempo. Multiplicando suas áreas de investigação (a cidade, a família, a comunicação...), a disciplina deu ensejo a abordagens bastante diversas, algumas insistindo na regularidade e no peso das determinações, outras na racionalidade dos atores ou na análise da experiência comum do social.

Evitando chamar de "sociologia" todas as reflexões sobre as formas coletivas de existência (o que nos faria remontar ao menos até Platão!), podem-se situar os primórdios da disciplina na segunda metade do século XIX. Um período em que as sociedades europeias, assim como os Estados Unidos, passam por profundas transformações, com a combinação de três revoluções: política (a Revolução Francesa), econômica (a Revolução Industrial) e intelectual (o advento da ciência moderna). Essa combinação põe fim à ideia de que a organização das sociedades é fruto de uma ordem divina ou natural. Alguns precursores, aliás, passaram a estudar a maneira como os homens fazem a história: Karl Marx*, evidentemente, mostra que "a história de toda sociedade até nossos dias é a história da luta de classes" (*Manifest der Kommunistischen Partei* [*Manifesto do Partido Comunista*], 1848), e Alexis de Tocqueville*, com seu estudo da democracia americana (*De la démocratie en Amérique* [*Da democracia na América*], 2 vols., 1835-1840). Também são desenvolvidas grandes pesquisas estatísticas e monografias, como as de Frédéric LePlay*, que, de um ponto de vista geralmente humanista e higienista, se interessa pelos novos fenômenos de pobreza urbana, tentando quantificá-los e descrevê-los. Ainda que as premissas estejam presentes, nenhum desses homens ambiciona fundar uma nova disciplina. Esse esforço – e seu mérito – caberão exclusivamente a Émile Durkheim*, que é efetivamente o primeiro a evidenciar a necessidade de uma sociologia (termo que recupera de Auguste Comte, que já o utilizava em 1839) entendida como uma ciência rigorosa dos fatos sociais. Sua principal contribuição é ter mostrado, indo de encontro às ideias dominantes de seu tempo, que esses fatos sociais (a linguagem, as normas, a religião) possuem uma natureza própria, *sui generis*, distinta dos fatos psicológicos. Defendendo que esses fatos sociais "consistem em maneiras de agir, pensar e sentir exteriores ao indivíduo, dotadas de um poder de coerção em virtude do qual se impõem a ele" (*Règles de la méthode sociologique* [*As regras do método sociológico*], 1895), ele cria um novo domínio de pesquisa que, como os fatos da natureza, pode e deve ser submetido à investigação científica.

Na Alemanha, outros pesquisadores contribuem para lançar as bases da nova disciplina, sem se considerarem, por isso, sociólogos. O mais célebre é evidentemente Max Weber*, que se apresenta como um economista mas propõe, em *Wirtschaft und Gesellschaft* [*Economia e sociedade*], uma definição da sociologia orientada para a compreensão do sentido que o indivíduo dá à sua ação. Podemos citar igualmente Georg Simmel*, filósofo, que irá defender uma sociologia "formal", baseada nas ações recíprocas entre indivíduos.

Com o auxílio desses novos procedimentos, os primeiros sociólogos buscarão explicar as transformações que acontecem diante de seus olhos. Ferdinand Tönnies* elabora uma distinção fundamental entre "comunidade" e "sociedade" (*Gemeinschaft und Gesellschaft* [*Comunidade e sociedade*], 1887). M. Weber busca determinar a especificidade da modernidade, encontrando-a na racionalização da vida social, o que geraria um "desencantamento do mundo". É. Durkheim evidencia o processo de divisão do trabalho social, que ao mesmo tempo liberta o indivíduo* (sob risco de anomia*), mas também o torna mais dependente da sociedade; busca, igualmente, os fundamentos do fenômeno religioso, chegando à conclusão de que "Deus é a sociedade" (*Les formes élémentaires de la vie religieuse: le système totémique en Australie* [As formas elementares da vida religiosa: o sistema totêmico na Austrália], 1912). De maneira geral, na época, o conhecimento sociológico é concebido como um conhecimento para a ação: trata-se de ajudar a sociedade a reformar-se e a resolver os problemas que lhe são apresentados.

Da Europa aos Estados Unidos

A primeira metade do século XX será um período difícil para a sociologia europeia. Na França dizimada pela Guerra, a disciplina perde sua figura mais ilustre, É. Durkheim, em 1917. Prestigiosa, reconhecida, mas fracamente institucionalizada, a escola francesa sobrevive graças a algumas figuras marcantes. Além de François Simiand*, que se dedica à sociologia econômica (*Le Salaire, l'évolution sociale et la monnaie* [O salário, a evolução social e a moeda], 1932), há Maurice Halbwachs*, que estende de maneira crítica a herança durkheimiana, estabelecendo relações com a psicologia* e investindo em novos objetos: *La Mémoire collective* [A memória* coletiva] (1950), a morfologia* (*Morphologie sociale* [Morfologia social], 1938), as classes sociais*. Na Alemanha, embora a disciplina esteja viva (estão em atividade pesquisadores como Norbert Elias*, Paul F. Lazarsfeld*, Alfred Schütz*...), seus contornos ainda são mal definidos, confundindo-se frequentemente com a filosofia. Em 1933, a ascensão de Adolf Hitler ao poder leva muitos sociólogos ao exílio forçado.

Alguns irão para os Estados Unidos onde, comparativamente, a sociologia vive uma situação promissora. Favorecida pela flexibilidade de um sistema universitário recente e por uma tradição de mecenato científico, ela implantou-se muito cedo nesse país: o primeiro departamento de sociologia do mundo foi aberto em 1893 na Universidade de Chicago, onde, nos anos 1920 e sob a influência do pragmatismo, desenvolveu-se uma tradição (conhecida como "escola de Chicago*") de trabalhos empíricos que tinham a cidade como objeto. Os Estados Unidos passam por evoluções econômicas e sociais espetaculares, intensificadas por uma forte imigração. A cidade é o lugar de encontro e

Os mitos da sociologia

"Durkheim é o pai fundador da sociologia francesa", "A sociologia durkheimiana, em nome de seu sociologismo, entravou o desenvolvimento de uma autêntica psicologia social na França." Que estudante de sociologia nunca ouviu ou leu uma dessas afirmações? Contudo, de acordo com o sociólogo e historiador das ciências Laurent Mucchielli, esses são apenas "mitos", "evocações de fatos passados apresentados como reais e sagrados, que estabelecem os modelos ou as normas para a comunidade dos vivos". Num livro recente, ele ataca esse tipo de "enunciado exemplar", com dois objetivos:

– Em primeiro lugar, é preciso restabelecer os fatos históricos, por exemplo sobre a negligência dos sociólogos franceses em relação à sociologia alemã entre 1870 e 1940. Para exemplificar, o *L'Année Sociologique*, revista fundada e dirigida por Émile Durkheim*, publicou e analisou com grande regularidade a obra de Georg Simmel*, e isso desde o primeiro número. Nos anos 1920, Maurice Halbwachs*, por sua vez, apresentará Max Weber* como um sociólogo de primeira importância.

– Em seguida, é preciso questionar-se sobre as razões dessas reconstruções. Além de suas vantagens pedagógicas (ver a oposição canônica entre É. Durkheim e M. Weber), L. Mucchielli evidencia os aspectos estratégicos dessas releituras no contexto das competições intelectuais do presente. Assim, regularmente "redescoberto" e apresentado como um "genial precursor", Gabriel Tarde*, o sociólogo e adversário de É. Durkheim, foi com frequência circunscrito à promoção de um paradigma individualista em sociologia (por Raymond Boudon* especialmente) ou em criminologia, enquanto sua teoria é, de acordo com L. Mucchielli, "ainda mais abstrata, sistemática e determinista que a de Durkheim".

Para além desse esforço de retificação histórica, L. Mucchielli defende uma leitura "historicista" dos textos canonizados, que se esforce para localizá-los em seus contextos de produção a fim de devolver-lhes todo o seu sentido.

• L. Mucchielli, *Mythes et histoire des sciences humaines*, La Découverte, 2004

de tensão entre todos esses fatores, e os sociólogos de Chicago (Robert E. Park, Nels Anderson, William I. Thomas...) passam a observar, como etnógrafos, a vida dos bairros, dos migrantes e das comunidades, os fenômenos de marginalidade, de delinquência e de segregação. Uma segunda "escola de Chicago" surgirá nos anos 1930, sob a liderança de Herbert Blumer e Everett C. Hughes, e lançará as bases do "interacionismo simbólico*" que, sob a influência de George H. Mead*, se interessará pelo papel da comunicação e da significação nas interações frente a frente. Essa abordagem irá inspirar boa parte da sociologia americana da segunda metade do século XX.

A RENOVAÇÃO DO PÓS-GUERRA

Com o fim da Segunda Guerra Mundial, desenvolvem-se progressivamente as instituições e o espaço de debate que até hoje estruturam a sociologia. Nesse momento, a sociologia americana é amplamente predominante, mas a europeia irá aos poucos recuperar o atraso. Na França em particular, enquanto o país se reconstrói e se moderniza velozmente, alguns sociólogos passam a pesquisar, sob a orientação de Georges Gurvitch*, Jean Stoetzel e Georges P. Friedmann, o mundo do trabalho (por exemplo, Alain Touraine*) ou a cidade (Paul H. Chombart de Lauwe). Uma demanda pública de conhecimentos sobre as transformações em curso, incentivada pela criação de novas instituições científicas (Ined*, INSEE*, CNRS*), favorece a pesquisa sociológica. A partir do final dos anos 1960, os pesquisadores multiplicam as áreas de pesquisa e tentam compreender os contornos da nova sociedade que se anuncia. Edgar Morin* analisa os "mitos" inerentes à nascente cultura de massas (*Les Stars* [*As estrelas*], 1957; *L'Esprit du temps* [O espírito do tempo], 1962); Joffre Dumazedier, por sua vez, chama a atenção para a mutação que o aumento do tempo livre constitui e delimita os contornos de uma "civilização dos lazeres", enquanto Henri Mendras* diagnostica *La Fin des paysans* [O fim dos camponeses] (1967). A disciplina ganha também, pela primeira vez, notoriedade pública: Alain Girard, já em 1959, mostra que, apesar da modernização e da liberalização dos costumes, a homogamia* permanece inalterada na França. E, em 1964, Pierre Bourdieu* e Jean-Claude Passeron, evidenciando em *Les Heritiers* [Os herdeiros] a dimensão simbólica das desigualdades no ensino superior, alimentarão os *slogans* de Maio de 1968.

No plano teórico ocorre uma explosão de paradigmas*. Na França, quatro grandes abordagens irão balizar os debates, dividindo-se essencialmente sobre a questão da ação*. P. Bourdieu insiste no peso das estruturas: segundo ele, os princípios da ação são *habitus*, ou seja, um conjunto de disposições socialmente adquiridas que nos permitem agir em conformidade com o mundo que nos cerca. A. Touraine, por sua vez, defende que o ator é portador de uma "historicidade", entendendo por isso a ação da sociedade sobre as práticas sociais e culturais. Acentuando radicalmente o papel do indivíduo*, Raymond Boudon* preconiza um individualismo metodológico*: a maioria dos comportamentos podem ser explicados em termos de racionalidade. Michel Crozier*, enfim, também postula a racionalidade do ator, mas uma racionalidade limitada: o ator sempre dispõe de maior ou menor margem de ação, de acordo com o contexto em que opera (e que convém analisar empiricamente). Além de suas diferenças teóricas, essas quatro grandes correntes investem em objetos diversos. P. Bourdieu concentra-se na educação*, na cultura*, no mundo intelectual; A. Touraine, no trabalho* e na ação coletiva*; R. Boudon nas crenças e ideologias*; M. Crozier nas organizações*.

Nos Estados Unidos, que continuam com características sociológicas específicas, dando forte atenção às formas comuns do social, os debates também são bastante diversificados. Uma das correntes mais representativas é o já mencionado interacionismo simbólico*, que se desenvolve verdadeiramente com os alunos de H. Blumer e E. C. Hughes: Howard S. Becker*, Anselm Strauss, Erving Goffman*. Com eles firma-se a ideia de que a sociedade se cria e se recria durante as interações cotidianas. A ordem social, portanto, não é uma entidade absoluta, e sim o resultado estabilizado e, porém, provisório das ações individuais. H. Becker aplicará com sucesso esse procedimento na análise da desviância* (*Outsiders* [*Outsiders*], 1957), enquanto E. Goffman utilizará a metáfora teatral para descrever, irônica e distanciadamente, os rituais* cotidianos de apresentação de si. Num registro próximo, Harold Garfinkel* funda uma nova especialidade, a etnometodologia*, que descreve as competências dos atores em dar um sentido a seu mundo e torná-lo "descritível"

(*Studies in Ethnomethodology* [Estudos em etnometodologia], 1967). A. Schütz, por sua vez, parte de M. Weber e da fenomenologia* de Edmund Husserl para analisar como a realidade social se apresenta de maneira evidente, intuitiva, à consciência. Somente Talcott Parsons* e Robert K. Merton* distinguem-se dessas teorias microssociológicas, defendendo uma abordagem funcionalista que analisa as instituições de acordo com o papel que desempenham em relação à sociedade como um todo; esta última formaria um conjunto integrado, à semelhança de um sistema orgânico.

O CONTEXTO CONTEMPORÂNEO

A partir do início dos anos 1980, assiste-se na França a um refluxo das teorias dominantes. É preciso dizer que a sociedade está mudando: a crise econômica está presente e as formas coletivas de associação (classes sociais*, sindicatos, partidos políticos) entram em declínio. Sempre dedicada aos problemas sociais, a sociologia francesa começa a estudar novos objetos: imigração*, delinquência* juvenil, exclusão*, integração. De modo geral, o declínio progressivo do marxismo*, do estruturalismo*, o descrédito das abordagens estritamente deterministas* e a descoberta tardia das microssociologias americanas renovam os termos do debate. Grande parte dos trabalhos contemporâneos passam a tentar superar certas oposições em torno das quais se constituiu a disciplina, como individual/coletivo, subjetivo/objetivo, micro/macro... Emerge assim uma vasta "galáxia construtivista" (P. Corcuff, *Les Nouvelles Sociologies* [As novas sociologias], 1995) que, ao invés de escolher um dos termos contra o outro, tenta articular as múltiplas dimensões do social. O que supõe "uma mudança no próprio objeto da sociologia": nem a sociedade nem os indivíduos, considerados duas entidades separadas, "mas as relações entre indivíduos (em sentido amplo), e os universos objetivados que elas produzem e que lhes servem de suporte, como elementos constitutivos, ao mesmo tempo, dos indivíduos e dos fenômenos sociais" (P. Corcuff). Nessa galáxia, além de certos autores clássicos (N. Elias, P. Bourdieu, Peter Berger e Thomas Luckmann), podem ser incluídos os trabalhos de sociologia das ciências de Bruno Latour* (*La Vie de laboratoire* [A vida de laboratório], 1988),
a sociologia cognitiva de Aaron V. Cicourel* (*La sociologie cognitive* [A sociologia cognitiva], 1973), assim como a teoria das convenções* de Luc Boltanski.

Todavia, a sociologia permanece uma área dividida; desacordos profundos persistem entre as diversas correntes que a compõem e exprimem-se especialmente através de duas questões:

– *O indivíduo*. Tornou-se um tema bastante profícuo em sociologia. Além do desafio tentador (como a ciência do coletivo pode interessar-se pelo singular?), esse interesse pode ser naturalmente explicado pela evolução de nossas sociedades, cada vez mais individualistas, o

---

PROFISSÃO: SOCIÓLOGO

No Brasil, a sociologia só foi regulamentada como profissão em 1980, quando a Lei n° 6.888 estabeleceu a necessidade de formação acadêmica na área de ciências sociais para o exercício da profissão, bem como as atividades que são de competência específica dos sociólogos: o ensino de sociologia em estabelecimentos de ensino e a elaboração, coordenação e avaliação de estudos, programas e projetos "atinentes à realidade social". Hoje, existem associações e sindicatos de sociólogos em dezoito estados brasileiros, que representam cerca de 4 mil profissionais. Em nível nacional, a Federação Nacional dos Sociólogos (FNS) exerce papel de representação política e sindical, enquanto a Sociedade Brasileira de Sociologia (SBS) se propõe a contribuir para a consolidação do rigor científico da disciplina. Merece destaque, também, a Associação Nacional de Pesquisa e Pós-Graduação em Ciências Sociais (Anpocs) que, desde 1977, organiza encontros anuais e publica estudos relevantes nas áreas de antropologia, sociologia e ciência política. A primeira vez que se lecionou sociologia, no Brasil, foi no Ensino Médio do Colégio Pedro II, em 1925. Outros marcos importantes foram a criação, em São Paulo, da Escola de Sociologia e Política e da Faculdade de Filosofia, Ciências e Letras da USP, em 1933 e 1934, respectivamente. Atualmente, existem oitenta e seis programas de pós-graduação em ciências sociais em todo o país, segundo a Anpocs, e uma vitória recente da categoria foi a aprovação da Lei n° 11.684, em junho de 2008, que inclui a filosofia e a sociologia como matérias obrigatórias no Ensino Médio.

que os sociólogos quiseram explicar (como uma sociedade individualista é possível?). Algumas teorias (especialmente as de Ulrich Beck* e de Anthony Giddens*, mas também a "sociologia da experiência" de François Dubet*) caracterizam nossas sociedades pela autonomia do indivíduo, chamado a construir seu itinerário e sua identidade num quadro não predefinido, e pela reflexividade* que ele exerce permanentemente sobre si mesmo. Alguns sociólogos, como Bernard Lahire, criticam essas teses, desrealizantes e fracamente alicerçadas, defendendo uma análise do social em escala individual, ou seja, uma análise da maneira como o indivíduo realiza uma combinação única de disposições socialmente adquiridas.

– *O conhecimento comum.* Se a sociologia, sobretudo na França, se construiu geralmente contra o "senso comum", nem por isso este último deixou de interessar algumas correntes, como a etnometodologia ou a fenomenologia social, já mencionadas. Esse interesse pelo conhecimento comum, pelas representações e competências dos atores, tende a se generalizar, por vezes até mesmo a tornar-se o único objeto atribuído à sociologia. A única tarefa do sociólogo passa a ser produzir uma ciência da "ciência" dos atores, o que está ligado a uma posição epistemológica que insiste na continuidade (e não mais na ruptura) entre conhecimento comum e conhecimento científico. Essa posição suscita muitas críticas, pois reduz o mundo social às representações que os indivíduos têm dele, e leva a sociologia a ser nada mais que uma construção das construções dos atores. Essas críticas ganham ainda mais sentido em razão de o caráter científico dessa disciplina permanecer, mais de cem anos após sua fundação, instável (*ver quadro* "O 'raciocínio sociológico' entre história e experimentação").

O "RACIOCÍNIO SOCIOLÓGICO" ENTRE HISTÓRIA E EXPERIMENTAÇÃO

A sociologia é sem dúvida a disciplina das ciências humanas cujo *status* epistemológico é mais incerto. Será que ela pode ser assimilada ao modelo das ciências duras, quando busca, através do método experimental (para Émile Durkheim*, a comparação histórica era uma "quase experimentação"), estabelecer as leis do funcionamento social? Ou será ela apenas uma formalização do senso comum, com o qual está em continuidade?
Em *Le Raisonnement sociologique* [*O raciocínio sociológico*] (1991), Jean-Claude Passeron produziu uma das reflexões mais avançadas sobre essa questão. Segundo ele, os enunciados sociológicos não advêm de um espaço nomológico (que busca estabelecer leis universais), e seu caráter de verdade ou falsidade não advém da refutação (ou falsificação) popperiana*, pois eles não podem jamais ser desvinculados do contexto histórico do qual é extraída a informação sobre a qual se apoiam. Assim, não podemos jamais estabelecer uma comparação estatística anulando as diferenças entre as coisas. Não se trata, contudo, de chegar à conclusão de que o sociólogo pode libertar-se de toda exigência empírica. Na realidade, de acordo com J. C. Passeron, "o raciocínio sociológico ocupa (...) um lugar intermediário entre a narrativa histórica, que consiste em contar a história da maneira como ela aconteceu, mas não permite que se chegue a ensinamentos gerais, nem que se realizem comparações, e o raciocínio experimental, que relaciona diferentes variáveis a fim de demonstrar as relações de causalidade". Assim, o caráter científico do procedimento sociológico provém desse "vaivém argumentativo entre raciocínio estatístico e contextualização histórica", entre a multiplicação das constatações empíricas e o uso rigoroso das ferramentas formais que permitem as comparações.

• J. C. Passeron, *Le Raisonnement sociologique*, Nathan, 1991
• P. Riutort, "Le raisonnement sociologique", em *Précis de sociologie*, Puf, 2004